常用刑事司法解释新编

最高人民检察院《法律手册》编委会　编

中国检察出版社

图书在版编目（CIP）数据

常用刑事司法解释新编/最高人民检察院《法律手册》编委会编．
—北京：中国检察出版社，2009.3
ISBN 978－7－5102－0069－4

Ⅰ．常…　Ⅱ．最…　Ⅲ．①刑法－法律解释－中国②刑事诉讼法－法律解释－中国　Ⅳ．D924.05　D925.205

中国版本图书馆 CIP 数据核字（2009）第 041840 号

常用刑事司法解释新编

最高人民检察院《法律手册》编委会　编

出 版 人：袁其国
出版发行：中国检察出版社
社　　址：北京市石景山区鲁谷西路 5 号（100040）
网　　址：中国检察出版社（www.zgjccbs.com）
电子邮箱：zgjccbs@vip.sina.com
电　　话：(010)68650028(编辑)　68650015(发行)　68636518(门市)
经　　销：新华书店
印　　刷：北京鑫海金澳胶印有限公司
开　　本：A5
印　　张：22.875 印张
字　　数：1044 千字
版　　次：2009 年 4 月第一版　　2009 年 4 月第一次印刷
书　　号：ISBN 978－7－5102－0069－4/D·2049
定　　价：48.00 元

出版说明

《常用刑事司法解释新编》一书是为适应公、检、法、司及律师等司法实务人员办理刑事案件需要，由最高人民检察院《法律手册》编委会组织编辑出版的。

本书主要收录了20世纪80年代以来，我国最高人民法院、最高人民检察院作出的现行有效的司法解释、规范性文件（也包括一些国务院相关职能部门如公安部、司法部发布的规范性文件）。在编辑时，根据刑事办案的实际需要，分为刑事实体篇和刑事程序篇两部分。在刑事实体篇中，按照刑法总则、刑法分则各章节及分则罪名的顺序，将有关的司法解释和规范性文件进行有序排列。在刑事程序篇中，根据刑事诉讼的流程，按刑事诉讼法的章节顺序，将有关的司法解释和规范性文件进行编排。在每个司法解释和规范性文件中列出了通过时间、公（发）布时间、生效时间和发文号，在目录中列出了公（发）布的时间，以方便查寻、使用。本书收录的司法解释和规范性文件截至2009年3月底。

本书内容全面新颖，编排合理，查寻方便，实用性强，既可作为司法实务工作者办案工具书，也可以作为高校师生研习法律及考试之用。

《法律手册》编委会
2009年3月

目　　录

刑事实体篇

总　　则

一、刑法的效力

二、犯罪

三、刑罚及其运用

分　则

一、分则罪名

二、刑法各罪

（一）危害国家安全罪

（二）危害公共安全罪

刑事程序篇

二、管辖

六、强制措施

七、刑事附带民事诉讼

八、立案、侦查

1. 立案及立案标准

九、起诉、审判

（一）提起公诉

（二）审判制度与审理期限

（三）第一、二审程序

十一、执行程序

十二、未成年人犯罪刑事诉讼程序

十三、刑事赔偿程序

刑事实体篇

总　则

一、刑法的效力

最高人民法院关于依法不再核准类推案件的通知

（1997年9月22日　法发〔1997〕23号）

各省、自治区、直辖市高级人民法院，解放军军事法院：

修订后的《中华人民共和国刑法》于1997年10月1日起施行。现就1997年10月1日以后审理此前发生的适用类推案件的有关问题，通知如下：

一、1997年10月1日以后，各级人民法院一律不再适用修订前的刑法第七十九条的规定向我院报送类推案件。

二、1997年9月30日以前已经报送但在10月1日前尚未核准的类推案件，应当根据修订后的刑法第三条的规定，分别不同情况作出处理：对于按照修订前的刑法需要类推定罪，修订后的刑法没有规定为犯罪的行为，一律不得定罪判刑；对于按照修订前的刑法需要类推定罪，修订后的刑法也规定为犯罪的行为，如需追究刑事责任的，应适用修订后刑法第十二条的规定处罚。

三、1997年10月1日以后，各级人民法院审理发生的1997年9月30日以前，按照修订前的刑法需要类推定罪的案件，应当按照本通知第二条的规定办理。

最高人民法院关于适用刑法时间效力规定若干问题的解释

（1997年9月25日最高人民法院审判委员会
第937次会议通过　自1997年10月1日起施行）
法释〔1997〕5号

为正确适用刑法，现就人民法院1997年10月1日以后审理的刑事案件，具体适用修订前的刑法或者修订后的刑法的有关问题规定如下：

第一条　对于行为人1997年9月30日以前实施的犯罪行为，在人民检察院、公安机关、国家安全机关立案侦查或者在人民法院受理案件以后，行为人逃避侦查或者审判，超过追诉期限或者被害人在追诉期限内提出控告，人民法院、人民检察院、公安机关应当立案而不予立案，超过追诉期限的，是否追究行为人的刑事责任，适用修订前的刑法第七十七条的规定。

第二条　犯罪分子1997年9月30日以前犯罪，不具有法定减轻处罚情节，但是根据案件的具体情况需要在法定刑以下判处刑罚的，适用修订前的刑法第五十九条第二款的规定。

第三条 前罪判处的刑罚已经执行完毕或者赦免，在1997年9月30日以前又犯应当判处有期徒刑以上刑罚之罪，是否构成累犯，适用修订前的刑法第六十一条的规定；1997年10月1日以后又犯应当判处有期徒刑以上刑罚之罪的，是否构成累犯，适用刑法第六十五条的规定。

第四条 1997年9月30日以前被采取强制措施的犯罪嫌疑人、被告人或者1997年9月30日以前犯罪，1997年10月1日以后仍在服刑的罪犯，如实供述司法机关还未掌握的本人其他罪行的，适用刑法第六十七条第二款的规定。

第五条 1997年9月30日以前犯罪的犯罪分子，有揭发他人犯罪行为，或者提供重要线索，从而得以侦破其他案件等立功表现的，适用刑法第六十八条的规定。

第六条 1997年9月30日以前犯罪被宣告缓刑的犯罪分子，在1997年10月1日以后的缓刑考验期间又犯新罪、被发现漏罪或者违反法律、行政法规或者国务院公安部门有关缓刑的监督管理规定，情节严重的，适用刑法第七十七条的规定，撤销缓刑。

第七条 1997年9月30日以前犯罪，1997年10月1日以后仍在服刑的犯罪分子，因特殊情况，需要不受执行刑期限制假释的，适用刑法第八十一条第一款的规定，报经最高人民法院核准。

第八条 1997年9月30日以前犯罪，1997年10月1日以后仍在服刑的累犯以及因杀人、爆炸、抢劫、强奸、绑架等暴力性犯罪被判处十年以上有期徒刑、无期徒刑的犯罪分子，适用修订前的刑法第七十三条的规定，可以假释。

第九条 1997年9月30日以前被假释的犯罪分子，在1997年10月1日以后的假释考验期内，又犯新罪、被发现漏罪或者违反法律、行政法规或者国务院公安部门有关假释的监督管理规定的，适用刑法第八十六条的规定，撤销假释。

第十条 按照审判监督程序重新审判的案件，适用行为时的法律。

最高人民检察院关于检察工作中具体适用修订刑法第十二条若干问题的通知

（最高人民检察院第八届检察委员会
第74次会议通过　1997年10月6日公布施行）
高检发释字〔1997〕4号

地方各级人民检察院、各级军事检察院：

根据修订刑法第十二条的规定，现对发生在1997年9月30日以前，1997年10月1日后尚未处理或者正在处理的行为如何适用法律的若干问题通知如下：

一、如果当时的法律（包括1979年刑法，中华人民共和国惩治军人违反职责罪暂行条例，全国人大常委会关于刑事法律的决定、补充规定，民事、经济、行政法律中“依照”、“比照”刑法有关条款追究刑事责任的法律条文，下同）、司法解释认为是犯罪，修订刑法不认为是犯罪的，依法不再追究刑事责任。已经立案、侦查的，撤销案件；已批准逮捕的，撤销批准逮捕决定，并建议公安机关撤销案件；审查起诉的，作出不起诉决定；已经起诉的，建议人民法院退回案件，予以撤销；已经抗诉的，撤回抗诉。

二、如果当时的法律、司法解释认为是犯罪，修订刑法也认为是犯罪的，按从旧兼从轻的原则依法追究刑事责任：

1. 罪名、构成要件、情节以及法定刑没有变化的，适用当时的法律追究刑事责任。

2. 罪名、构成要件、情节以及法定刑已经变化的，根据从轻原则，确定适用当时的法律或者修订刑法追究刑事责任。

三、如果当时的法律不认为是犯罪，修订刑法认为是犯罪的，适用当时的法律；但行为连续或者继续到1997年10月1日以后的，对10月1日以后构成犯罪的行为适用修订刑法追究刑事责任。

最高人民法院　最高人民检察院关于适用刑事司法解释时间效力问题的规定

（2001年9月18日最高人民法院审判委员会第1193次会议、2001年6月18日最高人民检察院第九届检察委员会第90次会议通过　2001年12月16日公布　自2001年12月17日起施行）

高检发释字〔2001〕5号

为正确适用司法解释办理案件，现对适用刑事司法解释时间效力问题提出如下意见：

一、司法解释是最高人民法院对审判工作中具体应用法律问题和最高人民检察院对检察工作中具体应用法律问题所作的具有法律效力的解释，自发布或者规定之日起施行，效力适用于法律的施行期间。

二、对于司法解释实施前发生的行为，行为时没有相关司法解释，司法解释施行后尚未处理或者正在处理的案件，依照司法解释的规定办理。

三、对于新的司法解释实施前发生的行为，行为时已有相关司法解释，依照行为时的司法解释办理，但适用新的司法解释对犯罪嫌疑人、被告人有利的，适用新的司法解释。

四、对于在司法解释施行前已办结的案件，按照当时的法律和司法解释，认定事实和适用法律没有错误的，不再变动。

最高人民法院关于适用刑法第十二条几个问题的解释

（1997年12月23日最高人民法院审判委员会
第952次会议通过 1998年1月13日公布施行）
法释〔1997〕12号

修订后的《中华人民共和国刑法》1997年10月1日施行以来，一些地方法院就刑法第十二条适用中的几个具体问题向我院请示。现解释如下：

第一条 刑法第十二条规定的“处刑较轻”，是指刑法对某种犯罪规定的刑罚即法定刑比修订前刑法轻。法定刑较轻是指法定最高刑较轻；如果法定最高刑相同，则指法定最低刑较轻。

第二条 如果刑法规定的某一犯罪只有一个法定刑幅度，法定最高刑或者最低刑是指该法定刑幅度的最高刑或者最低刑；如果刑法规定的某一犯罪有两个以上的法定刑幅度，法定最高刑或者最低刑是指具体犯罪行为应当适用的法定刑幅度的最高刑或者最低刑。

第三条 1997年10月1日以后审理1997年9月30日以前发生的刑事案件，如果刑法规定的定罪处刑标准、法定刑与修订前刑法相同的，应当适用修订前的刑法。

最高人民检察院关于对跨越修订刑法施行日期的继续犯罪、连续犯罪以及其他同种数罪应如何具体适用刑法问题的批复

（最高人民检察院第九届检察委员会
第20次会议通过 1998年12月2日公布施行）
高检发释字〔1998〕6号

四川省人民检察院：

你院川检发研〔1998〕10号《关于对连续犯罪、继续犯罪如何具体适用刑法第十二条的有关问题的请示》收悉，经研究，批复如下：

对于开始于1997年9月30日以前，继续或者连续到1997年10月1日以后的行为，以及在1997年10月1日前后分别实施的同种类数罪，如果原刑法和修订刑法都认为是犯罪并且应当追诉，按照下列原则决定如何适用法律：

一、对于开始于1997年9月30日以前，继续到1997年10月1日以后终了的继续犯罪，应当适用修订刑法一并进行追诉。

二、对于开始于1997年9月30日以前，连续到1997年10月1日以后的连续犯罪，或者在1997年10月1日前后分别实施同种类数罪，其中罪名、构成要件、情节以及法定刑均没有变化

的，应当适用修订刑法，一并进行追诉；罪名、构成要件、情节以及法定刑已经变化的，也应当适用修订刑法，一并进行追诉，但是修订刑法比原刑法所规定的构成要件和情节较为严格，或者法定刑较重的，在提起公诉时应当提出酌情从轻处理意见。

此复。

最高人民检察院关于贯彻执行《全国人民代表大会常务委员会关于〈中华人民共和国刑法〉第九十三条第二款的解释》的通知

（2000年6月5日　高检发研字〔2000〕12号）

各省、自治区、直辖市人民检察院，军事检察院，新疆生产建设兵团人民检察院：

第九届全国人民代表大会常务委员会第十五次会议于2000年4月25日通过了《全国人民代表大会常务委员会关于〈中华人民共和国刑法〉第九十三条第二款的解释》（以下简称《解释》）。为认真贯彻执行《解释》，现就有关工作通知如下：

一、各级检察机关要认真学习《解释》和刑法的有关规定，深刻领会《解释》的精神，充分认识检察机关依法查处村民委员会等村基层组织人员贪污、受贿、挪用公款犯罪案件对于维护农村社会稳定、惩治腐败、保障农村经济发展的重要意义。

二、根据《解释》，检察机关对村民委员会等村基层组织人员协助人民政府从事《解释》所规定的行政管理工作中发生的利用职务上的便利，非法占有公共财物，挪用公款，索取他人财物或者非法收受他人财物，构成犯罪的案件，应直接受理，分别适用刑法第三百八十二条、第三百八十三条、第三百八十四条和第三百八十五条、第三百八十六条的规定，以涉嫌贪污罪、挪用公款罪、受贿罪立案侦查。

三、各级检察机关在依法查处村民委员会等村基层组织人员贪污、受贿、挪用公款犯罪案件过程中，要根据《解释》和其他有关法律的规定，严格把握界限，准确认定村民委员会等村基层组织人员的职务活动是否属于协助人民政府从事《解释》所规定的行政管理工作，并正确把握刑法第三百八十二条、第三百八十三条贪污罪、第三百八十四条挪用公款罪和第三百八十五条、第三百八十六条受贿罪的构成要件。对村民委员会等村基层组织人员从事属于村民自治范围的经营、管理活动不能适用《解释》的规定。

四、各级检察机关在依法查处村民委员会等村基层组织人员涉嫌贪污、受贿、挪用公款犯罪案件过程中，要注意维护农村社会的稳定，注重办案的法律效果与社会效果的统一。对疑难、复杂、社会影响大的案件，下级检察机关要及时向上级检察机关请示。上级检察机关要认真及时研究，加强指导，以准确适用法律，保证办案质量。

五、各省级检察院对执行《解释》和本通知过程中遇到的新情况、新问题，要及时报告最高人民检察院。

最高人民检察院关于《全国人民代表大会常务委员会关于〈中华人民共和国刑法〉第九十三条第二款的解释》的时间效力的批复

（2000年6月29日 高检发研字〔2000〕15号）

天津市人民检察院：

你院“关于《全国人民代表大会常务委员会关于〈中华人民共和国刑法〉第九十三条第二款的解释》的实施时间问题的请示”收悉。经研究，批复如下：

《全国人民代表大会常务委员会关于〈中华人民共和国刑法〉第九十三条第二款的解释》是对刑法第九十三条第二款关于“其他依照法律从事公务的人员”规定的进一步明确，并不是对刑法的修改。因此，该《解释》的效力适用于修订刑法的施行日期，其溯及力适用修订刑法第十二条的规定。

此复。

最高人民法院关于在裁判文书中如何引用修订前、后刑法名称的通知

（1997年12月31日 法〔1997〕192号）

各省、自治区、直辖市高级人民法院，解放军军事法院：

为统一在裁判文书中引用修订前刑法和修订后刑法的名称，现通知如下：

从收到本通知之日起，在裁判文书中引用修订前的刑法，一律称“1979年《中华人民共和国刑法》”；引用修订后的刑法，一律称“《中华人民共和国刑法》”。

最高人民法院关于在裁判文书中如何引用刑法修正案的批复

（2007年4月9日最高人民法院审判委员会第1423次会议通过
2007年4月9日公布 自2007年4月13日起施行）
法释〔2007〕7号

各省、自治区、直辖市高级人民法院，解放军军事法院，新疆维吾尔自治区高级人民法院生产建设兵团分院：

近来，一些法院对在裁判文书中如

何引用刑法修正案的问题请示我院。经研究，批复如下：

人民法院在裁判文书中适用刑法修正案的规定时，应当直接引用修正后的刑法条文，表述为“《中华人民共和国刑法》第×××条的规定”，或者“《中华人民共和国刑法》第×××条之×的规定”。

此复。

二、犯　罪

全国人民代表大会常务委员会法制工作委员会关于已满十四周岁不满十六周岁的人承担刑事责任范围问题的答复意见

（2002年7月24日　法工委复字〔2002〕12号）

最高人民检察院：

关于你单位4月8日来函收悉，经研究，现答复如下：

刑法第十七条第二款规定的八种犯罪，是指具体犯罪行为而不是具体罪名。对于刑法第十七条中规定的“犯故意杀人、故意伤害致人重伤或者死亡”，是指只要故意实施了杀人、伤害行为并且造成了致人重伤、死亡后果的，都应负刑事责任。而不是指只有犯故意杀人罪、故意伤害罪的，才负刑事责任，绑架撕票的，不负刑事责任。对司法实践中出现的已满十四周岁不满十六周岁的人绑架人质后杀害被绑架人、拐卖妇女、儿童而故意造成被拐卖妇女、儿童重伤或死亡的行为，依据刑法是应当追究其刑事责任的。

最高人民检察院关于已满十四周岁不满十六周岁的人承担刑事责任范围问题的复函

（2002年8月9日　高检发研字〔2002〕17号）

四川省人民检察院：

你院关于已满十四周岁不满十六周岁的人承担刑事责任范围问题的请示（川检发研〔2001〕13号）收悉。我们就此问题询问了全国人民代表大会常务委员会法制工作委员会，现将全国人民代表大会常务委员会法制工作委员会的答复意见转发你院，请遵照执行。

此复。

最高人民检察院法律政策研究室关于相对刑事责任年龄的人承担刑事责任范围有关问题的答复

（2003年4月18日 〔2003〕高检研发第13号）

四川省人民检察院研究室：

你院关于相对刑事责任年龄的人承担刑事责任范围问题的请示（川检发办〔2002〕47号）收悉。经研究，答复如下：

一、相对刑事责任年龄的人实施了刑法第十七条第二款规定的行为，应当追究刑事责任的，其罪名应当根据所触犯的刑法分则具体条文认定。对于绑架后杀害被绑架人的，其罪名应认定为绑架罪。

二、相对刑事责任年龄的人实施了刑法第二百六十九条规定的行为的，应当依照刑法第二百六十三条的规定，以抢劫罪追究刑事责任。但对情节显著轻微，危害不大的，可根据刑法第十三条的规定，不予追究刑事责任。

此复。

最高人民法院关于审理单位犯罪案件具体应用法律有关问题的解释

（1999年6月18日最高人民法院审判委员会第1069次会议通过 1999年6月25日公布 自1999年7月3日起施行）

法释〔1999〕14号

为依法惩治单位犯罪活动，根据刑法的有关规定，现对审理单位犯罪案件具体应用法律的有关问题解释如下：

第一条 刑法第三十条规定的“公司、企业、事业单位”，既包括国有、集体所有的公司、企业、事业单位，也包括依法设立的合资经营、合作经营企业和具有法人资格的独资、私营等公司、企业、事业单位。

第二条 个人为进行违法犯罪活动而设立的公司、企业、事业单位实施犯罪的，或者公司、企业、事业单位设立后，以实施犯罪为主要活动的，不以单位犯罪论处。

第三条 盗用单位名义实施犯罪，违法所得由实施犯罪的个人私分的，依照刑法有关自然人犯罪的规定定罪处罚。

最高人民法院关于审理单位犯罪案件对其直接负责的主管人员和其他直接责任人员是否区分主犯、从犯问题的批复

（2000年9月28日最高人民法院审判委员会第1132次会议通过 2000年9月30日公布 自2000年10月10日起施行）

法释〔2000〕31号

湖北省高级人民法院：

你院鄂高法〔1999〕374号《关于单位犯信用证诈骗罪案件中对其“直接负责的主管人员”和“其他直接责任人员”是否划分主从犯问题的请示》收悉。经研究，答复如下：

在审理单位故意犯罪案件时，对其直接负责的主管人员和其他直接责任人员，可不区分主犯、从犯，按照其在单位犯罪中所起的作用判处刑罚。

此复。

最高人民检察院关于涉嫌犯罪单位被撤销、注销、吊销营业执照或者宣告破产的应如何进行追诉问题的批复

（2002年7月4日最高人民检察院第九届检察委员会第111次会议通过 2002年7月9日公布 自2002年7月15日起施行）

高检发释字〔2002〕4号

四川省人民检察院：

你院《关于对已注销的单位原犯罪行为是否应当追诉的请示》（川检发研〔2001〕25号）收悉。经研究，批复如下：

涉嫌犯罪的单位被撤销、注销、吊销营业执照或者宣告破产的，应当根据刑法关于单位犯罪的相关规定，对实施犯罪行为的该单位直接负责的主管人员和其他直接责任人员追究刑事责任，对该单位不再追诉。

此复。

最高人民法院研究室关于外国公司、企业、事业单位在我国领域内犯罪如何适用法律问题的答复

（2003年10月15日 法研〔2003〕153号）

天津市高级人民法院：

你院津高法〔2003〕30号《关于韩国注册企业在我国犯走私普通货物罪能否按单位犯罪处理的请示》收悉。经研究，答复如下：

符合我国法人资格条件的外国公司、企业、事业单位，在我国领域内实施危害社会的行为，依照我国《刑法》构成犯罪的，应当依照我国《刑法》关于单位犯罪的规定追究刑事责任。

个人为在我国领域内进行违法犯罪活动而设立的外国公司、企业、事业单位实施犯罪的，或者外国公司、企业、事业单位设立后在我国领域内以实施违法犯罪为主要活动的，不以单位犯罪论处。

三、刑罚及其运用

最高人民法院关于办理减刑、假释案件具体应用法律若干问题的规定

（1997年10月28日最高人民法院审判委员会第940次会议通过
1997年10月29日公布 自1997年11月8日起施行）
法释〔1997〕6号

为正确适用刑法、刑事诉讼法，依法办理减刑、假释案件，根据刑法、刑事诉讼法和有关法律的规定，结合减刑、假释工作的实践经验，制定本规定。

第一条 根据刑法第七十八条第一款的规定，被判处管制、拘役、有期徒刑的犯罪分子，在执行期间，如果认真遵守监规，接受教育改造，确有悔改表现的，或者有立功表现的，可以减刑；有重大立功表现的，应当减刑。

（一）“确有悔改表现”是指同时具备以下四个方面情形：认罪服法；认真遵守监规，接受教育改造；积极参加政治、文化、技术学习；积极参加劳动，完成生产任务。

对罪犯在刑罚执行期间提出申诉的，要依法保护其申诉权利。对罪犯申诉应当具体情况具体分析，不应当一概认为是不认罪服法。

（二）“立功表现”是指具有下列情形之一的：

1. 检举、揭发监内外犯罪活动，或者提供重要的破案线索，经查证属

实的；

2. 阻止他人犯罪活动的；

3. 在生产、科研中进行技术革新，成绩突出的；

4. 在抢险救灾或者排除重大事故中表现积极的；

5. 有其他有利于国家和社会的突出事迹的。

（三）“重大立功表现”是指具有刑法第七十八条规定的应当减刑的六种表现之一的情形。

第二条 对有期徒刑罪犯在刑罚执行期间，符合减刑条件的减刑幅度为：如果确有悔改表现的，或者有立功表现的，一般一次减刑不超过一年有期徒刑；如果确有悔改表现并有立功表现，或者有重大立功表现的，一般一次减刑不超过两年有期徒刑。被判处十年以上有期徒刑的罪犯，如果悔改表现突出的，或者有立功表现的，一次减刑不得超过两年有期徒刑；如果悔改表现突出并有立功表现，或者有重大立功表现的，一次减刑不得超过三年有期徒刑。

第三条 有期徒刑罪犯的减刑起始时间和间隔时间为：被判处五年以上有期徒刑的罪犯，一般在执行一年半以上方可减刑；两次减刑之间一般应当间隔一年以上。被判处十年以上有期徒刑的罪犯，一次减二年至三年有期徒刑之后，再减刑时，其间隔时间一般不得少于二年。被判处不满五年有期徒刑的罪犯，可以比照上述规定，适当缩短起始和间隔时间。

确有重大立功表现的，可以不受上述减刑起始和间隔时间的限制。

第四条 在有期徒刑罪犯减刑时，对附加剥夺政治权利的刑期可以酌减。酌减后剥夺政治权利的期限，最短不得少于一年。

第五条 对判处拘役或者三年以下有期徒刑、宣告缓刑的犯罪分子，一般不适用减刑。

如果在缓刑考验期间有重大立功表现的，可以参照刑法第七十八条的规定，予以减刑，同时相应地缩减其缓刑考验期限。减刑后实际执行的刑期不能少于原判刑期的二分之一，相应缩减的缓刑考验期限不能低于减刑后实际执行的刑期。判处拘役的缓刑考验期限不能少于两个月，判处有期徒刑的缓刑考验期限不能少于一年。

第六条 无期徒刑罪犯在执行期间，如果确有悔改表现的，或者有立功表现的，服刑二年以后，可以减刑。减刑幅度为：对确有悔改表现的，或者有立功表现的，一般可以减为十八年以上二十年以下有期徒刑；对有重大立功表现的，可以减为十三年以上十八年以下有期徒刑。

第七条 无期徒刑罪犯在刑罚执行期间又犯罪，被判处有期徒刑以下刑罚的，自新罪判决确定之日起一般在两年之内不予减刑；对新罪判处无期徒刑的，减刑的起始时间要适当延长。

第八条 被判处无期徒刑的罪犯减刑后，实际执行的刑期不能少于十年，其起始时间应当自无期徒刑判决确定之日起计算。

第九条 根据刑法第五十条的规定，死刑缓期执行罪犯在死刑缓期执行期间，如果没有故意犯罪，二年期满后，减为无期徒刑；如果确有重大立功表现，二年期满以后，减为十五年以上二十年以下有期徒刑。

对死刑缓期执行罪犯经过一次或几次减刑后，其实际执行的刑期，不得少于十二年（不含死刑缓期执行的二年）。

第十条 刑法第八十一条第一款规定的“不致再危害社会”，是指罪犯在刑罚执行期间一贯表现好，确已具备本规定第一条第（一）项所列情形，不致违法、重新犯罪的，或者是老年、身体有残疾（不含自伤致残），并丧失作案能力的。

第十一条 刑法第八十一条第一款规定的“特殊情况”，是指有国家政治、国防、外交等方面特殊需要的情况。

第十二条 根据刑法第八十一条第二款的规定，对累犯以及因杀人、爆炸、抢劫、强奸、绑架等暴力性犯罪中的一罪被判处十年以上有期徒刑、无期徒刑的犯罪分子，不得假释。

第十三条 对犯罪时未成年的罪犯的减刑、假释，在掌握标准上可以比照成年罪犯依法适度放宽。未成年罪犯能认罪服法，遵守监规，积极参加学习、劳动的，即可视为确有悔改表现予以减刑，其减刑的幅度可以适当放宽，间隔的时间可以相应缩短。符合刑法第八十一条第一款规定的，可以假释。

第十四条 对老年和身体残疾（不含自伤致残）罪犯的减刑、假释，应当主要注重悔罪的实际表现。对除刑法第八十一条第二款规定的情形之外，有悔罪表现，丧失作案能力或者生活不能自理，且假释后生活确有着落的老残犯，可以依法予以假释。

第十五条 对死刑缓期执行罪犯减为无期徒刑或者有期徒刑后，符合刑法第八十一条第一款和本规定第九条第二款规定的，可以假释。

第十六条 被假释的罪犯，除有特殊情形，一般不得减刑，其假释考验期也不能缩短。

第十七条 罪犯减刑后又假释的间隔时间，一般为一年；对一次减二年或者三年有期徒刑后，又适用假释的，其间隔时间不得少于二年。

第十八条 对判处有期徒刑的罪犯减刑、假释，执行原判刑期二分之一以上的起始时间，应当从判决执行之日起计算，判决执行以前先行羁押的，羁押一日折抵刑期一日。

最高人民法院关于对故意伤害、盗窃等严重破坏社会秩序的犯罪分子能否附加剥夺政治权利问题的批复

（1997年12月23日最高人民法院审判委员会
第952次会议通过 1998年1月13日公布施行）
法释〔1997〕11号

福建省高级人民法院：

你院《关于对故意伤害、盗窃（重大）等犯罪分子被判处有期徒刑的，能否附加剥夺政治权利的请示》收悉。经研究，答复如下：

根据刑法第五十六条规定，对于故意杀人、强奸、放火、爆炸、投毒、抢劫等严重破坏社会秩序的犯罪分子，可以附加剥夺政治权利。对故意伤害、盗窃等其他严重破坏社会秩序的犯罪，犯罪分子主观恶性较深、犯罪情节恶劣、罪行严重的，也可以依法附加剥夺政治权利。

此复。

最高人民法院关于处理自首和立功具体应用法律若干问题的解释

（1998年4月6日最高人民法院审判委员会第972次会议通过 1998年4月17日公布 自1998年5月9日起施行）

法释〔1998〕8号

为正确认定自首和立功，对具有自首或者立功表现的犯罪分子依法适用刑罚，现就具体应用法律的若干问题解释如下：

第一条 根据刑法第六十七条第一款的规定，犯罪以后自动投案，如实供述自己的罪行的，是自首。

（一）自动投案，是指犯罪事实或者犯罪嫌疑人未被司法机关发觉，或者虽被发觉，但犯罪嫌疑人尚未受到讯问、未被采取强制措施时，主动、直接向公安机关、人民检察院或者人民法院投案。

犯罪嫌疑人向其所在单位、城乡基层组织或者其他有关负责人员投案的；犯罪嫌疑人因病、伤或者为了减轻犯罪后果，委托他人先代为投案，或者先以信电投案的；罪行尚未被司法机关发觉，仅因形迹可疑，被有关组织或者司法机关盘问、教育后，主动交代自己的罪行的；犯罪后逃跑，在被通缉、追捕过程中，主动投案的；经查实确已准备去投案，或者正在投案途中，被公安机关捕获的，应当视为自动投案。

并非出于犯罪嫌疑人主动，而是经亲友规劝、陪同投案的；公安机关通知犯罪嫌疑人的亲友，或者亲友主动报案后，将犯罪嫌疑人送去投案的，也应当视为自动投案。

犯罪嫌疑人自动投案后又逃跑的，不能认定为自首。

（二）如实供述自己的罪行，是指犯罪嫌疑人自动投案后，如实交代自己的主要犯罪事实。

犯有数罪的犯罪嫌疑人仅如实供述所犯数罪中部分犯罪的，只对如实供述部分犯罪的行为，认定为自首。

共同犯罪案件中的犯罪嫌疑人，除如实供述自己的罪行，还应当供述所知的同案犯，主犯则应当供述所知其他同案犯的共同犯罪事实，才能认定为自首。

犯罪嫌疑人自动投案并如实供述自己的罪行后又翻供的，不能认定为自首；但在一审判决前又能如实供述的，应当认定为自首。

第二条 根据刑法第六十七条第二款的规定，被采取强制措施的犯罪嫌疑人、被告人和已宣判的罪犯，如实供述司法机关尚未掌握的罪行，与司法机关已掌握的或者判决确定的罪行属不同种罪行的，以自首论。

第三条 根据刑法第六十七条第一款的规定，对于自首的犯罪分子，可以从轻或者减轻处罚；对于犯罪较轻的，可以免除处罚。具体确定从轻、减轻还是免除处罚，应当根据犯罪轻重，并考虑自首的具体情节。

第四条 被采取强制措施的犯罪嫌疑人、被告人和已宣判的罪犯，如实供述司法机关尚未掌握的罪行，与司法机关已掌握的或者判决确定的罪行属同种罪行的，可以酌情从轻处罚；如实供述的同种罪行较重的，一般应当从轻处罚。

第五条 根据刑法第六十八条第一款的规定，犯罪分子到案后有检举、揭发他人犯罪行为，包括共同犯罪案件中的犯罪分子揭发同案犯共同犯罪以外的其他犯罪，经查证属实；提供侦破其他案件的重要线索，经查证属实；阻止他人犯罪活动；协助司法机关抓捕其他犯罪嫌疑人（包括同案犯）；具有其他有利于国家和社会的突出表现的，应当认定为有立功表现。

第六条 共同犯罪案件的犯罪分子到案后，揭发同案犯共同犯罪事实的，可以酌情予以从轻处罚。

第七条 根据刑法第六十八条第一款的规定，犯罪分子有检举、揭发他人重大犯罪行为，经查证属实；提供侦破其他重大案件的重要线索，经查证属实；阻止他人重大犯罪活动；协助司法机关抓捕其他重大犯罪嫌疑人（包括同案犯）；对国家和社会有其他重大贡献等表现的，应当认定为有重大立功表现。

前款所称"重大犯罪"、"重大案件"、"重大犯罪嫌疑人"的标准，一般是指犯罪嫌疑人、被告人可能被判处无期徒刑以上刑罚或者案件在本省、自治区、直辖市或者全国范围内有较大影响等情形。

最高人民法院、最高人民检察院关于办理职务犯罪案件认定自首、立功等量刑情节若干问题的意见

（2009年3月12日 法发〔2009〕13号）

为依法惩处贪污贿赂、渎职等职务犯罪，根据刑法和相关司法解释的规定，结合办案工作实际，现就办理职务犯罪案件有关自首、立功等量刑情节的认定和处理问题，提出如下意见：

一、关于自首的认定和处理

根据刑法第六十七条第一款的规定，成立自首需同时具备自动投案和如实供述自己的罪行两个要件。犯罪事实或者犯罪分子未被办案机关掌握，或者虽被掌握，但犯罪分子尚未受到调查谈话、讯问，或者未被宣布采取调查措施或者强制措施时，向办案机关投案的，是自动投案。在此期间如实交代自己的主要犯罪事实的，应当认定为自首。

犯罪分子向所在单位等办案机关以外的单位、组织或者有关负责人员投案的，应当视为自动投案。

没有自动投案，在办案机关调查谈话、讯问、采取调查措施或者强制措施期间，犯罪分子如实交代办案机关掌握的线索所针对的事实的，不能认定为自首。

没有自动投案，但具有以下情形之一的，以自首论：（1）犯罪分子如实交代办案机关未掌握的罪行，与办案机关已掌握的罪行属不同种罪行的；（2）办案机关所掌握线索针对的犯罪事实不成立，在此范围外犯罪分子交代同种罪行的。

单位犯罪案件中，单位集体决定或者单位负责人决定而自动投案，如实交代单位犯罪事实的，或者单位直接负责的主管人员自动投案，如实交代单位犯罪事实的，应当认定为单位自首。单位自首的，直接负责的主管人员和直接责任人员未自动投案，但如实交代自己知道的犯罪事实的，可以视为自首；拒不交代自己知道的犯罪事实或者逃避法律追究的，不应当认定为自首。单位没有自首，直接责任人员自动投案并如实交代自己知道的犯罪事实的，对该直接责任人员应当认定为自首。

对于具有自首情节的犯罪分子，办案机关移送案件时应当予以说明并移交相关证据材料。

对于具有自首情节的犯罪分子，应当根据犯罪的事实、性质、情节和对于社会的危害程度，结合自动投案的动机、阶段、客观环境，交代犯罪事实的完整性、稳定性以及悔罪表现等具体情节，依法决定是否从轻、减轻或者免除处罚以及从轻、减轻处罚的幅度。

二、关于立功的认定和处理

立功必须是犯罪分子本人实施的行为。为使犯罪分子得到从轻处理，犯罪分子的亲友直接向有关机关揭发他人犯罪行为，提供侦破其他案件的重要线索，或者协助司法机关抓捕其他犯罪嫌疑人的，不应当认定为犯罪分子的立功表现。

据以立功的他人罪行材料应当指明具体犯罪事实；据以立功的线索或者协助行为对于侦破案件或者抓捕犯罪嫌疑人要有实际作用。犯罪分子揭发他人犯罪行为时没有指明具体犯罪事实的；揭发的犯罪事实与查实的犯罪事实不具有关联性的；提供的线索或者协助行为对于其他案件的侦破或者其他犯罪嫌疑人的抓捕不具有实际作用的，不能认定为立功表现。

犯罪分子揭发他人犯罪行为，提供侦破其他案件重要线索的，必须经查证属实，才能认定为立功。审查是否构成立功，不仅要审查办案机关的说明材料，还要审查有关事实和证据以及与案件定性处罚相关的法律文书，如立案决定书、逮捕决定书、侦查终结报告、起诉意见书、起诉书或者判决书等。

据以立功的线索、材料来源有下列情形之一的，不能认定为立功：(1) 本人通过非法手段或者非法途径获取的；(2) 本人因原担任的查禁犯罪等职务获取的；(3) 他人违反监管规定向犯罪分子提供的；(4) 负有查禁犯罪活动职责的国家机关工作人员或者其他国家工作人员利用职务便利提供的。

犯罪分子检举、揭发的他人犯罪，提供侦破其他案件的重要线索，阻止他人的犯罪活动，或者协助司法机关抓捕的其他犯罪嫌疑人，犯罪嫌疑人、被告人依法可能被判处无期徒刑以上刑罚的，应当认定为有重大立功表现。其中，可能被判处无期徒刑以上刑罚，是指根据犯罪行为的事实、情节可能判处无期徒刑以上刑罚。案件已经判决的，以实际判处的刑罚为准。但是，根据犯罪行为的事实、情节应当判处无期徒刑以上刑罚，因被判刑人有法定情节经依法从轻、减轻处罚后判处有期徒刑的，应当认定为重大立功。

对于具有立功情节的犯罪分子，应当根据犯罪的事实、性质、情节和对于社会的危害程度，结合立功表现所起作用的大小、所破获案件的罪行轻重、所抓获犯罪嫌疑人可能判处的法定刑以及立功的时机等具体情节，依法决定是否从轻、减轻或者免除处罚以及从轻、减轻处罚的幅度。

三、关于如实交代犯罪事实的认定和处理

犯罪分子依法不成立自首，但如实交代犯罪事实，有下列情形之一的，可以酌情从轻处罚：（1）办案机关掌握部分犯罪事实，犯罪分子交代了同种其他犯罪事实的；（2）办案机关掌握的证据不充分，犯罪分子如实交代有助于收集定案证据的。

犯罪分子如实交代犯罪事实，有下列情形之一的，一般应当从轻处罚：（1）办案机关仅掌握小部分犯罪事实，犯罪分子交代了大部分未被掌握的同种犯罪事实的；（2）如实交代对于定案证据的收集有重要作用的。

四、关于赃款赃物追缴等情形的处理

贪污案件中赃款赃物全部或者大部分追缴的，一般应当考虑从轻处罚。

受贿案件中赃款赃物全部或者大部分追缴的，视具体情况可以酌定从轻处罚。

犯罪分子及其亲友主动退赃或者在办案机关追缴赃款赃物过程中积极配合的，在量刑时应当与办案机关查办案件过程中依职权追缴赃款赃物的有所区别。

职务犯罪案件立案后，犯罪分子及其亲友自行挽回的经济损失，司法机关或者犯罪分子所在单位及其上级主管部门挽回的经济损失，或者因客观原因减少的经济损失，不予扣减，但可以作为酌情从轻处罚的情节。

最高人民法院关于对怀孕妇女在羁押期间自然流产审判时是否可以适用死刑问题的批复

（1998 年 8 月 4 日最高人民法院审判委员会第 1010 次会议通过
1998 年 8 月 7 日公布　自 1998 年 8 月 13 日起施行）
法释〔1998〕18 号

河北省高级人民法院：

你院冀高法〔1998〕40 号《关于审判时对怀孕妇女在公安预审羁押期间自然流产，是否适用死刑的请示》收悉。经研究，答复如下：

怀孕妇女因涉嫌犯罪在羁押期间自然流产后，又因同一事实被起诉、交付审判的，应当视为“审判的时候怀孕的妇女”，依法不适用死刑。

此复。

最高人民法院关于适用财产刑若干问题的规定

（2000年11月15日最高人民法院审判委员会第1139次会议通过
2000年12月13日公布　自2000年12月19日起施行）
法释〔2000〕45号

为正确理解和执行刑法有关财产刑的规定，现就适用财产刑的若干问题规定如下：

第一条　刑法规定"并处"没收财产或者罚金的犯罪，人民法院在对犯罪分子判处主刑的同时，必须依法判处相应的财产刑；刑法规定"可以并处"没收财产或者罚金的犯罪，人民法院应当根据案件具体情况及犯罪分子的财产状况，决定是否适用财产刑。

第二条　人民法院应当根据犯罪情节，如违法所得数额、造成损失的大小等，并综合考虑犯罪分子缴纳罚金的能力，依法判处罚金。刑法没有明确规定罚金数额标准的，罚金的最低数额不能少于一千元。

对未成年人犯罪应当从轻或者减轻判处罚金，但罚金的最低数额不能少于五百元。

第三条　依法对犯罪分子所犯数罪分别判处罚金的，应当实行并罚，将所判处的罚金数额相加，执行总和数额。

一人犯数罪依法同时并处罚金和没收财产的，应当合并执行；但并处没收全部财产的，只执行没收财产刑。

第四条　犯罪情节较轻，适用单处罚金不致再危害社会并具有下列情形之一的，可以依法单处罚金：

（一）偶犯或者初犯；

（二）自首或者有立功表现的；

（三）犯罪时不满十八周岁的；

（四）犯罪预备、中止或者未遂的；

（五）被胁迫参加犯罪的；

（六）全部退赃并有悔罪表现的；

（七）其他可以依法单处罚金的情形。

第五条　刑法第五十三条规定的"判决指定的期限"应当在判决书中予以确定；"判决指定的期限"应为从判决发生法律效力第二日起最长不超过三个月。

第六条　刑法第五十三条规定的"由于遭遇不能抗拒的灾祸缴纳确实有困难的"，主要是指因遭受火灾、水灾、地震等灾祸而丧失财产；罪犯因重病、伤残等而丧失劳动能力，或者需要罪犯抚养的近亲属患有重病，需支付巨额医药费等，确实没有财产可供执行的情形。

具有刑法第五十三条规定"可以酌情减少或者免除"事由的，由罪犯本人、亲属或者罪犯单位向负责执行的人民法院提出书面申请，并提供相应的证明材料。人民法院审查以后，根据实际情况，裁定减少或者免除应当缴纳的罚金数额。

第七条　刑法第六十条规定的"没收财产以前犯罪分子所负的正当债务"，是指犯罪分子在判决生效前所负他人的合法债务。

第八条　罚金刑的数额应当以人民币为计算单位。

第九条　人民法院认为依法应当判

处被告人财产刑的，可以在案件审理过程中，决定扣押或者冻结被告人的财产。

第十条 财产刑由第一审人民法院执行。

犯罪分子的财产在异地的，第一审人民法院可以委托财产所在地人民法院代为执行。

第十一条 自判决指定的期限届满第二日起，人民法院对于没有法定减免事由不缴纳罚金的，应当强制其缴纳。

对于隐藏、转移、变卖、损毁已被扣押、冻结财产情节严重的，依照刑法第三百一十四条的规定追究刑事责任。

最高人民法院关于刑事裁判文书中刑期起止日期如何表述问题的批复

（2000年2月13日最高人民法院审判委员会第1099次会议通过
2000年2月29日公布　自2000年3月4日起施行）
法释〔2000〕7号

江西省高级人民法院：

你院赣高法〔1999〕第151号《关于裁判文书中刑期起止时间如何表述的请示》收悉。经研究，答复如下：

根据刑法第四十一条、第四十四条、第四十七条和《法院刑事诉讼文书样式（样本）》的规定，判处管制、拘役、有期徒刑的，应当在刑事裁判文书中写明刑种、刑期和主刑刑期的起止日期及折抵办法。刑期从判决执行之日起计算。判决执行以前先行羁押的，羁押一日折抵刑期一日（判处管制刑的，羁押一日折抵刑期二日），即自××××年××月××日（羁押之日）起至××××年××月××日止。羁押期间取保候审的，刑期的终止日顺延。

此复。

最高人民法院研究室关于如何理解犯罪嫌疑人自动投案的有关问题的答复

（2003年8月27日　法研〔2003〕132号）

河北省高级人民法院：

你院冀高法〔2003〕41号《关于如何理解和适用“如实供述司法机关尚未掌握的罪行”的请示》收悉。经研究，答复如下：

根据《刑法》第六十七条第一款和最高人民法院《关于处理自首和立功具体应用法律若干问题的解释》第一条的规定，对于犯罪嫌疑人实施犯罪后潜逃至异地，其罪行尚未被异地司法机关发觉，仅因形迹可疑，被异地司法机关留置盘问、教育后，主动交代自己的罪行的，应当视为自动投案。

最高人民法院关于被告人对行为性质的辩解是否影响自首成立问题的批复

（2004 年 3 月 23 日最高人民法院审判委员会第 1312 次会议通过
2004 年 3 月 26 日公布　自 2004 年 4 月 1 日起施行）
法释〔2004〕2 号

广西壮族自治区高级人民法院：

你院 2003 年 6 月 10 日《关于被告人对事实性质的辩解是否影响投案自首的成立的请示》收悉。经研究，答复如下：

根据刑法第六十七条第一款和最高人民法院《关于处理自首和立功具体应用法律若干问题的解释》第一条的规定，犯罪以后自动投案，如实供述自己的罪行的，是自首。被告人对行为性质的辩解不影响自首的成立。

此复。

最高人民法院关于撤销缓刑时罪犯在宣告缓刑前羁押的时间能否折抵刑期问题的批复

（2002 年 4 月 8 日最高人民法院审判委员会第 1220 次会议通过
2002 年 4 月 10 日公布　自 2002 年 4 月 18 日起施行）
法释〔2002〕11 号

各省、自治区、直辖市高级人民法院，解放军军事法院，新疆维吾尔自治区高级人民法院生产建设兵团分院：

最近，有的法院反映，关于在撤销缓刑时罪犯在宣告缓刑前羁押的时间能否折抵刑期的问题不明确。经研究，批复如下：

根据刑法第七十七条的规定，对被宣告缓刑的犯罪分子撤销缓刑执行原判刑罚的，对其在宣告缓刑前羁押的时间应当折抵刑期。

最高人民检察院关于被判处徒刑宣告缓刑仍留原单位工作的罪犯在缓刑考验期内能否调动工作的批复

（1997 年 1 月 20 日　高检发释字〔1997〕2 号）

广西壮族自治区人民检察院：

你院〔1996〕桂检监字第 21 号《关于被判处徒刑宣告缓刑后仍留原单位工作的人员在缓刑考验期内能否调动

工作的请示》收悉。经研究，批复如下：

根据刑法第七十条的规定，被宣告缓刑的犯罪分子，在缓刑考验期内，由公安机关交所在单位或者基层组织予以考察。为严肃缓刑的考察执行，被判处徒刑宣告缓刑仍留原单位工作的罪犯，在缓刑考验期内一般不得调动工作，对缓刑考验期已经过二分之一以上，并有认罪、悔罪态度，工作表现良好，确因工作特殊需要调动的，应当由所在单位报经负责执行的公安机关批准后办理调动手续。

分　则

一、分则罪名

最高人民法院关于执行《中华人民共和国刑法》确定罪名的规定

（1997年12月9日最高人民法院审判委员会第951次会议通过
1997年12月11日公布　自1997年12月16日起施行）
法释〔1997〕9号

为正确理解、执行第八届全国人民代表大会第五次会议通过的修订的《中华人民共和国刑法》，统一认定罪名，现根据修订的《中华人民共和国刑法》，对刑法分则中罪名规定如下：

第一章　危害国家安全罪

刑法条文		罪名
第102条		背叛国家罪
第103条	第1款	分裂国家罪
	第2款	煽动分裂国家罪
第104条		武装叛乱、暴乱罪
第105条	第1款	颠覆国家政权罪
	第2款	煽动颠覆国家政权罪
第107条		资助危害国家安全犯罪活动罪
第108条		投敌叛变罪
第109条		叛逃罪
第110条		间谍罪
第111条		为境外窃取、刺探、收买、非法提供国家秘密、情报罪
第112条		资敌罪

第二章　危害公共安全罪

第114条、第115条	第1款	放火罪
		决水罪
		爆炸罪

		投毒罪
		以危险方法危害公共安全罪
第 115 条	第 2 款	失火罪
		过失决水罪
		过失爆炸罪
		过失投毒罪
		过失以危险方法危害公共安全罪
第 116 条、第 119 条	第 1 款	破坏交通工具罪
第 117 条、第 119 条	第 1 款	破坏交通设施罪
第 118 条、第 119 条	第 1 款	破坏电力设备罪
		破坏易燃易爆设备罪
第 119 条	第 2 款	过失损坏交通工具罪
		过失损坏交通设施罪
		过失损坏电力设备罪
		过失损坏易燃易爆设备罪
第 120 条		组织、领导、参加恐怖组织罪
第 121 条		劫持航空器罪
第 122 条		劫持船只、汽车罪
第 123 条		暴力危及飞行安全罪
第 124 条	第 1 款	破坏广播电视设施、公用电信设施罪
	第 2 款	过失损坏广播电视设施、公用电信设施罪
第 125 条	第 1 款	非法制造、买卖、运输、邮寄、储存枪支、弹药、爆炸物罪
	第 2 款	非法买卖、运输核材料罪
第 126 条		违规制造、销售枪支罪
第 127 条	第 1 款、第 2 款	盗窃、抢夺枪支、弹药、爆炸物罪
	第 2 款	抢劫枪支、弹药、爆炸物罪
第 128 条	第 1 款	非法持有、私藏枪支、弹药罪
	第 2 款、第 3 款	非法出租、出借枪支罪
第 129 条		丢失枪支不报罪
第 130 条		非法携带枪支、弹药、管制刀具、危险物品危及公共安全罪
第 131 条		重大飞行事故罪
第 132 条		铁路运营安全事故罪
第 133 条		交通肇事罪
第 134 条		重大责任事故罪
第 135 条		重大劳动安全事故罪
第 136 条		危险物品肇事罪
第 137 条		工程重大安全事故罪
第 138 条		教育设施重大安全事故罪

第 139 条		消防责任事故罪

第三章　破坏社会主义市场经济秩序罪

第一节　生产、销售伪劣商品罪

第 140 条		生产、销售伪劣产品罪
第 141 条		生产、销售假药罪
第 142 条		生产、销售劣药罪
第 143 条		生产、销售不符合卫生标准的食品罪
第 144 条		生产、销售有毒、有害食品罪
第 145 条		生产、销售不符合标准的医用器材罪
第 146 条		生产、销售不符合安全标准的产品罪
第 147 条		生产、销售伪劣农药、兽药、化肥、种子罪
第 148 条		生产、销售不符合卫生标准的化妆品罪

第二节　走 私 罪

第 151 条	第 1 款	走私武器、弹药罪
		走私核材料罪
		走私假币罪
	第 2 款	走私文物罪
		走私贵重金属罪
		走私珍贵动物、珍贵动物制品罪
	第 3 款	走私珍稀植物、珍稀植物制品罪
第 152 条		走私淫秽物品罪
第 153 条		走私普通货物、物品罪
第 155 条	第（3）项	走私固体废物罪

第三节　妨害对公司、企业的管理秩序罪

第 158 条		虚报注册资本罪
第 159 条		虚假出资、抽逃出资罪
第 160 条		欺诈发行股票、债券罪
第 161 条		提供虚假财会报告罪
第 162 条		妨害清算罪
第 163 条		公司、企业人员受贿罪
第 164 条		对公司、企业人员行贿罪
第 165 条		非法经营同类营业罪
第 166 条		为亲友非法牟利罪
第 167 条		签订、履行合同失职被骗罪
第 168 条		徇私舞弊造成破产、亏损罪
第 169 条		徇私舞弊低价折股、出售国有资产罪

第四节　破坏金融管理秩序罪

第 170 条		伪造货币罪

第 171 条	第 1 款	出售、购买、运输假币罪
	第 2 款	金融工作人员购买假币、以假币换取货币罪
第 172 条		持有、使用假币罪
第 173 条		变造货币罪
第 174 条	第 1 款	擅自设立金融机构罪
	第 2 款	伪造、变造、转让金融机构经营许可证罪
第 175 条		高利转贷罪
第 176 条		非法吸收公众存款罪
第 177 条		伪造、变造金融票证罪
第 178 条	第 1 款	伪造、变造国家有价证券罪
	第 2 款	伪造、变造股票、公司、企业债券罪
第 179 条		擅自发行股票、公司、企业债券罪
第 180 条		内幕交易、泄露内幕信息罪
第 181 条	第 1 款	编造并传播证券交易虚假信息罪
	第 2 款	诱骗投资者买卖证券罪
第 182 条		操纵证券交易价格罪
第 186 条	第 1 款	违法向关系人发放贷款罪
	第 2 款	违法发放贷款罪
第 187 条		用账外客户资金非法拆借、发放贷款罪
第 188 条		非法出具金融票证罪
第 189 条		对违法票据承兑、付款、保证罪
第 190 条		逃汇罪
第 191 条		洗钱罪

第五节　金融诈骗罪

第 192 条		集资诈骗罪
第 193 条		贷款诈骗罪
第 194 条	第 1 款	票据诈骗罪
	第 2 款	金融凭证诈骗罪
第 195 条		信用证诈骗罪
第 196 条		信用卡诈骗罪
第 197 条		有价证券诈骗罪
第 198 条		保险诈骗罪

第六节　危害税收征管罪

第 201 条		偷税罪
第 202 条		抗税罪
第 203 条		逃避追缴欠税罪
第 204 条	第 1 款	骗取出口退税罪
第 205 条		虚开增值税专用发票、用于骗取出口退税、抵扣税款发票罪

第 206 条		伪造、出售伪造的增值税专用发票罪
第 207 条		非法出售增值税专用发票罪
第 208 条	第 1 款	非法购买增值税专用发票、购买伪造的增值税专用发票罪
第 209 条	第 1 款	非法制造、出售非法制造的用于骗取出口退税、抵扣税款发票罪
	第 2 款	非法制造、出售非法制造的发票罪
	第 3 款	非法出售用于骗取出口退税、抵扣税款发票罪
	第 4 款	非法出售发票罪

第七节　侵犯知识产权罪

第 213 条		假冒注册商标罪
第 214 条		销售假冒注册商标的商品罪
第 215 条		非法制造、销售非法制造的注册商标标识罪
第 216 条		假冒专利罪
第 217 条		侵犯著作权罪
第 218 条		销售侵权复制品罪
第 219 条		侵犯商业秘密罪

第八节　扰乱市场秩序罪

第 221 条		损害商业信誉、商品声誉罪
第 222 条		虚假广告罪
第 223 条		串通投标罪
第 224 条		合同诈骗罪
第 225 条		非法经营罪
第 226 条		强迫交易罪
第 227 条	第 1 款	伪造、倒卖伪造的有价票证罪
	第 2 款	倒卖车票、船票罪
第 228 条		非法转让、倒卖土地使用权罪
第 229 条	第 1 款、第 2 款	中介组织人员提供虚假证明文件罪
	第 3 款	中介组织人员出具证明文件重大失实罪
第 230 条		逃避商检罪

第四章　侵犯公民人身权利、民主权利罪

第 232 条		故意杀人罪
第 233 条		过失致人死亡罪
第 234 条		故意伤害罪
第 235 条		过失致人重伤罪
第 236 条	第 1 款	强奸罪
	第 2 款	奸淫幼女罪
第 237 条	第 1 款	强制猥亵、侮辱妇女罪

	第3款	猥亵儿童罪
第238条		非法拘禁罪
第239条		绑架罪
第240条		拐卖妇女、儿童罪
第241条	第1款	收买被拐卖的妇女、儿童罪
第242条	第2款	聚众阻碍解救被收买的妇女、儿童罪
第243条		诬告陷害罪
第244条		强迫职工劳动罪
第245条		非法搜查罪
		非法侵入住宅罪
第246条		侮辱罪
		诽谤罪
第247条		刑讯逼供罪
		暴力取证罪
第248条		虐待被监管人罪
第249条		煽动民族仇恨、民族歧视罪
第250条		出版歧视、侮辱少数民族作品罪
第251条		非法剥夺公民宗教信仰自由罪
		侵犯少数民族风俗习惯罪
第252条		侵犯通信自由罪
第253条	第1款	私自开拆、隐匿、毁弃邮件、电报罪
第254条		报复陷害罪
第255条		打击报复会计、统计人员罪
第256条		破坏选举罪
第257条		暴力干涉婚姻自由罪
第258条		重婚罪
第259条	第1款	破坏军婚罪
第260条		虐待罪
第261条		遗弃罪
第262条		拐骗儿童罪

第五章 侵犯财产罪

第263条		抢劫罪
第264条		盗窃罪
第266条		诈骗罪
第267条	第1款	抢夺罪
第268条		聚众哄抢罪
第270条		侵占罪
第271条	第1款	职务侵占罪

第272条	第1款	挪用资金罪
第273条		挪用特定款物罪
第274条		敲诈勒索罪
第275条		故意毁坏财物罪
第276条		破坏生产经营罪

第六章　妨害社会管理秩序罪

第一节　扰乱公共秩序罪

第277条		妨害公务罪
第278条		煽动暴力抗拒法律实施罪
第279条		招摇撞骗罪
第280条	第1款	伪造、变造、买卖国家机关公文、证件、印章罪
		盗窃、抢夺、毁灭国家机关公文、证件、印章罪
	第2款	伪造公司、企业、事业单位、人民团体印章罪
	第3款	伪造、变造居民身份证罪
第281条		非法生产、买卖警用装备罪
第282条	第1款	非法获取国家秘密罪
	第2款	非法持有国家绝密、机密文件、资料、物品罪
第283条		非法生产、销售间谍专用器材罪
第284条		非法使用窃听、窃照专用器材罪
第285条		非法侵入计算机信息系统罪
第286条		破坏计算机信息系统罪
第288条		扰乱无线电通讯管理秩序罪
第290条	第1款	聚众扰乱社会秩序罪
	第2款	聚众冲击国家机关罪
第291条		聚众扰乱公共场所秩序、交通秩序罪
第292条	第1款	聚众斗殴罪
第293条		寻衅滋事罪
第294条	第1款	组织、领导、参加黑社会性质组织罪
	第2款	入境发展黑社会组织罪
	第4款	包庇、纵容黑社会性质组织罪
第295条		传授犯罪方法罪
第296条		非法集会、游行、示威罪
第297条		非法携带武器、管制刀具、爆炸物参加集会、游行、示威罪
第298条		破坏集会、游行、示威罪
第299条		侮辱国旗、国徽罪
第300条	第1款	组织、利用会道门、邪教组织、利用迷信破坏

		法律实施罪
	第 2 款	组织、利用会道门、邪教组织、利用迷信致人死亡罪
第 301 条	第 1 款	聚众淫乱罪
	第 2 款	引诱未成年人聚众淫乱罪
第 302 条		盗窃、侮辱尸体罪
第 303 条		赌博罪
第 304 条		故意延误投递邮件罪

第二节　妨害司法罪

第 305 条		伪证罪
第 306 条		辩护人、诉讼代理人毁灭证据、伪造证据、妨害作证罪
第 307 条	第 1 款	妨害作证罪
	第 2 款	帮助毁灭、伪造证据罪
第 308 条		打击报复证人罪
第 309 条		扰乱法庭秩序罪
第 310 条		窝藏、包庇罪
第 311 条		拒绝提供间谍犯罪证据罪
第 312 条		窝藏、转移、收购、销售赃物罪
第 313 条		拒不执行判决、裁定罪
第 314 条		非法处置查封、扣押、冻结的财产罪
第 315 条		破坏监管秩序罪
第 316 条	第 1 款	脱逃罪
	第 2 款	劫夺被押解人员罪
第 317 条	第 1 款	组织越狱罪
	第 2 款	暴动越狱罪
		聚众持械劫狱罪

第三节　妨害国（边）境管理罪

第 318 条		组织他人偷越国（边）境罪
第 319 条		骗取出境证件罪
第 320 条		提供伪造、变造的出入境证件罪
		出售出入境证件罪
第 321 条		运送他人偷越国（边）境罪
第 322 条		偷越国（边）境罪
第 323 条		破坏界碑、界桩罪
		破坏永久性测量标志罪

第四节　妨害文物管理罪

第 324 条	第 1 款	故意损毁文物罪
	第 2 款	故意损毁名胜古迹罪

	第 3 款	过失损毁文物罪
第 325 条		非法向外国人出售、赠送珍贵文物罪
第 326 条		倒卖文物罪
第 327 条		非法出售、私赠文物藏品罪
第 328 条	第 1 款	盗掘古文化遗址、古墓葬罪
	第 2 款	盗掘古人类化石、古脊椎动物化石罪
第 329 条	第 1 款	抢夺、窃取国有档案罪
	第 2 款	擅自出卖、转让国有档案罪

第五节　危害公共卫生罪

第 330 条		妨害传染病防治罪
第 331 条		传染病菌种、毒种扩散罪
第 332 条		妨害国境卫生检疫罪
第 333 条	第 1 款	非法组织卖血罪
		强迫卖血罪
第 334 条	第 1 款	非法采集、供应血液、制作、供应血液制品罪
	第 2 款	采集、供应血液、制作、供应血液制品事故罪
第 335 条		医疗事故罪
第 336 条	第 1 款	非法行医罪
	第 2 款	非法进行节育手术罪
第 337 条		逃避动植物检疫罪

第六节　破坏环境资源保护罪

第 338 条		重大环境污染事故罪
第 339 条	第 1 款	非法处置进口的固体废物罪
	第 2 款	擅自进口固体废物罪
第 340 条		非法捕捞水产品罪
第 341 条	第 1 款	非法猎捕、杀害珍贵、濒危野生动物罪
		非法收购、运输、出售珍贵、濒危野生动物、珍贵、濒危野生动物制品罪
	第 2 款	非法狩猎罪
第 342 条		非法占用耕地罪
第 343 条	第 1 款	非法采矿罪
	第 2 款	破坏性采矿罪
第 344 条		非法采伐、毁坏珍贵树木罪
第 345 条	第 1 款	盗伐林木罪
	第 2 款	滥伐林木罪
	第 3 款	非法收购盗伐、滥伐的林木罪

第七节　走私、贩卖、运输、制造毒品罪

第 347 条		走私、贩卖、运输、制造毒品罪
第 348 条		非法持有毒品罪

第 349 条	第 1 款、第 2 款	包庇毒品犯罪分子罪
	第 1 款	窝藏、转移、隐瞒毒品、毒赃罪
第 350 条	第 1 款	走私制毒物品罪
	第 2 款	非法买卖制毒物品罪
第 351 条		非法种植毒品原植物罪
第 352 条		非法买卖、运输、携带、持有毒品原植物种子、幼苗罪
第 353 条	第 1 款	引诱、教唆、欺骗他人吸毒罪
	第 2 款	强迫他人吸毒罪
第 354 条		容留他人吸毒罪
第 355 条		非法提供麻醉药品、精神药品罪

第八节 组织、强迫、引诱、容留、介绍卖淫罪

第 358 条	第 1 款	组织卖淫罪
		强迫卖淫罪
	第 3 款	协助组织卖淫罪
第 359 条	第 1 款	引诱、容留、介绍卖淫罪
	第 2 款	引诱幼女卖淫罪
第 360 条	第 1 款	传播性病罪
	第 2 款	嫖宿幼女罪

第九节 制造、贩卖、传播淫秽物品罪

第 363 条	第 1 款	制作、复制、出版、贩卖、传播淫秽物品牟利罪
	第 2 款	为他人提供书号出版淫秽书刊罪
第 364 条	第 1 款	传播淫秽物品罪
	第 2 款	组织播放淫秽音像制品罪
第 365 条		组织淫秽表演罪

第七章 危害国防利益罪

第 368 条	第 1 款	阻碍军人执行职务罪
	第 2 款	阻碍军事行动罪
第 369 条		破坏武器装备、军事设施、军事通信罪
第 370 条	第 1 款	故意提供不合格武器装备、军事设施罪
	第 2 款	过失提供不合格武器装备、军事设施罪
第 371 条	第 1 款	聚众冲击军事禁区罪
	第 2 款	聚众扰乱军事管理区秩序罪
第 372 条		冒充军人招摇撞骗罪
第 373 条		煽动军人逃离部队罪
		雇用逃离部队军人罪
第 374 条		接送不合格兵员罪

第 375 条	第 1 款	伪造、变造、买卖武装部队公文、证件、印章罪
		盗窃、抢夺武装部队公文、证件、印章罪
	第 2 款	非法生产、买卖军用标志罪
第 376 条	第 1 款	战时拒绝、逃避征召、军事训练罪
	第 2 款	战时拒绝、逃避服役罪
第 377 条		战时故意提供虚假敌情罪
第 378 条		战时造谣扰乱军心罪
第 379 条		战时窝藏逃离部队军人罪
第 380 条		战时拒绝、故意延误军事订货罪
第 381 条		战时拒绝军事征用罪

第八章　贪污贿赂罪

第 382 条		贪污罪
第 384 条		挪用公款罪
第 385 条		受贿罪
第 387 条		单位受贿罪
第 389 条		行贿罪
第 391 条		对单位行贿罪
第 392 条		介绍贿赂罪
第 393 条		单位行贿罪
第 395 条	第 1 款	巨额财产来源不明罪
	第 2 款	隐瞒境外存款罪
第 396 条	第 1 款	私分国有资产罪
	第 2 款	私分罚没财物罪

第九章　渎 职 罪

第 397 条		滥用职权罪
		玩忽职守罪
第 398 条		故意泄露国家秘密罪
		过失泄露国家秘密罪
第 399 条	第 1 款	徇私枉法罪
	第 2 款	枉法裁判罪
第 400 条	第 1 款	私放在押人员罪
	第 2 款	失职致使在押人员脱逃罪
第 401 条		徇私舞弊减刑、假释、暂予监外执行罪
第 402 条		徇私舞弊不移交刑事案件罪
第 403 条		滥用管理公司、证券职权罪
第 404 条		徇私舞弊不征、少征税款罪
第 405 条	第 1 款	徇私舞弊发售发票、抵扣税款、出口退税罪

	第 2 款	违法提供出口退税凭证罪
第 406 条		国家机关工作人员签订、履行合同失职罪
第 407 条		违法发放林木采伐许可证罪
第 408 条		环境监管失职罪
第 409 条		传染病防治失职罪
第 410 条		非法批准征用、占用土地罪
		非法低价出让国有土地使用权罪
第 411 条		放纵走私罪
第 412 条	第 1 款	商检徇私舞弊罪
	第 2 款	商检失职罪
第 413 条	第 1 款	动植物检疫徇私舞弊罪
	第 2 款	动植物检疫失职罪
第 414 条		放纵制售伪劣商品犯罪行为罪
第 415 条		办理偷越国（边）境人员出入境证件罪
		放行偷越国（边）境人员罪
第 416 条	第 1 款	不解救被拐卖、绑架妇女、儿童罪
	第 2 款	阻碍解救被拐卖、绑架妇女、儿童罪
第 417 条		帮助犯罪分子逃避处罚罪
第 418 条		招收公务员、学生徇私舞弊罪
第 419 条		失职造成珍贵文物损毁、流失罪

第十章　军人违反职责罪

第 421 条		战时违抗命令罪
第 422 条		隐瞒、谎报军情罪
		拒传、假传军令罪
第 423 条		投降罪
第 424 条		战时临阵脱逃罪
第 425 条		擅离、玩忽军事职守罪
第 426 条		阻碍执行军事职务罪
第 427 条		指使部属违反职责罪
第 428 条		违令作战消极罪
第 429 条		拒不救援友邻部队罪
第 430 条		军人叛逃罪
第 431 条	第 1 款	非法获取军事秘密罪
	第 2 款	为境外窃取、刺探、收买、非法提供军事秘密罪
第 432 条		故意泄露军事秘密罪
		过失泄露军事秘密罪
第 433 条		战时造谣惑众罪
第 434 条		战时自伤罪

第 435 条	逃离部队罪
第 436 条	武器装备肇事罪
第 437 条	擅自改变武器装备编配用途罪
第 438 条	盗窃、抢夺武器装备、军用物资罪
第 439 条	非法出卖、转让武器装备罪
第 440 条	遗弃武器装备罪
第 441 条	遗失武器装备罪
第 442 条	擅自出卖、转让军队房地产罪
第 443 条	虐待部属罪
第 444 条	遗弃伤病军人罪
第 445 条	战时拒不救治伤病军人罪
第 446 条	战时残害居民、掠夺居民财物罪
第 447 条	私放俘虏罪
第 448 条	虐待俘虏罪

最高人民检察院关于适用刑法分则规定的犯罪的罪名的意见

（最高人民检察院第八届检察委员会第 81 次会议通过）

1997 年 12 月 25 日　高检发释字〔1997〕3 号

为保证正确、统一执法，根据修订的《中华人民共和国刑法》，现对检察工作中适用刑法分则规定的犯罪的罪名提出如下意见：

第一章　危害国家安全罪

1. 背叛国家罪（第 102 条）

2. 分裂国家罪（第 103 条第 1 款）

3. 煽动分裂国家罪（第 103 条第 2 款）

4. 武装叛乱、暴乱罪（第 104 条）

5. 颠覆国家政权罪（第 105 条第 1 款）

6. 煽动颠覆国家政权罪（第 105 条第 2 款）

7. 资助危害国家安全犯罪活动罪（第 107 条）

8. 投敌叛变罪（第 108 条）

9. 叛逃罪（第 109 条）

10. 间谍罪（第 110 条）

11. 为境外窃取、刺探、收买、非法提供国家秘密、情报罪（第 111 条）

12. 资敌罪（第 112 条）

第二章　危害公共安全罪

13. 放火罪（第 114 条、第 115 条第 1 款）

14. 决水罪（第 114 条、第 115 条第 1 款）

15. 爆炸罪（第 114 条、第 115 条第 1 款）

16. 投毒罪（第 114 条、第 115 条第 1 款）

17. 以危险方法危害公共安全罪

（第 114 条、第 115 条第 1 款）

18. 失火罪（第 115 条第 2 款）

19. 过失决水罪（第 115 条第 2 款）

20. 过失爆炸罪（第 115 条第 2 款）

21. 过失投毒罪（第 115 条第 2 款）

22. 过失以危险方法危害公共安全罪（第 115 条第 2 款）

23. 破坏交通工具罪（第 116 条、第 119 条第 1 款）

24. 破坏交通设施罪（第 117 条、第 119 条第 1 款）

25. 破坏电力设备罪（第 118 条、第 119 条第 1 款）

26. 破坏易燃易爆设备罪（第 118 条、第 119 条第 1 款）

27. 过失损坏交通工具罪（第 119 条第 2 款）

28. 过失损坏交通设施罪（第 119 条第 2 款）

29. 过失损坏电力设备罪（第 119 条第 2 款）

30. 过失损坏易燃易爆设备罪（第 119 条第 2 款）

31. 组织、领导、参加恐怖组织罪（第 120 条）

32. 劫持航空器罪（第 121 条）

33. 劫持船只、汽车罪（第 122 条）

34. 暴力危及飞行安全罪（第 123 条）

35. 破坏广播电视设施、公用电信设施罪（第 124 条第 1 款）

36. 过失损坏广播电视设施、公用电信设施罪（第 124 条第 2 款）

37. 非法制造、买卖、运输、邮寄、储存枪支、弹药、爆炸物罪（第 125 条第 1 款）

38. 非法买卖、运输核材料罪（第 125 条第 2 款）

39. 违规制造、销售枪支罪（第 126 条）

40. 盗窃、抢夺枪支、弹药、爆炸物罪（第 127 条第 1 款、第 2 款）

41. 抢劫枪支、弹药、爆炸物罪（第 127 条第 2 款）

42. 非法持有、私藏枪支、弹药罪（第 128 条第 1 款）

43. 非法出租、出借枪支罪（第 128 条第 2 款、第 3 款）

44. 丢失枪支不报罪（第 129 条）

45. 非法携带枪支、弹药、管制刀具、危险物品危及公共安全罪（第 130 条）

46. 重大飞行事故罪（第 131 条）

47. 铁路运营安全事故罪（第 132 条）

48. 交通肇事罪（第 133 条）

49. 重大责任事故罪（第 134 条）

50. 重大劳动安全事故罪（第 135 条）

51. 危险物品肇事罪（第 136 条）

52. 工程重大安全事故罪（第 137 条）

53. 教育设施重大安全事故罪（第 138 条）

54. 消防责任事故罪（第 139 条）

第三章 破坏社会主义市场经济秩序罪

第一节 生产、销售伪劣商品罪

55. 生产、销售伪劣产品罪（第 140 条）

56. 生产、销售假药罪（第 141 条）

57. 生产、销售劣药罪（第 142 条）

58. 生产、销售不符合卫生标准的

食品罪（第 143 条）

59. 生产、销售有毒、有害食品罪（第 144 条）

60. 生产、销售不符合标准的医用器材罪（第 145 条）

61. 生产、销售不符合安全标准的产品罪（第 146 条）

62. 生产、销售伪劣农药、兽药、化肥、种子罪（第 147 条）

63. 生产、销售不符合卫生标准的化妆品罪（第 148 条）

第二节　走 私 罪

64. 走私武器、弹药罪（第 151 条第 1 款）

65. 走私核材料罪（第 151 条第 1 款）

66. 走私假币罪（第 151 条第 1 款）

67. 走私文物罪（第 151 条第 2 款）

68. 走私贵重金属罪（第 151 条第 2 款）

69. 走私珍贵动物、珍贵动物制品罪（第 151 条第 2 款）

70. 走私珍稀植物、珍稀植物制品罪（第 151 条第 3 款）

71. 走私淫秽物品罪（第 152 条）

72. 走私普通货物、物品罪（第 153 条）

73. 走私固体废物罪（第 155 条第 3 项）

第三节　妨害对公司、企业的管理秩序罪

74. 虚报注册资本罪（第 158 条）

75. 虚假出资、抽逃出资罪（第 159 条）

76. 欺诈发行股票、债券罪（第 160 条）

77. 提供虚假财会报告罪（第 161 条）

78. 妨害清算罪（第 162 条）

79. 公司、企业人员受贿罪（第 163 条）

80. 对公司、企业人员行贿罪（第 164 条）

81. 非法经营同类营业罪（第 165 条）

82. 为亲友非法牟利罪（第 166 条）

83. 签订、履行合同失职被骗罪（第 167 条）

84. 徇私舞弊造成破产、亏损罪（第 168 条）

85. 徇私舞弊低价折股、出售国有资产罪（第 169 条）

第四节　破坏金融管理秩序罪

86. 伪造货币罪（第 170 条）

87. 出售、购买、运输假币罪（第 171 条第 1 款）

88. 金融工作人员购买假币、以假币换取货币罪（第 171 条第 2 款）

89. 持有、使用假币罪（第 172 条）

90. 变造货币罪（第 173 条）

91. 擅自设立金融机构罪（第 174 条第 1 款）

92. 伪造、变造、转让金融机构经营许可证罪（第 174 条第 2 款）

93. 高利转贷罪（第 175 条）

94. 非法吸收公众存款罪（第 176 条）

95. 伪造、变造金融票证罪（第 177 条）

96. 伪造、变造国家有价证券罪（第 178 条第 1 款）

97. 伪造、变造股票、公司、企业债券罪（第 178 条第 2 款）

98. 擅自发行股票、公司、企业债券罪（第 179 条）

99. 内幕交易、泄露内幕信息罪（第180条）

100. 编造并传播证券交易虚假信息罪（第181条第1款）

101. 诱骗投资者买卖证券罪（第181条第2款）

102. 操纵证券交易价格罪（第182条）

103. 违法向关系人发放贷款罪（第186条第1款）

104. 违法发放贷款罪（第186条第2款）

105. 用账外客户资金非法拆借、发放贷款罪（第187条）

106. 非法出具金融票证罪（第188条）

107. 对违法票据承兑、付款、保证罪（第189条）

108. 逃汇罪（第190条）

109. 洗钱罪（191条）

第五节　金融诈骗罪

110. 集资诈骗罪（第192条）

111. 贷款诈骗罪（第193条）

112. 票据诈骗罪（第194条第1款）

113. 金融凭证诈骗罪（第194条第2款）

114. 信用证诈骗罪（第195条）

115. 信用卡诈骗罪（第196条）

116. 有价证券诈骗罪（第197条）

117. 保险诈骗罪（第198条）

第六节　危害税收征管罪

118. 偷税罪（第201条）

119. 抗税罪（第202条）

120. 逃避追缴欠税罪（第203条）

121. 骗取出口退税罪（第204条第1款）

122. 虚开增值税专用发票、用于骗取出口退税、抵扣税款发票罪（第205条）

123. 伪造、出售伪造的增值税专用发票罪（第206条）

124. 非法出售增值税专用发票罪（第207条）

125. 非法购买增值税专用发票、购买伪造的增值税专用发票罪（第208条第1款）

126. 非法制造、出售非法制造的用于骗取出口退税、抵扣税款发票罪（第209条第1款）

127. 非法制造、出售非法制造的发票罪（第209条第2款）

128. 非法出售用于骗取出口退税、抵扣税款发票罪（第209条第3款）

129. 非法出售发票罪（第209条第4款）

第七节　侵犯知识产权罪

130. 假冒注册商标罪（第213条）

131. 销售假冒注册商标的商品罪（第214条）

132. 非法制造、销售非法制造的注册商标标识罪（第215条）

133. 假冒专利罪（第216条）

134. 侵犯著作权罪（第217条）

135. 销售侵权复制品罪（第218条）

136. 侵犯商业秘密罪（第219条）

第八节　扰乱市场秩序罪

137. 损害商业信誉、商品声誉罪（第221条）

138. 虚假广告罪（第222条）

139. 串通投标罪（第223条）

140. 合同诈骗罪（第224条）

141. 非法经营罪（第225条）

142. 强迫交易罪（第226条）

143. 伪造、倒卖伪造的有价票证罪（第227条第1款）

144. 倒卖车票、船票罪（第227

条第2款）

145. 非法转让、倒卖土地使用权罪（第228条）

146. 中介组织人员提供虚假证明文件罪（第229条第1款、第2款）

147. 中介组织人员出具证明文件重大失实罪（第229条第3款）

148. 逃避商检罪（第230条）

第四章 侵犯公民人身权利、民主权利罪

149. 故意杀人罪（第232条）

150. 过失致人死亡罪（第233条）

151. 故意伤害罪（第234条）

152. 过失致人重伤罪（第235条）

153. 强奸罪（第236条第1款）

154. 奸淫幼女罪（第236条第2款）

155. 强制猥亵、侮辱妇女罪（第237条第1款、第2款）

156. 猥亵儿童罪（第237条第3款）

157. 非法拘禁罪（第238条）

158. 绑架罪（第239条）

159. 拐卖妇女、儿童罪（第240条）

160. 收买被拐卖的妇女、儿童罪（第241条第1款）

161. 聚众阻碍解救被收买的妇女、儿童罪（第242条第2款）

162. 诬告陷害罪（第243条）

163. 强迫职工劳动罪（第244条）

164. 非法搜查罪（第245条）

165. 非法侵入住宅罪（第245条）

166. 侮辱罪（第246条）

167. 诽谤罪（第246条）

168. 刑讯逼供罪（第247条）

169. 暴力取证罪（第247条）

170. 虐待被监管人罪（第248条）

171. 煽动民族仇恨、民族歧视罪（第249条）

172. 出版歧视、侮辱少数民族作品罪（第250条）

173. 非法剥夺公民宗教信仰自由罪（第251条）

174. 侵犯少数民族风俗习惯罪（第251条）

175. 侵犯通信自由罪（第252条）

176. 私自开拆、隐匿、毁弃邮件、电报罪（第253条第1款）

177. 报复陷害罪（第254条）

178. 打击报复会计、统计人员罪（第255条）

179. 破坏选举罪（第256条）

180. 暴力干涉婚姻自由罪（第257条）

181. 重婚罪（第258条）

182. 破坏军婚罪（第259条第1款）

183. 虐待罪（第260条）

184. 遗弃罪（第261条）

185. 拐骗儿童罪（第262条）

第五章 侵犯财产罪

186. 抢劫罪（第263条）

187. 盗窃罪（第264条）

188. 诈骗罪（第266条）

189. 抢夺罪（第267条第1款）

190. 聚众哄抢罪（第268条）

191. 侵占罪（第270条）

192. 职务侵占罪（第271条第1款）

193. 挪用资金罪（第272条）

194. 挪用特定款物罪（第273条）

195. 敲诈勒索罪（第274条）

196. 故意毁坏财物罪（第275条）

197. 破坏生产经营罪（第276条）

第六章 妨害社会管理秩序罪

第一节 扰乱公共秩序罪

198. 妨害公务罪（第277条）

199. 煽动暴力抗拒法律实施罪（第278条）

200. 招摇撞骗罪（第279条）

201. 伪造、变造、买卖国家机关公文、证件、印章罪（第280条第1款）

202. 盗窃、抢夺、毁灭国家机关公文、证件、印章罪（第280条第1款）

203. 伪造公司、企业、事业单位、人民团体印章罪（第280条第2款）

204. 伪造、变造居民身份证罪（第280条第3款）

205. 非法生产、买卖警用装备罪（第281条）

206. 非法获取国家秘密罪（第282条第1款）

207. 非法持有国家绝密、机密文件、资料、物品罪（第282条第2款）

208. 非法生产、销售间谍专用器材罪（第283条）

209. 非法使用窃听、窃照专用器材罪（第284条）

210. 非法侵入计算机信息系统罪（第285条）

211. 破坏计算机信息系统罪（第286条）

212. 扰乱无线电通讯管理秩序罪（第288条）

213. 聚众扰乱社会秩序罪（第290条第1款）

214. 聚众冲击国家机关罪（第290条第2款）

215. 聚众扰乱公共场所秩序、交通秩序罪（第291条）

216. 聚众斗殴罪（第292条第1款）

217. 寻衅滋事罪（第293条）

218. 组织、领导、参加黑社会性质组织罪（第294条第1款）

219. 入境发展黑社会组织罪（第294条第2款）

220. 包庇、纵容黑社会性质组织罪（第294条第4款）

221. 传授犯罪方法罪（第295条）

222. 非法集会、游行、示威罪（第296条）

223. 非法携带武器、管制刀具、爆炸物参加集会、游行、示威罪（第297条）

224. 破坏集会、游行、示威罪（第298条）

225. 侮辱国旗、国徽罪（第299条）

226. 组织、利用会道门、邪教组织、利用迷信破坏法律实施罪（第300条第1款）

227. 组织、利用会道门、邪教组织、利用迷信致人死亡罪（第300条第2款）

228. 聚众淫乱罪（第301条第1款）

229. 引诱未成年人聚众淫乱罪（第301条第2款）

230. 盗窃、侮辱尸体罪（第302条）

231. 赌博罪（第303条）

232. 故意延误投递邮件罪（第304条）

第二节　妨害司法罪

233. 伪证罪（第305条）

234. 辩护人、诉讼代理人毁灭证据、伪造证据、妨害作证罪（第306条）

235. 妨害作证罪（第307条第1款）

236. 帮助毁灭、伪造证据罪（第307条第2款）

237. 打击报复证人罪（第308条）

238. 扰乱法庭秩序罪（第309条）

239. 窝藏、包庇罪（第 310 条）

240. 拒绝提供间谍犯罪证据罪（第 311 条）

241. 窝藏、转移、收购、销售赃物罪（第 312 条）

242. 拒不执行判决、裁定罪（第 313 条）

243. 非法处置查封、扣押、冻结的财产罪（第 314 条）

244. 破坏监管秩序罪（第 315 条）

245. 脱逃罪（第 316 条第 1 款）

246. 劫夺被押解人员罪（第 316 条第 2 款）

247. 组织越狱罪（第 317 条第 1 款）

248. 暴动越狱罪（第 317 条第 2 款）

249. 聚众持械劫狱罪（第 317 条第 2 款）

第三节　妨害国（边）境管理罪

250. 组织他人偷越国（边）境罪（第 318 条）

251. 骗取出境证件罪（第 319 条）

252. 提供伪造、变造的出入境证件罪（第 320 条）

253. 出售出入境证件罪（第 320 条）

254. 运送他人偷越国（边）境罪（第 321 条）

255. 偷越国（边）境罪（第 322 条）

256. 破坏界碑、界桩罪（第 323 条）

257. 破坏永久性测量标志罪（第 323 条）

第四节　妨害文物管理罪

258. 故意损毁文物罪（第 324 条第 1 款）

259. 故意损毁名胜古迹罪（第 324 条第 2 款）

260. 过失损毁文物罪（第 324 条第 3 款）

261. 非法向外国人出售、赠送珍贵文物罪（第 325 条）

262. 倒卖文物罪（第 326 条）

263. 非法出售、私赠文物藏品罪（第 327 条）

264. 盗掘古文化遗址、古墓葬罪（第 328 条第 1 款）

265. 盗掘古人类化石、古脊椎动物化石罪（第 328 条第 2 款）

266. 抢夺、窃取国有档案罪（第 329 条第 1 款）

267. 擅自出卖、转让国有档案罪（第 329 条第 2 款）

第五节　危害公共卫生罪

268. 妨害传染病防治罪（第 330 条）

269. 传染病菌种、毒种扩散罪（第 331 条）

270. 妨害国境卫生检疫罪（第 332 条）

271. 非法组织卖血罪（第 333 条第 1 款）

272. 强迫卖血罪（第 333 条第 1 款）

273. 非法采集、供应血液、制作、供应血液制品罪（第 334 条第 1 款）

274. 采集、供应血液、制作、供应血液制品事故罪（第 334 条第 2 款）

275. 医疗事故罪（第 335 条）

276. 非法行医罪（第 336 条第 1 款）

277. 非法进行节育手术罪（第 336 条第 2 款）

278. 逃避动植物检疫罪（第 337 条）

第六节　破坏环境资源保护罪

279. 重大环境污染事故罪（第 338

条）

280. 非法处置进口的固体废物罪（第339条第1款）

281. 擅自进口固体废物罪（第339条第2款）

282. 非法捕捞水产品罪（第340条）

283. 非法猎捕、杀害珍贵、濒危野生动物罪（第341条第1款）

284. 非法收购、运输、出售珍贵、濒危野生动物、珍贵、濒危野生动物制品罪（第341条第1款）

285. 非法狩猎罪（第341条第2款）

286. 非法占用耕地罪（第342条）

287. 非法采矿罪（第343条第1款）

288. 破坏性采矿罪（第343条第2款）

289. 非法采伐、毁坏珍贵树木罪（第344条）

290. 盗伐林木罪（第345条第1款）

291. 滥伐林木罪（第345条第2款）

292. 非法收购盗伐、滥伐的林木罪（第345条第3款）

第七节　走私、贩卖、运输、制造毒品罪

293. 走私、贩卖、运输、制造毒品罪（第347条）

294. 非法持有毒品罪（第348条）

295. 包庇毒品犯罪分子罪（第349条第1款、第2款）

296. 窝藏、转移、隐瞒毒品、毒赃罪（第349条第1款）

297. 走私制毒物品罪（第350条第1款）

298. 非法买卖制毒物品罪（第350条第2款）

299. 非法种植毒品原植物罪（第351条）

300. 非法买卖、运输、携带、持有毒品原植物种子、幼苗罪（第352条）

301. 引诱、教唆、欺骗他人吸毒罪（第353条第1款）

302. 强迫他人吸毒罪（第353条第2款）

303. 容留他人吸毒罪（第354条）

304. 非法提供麻醉药品、精神药品罪（第355条）

第八节　组织、强迫、引诱、容留、介绍卖淫罪

305. 组织卖淫罪（第358条第1款）

306. 强迫卖淫罪（第358条第1款）

307. 协助组织卖淫罪（第358条第3款）

308. 引诱、容留、介绍卖淫罪（第359条第1款）

309. 引诱幼女卖淫罪（第359条第2款）

310. 传播性病罪（第360条第1款）

311. 嫖宿幼女罪（第360条第2款）

第九节　制作、贩卖、传播淫秽物品罪

312. 制作、复制、出版、贩卖、传播淫秽物品牟利罪（第363条第1款）

313. 为他人提供书号出版淫秽书刊罪（第363条第2款）

314. 传播淫秽物品罪（第364条第1款）

315. 组织播放淫秽音像制品罪（第364条第2款）

316. 组织淫秽表演罪（第 365 条）

第七章 危害国防利益罪

317. 阻碍军人执行职务罪（第 368 条第 1 款）

318. 阻碍军事行动罪（第 368 条第 2 款）

319. 破坏武器装备、军事设施、军事通信罪（第 369 条）

320. 故意提供不合格武器装备、军事设施罪（第 370 条第 1 款）

321. 过失提供不合格武器装备、军事设施罪（第 370 条第 2 款）

322. 聚众冲击军事禁区罪（第 371 条第 1 款）

323. 聚众扰乱军事管理区秩序罪（第 371 条第 2 条）

324. 冒充军人招摇撞骗罪（第 372 条）

325. 煽动军人逃离部队罪（第 373 条）

326. 雇用逃离部队军人罪（第 373 条）

327. 接送不合格兵员罪（第 374 条）

328. 伪造、变造、买卖武装部队公文、证件、印章罪（第 375 条第 1 款）

329. 盗窃、抢夺武装部队公文、证件、印章罪（第 375 条第 1 款）

330. 非法生产、买卖军用标志罪（第 375 条第 2 款）

331. 战时拒绝、逃避征召、军事训练罪（第 376 条第 1 款）

332. 战时拒绝、逃避服役罪（第 376 条第 2 款）

333. 战时故意提供虚假敌情罪（第 377 条）

334. 战时造谣扰乱军心罪（第 378 条）

335. 战时窝藏逃离部队军人罪（第 379 条）

336. 战时拒绝、故意延误军事订货罪（第 380 条）

337. 战时拒绝军事征用罪（第 381 条）

第八章 贪污贿赂罪

338. 贪污罪（第 382 条）

339. 挪用公款罪（第 384 条）

340. 受贿罪（第 385 条）

341. 单位受贿罪（第 387 条）

342. 行贿罪（第 389 条）

343. 对单位行贿罪（第 391 条）

344. 介绍贿赂罪（第 392 条）

345. 单位行贿罪（第 393 条）

346. 巨额财产来源不明罪（第 395 条第 1 款）

347. 隐瞒境外存款罪（第 395 条第 2 款）

348. 私分国有资产罪（第 396 条第 1 款）

349. 私分罚没财物罪（第 396 条第 2 款）

第九章 渎 职 罪

350. 滥用职权罪（第 397 条第 1 款）

351. 玩忽职守罪（第 397 条第 1 款）

352. 国家机关工作人员徇私舞弊罪（第 397 条第 2 款）

353. 故意泄露国家秘密罪（第 398 条）

354. 过失泄露国家秘密罪（第 398 条）

355. 枉法追诉、裁判罪（第 399 条第 1 款）

356. 民事、行政枉法裁判罪（第 399 条第 2 款）

357. 私放在押人员罪（第400条第1款）

358. 失职致使在押人员脱逃罪（第400条第2款）

359. 徇私舞弊减刑、假释、暂予监外执行罪（第401条）

360. 徇私舞弊不移交刑事案件罪（第402条）

361. 滥用管理公司、证券职权罪（第403条）

362. 徇私舞弊不征、少征税款罪（第404条）

363. 徇私舞弊发售发票、抵扣税款、出口退税罪（第405条第1款）

364. 违法提供出口退税凭证罪（第405条第2款）

365. 国家机关工作人员签订、履行合同失职被骗罪（第406条）

366. 违法发放林木采伐许可证罪（第407条）

367. 环境监管失职罪（第408条）

368. 传染病防治失职罪（第409条）

369. 非法批准征用、占用土地罪（第410条）

370. 非法低价出让国有土地使用权罪（第410条）

371. 放纵走私罪（第411条）

372. 商检徇私舞弊罪（第412条第1款）

373. 商检失职罪（第412条第2款）

374. 动植物检疫徇私舞弊罪（第413条第1款）

375. 动植物检疫失职罪（第413条第2款）

376. 放纵制售伪劣商品犯罪行为罪（第414条）

377. 办理偷越国（边）境人员出入境证件罪（第415条）

378. 放行偷越国（边）境人员罪（第415条）

379. 不解救被拐卖、绑架妇女、儿童罪（第416条第1款）

380. 阻碍解救被拐卖、绑架妇女、儿童罪（第416条第2款）

381. 帮助犯罪分子逃避处罚罪（第417条）

382. 招收公务员、学生徇私舞弊罪（第418条）

383. 失职造成珍贵文物损毁、流失罪（第419条）

第十章　军人违反职责罪

384. 战时违抗命令罪（第421条）

385. 隐瞒、谎报军情罪（第422条）

386. 拒传、假传军令罪（第422条）

387. 投降罪（第423条）

388. 战时临阵脱逃罪（第424条）

389. 擅离、玩忽军事职守罪（第425条）

390. 阻碍执行军事职务罪（第426条）

391. 指使部属违反职责罪（第427条）

392. 违令作战消极罪（第428条）

393. 拒不救援友邻部队罪（第429条）

394. 军人叛逃罪（第430条）

395. 非法获取军事秘密罪（第431条第1款）

396. 为境外窃取、刺探、收买、非法提供军事秘密罪（第431条第2款）

397. 故意泄露军事秘密罪（第432条）

398. 过失泄露军事秘密罪（第432条）

399. 战时造谣惑众罪（第433条）

400. 战时自伤罪（第434条）

401. 逃离部队罪（第435条）

402. 武器装备肇事罪（第436条）

403. 擅自改变武器装备编配用途罪（第437条）

404. 盗窃、抢夺武器装备、军用物资罪（第438条）

405. 非法出卖、转让武器装备罪（第439条）

406. 遗弃武器装备罪（第440条）

407. 遗失武器装备罪（第441条）

408. 擅自出卖、转让军队房地产罪（第442条）

409. 虐待部属罪（第443条）

410. 遗弃伤病军人罪（第444条）

411. 战时拒不救治伤病军人罪（第445条）

412. 战时残害居民、掠夺居民财物罪（第446条）

413. 私放俘虏罪（第447条）

414. 虐待俘虏罪（第448条）

最高人民法院　最高人民检察院关于执行《中华人民共和国刑法》确定罪名的补充规定

（最高人民法院审判委员会第1193次会议、最高人民检察院第九届检察委员会第100次会议通过　2002年3月15日公布　自2002年3月26日起施行）

法释〔2002〕7号

为正确理解、执行《中华人民共和国刑法》和全国人民代表大会常务委员会《关于惩治骗购外汇、逃汇和非法买卖外汇犯罪的决定》、《中华人民共和国刑法修正案》、《中华人民共和国刑法修正案（二）》、《中华人民共和国刑法修正案（三）》（以下分别简称为《决定》、《修正案》及《修正案（二）》、《修正案（三）》），统一认定罪名，现对最高人民法院《关于执行〈中华人民共和国刑法〉确定罪名的规定》、最高人民检察院《关于适用刑法分则规定的犯罪的罪名的意见》作如下补充、修改：

刑法条文	罪　名
第114条、第115条第1款（《修正案（三）》第1、2条）	投放危险物质罪（取消投毒罪罪名）
第115条第2款（《修正案（三）》第1、2条）	过失投放危险物质罪（取消过失投毒罪罪名）
第120条之一（《修正案（三）》第4条）	资助恐怖活动罪
第125条第2款（《修正案（三）》第5条）	非法制造、买卖、运输、储存危险物质罪（取消非法买卖、运输核材料罪罪名）

续表

刑法条文	罪　　名
第127条第1款、第2款（《修正案（三）》第6条第1款、第2款）	盗窃、抢夺枪支、弹药、爆炸物、危险物质罪
第127条第2款（《修正案（三）》第6条第2款）	抢劫枪支、弹药、爆炸物、危险物质罪
第162条之一（《修正案》第1条）	隐匿、故意销毁会计凭证、会计账簿、财务会计报告罪
第168条（《修正案》第2条）	国有公司、企业、事业单位人员失职罪 国有公司、企业、事业单位人员滥用职权罪（取消徇私舞弊造成破产、亏损罪罪名）
第174条第2款（《修正案》第3条）	伪造、变造、转让金融机构经营许可证、批准文件罪
第181条第1款（《修正案》第5条第1款）	编造并传播证券、期货交易虚假信息罪
第181条第2款（《修正案》第5条第2款）	诱骗投资者买卖证券、期货合约罪
第182条（《修正案》第6条）	操纵证券、期货交易价格罪
《决定》第1条	骗购外汇罪
第229条第1款、第2款、第3款	提供虚假证明文件罪（取消中介组织人员提供虚假证明文件罪罪名） 出具证明文件重大失实罪（取消中介组织人员出具证明文件重大失实罪罪名）
第236条	强奸罪（取消奸淫幼女罪罪名）
第291条之一（《修正案（三）》第8条）	投放虚假危险物质罪 编造、故意传播虚假恐怖信息罪
第342条（《修正案（二）》）	非法占用农用地罪（取消非法占用耕地罪罪名）
第397条	滥用职权罪、玩忽职守罪（取消国家机关工作人员徇私舞弊罪罪名）
第399条第1款、第2款	徇私枉法罪（取消枉法追诉、裁判罪） 民事、行政枉法裁判罪（取消枉法裁判罪）
第406条	国家机关工作人员签订、履行合同失职被骗罪（取消国家机关工作人员签订、履行合同失职罪）

最高人民法院、最高人民检察院原有关罪名问题的规定与本规定不一致的，以本规定为准。

最高人民法院　最高人民检察院关于执行《中华人民共和国刑法》确定罪名的补充规定（二）

（2003年8月6日最高人民法院审判委员会第1283次会议、2003年8月12日最高人民检察院第十届检察委员会第7次会议通过　2003年8月15日公布　自2003年8月21日起施行）

法释〔2003〕12号

为统一认定罪名，根据《中华人民共和国刑法修正案（四）》（以下简称《刑法修正案（四）》）的规定，现对最高人民法院《关于执行〈中华人民共和国刑法〉确定罪名的规定》、最高人民检察院《关于适用刑法分则规定的犯罪的罪名的意见》作如下补充、修改：

刑法条文	罪　名
第152条第2款 第155条第3项 （《刑法修正案（四）》第2条）	走私废物罪（取消刑法原走私固体废物罪罪名）
第244条之一 （《刑法修正案（四）》第4条）	雇用童工从事危重劳动罪
第344条 （《刑法修正案（四）》第6条）	非法采伐、毁坏国家重点保护植物罪；非法收购、运输、加工、出售国家重点保护植物、国家重点保护植物制品罪（取消非法采伐、毁坏珍贵树木罪罪名）
第345条第3款 （《刑法修正案（四）》第7条第3款）	非法收购、运输盗伐、滥伐的林木罪（取消非法收购盗伐、滥伐的林木罪罪名）
第399条第3款 （《刑法修正案（四）》第8条第3款）	执行判决、裁定失职罪；执行判决、裁定滥用职权罪

最高人民法院　最高人民检察院关于执行《中华人民共和国刑法》确定罪名的补充规定（三）

（2007年8月27日最高人民法院审判委员会第1436次会议、
2007年9月7日最高人民检察院第十届检察委员会
第82次会议通过　2007年10月25日公布
自2007年11月6日起施行）
法释〔2007〕16号

根据《中华人民共和国刑法修正案（五）》（以下简称《刑法修正案（五）》）、《中华人民共和国刑法修正案（六）》（以下简称《刑法修正案（六）》）的规定，现对最高人民法院《关于执行〈中华人民共和国刑法〉确定罪名的规定》，最高人民检察院《关于适用刑法分则规定的犯罪的罪名的意见》，最高人民法院、最高人民检察院《关于执行〈中华人民共和国刑法〉确定罪名的补充规定》作如下补充、修改：

刑法条文	罪名
第134条第2款（《刑法修正案（六）》第1条第2款）	强令违章冒险作业罪
第135条之一（《刑法修正案（六）》第3条）	大型群众性活动重大安全事故罪
第139条之一（《刑法修正案（六）》第4条）	不报、谎报安全事故罪
第161条（《刑法修正案（六）》第5条）	违规披露、不披露重要信息罪（取消提供虚假财会报告罪罪名）
第162条之二（《刑法修正案（六）》第6条）	虚假破产罪
第163条（《刑法修正案（六）》第7条）	非国家工作人员受贿罪（取消公司、企业人员受贿罪罪名）
第164条（《刑法修正案（六）》第8条）	对非国家工作人员行贿罪（取消对公司、企业人员行贿罪罪名）
第169条之一（《刑法修正案（六）》第9条）	背信损害上市公司利益罪

续表

刑法条文	罪名
第 175 条之一（《刑法修正案（六）》第 10 条）	骗取贷款、票据承兑、金融票证罪
第 177 条之一第 1 款（《刑法修正案（五）》第 1 条第 1 款）	妨害信用卡管理罪
第 177 条之一第 2 款（《刑法修正案（五）》第 1 条第 2 款）	窃取、收买、非法提供信用卡信息罪
第 182 条（《刑法修正案（六）》第 11 条）	操纵证券、期货市场罪（取消操纵证券、期货交易价格罪罪名）
第 185 条之一第 1 款（《刑法修正案（六）》第 12 条第 1 款）	背信运用受托财产罪
第 185 条之一第 2 款（《刑法修正案（六）》第 12 条第 2 款）	违法运用资金罪
第 186 条（《刑法修正案（六）》第 13 条）	违法发放贷款罪（取消违法向关系人发放贷款罪罪名）
第 187 条（《刑法修正案（六）》第 14 条）	吸收客户资金不入账罪（取消用账外客户资金非法拆借、发放贷款罪罪名）
第 188 条（《刑法修正案（六）》第 15 条）	违规出具金融票证罪（取消非法出具金融票证罪罪名）
第 262 条之一（《刑法修正案（六）》第 17 条）	组织残疾人、儿童乞讨罪
第 303 条第 2 款（《刑法修正案（六）》第 18 条第 2 款）	开设赌场罪
第 312 条（《刑法修正案（六）》第 19 条）	掩饰、隐瞒犯罪所得、犯罪所得收益罪（取消窝藏、转移、收购、销售赃物罪罪名）
第 369 条第 2 款（《刑法修正案（五）》第 3 条第 2 款）	过失损坏武器装备、军事设施、军事通信罪
第 399 条之一（《刑法修正案（六）》第 20 条）	枉法仲裁罪

二、刑法各罪

（一）危害国家安全罪

最高人民法院关于审理为境外窃取、刺探、收买、非法提供国家秘密、情报案件具体应用法律若干问题的解释

（2000年11月20日最高人民法院审判委员会第1142次会议通过
2001年1月17日公布　自2001年1月22日起施行）
法释〔2001〕4号

为依法惩治为境外的机构、组织、人员窃取、刺探、收买、非法提供国家秘密、情报犯罪活动，维护国家安全和利益，根据刑法有关规定，现就审理这类案件具体应用法律的若干问题解释如下：

第一条　刑法第一百一十一条规定的“国家秘密”，是指《中华人民共和国保守国家秘密法》第二条、第八条以及《中华人民共和国保守国家秘密法实施办法》第四条确定的事项。

刑法第一百一十一条规定的“情报”，是指关系国家安全和利益、尚未公开或者依照有关规定不应公开的事项。

对为境外机构、组织、人员窃取、刺探、收买、非法提供国家秘密之外的情报的行为，以为境外窃取、刺探、收买、非法提供情报罪定罪处罚。

第二条　为境外窃取、刺探、收买、非法提供国家秘密或者情报，具有下列情形之一的，属于“情节特别严重”，处十年以上有期徒刑、无期徒刑，可以并处没收财产：

（一）为境外窃取、刺探、收买、非法提供绝密级国家秘密的；

（二）为境外窃取、刺探、收买、非法提供三项以上机密级国家秘密的；

（三）为境外窃取、刺探、收买、非法提供国家秘密或者情报，对国家安全和利益造成其他特别严重损害的。

实施前款行为，对国家和人民危害特别严重、情节特别恶劣的，可以判处死刑，并处没收财产。

第三条　为境外窃取、刺探、收买、非法提供国家秘密或者情报，具有下列情形之一的，处五年以上十年以下有期徒刑，可以并处没收财产：

（一）为境外窃取、刺探、收买、非法提供机密级国家秘密的；

（二）为境外窃取、刺探、收买、非法提供三项以上秘密级国家秘密的；

（三）为境外窃取、刺探、收买、非法提供国家秘密或者情报，对国家安全和利益造成其他严重损害的。

第四条　为境外窃取、刺探、收买、非法提供秘密级国家秘密或者情报，属于“情节较轻”，处五年以下有

期徒刑、拘役、管制或者剥夺政治权利，可以并处没收财产。

第五条 行为人知道或者应当知道没有标明密级的事项关系国家安全和利益，而为境外窃取、刺探、收买、非法提供的，依照刑法第一百一十一条的规定以为境外窃取、刺探、收买、非法提供国家秘密罪定罪处罚。

第六条 通过互联网将国家秘密或者情报非法发送给境外的机构、组织、个人的，依照刑法第一百一十一条的规定定罪处罚；将国家秘密通过互联网予以发布，情节严重的，依照刑法第三百九十八条的规定定罪处罚。

第七条 审理为境外窃取、刺探、收买、非法提供国家秘密案件，需要对有关事项是否属于国家秘密以及属于何种密级进行鉴定的，由国家保密工作部门或者省、自治区、直辖市保密工作部门鉴定。

（二）危害公共安全罪

最高人民法院　最高人民检察院关于办理妨害预防、控制突发传染病疫情等灾害的刑事案件具体应用法律若干问题的解释

（2003年5月13日最高人民法院审判委员会第1269次会议、2003年5月13日最高人民检察院第十届检察委员会第3次会议通过　2003年5月14日公布　自2003年5月15日起施行）

法释〔2003〕8号

为依法惩治妨害预防、控制突发传染病疫情等灾害的犯罪活动，保障预防、控制突发传染病疫情等灾害工作的顺利进行，切实维护人民群众的身体健康和生命安全，根据《中华人民共和国刑法》等有关法律规定，现就办理相关刑事案件具体应用法律的若干问题解释如下：

第一条 故意传播突发传染病病原体，危害公共安全的，依照刑法第一百一十四条、第一百一十五条第一款的规定，按照以危险方法危害公共安全罪定罪处罚。

患有突发传染病或者疑似突发传染病而拒绝接受检疫、强制隔离或者治疗，过失造成传染病传播，情节严重，危害公共安全的，依照刑法第一百一十五条第二款的规定，按照过失以危险方法危害公共安全罪定罪处罚。

第二条 在预防、控制突发传染病疫情等灾害期间，生产、销售伪劣的防治、防护产品、物资，或者生产、销售用于防治传染病的假药、劣药，构成犯罪的，分别依照刑法第一百四十条、第一百四十一条、第一百四十二条的规定，以生产、销售伪劣产品罪，生产、销售假药罪或者生产、销售劣药罪定罪，依法从重处罚。

第三条 在预防、控制突发传染病疫情等灾害期间，生产用于防治传染病的不符合保障人体健康的国家标准、行业标准的医疗器械、医用卫生材料，或

者销售明知是用于防治传染病的不符合保障人体健康的国家标准、行业标准的医疗器械、医用卫生材料，不具有防护、救治功能，足以严重危害人体健康的，依照刑法第一百四十五条的规定，以生产、销售不符合标准的医用器材罪定罪，依法从重处罚。

医疗机构或者个人，知道或者应当知道系前款规定的不符合保障人体健康的国家标准、行业标准的医疗器械、医用卫生材料而购买并有偿使用的，以销售不符合标准的医用器材罪定罪，依法从重处罚。

第四条 国有公司、企业、事业单位的工作人员，在预防、控制突发传染病疫情等灾害的工作中，由于严重不负责任或者滥用职权，造成国有公司、企业破产或者严重损失，致使国家利益遭受重大损失的，依照刑法第一百六十八条的规定，以国有公司、企业、事业单位人员失职罪或者国有公司、企业、事业单位人员滥用职权罪定罪处罚。

第五条 广告主、广告经营者、广告发布者违反国家规定，假借预防、控制突发传染病疫情等灾害的名义，利用广告对所推销的商品或者服务作虚假宣传，致使多人上当受骗，违法所得数额较大或者有其他严重情节的，依照刑法第二百二十二条的规定，以虚假广告罪定罪处罚。

第六条 违反国家在预防、控制突发传染病疫情等灾害期间有关市场经营、价格管理等规定，哄抬物价、牟取暴利，严重扰乱市场秩序，违法所得数额较大或者有其他严重情节的，依照刑法第二百二十五条第（四）项的规定，以非法经营罪定罪，依法从重处罚。

第七条 在预防、控制突发传染病疫情等灾害期间，假借研制、生产或者销售用于预防、控制突发传染病疫情等灾害用品的名义，诈骗公私财物数额较大的，依照刑法有关诈骗罪的规定定罪，依法从重处罚。

第八条 以暴力、威胁方法阻碍国家机关工作人员、红十字会工作人员依法履行为防治突发传染病疫情等灾害而采取的防疫、检疫、强制隔离、隔离治疗等预防、控制措施的，依照刑法第二百七十七条第一款、第三款的规定，以妨害公务罪定罪处罚。

第九条 在预防、控制突发传染病疫情等灾害期间，聚众"打砸抢"，致人伤残、死亡的，依照刑法第二百八十九条、第二百三十四条、第二百三十二条的规定，以故意伤害罪或者故意杀人罪定罪，依法从重处罚。对毁坏或者抢走公私财物的首要分子，依照刑法第二百八十九条、第二百六十三条的规定，以抢劫罪定罪，依法从重处罚。

第十条 编造与突发传染病疫情等灾害有关的恐怖信息，或者明知是编造的此类恐怖信息而故意传播，严重扰乱社会秩序的，依照刑法第二百九十一条之一的规定，以编造、故意传播虚假恐怖信息罪定罪处罚。

利用突发传染病疫情等灾害，制造、传播谣言，煽动分裂国家、破坏国家统一，或者煽动颠覆国家政权、推翻社会主义制度的，依照刑法第一百零三条第二款、第一百零五条第二款的规定，以煽动分裂国家罪或者煽动颠覆国家政权罪定罪处罚。

第十一条 在预防、控制突发传染病疫情等灾害期间，强拿硬要或者任意损毁、占用公私财物情节严重，或者在公共场所起哄闹事，造成公共场所秩序严重混乱的，依照刑法第二百九十三条的规定，以寻衅滋事罪定罪，依法从重处罚。

第十二条 未取得医师执业资格非

法行医，具有造成突发传染病病人、病原携带者、疑似突发传染病病人贻误诊治或者造成交叉感染等严重情节的，依照刑法第三百三十六条第一款的规定，以非法行医罪定罪，依法从重处罚。

第十三条 违反传染病防治法等国家有关规定，向土地、水体、大气排放、倾倒或者处置含传染病病原体的废物、有毒物质或者其他危险废物，造成突发传染病传播等重大环境污染事故，致使公私财产遭受重大损失或者人身伤亡的严重后果的，依照刑法第三百三十八条的规定，以重大环境污染事故罪定罪处罚。

第十四条 贪污、侵占用于预防、控制突发传染病疫情等灾害的款物或者挪用归个人使用，构成犯罪的，分别依照刑法第三百八十二条、第三百八十三条、第二百七十一条、第三百八十四条、第二百七十二条的规定，以贪污罪、侵占罪、挪用公款罪、挪用资金罪定罪，依法从重处罚。

挪用用于预防、控制突发传染病疫情等灾害的救灾、优抚、救济等款物，构成犯罪的，对直接责任人员，依照刑法第二百七十三条的规定，以挪用特定款物罪定罪处罚。

第十五条 在预防、控制突发传染病疫情等灾害的工作中，负有组织、协调、指挥、灾害调查、控制、医疗救治、信息传递、交通运输、物资保障等职责的国家机关工作人员，滥用职权或者玩忽职守，致使公共财产、国家和人民利益遭受重大损失的，依照刑法第三百九十七条的规定，以滥用职权罪或者玩忽职守罪定罪处罚。

第十六条 在预防、控制突发传染病疫情等灾害期间，从事传染病防治的政府卫生行政部门的工作人员，或者在受政府卫生行政部门委托代表政府卫生行政部门行使职权的组织中从事公务的人员，或者虽未列入政府卫生行政部门人员编制但在政府卫生行政部门从事公务的人员，在代表政府卫生行政部门行使职权时，严重不负责任，导致传染病传播或者流行，情节严重的，依照刑法第四百零九条的规定，以传染病防治失职罪定罪处罚。

在国家对突发传染病疫情等灾害采取预防、控制措施后，具有下列情形之一的，属于刑法第四百零九条规定的“情节严重”：

（一）对发生突发传染病疫情等灾害的地区或者突发传染病病人、病原携带者、疑似突发传染病病人，未按照预防、控制突发传染病疫情等灾害工作规范的要求做好防疫、检疫、隔离、防护、救治等工作，或者采取的预防、控制措施不当，造成传染范围扩大或者疫情、灾情加重的；

（二）隐瞒、缓报、谎报或者授意、指使、强令他人隐瞒、缓报、谎报疫情、灾情，造成传染范围扩大或者疫情、灾情加重的；

（三）拒不执行突发传染病疫情等灾害应急处理指挥机构的决定、命令，造成传染范围扩大或者疫情、灾情加重的；

（四）具有其他严重情节的。

第十七条 人民法院、人民检察院办理有关妨害预防、控制突发传染病疫情等灾害的刑事案件，对于有自首、立功等悔罪表现的，依法从轻、减轻、免除处罚或者依法作出不起诉决定。

第十八条 本解释所称“突发传染病疫情等灾害”，是指突然发生，造成或者可能造成社会公众健康严重损害的重大传染病疫情、群体性不明原因疾病以及其他严重影响公众健康的灾害。

最高人民法院关于对采用破坏性手段盗窃正在使用的油田输油管道中油品的行为如何适用法律问题的批复

（2002年4月8日最高人民法院审判委员会第1220次会议通过
2002年4月10日公布　自2002年4月18日起施行）
法释〔2002〕10号

各省、自治区、直辖市高级人民法院，解放军军事法院，新疆维吾尔自治区高级人民法院生产建设兵团分院：

近来，一些高级人民法院对采用破坏性手段盗窃正在使用的油田输油管道中油品的行为如何适用法律问题请示我院。根据刑法的有关规定，批复如下：

正在使用的油田输油管道，属于刑法规定的“易燃易爆设备”。行为人采用破坏性手段盗窃正在使用的油田输油管道中的油品，构成破坏易燃易爆设备罪、盗窃罪等犯罪的，依照处罚较重的规定定罪处罚。

最高人民法院　最高人民检察院关于办理盗窃油气、破坏油气设备等刑事案件具体应用法律若干问题的解释

（2006年11月20日最高人民法院审判委员会第1406次会议、2006年12月11日最高人民检察院第十届检察委员会第66次会议通过　2007年1月15日公布
自2007年1月19日起施行）

为维护油气的生产、运输安全，依法惩治盗窃油气、破坏油气设备等犯罪，根据刑法有关规定，现就办理这类刑事案件具体应用法律的若干问题解释如下：

第一条　在实施盗窃油气等行为过程中，采用切割、打孔、撬砸、拆卸、开关等手段破坏正在使用的油气设备的，属于刑法第一百一十八条规定的“破坏燃气或者其他易燃易爆设备”的行为；危害公共安全，尚未造成严重后果的，依照刑法第一百一十八条的规定定罪处罚。

第二条　实施本解释第一条规定的行为，具有下列情形之一的，属于刑法第一百一十九条第一款规定的“造成严重后果”，依照刑法第一百一十九条第一款的规定定罪处罚：

（一）造成一人以上死亡、三人以上重伤或者十人以上轻伤的；

（二）造成井喷或者重大环境污染事故的；

（三）造成直接经济损失数额在五十万元以上的；

（四）造成其他严重后果的。

第三条 盗窃油气或者正在使用的油气设备，构成犯罪，但未危害公共安全的，依照刑法第二百六十四条的规定，以盗窃罪定罪处罚。

盗窃油气，数额巨大但尚未运离现场的，以盗窃未遂定罪处罚。

为他人盗窃油气而偷开油气井、油气管道等油气设备阀门排放油气或者提供其他帮助的，以盗窃罪的共犯定罪处罚。

第四条 盗窃油气同时构成盗窃罪和破坏易燃易爆设备罪的，依照刑法处罚较重的规定定罪处罚。

第五条 明知是盗窃犯罪所得的油气或者油气设备，而予以窝藏、转移、收购、加工、代为销售或者以其他方法掩饰、隐瞒的，依照刑法第三百一十二条的规定定罪处罚。

实施前款规定的犯罪行为，事前通谋的，以盗窃犯罪的共犯定罪处罚。

第六条 违反矿产资源法的规定，非法开采或者破坏性开采石油、天然气资源的，依照刑法第三百四十三条以及《最高人民法院关于审理非法采矿、破坏性采矿刑事案件具体应用法律若干问题的解释》的规定追究刑事责任。

第七条 国家机关工作人员滥用职权或者玩忽职守，实施下列行为之一，致使公共财产、国家和人民利益遭受重大损失的，依照刑法第三百九十七条的规定，以滥用职权罪或者玩忽职守罪定罪处罚：

（一）超越职权范围，批准发放石油、天然气勘查、开采、加工、经营等许可证的；

（二）违反国家规定，给不符合法定条件的单位、个人发放石油、天然气勘查、开采、加工、经营等许可证的；

（三）违反《石油天然气管道保护条例》等国家规定，在油气设备安全保护范围内批准建设项目的；

（四）对发现或者经举报查实的未经依法批准、许可擅自从事石油、天然气勘查、开采、加工、经营等违法活动不予查封、取缔的。

第八条 本解释所称的“油气”，是指石油、天然气。其中，石油包括原油、成品油；天然气包括煤层气。

本解释所称“油气设备”，是指用于石油、天然气生产、储存、运输等易燃易爆设备。

最高人民法院关于审理破坏公用电信设施刑事案件具体应用法律若干问题的解释

（2004年8月26日最高人民法院审判委员会第1322次会议通过
2004年12月30日公布　自2005年1月11日起施行）
法释〔2004〕21号

为维护公用电信设施的安全和通讯管理秩序，依法惩治破坏公用电信设施犯罪活动，根据刑法有关规定，现就审理这类刑事案件具体应用法律的若干问题解释如下：

第一条　采用截断通信线路、损毁通信设备或者删除、修改、增加电信网计算机信息系统中存储、处理或者传输的数据和应用程序等手段，故意破坏正在使用的公用电信设施，具有下列情形之一的，属于刑法第一百二十四条规定的“危害公共安全”，依照刑法第一百二十四条第一款规定，以破坏公用电信设施罪处三年以上七年以下有期徒刑：

（一）造成火警、匪警、医疗急救、交通事故报警、救灾、抢险、防汛等通信中断或者严重障碍，并因此贻误救助、救治、救灾、抢险等，致使人员死亡一人、重伤三人以上或者造成财产损失三十万元以上的；

（二）造成二千以上不满一万用户通信中断一小时以上，或者一万以上用户通信中断不满一小时的；

（三）在一个本地网范围内，网间通信全阻、关口局至某一局向全部中断或网间某一业务全部中断不满二小时或者直接影响范围不满五万（用户×小时）的；

（四）造成网间通信严重障碍，一日内累计二小时以上不满十二小时的；

（五）其他危害公共安全的情形。

第二条　实施本解释第一条规定的行为，具有下列情形之一的，属于刑法第一百二十四条第一款规定的“严重后果”，以破坏公用电信设施罪处七年以上有期徒刑：

（一）造成火警、匪警、医疗急救、交通事故报警、救灾、抢险、防汛等通信中断或者严重障碍，并因此贻误救助、救治、救灾、抢险等，致使人员死亡二人以上、重伤六人以上或者造成财产损失六十万元以上的；

（二）造成一万以上用户通信中断一小时以上的；

（三）在一个本地网范围内，网间通信全阻、关口局至某一局向全部中断或网间某一业务全部中断二小时以上或者直接影响范围五万（用户×小时）以上的；

（四）造成网间通信严重障碍，一日内累计十二小时以上的；

（五）造成其他严重后果的。

第三条　故意破坏正在使用的公用电信设施尚未危害公共安全，或者故意毁坏尚未投入使用的公用电信设施，造成财物损失，构成犯罪的，依照刑法第二百七十五条规定，以故意毁坏财物罪定罪处罚。

盗窃公用电信设施价值数额不大，但是构成危害公共安全犯罪的，依照刑法第一百二十四条的规定定罪处罚；盗窃公用电信设施同时构成盗窃罪和破坏公用电信设施罪的，依照处罚较重的规定定罪处罚。

第四条 指使、组织、教唆他人实施本解释规定的故意犯罪行为的，按照共犯定罪处罚。

第五条 本解释中规定的公用电信设施的范围、用户数、通信中断和严重障碍的标准和时间长度，依据国家电信行业主管部门的有关规定确定。

最高人民法院关于审理破坏电力设备刑事案件具体应用法律若干问题的解释

（2007年8月13日最高人民法院审判委员会第1435次会议通过　2007年8月15日公布　自2007年8月21日起施行）

法释〔2007〕15号

为维护公共安全，依法惩治破坏电力设备等犯罪活动，根据刑法有关规定，现就审理这类刑事案件具体应用法律的若干问题解释如下：

第一条 破坏电力设备，具有下列情形之一的，属于刑法第一百一十九条第一款规定的“造成严重后果”，以破坏电力设备罪判处十年以上有期徒刑、无期徒刑或者死刑：

（一）造成一人以上死亡、三人以上重伤或者十人以上轻伤的；

（二）造成一万以上用户电力供应中断六小时以上，致使生产、生活受到严重影响的；

（三）造成直接经济损失一百万元以上的；

（四）造成其他危害公共安全严重后果的。

第二条 过失损坏电力设备，造成本解释第一条规定的严重后果的，依照刑法第一百一十九条第二款的规定，以过失损坏电力设备罪判处三年以上七年以下有期徒刑；情节较轻的，处三年以下有期徒刑或者拘役。

第三条 盗窃电力设备，危害公共安全，但不构成盗窃罪的，以破坏电力设备罪定罪处罚；同时构成盗窃罪和破坏电力设备罪的，依照刑法处罚较重的规定定罪处罚。

盗窃电力设备，没有危及公共安全，但应当追究刑事责任的，可以根据案件的不同情况，按照盗窃罪等犯罪处理。

第四条 本解释所称电力设备，是指处于运行、应急等使用中的电力设备；已经通电使用，只是由于枯水季节或电力不足等原因暂停使用的电力设备；已经交付使用但尚未通电的电力设备。不包括尚未安装完毕，或者已经安装完毕但尚未交付使用的电力设备。

本解释中直接经济损失的计算范围，包括电量损失金额，被毁损设备材料的购置、更换、修复费用，以及因停电给用户造成的直接经济损失等。

最高人民法院关于审理非法制造、买卖、运输枪支、弹药、爆炸物等刑事案件具体应用法律若干问题的解释

（2001年5月10日最高人民法院审判委员会第1174次会议通过 2001年5月15日公布 自2001年5月16日起施行）

法释〔2001〕15号

为依法严惩非法制造、买卖、运输枪支、弹药、爆炸物等犯罪活动，根据刑法有关规定，现就审理这类案件具体应用法律的若干问题解释如下：

第一条 个人或者单位非法制造、买卖、运输、邮寄、储存枪支、弹药、爆炸物，具有下列情形之一的，依照刑法第一百二十五条第一款的规定，以非法制造、买卖、运输、邮寄、储存枪支、弹药、爆炸物罪定罪处罚：

（一）非法制造、买卖、运输、邮寄、储存军用枪支一支以上的；

（二）非法制造、买卖、运输、邮寄、储存以火药为动力发射枪弹的非军用枪支一支以上或者以压缩气体等为动力的其他非军用枪支二支以上的；

（三）非法制造、买卖、运输、邮寄、储存军用子弹十发以上、气枪铅弹五百发以上或者其他非军用子弹一百发以上的；

（四）非法制造、买卖、运输、邮寄、储存手榴弹一枚以上的；

（五）非法制造、买卖、运输、邮寄、储存爆炸装置的；

（六）非法制造、买卖、运输、邮寄、储存炸药、发射药、黑火药一千克以上或者烟火药三千克以上、雷管三十枚以上或者导火索、导爆索三十米以上的；

（七）具有生产爆炸物品资格的单位不按照规定的品种制造，或者具有销售、使用爆炸物品资格的单位超过限额买卖炸药、发射药、黑火药十千克以上或者烟火药三十千克以上、雷管三百枚以上或者导火索、导爆索三百米以上的；

（八）多次非法制造、买卖、运输、邮寄、储存弹药、爆炸物的；

（九）虽未达到上述最低数量标准，但具有造成严重后果等其他恶劣情节的。

介绍买卖枪支、弹药、爆炸物的，以买卖枪支、弹药、爆炸物罪的共犯论处。

第二条 非法制造、买卖、运输、邮寄、储存枪支、弹药、爆炸物，具有下列情形之一的，属于刑法第一百二十五条第一款规定的“情节严重”：

（一）非法制造、买卖、运输、邮寄、储存枪支、弹药、爆炸物的数量达到本解释第一条第（一）、（二）、（三）、（六）、（七）项规定的最低数量标准五倍以上的；

（二）非法制造、买卖、运输、邮寄、储存手榴弹三枚以上的；

（三）非法制造、买卖、运输、邮寄、储存爆炸装置，危害严重的；

（四）达到本解释第一条规定的最

低数量标准，并具有造成严重后果等其他恶劣情节的。

第三条 依法被指定或者确定的枪支制造、销售企业，实施刑法第一百二十六条规定的行为，具有下列情形之一的，以违规制造、销售枪支罪定罪处罚：

（一）违规制造枪支五支以上的；

（二）违规销售枪支二支以上的；

（三）虽未达到上述最低数量标准，但具有造成严重后果等其他恶劣情节的。

具有下列情形之一的，属于刑法第一百二十六条规定的"情节严重"：

（一）违规制造枪支二十支以上的；

（二）违规销售枪支十支以上的；

（三）达到本条第一款规定的最低数量标准，并具有造成严重后果等其他恶劣情节的。

具有下列情形之一的，属于刑法第一百二十六条规定的"情节特别严重"：

（一）违规制造枪支五十支以上的；

（二）违规销售枪支三十支以上的；

（三）达到本条第二款规定的最低数量标准，并具有造成严重后果等其他恶劣情节的。

第四条 盗窃、抢夺枪支、弹药、爆炸物，具有下列情形之一的，依照刑法第一百二十七条第一款的规定，以盗窃、抢夺枪支、弹药、爆药物罪定罪处罚：

（一）盗窃、抢夺以火药为动力的发射枪弹非军用枪支一支以上或者以压缩气体等为动力的其他非军用枪支二支以上的；

（二）盗窃、抢夺军用子弹十发以上气枪铅弹五百发以上或者其他非军用子弹一百发以上的；

（三）盗窃、抢夺爆炸装置的；

（四）盗窃、抢夺炸药、发射药、黑火药一千克以上或者烟火药三千克以上、雷管三十枚以上或者导火索、导爆索三十米以上的；

（五）虽未达到上述最低数量标准，但具有造成严重后果等其他恶劣情节的。

具有下列情形之一的，属于刑法第一百二十七条第一款规定的"情节严重"：

（一）盗窃、抢夺枪支、弹药、爆炸物的数量达到本条第一款规定的最低数量标准五倍以上的；

（二）盗窃、抢夺军用枪支的；

（三）盗窃、抢夺手榴弹的；

（四）盗窃、抢夺爆炸装置，危害严重的；

（五）达到本条第一款规定的最低数量标准，并具有造成严重后果等其他恶劣情节的。

第五条 具有下列情形之一的，依照刑法第一百二十八条第一款的规定，以非法持有、私藏枪支、弹药罪定罪处罚：

（一）非法持有、私藏军用枪支一支的；

（二）非法持有、私藏以火药为动力发射枪弹的非军用枪支一支或者以压缩气体等为动力的其他非军用枪支二支以上的；

（三）非法持有、私藏军用子弹二十发以上、气枪铅弹一千发以上或者其他非军用子弹二百发以上的；

（四）非法持有、私藏手榴弹一枚以上的；

（五）非法持有、私藏的弹药造成人员伤亡、财产损失的。

具有下列情形之一的，属于刑法第一百二十八条第一款规定的“情节严重”：

（一）非法持有、私藏军用枪支二支以上的；

（二）非法持有、私藏以火药为动力发射枪弹的非军用枪支二支以上或者以压缩气体等为动力的其他非军用枪支五支以上的；

（三）非法持有、私藏军用子弹一百发以上、气枪铅弹五千发以上或者其他非军用子弹一千发以上的；

（四）非法持有、私藏手榴弹三枚以上的；

（五）达到本条第一款规定的最低数量标准，并具有造成严重后果等其他恶劣情节的。

第六条 非法携带枪支、弹药、爆炸物进入公共场所或者公共交通工具，危及公共安全，具有下列情形之一的，属于刑法第一百三十条规定的“情节严重”：

（一）携带枪支或者手榴弹的；

（二）携带爆炸装置的；

（三）携带炸药、发射药、黑火药五百克以上或者烟火药一千克以上、雷管二十枚以上或者导火索、导爆索二十米以上的；

（四）携带的弹药、爆炸物在公共场所或者公共交通工具上发生爆炸或者燃烧，尚未造成严重后果的；

（五）具有其他严重情节的。

行为人非法携带本条第一款第（三）项规定的爆炸物进入公共场所或者公共交通工具，虽未达到上述数量标准，但拒不交出的，依照刑法第一百三十条的规定定罪处罚；携带的数量达到最低数量标准，能够主动、全部交出的，可不以犯罪论处。

第七条 非法制造、买卖、运输、邮寄、储存、盗窃、抢夺、持有、私藏、携带成套枪支散件的，以相应数量的枪支计；非成套枪支散件以每三十件为一成套枪支散件计。

第八条 刑法第一百二十五条第一款规定的“非法储存”，是指明知是他人非法制造、买卖、运输、邮寄的枪支、弹药、爆炸物而为其存放的行为。

刑法第一百二十八条第一款规定的“非法持有”，是指不符合配备、配置枪支、弹药条件的人员，违反枪支管理法律、法规的规定，擅自持有枪支、弹药的行为。

刑法第一百二十八条第一款规定的“私藏”，是指依法配备、配置枪支、弹药的人员，在配备、配置枪支、弹药的条件消除后，违反枪支管理法律、法规的规定，私自藏匿所配备、配置的枪支、弹药且拒不交出的行为。

第九条 实施非法制造、买卖、运输、邮寄、储存、盗窃、抢夺、持有、私藏其他弹药、爆炸物品等行为，参照本解释有关条文规定的定罪量刑标准处罚。

最高人民法院对执行《关于审理非法制造、买卖、运输枪支、弹药、爆炸物等刑事案件具体应用法律若干问题的解释》有关问题的通知

（2001 年 9 月 17 日　法〔2001〕129 号）

各省、自治区、直辖市高级人民法院，解放军军事法院，新疆维吾尔自治区高级人民法院生产建设兵团分院：

我院《关于审理非法制造、买卖、运输枪支、弹药、爆炸物等刑事案件具体应用法律若干问题的解释》（以下简称《解释》）公布施行后，地方各级人民法院陆续审理了一批非法制造、买卖、运输枪支、弹药、爆炸物等案件，对于推动“治爆缉枪”专项斗争的深入进行，维护社会治安秩序，发挥了积极作用。鉴于此类案件的社会影响较大，为准确适用法律，依法严厉打击涉枪涉爆犯罪活动，现就审理这类案件适用《解释》的有关问题通知如下：

一、对于《解释》施行前，行为人因生产、生活所需非法制造、买卖、运输枪支、弹药、爆炸物没有造成严重社会危害，经教育确有悔改表现的，可以依照刑法第十三条的规定，不作为犯罪处理。

二、对于《解释》施行后发生的非法制造、买卖、运输枪支、弹药、爆炸物等行为，构成犯罪的，依照刑法和《解释》的有关规定定罪处罚。行为人确因生产、生活所需而非法制造、买卖、运输枪支、弹药、爆炸物，没有造成严重社会危害，经教育确有悔改表现的，可依法免除或者从轻处罚。

以上通知，请认真遵照执行。执行中如有问题，请及时报告我院。

最高人民法院关于处理涉枪、涉爆申诉案件有关问题的通知

（2003 年 1 月 15 日　法〔2003〕8 号）

各省、自治区、直辖市高级人民法院，解放军军事法院，新疆维吾尔自治区高级人民法院生产建设兵团分院：

我院于 2001 年 9 月 17 日发出《对执行〈关于审理非法制造、买卖、运输枪支、弹药、爆炸物等刑事案件具体应用法律若干问题的解释〉有关问题的通知》（以下简称《通知》）后，一些高级人民法院向我院请示，对于符合《通知》的要求，但是已经依照我院于 2001 年 5 月 16 日公布的《关于审理非法制造、买卖、运输枪支、弹药、爆炸物等刑事案件具体应用法律若干问题的解释》（以下简称《解释》）作出生效裁判的案件，当事人提出申诉的，人民法院能否根据《通知》精神再审改判等问题。为准确适用法律和司法解释，现就有关问题通知如下：

《解释》公布后，人民法院经审理并已作出生效裁判的非法制造、买卖、运输枪支、弹药、爆炸物等刑事案件，当事人依法提出申诉，经审查认为生效裁判不符合《通知》规定的，人民法院可以根据案件的具体情况，按照审判监督程序重新审理，并依照《通知》规定的精神予以改判。

最高人民法院　最高人民检察院关于办理非法制造、买卖、运输、储存毒鼠强等禁用剧毒化学品刑事案件具体应用法律若干问题的解释

（2003 年 8 月 29 日最高人民法院审判委员会第 1287 次会议、2003 年 2 月 13 日最高人民检察院第九届检察委员会第 119 次会议通过　2003 年 9 月 4 日公布　自 2003 年 10 月 1 日起施行）

法释〔2003〕14 号

为依法惩治非法制造、买卖、运输、储存毒鼠强等禁用剧毒化学品的犯罪活动，维护公共安全，根据刑法有关规定，现就办理这类刑事案件具体应用法律的若干问题解释如下：

第一条　非法制造、买卖、运输、储存毒鼠强等禁用剧毒化学品，危害公共安全，具有下列情形之一的，依照刑法第一百二十五条的规定，以非法制造、买卖、运输、储存危险物质罪，处三年以上十年以下有期徒刑：

（一）非法制造、买卖、运输、储存原粉、原液、制剂 50 克以上，或者饵料 2 千克以上的；

（二）在非法制造、买卖、运输、储存过程中致人重伤、死亡或者造成公私财产损失 10 万元以上的。

第二条　非法制造、买卖、运输、储存毒鼠强等禁用剧毒化学品，具有下列情形之一的，属于刑法第一百二十五条规定的“情节严重”，处十年以上有期徒刑、无期徒刑或者死刑：

（一）非法制造、买卖、运输、储存原粉、原液、制剂 500 克以上，或者饵料 20 千克以上的；

（二）在非法制造、买卖、运输、储存过程中致 3 人以上重伤、死亡，或者造成公私财产损失 20 万元以上的；

（三）非法制造、买卖、运输、储存原粉、原药、制剂 50 克以上不满 500 克，或者饵料 2 千克以上不满 20 千克，并具有其他严重情节的。

第三条　单位非法制造、买卖、运输、储存毒鼠强等禁用剧毒化学品的，依照本解释第一条、第二条规定的定罪量刑标准执行。

第四条　对非法制造、买卖、运输、储存毒鼠强等禁用剧毒化学品行为负有查处职责的国家机关工作人员，滥用职权或者玩忽职守，致使公共财产、国家和人民利益遭受重大损失的，依照刑法第三百九十七条的规定，以滥用职权罪或者玩忽职守罪追究刑事责任。

第五条　本解释施行以前，确因生产、生活需要而非法制造、买卖、运输、储存毒鼠强等禁用剧毒化学品饵料自用，没有造成严重社会危害的，可以依照刑法第十三条的规定，不作为犯罪

处理。

本解释施行以后，确因生产、生活需要而非法制造、买卖、运输、储存毒鼠强等禁用剧毒化学品饵料自用，构成犯罪，但没有造成严重社会危害，经教育确有悔改表现的，可以依法从轻、减轻或者免除处罚。

第六条 本解释所称“毒鼠强等禁用剧毒化学品”，是指国家明令禁止的毒鼠强、氟乙酰胺、氟乙酸钠、毒鼠硅、甘氟［见附表（略）］。

最高人民检察院关于将公务用枪用作借债质押的行为如何适用法律问题的批复

（最高人民检察院第九届检察委员会第15次会议通过）
1998年11月3日 高检发释字〔1998〕4号

重庆市人民检察院：

你院渝检（研）〔1998〕8号《关于将公务用枪用作借债抵押的行为是否构成犯罪及适用法律的请示》收悉。经研究，批复如下：

依法配备公务用枪的人员，违反法律规定，将公务用枪用作借债质押物，使枪支处于非依法持枪人的控制、使用之下，严重危害公共安全，是刑法第一百二十八条第二款所规定的非法出借枪支行为的一种形式，应以非法出借枪支罪追究刑事责任；对接受枪支质押的人员，构成犯罪的，根据刑法第一百二十八条第一款的规定，应以非法持有枪支罪追究其刑事责任。

最高人民法院关于审理交通肇事刑事案件具体应用法律若干问题的解释

（2000年11月10日最高人民法院审判委员会第1136次会议通过 2000年11月15日公布 自2000年11月21日起施行）
法释〔2000〕33号

为依法惩处交通肇事犯罪活动，根据刑法有关规定，现将审理交通肇事刑事案件具体应用法律的若干问题解释如下：

第一条 从事交通运输人员或者非交通运输人员，违反交通运输管理法规发生重大交通事故，在分清事故责任的基础上，对于构成犯罪的，依照刑法第一百三十三条的规定定罪处罚。

第二条 交通肇事具有下列情形之一的，处三年以下有期徒刑或者拘役：

（一）死亡一人或者重伤三人以上，负事故全部或者主要责任的；

（二）死亡三人以上，负事故同等责任的；

（三）造成公共财产或者他人财产

直接损失，负事故全部或者主要责任，无能力赔偿数额在三十万元以上的。

交通肇事致一人以上重伤，负事故全部或者主要责任，并具有下列情形之一的，以交通肇事罪定罪处罚：

（一）酒后、吸食毒品后驾驶机动车辆的；

（二）无驾驶资格驾驶机动车辆的；

（三）明知是安全装置不全或者安全机件失灵的机动车辆而驾驶的；

（四）明知是无牌证或者已报废的机动车辆而驾驶的；

（五）严重超载驾驶的；

（六）为逃避法律追究逃离事故现场的。

第三条 “交通运输肇事后逃逸”，是指行为人具有本解释第二条第一款规定和第二款第（一）至（五）项规定的情形之一，在发生交通事故后，为逃避法律追究而逃跑的行为。

第四条 交通肇事具有下列情形之一的，属于“有其他特别恶劣情节”，处三年以上七年以下有期徒刑：

（一）死亡二人以上或者重伤五人以上，负事故全部或者主要责任的；

（二）死亡六人以上，负事故同等责任的；

（三）造成公共财产或者他人财产直接损失，负事故全部或者主要责任，无能力赔偿数额在六十万元以上的。

第五条 “因逃逸致人死亡”，是指行为人在交通肇事后为逃避法律追究而逃跑，致使被害人因得不到救助而死亡的情形。

交通肇事后，单位主管人员、机动车辆所有人、承包人或者乘车人指使肇事人逃逸，致使被害人因得不到救助而死亡的，以交通肇事罪的共犯论处。

第六条 行为人在交通肇事后为逃避法律追究，将被害人带离事故现场后隐藏或者遗弃，致使被害人无法得到救助而死亡或者严重残疾的，应当分别依照刑法第二百三十二条、第二百三十四条第二款的规定，以故意杀人罪或者故意伤害罪定罪处罚。

第七条 单位主管人员、机动车辆所有人或者机动车辆承包人指使、强令他人违章驾驶造成重大交通事故，具有本解释第二条规定情形之一的，以交通肇事罪定罪处罚。

第八条 在实行公共交通管理的范围内发生重大交通事故的，依照刑法第一百三十三条和本解释的有关规定办理。

在公共交通管理的范围外，驾驶机动车辆或者使用其他交通工具致人伤亡或者致使公共财产或者他人财产遭受重大损失，构成犯罪的，分别依照刑法第一百三十四条、第一百三十五条、第二百三十三条等规定定罪处罚。

第九条 各省、自治区、直辖市高级人民法院可以根据本地实际情况，在三十万元至六十万元、六十万元至一百万元的幅度内，确定本地区执行本解释第二条第一款第（三）项、第四条第（三）项的起点数额标准，并报最高人民法院备案。

最高人民法院　最高人民检察院关于办理危害矿山生产安全刑事案件具体应用法律若干问题的解释

（2007年2月26日最高人民法院审判委员会第1419次会议、2007年2月27日最高人民检察院第十届检察委员会第72次会议通过　2007年2月28日公布　自2007年3月1日起施行）

法释〔2007〕5号

为依法惩治危害矿山生产安全犯罪，保障矿山生产安全，根据刑法有关规定，现就办理此类刑事案件具体应用法律的若干问题解释如下：

第一条　刑法第一百三十四条第一款规定的犯罪主体，包括对矿山生产、作业负有组织、指挥或者管理职责的负责人、管理人员、实际控制人、投资人等人员，以及直接从事矿山生产、作业的人员。

第二条　刑法第一百三十四条第二款规定的犯罪主体，包括对矿山生产、作业负有组织、指挥或者管理职责的负责人、管理人员、实际控制人、投资人等人员。

第三条　刑法第一百三十五条规定的"直接负责的主管人员和其他直接责任人员"，是指对矿山安全生产设施或者安全生产条件不符合国家规定负有直接责任的矿山生产经营单位负责人、管理人员、实际控制人、投资人，以及对安全生产设施或者安全生产条件负有管理、维护职责的电工、瓦斯检查工等人员。

第四条　发生矿山生产安全事故，具有下列情形之一的，应当认定为刑法第一百三十四条、第一百三十五条规定的"重大伤亡事故或者其他严重后果"：

（一）造成死亡一人以上，或者重伤三人以上的；

（二）造成直接经济损失一百万元以上的；

（三）造成其他严重后果的情形。

具有下列情形之一的，应当认定为刑法第一百三十四条、第一百三十五条规定的"情节特别恶劣"：

（一）造成死亡三人以上，或者重伤十人以上的；

（二）造成直接经济损失三百万元以上的；

（三）其他特别恶劣的情节。

第五条　刑法第一百三十九条之一规定的"负有报告职责的人员"，是指矿山生产经营单位的负责人、实际控制人、负责生产经营管理的投资人以及其他负有报告职责的人员。

第六条　在矿山生产安全事故发生后，负有报告职责的人员不报或者谎报事故情况，贻误事故抢救，具有下列情形之一的，应当认定为刑法第一百三十九条之一规定的"情节严重"：

（一）导致事故后果扩大，增加死亡一人以上，或者增加重伤三人以上，或者增加直接经济损失一百万元以上的；

（二）实施下列行为之一，致使不能及时有效开展事故抢救的：

1. 决定不报、谎报事故情况或者指使、串通有关人员不报、谎报事故情况的；

2. 在事故抢救期间擅离职守或者逃匿的；

3. 伪造、破坏事故现场，或者转移、藏匿、毁灭遇难人员尸体，或者转移、藏匿受伤人员的；

4. 毁灭、伪造、隐匿与事故有关的图纸、记录、计算机数据等资料以及其他证据的；

（三）其他严重的情节。

具有下列情形之一的，应当认定为刑法第一百三十九条之一规定的“情节特别严重”：

（一）导致事故后果扩大，增加死亡三人以上，或者增加重伤十人以上，或者增加直接经济损失三百万元以上的；

（二）采用暴力、胁迫、命令等方式阻止他人报告事故情况导致事故后果扩大的；

（三）其他特别严重的情节。

第七条 在矿山生产安全事故发生后，实施本解释第六条规定的相关行为，帮助负有报告职责的人员不报或者谎报事故情况，贻误事故抢救的，对组织者或者积极参加者，依照刑法第一百三十九条之一的规定，以共犯论处。

第八条 在采矿许可证被依法暂扣期间擅自开采的，视为刑法第三百四十三条第一款规定的“未取得采矿许可证擅自采矿”。

违反矿产资源法的规定，非法采矿或者采取破坏性的开采方法开采矿产资源，造成重大伤亡事故或者其他严重后果，同时构成刑法第三百四十三条规定的犯罪和刑法第一百三十四条或者第一百三十五条规定的犯罪的，依照数罪并罚的规定处罚。

第九条 国家机关工作人员滥用职权或者玩忽职守，危害矿山生产安全，具有下列情形之一，致使公共财产、国家和人民利益遭受重大损失的，依照刑法第三百九十七条的规定定罪处罚：

（一）对不符合矿山法定安全生产条件的事项予以批准或者验收通过的；

（二）对于未依法取得批准、验收的矿山生产经营单位擅自从事生产经营活动不依法予以处理的；

（三）对于已经依法取得批准的矿山生产经营单位不再具备安全生产条件而不撤销原批准或者发现违反安全生产法律法规的行为不予查处的；

（四）强令审核、验收部门及其工作人员实施本条第（一）项行为，或者实施其他阻碍下级部门及其工作人员依法履行矿山安全生产监督管理职责行为的；

（五）在矿山生产安全事故发生后，负有报告职责的国家机关工作人员不报或者谎报事故情况，贻误事故抢救的；

（六）其他滥用职权或者玩忽职守的行为。

第十条 以暴力、威胁方法阻碍矿山安全生产监督管理的，依照刑法第二百七十七条的规定，以妨害公务罪定罪处罚。

第十一条 国家工作人员违反规定投资入股矿山生产经营，构成本解释涉及的有关犯罪的，作为从重情节依法处罚。

第十二条 危害矿山生产安全构成犯罪的人，在矿山生产安全事故发生后，积极组织、参与事故抢救的，可以酌情从轻处罚。

（三）破坏社会主义市场经济秩序罪

1. 生产、销售伪劣商品罪

最高人民法院 最高人民检察院关于办理生产、销售伪劣商品刑事案件具体应用法律若干问题的解释

（2001年4月5日最高人民法院审判委员会第1168次会议、2001年3月30日最高人民检察院第九届检察委员会第84次会议通过 2001年4月9日公布 自2001年4月10日起施行）

法释〔2001〕10号

为依法惩治生产、销售伪劣商品犯罪活动，根据刑法有关规定，现就办理这类案件具体应用法律的若干问题解释如下：

第一条 刑法第一百四十条规定的“在产品中掺杂、掺假”，是指在产品中掺入杂质或者异物，致使产品质量不符合国家法律、法规或者产品明示质量标准规定的质量要求，降低、失去应有使用性能的行为。

刑法第一百四十条规定的“以假充真”，是指以不具有某种使用性能的产品冒充具有该种使用性能的产品的行为。

刑法第一百四十条规定的“以次充好”，是指以低等级、低档次产品冒充高等级、高档次产品，或者以残次、废旧零配件组合、拼装后冒充正品或者新产品的行为。

刑法第一百四十条规定的“不合格产品”，是指不符合《中华人民共和国产品质量法》第二十六条第二款规定的质量要求的产品。

对本条规定的上述行为难以确定的，应当委托法律、行政法规规定的产品质量检验机构进行鉴定。

第二条 刑法第一百四十条、第一百四十九条规定的“销售金额”，是指生产者、销售者出售伪劣产品后所得和应得的全部违法收入。

伪劣产品尚未销售，货值金额达到刑法第一百四十条规定的销售金额三倍以上的，以生产、销售伪劣产品罪（未遂）定罪处罚。

货值金额以违法生产、销售的伪劣产品的标价计算；没有标价的，按照同类合格产品的市场中间价格计算。货值金额难以确定的，按照国家计划委员会、最高人民法院、最高人民检察院、公安部1997年4月22日联合发布的《扣押、追缴、没收物品估价管理办法》的规定，委托指定的估价机构确定。

多次实施生产、销售伪劣产品行为，未经处理的，伪劣产品的销售金额或者货值金额累计计算。

第三条 经省级以上药品监督管理部门设置或者确定的药品检验机构鉴定，生产、销售的假药具有下列情形之一的，应认定为刑法第一百四十一条规

定的“足以严重危害人体健康”：

（一）含有超标准的有毒有害物质的；

（二）不含所标明的有效成分，可能贻误诊治的；

（三）所标明的适应症或者功能主治超出规定范围，可能造成贻误诊治的；

（四）缺乏所标明的急救必需的有效成分的。

生产、销售的假药被使用后，造成轻伤、重伤或者其他严重后果的，应认定为“对人体健康造成严重危害”。

生产、销售的假药被使用后，致人严重残疾、三人以上重伤、十人以上轻伤或者造成其他特别严重后果的，应认定为“对人体健康造成特别严重危害”。

第四条 经省级以上卫生行政部门确定的机构鉴定，食品中含有可能导致严重食物中毒事故或者其他严重食源性疾患的超标准的有害细菌或者其他污染物的，应认定为刑法第一百四十三条规定的“足以造成严重食物中毒事故或者其他严重食源性疾患”。

生产、销售不符合卫生标准的食品被食用后，造成轻伤、重伤或者其他严重后果的，应认定为“对人体健康造成严重危害”。

生产、销售不符合卫生标准的食品被食用后，致人死亡、严重残疾、三人以上重伤、十人以上轻伤或者造成其他特别严重后果的，应认定为“后果特别严重”。

第五条 生产、销售的有毒、有害食品被食用后，造成轻伤、重伤或者其他严重后果的，应认定为刑法第一百四十四条规定的“对人体健康造成严重危害”。

生产、销售的有毒、有害食品被食用后，致人严重残疾、三人以上重伤、十人以上轻伤或者造成其他特别严重后果的，应认定为“对人体健康造成特别严重危害”。

第六条 生产、销售不符合标准的医疗器械、医用卫生材料，致人轻伤或者其他严重后果的，应认定为刑法第一百四十五条规定的“对人体健康造成严重危害”。

生产、销售不符合标准的医疗器械、医用卫生材料，造成感染病毒性肝炎等难以治愈的疾病、一人以上重伤、三人以上轻伤或者其他严重后果的，应认定为“后果特别严重”。

生产、销售不符合标准的医疗器械、医用卫生材料，致人死亡、严重残疾、感染艾滋病、三人以上重伤、十人以上轻伤或者造成其他特别严重后果的，应认定为“情节特别恶劣”。

医疗机构或者个人，知道或者应当知道是不符合保障人体健康的国家标准、行业标准的医疗器械、医用卫生材料而购买、使用，对人体健康造成严重危害的，以销售不符合标准的医用器材罪定罪处罚。

没有国家标准、行业标准的医疗器械，注册产品标准可视为“保障人体健康的行为标准”。

第七条 刑法第一百四十七条规定的生产、销售伪劣农药、兽药、化肥、种子罪中“使生产遭受较大损失”，一般以二万元为起点；“重大损失”，一般以十万元为起点；“特别重大损失”，一般以五十万元为起点。

第八条 国家机关工作人员徇私舞弊，对生产、销售伪劣商品犯罪不履行法律规定的查处职责，具有下列情形之一的，属于刑法第四百一十四条规定的“情节严重”：

（一）放纵生产、销售假药或者有

毒、有害食品犯罪行为的；

（二）放纵依法可能判处二年有期徒刑以上刑罚的生产、销售伪劣商品犯罪行为的；

（三）对三个以上有生产、销售伪劣商品犯罪行为的单位或者个人不履行追究职责的；

（四）致使国家和人民利益遭受重大损失或者造成恶劣影响的。

第九条 知道或者应当知道他人实施生产、销售伪劣商品犯罪，而为其提供贷款、资金、账号、发票、证明、许可证件，或者提供生产、经营场所或者运输、仓储、保管、邮寄等便利条件，或者提供制假生产技术的，以生产、销售伪劣商品犯罪的共犯论处。

第十条 实施生产、销售伪劣商品犯罪，同时构成侵犯知识产权、非法经营等其他犯罪的，依照处罚较重的规定定罪处罚。

第十一条 实施刑法第一百四十条至第一百四十八条规定的犯罪，又以暴力、威胁方法抗拒查处，构成其他犯罪的，依照数罪并罚的规定处罚。

第十二条 国家机关工作人员参与生产、销售伪劣商品犯罪的，从重处罚。

最高人民法院关于审理生产、销售伪劣商品刑事案件有关鉴定问题的通知

（2001年5月21日 法〔2001〕70号）

各省、自治区、直辖市高级人民法院，解放军军事法院，新疆维吾尔自治区高级人民法院生产建设兵团分院：

自全国开展整顿和规范市场经济秩序工作以来，各地人民法院陆续受理了一批生产、销售伪劣产品、假冒商标和非法经营等严重破坏社会主义市场经济秩序的犯罪案件。此类案件中涉及的生产、销售的产品，有的纯属伪劣产品，有的则只是侵犯知识产权的非伪劣产品。由于涉案产品是否“以假充真”、“以次充好”、“以不合格产品冒充合格产品”，直接影响到对被告人的定罪及处刑，为准确适用刑法和《最高人民法院、最高人民检察院关于办理生产、销售伪劣商品刑事案件具体应用法律若干问题的解释》（以下简称《解释》），严惩假冒伪劣商品犯罪，不放纵和轻纵犯罪分子，现就审理生产、销售伪劣商品、假冒商标和非法经营等严重破坏社会主义市场经济秩序的犯罪案件中可能涉及的假冒伪劣商品的有关鉴定问题通知如下：

一、对于提起公诉的生产、销售伪劣产品、假冒商标、非法经营等严重破坏社会主义市场经济秩序的犯罪案件，所涉生产、销售的产品是否属于“以假充真”、“以次充好”、“以不合格产品冒充合格产品”难以确定的，应当根据《解释》第一条第五款的规定，由公诉机关委托法律、行政法规规定的产品质量检验机构进行鉴定。

二、根据《解释》第三条和第四条的规定，人民法院受理的生产、销售假药犯罪案件和生产、销售不符合卫生标准的食品犯罪案件，均需有“省级

以上药品监督管理部门设置或者确定的药品检验机构”和“省级以上卫生行政部门确定的机构”出具的鉴定结论。

三、经鉴定确系伪劣商品，被告人的行为既构成生产、销售伪劣产品罪，又构成生产、销售假药罪或者生产、销售不符合卫生标准的食品罪，或者同时构成侵犯知识产权、非法经营等其他犯罪的，根据刑法第一百四十九条第二款和《解释》第十条的规定，应当依照处罚较重的规定定罪处罚。

最高人民法院 最高人民检察院 公安部 国家烟草专卖局关于印发《关于办理假冒伪劣烟草制品等刑事案件适用法律问题座谈会纪要》的通知

（2003 年 12 月 30 日 高检会〔2003〕4 号）

各省、自治区、直辖市高级人民法院，人民检察院，公安厅、局，烟草专卖局，解放军军事法院，军事检察院，新疆维吾尔自治区高级人民法院生产建设兵团分院，新疆生产建设兵团人民检察院，公安局：

现将最高人民法院、最高人民检察院、公安部、国家烟草专卖局《关于办理假冒伪劣烟草制品等刑事案件适用法律问题座谈会纪要》印发给你们，请参照执行。执行中有什么问题，请及时报告最高人民法院、最高人民检察院、公安部、国家烟草专卖局。

关于办理假冒伪劣烟草制品等刑事案件适用法律问题座谈会纪要

生产、销售假冒伪劣烟草制品等犯罪行为严重破坏国家烟草专卖制度，扰乱社会主义市场经济秩序，侵害消费者合法权益。2001 年以来，公安部、国家烟草专卖局联合开展了卷烟打假专项行动，取得了显著成效。同时，在查处生产、销售假冒伪劣烟草制品等犯罪案件过程中也遇到了一些适用法律方面的问题。为此，最高人民法院、最高人民检察院、公安部、国家烟草专卖局于2003 年8 月4 日至6 日在昆明召开了办理假冒伪劣烟草制品等刑事案件适用法律问题座谈会。最高人民法院、最高人民检察院、公安部、国家烟草专卖局以及部分省、自治区、直辖市法院、检察院、公安厅（局）、烟草专卖局等单位的有关人员参加了会议。全国人大常委会法工委刑法室应邀派员参加了会议。与会人员在总结办案经验的基础上，根据法律和司法解释的有关规定，就办理假冒伪劣烟草制品等刑事案件中一些带有普遍性的具体适用法律问题进行了广泛讨论并形成了共识。纪要如下：

一、关于生产、销售伪劣烟草制品行为适用法律问题

（一）关于生产伪劣烟草制品尚未销售或者尚未完全销售行为定罪量刑问题

根据刑法第一百四十条的规定，生产、销售伪劣烟草制品，销售金额在五万元以上的，构成生产、销售伪劣产品罪。

根据《最高人民法院、最高人民检察院关于办理生产、销售伪劣商品刑事案件具体应用法律若干问题的解释》的有关规定，销售金额是指生产者、销售者出售伪劣烟草制品后所得和应得的全部违法收入。伪劣烟草制品尚未销售，货值金额达到刑法第一百四十条规定的销售金额三倍（十五万元）以上的，以生产、销售伪劣产品罪（未遂）定罪处罚。货值金额以违法生产、销售的伪劣产品的标价计算；没有标价的，按照同类合格产品的市场中间价格计算。货值金额难以确定的，按照国家计划委员会、最高人民法院、最高人民检察院、公安部1997年4月22日联合发布的《扣押、追缴、没收物品估价管理办法》的规定，委托指定的估价机构确定。

伪劣烟草制品尚未销售，货值金额分别达到十五万元以上不满二十万元、二十万元以上不满五十万元、五十万元以上不满二百万元、二百万元以上的，分别依照刑法第一百四十条规定的各量刑档次定罪处罚。

伪劣烟草制品的销售金额不满五万元，但与尚未销售的伪劣烟草制品的货值金额合计达到十五万元以上的，以生产、销售伪劣产品罪（未遂）定罪处罚。

生产伪劣烟草制品尚未销售，无法计算货值金额，有下列情形之一的，以生产、销售伪劣产品罪（未遂）定罪处罚：

1. 生产伪劣烟用烟丝数量在1000公斤以上的；

2. 生产伪劣烟用烟叶数量在1500公斤以上的。

（二）关于非法生产、拼装、销售烟草专用机械行为定罪处罚问题

非法生产、拼装、销售烟草专用机械行为，依照刑法第一百四十条的规定，以生产、销售伪劣产品罪追究刑事责任。

二、关于销售明知是假冒烟用注册商标的烟草制品行为中的“明知”问题

根据刑法第二百一十四条的规定，销售明知是假冒烟用注册商标的烟草制品，销售金额较大的，构成销售假冒注册商标的商品罪。

“明知”，是指知道或应当知道。有下列情形之一的，可以认定为“明知”：

1. 以明显低于市场价格进货的；

2. 以明显低于市场价格销售的；

3. 销售假冒烟用注册商标的烟草制品被发现后转移、销毁物证或者提供虚假证明、虚假情况的；

4. 其他可以认定为明知的情形。

三、关于非法经营烟草制品行为适用法律问题

未经烟草专卖行政主管部门许可，无生产许可证、批发许可证、零售许可证，而生产、批发、零售烟草制品，具有下列情形之一的，依照刑法第二百二十五条的规定定罪处罚：

1. 个人非法经营数额在五万元以上的，或者违法所得数额在一万元以上的；

2. 单位非法经营数额在五十万元以上的，或者违法所得数额在十万元以

上的；

3. 曾因非法经营烟草制品行为受过二次以上行政处罚又非法经营的，非法经营数额在二万元以上的。

四、关于共犯问题

知道或者应当知道他人实施本纪要第一条至第三条规定的犯罪行为，仍实施下列行为之一的，应认定为共犯，依法追究刑事责任：

1. 直接参与生产、销售假冒伪劣烟草制品或者销售假冒烟用注册商标的烟草制品或者直接参与非法经营烟草制品并在其中起主要作用的；

2. 提供房屋、场地、设备、车辆、贷款、资金、账号、发票、证明、技术等设施和条件，用于帮助生产、销售、储存、运输假冒伪劣烟草制品、非法经营烟草制品的；

3. 运输假冒伪劣烟草制品的。

上述人员中有检举他人犯罪经查证属实，或者提供重要线索，有立功表现的，可以从轻或减轻处罚；有重大立功表现的，可以减轻或者免除处罚。

五、国家机关工作人员参与实施本纪要第一条至第三条规定的犯罪行为的处罚问题

根据《最高人民法院、最高人民检察院关于办理生产、销售伪劣商品刑事案件具体应用法律若干问题的解释》的规定，国家机关工作人员参与实施本纪要第一条至第三条规定的犯罪行为的，从重处罚。

六、关于一罪与数罪问题

行为人的犯罪行为同时构成生产、销售伪劣产品罪、销售假冒注册商标的商品罪、非法经营罪等罪的，依照处罚较重的规定定罪处罚。

七、关于窝藏、转移非法制售的烟草制品行为的定罪处罚问题

明知是非法制售的烟草制品而予以窝藏、转移的，依照刑法第三百一十二条的规定，以窝藏、转移赃物罪定罪处罚。

窝藏、转移非法制售的烟草制品，事前与犯罪分子通谋的，以共同犯罪论处。

八、关于以暴力、威胁方法阻碍烟草专卖执法人员依法执行职务行为的定罪处罚问题

以暴力、威胁方法阻碍烟草专卖执法人员依法执行职务的，依照刑法第二百七十七条的规定，以妨害公务罪定罪处罚。

九、关于煽动群众暴力抗拒烟草专卖法律实施行为的定罪处罚问题

煽动群众暴力抗拒烟草专卖法律实施的，依照刑法第二百七十八条的规定，以煽动暴力抗拒法律实施罪定罪处罚。

十、关于鉴定问题

假冒伪劣烟草制品的鉴定工作，由国家烟草专卖行政主管部门授权的省级以上烟草产品质量监督检验机构，按照国家烟草专卖局制定的假冒伪劣卷烟鉴别检验管理办法和假冒伪劣卷烟鉴别检验规程等有关规定进行。

假冒伪劣烟草专用机械的鉴定由国家质量监督部门，或其委托的国家烟草质量监督检验中心，根据烟草行业的有关技术标准进行。

十一、关于烟草制品、卷烟的范围

本纪要所称烟草制品指卷烟、雪茄烟、烟丝、复烤烟叶、烟叶、卷烟纸、滤嘴棒、烟用丝束。

本纪要所称卷烟包括散支烟和成品烟。

2. 走私罪

最高人民法院关于审理走私刑事案件具体应用法律若干问题的解释

（2000年9月20日最高人民法院审判委员会第1131次会议通过 2000年9月26日公布 自2000年10月8日起施行）

法释〔2000〕30号

为严惩走私犯罪活动，根据刑法分则第三章第二节的规定，现就审理走私刑事案件具体应用法律的若干问题解释如下：

第一条 根据刑法第一百五十一条第一款的规定，具有下列情节之一的，属于走私武器、弹药罪“情节较轻”，处三年以上七年以下有期徒刑，并处罚金：

（一）走私军用子弹十发以上不满五十发的；

（二）走私非军用枪支二支以上不满五支或者非军用子弹一百发以上不满五百发的；

（三）走私武器、弹药虽未达到上述数量标准，但具有走私的武器、弹药被用于实施其他犯罪等恶劣情节的。

走私武器、弹药，具有下列情节之一的，处七年以上有期徒刑，并处罚金或者没收财产：

（一）走私军用枪支一支或者军用子弹五十发以上不满一百发的；

（二）走私非军用枪支五支以上不满十支或者非军用子弹五百发以上不满一千发的；

（三）走私武器、弹药达到本条第一款规定的数量标准，并具有其他恶劣情节的。

具有下列情节之一的，属于走私武器、弹药罪“情节特别严重”，处无期徒刑或者死刑，并处没收财产：

（一）走私军用枪支二支以上或者军用子弹一百发以上的；

（二）走私非军用枪支十支以上或者非军用子弹一千发以上的；

（三）犯罪集团的首要分子或者使用特种车，走私武器、弹药达到本条第二款规定的数量标准的；

（四）走私武器、弹药达到本条第二款规定的数量标准，并具有其他恶劣情节的。

走私其他武器、弹药的，参照本条各款规定的量刑标准处罚。

走私成套枪支散件的，以走私相应数量的枪支计；走私非成套枪支散件的，以每三十件为一套枪支散件计。

走私管制刀具、仿真枪支构成犯罪的，依照刑法第一百五十三条的规定定罪处罚。

刑法第一百五十一条第一款规定的“武器、弹药”的种类，参照《中华人民共和国海关进口税则》及《中华人民共和国禁止进出境物品表》的有关规定确定。

第二条 刑法第一百五十一条第一款规定的“货币”，是指可在国内市场流通或者兑换的人民币、境外货币。

走私伪造的货币，总面额二千元以上不足二万元或者币量二百张（枚）以上不足二千张（枚）的，属于走私假币罪“情节较轻”，处三年以上七年以下有期徒刑，并处罚金。

走私伪造的货币，具有下列情节之一的，处七年以上有期徒刑，并处罚金或者没收财产：

（一）走私伪造的货币，总面额二万元以上不足二十万元或者币量二千张（枚）以上不足二万张（枚）的；

（二）走私伪造的货币并流入市场，面额达到本条第二款规定的数量标准的。

具有下列情节之一的，属于走私假币罪“情节特别严重”，处无期徒刑或者死刑，并处没收财产：

（一）走私伪造的货币，总面额二十万元以上或者币量二万张（枚）以上的；

（二）走私伪造的货币并流入市场，面额达到本条第三款第（一）项规定的数量标准的；

（三）走私伪造的货币达到本条第三款规定的数量标准，并具有是犯罪集团的首要分子或者使用特种车进行走私等严重情节的。

货币面额以人民币计。走私伪造的境外货币的，其面额以案发时国家外汇管理机关公布的外汇牌价折合人民币计算。

第三条 走私国家禁止出口的三级文物二件以下的，属于走私文物罪“情节较轻”，处五年以下有期徒刑，并处罚金。

走私文物，具有下列情节之一的，处五年以上有期徒刑，并处罚金：

（一）走私国家禁止出口的二级文物二件以下或者三级文物三件以上八件以下的；

（二）走私国家禁止出口的文物达到本条第一款规定的数量标准，并具有造成该文物严重毁损或者无法追回等恶劣情节的。

具有下列情节之一的，属于走私文物罪“情节特别严重”，处无期徒刑或者死刑，并处没收财产：

（一）走私国家禁止出口的一级文物一件以上或者二级文物三件以上或者三级文物九件以上的；

（二）走私国家禁止出口的文物达到本条第二款规定的数量标准，并造成该文物严重毁损或者无法追回的；

（三）走私国家禁止出口的文物达到本条第二款规定的数量标准，并具有是犯罪集团的首要分子或者使用特种车进行走私等严重情节的。

第四条 刑法第一百五十一条第二款规定的“珍贵动物”，是指列入《国家重点保护野生动物名录》中的国家一、二级保护野生动物和列入《濒危野生动植物种国际贸易公约》附录一、附录二中的野生动物以及驯养繁殖的上述物种。

走私国家二级保护动物未达到本解释附表中（一）规定的数量标准或者走私珍贵动物制品价值十万元以下的，属于走私珍贵动物、珍贵动物制品罪“情节较轻”，处五年以下有期徒刑，并处罚金。

走私珍贵动物及其制品，具有下列情节之一的，处五年以上有期徒刑，并处罚金：

（一）走私国家一、二级保护动物达到本解释附表中（一）规定的数量标准的；

（二）走私珍贵动物制品价值十万元以上不满二十万元的；

（三）走私国家一、二级保护动物

虽未达到本款规定的数量标准，但具有造成该珍贵动物死亡或者无法追回等恶劣情节的。

具有下列情形之一的，属于走私珍贵动物、珍贵动物制品罪“情节特别严重”，处无期徒刑或者死刑，并处没收财产：

（一）走私国家一、二级保护动物达到本解释附表中（二）规定的数量标准的；

（二）走私珍贵动物制品价值二十万元以上的；

（三）走私国家一、二级保护动物达到本解释附表中（一）规定的数量标准，并造成该珍贵动物死亡或者无法追回的；

（四）走私国家一、二级保护动物达到本解释附表中（一）规定的数量标准，并具有是犯罪集团的首要分子或者使用特种车进行走私等严重情节的。

走私《濒危动植物种国际贸易公约》附录一、附录二中的动物及其制品的，参照本解释附表中规定的同属或者同科动物的定罪量刑标准执行。

第五条 刑法第一百五十二条规定的“其他淫秽物品”，是指除淫秽的影片、录像带、录音带、图片、书刊以外的，通过文字、声音、形象等形式表现淫秽内容的影碟、音碟、电子出版物等物品。

走私淫秽物品达到下列数量之一的，属于走私淫秽物品罪“情节较轻”，处三年以下有期徒刑、拘役或者管制，并处罚金：

（一）走私淫秽录像带、影碟五十盘（张）以上至一百盘（张）的；

（二）走私淫秽录音带、音碟一百盘（张）以上至二百盘（张）的；

（三）走私淫秽扑克、书刊、画册一百副（册）以上至二百副（册）的；

（四）走私淫秽照片、画片五百张以上至一千张的；

（五）走私其他淫秽物品相当于上述数量的。

走私淫秽物品在本条第二款规定的最高数量以上不满最高数量五倍的，处三年以上十年以下有期徒刑，并处罚金。

走私淫秽物品在本条第二款规定的最高数量五倍以上，或者虽不满最高数量五倍，但具有是犯罪集团的首要分子或者使用特种车进行走私等严重情节的，属于走私淫秽物品罪“情节严重”，处十年以上有期徒刑或者无期徒刑，并处罚金或者没收财产。

走私非淫秽的影片、影碟、录像带、录音带、音碟、图片、书刊、电子出版物等物品的，依照刑法第一百五十三条的规定定罪处罚。

第六条 刑法第一百五十三条规定的“应缴税额”，是指进出口货物、物品应当缴纳的进出口关税和进口环节海关代征税的税额。

走私货物、物品所偷逃的应缴税额，应当以走私行为案发时所适用的税则、税率、汇率和海关审定的完税价格计算，并以海关出具的证明为准。

刑法第一百五十三条第三款规定的“对多次走私未经处理的”，是指对多次走私未经行政处罚处理的。

第七条 刑法第一百五十四条规定的“保税货物”，是指经海关批准，未办理纳税手续进境，在境内储存、加工、装配后应予复运出境的货物。保税货物包括通过加工贸易、补偿贸易等方式进口的货物，以及在保税仓库、保税工厂、保税区或者免税商店内等储存、加工、寄售的货物。

第八条 刑法第一百五十五条规定的“直接向走私人非法收购走私进口

的其他货物、物品，数额较大的”，是指明知是走私行为人而向其非法收购走私进口的其他货物、物品，应缴税额为五万元以上的。

直接向走私人非法收购国家禁止进口物品的，或者在内海、领海运输、收购、贩卖国家禁止进出口物品的，应当按照走私物品的种类，分别适用刑法第一百五十一条、第一百五十二条、第三百四十七条的规定定罪处罚。

直接向走私人非法收购走私进口的国家非禁止进口货物、物品，数额较大的，或者在内海、领海运输、收购、贩卖国家限制进出口货物、物品，数额较大，没有合法证明的，应当适用刑法第一百五十三条的规定定罪处罚。

刑法第一百五十五条第（二）项规定的“内海”，包括内河的入海口水域。

第九条 刑法第一百五十五条第（三）项规定的“固体废物”，是指国家禁止进口的固体废物和国家限制进口的可用作原料的固体废物。国家限制进口的可用作原料的固体废物的具体种类，按照《国家限制进口的可用作原料的固体废物目录》执行。

走私国家禁止进口的固体废物不满十吨，或者走私国家限制进口的可用作原料的固体废物偷逃应缴税额在五万元以上不满十五万元的，依照刑法第一百五十三条第一款第（三）项规定处罚。

走私国家禁止进口的固体废物十吨以上不满一百吨，或者走私国家限制进口的可用作原料的固体废物偷逃应缴税额十五万元以上不满五十万元的，依照刑法第一百五十三条第一款第（二）项规定处罚。

走私国家禁止进口的固体废物一百吨以上，或者走私国家限制进口的可用作原料的固体废物偷逃应缴税额五十万元以上的，依照刑法第一百五十三条第一款第（一）项规定处罚。

第十条 单位犯刑法第一百五十一条、第一百五十二条规定的各罪以及走私国家禁止进口的固体废物的，对单位判处罚金，并对其直接负责的主管人员和其他直接责任人员，分别依照本解释的有关规定处罚。

单位犯走私普通货物、物品罪以及走私国家限制进口的可用作原料的固体废物的，偷逃应缴税额在二十五万元以上不满七十五万元的，对单位判处罚金，并对其直接负责的主管人员和其他直接责任人员，处三年以下有期徒刑或者拘役；偷逃应缴税额在七十五万元以上不满二百五十万元的，属于情节严重，处三年以上十年以下有期徒刑；偷逃应缴税额在二百五十万元以上的，属于情节特别严重，处十年以上有期徒刑。

最高人民法院关于审理走私刑事案件具体应用法律若干问题的解释（二）

（2006年7月31日最高人民法院审判委员会第1396次会议通过　2006年11月14日公布　自2006年11月16日起施行）

法释〔2006〕9号

为依法惩治走私犯罪活动，根据刑法规定，现就人民法院审理走私刑事案件具体应用法律的若干问题补充解释如下：

第一条　走私各种口径在六十毫米以下常规炮弹、手榴弹或者枪榴弹等分别或者合计不满五枚的，属于刑法第一百五十一条第一款规定的“情节较轻”，以走私弹药罪判处三年以上七年以下有期徒刑，并处罚金。

走私各种口径在六十毫米以下常规炮弹、手榴弹或者枪榴弹等分别或者合计达到五枚以上不满十枚，或者走私各种口径超过六十毫米以上常规炮弹合计不满五枚的，依照刑法第一百五十一条第一款规定，以走私弹药罪判处七年以上有期徒刑，并处罚金或者没收财产。

走私本条第二款规定的各种弹药，数量超过该款规定的数量标准，或者走私具有巨大杀伤力的非常规炮弹一枚以上的，属于刑法第一百五十一条第四款规定的“情节特别严重”，以走私弹药罪判处无期徒刑或者死刑，并处没收财产。

第二条　走私各种弹药的弹头、弹壳，构成犯罪的，依照刑法第一百五十一条第一款规定，以走私弹药罪定罪处罚。

走私报废或者无法组装并使用的各种弹药的弹头、弹壳，构成犯罪的，以走私普通货物、物品罪定罪处罚；经国家有关技术部门鉴定为废物的，以走私废物罪定罪处罚。

对走私的各种弹药的弹头、弹壳是否属于“报废或者无法组装并使用”的，可由国家有关技术部门进行鉴定。

第三条　走私各种炮弹、手榴弹、枪榴弹的弹头、弹壳的定罪量刑数量标准，按照本解释第一条规定的定罪量刑数量标准的五倍执行。

走私军用子弹、非军用子弹的弹头、弹壳的定罪量刑数量标准，按照最高人民法院法释〔2000〕30号《关于审理走私刑事案件具体应用法律若干问题的解释》第一条规定的关于走私军用子弹或者非军用子弹的定罪量刑数量标准的五倍执行。

第四条　实施本解释第一条、第二条规定的走私犯罪行为，符合最高人民法院法释〔2000〕30号《关于审理走私刑事案件具体应用法律若干问题的解释》第一条的第一款第（三）项、第二款第（三）项、第三款第（三）项和第（四）项规定的相应情形的，按照该解释有关规定的处罚原则处理。

第五条　对在走私的普通货物、物品或者废物中藏匿刑法第一百五十一条、第一百五十二条、第三百四十七条、第三百五十条规定的货物、物品，构成犯罪的，以实际走私的货物、物品定罪处罚；构成数罪的，实行数罪并罚。

第六条 逃避海关监管，走私国家禁止进口的废物或者国家限制进口的可用作原料的废物，具有下列情形之一的，属于刑法第一百五十二条第二款规定的“情节严重”，以走私废物罪判处五年以下有期徒刑，并处或者单处罚金：

（一）走私国家禁止进口的危险性固体废物、液态废物分别或者合计达到一吨以上不满五吨的；

（二）走私国家禁止进口的非危险性固体废物、液态废物分别或者合计达到五吨以上不满二十五吨的；

（三）未经许可，走私国家限制进口的可用作原料的固体废物、液态废物分别或者合计达到二十吨以上不满一百吨的；

（四）走私国家禁止进口的废物并造成重大环境污染事故的。

第七条 走私国家禁止进口的废物或者国家限制进口的可用作原料的废物的数量，超过本解释第六条规定的数量标准，或者达到了规定的数量标准并造成重大环境污染事故，或者虽未达到规定的数量标准但造成重大环境污染事故且后果特别严重的，属于刑法第一百五十二条第二款规定的“情节特别严重”，以走私废物罪判处五年以上有期徒刑，并处罚金。

第八条 经许可进口国家限制进口的可用作原料的废物时，偷逃应缴税额，构成犯罪的，应当依照刑法第一百五十三条规定，以走私普通货物罪定罪处罚；既未经许可，又偷逃应缴税额，同时构成走私废物罪和走私普通货物罪的，应当按照刑法处罚较重的规定定罪处罚。

虽经许可，但超过许可数量进口国家限制进口的可用作原料的废物，超过部分以未经许可论。

第九条 走私置于容器中的气态废物的，参照本解释规定的有关固体废物、液态废物的定罪数量标准和处罚原则处理。

国家限制进口的可用作原料的废物的具体种类，按照国家有关部门规定执行。

第十条 本解释施行后，最高人民法院法释〔2000〕30号《关于审理走私刑事案件具体应用法律若干问题的解释》中有关走私固体废物犯罪的规定不再执行。

最高人民法院　最高人民检察院　海关总署关于印发《办理走私刑事案件适用法律若干问题的意见》的通知

（2002年7月8日　法〔2002〕139号）

各省、自治区、直辖市高级人民法院、人民检察院，解放军军事法院、军事检察院，新疆维吾尔自治区高级人民法院生产建设兵团分院、生产建设兵团人民检察院，海关总署广东分署，天津、上海特派办，各直属海关：

现将《最高人民法院、最高人民检察院、海关总署关于办理走私刑事案件适用法律若干问题的意见》印发给你们，请认真组织学习、参照执行。

关于办理走私刑事案件适用法律若干问题的意见

为研究解决近年来公安、司法机关在办理走私刑事案件中遇到的新情况、新问题，最高人民法院、最高人民检察院、海关总署共同开展了调查研究，根据修订后的刑法及有关司法解释的规定，在总结侦查、批捕、起诉、审判工作经验的基础上，就办理走私刑事案件的程序、证据以及法律适用等问题提出如下意见：

一、关于走私犯罪案件的管辖问题

根据刑事诉讼法的规定，走私犯罪案件由犯罪地的走私犯罪侦查机关立案侦查。走私犯罪案件复杂，环节多，其犯罪地可能涉及多个犯罪行为发生地，包括货物、物品的进口（境）地、出口（境）地、报关地、核销地等。如果发生刑法第一百五十四条、第一百五十五条规定的走私犯罪行为的，走私货物、物品的销售地、运输地、收购地和贩卖地均属于犯罪行为的发生地。对有多个走私犯罪行为发生地的，由最初受理的走私犯罪侦查机关或者由主要犯罪地的走私犯罪侦查机关管辖。对管辖有争议的，由共同的上级走私犯罪侦查机关指定管辖。

对发生在海（水）上的走私犯罪案件由该辖区的走私犯罪侦查机关管辖，但对走私船舶有跨辖区连续追缉情形的，由缉获走私船舶的走私犯罪侦查机关管辖。

人民检察院受理走私犯罪侦查机关提请批准逮捕、移送审查起诉的走私犯罪案件，人民法院审理人民检察院提起公诉的走私犯罪案件，按照《最高人民法院、最高人民检察院、公安部、司法部、海关总署关于走私犯罪侦查机关办理走私犯罪案件适用刑事诉讼程序若干问题的通知》（署侦〔1998〕742号）的有关规定执行。

二、关于电子数据证据的收集、保全问题

走私犯罪侦查机关对于能够证明走私犯罪案件真实情况的电子邮件、电子合同、电子账册、单位内部的电子信息资料等电子数据应当作为刑事证据予以收集、保全。

侦查人员应当对提取、复制电子数据的过程制作有关文字说明，记明案由、对象、内容，提取、复制的时间、地点，电子数据的规格、类别、文件格式等，并由提取、复制电子数据的制作人、电子数据的持有人和能够证明提取、复制过程的见证人签名或者盖章，附所提取、复制的电子数据一并随案移送。

电子数据的持有人不在案或者拒绝签字的，侦查人员应当记明情况；有条件的可将提取、复制有关电子数据的过程拍照或者录像。

三、关于办理走私普通货物、物品刑事案件偷逃应缴税额的核定问题

在办理走私普通货物、物品刑事案件中，对走私行为人涉嫌偷逃应缴税额的核定，应当由走私犯罪案件管辖地的海关出具《涉嫌走私的货物、物品偷逃税款海关核定证明书》（以下简称《核定证明书》）。海关出具的《核定证明书》，经走私犯罪侦查机关、人民检察院、人民法院审查确认，可以作为办案的依据和定罪量刑的证据。

走私犯罪侦查机关、人民检察院和人民法院对《核定证明书》提出异议或者因核定偷逃税额的事实发生变化，认为需要补充核定或者重新核定的，可以要求原出具《核定证明书》的海关补充核定或者重新核定。

走私犯罪嫌疑人、被告人或者辩护人对《核定证明书》有异议，向走私犯罪侦查机关、人民检察院或者人民法院提出重新核定申请的，经走私犯罪侦查机关、人民检察院或者人民法院同意，可以重新核定。

重新核定应当另行指派专人进行。

四、关于走私犯罪嫌疑人的逮捕条件

对走私犯罪嫌疑人提请逮捕和审查批准逮捕，应当依照刑事诉讼法第六十条规定的逮捕条件来办理。一般按照下列标准掌握：

（一）有证据证明有走私犯罪事实

1. 有证据证明发生了走私犯罪事实

有证据证明发生了走私犯罪事实，须同时满足下列两项条件：

（1）有证据证明发生了违反国家法律、法规，逃避海关监管的行为；

（2）查扣的或者有证据证明的走私货物、物品的数量、价值或者偷逃税额达到刑法及相关司法解释规定的起刑点。

2. 有证据证明走私犯罪事实系犯罪嫌疑人实施的

有下列情形之一，可认为走私犯罪事实系犯罪嫌疑人实施的：

（1）现场查获犯罪嫌疑人实施走私犯罪的；

（2）视听资料显示犯罪嫌疑人实施走私犯罪的；

（3）犯罪嫌疑人供认的；

（4）有证人证言指证的；

（5）有同案的犯罪嫌疑人供述的；

（6）其他证据能够证明犯罪嫌疑人实施走私犯罪的。

3. 证明犯罪嫌疑人实施走私犯罪行为的证据已经查证属实的

符合下列证据规格要求之一，属于证明犯罪嫌疑人实施走私犯罪行为的证据已经查证属实的：

（1）现场查获犯罪嫌疑人实施犯罪，有现场勘查笔录、留置盘问记录、海关扣留查问笔录或者海关查验（检查）记录等证据证实的；

（2）犯罪嫌疑人的供述有其他证据能够印证的；

（3）证人证言能够相互印证的；

（4）证人证言或者同案犯供述能够与其他证据相互印证的；

（5）证明犯罪嫌疑人实施走私犯罪的其他证据已经查证属实的。

（二）可能判处有期徒刑以上的刑罚

是指根据刑法第一百五十一条、第一百五十二条、第一百五十三条、第三百四十七条、第三百五十条等规定和《最高人民法院关于审理走私刑事案件具体应用法律若干问题的解释》等有关司法解释的规定，结合已查明的走私犯罪事实，对走私犯罪嫌疑人可能判处有期徒刑以上的刑罚。

（三）采取取保候审、监视居住等方法，尚不足以防止发生社会危险性而有逮捕必要的

主要是指：走私犯罪嫌疑人可能逃跑、自杀、串供、干扰证人作证以及伪造、毁灭证据等妨碍刑事诉讼活动的正常进行的，或者存在行凶报复、继续作案可能的。

五、关于走私犯罪嫌疑人、被告人主观故意的认定问题

行为人明知自己的行为违反国家法律法规，逃避海关监管，偷逃进出境货物、物品的应缴税额，或者逃避国家有关进出境的禁止性管理，并且希望或者放任危害结果发生的，应认定为具有走私的主观故意。

走私主观故意中的“明知”是指行为人知道或者应当知道所从事的行为是走私行为。具有下列情形之一的，可以认定为“明知”，但有证据证明确属被蒙骗的除外：

（一）逃避海关监管，运输、携带、邮寄国家禁止进出境的货物、物品的；

（二）用特制的设备或者运输工具走私货物、物品的；

（三）未经海关同意，在非设关的码头、海（河）岸、陆路边境等地点，运输（驳载）、收购或者贩卖非法进出境货物、物品的；

（四）提供虚假的合同、发票、证明等商业单证委托他人办理通关手续的；

（五）以明显低于货物正常进（出）口的应缴税额委托他人代理进（出）口业务的；

（六）曾因同一种走私行为受过刑事处罚或者行政处罚的；

（七）其他有证据证明的情形。

六、关于行为人对其走私的具体对象不明确的案件的处理问题

走私犯罪嫌疑人主观上具有走私犯罪故意，但对其走私的具体对象不明确的，不影响走私犯罪构成，应当根据实际的走私对象定罪处罚。但是，确有证据证明行为人因受蒙骗而对走私对象发生认识错误的，可以从轻处罚。

七、关于走私珍贵动物制品行为的处罚问题

走私珍贵动物制品的，应当根据刑法第一百五十一条第二、四、五款和《最高人民法院关于审理走私刑事案件具体应用法律若干问题的解释》（以下简称《解释》）第四条的有关规定予以处罚，但同时具有下列情形，情节较轻的，一般不以犯罪论处：

（一）珍贵动物制品购买地允许交易；

（二）入境人员为留作纪念或者作为礼品而携带珍贵动物制品进境，不具有牟利目的的。

同时具有上述两种情形，达到《解释》第四条第三款规定的量刑标准的，一般处五年以下有期徒刑，并处罚金；达到《解释》第四条第四款规定的量刑标准的，一般处五年以上有期徒刑，并处罚金。

八、关于走私旧汽车、切割车等货物、物品的行为的定罪问题

走私刑法第一百五十一条、第一百五十二条、第三百四十七条、第三百五十条规定的货物、物品以外的，已被国家明令禁止进出口的货物、物品，例如旧汽车、切割车、侵犯知识产权的货物、来自疫区的动植物及其产品等，应当依照刑法第一百五十三条的规定，以走私普通货物、物品罪追究刑事责任。

九、关于利用购买的加工贸易登记手册、特定减免税批文等涉税单证进口货物行为的定性处理问题

加工贸易登记手册、特定减免税批文等涉税单证是海关根据国家法律法规以及有关政策性规定，给予特定企业用于保税货物经营管理和减免税优惠待遇的凭证。利用购买的加工贸易登记手册、特定减免税批文等涉税单证进口货物，实质是将一般贸易货物伪报为加工贸易保税货物或者特定减免税货物进口，以达到偷逃应缴税款的目的，应当适用刑法第一百五十三条以走私普通货物、物品罪定罪处罚。如果行为人与走私分子通谋出售上述涉税单证，或者在出卖批文后又以提供印章、向海关伪报保税货物、特定减免税货物等方式帮助买方办理进口通关手续的，对卖方依照刑法第一百五十六条以走私罪共犯定罪处罚。买卖上述涉税单证情节严重尚未进口货物的，依照刑法第二百八十条的规定定罪处罚。

十、关于在加工贸易活动中骗取海关核销行为的认定问题

在加工贸易经营活动中，以假出口、假结转或者利用虚假单证等方式骗取海关核销，致使保税货物、物品脱离海关监管，造成国家税款流失，情节严重的，依照刑法第一百五十三条的规定，以走私普通货物、物品罪追究刑事责任。但有证据证明因不可抗力原因导致保税货物脱离海关监管，经营人无法办理正常手续而骗取海关核销的，不认定为走私犯罪。

十一、关于伪报价格走私犯罪案件中实际成交价格的认定问题

走私犯罪案件中的伪报价格行为，是指犯罪嫌疑人、被告人在进出口货物、物品时，向海关申报进口或者出口的货物、物品的价格低于或者高于进出口货物的实际成交价格。

对实际成交价格的认定，在无法提取真、伪两套合同、发票等单证的情况下，可以根据犯罪嫌疑人、被告人的付汇渠道、资金流向、会计账册、境内外收发货人的真实交易方式，以及其他能够证明进出口货物实际成交价格的证据材料综合认定。

十二、关于出售走私货物已缴纳的增值税应否从走私偷逃应缴税额中扣除的问题

走私犯罪嫌疑人为出售走私货物而开具增值税专用发票并缴纳增值税，是其走私行为既遂后在流通领域获违法所得的一种手段，属于非法开具增值税专用发票。对走私犯罪嫌疑人因出售走私货物而实际缴纳走私货物增值税的，在核定走私货物偷逃应缴税额时，不应当将其已缴纳的增值税额从其走私偷逃应缴税额中扣除。

十三、关于刑法第一百五十四条规定的“销售牟利”的理解问题

刑法第一百五十四条第（一）、（二）项规定的“销售牟利”，是指行为人主观上为了牟取非法利益而擅自销售海关监管的保税货物、特定减免税货物。该种行为是否构成犯罪，应当根据偷逃的应缴税额是否达到刑法第一百五十三条及相关司法解释规定的数额标准予以认定。实际获利与否或者获利多少并不影响其定罪。

十四、关于海上走私犯罪案件如何追究运输人的刑事责任问题

对刑法第一百五十五条第（二）项规定的实施海上走私犯罪行为的运输人、收购人或者贩卖人应当追究刑事责任。对运输人，一般追究运输工具的负责人或者主要责任人的刑事责任，但对于事先通谋的、集资走私的、或者使用特殊的走私运输工具从事走私犯罪活动的，可以追究其他参与人员的刑事责任。

十五、关于刑法第一百五十六条规定的“与走私罪犯通谋”的理解问题

通谋是指犯罪行为人之间事先或者事中形成的共同的走私故意。下列情形可以认定为通谋：

（一）对明知他人从事走私活动而

同意为其提供贷款、资金、账号、发票、证明、海关单证，提供运输、保管、邮寄或者其他方便的；

（二）多次为同一走私犯罪分子的走私行为提供前项帮助的。

十六、关于放纵走私罪的认定问题

依照刑法第四百一十一条的规定，负有特定监管义务的海关工作人员徇私舞弊，利用职权，放任、纵容走私犯罪行为，情节严重的，构成放纵走私罪。放纵走私行为，一般是消极的不作为。如果海关工作人员与走私分子通谋，在放纵走私过程中以积极的行为配合走私分子逃避海关监管或者在放纵走私之后分得赃款的，应以共同走私犯罪追究刑事责任。

海关工作人员收受贿赂又放纵走私的，应以受贿罪和放纵走私罪数罪并罚。

十七、关于单位走私犯罪案件诉讼代表人的确定及其相关问题

单位走私犯罪案件的诉讼代表人，应当是单位的法定代表人或者主要负责人。单位的法定代表人或者主要负责人被依法追究刑事责任或者因其他原因无法参与刑事诉讼的，人民检察院应当另行确定被告单位的其他负责人作为诉讼代表人参加诉讼。

接到出庭通知的被告单位的诉讼代表人应当出庭应诉。拒不出庭的，人民法院在必要的时候，可以拘传到庭。

对直接负责的主管人员和其他直接责任人员均无法归案的单位走私犯罪案件，只要单位走私犯罪的事实清楚、证据确实充分，且能够确定诉讼代表人代表单位参与刑事诉讼活动的，可以先行追究该单位的刑事责任。

被告单位没有合适人选作为诉讼代表人出庭的，因不具备追究该单位刑事责任的诉讼条件，可按照单位犯罪的条款先行追究单位犯罪中直接负责的主管人员或者其他直接责任人员的刑事责任。人民法院在对单位犯罪中直接负责的主管人员或者直接责任人员进行判决时，对于扣押、冻结的走私货物、物品、违法所得以及属于犯罪单位所有的走私犯罪工具，应当一并判决予以追缴、没收。

十八、关于单位走私犯罪及其直接负责的主管人员和直接责任人员的认定问题

具备下列特征的，可以认定为单位走私犯罪：（1）以单位的名义实施走私犯罪，即由单位集体研究决定，或者由单位的负责人或者被授权的其他人员决定、同意；（2）为单位谋取不正当利益或者违法所得大部分归单位所有。

依照《最高人民法院关于审理单位犯罪案件具体应用法律有关问题的解释》第二条的规定，个人为进行违法犯罪活动而设立的公司、企业、事业单位实施犯罪的，或者个人设立公司、企业、事业单位后，以实施犯罪为主要活动的，不以单位犯罪论处。单位是否以实施犯罪为主要活动，应根据单位实施走私行为的次数、频度、持续时间、单位进行合法经营的状况等因素综合考虑认定。

根据单位人员在单位走私犯罪活动中所发挥的不同作用，对其直接负责的主管人员和其他直接责任人员，可以确定为一人或者数人。对于受单位领导指派而积极参与实施走私犯罪行为的人员，如果其行为在走私犯罪的主要环节起重要作用的，可以认定为单位犯罪的直接责任人员。

十九、关于单位走私犯罪后发生分立、合并或者其他资产重组情形以及单位被依法注销、宣告破产等情况下，如何追究刑事责任的问题

单位走私犯罪后，单位发生分立、

合并或者其他资产重组等情况的，只要承受该单位权利义务的单位存在，应当追究单位走私犯罪的刑事责任。走私单位发生分立、合并或者其他资产重组后，原单位名称发生更改的，仍以原单位（名称）作为被告单位。承受原单位权利义务的单位法定代表人或者负责人为诉讼代表人。

单位走私犯罪后，发生分立、合并或者其他资产重组情形，以及被依法注销、宣告破产等情况的，无论承受该单位权利义务的单位是否存在，均应追究原单位直接负责的主管人员和其他直接责任人员的刑事责任。

人民法院对原走私单位判处罚金的，应当将承受原单位权利义务的单位作为被执行人。罚金超出新单位所承受的财产的，可在执行中予以减除。

二十、关于单位与个人共同走私普通货物、物品案件的处理问题

单位和个人（不包括单位直接负责的主管人员和其他直接责任人员）共同走私的，单位和个人均应对共同走私所偷逃应缴税额负责。

对单位和个人共同走私偷逃应缴税额为5万元以上不满25万元的，应当根据其在案件中所起的作用，区分不同情况做出处理。单位起主要作用的，对单位和个人均不追究刑事责任，由海关予以行政处理；个人起主要作用的，对个人依照刑法有关规定追究刑事责任，对单位由海关予以行政处理。无法认定单位或个人起主要作用的，对个人和单位分别按个人犯罪和单位犯罪的标准处理。

单位和个人共同走私偷逃应缴税额超过25万元且能区分主、从犯的，应当按照刑法关于主、从犯的有关规定，对从犯从轻、减轻处罚或者免除处罚。

二十一、关于单位走私犯罪案件自首的认定问题

在办理单位走私犯罪案件中，对单位集体决定自首的，或者单位直接负责的主管人员自首的，应当认定单位自首。认定单位自首后，如实交代主要犯罪事实的单位负责的其他主管人员和其他直接责任人员，可视为自首，但对拒不交代主要犯罪事实或逃避法律追究的人员，不以自首论。

二十二、关于共同走私犯罪案件如何判处罚金刑问题

审理共同走私犯罪案件时，对各共同犯罪人判处罚金的总额应掌握在共同走私行为偷逃应缴税额的一倍以上五倍以下。

二十三、关于走私货物、物品、走私违法所得以及走私犯罪工具的处理问题

在办理走私犯罪案件过程中，对发现的走私货物、物品、走私违法所得以及属于走私犯罪分子所有的犯罪工具，走私犯罪侦查机关应当及时追缴，依法予以查扣、冻结。在移送审查起诉时应当将扣押物品文件清单、冻结存款证明文件等材料随案移送，对于扣押的危险品或者鲜活、易腐、易失效、易贬值等不宜长期保存的货物、物品，已经依法先行变卖、拍卖的，应当随案移送变卖、拍卖物品清单以及原物的照片或者录像资料；人民检察院在提起公诉时应当将上述扣押物品文件清单、冻结存款证明和变卖、拍卖物品清单一并移送；人民法院在判决走私罪案件时，应当对随案清单、证明文件中载明的款、物审查确认并依法判决予以追缴、没收；海关根据人民法院的判决和海关法的有关规定予以处理，上缴中央国库。

二十四、关于走私货物、物品无法扣押或者不便扣押情况下走私违法所得的追缴问题

在办理走私普通货物、物品犯罪案件中，对于走私货物、物品因流入国内市场或者投入使用，致使走私货物、物品无法扣押或者不便扣押的，应当按照走私货物、物品的进出口完税价格认定违法所得予以追缴；走私货物、物品实际销售价格高于进出口完税价格的，应当按照实际销售价格认定违法所得予以追缴。

最高人民检察院关于擅自销售进料加工保税货物的行为法律适用问题的解释

(2000 年 9 月 29 日最高人民检察院第九届检察委员会第 70 次会议通过　2000 年 10 月 16 日公布施行)

高检发释字〔2000〕3 号

为依法办理走私犯罪案件，根据海关法等法律的有关规定，对擅自销售进料加工保税货物的行为法律适用问题解释如下：

保税货物是指经海关批准未办理纳税手续进境，在境内储存、加工、装配后复运出境的货物。经海关批准进口的进料加工的货物属于保税货物。未经海关许可并且未补缴应缴税额，擅自将批准进口的进料加工的原材料、零件、制成品、设备等保税货物，在境内销售牟利，偷逃应缴税额在五万元以上的，依照刑法第一百五十四条、第一百五十三条的规定，以走私普通货物、物品罪追究刑事责任。

3. 妨害对公司、企业的管理秩序罪

最高人民检察院法律政策研究室关于中国农业发展银行及其分支机构的工作人员法律适用问题的答复

(2002 年 9 月 23 日　高检研发〔2002〕第 16 号)

湖北省人民检察院研究室：

你院关于中国农业发展银行工作人员法律适用问题的请示（鄂检文〔2001〕50 号）收悉。经研究，答复如下：

中国农业发展银行及其分支机构的工作人员严重不负责任或者滥用职权，构成犯罪的，应当依照刑法第一百六十八条的规定追究刑事责任。

此复。

最高人民法院关于如何认定国有控股、参股股份有限公司中的国有公司、企业人员的解释

（2005 年 7 月 31 日最高人民法院审判委员会第 1359 次会议通过
2005 年 8 月 1 日公布　自 2005 年 8 月 11 日起施行）
法释〔2005〕10 号

为准确认定刑法分则第三章第三节中的国有公司、企业人员，现对国有控股、参股的股份有限公司中的国有公司、企业人员解释如下：

国有公司、企业委派到国有控股、参股公司从事公务的人员，以国有公司、企业人员论。

4. 破坏金融管理秩序罪

最高人民法院关于印发《全国法院审理金融犯罪案件工作座谈会纪要》的通知

（2001 年 1 月 21 日　法〔2001〕8 号）

各省、自治区、直辖市高级人民法院，解放军军事法院，新疆维吾尔自治区高级人民法院生产建设兵团分院；全国地方各中级人民法院，各大单位军事法院，新疆生产建设兵团各中级人民法院：

现将《全国法院审理金融犯罪案件工作座谈会纪要》印发，供参照执行。执行中有什么问题，请及时报告我院。

全国法院审理金融犯罪案件工作座谈会纪要

为进一步加强人民法院对金融犯罪案件的审判工作，正确理解和适用刑法对金融犯罪的有关规定，更加准确有力地依法打击各种金融犯罪，最高人民法院于 2000 年 9 月 20 日至 22 日在湖南省长沙市召开了全国法院审理金融犯罪案件工作座谈会。各省、自治区、直辖市高级人民法院和解放军军事法院主管刑事审判工作的副院长、刑事审判庭庭长以及中国人民银行的代表参加了座谈会。最高人民法院副院长刘家琛在座谈会上做了重要讲话。

座谈会总结交流了全国法院审理金融犯罪案件工作的情况和经验，研究讨

论了刑法修订以来审理金融犯罪案件中遇到的有关具体适用法律的若干问题，对当前和今后一个时期人民法院审理金融犯罪案件工作提出了明确的要求和意见。纪要如下：

一

座谈会认为，金融是现代经济的核心。随着改革开放的不断深入和社会主义市场经济体制的建立、完善，我国金融体制也发生了重大变革，金融业务大大扩展且日益多元化、国际化，各种现代化的金融手段和信用工具被普遍应用，金融已经广泛深刻地介入我国经济并在其中发挥着越来越重要的作用，成为国民经济的“血液循环系统”，是市场资源配置关系的主要形式和国家宏观调控经济的重要手段。金融的安全、有序、高效、稳健运行，对于经济发展、国家安全以及社会稳定至关重要。如果金融不稳定，势必会危及经济和社会的稳定，影响改革和发展的进程。保持金融的稳定和安全，必须加强金融法制建设，依法强化金融监管，规范金融秩序，依法打击金融领域内的各种违法犯罪活动。

近年来，人民法院充分发挥刑事审判职能，依法严惩了一大批严重破坏金融管理秩序和金融诈骗的犯罪分子，为保障金融安全，防范和化解金融风险，发挥了重要作用。但是，金融犯罪的情况仍然是严重的。从法院受理案件的情况看，金融犯罪的数量在逐年增加；涉案金额越来越大；金融机构工作人员作案和内外勾结共同作案的现象突出；单位犯罪和跨国（境）、跨区域作案增多；犯罪手段趋向专业化、智能化，新类型犯罪不断出现；犯罪分子作案后大肆挥霍、转移赃款或携款外逃的情况时有发生，危害后果越来越严重。金融犯罪严重破坏社会主义市场经济秩序，扰乱金融管理秩序，危害国家信用制度，侵害公私财产权益，造成国家金融资产大量流失，有的地方还由此引发了局部性的金融风波和群体性事件，直接影响了社会稳定。必须清醒地看到，目前，我国经济体制中长期存在的一些矛盾和困难已经或正在向金融领域转移并积聚，从即将到来的新世纪开始，我国将进入加快推进现代化的新的发展阶段，随着经济的快速发展、改革的不断深化以及对外开放的进一步扩大，我国金融业在获得更大发展机遇的同时，也面临着维护金融稳定更加严峻的形势。依法打击各种金融犯罪是人民法院刑事审判工作一项长期的重要任务。

座谈会认为，人民法院审理金融犯罪案件工作过去虽已取得了很大成绩，但由于修订后的刑法增加了不少金融犯罪的新罪名，审判实践中遇到了大量新情况和新问题，如何进一步提高适用法律的水平，依法审理好不断增多的金融犯罪案件，仍然是各级法院面临的新的课题。各级法院特别是法院的领导，一定要进一步提高打击金融犯罪对于维护金融秩序、防范金融风险、确保国家金融安全，对于保障改革、促进发展和维护稳定重要意义的认识，把审理金融犯罪案件作为当前和今后很长时期内刑事审判工作的重点，切实加强领导和指导，提高审判业务水平，加大审判工作力度，以更好地适应改革开放和现代化建设的新形势对人民法院刑事审判工作的要求。为此，必须做好以下几方面的工作：

首先，金融犯罪是严重破坏社会主义市场经济秩序的犯罪，审理金融犯罪案件要继续贯彻依法从严惩处严重经济犯罪分子的方针。修订后的刑法和全国人大常委会的有关决定，对危害严重的金融犯罪规定了更加严厉的刑罚，体现了对金融犯罪从严惩处的精神，为人民法院审判各种金融犯罪案件提供了有力的法律依据。各级法院要坚决贯彻立法精神，严格依法惩处破坏金融管理秩序和金融诈骗的犯罪单位和犯罪个人。

第二，进一步加强审理金融犯罪案件工作，促进金融制度的健全与完善。各级法院要切实加强对金融犯罪案件审判工作的组织领导，调整充实审判力量，确保起诉到法院的破坏金融管理秩序和金融诈骗犯罪案件依法及时审结。对于针对金融机构的抢劫、盗窃和发生在金融领域的贪污、侵占、挪用、受贿等其他刑事犯罪案件，也要抓紧依法审理，及时宣判。对于各种专项斗争中破获的金融犯罪案件，要集中力量抓紧审理，依法从严惩处。可选择典型案件到案发当地和案发单位公开宣判，并通过各种新闻媒体广泛宣传，形成对金融违法犯罪的强大威慑力，教育广大干部群众增强金融法制观念，维护金融安全，促进金融制度的不断健全与完善。

第三，要加强学习培训，不断提高审判水平。审理金融犯罪案件，是一项政策性很强的工作，而且涉及很多金融方面的专业知识。各级法院要重视对刑事法官的业务学习和培训，采取请进来、走出去等灵活多样的形式，组织刑事审判人员认真学习银行法、证券法、票据法、保险法等金融法律和公司法、担保法、会计法、审计法等相关法律，学习有关金融政策法规以及一些基本业务知识，以确保正确理解和适用刑法，处理好金融犯罪案件。

第四，要结合审判工作加强调查研究。金融犯罪案件比较复杂，新情况、新问题多，审理难度大，加强调查研究工作尤为必要。各级法院都要结合审理金融犯罪，有针对性地开展调查研究。对办案中发现的管理制度方面存在的漏洞和隐患，要及时提出司法建议。最高法院和高级法院要进一步加强对下级法院的工作指导，及时研究解决实践中遇到的适用法律上的新问题，需要通过制定司法解释加以明确的，要及时逐级报请最高法院研究。

二

座谈会重点研究讨论了人民法院审理金融犯罪案件中遇到的一些有关适用法律问题。与会同志认为，对于修订后的刑法实施过程中遇到的具体适用法律问题，在最高法院相应的新的司法解释出台前，原有司法解释与现行刑法不相冲突的仍然可以参照执行。对于法律和司法解释没有具体规定或规定不够明确，司法实践中又亟须解决的一些问题，与会同志结合审判实践进行了深入的探讨，并形成了一致意见：

（一）关于单位犯罪问题

根据刑法和《最高人民法院关于审理单位犯罪案件具体应用法律有关问题的解释》的规定，以单位名义实施犯罪，违法所得归单位所有的，是单位犯罪。

1. 单位的分支机构或者内设机构、部门实施犯罪行为的处理。以单位的分支机构或者内设机构、部门的名义实施犯罪，违法所得亦归分支机构或者内设机构、部门所有的，应认定为单位犯罪。不能因为单位的分支机构或者内设机构、部门没有可供执行罚金的财产，就不将其认定为单位犯罪，而按照个人犯罪处理。

2. 单位犯罪直接负责的主管人员和其他直接责任人员的认定。直接负责的主管人员，是在单位实施的犯罪中起决定、批准、授意、纵容、指挥等作用的人员，一般是单位的主管负责人，包括法定代表人。其他直接责任人员，是在单位犯罪中具体实施犯罪并起较大作用的人员，既可以是单位的经营管理人员，也可以是单位的职工，包括聘任、雇佣的人员。应当注意的是，在单位犯罪中，对于受单位领导指派或奉命而参与实施了一定犯罪行为的人员，一般不宜作为直接责任人员追究刑事责任。对单位犯罪中的直接负责的主管人员和其他直接责任人员，应根据其在单位犯罪中的地位、作用和犯罪情节，分别处以相应的刑罚，主管人员与直接责任人员，在个案中，不是当然的主、从犯关系，有的案件，主管人员与直接责任人员在实施犯罪行为的主从关系不明显的，可不分主、从犯。但具体案件可以分清主、从犯，且不分清主、从犯，在同一法定刑档次、幅度内量刑无法做到罪刑相适应的，应当分清主、从犯，依法处罚。

3. 对未作为单位犯罪起诉的单位犯罪案件的处理。对于应当认定为单位犯罪的案件，检察机关只作为自然人犯罪案件起诉的，人民法院应及时与检察机关协商，建议检察机关对犯罪单位补充起诉。如检察机关不补充起诉的，人民法院仍应依法审理，对被起诉的自然人根据指控的犯罪事实、证据及庭审查明的事实，依法按单位犯罪中的直接负责的主管人员或者其他直接责任人员追究刑事责任，并应引用刑罚分则关于单位犯罪追究直接负责的主管人员和其他直接责任人员刑事责任的有关条款。

4. 单位共同犯罪的处理。两个以上单位以共同故意实施的犯罪，应根据各单位在共同犯罪中的地位、作用大小，确定犯罪单位的主、从犯。

（二）关于破坏金融管理秩序罪

1. 非金融机构非法从事金融活动案件的处理

1998 年 7 月 13 日，国务院发布了《非法金融机构和非法金融业务活动取缔办法》。1998 年 8 月 11 日，国务院办公厅转发了中国人民银行整顿乱集资、乱批设金融机构和乱办金融业务实施方案，对整顿金融“三乱”工作的政策措施等问题做出了规定。各地根据整顿金融“三乱”工作实施方案的规定，对于未经中国人民银行批准，但是根据地方政府或有关部门文件设立并从事或变相从事金融业务的各类基金会、互助会、储金会等机构和组织，由各地人民政府和各有关部门限期进行清理整顿。超过实施方案规定期限继续从事非法金融业务活动的，依法予以取缔；情节严重、构成犯罪的，依法追究刑事责任。因此，上述非法从事金融活动的机构和组织只要在实施方案规定期限之前停止非法金融业务活动的，对有关单位和责任人员，不应以擅自设立金融机构罪处理；对其以前从事的非法金融活动，一般也不作犯罪处理；这些机构和组织的人员利用职务实施的个人犯罪，如贪污罪、职务侵占罪、挪用公款罪、挪用资金罪等，应当根据具体案情分别依法定罪处罚。

2. 关于假币犯罪

假币犯罪的认定。假币犯罪是一种严重破坏金融管理秩序的犯罪。只要有证据证明行为人实施了出售、购买、运输、使用假币行为，且数额较大，就构成犯罪。伪造货币的，只要实施了伪造行为，不论是否完成全部印制工序，即构成伪造货币罪；对于尚未制造出成品，无法计算伪造、销售假币面额的，或者制造、销售用于伪造货币的版样的，不认定犯罪数额，依据犯罪情节决定刑罚。明知是伪造的货币而持有，数额较大，根据现有证据不能认定行为人是为了进行其他假币犯罪的，以持有假币罪定罪处罚；如果有证据证明其持有的假币已构成其他假币犯罪的，应当以其他假币犯罪定罪处罚。

假币犯罪罪名的确定。假币犯罪案件中犯罪分子实施数个相关行为的，在确定罪名时应把握以下原则：

（1）对同一宗假币实施了法律规定为选择性罪名的行为，应根据行为人所实施的数个行为，按相关罪名刑法规定的排列顺序并列确定罪名，数额不累计计算，不实行数罪并罚；

（2）对不同宗假币实施法律规定为选择性罪名的行为，并列确定罪名，数额按全部假币面额累计计算，不实行数罪并罚；

（3）对同一宗假币实施了刑法没有规定为选择性罪名的数个犯罪行为，择一重罪从重处罚。如伪造货币或者购买假币后使用的，以伪造货币罪或购买假币罪定罪，从重处罚；

（4）对不同宗假币实施了刑法没有规定为选择性罪名的数个犯罪行为，分别定罪，数罪并罚。

出售假币被查获部分的处理。在出售假币时被抓获的，除现场查获的假币应认定为出售假币的犯罪数额外，现场之外在行为人住所或者其他藏匿地查获的假币，亦应认定为出售假币的犯罪数额。但有证据证实后者是行为人有实施其他假币犯罪的除外。

制造或者出售伪造的台币行为的处理。对于伪造台币的，应当以伪造货币罪定罪处罚；出售伪造的台币的，应当以出售假币罪定罪处罚。

3. 用账外客户资金非法拆借、发放贷款行为的认定和处罚

银行或者其他金融机构及其工作人员以牟利为目的，采取吸收客户资金不入账的方式，将客户资金用于非法拆借、发放贷款，造成重大损失的，构成用账外客户资金非法拆借、发放贷款罪。以牟利为目的，是指金融机构及其工作人员为本单位或者个人牟利，不具有这种目的，不构成该罪。这里的“牟利”，一般是指谋取用账外客户资金非法拆借、发放贷款所产生的非法收益，如利息、差价等。对于用款人为取得贷款而支付的回扣、手续费等，应根据具体情况分别处理：银行或者其他金融机构用账外客户资金非法拆借、发放贷款，收取的回扣、手续费等，应认定为“牟利”；银行或者其他金融机构的工作人员利用职务上的便利，用账外客户资金非法拆借、发放贷款，收取回扣、手续费等，数额较小的，以“牟利”论处；银行或者其他金融机构的工作人员将用款人支付给单位的回扣、手续费秘密占为己有，数额较大的，以贪污罪定罪处罚；银行或者其他金融机构的工作人员利用职务便利，用账外客户资金非法拆借、发放贷款，索取用款人的财物，或者非法收受其他财物，或者收取回扣、手续费等，数额较大的，以受贿罪定罪处罚。吸收客户资金不入账，是指不记入金融机构的法定存款账目，以逃避国家金融监管，至于是否记入法定账目以外设立的账目，不影响该罪成立。

审理银行或者其他金融机构及其工作人员用账外客户资金非法拆借、发放贷款案件，要注意将用账外客户资金非法拆借、发放贷款的行为与挪用公款罪和挪用资金罪区别开来。对于利用职务上的便利，挪用已经记入金融机构法定存款账户的客户资金归个人使用的，或者吸收客户资金不入账，却给客户开具银行存单，客户也认为将款已存入银行，该款却被行为人以个人名义借贷给他人的，均应认定为挪用公款罪或者挪用资金罪。

4. 破坏金融管理秩序相关犯罪数额和情节的认定

最高人民法院先后颁行了《关于审理伪造货币等案件具体应用法律若干问题的解释》、《关于审理走私刑事案件具体应用法律若干问题的解释》，对伪造货币，走私、出售、购买、运输假币等犯罪的定罪处刑标准以及相关适用法律问题作出了明确规定。为正确执行刑法，在其他有关的司法解释出台之前，对假币犯罪以外的破坏金融管理秩序犯罪的数额和情节，可参照以下标准掌握：

关于非法吸收公众存款罪。非法吸收或者变相吸收公众存款的，要从非法吸收公众存款的数额、范围以及给存款人造成的损失等方面来判定扰乱金融秩序造成危害的程度。根据司法实践，具有下列情形之一的，可以按非法吸收公众存款罪定罪处罚：

(1) 个人非法吸收或者变相吸收公众存款20万元以上的，单位非法吸收或者变相吸收公众存款100万元以上的；

(2) 个人非法吸收或者变相吸收公众存款30户以上的，单位非法吸收或者变相吸收公众存款150户以上的；

(3) 个人非法吸收或者变相吸收公众存款给存款人造成损失10万元以上的，单位非法吸收或者变相吸收公众存款给存款人造成损失50万元以上的，或者造成其他严重后果的。个人非法吸收或者变相吸收公众存款100万元以上，单位非法吸收或者变相吸收公众存款500万元以上的，可以认定为“数额巨大”。

关于违法向关系人发放贷款罪。银行或者其他金融机构工作人员违反法律、行政法规规定，向关系人发放信用贷款或者发放担保贷款的条件优于其他借款人同类贷款条件，造成10—30万元以上损失的，可以认定为“造成较大损失”；造成50—100万元以上损失的，可以认定为“造成重大损失”。

关于违法发放贷款罪。银行或者其他金融机构工作人员违反法律、行政法规规定，向关系人以外的其他人发放贷款，造成50—100万元以上损失的，可以认定为“造成重大损失”；造成300—500万元以上损失的，可以认定为“造成特别重大损失”。

关于用账外客户资金非法拆借、发放贷款罪。对于银行或者其他金融机构工作人员以牟利为目的，采取吸收客户资金不入账的方式，将资金用于非法拆借、发放贷款，造成50—100万元以上损失的，可以认定为“造成重大损失”；造成300—500万元以上损失的，可以认定为“造成特别重大损失”。

对于单位实施违法发放贷款和用账外客户资金非法拆借、发放贷款造成损失构成犯罪的数额标准，可按个人实施上述犯罪的数额标准二至四倍掌握。

由于各地经济发展不平衡，各省、自治区、直辖市高级人民法院可参照上述数额标准或幅度，根据本地的具体情况，确定在本地区掌握的具体标准。

（三）关于金融诈骗罪

1. 金融诈骗罪中非法占有目的的认定

金融诈骗犯罪都是以非法占有为目的的犯罪。在司法实践中，认定是否具有非法占有为目的，应当坚持主客观相一致的原则，既要避免单纯根据损失结果客观归罪，也不能仅凭被告人自己的供述，而应当根据案件具体情况具体分析。根据司法实践，对于行为人通过诈骗的方法非法获取资金，造成数额较大资金不能归还，并具有下列情形之一的，可以认定为具有非法占有的目的：

(1) 明知没有归还能力而大量骗取资金的；

（2）非法获取资金后逃跑的；

（3）肆意挥霍骗取资金的；

（4）使用骗取的资金进行违法犯罪活动的；

（5）抽逃、转移资金、隐匿财产，以逃避返还资金的；

（6）隐匿、销毁账目，或者搞假破产、假倒闭，以逃避返还资金的；

（7）其他非法占有资金、拒不返还的行为。但是，在处理具体案件的时候，对于有证据证明行为人不具有非法占有目的的，不能单纯以财产不能归还就按金融诈骗罪处罚。

2. 贷款诈骗罪的认定和处理

贷款诈骗犯罪是目前案发较多的金融诈骗犯罪之一。审理贷款诈骗犯罪案件，应当注意以下两个问题：

一是单位不能构成贷款诈骗罪。根据刑法第三十条和第一百九十三条的规定，单位不构成贷款诈骗罪。对于单位实施的贷款诈骗行为，不能以贷款诈骗罪定罪处罚，也不能以贷款诈骗罪追究直接负责的主管人员和其他直接责任人员的刑事责任。但是，在司法实践中，对于单位十分明显地以非法占有为目的，利用签订、履行借款合同诈骗银行或其他金融机构贷款，符合刑法第二百二十四条规定的合同诈骗罪构成要件的，应当以合同诈骗罪定罪处罚。

二是要严格区分贷款诈骗与贷款纠纷的界限。对于合法取得贷款后，没有按规定的用途使用贷款，到期没有归还贷款的，不能以贷款诈骗罪定罪处罚；对于确有证据证明行为人不具有非法占有的目的，因不具备贷款的条件而采取了欺骗手段获取贷款，案发时有能力履行还贷义务，或者案发时不能归还贷款是因为意志以外的原因，如因经营不善、被骗、市场风险等，不应以贷款诈骗罪定罪处罚。

3. 集资诈骗罪的认定和处理

集资诈骗罪和欺诈发行股票、债券罪、非法吸收公众存款罪在客观上均表现为向社会公众非法募集资金。区别的关键在于行为人是否具有非法占有的目的。对于以非法占有为目的而非法集资，或者在非法集资过程中产生了非法占有他人资金的故意，均构成集资诈骗罪。但是，在处理具体案件时要注意以下两点：一是不能仅凭较大数额的非法集资款不能返还的结果，推定行为人具有非法占有的目的；二是行为人将大部分资金用于投资或生产经营活动，而将少量资金用于个人消费或挥霍的，不应仅以此便认定具有非法占有的目的。

4. 金融诈骗犯罪定罪量刑的数额标准和犯罪数额的计算

金融诈骗的数额不仅是定罪的重要标准，也是量刑的主要依据。在没有新的司法解释之前，可参照1996年《最高人民法院关于审理诈骗案件具体应用法律的若干问题的解释》的规定执行。在具体认定金融诈骗犯罪的数额时，应当以行为人实际骗取的数额计算。对于行为人为实施金融诈骗活动而支付的中介费、手续费、回扣等，或者用于行贿、赠与等费用，均应计入金融诈骗的犯罪数额。但应当将案发前已归还的数额扣除。

（四）死刑的适用

刑法对危害特别严重的金融诈骗犯罪规定了死刑。人民法院应当运用这一法律武器，有力地打击金融诈骗犯罪。对于罪行极其严重、依法该判死刑的犯罪分子，一定要坚决判处死刑。但需要强调的是，金融诈骗犯罪的数额特别巨大不是判处死刑的唯一标准，只有诈骗“数额特别巨大并且给国家和人民利益造成特别重大损失”的犯罪分子，才能依法选择适用死刑。对于犯罪数额特别巨大，但追缴、退赔后，挽回了损失或者损失不大的，一般不应当判处死刑立即执行；对具有法定从轻、减轻处罚情节的，一般不应当判处死刑。

（五）财产刑的适用

金融犯罪是图利型犯罪，惩罚和预防此类犯罪，应当注重同时从经济上制裁犯罪分子。刑法对金融犯罪都规定了财产刑，人民法院应当严格依法判处。罚金的数额，应当根据被告人的犯罪情节，在法律规定的数额幅度内确定。对于具有从轻、减轻或者免除处罚情节的被告人，对于本应并处的罚金刑原则上也应当从轻、减轻或者免除。

单位金融犯罪中直接负责的主管人员和其他直接责任人员，是否适用罚金刑，应当根据刑法的具体规定。刑法分则条文规定有罚金刑，并规定对单位犯罪中直接负责的主管人员和其他直接责任人员依照自然人犯罪条款处罚的，应当判处罚金刑，但是对直接负责的主管人员和其他直接责任人员判处罚金的数额，应当低于对单位判处罚金的数额；刑法分则条文明确规定对单位犯罪中直接负责的主管人员和其他直接责任人员只判处自由刑的，不能附加判处罚金刑。

最高人民法院关于审理伪造货币等案件具体应用法律若干问题的解释

（2000 年 4 月 20 日最高人民法院审判委员会第 1110 次会议通过　2000 年 9 月 8 日公布　自 2000 年 9 月 14 日起施行）

法释〔2000〕26 号

为依法惩治伪造货币，出售、购买、运输假币等犯罪活动，根据刑法的有关规定，现就审理这类案件具体应用法律的若干问题解释如下：

第一条　伪造货币的总面额在二千元以上不满三万元或者币量在二百张（枚）以上不足三千张（枚）的，依照刑法第一百七十条的规定，处三年以上十年以下有期徒刑，并处五万元以上五十万元以下罚金。

伪造货币的总面额在三万元以上的，属于“伪造货币数额特别巨大”。

行为人制造货币版样或者与他人事前通谋，为他人伪造货币提供版样的，依照刑法第一百七十条的规定定罪处罚。

第二条　行为人购买假币后使用，构成犯罪的，依照刑法第一百七十一条的规定，以购买假币罪定罪，从重处罚。

行为人出售、运输假币构成犯罪，同时有使用假币行为的，依照刑法第一百七十一条、第一百七十二条的规定，实行数罪并罚。

第三条　出售、购买假币或者明知是假币而运输，总面额在四千元以上不满五万元的，属于“数额较大”；总面额在五万元以上不满二十万元的，属于“数额巨大”；总面额在二十万元以上的，属于“数额特别巨大”，依照刑法第一百七十一条第一款的规定定罪处罚。

第四条 银行或者其他金融机构的工作人员购买假币或者利用职务上的便利，以假币换取货币，总面额在四千元以上不满五万元或者币量在四百张（枚）以上不足五千张（枚）的，处三年以上十年以下有期徒刑，并处二万元以上二十万元以下罚金；总面额在五万元以上或者币量在五千张（枚）以上或者有其他严重情节的，处十年以上有期徒刑或者无期徒刑，并处二万元以上二十万元以下罚金或者没收财产；总面额不满人民币四千元或者币量不足四百张（枚）或者具有其他情节较轻情形的，处三年以下有期徒刑或者拘役，并处或者单处一万元以上十万元以下罚金。

第五条 明知是假币而持有、使用，总面额在四千元以上不满五万元的，属于“数额较大”；总面额在五万元以上不满二十万元的，属于“数额巨大”；总面额在二十万元以上的，属于“数额特别巨大”，依照刑法第一百七十二条的规定定罪处罚。

第六条 变造货币的总面额在二千元以上不满三万元的，属于“数额较大”；总面额在三万元以上的，属于“数额巨大”，依照刑法第一百七十三条的规定定罪处罚。

第七条 本解释所称“货币”是指可在国内市场流通或者兑换的人民币和境外货币。

货币面额应当以人民币计算，其他币种以案发时国家外汇管理机关公布的外汇牌价折算成人民币。

最高人民法院　最高人民检察院　公安部　中国证券监督管理委员会关于整治非法证券活动有关问题的通知

（2008年1月2日　证监发〔2008〕1号）

各省、自治区、直辖市高级人民法院、人民检察院、公安厅（局），解放军军事法院、军事检察院，新疆维吾尔自治区高级人民法院生产建设兵团分院，新疆生产建设兵团人民检察院、公安局，中国证监会各省、自治区、直辖市、计划单列市监管局：

国务院办公厅《关于严厉打击非法发行股票和非法经营证券业务有关问题的通知》（国办发〔2006〕99号，以下简称“国办发99号文”）和国务院《关于同意建立整治非法证券活动协调小组工作制度的批复》（国函〔2007〕14号）下发后，整治非法证券活动协调小组（以下简称“协调小组”）各成员单位和地方人民政府高度重视，周密部署，重点查处了一批大案要案，初步遏制了非法证券活动的蔓延势头，各类非法证券活动新发量明显减少，打击非法证券活动工作取得了明显成效，相当一部分案件已进入司法程序。但在案件办理过程中，相关单位也遇到了一些分工协作、政策法律界限不够明确等问题。为此，协调小组专门召开会议对这些问题进行了研究。根据协调小组会议精神，现就打击非法证券活动工作中的有关问题通知如下：

一、统一思想，高度重视非法证券类案件办理工作

非法证券活动是一种典型的涉众型

的违法犯罪活动，严重干扰正常的经济金融秩序，破坏社会和谐与稳定。从近期办理的一些案件看，非法证券活动具有以下特征：一是按照最高人民检察院、公安部《关于经济犯罪案件追诉标准的规定》（公发〔2001〕11号），绝大多数非法证券活动都涉嫌犯罪。二是花样不断翻新，隐蔽性强，欺骗性大，仿效性高。三是案件涉及地域广，涉案金额大，涉及人员多，同时资产易被转移，证据易被销毁，人员易潜逃，案件办理难度大。四是不少案件涉及境外资本市场，办理该类案件政策性强，专业水平要求高。五是投资者多为离退休人员、下岗职工等困难群众，承受能力差，极易引发群体事件。各有关部门要进一步统一思想，高度重视，充分认识此类违法犯罪活动的严重性、危害性，增强政治责任感，密切分工协作，提高工作效率，及时查处一批大案要案，维护法律法规权威，维护社会公平正义，维护投资者的合法权益。

二、明确法律政策界限，依法打击非法证券活动

（一）关于公司及其股东向社会公众擅自转让股票行为的性质认定。《证券法》第十条第三款规定："非公开发行证券，不得采用广告、公开劝诱和变相公开方式。"国办发99号文规定："严禁任何公司股东自行或委托他人以公开方式向社会公众转让股票。向特定对象转让股票，未依法报经证监会核准的，转让后，公司股东累计不得超过200人。"公司、公司股东违反上述规定，擅自向社会公众转让股票，应当追究其擅自发行股票的责任。公司与其股东合谋，实施上述行为的，公司与其股东共同承担责任。

（二）关于擅自发行证券的责任追究。未经依法核准，擅自发行证券，涉嫌犯罪的，依照《刑法》第一百七十九条之规定，以擅自发行股票、公司、企业债券罪追究刑事责任。未经依法核准，以发行证券为幌子，实施非法证券活动，涉嫌犯罪的，依照《刑法》第一百七十六条、第一百九十二条等规定，以非法吸收公众存款罪、集资诈骗罪等罪名追究刑事责任。未构成犯罪的，依照《证券法》和有关法律的规定给予行政处罚。

（三）关于非法经营证券业务的责任追究。任何单位和个人经营证券业务，必须经证监会批准。未经批准的，属于非法经营证券业务，应予以取缔；涉嫌犯罪的，依照《刑法》第二百二十五条之规定，以非法经营罪追究刑事责任。对于中介机构非法代理买卖非上市公司股票，涉嫌犯罪的，应当依照《刑法》第二百二十五条之规定，以非法经营罪追究刑事责任；所代理的非上市公司涉嫌擅自发行股票，构成犯罪的，应当依照《刑法》第一百七十九条之规定，以擅自发行股票罪追究刑事责任。非上市公司和中介机构共谋擅自发行股票，构成犯罪的，以擅自发行股票罪的共犯论处。未构成犯罪的，依照《证券法》和有关法律的规定给予行政处罚。

（四）关于非法证券活动性质的认定。非法证券活动是否涉嫌犯罪，由公安机关、司法机关认定。公安机关、司法机关认为需要有关行政主管机关进行性质认定的，行政主管机关应当出具认定意见。对因案情复杂、意见分歧，需要进行协调的，协调小组应当根据办案部门的要求，组织有关单位进行研究解决。

（五）关于修订后的《证券法》与修订前的《证券法》中针对擅自发行股票和非法经营证券业务规定的衔接。

修订后的《证券法》与修订前的《证券法》针对擅自发行股票和非法经营证券业务的规定是一致的，是相互衔接的，因此在修订后的《证券法》实施之前发生的擅自发行股票和非法经营证券业务行为，也应予以追究。

（六）关于非法证券活动受害人的救济途径。根据1998年3月25日《国务院办公厅转发证监会关于清理整顿场外非法股票交易方案的通知》（国办发〔1998〕10号）的规定，最高人民法院于1998年12月4日发布了《关于中止审理、中止执行涉及场外非法股票交易经济纠纷案件的通知》（法〔1998〕145号），目的是为配合国家当时解决STAQ、NET交易系统发生的问题，而非针对目前非法证券活动所产生的纠纷。如果非法证券活动构成犯罪，被害人应当通过公安、司法机关刑事追赃程序追偿；如果非法证券活动仅是一般违法行为而没有构成犯罪，当事人符合民事诉讼法规定的起诉条件的，可以通过民事诉讼程序请求赔偿。

三、加强协作配合，提高办案效率

涉嫌犯罪的非法证券类案件从调查取证到审理终结，主要涉及证监、公安、检察、法院四个部门。从工作实践看，大部分地区的上述四个部门能够做到既有分工，也有协作，案件办理进展顺利，但也有部分地区的一些案件久拖不决，有的甚至出现“踢皮球”的现象，案件办理周期过长。究其原因，有的是工作不扎实，有的是认识上存在差距，有的是协调沟通不畅。协调小组工作会议高度重视存在的问题，并对各相关部门的工作分工及协调配合做了总体部署。

证监系统要督促、协调、指导各地落实已出台的贯彻国办发99号文实施意见，将打击非法证券活动长效机制落到实处；根据司法机关需要，对非法证券类案件及时出具性质认定意见；创新办案模式，在当地政府的领导下，密切与其他行政执法机关的联合执法，提高快速反应能力；根据工作需要，可组织当地公、检、法等部门相关人员进行业务培训或案情会商；加强对境外资本市场的跟踪研究。

公安机关对涉嫌犯罪的非法证券类案件要及时进行立案侦查，并做好与证监、工商等部门的工作衔接；上级公安机关要加强案件的协调、指导、督办工作，提高办案效率；密切与检察院、法院的协调配合，及时交流信息，通报情况，加大对大要案的侦办力度。检察机关要及时做好此类案件的批捕、起诉和诉讼监督工作；加强与相关部门的沟通联系，及时处理需要协调的事项。

人民法院要加强与相关部门的沟通协调，及时受理、审理各类涉及非法证券活动的民事、刑事案件，对性质恶劣、社会危害大的案件依法予以严惩。

各相关部门在办理非法证券类案件过程中遇到重大问题的，可提请协调小组协助解决。

最高人民法院
最高人民检察院
公安部
中国证券监督管理委员会
二〇〇八年一月二日

最高人民法院关于农村合作基金会从业人员犯罪如何定性问题的批复

（2000年4月26日最高人民法院审判委员会第1111次会议通过
2000年5月8日公布　自2000年5月12日起施行）
法释〔2000〕10号

四川省高级人民法院：

你院川高法〔1999〕376号《关于农村合作基金会从业人员犯罪如何定性的请示》收悉。经研究，答复如下：

农村合作基金会从业人员，除具有金融机构现职工作人员身份的以外，不属于金融机构工作人员。对其实施的犯罪行为，应当依照刑法的有关规定定罪处罚。

此复。

最高人民法院关于审理骗购外汇、非法买卖外汇刑事案件具体应用法律若干问题的解释

（1998年8月28日最高人民法院审判委员会第1018次会议通过
1998年8月28日公布　自1998年9月1日起施行）
法释〔1998〕20号

为依法惩处骗购外汇、非法买卖外汇的犯罪行为，根据刑法的有关规定，现对审理骗购外汇、非法买卖外汇案件具体应用法律的若干问题解释如下：

第一条　以进行走私、逃汇、洗钱、骗税等犯罪活动为目的，使用虚假、无效的凭证、商业单据或者采取其他手段向外汇指定银行骗购外汇的，应当分别按照刑法分则第三章第二节第一百九十条、第一百九十一条和第二百零四条等规定定罪处罚。

非国有公司、企业或者其他单位，与国有公司、企业或者其他国有单位勾结逃汇的，以逃汇罪的共犯处罚。

第二条　伪造、变造、买卖海关签发的报关单、进口证明、外汇管理机关的核准件等凭证或者购买伪造、变造的上述凭证的，按照刑法第二百八十条第一款的规定定罪处罚。

第三条　在外汇指定银行和中国外汇交易中心及其分中心以外买卖外汇，扰乱金融市场秩序，具有下列情形之一的，按照刑法第二百二十五条第（三）项的规定定罪处罚：

（一）非法买卖外汇二十万美元以上的；

（二）违法所得五万元人民币以上的。

第四条　公司、企业或者其他单位，违反有关外贸代理业务的规定，采用非法手段，或者明知是伪造、变造的凭证、商业单据，为他人向外汇指定银

行骗购外汇，数额在五百万美元以上或者违法所得五十万元人民币以上的，按照刑法第二百二十五条第（三）项的规定定罪处罚。

居间介绍骗购外汇一百万美元以上或者违法所得十万元人民币以上的，按照刑法第二百二十五条第（三）项的规定定罪处罚。

第五条 海关、银行、外汇管理机关工作人员与骗购外汇的行为人通谋，为其提供购买外汇的有关凭证，或者明知是伪造、变造的凭证和商业单据而出售外汇，构成犯罪的，按照刑法的有关规定从重处罚。

第六条 实施本解释规定的行为，同时触犯二个以上罪名的，择一重罪从重处罚。

第七条 根据刑法第六十四条规定，骗购外汇、非法买卖外汇的，其违法所得予以追缴，用于骗购外汇、非法买卖外汇的资金予以没收，上缴国库。

第八条 骗购、非法买卖不同币种的外汇的，以案发时国家外汇管理机关制定的统一折算率折合后依照本解释处罚。

最高人民法院　最高人民检察院　公安部关于印发《办理骗汇、逃汇犯罪案件联席会议纪要》的通知

（1999年3月16日　公通字〔1999〕39号）

各省、自治区、直辖市高级人民法院、人民检察院，公安厅、局，解放军军事法院、军事检察院：

1999年3月16日，最高人民法院、最高人民检察院、公安部和中央政法委、军队、国务院有关部门在北京召开联席会议，研究解决当前打击骗汇犯罪斗争中的有关问题。现将会议形成的《办理骗汇、逃汇犯罪案件联席会议纪要》印发给你们，请遵照执行。

办理骗汇、逃汇犯罪案件联席会议纪要

中央部署开展打击骗汇犯罪专项斗争以来，在国务院和中央政法委的统一领导和组织协调下，各级公安机关和人民检察院迅速行动起来，在全国范围内对骗汇犯罪开展了全面打击行动。1998年8月28日最高人民法院《关于审理骗购外汇、非法买卖外汇刑事案件具体应用法律若干问题的解释》发布，对司法机关运用法律武器准确、及时打击犯罪发挥了重要作用。但是，一些地方在办理此类案件过程中，在案件管辖、适用法律及政策把握等方面遇到一些问题，需要予以明确。为了进一步贯彻中央从重从快严厉打击骗汇犯罪的指示精神，准确适用法律，保障专项斗争深入开展，争取尽快起诉、宣判一批骗汇犯罪案件，打击和震慑骗汇犯罪活动，1999年3月16日，中央政法委、最高人民法院、最高人民检察院、公安部、中国人民银行、国家外汇管理局、解放

军军事法院、军事检察院、总政保卫部等有关部门在北京昌平召开联席会议，共同研究解决打击骗汇犯罪斗争中出现的各种问题。会议纪要如下：

一、各级公安机关、人民检察院、人民法院和军队保卫、检、法部门在办理骗汇案件过程中，要从维护国家外汇管理秩序和国家经济安全的高度认识打击骗汇、逃汇犯罪专项斗争的重大意义，坚决贯彻党中央、国务院部署，积极参加专项斗争，各司其职，互相配合，加强协调，加快办案进度。

二、全国人大常委会《关于惩治骗购外汇、逃汇和非法买卖外汇犯罪的决定》（以下简称《决定》）公布施行后发生的犯罪行为，应当依照《决定》办理；对于《决定》公布施行前发生的公布后尚未处理或者正在处理的行为，依照修订后的刑法第十二条第一款规定的原则办理。

最高人民法院1998年8月28日发布的《关于审理骗购外汇、非法买卖外汇刑事案件具体应用法律若干问题的解释》（以下简称《解释》），是对具体应用修订后的刑法有关问题的司法解释，适用于依照修订后的刑法判处的案件。各执法部门对于《解释》应当准确理解，严格执行。

《解释》第四条规定："公司、企业或者其他单位，违反有关外贸代理业务的规定，采用非法手段、或者明知是伪造、变造的凭证、商业单据，为他人向外汇指定银行骗购外汇，数额在五百万美元以上或者违法所得五十万元人民币以上的，按照刑法第二百二十五条第（三）项的规定定罪处罚；居间介绍骗购外汇一百万美元以上或者违法所得十万元人民币以上的，按照刑法第二百二十五条第（三）项的规定定罪处罚。"上述所称"采用非法手段"，是指有国家批准的进出口经营权的外贸代理企业在经营代理进口业务时，不按国家经济主管部门有关规定履行职责，放任被代理方自带客户、自带货源、自带汇票、自行报关，在不见进口产品、不见供货货主、不见外商的情况下代理进口业务，或者采取法律、行政法规和部门规章禁止的其他手段代理进口业务。

认定《解释》第四条所称的"明知"，要结合案件的具体情节予以综合考虑，不能仅仅因为行为人不供述就不予认定。报关行为先于签订外贸代理协议的，或者委托方提供的购汇凭证明显与真实凭证、商业单据不符的，应当认定为明知。

《解释》第四条所称"居间介绍骗购外汇"，是指收取他人人民币、以虚假购汇凭证委托外贸公司、企业骗购外汇，获取非法收益的行为。

三、公安机关侦查骗汇、逃汇犯罪案件中涉及人民检察院管辖的贪污贿赂、渎职犯罪案件的，应当将贪污贿赂、渎职犯罪案件材料移送有管辖权的人民检察院审查。对管辖交叉的案件，可以分别立案，共同工作。如果涉嫌主罪属于公安机关管辖，由公安机关为主侦查，人民检察院予以配合；如果涉嫌主罪属于人民检察院管辖，由人民检察院为主侦查，公安机关予以配合。双方意见有较大分歧的，要协商解决，并及时向当地党委、政法委和上级主管机关请示。

四、公安机关侦查骗汇、逃汇犯罪案件，要及时全面收集和固定犯罪证据，抓紧缉捕犯罪分子。人民检察院和人民法院对正在办理的骗汇、逃汇犯罪案件，只要基本犯罪事实清楚，基本证据确实充分，应当及时依法起诉、审判。主犯在逃或者骗购外汇所需人民币资金的来源无法彻底查清，但证明在案的其他犯罪嫌疑人实施犯罪的基本证据确实充分的，为在法定时限内结案，可以对在案的其他犯罪嫌疑人先行处理。对于已收集到外汇指定银行汇出凭证和境外收汇银行收款凭证等证据，能够证明所骗购外汇确已汇至港澳台地区或国外的，应视为骗购外汇既遂。

五、坚持“惩办与宽大相结合”的政策。对骗购外汇共同犯罪的主犯，或者参与伪造、变造购汇凭证的骗汇人员，以及与骗购外汇的犯罪分子相勾结的国家工作人员，要从严惩处。对具有自首、立功或者其他法定从轻、减轻情节的，依法从轻、减轻处理。

六、各地在办理骗汇、逃汇犯罪案件中遇到的有关问题以及侦查、起诉、审判的信息要及时向各自上级主管机关报告。上级机关要加强对案件的督办、检查和指导协调工作。

5. 金融诈骗罪

最高人民检察院关于拾得他人信用卡并在自动柜员机上使用的行为如何定性问题的批复

（2008 年 2 月 19 日最高人民检察院第十届检察委员会第 92 次会议通过　2008 年 4 月 18 日公布　自 2008 年 5 月 7 日起施行）

高检发释字〔2008〕1 号

浙江省人民检察院：

你院《关于拾得他人信用卡并在 ATM 机上使用的行为应如何定性的请示》（浙检研〔2007〕227 号）收悉。经研究，批复如下：

拾得他人信用卡并在自动柜员机（ATM 机）上使用的行为，属于刑法第一百九十六条第一款第（三）项规定的“冒用他人信用卡”的情形，构成犯罪的，以信用卡诈骗罪追究刑事责任。

此复。

6. 危害税收征管罪

最高人民法院关于审理偷税抗税刑事案件具体应用法律若干问题的解释

（2002 年 11 月 4 日最高人民法院审判委员会第 1254 次会议通过　2002 年 11 月 5 日公布　自 2002 年 11 月 7 日起施行）

法释〔2002〕33 号

为依法惩处偷税、抗税犯罪活动，根据刑法的有关规定，现就审理偷税、抗税刑事案件具体应用法律的若干问题解释如下：

第一条 纳税人实施下列行为之一，不缴或者少缴应纳税款，偷税数额占应纳税额的百分之十以上且偷税数额在一万元以上的，依照刑法第二百零一条第一款的规定定罪处罚：

（一）伪造、变造、隐匿、擅自销毁账簿、记账凭证；

（二）在账簿上多列支出或者不列、少列收入；

（三）经税务机关通知申报而拒不申报纳税；

（四）进行虚假纳税申报；

（五）缴纳税款后，以假报出口或者其他欺骗手段，骗取所缴纳的税款。

扣缴义务人实施前款行为之一，不缴或者少缴已扣、已收税款，数额在一万元以上且占应缴税额百分之十以上的，依照刑法第二百零一条第一款的规定定罪处罚。扣缴义务人书面承诺代纳税人支付税款的，应当认定扣缴义务人“已扣、已收税款”。

实施本条第一款、第二款规定的行为，偷税数额在五万元以下，纳税人或者扣缴义务人在公安机关立案侦查以前已经足额补缴应纳税款和滞纳金，犯罪情节轻微，不需要判处刑罚的，可以免予刑事处罚。

第二条 纳税人伪造、变造、隐匿、擅自销毁用于记账的发票等原始凭证的行为，应当认定为刑法第二百零一条第一款规定的伪造、变造、隐匿、擅自销毁记账凭证的行为。

具有下列情形之一的，应当认定为刑法第二百零一条第一款规定的“经税务机关通知申报”：

（一）纳税人、扣缴义务人已经依法办理税务登记或者扣缴税款登记的；

（二）依法不需要办理税务登记的纳税人，经税务机关依法书面通知其申报的；

（三）尚未依法办理税务登记、扣缴税款登记的纳税人、扣缴义务人，经税务机关依法书面通知其申报的。

刑法第二百零一条第一款规定的“虚假的纳税申报”，是指纳税人或者扣缴义务人向税务机关报送虚假的纳税申报表、财务报表、代扣代缴、代收代缴税款报告表或者其他纳税申报资料，如提供虚假申请，编造减税、免税、抵税、先征收后退还税款等虚假资料等。

刑法第二百零一条第三款规定的“未经处理”，是指纳税人或者扣缴义务人在五年内多次实施偷税行为，但每次偷税数额均未达到刑法第二百零一条规定的构成犯罪的数额标准，且未受行政处罚的情形。

纳税人、扣缴义务人因同一偷税犯罪行为受到行政处罚，又被移送起诉的，人民法院应当依法受理。依法定罪并判处罚金的，行政罚款折抵罚金。

第三条 偷税数额，是指在确定的纳税期间，不缴或者少缴各税种税款的总额。

偷税数额占应纳税额的百分比，是指一个纳税年度中的各税种偷税总额与该纳税年度应纳税总额的比例。不按纳税年度确定纳税期的其他纳税人，偷税数额占应纳税额的百分比，按照行为人最后一次偷税行为发生之日前一年中各税种偷税总额与该年纳税总额的比例确定。纳税义务存续期间不足一个纳税年度的，偷税数额占应纳税额的百分比，按照各税种偷税总额与实际发生纳税义务期间应当缴纳税款总额的比例确定。

偷税行为跨越若干个纳税年度，只要其中一个纳税年度的偷税数额及百分比达到刑法第二百零一条第一款规定的标准，即构成偷税罪。各纳税年度的偷税数额应当累计计算，偷税百分比应当按照最高的百分比确定。

第四条 两年内因偷税受过二次行政处罚，又偷税且数额在一万元以上的，应当以偷税罪定罪处罚。

第五条 实施抗税行为具有下列情形之一的，属于刑法第二百零二条规定的“情节严重”：

（一）聚众抗税的首要分子；

（二）抗税数额在十万元以上的；

（三）多次抗税的；

（四）故意伤害致人轻伤的；

（五）具有其他严重情节。

第六条 实施抗税行为致人重伤、死亡，构成故意伤害罪、故意杀人罪的，分别依照刑法第二百三十四条第二款、第二百三十二条的规定定罪处罚。

与纳税人或者扣缴义务人共同实施抗税行为的，以抗税罪的共犯依法处罚。

最高人民法院关于审理骗取出口退税刑事案件具体应用法律若干问题的解释

（2002年9月9日最高人民法院审判委员会第1241次会议通过　2002年9月17日公布　自2002年9月23日起施行）

法释〔2002〕30号

为依法惩治骗取出口退税犯罪活动，根据《中华人民共和国刑法》的有关规定，现就审理骗取出口退税刑事案件具体应用法律的若干问题解释如下：

第一条 刑法第二百零四条规定的“假报出口”，是指以虚构已税货物出口事实为目的，具有下列情形之一的行为：

（一）伪造或者签订虚假的买卖合同；

（二）以伪造、变造或者其他非法手段取得出口货物报关单、出口收汇核销单、出口货物专用缴款书等有关出口退税单据、凭证；

（三）虚开、伪造、非法购买增值税专用发票或者其他可以用于出口退税的发票；

（四）其他虚构已税货物出口事实的行为。

第二条 具有下列情形之一的，应当认定为刑法第二百零四条规定的“其他欺骗手段”：

（一）骗取出口货物退税资格的；

（二）将未纳税或者免税货物作为已税货物出口的；

（三）虽有货物出口，但虚构该出口货物的品名、数量、单价等要素，骗取未实际纳税部分出口退税款的；

（四）以其他手段骗取出口退税款的。

第三条 骗取国家出口退税款5万元以上的，为刑法第二百零四条规定的“数额较大”；骗取国家出口退税款50万元以上的，为刑法第二百零四条规定的“数额巨大”；骗取国家出口退税款250万元以上的，为刑法第二百零四条规定的“数额特别巨大”。

第四条 具有下列情形之一的，属于刑法第二百零四条规定的“其他严重情节”：

（一）造成国家税款损失30万元

以上并且在第一审判决宣告前无法追回的；

（二）因骗取国家出口退税行为受过行政处罚，两年内又骗取国家出口退税款数额在30万元以上的；

（三）情节严重的其他情形。

第五条 具有下列情形之一的，属于刑法第二百零四条规定的“其他特别严重情节”：

（一）造成国家税款损失150万元以上并且在第一审判决宣告前无法追回的；

（二）因骗取国家出口退税行为受过行政处罚，两年内又骗取国家出口退税款数额在150万元以上的；

（三）情节特别严重的其他情形。

第六条 有进出口经营权的公司、企业，明知他人意欲骗取国家出口退税款，仍违反国家有关进出口经营的规定，允许他人自带客户、自带货源、自带汇票并自行报关，骗取国家出口退税款的，依照刑法第二百零四条第一款、第二百一十一条的规定定罪处罚。

第七条 实施骗取国家出口退税行为，没有实际取得出口退税款的，可以比照既遂犯从轻或者减轻处罚。

第八条 国家工作人员参与实施骗取出口退税犯罪活动的，依照刑法第二百零四条第一款的规定从重处罚。

第九条 实施骗取出口退税犯罪，同时构成虚开增值税专用发票罪等其他犯罪的，依照刑法处罚较重的规定定罪处罚。

7. 侵犯知识产权罪

最高人民法院　最高人民检察院关于办理侵犯知识产权刑事案件具体应用法律若干问题的解释

（2004年11月2日最高人民法院审判委员会第1331次会议、2004年11月11日最高人民检察院第十届检察委员会第28次会议通过
2004年12月8日公布　自2004年12月22日起施行）
法释〔2004〕19号

为依法惩治侵犯知识产权犯罪活动，维护社会主义市场经济秩序，根据刑法有关规定，现就办理侵犯知识产权刑事案件具体应用法律的若干问题解释如下：

第一条 未经注册商标所有人许可，在同一种商品上使用与其注册商标相同的商标，具有下列情形之一的，属于刑法第二百一十三条规定的“情节严重”，应当以假冒注册商标罪判处三年以下有期徒刑或者拘役，并处或者单处罚金：

（一）非法经营数额在五万元以上或者违法所得数额在三万元以上的；

（二）假冒两种以上注册商标，非法经营数额在三万元以上或者违法所得数额在二万元以上的；

（三）其他情节严重的情形。

具有下列情形之一的，属于刑法第二百一十三条规定的“情节特别严

重”，应当以假冒注册商标罪判处三年以上七年以下有期徒刑，并处罚金：

（一）非法经营数额在二十五万元以上或者违法所得数额在十五万元以上的；

（二）假冒两种以上注册商标，非法经营数额在十五万元以上或者违法所得数额在十万元以上的；

（三）其他情节特别严重的情形。

第二条 销售明知是假冒注册商标的商品，销售金额在五万元以上的，属于刑法第二百一十四条规定的“数额较大”，应当以销售假冒注册商标的商品罪判处三年以下有期徒刑或者拘役，并处或者单处罚金。

销售金额在二十五万元以上的，属于刑法第二百一十四条规定的“数额巨大”，应当以销售假冒注册商标的商品罪判处三年以上七年以下有期徒刑，并处罚金。

第三条 伪造、擅自制造他人注册商标标识或者销售伪造、擅自制造的注册商标标识，具有下列情形之一的，属于刑法第二百一十五条规定的“情节严重”，应当以非法制造、销售非法制造的注册商标标识罪判处三年以下有期徒刑、拘役或者管制，并处或者单处罚金：

（一）伪造、擅自制造或者销售伪造、擅自制造的注册商标标识数量在二万件以上，或者非法经营数额在五万元以上，或者违法所得数额在三万元以上的；

（二）伪造、擅自制造或者销售伪造、擅自制造两种以上注册商标标识数量在一万件以上，或者非法经营数额在三万元以上，或者违法所得数额在二万元以上的；

（三）其他情节严重的情形。

具有下列情形之一的，属于刑法第二百一十五条规定的“情节特别严重”，应当以非法制造、销售非法制造的注册商标标识罪判处三年以上七年以下有期徒刑，并处罚金：

（一）伪造、擅自制造或者销售伪造、擅自制造的注册商标标识数量在十万件以上，或者非法经营数额在二十五万元以上，或者违法所得数额在十五万元以上的；

（二）伪造、擅自制造或者销售伪造、擅自制造两种以上注册商标标识数量在五万件以上，或者非法经营数额在十五万元以上，或者违法所得数额在十万元以上的；

（三）其他情节特别严重的情形。

第四条 假冒他人专利，具有下列情形之一的，属于刑法第二百一十六条规定的“情节严重”，应当以假冒专利罪判处三年以下有期徒刑或者拘役，并处或者单处罚金：

（一）非法经营数额在二十万元以上或者违法所得数额在十万元以上的；

（二）给专利权人造成直接经济损失五十万元以上的；

（三）假冒两项以上他人专利，非法经营数额在十万元以上或者违法所得数额在五万元以上的；

（四）其他情节严重的情形。

第五条 以营利为目的，实施刑法第二百一十七条所列侵犯著作权行为之一，违法所得数额在三万元以上的，属于“违法所得数额较大”；具有下列情形之一的，属于“有其他严重情节”，应当以侵犯著作权罪判处三年以下有期徒刑或者拘役，并处或者单处罚金：

（一）非法经营数额在五万元以上的；

（二）未经著作权人许可，复制发行其文字作品、音乐、电影、电视、录像作品、计算机软件及其他作品，复制品数量合计在一千张（份）以上的；

（三）其他严重情节的情形。

以营利为目的，实施刑法第二百一十七条所列侵犯著作权行为之一，违法所得数额在十五万元以上的，属于"违法所得数额巨大"；具有下列情形之一的，属于"有其他特别严重情节"，应当以侵犯著作权罪判处三年以上七年以下有期徒刑，并处罚金：

（一）非法经营数额在二十五万元以上的；

（二）未经著作权人许可，复制发行其文字作品、音乐、电影、电视、录像作品、计算机软件及其他作品，复制品数量合计在五千张（份）以上的；

（三）其他特别严重情节的情形。

第六条 以营利为目的，实施刑法第二百一十八条规定的行为，违法所得数额在十万元以上的，属于"违法所得数额巨大"，应当以销售侵权复制品罪判处三年以下有期徒刑或者拘役，并处或者单处罚金。

第七条 实施刑法第二百一十九条规定的行为之一，给商业秘密的权利人造成损失数额在五十万元以上的，属于"给商业秘密的权利人造成重大损失"，应当以侵犯商业秘密罪判处三年以下有期徒刑或者拘役，并处或者单处罚金。

给商业秘密的权利人造成损失数额在二百五十万元以上的，属于刑法第二百一十九条规定的"造成特别严重后果"，应当以侵犯商业秘密罪判处三年以上七年以下有期徒刑，并处罚金。

第八条 刑法第二百一十三条规定的"相同的商标"，是指与被假冒的注册商标完全相同，或者与被假冒的注册商标在视觉上基本无差别、足以对公众产生误导的商标。

刑法第二百一十三条规定的"使用"，是指将注册商标或者假冒的注册商标用于商品、商品包装或者容器以及产品说明书、商品交易文书，或者将注册商标或者假冒的注册商标用于广告宣传、展览以及其他商业活动等行为。

第九条 刑法第二百一十四条规定的"销售金额"，是指销售假冒注册商标的商品后所得和应得的全部违法收入。

具有下列情形之一的，应当认定为属于刑法第二百一十四条规定的"明知"：

（一）知道自己销售的商品上的注册商标被涂改、调换或者覆盖的；

（二）因销售假冒注册商标的商品受到过行政处罚或者承担过民事责任、又销售同一种假冒注册商标的商品的；

（三）伪造、涂改商标注册人授权文件或者知道该文件被伪造、涂改的；

（四）其他知道或者应当知道是假冒注册商标的商品的情形。

第十条 实施下列行为之一的，属于刑法第二百一十六条规定的"假冒他人专利"的行为：

（一）未经许可，在其制造或者销售的产品、产品的包装上标注他人专利号的；

（二）未经许可，在广告或者其他宣传材料中使用他人的专利号，使人将所涉及的技术误认为是他人专利技术的；

（三）未经许可，在合同中使用他人的专利号，使人将合同涉及的技术误认为是他人专利技术的；

（四）伪造或者变造他人的专利证书、专利文件或者专利申请文件的。

第十一条 以刊登收费广告等方式直接或者间接收取费用的情形，属于刑法第二百一十七条规定的"以营利为目的"。

刑法第二百一十七条规定的"未

经著作权人许可”，是指没有得到著作权人授权或者伪造、涂改著作权人授权许可文件或者超出授权许可范围的情形。

通过信息网络向公众传播他人文字作品、音乐、电影、电视、录像作品、计算机软件及其他作品的行为，应当视为刑法第二百一十七条规定的“复制发行”。

第十二条 本解释所称“非法经营数额”，是指行为人在实施侵犯知识产权行为过程中，制造、储存、运输、销售侵权产品的价值。已销售的侵权产品的价值，按照实际销售的价格计算。制造、储存、运输和未销售的侵权产品的价值，按照标价或者已经查清的侵权产品的实际销售平均价格计算。侵权产品没有标价或者无法查清其实际销售价格的，按照被侵权产品的市场中间价格计算。

多次实施侵犯知识产权行为，未经行政处理或者刑事处罚的，非法经营数额、违法所得数额或者销售金额累计计算。

本解释第三条所规定的“件”，是指标有完整商标图样的一份标识。

第十三条 实施刑法第二百一十三条规定的假冒注册商标犯罪，又销售该假冒注册商标的商品，构成犯罪的，应当依照刑法第二百一十三条的规定，以假冒注册商标罪定罪处罚。

实施刑法第二百一十三条规定的假冒注册商标犯罪，又销售明知是他人的假冒注册商标的商品，构成犯罪的，应当实行数罪并罚。

第十四条 实施刑法第二百一十七条规定的侵犯著作权犯罪，又销售该侵权复制品，构成犯罪的，应当依照刑法第二百一十七条的规定，以侵犯著作权罪定罪处罚。

实施刑法第二百一十七条规定的侵犯著作权犯罪，又销售明知是他人的侵权复制品，构成犯罪的，应当实行数罪并罚。

第十五条 单位实施刑法第二百一十三条至第二百一十九条规定的行为，按照本解释规定的相应个人犯罪的定罪量刑标准的三倍定罪量刑。

第十六条 明知他人实施侵犯知识产权犯罪，而为其提供贷款、资金、账号、发票、证明、许可证件，或者提供生产、经营场所或者运输、储存、代理进出口等便利条件、帮助的，以侵犯知识产权犯罪的共犯论处。

第十七条 以前发布的有关侵犯知识产权犯罪的司法解释，与本解释相抵触的，自本解释施行后不再适用。

最高人民法院　最高人民检察院关于办理侵犯著作权刑事案件中涉及录音录像制品有关问题的批复

（2005年10月13日　法释〔2005〕12号）

各省、自治区、直辖市高级人民法院、人民检察院，解放军军事法院、军事检察院，新疆维吾尔自治区高级人民法院生产建设兵团分院、新疆生产建设兵团人民检察院：

《最高人民法院、最高人民检察院

关于办理侵犯知识产权刑事案件具体应用法律若干问题的解释》发布以后，部分高级人民法院、省级人民检察院就关于办理侵犯著作权刑事案件中涉及录音录像制品的有关问题提出请示。经研究，批复如下：

以营利为目的，未经录音录像制作者许可，复制发行其制作的录音录像制品的行为，复制品的数量标准分别适用《最高人民法院、最高人民检察院关于办理侵犯知识产权刑事案件具体应用法律若干问题的解释》第五条第一款第（二）项、第二款第（二）项的规定。

未经录音录像制作者许可，通过信息网络传播其制作的录音录像制品的行为，应当视为刑法第二百一十七条第（三）项规定的“复制发行”。

此复。

最高人民法院　最高人民检察院关于办理侵犯知识产权刑事案件具体应用法律若干问题的解释（二）

（2007年4月4日最高人民法院审判委员会第1422次会议、最高人民检察院第十届检察委员会第75次会议通过自2007年4月5日公布施行）

法释〔2007〕6号

为维护社会主义市场经济秩序，依法惩治侵犯知识产权犯罪活动，根据刑法、刑事诉讼法有关规定，现就办理侵犯知识产权刑事案件具体应用法律的若干问题解释如下：

第一条　以营利为目的，未经著作权人许可，复制发行其文字作品、音乐、电影、电视、录像作品、计算机软件及其他作品，复制品数量合计在五百张（份）以上的，属于刑法第二百一十七条规定的“有其他严重情节”；复制品数量在二千五百张（份）以上的，属于刑法第二百一十七条规定的“有其他特别严重情节”。

第二条　刑法第二百一十七条侵犯著作权罪中的“复制发行”，包括复制、发行或者既复制又发行的行为。

侵权产品的持有人通过广告、征订等方式推销侵权产品的，属于刑法第二百一十七条规定的“发行”。

非法出版、复制、发行他人作品，侵犯著作权构成犯罪的，按照侵犯著作权罪定罪处罚。

第三条　侵犯知识产权犯罪，符合刑法规定的缓刑条件的，依法适用缓刑。有下列情形之一的，一般不适用缓刑：

（一）因侵犯知识产权被刑事处罚或者行政处罚后，再次侵犯知识产权构成犯罪的；

（二）不具有悔罪表现的；

（三）拒不交出违法所得的；

（四）其他不宜适用缓刑的情形。

第四条　对于侵犯知识产权犯罪的，人民法院应当综合考虑犯罪的违法所得、非法经营数额、给权利人造成的损失、社会危害性等情节，依法判处罚金。罚金数额一般在违法所得的一倍以上五倍以下，或者按照非法经营数额的50%以上一倍以下确定。

第五条 被害人有证据证明的侵犯知识产权刑事案件，直接向人民法院起诉的，人民法院应当依法受理；严重危害社会秩序和国家利益的侵犯知识产权刑事案件，由人民检察院依法提起公诉。

第六条 单位实施刑法第二百一十三条至第二百一十九条规定的行为，按照《最高人民法院、最高人民检察院关于办理侵犯知识产权刑事案件具体应用法律若干问题的解释》和本解释规定的相应个人犯罪的定罪量刑标准定罪处罚。

第七条 以前发布的司法解释与本解释不一致的，以本解释为准。

最高人民法院关于审理非法出版物刑事案件具体应用法律若干问题的解释

（1998年12月11日最高人民法院审判委员会第1032次会议通过
1998年12月17日公布 自1998年12月23日起施行）
法释〔1998〕30号

为依法惩治非法出版物犯罪活动，根据刑法的有关规定，现对审理非法出版物刑事案件具体应用法律的若干问题解释如下：

第一条 明知出版物中载有煽动分裂国家、破坏国家统一或者煽动颠覆国家政权、推翻社会主义制度的内容，而予以出版、印刷、复制、发行、传播的，依照刑法第一百零三条第二款或者第一百零五条第二款的规定，以煽动分裂国家罪或者煽动颠覆国家政权罪定罪处罚。

第二条 以营利为目的，实施刑法第二百一十七条所列侵犯著作权行为之一，个人违法所得数额在五万元以上，单位违法所得数额在二十万元以上的，属于“违法所得数额较大”；具有下列情形之一的，属于“有其他严重情节”：

（一）因侵犯著作权曾经两次以上被追究行政责任或者民事责任，两年内又实施刑法第二百一十七条所列侵犯著作权行为之一的；

（二）个人非法经营数额在二十万元以上，单位非法经营数额在一百万元以上的；

（三）造成其他严重后果的。

以营利为目的，实施刑法第二百一十七条所列侵犯著作权行为之一，个人违法所得数额在二十万元以上，单位违法所得数额在一百万元以上的，属于“违法所得数额巨大”；具有下列情形之一的，属于“有其他特别严重情节”：

（一）个人非法经营数额在一百万元以上，单位非法经营数额在五百万元以上的；

（二）造成其他特别严重后果的。

第三条 刑法第二百一十七条第（一）项中规定的“复制发行”，是指行为人以营利为目的，未经著作权人许可而实施的复制、发行或者既复制又发行其文字作品、音乐、电影、电视、录像作品、计算机软件及其他作品的行为。

第四条 以营利为目的，实施刑法第二百一十八条规定的行为，个人违法所得数额在十万元以上，单位违法所得数额在五十万元以上的，依照刑法第二百一十八条的规定，以销售侵权复制品罪定罪处罚。

第五条 实施刑法第二百一十七条规定的侵犯著作权行为，又销售该侵权复制品，违法所得数额巨大的，只定侵犯著作权罪，不实行数罪并罚。

实施刑法第二百一十七条规定的侵犯著作权的犯罪行为，又明知是他人的侵权复制品而予以销售，构成犯罪的，应当实行数罪并罚。

第六条 在出版物中公然侮辱他人或者捏造事实诽谤他人，情节严重的，依照刑法第二百四十六条的规定，分别以侮辱罪或者诽谤罪定罪处罚。

第七条 出版刊载歧视、侮辱少数民族内容的作品，情节恶劣，造成严重后果的，依照刑法第二百五十条的规定，以出版歧视、侮辱少数民族作品罪定罪处罚。

第八条 以牟利为目的，实施刑法第三百六十三条第一款规定的行为，具有下列情形之一的，以制作、复制、出版、贩卖、传播淫秽物品牟利罪定罪处罚：

（一）制作、复制、出版淫秽影碟、软件、录像带五十至一百张（盒）以上，淫秽音碟、录音带一百至二百张（盒）以上，淫秽扑克、书刊、画册一百至二百副（册）以上，淫秽照片、画片五百至一千张以上的；

（二）贩卖淫秽影碟、软件、录像带一百至二百张（盒）以上，淫秽音碟、录音带二百至四百张（盒）以上，淫秽扑克、书刊、画册二百至四百副（册）以上，淫秽照片、画片一千至二千张以上的；

（三）向他人传播淫秽物品达二百至五百人次以上，或者组织播放淫秽影、像达十至二十场次以上的；

（四）制作、复制、出版、贩卖、传播淫秽物品，获利五千至一万元以上的。

以牟利为目的，实施刑法第三百六十三条第一款规定的行为，具有下列情形之一的，应当认定为制作、复制、出版、贩卖、传播淫秽物品牟利罪“情节严重”：

（一）制作、复制、出版淫秽影碟、软件、录像带二百五十至五百张（盒）以上，淫秽音碟、录音带五百至一千张（盒）以上，淫秽扑克、书刊、画册五百至一千副（册）以上，淫秽照片、画片二千五百至五千张以上的；

（二）贩卖淫秽影碟、软件、录像带五百至一千张（盒）以上，淫秽音碟、录音带一千至二千张（盒）以上，淫秽扑克、书刊、画册一千至二千副（册）以上，淫秽照片、画片五千至一万张以上的；

（三）向他人传播淫秽物品达一千至二千人次以上，或者组织播放淫秽影、像达五十至一百场次以上的；

（四）制作、复制、出版、贩卖、传播淫秽物品，获利三万至五万元以上的。

以牟利为目的，实施刑法第三百六十三条第一款规定的行为，其数量（数额）达到前款规定的数量（数额）五倍以上的，应当认定为制作、复制、出版、贩卖、传播淫秽物品牟利罪“情节特别严重”。

第九条 为他人提供书号、刊号，出版淫秽书刊的，依照刑法第三百六十三条第二款的规定，以为他人提供书号出版淫秽书刊罪定罪处罚。

为他人提供版号，出版淫秽音像制品的，依照前款规定定罪处罚。

明知他人用于出版淫秽书刊而提供书号、刊号的，依照刑法第三百六十三条第一款的规定，以出版淫秽物品牟利罪定罪处罚。

第十条 向他人传播淫秽的书刊、影片、音像、图片等出版物达三百至六百人次以上或者造成恶劣社会影响的，属于“情节严重”，依照刑法第三百六十四条第一款的规定，以传播淫秽物品罪定罪处罚。

组织播放淫秽的电影、录像等音像制品达十五至三十场次以上或者造成恶劣社会影响的，依照刑法第三百六十四条第二款的规定，以组织播放淫秽音像制品罪定罪处罚。

第十一条 违反国家规定，出版、印刷、复制、发行本解释第一条至第十条规定以外的其他严重危害社会秩序和扰乱市场秩序的非法出版物，情节严重的，依照刑法第二百二十五条第（三）项的规定，以非法经营罪定罪处罚。

第十二条 个人实施本解释第十一条规定的行为，具有下列情形之一的，属于非法经营行为“情节严重”：

（一）经营数额在五万元至十万元以上的；

（二）违法所得数额在二万元至三万元以上的；

（三）经营报纸五千份或者期刊五千本或者图书二千册或者音像制品、电子出版物五百张（盒）以上的。

具有下列情形之一的，属于非法经营行为“情节特别严重”：

（一）经营数额在十五万元至三十万元以上的；

（二）违法所得数额在五万元至十万元以上的；

（三）经营报纸一万五千份或者期刊一万五千本或者图书五千册或者音像制品、电子出版物一千五百张（盒）以上的。

第十三条 单位实施本解释第十一条规定的行为，具有下列情形之一的，属于非法经营行为“情节严重”：

（一）经营数额在十五万元至三十万元以上的；

（二）违法所得数额在五万元至十万元以上的；

（三）经营报纸一万五千份或者期刊一万五千本或者图书五千册或者音像制品、电子出版物一千五百张（盒）以上的。

具有下列情形之一的，属于非法经营行为“情节特别严重”：

（一）经营数额在五十万元至一百万元以上的；

（二）违法所得数额在十五万元至三十万元以上的；

（三）经营报纸五万份或者期刊五万本或者图书一万五千册或者音像制品、电子出版物五千张（盒）以上的。

第十四条 实施本解释第十一条规定的行为，经营数额、违法所得数额或者经营数量接近非法经营行为“情节严重”、“情节特别严重”的数额、数量起点标准，并具有下列情形之一的，可以认定为非法经营行为“情节严重”、“情节特别严重”：

（一）两年内因出版、印刷、复制、发行非法出版物受过行政处罚两次以上的；

（二）因出版、印刷、复制、发行非法出版物造成恶劣社会影响或者其他严重后果的。

第十五条 非法从事出版物的出版、印刷、复制、发行业务，严重扰乱市场秩序，情节特别严重，构成犯罪的，可以依照刑法第二百二十五条第

（三）项的规定，以非法经营罪定罪处罚。

第十六条 出版单位与他人事前通谋，向其出售、出租或者以其他形式转让该出版单位的名称、书号、刊号、版号，他人实施本解释第二条、第四条、第八条、第九条、第十条、第十一条规定的行为，构成犯罪的，对该出版单位应当以共犯论处。

第十七条 本解释所称“经营数额”，是指以非法出版物的定价数额乘以行为人经营的非法出版物数量所得的数额。

本解释所称“违法所得数额”，是指获利数额。

非法出版物没有定价或者以境外货币定价的，其单价数额应当按照行为人实际出售的价格认定。

第十八条 各省、自治区、直辖市高级人民法院可以根据本地的情况和社会治安状况，在本解释第八条、第十条、第十二条、第十三条规定的有关数额、数量标准的幅度内，确定本地执行的具体标准，并报最高人民法院备案。

8. 扰乱市场秩序罪

最高人民法院关于审理扰乱电信市场管理秩序案件具体应用法律若干问题的解释

（2000年4月28日最高人民法院审判委员会第1113次会议通过 2000年5月12日公布 自2000年5月24日起施行）
法释〔2000〕12号

为依法惩处扰乱电信市场管理秩序的犯罪活动，根据刑法的有关规定，现就审理这类案件具体应用法律的若干问题解释如下：

第一条 违反国家规定，采取租用国际专线、私设转接设备或者其他方法，擅自经营国际电信业务或者涉港澳台电信业务进行营利活动，扰乱电信市场管理秩序，情节严重的，依照刑法第二百二十五条第（四）项的规定，以非法经营罪定罪处罚。

第二条 实施本解释第一条规定的行为，具有下列情形之一的，属于非法经营行为“情节严重”：

（一）经营去话业务数额在一百万元以上的；

（二）经营来话业务造成电信资费损失数额在一百万元以上的。

具有下列情形之一的，属于非法经营行为“情节特别严重”：

（一）经营去话业务数额在五百万元以上的；

（二）经营来话业务造成电信资费损失数额在五百万元以上的。

第三条 实施本解释第一条规定的行为，经营数额或者造成电信资费损失数额接近非法经营行为“情节严重”、“情节特别严重”的数额起点标准，并具有下列情形之一的，可以分别认定为非法经营行为“情节严重”、“情节特别严重”：

（一）两年内因非法经营国际电信

业务或者涉港澳台电信业务行为受过行政处罚两次以上的；

（二）因非法经营国际电信业务或者涉港澳台电信业务行为造成其他严重后果的。

第四条 单位实施本解释第一条规定的行为构成犯罪的，对单位判处罚金，并对其直接负责的主管人员和其他直接责任人员，依照本解释第二条、第三条的规定处罚。

第五条 违反国家规定，擅自设置、使用无线电台（站），或者擅自占用频率，非法经营国际电信业务或者涉港澳台电信业务进行营利活动，同时构成非法经营罪和刑法第二百八十八条规定的扰乱无线电通讯管理秩序罪的，依照处罚较重的规定定罪处罚。

第六条 国有电信企业的工作人员，由于严重不负责任或者滥用职权，造成国有电信企业破产或者严重损失，致使国家利益遭受重大损失的，依照刑法第一百六十八条的规定定罪处罚。

第七条 将电信卡非法充值后使用，造成电信资费损失数额较大的，依照刑法第二百六十四条的规定，以盗窃罪定罪处罚。

第八条 盗用他人公共信息网络上网账号、密码上网，造成他人电信资费损失数额较大的，依照刑法第二百六十四条的规定，以盗窃罪定罪处罚。

第九条 以虚假、冒用的身份证件办理入网手续并使用移动电话，造成电信资费损失数额较大的，依照刑法第二百六十六条的规定，以诈骗罪定罪处罚。

第十条 本解释所称“经营去话业务数额”，是指以行为人非法经营国际电信业务或者涉港澳台电信业务的总时长（分钟数）乘以行为人每分钟收取的用户使用费所得的数额。

本解释所称“电信资费损失数额”，是指以行为人非法经营国际电信业务或者涉港澳台电信业务的总时长（分钟数）乘以在合法电信业务中我国应当得到的每分钟国际结算价格所得的数额。

最高人民检察院关于非法经营国际或港澳台地区电信业务行为法律适用问题的批复

（2002 年 1 月 8 日最高人民检察院第九届检察委员会第 102 次会议通过
2002 年 2 月 6 日公布　自 2002 年 2 月 11 日起施行）
高检发释字〔2002〕1 号

福建省人民检察院：

你院《关于如何适用刑法第二百二十五条第（四）项规定的请示》（闽检〔2000〕65 号）收悉。经研究，批复如下：

违反《中华人民共和国电信条例》规定，采取租用电信国际专线、私设转接设备或者其他方法，擅自经营国际或者香港特别行政区、澳门特别行政区和台湾地区电信业务进行营利活动，扰乱电信市场管理秩序，情节严重的，应当依照《刑法》第二百二十五条第（四）项的规定，以非法经营罪追究刑事责任。

此复。

最高人民法院　最高人民检察院　公安部关于印发《办理非法经营国际电信业务犯罪案件联席会议纪要》的通知

（2003年4月22日　公通字〔2003〕29号）

各省、自治区、直辖市高级人民法院，人民检察院，公安厅、局，解放军军事法院、军事检察院，新疆维吾尔自治区高级人民法院生产建设兵团分院，新疆生产建设兵团人民检察院、公安局：

2002年11月20日，最高人民法院、最高人民检察院、公安部、信息产业部等部门在北京召开联席会议，研究解决当前打击非法经营国际电信业务犯罪专项行动中的法律适用问题。现将会议形成的《办理非法经营国际电信业务犯罪案件联席会议纪要》印发给你们，请遵照执行。

办理非法经营国际电信业务犯罪案件联席会议纪要

非法经营国际电信业务，不仅扰乱国际电信市场的管理秩序，造成国家电信资费的巨大损失，而且严重危害国家信息安全。

2000年5月12日最高人民法院《关于审理扰乱电信市场管理秩序案件具体应用法律若干问题的解释》（以下简称《解释》）、2001年4月18日最高人民检察院、公安部《关于经济犯罪案件追诉标准的规定》、2002年2月6日最高人民检察院《关于非法经营国际或港澳台地区电信业务行为法律适用问题的批复》先后发布实施，为公安、司法机关运用法律武器准确、及时打击此类犯罪发挥了重要作用。自2002年9月17日开始，各级公安机关在全国范围内开展了打击非法经营国际电信业务的专项行动。由于非法经营国际电信业务犯罪活动的情况比较复杂，专业性、技术性很强，犯罪手段不断翻新，出现了一些新情况、新问题，如电信运营商与其他企业或个人互相勾结，共同实施非法经营行为；非法经营行为人使用新的技术手段进行犯罪等。为准确、统一适用法律，保障专项行动的深入开展，依法查处非法经营国际电信业务的犯罪活动，2002年11月20日，最高人民法院、最高人民检察院、公安部、信息产业部等部门在北京召开联席会议，共同研究打击非法经营国际电信业务犯罪工作中的法律适用问题，对有些问题取得了一致认识。会议纪要如下：

一、各级公安机关、人民检察院、人民法院在办理非法经营国际电信业务犯罪案件中，要从维护国家信息安全、维护电信市场管理秩序和保障国家电信收入的高度认识打击非法经营国际电信业务犯罪活动的重要意义，积极参加专项行动，各司其职，相互配合，加强协调，加快办案进度。

二、《解释》第一条规定："违反国家规定，采取租用国际专线、私设转接设备或者其他方法，擅自经营国际电信业务或者涉港澳台电信业务进行营利活动，扰乱电信市场管理秩序，情节严重的，依照刑法第二百二十五条第（四）项的规定，以非法经营罪定罪处罚。"对于未取得国际电信业务（含涉港澳台电信业务，下同）经营许可证而经营，或被终止国际电信业务经营资格后继续经营，应认定为"擅自经营国际电信业务或者涉港澳台电信业务"；情节严重的，应按上述规定以非法经营罪追究刑事责任。

《解释》第一条所称"其他方法"，是指在边境地区私自架设跨境通信线路；利用互联网跨境传送 IP 话音并设立转接设备，将国际话务转接至我境内公用电话网或转接至其他国家或地区；在境内以租用、托管、代维等方式设立转接平台；私自设置国际通信出入口等方法。

三、获得国际电信业务经营许可的经营者（含涉港澳台电信业务经营者）明知他人非法从事国际电信业务，仍违反国家规定，采取出租、合作、授权等手段，为他人提供经营和技术条件，利用现有设备或另设国际话务转接设备并从中营利，情节严重的，应以非法经营罪的共犯追究刑事责任。

四、公安机关侦查非法经营国际电信业务犯罪案件，要及时全面收集和固定犯罪证据，抓紧缉捕犯罪嫌疑人。人民检察院、人民法院对正在办理的非法经营国际电信业务犯罪案件，只要基本犯罪事实清楚，基本证据确实、充分，应当依法及时起诉、审判。主犯在逃，但在案的其他犯罪嫌疑人、被告人实施犯罪的基本证据确实充分的，可以依法先行处理。

五、坚持"惩办与宽大相结合"的刑事政策。对非法经营国际电信业务共同犯罪的主犯，以及与犯罪分子相勾结的国家工作人员，应依法从严惩处。对具有自首、立功或者其他法定从轻、减轻情节的，应依法从轻、减轻处理。

六、各地在办理非法经营国际电信业务犯罪案件中遇到的有关问题，以及侦查、起诉、审判的信息要及时向各自上级主管机关报告。上级机关要加强对案件的督办、检查、指导和协调工作。

最高人民法院　最高人民检察院关于办理非法生产、销售、使用禁止在饲料和动物饮用水中使用的药品等刑事案件具体应用法律若干问题的解释

（最高人民法院审判委员会第 1237 次会议、最高人民检察院第九届检察委员会第 109 次会议通过　2002 年 8 月 16 日公布自 2002 年 8 月 23 日起施行）

法释〔2002〕26 号

为依法惩治非法生产、销售、使用盐酸克仑特罗（Clenbuterol Hydrochloride，俗称"瘦肉精"）等禁止在饲料和动物饮用水中使用的药品等犯罪活动，维护社会主义市场经济秩序，保护公民身体健康，根据刑法有关规定，现

就办理这类刑事案件具体应用法律的若干问题解释如下：

第一条 未取得药品生产、经营许可证件和批准文号，非法生产、销售盐酸克仑特罗等禁止在饲料和动物饮用水中使用的药品，扰乱药品市场秩序，情节严重的，依照刑法第二百二十五条第（一）项的规定，以非法经营罪追究刑事责任。

第二条 在生产、销售的饲料中添加盐酸克仑特罗等禁止在饲料和动物饮用水中使用的药品，或者销售明知是添加有该类药品的饲料，情节严重的，依照刑法第二百二十五条第（四）项的规定，以非法经营罪追究刑事责任。

第三条 使用盐酸克仑特罗等禁止在饲料和动物饮用水中使用的药品或者含有该类药品的饲料养殖供人食用的动物，或者销售明知是使用该类药品或者含有该类药品的饲料养殖的供人食用的动物的，依照刑法第一百四十四条的规定，以生产、销售有毒、有害食品罪追究刑事责任。

第四条 明知是使用盐酸克仑特罗等禁止在饲料和动物饮用水中使用的药品或者含有该类药品的饲料养殖的供人食用的动物，而提供屠宰等加工服务，或者销售其制品的，依照刑法第一百四十四条的规定，以生产、销售有毒、有害食品罪追究刑事责任。

第五条 实施本解释规定的行为，同时触犯刑法规定的两种以上犯罪的，依照处罚较重的规定追究刑事责任。

第六条 禁止在饲料和动物饮用水中使用的药品，依照国家有关部门公告的禁止在饲料和动物饮用水中使用的药物品种目录确定。

附：农业部、卫生部、国家药品监督管理局公告的《禁止在饲料和动物饮用水中使用的药物品种目录》（略）。

最高人民检察院关于办理非法经营食盐刑事案件具体应用法律若干问题的解释

（2002年7月8日最高人民检察院第九届检察委员会第112次会议通过 2002年9月4日公布 自2002年9月13日起施行）

高检发释字〔2002〕6号

为保护公民身体健康，维护社会主义市场经济秩序，根据刑法的有关规定，现对办理非法经营食盐刑事案件具体应用法律的若干问题解释如下：

第一条 违反国家有关盐业管理规定，非法生产、储运、销售食盐，扰乱市场秩序，情节严重的，应当依照刑法第二百二十五条的规定，以非法经营罪追究刑事责任。

第二条 非法经营食盐，具有下列情形之一的，应当依法追究刑事责任：

（一）非法经营食盐数量在二十吨以上的；

（二）曾因非法经营食盐行为受过二次以上行政处罚又非法经营食盐，数量在十吨以上的。

第三条 非法经营食盐行为未经处理的，其非法经营的数量累计计算；行为人非法经营行为是否盈利，不影响犯罪的构成。

第四条 以非碘盐充当碘盐或者以工业用盐等非食盐充当食盐进行非法经营，同时构成非法经营罪和生产、销售伪劣产品罪、生产、销售不符合卫生标准的食品罪、生产、销售有毒、有害食品罪等其他犯罪的，依照处罚较重的规定追究刑事责任。

第五条 以暴力、威胁方法阻碍行政执法人员依法行使盐业管理职务的，依照刑法第二百七十七条的规定，以妨害公务罪追究刑事责任；其非法经营行为已构成犯罪的，依照数罪并罚的规定追究刑事责任。

最高人民法院关于情节严重的传销或者变相传销行为如何定性问题的批复

（2001 年 3 月 29 日最高人民法院审判委员会第 1166 次会议通过 2001 年 4 月 10 日公布 自 2001 年 4 月 18 日起施行）

法释〔2001〕11 号

广东省高级人民法院：

你院粤高法〔2000〕101 号《关于情节严重的传销和变相传销的行为是否构成非法经营罪问题的请示》收悉。经研究，答复如下：

对于 1998 年 4 月 18 日国务院《关于禁止传销经营活动的通知》发布以后，仍然从事传销或者变相传销活动，扰乱市场秩序，情节严重的，应当依照刑法第二百二十五条第（四）项的规定，以非法经营罪定罪处罚。

实施上述犯罪，同时构成刑法规定的其他犯罪的，依照处罚较重的规定定罪处罚。

此复。

最高人民检察院法律政策研究室关于 1998 年 4 月 18 日以前的传销或者变相传销行为如何处理问题的答复

（2003 年 3 月 21 日 〔2003〕高检研发第 7 号）

湖南省人民检察院研究室：

你院《关于 1998 年 4 月 18 日以前情节严重或特别严重的非法传销行为是否以非法经营罪定罪处罚问题的请示》（湘检发公请字〔2002〕02 号）收悉。经研究，答复如下：

对 1998 年 4 月 18 日国务院发布《关于禁止传销经营活动的通知》以前的传销或者变相传销行为，不宜以非法经营罪追究刑事责任。行为人在传销或者变相传销活动中实施销售假冒伪劣产品、诈骗、非法集资、虚报注册资本、偷税等行为，构成犯罪的，应当依照刑法的相关规定追究刑事责任。

此复。

最高人民法院关于审理倒卖车票刑事案件有关问题的解释

(1999年9月2日最高人民法院审判委员会第1074次会议通过 1999年9月6日公布 自1999年9月14日起施行)
法释〔1999〕17号

为依法惩处倒卖车票的犯罪活动，根据刑法的有关规定，现就审理倒卖车票刑事案件的有关问题解释如下：

第一条 高价、变相加价倒卖车票或者倒卖坐席、卧铺签字号及订购车票凭证，票面数额在五千元以上，或者非法获利数额在二千元以上的，构成刑法第二百二十七条第二款规定的“倒卖车票情节严重”。

第二条 对于铁路职工倒卖车票或者与其他人员勾结倒卖车票；组织倒卖车票的首要分子；曾因倒卖车票受过治安处罚两次以上或者被劳动教养一次以上，两年内又倒卖车票，构成倒卖车票罪的，依法从重处罚。

最高人民法院关于对变造、倒卖变造邮票行为如何适用法律问题的解释

(2000年11月15日最高人民法院审判委员会第1139次会议通过 2000年12月5日公布 自2000年12月9日起施行)
法释〔2000〕41号

为了正确适用刑法，现对审理变造、倒卖变造邮票案件如何适用法律问题解释如下：

对变造或者倒卖变造的邮票数额较大的，应当依照刑法第二百二十七条第一款的规定定罪处罚。

最高人民法院关于审理破坏土地资源刑事案件具体应用法律若干问题的解释

（2000年6月16日最高人民法院审判委员会第1119次会议通过　2000年6月19日公布　自2000年6月22日起施行）
法释〔2000〕14号

为依法惩处破坏土地资源犯罪活动，根据刑法的有关规定，现就审理这类案件具体应用法律的若干问题解释如下：

第一条　以牟利为目的，违反土地管理法规，非法转让、倒卖土地使用权，具有下列情形之一的，属于非法转让、倒卖土地使用权"情节严重"，依照刑法第二百二十八条的规定，以非法转让、倒卖土地使用权罪定罪处罚：

（一）非法转让、倒卖基本农田五亩以上的；

（二）非法转让、倒卖基本农田以外的耕地十亩以上的；

（三）非法转让、倒卖其他土地二十亩以上的；

（四）非法获利五十万元以上的；

（五）非法转让、倒卖土地接近上述数量标准并具有其他恶劣情节的，如曾因非法转让、倒卖土地使用权受过行政处罚或者造成严重后果等。

第二条　实施第一条规定的行为，具有下列情形之一的，属于非法转让、倒卖土地使用权"情节特别严重"：

（一）非法转让、倒卖基本农田十亩以上的；

（二）非法转让、倒卖基本农田以外的耕地二十亩以上的；

（三）非法转让、倒卖其他土地四十亩以上的；

（四）非法获利一百万元以上的；

（五）非法转让、倒卖土地接近上述数量标准并具有其他恶劣情节，如造成严重后果等。

第三条　违反土地管理法规，非法占用耕地改作他用，数量较大，造成耕地大量毁坏的，依照刑法第三百四十二条的规定，以非法占用耕地罪定罪处罚：

（一）非法占用耕地"数量较大"，是指非法占用基本农田五亩以上或者非法占用基本农田以外的耕地十亩以上；

（二）非法占用耕地"造成耕地大量毁坏"，是指行为人非法占用耕地建窑、建坟、建房、挖沙、采石、采矿、取土、堆放固体废弃物或者进行其他非农业建设，造成基本农田五亩以上或者基本农田以外的耕地十亩以上种植条件严重毁坏或者严重污染。

第四条　国家机关工作人员徇私舞弊，违反土地管理法规，滥用职权，非法批准征用、占用土地，具有下列情形之一的，属于非法批准征用、占用土地"情节严重"，依照刑法第四百一十条的规定，以非法批准征用、占用土地罪定罪处罚：

（一）非法批准征用、占用基本农田十亩以上的；

（二）非法批准征用、占用基本农田以外的耕地三十亩以上的；

（三）非法批准征用、占用其他土地五十亩以上的；

（四）虽未达到上述数量标准，但非法批准征用、占用土地造成直接经济损失三十万元以上；造成耕地大量毁坏等恶劣情节的。

第五条 实施第四条规定的行为，具有下列情形之一的，属于非法批准征用、占用土地“致使国家或者集体利益遭受特别重大损失”：

（一）非法批准征用、占用基本农田二十亩以上的；

（二）非法批准征用、占用基本农田以外的耕地六十亩以上的；

（三）非法批准征用、占用其他土地一百亩以上的；

（四）非法批准征用、占用土地，造成基本农田五亩以上，其他耕地十亩以上严重毁坏的；

（五）非法批准征用、占用土地造成直接经济损失五十万元以上等恶劣情节的。

第六条 国家机关工作人员徇私舞弊，违反土地管理法规，非法低价出让国有土地使用权，具有下列情形之一的，属于“情节严重”，依照刑法第四百一十条的规定，以非法低价出让国有土地使用权罪定罪处罚：

（一）出让国有土地使用权面积在三十亩以上，并且出让价额低于国家规定的最低价额标准的百分之六十的；

（二）造成国有土地资产流失价额在三十万元以上的。

第七条 实施第六条规定的行为，具有下列情形之一的，属于非法低价出让国有土地使用权，“致使国家和集体利益遭受特别重大损失”：

（一）非法低价出让国有土地使用权面积在六十亩以上，并且出让价额低于国家规定的最低价额标准的百分之四十的；

（二）造成国有土地资产流失价额在五十万元以上的。

第八条 单位犯非法转让、倒卖土地使用权罪、非法占有耕地罪的定罪量刑标准，依照本解释第一条、第二条、第三条的规定执行。

第九条 多次实施本解释规定的行为依法应当追诉的，或者一年内多次实施本解释规定的行为未经处理的，按照累计的数量、数额处罚。

最高人民检察院关于公证员出具公证书有重大失实行为如何适用法律问题的批复

（2009年1月6日最高人民检察院第十一届检察委员会第七次会议通过　2009年1月7日公布　自2009年1月15日起施行）

高检发释字〔2009〕1号

甘肃省人民检察院：

你院《关于公证员出具证明文件重大失实是否构成犯罪的请示》（甘检发研〔2008〕17号）收悉。经研究，批复如下：

《中华人民共和国公证法》施行以后，公证员在履行公证职责过程中，严重不负责任，出具的公证书有重大失实，造成严重后果的，依照刑法第二百二十九条第三款的规定，以出具证明文件重大失实罪追究刑事责任。

此复。

（四）侵犯公民人身权利、民主权利罪

最高人民法院关于审理强奸案件有关问题的解释

（2000年2月13日最高人民法院审判委员会第1099次会议通过 2000年2月16日公布 自2000年2月24日起施行）
法释〔2000〕4号

为依法惩处强奸犯罪活动，根据刑法的有关规定，现就审理强奸案件的有关问题解释如下：

对于已满十四周岁不满十六周岁的人，与幼女发生性关系构成犯罪的，依照刑法第十七条、第二百三十六条第二款的规定，以强奸罪定罪处罚；对于与幼女发生性关系，情节轻微、尚未造成严重后果的，不认为是犯罪。

对于行为人既实施了强奸妇女行为又实施了奸淫幼女行为的，依照刑法第二百三十六条的规定，以强奸罪从重处罚。

最高人民法院关于行为人不明知是不满十四周岁的幼女双方自愿发生性关系是否构成强奸罪问题的批复

（2003年1月8日最高人民法院审判委员会第1262次会议通过 2003年1月17日公布 自2003年1月24日起施行）
法释〔2003〕4号

辽宁省高级人民法院：

你院《关于行为人不明知是不满十四周岁的幼女而与其自愿发生性关系，是否构成强奸罪问题的请示》收悉。经研究，答复如下：

行为人明知是不满十四周岁的幼女而与其发生性关系，不论幼女是否自愿，均应依照刑法第二百三十六条第二款的规定，以强奸罪定罪处罚；行为人确实不知对方是不满十四周岁的幼女，双方自愿发生性关系，未造成严重后果，情节显著轻微的，不认为是犯罪。

此复。

最高人民法院关于对为索取法律不予保护的债务非法拘禁他人行为如何定罪问题的解释

(2000年6月30日最高人民法院审判委员会第1121次会议通过 2000年7月13日公布 自2000年7月19日起施行)
法释〔2000〕19号

为了正确适用刑法，现就为索取高利贷、赌债等法律不予保护的债务，非法拘禁他人行为如何定罪问题解释如下：

行为人为索取高利贷、赌债等法律不予保护的债务，非法扣押、拘禁他人的，依照刑法第二百三十八条的规定定罪处罚。

最高人民法院关于审理拐卖妇女案件适用法律有关问题的解释

(1999年12月23日最高人民法院审判委员会第1094次会议通过 2000年1月3日公布 自2000年1月25日起施行)
法释〔2000〕1号

为依法惩治拐卖妇女的犯罪行为，根据刑法和刑事诉讼法的有关规定，现就审理拐卖妇女案件具体适用法律的有关问题解释如下：

第一条 刑法第二百四十条规定的拐卖妇女罪中的“妇女”，既包括具有中国国籍的妇女，也包括具有外国国籍和无国籍的妇女。被拐卖的外国妇女没有身份证明的，不影响对犯罪分子的定罪处罚。

第二条 外国人或者无国籍人拐卖外国妇女到我国境内被查获的，应当根据刑法第六条的规定，适用我国刑法定罪处罚。

第三条 对于外国籍被告人身份无法查明或者其国籍国拒绝提供有关身份证明，人民检察院根据刑事诉讼法第一百二十八条第二款的规定起诉的案件，人民法院应当依法受理。

最高人民检察院法律政策研究室关于以出卖为目的的倒卖外国妇女的行为是否构成拐卖妇女罪的答复

（1998年12月24日 〔1998〕高检研发第21号）

吉林省人民检察院研究室：

你院吉检发研字〔1998〕4号《关于以出卖为目的的倒卖外国妇女的行为是否构成拐卖妇女罪的请示》收悉。经研究，现答复如下：

刑法第二百四十条明确规定："拐卖妇女、儿童是以出卖为目的，有拐骗、绑架、收买、贩卖、接送、中转妇女、儿童的行为之一的。"其中作为"收买"对象的妇女、儿童并不要求必须是"被拐骗、绑架的妇女、儿童"。因此，以出卖为目的，收买、贩卖外国妇女，从中牟取非法利益的，应以拐卖妇女罪追究刑事责任。但确属为他人介绍婚姻收取介绍费，而非以出卖为目的的，不能追究刑事责任。

公安部关于打击拐卖妇女儿童犯罪适用法律和政策有关问题的意见

（2000年3月17日 公通字〔2000〕25号）

一、关于立案、管辖问题

（一）对发现的拐卖妇女、儿童案件，拐出地（即妇女、儿童被拐骗地）、拐入地或者中转地公安机关应当立案管辖。两个以上公安机关都有管辖权的，由最先立案的公安机关侦查。必要时，可以由主要犯罪地或者主要犯罪嫌疑人居住地公安机关管辖。有关公安机关不得相互推诿。对管辖有争议的案件，应报请争议双方共同的上一级公安机关指定管辖。

铁路、交通、民航公安机关按照《公安机关办理刑事案件程序规定》第20条的规定立案侦查拐卖妇女、儿童案件。在运输途中查获的拐卖妇女、儿童案件，可以直接移送拐出地公安机关处理。

（二）对于公民报案、控告、举报的与拐卖妇女、儿童有关的犯罪嫌疑人、犯罪线索或者材料，扭送的犯罪嫌疑人，或者犯罪嫌疑人自首的，公安机关都应当接受。对于接受的案件或者发现的犯罪线索，应当迅速进行审查。对于需要采取解救被拐卖的妇女、儿童等紧急措施的，应当先采取紧急措施。

（三）经过审查，认为有犯罪事实，需要追究刑事责任的，应当区别情况，作出如下处理：

1. 属于本公安机关管辖的案件，应当及时立案侦查。

2. 属于其他公安机关管辖的案件，应当在二十四小时内移送有管辖权的公安机关办理。

3. 不属于公安机关管辖的案件，如属于人民检察院管辖的不解救被拐卖、绑架妇女、儿童案和阻碍解救被拐卖、绑架妇女、儿童案等，属于人民法院管辖的重婚案等，应当及时将案件材料和有关证据送交有管辖权的人民检察院、人民法院，并告知报案人、控告人、举报人到人民检察院、人民法院报案、控告、举报或者起诉。

二、关于拐卖妇女、儿童犯罪

（一）要正确认定拐卖妇女、儿童罪。凡是拐卖妇女、儿童的，不论是哪个环节，只要是以出卖为目的，有拐骗、绑架、收买、贩卖、接送、中转妇女、儿童的行为之一的，均以拐卖妇女、儿童罪立案侦查。

（二）在办理拐卖妇女、儿童案件中，不论拐卖人数多少，是否获利，只要实施拐卖妇女、儿童行为的，均应当以拐卖妇女、儿童罪立案侦查。

（三）明知是拐卖妇女、儿童的犯罪分子而事先通谋，为其拐卖行为提供资助或者其他便利条件的，应当以拐卖妇女、儿童罪的共犯立案侦查。

（四）对拐卖过程中奸淫被拐卖妇女的；诱骗、强迫被拐卖的妇女卖淫或者将被拐卖的妇女卖给他人迫使其卖淫的；以出卖为目的使用暴力、胁迫、麻醉等方法绑架妇女、儿童的；以出卖为目的，偷盗婴幼儿的；造成被拐卖的妇女、儿童或者其亲属重伤、死亡或者其他严重后果的，均以拐卖妇女、儿童罪立案侦查。

（五）教唆他人实施拐卖妇女、儿童犯罪的，以拐卖妇女、儿童罪的共犯立案侦查。向他人传授拐卖妇女、儿童的犯罪方法的，以传授犯罪方法罪立案侦查。明知是拐卖妇女、儿童的犯罪分子，而在其实施犯罪后为其提供隐藏处所、财物，帮助其逃匿或者作假证明包庇的，以窝藏、包庇罪立案侦查。

（六）出卖亲生子女的，由公安机关依法没收非法所得，并处以罚款；以营利为目的，出卖不满十四周岁子女，情节恶劣的，以拐卖儿童罪立案侦查。

（七）出卖十四周岁以上女性亲属或者其他不满十四周岁亲属的，以拐卖妇女、儿童罪立案侦查。

（八）借收养名义拐卖儿童的，出卖捡拾的儿童的，均以拐卖儿童罪立案侦查。

（九）以勒索财物为目的，偷盗婴幼儿的，以绑架罪立案侦查。

（十）犯组织他人偷越国（边）境罪，对被组织的妇女、儿童有拐卖犯罪行为的，以组织他人偷越国（边）境罪和拐卖妇女、儿童罪立案侦查。

（十一）非以出卖为目的，拐骗不满十四周岁的未成年人脱离家庭或者监护人的，以拐骗儿童罪立案侦查。

（十二）教唆被拐卖、拐骗、收买的未成年人实施盗窃、诈骗等犯罪行为的，应当以盗窃罪、诈骗罪等犯罪的共犯立案侦查。

办案中，要正确区分罪与非罪、罪与罪的界限，特别是拐卖妇女罪与介绍婚姻收取钱物行为、拐卖儿童罪与收养中介行为、拐卖儿童罪与拐骗儿童罪，以及绑架儿童罪与拐卖儿童罪的界限，防止扩大打击面或者放纵犯罪。

三、关于收买被拐卖的妇女、儿童犯罪

（一）收买被拐卖的妇女、儿童的，以收买被拐卖的妇女、儿童罪立案侦查。

（二）收买被拐卖的妇女、儿童，并有下列犯罪行为的，同时以收买被拐卖的妇女、儿童罪和下列罪名立案侦查：

1. 违背被拐卖妇女的意志，强行与其发生性关系的，以强奸罪立案侦查。

2. 明知收买的妇女是精神病患者（间歇性精神病患者在发病期间）或者痴呆者（程度严重的）而与其发生性关系的，以强奸罪立案侦查。

3. 与收买的不满十四周岁的幼女发生性关系的，不论被害人是否同意，均以奸淫幼女罪立案侦查。

4. 非法剥夺、限制被拐卖的妇女、儿童人身自由的，或者对其实施伤害、侮辱、猥亵等犯罪行为的，以非法拘禁罪，或者伤害罪、侮辱罪、强制猥亵妇女罪、猥亵儿童罪等犯罪立案侦查。

5. 明知被拐卖的妇女是现役军人的妻子而与之同居或者结婚的，以破坏军婚罪立案侦查。

（三）收买被拐卖的妇女、儿童后又出卖的，以拐卖妇女、儿童罪立案侦查。

（四）凡是帮助买主实施强奸、伤害、非法拘禁被拐卖的妇女、儿童等犯罪行为的，应当分别以强奸罪、伤害罪、非法拘禁罪等犯罪的共犯立案侦查。

（五）收买被拐卖的妇女、儿童，按照被买妇女的意愿，不阻碍其返回原居住地的，对被买儿童没有虐待行为，不阻碍对其进行解救的，可以不追究刑事责任。

四、关于自首和立功

（一）要采取多种形式，广泛宣传刑法关于自首、立功等从宽处理的刑事政策。各地可选择一些因主动投案自首或者有立功表现而给予从轻、减轻、免除处罚的典型案件，公开宣传报道，敦促在逃的犯罪分子尽快投案自首，坦白交代罪行，检举、揭发他人的犯罪行为，提供破案线索，争取立功表现。

（二）要做好对犯罪分子家属、亲友的政策宣传工作，动员他们规劝、陪同有拐卖妇女、儿童犯罪行为的亲友投案自首，或者将犯罪嫌疑人送往司法机关投案。对窝藏、包庇犯罪分子、阻碍解救、妨害公务，构成犯罪的，要依法追究刑事责任。

（三）对于投案自首、坦白交代罪行、有立功表现的犯罪嫌疑人，公安机关在移送人民检察院审查起诉时应当依法提出从轻、减轻、免除处罚的意见。

五、关于解救工作

（一）解救妇女、儿童工作由拐入地公安机关负责。对于拐出地公安机关主动派工作组到拐入地进行解救的，也要以拐入地公安机关为主开展工作。对解救的被拐卖妇女，由其户口所在地公安机关负责接回；对解救的被拐卖儿童，由其父母或者其他监护人户口所在地公安机关负责接回。拐出地、拐入地、中转地公安机关应当积极协作配合，坚决杜绝地方保护主义。

（二）要充分依靠当地党委、政府的支持，做好对基层干部和群众的法制宣传和说服教育工作，注意方式、方法，慎用警械、武器，避免激化矛盾，防止出现围攻执法人员、聚众阻碍解救等突发事件。

以暴力、威胁方法阻碍国家机关工作人员解救被收买的妇女、儿童的，以妨害公务罪立案侦查。对聚众阻碍国家机关工作人员解救被收买的妇女、儿童的首要分子，以聚众阻碍解救被收买的妇女、儿童罪立案侦查。其他使用暴力、威胁方法的参与者，以妨害公务罪立案侦查。阻碍解救被收买的妇女、儿童，没有使用暴力、威胁方法的，依照《中华人民共和国治安管理处罚条例》的有关规定处罚。

（三）对于被拐卖的未成年女性、

现役军人配偶、受到买主摧残虐待的、被强迫卖淫或从事其他色情服务的妇女，以及本人要求解救的妇女，要立即解救。

对于自愿继续留在现住地生活的成年女性，应当尊重本人意愿，愿在现住地结婚且符合法定结婚条件的，应当依法办理结婚登记手续。被拐卖妇女与买主所生子女的抚养问题，可由双方协商解决或者由人民法院裁决。

（四）对于遭受摧残虐待的、被强迫乞讨或从事违法犯罪活动的，以及本人要求解救的被拐卖儿童，应当立即解救。

对于被解救的儿童，暂时无法查明其父母或者其他监护人的，依法交由民政部门收容抚养。

对于被解救的儿童，如买主对该儿童既没有虐待行为又不阻碍解救，其父母又自愿送养，双方符合收养和送养条件的，可依法办理收养手续。

（五）任何个人或者组织不得向被拐卖的妇女、儿童及其家属索要收买妇女、儿童的费用和生活费用；已经索取的，应当予以返还。

（六）被解救的妇女、儿童户口所在地公安机关应当协助民政等有关部门妥善安置其生产和生活。

六、关于不解救或者阻碍解救被拐卖的妇女、儿童等渎职犯罪

对被拐卖的妇女、儿童负有解救职责的国家机关工作人员不履行解救职责，或者袒护、纵容甚至支持买卖妇女、儿童，为买卖妇女、儿童人员通风报信，或者以其他方法阻碍解救工作的，要依法处理：

（一）对被拐卖的妇女、儿童负有解救职责的公安、司法等国家机关工作人员接到被拐卖的妇女、儿童及其家属的解救要求或者接到其他人的举报，而对被拐卖的妇女、儿童不进行解救的，要交由其主管部门进行党纪、政纪、警纪处分；构成犯罪的，应当以不解救被拐卖妇女、儿童罪移送人民检察院追究刑事责任。

（二）对被拐卖的妇女、儿童负有解救职责的公安、司法等国家机关工作人员利用职务阻碍解救被拐卖的妇女、儿童，构成犯罪的，应当以阻碍解救被拐卖妇女、儿童罪移送人民检察院追究刑事责任。

（三）行政执法人员徇私情、私利，伪造材料，隐瞒情况，弄虚作假，对依法应当移交司法机关追究刑事责任的拐卖妇女、儿童犯罪案件不移交司法机关处理，构成犯罪的，以徇私舞弊不移交刑事案件罪移送人民检察院追究刑事责任。

（四）有查禁拐卖妇女、儿童犯罪活动职责的国家机关工作人员，向拐卖妇女、儿童的犯罪分子通风报信、提供便利，帮助犯罪分子逃避处罚，构成犯罪的，以帮助犯罪分子逃避处罚罪移送人民检察院追究刑事责任。

七、关于严格执法、文明办案

（一）各级公安机关必须严格依照《刑法》《刑事诉讼法》和《公安机关办理刑事案件程序规定》以及其他有关规定，严格执法，文明办案，防止滥用强制措施、超期羁押，严禁刑讯逼供和以威胁、引诱、欺骗以及其他非法的方法收集证据。

（二）依法保障律师在侦查阶段参与刑事诉讼活动，保障犯罪嫌疑人聘请律师提供法律帮助的权利。对于律师提出会见犯罪嫌疑人的，公安机关应当依法及时安排会见，不得借故阻碍、拖延。

（三）对犯罪分子违法所得的一切财物及其产生的孳息，应当依法追缴。

对依法扣押的犯罪工具及犯罪嫌疑人的财物及其孳息，应当妥为保管，不得挪用、毁损和自行处理。对作为证据使用的实物，应当随案移送；对不宜移送的，应当将其清单、照片或者其他证明文件随案移送，待人民法院作出生效判决后，由扣押的公安机关按照人民法院的通知，上缴国库或者返还受害人。

（四）认真做好办案协作工作。需要异地公安机关协助调查、执行强制措施的，要及时向有关地区公安机关提出协作请求。接受请求的公安机关应当及时予以协作配合，并尽快回复。对不履行办案协作职责造成严重后果的，对直接负责的主管人员和其他直接责任人员，应当给予行政处分；构成犯罪的，依法追究刑事责任。对在逃的拐卖妇女、儿童的犯罪分子，有关公安机关应密切配合，及时通缉，追捕归案。

八、关于办理涉外案件

（一）外国人或者无国籍人拐卖外国妇女、儿童到我国境内被查获的，应当适用我国刑法，以拐卖妇女、儿童罪立案侦查。

（二）拐卖妇女犯罪中的“妇女”，既包括具有中国国籍的妇女，也包括具有外国国籍和无国籍的妇女。被拐卖的外国妇女没有身份证明的，不影响对犯罪分子的立案侦查。

（三）对外国人依法作出取保候审、监视居住决定或者执行拘留、逮捕后，由有关省、自治区、直辖市公安厅、局在规定的期限内，将外国人的有关情况、涉嫌犯罪的主要事实、已采取的强制措施及其法律依据，通知该外国人所属国家的驻华使、领馆，同时报告公安部。

（四）对于外国籍犯罪嫌疑人身份无法查明或者其国籍国拒绝提供有关身份证明的，也可以按其自报的姓名依法提请人民检察院批准逮捕、移送审查起诉。

（五）对非法入出我国国境、非法居留的外国人，应当依照《中华人民共和国外国人入境出境管理法》及其实施细则进行处罚；情节严重，构成犯罪的，依法追究刑事责任。

九、关于法制宣传工作

各地公安机关要与司法行政、宣传、广播电视、民政、妇联、共青团等有关部门和组织密切配合，利用广播、电视、报刊、网络等媒体，结合打击人贩子、处理买主、解救被拐卖的妇女、儿童的典型案例，大张旗鼓地开展法制宣传教育活动。要大力宣传党和政府打击拐卖妇女、儿童犯罪的态度和决心，宣传拐卖妇女、儿童犯罪的严重危害，宣传国家禁止买卖妇女、儿童和惩处人贩子、买主的法律规定，宣传专项斗争中涌现出的不怕牺牲、不辞劳苦打击人贩子、解救被拐卖的妇女、儿童的英雄模范事迹，形成宣传攻势，提高广大人民群众的法制观念，教育群众自觉守法。特别是在拐卖妇女、儿童以及收买被拐卖的妇女、儿童情况较严重的地区，要深入村村户户进行法制宣传教育，真正做到家喻户晓、人人皆知。要以案说法，使广大干部和群众能够认识到拐卖妇女、儿童，收买被拐卖的妇女、儿童，阻碍解救被拐卖的妇女、儿童都是违法犯罪行为，都要受到法律制裁。在不通广播、电视的贫困、边远地区，要采取印发宣传材料、召开座谈会等多种形式进行宣传。

要广泛发动社会各界以及基层干部、群众，积极投入“打拐”专项斗争，主动配合、协助有关部门做好解救被拐卖妇女、儿童的工作，号召群众检举、揭发拐卖、收买妇女、儿童的犯罪行为，自觉同拐卖妇女、儿童犯罪活动作斗争。各地公安机关要设立“打拐”

热线电话，接受群众举报，对提供重要犯罪线索、协助抓获重大犯罪嫌疑人的人员，要给予奖励。

（五）侵犯财产罪

最高人民法院关于审理抢劫案件具体应用法律若干问题的解释

（2000年11月17日最高人民法院审判委员会第1141次会议通过
2000年11月22日公布　自2000年11月28日起施行）
法释〔2000〕35号

为依法惩处抢劫犯罪活动，根据刑法的有关规定，现就审理抢劫案件具体应用法律的若干问题解释如下：

第一条　刑法第二百六十三条第（一）项规定的“入户抢劫”，是指为实施抢劫行为而进入他人生活的与外界相对隔离的住所，包括封闭的院落、牧民的帐篷、渔民作为家庭生活场所的渔船、为生活租用的房屋等进行抢劫的行为。

对于入户盗窃，因被发现而当场使用暴力或者以暴力相威胁的行为，应当认定为入户抢劫。

第二条　刑法第二百六十三条第（二）项规定的“在公共交通工具上抢劫”，既包括在从事旅客运输的各种公共汽车，大、中型出租车，火车，船只，飞机等正在运营中的机动公共交通工具上对旅客、司售、乘务人员实施的抢劫，也包括对运行途中的机动公共交通工具加以拦截后，对公共交通工具上的人员实施的抢劫。

第三条　刑法第二百六十三条第（三）项规定的“抢劫银行或者其他金融机构”，是指抢劫银行或者其他金融机构的经营资金、有价证券和客户的资金等。

抢劫正在使用中的银行或者其他金融机构的运钞车的，视为“抢劫银行或者其他金融机构”。

第四条　刑法第二百六十三条第（四）项规定的“抢劫数额巨大”的认定标准，参照各地确定的盗窃罪数额巨大的认定标准执行。

第五条　刑法第二百六十三条第（七）项规定的“持枪抢劫”，是指行为人使用枪支或者向被害人显示持有、佩带的枪支进行抢劫的行为。“枪支”的概念和范围，适用《中华人民共和国枪支管理法》的规定。

第六条　刑法第二百六十七条第二款规定的“携带凶器抢夺”，是指行为人随身携带枪支、爆炸物、管制刀具等国家禁止个人携带的器械进行抢夺或者为了实施犯罪而携带其他器械进行抢夺的行为。

最高人民法院关于抢劫过程中故意杀人案件如何定罪问题的批复

（2001年5月22日最高人民法院审判委员会第1176次会议通过 2001年5月23日公布 自2001年5月26日起施行）
法释〔2001〕16号

上海市高级人民法院：

你院沪高法〔2000〕117号《关于抢劫过程中故意杀人案件定性问题的请示》收悉。经研究，答复如下：

行为人为劫取财物而预谋故意杀人，或者在劫取财物过程中，为制服被害人反抗而故意杀人的，以抢劫罪定罪处罚。

行为人实施抢劫后，为灭口而故意杀人的，以抢劫罪和故意杀人罪定罪，实行数罪并罚。

此复。

最高人民法院关于审理盗窃案件具体应用法律若干问题的解释

（1997年11月4日最高人民法院审判委员会第942次会议通过 1998年3月10日公布 自1998年3月17日起施行）
法释〔1998〕4号

为依法惩处盗窃犯罪活动，根据刑法有关规定，现就审理盗窃案件具体应用法律的若干问题解释如下：

第一条 根据刑法第二百六十四条的规定，以非法占有为目的，秘密窃取公私财物数额较大或者多次盗窃公私财物的行为，构成盗窃罪。

（一）盗窃数额，是指行为人窃取的公私财物的数额。

（二）盗窃未遂，情节严重，如以数额巨大的财物或者国家珍贵文物等为盗窃目标的，应当定罪处罚。

（三）盗窃的公私财物，包括电力、煤气、天然气等。

（四）偷拿自己家的财物或者近亲属的财物，一般可不按犯罪处理；对确有追究刑事责任必要的，处罚时也应与在社会上作案的有所区别。

第二条 刑法第二百六十五条规定的“以牟利为目的”，是指为了出售、出租、自用、转让等谋取经济利益的行为。

第三条 盗窃公私财物“数额较大”、“数额巨大”、“数额特别巨大”的标准如下：

（一）个人盗窃公私财物价值人民币五百元至二千元以上的，为“数额较大”。

（二）个人盗窃公私财物价值人民币五千元至二万元以上的，为“数额巨大”。

（三）个人盗窃公私财物价值人民币三万元至十万元以上的，为“数额特别巨大”。

各省、自治区、直辖市高级人民法院可根据本地区经济发展状况，并考虑社会治安状况，在前款规定的数额幅度内，分别确定本地区执行的“数额较大”、“数额巨大”、“数额特别巨大”的标准。

第四条 对于一年内入户盗窃或者在公共场所扒窃三次以上的，应当认定为“多次盗窃”，以盗窃罪定罪处罚。

第五条 被盗物品的数额，按照下列方法计算：

（一）被盗物品的价格，应当以被盗物品价格的有效证明确定。对于不能确定的，应当区别情况，根据作案当时、当地的同类物品的价格，并按照下列核价方法，以人民币分别计算：

1. 流通领域的商品，按市场零售价的中等价格计算；属于国家定价的，按国家定价计算；属于国家指导价的，按指导价的最高限价计算。

2. 生产领域的产品，成品按本项之1规定的方法计算；半成品比照成品价格折算。

3. 单位和公民的生产资料、生活资料等物品，原则上按购进价计算，但作案当时市场价高于原购进价的，按当时市场价的中等价格计算。

4. 农副产品，按农贸市场同类产品的中等价格计算。

大牲畜，按交易市场同类同等大牲畜的中等价格计算。

5. 进出口货物、物品，按本项之1规定的方法计算。

6. 金、银、珠宝等制作的工艺品，按国有商店零售价格计算；国有商店没有出售的，按国家主管部门核定的价格计算。

黄金、白银按国家定价计算。

7. 外币，按被盗当日国家外汇管理局公布的外汇卖出价计算。

8. 不属于馆藏三级以上的一般文物，包括古玩、古书画等，按国有文物商店的一般零售价计算，或者按国家文物主管部门核定的价格计算。

9. 以牟利为目的，盗接他人通信线路、复制他人电信码号的，盗窃数额按当地邮电部门规定的电话初装费、移动电话入网费计算；销赃数额高于电话初装费、移动电话入网费的，盗窃数额按销赃数额计算。移动电话的销赃数额，按减去裸机成本价格计算。

10. 明知是盗接他人通信线路、复制他人电信码号的电信设备、设施而使用的，盗窃数额按合法用户为其支付的电话费计算。盗窃数额无法直接确认的，应当以合法用户的电信设备、设施被盗接、复制后的月缴费额减去被复制前6个月的平均电话费推算；合法用户使用电信设备、设施不足6个月的，按实际使用的月平均电话费推算。

11. 盗接他人通信线路后自己使用的，盗窃数额按本项之10的规定计算；复制他人电信码号后自己使用的，盗窃数额按本项之9、10规定的盗窃数额累计计算。

（二）有价支付凭证、有价证券、有价票证，按下列方法计算：

1. 不记名、不挂失的有价支付凭证、有价证券、有价票证，不论能否即时兑现，均按票面数额和案发时应得的孳息、奖金或者奖品等可得收益一并计算。股票按被盗当日证券交易所公布的该种股票成交的平均价格计算。

2. 记名的有价支付凭证、有价证券、有价票证，如果票面价值已定并能即时兑现的，如活期存折、已到期的定期存折和已填上金额的支票，以及不需证明手续即可提取货物的提货单等，按票面数额和案发时应得的利息或者可提货物的价值计算。如果票面价值未定，但已经兑现的，按实际兑现的财物价值计算；尚未兑现的，可作为定罪量刑的情节。

不能即时兑现的记名有价支付凭证、有价证券、有价票证或者能即时兑现的有价支付凭证、有价证券、有价票证已被销毁、丢弃，而失主可以通过挂失、补领、补办手续等方式避免实际损失的，票面数额不作为定罪量刑的标准，但可作为定罪量刑的情节。

（三）邮票、纪念币等收藏品、纪念品，按国家有关部门核定的价格计算。

（四）同种类的大宗被盗物品，失主以多种价格购进，能够分清的，分别计算；难以分清的，应当按此类物品的中等价格计算。

（五）被盗物品已被销赃、挥霍、丢弃、毁坏的，无法追缴或者几经转手，最初形态被破坏的，应当根据失主、证人的陈述、证言和提供的有效凭证以及被告人的供述，按本条第（一）项规定的核价方法，确定原被盗物品的价值。

（六）失主以明显低于被盗当时、当地市场零售价购进的物品，应当按本条第（一）项规定的核价方法计算。

（七）销赃数额高于按本解释计算的盗窃数额的，盗窃数额按销赃数额计算。

（八）盗窃违禁品，按盗窃罪处理的，不计数额，根据情节轻重量刑。

（九）被盗物品价格不明或者价格难以确定的，应当按国家计划委员会、最高人民法院、最高人民检察院、公安部《扣押、追缴、没收物品估价管理办法》的规定，委托指定的估价机构估价。

（十）对已陈旧、残损或者使用过的被盗物品，应当结合作案当时、当地同类物品的价格和被盗时的残旧程度，按本条第（九）项的规定办理。

（十一）残次品，按主管部门核定的价格计算；废品，按物资回收利用部门的收购价格计算；假、劣物品，有价值的，按本条第（九）项的规定办理，以实际价值计算。

（十二）多次盗窃构成犯罪，依法应当追诉的，或者最后一次盗窃构成犯罪，前次盗窃行为在一年以内的，应当累计其盗窃数额。

（十三）盗窃行为给失主造成的损失大于盗窃数额的，损失数额可作为量刑的情节。

第六条 审理盗窃案件，应当根据案件的具体情形认定盗窃罪的情节：

（一）盗窃公私财物接近“数额较大”的起点，具有下列情形之一的，可以追究刑事责任：

1. 以破坏性手段盗窃造成公私财产损失的；

2. 盗窃残疾人、孤寡老人或者丧失劳动能力人的财物的；

3. 造成严重后果或者具有其他恶劣情节的。

（二）盗窃公私财物虽已达到“数额较大”的起点，但情节轻微，并具有下列情形之一的，可不作为犯罪处理：

1. 已满十六周岁不满十八周岁的未成年人作案的；

2. 全部退赃、退赔的；

3. 主动投案的；

4. 被胁迫参加盗窃活动，没有分赃或者获赃较少的；

5. 其他情节轻微、危害不大的。

（三）盗窃数额达到“数额较大”或者“数额巨大”的起点，并具有下列情形之一的，可以分别认定为“其他严重情节”或者“其他特别严重情节”：

1. 犯罪集团的首要分子或者共同犯罪中情节严重的主犯；

2. 盗窃金融机构的；

3. 流窜作案危害严重的；

4. 累犯；

5. 导致被害人死亡、精神失常或者其他严重后果的；

6. 盗窃救灾、抢险、防汛、优抚、扶贫、移民、救济、医疗款物，造成严重后果的；

7. 盗窃生产资料，严重影响生产的；

8. 造成其他重大损失的。

第七条 审理共同盗窃犯罪案件，应当根据案件的具体情形对各被告人分别作出处理：

（一）对犯罪集团的首要分子，应当按照集团盗窃的总数额处罚。

（二）对共同犯罪中的其他主犯，应当按照其所参与的或者组织、指挥的共同盗窃的数额处罚。

（三）对共同犯罪中的从犯，应当按照其所参与的共同盗窃的数额确定量刑幅度，并依照刑法第二十七条第二款的规定，从轻、减轻处罚或者免除处罚。

第八条 刑法第二百六十四条规定的“盗窃金融机构”，是指盗窃金融机构的经营资金、有价证券和客户的资金等，如储户的存款、债券、其他款物，企业的结算资金、股票，不包括盗窃金融机构的办公用品、交通工具等财物的行为。

第九条 盗窃国家三级文物的，处三年以下有期徒刑、拘役或者管制，并处或者单处罚金；盗窃国家二级文物的，处三年以上十年以下有期徒刑，并处罚款；盗窃国家一级文物的，处十年以上有期徒刑或者无期徒刑，并处罚金或者没收财产。

一案中盗窃三级以上不同等级文物的，按照所盗文物中高级别文物的量刑幅度处罚；一案中盗窃同级文物三件以上的，按照盗窃高一级文物的量刑幅度处罚。

刑法第二百六十四条规定的“盗窃珍贵文物，情节严重”，主要是指盗窃国家一级文物后造成损毁、流失，无法追回；盗窃国家二级文物三件以上或者盗窃国家一级文物一件以上，并具有本解释第六条第（三）项第1、3、4、8目规定情形之一的行为。

第十条 根据刑法第一百九十六条第三款的规定，盗窃信用卡使用的，以盗窃罪定罪处罚。其盗窃数额应当根据行为人盗窃信用卡使用的数额认定。

第十一条 根据刑法第二百一十条第一款的规定，盗窃增值税专用发票或者可以用于骗取出口退税、抵扣税款的其他发票的，以盗窃罪定罪处罚。盗窃上述发票数量在二十五份以上的，为“数额较大”；数量在二百五十份以上的，为“数额巨大”；数量在二千五百份以上的，为“数额特别巨大”。

第十二条 审理盗窃案件，应当注意区分盗窃罪与其他犯罪的界限：

（一）盗窃广播电视设施、公用电信设施价值数额不大，但是构成危害公共安全犯罪的，依照刑法第一百二十四条（注：破坏广播电视设施、公用电信设施罪）的规定定罪处罚；盗窃广播电视设施、公用电信设施同时构成盗窃罪和破坏广播电视设施、公用电信设施罪的，择一重罪处罚。

（二）盗窃使用中的电力设备，同

时构成盗窃罪和破坏电力设备罪的，择一重罪处罚。

（三）为盗窃其他财物，盗窃机动车辆当犯罪工具使用的，被盗机动车辆的价值计入盗窃数额；为实施其他犯罪盗窃机动车辆的，以盗窃罪和所实施的其他犯罪实行数罪并罚。为实施其他犯罪，偷开机动车辆当犯罪工具使用后，将偷开的机动车辆送回原处或者停放到原处附近，车辆未丢失的，按照其所实施的犯罪从重处罚。

（四）为练习开车、游乐等目的，多次偷开机动车辆，并将机动车辆丢失的，以盗窃罪定罪处罚；在偷开机动车辆过程中发生交通肇事构成犯罪，又构成其他罪的，应当以交通肇事罪和其他罪实行数罪并罚；偷开机动车辆造成车辆损坏的，按照刑法第二百七十五条（注：故意毁坏财物罪）的规定定罪处罚；偶尔偷开机动车辆，情节轻微的，可以不认为是犯罪。

（五）实施盗窃犯罪，造成公私财物损毁的，以盗窃罪从重处罚；又构成其他犯罪的，择一重罪从重处罚；盗窃公私财物未构成盗窃罪，但因采用破坏性手段造成公私财物损毁数额较大的，以故意毁坏财物罪定罪处罚。盗窃后，为掩盖盗窃罪行或者报复等，故意破坏公私财物构成犯罪的，应当以盗窃罪和构成的其他罪实行数罪并罚。

（六）盗窃技术成果等商业秘密的，按照刑法第二百一十九条（注：侵犯商业秘密罪）的规定定罪处罚。

第十三条 对于依法应当判处罚金刑的盗窃犯罪分子，应当在一千元以上盗窃数额的二倍以下判处罚金；对于依法应当判处罚金刑，但没有盗窃数额或者无法计算盗窃数额的犯罪分子，应当在一千元以上十万元以下判处罚金。

最高人民法院　最高人民检察院　公安部
关于盗窃罪数额认定标准问题的规定

（1998年3月26日　法发〔1998〕3号）

各省、自治区、直辖市高级人民法院、人民检察院、公安厅（局），解放军军事法院、军事检察院：

根据刑法第二百六十四条的规定，结合当前的经济发展水平和社会治安状况，现对盗窃罪数额认定标准规定如下：

一、个人盗窃公私财物“数额较大”，以五百元至二千元为起点。

二、个人盗窃公私财物“数额巨大”，以五千元至二万元为起点。

三、个人盗窃公私财物“数额特别巨大”，以三万元至十万元为起点。

各省、自治区、直辖市高级人民法院、人民检察院、公安厅（局），可以根据本地区经济发展状况，并考虑社会治安状况，在上述数额幅度内，共同研究确定本地区执行的盗窃罪“数额较大”、“数额巨大”、“数额特别巨大”的具体数额标准，并分别报最高人民法院、最高人民检察院、公安部备案。

最高人民法院　最高人民检察院　公安部 国家工商行政管理局关于依法查处盗窃、抢劫机动车案件的规定

（1998 年 5 月 8 日　公通字〔1998〕31 号）

为依法严厉打击盗窃、抢劫机动车犯罪活动，堵塞盗窃、抢劫机动车犯罪分子的销赃渠道，保护国家、集体财产和公民的合法财产，根据《中华人民共和国刑法》（以下简称《刑法》）、《中华人民共和国刑事诉讼法》（以下简称《刑事诉讼法》）和其他有关法律、法规的规定，制定本规定。

一、司法机关依法查处盗窃、抢劫机动车案件，任何单位和个人都应当予以协助。以暴力、威胁方法阻碍司法工作人员依法办案的，依照《刑法》第二百七十七条第一款的规定处罚。

二、明知是盗窃、抢劫所得机动车而予以窝藏、转移、收购或者代为销售的，依照《刑法》第三百一十二条的规定处罚。

对明知是盗窃、抢劫所得机动车而予以拆解、改装、拼装、典当、倒卖的，视为窝藏、转移、收购或者代为销售，依照《刑法》第三百一十二条的规定处罚。

三、国家指定的车辆交易市场、机动车经营企业（含典当、拍卖行）以及从事机动车修理、零部件销售企业的主管人员或者其他直接责任人员，明知是盗窃、抢劫的机动车而予以窝藏、转移、拆解、改装、拼装、收购或者代为销售的，依照《刑法》第三百一十二条的规定处罚。单位组织实施上述行为的，由工商行政管理机关予以处罚。

四、本规定第二条和第三条中的行为人事先与盗窃、抢劫机动车辆的犯罪分子通谋的，分别以盗窃、抢劫犯罪的共犯论处。

五、机动车交易必须在国家指定的交易市场或合法经营企业进行，其交易凭证经工商行政管理机关验证盖章后办理登记或过户手续，私下交易机动车辆属于违法行为，由工商行政管理机关依法处理。

明知是赃车而购买，以收购赃物罪定罪处罚。单位的主管人员或者其他直接责任人员明知是赃车购买的，以收购赃物罪定罪处罚。

明知是赃车而介绍买卖的，以收购、销售赃物罪的共犯论处。

六、非法出售机动车有关发票的，或者伪造、擅自制造或者出售伪造、擅自制造的机动车有关发票的，依照《刑法》第二百零九条的规定处罚。

七、伪造、变造、买卖机动车牌证及机动车入户、过户、验证的有关证明文件的，依照《刑法》第二百八十条第一款的规定处罚。

八、公安、工商行政管理人员利用职务上的便利，索取或者非法收受他人财物，为赃车入户、过户、验证构成犯罪的，依照《刑法》第三百八十五条、第三百八十六条的规定处罚。

九、公安、工商行政管理人员或者其他国家机关工作人员滥用职权或者玩

忽职守、徇私舞弊，致使赃车入户、过户、验证的，给予行政处分；致使公共财产、国家和人民利益遭受重大损失的，依照《刑法》第三百九十七条的规定处罚。

十、公安人员对盗窃、抢劫的机动车辆，非法提供机动车牌证或者为其取得机动车牌证提供便利，帮助犯罪分子逃避处罚的，依照《刑法》第四百一十七条的规定处罚。

十一、对犯罪分子盗窃、抢劫所得的机动车辆及其变卖价款，应当依照《刑法》第六十四条的规定予以追缴。

十二、对明知是赃车而购买的，应将车辆无偿追缴；对违反国家规定购买车辆，经查证是赃车的，公安机关可以根据《刑事诉讼法》第一百一十条和第一百一十四条规定进行追缴和扣押。对不明知是赃车而购买的，结案后予以退还买主。

十三、对购买赃车后使用非法提供的入户、过户手续或者使用伪造、变造的入户、过户手续为赃车入户、过户的，应当吊销牌证，并将车辆无偿追缴；已将入户、过户车辆变卖的，追缴变卖所得并责令赔偿经济损失。

十四、对直接从犯罪分子处追缴的被盗窃、抢劫的机动车辆，经检验鉴定，查证属实后，可依法先行返还失主，移送案件时附清单、照片及其他证据。在返还失主前，按照赃物管理规定管理，任何单位和个人都不得挪用、损毁或者自行处理。

十五、盗窃、抢劫机动车案件，由案件发生地公安机关立案侦查，赃车流入地公安机关应当予以配合。跨地区系列盗窃、抢劫机动车案件，由最初受理的公安机关立案侦查；必要时，可由主要犯罪地公安机关立案侦查，或者由上级公安机关指定立案侦查。

十六、各地公安机关扣押或者协助管辖单位追回的被盗窃、抢劫的机动车应当移送管辖单位依法处理，不得以任何理由扣留或者索取费用。拖延不交的，给予单位领导行政处分。

十七、本规定所称的“明知”，是指知道或者应当知道。有下列情形之一的，可视为应当知道，但有证据证明属被蒙骗的除外：

（一）在非法的机动车交易场所和销售单位购买的；

（二）机动车证件手续不全或者明显违反规定的；

（三）机动车发动机号或者车架号有更改痕迹，没有合法证明的；

（四）以明显低于市场价格购买机动车的。

十八、本规定自公布之日起执行。对侵占、抢夺、诈骗机动车案件的查处参照本规定的原则办理。本规定公布后尚未办结的案件，适用本规定。

最高人民法院 最高人民检察院 公安部关于铁路运输过程中盗窃罪数额认定标准问题的规定

（1999年2月4日 公发〔1999〕4号）

各省、自治区、直辖市高级人民法院，人民检察院，公安厅、局，解放军军事法院、军事检察院：

根据《刑法》第二百六十四条的规定，结合铁路运输的治安状况和盗窃案件特点，现对铁路运输过程中盗窃罪数额认定标准规定如下：

一、个人盗窃公私财物“数额较大”，以一千元为起点；

二、个人盗窃公私财物“数额巨大”，以一万元为起点；

三、个人盗窃公私财物“数额特别巨大”，以六万元为起点。

最高人民检察院关于单位有关人员组织实施盗窃行为如何适用法律问题的批复

（2002年7月8日最高人民检察院第九届检察委员会第112次会议通过 2002年8月9日公布 自2002年8月13日起施行）
高检发释字〔2002〕5号

各省、自治区、直辖市人民检察院，军事检察院，新疆生产建设兵团人民检察院：

近来，一些省人民检察院就单位有关人员为谋取单位利益组织实施盗窃行为如何适用法律问题向我院请示。根据刑法有关规定，现批复如下：

单位有关人员为谋取单位利益组织实施盗窃行为，情节严重的，应当依照刑法第二百六十四条的规定以盗窃罪追究直接责任人员的刑事责任。

此复。

最高人民法院关于审理抢夺刑事案件具体应用法律若干问题的解释

（2002年7月15日最高人民法院审判委员会第1231次会议通过
2002年7月16日公布　自2002年7月20日起施行）
法释〔2002〕18号

为依法惩治抢夺犯罪活动，根据刑法有关规定，现就审理这类案件具体应用法律的若干问题解释如下：

第一条　抢夺公私财物“数额较大”、“数额巨大”、“数额特别巨大”的标准如下：

（一）抢夺公私财物价值人民币五百元至二千元以上的，为“数额较大”；

（二）抢夺公私财物价值人民币五千元至二万元以上的，为“数额巨大”；

（三）抢夺公私财物价值人民币三万元至十万元以上的，为“数额特别巨大”。

第二条　抢夺公私财物达到本解释第一条第（一）项规定的“数额较大”的标准，具有下列情形之一的，可以依照刑法第二百六十七条第一款的规定，以抢夺罪从重处罚：

（一）抢夺残疾人、老年人、不满十四周岁未成年人的财物的；

（二）抢夺救灾、抢险、防汛、优抚、扶贫、移民、救济等款物的；

（三）一年内抢夺三次以上的；

（四）利用行驶的机动车辆抢夺的。

抢夺公私财物，未经行政处罚处理，依法应当追诉的，抢夺数额累计计算。

第三条　抢夺公私财物虽然达到本解释第一条第（一）项规定的“数额较大”的标准，但具有下列情形之一的，可以视为刑法第三十七条规定的“犯罪情节轻微不需要判处刑罚”，免予刑事处罚：

（一）已满十六周岁不满十八周岁的未成年人作案，属于初犯或者被教唆犯罪的；

（二）主动投案、全部退赃或者退赔的；

（三）被胁迫参加抢夺，没有分赃或者获赃较少的；

（四）其他情节轻微，危害不大的。

第四条　抢夺公私财物，数额接近本解释第一条第（二）项、第（三）项规定的“数额巨大”、“数额特别巨大”的标准，并具有本解释第二条规定的情形之一的，可以分别认定为“其他严重情节”或者“其他特别严重情节”。

第五条　实施抢夺公私财物行为，构成抢夺罪，同时造成被害人重伤、死亡等后果，构成过失致人重伤罪、过失致人死亡罪等犯罪的，依照处罚较重的规定定罪处罚。

第六条　各省、自治区、直辖市高级人民法院可以根据本地区经济发展状况，并考虑社会治安状况，在本解释第一条规定的数额幅度内，分别确定本地区执行的具体标准，并报最高人民法院备案。

最高人民法院关于审理抢劫、抢夺刑事案件适用法律若干问题的意见

（2005年6月8日　法发〔2005〕8号）

抢劫、抢夺是多发性的侵犯财产犯罪。1997年刑法修订后，为了更好地指导审判工作，最高人民法院先后发布了《关于审理抢劫案件具体应用法律若干问题的解释》（以下简称《抢劫解释》）和《关于审理抢夺刑事案件具体应用法律若干问题的解释》（以下简称《抢夺解释》）。但是，抢劫、抢夺犯罪案件的情况比较复杂，各地法院在审判过程中仍然遇到了不少新情况、新问题。为准确、统一适用法律，现对审理抢劫、抢夺犯罪案件中较为突出的几个法律适用问题，提出意见如下：

一、关于“入户抢劫”的认定

根据《抢劫解释》第一条规定，认定“入户抢劫”时，应当注意以下三个问题：一是“户”的范围。“户”在这里是指住所，其特征表现为供他人家庭生活和与外界相对隔离两个方面，前者为功能特征，后者为场所特征。一般情况下，集体宿舍、旅店宾馆、临时搭建工棚等不应认定为“户”，但在特定情况下，如果确实具有上述两个特征的，也可以认定为“户”。二是“入户”目的的非法性。进入他人住所须以实施抢劫等犯罪为目的。抢劫行为虽然发生在户内，但行为人不以实施抢劫等犯罪为目的进入他人住所，而是在户内临时起意实施抢劫的，不属于“入户抢劫”。三是暴力或者暴力胁迫行为必须发生在户内。入户实施盗窃被发现，行为人为窝藏赃物、抗拒抓捕或者毁灭罪证而当场使用暴力或者以暴力相威胁的，如果暴力或者暴力胁迫行为发生在户内，可以认定为“入户抢劫”；如果发生在户外，不能认定为“入户抢劫”。

二、关于“在公共交通工具上抢劫”的认定

公共交通工具承载的旅客具有不特定多数人的特点。根据《抢劫解释》第二条规定，“在公共交通工具上抢劫”主要是指在从事旅客运输的各种公共汽车、大、中型出租车、火车、船只、飞机等正在运营中的机动公共交通工具上对旅客、司售、乘务人员实施的抢劫。在未运营中的大、中型公共交通工具上针对司售、乘务人员抢劫的，或者在小型出租车上抢劫的，不属于“在公共交通工具上抢劫”。

三、关于“多次抢劫”的认定

刑法第二百六十三条第（四）项中的“多次抢劫”是指抢劫三次以上。

对于“多次”的认定，应以行为人实施的每一次抢劫行为均已构成犯罪为前提，综合考虑犯罪故意的产生、犯罪行为实施的时间、地点等因素，客观分析、认定。对于行为人基于一个犯意实施犯罪的，如在同一地点同时对在场的多人实施抢劫的；或基于同一犯意在

同一地点实施连续抢劫犯罪的，如在同一地点连续地对途经此地的多人进行抢劫的；或在一次犯罪中对一栋居民楼房中的几户居民连续实施入户抢劫的，一般应认定为一次犯罪。

四、关于“携带凶器抢夺”的认定

《抢劫解释》第六条规定，“携带凶器抢夺”，是指行为人随身携带枪支、爆炸物、管制刀具等国家禁止个人携带的器械进行抢夺或者为了实施犯罪而携带其他器械进行抢夺的行为。行为人随身携带国家禁止个人携带的器械以外的其他器械抢夺，但有证据证明该器械确实不是为了实施犯罪准备的，不以抢劫罪定罪；行为人将随身携带凶器有意加以显示、能为被害人察觉到的，直接适用刑法第二百六十三条的规定定罪处罚；行为人携带凶器抢夺后，在逃跑过程中为窝藏赃物、抗拒抓捕或者毁灭罪证而当场使用暴力或者以暴力相威胁的，适用刑法第二百六十七条第二款的规定定罪处罚。

五、关于转化抢劫的认定

行为人实施盗窃、诈骗、抢夺行为，未达到“数额较大”，为窝藏赃物、抗拒抓捕或者毁灭罪证当场使用暴力或者以暴力相威胁，情节较轻、危害不大的，一般不以犯罪论处；但具有下列情节之一的，可依照刑法第二百六十九条的规定，以抢劫罪定罪处罚：

（1）盗窃、诈骗、抢夺接近“数额较大”标准的；

（2）入户或在公共交通工具上盗窃、诈骗、抢夺后在户外或交通工具外实施上述行为的；

（3）使用暴力致人轻微伤以上后果的；

（4）使用凶器或以凶器相威胁的；

（5）具有其他严重情节的。

六、关于抢劫犯罪数额的计算

抢劫信用卡后使用、消费的，其实际使用、消费的数额为抢劫数额；抢劫信用卡后未实际使用、消费的，不计数额，根据情节轻重量刑。所抢信用卡数额巨大，但未实际使用、消费或者实际使用、消费的数额未达到巨大标准的，不适用“抢劫数额巨大”的法定刑。

为抢劫其他财物，劫取机动车辆当作犯罪工具或者逃跑工具使用的，被劫取机动车辆的价值计入抢劫数额；为实施抢劫以外的其他犯罪劫取机动车辆的，以抢劫罪和实施的其他犯罪实行数罪并罚。

抢劫存折、机动车辆的数额计算，参照执行《关于审理盗窃案件具体应用法律若干问题的解释》的相关规定。

七、关于抢劫特定财物行为的定性

以毒品、假币、淫秽物品等违禁品为对象，实施抢劫的，以抢劫罪定罪；抢劫的违禁品数量作为量刑情节予以考虑。抢劫违禁品后又以违禁品实施其他犯罪的，应以抢劫罪与具体实施的其他犯罪实行数罪并罚。

抢劫赌资、犯罪所得的赃款赃物的，以抢劫罪定罪，但行为人仅以其所输赌资或所赢赌债为抢劫对象，一般不以抢劫罪定罪处罚。构成其他犯罪的，依照刑法的相关规定处罚。

为个人使用，以暴力、胁迫等手段取得家庭成员或近亲属财产的，一般不以抢劫罪定罪处罚，构成其他犯罪的，依照刑法的相关规定处理；教唆或者伙同他人采取暴力、胁迫等手段劫取家庭成员或近亲属财产的，可以抢劫罪定罪处罚。

八、关于抢劫罪数的认定

行为人实施伤害、强奸等犯罪行为，在被害人未失去知觉，利用被害人不能反抗、不敢反抗的处境，临时起意劫取他人财物的，应以此前所实施的具体犯罪与抢劫罪实行数罪并罚；在被害人失去知觉或者没有发觉的情形下，以及实施故意杀人犯罪行为之后，临时起意拿走他人财物的，应以此前所实施的具体犯罪与盗窃罪实行数罪并罚。

九、关于抢劫罪与相似犯罪的界限

1. 冒充正在执行公务的人民警察、联防人员，以抓卖淫嫖娼、赌博等违法行为为名非法占有财物的行为定性

行为人冒充正在执行公务的人民警察“抓赌”、“抓嫖”，没收赌资或者罚款的行为，构成犯罪的，以招摇撞骗罪从重处罚；在实施上述行为中使用暴力或者暴力威胁的，以抢劫罪定罪处罚。行为人冒充治安联防队员“抓赌”、“抓嫖”、没收赌资或者罚款的行为，构成犯罪的，以敲诈勒索罪定罪处罚；在实施上述行为中使用暴力或者暴力威胁的，以抢劫罪定罪处罚。

2. 以暴力、胁迫手段索取超出正常交易价钱、费用的钱财的行为定性

从事正常商品买卖、交易或者劳动服务的人，以暴力、胁迫手段迫使他人交出与合理价钱、费用相差不大钱物，情节严重的，以强迫交易罪定罪处罚；以非法占有为目的，以买卖、交易、服务为幌子采用暴力、胁迫手段迫使他人交出与合理价钱、费用相差悬殊的钱物的，以抢劫罪定罪处刑。在具体认定时，既要考虑超出合理价钱、费用的绝对数额，还要考虑超出合理价钱、费用的比例，加以综合判断。

3. 抢劫罪与绑架罪的界限

绑架罪是侵害他人人身自由权利的犯罪，其与抢劫罪的区别在于：第一，主观方面不尽相同。抢劫罪中，行为人一般出于非法占有他人财物的故意实施抢劫行为，绑架罪中，行为人既可能为勒索他人财物而实施绑架行为，也可能出于其他非经济目的实施绑架行为；第二，行为手段不尽相同。抢劫罪表现为行为人劫取财物一般应在同一时间、同一地点，具有“当场性”；绑架罪表现为行为人以杀害、伤害等方式向被绑架人的亲属或其他人或单位发出威胁，索取赎金或提出其他非法要求，劫取财物一般不具有“当场性”。

绑架过程中又当场劫取被害人随身携带财物的，同时触犯绑架罪和抢劫罪两罪名，应择一重罪定罪处罚。

4. 抢劫罪与寻衅滋事罪的界限

寻衅滋事罪是严重扰乱社会秩序的犯罪，行为人实施寻衅滋事的行为时，客观上也可能表现为强拿硬要公私财物的特征。这种强拿硬要的行为与抢劫罪的区别在于：前者行为人主观上还具有逞强好胜和通过强拿硬要来填补其精神空虚等目的，后者行为人一般只具有非法占有他人财物的目的；前者行为人客观上一般不以严重侵犯他人人身权利的方法强拿硬要财物，而后者行为人则以暴力、胁迫等方式作为劫取他人财物的手段。司法实践中，对于未成年人使用或威胁使用轻微暴力强抢少量财物的行为，一般不宜以抢劫罪定罪处罚。其行为符合寻衅滋事罪特征的，可以寻衅滋事罪定罪处罚。

5. 抢劫罪与故意伤害罪的界限

行为人为索取债务，使用暴力、暴力威胁等手段的，一般不以抢劫罪定罪处罚。构成故意伤害等其他犯罪的，依照刑法第二百三十四条等规定处罚。

十、抢劫罪的既遂、未遂的认定

抢劫罪侵犯的是复杂客体，既侵犯财产权利又侵犯人身权利，具备劫取财物或者造成他人轻伤以上后果两者之一的，均属抢劫既遂；既未劫取财物，又

未造成他人人身伤害后果的，属抢劫未遂。据此，刑法第二百六十三条规定的八种处罚情节中除“抢劫致人重伤、死亡的”这一结果加重情节之外，其余七种处罚情节同样存在既遂、未遂问题，其中属抢劫未遂的，应当根据刑法关于加重情节的法定刑规定，结合未遂犯的处理原则量刑。

十一、驾驶机动车、非机动车夺取他人财物行为的定性对于驾驶机动车、非机动车（以下简称“驾驶车辆”）夺取他人财物的，一般以抢夺罪从重处罚。但具有下列情形之一，应当以抢劫罪定罪处罚：

（1）驾驶车辆，逼挤、撞击或强行逼倒他人以排除他人反抗，乘机夺取财物的；

（2）驾驶车辆强抢财物时，因被害人不放手而采取强拉硬拽方法劫取财物的；

（3）行为人明知其驾驶车辆强行夺取他人财物的手段会造成他人伤亡的后果，仍然强行夺取并放任造成财物持有人轻伤以上后果的。

最高人民法院关于村民小组组长利用职务便利非法占有公共财物行为如何定性问题的批复

（1999年6月18日最高人民法院审判委员会第1069次会议通过　1999年6月25日公布　自1999年7月3日起施行）

法释〔1999〕12号

四川省高级人民法院：

你院川高法〔1998〕224号《关于村民小组组长利用职务便利侵吞公共财物如何定性的问题的请示》收悉。经研究，答复如下：

对村民小组组长利用职务上的便利，将村民小组集体财产非法占为己有，数额较大的行为，应当依照刑法第二百七十一条第一款的规定，以职务侵占罪定罪处罚。

此复。

最高人民法院关于在国有资本控股、参股的股份有限公司中从事管理工作的人员利用职务便利非法占有本公司财物如何定罪问题的批复

(2001年5月22日最高人民法院审判委员会第1176次会议通过 2001年5月23日公布 自2001年5月26日起施行)

法释〔2001〕17号

重庆市高级人民法院：

你院渝高法明传〔2000〕38号《关于在股份有限公司中从事管理工作的人员侵占本公司财物如何定性的请示》收悉。经研究，答复如下：

在国有资本控股、参股的股份有限公司中从事管理工作的人员，除受国家机关、国有公司、企业、事业单位委派从事公务的以外，不属于国家工作人员。对其利用职务上的便利，将本单位财物非法占为己有，数额较大的，应当依照刑法第二百七十一条第一款的规定，以职务侵占罪定罪处罚。

此复。

最高人民法院关于对受委托管理、经营国有财产人员挪用国有资金行为如何定罪问题的批复

(2000年2月13日最高人民法院审判委员会第1099次会议通过 2000年2月16日公布 自2000年2月24日起施行)

法释〔2000〕5号

江苏省高级人民法院：

你院苏高法〔1999〕94号《关于受委托管理、经营国有财产的人员能否作为挪用公款罪主体问题的请示》收悉。经研究，答复如下：

对于受国家机关、国有公司、企业、事业单位、人民团体委托，管理、经营国有财产的非国家工作人员，利用职务上的便利，挪用国有资金归个人使用构成犯罪的，应当依照刑法第二百七十二条第一款的规定定罪处罚。

此复。

最高人民法院关于如何理解刑法第二百七十二条规定的“挪用本单位资金归个人使用或者借贷给他人”问题的批复

（2000 年 6 月 30 日最高人民法院审判委员会第 1121 次会议通过
2000 年 7 月 20 日公布　自 2000 年 7 月 27 日起施行）
法释〔2000〕22 号

新疆维吾尔自治区高级人民法院：

你院新高法〔1998〕193 号《关于对刑法第二百七十二条“挪用本单位资金归个人使用或者借贷给他人”的规定应如何理解的请示》收悉。经研究，答复如下：

公司、企业或者其他单位的非国家工作人员，利用职务上的便利，挪用本单位资金归本人或者其他自然人使用，或者挪用人以个人名义将所挪用的资金借给其他自然人和单位，构成犯罪的，应当依照刑法第二百七十二条第一款的规定定罪处罚。

此复。

最高人民检察院关于挪用尚未注册成立公司资金的行为适用法律问题的批复

（2000 年 10 月 9 日　高检发研字〔2000〕19 号）

江苏省人民检察院：

你院苏检发研字〔1999〕第 8 号《关于挪用尚未注册成立的公司资金能否构成挪用资金罪的请示》收悉。经研究，批复如下：

筹建公司的工作人员在公司登记注册前，利用职务上的便利，挪用准备设立的公司在银行开设的临时账户上的资金，归个人使用或者借贷给他人，数额较大、超过三个月未还的，或者虽未超过三个月，但数额较大、进行营利活动的，或者进行非法活动的，应当根据刑法第二百七十二条的规定，追究刑事责任。

此复。

最高人民法院关于敲诈勒索罪数额认定标准问题的规定

（2000 年 4 月 28 日最高人民法院审判委员会第 1113 次会议通过
2000 年 5 月 12 日公布　自 2000 年 5 月 18 日起施行）
法释〔2000〕11 号

根据刑法第二百七十四条的规定，现对敲诈勒索罪数额认定标准规定如下：

一、敲诈勒索公私财物“数额较大”，以一千元至三千元为起点；

二、敲诈勒索公私财物“数额巨大”，以一万元至三万元为起点。

各省、自治区、直辖市高级人民法院可以根据本地区实际情况，在上述数额幅度内，研究确定本地区执行的敲诈勒索罪“数额较大”、“数额巨大”的具体数额标准，并报最高人民法院备案。

（六）妨害社会管理秩序罪

1. 扰乱公共秩序罪

最高人民检察院关于以暴力、威胁方法阻碍事业编制人员依法执行行政执法职务是否可对侵害人以妨害公务罪论处的批复

（2000 年 4 月 24 日　高检发释字〔2000〕2 号）

重庆市人民检察院：

你院《关于以暴力、威胁方法阻碍事业编制人员行政执法活动是否可以对侵害人适用妨害公务罪的请示》收悉。经研究，批复如下：

对于以暴力、威胁方法阻碍国有事业单位人员依照法律、行政法规的规定执行行政执法职务的，或者以暴力、威胁方法阻碍国家机关中受委托从事行政执法活动的事业编制人员执行行政执法职务的，可以对侵害人以妨害公务罪追究刑事责任。

此复。

最高人民检察院法律政策研究室关于买卖伪造的国家机关证件行为是否构成犯罪问题的答复

（1999年6月21日 〔1999〕高检研发第5号）

辽宁省人民检察院研究室：

你院《关于买卖伪造的国家机关证件行为是否构成犯罪的请示》（辽检发研字〔1999〕3号）收悉。经研究，并根据高检院领导的批示，答复如下：

对于买卖伪造的国家机关证件的行为，依法应当追究刑事责任的，可适用刑法第二百八十条第一款的规定以买卖国家机关证件罪追究刑事责任。

此复。

最高人民法院 最高人民检察院关于办理伪造、贩卖伪造的高等院校学历、学位证明刑事案件如何适用法律问题的解释

（2001年6月21日最高人民法院审判委员会第1181次会议、2001年7月2日最高人民检察院第九届检察委员会第91次会议通过 2001年7月3日公布 自2001年7月5日起施行）
法释〔2001〕22号

为依法惩处伪造、贩卖伪造的高等院校学历、学位证明的犯罪活动，现就办理这类案件适用法律的有关问题解释如下：

对于伪造高等院校印章制作学历、学位证明的行为，应当依照刑法第二百八十条第二款的规定，以伪造事业单位印章罪定罪处罚。

明知是伪造高等院校印章制作的学历、学位证明而贩卖的，以伪造事业单位印章罪的共犯论处。

最高人民检察院法律政策研究室关于伪造、变造、买卖政府设立的临时性机构的公文、证件、印章行为如何适用法律问题的答复

（2003年6月3日 〔2003〕高检研发第17号）

江苏省人民检察院研究室：

你院《关于伪造、变造、买卖政府设立的临时性机构公文、证件、印章的行为能否适用刑法第二百八十条第一

款规定的请示》（苏检发研字〔2003〕4号）收悉。经研究，答复如下：

伪造、变造、买卖各级人民政府设立的行使行政管理权的临时性机构的公文、证件、印章行为，构成犯罪的，应当依照刑法第二百八十条第一款的规定，以伪造、变造、买卖国家机关公文、证件、印章罪追究刑事责任。

此复。

公安部关于对伪造学生证及贩卖、使用伪造学生证的行为如何处理问题的批复

（2002年6月26日　公刑〔2002〕1046号）

铁道部公安局：

你局《关于对伪造、贩卖、使用假学生证的行为如何认定处罚的请示》（公法〔2002〕4号）收悉。现批复如下：

一、对伪造高等院校印章制作学生证的行为，应当依照《中华人民共和国刑法》第280条第2款的规定，以伪造事业单位印章罪立案侦查。

二、对明知是伪造高等院校印章制作的学生证而贩卖的，应当以伪造事业单位印章罪的共犯立案侦查；对贩卖伪造的学生证，尚不够刑事处罚的，应当就其明知是伪造的学生证而购买的行为，依照《中华人民共和国治安管理处罚条例》第24条第（一）项的规定，以明知是赃物而购买处罚。

三、对使用伪造的学生证购买半价火车票，数额较大的，应当依照《中华人民共和国刑法》第266条的规定，以诈骗罪立案侦查；尚不够刑事处罚的，应当依照《中华人民共和国治安管理处罚条例》第23条第（一）项的规定以诈骗定性处罚。

最高人民检察院法律政策研究室关于通过伪造证据骗取法院民事裁判占有他人财物的行为如何适用法律问题的答复

（2002年9月25日　〔2002〕高检研发第18号）

山东省人民检察院研究室：

你院《关于通过伪造证据骗取法院民事裁决占有他人财物的行为能否构成诈骗罪的请示》（鲁检发研字〔2001〕第11号）收悉。经研究，答复如下：

以非法占有为目的，通过伪造证据骗取法院民事裁判占有他人财物的行为所侵害的主要是人民法院正常的审判活动可以由人民法院依照民事诉讼法的有关规定作出处理，不宜以诈骗罪追究行为人的刑事责任。如果行为人伪造证据

时，实施了伪造公司、企业、事业单位、人民团体印章的行为，构成犯罪的，应当依照刑法第二百八十条第二款的规定，以伪造公司、企业、事业单位、人民团体印章罪追究刑事责任；如果行为人有指使他人作伪证行为，构成犯罪的，应当依照刑法第三百零七条第一款的规定，以妨害作证罪追究刑事责任。

此复。

最高人民法院关于审理黑社会性质组织犯罪的案件具体应用法律若干问题的解释

（2000年12月4日最高人民法院审判委员会第1148次会议通过
2000年12月5日公布　自2000年12月10日起施行）
法释〔2000〕42号

为依法惩治黑社会性质组织的犯罪活动，根据刑法有关规定，现就审理黑社会性质组织的犯罪案件具体应用法律的若干问题解释如下：

第一条　刑法第二百九十四条规定的“黑社会性质的组织”，一般应具备以下特征：

（一）组织结构比较紧密，人数较多，有比较明确的组织者、领导者，骨干成员基本固定，有较为严格的组织纪律；

（二）通过违法犯罪活动或者其他手段获取经济利益，具有一定的经济实力；

（三）通过贿赂、威胁等手段，引诱、逼迫国家工作人员参加黑社会性质组织活动，或者为其提供非法保护；

（四）在一定区域或者行业范围内，以暴力、威胁、滋扰等手段，大肆进行敲诈勒索、欺行霸市、聚众斗殴、寻衅滋事、故意伤害等违法犯罪活动，严重破坏经济、社会生活秩序。

第二条　刑法第二百九十四条第二款规定的“发展组织成员”，是指将境内、外人员吸收为该黑社会组织成员的行为。对黑社会组织成员进行内部调整等行为，可视为“发展组织成员”。

港、澳、台黑社会组织到内地发展组织成员的，适用刑法第二百九十四条第二款的规定定罪处罚。

第三条　组织、领导、参加黑社会性质的组织又有其他犯罪行为的，根据刑法第二百九十四条第三款的规定，依照数罪并罚的规定处罚；对于黑社会性质组织的组织者、领导者，应当按照其所组织、领导的黑社会性质组织所犯的全部罪行处罚；对于黑社会性质组织的参加者，应当按照其所参与的犯罪处罚。

对于参加黑社会性质的组织，没有实施其他违法犯罪活动的，或者受蒙蔽、胁迫参加黑社会性质的组织，情节轻微的，可以不作为犯罪处理。

第四条　国家机关工作人员组织、领导、参加黑社会性质组织的，从重处罚。

第五条　刑法第二百九十四条第四款规定的“包庇”，是指国家机关工作人员为使黑社会性质组织及其成员逃避查禁，而通风报信，隐匿、毁灭、伪造证据，阻止他人作证、检举揭发，指使他人作伪证，帮助逃匿，或者阻挠其他国家机关工作人员依法查禁等行为。

刑法第二百九十四条第四款规定的“纵容”，是指国家机关工作人员不依法履行职责，放纵黑社会性质组织进行违法犯罪活动的行为。

第六条 国家机关工作人员包庇、纵容黑社会性质的组织，有下列情形之一的，属于刑法第二百九十四条第四款规定的“情节严重”：

（一）包庇、纵容黑社会性质组织跨境实施违法犯罪活动的；

（二）包庇、纵容境外黑社会组织在境内实施违法犯罪活动的；

（三）多次实施包庇、纵容行为的；

（四）致使某一区域或者行业的经济、社会生活秩序遭受黑社会性质组织特别严重破坏的；

（五）致使黑社会性质组织的组织者、领导者逃匿，或者致使对黑社会性质组织的查禁工作严重受阻的；

（六）具有其他严重情节的。

第七条 对黑社会性质组织和组织、领导、参加黑社会性质组织的犯罪分子聚敛的财物及其收益，以及用于犯罪的工具等，应当依法追缴、没收。

最高人民法院　最高人民检察院关于办理组织和利用邪教组织犯罪案件具体应用法律若干问题的解释

（1999年10月9日最高人民法院审判委员会第1079次会议、1999年10月8日最高人民检察院第九届检察委员会第47次会议通过　1999年10月9日公布　自1999年10月30日起施行）

法释〔1999〕18号

为依法惩处组织和利用邪教组织进行犯罪活动，根据刑法的有关规定，现就办理这类案件具体应用法律的若干问题解释如下：

第一条 刑法第三百条中的“邪教组织”，是指冒用宗教、气功或者其他名义建立，神化首要分子，利用制造、散布迷信邪说等手段蛊惑、蒙骗他人，发展、控制成员，危害社会的非法组织。

第二条 组织和利用邪教组织并具有下列情形之一的，依照刑法第三百条第一款的规定定罪处罚：

（一）聚众围攻、冲击国家机关、企业事业单位，扰乱国家机关、企业事业单位的工作、生产、经营、教学和科研秩序的；

（二）非法举行集会、游行、示威，煽动、欺骗、组织其成员或者其他人聚众围攻、冲击、强占、哄闹公共场所及宗教活动场所，扰乱社会秩序的；

（三）抗拒有关部门取缔或者已经被有关部门取缔，又恢复或者另行建立邪教组织，或者继续进行邪教活动的；

（四）煽动、欺骗、组织其成员或者其他人不履行法定义务，情节严重的；

（五）出版、印刷、复制、发行宣扬邪教内容出版物，以及印制邪教组织标识的；

（六）其他破坏国家法律、行政法规实施行为的。

实施前款所列行为，并具有下列情形之一的，属于“情节特别严重”：

（一）跨省、自治区、直辖市建立组织机构或者发展成员的；

（二）勾结境外机构、组织、人员进行邪教活动的；

（三）出版、印刷、复制、发行宣扬邪教内容出版物以及印制邪教组织标识，数量或者数额巨大的；

（四）煽动、欺骗、组织其成员或者其他人破坏国家法律、行政法规实施，造成严重后果的。

第三条 刑法第三百条第二款规定的组织和利用邪教组织蒙骗他人，致人死亡，是指组织和利用邪教组织制造、散布迷信邪说，蒙骗其成员或者其他人实施绝食、自残、自虐等行为，或者阻止病人进行正常治疗，致人死亡的情形。

具有下列情形之一的，属于“情节特别严重”：

（一）造成三人以上死亡的；

（二）造成死亡人数不满三人，但造成多人重伤的；

（三）曾因邪教活动受过刑事或者行政处罚，又组织和利用邪教组织蒙骗他人，致人死亡的；

（四）造成其他特别严重后果的。

第四条 组织和利用邪教组织制造、散布迷信邪说，指使、胁迫其成员或者其他人实施自杀、自伤行为的，分别依照刑法第二百三十二条、第二百三十四条的规定，以故意杀人罪或者故意伤害罪定罪处罚。

第五条 组织和利用邪教组织，以迷信邪说引诱、胁迫、欺骗或者其他手段，奸淫妇女、幼女的，依照刑法第二百三十六条的规定，以强奸罪或者奸淫幼女罪定罪处罚。

第六条 组织和利用邪教组织以各种欺骗手段，收取他人财物的，依照刑法第二百六十六条的规定，以诈骗罪定罪处罚。

第七条 组织和利用邪教组织，组织、策划、实施、煽动分裂国家、破坏国家统一或者颠覆国家政权、推翻社会主义制度的，分别依照刑法第一百零三条、第一百零五条、第一百一十三条的规定定罪处罚。

第八条 对于邪教组织和组织、利用邪教组织破坏法律实施的犯罪分子，以各种手段非法聚敛的财物，用于犯罪的工具、宣传品等，应当依法追缴、没收。

第九条 对组织和利用邪教组织进行犯罪活动的组织、策划、指挥者和屡教不改的积极参加者，依照刑法和本解释的规定追究刑事责任；对有自首、立功表现的，可以依法从轻、减轻或者免除处罚。

对于受蒙蔽、胁迫参加邪教组织并已退出和不再参加邪教组织活动的人员，不作为犯罪处理。

最高人民法院　最高人民检察院关于办理组织和利用邪教组织犯罪案件具体应用法律若干问题的解释（二）

（2001年5月10日最高人民法院审判委员会第1174次会议、2001年4月29日最高人民检察院第九届检察委员会第87次会议通过　2001年6月4日公布　自2001年6月11日起施行）

法释〔2001〕19号

为依法办理邪教组织犯罪案件，根据刑法的有关规定，现对办理邪教组织犯罪案件具体应用法律的若干问题，作如下解释：

第一条　制作、传播邪教宣传品、宣扬邪教，破坏法律、行政法规实施，具有下列情形之一的，依照刑法第三百条第一款的规定，以组织、利用邪教组织破坏法律实施罪定罪处罚：

（一）制作、传播邪教传单、图片、标语、报纸300份以上，书刊100册以上，光盘100张以上，录音、录像带100盒以上的；

（二）制作、传播宣扬邪教的DVD、VCD、CD母盘的；

（三）利用互联网制作、传播邪教组织信息的；

（四）在公共场所悬挂横幅、条幅，或者以书写、喷涂标语等方式宣扬邪教，造成严重社会影响的；

（五）因制作、传播邪教宣传品受过刑事处罚或者行政处罚又制作、传播的；

（六）其他制作、传播邪教宣传品，情节严重的。

制作、传播邪教宣传品数量达到前款第（一）项规定的标准五倍以上，或者虽未达到五倍，但造成特别严重社会危害的，属于刑法第三百条第一款规定的“情节特别严重”。

第二条　制作、传播邪教宣传品，煽动分裂国家、破坏国家统一，或者煽动颠覆国家政权、推翻社会主义制度的，依照刑法第一百零三条第二款、第一百零五条第二款的规定，以煽动分裂国家罪或者煽动颠覆国家政权罪定罪处罚。

第三条　制作、传播邪教宣传品，公然侮辱他人或者捏造事实诽谤他人的，依照刑法第二百四十六条的规定，以侮辱罪或者诽谤罪定罪处罚。

第四条　制作、传播的邪教宣传品具有煽动分裂国家、破坏国家统一，煽动颠覆国家政权、推翻社会主义制度，侮辱、诽谤他人，严重危害社会秩序和国家利益，或者破坏国家法律、行政法规实施等内容，其行为同时触犯刑法第一百零三条第二款、第一百零五条第二款、第二百四十六条、第三百条第一款等规定的，依照处罚较重的规定定罪处罚。

第五条　邪教组织被取缔后，仍聚集滋事、公开进行邪教活动，或者聚众冲击国家机关、新闻机构等单位，人数达到20人以上的，或者虽未达到20人，但具有其他严重情节的，对于组织者、策划者、指挥者和屡教不改的积极参加者，依照刑法第三百条第一款的规定，以组织、利用邪教组织破坏法律实施罪定罪处罚。

第六条 为组织、策划邪教组织人员聚集滋事、公开进行邪教活动而进行聚会、串联等活动，对于组织者、策划者、指挥者和屡教不改的积极参加者，依照刑法第三百条第一款的规定定罪处罚。

第七条 邪教组织人员以暴力、威胁方法阻碍国家机关工作人员依法执行职务的，依照刑法第二百七十七条第一款的规定，以妨害公务罪定罪处罚。其行为同时触犯刑法其他规定的，依照处罚较重的规定定罪处罚。

第八条 邪教组织人员为境外窃取、刺探、收买、非法提供国家秘密、情报的，以窃取、刺探、收买方法非法获取国家秘密的，非法持有国家绝密、机密文件、资料、物品拒不说明来源与用途的，或者泄露国家秘密情节严重的，分别依照刑法第一百一十一条为境外窃取、刺探、收买、非法提供国家秘密、情报罪，第二百八十二条第一款非法获取国家秘密罪，第二百八十二条第二款非法持有国家绝密、机密文件、资料、物品罪，第三百九十八条故意泄露国家秘密罪、过失泄露国家秘密罪的规定定罪处罚。

第九条 组织、策划、煽动、教唆、帮助邪教组织人员自杀、自残的，依照刑法第二百三十二条、第二百三十四条的规定，以故意杀人罪、故意伤害罪定罪处罚。

第十条 邪教组织人员以自焚、自爆或者其他危险方法危害公共安全的，分别依照刑法第一百一十四条、第一百一十五条第一款以危险方法危害公共安全罪等规定定罪处罚。

第十一条 人民检察院审查起诉邪教案件，对于犯罪情节轻微，有悔罪表现，确实不致再危害社会的犯罪嫌疑人，根据刑事诉讼法第一百四十二条第二款的规定，可以作出不起诉决定。

第十二条 人民法院审理邪教案件，对于有悔罪表现，不致再危害社会的被告人，可以依法从轻处罚；依法可以判处管制、拘役或者符合适用缓刑条件的，可以判处管制、拘役或者适用缓刑；对于犯罪情节轻微不需要判处刑罚的，可以免予刑事处罚。

第十三条 本规定下列用语的含义是：

（一）“宣传品”，是指传单、标语、喷图、图片、书籍、报刊、录音带、录像带、光盘及其母盘或者其他有宣传作用的物品。

（二）“制作”，是指编写、印制、复制、绘画、出版、录制、摄制、洗印等行为。

（三）“传播”，是指散发、张贴、邮寄、上载、播放以及发送电子信息等行为。

最高人民法院　最高人民检察院关于办理组织和利用邪教组织犯罪案件具体应用法律若干问题的解答

（2002年5月17日最高人民法院审判委员会第1222次会议、2002年4月12日最高人民检察院第九届检察委员会第106次会议讨论通过　自2002年5月20日起施行）

法发〔2002〕7号

为依法严厉打击邪教组织的犯罪活动，维护社会稳定，现就各地在办理案件，适用《最高人民法院、最高人民检察院关于办理组织和利用邪教组织犯罪案件具体应用法律若干问题的解释（二）》（以下简称《解释二》）中提出的若干问题，做如下解答：

一、问：怎样认定《解释二》第一条第一款第（六）项规定的“其他制作、传播邪教宣传品，情节严重的”？

答：《解释二》第一条第一款第（六）项规定的“其他制作、传播邪教宣传品，情节严重的”，是指实施该条第一款第（一）项至第（五）项的规定中没有列举的其他制作、传播邪教宣传品情节严重的行为，或者制作、传播该条第一款第（一）项列举的邪教宣传品，虽未达到规定的数量标准，但根据制作、传播邪教宣传品的种类、内容、行为方式、次数、传播范围、社会影响以及行为人的主观恶性等情节综合考虑，必须定罪处罚的情形。如：制作、传播一种邪教宣传品的数量接近《解释二》规定的标准，并具有其他严重情节的；利用互联网以外的计算机网络、广播、电视或者利用手机群发短信息、群发IP录音电话、BP机群呼等形式宣扬邪教、传播邪教信息的；将编辑具有邪教内容的录音带、录像带、计算机硬盘、软盘并用于复制、传播的；制作宣扬邪教的横幅、条幅30条以上或不足30条但具有其他严重情节或者大型横幅、条幅3条以上的；制作、传播两种以上邪教宣传品，每一种邪教宣传品虽未达到《解释二》规定的数量标准，但已造成严重社会危害后果的；制作邪教宣传品的模具、版样、文稿的；为制作、传播邪教宣传品而将其内容进行编辑、拷贝在计算机软盘或者传播包含邪教内容的计算机软盘的；因邪教违法犯罪受过行政处罚（含劳动教养，下同）或刑事处罚之后，又制作、传播邪教宣传品的；国家机关工作人员制作、传播邪教宣传品的；等等。

二、问：《解释二》第一条第二款仅对该条第一款第（一）项规定了“情节特别严重”的标准，未规定其他几项“情节特别严重”的标准。《解释二》第五条、第六条也没有规定何种情形属于“情节特别严重”。对此应如何把握？

答：认定《解释二》第一条第一款第（二）项至第（六）项、第五条、第六条规定的情形是否达到“情节特别严重”，以及如何适用《解释二》第一条第二款关于“或者虽未达到五倍，但造成特别严重社会危害的”，应综合考虑案件的具体情况，如犯罪手段、危害程度、社会影响、行为人的主观恶性等因素加以认定。

对于虽已达到《解释二》第一条第二款规定的数量标准，但其他情节较轻，尚未造成特别严重的社会危害后果的，也可不认定为“情节特别严重”。

三、问：如何确定《解释二》第一条第一款第（一）项规定的邪教宣传品的“份数”？

答：传单、图片、标语、报纸等形式的邪教宣传品，以独立的载体为计算份数的标准。对邮件中装有多份邪教宣传品的，应当根据邮件中所包含的实际份数计算总数。

四、问：制作、传播两种以上的邪教宣传品，对不同种类的邪教宣传品能否换算或累计计算？

答：《解释二》第一条第一款第（一）项中规定的邪教宣传品，传单、图片、标语、报纸属同一种类，书籍、刊物属同一种类，光盘（DVD 盘、VCD 盘、CD 盘等）、录音带、录像带等音像制品属同一种类。

制作、传播两种以上邪教宣传品，同一种类的应当累计计算，不同种类的不能换算，也不能累计计算。

五、问：对于持有、携带邪教宣传品的行为如何定性？

答：为了传播而持有、携带邪教宣传品，且持有、携带的数量达到《解释二》第一条第一款第（一）项规定的数量标准的，根据具体案情，按犯罪预备或未遂论处。

六、问：对于在传播邪教宣传品之前或者传播过程中被当场抓获的，如何处理？

答：对于在传播邪教宣传品之前或者传播过程中被当场抓获的，应当根据不同情况，分别作出处理：查获的邪教宣传品是行为人制作，且已达到《解释二》第一条第一款第（一）项规定的数量标准的，依照刑法第三百条第一款的规定定罪处罚；查获的邪教宣传品不是其制作，而是准备传播，且数量已达到《解释二》第一条第一款第（一）项规定标准的，属于刑法第三百条第一款组织、利用邪教组织破坏法律实施罪的犯罪预备；查获的邪教宣传品不是其制作，而是准备传播且已传播出去一部分，即被抓获的，尚未传播出去的数量或者已经传播出去与尚未传播出去的数量累计达到《解释二》第一条第一款第（一）项规定的数量标准的，按照犯罪既遂处理，对没有传播的部分，可以酌定从轻处罚。

七、问：对邮寄的邪教宣传品被截获的，怎么处理？

答：被截获的邮寄邪教宣传品数量达到《解释二》第一条第一款第（一）项规定数量标准的，按犯罪未遂处理。

八、问：在公共场所书写、喷涂邪教内容标语、图画等过程中，当场被制止的，怎么处理？

答：对上述情形，情节严重的，依照《解释二》第一条第一款第（四）项的规定定罪处罚。

九、问：对散发、提供所谓邪教组织人员“被迫害”的材料、信息的行为，如何处理？

答：对于上述行为造成恶劣影响的，依照刑法第三百条第一款的规定定罪处罚。

十、问：对两人以上共同故意制作、传播邪教宣传品的，怎么处理？

答：对两人以上共同故意制作、传播邪教宣传品，达到《解释二》第一条第一款第（一）项规定数量标准的，或接近《解释二》第一条第一款第（一）项规定的数量标准并具有其他严重情节的，应当认定为共同犯罪，根据共同制作、传播邪教宣传品的数量、情节，依法追究行为人的刑事责任。

十一、问：多次制作、传播邪教宣传品未被处理的，能否累计计算其制作、传播的邪教宣传品的数量？

答：多次制作、传播邪教宣传品未被处理，依法应当追诉的，累计计算其制作、传播的邪教宣传品的数量，达到《解释二》第一条第一款第（一）项规定数量标准的，追究其刑事责任。

十二、问：如何确定《解释二》第一条第一款第（二）项规定的 DVD、VCD、CD 母盘？如何确定制作、传播邪教母盘的行为？

答：《解释二》第一条第一款第（二）项规定的 DVD、VCD、CD 母盘，是指经编辑并用于复制、传播邪教组织信息的 DVD、VCD、CD 的原始盘。

对于将邪教宣传品内容进行编排、拼接并刻录为光盘用于复制的，属于制作邪教 DVD、VCD、CD 母盘的行为；以制作为目的，将邪教 DVD、VCD、CD 母盘交给他人的，属于传播邪教 DVD、VCD、CD 母盘的行为。

十三、问：对于以播放录音、呼喊口号等方式宣扬邪教的行为如何处理？

答：对于在居民区、公园、学校及其他公共场所，以播放录音、录像、光盘或呼喊口号、讲课、演讲、放气球、抛洒乒乓球等方式宣扬邪教，造成严重社会影响的，按照《解释二》第一条第一款第（四）项的规定定罪处罚。

十四、问：从互联网下载邪教组织信息用于制作、传播邪教宣传品的，应如何处理？

答：从互联网下载邪教组织信息，用于制作、传播邪教宣传品的，适用《解释二》第一条第一款第（三）项的规定定罪处罚。

十五、问：对利用广播电视设施、公用电信设施制作、传播邪教组织信息的，如何处理？

答：对利用广播电视设施、公用电信设施制作、传播邪教组织信息的，应分别情形处理：为传播邪教组织信息破坏广播电视设施、公用电信设施，危害公共安全的，依照刑法第一百二十四条的规定，以破坏广播电视设施、公用电信设施罪定罪处罚；利用广播电视设施、公用电信设施制作、传播邪教组织的信息，同时造成广播电视设施、公用电信设施破坏，危害公共安全的，依照刑法第一百二十四条、第三百条第一款的规定，以破坏广播电视设施、公用电信设施罪，利用邪教组织破坏法律实施罪数罪并罚；对利用广播电视设施、公用电信设施制作、传播邪教组织信息，未对广播电视设施、公用电信设施造成破坏的，依照刑法第三百条第一款的规定，以利用邪教组织破坏法律实施罪定罪处罚。

十六、问：对利用信件、电话、互联网等手段恐吓、威胁他人的行为如何处理？

答：对于实施上述行为情节严重的，依照刑法第三百条第一款的规定定罪处罚。同时触犯其他罪名的，依照处刑较重的罪定罪处罚。

十七、问：《解释二》第五条规定的“聚集滋事、公开进行邪教活动”是否也要求“人数达到 20 人以上”的，才追究刑事责任？怎样掌握该条中的“其他严重情节”？

答：《解释二》第五条规定的“人数达到 20 人以上”，既是认定“聚众冲击国家机关、新闻机构等单位”的行为构成犯罪的标准，也是认定“聚集滋事、公开进行邪教活动”的行为构成犯罪的标准。

判断是否具有《解释二》第五条所规定的“其他严重情节”，应当综合考虑聚集滋事的时间、地点、行为方式、造成的后果等因素。对于在重要公共场所、监管场所及国家重大节日、重大活动期间聚集滋事，公开进行邪教活动的，即使人数未达到20人，也可以根据案件的具体情况，对于组织者、策划者、指挥者和屡教不改的积极参加者，依照刑法第三百条第一款和《解释二》第五条的规定，以利用邪教组织破坏法律实施罪定罪处罚。

十八、问：如何理解刑法第三百条第一款规定的“组织、利用邪教组织破坏法律实施罪”中的“组织”行为和《解释二》第五条、第六条中规定的“组织”行为？

答：刑法第三百条第一款规定的“组织、利用邪教组织破坏法律实施罪”的“组织”行为，是指发起、组建邪教组织的行为。《解释二》第五条、第六条规定的“组织”行为，是指邪教组织成立或被依法取缔后，组织他人进行邪教活动的行为。

十九、问：对于非法聚集，以公开“练功”等方式进行“护法”、“弘法”等邪教活动的，如何处理？

答：对于实施上述邪教活动的，依照《解释二》第五条或者第六条的规定，追究组织者、策划者、指挥者和屡教不改的积极参加者的刑事责任。

二十、问：如何理解《解释二》第五条、第六条中关于“屡教不改”的规定，这一规定是否要求前后两种行为均是同种行为？

答：《解释二》第五条、第六条中规定的“屡教不改”，是指曾因组织和利用邪教组织从事某种违法犯罪行为受过行政处罚或者刑事处罚，又以相同或者不同的方式进行邪教犯罪活动的情形。

二十一、问：因制作、传播邪教宣传品受过刑事处罚或者行政处罚又制作、传播的，是否不论数量多少，都要根据《解释二》第一条第一款第（五）项的规定定罪处罚？

答：对于上述行为，一般应定罪处刑。但情节轻微，行为人确有悔改表现的，可以不作为犯罪论处。

二十二、问：对于多次非法聚集、滋事，进行邪教活动的，如何处理？

答：对于上述行为，应追究组织者、策划者、指挥者和屡教不改的积极参加者的刑事责任。

二十三、问：对邪教组织人员到天安门广场等有重要影响的场所打横幅、喊口号、非法聚集、滋事的行为，是否均应依照《解释二》第一条第一款第（四）项的规定定罪处罚？

答：对实施上述行为的，应当区别不同情形，依照《解释二》第一条第一款第（四）项、第五条和第六条的规定，追究组织者、策划者、指挥者和屡教不改的积极参加者以及其他情节严重的实施者的刑事责任。

二十四、问：对非邪教组织人员为他人印制邪教宣传品的以及对于为邪教活动提供保管、运输、经费、场地、工具、食宿、接送、采购及其他便利条件的，怎么处理？

答：非邪教组织人员与邪教组织人员通谋，为其印制邪教宣传品，且达到《解释二》第一条第一款第（一）项规定的数量标准的，或者为其从事邪教活动提供保管、运输、经费、场地、工具、食宿、接送、采购等便利条件，情节严重的，以利用邪教组织破坏法律实施罪的共犯论处。

二十五、问：组织和利用邪教组织犯罪的嫌疑人、被告人向司法机关提供线索，对抓获其他组织和利用邪教组织犯罪的嫌疑人（包括同案犯）起了重要作用的，是否属于立功？

答：对上述情形，可以认定为有立功表现。

二十六、问：对于实施《解释二》规定的行为，是否一律要定罪处罚？

答：对于实施《解释二》规定的行为，但情节轻微，行为人确有悔改表现，不致再危害社会的，可以不以犯罪论处。

二十七、问：对犯组织、利用邪教组织破坏法律实施罪的，是否可以附加剥夺政治权利？

答：对上述犯罪分子，情节特别严重的，依照刑法第五十六条第一款的规定，可以附加剥夺政治权利。

二十八、问：邪教组织违法犯罪人员在监管场所抗拒改造，仍继续进行邪教活动的，如何处理？

答：邪教组织违法犯罪人员在监管场所抗拒改造，继续从事邪教活动，构成犯罪的，应当依法追究刑事责任。

最高人民检察院法律政策研究室关于盗窃骨灰行为如何处理问题的答复

（2002 年 9 月 18 日　高检研发〔2002〕14 号）

吉林省人民检察院法律政策研究室：

你院《关于对盗窃骨灰行为可否比照盗窃尸体罪定性问题的请示》（吉检发请字〔2002〕1 号）收悉。经研究，我们认为，“骨灰”不属于刑法第三百零二条规定的“尸体”。对于盗窃骨灰的行为不能以刑法第三百零二条的规定追究刑事责任。

此复。

最高人民法院　最高人民检察院关于办理赌博刑事案件具体应用法律若干问题的解释

（2005 年 4 月 26 日最高人民法院审判委员会第 1349 次会议、2005 年 5 月 8 日最高人民检察院第十届检察委员会第 34 次会议通过　2005年5月11日公布　自2005年5月13日起施行）

法释〔2005〕3 号

为依法惩治赌博犯罪活动，根据刑法的有关规定，现就办理赌博刑事案件具体应用法律的若干问题解释如下：

第一条　以营利为目的，有下列情形之一的，属于刑法第三百零三条规定的“聚众赌博”：

（一）组织 3 人以上赌博，抽头渔利数额累计达到 5000 元以上的；

（二）组织 3 人以上赌博，赌资数额累计达到 5 万元以上的；

（三）组织3人以上赌博，参赌人数累计达到20人以上的；

（四）组织中华人民共和国公民10人以上赴境外赌博，从中收取回扣、介绍费的。

第二条 以营利为目的，在计算机网络上建立赌博网站，或者为赌博网站担任代理，接受投注的，属于刑法第三百零三条规定的“开设赌场”。

第三条 中华人民共和国公民在我国领域外周边地区聚众赌博、开设赌场，以吸引中华人民共和国公民为主要客源，构成赌博罪的，可以依照刑法规定追究刑事责任。

第四条 明知他人实施赌博犯罪活动，而为其提供资金、计算机网络、通讯、费用结算等直接帮助的，以赌博罪的共犯论处。

第五条 实施赌博犯罪，有下列情形之一的，依照刑法第三百零三条的规定从重处罚：

（一）具有国家工作人员身份的；

（二）组织国家工作人员赴境外赌博的；

（三）组织未成年人参与赌博，或者开设赌场吸引未成年人参与赌博的。

第六条 未经国家批准擅自发行、销售彩票，构成犯罪的，依照刑法第二百二十五条第（四）项的规定，以非法经营罪定罪处罚。

第七条 通过赌博或者为国家工作人员赌博提供资金的形式实施行贿、受贿行为，构成犯罪的，依照刑法关于贿赂犯罪的规定定罪处罚。

第八条 赌博犯罪中用作赌注的款物、换取筹码的款物和通过赌博赢取的款物属于赌资。通过计算机网络实施赌博犯罪的，赌资数额可以按照在计算机网络上投注或者赢取的点数乘以每一点实际代表的金额认定。

赌资应当依法予以追缴；赌博用具、赌博违法所得以及赌博犯罪分子所有的专门用于赌博的资金、交通工具、通讯工具等，应当依法予以没收。

第九条 不以营利为目的，进行带有少量财物输赢的娱乐活动，以及提供棋牌室等娱乐场所只收取正常的场所和服务费用的经营行为等，不以赌博论处。

最高人民法院　最高人民检察院　公安部关于开展集中打击赌博违法犯罪活动专项行动有关工作的通知

（2005年1月10日　公通字〔2005〕2号）

各省、自治区、直辖市高级人民法院，人民检察院，公安厅、局，新疆维吾尔自治区高级人民法院生产建设兵团分院，新疆生产建设兵团人民检察院，公安局：

近年来，各类赌博违法犯罪活动日益猖獗，特别是境外赌博业对我渗透加剧，网络赌博蔓延迅速，六合彩、私彩赌博活动在一些地区泛滥成灾，到境外赌博和参与网络赌博的人数日益增多，党政领导干部、国家公务员和企事业单位负责人参赌人数呈上升趋势，造成国家资金大量流失，诱发了大量的社会问题，人民群众和社会各界反映强烈。为打击赌博违法犯罪活动，维护社会治安稳定和社会管理秩序，决定从2005年1月至5月，在全国范围内组织开展集中打击赌博违法犯罪活动专项行动。现就有关要求通知如下：

一、提高思想认识，切实增强开展集中打击赌博违法犯罪活动的政治责任感和工作紧迫感

赌博之风蔓延，危害是多方面的、长期的。开展集中打击赌博违法犯罪活动专项行动，是践行“三个代表”重要思想、加强三个文明建设的必然要求，是构建社会主义和谐社会、巩固党的执政基础的重要举措。各级公安机关、人民检察院、人民法院要深刻认识赌博违法犯罪活动的严重危害和开展打击赌博违法犯罪活动的重要性、紧迫性，从深入贯彻党的十六大、十六届四中全会精神和努力践行“三个代表”重要思想、提高党的执政能力的战略高度，以对党、对人民高度负责的态度，充分发挥职能作用，认真部署，协同作战，坚决打击赌博这一社会丑恶现象，有效震慑犯罪，净化社会环境，维护社会和谐稳定。

二、突出打击重点，严格依照法律规定打击赌博违法犯罪活动

各级公安机关、人民检察院、人民法院要充分认识此类违法犯罪活动的特点，充分发挥职能作用，依法打击进行赌博违法犯罪活动的不法分子。要通过专项行动打掉一批赌博团伙、窝点，铲除封堵一批赌博网站，查破一批赌博大案要案，严惩一批赌博违法犯罪分子。其中，重点惩处赌博犯罪集团和网络赌博的组织者、六合彩和赌球赌马等赌博活动的组织者以及参与赌博犯罪活动的党政领导干部、国家公务员和企事业单位负责人。

在专项行动中，要按照刑法和有关司法解释的规定，严格依法办案，准确认定赌博犯罪行为，保证办案质量。对以营利为目的聚众赌博、开设赌场的，无论其是否参与赌博，均应以赌博罪追究刑事责任；对以营利为目的以赌博为业的，无论其是否实际营利，也应以赌博罪追究刑事责任。对通过在中国领域内设立办事处、代表处或者散发广告等形式，招揽、组织中国公民赴境外赌博，构成犯罪的，以赌博罪定罪处罚。对具有教唆他人赌博、组织未成年人聚众赌博或者开设赌场吸引未成年人参与赌博以及国家工作人员犯赌博罪等情形的，应当依法从严处理。对实施贪污、挪用公款、职务侵占、挪用单位资金、挪用特定款物、受贿等犯罪，并将犯罪所得的款物用于赌博的，分别依照刑法有关规定从重处罚；同时构成赌博罪的，应依照刑法规定实行数罪并罚。要充分运用没收财产、罚金等财产刑，以及追缴违法所得、没收用于赌博的本人财物和犯罪工具等措施，从经济上制裁犯罪分子，铲除赌博犯罪行为的经济基础。要坚持惩办与宽大相结合的刑事政策，区别对待，宽严相济，最大限度地分化瓦解犯罪分子。对主动投案自首或者有检举、揭发赌博违法犯罪活动等立功表现的，可依法从宽处罚。

要严格区分赌博违法犯罪活动与群众正常文娱活动的界限，对不以营利为目的，进行带有少量财物输赢的娱乐活动，以及提供棋牌室等娱乐场所并只收取固定的场所和服务费用的经营行为等，不得以赌博论处。对参赌且赌资较大的，可由公安机关依法给予治安处罚；符合劳动教养条件的，依法给予劳动教养；违反党纪政纪的，由主管机关予以纪律处分。要严格依法办案，对构成犯罪的，决不姑息手软，严禁以罚代刑，降格处理；对不构成犯罪或者不应

当给予行政处理的，不得打击、处理，不得以禁赌为名干扰群众的正常文娱活动。

三、加强协调配合，形成打击合力

当前，赌博犯罪活动不仅数量多，而且组织严密，参与范围广，作案手段隐蔽，逃避打击能力强。各级公安机关、人民检察院、人民法院在办案中要坚持实事求是，科学、正确认识此类犯罪活动的特殊性，按照“基本事实清楚、基本证据确凿”的原则，不纠缠细枝末节，密切配合，依法从重从快打击赌博犯罪活动。公安机关应当组织专门力量，扎扎实实地做好侦查工作。赌博犯罪行为发生地公安机关发现犯罪行为后均应依法立即立案侦查，全力查清犯罪事实，抓捕犯罪嫌疑人。要切实做好证据的收集、固定和保全工作，为起诉和审判打下坚实基础。人民检察院对公安机关提请批准逮捕和移送审查起诉的犯罪嫌疑人，要依法及时审查批捕和审查起诉。人民法院对人民检察院提起公诉的案件，应当依法及时审判。各级公安机关、人民检察院、人民法院应当加强配合和制约，严格依法办案，保证办案质量。

四、广泛宣传发动，推动专项行动深入开展

在专项行动中，各级公安机关、人民检察院、人民法院要充分利用各种新闻媒体，大力宣传有关法律和政策，向广大群众表明党和政府及政法机关打击赌博违法犯罪活动的决心和信心。要选择典型案例公开曝光，震慑犯罪，教育群众，使广大人民群众树立守法意识，自觉远离、坚决抵制赌博活动。要建立举报奖励制度，设立举报电话、信箱和网址，对积极提供线索、帮助查破赌博大案要案的群众给予奖励，动员广大群众检举、揭发犯罪，形成打击赌博违法犯罪活动的良好氛围。

各地接到本通知后，请立即部署贯彻执行。执行中遇到的问题，请及时分别报告最高人民法院、最高人民检察院、公安部。

最高人民法院　最高人民检察院关于办理与盗窃、抢劫、诈骗、抢夺机动车相关刑事案件具体应用法律若干问题的解释

（2006年12月25日最高人民法院审判委员会第1411次会议、2007年2月14日最高人民检察院第十届检察委员会第71次会议通过　2007年5月9日公布　自2007年5月11日起施行）

法释〔2007〕11号

为依法惩治与盗窃、抢劫、诈骗、抢夺机动车相关的犯罪活动，根据刑法、刑事诉讼法等有关法律的规定，现对办理这类案件具体应用法律的若干问题解释如下：

第一条　明知是盗窃、抢劫、诈骗、抢夺的机动车，实施下列行为之一的，依照刑法第三百一十二条的规定，以掩饰、隐瞒犯罪所得、犯罪所得收益罪定罪，处三年以下有期徒刑、拘役或

者管制，并处或者单处罚金：

（一）买卖、介绍买卖、典当、拍卖、抵押或者用其抵债的；

（二）拆解、拼装或者组装的；

（三）修改发动机号、车辆识别代号的；

（四）更改车身颜色或者车辆外形的；

（五）提供或者出售机动车来历凭证、整车合格证、号牌以及有关机动车的其他证明和凭证的；

（六）提供或者出售伪造、变造的机动车来历凭证、整车合格证、号牌以及有关机动车的其他证明和凭证的。

实施第一款规定的行为涉及盗窃、抢劫、诈骗、抢夺的机动车五辆以上或者价值总额达到五十万元以上的，属于刑法第三百一十二条规定的“情节严重”，处三年以上七年以下有期徒刑，并处罚金。

第二条 伪造、变造、买卖机动车行驶证、登记证书，累计三本以上的，依照刑法第二百八十条第一款的规定，以伪造、变造、买卖国家机关证件罪定罪，处三年以下有期徒刑、拘役、管制或者剥夺政治权利。

伪造、变造、买卖机动车行驶证、登记证书，累计达到第一款规定数量标准五倍以上的，属于刑法第二百八十条第一款规定中的“情节严重”，处三年以上十年以下有期徒刑。

第三条 国家机关工作人员滥用职权，有下列情形之一，致使盗窃、抢劫、诈骗、抢夺的机动车被办理登记手续，数量达到三辆以上或者价值总额达到三十万元以上的，依照刑法第三百九十七条第一款的规定，以滥用职权罪定罪，处三年以下有期徒刑或者拘役：

（一）明知是登记手续不全或者不符合规定的机动车而办理登记手续的；

（二）指使他人为明知是登记手续不全或者不符合规定的机动车办理登记手续的；

（三）违规或者指使他人违规更改、调换车辆档案的；

（四）其他滥用职权的行为。

国家机关工作人员疏于审查或者审查不严，致使盗窃、抢劫、诈骗、抢夺的机动车被办理登记手续，数量达到五辆以上或者价值总额达到五十万元以上的，依照刑法第三百九十七条第一款的规定，以玩忽职守罪定罪，处三年以下有期徒刑或者拘役。

国家机关工作人员实施前两款规定的行为，致使盗窃、抢劫、诈骗、抢夺的机动车被办理登记手续，分别达到前两款规定数量、数额标准五倍以上的，或者明知是盗窃、抢劫、诈骗、抢夺的机动车而办理登记手续的，属于刑法第三百九十七条第一款规定的“情节特别严重”，处三年以上七年以下有期徒刑。

国家机关工作人员徇私舞弊，实施上述行为，构成犯罪的，依照刑法第三百九十七条第二款的规定定罪处罚。

第四条 实施本解释第一条、第二条、第三条第一款或者第三款规定的行为，事前与盗窃、抢劫、诈骗、抢夺机动车的犯罪分子通谋的，以盗窃罪、抢劫罪、诈骗罪、抢夺罪的共犯论处。

第五条 对跨地区实施的涉及同一机动车的盗窃、抢劫、诈骗、抢夺以及掩饰、隐瞒犯罪所得、犯罪所得收益行为，有关公安机关可以依照法律和有关规定一并立案侦查，需要提请批准逮捕、移送审查起诉、提起公诉的，由该公安机关所在地的同级人民检察院、人民法院受理。

第六条 行为人实施本解释第一条、第三条第三款规定的行为，涉及的机动车有下列情形之一的，应当认定行为人主观上属于上述条款所称“明知”：

（一）没有合法有效的来历凭证；

（二）发动机号、车辆识别代号有明显更改痕迹，没有合法证明的。

2. 妨害司法罪

最高人民法院关于审理拒不执行判决、裁定案件具体应用法律若干问题的解释

（1998年4月8日最高人民法院审判委员会第974次会议通过
1998年4月17日公布 自1998年4月25日起施行）
法释〔1998〕6号

为正确适用刑法第三百一十三条规定，保证人民法院判决、裁定的执行，现就审理拒不执行判决、裁定案件具体应用法律的若干问题解释如下：

第一条 刑法第三百一十三条规定的“人民法院的判决、裁定”，是指人民法院依法作出的，具有执行内容并已经发生法律效力的判决、裁定。

第二条 对人民法院发生法律效力的判决、裁定“有能力执行”，是指根据查实的证据证明，负有执行人民法院判决、裁定义务的人有可供执行的财产或者具有履行特定行为义务的能力。

第三条 负有执行人民法院判决、裁定义务的人具有下列情形之一的，应当认定为拒不执行人民法院判决、裁定的行为“情节严重”：

（一）在人民法院发出执行通知以后，隐藏、转移、变卖、毁损已被依法查封、扣押或者已被清点并责令其保管的财产，转移已被冻结的财产，致使判决、裁定无法执行的；

（二）隐藏、转移、变卖、毁损在执行中向人民法院提供担保的财产，致使判决、裁定无法执行的；

（三）以暴力、威胁方法妨害或者抗拒执行，致使执行工作无法进行的；

（四）聚众哄闹、冲击执行现场，围困、扣押、殴打执行人员，致使执行工作无法进行的；

（五）毁损、抢夺执行案件材料、执行公务车辆和其他执行器械、执行人员服装以及执行公务证件，造成严重后果的；

（六）其他妨害或者抗拒执行造成严重后果的。

第四条 负有执行人民法院判决、裁定义务的单位直接负责的主管人员和其他直接责任人员，为了本单位的利益实施本解释第三条所列行为之一，造成特别严重后果的，对该主管人员和其他直接责任人员依照刑法第三百一十三条的规定，以拒不执行判决、裁定罪定罪处罚。

第五条 与被执行人共同实施本解释第三条第（三）、（四）、（五）、（六）项规定所列行为之一，情节严重的，以拒不执行判决、裁定罪的共犯依法追究刑事责任。

第六条 暴力抗拒人民法院执行判

决、裁定，杀害、重伤执行人员的，依照刑法第二百三十二条、第二百三十四条第二款的规定定罪处罚。

第七条 拒不执行判决、裁定案件由犯罪行为发生地的人民法院管辖。

第八条 人民法院在执行判决、裁定过程中，对拒不执行判决、裁定情节严重的人，可以先行司法拘留。认为拒不执行判决、裁定人的行为已构成犯罪的，应当将案件依法移送行为发生地的公安机关立案查处。

人民法院依法对拒不执行判决、裁定的人定罪判刑，先行司法拘留的日期应当折抵刑期。

3. 妨害国(边)境管理罪

最高人民法院关于审理组织、运送他人偷越国（边）境等刑事案件适用法律若干问题的解释

（2002 年 1 月 28 日最高人民法院审判委员会第 1209 次会议通过
2002 年 1 月 30 日公布　自 2002 年 2 月 6 日起施行）
法释〔2002〕3 号

为依法严惩组织、运送他人偷越国（边）境等犯罪活动，根据刑法有关规定，现就审理这类案件具体应用法律的若干问题解释如下：

第一条 领导、策划、指挥他人偷越国（边）境或者在首要分子指挥下，实施拉拢、引诱、介绍他人偷越国（边）境等行为的，属于刑法第三百一十八条规定的“组织他人偷越国（边）境”。

第二条 刑法第三百一十八条第（二）项、第三百二十一条第（一）项规定的“人数众多”，一般是指组织、运送他人偷越国（边）境人数在十人以上。

第三条 为组织他人偷越国（边）境使用、骗取出境证件五份以上，或者非法收取办证费三十万元以上的，属于刑法第三百一十九条第一款规定的骗取出境证件罪“情节严重”。

第四条 具有下列情形之一的，属于刑法第三百二十条规定的“情节严重”：

（一）为他人提供伪造、变造的护照、签证等出入境证件五份以上或者出售护照、签证等出入境证件五份以上的；

（二）违法所得三十万元以上的；

（三）有其他严重情节的。

第五条 偷越国（边）境，具有下列情形之一的，属于刑法第三百二十二条规定的“情节严重”：

（一）在境外实施损害国家利益的行为的；

（二）偷越国（边）境三次以上的；

（三）拉拢、引诱他人一起偷越国（边）境的；

（四）因偷越国（边）境被行政处罚后一年内又偷越国（边）境的；

（五）有其他严重情节的。

4. 妨害公共卫生罪

最高人民法院 最高人民检察院关于办理非法采供血液等刑事案件具体应用法律若干问题的解释

(2008 年 2 月 18 日最高人民法院审判委员会第 1444 次会议、2008 年 5 月 8 日最高人民检察院第十一届检察委员会第 1 次会议通过 2008 年 9 月 22 日公布 自 2008 年 9 月 23 日起施行)

法释〔2008〕12 号

为保障公民的身体健康和生命安全，依法惩处非法采供血液等犯罪，根据刑法有关规定，现对办理此类刑事案件具体应用法律的若干问题解释如下：

第一条 对未经国家主管部门批准或者超过批准的业务范围，采集、供应血液或者制作、供应血液制品的，应认定为刑法第三百三十四条第一款规定的“非法采集、供应血液或者制作、供应血液制品”。

第二条 对非法采集、供应血液或者制作、供应血液制品，具有下列情形之一的，应认定为刑法第三百三十四条第一款规定的“不符合国家规定的标准，足以危害人体健康”，处五年以下有期徒刑或者拘役，并处罚金：

（一）采集、供应的血液含有艾滋病病毒、乙型肝炎病毒、丙型肝炎病毒、梅毒螺旋体等病原微生物的；

（二）制作、供应的血液制品含有艾滋病病毒、乙型肝炎病毒、丙型肝炎病毒、梅毒螺旋体等病原微生物，或者将含有上述病原微生物的血液用于制作血液制品的；

（三）使用不符合国家规定的药品、诊断试剂、卫生器材，或者重复使用一次性采血器材采集血液，造成传染病传播危险的；

（四）违反规定对献血者、供血浆者超量、频繁采集血液、血浆，足以危害人体健康的；

（五）其他不符合国家有关采集、供应血液或者制作、供应血液制品的规定标准，足以危害人体健康的。

第三条 对非法采集、供应血液或者制作、供应血液制品，具有下列情形之一的，应认定为刑法第三百三十四条第一款规定的“对人体健康造成严重危害”，处五年以上十年以下有期徒刑，并处罚金：

（一）造成献血者、供血浆者、受血者感染乙型肝炎病毒、丙型肝炎病毒、梅毒螺旋体或者其他经血液传播的病原微生物的；

（二）造成献血者、供血浆者、受血者重度贫血、造血功能障碍或者其他器官组织损伤导致功能障碍等身体严重危害的；

（三）对人体健康造成其他严重危害的。

第四条 对非法采集、供应血液或者制作、供应血液制品，具有下列情形之一的，应认定为刑法第三百三十四条第一款规定的“造成特别严重后果”，处十年以上有期徒刑或者无期徒刑，并处罚金或者没收财产：

（一）因血液传播疾病导致人员死亡或者感染艾滋病病毒的；

（二）造成五人以上感染乙型肝炎病毒、丙型肝炎病毒、梅毒螺旋体或者其他经血液传播的病原微生物的；

（三）造成五人以上重度贫血、造血功能障碍或者其他器官组织损伤导致功能障碍等身体严重危害的；

（四）造成其他特别严重后果的。

第五条 对经国家主管部门批准采集、供应血液或者制作、供应血液制品的部门，具有下列情形之一的，应认定为刑法第三百三十四条第二款规定的“不依照规定进行检测或者违背其他操作规定”：

（一）血站未用两个企业生产的试剂对艾滋病病毒抗体、乙型肝炎病毒表面抗原、丙型肝炎病毒抗体、梅毒抗体进行两次检测的；

（二）单采血浆站不依照规定对艾滋病病毒抗体、乙型肝炎病毒表面抗原、丙型肝炎病毒抗体、梅毒抗体进行检测的；

（三）血液制品生产企业在投料生产前未用主管部门批准和检定合格的试剂进行复检的；

（四）血站、单采血浆站和血液制品生产企业使用的诊断试剂没有生产单位名称、生产批准文号或者经检定不合格的；

（五）采供血机构在采集检验标本、采集血液和成分血分离时，使用没有生产单位名称、生产批准文号或者超过有效期的一次性注射器等采血器材的；

（六）不依照国家规定的标准和要求包装、储存、运输血液、原料血浆的；

（七）对国家规定检测项目结果呈阳性的血液未及时按照规定予以清除的；

（八）不具备相应资格的医务人员进行采血、检验操作的；

（九）对献血者、供血浆者超量、频繁采集血液、血浆的；

（十）采供血机构采集血液、血浆前，未对献血者或供血浆者进行身份识别，采集冒名顶替者、健康检查不合格者血液、血浆的；

（十一）血站擅自采集原料血浆，单采血浆站擅自采集临床用血或者向医疗机构供应原料血浆的；

（十二）重复使用一次性采血器材的；

（十三）其他不依照规定进行检测或者违背操作规定的。

第六条 对经国家主管部门批准采集、供应血液或者制作、供应血液制品的部门，不依照规定进行检测或者违背其他操作规定，具有下列情形之一的，应认定为刑法第三百三十四条第二款规定的“造成危害他人身体健康后果”，对单位判处罚金，并对其直接负责的主管人员和其他直接责任人员，处五年以下有期徒刑或者拘役：

（一）造成献血者、供血浆者、受血者感染艾滋病病毒、乙型肝炎病毒、丙型肝炎病毒、梅毒螺旋体或者其他经血液传播的病原微生物的；

（二）造成献血者、供血浆者、受血者重度贫血、造血功能障碍或者其他器官组织损伤导致功能障碍等身体严重危害的；

（三）造成其他危害他人身体健康后果的。

第七条 经国家主管部门批准的采供血机构和血液制品生产经营单位，应认定为刑法第三百三十四条第二款规定的“经国家主管部门批准采集、供应血液或者制作、供应血液制品的部门”。

第八条 本解释所称“血液”，是指全血、成分血和特殊血液成分。

本解释所称“血液制品”，是指各种人血浆蛋白制品。

本解释所称“采供血机构”，包括血液中心、中心血站、中心血库、脐带血造血干细胞库和国家卫生行政主管部门根据医学发展需要批准、设置的其他类型血库、单采血浆站。

最高人民法院关于审理非法行医刑事案件具体应用法律若干问题的解释

（2008年4月28日最高人民法院审判委员会第1446次会议通过 2008年4月29日公布 自2008年5月9日起施行）

法释〔2008〕5号

为保障公民身体健康和生命安全，依法惩处非法行医犯罪，根据刑法的有关规定，现对审理非法行医刑事案件具体应用法律的若干问题解释如下：

第一条 具有下列情形之一的，应认定为刑法第三百三十六条第一款规定的“未取得医生执业资格的人非法行医”：

（一）未取得或者以非法手段取得医师资格从事医疗活动的；

（二）个人未取得《医疗机构执业许可证》开办医疗机构的；

（三）被依法吊销医师执业证书期间从事医疗活动的；

（四）未取得乡村医生执业证书，从事乡村医疗活动的；

（五）家庭接生员实施家庭接生以外的医疗行为的。

第二条 具有下列情形之一的，应认定为刑法第三百三十六条第一款规定的“情节严重”：

（一）造成就诊人轻度残疾、器官组织损伤导致一般功能障碍的；

（二）造成甲类传染病传播、流行或者有传播、流行危险的；

（三）使用假药、劣药或不符合国家规定标准的卫生材料、医疗器械，足以严重危害人体健康的；

（四）非法行医被卫生行政部门行政处罚两次以后，再次非法行医的；

（五）其他情节严重的情形。

第三条 具有下列情形之一的，应认定为刑法第三百三十六条第一款规定的“严重损害就诊人身体健康”：

（一）造成就诊人中度以上残疾、器官组织损伤导致严重功能障碍的；

（二）造成三名以上就诊人轻度残疾、器官组织损伤导致一般功能障碍的。

第四条 实施非法行医犯罪，同时构成生产、销售假药罪，生产、销售劣药罪，诈骗罪等其他犯罪的，依照刑法处罚较重的规定定罪处罚。

第五条 本解释所称“轻度残疾、器官组织损伤导致一般功能障碍”、“中度以上残疾、器官组织损伤导致严重功能障碍”，参照卫生部《医疗事故分级标准（试行）》认定。

5. 破坏环境资源保护罪

最高人民法院关于审理破坏野生动物资源刑事案件具体应用法律若干问题的解释

（2000年11月17日最高人民法院审判委员会第1141次会议通过
2000年11月27日公布　自2000年12月11日起施行）
法释〔2000〕37号

为依法惩处破坏野生动物资源的犯罪活动，根据刑法的有关规定，现就审理这类案件具体应用法律的若干问题解释如下：

第一条　刑法第三百四十一条第一款规定的“珍贵、濒危野生动物”，包括列入国家重点保护野生动物名录的国家一、二级保护野生动物、列入《濒危野生动植物种国际贸易公约》附录一、附录二的野生动物以及驯养繁殖的上述物种。

第二条　刑法第三百四十一条第一款规定的“收购”，包括以营利、自用等为目的的购买行为；“运输”，包括采用携带、邮寄、利用他人、使用交通工具等方法进行运送的行为；“出售”，包括出卖和以营利为目的的加工利用行为。

第三条　非法猎捕、杀害、收购、运输、出售珍贵、濒危野生动物具有下列情形之一的，属于“情节严重”：

（一）达到本解释附表所列相应数量标准的；

（二）非法猎捕、杀害、收购、运输、出售不同种类的珍贵、濒危野生动物，其中两种以上分别达到附表所列“情节严重”数量标准一半以上的。

非法猎捕、杀害、收购、运输、出售珍贵、濒危野生动物具有下列情形之一的，属于“情节特别严重”：

（一）达到本解释附表所列相应数量标准的；

（二）非法猎捕、杀害、收购、运输、出售不同种类的珍贵、濒危野生动物，其中两种以上分别达到附表所列“情节特别严重”数量标准一半以上的。

第四条　非法猎捕、杀害、收购、运输、出售珍贵、濒危野生动物构成犯罪，具有下列情形之一的，可以认定为“情节严重”；非法猎捕、杀害、收购、运输、出售珍贵、濒危野生动物符合本解释第三条第一款的规定，并具有下列情形之一的，可以认定为“情节特别严重”：

（一）犯罪集团的首要分子；

（二）严重影响对野生动物的科研、养殖等工作顺利进行的；

（三）以武装掩护方法实施犯罪的；

（四）使用特种车、军用车等交通工具实施犯罪的；

（五）造成其他重大损失的。

第五条　非法收购、运输、出售珍贵、濒危野生动物制品具有下列情形之一的，属于“情节严重”：

（一）价值在十万元以上的；

（二）非法获利五万元以上的；

（三）具有其他严重情节的。

非法收购、运输、出售珍贵、濒危野生动物制品具有下列情形之一的，属于“情节特别严重”：

（一）价值在二十万元以上的；

（二）非法获利十万元以上的；

（三）具有其他特别严重情节的。

第六条 违反狩猎法规，在禁猎区、禁猎期或者使用禁用的工具、方法狩猎，具有下列情形之一的，属于非法狩猎“情节严重”：

（一）非法狩猎野生动物二十只以上的；

（二）违反狩猎法规，在禁猎区或者禁猎期使用禁用的工具、方法狩猎的；

（三）具有其他严重情节的。

第七条 使用爆炸、投毒、设置电网等危险方法破坏野生动物资源，构成非法猎捕、杀害珍贵、濒危野生动物罪或者非法狩猎罪，同时构成刑法第一百一十四条或者第一百一十五条规定之罪的，依照处罚较重的规定定罪处罚。

第八条 实施刑法第三百四十一条规定的犯罪，又以暴力、威胁方法抗拒查处，构成其他犯罪的，依照数罪并罚的规定处罚。

第九条 伪造、变造、买卖国家机关颁发的野生动物允许进出口证明书、特许猎捕证、狩猎证、驯养繁殖许可证等公文、证件构成犯罪的，依照刑法第二百八十条第一款的规定以伪造、变造、买卖国家机关公文、证件罪定罪处罚。

实施上述行为构成犯罪，同时构成刑法第二百二十五条第二项规定的非法经营罪的，依照处罚较重的规定定罪处罚。

第十条 非法猎捕、杀害、收购、运输、出售《濒危野生动植物种国际贸易公约》附录一、附录二所列的非原产于我国的野生动物“情节严重”、“情节特别严重”的认定标准，参照本解释第三条、第四条以及附表所列与其同属的国家一、二级保护野生动物的认定标准执行；没有与其同属的国家一、二级保护野生动物的，参照与其同科的国家一、二级保护野生动物的认定标准执行。

第十一条 珍贵、濒危野生动物制品的价值，依照国家野生动物保护主管部门的规定核定；核定价值低于实际交易价格的，以实际交易价格认定。

第十二条 单位犯刑法第三百四十一条规定之罪，定罪量刑标准依照本解释的有关规定执行。

附：非法猎捕、杀害、收购、运输、出售珍贵、濒危野生动物刑事案件“情节严重”、“情节特别严重”数量认定标准（略）

最高人民法院关于审理非法采矿、破坏性采矿刑事案件具体应用法律若干问题的解释

（2003年5月16日最高人民法院审判委员会第1270次会议通过
2003年5月29日公布　自2003年6月3日起施行）
法释〔2003〕9号

为依法惩处非法采矿、破坏性采矿犯罪活动，根据刑法有关规定，现就审理这类刑事案件具体应用法律的若干问题解释如下：

第一条　违反矿产资源法的规定非法采矿，具有下列情形之一，经责令停止开采后拒不停止开采，造成矿产资源破坏的，依照刑法第三百四十三条第一款的规定，以非法采矿罪定罪处罚：

（一）未取得采矿许可证擅自采矿；

（二）擅自进入国家规划矿区、对国民经济具有重要价值的矿区和他人矿区范围采矿；

（三）擅自开采国家规定实行保护性开采的特定矿种。

第二条　具有下列情形之一的，属于本解释第一条第（一）项规定的“未取得采矿许可证擅自采矿”：

（一）无采矿许可证开采矿产资源的；

（二）采矿许可证被注销、吊销后继续开采矿产资源的；

（三）超越采矿许可证规定的矿区范围开采矿产资源的；

（四）未按采矿许可证规定的矿种开采矿产资源的（共生、伴生矿种除外）；

（五）其他未取得采矿许可证开采矿产资源的情形。

第三条　非法采矿造成矿产资源破坏的价值，数额在5万元以上的，属于刑法第三百四十三条第一款规定的“造成矿产资源破坏”；数额在30万元以上的，属于刑法第三百四十三条第一款规定的“造成矿产资源严重破坏”。

第四条　刑法第三百四十三条第二款规定的破坏性采矿罪中“采取破坏性的开采方法开采矿产资源”，是指行为人违反地质矿产主管部门审查批准的矿产资源开发利用方案开采矿产资源，并造成矿产资源严重破坏的行为。

第五条　破坏性采矿造成矿产资源破坏的价值，数额在30万元以上的，属于刑法第三百四十三条第二款规定的“造成矿产资源严重破坏”。

第六条　破坏性的开采方法以及造成矿产资源破坏或者严重破坏的数额，由省级以上地质矿产主管部门出具鉴定结论，经查证属实后予以认定。

第七条　多次非法采矿或者破坏性采矿构成犯罪，依法应当追诉的，或者一年内多次非法采矿或破坏性采矿未经处理的，造成矿产资源破坏的数额累计计算。

第八条　单位犯非法采矿罪和破坏性采矿罪的定罪量刑标准，按照本解释的有关规定执行。

第九条　各省、自治区、直辖市高级人民法院，可以根据本地区的实际情

况，在5万元至10万元、30万元至50万元的幅度内，确定执行本解释第三条、第五条的起点数额标准，并报最高人民法院备案。

最高人民法院关于审理破坏森林资源刑事案件具体应用法律若干问题的解释

（2000年11月17日最高人民法院审判委员会第1141次会议通过　2000年11月22日公布　自2000年12月11日起施行）

法释〔2000〕36号

为依法惩处破坏森林资源的犯罪活动，根据刑法的有关规定，现就审理这类案件具体应用法律的若干问题解释如下：

第一条　刑法第三百四十四条规定的“珍贵树木”，包括由省级以上林业主管部门或者其他部门确定的具有重大历史纪念意义、科学研究价值或者年代久远的古树名木，国家禁止、限制出口的珍贵树木以及列入国家重点保护野生植物名录的树木。

第二条　具有下列情形之一的，属于非法采伐、毁坏珍贵树木行为“情节严重”：

（一）非法采伐珍贵树木二株以上或者毁坏珍贵树木致使珍贵树木死亡三株以上的；

（二）非法采伐珍贵树木二立方米以上的；

（三）为首组织、策划、指挥非法采伐或者毁坏珍贵树木的；

（四）其他情节严重的情形。

第三条　以非法占有为目的，具有下列情形之一，数量较大的，依照刑法第三百四十五条第一款的规定，以盗伐林木罪定罪处罚：

（一）擅自砍伐国家、集体、他人所有或者他人承包经营管理的森林或者其他林木的；

（二）擅自砍伐本单位或者本人承包经营管理的森林或者其他林木的；

（三）在林木采伐许可证规定的地点以外采伐国家、集体、他人所有或者他人承包经营管理的森林或者其他林木的。

第四条　盗伐林木“数量较大”，以二至五立方米或者幼树一百至二百株为起点；盗伐林木“数量巨大”，以二十至五十立方米或者幼树一千至二千株为起点；盗伐林木“数量特别巨大”，以一百至二百立方米或者幼树五千至一万株为起点。

第五条　违反森林法的规定，具有下列情形之一，数量较大的，依照刑法第三百四十五条第二款的规定，以滥伐林木罪定罪处罚：

（一）未经林业行政主管部门及法律规定的其他主管部门批准并核发林木采伐许可证，或者虽持有林木采伐许可证，但违反林木采伐许可证规定的时间、数量、树种或者方式，任意采伐本单位所有或者本人所有的森林或者其他林木的；

（二）超过林木采伐许可证规定的数量采伐他人所有的森林或者其他林木的。

林木权属争议一方在林木权属确权之前，擅自砍伐森林或者其他林木，数量较大的，以滥伐林木罪论处。

第六条 滥伐林木“数量较大”，以十至二十立方米或者幼树五百至一千株为起点；滥伐林木“数量巨大”，以五十至一百立方米或者幼树二千五百至五千株为起点。

第七条 对于一年内多次盗伐、滥伐少量林木未经处罚的，累计其盗伐、滥伐林木的数量，构成犯罪的，依法追究刑事责任。

第八条 盗伐、滥伐珍贵树木，同时触犯刑法第三百四十四条、第三百四十五条规定的，依照处罚较重的规定定罪处罚。

第九条 将国家、集体、他人所有并已经伐倒的树木窃为己有，以及偷砍他人房前屋后、自留地种植的零星树木，数额较大的，依照刑法第二百六十四条的规定，以盗窃罪定罪处罚。

第十条 刑法第三百四十五条规定的“非法收购明知是盗伐、滥伐的林木”中的“明知”，是指知道或者应当知道。具有下列情形之一的，可以视为应当知道，但是有证据证明确属被蒙骗的除外：

（一）在非法的木材交易场所或者销售单位收购木材的；

（二）收购以明显低于市场价格出售的木材的；

（三）收购违反规定出售的木材的。

第十一条 具有下列情形之一的，属于在林区非法收购盗伐、滥伐的林木“情节严重”：

（一）非法收购盗伐、滥伐的林木二十立方米以上或者幼树一千株以上的；

（二）非法收购盗伐、滥伐的珍贵树木二立方米以上或者五株以上的；

（三）其他情节严重的情形。

具有下列情形之一的，属于在林区非法收购盗伐、滥伐的林木“情节特别严重”：

（一）非法收购盗伐、滥伐的林木一百立方米以上或者幼树五千株以上的；

（二）非法收购盗伐、滥伐的珍贵树木五立方米以上或者十株以上的；

（三）其他情节特别严重的情形。

第十二条 林业主管部门的工作人员违反森林法的规定，超过批准的年采伐限额发放林木采伐许可证或者违反规定滥发林木采伐许可证，具有下列情形之一的，属于刑法第四百零七条规定的“情节严重，致使森林遭受严重破坏”，以违法发放林木采伐许可证罪定罪处罚：

（一）发放林木采伐许可证允许采伐数量累计超过批准的年采伐限额，导致林木被采伐数量在十立方米以上的；

（二）滥发林木采伐许可证，导致林木被滥伐二十立方米以上的；

（三）滥发林木采伐许可证，导致珍贵树木被滥伐的；

（四）批准采伐国家禁止采伐的林木，情节恶劣的；

（五）其他情节严重的情形。

第十三条 对于伪造、变造、买卖林木采伐许可证、木材运输证件，森林、林木、林地权属证书，占用或者征用林地审核同意书、育林基金等缴费收据以及其他国家机关批准的林业证件构成犯罪的，依照刑法第二百八十条第一款的规定，以伪造、变造、买卖国家机关公文、证件罪定罪处罚。

对于买卖允许进出口证明书等经营许可证明，同时触犯刑法第二百二十五条、第二百八十条规定之罪的，依照处罚较重的规定定罪处罚。

第十四条 聚众哄抢林木五立方米以上的，属于聚众哄抢“数额较大”；聚众哄抢林木二十立方米以上的，属于聚众哄抢“数额巨大”，对首要分子和积极参加的，依照刑法第二百六十八条的规定，以聚众哄抢罪定罪处罚。

第十五条 非法实施采种、采脂、挖笋、掘根、剥树皮等行为，牟取经济利益数额较大的，依照刑法第二百六十四条的规定，以盗窃罪定罪处罚。同时构成其他犯罪的，依照处罚较重的规定定罪处罚。

第十六条 单位犯刑法第三百四十四条、第三百四十五条规定之罪，定罪量刑标准按照本解释的规定执行。

第十七条 本解释规定的林木数量以立木蓄积计算，计算方法为：原木材积除以该树种的出材率。

本解释所称“幼树”，是指胸径五厘米以下的树木。

滥伐林木的数量，应在伐区调查设计允许的误差额以上计算。

第十八条 盗伐、滥伐以生产竹材为主要目的的竹林的定罪量刑问题，有关省、自治区、直辖市高级人民法院可以参照上述规定的精神，规定本地区的具体标准，并报最高人民法院备案。

第十九条 各省、自治区、直辖市高级人民法院可以根据本地区的实际情况，在本解释第四条、第六条规定的数量幅度内，确定本地区执行的具体数量标准，并报最高人民法院备案。

最高人民法院关于在林木采伐许可证规定的地点以外采伐本单位或者本人所有的森林或者其他林木的行为如何适用法律问题的批复

（2004 年 3 月 23 日最高人民法院审判委员会第 1312 次会议通过　2004 年 3 月 26 日公布　自 2004 年 4 月 1 日起施行）

法释〔2004〕3 号

各省、自治区、直辖市高级人民法院，解放军军事法院，新疆维吾尔自治区高级人民法院生产建设兵团分院：

最近，有的法院反映，关于在林木采伐许可证规定的地点以外采伐本单位或者本人所有的森林或者其他林木的行为适用法律问题不明确。经研究，批复如下：

违反森林法的规定，在林木采伐许可证规定的地点以外，采伐本单位或者本人所有的森林或者其他林木的，除农村居民采伐自留地和房前屋后个人所有的零星林木以外，属于《最高人民法院关于审理破坏森林资源刑事案件具体应用法律若干问题的解释》第五条第一款第（一）项“未经林业行政主管部门及法律规定的其他主管部门批准并核发林木采伐许可证”规定的情形，数量较大的，应当依照刑法第三百四十五条第二款的规定，以滥伐林木罪定罪处罚。

此复。

最高人民法院关于审理破坏林地资源刑事案件具体应用法律若干问题的解释

（2005 年 12 月 19 日最高人民法院审判委员会第 1374 次会议通过 2005 年 12 月 26 日公布　自 2005 年 12 月 30 日起施行）

法释〔2005〕15 号

为依法惩治破坏林地资源犯罪活动，根据《中华人民共和国刑法》、《中华人民共和国刑法修正案（二）》及全国人民代表大会常务委员会《关于〈中华人民共和国刑法〉第二百二十八条、第三百四十二条、第四百一十条的解释》的有关规定，现就人民法院审理这类刑事案件具体应用法律的若干问题解释如下：

第一条　违反土地管理法规，非法占用林地，改变被占用林地用途，在非法占用的林地上实施建窑、建坟、建房、挖沙、采石、采矿、取土、种植农作物、堆放或排泄废弃物等行为或者进行其他非林业生产、建设，造成林地的原有植被或林业种植条件严重毁坏或者严重污染，并具有下列情形之一的，属于《中华人民共和国刑法修正案（二）》规定的"数量较大，造成林地大量毁坏"，应当以非法占用农用地罪判处五年以下有期徒刑或者拘役，并处或者单处罚金：

（一）非法占用并毁坏防护林地、特种用途林地数量分别或者合计达到五亩以上；

（二）非法占用并毁坏其他林地数量达到十亩以上；

（三）非法占用并毁坏本条第（一）项、第（二）项规定的林地，数量分别达到相应规定的数量标准的百分之五十以上；

（四）非法占用并毁坏本条第（一）项、第（二）项规定的林地，其中一项数量达到相应规定的数量标准的百分之五十以上，且两项数量合计达到该项规定的数量标准。

第二条　国家机关工作人员徇私舞弊，违反土地管理法规，滥用职权，非法批准征用、占用林地，具有下列情形之一的，属于刑法第四百一十条规定的"情节严重"，应当以非法批准征用、占用土地罪判处三年以下有期徒刑或者拘役：

（一）非法批准征用、占用防护林地、特种用途林地数量分别或者合计达到十亩以上；

（二）非法批准征用、占用其他林地数量达到二十亩以上；

（三）非法批准征用、占用林地造成直接经济损失数额达到三十万元以上，或者造成本条第（一）项规定的林地数量分别或者合计达到五亩以上或者本条第（二）项规定的林地数量达到十亩以上毁坏。

第三条　实施本解释第二条规定的行为，具有下列情形之一的，属于刑法第四百一十条规定的"致使国家或者集体利益遭受特别重大损失"，应当以非法批准征用、占用土地罪判处三年以上七年以下有期徒刑：

（一）非法批准征用、占用防护林地、特种用途林地数量分别或者合计达到二十亩以上；

（二）非法批准征用、占用其他林地数量达到四十亩以上；

（三）非法批准征用、占用林地造成直接经济损失数额达到六十万元以上，或者造成本条第（一）项规定的林地数量分别或者合计达到十亩以上或者本条第（二）项规定的林地数量达到二十亩以上毁坏。

第四条 国家机关工作人员徇私舞弊，违反土地管理法规，非法低价出让国有林地使用权，具有下列情形之一的，属于刑法第四百一十条规定的“情节严重”，应当以非法低价出让国有土地使用权罪判处三年以下有期徒刑或者拘役：

（一）林地数量合计达到三十亩以上，并且出让价额低于国家规定的最低价额标准的百分之六十；

（二）造成国有资产流失价额达到三十万元以上。

第五条 实施本解释第四条规定的行为，造成国有资产流失价额达到六十万元以上的，属于刑法第四百一十条规定的“致使国家和集体利益遭受特别重大损失”，应当以非法低价出让国有土地使用权罪判处三年以上七年以下有期徒刑。

第六条 单位实施破坏林地资源犯罪的，依照本解释规定的相关定罪量刑标准执行。

第七条 多次实施本解释规定的行为依法应当追诉且未经处理的，应当按照累计的数量、数额处罚。

最高人民法院关于审理环境污染犯罪具体应用法律若干问题的解释

（2006年6月26日最高人民法院审判委员会第1391次会议通过 2006年7月21日公布 自2006年7月28日起施行）

法释〔2006〕4号

为依法惩治有关环境污染犯罪行为，根据刑法有关规定，现就审理这类刑事案件具体应用法律的若干问题解释如下：

第一条 具有下列情形之一的，属于刑法第三百三十八条、第三百三十九条和第四百零八条规定的“公私财产遭受重大损失”：

（一）致使公私财产损失三十万元以上的；

（二）致使基本农田、防护林地、特种用途林地五亩以上，其他农用地十亩以上，其他土地二十亩以上基本功能丧失或者遭受永久性破坏的；

（三）致使森林或者其他林木死亡五十立方米以上，或者幼树死亡二千五百株以上的。

第二条 具有下列情形之一的，属于刑法第三百三十八条、第三百三十九条和第四百零八条规定的“人身伤亡的严重后果”或者“严重危害人体健康”：

（一）致使一人以上死亡、三人以上重伤、十人以上轻伤，或者一人以上重伤并且五人以上轻伤的；

（二）致使传染病发生、流行或者人员中毒达到《国家突发公共卫生事件应急预案》中突发公共卫生事件分级Ⅲ级情形，严重危害人体健康的；

（三）其他致使"人身伤亡的严重后果"或者"严重危害人体健康"的情形。

第三条 具有下列情形之一的，属于刑法第三百三十八条、第三百三十九条规定的"后果特别严重"：

（一）致使公私财产损失一百万元以上的；

（二）致使水源污染、人员疏散转移达到《国家突发环境事件应急预案》中突发环境事件分级Ⅱ级以上情形的；

（三）致使基本农田、防护林地、特种用途林地十五亩以上，其他农用地三十亩以上，其他土地六十亩以上基本功能丧失或者遭受永久性破坏的；

（四）致使森林或者其他林木死亡一百五十立方米以上，或者幼树死亡七千五百株以上的；

（五）致使三人以上死亡、十人以上重伤、三十人以上轻伤，或者三人以上重伤并十人以上轻伤的；

（六）致使传染病发生、流行达到《国家突发公共卫生事件应急预案》中突发公共卫生事件分级Ⅱ级以上情形的；

（七）其他后果特别严重的情形。

第四条 本解释所称"公私财产损失"，包括污染环境行为直接造成的财产损毁、减少的实际价值，为防止污染扩大以及消除污染而采取的必要的、合理的措施而发生的费用。

第五条 单位犯刑法第三百三十八条、第三百三十九条规定之罪的，定罪量刑标准依照刑法和本解释的有关规定执行。

6. 走私、贩卖、运输、制造毒品罪

最高人民法院关于审理毒品案件定罪量刑标准有关问题的解释

（2000年4月20日最高人民法院审判委员会第1110次会议通过　2000年6月6日公布　自2000年6月10日起施行）

法释〔2000〕13号

为依法严惩毒品犯罪，根据刑法分则第六章第七节的规定，现就审理毒品案件定罪量刑标准有关问题解释如下：

第一条 走私、贩卖、运输、制造、非法持有下列毒品，应当认定为刑法第三百四十七条第二款第（一）项、第三百四十八条规定的"其他毒品数量大"：

（一）苯丙胺类毒品（甲基苯丙胺除外）一百克以上；

（二）大麻油五千克、大麻脂十千克、大麻叶及大麻烟一百五十千克以上；

（三）可卡因五十克以上；

（四）吗啡一百克以上；

（五）度冷丁（杜冷丁）二百五十

克以上（针剂100mg/支规格的二千五百支以上，50mg/支规格的五千支以上；片剂25mg/片规格的一万片以上，50mg/片规格的五千片以上）；

（六）盐酸二氢埃托啡十毫克以上（针剂或者片剂20μg/支、片规格的五百支、片以上）；

（七）咖啡因二百千克以上；

（八）罂粟壳二百千克以上；

（九）上述毒品以外的其他毒品数量大的。

第二条 走私、贩卖、运输、制造、非法持有下列毒品，应当认定为刑法第三百四十七条第三款、第三百四十八条规定的“其他毒品数量较大”：

（一）苯丙胺类毒品（甲基苯丙胺除外）二十克以上不满一百克；

（二）大麻油一千克以上不满五千克，大麻脂二千克以上不满十千克，大麻叶及大麻烟三十千克以上不满一百五十千克；

（三）可卡因十克以上不满五十克；

（四）吗啡二十克以上不满一百克；

（五）度冷丁（杜冷丁）五十克以上不满二百五十克（针剂100mg/支规格的五百支以上不满二千五百支，50mg/支规格的一千支以上不满五千支；片剂25mg/片规格的二千片以上不满一万片，50mg/片规格的一千片以上不满五千片）；

（六）盐酸二氢埃托啡二毫克以上不满十毫克（针剂或者片剂20μg/支、片规格的一百支、片以上不满五百支、片）；

（七）咖啡因五十千克以上不满二百千克；

（八）罂粟壳五十千克以上不满二百千克；

（九）上述毒品以外的其他毒品数量较大的。

第三条 具有下列情形之一的，可以认定为刑法第三百四十七条第四款规定的“情节严重”：

（一）走私、贩卖、运输、制造鸦片一百四十克以上不满二百克、海洛因或者甲基苯丙胺七克以上不满十克或者其他数量相当毒品的；

（二）国家工作人员走私、制造、运输、贩卖毒品的；

（三）在戒毒监管场所贩卖毒品的；

（四）向多人贩毒或者多次贩毒的；

（五）其他情节严重的行为。

第四条 违反国家规定，非法运输、携带进出境或在境内非法买卖醋酸酐、乙醚、三氯甲烷或者其他用于制造毒品的原料或者配剂达到下列数量标准的，依照刑法第三百五十条第一款的规定定罪处罚：

（一）麻黄碱、伪麻黄碱及其盐类和单方制剂五千克以上不满五十千克；麻黄浸膏、麻黄浸膏粉一百千克以上不满一千千克；

（二）醋酸酐、三氯甲烷二百千克以上不满二千千克；

（三）乙醚四百千克以上不满三千千克；

（四）上述原料或者配剂以外其他相当数量的用于制造毒品的原料或者配剂。

违反国家规定，非法运输、携带进出境或者在境内非法买卖用于制造毒品的原料或者配剂，超过前款所列数量标准的，应当认定为刑法第三百五十条第一款规定的“数量大”。

第五条 非法种植大麻五千株以上不满三万株，应当认定为刑法第三百五十一条第一款第（一）项规定的非法种植大麻“数量较大”；非法种植大麻三万株以上，应当认定为刑法第三百五十一条第二款规定的非法种植大麻“数量大”。

最高人民法院　最高人民检察院　公安部关于印发《办理毒品犯罪案件适用法律若干问题的意见》的通知

（2007年11月8日　公通字〔2007〕84号）

各省、自治区、直辖市高级人民法院、人民检察院、公安厅、局，新疆维吾尔自治区高级人民法院生产建设兵团分院、新疆生产建设兵团人民检察院、公安局：

为解决近年来在办理毒品案件中遇到的一些突出法律适用问题，根据有关法律和司法解释的规定，结合侦查、批捕、起诉、审判工作实践，最高人民法院、最高人民检察院、公安部制定了《办理毒品犯罪案件适用法律若干问题的意见》。现印发给你们，请结合本地、本部门实际认真贯彻执行。

办理毒品犯罪案件适用法律若干问题的意见

一、关于毒品犯罪案件的管辖问题

根据刑事诉讼法的规定，毒品犯罪案件的地域管辖，应当坚持以犯罪地管辖为主、被告人居住地管辖为辅的原则。

“犯罪地”包括犯罪预谋地，毒资筹集地，交易进行地，毒品生产地，毒资、毒赃和毒品的藏匿地、转移地，走私或者贩运毒品的目的地以及犯罪嫌疑人被抓获地等。

“被告人居住地”包括被告人常住地、户籍地及其临时居住地。

对怀孕、哺乳期妇女走私、贩卖、运输毒品案件，查获地公安机关认为移交其居住地管辖更有利于采取强制措施和查清犯罪事实的，可以报请共同的上级公安机关批准，移送犯罪嫌疑人居住地公安机关办理，查获地公安机关应继续配合。

公安机关对侦办跨区域毒品犯罪案件的管辖权有争议的，应本着有利于查清犯罪事实，有利于诉讼，有利于保障案件侦查安全的原则，认真协商解决。经协商无法达成一致的，报共同的上级公安机关指定管辖。对即将侦查终结的跨省（自治区、直辖市）重大毒品案件，必要时可由公安部商最高人民法院和最高人民检察院指定管辖。

为保证及时结案，避免超期羁押，人民检察院对于公安机关移送审查起诉的案件，人民法院对于已进入审判程序的案件，被告人及其辩护人提出管辖异议或者办案单位发现没有管辖权的，受案人民检察院、人民法院经审可以依法报请上级人民检察院、人民法院指定管辖，不再自行移送有管辖权的人民检察院、人民法院。

二、关于毒品犯罪嫌疑人、被告人主观明知的认定问题

走私、贩卖、运输、非法持有毒品主观故意中的“明知”，是指行为人知道或者应当知道所实施的行为是走私、贩卖、运输、非法持有毒品行为。具有下列情形之一，并且犯罪嫌疑人、被告人不能做出合理解释的，可以认定其“应当知道”，但有证据证明确属被蒙骗的除外：

（一）执法人员在口岸、机场、车站、港口和其他检查站检查时，要求行为人申报为他人携带的物品和其他疑似毒品物，并告知其法律责任，而行为人未如实申报，在其所携带的物品内查获毒品的；

（二）以伪报、藏匿、伪装等蒙蔽手段逃避海关、边防等检查，在其携带、运输、邮寄的物品中查获毒品的；

（三）执法人员检查时，有逃跑、丢弃携带物品或逃避、抗拒检查等行为，在其携带或丢弃的物品中查获毒品的；

（四）体内藏匿毒品的；

（五）为获取不同寻常的高额或不等值的报酬而携带、运输毒品的；

（六）采用高度隐蔽的方式携带、运输毒品的；

（七）采用高度隐蔽的方式交接毒品，明显违背合法物品惯常交接方式的；

（八）其他有证据足以证明行为人应当知道的。

三、关于办理氯胺酮等毒品案件定罪量刑标准问题

（一）走私、贩卖、运输、制造、非法持有下列毒品，应当认定为刑法第三百四十七条第二款第（一）项、第三百四十八条规定的“其他毒品数量大”：

1. 二亚甲基双氧安非他明（MDMA）等苯丙胺类毒品（甲基苯丙胺除外）100克以上；

2. 氯胺酮、美沙酮1千克以上；

3. 三唑仑、安眠酮50千克以上；

4. 氯氮卓、艾司唑仑、地西泮、溴西泮500千克以上；

5. 上述毒品以外的其他毒品数量大的。

（二）走私、贩卖、运输、制造、非法持有下列毒品，应当认定为刑法第三百四十七条第三款、第三百四十八条规定的“其他毒品数量较大”：

1. 二亚甲基双氧安非他明（MDMA）等苯丙胺类毒品（甲基苯丙胺除外）20克以上不满100克的；

2. 氯胺酮、美沙酮200克以上不满1千克的；

3. 三唑仑、安眠酮10千克以上不满50千克的；

4. 氯氮卓、艾司唑仑、地西泮、溴西泮100千克以上不满500千克的；

5. 上述毒品以外的其他毒品数量较大的。

（三）走私、贩卖、运输、制造下列毒品，应当认定为刑法第三百四十七条第四款规定的“其他少量毒品”：

1. 二亚甲基双氧安非他明（MDMA）等苯丙胺类毒品（甲基苯丙胺除外）不满20克的；

2. 氯胺酮、美沙酮不满200克的；

3. 三唑仑、安眠酮不满10千克的；

4. 氯氮卓、艾司唑仑、地西泮、溴西泮不满100千克的；

5. 上述毒品以外的其他少量毒品的。

（四）上述毒品品种包括其盐和制剂。毒品鉴定结论中毒品品名的认定应当以国家食品药品监督管理局、公安部、卫生部最新发布的《麻醉药品品种目录》、《精神药品品种目录》为依据。

四、关于死刑案件的毒品含量鉴定问题

可能判处死刑的毒品犯罪案件，毒品鉴定结论中应有含量鉴定的结论。

最高人民检察院法律政策研究室关于安定注射液是否属于刑法第三百五十五条规定的精神药品问题的答复

（2002年10月24日 〔2002〕高检研发第23号）

福建省人民检察院研究室：

你院《关于安定注射液是否属于〈刑法〉第三百五十五条规定的精神药品的请示》（闽检〔2001〕6号）收悉。经研究并征求有关部门意见，答复如下：

根据《精神药品管理办法》等国家有关规定，“能够使人形成瘾癖”的精神药品，是指使用后能使人的中枢神经系统兴奋或者抑制，连续使用能使人产生依赖性的药品。安定注射液属于刑法第三百五十五条第一款规定的“国家规定管制的能够使人形成瘾癖的”精神药品。鉴于安定注射液属于《精神药品管理办法》规定的第二类精神药品，医疗实践中使用较多，在处理此类案件时，应当慎重掌握罪与非罪的界限。对于明知他人是吸毒人员而多次向其出售安定注射液，或者贩卖安定注射液数量较大的，可以依法追究行为人的刑事责任。

此复。

7. 组织、强迫、引诱、容留、介绍卖淫罪

最高人民检察院关于构成嫖宿幼女罪主观上是否需要具备明知要件的解释

（2001年6月4日最高人民检察院第九届检察委员会第89次会议通过 2001年6月11日公布 自2001年6月11日起施行）
高检发释字〔2001〕3号

为依法办理嫖宿幼女犯罪案件，对嫖宿幼女行为如何适用法律问题解释如下：

行为人知道被害人是或者可能是不满十四周岁幼女而嫖宿的，适用刑法第三百六十条第二款的规定，以嫖宿幼女

罪追究刑事责任。

8. 制作、贩卖、传播淫秽物品罪

最高人民法院　最高人民检察院关于办理利用互联网、移动通讯终端、声讯台制作、复制、出版、贩卖、传播淫秽电子信息刑事案件具体应用法律若干问题的解释

（2004年9月1日最高人民法院审判委员会第1323次会议、2004年9月2日最高人民检察院第十届检察委员会第26次会议通过　2004年9月3日公布　自2004年9月6日起施行）

法释〔2004〕11号

为依法惩治利用互联网、移动通讯终端制作、复制、出版、贩卖、传播淫秽电子信息、通过声讯台传播淫秽语音信息等犯罪活动，维护公共网络、通讯的正常秩序，保障公众的合法权益，根据《中华人民共和国刑法》、《全国人民代表大会常务委员会关于维护互联网安全的决定》的规定，现对办理该类刑事案件具体应用法律的若干问题解释如下：

第一条　以牟利为目的，利用互联网、移动通讯终端制作、复制、出版、贩卖、传播淫秽电子信息，具有下列情形之一的，依照刑法第三百六十三条第一款的规定，以制作、复制、出版、贩卖、传播淫秽物品牟利罪定罪处罚：

（一）制作、复制、出版、贩卖、传播淫秽电影、表演、动画等视频文件二十个以上的；

（二）制作、复制、出版、贩卖、传播淫秽音频文件一百个以上的；

（三）制作、复制、出版、贩卖、传播淫秽电子刊物、图片、文章、短信息等二百件以上的；

（四）制作、复制、出版、贩卖、传播的淫秽电子信息，实际被点击数达到一万次以上的；

（五）以会员制方式出版、贩卖、传播淫秽电子信息，注册会员达二百人以上的；

（六）利用淫秽电子信息收取广告费、会员注册费或者其他费用，违法所得一万元以上的；

（七）数量或者数额虽未达到第（一）项至第（六）项规定标准，但分别达到其中两项以上标准一半以上的；

（八）造成严重后果的。

利用聊天室、论坛、即时通信软件、电子邮件等方式，实施第一款规定行为的，依照刑法第三百六十三条第一款的规定，以制作、复制、出版、贩卖、传播淫秽物品牟利罪定罪处罚。

第二条　实施第一条规定的行为，数量或者数额达到第一条第一款第（一）项至第（六）项规定标准五倍以上的，应当认定为刑法第三百六十三条第一款规定的“情节严重”；达到规定标准二十五倍以上的，应当认定为“情节特别严重”。

第三条　不以牟利为目的，利用互

联网或者移动通讯终端传播淫秽电子信息，具有下列情形之一的，依照刑法第三百六十四条第一款的规定，以传播淫秽物品罪定罪处罚：

（一）数量达到第一条第一款第（一）项至第（五）项规定标准二倍以上的；

（二）数量分别达到第一条第一款第（一）项至第（五）项两项以上标准的；

（三）造成严重后果的。

利用聊天室、论坛、即时通信软件、电子邮件等方式，实施第一款规定行为的，依照刑法第三百六十四条第一款的规定，以传播淫秽物品罪定罪处罚。

第四条 明知是淫秽电子信息而在自己所有、管理或者使用的网站或者网页上提供直接链接的，其数量标准根据所链接的淫秽电子信息的种类计算。

第五条 以牟利为目的，通过声讯台传播淫秽语音信息，具有下列情形之一的，依照刑法第三百六十三条第一款的规定，对直接负责的主管人员和其他直接责任人员以传播淫秽物品牟利罪定罪处罚：

（一）向一百人次以上传播的；

（二）违法所得一万元以上的；

（三）造成严重后果的。

实施前款规定行为，数量或者数额达到前款第（一）项至第（二）项规定标准五倍以上的，应当认定为刑法第三百六十三条第一款规定的“情节严重”；达到规定标准二十五倍以上的，应当认定为“情节特别严重”。

第六条 实施本解释前五条规定的犯罪，具有下列情形之一的，依照刑法第三百六十三条第一款、第三百六十四条第一款的规定从重处罚：

（一）制作、复制、出版、贩卖、传播具体描绘不满十八周岁未成年人性行为的淫秽电子信息的；

（二）明知是具体描绘不满十八周岁的未成年人性行为的淫秽电子信息而在自己所有、管理或者使用的网站或者网页上提供直接链接的；

（三）向不满十八周岁的未成年人贩卖、传播淫秽电子信息和语音信息的；

（四）通过使用破坏性程序、恶意代码修改用户计算机设置等方法，强制用户访问、下载淫秽电子信息的。

第七条 明知他人实施制作、复制、出版、贩卖、传播淫秽电子信息犯罪，为其提供互联网接入、服务器托管、网络存储空间、通讯传输通道、费用结算等帮助的，对直接负责的主管人员和其他直接责任人员，以共同犯罪论处。

第八条 利用互联网、移动通讯终端、声讯台贩卖、传播淫秽书刊、影片、录像带、录音带等以实物为载体的淫秽物品的，依照《最高人民法院关于审理非法出版物刑事案件具体应用法律若干问题的解释》的有关规定定罪处罚。

第九条 刑法第三百六十七条第一款规定的“其他淫秽物品”，包括具体描绘性行为或者露骨宣扬色情的诲淫性的视频文件、音频文件、电子刊物、图片、文章、短信息等互联网、移动通讯终端电子信息和声讯台语音信息。

有关人体生理、医学知识的电子信息和声讯台语音信息不是淫秽物品。包含色情内容的有艺术价值的电子文学、艺术作品不视为淫秽物品。

（七）危害国防利益罪

最高人民法院关于审理非法生产、买卖武装部队车辆号牌等刑事案件具体应用法律若干问题的解释

（2002年4月8日最高人民法院审判委员会第1220次会议通过
2002年4月10日公布　自2002年4月17日起施行）
法释〔2002〕9号

为依法惩治非法生产、买卖武装部队车辆号牌等犯罪活动，根据刑法的有关规定，现就审理这类刑事案件具体应用法律的若干问题解释如下：

第一条　伪造、变造、买卖或者盗窃、抢夺武装部队车辆行驶证、车辆驾驶证、车辆监理印章，具有下列情形之一的，根据刑法第三百七十五条第一款的规定，以伪造、变造、买卖武装部队证件、印章或者盗窃、抢夺武装部队证件、印章罪定罪处罚：

（一）伪造、变造、买卖或者盗窃、抢夺武装部队车辆监理印章的；

（二）伪造、变造、买卖或者盗窃、抢夺武装部队车辆行驶证、车辆驾驶证三本以上的。

具有下列情形之一的，属于刑法第三百七十五条第一款规定的“情节严重”：

（一）伪造、变造、买卖或者盗窃、抢夺武装部队车辆监理印章三枚以上的；

（二）伪造、变造、买卖或者盗窃、抢夺武装部队车辆行驶证、车辆驾驶证十本以上的；

（三）具有其他严重情节的。

第二条　非法生产、买卖武装部队车辆号牌等专用标志，具有下列情形之一的，属于刑法第三百七十五条第二款规定的“情节严重”：

（一）非法生产、买卖武装部队军以上领导机关专用车辆号牌的；

（二）非法生产、买卖武装部队其他车辆号牌三副以上的；

（三）具有其他严重情节的。

伪造、变造武装部队车辆号牌或者买卖伪造、变造的武装部队车辆号牌，情节严重的，依照刑法第三百七十五条第二款的规定定罪处罚。

第三条　使用伪造、变造、盗窃的武装部队车辆号牌，不缴或者少缴应纳的车辆购置税、车辆使用税等税款，偷税数额占应纳税额的百分之十以上，且偷税数额在一万元以上的，依照刑法第二百零一条第一款的规定定罪处罚。

使用伪造、变造、盗窃的武装部队车辆号牌，骗免养路费、通行费等各种规费，数额较大的，依照刑法第二百六十六条的规定定罪处罚。

第四条　冒充军人使用伪造、变造、盗窃的武装部队车辆号牌，造成恶劣影响的，依照刑法第三百七十二条的规定定罪处罚。

第五条　单位犯刑法第三百七十五条第二款规定之罪的，依照本解释第二条的规定执行。

最高人民法院关于审理危害军事通信刑事案件具体应用法律若干问题的解释

(2007年6月18日最高人民法院审判委员会第1430次会议通过
2007年6月26日公布　自2007年6月29日起施行)
法释〔2007〕13号

为依法惩治危害军事通信的犯罪活动，维护国防利益和军事通信安全，根据刑法有关规定，现就审理这类刑事案件具体应用法律的若干问题解释如下：

第一条　故意实施损毁军事通信线路、设备，破坏军事通信计算机信息系统，干扰、侵占军事通信电磁频谱等行为的，依照刑法第三百六十九条第一款的规定，以破坏军事通信罪定罪，处三年以下有期徒刑、拘役或者管制；破坏重要军事通信的，处三年以上十年以下有期徒刑。

第二条　实施破坏军事通信行为，具有下列情形之一的，属于刑法第三百六十九条第一款规定的"情节特别严重"，以破坏军事通信罪定罪，处十年以上有期徒刑、无期徒刑或者死刑：

(一) 造成重要军事通信中断或者严重障碍，严重影响部队完成作战任务或者致使部队在作战中遭受损失的；

(二) 造成部队执行抢险救灾、军事演习或者处置突发性事件等任务的通信中断或者严重障碍，并因此贻误部队行动，致使死亡3人以上、重伤10人以上或者财产损失100万元以上的；

(三) 破坏重要军事通信三次以上的；

(四) 其他情节特别严重的情形。

第三条　过失损坏军事通信，造成重要军事通信中断或者严重障碍的，属于刑法第三百六十九条第二款规定的"造成严重后果"，以过失损坏军事通信罪定罪，处三年以下有期徒刑或者拘役。

第四条　过失损坏军事通信，具有下列情形之一的，属于刑法第三百六十九条第二款规定的"造成特别严重后果"，以过失损坏军事通信罪定罪，处三年以上七年以下有期徒刑：

(一) 造成重要军事通信中断或者严重障碍，严重影响部队完成作战任务或者致使部队在作战中遭受损失的；

(二) 造成部队执行抢险救灾、军事演习或者处置突发性事件等任务的通信中断或者严重障碍，并因此贻误部队行动，致使死亡3人以上、重伤10人以上或者财产损失100万元以上的；

(三) 其他后果特别严重的情形。

第五条　建设、施工单位直接负责的主管人员、施工管理人员，明知是军事通信线路、设备而指使、强令、纵容他人予以损毁的，或者不听管护人员劝阻，指使、强令、纵容他人违章作业，造成军事通信线路、设备损毁的，以破坏军事通信罪定罪处罚。

建设、施工单位直接负责的主管人员、施工管理人员，忽视军事通信线路、设备保护标志，指使、纵容他人违章作业，致使军事通信线路、设备损毁，构成犯罪的，以过失损坏军事通信罪定罪处罚。

第六条 破坏、过失损坏军事通信，并造成公用电信设施损毁，危害公共安全，同时构成刑法第一百二十四条和第三百六十九条规定的犯罪的，依照处罚较重的规定定罪处罚。

盗窃军事通信线路、设备，不构成盗窃罪，但破坏军事通信的，依照刑法第三百六十九条第一款的规定定罪处罚；同时构成刑法第一百二十四条、第二百六十四条和第三百六十九条第一款规定的犯罪的，依照处罚较重的规定定罪处罚。

违反国家规定，侵入国防建设、尖端科学技术领域的军事通信计算机信息系统，尚未对军事通信造成破坏的，依照刑法第二百八十五条的规定定罪处罚；对军事通信造成破坏，同时构成刑法第二百八十五条、第二百八十六条、第三百六十九条第一款规定的犯罪的，依照处罚较重的规定定罪处罚。

违反国家规定，擅自设置、使用无线电台、站，或者擅自占用频率，经责令停止使用后拒不停止使用，干扰无线电通讯正常进行，构成犯罪的，依照刑法第二百八十八条的规定定罪处罚；造成军事通信中断或者严重障碍，同时构成刑法第二百八十八条、第三百六十九条第一款规定的犯罪的，依照处罚较重的规定定罪处罚。

第七条 本解释所称"重要军事通信"，是指军事首脑机关及重要指挥中心的通信，部队作战中的通信，等级战备通信，飞行航行训练、抢险救灾、军事演习或者处置突发性事件中的通信，以及执行试飞试航、武器装备科研试验或者远洋航行等重要军事任务中的通信。

本解释所称军事通信的具体范围、通信中断和严重障碍的标准，参照中国人民解放军通信主管部门的有关规定确定。

（八）贪污贿赂罪

最高人民法院关于印发《全国法院审理经济犯罪案件工作座谈会纪要》的通知

（2003年11月13日 法〔2003〕167号）

各省、自治区、直辖市高级人民法院，解放军军事法院，新疆维吾尔自治区高级人民法院生产建设兵团分院：

现将《全国法院审理经济犯罪案件工作座谈会纪要》印发，供参照执行。执行中有什么问题，请及时报告我院。

附：

全国法院审理经济犯罪案件工作座谈会纪要

为了进一步加强人民法院审判经济犯罪案件工作，最高人民法院于2002年6月4日至6日在重庆市召开了全国法院审理经济犯罪案件工作座谈会。各省、自治区、直辖市高级人民法院和解放军军事法院主管刑事审判工作的副院长和刑庭庭长参加了座谈会，全国人大常委会法制工作委员会、最高人民检察院、公安部也应邀派员参加了座谈会。

座谈会总结了刑法和刑事诉讼法修订实施以来人民法院审理经济犯罪案件工作的情况和经验，分析了审理经济犯罪案件工作面临的形势和任务，对当前和今后一个时期进一步加强人民法院审判经济犯罪案件的工作做了部署。座谈会重点讨论了人民法院在审理贪污贿赂和渎职犯罪案件中遇到的有关适用法律的若干问题，并就其中一些带有普遍性的问题形成了共识。经整理并征求有关部门的意见，纪要如下：

一、关于贪污贿赂犯罪和渎职犯罪的主体

（一）国家机关工作人员的认定

刑法中所称的国家机关工作人员，是指在国家机关中从事公务的人员，包括在各级国家权力机关、行政机关、司法机关和军事机关中从事公务的人员。

根据有关立法解释的规定，在依照法律、法规规定行使国家行政管理职权的组织中从事公务的人员，或者在受国家机关委托代表国家行使职权的组织中从事公务的人员，或者虽未列入国家机关人员编制但在国家机关中从事公务的人员，视为国家机关工作人员。在乡（镇）以上中国共产党机关、人民政协机关中从事公务的人员，司法实践中也应当视为国家机关工作人员。

（二）国家机关、国有公司、企业、事业单位委派到非国有公司、企业、事业单位、社会团体从事公务的人员的认定

所谓委派，即委任、派遣，其形式多种多样，如任命、指派、提名、批准等。不论被委派的人身份如何，只要是接受国家机关、国有公司、企业、事业单位委派，代表国家机关、国有公司、企业、事业单位在非国有公司、企业、事业单位、社会团体中从事组织、领导、监督、管理等工作，都可以认定为国家机关、国有公司、企业、事业单位委派到非国有公司、企业、事业单位、社会团体从事公务的人员。如国家机关、国有公司、企业、事业单位委派在国有控股或者参股的股份有限公司从事组织、领导、监督、管理等工作的人员，应当以国家工作人员论。国有公司、企业改制为股份有限公司后，原国有公司、企业的工作人员和股份有限公司新任命的人员中，除代表国有投资主体行使监督、管理职权的人外，不以国家工作人员论。

（三）“其他依照法律从事公务的人员”的认定

刑法第九十三条第二款规定的“其他依照法律从事公务的人员”应当具有两个特征：一是在特定条件下行使国家管理职能；二是依照法律规定从事公务。具体包括：（1）依法履行职责的各级人民代表大会代表；（2）依法履行审判职责的人民陪审员；（3）协助乡镇人民政府、街道办事处从事行政管理工作的村民委员会、居民委员会等农村和城市基层组织人员；（4）其他由法律授权从事公务的人员。

（四）关于“从事公务”的理解

从事公务，是指代表国家机关、国有公司、企业、事业单位、人民团体等履行组织、领导、监督、管理等职责。公务主要表现为与职权相联系的公共事务以及监督、管理国有财产的职务活动。如国家机关工作人员依法履行职责，国有公司的董事、经理、监事、会计、出纳人员等管理、监督国有财产等活动，属于从事公务。那些不具备职权内容的劳务活动、技术服务工作，如售货员、售票员等所从事的工作，一般不认为是公务。

二、关于贪污罪

（一）贪污罪既遂与未遂的认定

贪污罪是一种以非法占有为目的的财产性职务犯罪，与盗窃、诈骗、抢夺等侵犯财产罪一样，应当以行为人是否实际控制财物作为区分贪污罪既遂与未遂的标准。对于行为人利用职务上的便利，实施了虚假平账等贪污行为，但公共财物尚未实际转移，或者尚未被行为人控制就被查获的，应当认定为贪污未遂。行为人控制公共财物后，是否将财物据为己有，不影响贪污既遂的认定。

（二）“受委托管理、经营国有财产”的认定

刑法第三百八十二条第二款规定的“受委托管理、经营国有财产”，是指因承包、租赁、临时聘用等管理、经营国有财产。

（三）国家工作人员与非国家工作人员勾结共同非法占有单位财物行为的认定

对于国家工作人员与他人勾结，共同非法占有单位财物的行为，应当按照最高人民法院《关于审理贪污、职务侵占案件如何认定共同犯罪几个问题的解释》的规定定罪处罚。对于在公司、企业或者其他单位中，非国家工作人员与国家工作人员勾结，分别利用各自的职务便利，共同将本单位财物非法占有的，应当尽量区分主、从犯，按照主犯的犯罪性质定罪。司法实践中，如果根据案件的实际情况，各共同犯罪人在共同犯罪中的地位、作用相当，难以区分主、从犯的，可以贪污罪定罪处罚。

（四）共同贪污犯罪中“个人贪污数额”的认定

刑法第三百八十三条第一款规定的“个人贪污数额”，在共同贪污犯罪案件中应理解为个人所参与或者组织、指挥共同贪污的数额，不能只按个人实际分得的赃款数额来认定。对共同贪污犯罪中的从犯，应当按照其所参与的共同贪污的数额确定量刑幅度，并依照刑法第二十七条第二款的规定，从轻、减轻处罚或者免除处罚。

三、关于受贿罪

（一）关于“利用职务上的便利”的认定

刑法第三百八十五条第一款规定的“利用职务上的便利”，既包括利用本人职务上主管、负责、承办某项公共事务的职权，也包括利用职务上有隶属、制约关系的其他国家工作人员的职权。担任单位领导职务的国家工作人员通过不属自己主管的下级部门的国家工作人员的职务为他人谋取利益的，应当认定为“利用职务上的便利”为他人谋取利益。

（二）“为他人谋取利益”的认定

为他人谋取利益包括承诺、实施和实现三个阶段的行为。只要具有其中一个阶段的行为，如国家工作人员收受他人财物时，根据他人提出的具体请托事项，承诺为他人谋取利益的，就具备了为他人谋取利益的要件。明知他人有具体请托事项而收受其财物的，视为承诺为他人谋取利益。

（三）“利用职权或地位形成的便利条件”的认定

刑法第三百八十八条规定的“利用本人职权或者地位形成的便利条件”，是指行为人与被其利用的国家工作人员之间在职务上虽然没有隶属、制约关系，但是行为人利用了本人职权或者地位产生的影响和一定的工作联系，如单位内不同部门的国家工作人员之间、上下级单位没有职务上隶属、制约关系的国家工作人员之间、有工作联系的不同单位的国家工作人员之间等。

（四）离职国家工作人员收受财物行为的处理

参照最高人民法院《关于国家工作人员利用职务上的便利为他人谋取利益离退休后收受财物行为如何处理问题的批复》规定的精神，国家工作人员利用职务上的便利为请托人谋取利益，并与请托人事先约定，在其离职后收受请托人财物，构成犯罪的，以受贿罪定罪处罚。

（五）共同受贿犯罪的认定

根据刑法关于共同犯罪的规定，非国家工作人员与国家工作人员勾结，伙同受贿的，应当以受贿罪的共犯追究刑事责任。非国家工作人员是否构成受贿罪共犯，取决于双方有无共同受贿的故意和行为。国家工作人员的近亲属向国家工作人员代为转达请托事项，收受请托人财物并告知该国家工作人员，或者国家工作人员明知其近亲属收受了他人财物，仍按照近亲属的要求利用职权为他人谋取利益的，对该国家工作人员应认定为受贿罪，其近亲属以受贿罪共犯论处。近亲属以外的其他人与国家工作人员通谋，由国家工作人员利用职务上的便利为请托人谋取利益，收受请托人财物后双方共同占有的，构成受贿罪共犯。

国家工作人员利用职务上的便利为他人谋取利益，并指定他人将财物送给其他人，构成犯罪的，应以受贿罪定罪处罚。

（六）以借款为名索取或者非法收受财物行为的认定

国家工作人员利用职务上的便利，以借为名向他人索取财物，或者非法收受财物为他人谋取利益的，应当认定为受贿。具体认定时，不能仅仅看是否有书面借款手续，应当根据以下因素综合判定：（1）有无正当、合理的借款事由；（2）款项的去向；（3）双方平时关系如何、有无经济往来；（4）出借方是否要求国家工作人员利用职务上的便利为其谋取利益；（5）借款后是否有归还的意思表示及行为；（6）是否有归还的能力；（7）未归还的原因；等等。

（七）涉及股票受贿案件的认定

在办理涉及股票的受贿案件时，应当注意：（1）国家工作人员利用职务上的便利，索取或非法收受股票，没有支付股本金，为他人谋取利益，构成受贿罪的，其受贿数额按照收受股票时的实际价格计算。（2）行为人支付股本金而购买较有可能升值的股票，由于不是无偿收受请托人财物，不以受贿罪论处。（3）股票已上市且已升值，行为人仅支付股本金，其“购买”股票时的实际价格与股本金的差价部分应认定为受贿。

四、关于挪用公款罪

（一）单位决定将公款给个人使用行为的认定

经单位领导集体研究决定将公款给

个人使用，或者单位负责人为了单位的利益，决定将公款给个人使用的，不以挪用公款罪定罪处罚。上述行为致使单位遭受重大损失，构成其他犯罪的，依照刑法的有关规定对责任人员定罪处罚。

（二）挪用公款供其他单位使用行为的认定

根据全国人大常委会《关于〈中华人民共和国刑法〉第三百八十四条第一款的解释》的规定，“以个人名义将公款供其他单位使用的”、“个人决定以单位名义将公款供其他单位使用，谋取个人利益的”，属于挪用公款“归个人使用”。在司法实践中，对于将公款供其他单位使用的，认定是否属于“以个人名义”，不能只看形式，要从实质上把握。对于行为人逃避财务监管，或者与使用人约定以个人名义进行，或者借款、还款都以个人名义进行，将公款给其他单位使用的，应认定为“以个人名义”。“个人决定”既包括行为人在职权范围内决定，也包括超越职权范围决定。“谋取个人利益”，既包括行为人与使用人事先约定谋取个人利益实际尚未获取的情况，也包括虽未事先约定但实际已获取了个人利益的情况。其中的“个人利益”，既包括不正当利益，也包括正当利益；既包括财产性利益，也包括非财产性利益，但这种非财产性利益应当是具体的实际利益，如升学、就业等。

（三）国有单位领导向其主管的具有法人资格的下级单位借公款归个人使用的认定

国有单位领导利用职务上的便利指令具有法人资格的下级单位将公款供个人使用的，属于挪用公款行为，构成犯罪的，应以挪用公款罪定罪处罚。

（四）挪用有价证券、金融凭证用于质押行为性质的认定

挪用金融凭证、有价证券用于质押，使公款处于风险之中，与挪用公款为他人提供担保没有实质的区别，符合刑法关于挪用公款罪规定的，以挪用公款罪定罪处罚，挪用公款数额以实际或者可能承担的风险数额认定。

（五）挪用公款归还个人欠款行为性质的认定

挪用公款归还个人欠款的，应当根据产生欠款的原因，分别认定属于挪用公款的何种情形。归还个人进行非法活动或者进行营利活动产生的欠款，应当认定为挪用公款进行非法活动或者进行营利活动。

（六）挪用公款用于注册公司、企业行为性质的认定

申报注册资本是为进行生产经营活动做准备，属于成立公司、企业进行营利活动的组成部分。因此，挪用公款归个人用于公司、企业注册资本验资证明的，应当认定为挪用公款进行营利活动。

（七）挪用公款后尚未投入实际使用的行为性质的认定

挪用公款后尚未投入实际使用的，只要同时具备“数额较大”和“超过三个月未还”的构成要件，应当认定为挪用公款罪，但可以酌情从轻处罚。

（八）挪用公款转化为贪污的认定

挪用公款罪与贪污罪的主要区别在于行为人主观上是否具有非法占有公款的目的。挪用公款是否转化为贪污，应当按照主客观相一致的原则，具体判断和认定行为人主观上是否具有非法占有公款的目的。在司法实践中，具有以下情形之一的，可以认定行为人具有非法占有公款的目的：

1. 根据最高人民法院《关于审理

挪用公款案件具体应用法律若干问题的解释》第六条的规定，行为人“携带挪用的公款潜逃的”，对其携带挪用的公款部分，以贪污罪定罪处罚。

2. 行为人挪用公款后采取虚假发票平账、销毁有关账目等手段，使所挪用的公款已难以在单位财务账目上反映出来，且没有归还行为的，应当以贪污罪定罪处罚。

3. 行为人截取单位收入不入账，非法占有，使所占有的公款难以在单位财务账目上反映出来，且没有归还行为的，应当以贪污罪定罪处罚。

4. 有证据证明行为人有能力归还所挪用的公款而拒不归还，并隐瞒挪用的公款去向的，应当以贪污罪定罪处罚。

五、关于巨额财产来源不明罪

（一）行为人不能说明巨额财产来源合法的认定

刑法第三百九十五条第一款规定的“不能说明”，包括以下情况：（1）行为人拒不说明财产来源；（2）行为人无法说明财产的具体来源；（3）行为人所说的财产来源经司法机关查证并不属实；（4）行为人所说的财产来源因线索不具体等原因，司法机关无法查实，但能排除存在来源合法的可能性和合理性的。

（二）“非法所得”的数额计算

刑法第三百九十五条规定的“非法所得”，一般是指行为人的全部财产与能够认定的所有支出的总和减去能够证实的有真实来源的所得。在具体计算时，应注意以下问题：（1）应把国家工作人员个人财产和与其共同生活的家庭成员的财产、支出等一并计算，而且一并减去他们所有的合法收入以及确属与其共同生活的家庭成员个人的非法收入。（2）行为人所有的财产包括房产、家具、生活用品、学习用品及股票、债券、存款等动产和不动产；行为人的支出包括合法支出和不合法的支出，包括日常生活、工作、学习费用、罚款及向他人行贿的财物等；行为人的合法收入包括工资、奖金、稿酬、继承等法律和政策允许的各种收入。（3）为了便于计算犯罪数额，对于行为人的财产和合法收入，一般可以从行为人有比较确定的收入和财产时开始计算。

六、关于渎职罪

（一）渎职犯罪行为造成的公共财产重大损失的认定

根据刑法规定，玩忽职守、滥用职权等渎职犯罪是以致使公共财产、国家和人民利益遭受重大损失为构成要件的。其中，公共财产的重大损失，通常是指渎职行为已经造成的重大经济损失。在司法实践中，有以下情形之一的，虽然公共财产作为债权存在，但已无法实现债权的，可以认定为行为人的渎职行为造成了经济损失：（1）债务人已经法定程序被宣告破产；（2）债务人潜逃，去向不明；（3）因行为人责任，致使超过诉讼时效；（4）有证据证明债权无法实现的其他情况。

（二）玩忽职守罪的追诉时效

玩忽职守行为造成的重大损失当时没有发生，而是玩忽职守行为之后一定时间发生的，应从危害结果发生之日起计算玩忽职守罪的追诉期限。

（三）国有公司、企业人员渎职犯罪的法律适用

对于1999年12月24日《中华人民共和国刑法修正案》实施以前发生的国有公司、企业人员渎职行为（不包括徇私舞弊行为），尚未处理或者正在处理的，不能按照刑法修正案追究刑事责任。

（四）关于“徇私”的理解

徇私舞弊型渎职犯罪的“徇私”应理解为徇个人私情、私利。国家机关工作人员为了本单位的利益，实施滥用职权、玩忽职守行为，构成犯罪的，依照刑法第三百九十七条第一款的规定定罪处罚。

最高人民法院关于审理贪污、职务侵占案件如何认定共同犯罪几个问题的解释

（2000年6月27日最高人民法院审判委员会第1120次会议通过
2000年6月30日公布　自2000年7月8日起施行）
法释〔2000〕15号

为依法审理贪污或者职务侵占犯罪案件，现就这类案件如何认定共同犯罪问题解释如下：

第一条　行为人与国家工作人员勾结，利用国家工作人员的职务便利，共同侵吞、窃取、骗取或者以其他手段非法占有公共财物的，以贪污罪共犯论处。

第二条　行为人与公司、企业或者其他单位的人员勾结，利用公司、企业或者其他单位人员的职务便利，共同将该单位财物非法占为己有，数额较大的，以职务侵占罪共犯论处。

第三条　公司、企业或者其他单位中，不具有国家工作人员身份的人与国家工作人员勾结，分别利用各自的职务便利，共同将本单位财物非法占为己有的，按照主犯的犯罪性质定罪。

最高人民法院关于审理挪用公款案件具体应用法律若干问题的解释

（1998年4月6日最高人民法院审判委员会第972次会议通过
1998年4月29日公布　自1998年5月9日起施行）
法释〔1998〕9号

为依法惩处挪用公款犯罪，根据刑法的有关规定，现对办理挪用公款案件具体应用法律的若干问题解释如下：

第一条　刑法第三百八十四条规定的“挪用公款归个人使用”，包括挪用者本人使用或者给他人使用。

挪用公款给私有公司、私有企业使用的，属于挪用公款归个人使用。

第二条　对挪用公款罪，应区分三种不同情况予以认定：

（一）挪用公款归个人使用，数额较大、超过三个月未还的，构成挪用公款罪。

挪用正在生息或者需要支付利息的公款归个人使用，数额较大，超过三个月但在案发前全部归还本金的，可以从

轻处罚或者免除处罚。给国家、集体造成的利息损失应予追缴。挪用公款数额巨大，超过三个月，案发前全部归还的，可以酌情从轻处罚。

（二）挪用公款数额较大，归个人进行营利活动的，构成挪用公款罪，不受挪用时间和是否归还的限制。在案发前部分或者全部归还本息的，可以从轻处罚；情节轻微的，可以免除处罚。

挪用公款存入银行、用于集资、购买股票、国债等，属于挪用公款进行营利活动。所获取的利息、收益等违法所得，应当追缴，但不计入挪用公款的数额。

（三）挪用公款归个人使用，进行赌博、走私等非法活动的，构成挪用公款罪，不受“数额较大”和挪用时间的限制。

挪用公款给他人使用，不知道使用人用公款进行营利活动或者用于非法活动，数额较大、超过三个月未还的，构成挪用公款罪；明知使用人用于营利活动或者非法活动的，应当认定为挪用人挪用公款进行营利活动或者非法活动。

第三条 挪用公款归个人使用，“数额较大、进行营利活动的”，或者“数额较大、超过三个月未还的”，以挪用公款一万元至三万元为“数额较大”的起点，以挪用公款十五万元至二十万元为“数额巨大”的起点。挪用公款“情节严重”，是指挪用公款数额巨大，或者数额虽未达到巨大，但挪用公款手段恶劣；多次挪用公款；因挪用公款严重影响生产、经营，造成严重损失等情形。

“挪用公款归个人使用，进行非法活动的”，以挪用公款五千元至一万元为追究刑事责任的数额起点。挪用公款五万元至十万元以上的，属于挪用公款归个人使用，进行非法活动“情节严重”的情形之一。挪用公款归个人使用，进行非法活动，情节严重的其他情形，按照本条第一款的规定执行。

各高级人民法院可以根据本地实际情况，按照本解释规定的数额幅度，确定本地区执行的具体数额标准，并报最高人民法院备案。

挪用救灾、抢险、防汛、优抚、扶贫、移民、救济款物归个人使用的数额标准，参照挪用公款归个人使用进行非法活动的数额标准。

第四条 多次挪用公款不还，挪用公款数额累计计算；多次挪用公款，并以后次挪用的公款归还前次挪用的公款，挪用公款数额以案发时未还的实际数额认定。

第五条 “挪用公款数额巨大不退还的”，是指挪用公款数额巨大，因客观原因在一审宣判前不能退还的。

第六条 携带挪用的公款潜逃的，依照刑法第三百八十二条、第三百八十三条的规定定罪处罚。

第七条 因挪用公款索取、收受贿赂构成犯罪的，依照数罪并罚的规定处罚。

挪用公款进行非法活动构成其他犯罪的，依照数罪并罚的规定处罚。

第八条 挪用公款给他人使用，使用人与挪用人共谋，指使或者参与策划取得挪用款的，以挪用公款罪的共犯定罪处罚。

最高人民检察院关于挪用国库券如何定性问题的批复

（1997 年 10 月 13 日　高检发释字〔1997〕5 号）

宁夏回族自治区人民检察院：

你院宁检发字〔1997〕43 号《关于国库券等有价证券是否可以成为挪用公款罪所侵犯的对象以及以国库券抵押贷款的行为如何定性等问题的请示》收悉。关于挪用国库券如何定性的问题，经研究，批复如下：

国家工作人员利用职务上的便利，挪用公有或本单位的国库券的行为以挪用公款论；符合刑法第 384 条、第 272 条第 2 款规定的情形构成犯罪的，按挪用公款罪追究刑事责任。

此复。

最高人民检察院关于挪用公款给私有公司、私有企业使用行为的法律适用问题的批复

（2000 年 3 月 14 日　高检发研字〔2000〕7 号）

河南省人民检察院：

你院《关于挪用公款给私有公司、私营企业使用的行为是否构成犯罪及适用法律问题的请示》（豫检研〔1999〕12 号）收悉。经研究认为，挪用公款给私有公司、私有企业使用的行为，无论发生在刑法修订前后，均可构成挪用公款罪。至于具体行为的法律适用问题，应根据行为发生的时间，依照刑法及 1989 年 11 月 6 日最高人民法院、最高人民检察院《关于执行〈关于惩治贪污罪贿赂罪的补充规定〉若干问题的解答》和 1998 年 5 月 9 日最高人民法院《关于审理挪用公款案件具体应用法律若干问题的解释》的有关规定办理。

此复。

最高人民检察院关于国家工作人员挪用非特定公物能否定罪的请示的批复

（2000 年 3 月 6 日最高人民检察院第九届检察委员会第 57 次会议通过
2000 年 3 月 15 日公布　自 2000 年 3 月 15 日起施行）
高检发释字〔2000〕1 号

山东省人民检察院：

你院鲁检发研字〔1999〕第 3 号《关于国家工作人员挪用非特定公物能否定罪的请示》收悉。经研究认为，刑法第三百八十四条规定的挪用公款罪中未包括挪用非特定公物归个人使用的行为，对该行为不以挪用公款罪论处。如构成其他犯罪的，依照刑法的相关规定定罪处罚。

此复。

最高人民法院关于如何认定挪用公款归个人使用有关问题的解释

（2001 年 9 月 18 日最高人民法院审判委员会第 1193 次会议通过
2001 年 10 月 17 日公布　自 2001 年 10 月 26 日起施行）
法释〔2001〕29 号

为依法惩处挪用公款犯罪活动，根据刑法的有关规定，现就如何认定挪用公款归个人使用的有关问题解释如下：

第一条　国家工作人员利用职务上的便利，以个人名义将公款借给其他自然人或者不具有法人资格的私营独资企业、私营合伙企业等使用的，属于挪用公款归个人使用。

第二条　国家工作人员利用职务上的便利，为谋取个人利益，以个人名义将公款借给其他单位使用的，属于挪用公款归个人使用。

第三条　本解释施行后，我院此前发布的司法解释的有关内容与本解释不一致的，不再适用。

最高人民检察院关于挪用失业保险基金和下岗职工基本生活保障资金的行为适用法律问题的批复

（2003 年 1 月 13 日最高人民检察院第九届检察委员会第 118 次会议通过
2003 年 1 月 28 日公布　自 2003 年 1 月 30 日起施行）
高检发释字〔2003〕1 号

辽宁省人民检察院：

你院辽检发研字〔2002〕9 号《关于挪用职工失业保险金和下岗职工生活保障金是否属于挪用特定款物的请示》收悉。经研究，批复如下：

挪用失业保险基金和下岗职工基本生活保障资金属于挪用救济款物。挪用失业保险基金和下岗职工基本生活保障资金，情节严重，致使国家和人民群众利益遭受重大损害的，对直接责任人员，应当依照刑法第二百七十三条的规定，以挪用特定款物罪追究刑事责任；国家工作人员利用职务上的便利，挪用失业保险基金和下岗职工基本生活保障资金归个人使用，构成犯罪的，应当依照刑法第三百八十四条的规定，以挪用公款罪追究刑事责任。

此复。

最高人民法院关于挪用公款犯罪如何计算追诉期限问题的批复

（2003 年 9 月 18 日最高人民法院审判委员会第 1290 次会议通过
2003 年 9 月 22 日公布　自 2003 年 10 月 10 日起施行）
法释〔2003〕16 号

天津市高级人民法院：

你院津高法〔2002〕4 号《关于挪用公款犯罪如何计算追诉期限问题的请示》收悉。经研究，答复如下：

根据刑法第八十九条、第三百八十四条的规定，挪用公款归个人使用，进行非法活动的，或者挪用公款数额较大、进行营利活动的，犯罪的追诉期限从挪用行为实施完毕之日起计算；挪用公款数额较大、超过三个月未还的，犯罪的追诉期限从挪用公款罪成立之日起计算。挪用公款行为有连续状态的，犯罪的追诉期限应当从最后一次挪用行为实施完毕之日或者犯罪成立之日起计算。

此复。

最高人民检察院法律政策研究室关于集体性质的乡镇卫生院院长利用职务之便收受他人财物的行为如何适用法律问题的答复

（2003年4月2日 〔2003〕高检研发第9号）

山东省人民检察院研究室：

你院《关于工人身份的乡镇卫生院院长利用职务之便收受贿赂如何适用法律问题的请示》（鲁检发研字〔2001〕第10号）收悉。经研究，答复如下：

经过乡镇政府或者主管行政机关任命的乡镇卫生院院长，在依法从事本区域卫生工作的管理与业务技术指导，承担医疗预防保健服务工作等公务活动时，属于刑法第九十三条第二款规定的其他依照法律从事公务的人员。对其利用职务上的便利，索取他人财物的，或者非法收受他人财物，为他人谋取利益的，应当依照刑法第三百八十五条、第三百八十六条的规定，以受贿罪追究刑事责任。

此复。

最高人民法院关于国家工作人员利用职务上的便利为他人谋取利益离退休后收受财物行为如何处理问题的批复

（2000年6月30日最高人民法院审判委员会第1121次会议通过
2000年7月13日公布　自2000年7月21日起施行）
法释〔2000〕21号

江苏省高级人民法院：

你院苏高法〔1999〕65号《关于国家工作人员在职时为他人谋利，离退休后收受财物是否构成受贿罪的请示》收悉。经研究，答复如下：

国家工作人员利用职务上的便利为请托人谋取利益，并与请托人事先约定，在其离退休后收受请托人财物，构成犯罪的，以受贿罪定罪处罚。

此复。

最高人民法院研究室关于对行为人通过伪造国家机关公文、证件担任国家工作人员职务并利用职务上的便利侵占本单位财物、收受贿赂、挪用本单位资金等行为如何适用法律问题的答复

（2004年3月30日　法研〔2004〕38号）

北京市高级人民法院：

你院〔2004〕15号《关于通过伪造国家机关公文、证件担任国家工作人员职务后利用职务便利侵占本单位财物、收受贿赂、挪用本单位资金的行为如何定性的请示》收悉。经研究，答复如下：

行为人通过伪造国家机关公文、证件担任国家工作人员职务以后，又利用职务上的便利实施侵占本单位财物、收受贿赂、挪用本单位资金等行为，构成犯罪的，应当分别以伪造国家机关公文、证件罪和相应的贪污罪、受贿罪、挪用公款罪等追究刑事责任，实行数罪并罚。

最高人民法院　最高人民检察院关于在办理受贿犯罪大要案的同时要严肃查处严重行贿犯罪分子的通知

（1999年3月4日　高检会〔1999〕1号）

各省、自治区、直辖市高级人民法院、人民检察院，解放军军事法院、军事检察院：

近一时期，各级人民法院、人民检察院依法严肃惩处了一批严重受贿犯罪分子，取得了良好的社会效果。但是还有一些大肆拉拢、腐蚀国家工作人员的行贿犯罪分子却没有受到应有的法律追究，他们继续进行行贿犯罪，严重危害了党和国家的廉政建设。为依法严肃惩处严重行贿犯罪，特作如下通知：

一、要充分认识严肃惩处行贿犯罪，对于全面落实党中央反腐败工作部署，把反腐败斗争引向深入，从源头上遏制和预防受贿犯罪的重要意义。各级人民法院、人民检察院要把严肃惩处行贿犯罪作为反腐败斗争中的一项重要和紧迫的工作，在继续严肃惩处受贿犯罪分子的同时，对严重行贿犯罪分子，必须依法严肃惩处，坚决打击。

二、对于为谋取不正当利益而行贿，构成行贿罪、向单位行贿罪、单位行贿罪的，必须依法追究刑事责任。“谋取不正当利益”是指谋取违反法律、法规、国家政策和国务院各部门规章规定的利益，以及要求国家工作人员或者有关单位提供违反法律、法规、国家政策和国务院各部门规章规定的帮助

或者方便条件。

对于向国家工作人员介绍贿赂，构成犯罪的案件，也要依法查处。

三、当前要特别注意依法严肃惩处下列严重行贿犯罪行为：

1. 行贿数额巨大、多次行贿或者向多人行贿的；

2. 向党政干部和司法工作人员行贿的；

3. 为进行走私、偷税、骗税、骗汇、逃汇、非法买卖外汇等违法犯罪活动，向海关、工商、税务、外汇管理等行政执法机关工作人员行贿的；

4. 为非法办理金融、证券业务，向银行等金融机构、证券管理机构工作人员行贿，致使国家利益遭受重大损失的；

5. 为非法获取工程、项目的开发、承包、经营权，向有关主管部门及其主管领导行贿，致使公共财产、国家和人民利益遭受重大损失的；

6. 为制售假冒伪劣产品，向有关国家机关、国有单位及国家工作人员行贿，造成严重后果的；

7. 其他情节严重的行贿犯罪行为。

四、在查处严重行贿、介绍贿赂犯罪案件中，既要坚持从严惩处的方针，又要注意体现政策。行贿人、介绍贿赂人具有刑法第三百九十条第二款、第三百九十二条第二款规定的在被追诉前主动交代行贿、介绍贿赂犯罪情节的，依法分别可以减轻或者免除处罚；行贿人、介绍贿赂人在被追诉后如实交代行贿、介绍贿赂行为的，也可以酌情从轻处罚。

五、在依法严肃查处严重行贿、介绍贿赂犯罪案件中，要讲究斗争策略，注意工作方法。要把查处受贿犯罪大案要案同查处严重行贿、介绍贿赂犯罪案件有机地结合起来，通过打击行贿、介绍贿赂犯罪，促进受贿犯罪大案要案的查处工作，推动查办贪污贿赂案件工作的全面、深入开展。

六、各级人民法院、人民检察院要结合办理贿赂犯罪案件情况，认真总结经验、教训，找出存在的问题，提出切实可行的解决办法，以改变对严重行贿犯罪打击不力的状况。工作中遇到什么情况和问题，要及时报告最高人民法院、最高人民检察院。

以上通知，望认真遵照执行。

最高人民检察院法律政策研究室关于佛教协会工作人员能否构成受贿罪或者公司、企业人员受贿罪主体问题的答复

（2003年1月13日 〔2003〕高检研发第2号）

浙江省人民检察院研究室：

你室《关于佛教协会工作人员能否构成受贿罪或公司、企业人员受贿罪主体的请示》（检研请〔2002〕9号）收悉。经研究，答复如下：

佛教协会属于社会团体，其工作人员除符合刑法第九十三条第二款的规定属于受委托从事公务的人员外，既不属于国家工作人员，也不属于公司、企业人员。根据刑法的规定，对非受委托从

事公务的佛教协会的工作人员利用职务之便收受他人财物，为他人谋取利益的行为，不能按受贿罪或者公司、企业人员受贿罪追究刑事责任。

此复。

最高人民检察院法律政策研究室关于国有单位的内设机构能否构成单位受贿罪主体问题的答复

（2006 年 9 月 12 日 〔2006〕高检研发 8 号）

陕西省人民检察院法律政策研究室：

你室《关于国家机关、国有公司、企业、事业单位、人民团体的内设机构能否构成单位受贿罪主体的请示》（陕检研发〔2005〕13 号）收悉。经研究，答复如下：

国有单位的内设机构利用其行使职权的便利，索取、非法收受他人财物并归该内设机构所有或者支配，为他人谋取利益，情节严重的，依照刑法第三百八十七条的规定以单位受贿罪追究刑事责任。

上述内设机构在经济往来中，在账外暗中收受各种名义的回扣、手续费的，以受贿论。

此复。

最高人民法院　最高人民检察院关于办理受贿刑事案件适用法律若干问题的意见

（2007 年 7 月 8 日　法发〔2007〕22 号）

为依法惩治受贿犯罪活动，根据刑法有关规定，现就办理受贿刑事案件具体适用法律若干问题，提出以下意见：

一、关于以交易形式收受贿赂问题

国家工作人员利用职务上的便利为请托人谋取利益，以下列交易形式收受请托人财物的，以受贿论处：

（1）以明显低于市场的价格向请托人购买房屋、汽车等物品的；

（2）以明显高于市场的价格向请托人出售房屋、汽车等物品的；

（3）以其他交易形式非法收受请托人财物的。

受贿数额按照交易时当地市场价格与实际支付价格的差额计算。

前款所列市场价格包括商品经营者事先设定的不针对特定人的最低优惠价格。根据商品经营者事先设定的各种优惠交易条件，以优惠价格购买商品的，不属于受贿。

二、关于收受干股问题

干股是指未出资而获得的股份。国家工作人员利用职务上的便利为请托人谋取利益，收受请托人提供的干股的，以受贿论处。进行了股权转让登记，或者相关证据证明股份发生了实际转让的，受贿数额按转让行为时股份价值计算，所分红利按受贿孳息处理。股份未实际转让，以股份分红名义获取利益的，实际获利数额应当认定为受贿数额。

三、关于以开办公司等合作投资名义收受贿赂问题

国家工作人员利用职务上的便利为请托人谋取利益，由请托人出资，“合作”开办公司或者进行其他“合作”投资的，以受贿论处。受贿数额为请托人给国家工作人员的出资额。

国家工作人员利用职务上的便利为请托人谋取利益，以合作开办公司或者其他合作投资的名义获取“利润”，没有实际出资和参与管理、经营的，以受贿论处。

四、关于以委托请托人投资证券、期货或者其他委托理财的名义收受贿赂问题

国家工作人员利用职务上的便利为请托人谋取利益，以委托请托人投资证券、期货或者其他委托理财的名义，未实际出资而获取“收益”，或者虽然实际出资，但获取“收益”明显高于出资应得收益的，以受贿论处。受贿数额，前一情形，以“收益”额计算；后一情形，以“收益”额与出资应得收益额的差额计算。

五、关于以赌博形式收受贿赂的认定问题

根据《最高人民法院、最高人民检察院关于办理赌博刑事案件具体应用法律若干问题的解释》第七条规定，国家工作人员利用职务上的便利为请托人谋取利益，通过赌博方式收受请托人财物的，构成受贿。

实践中应注意区分贿赂与赌博活动、娱乐活动的界限。具体认定时，主要应当结合以下因素进行判断：（1）赌博的背景、场合、时间、次数；（2）赌资来源；（3）其他赌博参与者有无事先通谋；（4）输赢钱物的具体情况和金额大小。

六、关于特定关系人“挂名”领取薪酬问题

国家工作人员利用职务上的便利为请托人谋取利益，要求或者接受请托人以给特定关系人安排工作为名，使特定关系人不实际工作却获取所谓薪酬的，以受贿论处。

七、关于由特定关系人收受贿赂问题

国家工作人员利用职务上的便利为请托人谋取利益，授意请托人以本意见所列形式，将有关财物给予特定关系人的，以受贿论处。

特定关系人与国家工作人员通谋，共同实施前款行为的，对特定关系人以受贿罪的共犯论处。特定关系人以外的其他人与国家工作人员通谋，由国家工作人员利用职务上的便利为请托人谋取利益，收受请托人财物后双方共同占有的，以受贿罪的共犯论处。

八、关于收受贿赂物品未办理权属变更问题

国家工作人员利用职务上的便利为请托人谋取利益，收受请托人房屋、汽车等物品，未变更权属登记或者借用他人名义办理权属变更登记的，不影响受贿的认定。

认定以房屋、汽车等物品为对象的受贿，应注意与借用的区分。具体认定时，除双方交代或者书面协议之外，主要应当结合以下因素进行判断：（1）有无借用的合理事由；（2）是否实际使用；(3)借用时间的长短；(4)有无归还的条件；（5）有无归还的意思表示及行为。

九、关于收受财物后退还或者上交问题

国家工作人员收受请托人财物后及

时退还或者上交的，不是受贿。

国家工作人员受贿后，因自身或者与其受贿有关联的人、事被查处，为掩饰犯罪而退还或者上交的，不影响认定受贿罪。

十、关于在职时为请托人谋利，离职后收受财物问题

国家工作人员利用职务上的便利为请托人谋取利益之前或者之后，约定在其离职后收受请托人财物，并在离职后收受的，以受贿论处。

国家工作人员利用职务上的便利为请托人谋取利益，离职前后连续收受请托人财物的，离职前后收受部分均应计入受贿数额。

十一、关于“特定关系人”的范围

本意见所称“特定关系人”，是指与国家工作人员有近亲属、情妇（夫）以及其他共同利益关系的人。

十二、关于正确贯彻宽严相济刑事政策的问题

依照本意见办理受贿刑事案件，要根据刑法关于受贿罪的有关规定和受贿罪权钱交易的本质特征，准确区分罪与非罪、此罪与彼罪的界限，惩处少数，教育多数。在从严惩处受贿犯罪的同时，对于具有自首、立功等情节的，依法从轻、减轻或者免除处罚。

最高人民法院　最高人民检察院关于办理商业贿赂刑事案件适用法律若干问题的意见

（2008年11月20日）

为依法惩治商业贿赂犯罪，根据刑法有关规定，结合办案工作实际，现就办理商业贿赂刑事案件适用法律的若干问题，提出如下意见：

一、商业贿赂犯罪涉及刑法规定的以下八种罪名：（1）非国家工作人员受贿罪（刑法第一百六十三条）；（2）对非国家工作人员行贿罪（刑法第一百六十四条）；（3）受贿罪（刑法第三百八十五条）；（4）单位受贿罪（刑法第三百八十七条）；（5）行贿罪（刑法第三百八十九条）；（6）对单位行贿罪（刑法第三百九十一条）；（7）介绍贿赂罪（刑法第三百九十二条）；（8）单位行贿罪（刑法第三百九十三条）。

二、刑法第一百六十三条、第一百六十四条规定的“其他单位”，既包括事业单位、社会团体、村民委员会、居民委员会、村民小组等常设性的组织，也包括为组织体育赛事、文艺演出或者其他正当活动而成立的组委会、筹委会、工程承包队等非常设性的组织。

三、刑法第一百六十三条、第一百六十四条规定的“公司、企业或者其他单位的工作人员”，包括国有公司、企业以及其他国有单位中的非国家工作人员。

四、医疗机构中的国家工作人员，在药品、医疗器械、医用卫生材料等医药产品采购活动中，利用职务上的便利，索取销售方财物，或者非法收受销售方财物，为销售方谋取利益，构成犯罪的，依照刑法第三百八十五条的规定，以受贿罪定罪处罚。

医疗机构中的非国家工作人员，有前款行为，数额较大的，依照刑法第一百六十三条的规定，以非国家工作人员受贿罪定罪处罚。

医疗机构中的医务人员，利用开处方的职务便利，以各种名义非法收受药品、医疗器械、医用卫生材料等医药产品销售方财物，为医药产品销售方谋取利益，数额较大的，依照刑法第一百六十三条的规定，以非国家工作人员受贿罪定罪处罚。

五、学校及其他教育机构中的国家工作人员，在教材、教具、校服或者其他物品的采购等活动中，利用职务上的便利，索取销售方财物，或者非法收受销售方财物，为销售方谋取利益，构成犯罪的，依照刑法第三百八十五条的规定，以受贿罪定罪处罚。

学校及其他教育机构中的非国家工作人员，有前款行为，数额较大的，依照刑法第一百六十三条的规定，以非国家工作人员受贿罪定罪处罚。

学校及其他教育机构中的教师，利用教学活动的职务便利，以各种名义非法收受教材、教具、校服或者其他物品销售方财物，为教材、教具、校服或者其他物品销售方谋取利益，数额较大的，依照刑法第一百六十三条的规定，以非国家工作人员受贿罪定罪处罚。

六、依法组建的评标委员会、竞争性谈判采购中谈判小组、询价采购中询价小组的组成人员，在招标、政府采购等事项的评标或者采购活动中，索取他人财物或者非法收受他人财物，为他人谋取利益，数额较大的，依照刑法第一百六十三条的规定，以非国家工作人员受贿罪定罪处罚。

依法组建的评标委员会、竞争性谈判采购中谈判小组、询价采购中询价小组中国家机关或者其他国有单位的代表有前款行为的，依照刑法第三百八十五条的规定，以受贿罪定罪处罚。

七、商业贿赂中的财物，既包括金钱和实物，也包括可以用金钱计算数额的财产性利益，如提供房屋装修、含有金额的会员卡、代币卡（券）、旅游费用等。具体数额以实际支付的资费为准。

八、收受银行卡的，不论受贿人是否实际取出或者消费，卡内的存款数额一般应全额认定为受贿数额。使用银行卡透支的，如果由给予银行卡的一方承担还款责任，透支数额也应当认定为受贿数额。

九、在行贿犯罪中，“谋取不正当利益”，是指行贿人谋取违反法律、法规、规章或者政策规定的利益，或者要求对方违反法律、法规、规章、政策、行业规范的规定提供帮助或者方便条件。

在招标投标、政府采购等商业活动中，违背公平原则，给予相关人员财物以谋取竞争优势的，属于“谋取不正当利益”。

十、办理商业贿赂犯罪案件，要注意区分贿赂与馈赠的界限。主要应当结合以下因素全面分析、综合判断：(1) 发生财物往来的背景，如双方是否存在亲友关系及历史上交往的情形和程度；(2) 往来财物的价值；(3) 财物往来的缘由、时机和方式，提供财物方对于接受方有无职务上的请托；(4) 接受方是否利用职务上的便利为提供方谋取利益。

十一、非国家工作人员与国家工作人员通谋，共同收受他人财物，构成共同犯罪的，根据双方利用职务便利的具体情形分别定罪追究刑事责任：

(1) 利用国家工作人员的职务便利为他人谋取利益的，以受贿罪追究刑事责任。

（2）利用非国家工作人员的职务便利为他人谋取利益的，以非国家工作人员受贿罪追究刑事责任。

（3）分别利用各自的职务便利为他人谋取利益的，按照主犯的犯罪性质追究刑事责任，不能分清主、从犯的，可以受贿罪追究刑事责任。

（九）渎职罪

最高人民检察院关于认真贯彻执行《中华人民共和国刑法修正案（四）》和《全国人大常委会关于〈中华人民共和国刑法〉第九章渎职罪主体适用问题的解释》的通知

（2003年1月14日　高检发研字〔2003〕1号）

各省、自治区、直辖市人民检察院，军事检察院，新疆生产建设兵团人民检察院：

第九届全国人民代表大会常务委员会第三十一次会议于2002年12月28日通过了《中华人民共和国刑法修正案（四）》和《全国人民代表大会常务委员会关于〈中华人民共和国刑法〉第九章渎职罪主体适用问题的解释》（以下分别简称《刑法修正案（四）》和《解释》）。为保证《刑法修正案（四）》和《解释》的正确贯彻实施，现就有关问题通知如下：

一、要认真组织学习，正确领会立法精神。《刑法修正案（四）》和《解释》的颁布实施，对于依法惩治破坏社会主义市场经济秩序、妨害社会管理秩序和国家机关工作人员的渎职犯罪行为，保障社会主义现代化建设事业的顺利进行，保障公民的人身安全，促进国家机关工作人员的廉政勤政，都具有十分重要的意义。各级检察机关要及时组织广大干警认真学习《刑法修正案（四）》和《解释》的有关内容，正确领会立法精神。

二、要严格依法办案，充分发挥检察机关的职能作用。《刑法修正案（四）》将走私液态废物、气态废物行为、非法雇用童工行为、非法采伐、毁坏国家重点保护的植物行为、非法收购、运输、加工、出售珍贵树木或者国家重点保护的其他植物及其制品行为和非法运输盗伐、滥伐的林木行为，特别是将枉法执行判决、裁定行为，作为单独犯罪专门作了规定。《刑法修正案（四）》还加大了对生产、销售不符合标准的医用器材罪、走私罪、非法收购盗伐、滥伐的林木罪的打击力度。《解释》对刑法第九章渎职罪主体的适用问题作了明确规定。各级检察机关在办理相关案件的过程中，要严格按照《刑法修正案（四）》和《解释》的有关规定，依法进行立案侦查和批捕、起诉工作。要进一步加大查办和预防职务犯罪的工作力度，对于《解释》所规定的人员在代表国家机关行使职权时侵犯公民人身权利、民主权利，构成犯罪的，也应当依照刑法有关规定追究刑事责任。

三、要准确把握《刑法修正案

(四)》和《解释》的时间效力，正确适用法律。《刑法修正案（四)》是对《刑法》有关条文的修改和补充，实践中办理相关案件时，应当依照《刑法》第十二条规定的原则正确适用法律。对于1997年修订刑法施行以后、《刑法修正案（四)》施行以前发生的枉法执行判决、裁定犯罪行为，应当依照《刑法》第三百九十七条的规定追究刑事责任。根据《立法法》第四十七条的规定，法律解释的时间效力与它所解释的法律的时间效力相同。对于在1997年修订刑法施行以后、《解释》施行以前发生的行为，在《解释》施行以后尚未处理或者正在处理的案件，应当依照《解释》的规定办理。对于在《解释》施行前已经办结的案件，不再变动。

四、各级检察机关在办理《刑法修正案（四)》和《解释》规定的相关案件的过程中，要注意及时总结办案经验，努力提高执法水平。上级检察机关要加强对下级检察机关办理有关案件特别是办理渎职侵权犯罪案件的指导。各地在执行《刑法修正案（四)》和《解释》中遇到的情况和问题，请及时层报最高人民检察院。

最高人民检察院对《关于中国证监会主体认定的请示》的答复函

(2000年4月30日　高检发法字〔2000〕7号)

北京市人民检察院：

你院京检字〔2000〕41号《关于中国证监会主体认定的请示》收悉，经我院发函向中央机构编制委员会办公室查询核定，中央机构编制委员会办公室已作出正式复函，答复如下：

“中国证券监督管理委员会为国务院直属事业单位，是全国证券期货市场的主管部门。其主要职责是统一管理证券期货市场，按规定对证券期货监管机构实行垂直领导，所以，它是具有行政职责的事业单位。据此，北京证券监督管理委员会干部应视同为国家机关工作人员。”请你们按中编办答复意见办。

此复。

最高人民检察院关于镇财政所所长是否适用国家机关工作人员的批复

(2000年5月4日　高检发研字〔2000〕9号)

上海市人民检察院：

你院沪检发〔2000〕30号文收悉。经研究，批复如下：

对于属行政执法事业单位的镇财政所中按国家机关在编干部管理的工作人员，在履行政府行政公务活动中，滥用职权或玩忽职守构成犯罪的，应以国家机关工作人员论。

此复。

最高人民检察院关于合同制民警能否成为玩忽职守罪主体问题的批复

（2000年10月9日　高检发研字〔2000〕20号）

辽宁省人民检察院：

你院辽检发诉字〔1999〕76号《关于犯罪嫌疑人李海玩忽职守一案的请示》收悉。经研究，批复如下：

根据刑法第九十三条第二款的规定，合同制民警在依法执行公务期间，属其他依照法律从事公务的人员，应以国家机关工作人员论。对合同制民警在依法执行公务活动中的玩忽职守行为，符合刑法第三百九十七条规定的玩忽职守罪构成要件的，依法以玩忽职守罪追究刑事责任。

此复。

最高人民检察院关于属工人编制的乡（镇）工商所所长能否依照刑法第三百九十七条的规定追究刑事责任问题的批复

（2000年10月31日　高检发研字〔2000〕23号）

江西省人民检察院：

你院赣检研发〔2000〕3号《关于乡（镇）工商所所长（工人编制）是否属于国家机关工作人员的请示》收悉。经研究，批复如下：

根据刑法第九十三条第二款的规定，经人事部门任命，但为工人编制的乡（镇）工商所所长，依法履行工商行政管理职责时，属其他依照法律从事公务的人员，应以国家机关工作人员论。如果玩忽职守，致使公共财产、国家和人民利益遭受重大损失，可适用刑法第三百九十九条的规定，以玩忽职守罪追究刑事责任。

此复。

最高人民检察院关于企业事业单位的公安机构在机构改革过程中其工作人员能否构成渎职侵权犯罪主体问题的批复

(2002年4月24日最高人民检察院第九届检察委员会第107次会议通过 2002年4月29日公布 自2002年5月16日起施行)
高检发释字〔2002〕3号

陕西省人民检察院:

你院陕检发研〔2001〕159号《关于对企业事业单位的公安机构在机构改革过程中其工作人员能否构成渎职侵权犯罪主体问题的请示》收悉。经研究,批复如下:

企业事业单位的公安机构在机构改革过程中虽尚未列入公安机关建制,其工作人员在行使侦查职责时,实施渎职侵权行为的,可以成为渎职侵权犯罪的主体。

此复。

最高人民检察院法律政策研究室关于对海事局工作人员如何适用法律问题的答复

(2003年1月13日 〔2003〕高检研发第1号)

辽宁省人民检察院研究室:

你院《关于辽宁海事局的工作人员是否为国家机关工作人员的主体认定请示》(辽检发渎检字〔2002〕1号)收悉。经研究,答复如下:

根据国办发〔1999〕90号、中编办函〔2000〕184号等文件的规定,海事局负责行使国家水上安全监督和防止船舶污染、船舶及海上设施检验、航海保障的管理职权,是国家执法监督机构。海事局及其分支机构工作人员在从事上述公务活动中,滥用职权或者玩忽职守,致使公共财产、国家和人民利益遭受重大损失的,应当依照刑法第三百九十七条的规定,以滥用职权罪或者玩忽职守罪追究刑事责任。

此复。

最高人民检察院法律政策研究室关于非司法工作人员是否可以构成徇私枉法罪共犯问题的答复

（2003年4月16日 〔2003〕高检研发第11号）

江西省人民检察院法律政策研究室：

你院《关于非国家机关工作人员是否可以构成徇私枉法罪共犯问题的请示》（赣检发研字〔2002〕7号）收悉。经研究，答复如下：

非司法工作人员与司法工作人员勾结，共同实施徇私枉法行为，构成犯罪的，应当以徇私枉法罪的共犯追究刑事责任。

此复。

最高人民法院关于未被公安机关正式录用的人员、狱医能否构成失职致使在押人员脱逃罪主体问题的批复

（2000年9月14日最高人民法院审判委员会第1130次会议通过 2000年9月19日公布 自2000年9月22日起施行）
法释〔2000〕28号

吉林省高级人民法院：

你院吉高法〔1999〕158号《关于未被正式录用的司法工作人员受委托执行职务的是否符合犯罪主体要件问题的请示》收悉。经研究，答复如下：

对于未被公安机关正式录用，受委托履行监管职责的人员，由于严重不负责任，致使在押人员脱逃，造成严重后果的，应当依照刑法第四百条第二款的规定定罪处罚。

不负监管职责的狱医，不构成失职致使在押人员脱逃罪的主体。但是受委派承担了监管职责的狱医，由于严重不负责任，致使在押人员脱逃，造成严重后果的，应当依照刑法第四百条第二款的规定定罪处罚。

此复。

最高人民检察院关于工人等非监管机关在编监管人员私放在押人员行为和失职致使在押人员脱逃行为适用法律问题的解释

（2001年1月2日最高人民检察院第九届检察委员会第79次会议通过　自2001年3月2日起公布施行）
高检发释字〔2001〕2号

为依法办理私放在押人员犯罪案件和失职致使在押人员脱逃犯罪案件，对工人等非监管机关在编监管人员私放在押人员行为和失职致使在押人员脱逃行为如何适用法律问题解释如下：

工人等非监管机关在编监管人员在被监管机关聘用受委托履行监管职责的过程中私放在押人员的，应当依照刑法第四百条第一款的规定，以私放在押人员罪追究刑事责任；由于严重不负责任，致使在押人员脱逃，造成严重后果的，应当依照刑法第四百条第二款的规定，以失职致使在押人员脱逃罪追究刑事责任。

最高人民检察院关于对林业部门工作人员在发放林木采伐许可证之外滥用职权玩忽职守致使森林遭受严重破坏的行为适用法律问题的批复

（2007年5月14日最高人民检察院第十届检察委员会第七十七次会议通过　自2007年5月16日起公布施行）
高检发释字〔2007〕1号

福建省人民检察院：

你院《关于林业主管部门工作人员滥用职权、玩忽职守造成森林资源损毁立案标准问题的请示》（闽检〔2007〕14号）收悉。经研究，批复如下：

林业主管部门工作人员违法发放林木采伐许可证，致使森林遭受严重破坏的，依照刑法第四百零七条的规定，以违法发放林木采伐许可证罪追究刑事责任；以其他方式滥用职权或者玩忽职守，致使森林遭受严重破坏的，依照刑法第三百九十七条的规定，以滥用职权罪或者玩忽职守罪追究刑事责任，立案标准依照《最高人民检察院关于渎职侵权犯罪案件立案标准的规定》第一部分渎职犯罪案件第十八条第三款的规定执行。

此复。

最高人民检察院关于印发《关于加强查办危害土地资源渎职犯罪工作的指导意见》的通知

高检发渎检字〔2008〕12号

各省、自治区、直辖市人民检察院，军事检察院，新疆生产建设兵团人民检察院：

现将《关于加强查办危害土地资源渎职犯罪工作的指导意见》印发你们，请结合实际，认真贯彻落实。

最高人民检察院

2008年11月6日

关于加强查办危害土地资源渎职犯罪工作的指导意见

为充分发挥检察机关在保护土地资源中的职能作用，进一步加大检察机关查办危害土地资源渎职犯罪案件工作力度，确保办案质量和办案效果，推动办案工作健康有序地开展，特就当前和今后一个时期做好查办危害土地资源渎职犯罪案件工作提出如下指导意见：

一、突出查办案件的重点。在查办案件中，要严格执行法律，始终做到“一要坚决，二要慎重，务必搞准”。要突出办案重点，严肃查办国家机关工作人员滥用职权，玩忽职守，非法批准征收、征用、占用土地和非法低价出让国有土地使用权案件，集中精力办好社会高度关注、党委和上级人民检察院交办的渎职犯罪案件；人民群众反映强烈，引发群体性事件的渎职犯罪案件；经新闻媒体曝光，造成恶劣社会影响的渎职犯罪案件；充当黑恶势力犯罪“保护伞”，为其破坏土地资源犯罪提供保护的渎职犯罪案件。

二、准确确定损失后果。在查办案件中，对损失后果的认定，既要考虑被破坏的土地资源的经济价值，按照有关部门做出的鉴定结论，以经济损失计算损失后果，也要充分考虑土地作为特殊资源，被破坏土地的性质、地理位置、实际用处等差异所产生的土地价值，受损后无法用经济价值数额衡量的特殊性，可以采取经济标准或者面积标准认定损失后果，准确适用《中华人民共和国刑法》第三百九十七条和第四百一十条的规定以及相关司法解释查处犯罪。

三、严格区分责任。在查办案件中，要分清渎职行为对危害后果所起的作用大小，正确区分主要责任人与次要责任人、直接责任人与间接责任人。对多因一果的有关责任人员，要分清主次，分别根据他们在造成危害土地资源损失结果发生过程中所起的作用，确定其罪责。

要正确区分决策者与实施人员、监管人员的责任。对于决策者滥用职权、玩忽职守、徇私舞弊违法决策，严重破坏土地资源的，或者强令、胁迫其他国家机关工作人员实施破坏土地资源行为的，或者阻挠监管人员执法，导致国家土地资源被严重破坏的，应当区分决策者和实施人员、监管人员的责任大小，重点查处决策者的渎职犯罪；实施人员、监管人员贪赃枉法、徇私舞弊，隐瞒事实真相，提供虚假信息，影响决策者的正确决策，造成危害后果发生的，要严肃追究实施人员和监管人员的责任；实施人员、监管人员明知决策者决策错误，而不提出反对意见，或者不进行纠正、制止、查处，造成国家土地资源被严重破坏的，应当视其情节追究渎职犯罪责任；对于决策者与具体实施人员、监管人员相互勾结，共同实施危害土地资源渎职犯罪的，要依法一并查处。

要严格区分集体行为和个人行为的责任。对集体研究做出的决定违反法律法规的，要具体案件具体分析。对于采取集体研究决策形式，实为个人滥用职权、玩忽职守、贪赃枉法、徇私舞弊等，构成危害土地资源渎职犯罪的，应当依法追究决策者的刑事责任。

四、正确把握法律政策界限。严格区分罪与非罪的界限。要正确把握相关的法律、行政法规及政策，准确把握工作失误与渎职犯罪的界限，坚持具体案件具体分析，严查擅权渎职、徇私舞弊型渎职犯罪案件，找准法律与政策的结合点，确保办案的法律效果、政治效果和社会效果的有机统一。对一时难以区分罪与非罪的，要放到具体时代背景、政策环境中去研究判断，对当时国家有关土地管理法律政策界限不清，以土地资源换取国家和集体经济发展的行为，要慎重对待，一般不作犯罪处理。

在查办案件中，要严格依法办案，既要认真执行国家刑事法律，也要认真掌握国土资源管理方面的规章制度和规范性文件。国家颁布实施的有关土地管理的行政法规和规范性文件，既是贯彻落实国家关于土地宏观调控政策的具体措施和工作要求，也是检察机关认定国家机关工作人员危害土地资源渎职责任的重要根据。要认真学习掌握《中华人民共和国土地管理法》和2004年颁布的《国务院关于深化改革严格土地管理的决定》以及国家有关保护土地资源的规定，对违反法律和有关土地管理文件禁止性规定的渎职犯罪行为，要严格依法查办；对《国务院关于深化改革严格土地管理的决定》颁布以前的危害土地资源行为，要着力查办有徇私舞弊行为的滥用职权，玩忽职守，非法批准征收、征用、占用土地和非法低价出让国有土地使用权的渎职犯罪案件。

五、认真贯彻宽严相济刑事政策。在查办危害土地资源渎职犯罪案件中，要贯彻落实宽严相济刑事政策，对犯罪情节轻微、有悔罪表现的犯罪嫌疑人，要落实教育、感化、挽救方针，可以依法从轻处理；对毁灭、伪造证据，干扰作证，串供，可能存在案中案的犯罪嫌疑人，要依法采取羁押性强制措施，确保办案工作顺利进行。

六、加强领导，努力营造良好的执法环境。上级人民检察院要加强对查办危害土地资源渎职案件的组织领导和对下指导力度，及时研究解决工作中遇到的新情况、新问题。对开展工作的重大部署、查办的重大案件、遇到的重大问题等，要及时向党委、人大和上级人民检察院汇报，紧紧依靠党委的领导、人大的监督和上级检察院的领导做好查办案件工作，努力营造良好的执法环境。

要加强与国土资源管理等部门的协调联系，对查办案件中遇到的疑难复杂专业性问题，采取召开联席会议、案件研讨等方式，共同研究解决，保证办案工作健康发展。

（十）军人违反职责罪

最高人民法院　最高人民检察院关于对军人非战时逃离部队的行为能否定罪处罚问题的批复

（2000年9月28日最高人民法院审判委员会第1132次会议、2000年11月13日最高人民检察院第九届检察委员会第74次会议通过 2000年12月5日公布　自2000年12月8日起施行）

法释〔2000〕39号

中国人民解放军军事法院、军事检察院：

〔1999〕军法呈字第19号《关于军人非战时逃离部队情节严重的，能否适用刑法定罪处罚问题的请示》收悉。经研究，答复如下：

军人违反兵役法规，在非战时逃离部队，情节严重的，应当依照刑法第四百三十五条第一款的规定定罪处罚。

此复。

刑事程序篇

一、综　　合

最高人民法院　最高人民检察院　公安部　国家安全部　司法部　全国人大常委会法制工作委员会关于刑事诉讼法实施中若干问题的规定

（1998年1月19日）

一、管辖

1. 按照刑事诉讼法对刑事案件管辖的分工的规定，人民检察院管辖"贪污贿赂犯罪，国家工作人员的渎职犯罪，国家机关工作人员利用职权实施的非法拘禁、刑讯逼供、报复陷害、非法搜查的侵犯公民人身权利的犯罪以及侵犯公民民主权利的犯罪"。对于涉税等案件由公安机关管辖，公安机关应当立案侦查，人民检察院不再受理。任何不符合刑事诉讼法关于案件管辖分工规定的文件一律无效。

对于人民检察院已经立案侦查的依法应由公安机关管辖的涉税等案件，可由人民检察院继续办理完毕，或由人民检察院移交公安机关办理。

2. 刑事诉讼法规定人民检察院管辖"国家工作人员的渎职犯罪"案件，修订后的刑法已将渎职罪的主体修改为国家机关工作人员。根据这一修改，人民检察院管辖的"渎职犯罪"，是指刑法分则第九章规定的渎职罪。另外，刑法分则第四章第二百四十八条规定的监管人员殴打、体罚、虐待被监管人罪，由人民检察院管辖。刑法分则第三章破坏社会主义市场经济秩序罪中规定的犯罪由公安机关管辖。

3. 修订后的刑法已将贪污贿赂罪明确在分则第八章中作了规定，根据这一修改，人民检察院管辖"贪污贿赂犯罪"案件，是指修订后刑法分则第八章规定的贪污贿赂罪和其他章节中明确规定按照刑法分则第八章贪污贿赂罪的规定定罪处罚的犯罪。第一百六十三条第一款、第二款、第一百八十四条第一款和第一百六十四条规定的犯罪由公安机关管辖。

4. 刑事诉讼法第一百七十条第二项规定由人民法院直接受理的"被害人有证据证明的轻微刑事案件"是指下列被害人有证据证明的刑事案件：

（一）故意伤害案（轻伤）；

（二）重婚案；

（三）遗弃案；

（四）妨害通信自由案；

（五）非法侵入他人住宅案；

（六）生产、销售伪劣商品案件（严重危害社会秩序和国家利益的除外）；

（七）侵犯知识产权案件（严重危害社会秩序和国家利益的除外）；

（八）属于刑法分则第四章、第五章规定的，对被告人可以判处三年有期徒刑以下刑罚的其他轻微刑事案件。

上述所列八项案件中，被害人直接向人民法院起诉的，人民法院应当依法受理，对于其中证据不足、可由公安机关受理的，应当移送公安机关立案侦查。被害人向公安机关控告的，公安机关应当受理。

伪证罪、拒不执行判决、裁定罪由公安机关立案侦查。

5. 修改后的刑事诉讼法删除了原来关于“上级人民法院在必要的时候，可以把自己管辖的第一审刑事案件交由下级人民法院审判”的内容。根据这一修改，对于第一审刑事案件，依法应当由上级人民法院管辖的，不能再指定下级人民法院管辖。

6. 公安机关侦查刑事案件涉及人民检察院管辖的贪污贿赂案件时，应当将贪污贿赂案件移送人民检察院；人民检察院侦查贪污贿赂案件涉及公安机关管辖的刑事案件，应当将属于公安机关管辖的刑事案件移送公安机关。在上述情况中，如果涉嫌主罪属于公安机关管辖，由公安机关为主侦查，人民检察院予以配合；如果涉嫌主罪属于人民检察院管辖，由人民检察院为主侦查，公安机关予以配合。

二、立案

7. 刑事诉讼法第八十七条规定：“人民检察院认为公安机关对应当立案侦查的案件而不立案侦查的，或者被害人认为公安机关对应当立案侦查的案件而不立案侦查，向人民检察院提出的，人民检察院应当要求公安机关说明不立案的理由。人民检察院认为公安机关不立案理由不能成立的，应当通知公安机关立案，公安机关接到通知后应当立案。”根据上述规定，公安机关在收到人民检察院《要求说明不立案理由通知书》后七日内应当将说明情况书面答复人民检察院。人民检察院认为公安机关不立案理由不能成立，发出《通知立案书》时，应当将有关证明应该立案的材料同时移送公安机关。公安机关在收到《通知立案书》后，应当在十五日内决定立案，并将立案决定书送达人民检察院。

三、回避

8. 刑事诉讼法第三十条和第三十一条规定，书记员、翻译人员和鉴定人员的回避，由人民法院院长决定。根据这一规定，上述人员的回避不能由审判长决定。

四、律师参加刑事诉讼

9. 刑事诉讼法第九十六条规定的“涉及国家秘密的案件”，是指案情或者案件性质涉及国家秘密的案件，不能因刑事案件侦查过程中的有关材料和处理意见需保守秘密而作为涉及国家秘密的案件。

10. 依照刑事诉讼法第九十六条规定，在侦查阶段犯罪嫌疑人聘请律师的，可以自己聘请，也可以由其亲属代为聘请。在押的犯罪嫌疑人提出聘请律师的，看守机关应当及时将其请求转达办理案件的有关侦查机关，侦查机关应当及时向其所委托的人员或者所在的律师事务所转达该项请求。犯罪嫌疑人仅有聘请律师的要求，但提不出具体对象的，侦查机关应当及时通知当地律师协会或者司法行政机关为其推荐律师。

11. 刑事诉讼法第九十六条规定，涉及国家秘密的案件，律师会见在押的犯罪嫌疑人，应当经侦查机关批准。对于不涉及国家秘密的案件，律师会见犯罪嫌疑人不需要经过批准。不能以侦查过程需要保密作为涉及国家秘密的案件不予批准。律师提出会见犯罪嫌疑人的，应当在四十八小时内安排会见，对于组织、领导、参加黑社会性质组织罪、组织、领导、参加恐怖活动组织罪或者走私犯罪、毒品犯罪、贪污贿赂犯罪等重大复杂的两人以上的共同犯罪案件，律师提出会见犯罪嫌疑人的，应当在五日内安排会见。

12. 刑事诉讼法第九十六条规定，在侦查阶段，律师会见在押的犯罪嫌疑人，侦查机关根据案件情况和需要可以派员在场。审查起诉阶段和审判阶段，案件已经侦查终结，辩护律师和其他辩护人会见在押的犯罪嫌疑人、被告人时，人民检察院、人民法院不派员在场。

13. 在审判阶段，辩护律师和其他辩护人依照刑事诉讼法第三十六条规定的程序可以到人民法院查阅、摘抄、复制本案所指控的犯罪事实的材料，同被告人会见、通信。辩护律师还可以依照刑事诉讼法第三十七条的规定向证人或者其他有关单位和个人收集与本案有关的材料，申请人民检察院、人民法院收集、调取证据，申请人民法院通知证人出庭作证。辩护律师经人民检察院、人民法院许可，并且经被害人或者其近亲属、被害人提供的证人同意，可以向他们收集与本案有关的材料。

在法庭审理过程中，辩护律师在提供被告人无罪或者罪轻的证据时，认为在侦查、审查起诉过程中侦查机关、人民检察院收集的证明被告人无罪或者罪轻的证据材料需要在法庭上出示的，可以申请人民法院向人民检察院调取该证据材料，并可以到人民法院查阅、摘抄、复制该证据材料。

14. 对于律师查阅、摘抄、复制案件的诉讼文书、技术性鉴定材料和本案所指控的犯罪事实的材料，只能收取复制材料所必要的工本费用，不得收取各种其他名目的费用。工本费收取的标准应当全国统一，由最高人民法院、最高人民检察院报国家价格主管部门核定。

15. 刑事诉讼法第三十七条规定："辩护律师经证人或者其他有关单位和个人同意，可以向他们收集与本案有关的材料，也可以申请人民检察院、人民法院收集、调取证据，或者申请人民法院通知证人出庭作证。"对于辩护律师申请人民检察院、人民法院收集、调取证据，人民检察院、人民法院认为需要调查取证的，应当由人民检察院、人民法院收集、调取证据，不应当向律师签发准许调查决定书，让律师收集、调取证据。

16. 刑事诉讼法第四十条规定："自诉案件的自诉人及其法定代理人，附带民事诉讼的当事人及其法定代理人，有权随时委托诉讼代理人。"根据这一规定，对自诉人及其法定代理人、附带民事诉讼的当事人及其法定代理人委托诉讼代理人不应当限定为在"开庭审判前"。

五、证据

17. 刑事诉讼法第九十七条规定："侦查人员询问证人，可以到证人的所在单位或者住处进行"，"在必要的时候，也可以通知证人到人民检察院或者公安机关提供证言"。侦查人员询问证人，应当依照刑事诉讼法第九十七条的规定进行，不得另行指定其他地点。

18. 刑事诉讼法第一百二十条第二款规定："对人身伤害的医学鉴定有争议需要重新鉴定或者对精神病的医学鉴定，由省级人民政府指定的医院进行。"人民法院在开庭审理时，对省级人民政府指定的医院作出的鉴定结论，经质证后，认为有疑问，不能作为定案根据的，可以另行聘请省级人民政府指定的其他医院进行补充鉴定或者重新鉴定。不能另行聘请其他鉴定机构进行补充鉴定或者重新鉴定。

19. 刑事诉讼法第一百一十七条规定："人民检察院、公安机关根据侦查犯罪的需要，可以依照规定查询、冻结犯罪嫌疑人的存款、汇款。"根据这一规定，人民检察院、公安机关不能扣划存款、汇款，对于在侦查、审查起诉中犯罪嫌疑人死亡，对犯罪嫌疑人的存款、汇款应当依法予以没收或者返还被害人的，可以申请人民法院裁定通知冻结犯罪嫌疑人存款、汇款的金融机构上缴国库或者返还被害人。

六、取保候审、监视居住

20. 刑事诉讼法第五十二条规定："被羁押的犯罪嫌疑人、被告人及其法定代理人、近亲属有权申请取保候审。"第九十六条规定："犯罪嫌疑人被逮捕的，聘请的律师可以为其申请取保候审。"被羁押的犯罪嫌疑人、被告人及其法定代理人、近亲属和律师申请取保候审，有权决定的机关应当在七日内作出是否同意的答复。同意取保候审的，依法办理取保候审手续；不同意取保候审的，应当告知申请人，并说明不同意的理由。

21. 刑事诉讼法第五十三条规定："对犯罪嫌疑人、被告人取保候审，应当责令犯罪嫌疑人、被告人提出保证人或者交纳保证金。"根据这一规定，不能要求同时提供保证人并交纳保证金。

22. 对犯罪嫌疑人采取保证金保证的，由决定机关根据案件具体情况确定保证金的数额。取保候审保证金由公安机关统一收取和保管。对取保候审保证人是否履行了保证义务，由公安机关认定，对保证人的罚款决定，也由公安机关作出。具体办法由公安部会同最高人民法院、最高人民检察院、国家安全部制定。

23. 被采取取保候审、监视居住的犯罪嫌疑人、被告人无正当理由不得离开所居住的市、县或者住处，有正当理由需离开所居住的市、县或者住处，应当经执行机关批准。如取保候审、监视居住是由人民检察院、人民法院决定的，执行机关在批准犯罪嫌疑人、被告人离开所居住的市、县或者住处前，应当征得决定机关同意。

24. 被监视居住的犯罪嫌疑人、被告人会见其聘请的律师不需要经过批准。

七、拘留、逮捕

25. 刑事诉讼法规定，拘留由公安机关执行。对于人民检察院直接受理的案件，人民检察院作出的拘留决定，应当送达公安机关执行，公安机关应当立即执行，人民检察院可以协助公安机关执行。

26. 修改后的刑事诉讼法将原刑事诉讼法关于逮捕条件中"主要犯罪事实已经查清"的规定修改为"有证据证明有犯罪事实"。其中"有证据证明有犯罪事实"，是指同时具备下列情形：

（一）有证据证明发生了犯罪事实；

（二）有证据证明犯罪事实是犯罪嫌疑人实施的；

（三）证明犯罪嫌疑人实施犯罪行为的证据已有查证属实的。

犯罪事实可以是犯罪嫌疑人实施的数个犯罪行为中的一个。

27. 人民检察院审查公安机关提请批准逮捕的案件，应当作出批准或者不批准逮捕的决定，对报请批准逮捕的案件不另行侦查。

28. 对于人民检察院批准逮捕的决定，公安机关应当立即执行，并将执行回执及时送达作出批准逮捕的人民检察院。如果未能执行，也应当将回执送达人民检察院，并写明未能执行的原因；对于人民检察院决定不批准逮捕的，公安机关在收到不批准逮捕决定书后，应当立即释放在押的犯罪嫌疑人或者变更强制措施，并将执行回执在收到不批准逮捕决定书后的三日内送达作出不批准逮捕决定的人民检察院。

八、期间和办案期限

29. 关于刑事诉讼中期间的计算，期间的最后一日为节假日的，以节假日后的第一日为期间届满日期。但对于犯罪嫌疑人、被告人或者罪犯在押期间，应当至期间届满之日为止，不得因节假日而延长在押期限至节假日后的第一日。

30. 公安机关对案件提请延长羁押期限时，应当在羁押期限届满七日前提出，并书面呈报延长羁押期限案件的主要案情和延长羁押期限的具体理由，人民检察院应当在羁押期限届满前作出决定。

31. 最高人民检察院直接立案侦查的案件，符合刑事诉讼法第一百二十四条、第一百二十六条和第一百二十七条规定的条件，需要延长犯罪嫌疑人侦查羁押期限的，由最高人民检察院依法决定。

32. 根据刑事诉讼法第一百二十八条的规定，公安机关在侦查期间，发现犯罪嫌疑人另有重要罪行，重新计算侦查羁押期限的，由公安机关决定，不再经人民检察院批准。但须报人民检察院备案，人民检察院可以进行监督。

33. 刑事诉讼法第一百二十二条规定："对犯罪嫌疑人作精神病鉴定的期间不计入办案期限。"根据上述规定，犯罪嫌疑人、被告人在押的案件，除对犯罪嫌疑人、被告人的精神病鉴定时间不计入办案期限外，其他鉴定时间都应当计入办案期限。对于因鉴定时间较长，办案期限届满仍不能终结的案件，自期限届满之日起，应当对被羁押的犯罪嫌疑人、被告人变更强制措施，改为取保候审或者监视居住。

九、侦查终结

34. 人民检察院受理同级公安机关移送审查起诉的案件，按照刑事诉讼法的管辖规定，认为应当由上级人民检察院或者同级其他人民检察院起诉的，应当由人民检察院将案件移送有管辖权的人民检察院审查起诉。

十、移送起诉

35. 根据刑事诉讼法第一百五十条的规定，人民检察院提起公诉的案件，应当向人民法院移送起诉书、证据目录、证人名单和所有犯罪事实的主要证据的复印件或者照片。对于移送材料中的一些具体问题，按以下办法办理：

（一）人民检察院移送证人名单应当包括在起诉前提供了证言的证人名单，证人名单应当列明证人的姓名、年龄、性别、职业、住址、通讯处。人民检察院对于拟不出庭的证人，可以不说明不出庭的理由。

（二）人民检察院移送证据目录应当是起诉前收集的证据材料的目录。

（三）关于被害人姓名、住址、通讯处，有无扣押、冻结在案的被告人的财物及存放地点，被告人被采取强制措施的种类、是否在案及羁押地点等问题，人民检察院应当在起诉书中列明，不再单独移送材料，其中对于涉及被害人隐私或者为保护被害人人身安全，而不宜在起诉书中列明被害人姓名、住址、通讯处的，单独移送人民法院。

（四）鉴定结论、勘验检查笔录已经作为主要证据移送复印件的，鉴定人、勘验检查笔录制作人姓名已载明，不再另行移送。

36. 根据刑事诉讼法第一百五十条的规定，人民检察院提起公诉的案件，应当向人民法院移送所有犯罪事实的主要证据的复印件或者照片。"主要证据"包括：

（一）起诉书中涉及的各证据种类中的主要证据；

（二）多个同种类证据中被确定为“主要证据”的；

（三）作为法定量刑情节的自首、立功、累犯、中止、未遂、正当防卫的证据。

人民检察院针对具体案件移送起诉时，“主要证据”由人民检察院根据以上规定确定。

37. 刑事诉讼法第一百五十条规定：“人民法院对提起公诉的案件进行审查后，对于起诉书中有明确的指控犯罪事实并且附有证据目录、证人名单和主要证据复印件或者照片的，应当决定开庭审判。”对于人民检察院提起公诉的案件，人民法院都应当受理。人民法院对提起公诉的案件进行审查后，对于起诉书中有明确的指控犯罪事实并且附有证据目录、证人名单和主要证据复印件或者照片的，应当决定开庭审判，不得以上述材料不充足为由而不开庭审判。如人民检察院移送的材料中缺少上述材料的，人民法院可以通知人民检察院补充材料，人民检察院应当自收到通知之日起三日内补送。

人民法院对提起公诉的案件进行审查的期限计入人民法院的审理期限。

38. 对于适用简易程序审理的公诉案件，无论人民检察院是否派员出庭，都应当向人民法院移送全部案卷和证据材料。

十一、开庭审判

39. 刑事诉讼法第一百五十四条规定，开庭的时候，审判长查明当事人是否到庭。根据上述规定，应当由审判长查明当事人是否到庭，不能规定由书记员查明。

40. 关于在法庭审判中询问证人的顺序，法庭审判在审判长的主持下进行，公诉人、辩护人向证人发问的顺序由审判长决定。

41. 刑事诉讼法第一百五十八条第一款规定：“法庭审理过程中，合议庭对证据有疑问的，可以宣布休庭，对证据进行调查核实。”第一百五十九条第一款规定：“法庭审理过程中，当事人和辩护人、诉讼代理人有权申请通知新的证人到庭，调取新的物证，申请重新鉴定或者勘验。”根据上述规定，人民法院可以向人民检察院调取需要调查核实的证据材料；人民法院也可以根据辩护人、被告人的申请，向人民检察院调取在侦查、审查起诉中收集的有关被告人无罪或者罪轻的证据材料。人民检察院应当自收到人民法院要求调取证据材料决定书后三日内移交。

42. 人民检察院对于在法庭上出示、宣读、播放的证据材料应当当庭移交人民法院，确实无法当庭移交的，应当在休庭后三日内移交。对于在法庭上出示、宣读、播放未到庭证人的证言的，如果该证人提供过不同的证言，人民检察院应当将该证人的全部证言在休庭后三日内移交。

43. 修改后的刑事诉讼法第一百六十九条规定：“人民检察院发现人民法院审理案件违反法律规定的诉讼程序，有权向人民法院提出纠正意见。”人民检察院对违反法定程序的庭审活动提出纠正意见，应当由人民检察院在庭审后提出。

十二、二审

44. 刑事诉讼法第一百八十八条规定：“人民检察院提出抗诉的案件或者第二审人民法院开庭审理的公诉案件，同级人民检察院都应当派员出庭。”根据这一规定，出席第二审审判的应当是同级人民检察院的检察人员。

45. 人民检察院提出抗诉的案件或者第二审人民法院开庭审理的公诉案件，在二审中出庭的检察人员和辩护人需要出示、宣读、播放一审中已移交人民法院的证据的，出庭的检察人员和辩护人可以申请法庭出示、宣读、播放。

46. 对于人民检察院抗诉的案件，经第二审人民法院审查后，认为应当判处被告人死刑的，按照刑事诉讼法第一百八十九条的规定处理，即第二审人民法院认为原判决认定事实没有错误，但适用法律有错误，或者量刑不当的，应当改判；认为原判决事实不清或者证据不足的，可以在查清事实后改判或者发回重审。其中，对于第二审人民法院直接改判死刑的案件，无论该案件的死刑核准权是否下放，都应当报请最高人民法院核准。

十三、死刑复核

47. 高级人民法院核准死刑缓期二年执行的案件，应当作出核准或者不核准的决定，不能加重被告人的刑罚。

十四、赃款赃物

48. 对于赃款赃物，除依法返还被害人的财物以及依法销毁的违禁品外，必须一律上缴国库。任何单位和个人都不得挪用或者私自处理。关于赃款赃物的处理，应当按照刑事诉讼法第一百九十八条的规定执行，并应当根据不同情况作以下处理：

（一）对作为证据使用的实物，应当依法随案移送。对不宜移送的，应当将其清单、照片或者其他证明文件随案移送，不得以未移送赃款赃物为由，拒绝受理案件。

（二）侦查机关冻结在金融机构的赃款，应当向人民法院随案移送该金融机构出具的证明文件，待人民法院作出生效判决后，由人民法院通知该金融机构上缴国库，该金融机构应当向人民法院送交执行回单。

（三）查封、扣押的赃款赃物，对依法不移送的，应当随案移送证据清单、照片或者其他证明文件，待人民法院作出生效判决后，由人民法院通知查封、扣押机关上缴国库，查封、扣押机关应当向人民法院送交执行回单。

国家安全机关依照法律规定，办理危害国家安全的刑事案件，适用本规定中有关公安机关的规定。

本规定自公布之日起施行。最高人民法院、最高人民检察院、公安部、国家安全部制订的关于刑事诉讼法执行问题的解释或者规定中与本规定不一致的，以本规定为准。

最高人民法院关于执行《中华人民共和国刑事诉讼法》若干问题的解释

（1998年6月29日最高人民法院审判委员会第989次会议通过
1998年9月2日公布　自1998年9月8日起施行）
法释〔1998〕23号

为正确理解和适用修正后的刑事诉讼法，现结合人民法院审判工作实际，对执行刑事诉讼法的若干具体问题解释如下：

一、管辖

第一条　人民法院直接受理的自诉案件包括：

（一）告诉才处理的案件：

1. 侮辱、诽谤案（刑法第二百四十六条规定的，但是严重危害社会秩序和国家利益的除外）；

2. 暴力干涉婚姻自由案（刑法第二百五十七条第一款规定的）；

3. 虐待案（刑法第二百六十条第一款规定的）；

4. 侵占案（刑法第二百七十条规定的）。

（二）人民检察院没有提起公诉，被害人有证据证明的轻微刑事案件：

1. 故意伤害案（刑法第二百三十四条第一款规定的）；

2. 非法侵入住宅案（刑法第二百四十五条规定的）；

3. 侵犯通信自由案（刑法第二百五十二条规定的）；

4. 重婚案（刑法第二百五十八条规定的）；

5. 遗弃案（刑法第二百六十一条规定的）；

6. 生产、销售伪劣商品案（刑法分则第三章第一节规定的，但是严重危害社会秩序和国家利益的除外）；

7. 侵犯知识产权案（刑法分则第三章第七节规定的，但是严重危害社会秩序和国家利益的除外）；

8. 属于刑法分则第四章、第五章规定的，对被告人可能判处三年有期徒刑以下刑罚的案件。

对上列八项案件，被害人直接向人民法院起诉的，人民法院应当依法受理。对于其中证据不足、可由公安机关受理的，或者认为对被告人可能判处三年有期徒刑以上刑罚的，应当移送公安机关立案侦查。

（三）被害人有证据证明对被告人侵犯自己人身、财产权利的行为应当依法追究刑事责任，而公安机关或者人民检察院已经作出不予追究的书面决定的案件。

第二条 犯罪地是指犯罪行为发生地。以非法占有为目的的财产犯罪，犯罪地包括犯罪行为发生地和犯罪分子实际取得财产的犯罪结果发生地。

第三条 刑事自诉案件的自诉人、被告人一方或者双方是在港、澳、台居住的中国公民或者其住所地是在港、澳、台的单位的，由犯罪地的基层人民法院审判。

港、澳、台同胞告诉的，应当出示港、澳、台居民身份证、回乡证或者其他能证明本人身份的证明。

第四条 人民检察院认为可能判处无期徒刑、死刑而向中级人民法院提起公诉的普通刑事案件，中级人民法院受理后，认为不需要判处无期徒刑以上刑罚的，可以依法审理，不再交基层人民法院审理。

第五条 一人犯数罪、共同犯罪和其他需要并案审理的案件，只要其中一人或者一罪属于上级人民法院管辖的，全案由上级人民法院管辖。

第六条 单位犯罪的刑事案件，由犯罪地的人民法院管辖。如果由被告单位住所地的人民法院管辖更为适宜的，可以由被告单位住所地的人民法院管辖。

第七条 对于中华人民共和国缔结或者参加的国际条约所规定的罪行，中华人民共和国在所承担条约义务的范围内，行使刑事管辖权。

前款规定的案件由被告人被抓获地的中级人民法院管辖。

第八条 在中华人民共和国领域外的中国船舶内的犯罪，由犯罪发生后该船舶最初停泊的中国口岸所在地的人民法院管辖。

第九条 在中华人民共和国领域外的中国航空器内的犯罪，由犯罪发生后该航空器在中国最初降落地的人民法院管辖。

第十条 在国际列车上的犯罪，按照我国与相关国家签订的有关管辖协定确定管辖。没有协定的，由犯罪发生后该列车最初停靠的中国车站所在地或者目的地的铁路运输法院管辖。

第十一条 中国公民在驻外的中国使领馆内的犯罪，由该公民主管单位所在地或者他的原户籍所在地的人民法院管辖。

第十二条 中国公民在中华人民共和国领域外的犯罪，由该公民离境前的居住地或者原户籍所在地的人民法院管辖。

第十三条 外国人在中华人民共和国领域外对中华人民共和国国家或者公民犯罪，依照《中华人民共和国刑法》应受处罚的，由该外国人入境地的中级人民法院管辖。

第十四条 发现正在服刑的罪犯在判决宣告前还有其他犯罪没有受到审判的，由原审人民法院管辖；如果罪犯服刑地或者新发现罪的主要犯罪地的人民法院管辖更为适宜的，可以由服刑地或者新发现罪的主要犯罪地的人民法院管辖。

正在服刑的罪犯在服刑期间又犯罪的，由服刑地的人民法院管辖。

正在服刑的罪犯在脱逃期间的犯罪，如果是在犯罪地捕获并发现的，由犯罪地的人民法院管辖；如果是被缉捕押解回监狱后发现的，由罪犯服刑地的人民法院管辖。

第十五条 上级人民法院认为有必要审理下级人民法院管辖的第一审刑事案件，应当向下级人民法院下达改变管辖决定书，并书面通知同级人民检察院。

第十六条 基层人民法院对于认为案情重大、复杂或者可能判处无期徒刑、死刑的第一审刑事案件，请求移送中级人民法院审判，应当经合议庭报请院长决定后，在案件审理期限届满十五日以前书面请求移送。中级人民法院应当在接到移送申请十日内作出决定。

中级人民法院不同意移送的，应当向该基层人民法院下达不同意移送决定书，由该基层人民法院依法审判；同意移送的，应当向该基层人民法院下达同意移送决定书，并书面通知同级人民检察院。基层人民法院接到上级人民法院同意移送决定书后，应当通知同级人民检察院和当事人，并将起诉材料退回同级人民检察院。

第十七条 两个以上同级人民法院都有权管辖的案件，由最初受理的人民法院管辖。尚未开庭审判的，在必要的时候，可以移送被告人主要犯罪地的人民法院审判。对管辖权发生争议的，应当在审限内协商解决；协商不成的，由争议的人民法院分别逐级报请共同的上一级人民法院指定管辖。

第十八条 有管辖权的人民法院因案件涉及本院院长需要回避等原因，不宜行使管辖权的，可以请求上一级人民法院管辖；上一级人民法院也可以指定与提出请求的人民法院同级的其他人民法院管辖。

第十九条 上级人民法院指定管辖的，应当将指定管辖决定书分别送达被指定管辖的人民法院和其他有关的人民法院。

原受理案件的人民法院，在收到上级人民法院指定其他人民法院管辖决定书后，不再行使管辖权。对于公诉案件，应当书面通知提起公诉的人民检察院，并将全部案卷材料退回，同时书面通知当事人；对于自诉案件，应当将全部案卷材料移送被指定管辖的人民法院，并书面通知当事人。

第二十条 现役军人（含军内在编职工，下同）和非军人共同犯罪的，分别由军事法院和地方人民法院或者其他专门法院管辖；涉及国家军事秘密的，全案由军事法院管辖。

第二十一条 下列案件由地方人民法院或者军事法院以外的其他专门法院管辖：

（一）非军人、随军家属在部队营区内犯罪的；

（二）军人在办理退役手续后犯罪的；

（三）现役军人入伍前犯罪的（需与服役期内犯罪一并审判的除外）；

（四）退役军人在服役期内犯罪的（犯军人违反职责罪的除外）。

第二十二条 上级人民法院在必要的时候，可以将下级人民法院管辖的案件指定其他下级人民法院管辖。

二、回避

第二十三条 审判委员会委员、合议庭组成人员及独任审判员有刑事诉讼法第二十八条、第二十九条所列情形之一的，应当自行回避；当事人和他们的法定代理人也有权申请上列人员回避。

第二十四条 审判人员自行回避的，可以口头或者书面提出，并说明理由，由院长决定。

当事人和他们的法定代理人申请审判人员回避的，可以口头或者书面提出，由院长决定，并将决定告知申请人。

第二十五条 当事人和他们的法定代理人申请人民法院院长回避或者院长自行回避的，应当由审判委员会讨论决定，并将决定告知申请人。

审判委员会讨论院长回避问题时，由副院长主持，院长不得参加。

第二十六条 应当回避的人员，本人没有自行回避，当事人和他们的法定代理人也没有申请其回避的，院长或者审判委员会应当决定其回避。

第二十七条 依照刑事诉讼法第二十九条规定提出回避申请的，申请人应当提供证明材料。

第二十八条 被决定回避的人员对决定有异议的，可以在恢复庭审前申请复议一次；被驳回回避申请的当事人及其法定代理人对决定有异议的，可以当庭申请复议一次。

第二十九条 不属于刑事诉讼法第二十八条、第二十九条所列情形的回避申请，由法庭当庭驳回，并不得申请复议。

第三十条 当事人及其法定代理人对出庭的检察人员、书记员提出回避申请的，人民法院应当通知指派该检察人员出庭的人民检察院，由该院检察长或者检察委员会决定。

第三十一条 参加过本案侦查、起诉的侦查、检察人员，如果调至人民法院工作，不得担任本案的审判人员。

凡在一个审判程序中参与过本案审判工作的合议庭组成人员，不得再参与本案其他程序的审判。

第三十二条 上述有关回避的规定，适用于法庭书记员、翻译人员和鉴定人。其回避问题由人民法院院长决定。

三、辩护与代理

第三十三条 人民法院审判案件过程中，应当充分保证被告人行使刑事诉讼法第三十二条规定的辩护权利。但下列人员不得被委托担任辩护人：

（一）被宣告缓刑和刑罚尚未执行完毕的人；

（二）依法被剥夺、限制人身自由的人；

（三）无行为能力或者限制行为能

力的人；

（四）人民法院、人民检察院、公安机关、国家安全机关、监狱的现职人员；

（五）本院的人民陪审员；

（六）与本案审理结果有利害关系的人；

（七）外国人或者无国籍人。

前款第（四）、（五）、（六）、（七）项规定的人员，如果是被告人的近亲属或者监护人，由被告人委托担任辩护人的，人民法院可以准许。

第三十四条 律师、人民团体、被告人所在单位推荐的公民以及被告人的监护人、亲友，被委托为辩护人的，人民法院应当核实其身份证明和辩护委托书。

第三十五条 一名被告人委托辩护人不得超过两人。在共同犯罪的案件中，一名辩护人不得为两名以上的同案被告人辩护。

第三十六条 被告人没有委托辩护人而具有下列情形之一的，人民法院应当为其指定辩护人：

（一）盲、聋、哑人或者限制行为能力的人；

（二）开庭审理时不满十八周岁的未成年人；

（三）可能被判处死刑的人。

第三十七条 被告人没有委托辩护人而具有下列情形之一的，人民法院可以为其指定辩护人：

（一）符合当地政府规定的经济困难标准的；

（二）本人确无经济来源，其家庭经济状况无法查明的；

（三）本人确无经济来源，其家属经多次劝说仍不愿为其承担辩护律师费用的；

（四）共同犯罪案件中，其他被告人已委托辩护人的；

（五）具有外国国籍的；

（六）案件有重大社会影响的；

（七）人民法院认为起诉意见和移送的案件证据材料可能影响正确定罪量刑的。

第三十八条 被告人坚持自己行使辩护权，拒绝人民法院指定的辩护人为其辩护的，人民法院应当准许，并记录在案；被告人具有本解释第三十六条规定情形之一，拒绝人民法院指定的辩护人为其辩护，有正当理由的，人民法院应当准许，但被告人需另行委托辩护人，或者人民法院应当为其另行指定辩护人。

第三十九条 人民法院指定的辩护人，应当是依法承担法律援助义务的律师。

第四十条 人民法院应当为辩护律师查阅、摘抄、复制本案所指控的犯罪事实的材料提供方便，并保证必要的时间。其他辩护人经人民法院准许，可以查阅、摘抄、复制本案所指控的犯罪事实的材料。但审判委员会和合议庭的讨论记录及有关其他案件的线索材料，辩护律师和其他辩护人不得查阅、摘抄、复制。

第四十一条 辩护律师可以同在押的被告人会见和通信。其他辩护人经人民法院准许，也可以同在押的被告人会见和通信。

第四十二条 人民法院受理自诉案件后三日内，应当告知被告人有权委托辩护人；同时应当告知自诉人及其法定代理人、附带民事诉讼的当事人及其法定代理人有权委托诉讼代理人。

第四十三条 辩护律师申请向被害人及其近亲属、被害人提供的证人收集与本案有关的材料，人民法院认为确有必要的，应当准许，并签发准许调查书。

第四十四条 辩护律师向证人或者其他有关单位和个人收集、调取与本案有关的材料，因证人、有关单位和个人不同意，申请人民法院收集、调取，人民法院认为有必要的，应当同意。

第四十五条 辩护律师直接申请人民法院收集、调取证据，人民法院认为辩护律师不宜或者不能向证人或者其他有关单位和个人收集、调取，并确有必要的，应当同意。

人民法院根据辩护律师的申请收集、调取证据时，申请人可以在场。

人民法院根据辩护律师的申请收集、调取的证据，应当及时复制移送申请人。

第四十六条 辩护律师根据本解释第四十三条、第四十四条、第四十五条第一款规定提出的申请，应当以书面形式提出，并说明申请的理由，列出需要调查问题的提纲。

第四十七条 当事人委托诉讼代理人应当参照刑事诉讼法第三十二条和本解释第三十三条的规定执行。

第四十八条 诉讼代理人的责任是根据事实和法律，维护被害人、自诉人或者附带民事诉讼当事人的合法权益。

第四十九条 律师担任诉讼代理人，可以查阅、摘抄、复制与本案有关的材料，了解案情。其他诉讼代理人经人民法院准许，也可以查阅、摘抄、复制本案有关材料，了解案情。需要收集、调取与本案有关的材料的，可以参照本解释第四十四条、第四十五条的规定执行。

第五十条 诉讼代理人应当向人民法院提交由被代理人签名或者盖章的委托书；如果被代理人是附带民事诉讼当事人的，诉讼代理人应当向人民法院提交由被代理人签名或者盖章的授权委托书。

第五十一条 人民法院对律师、其他辩护人和诉讼代理人查阅、摘抄、复制本案所指控的犯罪事实的材料，只收取复制材料所必需的工本费用。

四、证据

第五十二条 需要运用证据证明的案件事实包括：

（一）被告人的身份；

（二）被指控的犯罪行为是否存在；

（三）被指控的行为是否为被告人所实施；

（四）被告人有无罪过，行为的动机、目的；

（五）实施行为的时间、地点、手段、后果以及其他情节；

（六）被告人的责任以及与其他同案人的关系；

（七）被告人的行为是否构成犯罪，有无法定或者酌定从重、从轻、减轻处罚以及免除处罚的情节；

（八）其他与定罪量刑有关的事实。

第五十三条 收集、调取的书证应当是原件。只有在取得原件确有困难时，才可以是副本或者复制件。

收集、调取的物证应当是原物。只有在原物不便搬运、不易保存或者依法应当返还被害人时，才可以拍摄足以反映原物外形或者内容的照片、录像。

书证的副本、复制件，物证的照片、录像，只有经与原件、原物核实无误或者经鉴定证明真实的，才具有与原件、原物同等的证明力。

制作书证的副本、复制件，拍摄物证的照片、录像以及对有关证据录音时，制作人不得少于二人。提供证据的副本、复制件及照片、音像制品应当附有关于制作过程的文字说明及原件、原物存放何处的说明，并由制作人签名或者盖章。

第五十四条 人民法院依法向有关单位和个人收集、调取、调查、核实证据，认为必要时，可以通知检察人员、辩护人到场。

人民法院向有关单位收集、调取的书面证据材料，必须由提供人署名，并加盖单位印章；人民法院向个人收集、调取的书面证据材料，必须由本人确认无误后签名或者盖章。

第五十五条 人民法院对公诉案件依法调查、核实证据时，发现对认定案件事实有重要作用的新的证据材料，应当告知检察人员和辩护人。必要时，也可以直接提取，复制后移送检察人员和辩护人。

第五十六条 人民法院对有关单位和个人提供的证据，应当出具收据，注明证据的名称、收到的时间、件数、页数以及是否原件等，由书记员或者审判员签名。

第五十七条 对于证人能否辨别是非，能否正确表达，必要时可以进行审查或者鉴定。

第五十八条 证据必须经过当庭出示、辨认、质证等法庭调查程序查证属实，否则不能作为定案的根据。

对于出庭作证的证人，必须在法庭上经过公诉人、被害人和被告人、辩护人等双方询问、质证，其证言经过审查确实的，才能作为定案的根据；未出庭证人的证言宣读后经当庭查证属实的，可以作为定案的根据。

法庭查明证人有意作伪证或者隐匿罪证时，应当依法处理。

第五十九条 对鉴定结论有疑问的，人民法院可以指派或者聘请有专门知识的人或者鉴定机构，对案件中的某些专门性问题进行补充鉴定或者重新鉴定。

第六十条 人民法院在开庭审理时，对省级人民政府指定的医院作出的鉴定结论，经质证后，认为有疑问，不能作为定案根据的，可以另行聘请省级人民政府指定的其他医院进行补充鉴定或者重新鉴定。

第六十一条 严禁以非法的方法收集证据。凡经查证确实属于采用刑讯逼供或者威胁、引诱、欺骗等非法的方法取得的证人证言、被害人陈述、被告人供述，不能作为定案的根据。

第六十二条 在公开审理案件时，对于公诉人、诉讼参与人提出涉及国家秘密或者个人隐私的证据时，审判长应当制止。如确与本案有关的，应当决定案件转为不公开审理。

五、强制措施

第六十三条 人民法院在审判过程中，根据案件情况，可以对被告人拘传、取保候审、监视居住或者决定逮捕。

合议庭或者独任审判员认为应当对被告人撤销或者变更强制措施的，应当报请院长批准。

第六十四条 对经过依法传唤，无正当理由拒不到庭，或者根据案件情况有必要拘传的被告人，可以拘传。

拘传由司法警察执行，执行人员不得少于二人。

拘传被告人时，应当出示拘传票。对抗拒拘传的，可以使用戒具。

第六十五条 审判人员对被拘传的人，应当在拘传后的十二小时以内讯问完毕，不得以连续拘传的形式变相关押被拘传人。

第六十六条 被告人具有下列情形之一的，人民法院可以决定取保候审或者监视居住：

（一）可能判处管制、拘役或者独

立适用附加刑的；

（二）可能判处有期徒刑以上刑罚，采取取保候审、监视居住不致发生社会危险的；

（三）应当逮捕但患有严重疾病的，或者是正在怀孕、哺乳自己婴儿的妇女。

第六十七条 人民法院对被告人决定取保候审、监视居住，应当向其本人宣布，并由被告人在取保候审决定书或者监视居住决定书上签名。

第六十八条 被羁押的被告人及其法定代理人、近亲属和律师有权申请取保候审。申请取保候审应当采用书面形式。人民法院应当在接到书面申请后七日内作出是否同意的答复。对符合取保候审条件并且提出了保证人或者能够交纳保证金的，人民法院应当同意，并依法办理取保候审手续；对不符合取保候审条件，不同意取保候审的，应当告知申请人，并说明不同意的理由。

第六十九条 对符合取保候审条件，具有下列情形之一的被告人，人民法院决定取保候审时，可以责令其提供一至二名保证人：

（一）无力交纳保证金的；

（二）未成年人或者具有其他不宜收取保证金情形的。

第七十条 人民法院应当依法严格审查保证人是否符合法定条件。符合保证人条件的，应当告知他必须履行的义务，并由他出具保证书。

第七十一条 人民法院决定对被告人取保候审，根据案件情况，可以责令其交纳保证金。保证金仅限于现金。

人民法院应当根据起诉指控犯罪的性质、情节、被告人的经济状况等因素，决定应当收取的保证金数额。

保证金应当依照有关规定交由公安机关收取和保管。

第七十二条 对同一被告人决定取保候审的，不能同时使用保证人保证与保证金保证。

第七十三条 根据案件事实，认为已经构成犯罪的被告人在取保候审期间逃匿的，如果保证人与该被告人串通，协助其逃匿以及明知藏匿地点而拒绝向司法机关提供的，对保证人应当依照刑法有关规定追究刑事责任。

具有前款规定情形的，如果取保候审的被告人同时也是附带民事诉讼的被告人，保证人还应当承担连带赔偿责任，但应当以其保证前附带民事诉讼原告人提起的诉讼请求数额为限。

第七十四条 被取保候审人违反刑事诉讼法第五十六条规定，被依法没收保证金后，人民法院仍决定对其取保候审的，取保候审的期限应当连续计算。

第七十五条 人民检察院、公安机关已对犯罪嫌疑人取保候审、监视居住，案件起诉到人民法院后，人民法院对于符合取保候审、监视居住条件的，应当依法对被告人重新办理取保候审、监视居住手续。取保候审、监视居住的期限重新计算。

人民法院不得对同一被告人重复采取取保候审、监视居住措施。

第七十六条 人民法院决定对被告人取保候审、监视居住，应当在宣布后立即将取保候审决定书、取保候审执行通知书或者监视居住决定书、监视居住执行通知书，送达负责执行的公安机关。

第七十七条 人民法院对有证据证明有犯罪事实存在，可能判处有期徒刑以上刑罚的被告人，认为采取取保候审、监视居住等措施，尚不足以防止发生社会危险而有逮捕必要的，应即决定依法逮捕。

第七十八条 人民法院作出逮捕决

定后，应当将逮捕决定书送交公安机关执行。将被告人逮捕后，人民法院应当将逮捕的原因和羁押的处所，在二十四小时内通知被逮捕人的家属或者其所在单位；确实无法通知的，应当将原因记录在卷。

第七十九条 对人民法院决定逮捕的被告人，审判人员必须在逮捕后的二十四小时内进行讯问。如果发现不应当逮捕的，应当报经院长批准后，变更强制措施或者立即释放。立即释放的，应当发给释放证明。

第八十条 对已经逮捕的被告人，符合下列情形之一的，人民法院可以变更强制措施：

（一）患有严重疾病的；

（二）案件不能在法律规定的期限内审结的；

（三）正在怀孕、哺乳自己婴儿的妇女。

第八十一条 对已经逮捕的被告人，符合下列情形之一的，人民法院应当变更强制措施或者释放：

（一）第一审人民法院判处管制或者宣告缓刑以及单独适用附加刑，判决尚未发生法律效力的；

（二）第二审人民法院审理期间，被告人被羁押的时间已到第一审人民法院对其判处的刑期期限的；

（三）因进行司法鉴定而尚未审结的案件，法律规定的期限届满的。

第八十二条 对具有下列情形之一的被告人，应当变更强制措施，决定逮捕：

（一）已取保候审或者监视居住的被告人，违反刑事诉讼法第五十六条、第五十七条的规定，不逮捕可能发生社会危险的；

（二）具有本解释第六十六条第（三）项规定的情形而未予逮捕的被告人，疾病痊愈或者哺乳期已满的。

决定变更强制措施，予以逮捕的，应当通知负责执行取保候审或者监视居住的公安机关。

第八十三条 对被羁押的被告人需要变更强制措施或者释放的，应当将变更强制措施决定书或者释放通知书送交公安机关执行。

六、附带民事诉讼

第八十四条 人民法院受理刑事案件后，可以告知因犯罪行为遭受物质损失的被害人（公民、法人和其他组织）、已死亡被害人的近亲属、无行为能力或者限制行为能力被害人的法定代理人，有权提起附带民事诉讼。

有权提起附带民事诉讼的人放弃诉讼权利的，应当准许，并记录在案。

第八十五条 如果是国家财产、集体财产遭受损失，受损失的单位未提起附带民事诉讼，人民检察院在提起公诉时提起附带民事诉讼的，人民法院应当受理。

第八十六条 附带民事诉讼中依法负有赔偿责任的人包括：

（一）刑事被告人（公民、法人和其他组织）及没有被追究刑事责任的其他共同致害人；

（二）未成年刑事被告人的监护人；

（三）已被执行死刑的罪犯的遗产继承人；

（四）共同犯罪案件中，案件审结前已死亡的被告人的遗产继承人；

（五）其他对刑事被告人的犯罪行为依法应当承担民事赔偿责任的单位和个人。

第八十七条 附带民事诉讼的成年被告人，应当承担赔偿责任的，如果其亲属自愿代为承担，应当准许。

第八十八条 附带民事诉讼的起诉

条件是：

（一）提起附带民事诉讼的原告人、法定代理人符合法定条件；

（二）有明确的被告人；

（三）有请求赔偿的具体要求和事实根据；

（四）被害人的物质损失是由被告人的犯罪行为造成的；

（五）属于人民法院受理附带民事诉讼的范围。

第八十九条 附带民事诉讼应当在刑事案件立案以后第一审判决宣告以前提起。有权提起附带民事诉讼的人在第一审判决宣告以前没有提起的，不得再提起附带民事诉讼。但可以在刑事判决生效后另行提起民事诉讼。

第九十条 在侦查、预审、审查起诉阶段，有权提起附带民事诉讼的人向公安机关、人民检察院提出赔偿要求，已经公安机关、人民检察院记录在案的，刑事案件起诉后，人民法院应当按附带民事诉讼案件受理；经公安机关、人民检察院调解，当事人双方达成协议并已给付，被害人又坚持向法院提起附带民事诉讼的，人民法院也可以受理。

第九十一条 提起附带民事诉讼一般应当提交附带民事诉状。书写诉状确有困难的，可以口头起诉。审判人员应当对原告人的口头诉讼请求详细询问，并制作笔录，向原告人宣读；原告人确认无误后，应当签名或者盖章。

第九十二条 人民法院收到附带民事诉状后，应当进行审查，并在七日内决定是否立案。符合刑事诉讼法第七十七条第一、二款以及本解释第八十八条规定的，应当受理；不符合规定的，应当裁定驳回起诉。

第九十三条 人民法院受理附带民事诉讼后，应当在五日内向附带民事诉讼的被告人送达附带民事起诉状副本，或者将口头起诉的内容及时通知附带民事诉讼的被告人，并制作笔录。被告人是未成年人的，应当将附带民事起诉状副本送达其法定代理人，或者将口头起诉的内容通知其法定代理人。

人民法院送达附带民事起诉状副本时，应当根据刑事案件审理的期限，确定被告人或者其法定代理人提交民事答辩状的时间。

第九十四条 附带民事诉讼案件的当事人对自己提出的主张，有责任提供证据。

第九十五条 人民法院审理附带民事诉讼案件，在必要时，可以决定查封或者扣押被告人财产。

第九十六条 审理附带民事诉讼案件，除人民检察院提起的以外，可以调解。调解应当在自愿合法的基础上进行。经调解达成协议的，审判人员应当及时制作调解书。调解书经双方当事人签收后即发生法律效力。

调解达成协议并当庭执行完毕的，可以不制作调解书，但应当记入笔录，经双方当事人、审判人员、书记员签名或者盖章即发生法律效力。

第九十七条 经调解无法达成协议或者调解书签收前当事人反悔的，附带民事诉讼应当同刑事诉讼一并判决。

第九十八条 附带民事诉讼的原告人经人民法院传票传唤，无正当理由拒不到庭，或者未经法庭许可中途退庭的，应当按自行撤诉处理。

第九十九条 对于被害人遭受的物质损失或者被告人的赔偿能力一时难以确定，以及附带民事诉讼当事人因故不能到庭等案件，为了防止刑事案件审判的过分迟延，附带民事诉讼可以在刑事案件审判后，由同一审判组织继续审理。如果同一审判组织的成员确实无法继续参加审判的，可以更换审判组织成员。

第一百条 人民法院审判附带民事诉讼案件，除适用刑法、刑事诉讼法外，还应当适用民法通则、民事诉讼法有关规定。

第一百零一条 人民法院认定公诉案件被告人的行为不构成犯罪的，对已经提起的附带民事诉讼，经调解不能达成协议的，应当一并作出刑事附带民事判决。

第一百零二条 人民法院审理刑事附带民事诉讼案件，不收取诉讼费。

七、期间、送达、审理期限

第一百零三条 期间以时、日、月计算。期间开始的时和日不计算在期间以内；计算法定期间时，应当将路途上的时间扣除；期间的最后一日为节假日的，以节假日后的第一日为期间届满日期。但对于被告人或者罪犯的在押期间，应当至期间届满之日为止，不得因节假日而延长在押期限。

当事人由于不能抗拒的原因或者有其他正当理由而耽误期限，依法申请继续进行应当在期限届满以前完成的诉讼活动，人民法院查证属实后，应当裁定准许。

以月计算的期限，自本月某日至下月某日为一个月，如本月一日收案至下一个月一日、本月最后一日至下一个月最后一日为一个月的审理期限；半月一律按十五日计算期限。

第一百零四条 送达诉讼文书必须有送达回证。收件人本人应当在送达回证上记明收到的日期，并且签名或者盖章。如果本人不在，可以由其成年家属或者所在单位负责收件人员代收，代收人应当在送达回证上记明收到的日期，并且签名或者盖章。

收件人本人或者代收人在送达回证上签收的日期为送达的日期。

如果收件人本人或者代收人拒绝接收或者拒绝签名、盖章，送达人可以邀请见证人到场，说明情况，在送达回证上记明拒收的事由和日期，由送达人、见证人签名或者盖章，并将诉讼文书留在收件人或者代收人住处或者单位后，即视为送达。

第一百零五条 直接送达诉讼文书有困难的，可以委托收件人所在地的人民法院代为送达，或者邮寄送达。

第一百零六条 委托送达的，应当将委托函、委托送达的诉讼文书及送达回证，寄送收件人所在地的人民法院。受委托的人民法院收到委托送达的诉讼文书，应当登记，并由专人及时送达收件人，然后将送达回证及时退回委托送达的人民法院。受委托的人民法院无法送达时，应当将不能送达的原因及时告知委托的人民法院，并将诉讼文书及送达回证退回。

第一百零七条 邮寄送达的，应当将诉讼文书、送达回证挂号邮寄给收件人。挂号回执上注明的日期为送达的日期。

第一百零八条 诉讼文书的收件人是军人的，可以通过所在部队团级以上单位的政治部门转交。

收件人正在服刑的，可以通过所在监狱或者其他执行机关转交。

收件人正在劳动教养的，可以通过劳动教养单位转交。

代为转交的部门、单位收到诉讼文书后，应当立即交收件人签收，并将送达回证及时退回送达的人民法院。

第一百零九条 审理公诉案件的期限，依照刑事诉讼法的规定执行。适用普通程序审理的被告人被羁押的自诉案件，应当在被告人被羁押后一个月内宣判，至迟不得超过一个半月。有刑事诉讼法第一百二十六条规定情形之一的，经省、自治区、直辖市高级人民法院批准或者决定，可以再延长一个月。

需要延长审理期限的，应当在期满七日以前报请高级人民法院批准或者决定。

适用普通程序审理的被告人未被羁押的自诉案件，应当在立案后六个月内宣判。有特殊情况需要延长审理期限的，由本院院长批准，可以延长三个月。

第一百一十条 审理期间，对被告人作精神病鉴定的时间不计入审理期限。

八、审判组织

第一百一十一条 合议庭的审判长由审判员担任，在审判员不能参加合议庭的情况下，助理审判员由本院院长提出，经审判委员会通过，可以临时代行审判员职务，并可以担任审判长。

第一百一十二条 开庭审理和评议案件，必须由同一合议庭进行。合议庭成员在评议案件的时候，应当表明自己的意见。如果意见分歧，应当按多数人的意见作出决定，但是少数人的意见应当写入笔录。评议笔录由合议庭的组成人员在审阅确认无误后签名。评议情况应当保密。

第一百一十三条 审判员依法独任审判时，行使与本解释规定的审判长同样的职权。

第一百一十四条 合议庭开庭审理并且评议后，应当作出判决或者裁定。

对下列疑难、复杂、重大的案件，合议庭认为难以作出决定的，可以提请院长决定提交审判委员会讨论决定：

（一）拟判处死刑的；

（二）合议庭成员意见有重大分歧的；

（三）人民检察院抗诉的；

（四）在社会上有重大影响的；

（五）其他需要由审判委员会讨论决定的。

对于合议庭提请院长决定提交审判委员会讨论决定的案件，院长认为不必要的，可以建议合议庭复议一次。

独任审判的案件，开庭审理后，独任审判员认为有必要的，也可以提请院长决定提交审判委员会讨论决定。

第一百一十五条 审判委员会的决定，合议庭应当执行。合议庭有不同意见的，可以建议院长提交审判委员会复议。

九、公诉案件第一审程序

第一百一十六条 人民法院对人民检察院提起的公诉案件，应当在收到起诉书（一式八份，每增加一名被告人，增加起诉书五份）后，指定审判员审查以下内容：

（一）案件是否属于本院管辖；

（二）起诉书指控的被告人的身份、实施犯罪的时间、地点、手段、犯罪事实、危害后果和罪名以及其他可能影响定罪量刑的情节等是否明确；

（三）起诉书中是否载明被告人被采取强制措施的种类、羁押地点、是否在案以及有无扣押、冻结在案的被告人的财物及存放地点；是否列明被害人的姓名、住址、通讯处，为保护被害人而不宜列明的，应当单独移送被害人名单；

（四）是否附有起诉前收集的证据的目录；

（五）是否附有能够证明指控犯罪行为性质、情节等内容的主要证据复印件或者照片；

（六）是否附有起诉前提供了证言的证人名单；证人名单应当分别列明出庭作证和拟不出庭作证的证人的姓名、性别、年龄、职业、住址和通讯处；

（七）已委托辩护人、代理人的，

是否附有辩护人、代理人的姓名、住址、通讯处明确的名单；

（八）提起附带民事诉讼的，是否附有相关证据材料；

（九）侦查、起诉程序的各种法律手续和诉讼文书复印件是否完备；

（十）有无刑事诉讼法第十五条第（二）至（六）项规定的不追究刑事责任的情形。

前款第（五）项中所说的主要证据包括：

1. 起诉书中涉及的刑事诉讼法第四十二条规定的证据种类中的主要证据；

2. 同种类多个证据中被确定为主要证据的；如果某一种类证据中只有一个证据，该证据即为主要证据；

3. 作为法定量刑情节的自首、立功、累犯、中止、未遂、防卫过当等证据。

第一百一十七条 案件经审查后，应当根据不同情况分别处理：

（一）对于不属于本院管辖或者被告人不在案的，应当决定退回人民检察院；

（二）对于不符合本解释第一百一十六条第（二）至（九）项规定之一，需要补送材料的，应当通知人民检察院在三日内补送；

（三）对于根据刑事诉讼法第一百六十二条第（三）项规定宣告被告人无罪，人民检察院依据新的事实、证据材料重新起诉的，人民法院应当依法受理；

（四）依照本解释第一百七十七条规定，人民法院裁定准许人民检察院撤诉的案件，没有新的事实、证据，人民检察院重新起诉的，人民法院不予受理；

（五）对于符合刑事诉讼法第十五条第（二）至（六）项规定的情形的，应当裁定终止审理或者决定不予受理；

（六）对于被告人真实身份不明，但符合刑事诉讼法第一百二十八条第二款规定的，人民法院应当依法受理。

第一百一十八条 人民法院对于按照普通程序审理的公诉案件，决定是否受理，应当在七日内审查完毕。

对于人民检察院建议按简易程序审理的公诉案件，决定是否受理，应当在三日内审查完毕。

人民法院对提起公诉的案件进行审查的期限，计入人民法院的审理期限。

第一百一十九条 对于决定开庭审理的案件，人民法院应当进行下列工作：

（一）适用普通程序审理的案件，由院长或者庭长指定审判长并确定合议庭组成人员；适用简易程序审理的案件，由庭长指定审判员一人独任审理；

（二）将人民检察院的起诉书副本至迟在开庭十日以前送达当事人；

（三）对于未委托辩护人的被告人，告知其可以委托辩护人；对于符合刑事诉讼法第三十四条第二、三款规定的，应当指定承担法律援助义务的律师为其提供辩护；对于符合刑事诉讼法第三十四条第一款及本解释第三十七条规定的，一般要指定承担法律援助义务的律师为其提供辩护；

（四）通知被告人、辩护人于开庭五日前提供出庭作证的身份、住址、通讯处明确的证人、鉴定人名单及不出庭作证的证人、鉴定人名单和拟当庭宣读、出示的证据复印件、照片；

（五）将开庭的时间、地点在开庭三日以前通知人民检察院；

（六）将传唤当事人和通知辩护人、法定代理人、证人、鉴定人和勘验、检查笔录制作人、翻译人员的传票和通知书，至迟在开庭三日以前送达；

（七）公开审判的案件，在开庭三日以前先期公布案由、被告人姓名、开庭时间和地点。

人民法院通知公诉机关或者辩护人提供的证人时，如果该证人表示拒绝出庭作证或者按照所提供的证人通讯地址未能通知到该证人的，应当及时告知申请通知该证人的公诉机关或者辩护人。

上述工作情况应当制作笔录，并由审判人员和书记员签名。

第一百二十条 开庭审判前，合议庭可以拟出法庭审理提纲，提纲一般包括下列内容：

（一）合议庭成员在庭审中的具体分工；

（二）起诉书指控的犯罪事实部分的重点和认定案件性质方面的要点；

（三）讯问被告人时需了解的案情要点；

（四）控辩双方拟出庭作证的证人、鉴定人和勘验、检查笔录制作人名单；

（五）控辩双方拟当庭宣读、出示的证人书面证言、物证和其他证据的目录；

（六）庭审中可能出现的问题及拟采取的措施。

第一百二十一条 审判案件应当公开进行。但是涉及国家秘密或者个人隐私的案件，不公开审理。对未成年被告人案件的审理，适用相关规定。

对于当事人提出申请的确属涉及商业秘密的案件，法庭应当决定不公开审理。

第一百二十二条 依法不公开审理的案件，任何公民包括与审理该案无关的法院工作人员和被告人的近亲属都不得旁听。审理未成年被告人的案件，适用相关规定。

第一百二十三条 被害人、诉讼代理人、证人、鉴定人经人民法院传唤或者通知未到庭，不影响开庭审判的，人民法院可以开庭审理。

第一百二十四条 开庭审理前，书记员应当依次进行下列工作：

（一）查明公诉人、当事人、证人及其他诉讼参与人是否已经到庭；

（二）宣读法庭规则；

（三）请公诉人、辩护人入庭；

（四）请审判长、审判员（人民陪审员）入庭；

（五）审判人员就座后，当庭向审判长报告开庭前的准备工作已经就绪。

第一百二十五条 审判长宣布开庭，传被告人到庭后，应当查明被告人的下列情况：

（一）姓名、出生年月日、民族、出生地、文化程度、职业、住址，或者单位的名称、住所地、诉讼代表人的姓名、职务；

（二）是否曾受到过法律处分及处分的种类、时间；

（三）是否被采取强制措施及强制措施的种类、时间；

（四）收到人民检察院起诉书副本的日期；附带民事诉讼的，附带民事诉讼被告人收到民事诉状的日期。

第一百二十六条 审判长宣布案件的来源、起诉的案由、附带民事诉讼原告人和被告人的姓名（名称）及是否公开审理。对于不公开审理的案件，应当当庭宣布不公开审理的理由。

第一百二十七条 审判长宣布合议庭组成人员、书记员、公诉人、辩护人、鉴定人和翻译人员的名单。

第一百二十八条 审判长应当告知当事人、法定代理人在法庭审理过程中依法享有下列诉讼权利：

（一）可以申请合议庭组成人员、

书记员、公诉人、鉴定人和翻译人员回避；

（二）可以提出证据，申请通知新的证人到庭、调取新的证据、重新鉴定或者勘验、检查；

（三）被告人可以自行辩护；

（四）被告人可以在法庭辩论终结后作最后的陈述。

第一百二十九条 审判长分别询问当事人、法定代理人是否申请回避，申请何人回避和申请回避的理由。

如果当事人、法定代理人申请审判人员、出庭支持公诉的检察人员回避，合议庭认为符合法定情形的，应当依照本解释有关回避的规定处理；认为不符合法定情形的，应当当庭驳回，继续法庭审理。如果申请回避人当庭申请复议，合议庭应当宣布休庭，待作出复议决定后，决定是否继续法庭审理。

同意或者驳回回避申请的决定及复议决定，由审判长宣布，并说明理由。必要时，也可以由院长到庭宣布。

第一百三十条 审判长宣布法庭调查开始后，应当首先由公诉人宣读起诉书；有附带民事诉讼的，再由附带民事诉讼的原告人或者其诉讼代理人宣读附带民事诉状。

第一百三十一条 起诉书指控的被告人的犯罪事实为两起以上的，法庭调查时，一般应当就每一起犯罪事实分别进行。

第一百三十二条 在审判长主持下，被告人、被害人可以就起诉书指控的犯罪事实分别进行陈述。

第一百三十三条 在审判长主持下，公诉人可以就起诉书中指控的犯罪事实讯问被告人；被害人及其诉讼代理人经审判长准许，可以就公诉人讯问的情况进行补充性发问；附带民事诉讼的原告人及其法定代理人或者诉讼代理人经审判长准许，可以就附带民事诉讼部分的事实向被告人发问；经审判长准许，被告人的辩护人及法定代理人或者诉讼代理人可以在控诉一方就某一具体问题讯问完毕后向被告人发问。

第一百三十四条 对于共同犯罪案件中的被告人，应当分别进行讯问。合议庭认为必要时，可以传唤共同被告人同时到庭对质。

第一百三十五条 控辩双方经审判长准许，可以向被害人、附带民事诉讼原告人发问。

第一百三十六条 审判长对于控辩双方讯问、发问被告人、被害人和附带民事诉讼原告人、被告人的内容与本案无关或者讯问、发问的方式不当的，应当制止。

对于控辩双方认为对方讯问或者发问的内容与本案无关或者讯问、发问的方式不当并提出异议的，审判长应当判明情况予以支持或者驳回。

第一百三十七条 审判人员认为有必要时，可以向被告人、被害人及附带民事诉讼原告人、被告人讯问或者发问。

第一百三十八条 对指控的每一起案件事实，经审判长准许，公诉人可以提请审判长传唤证人、鉴定人和勘验、检查笔录制作人出庭作证，或者出示证据，宣读未到庭的被害人、证人、鉴定人和勘验、检查笔录制作人的书面陈述、证言、鉴定结论及勘验、检查笔录；被害人及其诉讼代理人和附带民事诉讼的原告人及其诉讼代理人经审判长准许，也可以分别提请传唤尚未出庭作证的证人、鉴定人和勘验、检查笔录制作人出庭作证，或者出示公诉人未出示的证据，宣读未宣读的书面证人证言、鉴定结论及勘验、检查笔录。

第一百三十九条 控辩双方要求证

人出庭作证，向法庭出示物证、书证、视听资料等证据，应当向审判长说明拟证明的事实，审判长同意的，即传唤证人或者准许出示证据；审判长认为与案件无关或者明显重复、不必要的证据，可以不予准许。

第一百四十条 被告人、辩护人、法定代理人经审判长准许，可以在起诉一方举证提供证据后，分别提请传唤证人、鉴定人出庭作证，或者出示证据、宣读未到庭的证人的书面证言、鉴定人的鉴定结论。

第一百四十一条 证人应当出庭作证。

符合下列情形，经人民法院准许的，证人可以不出庭作证：

（一）未成年人；

（二）庭审期间身患严重疾病或者行动极为不便的；

（三）其证言对案件的审判不起直接决定作用的；

（四）有其他原因的。

第一百四十二条 证人到庭后，审判人员应当先核实证人的身份、与当事人以及本案的关系，告知证人应当如实地提供证言和有意作伪证或者隐匿罪证要负的法律责任。

证人作证前，应当在如实作证的保证书上签名。

第一百四十三条 向证人发问，应当先由提请传唤的一方进行；发问完毕后，对方经审判长准许，也可以发问。

第一百四十四条 鉴定人应当出庭宣读鉴定结论，但经人民法院准许不出庭的除外。鉴定人到庭后，审判人员应当先核实鉴定人的身份、与当事人及本案的关系，告知鉴定人应当如实地提供鉴定意见和有意作虚假鉴定要负的法律责任。

鉴定人说明鉴定结论前，应当在如实说明鉴定结论的保证书上签名。

第一百四十五条 向鉴定人发问，应当先由要求传唤的一方进行；发问完毕后，对方经审判长准许，也可以发问。

第一百四十六条 询问证人应当遵循以下规则：

（一）发问的内容应当与案件的事实相关；

（二）不得以诱导方式提问；

（三）不得威胁证人；

（四）不得损害证人的人格尊严。

前款规定也适用于对被告人、被害人、附带民事诉讼原告人和被告人、鉴定人的讯问、发问或者询问。

第一百四十七条 审判长对于向证人、鉴定人发问的内容与本案无关或者发问的方式不当的，应当制止。

对于控辩双方认为对方发问的内容与本案无关或者发问的方式不当并提出异议的，审判长应当判明情况予以支持或者驳回。

第一百四十八条 审判人员认为有必要时，可以询问证人、鉴定人。

第一百四十九条 向证人和鉴定人发问应当分别进行。证人、鉴定人经控辩双方发问或者审判人员询问后，审判长应当告其退庭。

证人、鉴定人不得旁听对本案的审理。

第一百五十条 当庭出示的物证、书证、视听资料等证据，应当先由出示证据的一方就所出示的证据的来源、特征等作必要的说明，然后由另一方进行辨认并发表意见。控辩双方可以互相质问、辩论。

第一百五十一条 当庭出示的证据、宣读的证人证言、鉴定结论和勘验、检查笔录等，在出示、宣读后，应即将原件移交法庭。对于确实无法当庭移交的，应当要求出示、宣读证据的一方在休庭后三日内移交。

第一百五十二条 对于公诉人在法庭上宣读、播放未到庭证人的证言的，如果该证人提供过不同的证言，法庭应当要求公诉人将该证人的全部证言在休庭后三日内移交。

人民法院审查前款规定的证据材料，发现与庭审调查认定的案件事实有重大出入，可能影响正确裁判的，应当决定恢复法庭调查。

第一百五十三条 在法庭调查过程中，合议庭对于证据有疑问的，可以宣布休庭，对该证据进行调查核实。

第一百五十四条 人民法院调查核实证据时，可以进行勘验、检查、扣押、鉴定和查询、冻结。必要时，可以通知检察人员、辩护人到场。

第一百五十五条 公诉人要求出示开庭前送交人民法院的证据目录以外的证据，辩护方提出异议的，审判长如认为该证据确有出示的必要，可以准许出示。

如果辩护方提出对新的证据要做必要准备时，可以宣布休庭，并根据具体情况确定辩护方做必要准备的时间。确定的时间期满后，应当继续开庭审理。

第一百五十六条 当事人和辩护人申请通知新的证人到庭，调取新的证据，申请重新鉴定或者勘验的，应当提供证人的姓名、证据的存放地点，说明所要证明的案件事实，要求重新鉴定或者勘验的理由。审判人员根据具体情况，认为可能影响案件事实认定的，应当同意该申请，并宣布延期审理；不同意的，应当告知理由并继续审理。

依照前款规定延期审理的时间不得超过一个月，延期审理的时间不计入审限。

第一百五十七条 在庭审过程中，公诉人发现案件需要补充侦查，提出延期审理建议的，合议庭应当同意。但是建议延期审理的次数不得超过两次。

法庭宣布延期审理后，人民检察院在补充侦查的期限内没有提请人民法院恢复法庭审理的，人民法院应当决定按人民检察院撤诉处理。

第一百五十八条 人民法院向人民检察院调取需要调查核实的证据材料，或者根据辩护人、被告人的申请，向人民检察院调取在侦查、审查起诉中收集的有关被告人无罪和罪轻的证据材料，应当通知人民检察院在收到调取证据材料决定书后三日内移交。

第一百五十九条 合议庭在案件审理过程中，发现被告人可能有自首、立功等法定量刑情节，而起诉和移送的证据材料中没有这方面的证据材料的，应当建议人民检察院补充侦查。

第一百六十条 合议庭认为本案事实已经调查清楚，应当由审判长宣布法庭调查结束，开始就全案事实、证据、适用法律等问题进行法庭辩论。

第一百六十一条 法庭辩论应当在审判长的主持下，按照下列顺序进行：

（一）公诉人发言；

（二）被害人及其诉讼代理人发言；

（三）被告人自行辩护；

（四）辩护人辩护；

（五）控辩双方进行辩论。

第一百六十二条 附带民事诉讼部分的辩论应当在刑事诉讼部分的辩论结束后进行。先由附带民事诉讼原告人及其诉讼代理人发言，然后由被告人及其诉讼代理人答辩。

第一百六十三条 在法庭辩论过程中，审判长对于控辩双方与案件无关、重复或者互相指责的发言应当制止。

第一百六十四条 对于辩护人依照

有关规定当庭拒绝继续为被告人进行辩护的，合议庭应当准许。如果被告人要求另行委托辩护人，合议庭应当宣布延期审理，由被告人另行委托辩护人或者由人民法院为其另行指定辩护律师。

第一百六十五条 被告人当庭拒绝辩护人为其辩护，要求另行委托辩护人的，应当同意，并宣布延期审理。

被告人要求人民法院另行指定辩护律师，合议庭同意的，应当宣布延期审理。

重新开庭后，被告人再次当庭拒绝重新委托的辩护人或者人民法院指定的辩护律师为其辩护的，合议庭应当分别情形作出处理：

（一）被告人是成年人的，可以准许。但被告人不得再另行委托辩护人，人民法院也不再另行指定辩护律师，被告人可以自行辩护；

（二）被告人具有本解释第三十六条规定情形之一的，不予准许。

依照本解释第一百六十四条、本条第一、二款规定另行委托、指定辩护人或者辩护律师的，自案件宣布延期审理之日起至第十日止，准备辩护时间不计入审限。

第一百六十六条 在法庭辩论过程中，如果合议庭发现新的事实，认为有必要进行调查时，审判长可以宣布暂停辩论，恢复法庭调查，待该事实查清后继续法庭辩论。

第一百六十七条 审判长宣布法庭辩论终结后，合议庭应当保证被告人充分行使最后陈述的权利。如果被告人在最后陈述中多次重复自己的意见，审判长可以制止；如果陈述内容是蔑视法庭、公诉人，损害他人及社会公共利益或者与本案无关的，应当制止；在公开审理的案件中，被告人最后陈述的内容涉及国家秘密或者个人隐私的，也应当制止。

第一百六十八条 被告人在最后陈述中提出了新的事实、证据，合议庭认为可能影响正确裁判的，应当恢复法庭调查；如果被告人提出新的辩解理由，合议庭认为确有必要的，可以恢复法庭辩论。

第一百六十九条 附带民事诉讼部分可以在法庭辩论结束后当庭调解。不能达成协议的，可以同刑事部分一并判决。

第一百七十条 审判长在被告人最后陈述后，应当宣布休庭，合议庭进行评议。

第一百七十一条 开庭审理的全部活动，应当由书记员制作成笔录，经审判长审阅后，分别由审判长和书记员签名。

第一百七十二条 法庭笔录中的出庭证人的证言部分，应当在庭审后交由证人阅读或者向其宣读。证人确认无误后，应当签名或者盖章。

第一百七十三条 法庭笔录应当在庭审后交由当事人阅读或者向其宣读。当事人认为记录有遗漏或者有差错的，可以请求补充或者改正。当事人确认无误后，应当签名或者盖章。

第一百七十四条 对于当庭出示、宣读的证据，审判长宣布休庭后，合议庭应当与提供证据的公诉人、辩护人等办理交接手续。

第一百七十五条 合议庭应当根据已经查明的事实、证据和有关法律规定，并在充分考虑控辩双方意见的基础上，进行评议，确定被告人是否有罪，应否追究刑事责任；构成何罪，应否处以刑罚；判处何种刑罚；有无从重、从轻、减轻或者免除处罚的情节；附带民事诉讼如何解决；赃款赃物如何处理等，并依法作出判决。

第一百七十六条 人民法院应当根据案件的具体情形，分别作出裁判：

（一）起诉指控的事实清楚，证据确实、充分，依据法律认定被告人的罪名成立的，应当作出有罪判决；

（二）起诉指控的事实清楚，证据确实、充分，指控的罪名与人民法院审理认定的罪名不一致的，应当作出有罪判决；

（三）案件事实清楚，证据确实、充分，依据法律认定被告人无罪的，应当判决宣告被告人无罪；

（四）证据不足，不能认定被告人有罪的，应当以证据不足，指控的犯罪不能成立，判决宣告被告人无罪；

（五）案件事实部分清楚，证据确实、充分的，应当依法作出有罪或者无罪的判决；事实不清，证据不足部分，依法不予认定；

（六）被告人因不满十六周岁，不予刑事处罚的，应当判决宣告被告人不负刑事责任；

（七）被告人是精神病人，在不能辨认或者不能控制自己行为的时候造成危害结果，不予刑事处罚的，应当判决宣告被告人不负刑事责任；

（八）犯罪已过追诉时效期限，并且不是必须追诉或者经赦令免除刑罚的，应当裁定终止审理；

（九）被告人死亡的，应当裁定终止审理；对于根据已查明的案件事实和认定的证据材料，能够确认被告人无罪的，应当判决宣告被告人无罪。

第一百七十七条 在宣告判决前，人民检察院要求撤回起诉的，人民法院应当审查人民检察院撤回起诉的理由，并作出是否准许的裁定。

第一百七十八条 人民法院在审理中发现新的事实，可能影响定罪的，应当建议人民检察院补充或者变更起诉；人民检察院不同意的，人民法院应当就起诉指控的犯罪事实，依照本解释第一百七十六条的有关规定依法作出裁判。

第一百七十九条 依据本解释第一百一十七条第（三）项规定受理的案件，依法作出判决时，人民法院对于前案依据刑事诉讼法第一百六十二条第（三）项规定作出的判决，不予撤销。但应当在判决中写明："被告人×××曾于×年×月×日被××人民检察院以××罪向××人民法院提起公诉。因证据不足，指控的犯罪不能成立，被××人民法院依法判决宣告无罪。"

第一百八十条 合议庭成员应当在评议笔录上签名，在法律文书上署名。

第一百八十一条 在审判过程中，自诉人或者被告人患精神病或者其他严重疾病，以及案件起诉到人民法院后被告人脱逃，致使案件在较长时间内无法继续审理的，人民法院应当裁定中止审理。

由于其他不能抗拒的原因，使案件无法继续审理的，可以裁定中止审理。

中止审理的原因消失后，应当恢复审理。中止审理的期间不计入审理期限。

第一百八十二条 当庭宣告判决的，应当宣布判决结果，并在五日内将判决书送达当事人、法定代理人、诉讼代理人、提起公诉的人民检察院、辩护人和被告人的近亲属。定期宣告判决的，合议庭应当在宣判前，先期公告宣判的时间和地点，传唤当事人并通知公诉人、法定代理人、诉讼代理人和辩护人；判决宣告后应当立即将判决书送达当事人、法定代理人、诉讼代理人、提起公诉的人民检察院、辩护人和被告人的近亲属。判决生效后还应当送达被告人的所在单位或者原户籍所在地的公安派出所。被告人是单位的，应当送达被告人注册登记的工商行政管理机关。

第一百八十三条 宣告判决，应当一律公开进行。

宣告判决时，法庭内全体人员应当起立。

宣判时，公诉人、辩护人、被害人、自诉人或者附带民事诉讼的原告人未到庭的，不影响宣判的进行。

第一百八十四条 在法庭审判过程中，如果诉讼参与人或者旁听人员违反法庭秩序，合议庭应当按照下列情形分别处理：

（一）对于违反法庭秩序情节较轻的，应当当庭警告制止并进行训诫；

（二）对于不听警告制止的，可以指令法警强行带出法庭；

（三）对于违反法庭秩序情节严重的，经报请院长批准后，对行为人处1000元以下的罚款或者十五日以下的拘留；

（四）对于严重扰乱法庭秩序，构成犯罪的，应当依法追究刑事责任。

当事人对人民法院罚款、拘留的决定不服，可以向上一级人民法院申请复议。复议申请可以直接向上一级人民法院提出，也可以通过作出罚款、拘留决定的人民法院提出。通过作出罚款、拘留决定的人民法院向上一级人民法院申请复议的，该人民法院应当自收到复议申请之日起三日内，将申请人的复议申请、罚款或者拘留决定书和有关事实、证据材料一并报上一级人民法院复议。上一级人民法院复议期间，不停止决定的执行。

第一百八十五条 人民检察院认为人民法院审理案件过程中，有违反法律规定的诉讼程序的情况，在庭审后提出书面纠正意见的，人民法院认为正确的，应当采纳。

十、自诉案件第一审程序

第一百八十六条 人民法院受理的自诉案件必须符合下列条件：

（一）属于刑事诉讼法第一百七十条、本解释第一条规定的案件；

（二）属于本院管辖的；

（三）刑事案件的被害人告诉的；

（四）有明确的被告人、具体的诉讼请求和能证明被告人犯罪事实的证据。

人民法院受理刑事诉讼法第一百七十条第（三）项规定的自诉案件，还应当符合刑事诉讼法第八十六条、第一百四十五条的规定。

第一百八十七条 本解释第一条规定的案件，如果被害人死亡、丧失行为能力或者因受强制、威吓等原因无法告诉，或者是限制行为能力人以及由于年老、患病、盲、聋、哑等原因不能亲自告诉，其法定代理人、近亲属代为告诉的，人民法院应当依法受理。

因前款规定的原因，被告人不能告诉，由其法定代理人、近亲属代为告诉的，代为告诉人应当提供与被害人关系的证明和被害人不能亲自告诉的原因的证明。

第一百八十八条 对于自诉案件，人民法院经审查有下列情形之一的，应当说服自诉人撤回起诉，或者裁定驳回起诉：

（一）不符合本解释第一百八十六条规定的条件的；

（二）证据不充分的；

（三）犯罪已过追诉时效期限的；

（四）被告人死亡的；

（五）被告人下落不明的；

（六）除因证据不足而撤诉的以外，自诉人撤诉后，就同一事实又告诉的；

（七）经人民法院调解结案后，自

诉人反悔，就同一事实再行告诉的。

第一百八十九条 自诉人应当向人民法院提交刑事自诉状；提起附带民事诉讼的，还应当提交刑事附带民事自诉状。

自诉人书写自诉状确有困难的，可以口头告诉，由人民法院工作人员作出告诉笔录，向自诉人宣读，自诉人确认无误后，应当签名或者盖章。

第一百九十条 自诉状或者告诉笔录应当包括以下内容：

（一）自诉人、被告人、代为告诉人的姓名、性别、年龄、民族、出生地、文化程度、职业、工作单位、住址；

（二）被告人犯罪行为的时间、地点、手段、情节和危害后果等；

（三）具体的诉讼请求；

（四）致送人民法院的名称及具状时间；

（五）证人的姓名、住址及其他证据的名称、来源等。

如果被告人是二人以上的，自诉人在告诉时需按被告人的人数提供自诉状副本。

第一百九十一条 人民法院应当在收到自诉状或者口头告诉第二日起十五日内作出是否立案的决定，并书面通知自诉人或者代为告诉人。

第一百九十二条 对于已经立案，经审查缺乏罪证的自诉案件，如果自诉人提不出补充证据，应当说服自诉人撤回起诉或者裁定驳回起诉；自诉人经说服撤回起诉或者被驳回起诉后，又提出了新的足以证明被告人有罪的证据，再次提起自诉的，人民法院应当受理。

第一百九十三条 自诉人明知有其他共同侵害人，但只对部分侵害人提起自诉的，人民法院应当受理，并视为自诉人对其他侵害人放弃告诉权利。判决宣告后自诉人又对其他共同侵害人就同一事实提起自诉的，人民法院不再受理。共同被害人中只有部分人告诉的，人民法院应当通知其他被害人参加诉讼。被通知人接到通知后表示不参加诉讼或者不出庭的，即视为放弃告诉权利。第一审宣判后，被通知人就同一事实又提起自诉的，人民法院不予受理。但当事人另行提起民事诉讼的，不受本解释限制。

第一百九十四条 被告人实施的两个以上的犯罪行为，分别属于公诉案件和自诉案件的，人民法院可以在审理公诉案件时，对自诉案件一并审理。

第一百九十五条 人民法院受理自诉案件后，对于当事人因客观原因不能取得并提供有关证据而申请人民法院调取证据，人民法院认为必要的，可以依法调取。

第一百九十六条 人民法院对于决定受理的自诉案件，应当开庭审判。不适用简易程序审理的，审判程序参照公诉案件第一审程序的规定进行。

第一百九十七条 人民法院对告诉才处理和被害人有证据证明的轻微刑事案件，可以在查明事实、分清是非的基础上进行调解。自诉人在宣告判决前可以同被告人自行和解或者撤回起诉。

第一百九十八条 对于自诉人要求撤诉的，经人民法院审查认为确属自愿的，应当准许；经审查认为自诉人系被强迫、威吓等，不是出于自愿的，应当不予准许。

第一百九十九条 对于已经审理的自诉案件，当事人自行和解的，应当记录在卷。

第二百条 调解应当在自愿、合法，不损害国家、集体和其他公民利益的前提下进行。调解达成协议的，人民法院应当制作刑事自诉案件调解书，由审判人员和书记员署名，并加盖人民法院印章。调解书经双方当事人签收后即发生法律效力。调解没有达成协议或者调解书签收前当事人反悔的，人民法院应当进行判决。

第二百零一条 人民法院裁定准许自诉人撤诉或者当事人自行和解的案件，被告人被采取强制措施的，应当立即予以解除。

第二百零二条 自诉人经两次依法传唤，无正当理由拒不到庭的，或者未经法庭准许中途退庭的，人民法院应当决定按自诉人撤诉处理。

自诉人是二人以上，其中部分人撤诉的，不影响案件的继续审理。

第二百零三条 对于刑事诉讼法第一百七十条第（三）项规定的案件，不适用调解。

第二百零四条 在自诉案件审理过程中，被告人下落不明的，应当中止审理。被告人归案后，应当恢复审理，必要时，应当对被告人依法采取强制措施。

第二百零五条 审理自诉案件，应当参照刑事诉讼法第一百六十二条和本解释第一百七十六条的有关规定作出判决。对于依法宣告无罪的案件，其附带民事诉讼部分应当依法进行调解或者一并作出判决。

第二百零六条 告诉才处理和被害人有证据证明的轻微刑事案件的被告人或者其法定代理人在诉讼过程中，可以对自诉人提起反诉。反诉必须符合下列条件：

（一）反诉的对象必须是本案自诉人；

（二）反诉的内容必须是与本案有关的行为；

（三）反诉的案件必须符合本解释第一条第（一）、（二）项的规定。

反诉案件适用自诉案件的规定，并应当与自诉案件一并审理。原自诉人撤诉的，不影响反诉案件的继续审理。

十一、单位犯罪案件的审理程序

第二百零七条 人民法院受理单位犯罪案件，除依照本解释第一百一十六条的有关规定进行审查外，还应当审查起诉书中是否列明被告单位的名称、住所地，以及代表被告单位出庭的诉讼代表人的姓名、职务、通讯处。未按规定列明的，应当按本解释第一百一十七条第（二）项的规定办理。

第二百零八条 代表被告单位出庭的诉讼代表人，应当是单位的法定代表人或者主要负责人；法定代表人或者主要负责人被指控为单位犯罪直接负责的主管人员的，应当由单位的其他负责人作为被告单位的诉讼代表人出庭。

被告单位的诉讼代表人与被指控为单位犯罪直接负责的主管人员是同一人的，人民法院应当要求人民检察院另行确定被告单位的诉讼代表人出庭。

第二百零九条 人民法院决定开庭审理单位犯罪案件，应当通知被告单位的诉讼代表人出庭。

第二百一十条 接到出庭通知的被告单位的诉讼代表人应当出庭。拒不出庭的，人民法院在必要的时候，可以拘传到庭。

第二百一十一条 人民法院审理单位犯罪案件，被告单位的诉讼代表人享有刑事诉讼法规定的有关被告人的诉讼权利。开庭时，诉讼代表人席位置于审判台前左侧。

第二百一十二条 被告单位需要委托辩护人的，参照本解释有关辩护的规定办理。

第二百一十三条 被告单位的违法所得及其产生的收益，尚未依法追缴或者扣押、冻结的，人民法院应当根据案件具体情况，决定追缴或者扣押、冻结。

第二百一十四条 人民法院为了保证判决的执行，根据案件具体情况，可以先行扣押、冻结被告单位的财产或者由被告单位提出担保。

第二百一十五条 人民法院审理单位犯罪案件，被告单位被注销或者宣告破产，但单位犯罪直接负责的主管人员和其他直接责任人员应当负刑事责任的，应当继续审理。

第二百一十六条 审理单位犯罪案件的其他程序，参照本解释的有关规定办理。

十二、简易程序

第二百一十七条 基层人民法院受理的公诉案件，人民检察院在起诉时书面建议适用简易程序的，应当随案移送全案卷宗和证据材料。人民法院经审查认为符合刑事诉讼法第一百七十四条第（一）项规定的，可以适用简易程序；认为依法不应当适用简易程序的，应当书面通知人民检察院，并将全案卷宗和证据材料退回人民检察院。

第二百一十八条 对于公诉案件，人民检察院移送起诉时没有建议适用简易程序，人民法院经审查认为符合刑事诉讼法第一百七十四条第（一）项规定，拟适用简易程序审理的，应当书面征求人民检察院的意见。人民检察院同意并移送全案卷宗和证据材料后，应当适用简易程序。

第二百一十九条 告诉才处理的案件和被害人有证据证明的轻微刑事案件，人民法院可以适用简易程序。但刑事诉讼法第一百七十条第（三）项规定的案件除外。

第二百二十条 刑事诉讼法第一百七十四条第（一）项规定的可能判处三年以下有期徒刑、拘役、管制、单处罚金的公诉案件，是指被告人被指控的一罪或者数罪，可能被宣告判处的刑罚为三年以下有期徒刑、拘役、管制、单处罚金的案件。

第二百二十一条 人民法院对公诉案件的被告人可能判处免予刑事处分的，可以适用简易程序。

第二百二十二条 人民法院审理具有以下情形之一的案件，不应当适用简易程序：

（一）公诉案件的被告人对于起诉指控的犯罪事实予以否认的；

（二）比较复杂的共同犯罪案件；

（三）被告人是盲、聋、哑人的；

（四）辩护人作无罪辩护的；

（五）其他不宜适用简易程序的。

第二百二十三条 人民法院决定适用简易程序审理案件，应当在向被告人送达起诉书副本的同时，告知该案适用简易程序审理。

适用简易程序审理的案件，送达起诉书至开庭审判的时间，不受刑事诉讼法第一百五十一条第（二）项规定的限制。

第二百二十四条 适用简易程序审理的案件，在开庭审判前，人民法院应当将开庭的时间、地点通知人民检察院、自诉人、被告人、辩护人，也可以通知其他诉讼参与人。

通知可以用简便方式，但应当记录在卷。

第二百二十五条 适用简易程序审理的案件，审判员宣布开庭，传被告人到庭后，应当查明被告人的基本情况，然后依次宣布案由、独任审判员、书记员、公诉人、辩护人、诉讼代理人、鉴定人和翻译人员的名单，并告知各项诉讼权利。

被告人可以就起诉书指控的犯罪事实进行陈述和辩护。审判员可以出示、宣读主要证据，并听取被告人的意见。如果公诉人出庭支持公诉，在被告人陈述后，公诉人可以出示、宣读主要证据。经审判员准许，被告人及其辩护人可以同公诉人进行辩论。

审判员在必要时，可以讯问被告人。

被告人作最后陈述后，人民法院一般应当当庭宣判。

第二百二十六条 适用简易程序审理的案件，被告人委托辩护人的，辩护人可以不出庭，但应当在开庭审判前将书面辩护意见送交人民法院。

第二百二十七条 被告人、自诉人要求证人出庭的，人民法院可以准许。

第二百二十八条 适用简易程序审理的自诉案件，自诉人宣读起诉书后，被告人可以就起诉书指控的犯罪事实进行陈述，并自行辩护。自诉人应当出示主要证据。被告人有证据出示的，审判员应当准许。经审判员准许，被告人及其辩护人可以同自诉人及其诉讼代理人进行辩论。

第二百二十九条 适用简易程序审理的案件，在法庭审理过程中，发现以下不宜适用简易程序情形的，应当决定中止审理，并按照公诉案件或者自诉案件的第一审普通程序重新审理：

（一）公诉案件被告人的行为不构成犯罪的；

（二）公诉案件被告人应当判处三年以上有期徒刑的；

（三）公诉案件被告人当庭翻供，对于起诉指控的犯罪事实予以否认的；

（四）事实不清或者证据不充分的；

（五）其他依法不应当或者不宜适用简易程序的。

第二百三十条 转为普通程序审理的案件，审理期限应当从决定转为普通程序之日起计算。

十三、第二审程序

第二百三十一条 第二审人民法院受理不服第一审人民法院判决或者裁定提出上诉的和人民检察院认为第一审人民法院判决或者裁定确有错误提出抗诉的案件。

第二百三十二条 地方各级人民法院在宣告第一审判决、裁定时，应当明确告知被告人、自诉人、附带民事诉讼的当事人和他们的法定代理人，如果不服判决或者裁定，有权在法定期限内以书状或者口头形式向上一级人民法院提出上诉；被告人的辩护人和近亲属，在法定期限内经被告人同意，也可以提出上诉；附带民事诉讼的当事人和他们的法定代理人，可以对判决或者裁定中的附带民事部分，提出上诉。

被告人、自诉人、附带民事诉讼的当事人和他们的法定代理人是否提出上诉，以他们在上诉期满前最后一次的意思表示为准。

第二百三十三条 人民法院受理的上诉案件，一般应当有上诉状正本及副本。

上诉状内容应当包括：第一审判决书、裁定书的文号和上诉人收到的时间；第一审法院的名称；上诉的请求和理由；提出上诉的时间；上诉人签名或者盖章。如果是被告人的辩护人、近亲属经被告人同意提出上诉的，还应当写明提出上诉的人与被告人的关系，并应当以被告人作为上诉人。

第二百三十四条 被告人、自诉人、附带民事诉讼原告人和被告人因书写上诉状确有困难而口头提出上诉的，第一审人民法院应当根据其所陈述的理由和请求制作笔录，由上诉人阅读或者向其宣读后，上诉人应当签名或者盖章。

第二百三十五条 第二审人民法院受理的上诉和抗诉案件，必须是在法定期限内提出的。不服判决的上诉和抗诉的期限为十日；不服裁定的上诉和抗诉的期限为五日。上诉和抗诉的期限，从接到判决书、裁定书的第二日起计算。

第二百三十六条 被告人、自诉人、附带民事诉讼的原告人和被告人通过第一审人民法院提出上诉的，第一审人民法院应当审查上诉是否符合法律规定。符合法律规定的，应当在上诉期满后三日内将上诉状连同案卷、证据移送上一级人民法院，同时将上诉状副本送交同级人民检察院和对方当事人。

第二百三十七条 被告人、自诉人、附带民事诉讼的原告人和被告人直接向第二审人民法院提出上诉的，第二审人民法院应当在收到上诉状后三日以内将上诉状交第一审人民法院。第一审人民法院应当审查上诉是否符合法律规定。符合法律规定的，应当在接到上诉状后三日以内将上诉状连同案卷、证据移送上一级人民法院，同时将上诉状副本送交同级人民检察院和对方当事人。

第二百三十八条 被告人、自诉人、附带民事诉讼的原告人和被告人及其法定代理人在上诉期限内要求撤回上诉的，应当准许。

第二百三十九条 被告人、自诉人、附带民事诉讼的原告人和被告人及其法定代理人在上诉期满后要求撤回上诉的，应当由第二审人民法院进行审查。如果认为原判决认定事实和适用法律正确，量刑适当，应当裁定准许被告人撤回上诉；如果认为原判决事实不清，证据不足或者将无罪判为有罪、轻罪重判等，应当不准许撤回上诉，并按照上诉程序进行审理。

第二百四十条 地方各级人民检察院对同级人民法院第一审判决、裁定的抗诉，通过第一审人民法院提交抗诉书。第一审人民法院应当在抗诉期满后三日内将抗诉书连同案卷、证据移送上一级人民法院，并且将抗诉书副本送交当事人。

第二百四十一条 人民检察院在抗诉期限内撤回抗诉的，第一审人民法院不再向上一级人民法院移送案件；如果是在抗诉期满后第二审人民法院宣告裁判前撤回抗诉的，第二审人民法院可以裁定准许，并通知第一审人民法院和当事人。

第二百四十二条 对附带民事判决或者裁定的上诉、抗诉期限，应当按照刑事部分的上诉、抗诉期限确定。如果原审附带民事部分是另行审判的，上诉期限应当按照民事诉讼法规定的期限执行。

第二百四十三条 人民法院审理人民检察院提出抗诉的案件，应当通知同级人民检察院派员出庭。对接到开庭通知后人民检察院不派员出庭的抗诉案件，人民法院应当裁定按人民检察院撤回抗诉处理，并通知第一审人民法院和当事人。

第二百四十四条 对于在上诉、抗诉期满前撤回上诉、抗诉的案件，第一审判决、裁定在上诉、抗诉期满之日起生效；对于在上诉、抗诉期满后要求撤回上诉、抗诉，第二审人民法院裁定准许的，第一审判决、裁定应当自第二审人民法院裁定书送达原上诉人或者抗诉的检察机关之日起生效。

第二百四十五条 第二审人民法院对第一审人民法院移送上诉、抗诉的案卷，应当审查是否包括下列内容：

（一）移送上诉、抗诉案件函；

（二）上诉状或者抗诉书；

（三）第一审判决书或者裁定书八份（每增加一名被告人增加一份）；

（四）全部案卷材料和证据，包括案件审结报告和其他应当移送的材料。

前款所列材料齐备，第二审人民法院应当收案；材料不齐备的，应当通知第一审人民法院及时补送。

第二百四十六条 第二审人民法院应当就第一审判决、裁定认定的事实和适用法律进行全面审查，不受上诉或者抗诉范围的限制。

第二百四十七条 共同犯罪案件，只有部分被告人提出上诉的，或者人民检察院只就第一审人民法院对部分被告人的判决提出抗诉的，第二审人民法院应当对全案进行审查，一并处理。

第二百四十八条 共同犯罪案件，如果提出上诉的被告人死亡，其他被告人没有提出上诉，第二审人民法院仍应当对全案进行审查。死亡的被告人不构成犯罪的，应当宣告无罪；审查后认为构成犯罪的，应当宣布终止审理。对其他同案被告人仍应当作出判决或者裁定。

第二百四十九条 审理附带民事诉讼的上诉、抗诉案件，应当对全案进行审查。如果第一审判决的刑事部分并无不当，第二审人民法院只需就附带民事诉讼部分作出处理。如果第一审判决附带民事部分事实清楚，适用法律正确的，应当以刑事附带民事裁定维持原判，驳回上诉、抗诉。

第二百五十条 附带民事诉讼案件，只有附带民事诉讼的当事人和他们的法定代理人提出上诉的，第一审刑事部分的判决，在上诉期满后即发生法律效力。

应当送监执行的第一审刑事被告人是第二审附带民事诉讼被告人的，在第二审附带民事诉讼案件审结前，可以暂缓送监执行。

第二百五十一条 对于上诉、抗诉案件应当审查下列主要内容：

（一）第一审判决认定的事实是否清楚，证据是否确实、充分，证据之间有无矛盾；

（二）第一审判决适用法律是否正确，量刑是否适当；

（三）在侦查、起诉、第一审程序中，有无违反法律规定的诉讼程序的情形；

（四）上诉、抗诉是否提出了新的事实和证据；

（五）被告人供述、辩解的情况；

（六）辩护人的辩护意见以及采纳的情况；

（七）附带民事部分的判决、裁定是否适当；

（八）第一审法院合议庭、审判委员会讨论的意见。

审查后写出审查报告。

第二百五十二条 在第二审程序中，被告人除自行辩护外，还可以继续委托第一审辩护人或者另行委托辩护人辩护。

共同犯罪案件，只有部分被告人提出上诉或者人民检察院只就第一审人民法院对部分被告人的判决提出抗诉的，其他同案被告人也可以委托辩护人辩护。

第二百五十三条 对上诉案件，应当组成合议庭，开庭审理。

经过阅卷，讯问被告人，听取其他当事人、辩护人、诉讼代理人的意见后，合议庭认定的事实与第一审认定的没有变化，证据充分的，可以不开庭审理。

对人民检察院抗诉的案件，第二审人民法院应当开庭审理。

第二百五十四条 第二审人民法院开庭审理上诉、抗诉案件，可以到案件发生地或者原审人民法院所在地进行。

第二百五十五条 第二审人民法院开庭审理上诉或者抗诉案件，除参照第一审程序的规定外，还应当依照下列规定进行：

（一）法庭调查阶段，审判长或者审判员宣读第一审判决书、裁定书后，由上诉人陈述上诉理由或者由检察人员宣读抗诉书；如果是既有上诉又有抗诉的案件，先由检察人员宣读抗诉书，再由上诉人陈述上诉理由；法庭调查的重点要针对上诉或者抗诉的理由，全面查清事实，核实证据；

（二）法庭调查阶段，如果检察人员或者辩护人申请出示、宣读、播放第一审审理期间已经移交给人民法院的证据的，法庭应当指令值庭法警出示、播放有关证据；需要宣读的证据，由法警交由申请人宣读；

（三）法庭辩论阶段，上诉案件，应当先由上诉人、辩护人发言，再由检察人员发言；抗诉案件，应当先由检察人员发言，再由被告人、辩护人发言；既有上诉又有抗诉的案件，应当先由检察人员发言，再由上诉人、辩护人发言，并进行辩论。

第二百五十六条 共同犯罪案件，没有提出上诉的和没有对其判决提出抗诉的第一审被告人，应当参加法庭调查，并可以参加法庭辩论。

第二百五十七条 第二审人民法院审理被告人或者其法定代理人、辩护人、近亲属提出上诉的案件，不得加重被告人的刑罚，并应当执行下列具体规定：

（一）共同犯罪案件，只有部分被告人提出上诉的，既不能加重提出上诉的被告人的刑罚，也不能加重其他同案被告人的刑罚；

（二）对原判认定事实清楚、证据充分，只是认定的罪名不当的，在不加重原判刑罚的情况下，可以改变罪名；

（三）对被告人实行数罪并罚的，不得加重决定执行的刑罚，也不能在维持原判决决定执行的刑罚不变的情况下，加重数罪中某罪的刑罚；

（四）对被告人判处拘役或者有期徒刑宣告缓刑的，不得撤销原判决宣告的缓刑或者延长缓刑考验期；

（五）对事实清楚、证据充分，但判处的刑罚畸轻，或者应当适用附加刑而没有适用的案件，不得撤销第一审判决，直接加重被告人的刑罚或者适用附加刑，也不得以事实不清或者证据不足发回第一审人民法院重新审理。必须依法改判的，应当在第二审判决、裁定生效后，按照审判监督程序重新审判。

人民检察院提出抗诉或者自诉人提出上诉的案件，不受前款规定的限制。但是人民检察院抗诉的案件，经第二审人民法院审理后，改判被告人死刑立即执行的，应当报请最高人民法院核准。

第二百五十八条 共同犯罪案件中，人民检察院只对部分被告人的判决提出抗诉的，第二审人民法院对其他第一审被告人不得加重刑罚。

第二百五十九条 提出上诉或者抗诉的理由具有刑事诉讼法第一百九十一条规定的情形之一的，第二审人民法院应当裁定撤销原判，发回第一审人民法院重新审判。

第二百六十条 第二审人民法院审理刑事附带民事上诉、抗诉案件，如果发现刑事和附带民事部分均有错误需依法改判的，应当一并改判。

第二百六十一条 第二审人民法院审理对刑事部分提出上诉、抗诉，附带民事诉讼部分已经发生法律效力的案件，如果发现第一审判决或者裁定中的民事部分确有错误，应当对民事部分按照审判监督程序予以纠正。

第二百六十二条 第二审人民法院审理对附带民事诉讼部分提出上诉、抗诉，刑事部分已经发生法律效力的案件，如果发现第一审判决或者裁定中的刑事部分确有错误，应当对刑事部分按照审判监督程序进行再审，并将附带民事诉讼部分与刑事部分一并审理。

第二百六十三条 对第二审自诉案件，必要时可以进行调解，当事人也可以自行和解。调解结案的，应当制作调解书，第一审判决、裁定视为自动撤销；当事人自行和解的，由人民法院裁定准许撤回自诉，并撤销第一审判决或者裁定。

第二百六十四条 第二审人民法院对于调解结案或者当事人自行和解的自诉案件，被告人被采取强制措施的，应当立即予以解除。

第二百六十五条 在第二审程序中，自诉案件的当事人提出反诉的，第二审人民法院应当告知其另行起诉。

第二百六十六条 在第二审案件附带民事部分审理中，第一审民事原告人增加独立的诉讼请求或者第一审民事被告人提出反诉的，第二审人民法院可以根据当事人自愿的原则就新增加的诉讼请求或者反诉进行调解，调解不成的，告知当事人另行起诉。

第二百六十七条 人民法院依法开庭审理第二审公诉案件，应当在开庭十日以前通知人民检察院查阅案卷。自通知后的第二日起，人民检察院查阅案卷超过七日后的期限，不计入第二审审理期限。

十四、在法定刑以下判处刑罚和适用特殊情况假释的核准程序

第二百六十八条 根据刑法第六十三条第二款规定报请最高人民法院核准在法定刑以下判处刑罚的案件，按下列情形分别处理：

（一）被告人不提出上诉、人民检察院不提出抗诉的，在上诉、抗诉期满后三日内报请上一级人民法院复核。上一级人民法院同意原判的，应当逐级报请最高人民法院核准；上一级人民法院不同意原判的，应当裁定发回重新审判或者改变管辖，按照第一审程序重新审理。原判是由基层人民法院作出的，高级人民法院可以指定中级人民法院按照第一审程序重新审理；

（二）被告人提出上诉或者人民检察院提出抗诉的案件，应当按照第二审程序审理。上诉或者抗诉无理的，应当裁定驳回上诉或者抗诉，维持原判，并按照本条第（一）项规定的程序逐级报请最高人民法院核准。上诉或者抗诉有理的，应当依法改判。改判后仍判决在法定刑以下处以刑罚的，按照本条第（一）项规定的程序逐级报请最高人民法院核准。

第二百六十九条 报请最高人民法院核准在法定刑以下判处刑罚的案件，应当报送报请核准案件的结案报告、判决书各十五份，以及全案诉讼卷宗和证据。

第二百七十条 最高人民法院复核在法定刑以下判处刑罚的案件，予以核准的，作出核准裁定书；不予核准的，应当撤销原判决、裁定，发回原审人民法院重新审判或者指定其他下级人民法院重新审判。

第二百七十一条 根据刑法第八十一条第一款规定报请最高人民法院核准因犯罪分子具有特殊情况，不受执行刑期限制的假释案件，按下列情形分别处理：

（一）中级人民法院依法作出假释裁定后，应即报请高级人民法院复核。高级人民法院同意假释的，应当报请最高人民法院核准；高级人民法院不同意假释的，应当裁定撤销中级人民法院的假释裁定；

（二）高级人民法院依法作出假释裁定的，应当报请最高人民法院核准。

第二百七十二条 报请最高人民法院核准因犯罪分子具有特殊情况，不受执行刑期限制的假释案件，应当报送报请核准假释案件的报告、罪犯具有特殊情况的报告、假释裁定书各十五份，以及全案卷宗。

第二百七十三条 最高人民法院核准因犯罪分子具有特殊情况，不受执行刑期限制的假释案件，予以核准的，作出核准裁定书；不予核准的，应当作出撤销原裁定，不准假释的裁定书。

十五、死刑复核程序

第二百七十四条 死刑由最高人民法院核准，但依法授权高级人民法院核准的除外。

因人民检察院提出抗诉而由人民法院按照第二审程序改判死刑的案件，应当报请最高人民法院核准。

第二百七十五条 报请最高人民法院核准的死刑案件，按照下列情形分别处理：

（一）中级人民法院判处死刑的第一审案件，被告人不上诉、人民检察院不抗诉的，在上诉、抗诉期满后三日内报请高级人民法院复核。高级人民法院同意判处死刑的，应当依法作出裁定后，报请最高人民法院核准；不同意判处死刑的，应当提审或者发回重新审判；

（二）中级人民法院判处死刑的第一审案件，被告人提出上诉或者人民检察院提出抗诉，高级人民法院终审裁定维持死刑判决的，报请最高人民法院核准；

（三）高级人民法院判处死刑的第一审案件，被告人不上诉、人民检察院不抗诉的，在上诉、抗诉期满后三日内报请最高人民法院核准；

（四）依法应当由最高人民法院核准的死刑案件，判处死刑缓期二年执行的罪犯，在死刑缓期执行期间，如果故意犯罪，查证属实，应当执行死刑的，由高级人民法院报请最高人民法院核准。

第二百七十六条 依授权可以由高级人民法院核准的死刑案件，中级人民法院判处死刑后，被告人不上诉、人民检察院不抗诉的，在上诉、抗诉期满后三日内报请高级人民法院核准。

高级人民法院同意判处死刑的，应当裁定核准死刑；不同意判处死刑的，应当依法改判；认为原判事实不清，证据不足的，应当发回中级人民法院重新审判。

第二百七十七条 依授权可以由高级人民法院核准的死刑案件，判处死刑缓期二年执行的罪犯，在死刑缓期执行期间，如果故意犯罪，查证属实，应当执行死刑的，报请高级人民法院核准。

第二百七十八条 中级人民法院判处死刑缓期二年执行的第一审案件，被告人不上诉、人民检察院不抗诉的，应当报请高级人民法院核准。

高级人民法院对于报请核准的死刑缓期二年执行的案件，按照下列情形分别处理：

（一）同意判处死刑缓期二年执行的，应当裁定予以核准；

（二）认为原判事实不清、证据不足的，应当裁定发回重新审判；

（三）认为原判量刑过重的，应当依法改判。

高级人民法院核准死刑缓期二年执行的案件，不得以提高审级等方式加重被告人的刑罚。

第二百七十九条 被告人被判处死

刑的数罪中，如果有应当由最高人民法院核准的，或者共同犯罪案件部分被告人被判处死刑的罪中有应当由最高人民法院核准的，必须将全案报请最高人民法院核准。

第二百八十条 报请复核死刑（死刑缓期二年执行）案件，应当一案一报。报送的材料应当包括报请复核的报告、死刑（死刑缓期二年执行）案件综合报告和判决书各十五份，以及全部诉讼案卷和证据；共同犯罪的案件，应当报送全案的诉讼案卷和证据。

（一）报请复核的报告，应当载明案由、简要案情和审理过程及判决结果；

（二）死刑（死刑缓期二年执行）案件综合报告应当包括以下主要内容：

1. 被告人的姓名、性别、出生年月日、民族、文化程度、职业、住址、简历以及拘留、逮捕、起诉的时间和现在被羁押的处所；

2. 被告人的犯罪事实，包括犯罪时间、地点、动机、目的、手段、危害后果以及从轻、从重处罚等情节，认定犯罪的证据，定罪量刑的法律依据；

3. 需要说明的其他问题。

第二百八十一条 报送死刑（死刑缓期二年执行）复核案件的诉讼案卷和证据，根据案件具体情况应当包括以下内容：

（一）拘留证、逮捕证、搜查证的复印件；

（二）扣押赃款、赃物和其他在案物证的清单；

（三）公安机关、国家安全机关的起诉意见书，或者人民检察院的侦查终结报告；

（四）人民检察院的起诉书；

（五）案件的审查报告、法庭审理笔录、合议庭评议笔录和审判委员会讨论决定笔录；

（六）被告人上诉状、人民检察院抗诉书；

（七）人民法院的判决书、裁定书和宣判笔录、送达回证；

（八）能够证明案件具体情况并经过查证属实的各种肯定的和否定的证据，包括物证或者物证照片、书证、证人证言、被害人陈述、被告人供述和辩解。

第二百八十二条 高级人民法院复核或者核准死刑（死刑缓期二年执行）案件，必须提审被告人。

第二百八十三条 复核死刑（死刑缓期二年执行）案件，应当全面审查以下内容：

（一）被告人的年龄，有无责任能力，是否正在怀孕的妇女；

（二）原审判决认定的主要事实是否清楚，证据是否确实、充分；

（三）犯罪情节、后果及危害程度；

（四）原审判决适用法律是否正确，是否必须判处死刑，是否必须立即执行；

（五）有无法定、酌定从轻或者减轻处罚的情节；

（六）其他应当审查的情况。

第二百八十四条 对报请核准的死刑（死刑缓期二年执行）案件全面审查后，合议庭应当进行评议并写出复核审理报告。审核报告应当包括以下内容：

（一）案件的由来和审理经过；

（二）被告人和被害人简况；

（三）案件的侦破情况；

（四）原审判决要点和控辩双方意见；

（五）对事实和证据复核后的分析与认定；

（六）合议庭评议意见、审判委员会讨论决定意见；

（七）需要说明的问题。

第二百八十五条 对判处死刑的案件，复核后应当根据案件情形分别作出裁判：

（一）原审判决认定事实和适用法律正确、量刑适当的，裁定予以核准；

（二）原审判决认定事实错误或者证据不足的，裁定撤销原判，发回重新审判；

（三）原审判决认定的事实正确，但适用法律有错误，或者量刑不当，不同意判处死刑的，应当改判；

（四）发现第一审人民法院或者第二审人民法院违反法律规定的诉讼程序，可能影响正确判决的，应当裁定撤销原判，发回第一审人民法院或者第二审人民法院重新审判。

第二百八十六条 高级人民法院复核后发回原审人民法院重新审判的案件，重新审判所作的判决、裁定，被告人可以提出上诉，人民检察院可以提出抗诉。

第二百八十七条 共同犯罪案件中，部分被告人被判处死刑的，最高人民法院或者高级人民法院复核时，应当对全案进行审查，但不影响对其他被告人已经发生法律效力的判决、裁定的执行；发现对其他被告人已经发生法律效力的判决、裁定确有错误时，可以指令原审人民法院再审。

十六、扣押、冻结在案财物的处理

第二百八十八条 人民法院对于扣押、冻结在案的被告人的财物及其孳息，应当妥善保管，以供核查。任何单位和个人不得挪用或者自行处理。

依法扣押的货币、有价证券，应当登记写明货币、有价证券的名称、数额、面额，货币应当存入银行专户，并登记银行存款凭证的名称、内容，入卷备查。

依法扣押的物品，应当登记写明物品名称、型号、规格、数量、重量、质量、成色、纯度、颜色、新旧程度、缺损特征和来源等，入卷备查。

依法扣押的文物、金银、珠宝、名贵字画等以及违禁品，应当及时鉴定。

对扣押的物品应当及时依照有关规定作价。

第二百八十九条 对于被害人的合法财产，被害人明确的，扣押、冻结机关应当依法及时返还。但须经拍照、鉴定、作价，并在案卷中注明返还的理由，将原物照片、清单和被害人的领取手续入卷备查。

第二百九十条 对作为证据使用的实物，包括作为物证的货币、有价证券等，应当随案移送。开庭审判时，经向法庭出示、质证后移交法庭。休庭或者闭庭时办理证据交接手续，清点、核对无误的，由经手人在清单上分别签名后予以封存。对因上诉、抗诉引起第二审程序的，第一审人民法院应当将上述证据移送第二审人民法院，并办理证据交接手续。

第二百九十一条 下列不宜移送的实物，人民法院受理案件时，应当审查是否附有相关证据材料；需要鉴定（包括估价）的，应当附有鉴定结论：

（一）大宗的、不便搬运的物品，由扣押机关开列清单，并附原物照片和封存手续，注明存放地点；

（二）易腐烂、霉变和不易保管的物品，扣押机关变卖处理后，随案移送原物照片、清单、变价处理的凭证（复印件）；

（三）违禁品、枪支弹药、易燃易爆物品、剧毒物品以及其他危险品，扣押机关依照国家有关规定处理后，随案移送原物照片和清单。

对于查封、扣押的货币、有价证券等依法不移送的，人民法院受理案件时，应当审查是否附有原物照片、清单或者其他证明文件。

第二百九十二条 人民法院受理案件时，对于侦查机关冻结在金融机构的存款，应当审查是否附有金融机构出具的证明文件原件。人民法院作出生效判决后，通知该金融机构上缴国库，同时将判决书送达有关财政机关。金融机构应当在接到执行通知书后十五日内向人民法院送交执行回单。

第二百九十三条 对于查封、扣押的赃款、赃物依法不移送的，人民法院作出的判决生效后，由原审的人民法院通知查封、扣押机关上缴国库，同时将通知及判决书送达有关财政机关。查封、扣押机关应当在接到执行通知书后十五日内向人民法院送交执行回单。

第二百九十四条 对于人民法院扣押、冻结的赃款、赃物及其孳息，人民法院作出的判决生效后，由原审人民法院依照生效的法律文书进行处理。除依法返还被害人的以外，应当一律没收，上缴国库。法律另有规定的除外。

对人民检察院、公安机关因犯罪嫌疑人死亡，申请人民法院裁定通知冻结犯罪嫌疑人存款、汇款等的金融机构，将该犯罪嫌疑人的存款、汇款等上缴国库或者返还被害人的案件，人民法院应当经过阅卷、审查有关证据材料后作出裁定。

第二百九十五条 对于扣押、冻结的与本案无关的财物，已列入清单的，人民法院应当通知扣押、冻结机关依法处理。被告人被判处财产刑的，人民法院应当通知扣押、冻结机关将拟返还被告人的财物移交人民法院执行刑罚。

十七、审判监督程序

第二百九十六条 各级人民法院对当事人及其法定代理人、近亲属对已经发生法律效力的判决、裁定提出的申诉，应当进行登记并认真审查处理。

第二百九十七条 人民法院经审查，对不符合刑事诉讼法第二百零三条规定的申诉，按来信、来访处理。

第二百九十八条 受理、审查申诉一般由作出发生法律效力的判决、裁定的人民法院进行。直接向上级人民法院申诉的，如果没有经作出发生法律效力的判决、裁定的人民法院审查处理，上级人民法院可以交该人民法院审查，并告知申诉人；如果属于案情疑难、复杂、重大的，或者已经由作出发生法律效力的判决、裁定的人民法院审查处理后仍坚持申诉的，上级人民法院可以直接受理、审查，下级人民法院也可以请求移送上一级人民法院审查处理。

第二百九十九条 原审人民法院审查处理的申诉、上级人民法院直接处理的申诉和转交下级人民法院审查处理的申诉，应当立申诉卷。

第三百条 第二审人民法院对不服本院维持第一审人民法院裁判的申诉，可以交由第一审人民法院审查。第一审人民法院审查后，应当写出审查报告，提出处理意见，报第二审人民法院审定。

第三百零一条 对最高人民法院核准死刑的案件或者授权高级人民法院核准死刑案件的申诉，可以由原核准的人民法院直接处理，也可以交由原审人民法院审查。原审人民法院应当写出审查报告，提出处理意见，逐级上报原核准的人民法院审定。

第三百零二条 人民法院受理申诉后，应当在三个月内作出决定，至迟不得超过六个月。经审查，认为有刑事诉讼法第二百零四条规定的情形之一的，由院长提请审判委员会决定重新审判；对不符合刑事诉讼法第二百零四条规定的申诉，应当说服申诉人撤回申诉；对仍然坚持申诉的，应当书面通知驳回。

第三百零三条 申诉人对驳回申诉不服的，可以向上一级人民法院申诉。上一级人民法院经审查认为申诉不符合刑事诉讼法第二百零四条规定的，应当予以驳回。经两级人民法院处理后又提出申诉的，如果没有新的充分理由，人民法院可以不再受理。

第三百零四条 各级人民法院院长对本院已经发生法律效力的判决和裁定，如果发现在认定事实或者适用法律上确有错误，经提交审判委员会讨论决定再审的案件，应当另行组成合议庭进行再审。

第三百零五条 最高人民法院对各级人民法院已经发生法律效力的判决、裁定，上级人民法院对下级人民法院已经发生法律效力的判决和裁定，如果发现确有错误，可以指令下级人民法院再审；对于原判决、裁定认定事实正确，但是在适用法律上有错误，或者案情疑难、复杂、重大的，或者有其他不宜由原审人民法院审理的情况的案件，也可以提审。

第三百零六条 最高人民检察院对各级人民法院已经发生法律效力的判决和裁定，上级人民检察院对下级人民法院已经发生法律效力的判决和裁定，如果发现确有错误，按照审判监督程序向同级人民法院提出抗诉的案件，接受抗诉的人民法院应当组成合议庭重新审理；对于原判决事实不清或者证据不足的，可以指令下级人民法院再审，并将指令再审的决定书抄送抗诉的人民检察院。

第三百零七条 人民法院决定按照审判监督程序重新审判的案件，除人民检察院提起抗诉的外，应当制作再审决定书。再审期间不停止原判决、裁定的执行。

第三百零八条 人民法院按照审判监督程序重新审判的案件，应当对原判决、裁定认定的事实、证据和适用法律进行全面审查。

第三百零九条 人民法院按照审判监督程序重新审判的案件，如果原来是第一审案件，应当依照第一审程序进行审判，所作的判决、裁定，可以上诉、抗诉；如果原来是第二审案件，或者是上级人民法院提审的案件，应当依照第二审程序进行审判，所作的判决、裁定，是终审的判决、裁定。

第三百一十条 按照审判监督程序进行再审的刑事自诉案件，应当依法作出判决、裁定；附带民事部分可以调解结案。

第三百一十一条 再审案件的审理期限，依照刑事诉讼法第二百零七条的规定执行。

第三百一十二条 再审案件经过重新审理后，应当按照下列情形分别处理：

（一）原判决、裁定认定事实和适用法律正确、量刑适当的，应当裁定驳回申诉或者抗诉；

（二）原判决、裁定认定事实没有错误，但适用法律有错误，或者量刑不当的，应当改判。按照第二审程序审理的案件，认为必须判处被告人死刑立即执行的，直接改判后，应当报请最高人民法院核准；

（三）应当对被告人实行数罪并罚的案件，原判决、裁定没有分别定罪量刑的，应当撤销原判决、裁定，重新定罪量刑，并决定执行的刑罚；

（四）按照第二审程序审理的案

件，原判决、裁定认定事实不清或者证据不足的，可以在查清事实后改判，也可以裁定撤销原判，发回原审人民法院重新审判。原判决、裁定认定事实不清，证据不足，经再审仍无法查清，证据不足，不能认定原审被告人有罪的，应当参照本解释第一百七十六条第（四）项规定，判决宣告被告人无罪。

十八、涉外刑事案件审理程序

第三百一十三条 本解释所称的涉外刑事案件是指：

（一）在中华人民共和国领域内，外国人犯罪的或者我国公民侵犯外国人合法权利的刑事案件；

（二）在中华人民共和国领域外，符合刑法第八条、第十条规定情形的外国人对中华人民共和国国家和公民犯罪和中国公民犯罪的案件；

（三）符合刑法第九条规定的情形，中华人民共和国在所承担国际条约义务范围内行使管辖权的案件。

第三百一十四条 外国人的国籍以其入境时的有效证件予以确认；国籍不明的，以公安机关会同外事部门查明的为准。国籍确实无法查明的，以无国籍人对待，适用涉外刑事案件审理程序。

第三百一十五条 享有外交特权和豁免权的外国人的刑事责任问题，通过外交途径解决。

第三百一十六条 外国籍被告人在刑事诉讼中，享有我国法律规定的诉讼权利并承担义务。

第三百一十七条 中华人民共和国缔结或者参加的国际条约中有关于刑事诉讼程序具体规定的，适用该国际条约的规定。但是，我国声明保留的条款除外。

第三百一十八条 人民法院审判涉外刑事案件，应当公开进行。但是涉及国家秘密或者个人隐私的案件，不公开审理。公开审理的案件，由人民法院发旁听证的，凭证入场旁听。

第三百一十九条 人民法院审判涉外刑事案件，使用中华人民共和国通用的语言、文字，应当为外国籍被告人提供翻译。如果外国籍被告人通晓中国语言、文字，拒绝他人翻译的，应当由本人出具书面声明，或者将他的口头声明记录在卷。诉讼文书为中文本，应当附有被告人通晓的外文译本，译本不加盖人民法院印章，以中文本为准。翻译费用由被告人承担。

如果外国籍被告人拒收诉讼文书的，应当依照本解释第一百零四条第三款的规定处理。

第三百二十条 外国籍被告人委托律师辩护的，以及附带民事诉讼的原告人、自诉人委托律师代理诉讼的，应当委托具有中华人民共和国律师资格并依法取得执业证书的律师。

外国籍被告人没有委托辩护人的，人民法院可以为其指定辩护人。被告人拒绝辩护人为其辩护的，应当由其提出书面声明，或者将其口头声明记录在卷后，人民法院予以准许。

在中华人民共和国领域外居住的外国人寄给中国律师或者中国公民的授权委托书，必须经所在国公证机关证明、所在国外交部或者其授权机关认证，并经中国驻该国使、领馆认证，才具有法律效力。但中国与该国之间有互免认证协定的除外。

第三百二十一条 人民法院审理涉外刑事案件及处理结果，应当及时通报当地外事部门。

第三百二十二条 对涉外刑事案件的被告人及人民法院认定的其他相关犯罪嫌疑人，可以决定限制出境；对开庭审理案件时必须到庭的证人，可以要求暂缓出境。限制出境的决定应当通报同级公安机关或者国家安全机关。

第三百二十三条 人民法院决定限制外国人和中国公民出境的，应当口头或者书面通知被限制出境的人，也可以采取扣留其护照或者其他有效出入境证件的办法，在案件审理终结前不得离境。

第三百二十四条 对需要在边防检查站阻止外国人和中国公民出境的，人民法院应当填写口岸阻止人员出境通知书。控制口岸在本省、自治区、直辖市的，应当向本省、自治区、直辖市公安厅（局）办理交控手续。控制口岸不在本省、自治区、直辖市的，应当通过有关省、自治区、直辖市公安厅（局）办理交控手续。在紧急情况下，如确有必要，也可以先向边防检查站交控，然后补办交控手续。

第三百二十五条 根据中华人民共和国缔结或者参加的国际条约，或者按照对等互惠原则，我国法院和外国法院可以互相请求，代为一定的诉讼行为。

外国法院请求的事项同中华人民共和国的主权、安全或者社会公共利益不相容以及违反中国法律的，应当予以驳回；不属于我国法院职权范围的，应当予以退回，并说明理由。

第三百二十六条 请求与我国签订司法协助协定的国家的法院代为一定诉讼行为的，必须由所在省、自治区、直辖市高级人民法院报经最高人民法院审查同意。与我国签订司法协助协定的国家的法院请求我国法院代为一定诉讼行为的，应当由最高人民法院审查后转达。

第三百二十七条 向在中华人民共和国领域外居住的当事人送达诉讼文书，采用下列方式：

（一）通过外交途径送达；

（二）对中国籍当事人，可以委托我国使、领馆代为送达；

（三）当事人所在国的法律允许邮寄送达的，可以邮寄送达；

（四）当事人所在国与我国有刑事司法协助协定的，按照协定规定的方式送达；

（五）当事人是自诉案件的自诉人或者是附带民事诉讼的原告人，有诉讼代理人的，可以由诉讼代理人送达。

第三百二十八条 人民法院与同我国建交国家的法院通过外交途径相互请求送达法律文书的，除该国同我国已有司法协助协定的依协定外，依据互惠原则办理。

第三百二十九条 外国法院通过外交途径请求我国法院向我国公民以及在华的第三国当事人送达有关刑事法律文书，除有司法协助协定的外，按照下列程序处理：

（一）由该国驻华使、领馆将法律文书交外交部领事司转递有关高级人民法院。该高级人民法院经审查后，认为可以代为送达的，应当指定有关中级人民法院送达当事人。请求方附有送达回证的，当事人应当在送达回证上签字；未附送达回证的，由负责送达的中级人民法院出具送达证明。送达回证或者送达证明由高级人民法院通过外交部领事司转递请求方；

（二）受送达的当事人享有外交特权与豁免权的，不予送达；不属于人民法院职权范围或者因地址不明及其他原因不能送达的，有关高级人民法院应当注明不能送达的原因，由外交部领事司向请求方说明，予以退回。

第三百三十条 外国驻华使、领馆通过外交途径请求我国法院向在华的该国国民送达法律文书，适用本解释第三百二十九条的规定。

第三百三十一条 人民法院通过外

交途径向国外当事人送达法律文书，按照下列程序处理：

（一）请求送达的法律文书必须经高级人民法院审查，由高级人民法院交外交部领事司转递；

（二）必须准确注明受送达当事人的外文姓名、性别、年龄、国籍及详细地址，并将该案的基本情况函告外交部领事司；

（三）必须附有注明被请求方法院名称的送达请求书。被请求方法院名称不明的，可以请求该当事人所在地区主管法院送达。所送法律文书必须附有被请求方官方通用文字或者该国同意使用的第三国文字译本。如果被请求方对请求书及法律文书有公证、认证等特殊要求，由外交部领事司通知高级人民法院。

第三百三十二条 人民法院委托我使、领馆向在外国的中国籍当事人送达法律文书，按照下列程序处理：

（一）委托送达的法律文书必须经高级人民法院审查，由高级人民法院交外交部领事司转递；

（二）必须准确注明受送达当事人的外文姓名、性别、年龄及详细地址，并将该案的基本情况函告外交部领事司。

第三百三十三条 我国法院和外国法院通过外交途径相互请求送达法律文书的收费，参照最高人民法院、外交部、司法部《关于我国法院和外国法院通过外交途径相互委托送达法律文书和调查取证费用收支办法的通知》办理。

第三百三十四条 外国籍被告人被逮捕、审判或者在案件审理中死亡，应当通知其所属国家的驻华使、领馆，并按照有关规定处理。

第三百三十五条 外国法院请求我国法院提供司法协助的请求书及所附文件，应当附有中文译本或者国际条约规定的其他文字文本。

第三百三十六条 涉外刑事案件审理过程中的其他事宜，按照本解释的有关规定和其他有关规定办理。

十九、执行程序

第三百三十七条 判决和裁定在发生法律效力后执行。

下列判决和裁定是发生法律效力的判决和裁定：

（一）已过法定期限没有上诉、抗诉的判决和裁定；

（二）终审的判决和裁定；

（三）高级人民法院核准的死刑缓期二年执行的判决、裁定和依据最高人民法院的授权核准死刑的判决和裁定；

（四）最高人民法院核准死刑的判决和裁定。

第三百三十八条 最高人民法院判处和核准的死刑立即执行的判决、裁定，应当由最高人民法院院长签发执行死刑命令；最高人民法院授权高级人民法院核准的死刑立即执行的判决、裁定，应当由高级人民法院院长签发执行死刑命令。

第三百三十九条 被判处死刑缓期二年执行的罪犯，在死刑缓期执行期间，如果故意犯罪的，应当由人民检察院提起公诉，罪犯服刑地的中级人民法院依法审判，所作的判决可以上诉、抗诉。

认定构成故意犯罪的判决、裁定发生法律效力后，由作出生效判决、裁定的人民法院，依照本解释第二百七十五条第（四）项或者第二百七十七条的规定报请上级人民法院或者由本院核准犯罪分子死刑立即执行。上级人民法院或者本院核准后，交罪犯服刑地的中级人民法院执行死刑。

第三百四十条 死刑缓期二年执行期满应当减刑的，人民法院应当及时减刑。死刑缓期二年执行期满减为有期徒刑的，刑期自死刑缓期二年执行期满之日起计算。

第三百四十一条 最高人民法院和高级人民法院的执行死刑命令，均由高级人民法院交付原审人民法院执行，原审人民法院接到执行死刑命令后，应当在七日内执行。

第三百四十二条 下级人民法院在接到执行死刑命令后，发现有下列情形之一的，应当停止执行，并立即报告核准死刑的人民法院，由核准死刑的人民法院作出裁定：

（一）在执行前发现裁判可能有错误的；

（二）在执行前罪犯揭发重大犯罪事实或者有其他重大立功表现，可能需要改判的；

（三）罪犯正在怀孕的。

前款第（一）项、第（二）项规定停止执行的原因消失后，必须报请核准死刑的人民法院院长再签发执行死刑命令才能执行；由于前款第（三）项规定的原因停止执行的，应当报请核准死刑的人民法院依法改判。

第三百四十三条 执行死刑前，罪犯提出会见其近亲属或者其近亲属提出会见罪犯申请的，人民法院可以准许。

第三百四十四条 人民法院将罪犯交付执行死刑，应当在交付执行三日前通知同级人民检察院派员临场监督。

第三百四十五条 死刑采用枪决或者注射等方法执行。

采用注射方法执行死刑的，应当在指定的刑场或者羁押场所内执行。具体程序，依照有关规定。

采用枪决、注射以外的其他方法执行死刑的，应当事先报请最高人民法院批准。

第三百四十六条 执行死刑前，指挥执行的审判人员对罪犯应当验明正身，询问有无遗言、信札，并制作笔录，然后交付执行人员执行死刑。

执行死刑应当公布，禁止游街示众或者其他有辱被执行人人格的行为。

第三百四十七条 执行死刑完毕，应当由法医验明罪犯确实死亡后，在场书记员制作笔录。交付执行的人民法院应当将执行死刑情况（包括执行死刑前后照片）及时逐级上报最高人民法院。

第三百四十八条 执行死刑后，负责执行的人民法院应当办理以下事项：

（一）对于死刑罪犯的遗书、遗言笔录，应当及时进行审查，涉及财产继承、债务清偿、家事嘱托等内容的，将遗书、遗言笔录交给家属，同时复制存卷备查；涉及案件线索等问题的，应当抄送有关机关；

（二）通知罪犯家属在限期内领取罪犯尸体；有火化条件的，通知领取骨灰。过期不领取的，由人民法院通知有关单位处理。对于死刑罪犯的尸体或者骨灰的处理情况，应当记录在卷；

（三）对外国籍罪犯执行死刑后，通知外国驻华使、领馆的程序和时限，依照有关规定办理。

第三百四十九条 对于判处死刑缓期二年执行、无期徒刑、有期徒刑的罪犯，交付执行的人民法院应当将判决书、裁定书、人民检察院的起诉书副本、自诉状复印件、人民法院的执行通知书、结案登记表及时送达看守所，由公安机关将罪犯交付监狱执行。

第三百五十条 收监执行决定书应当分别送达交付执行的公安机关和监狱。罪犯需要羁押执行刑罚，而判决确定前罪犯没有被羁押的，人民法院应当根据生效的判决书或者裁定书将罪犯羁押，并送交公安机关。

第三百五十一条 对于判处拘役的罪犯，在判决、裁定生效后，由交付执行的人民法院将判决书、裁定书、人民检察院的起诉书副本、自诉状复印件、执行通知书、结案登记表及时送达公安机关。

第三百五十二条 执行通知书回执经看守所盖章后，附入人民法院的诉讼案卷。

第三百五十三条 被判处有期徒刑或者拘役的罪犯，有刑事诉讼法第二百一十四条第一、四款规定的情形之一，人民法院决定暂予监外执行的，应当制作《暂予监外执行决定书》，载明罪犯基本情况、判决确定的罪名和刑罚、决定暂予监外执行的原因、依据等内容，并抄送人民检察院和罪犯居住地的公安机关。

第三百五十四条 判决、裁定生效后，公安机关将罪犯交付执行，监狱不予收监的，监狱应当书面说明理由，由公安机关将执行通知书退回人民法院。人民法院经审查认为监狱不予收监的罪犯不符合刑事诉讼法第二百一十四条规定的暂予监外执行条件的，应当决定将罪犯交付监狱收监执行。收监执行决定书应当分别送达交付执行的公安机关和监狱。

第三百五十五条 第一审人民法院判处拘役或者有期徒刑宣告缓刑的犯罪分子，判决尚未发生法律效力的，不能立即交付执行。如果被宣告缓刑的罪犯在押，第一审人民法院应当先行作出变更强制措施的决定，改为监视居住或者取保候审，并立即通知有关公安机关。判决发生法律效力后，应当将法律文书送达当地公安机关。

第三百五十六条 被宣告缓刑、假释的犯罪分子，在缓刑、假释考验期限内再犯新罪或者被发现判决宣告以前还有其他罪没有判决，应当撤销缓刑、假释的，由审判新罪的人民法院在审判新罪时，对原判决、裁定宣告的缓刑、假释予以撤销；如果原来是上级人民法院判决、裁定宣告缓刑、假释的，审判新罪的下级人民法院也可以撤销原判决、裁定宣告的缓刑、假释。审判新罪的人民法院对原审判决、裁定宣告的缓刑、假释撤销后，应当通知原宣告缓刑、假释的人民法院和执行机关。

第三百五十七条 被宣告缓刑、假释的犯罪分子，在缓刑、假释考验期限内违反法律、行政法规或者国务院公安部门有关缓刑、假释的监督管理规定，应当依法撤销缓刑、假释的，原作出缓刑、假释裁判的人民法院应当自收到同级公安机关提出的撤销缓刑、假释建议书之日起一个月内依法作出裁定。

人民法院撤销缓刑、假释的裁定，一经作出，立即生效。

第三百五十八条 发生法律效力的刑事判决、裁定和调解书中涉及财产内容需要执行的，由原审人民法院执行。

附带民事判决中财产的执行，依照民事诉讼法和最高人民法院的有关规定办理。

第三百五十九条 罚金在判决规定的期限内一次或者分期缴纳。期满无故不缴纳的，人民法院应当强制缴纳。经强制缴纳仍不能全部缴纳的，人民法院在任何时候，包括在判处的主刑执行完毕后，发现被执行人有可以执行的财产的，应当追缴。

如果由于遭遇不能抗拒的灾祸缴纳罚金确实有困难的，犯罪分子可以向人民法院申请减少或者免除。人民法院查证属实后，可以裁定对原判决确定的罚金数额予以减少或者免除。

行政机关对被告人就同一事实已经处以罚款的，人民法院判处罚金时应当予以折抵。

第三百六十条 对判处财产刑的犯罪分子或者附带民事诉讼的判决、裁定有执行财产内容的被告人，在本地无财产可供执行的，原判人民法院可以委托其财产所在地人民法院代为执行。代为执行的人民法院执行后或者无法执行的，应当将有关情况及时通知委托的人民法院。代为执行的人民法院可以将执行财产刑的财产直接上缴国库；需要退赔的财产，应当由执行的人民法院移交委托人民法院依法退赔。

第三百六十一条 被判处死刑缓期二年执行的罪犯，在死刑缓期二年执行期间，如果没有故意犯罪，死刑缓期二年执行期满后，即应当裁定减刑。如果死刑缓期二年执行期满后尚未裁定减刑前又犯新罪的，应当依法减刑后对其所犯新罪另行审判。

第三百六十二条 减刑、假释案件按照下列情形分别处理：

（一）对于被判处死刑缓期二年执行的罪犯的减刑，由罪犯服刑地的高级人民法院根据省、自治区、直辖市监狱管理机关审核同意的监狱减刑建议书裁定；

（二）对于被判处无期徒刑的罪犯的减刑、假释，由罪犯服刑地的高级人民法院根据省、自治区、直辖市监狱管理机关审核同意的监狱减刑、假释建议书裁定。高级人民法院应当自收到减刑、假释建议书之日起一个月内依法裁定；案情复杂或者情况特殊的，可以延长一个月；

（三）对于被判处有期徒刑（包括减为有期徒刑）的罪犯的减刑、假释，由罪犯服刑地的中级人民法院根据当地执行机关提出的减刑、假释建议书裁定。中级人民法院应当自收到减刑、假释建议书之日起一个月内依法裁定；案情复杂或者情况特殊的，可以延长一个月；

（四）对于被判处拘役的罪犯的减刑，由罪犯服刑地的中级人民法院根据当地同级执行机关提出的减刑建议书裁定；

（五）对于被判处管制的罪犯的减刑，由罪犯服刑地的中级人民法院根据当地同级执行机关提出的减刑建议书裁定；

（六）被宣告缓刑的罪犯，在缓刑考验期限内确有重大立功表现，需要予以减刑，并相应缩短缓刑考验期限的，应当由负责考察的公安派出所会同罪犯的所在单位或者基层组织提出书面意见，由罪犯所在地的中级人民法院根据当地同级执行机关提出的减刑、假释建议书裁定；

（七）对于公安机关看守所监管的罪犯的减刑、假释，由罪犯所在的看守所提出意见，由当地中级人民法院根据当地同级执行机关提出的减刑、假释建议书裁定。

前款第（四）至（七）项规定的减刑、假释，人民法院应当自收到减刑、假释建议书之日起一个月内依法裁定。

第三百六十三条 人民法院受理减刑、假释案件，应当审查执行机关移送的材料是否包括下列内容：

（一）减刑、假释建议书；

（二）终审法院的判决书、裁定书、历次减刑裁定书的复制件；

（三）罪犯确有悔改或者立功、重大立功表现的具体事实的书面证明材料；

（四）罪犯评审鉴定表、奖惩审批表等。

经审查，如果前款规定的材料齐备的，应当收案；材料不齐备的，应当通知提请减刑、假释的执行机关补送。

第三百六十四条 人民法院审理减刑、假释案件，应当依法组成合议庭。

第三百六十五条 减刑、假释的裁定，应当及时送达执行机关、同级人民检察院、负责监督假释罪犯的公安机关以及罪犯本人。人民检察院认为人民法院的减刑、假释裁定不当，应当在收到裁定书副本后二十日内，向人民法院提出书面纠正意见。人民法院收到书面纠正意见后，应当重新组成合议庭进行审理，并在一个月内作出最终裁定。

二十、附则

第三百六十六条 本解释的有关规定适用于军事法院、铁路运输法院等专门人民法院。

第三百六十七条 本解释发布前有关刑事诉讼程序的司法解释，与本解释重复或者抵触的，以本解释为准。

人民检察院刑事诉讼规则

（1997 年 1 月 15 日最高人民检察院第八届检察委员会第 69 次会议通过 1998 年 12 月 16 日最高人民检察院第九届检察委员会第 21 次会议修订 1999 年 1 月 18 日公布 自 1999 年 1 月 18 日起施行）

目　录

第一章 通 则

第一条 为保证人民检察院在刑事诉讼中严格执法，正确履行职权，根据《中华人民共和国刑事诉讼法》、《中华人民共和国人民检察院组织法》和有关法律，结合人民检察院工作实际，制定本规则。

第二条 人民检察院在刑事诉讼中的任务，是侦查直接受理的案件、批准或者决定逮捕、提起公诉、对刑事诉讼实行法律监督，保证准确、及时地查明犯罪事实，正确应用法律，惩罚犯罪分子，保障无罪的人不受刑事追究，保障国家刑事法律的统一正确实施，以维护社会主义法制，保护公民的人身权利、财产权利、民主权利和其他权利，保障社会主义建设事业的顺利进行。

第三条 人民检察院办理刑事案件，应当严格遵守《中华人民共和国刑事诉讼法》规定的各项基本原则和程序以及其他有关法律的规定。

第四条 人民检察院办理刑事案件，由检察人员承办，办案部门负责人审核，检察长或者检察委员会决定。

第五条 人民检察院按照法律规定设置内部机构，在刑事诉讼中实行侦查、审查逮捕、审查起诉等业务分工，各司其职，互相制约，保证办案质量。

第六条 在刑事诉讼中，最高人民检察院领导地方各级人民检察院和专门人民检察院的工作，上级人民检察院领导下级人民检察院的工作。检察长统一领导检察院的工作。

第七条 在刑事诉讼中，上级人民检察院对下级人民检察院作出的决定，有权予以撤销或者变更；发现下级人民检察院已办结的案件有错误的，有权指令下级人民检察院纠正。

下级人民检察院对上级人民检察院的决定应当执行，如果认为有错误的，应当在执行的同时向上级人民检察院报告。

第二章 管 辖

第八条 人民检察院立案侦查贪污贿赂犯罪、国家工作人员的渎职犯罪、国家机关工作人员利用职权实施的非法拘禁、刑讯逼供、报复陷害、非法搜查的侵犯公民人身权利的犯罪以及侵犯公民民主权利的犯罪案件。

贪污贿赂犯罪是指刑法分则第八章规定的贪污贿赂犯罪及其他章中明确规定依照第八章相关条文定罪处罚的犯罪案件。

国家工作人员的渎职犯罪是指刑法分则第九章规定的渎职犯罪案件。

国家机关工作人员利用职权实施的侵犯公民人身权利和民主权利的犯罪案件包括：

1. 非法拘禁案（刑法第 238 条）；
2. 非法搜查案（刑法第 245 条）；
3. 刑讯逼供案（刑法第 247 条）；
4. 暴力取证案（刑法第 247 条）；
5. 体罚、虐待被监管人案（刑法第 248 条）；
6. 报复陷害案（刑法第 254 条）；
7. 破坏选举案（刑法第 256 条）。

第九条 国家机关工作人员利用职权实施的其他重大犯罪案件，需要由人民检察院直接受理的时候，经省级以上人民检察院决定，可以由人民检察院立案侦查。

第十条 对本规则第九条规定的案件，基层人民检察院或者分、州、市人民检察院需要直接立案侦查时，应当层报所在的省级人民检察院决定。分、州、市人民检察院对基层人民检察院层报省级人民检察院的案件，应当进行审查，提出是否需要立案侦查的意见，报送省级人民检察院。

报请省级人民检察院决定立案侦查的案件，应当经检察委员会讨论决定，制作提请批准直接受理书，写明已经查明的案件情况以及需要由人民检察院立案侦查的理由，并附有关材料。

省级人民检察院应当在收到提请批准直接受理书后的十日以内，由检察委员会讨论作出是否立案侦查的决定。

省级人民检察院可以决定由下级人民检察院直接立案侦查，也可以决定直接立案侦查。

第十一条 对于根据本规则第九条规定立案侦查的案件，应当根据案件性质，由人民检察院负责侦查的部门进行侦查。

报送案件的具体手续由发现案件线索的业务部门办理。

第十二条 人民检察院侦查贪污贿赂案件涉及公安机关管辖的刑事案件，应当将属于公安机关管辖的刑事案件移送公安机关。在上述情况中，如果涉嫌主罪属于公安机关管辖，由公安机关为主侦查，人民检察院予以配合；如果涉嫌主罪属于人民检察院管辖，由人民检察院为主侦查，公安机关予以配合。

第十三条 人民检察院对直接受理的案件实行分级立案侦查的制度。

最高人民检察院立案侦查全国性的重大犯罪案件；省、自治区、直辖市人民检察院立案侦查全省（自治区、直辖市）性的重大犯罪案件；分、州、市人民检察院立案侦查本辖区的重大犯罪案件；基层人民检察院立案侦查本辖区的犯罪案件。

第十四条 上级人民检察院在必要的时候，可以直接侦查或者组织、指挥、参与侦查下级人民检察院管辖的案件，也可以将本院管辖的案件交由下级人民检察院侦查；下级人民检察院认为案情重大、复杂，需要由上级人民检察院侦查的案件，可以请求移送上级人民检察院侦查。

第十五条 国家工作人员职务犯罪案件，由犯罪嫌疑人工作单位所在地的人民检察院管辖；如果由其他人民检察院管辖更为适宜的，可以由其他人民检察院管辖。

第十六条 对管辖不明确的案件，可以由有关人民检察院协商确定管辖。对管辖权有争议的或者情况特殊的案件，由共同的上级人民检察院指定管辖。

第十七条 几个人民检察院都有权管辖的案件，由最初受理的人民检察院管辖。必要时，可以由主要犯罪地的人民检察院管辖。

第十八条 上级人民检察院可以指定下级人民检察院立案侦查管辖不明或者需要改变管辖的案件。

第十九条 军事检察院、铁路运输检察院等专门人民检察院的管辖以及军队、武装警察与地方互涉刑事案件的管辖，按照有关规定执行。

第三章 回 避

第二十条 检察人员在受理举报和办理案件过程中，发现有刑事诉讼法第二十八条或者第二十九条规定的情形之一的，应当自行提出回避；没有自行提出回避的，人民检察院应当按照本规则第二十三条的规定决定其回避，当事人及其法定代理人有权要求其回避。

第二十一条 检察人员自行回避的，可以口头或者书面提出，并说明理由。口头提出申请的，应当记录在案。

第二十二条 当事人及其法定代理人的回避要求，应当书面或者口头向人民检察院提出，并说明理由；根据刑事诉讼法第二十九条的规定提出回避申请的，应当提供有关证明材料。人民检察院经过审查或者调查，符合回避条件的，应当作出回避决定；不符合回避条件的，应当驳回申请。

第二十三条 检察长的回避，由检察委员会讨论决定。检察委员会讨论检察长回避问题时，由副检察长主持，检察长不得参加。其他检察人员的回避，由检察长决定。

第二十四条 当事人及其法定代理人要求公安机关负责人回避，应当向公安机关同级的人民检察院提出，由检察长提交检察委员会讨论决定。

第二十五条 应当回避的人员，本人没有自行回避，当事人和他们的法定代理人也没有申请其回避的，检察长或者检察委员会应当决定其回避。

第二十六条 人民检察院作出驳回申请回避的决定后，应当告知当事人及其法定代理人如不服本决定，有权在收到驳回申请回避的决定书后五日内向原决定机关申请复议一次。

第二十七条 当事人及其法定代理人对驳回申请回避的决定不服申请复议的，决定机关应当在三日内作出复议决定并书面通知申请人。

第二十八条 人民检察院直接受理案件的侦查人员或者进行补充侦查的人员在回避决定作出前，不能停止对案件的侦查。

第二十九条 参加过本案侦查的侦查人员，如果调至人民检察院工作，不得担任本案的检察人员。

第三十条 因符合刑事诉讼法第二十八条或者第二十九条规定的情形之一而回避的检察人员，在回避决定作出以前所取得的证据和进行的诉讼行为是否有效，由检察委员会或者检察长根据案件具体情况决定。

第三十一条 本规则关于回避的规定，适用于书记员、司法警察和人民检察院聘请或者指派的翻译人员、鉴定人。

书记员、司法警察和人民检察院聘请或者指派的翻译人员、鉴定人的回避由检察长决定。

第四章 强制措施

第一节 拘　　传

第三十二条 人民检察院根据案件情况，对犯罪嫌疑人可以拘传。

拘传应当经检察长批准，签发拘传证。

第三十三条 拘传时，应当向被拘传的犯罪嫌疑人出示拘传证。对抗拒拘传的，可以使用戒具，强制到案。

执行拘传的人员不得少于二人。

第三十四条 拘传持续的时间从犯罪嫌疑人到案时开始计算。犯罪嫌疑人到案后，应当责令其在《拘传证》上填写到案时间，并在拘传证上签名或者盖章，然后立即讯问。讯问结束后，应当责令犯罪嫌疑人在拘传证上填写讯问结束时间。犯罪嫌疑人拒绝填写的，检察人员应当在《拘传证》上注明。

一次拘传持续的时间最长不得超过十二小时，不得以连续拘传的方式变相拘禁犯罪嫌疑人。

第三十五条 人民检察院拘传犯罪嫌疑人，应当在犯罪嫌疑人所在市、县内的地点进行。

犯罪嫌疑人的工作单位、户籍地与居住地不在同一市、县的，拘传应当在犯罪嫌疑人的工作单位所在的市、县进行；特殊情况下，也可以在犯罪嫌疑人户籍地或者居住地所在的市、县内进行。

第三十六条 需要对被拘传的犯罪嫌疑人变更强制措施的，应当经检察长或者检察委员会决定，在拘传期限内办理变更手续。

在拘传期间内决定不采取其他强制措施的，拘传期限届满，应当结束拘传。

第二节 取保候审

第三十七条 人民检察院对于有下列情形之一的犯罪嫌疑人，可以取保候审：

（一）可能判处管制、拘役或者独立适用附加刑的；

（二）可能判处有期徒刑以上刑罚，不予逮捕不致发生社会危险性的；

（三）对被拘留的人，需要逮捕而证据尚不符合逮捕条件的；

（四）应当逮捕但患有严重疾病的；

（五）应当逮捕但正在怀孕或者哺乳自己婴儿的；

（六）被羁押的犯罪嫌疑人不能在法定侦查羁押、审查起诉期限内结案，需要继续侦查或者审查起诉的；

（七）持有有效护照或者其他有效出境证件，可能出境逃避侦查，但不需要逮捕的。

第三十八条 人民检察院对于严重危害社会治安的犯罪嫌疑人，以及其他犯罪性质恶劣、情节严重的犯罪嫌疑人不得取保候审。

第三十九条 被羁押的犯罪嫌疑人及其法定代理人、近亲属和委托的律师申请取保候审，经审查具有本规则第三十七条规定情形之一的，经检察长决定，可以对犯罪嫌疑人取保候审。

第四十条 被羁押的犯罪嫌疑人及其法定代理人、近亲属和聘请的律师向人民检察院申请取保候审，人民检察院应当在七日内作出是否同意的答复。经审查符合本规则第三十七条规定情形之一的，对被羁押的犯罪嫌疑人依法办理取保候审手续；经审查不符合取保候审条件的，应当告知申请人，并说明不同意取保候审的理由。

第四十一条 人民检察院决定对犯罪嫌疑人取保候审，应当责令犯罪嫌疑人提出保证人或者交纳保证金。

第四十二条 采取保证人担保方式的，保证人必须符合刑事诉讼法第五十四条的规定，并经人民检察院审查同意。

第四十三条 人民检察院应当告知保证人履行以下义务：

（一）监督被保证人遵守刑事诉讼法第五十六条的规定；

（二）发现被保证人可能发生或者已经发生违反刑事诉讼法第五十六条规定的行为的，及时向执行机关报告。

保证人保证承担上述义务后，应当在取保候审保证书上签名或者盖章。

第四十四条 采取保证金担保方式的，人民检察院可以根据犯罪的性质和情节、犯罪嫌疑人的人身危险性、经济状况和涉嫌犯罪数额，责令犯罪嫌疑人交纳一千元以上的保证金。

第四十五条 对犯罪嫌疑人取保候审，应当由办案人员提出意见，部门负责人审核，检察长决定。

第四十六条 人民检察院应当向取保候审的犯罪嫌疑人宣读取保候审决定

书，由犯罪嫌疑人签名或者盖章，并责令犯罪嫌疑人遵守刑事诉讼法第五十六条的规定，告知其违反规定应负的法律责任；以保证金方式担保的，应当同时告知犯罪嫌疑人到指定的公安机关交纳保证金。

第四十七条 向犯罪嫌疑人宣布取保候审决定后，人民检察院应当将执行取保候审通知书送达公安机关执行，并告知公安机关在执行期间拟批准犯罪嫌疑人离开所居住的市、县的，应当征得人民检察院同意。以保证人方式担保的，应当将取保候审保证书同时送达公安机关。

第四十八条 采取保证人保证方式的，如果保证人在取保候审期间不愿继续担保或者丧失担保条件的，应当责令犯罪嫌疑人重新提出保证人或者变更为保证金担保方式，并将变更情况通知公安机关。

第四十九条 采取保证金担保方式的，被取保候审人拒绝交纳保证金或者交纳保证金不足决定数额时，人民检察院应当作出变更取保候审措施、变更保证方式或者变更保证金数额的决定，并将变更情况通知公安机关。

第五十条 公安机关在执行取保候审期间向人民检察院征询是否同意批准犯罪嫌疑人离开所居住的市、县时，人民检察院应当根据案件的具体情况决定。

第五十一条 人民检察院发现保证人没有履行刑事诉讼法第五十五条规定的义务，对被保证人违反刑事诉讼法第五十六条规定的行为未及时报告的，应当通知公安机关，要求公安机关对保证人作出罚款决定。构成犯罪的，依法追究保证人的刑事责任。

第五十二条 人民检察院对违反刑事诉讼法第五十六条规定的犯罪嫌疑人，已交纳保证金的，应当通知收取保证金的公安机关予以没收，并且根据案件的具体情况，责令犯罪嫌疑人具结悔过，重新交纳保证金、提出保证人或者监视居住、予以逮捕。

重新交纳保证金的程序适用本规则第四十四条、第四十五条的规定。

对犯罪嫌疑人继续取保候审的，取保候审的时间应当累计计算。

第五十三条 对下列违反取保候审规定的犯罪嫌疑人，应当予以逮捕：

（一）企图自杀、逃跑，逃避侦查、审查起诉的；

（二）实施毁灭、伪造证据或者串供、干扰证人作证行为，足以影响侦查、审查起诉工作正常进行的；

（三）未经批准，擅自离开所居住的市、县，造成严重后果，或者两次未经批准，擅自离开所居住的市、县的；

（四）经传讯不到案，造成严重后果，或者两次经传讯不到案的。

第五十四条 对在取保候审期间故意实施新的犯罪行为的犯罪嫌疑人，予以逮捕；已交纳保证金的，同时通知公安机关没收保证金。

第五十五条 人民检察院决定对犯罪嫌疑人取保候审，最长不得超过十二个月。

第五十六条 公安机关决定对犯罪嫌疑人取保候审，案件移送人民检察院审查起诉后，对于需要继续取保候审的，人民检察院应当依法对犯罪嫌疑人办理取保候审手续。取保候审的期限应当重新计算并告知犯罪嫌疑人。

第五十七条 在取保候审期间，不得中断对案件的侦查、审查起诉。

第五十八条 取保候审期限届满或者发现不应当追究犯罪嫌疑人的刑事责任的，应当及时解除或者撤销取保候审。

第五十九条 解除或者撤销取保候审，应当由办案人员提出意见，部门负责人审核，检察长决定。

第六十条 解除或者撤销取保候审的决定，应当及时通知执行机关，并将解除或者撤销取保候审的决定书送达犯罪嫌疑人；有保证人的，还应当通知保证人解除担保义务。

第六十一条 犯罪嫌疑人在取保候审期间没有违反刑事诉讼法第五十六条的规定，或者发现不应当追究犯罪嫌疑人刑事责任的，变更、解除或者撤销取保候审时，应当通知公安机关退还保证金。

第六十二条 犯罪嫌疑人及其法定代理人、近亲属或者犯罪嫌疑人委托的律师及其他辩护人认为取保候审超过法定期限，向人民检察院提出解除取保候审要求的，人民检察院应当在七日以内审查决定。经审查认为超过法定期限的，经检察长批准后，解除取保候审；经审查未超过法定期限的，书面答复申请人。

第三节 监视居住

第六十三条 人民检察院对于有本规则第三十七条规定情形之一的犯罪嫌疑人，可以监视居住。

第六十四条 对犯罪嫌疑人采取监视居住，应当由办案人员提出意见，部门负责人审核，检察长决定。

第六十五条 人民检察院应当向监视居住的犯罪嫌疑人宣读监视居住决定书，由犯罪嫌疑人签名或者盖章，并责令犯罪嫌疑人遵守刑事诉讼法第五十七条的规定，告知其违反规定应负的法律责任。

第六十六条 人民检察院应当将监视居住执行通知书送达公安机关执行，并告知公安机关在执行期间拟批准犯罪嫌疑人离开住处、居所或者会见其他人员的，批准前应当征得人民检察院同意。

第六十七条 公安机关在执行监视居住期间向人民检察院征询是否同意批准犯罪嫌疑人离开住处、居所或者会见其他人员时，人民检察院应当根据案件的具体情况决定是否同意。

第六十八条 人民检察院对违反刑事诉讼法第五十七条规定的犯罪嫌疑人，情节严重的，予以逮捕；情节较轻的，可以予以训诫、责令具结悔过。

下列违反监视居住规定的行为，属于情节严重，对犯罪嫌疑人应当予以逮捕：

（一）故意实施新的犯罪行为的；

（二）企图自杀、逃跑，逃避侦查、审查起诉的；

（三）实施毁灭、伪造证据或者串供、干扰证人作证行为，足以影响侦查、审查起诉工作正常进行的；

（四）未经批准，擅自离开住处或者指定的居所，造成严重后果，或者两次未经批准，擅自离开住处或者指定的居所的；

（五）未经批准，擅自会见他人，造成严重后果，或者两次未经批准，擅自会见他人的；

（六）经传讯不到案，造成严重后果，或者两次经传讯不到案的。

第六十九条 人民检察院决定对犯罪嫌疑人监视居住，最长不得超过六个月。

第七十条 公安机关决定对犯罪嫌疑人监视居住，案件移送人民检察院审查起诉后，对于需要继续监视居住的，人民检察院应当依法对犯罪嫌疑人办理监视居住手续。监视居住的期限应当重新计算并告知犯罪嫌疑人。

第七十一条 在监视居住期间，不得中断对案件的侦查、审查起诉。

第七十二条 监视居住期限届满或者发现不应当追究犯罪嫌疑人刑事责任的，应当解除或者撤销监视居住。

第七十三条 解除或者撤销监视居住，应当由办案人员提出意见，部门负责人审核，检察长决定。

第七十四条 解除或者撤销监视居住的决定应当通知执行机关，并将解除或者撤销监视居住的决定书送达犯罪嫌疑人。

第七十五条 犯罪嫌疑人及其法定代理人、近亲属或者犯罪嫌疑人委托的律师及其他辩护人认为监视居住超过法定期限，向人民检察院提出解除监视居住要求的，人民检察院应当在七日以内审查决定。经审查认为超过法定期限的，经检察长批准后，解除监视居住；经审查未超过法定期限的，书面答复申请人。

第四节 拘 留

第七十六条 人民检察院对于有下列情形之一的犯罪嫌疑人，可以决定拘留：

（一）犯罪后企图自杀、逃跑或者在逃的；

（二）有毁灭、伪造证据或者串供可能的。

第七十七条 拘留犯罪嫌疑人，应当由办案人员提出意见，部门负责人审核，检察长决定。

第七十八条 人民检察院作出拘留决定后，应当送达公安机关执行。必要的时候，人民检察院可以协助公安机关执行。

第七十九条 担任县级以上人民代表大会代表的犯罪嫌疑人因现行犯被拘留的，人民检察院应当立即向该代表所属的人民代表大会主席团或者常务委员会报告；因为其他情形需要拘留的，人民检察院应当报请该代表所属的人民代表大会主席团或者常务委员会许可。

人民检察院拘留担任本级人民代表大会代表的犯罪嫌疑人，直接向本级人民代表大会主席团或常务委员会报告或者报请许可。

拘留担任上级人民代表大会代表的犯罪嫌疑人，应当立即层报该代表所属的人民代表大会同级的人民检察院报告或者报请许可。

拘留担任下级人民代表大会代表的犯罪嫌疑人，可以直接向该代表所属的人民代表大会主席团或者常务委员会报告或者报请许可，也可以委托该代表所属的人民代表大会同级的人民检察院报告或者报请许可；拘留担任乡、民族乡、镇的人民代表大会代表的犯罪嫌疑人，由县级人民检察院报告乡、民族乡、镇的人民代表大会。

拘留担任两级以上人民代表大会代表的犯罪嫌疑人，分别按照本条第二、三、四款的规定报告或者报请许可。

拘留担任办案单位所在省、市、县（区）以外的其他地区人民代表大会代表的犯罪嫌疑人，应当委托该代表所属的人民代表大会同级的人民检察院报告或者报请许可；担任两级以上人民代表大会代表的，应当分别委托该代表所属的人民代表大会同级的人民检察院报告或者报请许可。

第八十条 对犯罪嫌疑人拘留后，人民检察院应当把拘留的原因和羁押的处所，在二十四小时以内，通知被拘留人的家属或者他的所在单位。

因有碍侦查，不能在二十四小时以内通知的，应当经检察长批准，并将原因写明附卷；无法通知的，应当向检察长报告，并将原因写明附卷。

第八十一条 对被拘留的犯罪嫌疑人，应当在拘留后的二十四小时以内进行讯问。

第八十二条 对被拘留的犯罪嫌疑人，发现不应当拘留的，应当立即释放；依法可以取保候审或者监视居住的，按照本规则的规定办理取保候审或者监视居住手续。

对被拘留的犯罪嫌疑人，需要逮捕的，按照本规则的规定办理逮捕手续。

第八十三条 人民检察院拘留犯罪嫌疑人的羁押期限为十日，特殊情况下可以延长一日至四日。

第八十四条 公民将正在实行犯罪或者在犯罪后即被发觉的、通缉在案的、越狱逃跑的、正在被追捕的犯罪嫌疑人或者犯罪人扭送到人民检察院的，人民检察院应当予以接受，并且根据具体情况决定是否采取相应的紧急措施。对于不属于自己管辖的，应当移送主管机关处理。

第八十五条 犯罪嫌疑人及其法定代理人、近亲属或者犯罪嫌疑人委托的律师及其他辩护人认为人民检察院对拘留的犯罪嫌疑人羁押超过法定期限，向人民检察院提出释放犯罪嫌疑人或者变更拘留措施要求的，由人民检察院侦查部门审查，侦查部门应当在三日内审查完毕。

侦查部门经审查认为超过法定期限的，应当提出释放犯罪嫌疑人或者变更拘留措施的意见，经检察长批准后，通知公安机关执行；经审查认为未超过法定期限的，书面答复申诉人。

侦查部门应当将审查结果同时书面通知本院监所检察部门。

第五节 逮　捕

第八十六条 人民检察院对有证据证明有犯罪事实，可能判处徒刑以上刑罚的犯罪嫌疑人，采取取保候审、监视居住等方法，尚不足以防止发生社会危险性，而有逮捕必要的，应当批准或者决定逮捕。

“有证据证明有犯罪事实”是指同时具备下列情形：

（一）有证据证明发生了犯罪事实；

（二）有证据证明该犯罪事实是犯罪嫌疑人实施的；

（三）证明犯罪嫌疑人实施犯罪行为的证据已有查证属实的。

“犯罪事实”既可以是单一犯罪行为的事实，也可以是数个犯罪行为中任何一个犯罪行为的事实。

第八十七条 对实施多个犯罪行为或者共同犯罪案件的犯罪嫌疑人，符合本规则第八十六条的规定，具有下列情形之一的，应当批准或者决定逮捕：

（一）有证据证明犯有数罪中的一罪的；

（二）有证据证明实施多次犯罪中的一次犯罪的；

（三）共同犯罪中，已有证据证明有犯罪事实的犯罪嫌疑人。

第八十八条 对于犯罪嫌疑人不讲真实姓名、住址，身份不明的案件，人民检察院经审查认为符合本规则第八十六条、第八十七条规定的，应当批准或者决定逮捕。

第八十九条 对具有下列情形之一的犯罪嫌疑人，人民检察院应当作出不批准逮捕的决定或者不予逮捕：

（一）不符合本规则第八十六条、第八十七条规定的逮捕条件的；

（二）具有刑事诉讼法第十五条规定的情形之一的。

第九十条 对应当逮捕的犯罪嫌疑人，如果患有严重疾病，或者是正在怀孕、哺乳自己婴儿的妇女，人民检察院可以作出不批准逮捕的决定或者不予逮捕。

第九十一条 人民检察院审查批准或者决定逮捕犯罪嫌疑人，由审查逮捕部门办理。

第九十二条 审查逮捕部门办理审查逮捕的案件，应当指定办案人员进行审查。办案人员应当审阅案卷材料，制作阅卷笔录，提出批准或者决定逮捕、不批准或者不予逮捕的意见，经部门负责人审核后，报请检察长批准或者决定；重大案件应当经检察委员会讨论决定。

审查逮捕部门办理审查逮捕案件，不能直接提出采取取保候审、监视居住措施的意见。

第九十三条 人民检察院对担任本级人民代表大会代表的犯罪嫌疑人批准或者决定逮捕，应当报请本级人民代表大会主席团或者常务委员会许可。

对担任上级人民代表大会代表的犯罪嫌疑人批准或者决定逮捕，应当层报该代表所属的人民代表大会同级的人民检察院报请许可。

对担任下级人民代表大会代表的犯罪嫌疑人批准或者决定逮捕，可以直接报请该代表所属的人民代表大会主席团或者常务委员会许可，也可以委托该代表所属的人民代表大会同级的人民检察院报请许可；对担任乡、民族乡、镇的人民代表大会代表的犯罪嫌疑人批准或者决定逮捕，由县级人民检察院报告乡、民族乡、镇的人民代表大会。

对担任两级以上的人民代表大会代表的犯罪嫌疑人批准或者决定逮捕，分别依照本条第一、二、三款的规定报请许可。

对担任办案单位所在省、市、县（区）以外的其他地区人民代表大会代表的犯罪嫌疑人批准或者决定逮捕，应当委托该代表所属的人民代表大会同级的人民检察院报请许可；担任两级以上人民代表大会代表的，应当分别委托该代表所属的人民代表大会同级的人民检察院报请许可。

第九十四条 外国人、无国籍人涉嫌危害国家安全犯罪的案件或者涉及国与国之间政治、外交关系的案件以及在适用法律上确有疑难的案件，需要逮捕犯罪嫌疑人的，由分、州、市人民检察院审查并提出意见，层报最高人民检察院审查。最高人民检察院经征求外交部的意见后，决定批准逮捕。经审查认为不需要逮捕的，可以直接作出不批准逮捕的决定。

外国人、无国籍人涉嫌本条第一款规定以外的其他犯罪的案件，由分、州、市人民检察院审查并提出意见，报省级人民检察院审查。省级人民检察院经征求同级政府外事部门的意见后，决定批准逮捕，同时报最高人民检察院备案。经审查认为不需要逮捕的，可以直接作出不批准逮捕的决定。

第九十五条 人民检察院办理下列审查逮捕案件，应当报上一级人民检察院备案：

（一）批准逮捕的危害国家安全的案件、涉外案件；

（二）检察机关直接立案侦查的案件。

上级人民检察院对报送的备案材料应当进行审查，发现错误的，应当在十日以内将审查意见通知报送备案的下级人民检察院或者直接予以纠正。

第九十六条 犯罪嫌疑人及其法定代理人、近亲属或者犯罪嫌疑人委托的律师及其他辩护人认为人民检察院批准或者决定逮捕的犯罪嫌疑人羁押超过法定期限，向人民检察院提出释放犯罪嫌疑人或者变更逮捕措施要求的，由人民检察院审查逮捕部门审查，审查逮捕部门应当向侦查机关或者本院侦查部门了解有关情况，并在七日以内审查完毕。

审查逮捕部门经审查认为超过法定

期限的，应当提出释放犯罪嫌疑人或者变更逮捕措施的意见，经检察长批准后，通知公安机关执行；经审查认为未超过法定期限的，书面答复申诉人。

审查逮捕部门应当将审查结果同时书面通知本院监所检察部门。

第九十七条 审查逮捕部门办理审查逮捕案件，不另行侦查。在审查批捕中如果认为报请批准逮捕的证据存有疑问的，可以复核有关证据，讯问犯罪嫌疑人、询问证人。但讯问未被采取强制措施的犯罪嫌疑人的，讯问前应当征求公安机关或者本院侦查部门的意见。

第五章 审查逮捕

第一节 审查批准逮捕

第九十八条 人民检察院审查逮捕部门受理同级公安机关提请批准逮捕的案件，应当查明提请批准逮捕书及案卷材料是否齐备。

第九十九条 对公安机关提请批准逮捕的犯罪嫌疑人，已被拘留的，人民检察院应当在接到提请批准逮捕书后的七日以内作出是否批准逮捕的决定；未被拘留的，应当在接到提请批准逮捕书后的十五日以内作出是否批准逮捕的决定，重大、复杂的案件，不得超过二十日。

第一百条 对公安机关提请批准逮捕的犯罪嫌疑人，人民检察院经审查认为符合本规则第八十六条、第八十七条规定的，应当作出批准逮捕的决定，连同案卷材料送达公安机关执行。

第一百零一条 对公安机关提请批准逮捕的犯罪嫌疑人，具有本规则第八十九条或者第九十条规定情形，人民检察院作出不批准逮捕决定的，应当说明理由，连同案卷材料送达公安机关执行。需要补充侦查的，应当同时通知公安机关。

第一百零二条 对于人民检察院批准逮捕的决定，公安机关应当立即执行，并将执行回执及时送达作出批准决定的人民检察院；如果未能执行，也应当将回执送达人民检察院，并写明未能执行的原因。对于人民检察院决定不批准逮捕的，公安机关在收到不批准逮捕决定书后，应当立即释放在押的犯罪嫌疑人或者变更强制措施，并将执行回执在收到不批准逮捕决定书后的三日内送达作出不批准逮捕决定的人民检察院。

第一百零三条 人民检察院办理审查逮捕案件，发现应当逮捕而公安机关未提请批准逮捕的犯罪嫌疑人的，应当建议公安机关提请批准逮捕。如果公安机关不提请批准逮捕的理由不能成立的，人民检察院也可以直接作出逮捕决定，送达公安机关执行。

第一百零四条 对已作出的批准逮捕决定发现确有错误的，人民检察院应当撤销原批准逮捕决定，送达公安机关执行。

对已作出的不批准逮捕决定发现确有错误，需要批准逮捕的，人民检察院应当撤销原不批准逮捕决定，并重新作出批准逮捕决定，送达公安机关执行。

对因撤销原批准逮捕决定而被释放的犯罪嫌疑人或者逮捕后公安机关变更为取保候审、监视居住的犯罪嫌疑人，又发现需要逮捕的，人民检察院应当重新办理逮捕手续。

第一百零五条 对公安机关要求复议的不批准逮捕的案件，人民检察院应当另行指派审查逮捕部门办案人员复议，并在收到提请复议书和案卷材料后的七日以内作出是否变更的决定，通知公安机关。

第一百零六条 对公安机关提请上一级人民检察院复核的不批准逮捕的案件，上一级人民检察院应当在收到提请复核意见书和案卷材料后的十五日以内由检察长或者检察委员会作出是否变更的决定，通知下级人民检察院和公安机关执行。如果需要改变原决定，应当通知作出不批准逮捕决定的人民检察院撤销原决定，另行制作批准逮捕决定书。必要时，上级人民检察院也可以直接作出批准逮捕决定，通知下级人民检察院送达公安机关执行。

对不批准逮捕案件的复核，由人民检察院审查逮捕部门办理。

第一百零七条 人民检察院作出不批准逮捕决定，并且通知公安机关补充侦查的案件，公安机关在补充侦查后又提请复议的，人民检察院应当建议公安机关重新提请批准逮捕。公安机关坚持复议的，人民检察院不予受理。

第一百零八条 对公安机关提请批准逮捕的案件，审查逮捕部门应当将批准、变更、撤销逮捕措施的情况书面通知本院监所检察部门。

第二节 审查决定逮捕

第一百零九条 人民检察院办理直接立案侦查的案件，需要逮捕犯罪嫌疑人的，由侦查部门填写逮捕犯罪嫌疑人意见书，连同案卷材料一并送交本院审查逮捕部门审查。犯罪嫌疑人已被拘留的，侦查部门应当在拘留后三日以内将案件送交本院审查逮捕部门审查。特殊情况下，移送审查的时间可以延长一日至四日。

第一百一十条 人民检察院审查逮捕部门受理本院侦查部门移送审查逮捕的案件，应当查明逮捕犯罪嫌疑人意见书及案卷材料是否齐备。

第一百一十一条 对本院侦查部门移送审查逮捕的案件，犯罪嫌疑人已被拘留的，应当在审查逮捕部门接到逮捕犯罪嫌疑人意见书后的七日以内，由检察长或者检察委员会决定是否逮捕；犯罪嫌疑人未被拘留的，应当在审查逮捕部门接到逮捕犯罪嫌疑人意见书后的十五日以内由检察长或者检察委员会决定是否逮捕，重大、复杂的案件，不得超过二十日。

第一百一十二条 对本院侦查部门移送审查逮捕的犯罪嫌疑人，符合本规则第八十六条、第八十七条规定，经检察长或者检察委员会决定逮捕的，审查逮捕部门应当将逮捕决定书连同案卷材料送交侦查部门，由侦查部门通知公安机关执行，必要时人民检察院可以协助执行。

第一百一十三条 对本院侦查部门移送审查逮捕的犯罪嫌疑人，具有本规则第八十九条、第九十条规定的情形，经检察长或者检察委员会决定不予逮捕的，审查逮捕部门应当将不予逮捕的决定连同案件材料移交侦查部门。犯罪嫌疑人已被拘留的，侦查部门应当通知公安机关立即释放。

第一百一十四条 对应当逮捕而本院侦查部门未移送审查逮捕的犯罪嫌疑人，审查逮捕部门应当向侦查部门提出移送审查逮捕犯罪嫌疑人的建议。如果建议不被采纳，审查逮捕部门可以报请检察长提交检察委员会决定。

第一百一十五条 人民检察院办理直接立案侦查的案件，逮捕犯罪嫌疑人后，侦查部门应当把逮捕的原因和羁押的处所，在二十四小时以内通知被逮捕人的家属或者他的所在单位。

因有碍侦查，不能在二十四小时以内通知的，应当经检察长批准，并将原因写明附卷；无法通知的，应当报告检察长，并将原因写明附卷。

第一百一十六条 对被逮捕的犯罪嫌疑人，人民检察院侦查部门应当在逮捕后的二十四小时以内进行讯问。

发现不应当逮捕的，应当经检察长批准，撤销逮捕决定或者变更为其他强制措施，并通知公安机关执行。

对按照本条第二款的规定释放犯罪嫌疑人和变更逮捕措施的，侦查部门应当通知审查逮捕部门。

对按照本条第二款的规定被释放的犯罪嫌疑人和被变更逮捕措施的犯罪嫌疑人，又发现需要逮捕的，应当重新办理逮捕手续。

第一百一十七条 人民检察院办理直接立案侦查的案件，已经作出不予逮捕的决定，又发现需要逮捕犯罪嫌疑人的，应当重新办理逮捕手续。

第一百一十八条 变更或者撤销由上级人民检察院决定的逮捕措施时，应当报请原决定逮捕的人民检察院同意。

第一百一十九条 人民检察院办理直接立案侦查的案件，侦查部门应当将决定、变更、撤销逮捕措施的情况书面通知本院监所检察部门。

第六章 立 案

第一节 受 案

第一百二十条 人民检察院直接受理依照本规则第二章的规定由本院管辖的报案、控告、举报和犯罪嫌疑人的自首。对于不属于本院管辖的有关犯罪的报案、控告、举报和自首，也应当接受。

第一百二十一条 人民检察院举报中心负责统一受理、管理举报线索。本院检察长和其他部门或者人员对所接受的犯罪案件线索，应当及时批交或者移送举报中心。

有关机关或者部门移送人民检察院审查是否立案的案件线索和人民检察院侦查部门查办案件发现的案件线索，由侦查部门自行审查。

第一百二十二条 举报中心对于所接受的举报线索，应当逐件登记举报人和被举报人的基本情况、举报的主要内容和办理情况。对于当面举报和电话举报，应当制作举报笔录，必要时可以录音。

对于自首，应当制作自首笔录，由自首人在笔录上逐页签名或者盖章。

第一百二十三条 举报中心对于不愿公开姓名和举报行为的举报人，应当为其保密。严禁将举报材料转给被举报单位和被举报人。

第一百二十四条 举报中心对于所收到的举报线索，应当及时审查，并根据举报线索的不同情况和管辖规定，在七日以内分别作出如下处理：

（一）不属于人民检察院管辖的，移送有关主管机关处理，并且通知报案人、控告人、举报人、自首人。对于不属于人民检察院管辖又必须采取紧急措施的，应当先采取紧急措施，然后移送主管机关；

（二）属于人民检察院管辖的，按照《最高人民检察院关于完善人民检察院侦查工作内部制约机制的若干规定》第二条的规定，集体研究举报线索的分流。属于本院管辖的，由举报中心按照职能分工移交本院有关部门办理；属于下级人民检察院或者其他人民检察院管辖的，由举报中心移送有管辖权的人民检察院。

移送举报线索，应当移送举报材料原件。

移送重要举报线索，应当经检察长批准。

第一百二十五条 人民检察院对于直接受理的要案线索实行分级备案的管理制度。县、处级干部的要案线索一律报省级人民检察院备案，其中涉嫌犯罪数额特别巨大或者犯罪后果特别严重的，层报最高人民检察院备案；厅、局级以上干部的要案线索一律报最高人民检察院备案。

要案线索是指依法由人民检察院直

接立案侦查的县、处级以上干部犯罪的案件线索。

第一百二十六条 要案线索的备案，应当逐案填写要案线索备案表。备案应当在受理后七日以内办理；情况紧急的，应当在备案之前及时报告。

接到备案的上级人民检察院对于备案材料应当及时审查，如果有不同意见，应当在十日以内将审查意见通知报送备案的下级人民检察院。

第二节 初　　查

第一百二十七条 侦查部门对举报中心移交举报的线索进行审查后，认为需要初查的，应当报检察长或者检察委员会决定。举报线索的初查由侦查部门进行，但性质不明、难以归口处理的案件线索可以由举报中心进行初查。

第一百二十八条 在举报线索的初查过程中，可以进行询问、查询、勘验、鉴定、调取证据材料等不限制被查对象人身、财产权利的措施。不得对被查对象采取强制措施，不得查封、扣押、冻结被查对象的财产。

第一百二十九条 侦查部门对举报线索初查后，应当制作审查结论报告，提出处理意见，报检察长决定：

（一）认为有犯罪事实需要追究刑事责任的，提请批准立案侦查；

（二）对具有下列情形之一的，提请批准不予立案：

1. 认为没有犯罪事实的；

2. 事实不清，证据不足的；

3. 具有刑事诉讼法第十五条规定情形之一的。

第一百三十条 人民检察院对要案线索初查后的处理情况，应当在作出决定后十日以内按照备案的范围报上级人民检察院备案。上级人民检察院认为处理不当的，应当在收到备案材料后十日以内通知下级人民检察院纠正。

第一百三十一条 侦查部门接到举报中心移送的举报材料后，应当在一个月内将处理情况回复举报中心；下级人民检察院接到上级人民检察院移送的举报材料后，应当在三个月内将处理情况回复上级人民检察院举报中心，逾期未回复的，举报中心应当进行催办。

第一百三十二条 对于属于错告的，如果对被控告人、被举报人造成不良影响的，应当向有关部门澄清事实。

对于属于诬告陷害的，应当依法追究其责任。

第三节 立　　案

第一百三十三条 人民检察院决定对案件立案侦查的，应当制作立案决定书。

第一百三十四条 人民检察院决定不予立案的，如果是被害人控告的，应当制作不立案通知书，写明案由和案件来源、决定不立案的原因和法律依据，由侦查部门在十五日以内送达控告人，同时告知本院控告申诉检察部门。控告人如果不服，可以在收到不立案通知书后十日以内申请复议。

对不立案的复议，由人民检察院控告申诉检察部门办理，并在收到复议申请的三十日以内作出复议决定。

人民检察院对于未构成犯罪，决定不予立案，但需要追究党纪、政纪责任的被举报人，应当移送有关主管机关处理。

第一百三十五条 人民检察院决定对人民代表大会代表立案，应当按照本规则第七十九条规定的程序向该代表所属的人民代表大会主席团或者常务委员会通报。

第七章 侦　　查

第一节 讯问犯罪嫌疑人

第一百三十六条 讯问犯罪嫌疑

人，由检察人员负责进行。讯问的时候，检察人员不得少于二人。

第一百三十七条 对于不需要逮捕、拘留的犯罪嫌疑人，经检察长批准，可以传唤到犯罪嫌疑人所在市、县内的指定地点或者到他的住处进行讯问。

传唤犯罪嫌疑人，应当向犯罪嫌疑人出示传唤通知书和有关证件，并责令犯罪嫌疑人在传唤通知书上签名或者盖章。

本规则第三十五条第二款的规定适用于传唤犯罪嫌疑人。

第一百三十八条 一次传唤持续的时间最长不得超过十二小时。不得以连续传唤的形式变相拘禁犯罪嫌疑人。

第一百三十九条 提讯在押的犯罪嫌疑人，应当填写提押证，在看守所进行讯问。因侦查工作需要，需要提押犯罪嫌疑人出所辨认罪犯、罪证或者追缴犯罪有关财物的，可以提押犯罪嫌疑人到人民检察院接受讯问。

提押犯罪嫌疑人到人民检察院讯问的，应当经检察长批准，由二名以上司法警察押解。

第一百四十条 讯问犯罪嫌疑人的时候，应当首先查明他的基本情况，讯问其是否有犯罪行为，让其陈述有罪的事实或者作无罪的辩解，然后向他提出问题。对提出的反证要认真查核。严禁刑讯逼供和以威胁、引诱、欺骗以及其他非法的方法获取供述。

第一百四十一条 讯问聋、哑的犯罪嫌疑人，应当有通晓聋、哑手势的人在场，并且将这种情况记明笔录。

第一百四十二条 讯问犯罪嫌疑人，应当制作讯问笔录。讯问笔录应当字迹清楚，详细具体，忠实原话，并交犯罪嫌疑人核对。对于没有阅读能力的，应当向他宣读。如果记载有遗漏或者差错，应当补充或者改正。犯罪嫌疑人认为讯问笔录没有错误的，由犯罪嫌疑人在笔录上逐页签名或者盖章。如果犯罪嫌疑人拒绝签名或者盖章的，应当在笔录上注明。检察人员也应当在笔录上签名。

第一百四十三条 犯罪嫌疑人请求自行书写供述的，检察人员应当准许。必要的时候，检察人员也可以要犯罪嫌疑人亲笔书写供词。

第一百四十四条 讯问犯罪嫌疑人，可以同时采用录音、录像的记录方式。

第一百四十五条 检察人员第一次讯问犯罪嫌疑人后或者对其采取强制措施之日起，应当告知犯罪嫌疑人可以聘请律师为其提供法律咨询、代理申诉、控告或者为其申请取保候审，并将告知情况记明笔录。

第一百四十六条 在押的犯罪嫌疑人提出聘请律师要求的，人民检察院应当记明笔录。对于不涉及国家秘密的案件，应当按照本规则第一百四十七条的规定办理。对于涉及国家秘密的案件，人民检察院应当在三日以内作出是否批准的决定。人民检察院作出不批准决定的，应当向犯罪嫌疑人说明理由。

在侦查期间，犯罪嫌疑人可以聘请一至二名律师提供法律帮助。

第一百四十七条 在押的犯罪嫌疑人聘请律师，如果提出明确的律师事务所名称或者律师姓名直接委托的，人民检察院应当将犯罪嫌疑人的委托意见及时转递到该律师事务所；如果提出由亲友代为聘请的，人民检察院应当将聘请意见及时转递到该亲友；如果犯罪嫌疑人提出聘请律师，但没有具体聘请对象和代为聘请的人的，人民检察院应当通知当地律师协会或者司法行政机关为其推荐律师。

聘请意见可以书面提出，也可以口头提出。口头提出的，应当记明笔录，由犯罪嫌疑人签名或者盖章。

第一百四十八条 犯罪嫌疑人已经聘请律师，但人民检察院在侦查过程中发现案件涉及国家秘密的，应当及时告知犯罪嫌疑人所聘请的律师暂时停止参与诉讼活动，并且通知犯罪嫌疑人。

是否批准犯罪嫌疑人继续聘请律师，适用本规则第一百四十六条第一款的规定。

第一百四十九条 在侦查期间，律师同时接受两个或者两个以上同案犯罪嫌疑人委托提供法律帮助的，人民检察院不得安排律师会见在押犯罪嫌疑人。

第一百五十条 受委托的律师会见在押的犯罪嫌疑人，应当提前告知人民检察院，并且向人民检察院提供犯罪嫌疑人的授权委托书、律师执业证明和律师事务所介绍信。

在侦查期间，受委托律师会见在押的犯罪嫌疑人的有关事宜，由人民检察院侦查部门办理。

第一百五十一条 对于不涉及国家秘密的案件，律师提出会见在押的犯罪嫌疑人的，人民检察院应当在四十八小时以内安排会见的具体时间；对于贪污贿赂犯罪等重大复杂的两人以上的共同犯罪案件，可以在五日以内安排会见的具体时间。

人民检察院安排会见时间时，应当根据案件的情况和需要决定是否派员在场。决定不派员在场的，应当出具同意会见证明。受委托的律师凭人民检察院的同意会见证明或者由人民检察院派员陪同会见在押的犯罪嫌疑人。

第一百五十二条 对于涉及国家秘密的案件，律师提出会见在押的犯罪嫌疑人的，人民检察院应当根据案件的情况和需要在五日以内作出是否批准受委托的律师会见在押犯罪嫌疑人的决定。批准受委托的律师会见在押犯罪嫌疑人的，依照本规则第一百五十一条的规定办理。

第一百五十三条 受委托的律师会见在押犯罪嫌疑人时，在场的检察机关的工作人员应当告知其遵守监管场所和有关机关关于会见的规定。

受委托的律师会见在押犯罪嫌疑人的情况，在场的检察机关的工作人员可以记明笔录。

第一百五十四条 律师询问在押犯罪嫌疑人的内容超越刑事诉讼法第九十六条规定的授权范围，或者违反监管场所和有关机关关于会见的规定的，在场的检察机关的工作人员有权制止，或者中止会见。

第一百五十五条 人民检察院发现律师在刑事诉讼中有违反法律或者有关规定的行为的，应当及时制止并向有关律师管理部门通报情况。

第一百五十六条 本节所称的"涉及国家秘密的案件"，是指案情或者案件性质涉及国家秘密的案件。

第二节 询问证人、被害人

第一百五十七条 人民检察院在侦查过程中，应当及时询问证人，并且告知证人履行作证的权利和义务。

人民检察院应当保证一切与案件有关或者了解案情的公民，有客观地充分地提供证据的条件，并为他们保守秘密。除特殊情况外，人民检察院可以吸收证人协助调查。

第一百五十八条 询问证人，应当由检察人员进行。询问的时候，检察人员不得少于二人。

第一百五十九条 询问证人，可以到证人的所在单位、住处进行，检察人员应当出示人民检察院的询问证人通知书和工作证。必要时，也可以通知证人到人民检察院提供证言。

询问证人应当个别进行。

第一百六十条 询问证人，应当问明证人的基本情况以及与当事人的关系，并且告知证人应当如实地提供证据、证言和有意作伪证或者隐匿罪证要负的法律责任，但是不得向证人泄露案情，不得采用羁押、刑讯、威胁、引诱、欺骗以及其他非法方法获取证言。

第一百六十一条 询问不满十八岁的证人，可以通知其法定代理人到场。

第一百六十二条 本规则第一百四十一条至第一百四十二条的规定，适用于询问证人。

第一百六十三条 人民检察院应当保障证人及其近亲属的安全。

询问中涉及证人隐私的，应当保守秘密。

对证人及其亲属进行威胁、侮辱、殴打或者打击报复，构成犯罪或者应当给予治安管理处罚的，应当移送公安机关处理；情节轻微的，予以批评教育、训诫。

第一百六十四条 询问被害人，适用询问证人的规定。

第三节 勘验、检查

第一百六十五条 检察人员对于与犯罪有关的场所、物品、人身、尸体应当进行勘验或者检查。在必要的时候，可以指派检察技术人员或者聘请其他具有专门知识的人，在检察人员的主持下进行勘验、检查。

第一百六十六条 进行勘验、检查，应当持有检察长签发的勘查证。

第一百六十七条 勘验时，人民检察院应当邀请二名与案件无关的见证人在场。

第一百六十八条 人民检察院决定解剖死因不明的尸体时，应当通知死者家属到场，并让其在解剖通知书上签名或者盖章。

死者家属无正当理由拒不到场或者拒绝签名、盖章的，不影响解剖的进行，但是应当在解剖通知书上记明。对于身份不明的尸体，无法通知死者家属的，应当记明笔录。

第一百六十九条 为了确定被害人、犯罪嫌疑人的某些特征、伤害情况或者生理状态，检察人员可以对人身进行检查。

犯罪嫌疑人如果拒绝检查，检察人员认为必要的时候，可以强制检查。

检查妇女的身体，应当由女工作人员或者医师进行。

第一百七十条 勘验、检查的情况应当制作笔录，由参加勘验、检查的人和见证人签名或者盖章。

第一百七十一条 为了查明案情，在必要的时候，经检察长批准，可以进行侦查实验。

侦查实验，禁止一切足以造成危险、侮辱人格或者有伤风化的行为。

第一百七十二条 侦查实验，在必要的时候可以聘请有关人员参加，也可以要求犯罪嫌疑人、被害人、证人参加。

第一百七十三条 侦查实验，应当制作笔录，记明侦查实验的条件、经过和结果，由参加侦查实验的人员签名或者盖章。

第四节 搜　　查

第一百七十四条 人民检察院有权要求有关单位和个人，交出能够证明犯罪嫌疑人有罪或者无罪的证据。

第一百七十五条 为了收集犯罪证据，查获犯罪人，侦查人员可以对犯罪嫌疑人以及可能隐藏罪犯或者犯罪证据的人的身体、物品、住处、工作地点和其他有关的地方进行搜查。

第一百七十六条 人民检察院在搜

查前，应当了解被搜查对象的基本情况、搜查现场及周围环境，确定搜查的范围和重点，明确搜查人员的分工和责任。

第一百七十七条 搜查应当在检察人员的主持下进行，可以有司法警察参加。必要的时候，可以指派检察技术人员参加或者邀请当地公安机关、有关单位协助进行。

第一百七十八条 进行搜查，应当向被搜查人或者他的家属出示搜查证。

搜查证由检察长签发。

第一百七十九条 在执行逮捕、拘留的时候，遇有紧急情况，不另用搜查证也可以进行搜查。但搜查结束后，搜查人员应当及时向检察长报告，及时补办有关手续。

第一百八十条 搜查时，应当有被搜查人或者他的家属、邻居或者其他见证人在场，并且对被搜查人或者其家属说明阻碍搜查、妨碍公务应负的法律责任。

搜查妇女的身体，应当由女工作人员进行。

第一百八十一条 搜查时，如果遇到阻碍，可以强制进行搜查。对以暴力、威胁方法阻碍搜查的，应当予以制止，或者由司法警察将其带离现场；对于构成犯罪的，应当依法追究刑事责任。

第一百八十二条 搜查应当全面、细致、及时，并且指派专人严密注视搜查现场的动向。

第一百八十三条 进行搜查的人员，应当遵守纪律，服从指挥，文明执法，不得无故损坏搜查现场的物品。对于查获的重要书证、物证、视听资料及其放置地点应当拍照，并且用文字说明有关情况，必要的时候，可以录像。

第一百八十四条 搜查情况应当制作笔录，由检察人员和被搜查人或者他的家属、邻居或者其他见证人签名或者盖章。如果被搜查人或者他的家属在逃，或者拒绝签名、盖章的，应当记明笔录。

第一百八十五条 人民检察院到本辖区以外执行搜查任务，办案人员应当携带搜查证、工作证以及写有主要案情、搜查目的、要求等内容的公函，与当地人民检察院联系。当地人民检察院应当配合、协助执行搜查。

第五节 调取、扣押物证、书证和视听资料

第一百八十六条 检察人员可以凭人民检察院的证明文件，向有关单位和个人调取能够证实犯罪嫌疑人有罪或者无罪的证据材料，并且可以根据需要拍照、录像、复印和复制。对于涉及国家秘密的证据，应当严格保守秘密。

第一百八十七条 人民检察院办理案件，需要向本辖区以外的有关单位和个人调取物证、书证的，办案人员应当携带工作证、单位办案证明信和有关法律文书，及时同当地人民检察院联系，当地人民检察院应当配合、协助执行任务。

如果需要调取的证据是比较简单的，可以向证据所在地的人民检察院函调。函调证据应当注明取证对象的具体内容和确切地址。协助函调的人民检察院应当及时派员按调查内容进行调查取证，并且在收到函件一个月内将调查结果送达请调的人民检察院。

第一百八十八条 调取书证、视听资料应当调取原件。取得原件确有困难或者因保密需要不能调取原件的，可以调取副本或者复制件。

调取物证应当调取原物。原物不便搬运、保存，或者依法应当返还被害人，或者因保密工作需要不能调取原物

的，可以将原物拍照、录像。对原物拍照或者录像应当足以反映原物的外形、内容。

调取书证、视听资料的副本、复制件和物证的照片、录像的，应当附有不能调取原件、原物的原因、制作过程和原件、原物存放地点的说明，并由制作人员和原书证、视听资料、物证持有人签名或者盖章。

第一百八十九条 在勘验、搜查中发现的可以证明犯罪嫌疑人有罪或者无罪的各种文件、资料和其他物品，应当扣押；与案件无关的，不得扣押。

不能立即查明是否与案件有关的可疑的文件、资料和其他物品，也可以扣押，但是应当及时审查。经查明确实与案件无关的，应当在三日以内退还。

持有人拒绝交出应当扣押的文件、资料和其他物品的，可以强制扣押。

第一百九十条 对于扣押的文件、资料和其他物品，侦查人员应当会同在场见证人和被扣押物品持有人查点清楚，当场开列扣押物品清单一式二份，写明文件、资料和其他物品的名称、型号、规格、数量、重量、质量、颜色、新旧程度和缺损特征等，由检察人员、见证人和持有人签名或者盖章，一份交给持有人，另一份附卷备查。如果持有人拒绝签名或者盖章的，应当在扣押物品清单上记明。

对于扣押的金银珠宝、文物、名贵字画、违禁品以及其他不易辨别真伪的贵重物品，应当当场密封，并由扣押人员、见证人和被扣押物品持有人在密封材料上签名或者盖章。

第一百九十一条 对于应当扣押但是不便提取的物品，经拍照或者录像后，可以交被扣押物品持有人保管，并且单独开具扣押物品清单一式二份，在清单上注明该物品已经拍照或者录像，物品持有人应当妥善保管，不得转移、变卖、毁损，由检察人员、见证人和持有人签名或者盖章，一份交给物品持有人，另一份连同照片或者录像带附卷备查。

第一百九十二条 扣押犯罪嫌疑人的邮件、电报或者电子邮件，应当经检察长批准，通知邮电机关或者网络服务机构将有关的邮件、电报或者电子邮件检交扣押。

不需要继续扣押的时候，应当立即通知邮电机关或者网络服务机构。

第一百九十三条 对于扣押在人民检察院的物品、文件、邮件、电报，应当指派人员妥善保管，不得使用、调换、损毁或者自行处理。经查明确实与案件无关的，应当在三日以内解除扣押，退还原主或者原邮电机关。

第六节 查询、冻结存款、汇款

第一百九十四条 人民检察院根据侦查犯罪的需要，可以依照规定查询、冻结犯罪嫌疑人的存款、汇款。

第一百九十五条 向银行或者其他金融机构、邮电机关查询或者要求冻结犯罪嫌疑人的存款、汇款，应当经检察长批准，通知银行或者其他金融机构、邮电机关执行。

第一百九十六条 犯罪嫌疑人的存款、汇款已经被冻结的，人民检察院不得重复冻结，但是应当要求有关银行或者其他金融机构、邮电机关在解除冻结或者作出处理前通知人民检察院。

第一百九十七条 对于冻结的存款、汇款，经查明确实与案件无关的，应当在三日以内解除冻结。

第一百九十八条 查询、冻结与案件有关的单位的存款、汇款的办法适用本规则第一百九十四条至第一百九十七条的规定。

第七节　鉴　　定

第一百九十九条　人民检察院为了查明案情，解决案件中某些专门性的问题，应当进行鉴定。

第二百条　鉴定由检察长批准，由人民检察院技术部门有鉴定资格的人员进行。必要的时候，也可以聘请其他有鉴定资格的人员进行，但是应当征得鉴定人所在单位的同意。

具有刑事诉讼法第二十八条、第二十九条规定的应当回避的情形的，不能担任鉴定人。

第二百零一条　人民检察院应当为鉴定人进行鉴定提供必要条件，及时向鉴定人送交有关检材和对比样本等原始材料，介绍与鉴定有关的情况，并且明确提出要求鉴定解决的问题，但是不得暗示或者强迫鉴定人作出某种鉴定结论。

第二百零二条　鉴定人进行鉴定后，应当出具鉴定结论、检验报告，并且签名或者盖章。

几个鉴定人意见有分歧的，应当在鉴定结论上写明分歧的内容和理由，并且分别签名或者盖章。

第二百零三条　鉴定人故意作虚假鉴定的，应当承担法律责任。

第二百零四条　对于鉴定结论，检察人员应当进行审查，必要的时候，可以提出补充鉴定或者重新鉴定的意见，报检察长批准后进行补充鉴定或者重新鉴定。检察长也可以直接决定进行补充鉴定或者重新鉴定。

第二百零五条　用作证据的鉴定结论，人民检察院办案部门应当告知犯罪嫌疑人、被害人；被害人死亡或者没有诉讼行为能力的，应当告知其法定代理人、近亲属或诉讼代理人。如果犯罪嫌疑人、被害人或被害人的法定代理人、近亲属、诉讼代理人提出申请，经检察长批准，可以补充鉴定或者重新鉴定，但应由请求方承担鉴定费用。

告知犯罪嫌疑人、被害人或被害人的法定代理人、近亲属、诉讼代理人鉴定结论，可以只告知其结论部分，不告知鉴定过程等其他内容。

第二百零六条　人民检察院决定重新鉴定的，应当另行指派或者聘请鉴定人。

第二百零七条　对人身伤害的医学鉴定有争议需要重新鉴定或者对精神病的医学鉴定，由省级人民政府指定的医院进行。鉴定人进行鉴定后，应当写出鉴定结论，并且由鉴定人签名，医院加盖公章。

对人身伤害的医学鉴定有争议需要重新鉴定的情形包括：

（一）对同一人身伤害已存在两个以上的不同鉴定结论，人民检察院与公安机关、犯罪嫌疑人、被害人之间或者被害人与犯罪嫌疑人之间不能形成一致认识，人民检察院认为需要重新鉴定的；

（二）人民检察院认为公安机关的人身伤害医学鉴定不能作为定案依据，需要重新鉴定的；

（三）人民检察院与公安机关、被害人、犯罪嫌疑人之间或者被害人与犯罪嫌疑人之间对同一人身伤害的医学鉴定有不同认识，人民检察院认为需要重新鉴定的。

第二百零八条　人民检察院认为省级人民政府指定的医院作出的鉴定结论不能作为定案依据的，应当另行委托省级人民政府指定的其他医院重新鉴定或者补充鉴定。

第二百零九条　对犯罪嫌疑人作精神病鉴定的时间不计入羁押期限和办案期限。

第八节 辨 认

第二百一十条 为了查明案情，在必要的时候，检察人员可以让被害人、证人和犯罪嫌疑人对与犯罪有关的物品、文件、尸体进行辨认；也可以让被害人、证人对犯罪嫌疑人进行辨认，或者让犯罪嫌疑人对其他犯罪嫌疑人进行辨认。

对犯罪嫌疑人进行辨认，应当经检察长批准。

第二百一十一条 辨认应当在检察人员的主持下进行。在辨认前，应当向辨认人详细询问被辨认人或者被辨认物的具体特征，禁止辨认人见到被辨认人或者被辨认物，并应当告知辨认人有意作假辨认应负的法律责任。

第二百一十二条 几名辨认人对同一被辨认人或者同一物品进行辨认时，应当由每名辨认人单独进行。必要的时候，可以有见证人在场。

第二百一十三条 辨认时，应当将辨认对象混杂在其他人员或者物品之中，不得给予辨认人任何暗示。

辨认犯罪嫌疑人时，受辨认人的人数不得少于五人，照片不得少于五张。

辨认物品时，同类物品不得少于五件，照片不得少于五张。

第二百一十四条 辨认的情况，应当制作笔录，由参加辨认的有关人员签名或者盖章。

第二百一十五条 人民检察院主持进行辨认，可以商请公安机关参加或者协助。

第九节 通 缉

第二百一十六条 人民检察院侦查直接受理的案件，应当逮捕的犯罪嫌疑人如果在逃，或者已被逮捕的犯罪嫌疑人脱逃的，经检察长批准，可以作出通缉的决定。

第二百一十七条 各级人民检察院需要在本辖区内通缉犯罪嫌疑人的，可以直接决定通缉；需要在本辖区外通缉犯罪嫌疑人的，由有决定权的上级人民检察院决定。

第二百一十八条 人民检察院应当将通缉通知书和通缉犯的照片、身份、特征、案情简况送达公安机关，由公安机关发布通缉令，追捕归案。

第二百一十九条 人民检察院应当与公安机关积极配合，及时检查监督通缉的执行情况。

第二百二十条 对于应当逮捕的犯罪嫌疑人，如果潜逃出境，可以报告最高人民检察院商请国际刑事警察组织中国国家中心局，请求有关方面协助，或者通过其他法律规定的途径追捕归案。

第十节 侦查终结

第二百二十一条 对犯罪嫌疑人逮捕后的侦查羁押期限不得超过二个月。基层人民检察院，分、州、市人民检察院和省级人民检察院直接立案侦查的案件，案情复杂、期限届满不能终结的案件，可以经上一级人民检察院批准延长一个月。

第二百二十二条 基层人民检察院和分、州、市人民检察院直接立案侦查的案件，属于交通十分不便的边远地区的重大复杂案件、重大的犯罪集团案件、流窜作案的重大复杂案件和犯罪涉及面广、取证困难的重大复杂案件，在依照本规则第二百二十一条规定的期限届满前不能侦查终结的，经省、自治区、直辖市人民检察院批准，可以延长二个月。

省级人民检察院直接立案侦查的案件，属于上述情形的，可以直接决定延长二个月。

第二百二十三条 基层人民检察院和分、州、市人民检察院直接立案侦查的案件，对犯罪嫌疑人可能判处十年有期徒刑以上刑罚，依照本规则第二百二十二条的规定依法延长羁押期限届满，仍不能侦查终结的，经省、自治区、直辖市人民检察院批准，可以再延长二个月。

省级人民检察院直接立案侦查的案件，属于上述情形的，可以直接决定再延长二个月。

第二百二十四条 最高人民检察院直接立案侦查的案件，依照刑事诉讼法的规定需要延长侦查羁押期限的，直接决定延长侦查羁押期限。

第二百二十五条 公安机关需要延长侦查羁押期限的，应当在侦查羁押期限届满七日前，向同级人民检察院移送延长侦查羁押期限意见书，写明案件的主要案情和延长侦查羁押期限的具体理由。

人民检察院直接立案侦查的案件，侦查部门认为需要延长侦查羁押期限的，应当按照本条第一款的规定向本院审查逮捕部门移送延长侦查羁押期限的意见及有关材料。

第二百二十六条 人民检察院审查批准或者决定延长侦查羁押期限，由审查逮捕部门办理。

受理案件的人民检察院审查逮捕部门对延长侦查羁押期限的意见审查后，应当提出是否同意延长侦查羁押期限的意见，报检察长决定后，将侦查机关延长侦查羁押期限的理由和本院的审查意见层报有决定权的人民检察院审查决定。有决定权的人民检察院应当在侦查羁押期限届满前作出是否批准延长侦查羁押期限的决定，并交由受理案件的人民检察院审查逮捕部门送达公安机关或者本院侦查部门。

第二百二十七条 因为特殊原因，在较长时间内不宜交付审判的特别重大复杂的案件，由最高人民检察院报请全国人民代表大会常务委员会批准延期审理。

第二百二十八条 人民检察院在侦查期间发现犯罪嫌疑人另有重要罪行的，自发现之日起依照本规则第二百二十一条的规定重新计算侦查羁押期限。

另有重要罪行是指与逮捕时的罪行不同种的重大犯罪和同种的将影响罪名认定、量刑档次的重大犯罪。

第二百二十九条 人民检察院重新计算侦查羁押期限，应当由侦查部门提出重新计算侦查羁押期限的意见移送本院审查逮捕部门审查。审查逮捕部门审查后应当提出是否同意重新计算侦查羁押期限的意见，报检察长决定。

第二百三十条 对公安机关重新计算侦查羁押期限的备案，由审查逮捕部门审查。审查逮捕部门认为公安机关重新计算侦查羁押期限不当的，应当提出纠正意见，报检察长决定后，通知公安机关纠正。

第二百三十一条 人民检察院直接立案侦查的案件，不能在法定侦查羁押期限内侦查终结的，应当依法释放犯罪嫌疑人或者变更强制措施。

第二百三十二条 人民检察院监所检察部门对于本院直接立案侦查的案件，发现超过侦查羁押期限的，应当提出纠正意见，报告检察长。

第二百三十三条 人民检察院批准、决定延长侦查羁押期限或者决定重新计算侦查羁押期限的，审查逮捕部门应当同时书面告知本院监所检察部门。

第二百三十四条 经过侦查，认为犯罪事实清楚，证据确实、充分，依法应当追究刑事责任的案件，侦查人员应当写出侦查终结报告，并且制作起诉意见书。

对于犯罪情节轻微，依照刑法规定

不需要判处刑罚或者免除刑罚的案件，侦查人员应当写出侦查终结报告，并且制作不起诉意见书。

侦查终结报告和起诉意见书或者不起诉意见书由侦查部门负责人审核，检察长批准。

第二百三十五条 提出起诉意见或者不起诉意见的，侦查部门应当将起诉意见书或者不起诉意见书以及其他案卷材料，一并移送本院审查起诉部门审查。国家或者集体财产遭受损失的，在提出提起公诉意见的同时，可以提出提起附带民事诉讼的意见。

第二百三十六条 上级人民检察院侦查终结的案件，依照刑事诉讼法的规定应当由下级人民检察院提起公诉或者不起诉的，应当将检察委员会的决定、侦查终结报告连同案卷材料、证据移送下级人民检察院，由下级人民检察院按照上级人民检察院检察委员会的决定交侦查部门制作起诉意见书或者不起诉意见书，移送本院审查起诉部门审查。

下级人民检察院审查起诉部门认为应当对案件补充侦查的，可以退回本院侦查部门补充侦查，同时，上级人民检察院侦查部门应当协助进行。

下级人民检察院认为上级人民检察院的决定有错误的，可以向上级人民检察院提请复议，上级人民检察院维持原决定的，下级人民检察院应当执行。

第二百三十七条 侦查过程中，发现具有下列情形之一的，应当由检察人员写出撤销案件意见书，经侦查部门负责人审核后，报请检察长或者检察委员会决定撤销案件：

（一）具有刑事诉讼法第十五条规定情形之一的；

（二）没有犯罪事实的，或者依照刑法规定不负刑事责任和不是犯罪的；

（三）虽有犯罪事实，但不是犯罪嫌疑人所为的。

对于共同犯罪的案件，如有符合本条规定情形的犯罪嫌疑人，应当撤销对该犯罪嫌疑人的立案。

第二百三十八条 撤销案件的决定，应当分别送达犯罪嫌疑人所在单位和犯罪嫌疑人。犯罪嫌疑人死亡的，应当送达犯罪嫌疑人原所在单位。如果犯罪嫌疑人在押，应当制作决定释放通知书，通知公安机关依法释放。

第二百三十九条 人民检察院撤销案件时，对犯罪嫌疑人的违法所得应当区分不同情形，作出相应处理：

（一）因犯罪嫌疑人死亡而撤销案件的，如果被冻结的犯罪嫌疑人的存款、汇款应当予以没收或者返还被害人，可以申请人民法院裁定，通知冻结机关上缴国库或者返还被害人；因其他原因撤销案件的，直接通知冻结机关上缴国库或者返还被害人。

（二）对扣押在人民检察院的犯罪嫌疑人的违法所得需要没收的，应当提出检察建议，移送有关主管机关处理；需要返还被害人的，直接决定返还被害人。

第二百四十条 人民检察院直接立案侦查的共同犯罪案件，如果同案犯罪嫌疑人在逃，但在案犯罪嫌疑人犯罪事实清楚、证据确实、充分的，对本案犯罪嫌疑人应当根据本规则第二百三十四条的规定分别移送审查起诉或者移送审查不起诉。

由于同案犯罪嫌疑人在逃，在案犯罪嫌疑人的犯罪事实无法查清的，对在案犯罪嫌疑人应当根据案件的不同情况分别报请延长侦查羁押期限、变更强制措施或者解除强制措施。

第二百四十一条 侦查过程中，犯罪嫌疑人长期潜逃，采取有效追捕措施仍不能缉拿归案的，或者犯罪嫌疑人患有精神病及其他严重疾病不能接受讯问，丧失诉讼行为能力的，经检察长决定，中止侦查。中止侦查的理由和条件消失后，经检察长决定，应当恢复侦查。

中止侦查期间，如果犯罪嫌疑人在押，对符合延长侦查羁押期限条件的，应当依法延长侦查羁押期限；对侦查羁押期限届满的，应当依法变更为取保候审或者监视居住措施。

第二百四十二条 人民检察院直接立案侦查的案件，对犯罪嫌疑人没有采取取保候审、监视居住、拘留或者逮捕措施的，侦查部门应当在立案后二年以内提出移送审查起诉、移送审查不起诉或者撤销案件的意见；对犯罪嫌疑人采取取保候审、监视居住、拘留或者逮捕措施的，侦查部门应当在解除或者撤销强制措施后一年以内提出移送审查起诉、移送审查不起诉或者撤销案件的意见。

第二百四十三条 人民检察院直接立案侦查的案件，撤销案件以后，又发现新的事实或者证据，认为有犯罪事实需要追究刑事责任的，可以重新立案侦查。

第八章 审查起诉

第一节 受 理

第二百四十四条 人民检察院对于公安机关移送审查起诉的案件，应当在七日内进行审查。

人民检察院对公安机关移送审查起诉的案件进行审查的期限，计入人民检察院审查起诉期限。

第二百四十五条 人民检察院对于公安机关移送审查起诉的案件，应当在收到起诉意见书后，指定检察人员审查以下内容：

（一）案件是否属于本院管辖；

（二）起诉意见书以及案卷材料是否齐备；案卷装订、移送是否符合有关要求和规定，诉讼文书、技术性鉴定材料是否单独装订成卷等；

（三）对作为证据使用的实物是否随案移送，移送的实物与物品清单是否相符；

（四）犯罪嫌疑人是否在案以及采取强制措施的情况。

第二百四十六条 经审查后，对具备受理条件的，填写受理审查起诉案件登记表。

对起诉意见书、案卷材料不齐备，对作为证据使用的实物未移送的，或者移送的实物与物品清单不相符的，应当要求公安机关在三日内补送。对于案卷装订不符合要求的，应当要求公安机关重新分类装订后移送审查起诉。

对于犯罪嫌疑人在逃的，应当要求公安机关在采取必要措施保证犯罪嫌疑人到案后移送审查起诉。

共同犯罪的部分犯罪嫌疑人在逃的，应当要求公安机关在采取必要措施保证在逃的犯罪嫌疑人到案后另案移送审查起诉，对在案的犯罪嫌疑人的审查起诉应当照常进行。

第二百四十七条 人民检察院审查起诉部门受理本院侦查部门移送审查起诉的案件，按照第二百四十四条至第二百四十六条的规定办理。

第二百四十八条 各级人民检察院提起公诉的案件，应当与人民法院审判管辖相适应。

人民检察院受理同级公安机关移送审查起诉的案件，经审查认为属于上级人民法院管辖的第一审案件时，应当写出审查报告，连同案卷材料报送上一级人民检察院，同时通知移送审查起诉的公安机关；认为属于同级其他人民法院管辖的第一审案件时，应当写出审查报告，连同案卷材料移送有管辖权的人民检察院或者报送共同的上级人民检察院指定管辖，同时通知移送审查起诉的公安机关。

上级人民检察院受理同级公安机关移送审查起诉案件，认为属于下级人民法院管辖时，可以直接交下级人民检察院审查，由下级人民检察院向同级人民法院提起公诉，同时通知移送审查起诉的公安机关。

一人犯数罪，共同犯罪和其他需要并案审理的案件，只要其中一人或一罪属于上级人民检察院管辖的，全案由上级人民检察院审查起诉。

第二节 审　　查

第二百四十九条 人民检察院受理移送审查起诉案件，应当指定检察员或者经检察长批准代行检察员职务的助理检察员办理，也可以由检察长办理。

办案人员接到案件后，应当阅卷审查，制作阅卷笔录。

第二百五十条 人民检察院审查移送起诉的案件，必须查明：

（一）犯罪嫌疑人身份状况是否清楚，包括姓名、性别、国籍、出生年月日、职业和单位等；

（二）犯罪事实、情节是否清楚，认定犯罪性质和罪名的意见是否正确；有无法定的从重、从轻、减轻或者免除处罚的情节；共同犯罪案件的犯罪嫌疑人在犯罪活动中的责任的认定是否恰当；

（三）证据材料是否随案移送，不宜移送的证据的清单、复制件、照片或者其他证明文件是否随案移送；

（四）证据是否确实、充分；

（五）有无遗漏罪行和其他应当追究刑事责任的人；

（六）是否属于不应当追究刑事责任的；

（七）有无附带民事诉讼；对于国家财产、集体财产遭受损失的，是否需要由人民检察院提起附带民事诉讼；

（八）采取的强制措施是否适当；

（九）侦查活动是否合法；

（十）与犯罪有关的财物及其孳息是否扣押、冻结并妥善保管，以供核查。对被害人合法财产的返还和对违禁品或者不宜长期保存的物品的处理是否妥当，移送的证明文件是否完备。

第二百五十一条 人民检察院审查案件，应当讯问犯罪嫌疑人，听取被害人和犯罪嫌疑人、被害人委托的人的意见。

讯问、听取意见应由二名以上办案人员进行，并制作笔录。

第二百五十二条 直接听取被害人和犯罪嫌疑人、被害人委托的人的意见有困难的，可以向被害人和犯罪嫌疑人、被害人委托的人发出书面通知，由其提出书面意见，在指定期限内未提出意见的，应当记明笔录。

第二百五十三条 讯问犯罪嫌疑人或者询问被害人、证人时，应当分别告知其在审查起诉阶段所享有的诉讼权利。

第二百五十四条 人民检察院认为对犯罪嫌疑人或被害人需要进行医学鉴定的，应当要求公安机关进行；必要时也可以由人民检察院进行或者由人民检察院送交有鉴定资格的医学机构进行。

人民检察院自行对犯罪嫌疑人或者被害人进行医学鉴定的，可以商请公安机关派员参加，必要时还可以聘请医学机构或者专门鉴定机构有鉴定资格的人员参加。

第二百五十五条 在审查起诉中，发现犯罪嫌疑人有患精神病可能的，人民检察院应当依照本规则的有关规定对犯罪嫌疑人进行鉴定。

犯罪嫌疑人的辩护人或者近亲属以犯罪嫌疑人有患精神病可能而申请对犯罪嫌疑人进行鉴定的，人民检察院也可以依照本规则的有关规定对犯罪嫌疑人进行鉴定，并由申请方承担鉴定费用。

第二百五十六条 人民检察院审查案件的时候，对公安机关的勘验、检查，认为需要复验、复查的，应当要求公安机关复验、复查，人民检察院可以派员参加；也可以自行复验、复查，商请公安机关派员参加，必要时也可以聘请专门技术人员参加。

第二百五十七条 人民检察院对鉴定结论有疑问的，可以指派或者聘请有专门知识的人或者鉴定机构，对案件中的某些专门性问题进行补充鉴定或者重新鉴定。

审查起诉部门对审查起诉案件中涉及专门技术问题的证据材料需要进行审查的，可以送交检察技术人员或者其他具有专门知识的人员审查。检察技术人员或者其他具有专门知识的人员审查后应当出具审查意见。

第二百五十八条 人民检察院对物证、书证、视听资料、勘验、检查笔录存在疑问的，可以要求侦查人员提供物证、书证、视听资料、勘验、检查笔录获取、制作的有关情况。必要时也可以询问提供物证、书证、视听资料的人员并制作笔录，对物证、书证、视听资料进行技术鉴定。

第二百五十九条 人民检察院对证人证言笔录存在疑问或者认为对证人的询问不具体或者有遗漏的，可以对证人进行询问并制作笔录。

第二百六十条 审查起诉部门经审查认为需要逮捕犯罪嫌疑人的，应当参照本规则第五章第二节的规定移送审查逮捕部门办理。

第二百六十一条 办案人员对案件进行审查后，应当制作案件审查意见书，提出起诉或者不起诉以及是否需要提起附带民事诉讼的意见，经审查起诉部门负责人审核，报请检察长或者检察委员会决定。

检察长承办的审查起诉案件，除本规则规定应当由检察委员会讨论决定的以外，可以直接作出起诉或者不起诉的决定。

第二百六十二条 对于公安机关移送审查起诉的案件，发现犯罪嫌疑人没有违法犯罪行为的，应当书面说明理由将案卷退回公安机关处理；发现犯罪事实并非犯罪嫌疑人所为的，应当书面说明理由将案卷退回公安机关并建议公安机关重新侦查。如果犯罪嫌疑人已经被逮捕，应当撤销逮捕决定，通知公安机关立即释放。

第二百六十三条 审查起诉部门对于本院侦查部门移送审查起诉的案件，发现具有本规则第二百六十二条规定的情形之一的，应当退回本院侦查部门建议作出撤销案件的处理。

第二百六十四条 人民检察院对公安机关移送的案件进行审查后，在法院作出判决之前，认为需要补充提供法庭审判所必需的证据的，可以书面要求公安机关提供。

第二百六十五条 严禁以非法的方法收集证据。以刑讯逼供或者威胁、引诱、欺骗等非法的方法收集的犯罪嫌疑人供述、被害人陈述、证人证言，不能作为指控犯罪的根据。

人民检察院审查起诉部门在审查中发现侦查人员以非法方法收集犯罪嫌疑人供述、被害人陈述、证人证言的，应当提出纠正意见，同时应当要求侦查机关另行指派侦查人员重新调查取证，必要时人民检察院也可以自行调查取证。

侦查机关未另行指派侦查人员重新

调查取证的，可以依法退回侦查机关补充侦查。

第二百六十六条 人民检察院认为犯罪事实不清、证据不足或者遗漏罪行、遗漏同案犯罪嫌疑人等情形，认为需要补充侦查的，应当提出具体的书面意见，连同案卷材料一并退回公安机关补充侦查；人民检察院也可以自行侦查，必要时可以要求公安机关提供协助。

第二百六十七条 人民检察院审查起诉部门对本院侦查部门移送审查起诉的案件审查后，认为犯罪事实不清、证据不足或者遗漏罪行、遗漏同案犯罪嫌疑人等情形，认为需要补充侦查的，应当向侦查部门提出补充侦查的书面意见，连同案卷材料一并退回侦查部门补充侦查。

第二百六十八条 对于退回公安机关补充侦查的案件，应当在一个月以内补充侦查完毕。

补充侦查以二次为限。

补充侦查完毕移送审查起诉后，人民检察院重新计算审查起诉期限。

人民检察院审查起诉部门退回本院侦查部门补充侦查的期限、次数参照前款规定执行。

第二百六十九条 人民检察院在审查起诉中决定自行侦查的，应当在审查起诉期限内侦查完毕。

第二百七十条 人民检察院对已经退回公安机关二次补充侦查的案件，在审查起诉中又发现新的犯罪事实，应当移送公安机关立案侦查；对已经查清的犯罪事实，应当依法提起公诉。

第二百七十一条 对于在审查起诉期间改变管辖的案件，改变后的人民检察院对于符合刑事诉讼法第一百四十条第二款规定的案件，可以通过原受理案件的人民检察院退回原侦查的公安机关补充侦查，也可以自行侦查。改变管辖前后退回补充侦查的次数总共不得超过两次。

第二百七十二条 人民检察院对于移送审查起诉的案件，应当在一个月内作出决定；重大、复杂的案件，一个月内不能作出决定的，审查起诉部门报经检察长批准，可以延长十五日。

人民检察院审查起诉的案件，改变管辖的，从改变后的人民检察院收到案件之日起计算审查起诉期限。

人民检察院监所检察部门对于本院审查起诉的案件，发现超过审查起诉期限的，应当提出纠正意见，报告检察长。

第二百七十三条 在审查起诉过程中犯罪嫌疑人潜逃或者患有精神病及其他严重疾病不能接受讯问，丧失诉讼行为能力的，人民检察院可以中止审查。

共同犯罪中的部分犯罪嫌疑人潜逃的，对潜逃犯罪嫌疑人可以中止审查；对其他犯罪嫌疑人的审查起诉应当照常进行。

中止审查应当由办案人员提出意见，部门负责人审核，报请检察长决定。

需要撤销中止审查决定的，参照前款规定办理。

第二百七十四条 人民检察院在审查起诉期间，对于扣押、冻结的犯罪嫌疑人的财物及其孳息，应当妥善保管，以供查核。

第二百七十五条 追缴的财物中，属于被害人的合法财产，不需要在法庭出示的，应当及时返还被害人，并由被害人在发还款物清单上签名或者盖章，注明返还的理由，并将清单、照片附入卷宗。

第二百七十六条 追缴的财物中，属于违禁品或者不宜长期保存的物品，应当依照国家有关规定处理，并将清单、照片、处理结果附卷。

第二百七十七条 在审查起诉中犯罪嫌疑人死亡，对犯罪嫌疑人的存款、汇款应当依法予以没收或者返还被害人的，可以申请人民法院裁定通知冻结犯罪嫌疑人存款、汇款的金融机构上缴国库或者返还被害人。

人民检察院申请人民法院裁定处理犯罪嫌疑人存款、汇款的，应当向人民法院移送有关案件材料。

第二百七十八条 审查起诉部门办理案件时，可以适用本规则规定的侦查措施和程序。

第三节 起 诉

第二百七十九条 人民检察院对案件进行审查后，认为犯罪嫌疑人的犯罪事实已经查清，证据确实、充分，依法应当追究刑事责任的，应当作出起诉决定。

具有下列情形之一的，可以确认犯罪事实已经查清：

（一）属于单一罪行的案件，查清的事实足以定罪量刑或者与定罪量刑有关的事实已经查清，不影响定罪量刑的事实无法查清的；

（二）属于数个罪行的案件，部分罪行已经查清并符合起诉条件，其他罪行无法查清的；

（三）无法查清作案工具、赃物去向，但有其他证据足以对被告人定罪量刑的；

（四）证人证言、犯罪嫌疑人供述和辩解、被害人陈述的内容中主要情节一致，只有个别情节不一致且不影响定罪的。

对于符合第（二）项情形的，应当以已经查清的罪行起诉。

第二百八十条 人民检察院在办理公安机关移送起诉的案件中，发现遗漏依法应当移送审查起诉同案犯罪嫌疑人的，应当建议公安机关补充移送审查起诉；对于犯罪事实清楚，证据确实、充分的，人民检察院也可以直接提起公诉。

第二百八十一条 人民检察院作出起诉决定后，应当制作起诉书。

起诉书的主要内容包括：

（一）被告人的基本情况，包括姓名、性别、出生年月日、出生地、身份证号码、民族、文化程度、职业、工作单位及职务、住址，是否受过刑事处罚，采取强制措施的情况及在押被告人的关押处所等；如果是单位犯罪，应写明犯罪单位的名称，所在地址，法定代表人或代表的姓名、职务；如果还有应当负刑事责任的“直接负责的主管人员或其他直接责任人员”应当按上述被告人基本情况内容叙写。

（二）案由和案件来源。

（三）案件事实，包括犯罪的时间、地点、经过、手段、动机、目的、危害后果等与定罪量刑有关的事实要素。起诉书叙述的指控犯罪事实的必备要素应当明晰、准确。被告人被控有多项犯罪事实的，应当逐一列举，对于犯罪手段相同的同一犯罪可以概括叙写。

（四）起诉的根据和理由，包括被告人触犯的刑法条款、犯罪的性质、法定从轻、减轻或者从重处罚的条件，共同犯罪各被告人应负的罪责等。

被告人真实姓名、住址无法查清的，应当按其绰号或者自报的姓名、自报的年龄制作起诉书，并在起诉书中注明。被告人自报的姓名可能造成损害他人名誉、败坏道德风俗等不良影响的，可以对被告人编号并按编号制作起诉书，并在起诉书中附具被告人的照片。

第二百八十二条 人民检察院提起公诉的案件，应当向人民法院移送起诉书、证据目录、证人名单和主要证据复印件或者照片。

起诉书应当一式八份，每增加一名被告人增加起诉书五份。

证人名单应当包括在起诉前提供了证言的证人名单，证人名单应当列明证人的姓名、年龄、性别、职业、住址、通讯处。人民检察院对于拟不出庭的证人，可以不说明不出庭的理由。

证据目录应当是起诉前收集的证据材料目录。

关于被害人姓名、住址、通讯处，有无扣押、冻结在案的被告人的财物及存放地点，被告人被采取强制措施的种类、是否在案及羁押地点等问题，人民检察院应当在起诉书中列明，不再单独移送材料，其中对于涉及被害人隐私或者为保护被害人人身安全，而不宜在起诉书中列明被害人姓名、住址、通讯处的，单独移送人民法院。

鉴定结论、勘验检查笔录已经作为主要证据移送复印件的，鉴定人、勘验检查笔录制作人姓名已载明，不再另行移送。

第二百八十三条 人民检察院针对具体案件移送起诉时，"主要证据"的范围由办案人员根据本条规定的范围和各个证据在具体案件中的实际证明作用加以确定。

主要证据是对认定犯罪构成要件的事实起主要作用，对案件定罪量刑有重要影响的证据。

主要证据包括：

（一）起诉书中涉及的各种证据种类中的主要证据；

（二）多个同种类证据中被确定为"主要证据"的；

（三）作为法定量刑情节的自首、立功、累犯、中止、未遂、正当防卫的证据。

对于主要证据为书证、证人证言笔录、被害人陈述笔录、被告人供述与辩解笔录或者勘验、检查笔录的，可以只复印其中与证明被告人构成犯罪有关的部分，鉴定书可以只复印鉴定结论部分。

第二百八十四条 人民法院认为人民检察院起诉移送的有关材料不符合刑事诉讼法第一百五十条规定的条件，向人民检察院提出书面意见要求补充提供的，人民检察院应当自收到通知之日起三日内补送。

对于人民法院要求补充提供的材料超越刑事诉讼法第一百五十条规定的范围或者要求补充提供材料的意见有其他不当情况的，人民检察院应当向人民法院说明理由，要求人民法院开庭审判，必要时人民检察院应当根据刑事诉讼法第一百六十九条的规定向人民法院提出纠正意见。

第二百八十五条 对提起公诉后，在人民法院开庭审判前，人民检察院自行补充收集的证据材料，应当根据刑事诉讼法第一百五十条的规定向人民法院移送有关的证人名单、证据目录和主要证据的复印件或者照片。

第四节 不起诉

第二百八十六条 人民检察院对于退回补充侦查的案件，仍然认为证据不足，不符合起诉条件的，经检察委员会讨论决定，可以作出不起诉决定。

作出不起诉决定前应当根据案件情况在法律规定的范围内确定补充侦查的次数。

具有下列情形之一，不能确定犯罪嫌疑人构成犯罪和需要追究刑事责任的，属于证据不足，不符合起诉条件：

（一）据以定罪的证据存在疑问，无法查证属实的；

（二）犯罪构成要件事实缺乏必要

的证据予以证明的；

（三）据以定罪的证据之间的矛盾不能合理排除的；

（四）根据证据得出的结论具有其他可能性的。

第二百八十七条 人民检察院根据刑事诉讼法第一百四十条第四款规定决定不起诉的，在发现新的证据，符合起诉条件时，可以提起公诉。

第二百八十八条 人民检察院对于符合刑事诉讼法第十五条规定的情形之一的案件，经检察长决定，应当作出不起诉决定。

第二百八十九条 人民检察院对于犯罪情节轻微，依照刑法规定不需要判处刑罚或者免除刑罚的，经检察委员会讨论决定，可以作出不起诉决定。

第二百九十条 人民检察院作出不起诉决定后，应当制作不起诉决定书。

不起诉决定书的主要内容包括：

（一）被不起诉人的基本情况，包括姓名、出生年月日、出生地、民族、文化程度、职业、住址、身份证号码，是否受过刑事处罚，拘留、逮捕的年月日和关押处所等；

（二）案由和案件来源；

（三）案件事实，包括否定或者指控被不起诉人构成犯罪的事实以及作为不起诉决定根据的事实；

（四）不起诉的根据和理由，写明作出不起诉决定适用的法律条款；

（五）有关告知事项。

第二百九十一条 人民检察院决定不起诉的案件，可以根据案件的不同情况，对被不起诉人予以训诫或者责令具结悔过、赔礼道歉、赔偿损失。

对被不起诉人需要给予行政处罚、行政处分或者需要没收其违法所得的，人民检察院应当提出检察意见，连同不起诉决定书一并移送有关主管机关处理。

第二百九十二条 人民检察院根据刑事诉讼法第一百四十条第四款、第一百四十二条第二款对直接立案侦查的案件决定不起诉后，审查起诉部门应当将不起诉决定书副本以及案件审查报告报送上一级人民检察院备案。

第二百九十三条 人民检察院决定不起诉的案件，需要对侦查中扣押、冻结的财物解除扣押、冻结的，应当书面通知作出扣押、冻结决定的机关或者执行扣押、冻结决定的机关解除扣押、冻结。

第二百九十四条 不起诉的决定，由人民检察院公开宣布。公开宣布不起诉决定的活动应当记明笔录。

不起诉决定书自公开宣布之日起生效。

第二百九十五条 不起诉决定书应当送达被害人或者其近亲属及其诉讼代理人、被不起诉人以及被不起诉人的所在单位。送达时，应当告知被害人或者其近亲属及其诉讼代理人，如果对不起诉决定不服，可以自收到不起诉决定书后七日以内向上一级人民检察院申诉，也可以不经申诉，直接向人民法院起诉；告知依照刑事诉讼法第一百四十二条第二款规定被不起诉的人，如果对不起诉决定不服，可以自收到不起诉决定书后七日以内向人民检察院申诉。

第二百九十六条 对于公安机关移送起诉的案件，人民检察院决定不起诉的，应当将不起诉决定书送达公安机关。

第二百九十七条 公安机关认为不起诉决定有错误，要求复议的，人民检察院审查起诉部门应当另行指定检察人员进行审查并提出审查意见，经审查起诉部门负责人审核，报请检察长或者检察委员会决定。

人民检察院应当在收到要求复议意见书后的三十日内作出复议决定，通知公安机关。

第二百九十八条 上一级人民检察院收到公安机关对不起诉决定提请复核的意见书后，应当交由审查起诉部门办理。审查起诉部门指定检察人员进行审查并提出审查意见，经审查起诉部门负责人审核，报请检察长或者检察委员会决定。

上一级人民检察院应当在收到提请复核意见书后的三十日内作出决定，制作复核决定书送交提请复核的公安机关和下级人民检察院。经复核改变下级人民检察院不起诉决定的，应当撤销下级人民检察院作出的不起诉决定，交由下级人民检察院执行。

第二百九十九条 被害人对人民检察院作出的不起诉决定不服的，可以自收到决定书后七日以内向作出不起诉决定的人民检察院的上一级人民检察院申诉，上一级人民检察院控告申诉部门应当立案复查。

被害人向作出不起诉决定的人民检察院提出申诉的，作出决定的人民检察院应当将申诉材料连同案卷一并报送上一级人民检察院受理。

第三百条 被害人对人民检察院不起诉的决定不服，收到不起诉决定书超过七日后提出申诉的，由作出不起诉决定的人民检察院控告申诉部门受理，经审查后决定是否立案复查。

第三百零一条 上一级人民检察院对被害人不服不起诉决定的申诉进行复查后，应当在三个月内作出复查决定，案情复杂的，最长不得超过六个月。

控告申诉部门应当提出复查意见，报请检察长作出复查决定。

复查决定书应当送达被害人和作出不起诉决定的人民检察院。

上级人民检察院经复查作出起诉决定的，应当撤销下级人民检察院的不起诉决定，交由下级人民检察院提起公诉，并将复查决定抄送移送审查起诉的公安机关。出庭支持公诉由审查起诉部门办理。

第三百零二条 人民检察院收到人民法院受理被害人对被不起诉人起诉的通知后，人民检察院应当终止复查，将作出不起诉决定所依据的有关案件材料移送人民法院。

第三百零三条 被不起诉人对人民检察院依照刑事诉讼法第一百四十二条第二款规定作出的不起诉决定不服，自收到不起诉决定书后七日以内提出申诉的，应当由作出决定的人民检察院立案复查，由控告申诉部门办理。被不起诉人自收到不起诉决定书后七日以外提出申诉的，由控告申诉部门审查是否立案复查。

人民检察院控告申诉部门复查后应当提出复查意见，认为应当维持不起诉决定的，报请检察长作出复查决定；认为应当撤销不起诉决定提起公诉的，报请检察长提交检察委员会讨论决定。

复查决定书应当送达被不起诉人，撤销不起诉决定或者变更不起诉的事实或者法律根据的，应当同时抄送移送审查起诉的公安机关和本院有关部门。

人民检察院作出撤销不起诉决定提起公诉的复查决定后，应当将案件交由审查起诉部门提起公诉。

第三百零四条 被害人、被不起诉人对不起诉决定不服，提出申诉的，应当递交申诉书，写明申诉理由。被害人、被不起诉人没有书写能力的，也可以口头提出申诉，人民检察院应当根据其口头提出的申诉制作笔录。

第三百零五条 人民检察院如果发现不起诉决定确有错误，符合起诉条件的，应当撤销不起诉决定，提起公诉。

第三百零六条 最高人民检察院对地方各级人民检察院的起诉、不起诉决定，上级人民检察院对下级人民检察院的起诉、不起诉决定，如果发现确有错误的，应当予以撤销或者指令下级人民检察院纠正。

第五节 简易程序的提起

第三百零七条 对依法可能判处三年以下有期徒刑、拘役、管制、单处罚金的公诉案件，事实清楚、证据充分，经检察长决定，适用简易程序的，应当向人民法院提出建议。

第三百零八条 人民法院认为案件需要适用简易程序，向人民检察院提出书面建议的，人民检察院应当在十日内答复是否同意。

第三百零九条 人民检察院和人民法院有一方认为不宜适用简易程序的，应当适用普通程序。

第三百一十条 适用简易程序，人民检察院可以不派员出席法庭。

第三百一十一条 人民检察院对于建议或者同意适用简易程序审理的公诉案件，应当向人民法院移送全部案卷和证据材料。

第三百一十二条 具有下列情形之一的，人民检察院应当不建议或者不同意适用简易程序：

（一）依法可能判处三年以上有期徒刑的；

（二）对于案件事实、证据存在较大争议的；

（三）比较复杂的共同犯罪案件；

（四）被告人是否犯罪、犯有何罪存在争议的；

（五）被告人要求适用普通程序的；

（六）被告人是盲、聋、哑人的；

（七）辩护人作无罪辩护的；

（八）其他不宜适用简易程序的。

第三百一十三条 适用简易程序审理的公诉案件，人民法院发现不宜适用简易程序，决定按照公诉案件第一审普通程序重新审理的，人民检察院应当派员出席法庭。

第三百一十四条 转为普通程序审理的案件，人民法院应当将全案卷宗和证据材料退回人民检察院。人民检察院审查起诉的期限应当从收到人民法院有关案件材料之日起计算。

第六节 辩护与代理

第三百一十五条 人民检察院自收到移送审查起诉的案件材料之日起三日内，应当告知犯罪嫌疑人有权委托辩护人。

告知可以采取口头或者书面方式。口头告知的，应当记明笔录，由被告知人签名；书面告知的，应当将送达回执入卷。

在押的犯罪嫌疑人要求委托辩护人的，应当由犯罪嫌疑人指定的人办理委托事宜，人民检察院应当通知犯罪嫌疑人指定的人办理。

第三百一十六条 人民检察院审理案件过程中，应当保证犯罪嫌疑人行使刑事诉讼法第三十二条规定的辩护权利。但下列人员不得被委托担任辩护人：

（一）在缓刑考验期限内或者刑罚尚未执行完毕的人；

（二）依法被剥夺、限制人身自由的人；

（三）无行为能力或者限制行为能力的人；

（四）与本案有直接利害关系的人；

（五）人民法院、人民检察院、公安机关、国家安全机关、监狱的现职工作人员；

（六）外国人或者无国籍的人。

前款第（四）、（五）、（六）项的人员，如果是犯罪嫌疑人的近亲属或者监护人，并且不属于前款第（一）、（二）、（三）项情形，犯罪嫌疑人委托其担任辩护人的，人民检察院可以准许。

律师、人民团体或者犯罪嫌疑人所在单位推荐的公民，以及犯罪嫌疑人的监护人、亲友被委托担任辩护人的，人民检察院应当分别核实辩护人身份证明和辩护委托书。

第三百一十七条 一名犯罪嫌疑人可以委托一至二人作为辩护人。

共同犯罪的案件，一名辩护人不得为二名以上的同案犯罪嫌疑人辩护。

律师担任诉讼代理人的，不得同时接受同一案件二名以上被害人的委托，参与刑事诉讼活动。

第三百一十八条 人民检察院自收到移送审查起诉的案件材料之日起三日内，应当告知被害人及其法定代理人或者其近亲属、附带民事诉讼的当事人及其法定代理人有权委托诉讼代理人。

告知可以采取口头或者书面方式。口头告知的，应当记明笔录，由被告知人签名；书面告知的，应当将送达回执入卷；无法告知的，应当记明笔录。

被害人有法定代理人的，应当告知其法定代理人；没有法定代理人的，应当告知其近亲属。

法定代理人或者近亲属为二人以上的，可以只告知其中一人，告知时应当按照刑事诉讼法第八十二条第（三）、（六）项列举的顺序择先进行。

第三百一十九条 在审查起诉中，人民检察院应当允许被委托的辩护律师查阅、摘抄、复制本案的诉讼文书、技术性鉴定材料。

诉讼文书包括立案决定书、拘留证、批准逮捕决定书、逮捕决定书、逮捕证、搜查证、起诉意见书等为立案、采取强制措施和侦查措施以及提请审查起诉而制作的程序性文书。

技术性鉴定材料包括法医鉴定、司法精神病鉴定、物证技术鉴定等由有鉴定资格的人员对人身、物品及其他有关证据材料进行鉴定所形成的记载鉴定情况和鉴定结论的文书。

第三百二十条 律师以外的辩护人向人民检察院申请查阅、摘抄、复制本案的诉讼文书、技术性鉴定材料，或者同在押的犯罪嫌疑人会见和通信的，人民检察院应当在接到申请后的三日以内对申请人是否具备辩护人资格进行审查并作出是否许可的决定，书面通知申请人。

申请人不具备辩护人资格的，人民检察院应当不予许可。

具有下列情形之一的，人民检察院可以不予许可：

（一）同案犯罪嫌疑人在逃的；

（二）案件事实不清，证据不足，或者遗漏罪行、遗漏同案犯罪嫌疑人需要补充侦查的；

（三）涉及国家秘密的；

（四）有事实表明存在串供、毁灭、伪造证据或者危害证人人身安全可能的。

第三百二十一条 律师以外的辩护人同在押的犯罪嫌疑人通信，人民检察院可以要求羁押机关将书信送交人民检察院进行检查。

第三百二十二条 辩护律师或者经过许可的其他辩护人查阅、摘抄和复制本案的诉讼文书、技术性鉴定材料，应当向审查起诉部门提出书面申请，审查起诉部门应当要求提出申请的辩护律师或者其他辩护人提供表明自己身份和诉讼委托关系的证明材料。

审查起诉部门接受申请后应当安排办理；不能当日办理的，应当向申请人说明理由，并在三日内择定办理日期，告知申请人。

查阅、摘抄和复制本案的诉讼文书、技术性鉴定材料应当在文书室内进行。

第三百二十三条 辩护律师申请人民检察院向被告人提供的证人，或者其他有关单位和个人收集、调取证据的，人民检察院认为需要调查取证时，可以收集、调取。

人民检察院根据辩护律师的申请收集、调取证据时，申请人可以在场。

第三百二十四条 辩护律师向人民检察院提出申请要求向被害人或者其近亲属、被害人提供的证人收集与本案有关的材料的，人民检察院应当在接到申请后七日内作出是否许可的决定，通知申请人。

第三百二十五条 律师担任诉讼代理人经人民检察院许可，可以查阅、摘抄、复制本案的诉讼文书、技术性鉴定材料。需要收集、调取与本案有关的材料的，参照本规则第三百二十三条、第三百二十四条的规定办理。

第三百二十六条 诉讼代理人查阅、摘抄、复制本案诉讼文书、技术性鉴定材料，收集、调取与本案有关的材料，应当向人民检察院提交由被代理人签名或者盖章的委托书。

诉讼代理人查阅、摘抄、复制本案诉讼文书、技术性鉴定材料，适用本规则第三百一十九条、第三百二十条的规定。

第三百二十七条 人民检察院审查起诉部门受理本院侦查部门移送审查起诉的案件，按照本章规定的程序办理。

第九章 出席法庭

第一节 出席第一审法庭

第三百二十八条 提起公诉的案件，除适用简易程序决定不派员出庭的以外，人民检察院应当派员以国家公诉人的身份出席第一审法庭，支持公诉。

公诉人应当由检察长、检察员或者经检察长批准代行检察员职务的助理检察员一人至数人担任，并配备书记员担任记录。

第三百二十九条 对于提起公诉后改变管辖的案件，原提起公诉的人民检察院参照本规则第二百四十八条的规定将案件移送与审判管辖相对应的人民检察院。

接受移送的人民检察院重新对案件进行审查的，根据刑事诉讼法第一百三十八条第二款的规定自收到案件之日起计算审查起诉期限。

第三百三十条 公诉人在人民法院决定开庭审判后，应当做好如下准备工作：

（一）进一步熟悉案情，掌握证据情况；

（二）深入研究与本案有关的法律政策问题；

（三）充实审判中可能涉及的专业知识；

（四）拟定讯问被告人、询问证人、鉴定人和宣读、出示、播放证据的计划并制定质证方案；

（五）拟定公诉意见，准备辩论提纲。

第三百三十一条 公诉人在法庭上应当依法进行下列活动：

（一）宣读起诉书，代表国家指控犯罪，提请人民法院对被告人依法审判；

（二）讯问被告人；

（三）询问证人、被害人、鉴定人；

（四）出示物证，宣读书证、未到庭证人的证言笔录、鉴定人的鉴定结论、勘验、检查笔录和其他作为证据的文书，向法庭提供作为证据的视听资料；

（五）对证据和案件情况发表意见，针对被告人、辩护人的辩护意见进行答辩，全面阐述公诉意见，反驳不正确的辩护意见；

（六）维护诉讼参与人的合法权利；

（七）对法庭审理案件有无违反法律规定的诉讼程序的情况记明笔录；

（八）依法从事其他诉讼活动。

第三百三十二条 在法庭审理中，公诉人应当客观、全面、公正地向法庭提供证明被告人有罪、罪重或者罪轻的证据。

第三百三十三条 公诉人讯问被告人，询问证人、被害人、鉴定人，出示物证，宣读书证、未出庭证人的证言笔录等应当围绕下列事实进行：

（一）被告人的身份；

（二）指控的犯罪事实是否存在，是否为被告人所实施；

（三）实施犯罪行为的时间、地点、方法、手段、结果，被告人犯罪后的表现等；

（四）犯罪集团或者其他共同犯罪案件中参与犯罪人员的各自地位和应负的责任；

（五）被告人有无责任能力，有无故意或者过失，行为的动机、目的；

（六）有无依法不应当追究刑事责任的情况，有无法定的从重或者从轻、减轻以及免除处罚的情节；

（七）犯罪对象、作案工具的主要特征，与犯罪有关的财物的来源、数量以及去向；

（八）被告人全部或者部分否认起诉书指控的犯罪事实的，否认的根据和理由能否成立；

（九）与定罪量刑有关的其他事实。

第三百三十四条 在法庭审理中，下列事实不必提出证据进行证明：

（一）为一般人共同知晓的常识性事实；

（二）人民法院生效裁判所确认的并且未依审判监督程序重新审理的事实；

（三）法律、法规的内容以及适用等属于审判人员履行职务所应当知晓的事实；

（四）在法庭审理中不存在异议的程序事实；

（五）法律规定的推定事实。

第三百三十五条 讯问被告人、询问证人应当避免可能影响陈述或者证言客观真实的诱导性讯问、询问以及其他不当讯问、询问。

辩护人对被告人或者证人进行诱导性讯问、询问以及其他不当讯问、询问可能影响陈述或者证言的客观真实的，公诉人可以要求审判长制止或者要求对该项陈述或者证言不予采纳。

讯问共同犯罪案件的被告人、询问证人应当分别进行。

被告人、证人对同一事实的陈述存在矛盾需要对质的，公诉人可以建议法庭传唤有关被告人、证人同时到庭对质。

讯问未成年的被告人、询问未成年的证人应当根据未成年人的特点进行。

第三百三十六条 被告人在庭审中的陈述与在侦查、审查起诉中的供述一致或者不一致的内容不影响定罪量刑的，可以不宣读被告人供述笔录。

被告人在庭审中的陈述与在侦查、审查起诉中的供述不一致，足以影响定罪量刑的，可以宣读被告人供述笔录，并针对笔录中被告人的供述内容对被告人进行讯问，或者提出其他证据进行证明。

第三百三十七条 证人应当由人民法院通知并负责安排出庭作证。

对于经人民法院通知而未到庭的证人的证言笔录，公诉人应当当庭宣读。对证人证言笔录存在疑问、确实需要证人出庭陈述的，公诉人应当要求延期审理，由人民法院再次通知证人到庭提供证言和接受质证。

第三百三十八条 证人在法庭上提供证言，公诉人应当按照审判长确定的顺序向证人发问。公诉人应当首先要求证人就其所了解的与案件有关的事实进行连贯陈述。证人连贯陈述后，公诉人经审判长许可，可以对证人发问。

证人不能连贯陈述的，公诉人也可以直接发问。

对证人发问，应当针对证言中有遗漏、矛盾、模糊不清和有争议的内容，并着重围绕与定罪量刑紧密相关的事实进行。

发问应当采取一问一答形式，提问应当简洁、清楚。

证人进行虚假陈述的，应当通过发问澄清事实，必要时还应当宣读证人在侦查、审查起诉阶段提供的证言笔录或者出示、宣读其他证据对证人进行询问。

当事人和辩护人、诉讼代理人对证人发问后，公诉人可以根据证人回答的情况，经审判长许可，再次对证人发问。

询问鉴定人参照上述规定进行。

第三百三十九条 对于经法院通知未到庭的被害人的陈述笔录、鉴定人的鉴定结论、勘验笔录和其他作为证据的文书，公诉人应当当庭宣读。

第三百四十条 公诉人向法庭出示物证，应当对该物证所要证明的内容、获取情况作概括的说明，并向当事人、证人等问明物证的主要特征，让其辨认。

宣读书证应当对书证所要证明的内容、获取情况作概括的说明，向当事人、证人问明书证的主要特征，并让其辨认。对该书证进行技术鉴定的，应当宣读鉴定书。

第三百四十一条 在法庭审理中，对案件的程序事实存在争议的，应当出示、宣读有关诉讼文书、侦查或者审查起诉活动笔录。

第三百四十二条 公诉人可以根据庭审情况和需要，出示、宣读开庭前送交人民法院的证据目录以外的证据。需要给予被告人、辩护人必要时间进行辩护准备的，公诉人可以建议合议庭延期审理。

第三百四十三条 公诉人对于搜查、勘验、检查等侦查活动中形成的笔录存在争议，需要负责侦查的人员以及搜查、勘验、检查等活动的见证人出庭陈述有关情况的，可以建议合议庭通知其出庭。

第三百四十四条 在法庭审理过程中，合议庭对证据有疑问或人民法院根据辩护人、被告人的申请，向人民检察院调取在侦查、审查起诉中收集的有关被告人无罪或者罪轻的证据材料时，人民检察院应当自收到人民法院要求调取证据材料决定书后三日内移交。如果没有此材料，应当向人民法院说明情况。

第三百四十五条 法庭审理过程中，合议庭对证据有疑问并在休庭后进行勘验、检查、扣押、鉴定和查询、冻结的，人民检察院应当依法进行监督，发现上述活动有违法情况的应当提出纠正意见。

第三百四十六条 人民法院根据律师申请收集、调取的证据或者合议庭休庭后自行调查取得的证据，必须经过庭审辨认、质证才能决定是否作为判决的依据。未经庭审辨认、质证直接采纳为判决依据的，人民检察院应当提出纠正意见；作出判决的，应当依法提出抗诉。

第三百四十七条 在法庭审理中，经审判长许可，公诉人可以逐一对正在调查的证据和案件情况发表意见，并同被告人、辩护人进行辩论。证据调查结束时，公诉人应当发表总结性意见。

法庭辩论中，公诉人与被害人、诉讼代理人意见不一致的，公诉人应当认真听取被害人、诉讼代理人的意见，阐明自己的意见和理由。

第三百四十八条 法庭审理过程中遇有下列情形之一的，公诉人应当要求法庭延期审理：

（一）发现事实不清、证据不足，或者遗漏罪行、遗漏同案犯罪嫌疑人，需要补充侦查或者补充提供证据的；

（二）发现遗漏罪行或者遗漏同案犯罪嫌疑人，虽不需要补充侦查和补充提供证据，但需要提出追加或者变更起诉的；

（三）需要通知开庭前未向人民法院提供名单的证人、鉴定人或者经人民法院通知而未到庭的证人出庭陈述的。

第三百四十九条 法庭宣布延期审理后，人民检察院应当在补充侦查的期限内提请人民法院恢复法庭审理或者撤回起诉。

公诉人在法庭审理过程中建议延期审理的次数不得超过两次，每次不得超过一个月。

第三百五十条 在审判过程中，对于需要补充提供法庭审判所必需的证据或者补充侦查的，人民检察院应当自行收集证据和进行侦查；必要时可以要求公安机关提供协助。

人民检察院补充侦查，适用本规则第四章、第五章、第七章的规定。

补充侦查不得超过一个月。

第三百五十一条 在人民法院宣告判决前，人民检察院发现被告人的真实身份或者犯罪事实与起诉书中叙述的身份或者指控犯罪事实不符的，可以要求变更起诉；发现遗漏的同案犯罪嫌疑人或者罪行可以一并起诉和审理的，可以要求追加起诉；发现不存在犯罪事实、犯罪事实并非被告人所为或者不应当追究被告人刑事责任的，可以要求撤回起诉。

第三百五十二条 在法庭审理过程中，人民法院建议人民检察院补充侦查、补充或者变更起诉的，人民检察院应当审查有关理由，并作出是否退回补充侦查、补充或者变更起诉的决定。人民检察院不同意的，可以要求人民法院就起诉指控的犯罪事实依法作出裁判。

第三百五十三条 变更、追加或者撤回起诉应当报经检察长或者检察委员会决定，并以书面方式在人民法院宣告判决前向人民法院提出。

在法庭审理过程中，公诉人认为需要变更、追加或者撤回起诉的，应当要求休庭，并记明笔录。

变更、追加起诉需要给予被告人、辩护人必要时间进行辩护准备的，公诉人可以建议合议庭延期审理。

撤回起诉后，没有新的事实或者新的证据不得再行起诉。

第三百五十四条 在人民法院作出判决前，人民检察院发现已经决定适用简易程序审理的案件具有下列情形之一的，应当要求人民法院按照普通第一审程序审理：

（一）发现依法应当判处三年以上有期徒刑的；

（二）案件事实、证据存在较大争议的；

（三）被告人是否犯罪，犯有何罪存在疑问的；

（四）人民检察院发现被告人有新的犯罪事实需要追加起诉一并审理的。

第三百五十五条 出庭的书记员应当将庭审情况写成笔录，详细记载庭审的时间、地点、参加人员、公诉人出庭执行任务情况和法庭调查、法庭辩论的主要内容以及法庭判决结果，由公诉人和书记员签名。

第三百五十六条 人民检察院对于在法庭上出示、宣读、播放的证据材料应当当庭移交人民法院，确实无法当庭移交的，应当在休庭后三日内移交。对于在法庭上出示、宣读、播放未到庭证人的证言的，如果该证人提供过不同的证言，人民检察院应当将该证人的全部证言在休庭后三日内移交。

第三百五十七条 对于当庭出示、宣读、播放的证据材料，在审判长宣布休庭后，公诉人应当与合议庭办理交接手续。休庭后向法院移交有关证据材料的，即时办理交接手续。

第三百五十八条 人民检察院对封存保管的扣押、冻结的被告人财物及其孳息，应当根据不同情况作以下处理：

（一）对作为证据使用的实物，应当依法随案移送。对不宜移送的，应当将其清单、照片或者其他证明文件随案移送。

（二）冻结在金融机构的赃款，应当向人民法院随案移送该金融机构出具的证明文件，待人民法院作出生效判决后，由人民法院通知该金融机构上缴国库。

（三）查封、扣押的赃款、赃物，对依法不移送的，应当随案移送证据清单、照片或者其他证明文件，待人民法院作出生效判决后，由人民检察院根据人民法院的通知上缴国库，并向人民法院送交执行回单。

第二节 出席第二审法庭

第三百五十九条 对提出抗诉的案件或者公诉案件中人民法院决定开庭审理的上诉案件，同级人民检察院应当派员出席第二审法庭。

第三百六十条 检察长、检察员或者经检察长批准代行检察员职务的助理检察员出席第二审法庭的任务是：

（一）支持抗诉或者听取上诉人的上诉意见，对原审法院作出的错误判决或者裁定提出纠正意见；

（二）维护原审人民法院正确的判决或者裁定，反驳无理上诉，建议法庭维持原判；

（三）维护诉讼参与人的合法权利；

（四）对法庭审理案件有无违反法律规定的诉讼程序的情况记明笔录；

（五）依法从事其他诉讼活动。

第三百六十一条 对抗诉和上诉案件，与第二审人民法院相对应的人民检察院应当调取下级人民检察院的案卷材料。

出席第二审法庭的检察人员在接到第二审人民法院查阅案卷通知后，应当到第二审人民法院查阅第一审人民法院的案卷。

第三百六十二条 检察人员应当客观全面地审查原审案卷材料，不受上诉或者抗诉范围的限制，重点审查原审判决认定案件事实、适用法律是否正确，证据是否确实、充分，量刑是否适当，审判活动是否合法，并应当审查下级人民检察院的抗诉书或者上诉人的上诉书，了解抗诉或者上诉的理由是否正确、充分。

第三百六十三条 检察人员在审查第一审案卷材料时，应当提讯原审被告人，复核主要证据。

第三百六十四条 检察人员出席第二审法庭，应当制作讯问被告人，询问被害人、证人、鉴定人和出示、宣读、播放证据计划，并拟写答辩提纲。对上诉案件，出庭前应当制作出庭意见。

第三百六十五条 在法庭审理中，检察人员应当针对原审判决或者裁定认定事实或适用法律、量刑等方面的问题，以及上诉人的上诉意见、辩护人的辩护意见，讯问被告人、询问被害人、证人、鉴定人，出示和宣读证据，并提出意见和进行辩论。

第三百六十六条 出庭的检察人员需要出示、宣读、播放一审中已移交人民法院的证据的，出庭的检察人员可以申请法庭出示、宣读、播放。

在第二审法庭中出示、宣读、播放的证据材料的移送参照本规则第三百五十六条的规定办理。

第三节 出席再审法庭

第三百六十七条 人民法院通知人民检察院出席再审法庭的，人民检察院应当派员出席。

第三百六十八条 人民检察院派员出席再审法庭，应当与人民法院的审级相适应。

第三百六十九条 人民检察院对于人民法院按照审判监督程序重新审判的案件，应当对原判决、裁定认定的事实、证据和适用法律进行全面审查。

第三百七十条 人民检察院派员出席再审法庭，如果再审案件按照第一审程序审理，参照本章第一节的有关规定执行；如果再审案件按照第二审程序审理，参照本章第二节的有关规定执行。

第十章 刑事诉讼法律监督

第一节 立案监督

第三百七十一条 人民检察院依法对公安机关的立案活动实行监督。

第三百七十二条 人民检察院发现公安机关对应当立案侦查的案件不立案侦查的，由审查逮捕部门审查；审查逮捕部门经过调查、核实有关证据材料，认为需要公安机关说明不立案理由的，经检察长批准，可以要求公安机关在七日内书面说明不立案的理由。

经人民检察院审查逮捕部门审查，认为公安机关不立案理由不能成立的，经检察长或者检察委员会讨论决定，应当通知公安机关立案。

第三百七十三条 被害人认为公安机关对应当立案侦查的案件不立案侦查，向人民检察院提出的，人民检察院控告申诉部门应当受理，并根据事实和法律进行审查。审查中，可以要求被害人提供有关材料，进行必要的调查，认为需要公安机关说明不立案理由的，应当将案件移送审查逮捕部门办理。

公安机关说明不立案的理由后，审查逮捕部门认为公安机关不立案理由成立的，应当通知控告申诉部门，由控告申诉部门在十日内将不立案的理由和根据告知被害人；认为公安机关不立案的理由不能成立的，应当按照本规则第三百七十二条第二款的规定办理。

第三百七十四条 人民检察院通知公安机关立案，应当由检察长决定；重大或者疑难、复杂的案件，由检察长提交检察委员会讨论决定。

第三百七十五条 人民检察院通知公安机关立案，应当制作通知立案书，送达公安机关，同时抄报上一级人民检察院备案。

人民检察院送达通知立案书时，应

当将有关证明应该立案的材料同时移送公安机关，并且告知公安机关应当在十五日以内立案，将立案决定书送达人民检察院。

第三百七十六条 人民检察院通知公安机关立案的，应当依法对通知立案的执行情况进行监督。

第三百七十七条 对于由公安机关管辖的国家机关工作人员利用职权实施的重大犯罪案件，人民检察院通知公安机关立案，公安机关不予立案的，经省级以上人民检察院决定，人民检察院可以直接立案侦查。

第三百七十八条 对于公安机关不应当立案而立案侦查的，人民检察院应当向公安机关提出纠正违法意见。

第三百七十九条 人民检察院审查逮捕部门或者审查起诉部门发现本院侦查部门对应当立案侦查的案件不报请立案侦查的，应当建议侦查部门报请立案侦查；建议不被采纳的，应当报请检察长决定。

第二节 侦查监督

第三百八十条 人民检察院依法对公安机关的侦查活动是否合法实行监督。

第三百八十一条 侦查监督主要发现和纠正以下违法行为：

（一）对犯罪嫌疑人刑讯逼供、诱供的；

（二）对被害人、证人以体罚、威胁、诱骗等非法手段收集证据的；

（三）伪造、隐匿、销毁、调换或者私自涂改证据的；

（四）徇私舞弊，放纵、包庇犯罪分子的；

（五）故意制造冤、假、错案的；

（六）在侦查活动中利用职务之便谋取非法利益的；

（七）在侦查过程中不应当撤案而撤案的；

（八）贪污、挪用、调换所扣押、冻结的款物及其孳息的；

（九）违反刑事诉讼法关于决定、执行、变更、撤销强制措施规定的；

（十）违反羁押和办案期限规定的；

（十一）在侦查中有其他违反刑事诉讼法有关规定的行为的。

第三百八十二条 人民检察院审查逮捕部门、审查起诉部门在审查逮捕、审查起诉中，应当审查公安机关的侦查活动是否合法。发现违法情况，应当提出意见通知公安机关纠正。构成犯罪的，移送有关部门依法追究刑事责任。

监所检察部门发现侦查中违反法律规定的羁押和办案期限规定的，应当依法提出纠正违法意见。

第三百八十三条 人民检察院根据需要可以派员参加公安机关对于重大案件的讨论和其他侦查活动，发现违法行为，应当及时通知纠正。

第三百八十四条 诉讼参与人对于侦查机关或者侦查人员侵犯其诉讼权利和人身侮辱的行为提出控告的，人民检察院应当受理，并及时审查，依法处理。

第三百八十五条 对于公安机关执行人民检察院批准或者不批准逮捕决定的情况，以及释放被逮捕的犯罪嫌疑人或者变更逮捕措施的情况，人民检察院发现有违法情形的，应当通知纠正。

第三百八十六条 人民检察院发现公安机关或者公安人员在侦查或者决定、执行、变更、撤销强制措施等活动中有违法情形的，应当及时提出纠正意见。

对于情节较轻的违法情形，由检察人员以口头方式向侦查人员或者公安机关负责人提出纠正，并及时向本部门负责人汇报；必要的时候，由部门负责人提出。

对于情节较重的违法情形，应当报请检察长批准后，向公安机关发出纠正违法通知书。

第三百八十七条 人民检察院发出纠正违法通知书的，应当根据公安机关的回复，监督落实情况；没有回复的，应当督促公安机关回复。

第三百八十八条 人民检察院提出的纠正意见不被接受的，应当向上一级人民检察院报告，并抄报上一级公安机关。上级人民检察院认为下级人民检察院意见正确的，应当通知同级公安机关督促下级公安机关纠正；上级人民检察院认为下级人民检察院纠正违法的意见错误的，应当通知下级人民检察院撤销纠正违法通知书，并通知同级公安机关。

第三百八十九条 人民检察院审查逮捕部门、审查起诉部门发现侦查人员在侦查活动中的违法行为情节严重，构成犯罪的，应当移送本院侦查部门审查，并报告检察长。侦查部门审查后应当提出是否立案侦查的意见，报请检察长决定。对于不属于人民检察院管辖的，应当移送有管辖权的机关处理。

第三百九十条 人民检察院审查逮捕部门或者审查起诉部门对本院侦查部门侦查或者决定、执行、变更、撤销强制措施等活动中的违法行为，应当根据情节分别处理。情节较轻的，可以直接向侦查部门提出纠正意见；情节较重或者需要追究刑事责任的，应当报告检察长决定。

第三节 审判监督

第三百九十一条 人民检察院依法对人民法院的审判活动是否合法实行监督。

第三百九十二条 审判活动监督主要发现和纠正以下违法行为：

（一）人民法院对刑事案件的受理违反管辖规定的；

（二）人民法院审理案件违反法定审理和送达期限的；

（三）法庭组成人员不符合法律规定的；

（四）法庭审理案件违反法定程序的；

（五）侵犯当事人和其他诉讼参与人的诉讼权利和其他合法权利的；

（六）法庭审理时对有关程序问题所作的决定违反法律规定的；

（七）其他违反法律规定的审理程序的行为。

第三百九十三条 审判监督由审查起诉部门承办，对于人民法院审理案件违反法定期限的，由监所检察部门承办。

人民检察院可以通过调查、审阅案卷、受理申诉等活动，监督审判活动是否合法。

第三百九十四条 人民检察院在审判活动监督中，如果发现人民法院或者审判人员审理案件违反法律规定的诉讼程序，应当向人民法院提出纠正意见。

出席法庭的检察人员发现法庭审判违反法律规定的诉讼程序，应当在休庭后及时向本院检察长报告。

人民检察院对违反程序的庭审活动提出纠正意见，应当由人民检察院在庭审后提出。

第三百九十五条 人民检察院对人民法院审判活动中违法行为的监督，可以参照本规则有关人民检察院对公安机关侦查活动中违法行为监督的规定办理。

第四节 刑事判决、裁定监督

第三百九十六条 人民检察院依法对人民法院的判决、裁定是否正确实行监督，对人民法院确有错误的判决、裁定，应当依法提出抗诉。

第三百九十七条 人民检察院认为同级人民法院第一审判决、裁定有下列情形之一的，应当提出抗诉：

（一）认定事实不清、证据不足的；

（二）有确实、充分证据证明有罪而判无罪，或者无罪判有罪的；

（三）重罪轻判，轻罪重判，适用刑罚明显不当的；

（四）认定罪名不正确，一罪判数罪、数罪判一罪，影响量刑或者造成严重的社会影响的；

（五）免除刑事处罚或者适用缓刑错误的；

（六）人民法院在审理过程中严重违反法律规定的诉讼程序的。

第三百九十八条 对刑事判决、裁定的监督由审查起诉部门承办。

人民检察院通过受理申诉、对人民法院判决、裁定的审查等活动，监督人民法院的判决、裁定是否正确。

第三百九十九条 人民检察院在收到人民法院第一审判决书或者裁定书后，应当及时审查，承办人员应当填写刑事判决、裁定审查表，提出处理意见，报审查起诉部门负责人审核。对需要提出抗诉的案件，审查起诉部门应当报请检察长决定；案情疑难或者重大复杂的案件，由检察长提交检察委员会讨论决定。

第四百条 人民检察院对同级人民法院第一审判决的抗诉，应当在接到判决书的第二日起十日内提出；对裁定的抗诉，应当在接到裁定书后的第二日起五日内提出。

第四百零一条 人民检察院对同级人民法院第一审判决、裁定的抗诉，应当制作抗诉书通过原审人民法院向上一级人民法院提出，并将抗诉书副本连同案件材料报送上一级人民检察院。

第四百零二条 被害人及其法定代理人不服地方各级人民法院第一审的判决的，在收到判决书后五日以内请求人民检察院提出抗诉的，人民检察院应当立即进行审查，在收到被害人及其法定代理人的请求后五日内作出是否抗诉的决定，并且答复请求人。经审查认为应当抗诉的，适用本规则第三百九十七条至第四百零一条的规定办理。

被害人及其法定代理人在收到判决书五日以后请求人民检察院提出抗诉的，由人民检察院决定是否受理。

第四百零三条 上一级人民检察院对下级人民检察院按照第二审程序提出抗诉的案件，认为抗诉正确的，应当支持抗诉；认为抗诉不当的，应当向同级人民法院撤回抗诉，并且通知下级人民检察院。下级人民检察院如果认为上一级人民检察院撤回抗诉不当的，可以提请复议。上一级人民检察院应当复议，并将复议结果通知下级人民检察院。

上一级人民检察院在上诉、抗诉期限内，发现下级人民检察院应当提出抗诉而没有提出抗诉的案件，可以指令下级人民检察院依法提出抗诉。

第四百零四条 第二审人民法院发回原审人民法院重新按照第一审程序审判的案件，如果人民检察院认为重新审判的判决、裁定确有错误的，仍然可以按照第二审程序提出抗诉。

第四百零五条 当事人及其法定代理人、近亲属认为人民法院已经发生法律效力的刑事判决、裁定确有错误，向人民检察院申诉的，人民检察院控告申诉检察部门、监所检察部门和审查起诉部门应当依法办理：

（一）不服人民法院已经执行完毕的刑事判决、裁定的申诉和不服人民法院缓刑决定、假释裁定的申诉，以及被害人不服人民法院已经发生法律效力且尚在执行中的刑事判决、裁定的申诉，由控告申诉检察部门办理；

（二）被告人及其法定代理人、近亲属不服人民法院已经发生法律效力且尚在执行中的判决、裁定的申诉，由监所检察部门办理；

（三）不服人民法院死刑终审判决、裁定尚未执行的申诉，由审查起诉部门办理。审查起诉部门接受申诉后，应当将当事人申诉情况及时通知作出终审判决、裁定的人民法院。

人民检察院控告申诉检察部门、监所检察部门和审查起诉部门办理申诉案件，应当依法审查，并将结果告知申诉人。

［注：本条根据《最高人民检察院关于修改〈人民检察院刑事诉讼规则〉第四百零五条和第四百零七条的通知》修改（1996年9月21日）高检发研字〔1999〕9号］

第四百零六条 人民检察院认为人民法院已经发生法律效力的判决、裁定确有错误，具有下列情形之一的，应当按照审判监督程序向人民法院提出抗诉：

（一）有新的证据证明原判决、裁定认定的事实确有错误的；

（二）据以定罪量刑的证据不确实、不充分或者证明案件事实的主要证据之间存在矛盾的；

（三）原判决、裁定适用法律确有错误的；

（四）审判人员在审理该案件的时候，有贪污受贿、徇私舞弊、枉法裁判行为的。

第四百零七条 控告申诉检察部门、监所检察部门对已经发生法律效力的判决或者裁定的申诉初审后，认为需要提出抗诉的，应当提出抗诉意见，连同案卷一并移送审查起诉部门审查。审查起诉部门经审查认为需要提出抗诉的，报请检察长提交检察委员会讨论决定。检察委员会决定抗诉后，由审查起诉部门出庭支持抗诉。

［注：本条根据《最高人民检察院关于修改〈人民检察院刑事诉讼规则〉第四百零五条和第四百零七条的通知》修改（1996年9月21日）高检发研字〔1999〕9号］

第四百零八条 最高人民检察院发现各级人民法院已经发生法律效力的判决或者裁定，上级人民检察院发现下级人民法院已经发生法律效力的判决或者裁定确有错误时，可以直接向同级人民法院提出抗诉，或者指令作出生效判决、裁定人民法院的上一级人民检察院向同级人民法院提出抗诉。

第四百零九条 人民检察院按照审判监督程序向人民法院提出抗诉的，应当将抗诉书副本报送上一级人民检察院。

第四百一十条 对按照审判监督程序提出抗诉的案件，人民检察院认为人民法院作出的判决、裁定仍然确有错误的，如果案件是依照第一审程序审判的，同级人民检察院应当向上一级人民法院提出抗诉；如果案件是依照第二审程序审判的，上一级人民检察院应当按照审判监督程序向同级人民法院提出抗诉。

第四百一十一条 人民检察院对自诉案件和没有公诉人出庭的适用简易程序审理案件的判决、裁定的监督，适用本节的规定。

第五节 执行监督

第四百一十二条 人民检察院依法对执行刑事判决、裁定的活动实行监督，保障刑事判决、裁定的正确执行。

第四百一十三条 人民法院判决被告人无罪、免除刑事处罚的，人民检察院应当监督在押被告人是否被立即释放。

第四百一十四条 被判处死刑的罪犯在被执行死刑时，人民检察院应当派员临场监督。

执行死刑临场监督，由检察人员担任，并配备书记员担任记录。

第四百一十五条 人民检察院收到同级人民法院执行死刑临场监督通知后，应当查明同级人民法院是否收到最高人民法院或者高级人民法院核准死刑的判决或者裁定和执行死刑的命令。

第四百一十六条 临场监督执行死刑的检察人员应当依法监督执行死刑的场所、方法和执行死刑的活动是否合法。在执行死刑前，发现有下列情形之一的，应当建议人民法院停止执行：

（一）被执行人并非应当执行死刑的罪犯的；

（二）罪犯犯罪时不满十八岁的；

（三）判决可能有错误的；

（四）在执行前罪犯检举揭发重大犯罪事实或者有其他重大立功表现，可能需要改判的；

（五）罪犯正在怀孕的。

第四百一十七条 在执行死刑过程中，人民检察院临场监督人员根据需要可以进行拍照、摄像；执行死刑后，人民检察院临场监督人员应当检查罪犯是否确已死亡，并填写死刑临场监督笔录，签名后入卷归档。

第四百一十八条 判处被告人死刑缓期二年执行的判决、裁定在执行过程中，人民检察院进行监督的内容主要包括：

（一）死刑缓期执行期满，符合法律规定应当减为无期徒刑、有期徒刑条件的，监狱是否及时提出减刑建议提请人民法院裁定，人民法院是否依法裁定；

（二）罪犯在缓期执行期间故意犯罪，监狱是否依法侦查和移送起诉；罪犯确系故意犯罪的，人民法院是否依法核准或者裁定执行死刑。

被判处死刑缓期二年执行的罪犯在死刑缓期执行期间故意犯罪，执行机关移送人民检察院受理的，由服刑所在地的分、州、市人民检察院审查决定是否提起公诉。

人民检察院发现人民法院对被判处死刑缓期二年执行的罪犯减刑不当的，应当依照本规则第四百二十九条至第四百三十一条的规定，向人民法院提出纠正意见；如果罪犯在死刑缓期执行期间又故意犯罪，经人民检察院起诉后，人民法院仍然予以减刑的，人民检察院应当依照本规则第十章第四节的规定，向人民法院提出抗诉。

第四百一十九条 人民检察院对看守所收押、监管、释放犯罪嫌疑人、被告人的活动，依法实行监督，发现违法行为，应当通知看守所纠正。

人民检察院发现看守所在罪犯送交执行活动中有下列违法情形之一的，应当依法通知纠正：

（一）对判处死刑缓期二年执行、无期徒刑或者有期徒刑余刑在一年以上的罪犯，自接到人民法院执行通知书、判决书或者裁定书之日起三十日以内未送交执行机关执行的；

（二）对判处拘役的罪犯未依法送交拘役所执行刑罚的；

（三）对判处管制、剥夺政治权利或者适用缓刑的罪犯，在判决或者裁定生效后未依法移送罪犯居住地公安机关执行的。

第四百二十条 人民检察院发现监狱、未成年犯管教所、拘役所在收押罪犯活动中有下列违法情形之一的，应当依法通知纠正：

（一）没有已经发生法律效力的刑事判决书或者裁定书、执行通知书等有关法律文书而收押的；

（二）收押罪犯与收押凭证不符的；

（三）应当收押而拒绝收押的；

（四）收押依法不应当关押的罪犯的；

（五）其他违反收押规定的。

第四百二十一条 人民检察院发现执行机关在狱政管理教育改造等活动中有违法行为的，应当依法提出纠正。

第四百二十二条 人民检察院对监狱、看守所、拘役所暂予监外执行的执法活动实行监督，发现有下列违法情况的，应当提出纠正意见：

（一）将不具备法定条件的罪犯报请暂予监外执行的；

（二）对罪犯报请暂予监外执行没有完备的合法手续的；

（三）对决定暂予监外执行的罪犯未依法予以监外执行的，或者罪犯被批准暂予监外执行后未依法交付监外执行的；

（四）罪犯在暂予监外执行期间有违法行为，应当收监执行未收监的；

（五）暂予监外执行的条件消失后，未及时收监执行的；

（六）暂予监外执行的罪犯刑期届满，未及时办理释放手续的。

第四百二十三条 人民检察院接到批准或者决定对罪犯暂予监外执行的通知后，应当进行审查。审查的内容包括：

（一）是否属于被判处有期徒刑或者拘役的罪犯；

（二）是否属于有严重疾病需要保外就医的罪犯；

（三）是否属于正在怀孕或者正在哺乳自己婴儿的妇女；

（四）是否属于自伤自残的罪犯；

（五）是否属于生活不能自理，适用暂予监外执行不致危害社会的罪犯；

（六）办理暂予监外执行是否符合法定程序。

检察人员可以向罪犯所在单位和有关人员调查，可以向有关机关调阅有关材料。

经审查认为暂予监外执行不当，应当向批准或者决定暂予监外执行的机关提出纠正意见的，由检察长决定。

第四百二十四条 人民检察院认为暂予监外执行不当的，应当自接到通知之日起一个月内提出书面纠正意见呈报批准或者决定暂予监外执行机关的同级人民检察院送交批准或者决定暂予监外执行的机关。

第四百二十五条 人民检察院向批准或者决定暂予监外执行的机关送交不同意暂予监外执行的书面意见后，应当监督其立即对批准或者决定暂予监外执行的结果进行重新核查，并监督重新核查的结果是否符合法律规定。对核查不符合法律规定的，应当依法提出纠正意见。

第四百二十六条 对于暂予监外执行的罪犯，人民检察院发现暂予监外执行的情形消失，应当通知执行机关收监执行。

第四百二十七条 人民检察院对执行机关报请人民法院裁定减刑、假释的活动实行监督，发现有下列违法情况，应当提出纠正意见：

（一）将不具备法定条件的罪犯报请人民法院裁定减刑、假释的；

（二）对依法应当减刑、假释的罪犯不报请人民法院裁定减刑、假释的，或者罪犯被裁定假释后，应当交付监外执行而不交付监外执行的；

（三）报请人民法院裁定对罪犯减刑、假释没有完备的合法手续的。

第四百二十八条 人民检察院接到人民法院减刑、假释的裁定书副本后，应当进行审查。审查的内容包括：

（一）被减刑、假释的罪犯是否符合法定条件；

（二）执行机关呈报减刑、假释的程序是否合法；

（三）人民法院裁定减刑、假释的程序是否合法。

检察人员可以向罪犯所在单位和有关人员调查，可以向有关机关调阅有关材料。

经审查认为人民法院减刑、假释的裁定不当，应当提出纠正意见的，由检察长决定。

第四百二十九条 人民检察院认为人民法院减刑、假释的裁定不当，应当在收到裁定书副本后二十日内，向作出减刑、假释裁定的人民法院提出书面纠正意见。

第四百三十条 对人民法院减刑、假释裁定的纠正意见，由作出减刑、假释裁定的人民法院的同级人民检察院书面提出。

下级人民检察院发现人民法院减刑、假释裁定不当的，应当立即向作出减刑、假释裁定的人民法院的同级人民检察院报告。

第四百三十一条 人民检察院对人民法院减刑、假释的裁定提出纠正意见后，应当监督人民法院是否在收到纠正意见后一个月内重新组成合议庭进行审理，并监督重新作出的最终裁定是否符合法律规定。对最终裁定不符合法律规定的，应当向同级人民法院提出纠正意见。

第四百三十二条 人民检察院发现监狱、未成年犯管教所、拘役所、看守所对服刑期满或依法应当予以释放的人员没有按期释放，或者对服刑未满又无合法释放根据的罪犯予以释放等违法行为的，应当依法通知纠正。

第四百三十三条 人民检察院发现对被判处管制、剥夺政治权利的罪犯，公安机关监督管理措施没有落实或者监督管理措施不当，执行期满没有通知本人并公开宣布解除管制或者恢复政治权利等违法行为的，应当依法通知纠正。

第四百三十四条 人民检察院发现人民法院对被判处罚金、没收财产的罪犯没有依法予以执行，或者执行不当，或者罚没的财物未及时上缴国库的，应当及时通知纠正。

第四百三十五条 对于被判处拘役、有期徒刑适用缓刑的罪犯、被假释的罪犯和暂予监外执行的罪犯，人民检察院应当监督有关单位对罪犯的监督管理和考察措施是否落实。

第四百三十六条 对人民法院的交付执行活动、执行机关的执行活动以及其他机关有关执行刑事判决、裁定的活动中的违法行为的监督，可以参照本规则有关人民检察院对公安机关侦查活动中违法行为监督的规定办理。

第十一章 刑事司法协助

第一节 一般规定

第四百三十七条 人民检察院进行司法协助，有我国参加或者缔结的国际条约规定的，适用该条约规定，但是我国声明保留的条款除外；无相应条约规定的，按照互惠原则通过外交途径办理。

第四百三十八条 人民检察院应当在相互尊重国家主权和平等互利的基础上，与有关国家的主管机关相互提供司法协助。

第四百三十九条 享有外交特权和豁免权的外国人的刑事责任问题，通过外交途径解决。

第四百四十条 人民检察院司法协助的范围主要包括刑事方面的调查取证、送达刑事诉讼文书、通报刑事诉讼结果、移交物证、书证和视听资料、扣押、移交赃款、赃物以及法律和国际条约规定的其他司法协助事宜。

第四百四十一条 办理引渡案件，按照国家关于引渡的法律和规定执行。

第四百四十二条 人民检察院对外进行司法协助，应当根据我国有关法律规定的程序向外国提供司法协助和办理司法协助事务。依照国际条约规定，在不违背我国法律规定的前提下，也可以按照请求方的要求适用请求书中所示的程序。

第四百四十三条 外国有关机关请求的事项有损中华人民共和国的主权、安全或者社会公共利益以及违反中国法律的，应当不予协助；不属于人民检察院职权范围的，应当予以退回或移送有关机关，并说明理由。

第四百四十四条 最高人民检察院是检察机关办理司法协助事务的最高主管机关，依照国际条约规定是人民检察院司法协助的中方中央机关。

地方各级人民检察院是执行司法协助的主管机关，依照职责分工办理司法协助事务。

第四百四十五条 人民检察院与有关国家相互提供司法协助，应当按照我国与有关国家缔结的司法协助条约规定的联系途径或者外交途径进行。

第四百四十六条 有关司法协助条约规定最高人民检察院为司法协助的中方中央机关的，由最高人民检察院直接与有关国家对应的中央机关联系和转递司法协助文件及其他材料。

有关司法协助条约规定其他机关为中方中央机关的，地方各级人民检察院通过最高人民检察院与中方中央机关联系和转递司法协助文件。

第四百四十七条 其他机关需要通过最高人民检察院对外办理司法协助的，应当通过其最高主管机关与最高人民检察院联系。

第四百四十八条 对尚未与我国缔结司法协助条约的国家，相互之间需要提供司法协助的，应当根据互惠原则，通过外交途径办理，也可以按惯例进行。

具体程序参照本章规定。

第四百四十九条 人民检察院需要通过国际刑警组织缉捕人犯、查询资料的，由有关人民检察院提出申请，层报最高人民检察院审查后与有关部门联系办理。

第四百五十条 我国边境地区人民检察院与相邻国家的司法机关相互进行司法合作，在不违背有关条约、协议和我国法律的前提下，可以按惯例或者遵照有关规定进行，但应当报最高人民检察院备案。

第四百五十一条 我国边境地区人民检察院与相邻国家的司法机关相互进行司法合作，可以视情况就双方之间办案过程中的具体事务作出安排，开展友好往来活动。

第二节 人民检察院提供司法协助

第四百五十二条 最高人民检察院通过有关国际条约规定的联系途径或外交途径，接收外国提出的司法协助请求。

第四百五十三条 外国有关机关请求人民检察院提供司法协助的请求书及所附文件，应当附有中文译本或者国际条约规定的其他文字文本。

第四百五十四条 最高人民检察院

收到缔约的外国一方提出的司法协助请求后，应当依据我国法律和有关司法协助条约进行审查。对符合条约规定并且所附材料齐全的，交由有关省、自治区、直辖市人民检察院办理或者指定有关人民检察院办理，或者交由其他有关最高主管机关指定有关机关办理。对不符合条约或者有关法律规定的，应当通过接收请求的途径退回请求方不予执行；对所附材料不齐全的，应当要求请求方予以补充。

第四百五十五条 有关省、自治区、直辖市人民检察院收到最高人民检察院转交的司法协助请求书和所附材料后，可以直接办理，也可以指定有关的人民检察院办理。

第四百五十六条 负责执行司法协助请求的人民检察院收到司法协助请求书和所附材料后，应即安排执行，并按条约规定的格式和语言文字将执行结果及有关材料报经省、自治区、直辖市人民检察院审查后，报送最高人民检察院。

对于不能执行的，应当将司法协助请求书和所附材料，连同不能执行的理由通过省、自治区、直辖市人民检察院报送最高人民检察院。

人民检察院因请求书提供的地址不详或材料不齐全难以执行该项请求的，应当立即通过最高人民检察院要求请求方补充提供材料。

第四百五十七条 最高人民检察院应当对执行结果进行审查。凡符合请求要求的，由最高人民检察院转递请求协助的缔约外国一方。

第四百五十八条 缔约的外国一方通过其他中方中央机关请求检察机关提供司法协助的，由其他中方中央机关将请求书及所附文件转递最高人民检察院，按本节规定办理。

第三节 人民检察院向外国提出司法协助请求

第四百五十九条 地方各级人民检察院需要向缔约的外国一方请求提供司法协助，应当按有关条约的规定提出司法协助请求书、调查提纲及所附文件和相应的译文，经省级人民检察院审核后，报送最高人民检察院。

第四百六十条 最高人民检察院收到地方各级人民检察院请求缔约的外国一方提供司法协助的材料后，应当依照有关条约进行审查。对符合条约有关规定、所附材料齐全的，应当连同上述材料一并转递缔约另一方的中央机关，或者交由其他中方中央机关办理。对不符合条约规定或者材料不齐全的，应当退回提出请求的人民检察院补充或者修正。

第四节 期限和费用

第四百六十一条 人民检察院提供司法协助，请求书中附有办理期限的，应当按期完成。未附办理期限的，调查取证一般应当在三个月内完成；送达刑事诉讼文书一般应当在十五日内完成。

不能按期完成的，应当说明情况和理由，层报最高人民检察院，以便转告请求方。

第四百六十二条 人民检察院提供刑事司法协助，根据有关条约规定需要向请求方收取费用的，应当将费用和账单连同执行司法协助的结果一并报送最高人民检察院转递请求方。最高人民检察院收到上述费用后应当立即转交有关人民检察院。

第四百六十三条 人民检察院请求外国提供司法协助，根据条约规定应当支付费用的，最高人民检察院收到被请求方开具的收费账单后，应当立即转交有关人民检察院支付。

第十二章 附　　则

第四百六十四条 人民检察院办理国家安全机关、走私犯罪侦查机关、监狱移送的刑事案件以及对国家安全机关、走私犯罪侦查机关、监狱立案、侦查活动的监督，适用本规则的有关规定。

第四百六十五条 军事检察院等专门人民检察院办理刑事案件，适用本规则和其他有关规定。

第四百六十六条 本规则具有司法解释效力。本规则发布前有关人民检察院刑事诉讼的解释和规定与本规则重复或者不一致的，适用本规则。

第四百六十七条 本规则由最高人民检察院负责解释。

第四百六十八条 本规则自发布之日起施行。最高人民检察院 1997 年 1 月 15 日发布的《人民检察院实施〈中华人民共和国刑事诉讼法〉规则（试行）》同时废止。

最高人民检察院关于修改《人民检察院刑事诉讼规则》第四百零五条和第四百零七条的通知

（1999 年 9 月 21 日　高检发研字〔1999〕9 号）

各省、自治区、直辖市人民检察院，军事检察院：

为规范人民检察院内设机构职能分工，现对《人民检察院刑事诉讼规则》第四百零五条和第四百零七条作如下修改：

一、第四百零五条修改为："当事人及其法定代理人、近亲属认为人民法院已经发生法律效力的刑事判决、裁定确有错误，向人民检察院申诉的，人民检察院控告申诉检察部门、监所检察部门和审查起诉部门应当依法办理：

（一）不服人民法院已经执行完毕的刑事判决、裁定的申诉和不服人民法院缓刑决定、假释裁定的申诉，以及被害人不服人民法院已经发生法律效力且尚在执行中的刑事判决、裁定的申诉，由控告申诉检察部门办理；

（二）被告人及其法定代理人、近亲属不服人民法院已经发生法律效力且尚在执行中的判决、裁定的申诉，由监所检察部门办理；

（三）不服人民法院死刑终审判决、裁定尚未执行的申诉，由审查起诉部门办理。审查起诉部门接受申诉后，应当将当事人申诉情况及时通知作出终审判决、裁定的人民法院。

人民检察院控告申诉检察部门、监所检察部门和审查起诉部门办理申诉案件，应当依法审查，并将结果告知申诉人。"

二、第四百零七条修改为："控告申诉检察部门、监所检察部门对已经发生法律效力的判决或者裁定的申诉初审后，认为需要提出抗诉的，应当提出抗诉意见，连同案卷一并移送审查起诉部门审查。审查起诉部门经审查认为需要提出抗诉的，报请检察长提交检察委员会讨论决定。检察委员会决定抗诉后，由审查起诉部门出庭支持抗诉。"

最高人民检察院法律政策研究室关于《人民检察院刑事诉讼规则》第一百五十一条规定有关问题的通知

（2001年8月22日 〔2001〕高检研发第10号）

各省、自治区、直辖市人民检察院研究室，军事检察院办公室，新疆生产建设兵团人民检察院研究室：

全国人大常委会刑诉法执法检查组对刑诉法进行执法检查期间，一些地方反映，检察人员和律师对《人民检察院刑事诉讼规则》第一百五十一条的理解和执行经常发生分歧；为此，全国人大内务司法委员会负责同志建议我院进一步明确此问题。根据院领导的批示和中央六机关制发的《关于刑事诉讼法实施中若干问题的规定》，现对《人民检察院刑事诉讼规则》第一百五十一条规定的有关问题通知如下：

对于不涉及国家秘密的案件，律师提出会见在押犯罪嫌疑人的，人民检察院应当在收到律师会见申请后四十八小时内安排会见；对于贪污贿赂犯罪等重大复杂的两人以上的共同犯罪案件，应当在收到律师会见申请后五日内安排会见。

中央军委关于军队执行《中华人民共和国刑事诉讼法》若干问题的暂行规定

（1998年7月21日 〔1998〕11号）

第一条 为了保证军队刑事诉讼活动的顺利进行，根据《中华人民共和国刑事诉讼法》（以下简称《刑事诉讼法》）和其他法律的有关规定，结合军队的实际情况，制定本规定。

第二条 军队保卫部门对军队内部发生的刑事案件依法行使侦查权；军事检察院、军事法院对军内人员犯罪的案件依法分别行使检察权、审判权；法律另有规定的除外。

军队和地方互涉的刑事案件依照有关规定办理。

第三条 军队保卫部门、军事检察院、军事法院按照下列规定管辖所在单位和案件管辖单位的刑事案件：

（一）军级以下单位的保卫部门按照侦查权限分工，管辖副团职、专业技术八级、文职副处级以下人员犯罪的案件；副大军区级单位的保卫部门管辖正团职、专业技术七级、文职正处级以下人员犯罪的案件；军级和副大军区级单位的军事检察院、军事法院分别管辖上述人员犯罪可能被判处无期徒刑以下刑罚的案件。

（二）大军区级单位的保卫部门管辖前项规定以外的正团职、副师职、专业技术七级至四级、文职正处级和副局级人员犯罪的案件；大军区级单位的军事检察院、军事法院管辖上述人员犯罪的案件，以及前项所列人员犯罪可能被判处死刑的案件。

（三）总直属队的军事检察院、军事法院管辖副师职、专业技术四级、文职副局级以下人员犯罪的案件。

正师职、专业技术三级、文职正局级以上人员犯罪案件的管辖，由总政治部保卫部、解放军军事检察院、解放军军事法院决定。

犯罪嫌疑人、被告人兼有行政职务和专业技术等级职务的，按照其中较高的行政职务或者专业技术等级确定案件的管辖。

第四条 属于军队保卫部门管辖的刑事案件，涉及两个以上单位的，涉案单位的保卫部门应当共同查清犯罪事实，由犯罪嫌疑人所在单位的保卫部门依法处理。

属于军事检察院管辖的刑事案件，涉及两个以上单位的，比照前款规定执行。

管辖有争议的，由争议双方共同的上级保卫部门或者军事检察院指定管辖。

第五条 上级保卫部门、军事检察院在必要的时候，可以直接侦查下级保卫部门、军事检察院管辖的刑事案件，也可以将本级管辖的刑事案件交由下级保卫部门、军事检察院侦查。

第六条 军内人员利用职权实施的不属于军事检察院立案侦查的重大犯罪案件，需要由军事检察院直接受理时，经解放军军事检察院决定，可以由有管辖权的军事检察院立案侦查。

第七条 未设立保卫部门的军级以上单位和军队院校政治部负责保卫工作的机构办理刑事案件时，在上级保卫部门的组织指导下，依法行使相应的侦查权。

第八条 军队保卫部门、军事检察院、军事法院决定对犯罪嫌疑人、被告人采取监视居住措施的，可以在指定的地点执行，并由专人进行监视。

犯罪嫌疑人、被告人在监视居住期间，应当遵守国家法律和军队的有关规定。

第九条 军事检察院决定拘留、逮捕犯罪嫌疑人，军事法院决定逮捕被告人，应当按照案件管辖权限，通知保卫部门执行。上级保卫部门根据案件情况，可以交由下级保卫部门代为执行。

第十条 军队保卫部门、军事检察院办理重大、复杂案件时，经师级以上单位的政治机关批准，可以临时任命侦查、检察人员参与办案。

第十一条 对犯罪嫌疑人逮捕后的侦查羁押期限届满，需要延长羁押期限的，经上一级军事检察院批准，可以延长一个月。有《刑事诉讼法》第一百二十六条、第一百二十七条规定的情形之一，需要延长羁押期限的，由解放军军事检察院依法批准或者决定。

第十二条 案件管辖单位保卫部门立案侦查的案件，需要提请批准逮捕犯罪嫌疑人或者移送审查起诉的，由师级以上单位的保卫部门按照有关规定报上一级保卫部门同意后，可以直接向有管辖权的军事检察院提请批准逮捕或者移送审查起诉。

第十三条 军事检察院立案侦查的案件，应当按照业务分工办理侦查与批准逮捕、起诉工作。

第十四条 被害人或者军事检察院提起附带民事诉讼的，适用《刑事诉讼法》第七章的规定。

第十五条 办理刑事案件中，对人身伤害的医学鉴定有争议需要重新鉴定或者对精神病的医学鉴定，由省级人民政府或者大军区级以上单位指定的医院进行；需作其他鉴定的，应当指派、聘请军级以上单位或者地方有关部门具有专门知识的人进行。

第十六条 军级和副大军区级单位的军事法院、大军区级单位的军事法院和总直属队的军事法院、解放军军事法院在审判第一审案件时，其审判组织分别参照适用《刑事诉讼法》第一百四十七条关于基层人民法院、中级人民法院和高级人民法院的规定。

第十七条 军事法院公开审理案件时，与本案件有关的地方人员经许可可以参加旁听。

第十八条 《刑事诉讼法》第二审程序关于上诉和抗诉的规定，适用于军事法院第一审的判决和裁定。

第十九条 军事法院开庭审理案件时，被告人所在团级以上单位应当根据军事法院的要求，派出有关人员执行法庭勤务和押解任务。

第二十条 军级和副大军区级单位的军事法院审理公诉案件，需要延长审理期限的，由大军区级单位的军事法院依法批准；大军区级以上单位的军事法院审理公诉案件以及上诉、抗诉案件，有《刑事诉讼法》第一百二十六条规定的情形之一，需要延长审理期限的，由解放军军事法院依法批准或者决定。军事法院作出延期审理决定的，应当通知有关的军事检察院。

第二十一条 大军区级单位的军事法院和总直属队的军事法院、解放军军事法院在复核和执行死刑案件中，分别适用《刑事诉讼法》关于地方中级人民法院和高级人民法院的规定。

第二十二条 对于罪犯确有严重疾病，必须保外就医的，由省级人民政府或者大军区级以上单位指定的医院开具证明文件，依照法律规定的程序审批。

第二十三条 对于被判处徒刑缓刑的罪犯，军事法院应当将有关的法律文书送达罪犯所在单位保卫部门，由罪犯所在单位予以考察。

第二十四条 在军队执行刑罚的犯罪分子，需要依法减刑、假释的，由军事法院依照下列规定审核裁定：

（一）被判处无期徒刑的犯罪分子，需要依法予以减刑、假释的，报请解放军军事法院审核裁定；

（二）被判处管制、拘役、有期徒刑的犯罪分子，需要依法予以减刑、假释的，报请对执行机关有案件管辖权的大军区级单位的军事法院或者总直属队的军事法院审核裁定。如果执行机关与大军区级单位的军事法院不在同一省级行政区域内，经大军区级单位的军事法院批准，执行机关也可以报请有案件管辖权的军级或者副大军区级单位的军事法院审核裁定。

第二十五条 军事监狱对罪犯在监狱内犯罪的案件依法进行侦查。侦查终结后需要移送审查起诉的，向有管辖权的军事检察院移送。

第二十六条 本规定所称军队内部发生的刑事案件，是指部队营区内发生的刑事案件和军内人员犯罪的案件。

第二十七条 本规定所称军内人员，是指人民解放军现役军官、文职干部、士兵和具有军籍的学员、在编职工以及由军队管理的离休、退休人员。

第二十八条 本规定所称案件管辖单位，是指由没有行政隶属关系的军事检察院、军事法院管辖其案件的单位。

第二十九条 中国人民武装警察部队的保卫部门、军事检察院、军事法院办理刑事案件，适用本规定。

第三十条 过去的规定与本规定不一致的，以本规定为准。

第三十一条 本规定由总政治部负责解释。

第三十二条 本规定自发布之日起 施行。

公安机关办理刑事案件程序规定

（1998 年 5 月 14 日公安部令第 35 号公布
2007 年 10 月 25 日公安部令第 95 号修正）

第一章 任务和基本原则

第一条 为了保障《中华人民共和国刑事诉讼法》的贯彻实施，保证公安机关在刑事诉讼中正确履行职权，统一办案程序，确保办案质量，提高办案效率，制定本规定。

第二条 公安机关在刑事诉讼中的任务，是保证准确、及时地查明犯罪事实，正确应用法律，惩罚犯罪分子，保障无罪的人不受刑事追究，教育公民自觉遵守法律，积极同犯罪行为作斗争，以维护社会主义法制，保护公民人身权利、财产权利、民主权利和其他权利，保障社会主义建设事业的顺利进行。

第三条 公安机关在刑事诉讼中的基本职权，是依照法律对刑事案件立案、侦查、预审；决定、执行强制措施；对依法不追究刑事责任的不予立案，已经追究的撤销案件；对侦查终结应当起诉的案件，移送人民检察院审查决定；对不够刑事处罚的犯罪嫌疑人需要行政处理的，依法给予处理；对被判处一年以下有期徒刑或者剩余刑期在一年以下的罪犯，代为执行刑罚：执行管制、拘役、剥夺政治权利、驱逐出境、暂予监外执行；对假释和判处拘役缓刑、有期徒刑缓刑的罪犯执行监督、考察。

第四条 公安机关进行刑事诉讼，必须依靠群众，以事实为根据，以法律为准绳。对于一切公民，在适用法律上一律平等，在法律面前，不允许有任何特权。

第五条 公安机关进行刑事诉讼，必须同人民法院、人民检察院分工负责，互相配合，互相制约，以保证准确有效地执行法律。

第六条 公安机关进行刑事诉讼，接受人民检察院的法律监督。

第七条 公安机关进行刑事诉讼，应当建立和完善办案责任制度、错案责任追究制度等内部监督制度。

在刑事诉讼中，上级公安机关发现下级公安机关作出的决定或者办理的案件有错误的，有权予以撤销或者变更，也可以指令下级公安机关予以纠正。

下级公安机关对上级公安机关的决定必须执行，如果认为有错误，可以在执行的同时向上级公安机关报告。

第八条 公安机关办理刑事案件，必须重证据，重调查研究，不轻信口供，严禁刑讯逼供。

第九条 公安机关办理刑事案件，应当保障诉讼参与人依法享有的各项诉讼权利。

公安机关办理未成年人犯罪案件，应当由专门机构或者专职人员负责，贯彻教育、感化、挽救的方针，照顾未成年人的身心特点，保障他们的合法权益。

第十条 各级公安机关办理刑事案件，应当依法向同级人民检察院提请逮捕、移送起诉，严格遵守刑事案件办案期限的规定。

第十一条 公安机关办理刑事案件，对于不通晓当地通用的语言文字的诉讼参与人，应当为他们翻译。

在少数民族聚居或者多民族杂居的地区，应当使用当地通用的语言进行讯问。对外公布的诉讼文书，应当使用当地通用的文字。

第十二条 公安机关办理刑事案件，各地区之间应当加强相互协作和配合，严格履行协查、协办职责。

第十三条 根据中华人民共和国缔结或者参加的国际条约和公安部签订的双边合作协议，或者按照互惠原则，我国公安机关和外国警察机关可以相互请求刑事司法协助和警务合作。

第二章 管　　辖

第十四条 按照刑事诉讼法对刑事案件管辖分工的规定，除贪污贿赂犯罪，国家机关工作人员的渎职犯罪，国家机关工作人员利用职权实施的非法拘禁、刑讯逼供、暴力取证、报复陷害、非法搜查的侵犯公民人身权利的犯罪以及侵犯公民民主权利的犯罪，监管人员殴打、体罚虐待被监管人的犯罪、军人违反职责的犯罪，经省级以上人民检察院批准的国家机关工作人员利用职权实施的其他重大的犯罪案件，以及自诉案件以外，其他刑事案件由公安机关管辖。

对人民法院直接受理的被害人有证据证明的刑事案件，因证据不足驳回自诉，可以由公安机关受理并移交的，公安机关应当受理。

第十五条 刑事案件由犯罪地的公安机关管辖。如果由犯罪嫌疑人居住地的公安机关管辖更为适宜的，可以由犯罪嫌疑人居住地的公安机关管辖。

第十六条 几个公安机关都有权管辖的刑事案件，由最初受理的公安机关管辖。必要时，可以由主要犯罪地的公安机关管辖。

第十七条 对管辖不明确的刑事案件，可以由有关公安机关协商确定管辖。

对管辖有争议或者情况特殊的刑事案件，可以由共同的上级公安机关指定管辖。

第十八条 县级公安机关负责侦查发生在本辖区内的刑事案件；地（市）级以上公安机关负责重大涉外犯罪、重大经济犯罪、重大集团犯罪和下级公安机关侦破有困难的重大刑事案件的侦查。

第十九条 公安机关内部对刑事案件的管辖，按照刑事侦查机构的设置及其职责分工确定。

第二十条 铁路、交通、民航系统的机关、厂、段、院、校、所、队、工区等单位发生的刑事案件，车站、港口、码头、机场工作区域内和列车、轮船、民航飞机内发生的刑事案件，铁路建设施工工地发生的刑事案件，铁路沿线、水运航线发生的盗窃或者破坏铁路、水运、通讯、电力线路和其他重要设施的刑事案件，以及内部职工在铁路、交通线上执行任务中发生的案件，分别由发案地铁路、交通、民航公安机关管辖。

林业系统的公安机关负责其辖区内的盗伐、滥伐林木、危害陆生野生动物和珍稀植物等刑事案件的侦查；大面积林区的林业公安机关还负责辖区内其他刑事案件的侦查。未建立专门林业公安机关的，由所在地公安机关管辖。

第二十一条 公安机关侦查的刑事案件涉及人民检察院管辖的案件时，应当将属于人民检察院管辖的刑事案件移送人民检察院。涉嫌主罪属于公安机关管辖的，由公安机关为主侦查；涉嫌主罪属于人民检察院管辖的，公安机关予以配合。

第二十二条 公安机关和军队互涉刑事案件的管辖分工如下：

（一）军人在地方作案的，当地公安机关应当及时移交军队保卫部门侦查。

（二）地方人员在军队营区作案的，由军队保卫部门移交公安机关侦查。

（三）军人与地方人员共同在军队营区作案的，以军队保卫部门为主组织侦查，公安机关配合；共同在地方作案的，以公安机关为主组织侦查，军队保卫部门配合。

（四）现役军人入伍前在地方作案，依法应当追究刑事责任的，由公安机关侦查，军队保卫部门配合。

（五）军人退出现役后，发现其在服役期间在军队营区作案，依法应当追究刑事责任的，由军队保卫部门侦查，公安机关配合。

（六）军人退出现役后，在离队途中作案的，以及已经批准入伍尚未与军队办理交接手续的新兵犯罪的，由公安机关侦查。

（七）属于地方人武部门管理的民兵武器仓库和军队移交或者出租、出借给地方单位使用的军队营房、营院、仓库、机场、码头，以及军队和地方人员混居的军队宿舍区发生的非侵害军事利益和军人权益的案件，由公安机关侦查，军队保卫部门配合。

（八）军队在工商行政管理部门登记注册，实行企业化经营管理的公司、厂矿、宾馆、饭店、影剧院，以及军队和地方合资经营的企业发生的案件，由公安机关侦查，军队保卫部门配合。

办理公安机关和军队互涉的刑事案件，公安机关和有关军队保卫部门应当及时互通情况，加强协作，密切配合；对管辖有争议的案件，应当共同研究协商，必要时可由双方的上级机关协调解决。

本条所称的“军人”，是指现役军人、军队在编职工以及由军队管理的离、退休人员。

第二十三条 公安机关和武装警察部队互涉刑事案件的管辖分工依照公安机关和军队互涉刑事案件的管辖分工的原则办理。

列入武装警察部队序列的公安边防、消防、警卫部门，以及武警黄金、交通、水电、森林部队人员的犯罪案件，由公安机关管辖。

第三章 回　　避

第二十四条 公安机关负责人、侦查人员有下列情形之一的，应当自行回避，当事人及其法定代理人也有权要求他们回避：

（一）是本案的当事人或者是当事人的近亲属的；

（二）本人或者他的近亲属和本案有利害关系的；

（三）担任过本案的证人、鉴定人、辩护人、诉讼代理人的；

（四）与本案当事人有其他关系，可能影响公正处理案件的。

第二十五条 公安机关负责人、侦查人员自行提出回避申请的，应当说明回避的理由；口头提出申请的，应当记录在案。

第二十六条 公安机关负责人、侦查人员不得接受当事人及其委托人的请客送礼，不得违反规定会见当事人及其委托人。违反规定的，应当依法追究法律责任。当事人及其法定代理人有权要求他们回避。

第二十七条 当事人及其法定代理人要求公安机关负责人、侦查人员回避，应当提出申请，并说明理由。口头提出申请的，公安机关应当记录在案。

第二十八条 侦查人员的回避，由县级以上公安机关负责人决定；县级以上公安机关负责人的回避，由同级人民检察院检察委员会决定。

第二十九条 公安机关负责人、侦查人员具有应当回避的情形之一，本人没有自行回避，当事人及其法定代理人也没有申请他们回避的，应当由同级人民检察院检察委员会或者县级以上公安机关负责人决定他们回避。

第三十条 公安机关作出驳回申请回避的决定后，应当告知当事人及其法定代理人，如不服本决定，可以在收到《驳回申请回避决定书》后五日内向原决定机关申请复议一次。

第三十一条 当事人及其法定代理人对驳回申请回避的决定不服申请复议的，决定机关应当在三日以内作出复议决定并书面通知申请人。

第三十二条 在侦查过程中，鉴定人、记录人和翻译人员需要回避的，由县级以上公安机关负责人决定。

鉴定人、记录人和翻译人员的回避适用本章的规定。

第三十三条 被决定回避的公安机关负责人、侦查人员、鉴定人、记录人和翻译人员，在回避决定作出以前所进行的诉讼活动是否有效，由作出决定的机关根据案件情况决定。

第三十四条 在作出回避决定前或者复议期间，公安机关负责人、侦查人员不得停止对案件的侦查。

第四章 律师参与刑事诉讼

第三十五条 公安机关应当依法保障律师的执业活动，保障律师在侦查阶段依法从事下列业务：

（一）向公安机关了解犯罪嫌疑人涉嫌的罪名；

（二）会见犯罪嫌疑人，向犯罪嫌疑人了解有关案件的情况；

（三）为犯罪嫌疑人提供法律咨询、代理申诉、控告；

（四）为被逮捕的犯罪嫌疑人申请取保候审。

第三十六条 公安机关在对犯罪嫌疑人依法进行第一次讯问后或者采取强制措施之日起，应当告知犯罪嫌疑人有权聘请律师为其提供法律咨询、代理申诉、控告，并记录在案。

第三十七条 对于涉及国家秘密的案件，公安机关应当告知犯罪嫌疑人聘请律师须经公安机关批准。

涉及国家秘密的案件，是指案情或者案件性质涉及国家秘密的案件，不能因刑事案件侦查过程中的有关材料和处理意见需要保守秘密而作为涉及国家秘密的案件。

第三十八条 犯罪嫌疑人可以自己聘请律师，其亲属也可以代为聘请。

犯罪嫌疑人聘请律师的请求可以书面提出，也可以口头提出。口头提出的，公安机关应当制作笔录，由犯罪嫌疑人签名（盖章）、捺指印。

第三十九条 在押的犯罪嫌疑人提出聘请律师的，看守所应当及时将其请求转达办理案件的侦查机关，侦查机关应当及时向其所委托的人员或者所在的律师事务所转达该项请求。犯罪嫌疑人仅提出聘请律师的要求，但提不出具体对象的，侦查机关应当及时通知当地律师协会或者司法行政机关为其推荐律师。

第四十条 同案的犯罪嫌疑人不得聘请同一名律师。

第四十一条 对于涉及国家秘密的案件，犯罪嫌疑人或者其亲属提出聘请律师的，县级以上公安机关应当在收到申请后的三日内作出批准或者不批准的决定，并通知犯罪嫌疑人或者其亲属。

第四十二条 公安机关发现涉及国家秘密的案件，犯罪嫌疑人已聘请律师的，应当及时告知所聘请的律师不得参与侦查阶段的诉讼活动，同时通知犯罪嫌疑人。犯罪嫌疑人仍坚持聘请的，应当经公安机关批准。

第四十三条 对于不涉及国家秘密的案件，律师会见犯罪嫌疑人不需要经过批准，公安机关不应以侦查过程需要保守秘密作为涉及国家秘密的案件不予批准。

对于涉及国家秘密的案件，律师要求会见犯罪嫌疑人的，应当填写《会见犯罪嫌疑人申请表》，经县级以上公安机关批准。公安机关不批准会见的，应当向律师说明理由。

第四十四条 律师提出会见犯罪嫌疑人的，公安机关应当在四十八小时内安排会见；对于组织、领导、参加黑社会性质组织罪、组织、领导、参加恐怖活动组织罪或者走私犯罪、毒品犯罪、贪污贿赂犯罪等重大复杂的共同犯罪案件，律师提出会见犯罪嫌疑人的，应当在五日内安排会见。

第四十五条 律师会见在押犯罪嫌疑人需要聘请翻译人员的，应当经公安机关准许。

第四十六条 律师会见在押的犯罪嫌疑人时，公安机关根据案件情况和需要可以派员在场。

第四十七条 律师会见在押的犯罪嫌疑人，公安机关应当查验律师执业证、律师事务所介绍信、聘请书、公安机关会见通知和准许翻译人员参加会见的证明。对于涉及国家秘密的案件，还应当查验公安机关《批准会见犯罪嫌疑人决定书》。

律师会见在押犯罪嫌疑人时，公安机关应当告知其遵守会见场所的规定。

第四十八条 律师会见在押犯罪嫌疑人，违反法律规定或者会见场所的规定时，在场民警应当制止，必要时，可以决定停止本次会见。

第四十九条 律师在刑事诉讼中有违反有关规定行为的，公安机关应当及时制止并通知律师管理部门。

第五章 证 据

第五十条 证据是指证明案件真实情况的一切事实。

证据有下列七种：

（一）物证、书证；

（二）证人证言；

（三）被害人陈述；

（四）犯罪嫌疑人供述和辩解；

（五）鉴定结论；

（六）勘验、检查笔录；

（七）视听资料。

证据必须经过查证属实，才能作为定案的根据。

第五十一条 公安机关必须依照法定程序，收集能够证实犯罪嫌疑人有罪或者无罪、犯罪情节轻重的各种证据。严禁刑讯逼供和以威胁、引诱、欺骗或者其他非法的方法收集证据。必须保证一切与案件有关或者了解案情的公民，有客观充分地提供证据的条件，除特殊情况外，并且可以吸收他们协助调查。

第五十二条 公安机关向有关单位和个人收集、调取证据时，应当告知其必须如实提供证据。

对于涉及国家秘密的证据以及获取犯罪证据的技术侦查措施，应当保守秘密。

凡是伪造证据、隐匿证据或者毁灭证据的，都必须受法律追究。

第五十三条 公安机关向有关单位和个人调取实物证据，应当经县级以上公安机关负责人批准，开具《调取证据通知书》。被调取单位、个人应当在通知书上盖章或者签名，拒绝盖章或者签名的，公安机关应当注明。

公安机关向有关单位收集、调取的书面证据材料，必须由提供人签名，并加盖单位印章；公安机关向个人收集、调取的书面证据材料，必须由本人确认无误后签名或者盖章。

第五十四条 凡是知道案件情况的人，都有作证的义务。

生理上、精神上有缺陷或者年幼，不能辨别是非，不能正确表达的人，不能作证人。

对于证人能否辨别是非，能否正确表达，必要时可以进行审查或者鉴别。

第五十五条 公安机关应当保障证人及其近亲属的安全。

对证人及其近亲属进行威胁、侮辱、殴打或者打击报复，构成犯罪的，依法追究刑事责任；尚不够刑事处罚的，依法给予治安管理处罚。

第五十六条 需要查明的案件事实包括：

（一）犯罪嫌疑人的身份；

（二）立案侦查的犯罪行为是否存在；

（三）立案侦查的犯罪行为是否为犯罪嫌疑人实施；

（四）犯罪嫌疑人实施犯罪行为的动机、目的；

（五）实施犯罪行为的时间、地点、手段、后果以及其他情节；

（六）犯罪嫌疑人的责任以及与其他同案人的关系；

（七）犯罪嫌疑人有无法定从重、从轻、减轻处罚以及免除处罚的情节；

（八）其他与案件有关的事实。

第五十七条 收集、调取的书证应当是原件。取得原件有困难或者因保密工作需要的，可以是副本或者复制件。

收集、调取的物证应当是原物。原物不便搬运、保存或者依法应当返还被害人的，可以拍摄足以反映原物外形或者内容的照片、录像。

第五十八条 书证的副本、复制件，视听资料的复制件，物证的照片、录像，应当附有关制作过程的文字说明及原件、原物存放处的说明，并由制作人签名或者盖章。

第五十九条 公安机关提请批准逮捕书、起诉意见书必须忠实于事实真相。故意隐瞒事实真相的，应当追究责任。

第六章 强制措施

第一节 拘 传

第六十条 公安机关根据案件情况对需要拘传的犯罪嫌疑人，或者经过传唤没有正当理由不到案的犯罪嫌疑人，可以拘传到其所在市、县内的指定地点进行讯问。

需要拘传的，应当填写《呈请拘传报告书》，并附有关材料，报县级以上公安机关负责人批准。

第六十一条 公安机关拘传犯罪嫌疑人应当出示《拘传证》，并责令其在《拘传证》上签名（盖章）、捺指印。

犯罪嫌疑人到案后，应当责令其在《拘传证》上填写到案时间。讯问结束后，应当由其在《拘传证》上填写讯问结束时间。犯罪嫌疑人拒绝填写的，侦查人员应当在《拘传证》上注明。

第六十二条 拘传持续的时间不得超过十二小时，不得以连续拘传的形式变相拘禁犯罪嫌疑人。

需要对被拘传人变更为其他强制措施的，应当在拘传期间内作出批准或者不批准的决定；对于不批准的，应当立即结束拘传。

第二节 取保候审

第六十三条 公安机关对具有下列情形之一的犯罪嫌疑人，可以取保候审：

（一）可能判处管制、拘役或者独立适用附加刑的；

（二）可能判处有期徒刑以上刑罚，采取取保候审，不致发生社会危险性的；

（三）应当逮捕的犯罪嫌疑人患有严重疾病，或者是正在怀孕、哺乳自己未满一周岁的婴儿的妇女；

（四）对拘留的犯罪嫌疑人，证据不符合逮捕条件的；

（五）提请逮捕后，检察机关不批准逮捕，需要复议、复核的；

（六）犯罪嫌疑人被羁押的案件，不能在法定期限内办结，需要继续侦查的；

（七）移送起诉后，检察机关决定不起诉，需要复议、复核的。

第六十四条 对累犯、犯罪集团的主犯，以自伤、自残办法逃避侦查的犯罪嫌疑人，危害国家安全的犯罪、暴力犯罪，以及其他严重犯罪的犯罪嫌疑人，不得取保候审。

第六十五条 被羁押的犯罪嫌疑人及其法定代理人、近亲属、被逮捕的犯罪嫌疑人聘请的律师申请取保候审的，应当书面提出。公安机关接到申请后应当在七日内作出同意或者不同意的答复。同意取保候审的，依法办理取保候审手续；不同意取保候审的，应当书面通知申请人，并说明理由。

第六十六条 需要对犯罪嫌疑人取保候审的，应当制作《呈请取保候审报告书》，说明取保候审的理由及采取的保证方式，经县级以上公安机关负责人批准，并签发《取保候审决定书》。《取保候审决定书》应当向犯罪嫌疑人宣读，由犯罪嫌疑人签名（盖章）、捺指印。

第六十七条 公安机关决定对犯罪嫌疑人取保候审的，应当责令犯罪嫌疑人提出保证人或者交纳保证金。

对同一犯罪嫌疑人，不得同时责令其提出保证人和交纳保证金。

第六十八条 符合取保候审条件的犯罪嫌疑人既不交纳保证金，又无保证人担保的，可以监视居住。

第六十九条 采取保证人保证的，保证人必须符合以下条件，并经公安机关审查同意：

（一）与本案无牵连；

（二）有能力履行保证义务；

（三）享有政治权利，人身自由未受到限制；

（四）有固定的住处和收入。

第七十条 保证人应当履行下列义务：

（一）监督被保证人遵守本规定第八十六条的规定；

（二）发现被保证人可能发生或者已经发生违反本规定第八十六条规定的

行为的，应当及时向执行取保候审的公安机关报告。

第七十一条 保证人应当填写《保证书》，并在《保证书》上签名或者盖章。被保证人违反应当遵守的规定，保证人未及时报告的，公安机关查证属实后，经县级以上公安机关负责人批准，签发《对保证人罚款决定书》，对保证人处以罚款；构成犯罪的，依法追究刑事责任。

第七十二条 对保证人的罚款决定，公安机关应当向保证人宣布，并告知其如果对罚款决定不服，可以在收到《对保证人罚款决定书》之日起的五日以内向上一级公安机关申请复核一次。

上一级公安机关应当在收到复核申请书之日起的七日内作出决定。对上级公安机关撤销或者变更罚款决定的，下级公安机关应当执行。

第七十三条 对犯罪嫌疑人采取保证人保证的，如果保证人在取保候审期间情况发生变化，不愿继续担保或者丧失担保条件，应当责令犯罪嫌疑人重新提出保证人或者交纳保证金。

第七十四条 责令犯罪嫌疑人交纳保证金的，应当经过严格审核后，报县级以上公安机关负责人批准。

责令犯罪嫌疑人交纳较高数额保证金的，应当经地（市）级以上公安机关负责人批准。

第七十五条 保证金的数额应当根据当地的经济发展水平、犯罪嫌疑人的经济状况、案件的性质、情节、社会危害性以及可能判处刑罚的轻重等情况，综合考虑确定。

保证金应当以人民币或者可以在中国金融机构兑换的货币的形式交纳。

第七十六条 保证金由犯罪嫌疑人或者其亲友、法定代理人、单位向公安机关指定的银行专户交纳。

严禁截留、坐支、挪用或者以其他任何形式侵吞保证金。

第七十七条 公安机关在通知犯罪嫌疑人交纳保证金时，应当告知其必须遵守的规定以及违反规定应当承担的后果。

第七十八条 犯罪嫌疑人在取保候审期间违反有关规定的，公安机关应当根据其违法行为的情节，决定没收部分或者全部保证金，并且区别情形，责令其具结悔过、重新交纳保证金、提出保证人，或者变更为监视居住，或者提请人民检察院批准予以逮捕。

第七十九条 需要没收保证金的，应当经过严格审核后，报县级以上公安机关负责人批准，签发《没收保证金决定书》。

决定没收较高数额保证金的，应当经地（市）级以上公安机关负责人批准。

第八十条 没收保证金的决定，公安机关应当在七日以内向犯罪嫌疑人宣读，并责令其在《没收保证金决定书》上签名（盖章）、捺指印；犯罪嫌疑人在逃的，应当向犯罪嫌疑人的家属、法定代理人或者单位宣布，并要求其家属、法定代理人或者单位的负责人在《没收保证金决定书》上签名或者盖章。

犯罪嫌疑人或者其家属、法定代理人、单位负责人拒绝签名或者盖章的，公安机关应当在《没收保证金决定书》上注明。

第八十一条 公安机关向犯罪嫌疑人宣读《没收保证金决定书》的同时，应当告知其对没收保证金的决定不服的，可以在五日以内向上一级公安机关申请复核一次。

上一级公安机关应当在收到复核申请书之日起的七日以内作出决定。对上级公安机关撤销或者变更没收保证金决定的，下级公安机关应当执行。

第八十二条 没收犯罪嫌疑人保证金的决定已过复核期限或者经复核后，公安机关应当及时通知指定的银行将没收的保证金，按照国家的有关规定上缴国库。

第八十三条 犯罪嫌疑人在取保候审期间，没有违反本规定第八十六条有关规定的，或者具有本规定第一百六十八条规定的情形之一的，在解除取保候审的同时，公安机关应当将保证金如数退还给犯罪嫌疑人。

第八十四条 决定退还保证金的，应当经过严格审核后，报县级以上公安机关负责人批准，签发《退还保证金决定书》。

第八十五条 公安机关决定退还犯罪嫌疑人的保证金后，应当在解除对犯罪嫌疑人取保候审的同时，通知指定的银行将保证金如数退还给犯罪嫌疑人，并由犯罪嫌疑人在《退还保证金决定书》上签名（盖章）、捺指印。

第八十六条 公安机关应当向被取保候审的犯罪嫌疑人宣布必须遵守下列规定：

（一）未经执行机关批准不得离开所居住的市、县；

（二）在传讯的时候及时到案；

（三）不得以任何形式干扰证人作证；

（四）不得毁灭、伪造证据或者串供。

第八十七条 公安机关决定取保候审的，应当及时通知犯罪嫌疑人居住地派出所执行。

第八十八条 人民法院、人民检察院决定取保候审的，应当区别情形办理：采取保证人保证的，负责执行的县级公安机关应当在收到法律文书和有关材料后，核实被取保候审人后，及时指定犯罪嫌疑人、被告人居住地派出所执行；采取保证金保证的，负责执行的县级公安机关收到法律文书和有关材料后，应当及时通知被取保候审人交纳保证金，并指定犯罪嫌疑人、被告人居住地派出所执行。

被取保候审人、保证人违反应当遵守的规定的，由县级以上公安机关决定没收保证金或者对保证人罚款，并将执行情况及时通知原决定取保候审的机关。

人民法院、人民检察院作出解除、变更取保候审决定的，公安机关应当根据人民法院、人民检察院的决定书解除取保候审，并退还保证金。

第八十九条 被取保候审的犯罪嫌疑人、被告人无正当理由不得离开所居住的市、县或者住处，有正当理由需要离开所居住的市、县的，应当报经执行取保候审的县级公安机关批准。人民法院、人民检察院决定取保候审的，公安机关在作出决定前，应当征得原决定机关同意。

第九十条 执行取保候审的派出所应当履行下列职责：

（一）监督、考察犯罪嫌疑人、被告人遵守有关规定；

（二）监督保证人履行保证义务；

（三）犯罪嫌疑人、被告人违反应当遵守的规定及保证人未履行保证义务的，及时告知决定机关；

（四）取保候审期限届满十日前，通知原决定机关。

第九十一条 执行取保候审的派出所应当责令被取保候审的犯罪嫌疑人、被告人定期报告有关情况并制作笔录。

第九十二条 公安机关在取保候审期间不得中断对案件的侦查，对取保候审的犯罪嫌疑人，根据案情变化，应当及时变更强制措施或者解除取保候审。

取保候审最长不得超过十二个月。

第九十三条 需要解除取保候审的，由原决定机关制作解除取保候审决定书、通知书，送达执行机关。执行机关应当及时通知被取保候审人、保证人。

第三节 监视居住

第九十四条 公安机关对具有下列情形之一的犯罪嫌疑人，可以监视居住：

（一）可能判处管制、拘役或者独立适用附加刑的；

（二）可能判处有期徒刑以上刑罚，采取监视居住，不致发生社会危险性的；

（三）应当逮捕的犯罪嫌疑人患有严重疾病，或者是正在怀孕、哺乳自己未满一周岁的婴儿的妇女；

（四）对拘留的犯罪嫌疑人，证据不符合逮捕条件的；

（五）提请逮捕后，检察机关不批准逮捕，需要复议、复核的；

（六）犯罪嫌疑人被羁押的案件，不能在法定期限内办结，需要继续侦查的；

（七）移送起诉后，检察机关决定不起诉，需要复议、复核的。

第九十五条 对犯罪嫌疑人监视居住，应当制作《呈请监视居住报告书》，经县级以上公安机关负责人批准，签发《监视居住决定书》。

第九十六条 公安机关对犯罪嫌疑人决定监视居住的，应当向犯罪嫌疑人宣读《监视居住决定书》，由犯罪嫌疑人签名（盖章）、捺指印，并通知负责执行的派出所。

被监视居住的犯罪嫌疑人在监视居住期间，公安机关根据案情需要，可以暂扣其身份证件、机动车（船）驾驶证件。

第九十七条 公安机关应当向被监视居住的犯罪嫌疑人宣布必须遵守下列规定：

（一）未经执行机关批准不得离开住处，无固定住处的，未经批准不得离开指定的居所；

（二）未经执行机关批准不得会见共同居住人及其聘请的律师以外的其他人；

（三）在传讯的时候及时到案；

（四）不得以任何形式干扰证人作证；

（五）不得毁灭、伪造证据或者串供。

第九十八条 固定住处，是指犯罪嫌疑人在办案机关所在的市、县内生活的合法住处；指定的居所，是指公安机关根据案件情况，在办案机关所在的市、县内为犯罪嫌疑人指定的生活居所。

公安机关不得建立专门的监视居住场所，对犯罪嫌疑人变相羁押。不得在看守所、行政拘留所、留置室或者公安机关其他工作场所执行监视居住。

第九十九条 被监视居住的犯罪嫌疑人违反应当遵守的规定，有下列情形之一的，公安机关应当提请批准逮捕：

（一）在监视居住期间逃跑的；

（二）以暴力、威胁方法干扰证人作证的；

（三）毁灭、伪造证据或者串供的；

（四）在监视居住期间又进行犯罪活动的；

（五）实施其他违反本规定第九十七条规定的行为，情节严重的。

第一百条 被监视居住人有正当理由要求离开住处或者指定的居所的，负责执行的派出所应当报经县级公安机关批准。人民法院、人民检察院决定监视居住的，公安机关在作出决定前，应当征得原决定机关同意。

第一百零一条 公安机关决定监视居住的，由犯罪嫌疑人住处或者指定的居所所在地的派出所执行。

第一百零二条 人民法院、人民检察院决定监视居住的，负责执行的县级公安机关应当在收到法律文书和有关材料，核实被监视居住人后，及时指定被监视居住人住处或者居所所在地派出所执行。

犯罪嫌疑人、被告人违反应当遵守的规定的，执行监视居住的县级公安机关应当及时告知原决定监视居住的机关。

人民法院、人民检察院作出解除、变更监视居住决定的，公安机关应当根据原决定机关的决定书解除监视居住。

第一百零三条 在监视居住期间，公安机关不得中断案件的侦查，对被监视居住的犯罪嫌疑人，应当根据案情变化及时解除监视居住或者变更强制措施。

监视居住最长不得超过六个月。监视居住期限届满十日前，执行机关应当通知原决定机关。

第一百零四条 需要解除监视居住的，经县级以上公安机关负责人批准，签发《解除监视居住决定书》。

解除监视居住应当及时通知执行机关、被监视居住人和有关单位。

第四节 拘　　留

第一百零五条 公安机关对于现行犯或者重大嫌疑分子，有下列情形之一的，可以先行拘留：

（一）正在预备犯罪、实行犯罪或者在犯罪后即时被发觉的；

（二）被害人或者在场亲眼看见的人指认他犯罪的；

（三）在身边或者住处发现有犯罪证据的；

（四）犯罪后企图自杀、逃跑或者在逃的；

（五）有毁灭、伪造证据或者串供可能的；

（六）不讲真实姓名、住址，身份不明的；

（七）有流窜作案、多次作案、结伙作案重大嫌疑的。

第一百零六条 拘留犯罪嫌疑人，应当填写《呈请拘留报告书》，经县级以上公安机关负责人批准，签发《拘留证》。执行拘留时，必须出示《拘留证》，并责令被拘留人在《拘留证》上签名（盖章）、捺指印，其拒绝签名（盖章）、捺指印的，侦查人员应当注明。

对符合本规定第一百零五条所列情形之一，因情况紧急来不及办理拘留手续的，应当在将犯罪嫌疑人带至公安机关后立即办理法律手续。

第一百零七条 对于被拘留人，公安机关应当在拘留后二十四小时内进行讯问。发现不应当拘留的，经县级以上公安机关负责人批准，签发《释放通知书》，看守所凭《释放通知书》发给被拘留人《释放证明书》，将其立即释放。

第一百零八条 拘留后，应当在二十四小时内制作《拘留通知书》，送达被拘留人家属或者单位，但有下列情形之一的，经县级以上公安机关负责人批准，可以不予通知：

（一）同案的犯罪嫌疑人可能逃跑，隐匿、毁弃或者伪造证据的；

（二）不讲真实姓名、住址，身份不明的；

（三）其他有碍侦查或者无法通知的。

上述情形消除后，应当立即通知被拘留人的家属或者他的所在单位。

对没有在二十四小时内通知的，应当在拘留通知书中注明原因。

第一百零九条 对于被拘留的犯罪嫌疑人，经过审查认为需要逮捕的，应当在拘留后的三日内提请人民检察院审查批准。在特殊情况下，经县级以上公安机关负责人批准，提请审查批准逮捕的时间，可以延长一至四日。

对于流窜作案、多次作案、结伙作案的重大嫌疑分子，经县级以上公安机关负责人批准，提请审查批准的时间可以延长至三十日。

第一百一十条 流窜作案，是指跨市、县管辖范围连续作案，或者在居住地作案后逃跑到外市、县继续作案。

多次作案，是指三次以上作案。

结伙作案，是指二人以上共同作案。

第一百一十一条 需要延长拘留期限的，办案单位应当在期限届满前二十四小时内制作《呈请延长拘留期限报告书》，报县级以上公安机关负责人批准。

第一百一十二条 犯罪嫌疑人不讲真实姓名、住址，身份不明，在三十日内不能查清提请批准逮捕的，经县级以上公安机关负责人批准，拘留期限自查清其身份之日起计算，但不得停止对其犯罪行为的侦查。

对有证据证明有犯罪事实的案件，也可以按其自报的姓名提请批准逮捕。

第一百一十三条 对被拘留的犯罪嫌疑人审查后，根据案件情况报经县级以上公安机关负责人批准，分别作出如下处理：

（一）需要逮捕的，在拘留期限内，依法办理提请批准逮捕手续；

（二）应当追究刑事责任，但不需要逮捕的，依法办理取保候审或者监视居住手续后，直接向人民检察院移送起诉；

（三）拘留期限内未能查清犯罪事实的，依法办理取保候审或者监视居住手续后，继续侦查；

（四）具有本规定第一百六十八条规定情形之一的，撤销案件，释放被拘留人，发给释放证明。需要予以行政处理的，依法处理。

第一百一十四条 人民检察院决定拘留犯罪嫌疑人的，由县级以上公安机关凭人民检察院送达的决定拘留的法律文书签发《拘留证》并立即执行。必要时，可以请人民检察院协助。拘留后，应当及时通知人民检察院进行讯问，并由人民检察院通知被拘留人的家属或者他的所在单位。

第五节 逮　　捕

第一百一十五条 对有证据证明有犯罪事实，可能判处徒刑以上刑罚的犯罪嫌疑人，采取取保候审、监视居住等方法，尚不足以防止发生社会危险性，而有逮捕必要的，应即提请批准逮捕。

对应当逮捕的犯罪嫌疑人，如果患有严重疾病，或者是正在怀孕、哺乳自己婴儿的妇女，可以采用取保候审或者监视居住的办法。

第一百一十六条 有证据证明有犯罪事实，是指同时具备下列情形：

（一）有证据证明发生了犯罪事实；

（二）有证据证明犯罪事实是犯罪嫌疑人实施的；

（三）证明犯罪嫌疑人实施犯罪行为的证据已经查证属实。

犯罪事实可以是犯罪嫌疑人实施的数个犯罪行为中的一个。

第一百一十七条 需要提请批准逮捕犯罪嫌疑人的，应当经县级以上公安机关负责人批准，制作《提请批准逮捕书》一式三份，连同案卷材料、证据，一并移送同级人民检察院审查。

第一百一十八条 对人民检察院不批准逮捕并通知补充侦查的，公安机关应当按照人民检察院补充侦查提纲的要求补充侦查。

公安机关补充侦查完毕，认为符合逮捕条件的，应当重新提请批准逮捕。

第一百一十九条 对人民检察院不批准逮捕而未说明理由的，公安机关可以要求人民检察院说明理由。

第一百二十条 对于人民检察院决定不批准逮捕的，公安机关在收到不批准逮捕决定书后，如果犯罪嫌疑人已被拘留，应当立即释放，发给《释放证明书》，并将执行回执在三日内送达作出不批准逮捕决定的人民检察院。

对已被拘留不批准逮捕的犯罪嫌疑人，公安机关认为需要补充侦查，要求复议或者提请复核的，可以变更为取保候审或者监视居住。

第一百二十一条 对人民检察院不批准逮捕的决定，认为有错误需要复议的，应当在五日内制作《要求复议意见书》报经县级以上公安机关负责人批准后，送交同级人民检察院复议。

如果意见不被接受，认为需要复核的，应当在五日内制作《提请复核意见书》报经县级以上公安机关负责人批准后，连同人民检察院的《复议决定书》，一并提请上一级人民检察院复核。

第一百二十二条 接到人民检察院《批准逮捕决定书》后，应当由县级以上公安机关负责人签发《逮捕证》，立即执行，并将执行回执及时送达作出批准逮捕的人民检察院。如果未能执行，也应当将回执送达人民检察院，并写明未能执行的原因。

第一百二十三条 执行逮捕时，必须向被逮捕人出示《逮捕证》，并责令被逮捕人在《逮捕证》上签名（盖章）、捺指印，拒绝签名（盖章）、捺指印的，应当注明。

执行逮捕的侦查人员不得少于二人。

第一百二十四条 对被逮捕的人，必须在逮捕后的二十四小时内进行讯问，发现不应当逮捕的，经县级以上公安机关负责人批准，签发《释放通知书》。看守所凭《释放通知书》发给被逮捕人《释放证明书》，将其立即释放，并将释放理由书面通知原批准逮捕的人民检察院。

第一百二十五条 对犯罪嫌疑人执行逮捕后，应当在二十四小时内制作《逮捕通知书》，送达被逮捕人家属或者单位，但有下列情形之一的，经县级以上公安机关负责人批准，可以不予通知：

（一）同案的犯罪嫌疑人可能逃跑，隐匿、毁弃或者伪造证据的；

（二）不讲真实姓名、住址，身份不明的；

（三）其他有碍侦查或者无法通知的。

上述情形消除后，应当立即通知被逮捕人的家属或者他的所在单位。

对没有在二十四小时内通知的，应当在逮捕通知书中注明原因。

第一百二十六条 人民法院、人民检察院决定逮捕犯罪嫌疑人、被告人的，由县级以上公安机关凭人民法院、人民检察院决定逮捕的法律文书，签发《逮捕证》并立即执行，将执行回执及时送达原决定的机关。如果未能执行，也应当将回执送达原决定的机关，并说明未能执行的原因。必要时，可以请人民法院、人民检察院协助执行。

逮捕后，应当及时通知人民法院、人民检察院进行讯问，并由人民法院、人民检察院通知被逮捕人的家属或者他的所在单位。

第六节 羁押期限

第一百二十七条 对犯罪嫌疑人逮捕后的侦查羁押期限不得超过二个月。案情复杂、期限届满不能终结的案件，应当制作《提请批准延长羁押期限意见书》，经县级以上公安机关负责人批准后，在期限届满七日前送请同级人民检察院转报上一级人民检察院批准延长一个月。

第一百二十八条 下列案件在本规定第一百二十七条规定的期限届满不能侦查终结的，应当制作《提请批准延长羁押期限意见书》，经县级以上公安机关负责人批准，在期限届满七日前送请同级人民检察院层报省、自治区、直辖市人民检察院批准，延长二个月：

（一）交通十分不便的边远地区的重大复杂案件；

（二）重大的犯罪集团案件；

（三）流窜作案的重大复杂案件；

（四）犯罪涉及面广，取证困难的重大复杂案件。

第一百二十九条 犯罪嫌疑人可能判处十年有期徒刑以上刑罚，依照本规定第一百二十七条和第一百二十八条规定延长期限届满，仍不能侦查终结的，应当制作《提请批准延长羁押期限意见书》，经县级以上公安机关负责人批准，在期限届满七日前送请同级人民检察院层报省、自治区、直辖市人民检察院批准，再延长二个月。

第一百三十条 在侦查期间，发现犯罪嫌疑人另有重要罪行的，应当自发现之日起五日内报县级以上公安机关负责人批准后，重新计算侦查羁押期限，制作《重新计算羁押期限通知书》，送达看守所，并报原批准逮捕的人民检察院备案。

第一百三十一条 犯罪嫌疑人不讲真实姓名、住址，身份不明的，侦查羁押期限自查清其身份之日起计算，但是不得停止对其犯罪行为的侦查取证。对犯罪事实清楚，证据确实、充分的，也可以按其自报的姓名移送人民检察院审查起诉。

第七节 其他规定

第一百三十二条 对被留置盘问的犯罪嫌疑人需要拘留、逮捕、取保候审或者监视居住的，应当在留置期间内办理法律手续。

第一百三十三条 对犯罪嫌疑人执行拘传、拘留、逮捕、押解过程中，可以依法使用约束性警械。

办理未成年人犯罪案件不得使用警械，但确有行凶、逃跑、自杀、自伤、自残等现实危险的除外。

第一百三十四条 公安机关如果发现对犯罪嫌疑人采取强制措施不当的，应当及时撤销或者变更。公安机关释放被逮捕的人或者变更强制措施的，应当通知原批准的人民检察院。

第一百三十五条 犯罪嫌疑人及其法定代理人、近亲属或者犯罪嫌疑人委托的律师对于公安机关采取强制措施超过法定期限，要求公安机关解除强制措施的，公安机关应当释放犯罪嫌疑人、解除取保候审、监视居住或者依法变更强制措施。

第一百三十六条 取保候审、监视居住变更为拘留、逮捕的，在变更的同时，原强制措施自动解除，不再办理解除法律手续。

第一百三十七条 被取保候审、监视居住的犯罪嫌疑人，违反应当遵守的规定，尚未构成犯罪的，由公安机关依法给予治安管理处罚。

第一百三十八条 案件在取保候审、监视居住期间移送审查起诉后，是否需要重新办理取保候审、监视居住手续或者变更强制措施，由人民检察院决定。人民检察院决定重新取保候审、监视居住或者变更强制措施的，公安机关应当办理解除原强制措施手续。

第一百三十九条 办理未成年人犯罪案件，应当严格控制和尽量减少使用强制措施。

第一百四十条 公安机关依法对县级以上各级人民代表大会代表采取拘传、取保候审、监视居住、拘留或者提请逮捕的，应当书面报请该代表所属的人民代表大会主席团或者常务委员会许可。

第一百四十一条 公安机关对现行犯或者重大嫌疑分子先行拘留的时候，发现其是县级以上人民代表大会代表的，应当立即向其所属的人民代表大会主席团或者常务委员会报告。

公安机关在依法执行拘传、取保候审、监视居住、拘留或者逮捕中，发现被执行人是县级以上人民代表大会代表的，应当暂缓执行，并报告原决定或者批准机关。如果在执行后发现被执行人是县级以上人民代表大会代表的，应当立即解除，并报告原决定或者批准机关。

第一百四十二条 公安机关依法对乡、民族乡、镇的人民代表大会代表采取拘传、取保候审、监视居住、拘留或者执行逮捕的，应当在执行后立即报告其所属的人民代表大会。

第一百四十三条 公安机关依法对政治协商委员会委员采取拘传、取保候审、监视居住的，应当将有关情况通报给该委员所属的政协组织。

第一百四十四条 公安机关依法对政治协商委员会委员执行拘留、逮捕前，应当向该委员所属的政协组织通报情况；情况紧急的，可在执行的同时或者执行以后及时通报。

第七章 羁　押

第一百四十五条 对被拘留、逮捕的犯罪嫌疑人、被告人应当立即送看守所羁押。

第一百四十六条 看守所应当凭公安机关签发的《拘留证》、《逮捕证》收押被拘留、逮捕的犯罪嫌疑人、被告人。

查获通缉在案、越狱逃跑的以及执行追捕、押解任务需要临时寄押的，应当持《通缉令》或者其他有关法律文书并经寄押地县级以上公安机关负责人批准。

第一百四十七条 看守所收押犯罪嫌疑人、被告人，应当进行健康检查，并制作笔录；发现不应当羁押的，提请案件主管机关依法变更强制措施。

第一百四十八条 看守所收押犯罪嫌疑人、被告人，应当对其人身和携带的物品进行严格检查。发现违禁物品，应当予以没收；发现犯罪证据和可疑物品，应当制作笔录，由被羁押人签名（盖章）、捺指印后，送案件主管机关处理。

对女性的人身检查，应当由女工作人员进行。

第一百四十九条 在移送案件时，对被羁押人需要办理换押手续的，案件移送机关应当填写《换押证》并加盖公章随案移送，案件受理机关应当在《换押证》上加盖公章，注明承接时间后，及时送交看守所。看守所凭该《换押证》办理换押手续，并立即开具回执退回移送机关。

第一百五十条 看守所应当在犯罪嫌疑人、被告人的羁押期限届满七日前通知案件主管机关；对超过羁押期限的，应当立即通知案件主管机关，并报告所属公安机关负责人。

第一百五十一条 经批准延长或者重新计算羁押期限的，案件主管机关应当在原期限届满前书面通知看守所。

第一百五十二条 被羁押人患严重疾病、逃跑、死亡的，看守所应当在依法采取相应措施的同时，立即报告案件主管机关。

第一百五十三条 对于被羁押人的申诉、上诉，看守所应当及时转达有关机关处理，不得拖延、扣押或者阻挠。

对揭发、控告司法工作人员的，看守所应当立即报告所属公安机关和人民检察院。

第一百五十四条 犯罪嫌疑人、被告人聘请的律师、辩护律师或者经人民法院许可的其他辩护人，依法要求会见犯罪嫌疑人、被告人的，看守所应当查验其证件及有关证明文件，并按照本规定第四章的规定或者人民法院、人民检察院的有关规定安排会见。

第八章 立案、破案、销案

第一节 受 案

第一百五十五条 公安机关对于公民扭送、报案、控告、举报或者犯罪嫌疑人自首的，都应当立即接受，问明情况，并制作笔录，经宣读无误后，由扭送人、报案人、控告人、举报人签名或者盖章。必要时，公安机关可以录音。

第一百五十六条 公安机关接受案件时，应当制作《接受刑事案件登记表》，作为公安机关受理刑事案件的原始材料，并妥善保管、存档备查。

第一百五十七条 公安机关接受控告、举报的工作人员，应当向控告人、举报人说明诬告应负的法律责任。但是，只要不是捏造事实、伪造证据，即使控告、举报的事实有出入，甚至是错告的，也应当与诬告严格加以区别。

第一百五十八条 公安机关应当保障扭送人、报案人、控告人、举报人及其近亲属的安全。

扭送人、报案人、控告人、举报人如果不愿意公开自己的姓名和扭送、报案、控告、举报行为的，应当为他保守秘密。

第一百五十九条 对于接受的案件，或者发现的犯罪线索，公安机关应当迅速进行审查。

经过审查，认为有犯罪事实，但不属于自己管辖的案件，应当在二十四小时内，经县级以上公安机关负责人批准，签发《移送案件通知书》，移送有管辖权的机关处理。

对于不属于自己管辖又必须采取紧急措施的，应当先采取紧急措施，然后办理手续，移送主管机关。

第一百六十条 经过审查，对于告诉才处理的案件和被害人有证据证明的轻微刑事案件，应当将案件材料和有关证据送交有管辖权的人民法院，并告知当事人向人民法院起诉。

第一百六十一条 经过审查，对于不够刑事处罚需要给予行政处理的，依法处理。

第二节 立 案

第一百六十二条 公安机关受理案件后，经过审查，认为有犯罪事实需要追究刑事责任，且属于自己管辖的，由接受单位制作《刑事案件立案报告书》，经县级以上公安机关负责人批准，予以立案。

认为没有犯罪事实，或者犯罪情节显著轻微不需要追究刑事责任，或者具有其他依法不追究刑事责任情形的，接受单位应当制作《呈请不予立案报告书》，经县级以上公安机关负责人批准，不予立案。

第一百六十三条 对于有控告人的案件，决定不予立案的，公安机关应当制作《不予立案通知书》，在七日内送达控告人。

控告人对不立案决定不服的，可以在收到《不予立案通知书》后七日内向原决定的公安机关申请复议。原决定的公安机关应当在收到复议申请后十日内作出决定，并书面通知控告人。

第一百六十四条 对于人民检察院要求说明不立案理由的案件，应当在七日内制作《不立案理由说明书》，经县级以上公安机关负责人批准后，通知人民检察院。

人民检察院认为不立案理由不能成立的，公安机关在接到人民检察院要求立案的通知后，应当在十五日内决定立案，并将立案决定书送达人民检察院。

第一百六十五条 对疑难、复杂、重大、特别重大案件决定立案侦查的，应当拟定侦查工作方案。

侦查工作方案应当包括以下内容：

（一）对案情的初步分析和判断，包括对线索来源可靠程度和涉嫌范围的测定；

（二）侦查方向和侦查范围；

（三）为查明案情需要采取的措施；

（四）侦查力量的组织和分工；

（五）需要有关方面配合的各个环节如何紧密衔接；

（六）侦查所必须遵循的制度和规定；

（七）如属预谋犯罪案件，还应当提出制止现行破坏和防止造成损失的措施。

第三节 破案、销案

第一百六十六条 破案应当具备下列条件：

（一）犯罪事实已有证据证明；

（二）有证据证明犯罪事实是犯罪嫌疑人实施的；

（三）犯罪嫌疑人或者主要犯罪嫌疑人已经归案。

第一百六十七条 对于符合破案条件的案件，办案部门应当制作破案报告，报县级以上公安机关负责人批准。

破案报告应当包括以下内容：

（一）案件侦查结果；

（二）破案的理由和根据；

（三）破案的组织分工和方法步骤；

（四）其他破案措施和下一步的工作意见。

第一百六十八条 经过侦查，发现具有下列情形之一的，应当撤销案件：

（一）没有犯罪事实的；

（二）情节显著轻微、危害不大，不认为是犯罪的；

（三）犯罪已过追诉时效期限的；

（四）经特赦令免除刑罚的；

（五）犯罪嫌疑人死亡的；

（六）其他依法不追究刑事责任的。

第一百六十九条 需要撤销案件的，办案部门应当制作撤销案件报告，报县级以上公安机关负责人批准。

撤销案件报告包括以下内容：

（一）原来立案的根据和来源；

（二）案件侦查的结果；

（三）撤销案件的理由和根据。

公安机关决定撤销案件时，犯罪嫌疑人已被逮捕的，应当立即释放，发给释放证明，并通知原批准逮捕的人民检察院。

第九章 侦 查

第一节 一般规定

第一百七十条 公安机关对已经立

案的刑事案件，应当进行侦查，全面、客观地收集、调取犯罪嫌疑人有罪或者无罪、罪轻或者罪重的证据材料，并予以审查、核实。

第一百七十一条 公安机关在侦查犯罪的过程中，对现行犯或者重大嫌疑分子可以依法先行拘留，对符合逮捕条件的犯罪嫌疑人，应当依法逮捕。严禁在没有证据的情况下，仅凭怀疑就对犯罪嫌疑人采取强制措施。

第一百七十二条 公安机关侦查犯罪过程中，根据需要采用各种侦查手段和措施，应当严格依照法律规定的条件和程序进行。

第二节 讯问犯罪嫌疑人

第一百七十三条 公安机关对于不需要拘留、逮捕的犯罪嫌疑人，经县级以上公安机关负责人批准，可以传唤到犯罪嫌疑人所在市、县内的指定地点或者到他的住处进行讯问。

第一百七十四条 传唤犯罪嫌疑人时，应当出示《传唤通知书》和侦查人员的工作证件，并责令其在《传唤通知书》上签名（盖章）、捺指印。

犯罪嫌疑人到案后，应当由其在《传唤通知书》上填写到案时间。讯问结束时，应当由其在《传唤通知书》上填写讯问结束时间。拒绝填写的，侦查人员应当在《传唤通知书》上注明。

第一百七十五条 传唤持续的时间不得超过十二小时。不得以连续传唤的形式变相拘禁犯罪嫌疑人。

需要对被传唤人采取强制措施的，应当在传唤期间内作出批准或者不批准的决定；对于不批准的，应当立即结束传唤。

第一百七十六条 提讯在押的犯罪嫌疑人，应当填写《提讯证》，在看守所或者公安机关的工作场所进行讯问。

第一百七十七条 讯问犯罪嫌疑人，必须由侦查人员进行。讯问的时候，侦查人员不得少于二人。

讯问同案的犯罪嫌疑人，应当个别进行。

第一百七十八条 讯问前，侦查人员应当了解案件情况和证据材料，制订讯问计划，列出讯问提纲。

第一次讯问，应当问明犯罪嫌疑人的姓名、别名、曾用名、出生年月日、户籍所在地、暂住地、籍贯、出生地、民族、职业、文化程度、家庭情况、社会经历、是否受过刑事处罚或者行政处理等情况。

第一百七十九条 讯问犯罪嫌疑人时，应当首先讯问犯罪嫌疑人是否有犯罪行为，让他陈述有罪的情节或者无罪的辩解，然后向他提出问题。

第一百八十条 讯问犯罪嫌疑人时，应当告知其对侦查人员的提问应当如实回答，对与本案无关的问题有拒绝回答的权利。

第一百八十一条 讯问的时候，应当认真听取犯罪嫌疑人的供述和辩解；严禁刑讯逼供或者使用威胁、引诱、欺骗以及其他非法的方法获取供述。

第一百八十二条 讯问未成年的犯罪嫌疑人，应当针对未成年人的身心特点，采取不同于成年人的方式；除有碍侦查或者无法通知的情形外，应当通知其家长、监护人或者教师到场；讯问可以在公安机关进行，也可以到未成年人的住所、单位、学校或者其他适当的地点进行。

讯问聋、哑犯罪嫌疑人，应当有通晓聋、哑手势的人参加，并在讯问笔录上注明犯罪嫌疑人的聋、哑情况，以及翻译人的姓名、工作单位和职业。

讯问不通晓当地语言文字的犯罪嫌疑人，应当配备翻译人员。

第一百八十三条 侦查人员应当将

问话和犯罪嫌疑人的供述或者辩解如实地记录清楚。书写讯问笔录应当使用能够长期保持字迹的书写工具、墨水。

第一百八十四条 讯问笔录应当交给犯罪嫌疑人核对或者向他宣读。如记录有差错或者遗漏，应当允许犯罪嫌疑人更正或者补充，并捺指印。笔录经犯罪嫌疑人核对无误后，应当由其在笔录上逐页签名（盖章）、捺指印，并在末页写明“以上笔录我看过（或向我宣读过），和我说的相符”。拒绝签名（盖章）、捺指印的，侦查人员应当在笔录上注明。

讯问笔录上所列项目，应当按规定填写齐全。侦查人员、翻译人员应当在讯问笔录上签名或者盖章。

讯问犯罪嫌疑人，在文字记录的同时，可以根据需要录音、录像。

第一百八十五条 犯罪嫌疑人请求自行书写供述的，应当准许；必要时，侦查人员也可以要求犯罪嫌疑人亲笔书写供词。犯罪嫌疑人应当在亲笔供词的末页签名（盖章）、捺指印，侦查人员收到后，应当在首页右上方写明“于某年某月某日收到”，并签名。

第一百八十六条 侦查人员在讯问中对犯罪嫌疑人的犯罪事实、动机、目的、手段，与犯罪有关的时间、地点，涉及的人、事、物，都应当讯问清楚。

对犯罪嫌疑人供述的犯罪事实、申辩和反证，公安机关都应当认真核查，依法处理。

第一百八十七条 在讯问中，需要运用证据证实犯罪嫌疑人的罪行时，应当防止泄露侦查工作秘密。

第三节 询问证人、被害人

第一百八十八条 询问证人、被害人，可以到证人、被害人所在单位或者住所进行。必要的时候，也可以通知证人、被害人到公安机关提供证言。

询问证人、被害人应当个别进行，并应当向证人、被害人出示公安机关的证明文件或者侦查人员的工作证件。

第一百八十九条 询问前，应当了解证人、被害人的身份，证人、犯罪嫌疑人、被害人之间的关系。询问时，应当告知证人、被害人必须如实地提供证据、证言和有意作伪证或者隐匿罪证应负的法律责任。

侦查人员不得向证人、被害人泄露案情或者表示对案件的看法，严禁使用威胁、引诱和其他非法方法询问证人、被害人。

第一百九十条 询问未成年的证人、被害人，可以通知其法定代理人到场。

第一百九十一条 本规定第一百八十四条、第一百八十五条的规定，也适用于询问证人、被害人。

第一百九十二条 询问中，涉及证人、被害人的隐私，应当保守秘密。

第四节 勘验、检查

第一百九十三条 侦查人员对于与犯罪有关的场所、物品、人身、尸体都应当进行勘验或者检查，利用各种技术手段，及时提取与案件有关的痕迹、物证。在必要的时候，可以指派或者聘请具有专门知识的人，在侦查人员的主持下进行勘验、检查。

第一百九十四条 发案地派出所、巡警或者治安保卫组织应当妥善保护犯罪现场，注意保全证据，控制犯罪嫌疑人，并立即报告公安机关主管部门。

执行勘查的侦查人员接到通知后，应当立即赶赴现场；勘查现场，应当持有《刑事犯罪现场勘查证》。

第一百九十五条 勘查现场的任务，是查明犯罪现场的情况，发现和收集证据，研究分析案情，判断案件性质，确定侦查方向和范围，为破案提供线索和证据。

需要迅速采取搜索、追踪、堵截、鉴别、控制销赃等紧急措施的，应当立即报告负责本案侦查的指挥人员。

第一百九十六条 现场勘查，由县级以上公安机关侦查部门负责。

一般案件的现场勘查，由侦查部门负责人指定的人员现场指挥；重大、特别重大案件的现场勘查由侦查部门负责人现场指挥。必要时，发案地公安机关负责人应当亲自到现场指挥。

第一百九十七条 勘查现场，应当按照现场勘查规则的要求拍摄现场照片，制作《现场勘查笔录》和现场图。对重大、特别重大案件的现场，应当录像。

计算机犯罪案件的现场勘查，应当立即停止应用，保护计算机及相关设备，并复制电子数据。

第一百九十八条 为了确定被害人、犯罪嫌疑人的某些特征、伤害情况或者生理状态，可以对人身进行检查。

犯罪嫌疑人如果拒绝检查，侦查人员认为必要的时候，可以强制检查。

检查妇女的身体，应当由女侦查人员或者医师进行。

检查的情况应当制作笔录，由参加检查的侦查人员、检查人员和见证人签名或者盖章。

第一百九十九条 为了确定死因，经县级以上公安机关负责人批准，可以解剖尸体或者开棺检验，并且通知死者家属到场，并让其在《解剖尸体通知书》上签名或者盖章。

死者家属无正当理由拒不到场或者拒绝签名（盖章）的，不影响解剖或者开棺检验，但是应当在《解剖尸体通知书》上注明。对于身份不明的尸体，无法通知死者家属的应当在笔录中注明。

第二百条 对于已查明死因，没有继续保存必要的尸体，应当通知家属领回处理，对无法通知或者通知后家属拒绝领回的，经县级以上公安机关负责人批准，可以及时处理。

第二百零一条 对人民检察院要求复验、复查的，公安机关应当及时进行复验、复查，并通知人民检察院派员参加。

第二百零二条 为了查明案情，在必要的时候，经县级以上公安机关负责人批准，可以进行侦查实验。

侦查实验的任务是：

（一）确定在一定条件下能否听到或者看到；

（二）确定在一定时间内能否完成某一行为；

（三）确定在什么条件下能够发生某种现象；

（四）确定在某种条件下某种行为和某种痕迹是否吻合一致；

（五）确定在某种条件下使用某种工具可能或者不可能留下某种痕迹；

（六）确定某种痕迹在什么条件下会发生变异；

（七）确定某种事件是怎样发生的。

第二百零三条 进行侦查实验，禁止一切足以造成危害、侮辱人格或者有伤风化的行为。

第二百零四条 侦查实验的经过和结果，应当制作《侦查实验笔录》，由参加实验的侦查人员签名或者盖章。

第五节 搜 查

第二百零五条 为了收集犯罪证据、查获犯罪人，经县级以上公安机关负责人批准，侦查人员可以对犯罪嫌疑人以及可能隐藏罪犯或者犯罪证据的人的身体、物品、住处和其他有关的地方进行搜查。

第二百零六条 进行搜查，必须向被搜查人出示《搜查证》，执行搜查的侦查人员不得少于二人。

第二百零七条 执行拘留、逮捕的时候，遇有下列紧急情况之一的，不用《搜查证》也可以进行搜查：

（一）可能随身携带凶器的；

（二）可能隐藏爆炸、剧毒等危险物品的；

（三）可能隐匿、毁弃、转移犯罪证据的；

（四）可能隐匿其他犯罪嫌疑人的；

（五）其他突然发生的紧急情况。

第二百零八条 进行搜查时，应当有被搜查人或者他的家属、邻居或者其他见证人在场。

搜查妇女的身体，应当由女侦查人员进行。

第二百零九条 搜查的情况应当制作《搜查笔录》，由侦查人员、被搜查人或者他的家属、邻居或者其他见证人签名或者盖章。

如果被搜查人或者他的家属不在现场，或者拒绝签名、盖章的，侦查人员应当在笔录上注明。

第六节 扣押物证、书证

第二百一十条 在勘查、搜查中发现的可用以证明犯罪嫌疑人有罪或者无罪的物品和文件应当扣押；但与案件无关的物品、文件，不得扣押。

持有人拒绝交出应当扣押的物品、文件的，公安机关可以强行扣押。

第二百一十一条 在现场勘查或者搜查中需要扣押物品、文件的，由现场指挥人员决定。

第二百一十二条 执行扣押物品、文件的侦查人员不得少于二人，并持有有关法律文书或者侦查人员工作证件。

第二百一十三条 对于扣押的物品和文件，应当会同在场证人和被扣押物品、文件的持有人查点清楚，当场开列《扣押物品、文件清单》一式三份，写明物品或者文件的名称、编号、规格、数量、重量、质量、特征及其来源，由侦查人员、见证人和持有人签名或者盖章后，一份交给持有人，一份交给公安机关保管人员，一份附卷备查。

第二百一十四条 对于应当扣押但是不便提取的物品、文件，经拍照或者录像后，可以交被扣押物品持有人保管或者封存，并且单独开具《扣押物品、文件清单》一式二份，在清单上注明已经拍照或者录像，物品、文件持有人应当妥善保管，不得转移、变卖、毁损，由侦查人员、见证人和持有人签名或者盖章，一份交给物品、文件持有人，另一份连同照片或者录像带附卷备查。

第二百一十五条 扣押犯罪嫌疑人的邮件、电子邮件、电报，应当经县级以上公安机关负责人批准，签发扣押通知书，通知邮电部门或者网络服务单位检交扣押。

第二百一十六条 不需要继续扣押的时候，应当经县级以上公安机关负责人批准，签发解除扣押通知书，立即通知邮电部门或者网络服务单位。

第二百一十七条 对于扣押的物品、文件、邮件、电子邮件、电报，应当指派专人妥善保管，不得使用、调换、损毁或者自行处理。经查明确实与案件无关的，应当在三日以内解除扣押，退还原主或者原邮电部门、网络服务单位。

第二百一十八条 对不能随案移送的物证，应当拍成照片；容易损坏、变质的物证、书证，应当用笔录、绘图、拍照、录像、制作模型等方法加以保全。

对于可以作为证据使用的录音、录像带、电子数据存储介质，应当记明案由、对象、内容，录取、复制的时间、地点、规格、类别、应用长度、文件格式及长度等，并妥为保管。

第二百一十九条 对查获的下列不宜随案移送的物品、文件，原物不随卷保存，但应当拍成照片存入卷内，原物由公安机关妥为保管或者按照国家有关规定分别移送主管部门处理或者销毁：

（一）淫秽物品；

（二）武器弹药、管制刀具，易燃、易爆、剧毒、放射等危险品；

（三）鸦片、海洛因、吗啡、冰毒、大麻等毒品和制毒原料或者配剂、管制药品；

（四）危害国家安全的传单、标语、信件和其他宣传品；

（五）秘密文件、图表资料；

（六）珍贵文物、珍贵动物及其制品、珍稀植物及其制品；

（七）其他大宗的、不便搬运的物品。

对容易腐烂变质及其他不易保管的物品，可以根据具体情况，经县级以上公安机关负责人批准，在拍照或者录像后委托有关部门变卖、拍卖，变卖、拍卖的价款暂予保存，待诉讼终结后一并处理。通知被害人后，超过半年未来领取的，予以没收，上缴国库。如有特殊情况，可以酌情延期处理。凡是已经送交财政部门处理的赃款赃物，如果失主前来认领，并经查证属实，由原没收机关从财政部门提回，予以归还。如原物已经卖掉，应当退还价款。

第二百二十条 对犯罪嫌疑人违法所得的财物及其孳息，应当依法追缴。

对被害人的合法财产及其孳息，应当在登记、拍照或者录像、估价后及时返还，并在案卷中注明返还的理由，将原物照片、清单和被害人的领取手续存卷备查。

第二百二十一条 对扣押的犯罪嫌疑人的财物及其孳息，应当妥善保管，以供核查。任何单位和个人不得挪用、损毁或者自行处理。

第二百二十二条 对扣押的犯罪嫌疑人的财物及其孳息中，作为证据使用的实物应当随案移送；对不宜移送的，应当将其清单、照片或者其他证明文件随案移送。待人民法院作出生效判决后，由扣押的公安机关按照人民法院的通知，上缴国库或者返还受害人，并向人民法院送交执行回单。

第二百二十三条 案件变更管辖时，与案件有关的财物及其孳息应当随案移交。

移交财物时，由接收人、移交人当面查点清楚，并在交接单据上共同签名或者盖章。

第七节 查询、冻结存款、汇款

第二百二十四条 公安机关根据侦查犯罪的需要，可以依照规定查询、冻结犯罪嫌疑人的存款、汇款。

第二百二十五条 向银行或者其他金融机构、邮电部门查询犯罪嫌疑人的存款、汇款，应当经县级以上公安机关负责人批准，制作《查询存款、汇款通知书》，通知银行或者其他金融机构、邮电部门执行。

第二百二十六条 需要冻结犯罪嫌疑人在银行或者其他金融机构、邮电部门的存款、汇款的，应当经县级以上公安机关负责人批准，制作《冻结存款、汇款通知书》，通知银行或者其他金融机构、邮电部门执行。

第二百二十七条 不需要继续冻结犯罪嫌疑人存款、汇款时，应当制作《解除冻结存款、汇款通知书》，通知银行或者其他金融机构、邮电部门执行。

第二百二十八条 犯罪嫌疑人的存款、汇款已被冻结的，不得重复冻结。

第二百二十九条 冻结存款的期限为六个月。有特殊原因需要延长的，公安机关应当在冻结期满前办理继续冻结手续。每次续冻期限最长不超过六个月。逾期不办理继续冻结手续的，视为自动撤销冻结。

第二百三十条 对于冻结的存款、汇款经查明确实与案件无关的，应当在三日以内通知原银行、其他金融机构、邮电部门解除冻结，并通知被冻结存款、汇款的所有人。

第二百三十一条 对于在侦查中犯罪嫌疑人死亡，对犯罪嫌疑人的存款、汇款应当依法予以没收或者返还被害人的，可以申请人民法院裁定通知冻结犯罪嫌疑人存款、汇款的银行、其他金融机构或者邮电部门上缴国库或者返还被害人。

对于冻结在银行、其他金融机构或者邮电部门的赃款，应当向人民法院随案移送该银行、其他金融机构或者邮电部门出具的证明文件，待人民法院作出生效判决后，由人民法院通知该银行、其他金融机构或者邮电部门上缴国库。

第二百三十二条 上级公安机关发现下级公安机关冻结、解除冻结存款、汇款有错误时，可以依法作出决定，责令下级公安机关限期改正，下级公安机关应当立即执行。对拒不改正的，上级公安机关可以直接向有关银行或者其他金融机构发出法律文书，纠正下级公安机关所作的错误决定，并通知原作出决定的公安机关。

第八节 鉴　　定

第二百三十三条 为了查明案情，解决案件中某些专门性问题，应当指派、聘请具有鉴定资格的人进行鉴定。

第二百三十四条 鉴定的范围，包括刑事技术鉴定、人身伤害的医学鉴定、精神病的医学鉴定、扣押物品的价格鉴定、文物鉴定、珍稀动植物及其制品鉴定、违禁品和危险品鉴定、电子数据鉴定等。

第二百三十五条 刑事技术鉴定的范围，必须是与查明案情有关的物品、文件、电子数据、痕迹、人身、尸体等。

刑事技术鉴定，由县级以上公安机关刑事技术部门或者其他专职人员负责进行。

第二百三十六条 需要聘请有专门知识的人进行鉴定，应当经县级以上公安机关负责人批准后，制作《聘请书》。

第二百三十七条 公安机关应当为鉴定人进行鉴定提供必要的条件，及时向鉴定人送交有关检材和对比样本等原始材料，介绍与鉴定有关的情况，并且明确提出要求鉴定解决的问题，但是不得暗示或者强迫鉴定人作出某种鉴定结论。

第二百三十八条 鉴定人应当按照鉴定规则，运用科学方法进行鉴定。鉴定后，应当出具鉴定结论，由两名以上具有鉴定资格的鉴定人签名或者盖章。

第二百三十九条 对人身伤害的医学鉴定有争议需要重新鉴定的或者对精神病的医学鉴定，由省级人民政府指定的医院进行。鉴定人进行鉴定后，应当写出鉴定结论，并且由鉴定人签名，医院加盖公章。

第二百四十条 办案部门或者侦查人员认为鉴定结论不确切或者有错误，经县级以上公安机关负责人批准，可以补充鉴定或者重新鉴定。

第二百四十一条 公安机关应当将用作证据的鉴定结论告知犯罪嫌疑人、

被害人。如果犯罪嫌疑人、被害人对鉴定结论有异议提出申请，经县级以上公安机关负责人批准后，可以补充鉴定或者重新鉴定。

第二百四十二条 重新鉴定，应当另行指派或者聘请鉴定人。

第二百四十三条 刑事技术鉴定的鉴定结论，需要送上级公安机关刑事技术部门复核时，应当送鉴定物和对比样本、原鉴定书或者检验报告，并说明提请复核的原因和要求。

第二百四十四条 鉴定人故意作虚假鉴定的，应当依法追究其法律责任。

第二百四十五条 对犯罪嫌疑人作精神病鉴定的时间不计入办案期限，其他鉴定时间都应当计入办案期限。

对于因鉴定时间较长，办案期限届满仍不能终结的案件，自期限届满之日起，应当对被羁押的犯罪嫌疑人变更强制措施，改为取保候审或者监视居住。

第九节 辨　认

第二百四十六条 为了查明案情，在必要的时候，侦查人员可以让被害人、犯罪嫌疑人或者证人对与犯罪有关的物品、文件、尸体、场所或者犯罪嫌疑人进行辨认。

对犯罪嫌疑人进行辨认，应当经办案部门负责人批准。

第二百四十七条 辨认应当在侦查人员的主持下进行。主持辨认的侦查人员不得少于二人。

组织辨认前，应当向辨认人详细询问辨认对象的具体特征，避免辨认人见到辨认对象。

第二百四十八条 几名辨认人对同一辨认对象进行辨认时，应当由辨认人个别进行。

第二百四十九条 辨认时，应当将辨认对象混杂在其他对象中，不得给辨认人任何暗示。

辨认犯罪嫌疑人时，被辨认的人数不得少于七人；对犯罪嫌疑人照片进行辨认的，不得少于十人的照片。

第二百五十条 对犯罪嫌疑人的辨认，辨认人不愿意公开进行时，可以在不暴露辨认人的情况下进行，侦查人员应当为其保守秘密。

第二百五十一条 辨认经过和结果，应当制作《辨认笔录》，由侦查人员签名，辨认人、见证人签字或者盖章。

第十节 通　缉

第二百五十二条 应当逮捕的犯罪嫌疑人如果在逃，公安机关可以发布通缉令，采取有效措施，追捕归案。

县级以上公安机关在自己管辖的地区以内，可以直接发布通缉令；超出自己管辖的地区，应当报请有权决定的上级公安机关发布。

通缉令发送范围，由签发通缉令的公安机关负责人决定。

第二百五十三条 通缉令中应当尽可能写明被通缉人的姓名、别名、曾用名、绰号、性别、年龄、民族、籍贯、出生地、户籍所在地、居住地、职业、身份证号码、衣着和体貌特征并附被通缉人近期照片，可以附指纹及其他物证的照片。除了必须保密的事项以外，应当写明发案的时间、地点和简要案情。

第二百五十四条 通缉令发出后，如果发现新的重要情况可以补发通报。通报必须注明原通缉令的编号和日期。

第二百五十五条 有关公安机关接到通缉令后，应当及时布置查缉。抓获犯罪嫌疑人后，应当迅速通知通缉令发布机关，并报经抓获地县级以上公安机关负责人批准后，凭通缉令羁押。原通缉令发布机关应当立即进行核实，并及时依法处理。

第二百五十六条 为防止犯罪嫌疑

人逃往境外，需要在边防口岸采取边控措施的，应当按照有关规定制作《边控对象通知书》，经县级以上公安机关负责人审核后，层报省级公安机关批准，办理边控手续。需要在全国范围采取边控措施的，应当层报公安部批准。

对需要边防检查站限制犯罪嫌疑人人身自由的，需同时出具有关法律文书。紧急情况下，县级以上公安机关可以出具公函，先向当地边防检查站交控，但应当在七日内补办交控手续。

第二百五十七条 为发现重大犯罪线索，追缴涉案财物、证据，查获犯罪嫌疑人。必要时，经县级以上公安机关负责人批准，可以发布悬赏通告。

悬赏通告应当写明悬赏对象的基本情况和赏金的具体数额。

第二百五十八条 通缉令、悬赏通告可以通过广播、电视、报刊、计算机网络等媒体发布。

第二百五十九条 犯罪嫌疑人自首、被击毙或者被抓获，并经核实后，原发布机关应当在原通缉、通知、通告范围内，撤销通缉令、边控通知、悬赏通告。

第二百六十条 通缉越狱逃跑的犯罪嫌疑人、被告人或者罪犯，适用本节的有关规定。

第十一节 侦查终结

第二百六十一条 侦查终结的案件，侦查人员应当制作结案报告。

结案报告应当包括以下内容：

（一）犯罪嫌疑人的基本情况；

（二）是否采取了强制措施及其理由；

（三）案件的事实和证据；

（四）法律依据和处理意见。

第二百六十二条 侦查终结案件的处理，由县级以上公安机关负责人批准；重大、复杂、疑难的案件应当经过集体讨论决定。

第二百六十三条 侦查终结后，应当将全部案卷材料加以整理，按要求装订立卷。

向人民检察院移送案件时，只移送诉讼卷，侦查卷由公安机关存档备查。技术侦查获取的材料，需要作为证据公开使用时，按照规定采取相应的处理。

第二百六十四条 对于犯罪事实清楚，证据确实、充分，犯罪性质和罪名认定正确，法律手续完备，依法应当追究刑事责任的案件，应当制作《起诉意见书》，经县级以上公安机关负责人批准后，连同案卷材料、证据，一并移送同级人民检察院审查决定。

第二百六十五条 共同犯罪案件的《起诉意见书》，应当写明每个犯罪嫌疑人在共同犯罪中的地位、作用、具体罪责和认罪态度，分别提出处理意见。

第二百六十六条 认为人民检察院作出的不起诉决定有错误的时候，应当在七日内制作《要求复议意见书》，经县级以上公安机关负责人批准后，移送同级人民检察院复议。

要求复议的意见不被接受的，可以在七日内制作《提请复核意见书》，经县级以上公安机关负责人批准，提请上一级人民检察院复核。

第二百六十七条 被害人提出附带民事诉讼的，应当记录在案；移送审查起诉时，应当在《起诉意见书》末页注明。

第二百六十八条 在侦查过程中，发现犯罪嫌疑人不够刑事处罚需要行政处理的，经县级以上公安机关批准，对犯罪嫌疑人依法予以行政处理或者移交其他有关部门处理。

第二百六十九条 在侦查过程中，接到人民检察院的纠正违法通知后，应当及时查处或者纠正，并将情况书面回复人民检察院。

第十二节　补充侦查

第二百七十条　侦查终结，移送人民检察院审查起诉的案件，人民检察院退回公安机关补充侦查的，公安机关接到人民检察院退回补充侦查的法律文书后，应当按照补充侦查提纲的要求在一个月以内补充侦查完毕。

补充侦查以两次为限。

第二百七十一条　对人民检察院退回补充侦查的案件，原侦查部门应当对案件的事实、证据和定性处理意见进行认真、全面地审查，分析研究人民检察院退回补充侦查意见，根据不同情况，报县级以上公安机关负责人批准，分别作如下处理：

（一）原认定犯罪事实清楚，证据不够充分的，在补充证据后，应当制作《补充侦查报告书》，移送人民检察院审查；对有些证据无法补充的，应当作出说明；

（二）在补充侦查过程中，发现新的同案犯或者新的罪行，需要追究刑事责任的，应当重新制作《起诉意见书》，移送人民检察院审查；

（三）发现原认定的犯罪事实有重大变化，不应当追究刑事责任的，应当重新提出处理意见，并将处理结果通知退查的人民检察院；

（四）原认定犯罪事实清楚、证据确实充分、人民检察院退回补充侦查不当的，应当说明理由，移送人民检察院审查。

第二百七十二条　对人民检察院在审查起诉过程中，要求公安机关提供法庭审判所必需的证据材料，应当及时收集和提供。

第十章　执行刑罚

第一节　罪犯的交付

第二百七十三条　对被人民法院依法判处刑罚的罪犯，如果罪犯已被采取强制措施的，公安机关应当依据人民法院已经发生法律效力的判决书、裁定书、执行通知书，将罪犯交付执行。

对人民检察院作出的不起诉决定，以及人民法院作出的无罪或者免除刑事处罚的判决，如果犯罪嫌疑人或者被告人在押，公安机关在收到相应的法律文书后应当立即办理释放手续；对犯罪嫌疑人或者被告人需要给予行政处理的，应当依照有关规定处理，并将处理结果及时通知人民检察院或者人民法院。

第二百七十四条　对被判处死刑的罪犯，公安机关应当依据人民法院执行死刑的命令，将罪犯交由人民法院执行。

第二百七十五条　公安机关接到人民法院判处死刑缓期二年执行、无期徒刑、有期徒刑的判决书、裁定书、执行通知书后，应当在一个月以内将罪犯送交监狱执行。

对未成年犯应当送交未成年犯管教所执行刑罚。

第二百七十六条　将罪犯交付执行，监狱不予收监的，公安机关应当提请交付执行的人民法院作出是否收监执行的决定。对于决定收监的，应当将罪犯交付监狱执行；对于决定暂予监外执行的，由看守所将罪犯交付罪犯居住地公安机关执行。

第二百七十七条　对于被判处有期徒刑的罪犯，在被交付执行刑罚前，剩余刑期在一年以下的，由看守所根据人民法院的判决代为执行。

第二百七十八条　对于被判处拘役的罪犯，公安机关收到人民法院的判决书、裁定书、执行通知书后，将罪犯送交拘役所执行。没有拘役所的地区，由看守所执行。

第二百七十九条 对于被判处管制、剥夺政治权利和被决定暂予监外执行的罪犯，由罪犯居住地县级公安机关指定派出所执行。执行机关应当对其严格管理监督，基层组织或者罪犯的原所在单位协助进行监督。

第二百八十条 对于被宣告缓刑的罪犯，在缓刑考验期内，由罪犯居住地派出所考察，所在单位或者基层组织予以配合。

对于被假释的罪犯，在假释考验期限内，由居住地派出所予以监督。

第二百八十一条 对被判处有期徒刑由看守所代为执行和拘役的罪犯，执行期间如果没有再犯新罪，执行期满，看守所、拘役所应当发给《刑满释放证明书》。

第二节 减刑、假释

第二百八十二条 被判处管制、拘役、有期徒刑的罪犯，在执行期间，如果认真遵守监管规定，接受教育改造，确有悔改表现或者立功表现的，执行机关可以提出减刑建议；有下列重大立功表现之一的，执行机关应当提出减刑建议：

（一）阻止他人重大犯罪活动的；

（二）检举重大犯罪活动，经查证属实的；

（三）有发明创造或者重大技术革新的；

（四）在日常生产、生活中舍己救人的；

（五）在抗御自然灾害或者排除重大事故中，有突出表现的；

（六）对国家和社会有其他重大贡献的。

第二百八十三条 对于被判处拘役或者有期徒刑余刑一年以下的罪犯，符合减刑条件的，由拘役所、看守所提出减刑建议书，经县级以上公安机关审查同意后，报请所在地中级以上人民法院审核裁定。

第二百八十四条 对于被判处管制的罪犯，符合减刑条件的，由执行管制的派出所提出减刑建议书，经县级以上公安机关审查同意后，报请所在地中级以上人民法院审核裁定。

第二百八十五条 对于被判处有期徒刑由看守所代为执行的罪犯，执行原判刑期二分之一以上，如果认真遵守监管规定、接受教育改造，确有悔改表现，假释后不致再危害社会，可以假释的，由执行的看守所提出假释建议书，经县级以上公安机关审查同意后，报请所在地中级以上人民法院审核裁定。

第三节 对罪犯的监督、考察

第二百八十六条 负责执行管制、剥夺政治权利的派出所，应当按照人民法院的判决，向罪犯及其原所在单位或者居住地群众宣布其犯罪事实、被管制或者剥夺政治权利的期限，以及罪犯在执行期间应当遵守的规定。

第二百八十七条 执行机关应当向被管制的罪犯宣布，在执行期间应当遵守下列规定：

（一）遵守法律、行政法规和公安部制定的有关规定，服从监督；

（二）未经执行机关批准，不得行使言论、出版、集会、结社、游行、示威自由的权利；

（三）定期向监督考察小组报告自己的活动情况；

（四）遵守公安机关关于会客的规定；

（五）离开所居住的市、县或者迁居，应当报经公安机关批准；

（六）遵守公安机关制定的具体监

督管理措施。

被判处管制的罪犯，在劳动中应当同工同酬。

第二百八十八条 执行机关应当向被剥夺政治权利的罪犯宣布，在执行期间应当遵守下列规定：

（一）遵守国家法律、行政法规和公安部制定的有关规定，服从监督；

（二）不得享有选举权和被选举权；

（三）不得组织或者参加集会、游行、示威、结社活动；

（四）不得出版、制作、发行书籍、音像制品；

（五）不得接受采访，发表演说；

（六）不得在境内外发表有损国家荣誉、利益或者其他具有社会危害性的言论；

（七）不得担任国家机关职务；

（八）不得担任国有公司、企业、事业单位和人民团体的领导职务；

（九）遵守公安机关制定的具体监督管理措施。

第二百八十九条 被管制、剥夺政治权利的罪犯违反本规定第二百八十七条、第二百八十八条的规定，尚未构成新的犯罪的，由公安机关依法给予治安管理处罚。

第二百九十条 被管制、剥夺政治权利的罪犯，执行期满，公安机关应当通知本人，并向其所在单位或者居住地的群众宣布解除管制或者恢复政治权利。

第二百九十一条 对于被判处有期徒刑或者拘役的罪犯，有下列情形之一的，看守所、拘役所应当报经县级以上公安机关批准，对罪犯暂予监外执行：

（一）有严重疾病需要保外就医的；

（二）怀孕或者正在哺乳自己婴儿的妇女；

（三）生活不能自理，适用暂予监外执行不致危害社会的罪犯。

对于适用保外就医可能有社会危险性的罪犯，或者自伤自残的罪犯，不得保外就医。

对于罪犯确有严重疾病，必须保外就医的，由省级人民政府指定的医院开具证明文件，依照法律规定的程序审批。

发现保外就医的罪犯不符合保外就医条件的，或者严重违反保外就医规定的，应当及时收监。

第二百九十二条 公安机关决定对罪犯暂予监外执行的，应当将《暂予监外执行通知书》交被暂予监外执行的罪犯和罪犯居住地派出所，同时将《暂予监外执行决定书》送同级人民检察院。

第二百九十三条 公安机关接到人民检察院认为暂予监外执行不当的意见后，应当立即对暂予监外执行的决定进行重新核查，并在十五日内提出处理意见，经县级以上公安机关负责人批准，将处理结果通报人民检察院。

第二百九十四条 暂予监外执行的罪犯违反法律、行政法规和公安部制定的有关规定，尚未构成新的犯罪的，由公安机关依法给予治安管理处罚。

第二百九十五条 暂予监外执行的情形消失后，罪犯刑期未满的，负责执行的派出所应当及时与监狱、看守所、拘役所联系，予以收监。

罪犯在暂予监外执行期间死亡的，执行的派出所应当及时通知原服刑的监狱、看守所、拘役所。

第二百九十六条 对被宣告缓刑、假释罪犯，执行的派出所应当根据人民法院的判决、裁定，向罪犯原所在单位或者居住地的群众宣布其犯罪事实、监督考察期限以及监督考察期限内应当遵守的规定。

第二百九十七条 执行机关应当向被宣告缓刑或者假释的罪犯宣布，在监督考察期限内应当遵守下列规定：

（一）遵守法律、行政法规和公安部制定的有关规定，服从监督；

（二）按照公安机关的规定，定期报告自己的活动情况；

（三）遵守公安机关关于会客的规定；

（四）离开所居住的市、县或者迁居，应当报经县级公安机关批准；

（五）附加剥夺政治权利的缓刑、假释罪犯还必须遵守本规定第二百八十八条的规定；

（六）遵守公安机关制定的具体监督管理措施。

第二百九十八条 对被宣告缓刑、假释的罪犯，执行的派出所应当定期向罪犯原所在单位或者执行地街道居民委员会、村民委员会了解其表现情况，建立监督考察档案。

第二百九十九条 被宣告缓刑、假释的罪犯，在缓刑、假释期限内，发现判决宣告前还有其他罪没有判决的，公安机关应当及时移送人民检察院处理，并通知原判决的人民法院。

第三百条 被宣告缓刑、假释的罪犯在缓刑、假释考验期限内，违反法律、行政法规或者公安部制定的有关规定，尚未构成新的犯罪的，公安机关应当向人民法院提出撤销缓刑、假释的建议。

人民法院裁定撤销缓刑、假释的，公安机关应当及时将罪犯送交原关押的监狱、看守所、拘役所收监执行。

第三百零一条 被宣告缓刑、假释的罪犯违反本规定第二百九十七条的规定，尚未构成新的犯罪的，由公安机关依法给予治安管理处罚。

第三百零二条 被宣告缓刑的罪犯，在缓刑考察期限内没有刑法第七十七条规定的情形，缓刑考验期满，原判的刑罚就不再执行。如果被判处附加刑，附加刑仍须执行。缓刑考验期满，公安机关应当向本人宣布并通报原判决的人民法院。

被假释的罪犯，在假释考验期限内没有刑法第八十六条规定的情形，就认为原判刑罚已执行完毕。假释考验期满，公安机关应当向本人宣布并通报原裁定的人民法院和原执行的监狱、看守所、拘役所和家属、单位。

第三百零三条 罪犯在缓刑、假释期间死亡的，公安机关应当及时通报原判决的人民法院和原执行的监狱、看守所、拘役所及罪犯家属、单位。

第三百零四条 公安机关在执行刑罚中，如果认为判决有错误或者罪犯提出申诉，应当转请人民检察院或者原判人民法院处理。

第三百零五条 接到人民检察院认为公安机关执行刑罚的活动有违法情况的通知后，应当及时查处纠正，经县级以上公安机关负责人批准，将处理结果报告人民检察院。

第四节 对又犯新罪罪犯的处理

第三百零六条 在看守所、拘役所服刑的罪犯又犯新罪的，由看守所、拘役所立案侦查；重大、复杂的案件由公安机关刑事侦查部门立案侦查。

第三百零七条 监外执行的罪犯，在监外执行期间又犯新罪，需要收监执行的，由当地公安机关直接通知原所在监狱、看守所、拘役所解回收监；应当追究刑事责任的，由犯罪地公安机关立案侦查，并将处理结果及时通知原执行机关。

第三百零八条 被剥夺政治权利、

管制、宣告缓刑和假释的罪犯在执行期间又犯新罪的，由犯罪地公安机关立案侦查。

对于因犯新罪被撤销假释的罪犯，仍送原服刑的监狱、看守所、拘役所执行。

第十一章　办案协作

第三百零九条　对异地公安机关提出协助调查、执行强制措施等协作请求，只要法律手续完备，协作地公安机关就应当及时无条件予以配合，不得收取任何形式的费用。

第三百一十条　县级以上公安机关办理刑事案件需要异地公安机关协作的，应当制作办案协作函件。

负责协作的县级以上公安机关接到异地公安机关请求协作的函件后，应当指定主管业务部门办理。

第三百一十一条　对于获取的犯罪线索，不属于自己管辖的，应当及时转递有管辖权的公安机关。

第三百一十二条　对异地公安机关请求查询犯罪信息、资料的，协助查询的公安机关应当认真查办，并及时反馈。

第三百一十三条　异地执行传唤、拘传，执行人员应当持《传唤通知书》、《拘传证》、办案协作函件和工作证件，与协作地县级以上公安机关联系。协作地公安机关应当协助将犯罪嫌疑人传唤、拘传到本市、县内的指定地点或者到犯罪嫌疑人的住处进行讯问。

第三百一十四条　异地执行拘留、逮捕的，执行人员应当持《拘留证》、《逮捕证》、办案协作函件和工作证件，与协作地县级以上公安机关联系，协作地公安机关应当派员协助执行。

第三百一十五条　委托异地公安机关代为执行拘留、逮捕的，应当将《拘留证》、《逮捕证》、办案协作函件送达协作地公安机关。

协作地公安机关抓获犯罪嫌疑人后，应当立即通知委托地公安机关。委托地公安机关应当立即携带法律文书及时提解，提解的侦查人员不得少于二人。

第三百一十六条　异地公安机关请求协查犯罪嫌疑人的身份、年龄、违法犯罪经历等情况的，协查地公安机关接到通知后应当在七日内将协查结果通知请求协查的公安机关；交通十分不便的边远地区，应当在十五日内将协查结果通知请求协查的公安机关。

第三百一十七条　需要异地办理查询、扣押或者冻结与犯罪有关的财物、文件的，执行人员应当持办案协作函件和相关的法律文书，与协作地县级以上公安机关联系，协作地公安机关应当指定主管业务部门协助执行。

在紧急情况下，可以将办案协作函件和相关的法律文书电传至协作地县级以上公安机关，协作地公安机关应当及时采取措施。委托地公安机关应当立即派员携带法律文书前往协作地办理。

第三百一十八条　对不履行办案协作职责造成严重后果的，对直接负责的主管人员和其他直接责任人员，应当给予行政处分；构成犯罪的，依法追究刑事责任。

第三百一十九条　协作地公安机关依照请求协作的公安机关的要求，履行办案协作职责所产生的法律责任，由请求协作的公安机关承担。

第十二章　外国人犯罪案件的办理

第三百二十条　办理外国人犯罪案件，应当严格依照我国法律、法规、规章，以维护国家主权和利益，并在对等互惠原则的基础上，严格履行我国所承担的国际条约义务。当国内法或者规定同我国所承担的国际条约义务发生冲突时，应当适用国际条约的有关规定，但我国声明保留的条款除外。

第三百二十一条 外国籍犯罪嫌疑人在刑事诉讼中，享有我国法律规定的诉讼权利，并承担相应的义务。

第三百二十二条 外国人的国籍，以其在入境时的有效证件予以确认；国籍不明的，由出入境管理部门协助予以查明。

第三百二十三条 犯罪嫌疑人为享有外交特权和豁免权的外国人的，应当层报公安部，由公安部移交外交部通过外交途径解决其刑事责任问题。

第三百二十四条 公安机关办理外国人犯罪案件使用中华人民共和国通用的语言文字。犯罪嫌疑人通晓中国语言文字而不需要他人翻译的，应当出具书面声明；不通晓中国语言文字的，公安机关应当为他翻译。

经公安机关批准，外国籍犯罪嫌疑人可以自己聘请翻译，但翻译费由犯罪嫌疑人承担。

第三百二十五条 外国人犯罪案件，由犯罪地的地（市）级以上公安机关立案侦查。

第三百二十六条 外国人犯中华人民共和国缔结或者参加的国际条约规定的罪行后进入我国领域内的，由该外国人被抓获的地（市）级以上公安机关立案侦查。

第三百二十七条 外国人在中华人民共和国领域外的中国船舶或者航空器内犯罪的，由犯罪发生后该船舶或者航空器最初停泊或者降落的中国港口的地（市）级以上交通或者民航公安机关立案侦查。

第三百二十八条 外国人在国际列车上犯罪的，由犯罪发生后列车最初停靠的中国车站所在地或者目的地的地（市）级以上铁路公安机关立案侦查。

第三百二十九条 外国人在中华人民共和国领域外对中华人民共和国国家或者公民犯罪，依照《中华人民共和国刑法》应当受处罚的，由该外国人入境地的地（市）级以上公安机关立案侦查。

第三百三十条 发生重大的或者可能引起外交交涉的外国人犯罪案件的，有关省、自治区、直辖市公安机关应当及时将案件办理情况报告公安部。公安部商外交部后，应当单独或者会同外交部联名将案件进展情况等及时通知我国驻外使馆、领事馆。

第三百三十一条 需要对外国人采取拘留、监视居住、取保候审的，应当由地（市）级以上公安机关负责人批准，并将有关案情、处理情况等于采取强制措施的四十八小时以内报告省级公安机关，同时通报同级人民政府外事办公室；需要对涉及国家安全的案件或者涉及国与国之间外交关系的案件以及其他重大、复杂案件中的外国人采取拘留、监视居住、取保候审的，应当由省级公安机关负责人批准，并将有关案情、处理情况等于采取强制措施的四十八小时以内报告公安部，同时通报同级人民政府外事办公室。

第三百三十二条 地（市）级公安机关对外国人依法作出取保候审、监视居住决定或者执行拘留、逮捕后，应当在四十八小时内，将外国人的姓名、性别、入境时间、护照或者证件号码、案件发生的时间、地点及有关情况，涉嫌犯罪的主要事实，已采取的强制措施及其法律依据等报告省级公安机关。有关省、自治区、直辖市公安机关应当在规定的期限内通知该外国人所属国家的驻华使馆、领事馆，同时报告公安部。

外国人在公安机关侦查或者执行刑罚期间死亡的，有关省、自治区、直辖市公安机关应当通知该外国人所属国家的驻华使馆、领事馆，同时报告公安部。

第三百三十三条 外国籍犯罪嫌疑人聘请律师为其提供法律咨询、代理申诉、控告的，必须聘请在中华人民共和国的律师事务所执业的律师。

第三百三十四条 公安机关侦查终结前，外国驻华外交、领事官员要求探视被监视居住、拘留、逮捕或者正在服刑的本国公民的，立案侦查的公安机关应当及时安排有关的探视事宜。犯罪嫌疑人拒绝其所属国家驻华外交、领事官员探视的，公安机关可以不予安排，但应当由其本人提出书面声明。

在公安机关侦查羁押期间，经公安机关批准，外国籍犯罪嫌疑人可以与其近亲属、监护人会见，与外界通信。

第三百三十五条 对外国籍犯罪嫌疑人采取强制措施的同时，经省级公安机关批准，可以依法扣留其护照，发给本人扣留护照的证明，并将有关情况及时报告公安部，通报同级人民政府外事办公室。

第三百三十六条 对判处独立适用驱逐出境刑罚的外国人，省级公安机关在收到人民法院的刑事判决书、执行通知书的副本后，应当指定罪犯所在地的地（市）级公安机关执行。

被判处徒刑的外国人，其主刑执行期满后应执行驱逐出境附加刑的，省级公安机关在收到原执行监狱的上级主管部门转交的原刑事判决书、执行通知书副本或者复印本后，应当指定罪犯所在地的地（市）级公安机关执行。

我国政府已按照国际条约或《中华人民共和国外交特权与豁免条例》的规定，对实施犯罪，但享有外交或领事特权和豁免的外国人宣布为不受欢迎的人或者不可接受并拒绝承认其外交或领事人员身份，责令限期出境的人，无正当理由逾期不自动出境的，由公安部凭外交部公文指定该外国人所在的省级公安机关负责执行或者监督执行。

第三百三十七条 办理外国人犯罪案件，本章未规定的，适用其他各章的有关规定。

第三百三十八条 办理无国籍人犯罪案件，适用本章的规定。

第十三章 刑事司法协助和警务合作

第三百三十九条 公安机关进行刑事司法协助和警务合作，我国缔结或者参加的国际条约和公安部签订的合作协议有规定的，按照条约和协议的规定办理，但是我国声明保留的条款除外，无相应条约和协议规定的，按照互惠原则通过外交途径或国际刑事警察组织进行。

第三百四十条 公安机关应当在相互尊重国家主权和平等互惠的基础上，与有关国家的警察机关相互进行刑事司法协助和警务合作。

第三百四十一条 公安机关进行刑事司法协助和警务合作的范围，主要包括犯罪情报信息的交流与合作、调查取证、送达刑事诉讼文书、移交物证、书证和视听资料、引渡以及国际条约规定的其他刑事司法协助、警务合作事宜。

第三百四十二条 公安部是公安机关进行刑事司法协助、警务合作的中央主管机关，地方各级公安机关依照职责分工办理刑事司法协助事务和警务合作事务。

第三百四十三条 其他司法机关在办理刑事案件中，需要外国警方协助的，应当通过其中央主管机关与公安部联系办理。

第三百四十四条 我国边境地区公安机关与相邻国家的警察机关相互进行警务合作，在不违背有关国际条约、协议和我国法律的前提下，可以按照惯例进行，但应当报公安部备案。

第三百四十五条 公安部通过有关国际条约或者协议规定的联系途径或者外交途径，接收或者向外国提出刑事司法协助或者警务合作请求。

第三百四十六条 公安部收到外国的刑事司法协助或者警务合作请求后，应当依据我国法律和有关司法协助条约、警务合作协议的规定进行审查。对符合条约、协议规定的，交有关省、自治区、直辖市公安机关办理，或者移交其他有关中央主管机关；对不符合条约或者协议规定的，不予执行，并通过接收请求的途径退回请求方。

第三百四十七条 负责执行刑事司法协助或者警务合作的公安机关收到刑事司法协助或者警务合作请求书和所附材料后，应当立即安排执行。执行后，应当按照条约或者协议规定的格式和语言，将执行结果及其有关材料报经省、自治区、直辖市公安机关审核后报送公安部。

对于因犯罪嫌疑人死亡或者具有应当拒绝协助、合作的情形等不能执行的，应当将刑事司法协助、警务合作请求和所附材料，连同不能执行的理由通过省、自治区、直辖市公安机关报送公安部。

公安机关因请求书提供的地址不详或者材料不齐全难以执行的，应当立即通过省、自治区、直辖市公安机关报送公安部要求请求方补充材料。

第三百四十八条 地方公安机关提供刑事司法协助和警务合作，请求书中附有办理期限的，应当按期完成。未附办理期限的，调查取证应当在三个月以内完成；送达刑事诉讼文书，应当在十日内完成。不能按期完成的，应当说明情况和理由，层报公安部。

第三百四十九条 地方公安机关需要请求外国警方提供刑事司法协助或者警务合作的，应当按照有关条约或者合作协议的规定提出刑事司法协助或者警务合作请求书，所附文件及相应译文，经省、自治区、直辖市公安机关审核后报送公安部审批。

第三百五十条 地方公安机关需要通过国际刑警组织缉捕罪犯或者犯罪嫌疑人、查询资料、调查取证的，应当提出申请层报公安部审批。

第三百五十一条 公安机关提供或者请求外国提供刑事司法协助或者警务合作，应当收取或者支付费用的，根据有关国际条约或者合作协议的规定办理。

第三百五十二条 办理引渡案件，依照国家关于引渡的法律和规定执行。

第十四章 附 则

第三百五十三条 本规定是公安机关办理刑事案件的基本程序，由公安部负责解释。

第三百五十四条 本规定自发布之日起施行。公安部1987年制定的《公安机关办理刑事案件程序规定》同时废止。

第三百五十五条 本规定发布前，公安部制定的其他规定与本规定相抵触的，适用本规定。

最高人民法院　最高人民检察院　公安部关于严格依法履行职责，切实保障刑事案件办案质量的通知

（2004年9月6日　法〔2004〕196号）

各省、自治区、直辖市高级人民法院、人民检察院、公安厅（局），解放军军事法院、军事检察院、总政治部保卫部，新疆维吾尔自治区高级人民法院生产建设兵团分院、新疆生产建设兵团人民检察院、公安局：

修正后的刑事诉讼法实施以来，各级人民法院、人民检察院、公安机关高度重视，认真履行法定职责，有力打击了各种刑事犯罪活动，为维护社会稳定作出了重要贡献。总体上看，刑事案件的办案质量是好的。但由于执法观念、执法水平、执法标准等方面的原因，在办案质量方面仍然存在一些问题，如办案程序违法，收集、固定证据不及时、不全面，对案件审查不细，把关不严等，导致实践中一些刑事案件事实不清，证据不够确实、充分，严重影响了刑事案件的办案质量和办案效率，是造成办案超法定期限的重要原因之一。为进一步强调人民法院、人民检察院、公安机关严格依法履行职责，切实保障刑事案件办案质量，有效打击犯罪，维护司法公正，现就有关问题通知如下：

一、牢固树立司法为民、执法为民的观念，充分认识保障刑事案件办案质量的重要意义

办理刑事案件是公、检、法机关的法定职责，确保刑事案件办案质量既关系到准确打击犯罪、维护社会稳定，以及依法保障犯罪嫌疑人、被告人的合法权利，也关系到人民法院、人民检察院、公安机关乃至国家的形象，责任重大，绝不能掉以轻心。各级人民法院、人民检察院、公安机关必须坚持以“三个代表”重要思想为指导，坚持司法为民、执法为民的工作要求，充分认识保障刑事案件办案质量的重要意义，切实把好刑事案件的事实关、证据关、程序关、适用法律关，维护人民法院、人民检察院、公安机关的公正形象，维护司法公正。

二、认真履行法定职责，严格依法办案

公安机关、人民检察院、人民法院在刑事诉讼中分别履行侦查、检察、审判职责，每个阶段的工作都关系到刑事案件的办案质量。因此，要本着对刑事案件办案质量高度负责的态度，严格遵守法律、法律解释、司法解释和有关规定，在刑事诉讼中的每一个环节，在案件事实、证据、程序、适用法律等方面严格履行法定职责，从严、从细、从实地办理每一起案件。

要把查明案件事实与遵守法定程序联系起来，严格执行刑事诉讼法及司法解释有关管辖的规定，避免因管辖混乱造成案件久拖不决；严格依照规定收集、审查、认定证据，避免出现非法证据和瑕疵证据。以刑讯逼供或者威胁、引诱、欺骗等非法的方法收集的犯罪嫌疑人、被告人供述、证人证言、被害人陈述，绝不能作为定案的根据。对案件存在的疑点、矛盾的证据以及辩护人提

供的证据材料等，必须给予高度重视，认真、及时进行核实，保证证明案件事实的证据确实、充分。对应当办理换押手续的，办案机关必须及时依照有关规定办理换押手续；因法定事由需要延长、重新计算办案期限的，办案机关应当及时书面通知看守所。对犯罪嫌疑人、被告人被羁押的案件，不能在刑事诉讼法规定的侦查羁押、审查起诉、第一审、第二审期限内办结，需要继续查证、审理的，要依法将强制措施变更为取保候审或者监视居住。

对于刑事案件办案质量的评定，应当根据全案事实、证据、程序和适用法律等方面进行综合判断，不能单纯以破案率、批捕率、起诉率或者定罪率作为衡量办案质量的标准。

三、公安机关要依法全面、及时收集证据，确保移送审查起诉的案件事实清楚，证据确实、充分

公安机关应当依照刑事诉讼法、司法解释及其他有关规定的程序，严把案件侦查关，全面、及时收集与案件相关的证据，收集证明犯罪嫌疑人有罪或者无罪、罪重或者罪轻等涉及案件事实的所有证据。有条件的单位，可以采取同期录音、录像等有效措施固定证据。

公安机关在侦查过程中，对符合法定逮捕条件的，应当提请批准逮捕。对于采取取保候审、监视居住等方法，足以防止发生社会危险性而没有逮捕必要的，侦查终结后可以直接移送人民检察院审查起诉。

公安机关要高度重视批捕后的侦查工作和退回补充侦查工作。对于人民检察院退回补充侦查或者要求提供法庭审判所必需的证据材料的，应当按照要求及时补充证据或有关材料；确实无法补充的，应当说明理由。

对于侦查终结移送审查起诉的案件，应当做到犯罪事实清楚，证据确实、充分，犯罪性质和罪名认定明确，法律手续完备。对于案件事实不清、证据不足，不能移送人民检察院审查起诉的，应当继续进行侦查工作；待查清案件事实，证据确实、充分后，再移送人民检察院审查起诉。

公安机关要积极推行侦查人员旁听案件制度，从所办案件的法庭审判中检验办案质量。

四、人民检察院要全面审查案件，确保向人民法院提起公诉的案件事实清楚，证据确实、充分

人民检察院应当依法全面、正确掌握逮捕条件，对于公安机关提请批准逮捕的犯罪嫌疑人，经审查符合法定批捕条件的，依法作出批准逮捕的决定。

人民检察院审查批准逮捕，在必要的时候，可以派人参加公安机关对重大案件的讨论，对调查取证和适用法律提出意见，公安机关应做好证据的全面收集、审查和固定工作，确保案件依法及时移送人民检察院审查起诉。

人民检察院对于公安机关移送起诉和直接受理侦查终结的案件，应当按照有关规定认真进行审查，严把案件起诉关。审查后，对犯罪嫌疑人的犯罪事实已经查清，证据确实、充分，依法应当追究刑事责任的，应当作出起诉决定，向人民法院提起公诉；对于符合不起诉条件的，依法作出不起诉决定。

对于案件事实不清、证据不足的案件，人民检察院要求公安机关补充侦查的，应当提出补充侦查提纲，列明需要补充侦查的事项和目的。对于经过两次补充侦查的案件，人民检察院仍然认为证据不足，不符合起诉条件的，应当依法作出不起诉的决定。

在审判过程中，对于需要补充提供法庭审判所必需的证据或者补充侦查的，人民检察院应当依法补充侦查，必要时可以要求公安机关提供帮助。

五、人民法院要严格依法办案，确保案件最终得到公正处理

人民法院在审理案件过程中，应当严格依照刑事诉讼法和司法解释的规定开庭审判，除因法定事由延长审理期限的以外，必须严格遵守法律规定的审理期限。在庭审过程中，要对证据仔细核实，认真听取公诉人、当事人和辩护人以及其他诉讼参与人的意见，查清案件事实，确保案件最终得到公正处理，严把案件审判关。

人民法院要根据已经审理查明的事实、证据和有关的法律规定，准确适用法律，对案件事实清楚，证据确实、充分，依据法律认定被告人有罪或者无罪的，依法作出认定被告人有罪或者无罪的判决；对于经过查证，只有部分犯罪事实清楚、证据确实、充分的案件，要就该部分事实和证据进行认定和判决；对于查证以后，仍然证据不足，在法律规定的审理期限内无法再行收集充分的证据，不能认定被告人有罪的，除人民检察院提出补充侦查建议的以外，应当依法作出证据不足、指控的犯罪不能成立的无罪判决。

人民法院作出的判决生效以后，对被扣押、冻结的赃款赃物及其孳息，依照刑事诉讼法的有关规定处理。

六、加强业务培训工作，进一步提高办案人员的业务水平

办案人员的业务素质、业务能力和业务水平是保障刑事案件办案质量的重要因素。各级公安机关、人民检察院、人民法院应当加强对办案人员的业务培训，必要时可以采取联合培训的方式，逐步使培训工作制度化、规范化。要经常性地组织疑难、复杂案件和新类型案件法律适用问题的研讨、庭审观摩、办案质量评比等活动。侦查人员、检察人员和审判人员应当认真总结办案经验，共同提高办案水平。

七、建立、健全工作联系机制，加强相互配合和制约

为切实保障刑事案件的办案质量，加强相互之间的配合，公、检、法机关之间应当建立、健全工作联系机制，如联席会议制度、信息通报制度等，加强业务上的交流。同时，对工作中遇到的问题，应当及时沟通，互相支持。对不批捕、不起诉、判决无罪及二审、再审改判的案件，相关公安机关、人民检察院、人民法院应当认真分析原因，总结经验教训。公检法机关之间既要各负其责，又要互相配合，互相制约，共同把好刑事案件的质量关。

八、严格执行办案质量责任追究制度

对于故意违反法律和本通知的规定，或者由于不负责任，严重影响刑事案件的办案质量，造成严重后果的，对直接负责的主管人员和其他直接责任人员，由其所在单位或者上级主管机关依照有关规定予以行政处分或者纪律处分；构成犯罪的，依法追究刑事责任。

以上通知，请认真执行。如执行中遇到问题，请分别报告最高人民法院、最高人民检察院、公安部协调解决。

最高人民法院　最高人民检察院　公安部　司法部印发《关于进一步严格依法办案确保办理死刑案件质量的意见》的通知

（2007年3月9日　法发〔2007〕11号）

各省、自治区、直辖市高级人民法院、人民检察院、公安厅（局）、司法厅（局），解放军军事法院、军事检察院、总政治部保卫部，新疆维吾尔自治区高级人民法院生产建设兵团分院、新疆生产建设兵团人民检察院、公安局、司法局：

现将《关于进一步严格依法办案确保办理死刑案件质量的意见》印发给你们，请认真遵照执行。执行情况及遇到的问题，请分别及时报告最高人民法院、最高人民检察院、公安部、司法部。

关于进一步严格依法办案确保办理死刑案件质量的意见

中央决定改革授权高级人民法院行使部分死刑案件核准权的做法，将死刑案件核准权统一收归最高人民法院行使，并要求严格依照法律程序办案，确保死刑案件的办理质量。2006年10月31日，全国人大常委会通过《关于修改〈中华人民共和国人民法院组织法〉的决定》，决定从2007年1月1日起由最高人民法院统一行使死刑案件核准权。为认真落实中央这一重大决策部署，现就人民法院、人民检察院、公安机关、司法行政机关严格依法办理死刑案件提出如下意见：

一、充分认识确保办理死刑案件质量的重要意义

1. 死刑是剥夺犯罪分子生命的最严厉的刑罚。中央决定将死刑案件核准权统一收归最高人民法院行使，是构建社会主义和谐社会，落实依法治国基本方略，尊重和保障人权的重大举措，有利于维护社会政治稳定，有利于国家法制统一，有利于从制度上保证死刑裁判的慎重和公正，对于保障在全社会实现公平和正义，巩固人民民主专政的政权，全面建设小康社会，具有十分重要的意义。

2. 最高人民法院统一行使死刑案件核准权，对人民法院、人民检察院、公安机关和司法行政机关的工作提出了新的、更高的要求。办案质量是人民法院、人民检察院、公安机关、司法行政机关工作的生命线，死刑案件人命关天，质量问题尤为重要。确保办理死刑案件质量，是中央这一重大决策顺利实施的关键，也是最根本的要求。各级人民法院、人民检察院、公安机关和司法行政机关必须高度重视，统一思想，提高认识，将行动统一到中央决策上来，坚持以邓小平理论和“三个代表”重要思想为指导，全面落实科学发展观，牢固树立社会主义法治理念，依法履行职责，严格执行刑法和刑事诉讼法，切实把好死刑案件的事实关、证据关、程序关、适用法律关，使办理的每一起死刑案件都经得起历史的检验。

二、办理死刑案件应当遵循的原则要求

（一）坚持惩罚犯罪与保障人权相结合

3. 我国目前正处于全面建设小康社会、加快推进社会主义现代化建设的重要战略机遇期，同时又是人民内部矛盾凸显、刑事犯罪高发、对敌斗争复杂的时期，维护社会和谐稳定的任务相当繁重，必须继续坚持“严打”方针，正确运用死刑这一刑罚手段同严重刑事犯罪作斗争，有效遏制犯罪活动猖獗和蔓延势头。同时，要全面落实“国家尊重和保障人权”宪法原则，切实保障犯罪嫌疑人、被告人的合法权益。坚持依法惩罚犯罪和依法保障人权并重，坚持罪刑法定、罪刑相适应、适用刑法人人平等和审判公开、程序法定等基本原则，真正做到有罪依法惩处，无罪不受刑事追究。

（二）坚持保留死刑，严格控制和慎重适用死刑

4. “保留死刑，严格控制死刑”是我国的基本死刑政策。实践证明，这一政策是完全正确的，必须继续贯彻执行。要完整、准确地理解和执行“严打”方针，依法严厉打击严重刑事犯罪，对极少数罪行极其严重的犯罪分子，坚决依法判处死刑。我国现在还不能废除死刑，但应逐步减少适用，凡是可杀可不杀的，一律不杀。办理死刑案件，必须根据构建社会主义和谐社会和维护社会稳定的要求，严谨审慎，既要保证根据证据正确认定案件事实，杜绝冤错案件的发生，又要保证定罪准确，量刑适当，做到少杀、慎杀。

（三）坚持程序公正与实体公正并重，保障犯罪嫌疑人、被告人的合法权利

5. 人民法院、人民检察院和公安机关进行刑事诉讼，既要保证案件实体处理的正确性，也要保证刑事诉讼程序本身的正当性和合法性。在侦查、起诉、审判等各个阶段，必须始终坚持依法进行诉讼，坚决克服重实体、轻程序，重打击、轻保护的错误观念，尊重犯罪嫌疑人、被告人的诉讼地位，切实保障犯罪嫌疑人、被告人充分行使辩护权等诉讼权利，避免因剥夺或者限制犯罪嫌疑人、被告人的合法权利而导致冤错案件的发生。

（四）坚持证据裁判原则，重证据、不轻信口供

6. 办理死刑案件，要坚持重证据、不轻信口供的原则。只有被告人供述，没有其他证据的，不能认定被告人有罪；没有被告人供述，其他证据确实充分的，可以认定被告人有罪。对刑讯逼供取得的犯罪嫌疑人供述、被告人供述和以暴力、威胁等非法方法收集的被害人陈述、证人证言，不能作为定案的根据。对被告人作出有罪判决的案件，必须严格按照刑事诉讼法第一百六十二条的规定，做到“事实清楚，证据确实、充分”。证据不足，不能认定被告人有罪的，应当作出证据不足、指控的犯罪不能成立的无罪判决。

（五）坚持宽严相济的刑事政策

7. 对死刑案件适用刑罚时，既要防止重罪轻判，也要防止轻罪重判，做到罪刑相当，罚当其罪，重罪重判，轻罪轻判，无罪不罚。对罪行极其严重的被告人必须依法惩处，严厉打击；对具有法律规定“应当”从轻、减轻或者免除处罚情节的被告人，依法从宽处

理；对具有法律规定“可以”从轻、减轻或者免除处罚情节的被告人，如果没有其他特殊情节，原则上依法从宽处理；对具有酌定从宽处罚情节的也依法予以考虑。

三、认真履行法定职责，严格依法办理死刑案件

（一）侦查

8. 侦查机关应当依照刑事诉讼法、司法解释及其他有关规定所规定的程序，全面、及时收集证明犯罪嫌疑人有罪或者无罪、罪重或者罪轻等涉及案件事实的各种证据，严禁违法收集证据。

9. 对可能属于精神病人、未成年人或者怀孕的妇女的犯罪嫌疑人，应当及时进行鉴定或者调查核实。

10. 加强证据的收集、保全和固定工作。对证据的原物、原件要妥善保管，不得损毁、丢失或者擅自处理。对与查明案情有关需要鉴定的物品、文件、电子数据、痕迹、人身、尸体等，应当及时进行刑事科学技术鉴定，并将鉴定报告附卷。涉及命案的，应当通过被害人近亲属辨认、DNA 鉴定、指纹鉴定等方式确定被害人身份。对现场遗留的与犯罪有关的具备同一认定检验鉴定条件的血迹、精斑、毛发、指纹等生物物证、痕迹、物品，应当通过 DNA 鉴定、指纹鉴定等刑事科学技术鉴定方式与犯罪嫌疑人的相应生物检材、生物特征、物品等作同一认定。侦查机关应当将用作证据的鉴定结论告知犯罪嫌疑人、被害人。如果犯罪嫌疑人、被害人提出申请，可以补充鉴定或者重新鉴定。

11. 提讯在押的犯罪嫌疑人，应当在羁押犯罪嫌疑人的看守所内进行。严禁刑讯逼供或者以其他非法方法获取供述。讯问犯罪嫌疑人，在文字记录的同时，可以根据需要录音录像。

12. 侦查人员询问证人、被害人，应当依照刑事诉讼法第九十七条的规定进行。严禁违法取证，严禁暴力取证。

13. 犯罪嫌疑人在被侦查机关第一次讯问后或者采取强制措施之日起，聘请律师或者经法律援助机构指派的律师为其提供法律咨询、代理申诉、控告的，侦查机关应当保障律师依法行使权利和履行职责。涉及国家秘密的案件，犯罪嫌疑人聘请律师或者申请法律援助，以及律师会见在押的犯罪嫌疑人，应当经侦查机关批准。律师发现有刑讯逼供情形的，可以向公安机关、人民检察院反映。

14. 侦查机关将案件移送人民检察院审查起诉时，应当将包括第一次讯问笔录及勘验、检查、搜查笔录在内的证明犯罪嫌疑人有罪或者无罪、罪重或者罪轻等涉及案件事实的所有证据一并移送。

15. 对于可能判处死刑的案件，人民检察院在审查逮捕工作中应当全面、客观地审查证据，对以刑讯逼供等非法方法取得的犯罪嫌疑人供述、被害人陈述、证人证言应当依法排除。对侦查活动中的违法行为，应当提出纠正意见。

（二）提起公诉

16. 人民检察院要依法履行审查起诉职责，严格把握案件的法定起诉标准。

17. 人民检察院自收到移送审查起诉的案件材料之日起三日以内，应当告知犯罪嫌疑人有权委托辩护人；犯罪嫌疑人经济困难的，应当告知其可以向法律援助机构申请法律援助。辩护律师自审查起诉之日起，可以查阅、摘抄、复制本案的诉讼文书、技术性鉴定材料，可以同在押的犯罪嫌疑人会见和通信。其他辩护人经人民检察院许可，也可以查阅、摘抄、复制上述材料，同在押的犯罪嫌疑人会见和通信。人民检察院应当为辩护人查阅、摘抄、复制材料提供便利。

18. 人民检察院审查案件，应当讯问犯罪嫌疑人，听取被害人和犯罪嫌疑人、被害人委托的人的意见，并制作笔录附卷。被害人和犯罪嫌疑人、被害人委托的人在审查起诉期间没有提出意见的，应当记明附卷。人民检察院对证人证言笔录存在疑问或者认为对证人的询问不具体或者有遗漏的，可以对证人进行询问并制作笔录。

19. 人民检察院讯问犯罪嫌疑人时，既要听取犯罪嫌疑人的有罪供述，又要听取犯罪嫌疑人无罪或罪轻的辩解。犯罪嫌疑人提出受到刑讯逼供的，可以要求侦查人员作出说明，必要时进行核查。对刑讯逼供取得的犯罪嫌疑人供述和以暴力、威胁等非法方法收集的被害人陈述、证人证言，不能作为指控犯罪的根据。

20. 对可能属于精神病人、未成年人或者怀孕的妇女的犯罪嫌疑人，应当及时委托鉴定或者调查核实。

21. 人民检察院审查案件的时候，对公安机关的勘验、检查，认为需要复验、复查的，应当要求公安机关复验、复查，人民检察院可以派员参加；也可以自行复验、复查，商请公安机关派员参加，必要时也可以聘请专门技术人员参加。

22. 人民检察院对物证、书证、视听资料、勘验、检查笔录存在疑问的，可以要求侦查人员提供获取、制作的有关情况。必要时可以询问提供物证、书证、视听资料的人员，对物证、书证、视听资料委托进行技术鉴定。询问过程及鉴定的情况应当附卷。

23. 人民检察院审查案件的时候，认为事实不清、证据不足或者遗漏罪行、遗漏同案犯罪嫌疑人等情形，需要补充侦查的，应当提出需要补充侦查的具体意见，连同案卷材料一并退回公安机关补充侦查。公安机关应当在一个月以内补充侦查完毕。人民检察院也可以自行侦查，必要时要求公安机关提供协助。

24. 人民检察院对案件进行审查后，认为犯罪嫌疑人的犯罪事实已经查清，证据确实、充分，依法应当追究刑事责任的，应当作出起诉决定。具有下列情形之一的，可以确认犯罪事实已经查清：（1）属于单一罪行的案件，查清的事实足以定罪量刑或者与定罪量刑有关的事实已经查清，不影响定罪量刑的事实无法查清的；（2）属于数个罪行的案件，部分罪行已经查清并符合起诉条件，其他罪行无法查清的；（3）作案工具无法起获或者赃物去向不明，但有其他证据足以对犯罪嫌疑人定罪量刑的；（4）证人证言、犯罪嫌疑人的供述和辩解、被害人陈述的内容中主要情节一致，只有个别情节不一致且不影响定罪的。对于符合第（2）项情形的，应当以已经查清的罪行起诉。

25. 人民检察院对于退回补充侦查的案件，经审查仍然认为不符合起诉条件的，可以作出不起诉决定。具有下列情形之一，不能确定犯罪嫌疑人构成犯罪和需要追究刑事责任的，属于证据不足，不符合起诉条件：（1）据以定罪的证据存在疑问，无法查证属实的；（2）犯罪构成要件事实缺乏必要的证据予以证明的；（3）据以定罪的证据之间的矛盾不能合理排除的；（4）根据证据得出的结论具有其他可能性的。

26. 人民法院认为人民检察院起诉移送的有关材料不符合刑事诉讼法第一百五十条规定的条件，向人民检察院提出书面意见要求补充提供的，人民检察院应当在收到通知之日起三日以内补送。逾期不能提供的，人民检察院应当作出书面说明。

（三）辩护、提供法律帮助

27. 律师应当恪守职业道德和执业纪律，办理死刑案件应当尽职尽责，做好会见、阅卷、调查取证、出庭辩护等工作，提高辩护质量，切实维护犯罪嫌疑人、被告人的合法权益。

28. 辩护律师经证人或者其他有关单位和个人同意，可以向他们收集证明犯罪嫌疑人、被告人无罪或者罪轻的证据，申请人民检察院、人民法院收集、调取证据，或者申请人民法院通知证人出庭作证，也可以申请人民检察院、人民法院依法委托鉴定机构对有异议的鉴定结论进行补充鉴定或者重新鉴定。对于辩护律师的上述申请，人民检察院、人民法院应当及时予以答复。

29. 被告人可能被判处死刑而没有委托辩护人的，人民法院应当通过法律援助机构指定承担法律援助义务的律师为其提供辩护。法律援助机构应当在收到指定辩护通知书三日以内，指派有刑事辩护经验的律师提供辩护。

30. 律师在提供法律帮助或者履行辩护职责中遇到困难和问题，司法行政机关应及时与公安机关、人民检察院、人民法院协调解决，保障律师依法履行职责。

（四）审判

31. 人民法院受理案件后，应当告知因犯罪行为遭受物质损失的被害人、已死亡被害人的近亲属、无行为能力或者限制行为能力被害人的法定代理人，有权提起附带民事诉讼和委托诉讼代理人。经济困难的，还应当告知其可以向法律援助机构申请法律援助。在审判过程中，注重发挥附带民事诉讼中民事调解的重要作用，做好被害人、被害人近亲属的安抚工作，切实加强刑事被害人的权益保护。

32. 人民法院应当通知下列情形的被害人、证人、鉴定人出庭作证：（一）人民检察院、被告人及其辩护人对被害人陈述、证人证言、鉴定结论有异议，该被害人陈述、证人证言、鉴定结论对定罪量刑有重大影响的；（二）人民法院认为其他应当出庭作证的。经人民法院依法通知，被害人、证人、鉴定人应当出庭作证；不出庭作证的被害人、证人、鉴定人的书面陈述、书面证言、鉴定结论经质证无法确认的，不能作为定案的根据。

33. 人民法院审理案件，应当注重审查证据的合法性。对有线索或者证据表明可能存在刑讯逼供或者其他非法取证行为的，应当认真审查。人民法院向人民检察院调取相关证据时，人民检察院应当在三日以内提交。人民检察院如果没有相关材料，应当向人民法院说明情况。

34. 第一审人民法院和第二审人民法院审理死刑案件，合议庭应当提请院长决定提交审判委员会讨论。最高人民法院复核死刑案件，高级人民法院复核死刑缓期二年执行的案件，对于疑难、复杂的案件，合议庭认为难以作出决定的，应当提请院长决定提交审判委员会讨论决定。审判委员会讨论案件，同级人民检察院检察长、受检察长委托的副检察长均可列席会议。

35. 人民法院应当根据已经审理查明的事实、证据和有关的法律规定，依法作出裁判。对案件事实清楚，证据确实、充分，依据法律认定被告人有罪的，应当作出有罪判决；对依据法律认定被告人无罪的，应当作出无罪判决；证据不足，不能认定被告人有罪的，应当作出证据不足、指控的犯罪不能成立的无罪判决；定罪的证据确实，但影响量刑的证据存有疑点，处刑时应当留有余地。

36. 第二审人民法院应当及时查明被判处死刑立即执行的被告人是否委托了辩护人。没有委托辩护人的，应当告知被告人可以自行委托辩护人或者通知法律援助机构指定承担法律援助义务的律师为其提供辩护。人民法院应当通知人民检察院、被告人及其辩护人在开庭五日以前提供出庭作证的证人、鉴定人名单，在开庭三日以前送达传唤当事人的传票和通知辩护人、证人、鉴定人、翻译人员的通知书。

37. 审理死刑第二审案件，应当依照法律和有关规定实行开庭审理。人民法院必须在开庭十日以前通知人民检察院查阅案卷。同级人民检察院应当按照人民法院通知的时间派员出庭。

38. 第二审人民法院作出判决、裁定后，当庭宣告的，应当在五日以内将判决书或者裁定书送达当事人、辩护人和同级人民检察院；定期宣告的，应当在宣告后立即送达。

39. 复核死刑案件，应当对原审裁判的事实认定、法律适用和诉讼程序进行全面审查。

40. 死刑案件复核期间，被告人委托的辩护人提出听取意见要求的，应当听取辩护人的意见，并制作笔录附卷。辩护人提出书面意见的，应当附卷。

41. 复核死刑案件，合议庭成员应当阅卷，并提出书面意见存查。对证据有疑问的，应当对证据进行调查核实，必要时到案发现场调查。

42. 高级人民法院复核死刑案件，应当讯问被告人。最高人民法院复核死刑案件，原则上应当讯问被告人。

43. 人民法院在保证办案质量的前提下，要进一步提高办理死刑复核案件的效率，公正、及时地审理死刑复核案件。

44. 人民检察院按照法律规定加强对办理死刑案件的法律监督。

（五）执行

45. 人民法院向罪犯送达核准死刑的裁判文书时，应当告知罪犯有权申请会见其近亲属。罪犯提出会见申请并提供具体地址和联系方式的，人民法院应当准许；原审人民法院应当通知罪犯的近亲属。罪犯近亲属提出会见申请的，人民法院应当准许，并及时安排会见。

46. 第一审人民法院将罪犯交付执行死刑前，应当将核准死刑的裁判文书送同级人民检察院，并在交付执行三日以前通知同级人民检察院派员临场监督。

47. 第一审人民法院在执行死刑前，发现有刑事诉讼法第二百一十一条规定的情形的，应当停止执行，并且立即报告最高人民法院，由最高人民法院作出裁定。临场监督执行死刑的检察人员在执行死刑前，发现有刑事诉讼法第二百一十一条规定的情形的，应当建议人民法院停止执行。

48. 执行死刑应当公布。禁止游街示众或者其他有辱被执行人人格的行为。禁止侮辱尸体。

四、人民法院、人民检察院、公安机关依法互相配合和互相制约

49. 人民法院、人民检察院、公安机关办理死刑案件，应当切实贯彻“分工负责，互相配合，互相制约”的基本诉讼原则，既根据法律规定的明确分工，各司其职，各负其责，又互相支持，通力合作，以保证准确有效地执行法律，共同把好死刑案件的质量关。

50. 人民法院、人民检察院、公安机关应当按照诉讼职能分工和程序设置，互相制约，以防止发生错误或者及时纠正错误，真正做到不错不漏，不枉不纵。人民法院、人民检察院和公安机关的互相制约，应当体现在各机关法定的诉讼活动之中，不得违反程序干扰、干预、抵制其他机关依法履行职权的诉讼活动。

51. 在审判过程中，发现被告人可能有自首、立功等法定量刑情节，需要补充证据或者补充侦查的，人民检察院应当建议延期审理。延期审理的时间不能超过一个月。查证被告人揭发他人犯罪行为，人民检察院根据犯罪性质，可以依法自行查证，属于公安机关管辖的，可以交由公安机关查证。人民检察院应当将查证的情况在法律规定的期限内及时提交人民法院。

五、严格执行办案责任追究制度

52. 故意违反法律和本意见的规定，或者由于严重不负责任，影响办理死刑案件质量，造成严重后果的，对直接负责的主管人员和其他直接责任人员，由其所在单位或者上级主管机关依照有关规定予以行政处分或者纪律处分；徇私舞弊、枉法裁判构成犯罪的，依法追究刑事责任。

最高人民法院　最高人民检察院　公安部　司法部　海关总署关于走私犯罪侦查机关办理走私犯罪案件适用刑事诉讼程序若干问题的通知

（1998年12月3日　署侦〔1998〕742号）

各省、自治区、直辖市高级人民法院、人民检察院、公安厅（局）、司法厅（局），海关总署广东分署、各直属海关：

根据《国务院关于缉私警察队伍设置方案的批复》（国函〔1998〕53号）和《国务院办公厅关于组建缉私警察队伍实施方案的复函》（国办函〔1998〕52号），海关总署、公安部组建成立走私犯罪侦查局，纳入公安部编制机构序列，设在海关总署。缉私警察是对走私犯罪案件依法进行侦查、拘留、执行逮捕、预审的专职刑警队伍，走私犯罪侦查局既是海关总署的一个内设局，又是公安部的一个序列局，实行海关与公安双重垂直领导、以海关领导为主的体制，按照海关对缉私工作的统一部署和指挥，部署警力，执行任务。走私犯罪侦查局在广东分署和全国各直属海关设立走私犯罪侦查分局；走私犯罪侦查分局原则上在隶属海关设立走私犯罪侦查支局。各级走私犯罪侦查机关负责其所在海关业务管辖区域内的走私犯罪案件的侦查工作。

为保证缉私警察队伍依法履行职责，与各行政执法部门、司法机关密切配合，切实加大打击走私犯罪活动的力度，现将走私犯罪侦查机关办理走私案件适用刑事诉讼程序的若干问题通知如下：

一、走私犯罪侦查机关在中华人民共和国海关关境内，依法查缉涉税走私犯罪案件和发生在海关监管区内的走私武器、弹药、核材料、伪造的货币、文物、贵重金属、珍贵动物及其制品、珍稀植物及其制品、淫秽物品、固体废物和毒品等非涉税走私犯罪案件。接受海关调查部门、地方公安机关（包括公安边防部门）和工商行政等执法部门查获移送的走私犯罪案件。

二、走私犯罪侦查机关在侦办走私犯罪案件过程中，依法采取通缉、边控、搜查、拘留、执行逮捕、监视居住等措施，以及核实走私罪嫌疑人身份和犯罪经历时，需地方公安机关配合的，应通报有关地方公安机关，地方公安机关应予配合。其中在全国范围通缉、边控走私犯罪嫌疑人，请求国际刑警组织或者境外警方协助的，以及追捕走私犯罪嫌疑人需要地方公安机关调动警力的，应层报公安部批准。

走私犯罪侦查机关决定对走私犯罪嫌疑人采取取保候审的，应通知并移送走私犯罪嫌疑人居住地公安机关执行。罪犯因走私罪被人民法院判处剥夺政治权利、管制以及决定暂予监外执行、假释或者宣告缓刑的，由地方公安机关执行。

走私犯罪侦查机关因办案需要使用技术侦察手段时，应严格遵照有关规定，按照审批程序和权限报批后，由有关公安机关实施。

三、走私犯罪侦查分局、支局在查办走私犯罪案件过程中进行侦查、拘留、执行逮捕、预审等工作，按《公安机关办理刑事案件程序规定》（以下简称《程序规定》）办理。

四、走私犯罪侦查机关依照刑事诉讼法的规定出具和使用刑事法律文书，适用公安部统一制定的文书格式，冠以“×××走私犯罪侦查（分、支）局”字样并加盖“×××走私犯罪侦查（分、支）局”印章。

五、走私犯罪侦查机关在侦办走私犯罪案件过程中，需要提请批准逮捕走私犯罪嫌疑人时，应按《程序规定》制作相应的法律文书，连同有关案卷材料、证据，直接移送走私犯罪侦查机关所在地的分、州、市级人民检察院审查决定。

六、走私犯罪侦查机关对犯罪事实清楚，证据确实、充分，已侦查终结的案件，应当制作《起诉意见书》，连同案卷材料、证据，一并移送走私犯罪侦查机关所在地的分、州、市级人民检察院审查决定。

七、人民检察院认为走私犯罪嫌疑人的犯罪事实已经查清，证据确实、充分，依法应当追究刑事责任的，应当依法提起公诉。对于基层人民法院管辖的案件，可以依照刑事诉讼法第二十三条的规定，向当地中级人民法院提起公诉，人民法院应当依法作出判决。

八、律师参加刑事诉讼活动，应严格按《中华人民共和国刑事诉讼法》、《中华人民共和国律师法》、《最高人民法院、最高人民检察院、公安部、国家安全部、司法部、全国人大常委会法制工作委员会关于刑事诉讼法实施中若干问题的规定》以及本通知等有关规定办理。

九、对走私犯罪案件的侦查、提起公诉、审判的其他程序，依照《中华人民共和国刑事诉讼法》以及其他相关法律的规定办理。

十、对经侦查不构成走私罪和人民检察院依法不起诉或者人民法院依法免予刑事处罚的走私案件，依照《中华人民共和国海关法》的规定，移送海关调查部门处理。

十一、海关调查部门、地方公安机关（包括公安边防部门）和工商行政等执法部门对于查获的需移送走私犯罪侦查机关的案件，应当就近移送。走私犯罪侦查机关应及时接受，出具有关手续，并将案件处理结果书面通报移送部门。

本通知自下发之日起执行。

最高人民法院　最高人民检察院　公安部关于公安部证券犯罪侦查局直属分局办理证券期货领域刑事案件适用刑事诉讼程序若干问题的通知

（2005年2月28日　公通字〔2005〕11号）

各省、自治区、直辖市高级人民法院、人民检察院、公安厅（局），新疆维吾尔自治区高级人民法院生产建设兵团分院、新疆生产建设兵团人民检察院、公安局：

根据中央机构编制委员会办公室的批复，公安部在北京、大连、上海、武汉、深圳、成都设立证券犯罪侦查局直属分局（以下简称直属分局），直接承办证券期货领域重特大刑事案件，行使《刑事诉讼法》赋予公安机关的刑事侦查权。为保证各直属分局依法履行职责，与各行政执法部门、司法机关密切配合，切实加大打击证券期货领域犯罪的力度，现就各直属分局办理证券期货领域刑事案件适用刑事诉讼程序的若干问题通知如下：

一、直属分局管辖以下案件：

（一）欺诈发行股票、债券案件；

（二）上市公司提供虚假财会报告案件；

（三）内幕交易、泄露内幕信息案件；

（四）操纵证券、期货交易价格案件；

（五）公安部交办的其他经济犯罪案件。

直属分局在办理上述前4类案件中发现的其他经济犯罪案件，应当移送有管辖权的地方公安机关，但直属分局管辖更为适宜的，由公安部指定直属分局一并侦查。地方公安机关办案中发现的上述前4类证券期货犯罪案件，原则上由地方公安机关继续侦查，但涉嫌主罪属于上述前4类案件罪名的，应当层报公安部，由公安部指定有关直属分局管辖。

二、各直属分局管辖地区分别是：

北京分局：北京、天津、河北、山西、新疆（含生产建设兵团）；

大连分局：辽宁、吉林、黑龙江、内蒙古；

上海分局：上海、江苏、浙江、安徽、山东；

武汉分局：河南、湖北、湖南、陕西、甘肃、宁夏；

深圳分局：福建、江西、广东、广西、海南；

成都分局：重庆、四川、贵州、云南、青海、西藏。

三、直属分局行使公安机关侦查权，依法对本通知第一条规定的刑事案件立案、侦查、预审。对犯罪嫌疑人分别依法决定传唤、拘传、取保候审、监视居住、拘留；认为需要逮捕的，提请人民检察院审查批准；对依法不追究刑事责任的不予立案，已经立案的予以撤销案件；对侦查终结应当起诉的案件，移送人民检察院审查决定；对不够刑事处罚的犯罪嫌疑人需要行政处理的，移送有关部门处理。

四、直属分局依照《刑事诉讼法》

和《公安机关办理刑事案件程序规定》等有关规定出具和使用刑事法律文书，冠以“公安部证券犯罪侦查局××分局”字样，并加盖“公安部证券犯罪侦查局××分局”印章和分局局长印章。

五、直属分局在侦查办案过程中，需要提请批准逮捕犯罪嫌疑人的，应当按照《刑事诉讼法》及《公安机关办理刑事案件程序规定》的有关规定，制作相应的法律文书，连同有关案卷材料、证据，移送犯罪地或犯罪嫌疑人所在地的人民检察院审查批准。

六、直属分局侦查终结的案件，犯罪事实清楚，证据确实、充分的，应当按照《刑事诉讼法》的有关规定，制作《起诉意见书》，连同案卷材料、证据，一并移送犯罪地或犯罪嫌疑人所在地人民检察院审查决定。

七、人民检察院认为直属分局移送的案件，犯罪事实已经查清，证据确实、充分，依法应当追究刑事责任的，应当依照《刑事诉讼法》有关管辖的规定向人民法院提起公诉。人民法院应当依法作出判决。

八、案情重大、复杂或者确有特殊情况需要改变管辖的，人民法院可以依照《刑事诉讼法》第二十三条、第二十六条的规定决定。

九、对经侦查不构成犯罪和人民检察院依法不起诉或者人民法院依法宣告无罪、免予刑事处罚的刑事案件，需要追究行政责任的，依照有关行政法规的规定，移送有关部门处理。

本通知自下发之日起执行。各地公安、司法机关此前已经受理的案件仍由其继续办理。

最高人民法院　最高人民检察院　公安部关于办理海上发生的违法犯罪案件有关问题的通知

（2007年9月17日）

各省、自治区、直辖市高级人民法院、人民检察院、公安厅（局），解放军军事法院、军事检察院，新疆维吾尔自治区高级人民法院生产建设兵团分院、新疆生产建设兵团人民检察院、公安局：

为维护我国国家安全和海域治安秩序，保护公共财产和公民人身财产安全，及时、有效地办理发生在海上的违法犯罪案件，现就有关问题通知如下：

一、公安机关海上执法任务由沿海省、自治区、直辖市公安边防总队及其所属的海警支队、海警大队承担。在办理海上治安行政案件和刑事案件时，公安边防总队行使地（市）级人民政府公安机关的职权，海警支队行使县级人民政府公安机关的职权，海警大队行使公安派出所的职权，分别以自己名义作出决定和制作法律文书。

二、对省、自治区、直辖市公安边防总队及其下设的海警支队管辖海域的划分，应当充分考虑执法办案工作的需要，可以不受行政区划海域划分的限制。

海警支队的管辖海域由其隶属的省、自治区、直辖市公安边防总队划定，报公安部边防管理局和所在省、自治区、直辖市公安厅、局备案，并抄送所在地省、自治区、直辖市高级人民法院、人民检察院。

沿海省、自治区、直辖市公安边防总队的管辖海域由公安部边防管理局划定，并抄送最高人民法院、最高人民检察院。

三、海上发生的一般治安行政案件，由违法行为发生海域海警大队管辖；重大、复杂、涉外的治安行政案件，由违法行为发生海域海警支队管辖；如果由违法嫌疑人居住地公安机关管辖更为适宜的，可以由违法嫌疑人居住地的公安机关管辖。

海上发生的刑事案件，由犯罪行为发生海域海警支队管辖；如果由犯罪嫌疑人居住地或者主要犯罪行为发生地公安机关管辖更为适宜的，可以由犯罪嫌疑人居住地或者主要犯罪行为发生地的公安机关管辖；对管辖有争议或者情况特殊的刑事案件，可报请上级公安机关指定管辖。

同一省、自治区、直辖市内跨海警支队管辖海域的行政案件和刑事案件，由违法犯罪行为发生海域海警支队协商确定管辖；协商不成的，由省、自治区、直辖市公安边防总队指定管辖。

跨省、自治区、直辖市管辖海域的行政案件和刑事案件，由违法犯罪行为发生海域省、自治区、直辖市公安边防总队协商确定管辖；协商不成的，由公安部边防管理局指定管辖。

四、海警支队办理刑事案件，需要提请批准逮捕或者移送审查起诉的，依法向所在地人民检察院提请或者移送，人民检察院应当依法进行审查并作出决定。

人民检察院提起公诉的海上犯罪案件，同级人民法院依法审判。人民法院判处管制、剥夺政治权利以及决定暂予监外执行、缓刑、假释的，由罪犯居住地公安机关执行。

五、公民、法人或者其他组织对海警大队作出的具体行政行为不服而依法申请行政复议的，由该海警大队隶属的海警支队依法办理。

公民、法人或者其他组织对海警支队作出的具体行政行为不服而依法申请行政复议的，由该海警支队隶属的省、自治区、直辖市公安边防总队依法办理。

六、公民、法人或者其他组织认为公安边防海警作出的具体行政行为侵犯其合法权益的，可以依法提起行政诉讼。作出决定的公安边防海警应当依法出庭应诉。

七、公民、法人或者其他组织认为公安边防海警违法行使职权侵犯其合法权益造成损害而向公安机关申请国家赔偿的，由作出决定的公安边防海警依法办理。

对公安边防海警作出的有关刑事赔偿决定不服的，可以向其上一级机关申请复议。对复议决定不服的，可以向人民法院赔偿委员会提出赔偿申请。

对公安边防海警作出的有关行政赔偿决定不服的，可以向人民法院提起行政赔偿诉讼。对具体的行政行为不服的，可以在申请行政复议和提起行政诉讼时，一并提出行政赔偿请求。

八、对海上违法犯罪案件的调查处理、侦查、提起公诉和审判，分别依照《刑事诉讼法》、《治安管理处罚法》等相关法律、法规、规章和司法解释的规定办理。

公安边防海警办理行政复议、参与行政诉讼、进行国家赔偿等，分别依照《行政诉讼法》、《行政复议法》、《国家赔偿法》等相关法律、法规、规章和司法解释的规定办理。

各地接本通知后，请认真贯彻执行。执行中遇到的问题，请及时分别报告最高人民法院、最高人民检察院、公安部。

二〇〇七年九月十七日

最高人民检察院关于在检察工作中贯彻宽严相济刑事司法政策的若干意见

（2006年12月28日最高人民检察院第十届检察委员会第68次会议通过）

为了在检察工作中全面贯彻宽严相济的刑事司法政策，更好地为构建社会主义和谐社会服务，根据刑法、刑事诉讼法及有关规定，结合检察工作实际，提出以下意见。

一、检察机关贯彻宽严相济刑事司法政策的指导思想和原则

1. 检察机关贯彻宽严相济的刑事司法政策，必须坚持以邓小平理论、“三个代表”重要思想和科学发展观为指导，牢固树立社会主义法治理念和正确的稳定观，把促进社会和谐作为检验检察工作的重要标准，充分履行法律监督职能，有效地遏制、预防和减少犯罪，最大限度地增加和谐因素，最大限度地减少不和谐因素，为构建社会主义和谐社会提供有力的司法保障。

2. 宽严相济是我们党和国家的重要刑事司法政策，是检察机关正确执行国家法律的重要指针。检察机关贯彻宽严相济的刑事司法政策，就是要根据社会治安形势和犯罪分子的不同情况，在依法履行法律监督职能中实行区别对待，注重宽与严的有机统一，该严则严，当宽则宽，宽严互补，宽严有度，对严重犯罪依法从严打击，对轻微犯罪依法从宽处理，对严重犯罪中的从宽情节和轻微犯罪中的从严情节也要依法分别予以宽严体现，对犯罪的实体处理和适用诉讼程序都要体现宽严相济的精神。

3. 检察机关要按照构建社会主义和谐社会的要求，认识和把握宽严相济刑事司法政策在新的形势下对检察工作的重要指导意义，在对严重犯罪依法严厉打击的同时，对犯罪分子依法能争取的尽量争取，能挽救的尽量挽救，能从宽处理的尽量从宽处理，最大限度地化消极因素为积极因素，为构建社会主义和谐社会服务。

4. 检察机关贯彻宽严相济的刑事司法政策应当坚持以下原则：

——全面把握。宽严相济刑事司法政策中的宽与严是一个有机统一的整体，二者相辅相成，必须全面理解，全面把握，全面落实。既要防止只讲严而忽视宽，又要防止只讲宽而忽视严，防止一个倾向掩盖另一个倾向。

——区别对待。宽严相济刑事司法政策的核心是区别对待。应当综合考虑犯罪的社会危害性（包括犯罪侵害的客体、情节、手段、后果等）、犯罪人的主观恶性（包括犯罪时的主观方面、犯罪后的态度、平时表现等）以及案件的社会影响，根据不同时期、不同地区犯罪与社会治安的形势，具体情况具体分析，依法予以从宽或者从严处理。

——严格依法。贯彻宽严相济的刑

事司法政策，必须坚持罪刑法定、罪刑相适应、法律面前人人平等原则，实现政策指导与严格执法的有机统一，宽要有节，严要有度，宽和严都必须严格依照法律，在法律范围内进行，做到宽严合法，于法有据。

——注重效果。贯彻宽严相济的刑事司法政策，应当做到惩治犯罪与保障人权的有机统一，法律效果与社会效果的有机统一，保护犯罪嫌疑人、被告人的合法权利与保护被害人的合法权益的有机统一，特殊预防与一般预防的有机统一，执法办案与化解矛盾的有机统一，以有利于维护稳定，化解矛盾，减少对抗，促进和谐。

二、在履行法律监督职能中全面贯彻宽严相济刑事司法政策

5. 依法严厉打击严重危害社会治安的犯罪和严重破坏市场经济秩序等犯罪。“严打”是宽严相济刑事司法政策的重要内容和有机组成部分，是贯彻宽严相济刑事司法政策的重要体现，必须坚定不移地坚持。必须依法从重从快打击黑社会性质组织犯罪、恐怖犯罪、毒品犯罪以及杀人、爆炸、抢劫、强奸、绑架、投放危险物质等严重危害社会治安的刑事犯罪，依法严厉惩治严重破坏金融秩序、侵犯知识产权、制售严重危害人身安全和人体健康的伪劣商品等严重破坏社会主义市场经济秩序的犯罪，依法打击重大环境污染等破坏环境资源犯罪。该批捕的要坚决批捕，该起诉的要坚决起诉，及时、准确、有力地予以打击。

6. 依法严肃查处贪污贿赂、渎职侵权等国家工作人员职务犯罪。加大对职务犯罪的查处力度，提高侦破率，降低漏网率，有效遏制、震慑职务犯罪。严肃查办党政领导干部的职务犯罪，国家工作人员利用人事权、司法权、行政审批权、行政执法权进行权钱交易的职务犯罪，充当黑恶势力“保护伞”的职务犯罪，重大安全责任事故所涉及的职务犯罪，放纵制售伪劣商品的职务犯罪，企业改制、征地拆迁、资源审批和社会保障等工作中侵害国家利益和人民群众切身利益的职务犯罪，发生在基层或者社会关注的行业以及人民群众反映强烈的职务犯罪。对罪行严重、拒不认罪、拒不退赃或者负案潜逃以及进行串供、毁证等妨害诉讼活动的，要果断采取必要的侦查、控制手段或者拘留、逮捕等措施。对于罪行较轻、真诚悔罪、证据稳定的，特别是其中的过失犯罪，可以依法不予逮捕或者及时变更强制措施。

7. 严格把握“有逮捕必要”的逮捕条件，慎重适用逮捕措施。逮捕是最严厉的刑事强制措施，能用其他强制措施的尽量使用其他强制措施。审查批捕要严格依据法律规定，在把握事实证据条件、可能判处刑罚条件的同时，注重对“有逮捕必要”条件的正确理解和把握。具体可以综合考虑以下因素：一是主体是否属于未成年人或者在校学生、老年人、严重疾病患者、盲聋哑人、初犯、从犯或者怀孕、哺乳自己婴儿的妇女等；二是法定刑是否属于较轻的刑罚；三是情节是否具有中止、未遂、自首、立功等法定从轻、减轻或者免除处罚等情形；四是主观方面是否具有过失、受骗、被胁迫等；五是犯罪后是否具有认罪、悔罪表现，是否具有重新危害社会或者串供、毁证、妨碍作证等妨害诉讼进行的可能；六是犯罪嫌疑人是否属于流窜作案、有无固定住址及帮教、管教条件；七是案件基本证据是否已经收集固定、是否有翻供翻证的可能等。对于罪行严重、主观恶性较大、人身危险性大或者有串供、毁证、妨碍作证等妨害诉讼顺利进行可能，符合逮捕条件的，应当批准逮捕。对于不采取强制措施或者采取其他强制措施不至于妨害诉讼顺利进行的，应当不予批捕。对于可捕可不捕的坚决不捕。

8. 正确把握起诉和不起诉条件，依法适用不起诉。在审查起诉工作中，严格依法掌握起诉条件，充分考虑起诉的必要性，可诉可不诉的不诉。对于初犯、从犯、预备犯、中止犯、防卫过当、避险过当、未成年人犯罪、老年人犯罪以及亲友、邻里、同学同事等纠纷引发的案件，符合不起诉条件的，可以依法适用不起诉，并可以根据案件的不同情况，对被不起诉人予以训诫或者责令具结悔过、赔礼道歉、赔偿损失。确需提起公诉的，可以依法向人民法院提出从宽处理、适用缓刑等量刑方面的意见。

9. 突出立案监督的重点。完善立案监督机制，将监督的重点放在严重犯罪或者社会影响恶劣以及违法立案造成严重后果的案件上，加强对侦查机关落实立案监督情况的跟踪监督，确保违法立案案件及时得到纠正。

10. 在抗诉工作中正确贯彻宽严相济的刑事司法政策。既要重视对有罪判无罪、量刑畸轻的案件及时提出抗诉，又要重视对无罪判有罪、量刑畸重的案件及时提出抗诉。对于被告人认罪并积极赔偿损失、被害人谅解的案件、未成年人犯罪案件以及具有法定从轻、减轻情节的案件，人民法院处罚偏轻的，一般不提出抗诉。对于第一审宣判后人民检察院在法定期限内未提出抗诉，或者判决、裁定发生法律效力后六个月内未提出抗诉的案件，没有发现新的事实或者证据的，一般也不得为加重被告人刑罚而依照审判监督程序提出抗诉。

11. 对未成年人犯罪案件依法从宽处理。办理未成年人犯罪案件，应当坚持“教育、感化、挽救”的方针和“教育为主、惩罚为辅”的原则。要对未成年犯罪嫌疑人的情况进行调查，了解未成年人的性格特点、家庭情况、社会交往、成长经历以及有无帮教条件等情况，除主观恶性大、社会危害严重的以外，根据案件具体情况，可捕可不捕的不捕，可诉可不诉的不诉。对确需提起公诉的未成年被告人，应当根据情况依法向人民法院提出从宽处理、适用缓刑等量刑方面的意见。

12. 对因人民内部矛盾引发的轻微刑事案件依法从宽处理。对因亲友、邻里及同学同事之间纠纷引发的轻微刑事案件，要本着“冤家宜解不宜结”的精神，着重从化解矛盾、解决纠纷的角度正确处理。对于轻微刑事案件中犯罪嫌疑人认罪悔过、赔礼道歉、积极赔偿损失并得到被害人谅解或者双方达成和解并切实履行，社会危害性不大的，可以依法不予逮捕或者不起诉。确需提起公诉的，可以依法向人民法院提出从宽处理的意见。对属于被害人可以提起自诉的轻微刑事案件，由公安机关立案侦查并提请批捕、移送起诉的，人民检察院可以促使双方当事人在民事赔偿和精神抚慰方面和解，及时化解矛盾，依法从宽处理。

13. 对轻微犯罪中的初犯、偶犯依法从宽处理。对于初次实施轻微犯罪、主观恶性小的犯罪嫌疑人，特别是对因生活无着偶然发生的盗窃等轻微犯罪，犯罪嫌疑人人身危险性不大的，一般可以不予逮捕；符合法定条件的，可以依法不起诉。确需提起公诉的，可以依法向人民法院提出从宽处理的意见。

14. 正确处理群体性事件中的犯罪案件。处理群体性事件中的犯罪案件，应当坚持惩治少数，争取、团结、教育大多数的原则。对极少数插手群体性事件，策划、组织、指挥闹事的严重犯罪分子以及进行打砸抢等犯罪活动的首要分子或者骨干分子，要依法严厉打击。对一般参与者，要慎重适用强制措施和提起公诉；确需提起公诉的，可以依法向人民法院提出从宽处理的意见。

三、建立健全贯彻宽严相济刑事司法政策的检察工作机制和办案方式

15. 进一步健全检察环节贯彻“严打”方针的经常性工作机制。加强对社会治安形势的分析，因地制宜地确定打击犯罪的重点，坚持什么犯罪突出就重点打击什么犯罪，增强打击的针对性。对严重刑事犯罪坚持依法快捕、快诉，增强打击的时效性。

16. 加强侦查机制建设，提高发现和查办职务犯罪的能力。推进侦查工作一体化机制建设，突出抓好案件线索的统一管理、侦查活动的统一组织指挥、跨地域侦查的统一协调配合、侦查资源的统一配置使用等各项工作，建立健全纵向指挥有力、横向协作紧密、信息畅通灵敏、运转高效有序的职务犯罪侦查指挥协作机制。加强职务犯罪侦查队伍的专业化建设，提高侦查队伍的侦查技能与水平。加强侦查装备现代化建设，依法规范侦查技术的运用，进一步提高运用科技手段侦查破案的能力。

17. 推进办案专业化，建立快速办理轻微刑事案件的工作机制。在审查逮捕、审查起诉中改进办案分工，对案件实行繁简分流，指定人员专门办理轻微案件，集中力量办理重大、疑难、复杂案件。建立轻微案件审查逮捕、审查起诉的快速办理机制，对案情简单、事实清楚、证据确实充分、可能判处三年有期徒刑以下刑罚、犯罪嫌疑人认罪的案件，简化审查逮捕、审查起诉的办案文书，缩短办案期限，提高诉讼效率。

18. 依法正确适用简易程序和简化审理程序。对于符合法定条件的轻微刑事案件，人民检察院应当建议适用简易程序；被告人及其辩护人提出适用简易程序，人民检察院经审查认为符合法定条件的，应当同意并向人民法院提出建议；人民法院建议适用简易程序，人民检察院经审查认为符合法定条件的，应当同意。对于被告人认罪的普通刑事案件，符合有关规定条件的，人民检察院应当建议适用简化审理程序。

19. 改革完善未成年人犯罪案件的办案方式。对未成年人犯罪案件，应当设立专门工作机构、专门工作小组或者指定专人办理。建立适合未成年人特点的审查逮捕、审查起诉工作机制。对成年人与未成年人共同犯罪案件，原则上实行分案处理。对未成年人犯罪案件适用简易程序的，公诉人一般应当出庭支持公诉并开展庭审教育活动。对于因犯罪情节轻微决定不起诉的未成年人，要落实帮教措施。

20. 在办理刑事案件中强化化解矛盾的工作。检察机关在办理刑事案件中，应当加强对与犯罪有关的社会矛盾、纠纷的化解和调处工作，将矛盾化解情况和达成协议及履行情况作为考虑从宽处理的一个重要因素。对有直接被害人的案件作从宽处理或者决定不起诉的，可以要求犯罪嫌疑人向被害人赔礼道歉、赔偿损失，取得被害人的谅解，检察机关也要做好对被害人的解释、说明工作，防止产生新的涉法上访。

21. 完善对监外执行、社区矫正的法律监督机制。适应监外执行、社区矫正人员可能增多的趋势，配合有关部门完善相关工作机制，加强对监外执行、社区矫正的法律监督，防止对被监外执行犯罪分子的脱管、漏管和违法管理。

22. 完善办案的考核评价体系。要

按照司法规律和检察工作规律管理检察业务工作，从有利于贯彻宽严相济的刑事司法政策出发，科学确定考核各项检察业务工作的指标体系，改进考评办法，保证依法正确适用不批捕、不起诉，改变不适当地控制不捕率、不起诉率的做法，实现办案数量、质量和效果的有机统一。

四、转变观念，加强指导，保障正确贯彻落实宽严相济刑事司法政策

23. 各级检察机关和检察人员特别是领导干部和执法办案人员，应当自觉按照构建社会主义和谐社会的要求，全面准确地理解宽严相济的刑事司法政策，把贯彻落实宽严相济的刑事司法政策与推进司法体制机制改革、加强执法规范化建设结合起来，不断增强惩治犯罪、保护人民、化解矛盾、促进和谐的能力。

24. 最高人民检察院有关业务部门和各省级人民检察院应当结合本部门、本地区的实际情况，深入调查研究，加强对本部门、本地区贯彻宽严相济刑事司法政策的工作指导、检查和监督。上级人民检察院应当及时总结、发现实践中的经验和问题，强化日常管理和定期考核，完善监督制约机制，防止贯彻落实中出现偏差，严肃查处借贯彻宽严相济刑事司法政策名义所进行的徇私枉法、滥用职权等犯罪活动，保证宽严相济刑事司法政策的正确贯彻落实。

25. 各级检察机关应当加强与公安机关、人民法院、司法行政机关等部门的联系与协调，建立经常性的协调配合工作机制，共同研究在刑事诉讼活动中贯彻宽严相济刑事司法政策的具体工作措施，及时解决在贯彻宽严相济刑事司法政策中出现的问题。

26. 要大力加强贯彻宽严相济刑事司法政策的理论研究工作，不断提高运用宽严相济刑事司法政策指导办理刑事案件的水平。同时，要加强对刑事和解、逮捕条件、附条件不起诉、抗诉条件、简易程序以及其他有关问题的研究，积极提出完善贯彻宽严相济刑事司法政策相关法律制度的建议。

最高人民检察院关于依法快速办理轻微刑事案件的意见

（2006年12月28日最高人民检察院第十届检察委员会第68次会议通过）

为了全面贯彻落实宽严相济的刑事司法政策，提高诉讼效率，节约司法资源，及时化解社会矛盾，实现办案的法律效果和社会效果的有机统一，为构建社会主义和谐社会服务，根据刑事诉讼法的有关规定，结合检察工作实际，现就人民检察院依法快速办理轻微刑事案件提出如下意见：

一、依法快速办理轻微刑事案件，是对于案情简单、事实清楚、证据确实充分、犯罪嫌疑人、被告人认罪的轻微刑事案件，在遵循法定程序和期限、确保办案质量的前提下，简化工作流程、缩短办案期限的工作机制。

二、依法快速办理轻微刑事案件，应当坚持以下原则：

（一）严格依法原则。快速办理轻微刑事案件，必须严格执行法律规定的程序。快速办理可以简化内部工作流程，缩短各个环节的办案期限，但不能省略法定的办案程序。

（二）公正与效率相统一原则。快

速办理轻微刑事案件，必须把公正与效率相统一原则贯彻始终，保证既好又快地办理轻微刑事案件。

（三）充分保障诉讼参与人诉讼权利原则。在快速办理轻微刑事案件过程中，必须充分保障法律规定的诉讼参与人特别是犯罪嫌疑人、被告人、被害人的诉讼权利；对于法律规定的诉讼参与人行使诉讼权利的期限，不能缩短。绝不能为了追求快速办理而忽视对诉讼参与人诉讼权利的保护。

（四）及时化解社会矛盾原则。把办理轻微刑事案件同解决社会矛盾紧密结合起来，通过建立快速办案机制，提高化解社会矛盾的效率。

三、适用快速办理机制的轻微刑事案件，应当同时符合以下条件：

（一）案情简单，事实清楚，证据确实、充分；

（二）可能判处三年以下有期徒刑、拘役、管制或者单处罚金；

（三）犯罪嫌疑人、被告人承认实施了被指控的犯罪；

（四）适用法律无争议。

四、对于符合第三条规定的条件的下列案件，应当依法快速办理：

（一）未成年人或者在校学生涉嫌犯罪的案件；

（二）七十岁以上的老年人涉嫌犯罪的案件；

（三）盲聋哑人、严重疾病患者或者怀孕、哺乳自己未满一周岁婴儿的妇女涉嫌犯罪的案件；

（四）主观恶性较小的初犯、过失犯；

（五）因亲友、邻里等之间的纠纷引发的刑事案件；

（六）当事人双方已经就民事赔偿、化解矛盾等达成和解的刑事案件；

（七）具有中止、未遂、自首、立功等法定从轻、减轻或者免除处罚情节的案件；

（八）其他轻微刑事案件。

五、对于危害国家安全犯罪的案件、涉外刑事案件、故意实施的职务犯罪案件以及其他疑难、复杂的刑事案件，不适用快速办理机制。对于严重刑事犯罪案件，应当贯彻依法从重从快方针，集中力量及时办理，不适用本意见规定的快速办理机制。

六、对于符合第三条和第四条规定的条件和范围的轻微刑事案件，应当在法定期限内，缩短办案期限，提高诉讼效率。

审查批捕时，犯罪嫌疑人已被拘留的，应当在三日内作出是否批准逮捕的决定；未被拘留的，应当在五日内作出是否批准逮捕的决定。

审查起诉时，应当在二十日内作出是否提起公诉的决定；办案任务重、案多人少矛盾突出的，应当在三十日内作出决定，不得延长办理期限。

七、对于适用快速办理机制的轻微刑事案件，应当简化制作审查逮捕意见书和审查起诉终结报告。认定事实与侦查机关一致的，应当予以简要说明，不必重复叙述；可以简单列明证据的出处及其所能证明的案件事实，不必详细抄录；应当重点阐述认定犯罪事实的理由和处理意见。

八、对于侦查机关提请批准逮捕的轻微刑事案件，经审查认为符合快速办理条件的，在作出批准逮捕或者因无逮捕必要而作出不批准逮捕决定时，可以填写《快速移送审查起诉建议书》，建议侦查机关及时移送审查起诉；认为证据有所欠缺的，可以建议侦查机关补充证据后及时移送审查起诉。

《快速移送审查起诉建议书》应当同时抄送本院公诉部门。

九、对于符合适用简易程序的轻微刑事案件，应当建议人民法院适用简易程序审理。对于适用普通程序审理的被告人认罪的轻微刑事案件，应当建议人民法院简化审理。

十、要根据案情的繁简程度，对刑事案件实行繁简分流，分工办理，指定人员专门办理轻微刑事案件，具备条件的可以在侦查监督部门和公诉部门成立相应的办案组。

对于具体案件是否适用快速办理机制，由承办部门的负责人决定。确定为快速办理的案件，办案人员经审查发现不符合快速办理条件的，应当及时报告部门负责人决定，转为按普通审查方式办理。

十一、要把快速办理轻微刑事案件情况，作为年度考核有关检察人员工作实绩的内容，建立起激励机制。

十二、各地检察机关要加强与公安机关、人民法院的联系与配合，共同建立依法快速办理轻微刑事案件的工作机制。有条件的，可以与当地公安机关、人民法院等部门联合制定快速办案机制的规范性文件，以实现对轻微刑事案件在侦查、批捕、起诉、审判各个诉讼环节依法快速办理。

最高人民检察院关于实行人民监督员制度的规定（试行）

（2003 年 9 月 2 日最高人民检察院第十届检察委员会第 9 次会议通过　2004 年 7 月 5 日最高人民检察院第十届检察委员会第 23 次会议修订）

第一章　总　　则

第一条　为了加强对人民检察院查办职务犯罪案件工作的监督，提高执法水平和办案质量，确保依法公正履行检察职责，维护社会公平和正义，根据宪法、人民检察院组织法等有关法律，结合检察工作实际，制定本规定。

第二条　人民检察院查办职务犯罪案件，实行人民监督员制度，接受社会监督。

人民检察院应当保障人民监督员履行监督职责，认真对待人民监督员提出的意见和建议。

第三条　人民监督员经民主推荐程序产生，依照本规定对人民检察院查办职务犯罪活动实施监督。

人民监督员享有独立发表意见和表决的权利，表决实行少数服从多数的原则。

人民监督员应当公平公正地履行职责，促进人民检察院正确行使检察权。

第四条　实行人民监督员制度的人民检察院设立人民监督员办公室作为办事机构。县级人民检察院不具备单独设立条件的，应当由专人负责人民监督员工作。

第二章　人民监督员的产生

第五条　人民监督员应当具备下列条件：

（一）拥护中华人民共和国宪法；

（二）有选举权和被选举权；

（三）年满二十三岁；

（四）公道正派，有一定的文化水平和政策、法律知识；

（五）身体健康。

第六条 下列人员不得担任人民监督员：

（一）受过刑事处罚或者受到刑事追究的；

（二）被开除公职或者开除留用的。

第七条 因职务原因可能影响履行人民监督员职责的人员不宜担任人民监督员。

第八条 人民监督员由机关、团体、企业事业单位和基层组织经民主推荐、征得本人同意、考察后确认。

第九条 人民监督员的任期为三年，连任不得超过两个任期。

第十条 出现下列情形之一的，人民监督员可以辞去职务：

（一）因职务调整，出现本规定第七条情形的；

（二）不愿意继续担任人民监督员的。

第十一条 人民监督员具有下列情形之一的，人民检察院应当建议确认单位解除其职务：

（一）不再具有本规定第五条第一、二、四、五项条件之一的；

（二）出现本规定第六条情形的；

（三）违反本规定，造成不良后果的；

（四）一年内无故不参加监督活动两次以上的。

第十二条 人民监督员的名额，由各级人民检察院根据工作需要确定。

第三章 人民监督员的职责

第十三条 人民监督员对人民检察院查办职务犯罪案件的下列情形实施监督：

（一）犯罪嫌疑人不服逮捕决定的；

（二）拟撤销案件的；

（三）拟不起诉的。

涉及国家秘密或者经特赦令免除刑罚以及犯罪嫌疑人死亡的职务犯罪案件不适用前款规定。

第十四条 人民监督员发现人民检察院在查办职务犯罪案件中具有下列情形之一的，可以提出意见：

（一）应当立案而不立案或者不应当立案而立案的；

（二）超期羁押的；

（三）违法搜查、扣押、冻结的；

（四）应当给予刑事赔偿而不依法予以确认或者不执行刑事赔偿决定的；

（五）检察人员在办案中有徇私舞弊、贪赃枉法、刑讯逼供、暴力取证等违法违纪情况的。

第十五条 人民监督员可以应邀参加人民检察院查办职务犯罪案件工作的其他执法检查活动，发现有违法违纪情况的，可以提出建议和意见。

第十六条 人民监督员参加案件监督工作，应当保守秘密，不得泄露评议表决情况；不得对其他人民监督员施加不正当影响；不得私自会见案件当事人及其委托的人。

第四章 人民监督员的监督程序

第十七条 具有本规定第十三条情形的案件，应当由人民监督员根据本规定第十八条至第二十七条的规定进行监督。

第十八条 案件承办人在对被逮捕的犯罪嫌疑人第一次讯问时，应当将《逮捕羁押期限及权利义务告知书》交犯罪嫌疑人，同时告知其如不服逮捕决定可以要求重新审查。犯罪嫌疑人不服逮捕决定的，应当自告知之日起五日内向承办案件部门提出，并附申辩理由。承办案件部门应当立即将犯罪嫌疑人的意见转交侦查监督部门。侦查监督部门应当另行指定承办人员审查并在三日内提出审查意见。维持原逮捕决定的，侦查监督部门应当及时将书面意见和相关材料移送人民监督员办公室，并做好接受监督的准备。

第十九条 拟撤销案件的，侦查案件部门应当及时将书面意见和相关材料移送人民监督员办公室，并做好接受监督的准备。

第二十条 拟不起诉的，公诉部门应当及时将书面意见和相关材料移送人民监督员办公室，并做好接受监督的准备。

第二十一条 人民监督员办公室收到有关案件材料后，应当在两日内审查完毕，认为书面意见和相关材料不齐备的，应当报经检察长批准后，要求承办案件部门补充移送；认为材料符合要求的，应当根据案情需要及时确定三名以上、总人数为单数的人民监督员参加案件监督工作。

参加案件监督的人民监督员，应当在人民监督员名单中依照排序或随机抽取的方式确定。

参加案件监督工作的人民监督员每次临时推举其中一人主持评议、表决。人民监督员在表决时具有同等的表决权。

第二十二条 案件监督人员确定后，承办案件部门应当及时将案件监督人员的名单告知本案当事人及其法定代理人，同时告知其有权要求人民监督员回避。

第二十三条 参加案件监督工作的人民监督员具有下列情形之一的，应当自行回避，当事人及其法定代理人也有权要求其回避：

（一）是本案的当事人或者当事人的近亲属的；

（二）本人或者其近亲属与本案有利害关系的；

（三）担任过本案的证人、鉴定人、辩护人、诉讼代理人的；

（四）与本案有其他关系，可能影响公正履行案件监督职责的。

出现前款规定的情形之一，本人未提出回避或者当事人及其法定代理人未要求回避的，人民检察院应当决定其回避。

人民监督员的回避由检察长决定。

第二十四条 人民监督员的监督工作应当依照下列步骤进行：

（一）由案件承办人向人民监督员全面、客观地介绍案情并出示主要证据；

（二）由案件承办人向人民监督员说明与案件相关的法律适用情况；

（三）人民监督员可以向案件承办人提出问题，必要时可以旁听案件承办人讯问犯罪嫌疑人、询问证人、听取有关人员陈述、听取本案律师的意见；

（四）人民监督员根据案件情况，独立进行评议、表决。表决采用无记名投票方式，按少数服从多数的原则形成表决意见，表决结果和意见由承办案件部门附卷存档。

第二十五条 检察长或者检察委员会应当分别根据职责权限，对人民监督员的表决意见和有关检察业务部门的意见进行审查，必要时可以听取人民监督员和有关检察业务部门的意见。审查后同意人民监督员表决意见的，有关检察业务部门应当执行；检察长不同意人民监督员表决意见的，应当提请检察委员会讨论；检察委员会不同意人民监督员表决意见的，应当依法作出决定。

检察长或者检察委员会应当认真研究人民监督员的不同意见。

第二十六条 检察委员会的决定与

人民监督员表决意见不一致时，应当由人民监督员办公室向人民监督员作出说明。参加监督的多数人民监督员对检察委员会的决定有异议的，可以要求提请上一级人民检察院复核。复核工作由人民监督员办公室转交案件承办部门办理。上一级人民检察院应当及时复核并反馈结果。上一级人民检察院的决定，下级人民检察院应当执行。

第二十七条 案件监督工作应当自人民监督员办公室收到材料之日起七日内进行完毕。重大复杂案件，案件监督期限可以延长至十五日。人民检察院不得因人民监督员的监督而超过法定办案期限。

监督期限自人民监督员办公室所收案件相关材料齐备之日起至人民监督员形成表决意见之日止。

第二十八条 人民监督员依照本规定第十四条、第十五条的规定实施监督的，统一由人民监督员办公室负责收转材料，督促相关部门办理，并及时反馈处理意见。

第五章 人民监督员履行职责的保障

第二十九条 人民检察院应当为人民监督员履行职责提供必要的工作条件。可以根据监督工作需要邀请人民监督员列席有关会议、参加有关活动、了解检察工作情况。

第三十条 人民检察院应当严格遵照本规定接受人民监督员的监督，不得扩大或者缩小案件监督范围；不得诱导、控制、规避人民监督员对案件的监督；不得干扰人民监督员对案件的评议和表决；不得泄露人民监督员的评议、表决情况。

违反前款规定的，对主要责任者和其他直接责任人员依纪处理。

第三十一条 对打击报复或者阻碍人民监督员履行职责的，应当交有关部门依法依纪给予处理，构成犯罪的，依法追究刑事责任。

第三十二条 人民监督员在履行职责过程中有违法违纪行为的，人民检察院应当建议相关部门对其进行处分，构成犯罪的，应当依法追究刑事责任。

第三十三条 人民监督员因履行职责所支出的交通、住宿、就餐、通讯等费用，应当由人民检察院给予补助；无固定收入的人民监督员在参加监督活动期间，由人民检察院参照当地职工上年度平均货币工资，按实际工作日给予相应补助。人民监督员在节假日参加监督工作的，由人民检察院给予适当补助。

有工作单位的人民监督员参加监督活动期间，人民检察院应商所在单位同意，不得克扣或者变相克扣其工资、奖金及其他福利待遇。

第三十四条 人民监督员因参加监督活动应当享受的补助，人民检察院为实施人民监督员制度所必需的开支，列入人民检察院业务经费，向同级财政申报，纳入财政预算。

第六章 人民监督员办公室的职责

第三十五条 协助做好人民监督员的选任、解除工作；负责落实安排人民监督员评议案件、参加执法检查、了解检察工作情况等监督活动；向人民监督员反馈监督处理结果；协调解决人民监督员监督过程中遇到的困难，为人民监督员履行职责提供保障。

第三十六条 协调人民检察院相关业务部门接受人民监督员监督工作；对相关业务部门落实人民监督员监督工作的情况进行督促、检查；向检察长和相关业务部门反馈人民监督员监督工作情况；定期对人民监督员监督工作进行总结分析；上级人民检察院人民监督员办公室应对下级人民检察院人民监督员办公室的工作实施检查指导。

第三十七条 移送、督办人民监督员对人民检察院查办职务犯罪案件工作提出的意见或建议。

第三十八条 承办检察长或者检察委员会交办的其他相关工作。

附　　则

第三十九条 本规定由最高人民检察院负责解释。

最高人民检察院关于人民监督员监督“五种情形”的实施规则（试行）

（2005年11月23日最高人民检察院第十届检察委员会第45次会议通过 2005年12月27日公布施行）
高检发〔2005〕25号

第一条 为规范人民监督员对人民检察院查办职务犯罪案件的监督工作，根据有关法律及《最高人民检察院关于实行人民监督员制度的规定（试行）》（以下简称《试行规定》），结合实际，制定本规则。

第二条 本规则所称“五种情形”，是指《试行规定》第十四条规定的下列情形：

（一）应当立案而不立案或者不应当立案而立案的；

（二）超期羁押的；

（三）违法搜查、扣押、冻结的；

（四）应当给予刑事赔偿而不依法予以确认或者不执行刑事赔偿决定的；

（五）检察人员在办案中有徇私舞弊、贪赃枉法、刑讯逼供、暴力取证等违法违纪情况的。

人民监督员对“五种情形”提出监督意见的，人民检察院应当按照本规则的规定，接受人民监督员的监督。

对于人民监督员提出的监督意见，人民检察院各有关部门应当分工负责，互相配合，依法公正处理。

第三条 人民监督员发现其他人民检察院的有关部门及检察人员有“五种情形”的，可以通过其担任人民监督员的人民检察院向有管辖权的人民检察院提出监督意见，有管辖权的人民检察院应当按照本规则启动监督程序。

第四条 人民监督员可以书面或者口头向人民检察院提出监督意见。口头提出的，人民监督员办公室应当填写《受理意见、建议登记表》。

第五条 人民监督员办公室负责统一收转人民监督员的监督意见材料，审查提出拟办意见报检察长批准，不属于本院管辖的，移送有管辖权的人民检察院按照本规则办理；属于本院管辖的，按照下列分工移送有关部门办理：

（一）人民监督员对人民检察院应当立案而不立案或者不应当立案而立案的情形提出监督意见的，由侦查监督部门承办。

（二）人民监督员对人民检察院有关部门在办案中超期羁押的情形提出监

督意见的，由监所检察部门承办。

（三）人民监督员对人民检察院有关部门在办案中违法搜查、扣押、冻结等情形提出监督意见的，由侦查监督部门会同财务部门承办，涉嫌违法违纪的，由纪检监察部门承办。

（四）人民监督员对人民检察院办理的职务犯罪案件应当给予刑事赔偿而不依法予以确认，或者不执行刑事赔偿决定提出监督意见的，由刑事赔偿工作部门承办。

（五）人民监督员对检察人员在办案中有徇私舞弊、贪赃枉法、刑讯逼供、暴力取证等违法违纪情况提出监督意见的，由纪检监察部门承办。

（六）人民监督员反映的情况不属于“五种情形”的，由人民监督员办公室根据业务分工情况报分管检察长批准后移送有关部门处理。

承办部门收到人民监督员办公室移送的材料后，应当在规定期限内将调查结果通报人民监督员办公室。规定期限内不能调查清楚的，应当在期满前报经检察长批准适当延长期限，同时向人民监督员办公室书面说明理由及调查进展情况。人民监督员办公室应当跟踪督办。

第六条 人民检察院对人民监督员提出的监督意见应当及时办理。人民监督员提出的监督情形事实清楚、情节轻微的，承办部门收到材料后，应当及时指定专人进行审查和调查核实，提出处理意见报请检察长决定，并在十日内将答复意见移送人民监督员办公室。

人民监督员提出的监督情形情况复杂、影响较大的，承办部门应当在收到材料之日起三十日内，及时指定专人进行审查和调查核实，提出拟处理意见，做好接受监督的准备。

人民监督员办公室根据法律、司法解释以及有关工作规定，结合具体情况，对人民监督员提出的监督情形是否启动评议程序提出意见，报请检察长决定。

第七条 适用评议程序进行监督的，先由人民监督员办公室将拟监督事项按本规则第五条的规定送交有关部门承办，并依据《试行规定》第二十一条的规定确定参加监督的人民监督员。

评议监督会先由人民监督员办公室人员主持，承办人员向人民监督员介绍调查情况及拟处理意见，如实回答人民监督员的提问。然后换由参加监督的人民监督员推选一人主持评议会，人民监督员独立发表意见，由主持人指定人员全面、准确地记录，并按照少数服从多数的原则形成集体监督意见，交人民监督员签字后存档。

人民监督员同意拟处理意见的，报检察长决定。人民监督员不同意拟处理意见的，承办部门应当认真研究分析人民监督员的不同意见，然后再提出拟处理意见，报请检察长决定，必要时检察长可以提交检察委员会讨论决定。

第八条 人民监督员对人民检察院办理的职务犯罪案件应当给予刑事赔偿而不依法予以确认提出监督意见的，根据本规则第六条或者第七条之规定办理后，经检察长批准或者检察委员会讨论拟作不予确认决定的，刑事赔偿工作部门应当按照《关于人民检察院办理刑事赔偿确认案件拟作不予确认决定报上一级人民检察院批准的规定》之规定办理，将拟不予确认意见书、案卷材料连同人民监督员的意见一并报请上一级人民检察院审查批准。

人民监督员对人民检察院办理的职务犯罪案件应当给予刑事赔偿而不执行刑事赔偿决定提出监督意见的，按照本规则规定的程序办理。

第九条 人民检察院调查核实或者研究处理人民监督员监督的“五种情形”时，可以邀请本院人民监督员列席有关会议。

第十条 人民监督员办公室收到处理结果后，应当及时将处理情况书面告知提出监督意见和参加评议监督的人民监督员。

第十一条 适用本规则第六条第一款之规定进行监督的，人民监督员对人民检察院的处理决定有异议的，可以要求人民检察院复议。对人民监督员要求复议的，人民检察院应当另行指定人员办理，并在十五日内向人民监督员反馈复议结果。有特殊情况的，经检察长批准后可以适当延长期限，但应当向人民监督员说明理由。

适用本规则第七条之规定进行监督的，参加评议监督的多数人民监督员对人民检察院的处理决定有异议的，可以要求提请上一级人民检察院复核。复核工作由人民监督员办公室报经检察长批准后转交案件承办部门办理。上级人民检察院应当及时复核，并将复核意见通过下级人民检察院答复人民监督员。

第十二条 人民监督员按照《试行规定》第十五条的规定参加其他执法检查活动，发现有违法违纪情况的，可以要求按照本规则启动监督程序。

人民监督员反映的问题或提出的监督情形涉嫌犯罪的，依照法定的诉讼程序查处，应当由人民监督员进行监督的，按照《试行规定》启动监督程序。

第十三条 本规则自公布之日起试行，由最高人民检察院负责解释。

人民检察院办理行政执法机关移送涉嫌犯罪案件的规定

(2001年9月10日最高人民检察院第九届检察委员会第96次会议讨论通过 2001年12月3日公布实施)

高检发释字〔2001〕4号

根据《中华人民共和国刑事诉讼法》的有关规定，结合《行政执法机关移送涉嫌犯罪案件的规定》，现就人民检察院办理行政执法机关移送涉嫌犯罪案件的有关问题作如下规定：

一、对于行政执法机关移送检察机关的涉嫌犯罪案件，统一由人民检察院控告检察部门受理。

人民检察院控告检察部门受理行政执法机关移送的涉嫌犯罪案件后，应当登记，并指派二名以上检察人员进行初步审查。

二、人民检察院控告检察部门审查行政执法机关移送的涉嫌犯罪案件，应当根据不同情况，提出移送有关部门的处理意见，三日内报主管副检察长或者检察长批准，并通知移送的行政执法机关：

（一）对于不属于检察机关管辖的案件，移送其他有管辖权的机关处理；

（二）对于属于检察机关管辖，但不属于本院管辖的案件，移送有管辖权的人民检察院办理；

（三）对于属于本院管辖的案件，转本院反贪、渎职侵权检察部门办理。

对于性质不明、难以归口办理的案件，可以先由控告检察部门进行必须的调查。

三、对于不属于本院管辖但又必须采取紧急措施的案件，人民检察院控告检察部门在报经主管副检察长或者检察长批准后，应当先采取紧急措施，再行移送。

四、对于行政执法机关移送的涉嫌犯罪案件，人民检察院反贪、渎职侵权检察部门应当审查是否附有下列材料：

（一）涉嫌犯罪案件移送书；

（二）涉嫌犯罪案件情况的调查报告；

（三）涉案物品清单；

（四）有关检验报告或者鉴定结论；

（五）其他有关涉嫌犯罪的材料。

人民检察院可以要求移送案件的行政执法机关补充上述材料和证据。

五、对于行政执法机关移送的涉嫌犯罪案件，人民检察院经审查，认为符合立案条件的，应当及时作出立案决定，并通知移送的行政执法机关。

六、对于行政执法机关移送的涉嫌犯罪案件，人民检察院经审查，认为不符合立案条件的，可以作出不立案决定；对于需要给予有关责任人员行政处分、行政处罚或者没收违法所得的，可以提出检察意见，移送有关主管部门处理，并通知移送的行政执法机关。

七、对于人民检察院的不立案决定，移送涉嫌犯罪案件的行政执法机关可以在收到不立案决定书后五日内要求作出不立案决定的人民检察院复议。人民检察院刑事申诉检察部门应当指派专人进行审查，并在收到行政执法机关要求复议意见书后七日内作出复议决定。

行政执法机关对复议决定不服的，可以在收到人民检察院复议决定书后五日内向上一级人民检察院提请复核。上一级人民检察院应当在收到行政执法机关提请复核意见书后十五日内作出复核决定。对于原不立案决定错误的，应当及时纠正，并通知作出不立案决定的下级人民检察院执行。

八、对于人民检察院决定立案侦查的案件，办理案件的人民检察院应当将立案决定和案件的办理结果及时通知移送案件的行政执法机关。

九、移送涉嫌犯罪案件的行政执法机关对公安机关不予立案决定或者不予立案的复议决定有异议，建议人民检察院依法进行立案监督的，统一由人民检察院侦查监督部门办理。

十、人民检察院应当依法对公安机关办理行政执法机关移送涉嫌犯罪案件进行立案监督。对于具有下列情形之一的，人民检察院应当要求公安机关在收到人民检察院《要求说明不立案理由通知书》后七日内将关于不立案理由的说明书面答复人民检察院：

（一）人民检察院认为公安机关对应当立案侦查的案件而不立案侦查的；

（二）被害人认为公安机关对应当立案侦查的案件而不立案侦查，向人民检察院提出的；

（三）移送涉嫌犯罪案件的行政执法机关对公安机关不予立案决定或者不予立案的复议决定有异议，建议人民检察院依法进行立案监督的。

人民检察院认为公安机关不立案理由不能成立，应当通知公安机关在收到《通知立案书》后十五日内决定立案，并将立案决定书送达人民检察院。

十一、对于人民检察院认为公安机关不立案理由成立的，或者认为公安机关的不立案理由不成立而通知公安机关立案，公安机关已经立案的，人民检察院应当及时通知提出立案监督建议的行政执法机关。

十二、各级人民检察院对行政执法机关不移送涉嫌犯罪案件，具有下列情形之一的，可以提出检察意见：

（一）检察机关发现行政执法机关应当移送的涉嫌犯罪案件而不移送的；

（二）有关单位和个人举报的行政执法机关应当移送的涉嫌犯罪案件而不移送的；

（三）隐匿、销毁涉案物品或者私分涉案财物的；

（四）以行政处罚代替刑事追究而不移送的。

有关行政执法人员涉嫌犯罪的，依照刑法的有关规定，追究刑事责任。

十三、各级人民检察院对公安机关不接受行政执法机关移送的涉嫌犯罪案件，或者逾期不作出立案或者不予立案决定，在检察机关依法实施立案监督后，仍不接受或者不作出决定的，可以向公安机关提出检察意见。

有关公安人员涉嫌犯罪的，依照刑法的有关规定，追究刑事责任。

十四、最高人民检察院对地方各级人民检察院，上级人民检察院对下级人民检察院办理的行政执法机关移送的涉嫌犯罪案件，应加强指导和监督，对不依法办理以及办理过程中的违法违纪问题，要依照有关规定严肃处理；构成犯罪的，依法追究刑事责任。

十五、各级人民检察院对于其他机关和部门移送的涉嫌犯罪案件，依照本规定办理。

国土资源部　最高人民检察院　公安部
关于国土资源行政主管部门移送涉嫌国土资源犯罪案件的若干意见

国土资发〔2008〕203号

各省、自治区、直辖市国土资源厅（局）、人民检察院、公安厅（局），解放军土地管理局、军事检察院，新疆生产建设兵团国土资源局、人民检察院、公安局：

为规范国土资源行政主管部门向人民检察院和公安机关移送涉嫌国土资源犯罪案件，依法惩处国土资源犯罪行为，依据《中华人民共和国刑法》、《中华人民共和国刑事诉讼法》、《行政执法机关移送涉嫌犯罪案件的规定》（国务院2001年第310号令）及有关规定，提出以下意见。

一、关于移送范围和移送机关

（一）国土资源犯罪案件，主要是指涉及以下罪名的案件：

1. 非法转让、倒卖土地使用权罪（《刑法》第228条）；

2. 非法占用农用地罪（《刑法》第342条）；

3. 非法采矿罪（《刑法》第343条第一款）；

4. 破坏性采矿罪（《刑法》第343条第二款）；

5. 非法批准征用、占用土地罪（《刑法》第410条）；

6. 非法低价出让国有土地使用权罪（《刑法》第410条）；

7. 国家工作人员涉及危害国土资源的贪污贿赂、渎职等其他职务犯罪案件。

（二）县级以上国土资源行政主管

部门在依法查处国土资源违法行为过程中，发现有符合最高人民检察院和国土资源部《关于人民检察院与国土资源行政主管部门在查处和预防渎职等职务犯罪工作中协作配合的若干规定（暂行）》（高检会〔2007〕7号）第五条和第六条规定情形，根据最高人民检察院《关于人民检察院直接受理立案侦查案件立案标准的规定（试行）》（高检发释字〔1999〕2号）和最高人民检察院《关于渎职侵权犯罪案件立案标准的规定》（高检发释字〔2006〕2号），涉嫌渎职等职务犯罪，依法需要追究刑事责任的，应当依法向人民检察院移送。

县级以上国土资源行政主管部门在依法查处国土资源违法行为过程中，发现非法转让倒卖土地使用权、非法占用农用地、非法采矿或者破坏性采矿等违法事实，涉及的土地或者占用农用地的面积、国土资源财产损失数额、造成国土资源破坏的后果及其他违法情节，达到最高人民法院《关于审理破坏土地资源刑事案件具体应用法律若干问题的解释》（法释〔2000〕14号）和《关于审理非法采矿、破坏性采矿刑事案件具体应用法律若干问题的解释》（法释〔2003〕9号）等规定的标准，涉嫌犯罪，依法需要追究刑事责任的，应当依法向公安机关移送。

二、关于移送证据

（三）移送涉嫌国土资源犯罪案件，需要对造成矿产资源破坏的价值进行鉴定的，由省级国土资源行政主管部门按照国土资源部《非法采矿、破坏性采矿造成矿产资源破坏价值鉴定程序的规定》（国土资发〔2005〕175号）出具鉴定结论；需要对耕地破坏程度进行鉴定的，由市（地）级或者省级国土资源行政主管部门出具鉴定结论。

（四）国土资源行政主管部门在查处国土资源违法行为过程中，应当收集并妥善保存下列有关证据资料：

1. 国土资源违法行为调查报告；
2. 调查记录或询问笔录；
3. 有关鉴定结论；
4. 现场调查时的勘测和音像资料；
5. 其他可以保存的实物证据和资料。

三、关于移送程序

（五）国土资源行政主管部门在查处国土资源违法行为过程中，发现有符合移送条件的案件，应当由本部门正职负责人或者主持工作的负责人审批。

收到报告的负责人应当自接到报告之日起3日内作出是否批准移送的决定。决定移送的，应当在24小时内办理向同级人民检察院或者公安机关移送手续；决定不移送的，应当将不予批准的理由记录在案。

（六）国土资源行政主管部门向人民检察院或者公安机关移送涉嫌国土资源犯罪案件，应当附有下列材料：

1. 涉嫌国土资源犯罪案件移送书；
2. 涉嫌国土资源犯罪案件情况的调查报告；
3. 涉案物品清单；
4. 有关鉴定结论；
5. 其他有关涉嫌犯罪的材料。

对国土资源违法行为已经作出行政处罚决定的，应当同时移送行政处罚决定书和作出行政处罚决定的证据资料。

（七）人民检察院对国土资源行政主管部门移送的案件线索，应当及时进行审查，依法决定是否立案。对决定立案的，应当及时将立案情况通知移送单位；对决定不予立案的，应当制作不予立案通知书，写明不予立案的原因和法律依据，送达移送案件的国土资源行政主管部门，并退还有关材料。

（八）国土资源行政主管部门对人民检察院不予立案的决定有异议的，可以在收到不予立案通知之日起5日内，提请作出不予立案决定的人民检察院复议，人民检察院应当自收到复议申请之日起30日内作出复议决定。

人民检察院决定不立案，或者在立案后经侦查认为不需要追究刑事责任，作出撤销案件或不起诉决定的，认为应当追究党纪政纪责任的，应当提出检察建议连同有关材料一并移送有关纪检监察部门或者任免机关处理，并通知移送案件的国土资源行政主管部门。

（九）公安机关对国土资源行政主管部门移送的案件应当自接收移送案件之日起3日内，依法进行审查，作出立案或者不予立案决定，书面通知移送案件的国土资源行政主管部门。决定不予立案的，应当说明理由并同时退回案卷材料。对不属于本机关管辖的，应当在24小时内转送有关管辖权的机关，并书面通知移送案件的国土资源行政主管部门。

公安机关违反国家有关规定，不接收国土资源行政主管部门移送的涉嫌国土资源犯罪案件，或者逾期不作出立案或者不予立案决定的，国土资源行政主管部门可以建议人民检察院依法进行立案监督，或者报告本级或者上级人民政府责令改正。

（十）国土资源行政主管部门应当在向公安机关移送案件后的10日内向公安机关查询立案情况。对公安机关不予立案通知书有异议的，国土资源行政主管部门应当自收到不予立案通知书之日起的3日内，提请作出不予立案决定的公安机关复议。

作出不予立案决定的公安机关应当自收到国土资源行政主管部门提请复议的文件之日起3日内，作出复议决定并书面通知提出复议申请的国土资源行政主管部门；国土资源行政主管部门对公安机关不予立案的复议决定仍有异议的，应当自收到复议决定通知书之日起3日内建议人民检察院依法进行立案监督。

（十一）国土资源行政主管部门对公安机关决定不予立案的案件，应当依法作出处理。其中，依照有关法律、法规或者规章的规定应当给予行政处罚的，应当依法实施行政处罚，同时将《行政处罚决定书》抄送同级人民检察院；应当追究有关责任人员党纪政纪责任的，应当将案件移送有关纪检监察机关或者任免机关处理。

四、其他

（十二）国土资源行政主管部门应当支持、配合人民检察院或者公安机关的侦查和调查工作，根据需要提供必要的调查数据和其他证据材料。

国土资源行政主管部门对正在查办的重大违法案件，必要时可以邀请人民检察院、公安机关派员参加相关调查工作。

人民检察院、公安机关认为国土资源行政主管部门正在查办的案件涉嫌犯罪，要求提前介入或者参加案件讨论的，国土资源行政主管部门应当给予支持和配合。

（十三）国土资源行政主管部门违反本规定，对涉嫌犯罪的案件应当移送人民检察院或者公安机关而不移送，或者以行政处罚代替移送的，上级国土资源行政主管部门应当责令改正，给予通报；拒不改正的，对其正职负责人或者主持工作的责任人给予记过以上处分；构成犯罪的，依法追究刑事责任。

各级国土资源行政主管部门和人民

检察院、公安机关在办理危害国土资源犯罪案件中要进一步加强协调和沟通，定期或不定期召开联席会议，适时通报查办案件工作情况、研究案件移送中遇到的法律政策问题、研究阶段性工作重点和措施等，形成打击危害国土资源犯罪的合力。在实施中遇到的问题，应当及时协商解决，重大问题应呈报国土资源部和最高人民检察院、公安部解决。

国土资源部
最高人民检察院
公安部
二〇〇八年九月八日

人民检察院信访工作规定

（2007年3月2日最高人民检察院第十届检察委员会第73次会议通过 2007年3月26日公布施行）

目 录

第一章 总 则

第一条 为了规范人民检察院信访工作，保护信访人的合法权益，维护信访秩序，保持与人民群众的密切联系，根据国家有关法律规定，结合检察工作实际，制定本规定。

第二条 本规定所称信访，是指信访人采用书信、电子邮件、传真、电话、走访等形式，向人民检察院反映情况，提出建议、意见或者控告、举报和申诉，依法由人民检察院处理的活动。

本规定所称信访人，是指采用前款规定的形式，反映情况，提出建议、意见或者控告、举报和申诉的公民、法人或者其他组织。

第三条 人民检察院依法处理下列信访事项：

（一）反映国家工作人员职务犯罪的举报；

（二）不服人民检察院处理决定的申诉；

（三）反映公安机关侦查活动存在违法行为的控告；

（四）不服人民法院生效判决、裁定的申诉；

（五）反映刑事案件判决、裁定的执行和监狱、看守所、劳动教养机关的活动存在违法行为的控告；

（六）反映人民检察院工作人员违法违纪行为的控告；

（七）加强、改进检察工作和队伍建设的建议和意见；

（八）其他依法应当由人民检察院处理的信访事项。

第四条 人民检察院信访工作应当遵循立检为公、执法为民的宗旨，坚持化解社会矛盾、促进社会和谐的原则，畅通信访渠道，依法处理人民群众的建议、意见和控告、举报、申诉，接受人民群众的监督，维护人民群众的合法权益。

第五条 人民检察院信访工作应当坚持属地管理、分级负责，谁主管、谁负责，依法、及时、就地解决问题与教育疏导相结合的原则，把矛盾纠纷化解在基层，解决在当地。

第六条 人民检察院信访工作实行首办责任制，按照部门职能分工，明确责任，及时将信访事项解决在首次办理环节。

第七条 办理信访事项的人民检察院工作人员与信访事项或者信访人有利害关系的，应当回避。

第八条 各级人民检察院应当建立由本院检察长和有关内设部门负责人组成的信访工作领导小组，强化内部配合、制约机制，充分发挥各职能部门的作用，形成统一领导、部门协调，各负其责、齐抓共管的信访工作格局。

第九条 各级人民检察院应当建立重大信访信息报告制度，不得隐瞒、谎报、缓报重大信访信息；下列重大信访信息应当及时向检察长报告：

（一）受理信访事项的综合和分类数据；

（二）群众反映强烈的突出问题；

（三）重大、紧急的信访事项；

（四）转送、催办和交办、督办情况；

（五）重大信访事项办结后，进行调查研究，查找执法环节和检察队伍建设、制度落实等方面存在的突出问题，提出改进检察工作的建议。

第十条 人民检察院应当将信访工作纳入干部考核体系和执法质量考评体系，将信访事项是否解决在本院、解决在当地，作为考核的重要依据。对在信访工作中做出优异成绩的单位和个人，应当给予表彰奖励。

第十一条 人民检察院开展文明接待室创建评比活动，每三年评比、命名一次文明接待室和优秀接待员。

第二章　信访工作机构及职责

第十二条 各级人民检察院应当设立控告申诉检察部门负责信访工作。人员较少的县级人民检察院应当确定负责信访工作的机构或者专职人员。

第十三条 控告申诉检察部门在信访工作中的主要职责：

（一）统一受理来信，接待来访；

（二）对所受理的信访事项按照职责分工转送有关部门办理，或者根据有关规定自行办理；

（三）向下级人民检察院转送或者交办信访事项，并进行督办，对下级人民检察院提交的办结报告进行审查；

（四）根据有关规定对信访事项进行初步调查；

（五）对上级机关交办的信访事项进行转办和催办，或者根据有关规定自行办理，并将办理情况报告上级机关；

（六）对信访事项的办理情况书面答复或者告知信访人；

（七）依据有关规定做好化解矛盾、教育疏导工作及相关善后工作；

（八）在信访工作中发现检察人员有违法违纪行为的，及时移送有关部门调查处理；

（九）研究、分析信访情况，开展调查研究，及时提出加强、改进检察工作和队伍建设的建议；

（十）宣传法制，提供有关法律咨询；

（十一）指导下级人民检察院的信访工作。

第十四条 人民检察院应当设立专门的信访接待场所，并在信访接待场所公布与信访工作有关的法律规定和信访事项的处理程序，以及其他相关事项。

第十五条 人民检察院控告申诉检

察部门应当向社会公布通信地址、邮政编码、电子信箱、举报电话、举报网址、接待时间和地点、查询信访事项处理进展情况及结果的方式等相关事项。

第十六条 人民检察院应当加强信访信息化建设，建立和完善信访信息系统，逐步实现各级人民检察院之间、人民检察院与其他国家机关之间信访信息的互联互通，方便人民群众提出诉求，查询办理进度和结果，提高信访工作效率和信访管理水平。

第三章 信访事项的管辖

第十七条 各级人民检察院受理应当由本院管辖的控告、举报和申诉，以及信访人提出的建议和意见。

第十八条 上级人民检察院受理信访人不服下级人民检察院信访事项处理意见提出的复查请求。

第十九条 人民检察院各部门均有按职能分工承办信访事项的职责，对控告申诉检察部门转送的信访事项，应当指定承办人及时办理，并在规定时限内书面回复办理结果。

第二十条 信访事项涉及检察业务工作的，由业务主管部门办理；涉及法律适用问题研究的，由法律政策研究部门办理；涉及组织人事工作的，由政工部门办理；涉及检察人员违法违纪的，由纪检监察部门办理；涉及多个部门工作的，由本院检察长组织协调，明确相关部门牵头办理。

第二十一条 上级人民检察院认为有必要时，可以直接受理由下级人民检察院管辖的信访事项，也可以将本院管辖的信访事项在受理后交由下级人民检察院办理。

第二十二条 信访事项涉及多个地区的，由所涉及地区的人民检察院协商管辖。对于管辖权有争议的，由其共同的上一级人民检察院指定管辖。

第四章 信访事项的受理

第二十三条 信访人采用走访形式提出信访事项的，负责接待的工作人员应当制作笔录，载明信访人的姓名或者名称、单位、住址和信访事项的具体内容，经宣读或者交信访人阅读无误后，由信访人和负责接待的工作人员签名或者盖章。对信访人提供的控告、举报、申诉材料认为内容不清的，应当要求信访人补充。

多人采用走访形式提出同一信访事项的，应当要求信访人推选代表，代表人数不超过五人。

接受控告、举报线索的工作人员，应当告知信访人须对其控告、举报内容的真实性负责，不得捏造、歪曲事实，不得诬告陷害、诽谤他人，以及诬告陷害、诽谤他人应负的法律责任。

第二十四条 信访人采用书信形式提出信访事项的，负责处理来信的工作人员应当及时拆阅。启封时，应当注意保持邮票、邮戳、邮编、地址和信封内材料的完整。启封后，按照主件、附件顺序装订整齐，在来信首页右上角空白处加盖本院收信专用章。

第二十五条 对信访人采用电子邮件、电话、传真等形式提出的信访事项，应当参照本规定第二十三条、第二十四条相关规定办理。

第二十六条 人民检察院实行检察长和业务部门负责人接待人民群众来访制度。接待时间和地点应当向社会公布。

地市级和县级人民检察院检察长和业务部门负责人接待的时间，每年应当不少于十二次，每次不少于半天。

省级以上人民检察院检察长和业务部门负责人每年应当根据情况不定期安

排接待时间，或者深入基层组织开展联合接访活动。

第二十七条 检察长和业务部门负责人接待来访群众，可以定期接待，也可以预约接待。

第二十八条 县级人民检察院应当实行带案下访、定期巡访制度，在乡镇、社区设立联络点，聘请联络员，及时掌握信访信息，化解社会矛盾。

第二十九条 信访事项应当逐件摘要录入计算机，在受理后七日内按照管辖和部门职能分工转送下级人民检察院或者本院有关部门办理。对于转送本院有关部门办理的控告、举报、申诉，应当逐件附《控告、申诉首办流程登记表》。

对于重要信访事项应当提出意见，经部门负责人审核后报检察长阅批。

对于告急信访事项应当在接收当日依法处理。

第三十条 对于性质不明难以归口、群众多次举报未查处和检察长交办的举报线索，控告申诉检察部门应当依法进行初查。

第三十一条 各级人民检察院应当依法保护控告人、举报人的合法权益。严禁把控告、举报材料及有关情况泄露给被控告人、被举报人。

第三十二条 属于本院管辖的信访事项，能够当场答复是否受理的，应当当场书面答复；不能当场答复的，应当自收到信访事项之日起十五日内书面告知信访人，但是信访人的姓名（名称）、住址不清的除外。

不属于本院管辖的信访事项，应当转送有关主管机关处理，并告知信访人。

第五章 信访事项的办理

第三十三条 人民检察院办理信访事项，应当听取信访人陈述事实和理由，必要时可以要求信访人、有关组织和人员说明情况，需要进一步核实情况的，可以向其他组织和人员调查了解。

办理重大、复杂、疑难信访事项，应当由检察长组织专门力量调查处理。

第三十四条 人民检察院办理信访事项，经调查核实，应当依法作出处理，并答复信访人：

（一）事实清楚，符合法律政策规定的，应当支持；

（二）信访人提出的建议和意见，有利于改进工作的，应当研究论证并予以采纳；

（三）缺乏事实根据或者不符合法律政策规定的，不予支持，并向信访人做好解释疏导工作。

第三十五条 承办部门应当在收到本院控告申诉检察部门转送的信访事项之日起六十日内办结；情况复杂，逾期不能办结的，报经分管检察长批准后，可适当延长办理期限，并通知控告申诉检察部门。延长期限不得超过三十日。法律、法规另有规定的，从其规定。

第三十六条 控告申诉检察部门对转送本院有关部门办理的信访事项，应当每月清理一次。对即将到期的应当发催办函进行催办；超过一个月未办结的，应当报分管检察长，并向有关部门负责人通报。

第三十七条 上级人民检察院应当每季度向下一级人民检察院通报转交信访事项情况；下级人民检察院应当每季度向上一级人民检察院报告转交信访事项的办理情况。

第三十八条 承办部门应当向控告申诉检察部门书面回复办理结果。书面回复文书应当具有说理性，主要包括下列内容：

（一）信访人反映的主要问题；

（二）办理的过程；

（三）认定的事实和证据；

（四）处理情况和法律依据；

（五）开展化解矛盾、教育疏导工作及相关善后工作的情况。

第三十九条 信访事项办理结果的答复由承办该信访事项的人民检察院控告申诉检察部门负责，除因通讯地址不详等情况无法答复的以外，原则上应当书面答复信访人。

重大、复杂、疑难信访事项的答复应当由承办部门和控告申诉检察部门共同负责，必要时可以举行公开听证，通过答询、辩论、评议、合议等方式，辨明事实，分清责任，做好化解矛盾、教育疏导工作。

举报答复应当注意保密，依法保护举报人的合法权益。需要以邮寄方式书面答复署名举报人的，应当挂号邮寄并不得使用有人民检察院字样的信封。

第四十条 信访人对人民检察院处理意见不服的，可以依照有关规定提出复查请求。人民检察院收到复查请求后应当进行审查，符合立案复查规定的应当立案复查，不符合立案复查规定的应当书面答复信访人。

第四十一条 人民检察院信访接待人员应当告知信访人依照国家有关规定到指定地点反映诉求，做到依法有序信访。对于信访人的下列行为，应当进行劝阻、批评或者教育；对于劝阻、批评或者教育无效的，应当移送公安机关依法处理：

（一）在人民检察院办公场所周围非法聚集，围堵、冲击人民检察院，拦截公务车辆，堵塞、阻断交通，影响正常办公秩序的；

（二）携带危险物品、管制器具的；

（三）侮辱、殴打、威胁检察人员，或者非法限制检察人员人身自由的；

（四）在信访接待场所滞留、滋事，故意破坏信访接待场所设施，或者将生活不能自理的人弃留在信访接待场所的；

（五）煽动、串联、胁迫、以财物诱使、幕后操纵他人信访或者以信访为名借机敛财的。

第四十二条 对于信访人捏造歪曲事实，诬告陷害、诽谤他人，构成犯罪的，应当依法追究刑事责任；尚不构成犯罪的，应当移送主管机关处理。

第六章 信访事项的交办和督办

第四十三条 上级人民检察院控告申诉检察部门可以代表本院向下级人民检察院交办下列重要信访事项：

（一）群众反映强烈，社会影响较大的；

（二）举报内容较详实，案情重大，多次举报未查处的；

（三）不服人民检察院处理决定，多次申诉未得到依法处理的；

（四）检察长批办的。

第四十四条 控告申诉检察部门负责管理上级人民检察院控告申诉检察部门交办的信访事项。登记后提出办理意见，报分管检察长审批。

第四十五条 对上级人民检察院交办的信访事项应当及时办理，一般应当在三个月内办结；情况复杂，确需延长办结期限的，需经检察长批准，延长期限不得超过三个月。延期办理的，应当向上级人民检察院报告进展情况，并说明理由。

第四十六条 对于上级人民检察院交办的信访事项，承办部门应当将办理情况和结果报经检察长审批后，制作《交办信访事项处理情况报告》，连同有关材料移送控告申诉检察部门，由控告申诉检察部门以本院名义报上一级人民检察院控告申诉检察部门。

第四十七条 《交办信访事项处理情况报告》应当包括下列内容：

（一）信访事项来源；

（二）信访人反映的主要问题；

（三）办理的过程；

（四）认定的事实和证据；

（五）处理情况和法律依据；

（六）开展化解矛盾、教育疏导工作及相关善后工作的情况。

第四十八条 上级人民检察院收到下级人民检察院上报的《交办信访事项处理情况报告》后，应当认真审查，对事实清楚、处理适当的，应当结案；对事实不清、证据不足、定性不准、处理不当的，应当提出意见，退回下级人民检察院重新办理。

对确有错误，下级人民检察院坚持不予纠正的，上级人民检察院经检察长或者检察委员会决定，可以撤销下级人民检察院的原处理决定，并作出新的决定。

第四十九条 上级人民检察院控告申诉检察部门对下级人民检察院在处理信访事项中有下列情形之一的，应当及时予以监督纠正：

（一）应当受理而拒不受理的；

（二）未按规定程序办理的；

（三）未按规定的办理期限办结的；

（四）未按规定反馈办理结果的；

（五）不执行信访处理意见的；

（六）其他需要监督纠正的事项。

第五十条 上级人民检察院控告申诉检察部门对所督办事项应当提出改进建议。下级人民检察院收到改进建议后应当及时改进并反馈情况。建议未被采纳的，控告申诉检察部门可报经检察长审批后，责成被督办单位执行。

第七章 责任追究

第五十一条 控告申诉检察部门在处理信访事项工作中，发现检察人员有违法违纪行为的，应当提出建议，连同有关材料移送政工部门或者纪检监察部门处理。

第五十二条 具有下列情形之一导致信访事项发生，造成严重后果的，对直接负责的主管人员和其他直接责任人员，依照《人民检察院错案责任追究条例（试行）》和《检察人员纪律处分条例（试行）》等有关规定给予纪律处分；构成犯罪的，依法追究刑事责任：

（一）超越或者滥用职权，侵害信访人合法权益的；

（二）应当作为而不作为，致使信访人合法权益受到侵害的；

（三）因故意或者重大过失，造成案件定性处理错误，侵害信访人合法权益的；

（四）其他因故意或者重大过失导致信访事项发生，造成严重后果的。

第五十三条 在处理信访事项过程中违反本规定，具有下列情形之一，造成严重后果的，对责任单位、责任部门和直接责任人予以批评教育；情节较重的，给予纪律处分；构成犯罪的，依法追究刑事责任：

（一）无故推诿、敷衍，应当受理而不予受理的；

（二）无故拖延，未在规定期限内办结的；

（三）对事实清楚，符合法律、法规或者其他有关规定的信访请求未予支持的；

（四）作风粗暴，方法简单，激化矛盾的；

（五）玩忽职守、徇私舞弊，打击报复信访人，或者把控告、举报材料及有关情况泄露给被控告人、被举报人的；

（六）拒不执行信访处理意见的。

第五十四条 隐瞒、谎报、缓报重大信访信息，造成严重后果的，对直接负责的主管人员和其他直接责任人员给予批评教育；情节较重的，给予纪律处分。

第八章 附 则

第五十五条 本规定由最高人民检察院负责解释。

第五十六条 本规定自公布之日起实施，此前有关人民检察院信访工作的规定与本规定不一致的，适用本规定。

二、管 辖

最高人民法院 最高人民检察院 公安部
关于旅客列车上发生的刑事案件管辖问题的通知

（2001年8月23日 公通字〔2001〕70号）

各省、自治区、直辖市高级人民法院，人民检察院，公安厅、局，新疆维吾尔自治区高级人民法院生产建设兵团分院、新疆生产建设兵团人民检察院、公安局：

为维护旅客列车的治安秩序，及时、有效地处理发生在旅客列车上的刑事案件，现对旅客列车上发生的刑事案件的管辖问题规定如下：

一、旅客列车上发生的刑事案件，由负责该车乘务的乘警队所属的铁路公安机关立案，列车乘警应及时收集案件证据，填写有关法律文书。对于已经查获犯罪嫌疑人的，列车乘警应对犯罪嫌疑人认真盘查，制作盘查笔录。对被害人、证人要进行询问，制作询问笔录，或者由被害人、证人书写被害经过、证言。取证结束后，列车乘警应当将犯罪嫌疑人及盘查笔录、被害人、证人的证明材料以及其他与案件有关证据一并移交前方停车站铁路公安机关。对于未查获犯罪嫌疑人的案件，列车乘警应当及时收集案件线索及证据，并由负责该车乘务的乘警队所属的铁路公安机关继续侦查。

二、车站铁路公安机关对于法律手续齐全并附有相关证据材料的交站处理案件应当受理。经审查和进一步侦查，认为需要逮捕犯罪嫌疑人或者移送审查起诉的，应当依法向同级铁路运输检察院提请批准逮捕或者移送审查起诉。

三、铁路运输检察院对同级公安机关提请批准逮捕或者移送审查起诉的交站处理案件应当受理。经审查符合逮捕条件的，应当依法批准逮捕；符合起诉条件的，应当依法提起公诉或者将案件移送有管辖权的铁路运输检察院审查起诉。

四、铁路运输法院对铁路运输检察院提起公诉的交站处理案件，经审查认为符合受理条件的，应当受理并依法审判。

各地接本通知后，请认真贯彻执行。执行中遇到的问题，请及时分别报告最高人民法院、最高人民检察院、公安部。

最高人民检察院关于新疆生产建设兵团各级人民检察院案件管辖权的规定

(2001年6月4日最高人民检察院第九届检察委员会第89次会议通过 2001年6月21日公布施行)

高检发研字〔2001〕2号

根据《全国人民代表大会常务委员会关于新疆维吾尔自治区生产建设兵团设置人民法院和人民检察院的决定》和《中华人民共和国刑事诉讼法》的规定，现对新疆生产建设兵团各级人民检察院案件管辖作如下规定：

一、兵团所属的国家工作人员职务犯罪案件，属检察机关管辖的，由兵团检察机关立案侦查。

二、兵团各级检察机关的案件管辖范围，由兵团人民检察院依照《刑事诉讼法》、《人民检察院刑事诉讼规则》以及最高人民检察院其他有关案件管辖问题的规定另行规定。

三、兵团检察机关直接立案侦查的案件侦查终结后，依照刑事诉讼法有关管辖的规定，由与审判管辖相适应的兵团检察机关或者地方检察机关审查起诉。

四、对于兵团所属的国家工作人员与地方国家工作人员共同实施的职务犯罪案件，依据主要犯罪地或者在共同犯罪中起主要作用的犯罪嫌疑人工作单位所在地确定侦查管辖。侦查终结后，由与审判管辖相适应的兵团检察机关或者地方检察机关审查起诉。

五、发生在垦区内的案件，由兵团检察机关依照刑事诉讼法关于管辖的规定审查起诉。

六、兵团单位发生贪污贿赂、渎职等职务犯罪案件以外的其他刑事案件，所在城区未设兵团检察分院和基层检察院的，由地方人民检察院依照刑事诉讼法的有关规定审查逮捕、审查起诉。

七、根据宪法和法律关于上级检察机关领导下级检察机关的规定，兵团检察机关与新疆地方检察机关对案件管辖有争议的，由自治区人民检察院决定。

最高人民法院关于新疆生产建设兵团人民法院案件管辖权问题的若干规定

（2005 年 1 月 13 日最高人民法院审判委员会第 1340 次会议通过　2005 年 5 月 24 日公布　自 2005 年 6 月 6 日起施行）

法释〔2005〕4 号

根据《全国人民代表大会常务委员会关于新疆维吾尔自治区生产建设兵团设置人民法院和人民检察院的决定》第三条的规定，对新疆生产建设兵团各级人民法院案件管辖权问题规定如下：

第一条　新疆生产建设兵团基层人民法院和中级人民法院分别行使地方基层人民法院和中级人民法院的案件管辖权，管辖兵团范围内的各类案件。

新疆维吾尔自治区高级人民法院生产建设兵团分院管辖原应当由高级人民法院管辖的兵团范围内的第一审案件、上诉案件和其他案件，其判决和裁定是新疆维吾尔自治区高级人民法院的判决和裁定。但兵团各中级人民法院判处死刑（含死缓）的案件的上诉案件以及死刑复核案件由新疆维吾尔自治区高级人民法院管辖。

第二条　兵团人民检察院提起公诉的第一审刑事案件，由兵团人民法院管辖。

兵团人民法院对第一审刑事自诉案件、第二审刑事案件以及再审刑事案件的管辖，适用刑事诉讼法的有关规定。

第三条　兵团人民法院管辖以下民事案件：

（一）垦区范围内发生的案件；

（二）城区内发生的双方当事人均为兵团范围内的公民、法人或者其他组织的案件；

（三）城区内发生的双方当事人一方为兵团范围内的公民、法人或者其他组织，且被告住所地在兵团工作区、生活区或者管理区内的案件。

对符合协议管辖和专属管辖条件的案件，依照民事诉讼法的有关规定确定管辖权。

第四条　以兵团的行政机关作为被告的行政案件由该行政机关所在地的兵团人民法院管辖，其管辖权限依照行政诉讼法的规定办理。

第五条　兵团人民法院管辖兵团范围内发生的涉外案件。新疆维吾尔自治区高级人民法院生产建设兵团分院根据最高人民法院的有关规定确定管辖涉外案件的兵团法院。

第六条　兵团各级人民法院与新疆维吾尔自治区地方各级人民法院之间因管辖权发生争议的，由争议双方协商解决；协商不成的，报请新疆维吾尔自治区高级人民法院决定管辖。

第七条　新疆维吾尔自治区高级人民法院生产建设兵团分院所管辖第一审案件的上诉法院是最高人民法院。

第八条　对于新疆维吾尔自治区高级人民法院生产建设兵团分院审理再审案件所作出的判决、裁定，新疆维吾尔自治区高级人民法院不再进行再审。

第九条　本规定自发布之日起实

施。人民法院关于兵团人民法院案件管辖的其他规定与本规定不一致的，以本规定为准。

最高人民检察院关于走私犯罪侦查机关提请批准逮捕和移送审查起诉的案件由分、州、市级人民检察院受理的通知

（1999年2月3日　高检发研字〔1999〕2号）

各省、自治区、直辖市人民检察院，军事检察院：

根据《最高人民法院、最高人民检察院、公安部、司法部、海关总署关于走私犯罪侦查机关办理走私犯罪案件适用刑事诉讼程序若干问题的通知》（以下简称《通知》），为加强人民检察院和走私犯罪侦查机关在查处走私犯罪案件工作中的配合，及时受理走私犯罪侦查机关提请批准逮捕和移送审查起诉的案件，现就有关问题通知如下：

一、根据《通知》关于走私犯罪侦查分局（设在直属海关）、走私犯罪侦查支局（设在隶属海关）负责向人民检察院提请批准逮捕和移送起诉工作的规定，走私犯罪侦查分局、支局所在地的分、州、市级人民检察院负责受理走私犯罪侦查机关向人民检察院提请批准逮捕和移送起诉的案件。

二、走私犯罪侦查中队（设在隶属海关下一级海关）侦查的案件，应当报请走私犯罪侦查支局或者分局向所在地的分、州、市级人民检察院提请批准逮捕和移送起诉，受理的人民检察院应当将有关法律文书送达移送案件的走私犯罪侦查分局或者支局。

三、走私犯罪侦查局直接办理的案件，交由案件发生地的走私犯罪侦查分局向所在地的分、州、市级人民检察院提请批准逮捕和移送审查起诉，受理的人民检察院应当将有关法律文书送达移送案件的走私犯罪侦查分局。

四、人民检察院对走私犯罪侦查机关移送起诉的案件，经审查决定起诉的，应当向本地中级人民法院提起公诉。

五、人民检察院对于走私犯罪侦查机关移送起诉的走私案件，经审查决定不起诉的，应当依照《中华人民共和国刑事诉讼法》的规定移送相应的海关处理，同时将不起诉决定书送达移送案件的走私犯罪侦查机关。

六、走私犯罪侦查机关建立有看守所的，由看守所所在地的分、州、市级人民检察院履行法律监督职责。

七、省级人民检察院根据办案需要，可以按照与审判管辖相适应的原则，指定本地区有关分、州、市级人民检察院受理走私犯罪侦查机关提请批准逮捕和移送起诉的案件。

中国人民解放军总政治部保卫部　中国人民解放军军事法院　中国人民解放军军事检察院关于《中华人民共和国刑法》第十章所列刑事案件管辖范围的通知

（1998 年 8 月 12 日　〔1998〕军检字第 17 号）

各军区、各军、兵种、各总部、军事科学院、国防大学、武警部队政治部保卫部，各军区、海军、空军、总直属队、总直属队第二、武警部队军事法院、军事检察院：

为了保证修订的《中华人民共和国刑法》分则第十章关于军人违反职责罪规定的贯彻实施，根据《中华人民共和国刑事诉讼法》第十八条的规定，以及最高人民法院、最高人民检察院、公安部、国家安全部、司法部、全国人大常委会法制工作委员会《关于刑事诉讼法实施中若干问题的规定》中关于刑事案件管辖分工的规定精神，结合军队司法工作的实际情况，对军人违反职责罪一章所列案件的管辖分工范围通知如下：

一、保卫部门负责侦查下列案件：

1. 战时违抗命令案（第四百二十一条）；

2. 隐瞒、谎报军情案（第四百二十二条）；

3. 拒传、假传军令案（第四百二十二条）；

4. 投降案（第四百二十三条）；

5. 战时临阵脱逃案（第四百二十四条）；

6. 阻碍执行军事职务案（第四百二十六条）；

7. 军人叛逃案（第四百三十条）；

8. 非法获取军事秘密案（第四百三十一条第一款）；

9. 为境外窃取、刺探、收买、非法提供军事秘密案（第四百三十一条第二款）；

10. 故意泄露军事秘密案（第四百三十二条）；

11. 战时造谣惑众案（第四百三十三条）；

12. 战时自伤案（第四百三十四条）；

13. 逃离部队案（第四百三十五条）；

14. 武器装备肇事案（第四百三十六条）；

15. 盗窃、抢夺武器装备、军用物资案（第四百三十八条）；

16. 非法出卖、转让武器装备案（第四百三十九条）；

17. 遗弃武器装备案（第四百四十条）；

18. 遗失武器装备案（第四百四十一条）；

19. 战时残害居民、掠夺居民财物案（第四百四十六条）；

20. 私放俘虏案（第四百四十七条）。

二、军事检察院直接受理下列案件：

1. 擅离、玩忽军事职守案（第四

百二十五条）；

2. 指使部属违反职责案（第四百二十七条）；

3. 违令作战消极案（第四百二十八条）；

4. 拒不救援友邻部队案（第四百二十九条）；

5. 过失泄露军事秘密案（第四百三十二条）；

6. 擅自改变武器装备编配用途案（第四百三十七条）；

7. 擅自出卖、转让军队房地产案（第四百四十二条）；

8. 虐待部属案（第四百四十三条）；

9. 战时拒不救治伤病军人案（第四百四十五条）；

10. 军官、警官、文职干部利用职权实施的其他重大的犯罪案件，需要由军事检察院受理的时候，经解放军军事检察院决定，可以由军事检察院立案侦查。

三、军事法院直接受理下列案件：

1. 遗弃伤病军人案（第四百四十四条）；

2. 虐待俘虏案（第四百四十八条）。

本通知自 1998 年 8 月 12 日起施行，原《关于惩治军人违反职责罪暂行条例所列案件的管辖范围的通知》即日废止。

最高人民法院　最高人民检察院　公安部　总政治部关于军队和地方互涉案件几个问题的规定

（1982 年 11 月 25 日　〔1982〕政联字 8 号）

各省、市、自治区高级人民法院、人民检察院、公安厅（局），各总部、各军区、各军兵种、国防科工委、军事科学院、军委直属各院校政治部：

为了更好地贯彻执行《中华人民共和国刑法》、《中华人民共和国刑事诉讼法》，及时有力地打击刑事犯罪活动，按照军队和地方政法机关要互相支持，互通情报，密切配合，共同对敌的原则，现对军队和地方互涉案件的几个问题作如下规定：

一、现役军人（含在编职工，下同）在地方作案被当场抓获，按《中华人民共和国逮捕拘留条例》的规定，当地公安机关可以将其拘留，移交其所在部队保卫部门处理。

二、现役军人和地方人员共同在部队营区作案的，以军队保卫部门为主组织侦查，地方公安机关配合；现役军人和地方人员共同在地方作案的，以地方公安机关为主组织侦查，军队保卫部门配合。对犯罪分子，由地方和军队共同研究，通盘考虑，在取得一致意见后，分别由地方、军队公安机关、保卫部门、人民检察院、人民法院依法处理。

三、地方人员到军队作案，由军队保卫部门与地方公安机关共同查清犯罪事实，由地方公安机关、人民检察院、人民法院依法处理。

四、现役军人入伍前在地方上作案，由地方公安机关提供犯罪证据材料，送交军队军以上保卫部门审查，确认应依法追诉的，由保卫部门拘留，提请有关部门办理退役手续后，移交有关地方公安机关、人民检察院、人民法院处理。

五、军人退出现役后，发现其在服役期内作案，依法应当追诉的，由军队保卫部门、军事检察院、军事法院负责查清犯罪事实，将案卷材料移送其所在县以上公安机关、人民检察院、人民法院处理；属于在服役期间犯下军人违反职责罪的，仍由军事检察院、军事法院处理。

六、军队非编职工和随军的军人家属子女在部队营区作案，由军队保卫部门协助当地公安机关查清犯罪事实，由地方公安机关、人民检察院、人民法院依法处理。

七、属于军队保卫部门管辖的案件，需到地方居民住地搜查时，应同当地公安机关联系，由公安机关依法进行搜查。属于地方公安机关管辖的案件，需到部队营区和现役军人住地搜查时，应同军队保卫部门联系，由军队保卫部门依法进行搜查。

八、现役军人在地方作案，地方人员到军队作案，其罪证、赃款、赃物应随案移交。对其中属于抢劫、盗窃、侵吞、非法占有的公、私财物，在案件处理终结时，应按有关规定上交国库或归还原主。

九、由军事法院判处徒刑并开除军籍或公职的犯罪分子，移送地方劳改单位服刑的，服刑期满后，由所在劳改单位依法予以释放安置。

最高人民检察院　公安部　总政治部关于军队和地方互涉案件侦查工作的补充规定

（1987年12月21日　〔1987〕政联字第14号）

最高人民法院、最高人民检察院、公安部、总政治部1982年11月25日颁发的《关于军队和地方互涉案件几个问题的规定》，对正确处理军地互涉案件，发挥了重要的指导作用。现根据近几年军地互涉案件侦查工作中出现的一些新情况，作如下补充规定：

一、军队营区发生的案件，判断有可能是地方人员作案或者与现役军人（含在军队编制序列内的其他人员，下同）共同作案的，地方公安机关、人民检察院应当按照案件管辖范围的分工，协助军队保卫部门、军事检察院进行侦查；查清犯罪事实后，是地方人员作案的，由军队保卫部门、军事检察院分别移交有管辖权的地方公安机关、人民检察院处理。

非军队营区发生的案件，判断有可能是现役军人作案或者与地方人员共同作案的，军队保卫部门、军事检察院应按照案件管辖范围的分工，协助地方公安机关、人民检察院进行侦查；查清犯罪事实后，是现役军人作案的，由地方公安机关、人民检察院分别移交其所在部队保卫部门、军事检察院处理。

二、现役军人在地方受到不法侵害，应立案侦查的，由发案地公安机关、人民检察院按照案件管辖范围的分工受理。

三、军队在工商行政管理部门登记

注册，实行企业化经营管理的公司、厂矿、宾馆、饭店、影剧院以及军地合资经营的企业所发生的案件，凡在该单位设置有接受当地公安机关业务领导的保卫部门或治安保卫组织的，由地方公安机关、人民检察院按照案件管辖范围的分工立案侦查；没有设置接受当地公安机关业务领导的保卫部门或治安保卫组织的，由军队保卫部门、军事检察院按照案件管辖范围的分工立案侦查。

军队为安排家属子女就业和方便群众而设立的对外营业的服务性行业发生的案件，按照上款规定办理。

现役军人在上述单位作案，由军队保卫部门、军事检察院按照案件管辖范围的分工立案侦查。

四、改归地方建制、已经完成交接工作的县（市）人民武装部，预备役师、团，民兵武器仓库，以及移交或者出租、出借给地方单位使用的军队营房、营院、仓库、机场、码头等，接受地方治安管理的，所发生的案件，由地方公安机关、人民检察院按照案件管辖范围的分工立案侦查。

现役军人在上述场所作案，由军队保卫部门、军事检察院按照案件管辖范围的分工立案侦查。

五、军队、地方人员混居的军队宿舍区发生的案件，按照案件管辖范围的分工，发生在家庭成员均为地方人员的宿舍的，由当地公安机关、人民检察院立案侦查，其余的由军队保卫部门、军事检察院立案侦查。

军队和地方共用的营房、营院、仓库、机场、码头等场所发生的案件，按照划定的管理范围，分别由军队保卫部门、军事检察院和地方公安机关、人民检察院立案侦查。

六、下列人员犯罪，由行为地公安机关、人民检察院按照案件管辖范围的分工立案侦查：

1. 已经办理转业或者退伍手续的县（市）人民武装部的人员；

2. 已经办理转业、复员、退伍手续，离开军队营区到地方单位报到途中的人员；

3. 已经批准入伍尚未与部队办理交接手续的新兵。

七、对分工不明确的军地互涉案件的侦查工作，由军队师（旅）以上单位保卫部门、军事检察院与地方县级以上公安机关、人民检察院协商解决。

八、按照上述各条规定的管辖范围，地方公安机关、人民检察院和军队保卫部门、军事检察院在立案侦查案件时，应加强协作，互相配合。

最高人民法院　最高人民检察院　公安部总政治部关于退伍战士在退伍途中违法犯罪案件管辖问题的通知

（1986年3月26日）

各省、自治区、直辖市高级人民法院、人民检察院、公安厅（局），铁路运输高级法院、全国铁路运输检察院，军事法院、军事检察院，各军区、各军兵种、各总部、国防科工委、军事科学院、国防大学、各高级陆军学校政治部：

经国务院、中央军委批准，从1985年8月起，军队对退伍战士的运送工作进行了改革，由退伍战士购买客票自行回入伍地的人武部报到。现对退伍战士在退伍途中违法犯罪案件的管辖问题通知如下：

退伍战士在离开部队时即已办理离队手续，退出现役。其退伍途中在地方作案的违法犯罪案件，由犯罪地的公安机关、人民检察院、人民法院按照案件管辖范围受理。需要了解在部队期间有关情况的，原部队应予协助。

退伍战士在退伍途中到军队作案的，按照1982年11月25日最高人民法院、最高人民检察院、公安部、总政治部《关于军队和地方互涉案件几个问题的规定》办理。

三、回　避

检察人员任职回避和公务回避暂行办法

（2000年7月4日最高人民检察院第九届检察委员会第65次会议通过　2000年7月17日公布施行）

高检发〔2000〕18号

第一条　为保证检察人员依法履行公务，促进检察机关的廉政建设，维护司法公正，根据《中华人民共和国刑事诉讼法》、《中华人民共和国检察官法》和其他有关法律、法规，制定本办法。

第二条　检察人员之间有下列亲属关系之一的，必须按规定实行任职回避：

（一）夫妻关系；

（二）直系血亲关系；

（三）三代以内旁系血亲关系，包括伯叔姑舅姨、兄弟姐妹、堂兄弟姐妹、表兄弟姐妹、侄子女、甥子女；

（四）近姻亲关系，包括配偶的父母、配偶的兄弟姐妹及其配偶、子女的配偶及子女配偶的父母、三代以内旁系血亲的配偶。

第三条　检察人员之间凡具有本办法第二条所列亲属关系的，不得同时担任下列职务：

（一）同一人民检察院的检察长、副检察长、检察委员会委员；

（二）同一人民检察院的检察长、副检察长和检察员、助理检察员、书记员、司法警察、司法行政人员；

（三）同一工作部门的检察员、助理检察员、书记员、司法警察、司法行政人员；

（四）上下相邻两级人民检察院的检察长、副检察长。

第四条　担任县一级人民检察院检察长的，一般不得在原籍任职。但是，民族自治地方县一级人民检察院的检察人员除外。

第五条　检察人员任职回避按照以下程序进行：

（一）本人提出回避申请或者所在人民检察院的人事管理部门提出回避要求；

（二）按照管理权限进行审核，需要回避的，予以调整，并按照法律及有关规定办理任免手续。

第六条 检察人员任职回避，职务不同的，由职务较低的一方回避，个别因工作特殊需要的，经所在人民检察院批准，也可以由职务较高的一方回避；职务相同的，由所在人民检察院根据工作需要和检察人员的情况决定其中一方回避。

在本检察院内无法调整的，可以与其他单位协商调整；与其他单位协商调整确有困难的，商请有关管理部门或者上级人民检察院协调解决。

第七条 检察人员在录用、晋升、调配过程中应当如实地向人民检察院申报应回避的亲属情况。各级人民检察院在检察人员录用、晋升、调配过程中应当按照回避规定严格审查。对原已形成的应回避的关系，应当制定计划、逐步调整；对因婚姻、职务变化等新形成的应回避关系，应当及时调整。

第八条 检察人员从事人事管理、财务管理、监察、审计等公务活动，涉及本人或与本人有本办法第二条所列亲属关系人员的利害关系时，必须回避，不得参加有关考核、调查、讨论、审核、决定，也不得以任何形式施加影响。

第九条 检察人员从事检察活动，具有下列情形之一的，应当自行回避，当事人及其法定代理人也有权要求其回避：

（一）是本案的当事人或者是当事人的近亲属的；

（二）本人或者他的近亲属和本案有利害关系的；

（三）担任过本案的证人、鉴定人、辩护人、诉讼代理人的；

（四）与本案当事人有其他关系，可能影响公正处理案件的。

第十条 检察人员在检察活动中，接受当事人及其委托的人的请客送礼或者违反规定会见当事人及其委托的人的，当事人及其法定代理人有权要求其回避。

第十一条 检察人员在检察活动中的回避，按照以下程序进行：

（一）检察人员自行回避的，可以书面或者口头向所在人民检察院提出回避申请，并说明理由；当事人及其法定代理人要求检察人员回避的，应当向该检察人员所在人民检察院提出书面或者口头申请，并说明理由，根据本办法第十条的规定提出回避申请的，应当提供有关证明材料。

（二）检察人员所在人民检察院有关工作部门对回避申请进行审查，调查核实有关情况，提出是否回避的意见。

（三）检察长作出是否同意检察人员回避的决定；对检察长的回避，由检察委员会作出决定并报上一级人民检察院备案。检察委员会讨论检察长回避问题时，由副检察长主持会议，检察长不得参加。

应当回避的检察人员，本人没有自行回避，当事人及其法定代理人也没有要求其回避的，检察长或者检察委员会应当决定其回避。

第十二条 对人民检察院作出的驳回回避申请的决定，当事人及其法定代理人不服的，可以在收到驳回回避申请决定的五日内，向作出决定的人民检察院申请复议。

人民检察院对当事人及其法定代理人的复议申请，应当在三日内作出复议决定，并书面通知申请人。

第十三条 检察人员自行回避或者被申请回避，在检察长或者检察委员会作出决定前，应当暂停参与案件的办理；但是，对人民检察院直接受理案件进行侦查或者补充侦查的检察人员，在回避决定作出前不能停止对案件的侦查。

第十四条 因符合本办法第九条或者第十条规定的情形之一而决定回避的检察人员，在回避决定作出以前所取得的证据和进行诉讼的行为是否有效，由检察长或者检察委员会根据案件的具体情况决定。

第十五条 检察人员离任后两年内，不得担任诉讼代理人和辩护人。

第十六条 检察人员在检察活动中具有以下情形的，视情予以批评教育、组织调整或者给予相应的纪律处分：

（一）明知具有本办法第九条或者第十条规定的情形，故意不依法自行回避或者对符合回避条件的申请故意不作出回避决定的；

（二）明知诉讼代理人、辩护人具有本办法第十五条规定情形，故意隐瞒的；

（三）拒不服从回避决定，继续参与办案或者干预办案的。

第十七条 当事人、诉讼代理人、辩护人或者其他知情人认为检察人员有违反法律、法规有关回避规定行为的，可以向检察人员所在人民检察院监察部门举报。受理举报的部门应当及时处理，并将有关意见反馈举报人。

第十八条 本规定所称检察人员，是指各级人民检察院检察官、书记员、司法行政人员和司法警察。

人民检察院聘请或者指派的翻译人员、司法鉴定人员、勘验人员在诉讼活动中的回避，参照检察人员回避的有关规定执行。

第十九条 各级人民检察院的监察和人事管理部门负责检察人员回避工作的监督检查。

第二十条 本办法由最高人民检察院负责解释。

第二十一条 本办法自公布之日起施行。

最高人民法院关于审判人员严格执行回避制度的若干规定

（2000年1月31日 法发〔2000〕5号）

为确保司法公正，根据人民法院组织法、刑事诉讼法、民事诉讼法、行政诉讼法和其他法律的有关规定，现就审判人员执行回避制度及有关问题规定如下：

第一条 审判人员具有下列情形之一的，应当自行回避，当事人及其法定代理人也有权要求他们回避：

（一）是本案的当事人或者与当事人有直系血亲、三代以内旁系血亲及姻亲关系的；

（二）本人或者其近亲属与本案有利害关系的；

（三）担任过本案的证人、鉴定人、勘验人、辩护人、诉讼代理人的；

（四）与本案的诉讼代理人、辩护人有夫妻、父母、子女或者同胞兄弟姐妹关系的；

（五）本人与本案当事人之间存在其他利害关系，可能影响案件公正处理的。

第二条 审判人员具有下列情形之一的，当事人及其法定代理人有权要求回避，但应当提供相关证据材料：

（一）未经批准，私下会见本案一方当事人及其代理人、辩护人的；

（二）为本案当事人推荐、介绍代理人、辩护人，或者为律师、其他人员介绍办理该案件的；

（三）接受本案当事人及其委托的人的财物、其他利益，或者要求当事人及其委托的人报销费用的；

（四）接受本案当事人及其委托的人的宴请，或者参加由其支付费用的各项活动的；

（五）向本案当事人及其委托的人借款，借用交通工具、通讯工具或者其他物品，或者接受当事人及其委托的人在购买商品、装修住房以及其他方面给予的好处的。

第三条 凡在一个审判程序中参与过本案审判工作的审判人员，不得再参与该案其他程序的审判。

第四条 审判人员及法院其他工作人员离任二年内，担任诉讼代理人或者辩护人的，人民法院不予准许；审判人员及法院其他工作人员离任二年后，担任原任职法院审理案件的诉讼代理人或者辩护人，对方当事人认为可能影响公正审判而提出异议的，人民法院应当支持，不予准许本院离任人员担任诉讼代理人或者辩护人。但是作为当事人的近亲属或者监护人代理诉讼或者进行辩护的除外。

第五条 审判人员及法院其他工作人员的配偶、子女或者父母，担任其所在法院审理案件的诉讼代理人或者辩护人的，人民法院不予准许。

第六条 第二审人民法院发现或者根据当事人、诉讼代理人、辩护人的举报，认为第一审人民法院的审理有违反本规定第一条至第三条所列情形之一的，经核查属实，应当裁定撤销原判，发回原审人民法院重新审判。

第七条 当事人、诉讼代理人、辩护人认为审判人员有违反本规定行为的，可以向法院纪检、监察部门或者其他有关部门举报。受理举报的部门应当及时处理，并将有关意见反馈举报人。

第八条 审判人员明知具有本规定第一条至第三条规定情形之一，故意不依法自行回避或者对符合回避条件的申请故意不作出回避决定的，依照《人民法院审判纪律处分办法（试行）》的规定予以处分。

审判人员明知诉讼代理人，辩护人具有本规定第四条、第五条规定情形之一，故意不作出正确决定的，参照《人民法院审判纪律处分办法（试行）》第二十四条的规定予以处分。

第九条 本规定所称审判人员是指各级人民法院院长、副院长、审判委员会委员、庭长、副庭长、审判员、助理审判员。

本规定所称法院其他工作人员是指法院中占行政编制的工作人员。

人民陪审员、书记员、翻译人员、司法鉴定人员、勘验人员的回避问题，参照审判人员回避的有关内容执行。

执行员在执行过程中的回避问题，参照审判人员回避的有关内容执行。

最高人民法院关于执行《关于审判人员严格执行回避制度的若干规定》时间效力问题的通知

（2000年6月15日 法〔2000〕94号）

各省、自治区、直辖市高级人民法院，解放军军事法院，新疆维吾尔自治区高级人民法院生产建设兵团分院：

为正确执行《关于审判人员严格执行回避制度的若干规定》（以下简称《若干规定》），现就《若干规定》的时间效力问题通知如下：

《若干规定》发布以后尚未开庭审理或者已经开庭审理但庭审活动尚未结束的案件，审判人员具有《若干规定》第一条、第二条、第三条规定情形之一的，应当回避；诉讼代理人、辩护人具有《若干规定》第四条、第五条规定情形之一的，人民法院应当不准许其继续代理诉讼或者进行辩护。

最高人民法院关于适用《关于审判人员严格执行回避制度的若干规定》第四条有关问题的答复

（2000年6月20日 法〔2000〕95号）

山东省高级人民法院；

你院鲁高法函〔2000〕41号《关于如何适用〈审判人员严格执行回避制度若干规定〉第四条的请示》收悉。经研究，答复如下：

第一条 《关于审判人员严格执行回避制度的若干规定》（以下简称《若干规定》）第四条规定的“离任”，包括离休、退休、调动、辞职、辞退、开除等情形。

第二条 一方当事人以对方当事人的诉讼代理人或者辩护人具有《若干规定》第四条规定的情形而提出异议的，由受理案件人民法院的院长以决定书形式，对本院离任人员担任诉讼代理人或者辩护人问题作出决定。

四、辩护与代理

最高人民法院关于第二审人民法院审理死刑上诉案件被告人没有委托辩护人的是否应为其指定辩护人问题的批复

（1997年11月6日最高人民法院审判委员会第943次会议通过 1997年11月20日公布施行）
法释〔1997〕7号

江西省高级人民法院：

你院《关于第二审死刑案件是否需要全部指定辩护人的请示》（赣法刑一请字〔1997〕2号）收悉。经研究，答复如下：

刑事诉讼法第三十四条第三款关于被告人可能被判处死刑而没有委托辩护人的，人民法院应当指定承担法律援助义务的律师为其提供辩护的规定，也应当适用于第二审死刑案件。即第一审人民法院已判处死刑的被告人提出上诉而没有委托辩护人的，第二审人民法院应当为其指定辩护人。

此复。

最高人民检察院 司法部关于在刑事诉讼活动中开展法律援助工作的联合通知

（2000年4月24日 司发通〔2000〕053号）

各省、自治区、直辖市人民检察院、司法厅（局），解放军军事检察院，新疆生产建设兵团人民检察院、司法局：

为充分保护犯罪嫌疑人和其他刑事诉讼参与人的诉讼权利，规范刑事诉讼侦查、起诉阶段法律援助工作，根据《中华人民共和国刑事诉讼法》及其他有关法律规定，现就人民检察院、法律援助机构在刑事诉讼侦查、审查起诉阶段开展法律援助工作的有关问题通知如下：

一、人民检察院对直接受理立案侦查的刑事案件，在对犯罪嫌疑人第一次讯问后或者采取强制措施之日起，在告知犯罪嫌疑人享有《中华人民共和国刑事诉讼法》第九十六条规定的有关诉讼权利的同时，应当告知其如因经济困难无力聘请律师，可以通过人民检察院向当地法律援助机构申请法律援助。

人民检察院办理审查起诉案件，自收到移送审查起诉的案件材料之日起三日内，在根据《中华人民共和国刑事诉讼法》第三十三条第二款的规定告知犯罪嫌疑人有关诉讼权利的同时，应当告知其如因经济困难无力委托辩护人的，可以通过人民检察院向当地法律援助机构申请法律援助；在根据《中华人民共和国刑事诉讼法》第四十条第二款的规定告知被害人及其法定代理人或者其近亲属、附带民事诉讼的当事人及其法定代理人有关诉讼权利的同时，应当告知其如因经济困难无力委托诉讼代理人的，可以向当地法律援助机构申请法律援助。

二、人民检察院自收到在押犯罪嫌疑人提交的法律援助书面申请之日起三日内，应当向所在地的法律援助机构转交该申请，并同时通知其法定代理人或近亲属在三日内向该法律援助机构提交身份和户籍证明、经济和居住状况证明等相关材料。

三、法律援助机构接到犯罪嫌疑人及其他有关诉讼参与人的法律援助申请及所需材料后十日内，根据法律援助的有关规定进行审查，对符合法律援助条件的，作出同意提供法律援助的决定，并指派律师提供法律援助。对不符合法律援助条件的，作出不予援助的书面决定。法律援助机构对人民检察院转交的犯罪嫌疑人的法律援助申请作出是否提供法律援助的决定，以及对其他犯罪嫌疑人和有关诉讼参与人的法律援助申请作出同意提供法律援助的决定，应当在决定作出后三日内将有关情况书面通知人民检察院。

四、法律援助人员接受法律援助机构指派通知后，应当向人民检察院提交由法律援助机构统一印制的公函和文书。

人民检察院凭法律援助机构出具的公函和文书，按照有关法律和规定安排法律援助人员的诉讼活动。

五、人民检察院应当积极支持法律援助人员开展法律援助工作。在侦查阶段，人民检察院应当告知法律援助人员犯罪嫌疑人涉嫌的罪名，依法安排法律援助人员会见在押的犯罪嫌疑人；在审查起诉阶段，人民检察院应当为法律援助人员查阅、摘抄、复制案件的诉讼文书、技术性鉴定材料以及同在押的犯罪嫌疑人会见和通信提供便利条件；人民检察院审查案件，应当听取有关法律援助人员的意见。人民检察院作出侦查终结、提起公诉、不起诉决定后或者将案件退回补充侦查后，应当在三日内告知法律援助人员。

在审查起诉阶段，法律援助人员可以申请人民检察院收集、调取证据。法律援助人员经人民检察院许可，并且经被害人或者其近亲属、被害人提供的证人同意，可以向他们收集与本案有关的材料。

六、法律援助人员在办理法律援助事项中应当尽职尽责，恪守职业道德和执业纪律。

关于人民检察院保障律师在刑事诉讼中依法执业的规定

(2003年12月30日最高人民检察院第十届检察委员会
第16次会议通过 2004年2月10日公布施行)
高检发〔2004〕3号

为依法维护诉讼参与人的合法权益，进一步保障律师在人民检察院直接受理案件立案侦查、刑事案件审查起诉工作中依法执业，促进人民检察院严格、公正执法，根据《中华人民共和国刑事诉讼法》及有关法律的规定，结合检察工作实际，制定本规定。

一、关于律师会见犯罪嫌疑人

1. 人民检察院直接受理立案侦查案件，受犯罪嫌疑人委托的律师自检察人员第一次讯问犯罪嫌疑人后或者人民检察院对犯罪嫌疑人采取强制措施之日起，可以会见在押的犯罪嫌疑人，向犯罪嫌疑人了解有关案件情况。人民检察院应当将犯罪嫌疑人所涉嫌的罪名及犯罪嫌疑人的关押场所告知受委托的律师。

2. 人民检察院办理直接立案侦查的案件，律师提出会见的，由侦查部门指定专人接收律师要求会见的材料，办理安排律师会见犯罪嫌疑人的有关事宜，并记录备查。

3. 人民检察院侦查部门应当在律师提出会见要求后48小时内安排会见。

对于人民检察院直接立案侦查的贪污贿赂犯罪等重大复杂的两人以上的共同犯罪案件，律师提出会见在押犯罪嫌疑人的，侦查部门应当在律师提出会见要求后5日内安排会见。

4. 人民检察院侦查部门安排律师会见犯罪嫌疑人时，可以根据案件情况和工作需要决定是否派员在场。

5. 人民检察院立案侦查案件，律师要求会见在押犯罪嫌疑人的，对于涉及国家秘密的案件，侦查部门应当在律师提出申请后5日内作出批准或不批准的决定。批准会见的，应当向律师开具《批准会见在押犯罪嫌疑人决定书》，并安排会见。不批准会见的，应当向律师开具《不批准会见在押犯罪嫌疑人决定书》，并说明理由。对于不涉及国家秘密的案件，不需要经过批准。

6. 律师会见在押犯罪嫌疑人时，可以了解案件以下情况：

（一）犯罪嫌疑人的基本情况；

（二）犯罪嫌疑人是否实施或参与所涉嫌的犯罪；

（三）犯罪嫌疑人关于案件事实和情节的陈述；

（四）犯罪嫌疑人关于其无罪、罪轻的辩解；

（五）被采取强制措施的法律手续是否完备，程序是否合法；

（六）被采取强制措施后其人身权利、诉讼权利是否受到侵犯；

（七）其他需要了解的与案件有关的情况。

7. 在人民检察院审查起诉期间，辩护律师可以持委托书、律师事务所函会见犯罪嫌疑人。辩护律师会见犯罪嫌疑人时，人民检察院不派员在场。

8. 律师会见在押犯罪嫌疑人一律在监管场所内进行。

二、关于听取律师意见

9. 人民检察院立案侦查案件，犯

罪嫌疑人被决定逮捕的，受犯罪嫌疑人委托的律师可以为其申请取保候审；受委托律师认为羁押超过法定期限的，可以要求解除或者变更强制措施。人民检察院应当在7日内作出决定并由侦查部门书面答复受委托的律师。

10. 人民检察院在侦查终结前，案件承办人应当听取受委托的律师关于案件的意见，并记明笔录附卷。受委托的律师提出书面意见的，应当附卷。

11. 人民检察院审查移送起诉的案件，辩护律师认为人民检察院采取强制措施超过法定期限的，有权要求解除或者变更强制措施。人民检察院应当在7日内作出书面决定并由公诉部门书面答复辩护律师。

12. 人民检察院审查移送起诉案件，应当听取犯罪嫌疑人、被害人委托的律师的意见，并记明笔录附卷。直接听取犯罪嫌疑人、被害人委托的律师的意见有困难的，可以向犯罪嫌疑人、被害人委托的律师发出书面通知，由其提出书面意见。律师在审查起诉期限内没有提出意见的，应当记明在卷。

13. 人民检察院对律师提出的证明犯罪嫌疑人无罪、罪轻或者减轻、免除其刑事责任的意见，办案人员应当认真进行审查。

三、关于律师查阅案卷材料

14. 辩护律师以及被害人及其法定代理人或者近亲属委托作为诉讼代理人的律师自人民检察院对案件审查起诉之日起，可以查阅、摘抄、复制本案的诉讼文书、技术性鉴定材料。

15. 对于律师要求查阅、摘抄、复制本案的诉讼文书、技术性鉴定材料的，公诉部门受理后应当安排办理；不能当日办理的，应当向律师说明理由，并在3日内择定日期，及时通知律师。

16. 在人民检察院审查起诉期间和提起公诉以后，辩护律师发现犯罪嫌疑人无罪、罪轻、减轻或者免除处罚的证据材料向人民检察院提供的，人民检察院公诉部门应当接受并进行审查。

四、关于辩护律师申请收集、调取证据

17. 辩护律师申请人民检察院向犯罪嫌疑人提供的证人或者其他有关单位和个人收集、调取证据的，对于影响认定案件事实和适用法律的，人民检察院应当依法收集、调取，并制作笔录附卷。

18. 辩护律师向人民检察院提出申请要求向被害人或者其近亲属、被害人提供的证人收集与本案有关的材料的，人民检察院应当征求被害人或者其近亲属、被害人提供的证人的意见，经过审查，在7日内作出是否许可的决定，并通知申请人。人民检察院没有许可的，应当书面说明理由。

19.. 人民检察院根据辩护律师的申请收集、调取证据时，可以通知申请人在场。

五、关于律师投诉的处理

20. 律师在办理刑事案件的过程中，发现人民检察院办案部门和办案人员违反法律和本规定的，可以向承办案件的人民检察院或者上一级人民检察院投诉。

21. 各级人民检察院接到律师投诉后，应当依照有关法律和本规定的要求及时处理。律师对不依法安排会见进行投诉的，人民检察院应当在接到投诉后5日内进行审查并作出决定，通知办案部门执行。

22. 各级人民检察院应当及时向投诉人书面告知处理情况。

23. 对于律师投诉检察人员违法办案的，有关人民检察院应当及时调查；确属违法违纪的，应依法依纪追究有关人员的法律和纪律责任。

最高人民法院　最高人民检察院　公安部　司法部 关于刑事诉讼法律援助工作的规定

（2005年9月28日　司发通〔2005〕78号）

第一条　为加强和规范刑事诉讼法律援助工作，根据《中华人民共和国刑事诉讼法》、《中华人民共和国律师法》、《法律援助条例》以及其他相关规定，结合法律援助工作实际，制定本规定。

第二条　犯罪嫌疑人，公诉案件中的被告人，公诉案件中的被害人及其法定代理人或者近亲属，以及自诉案件中的自诉人及其法定代理人，因经济困难没有聘请律师或者委托诉讼代理人的，可以向办理案件的公安机关、人民检察院、人民法院所在地的法律援助机构申请法律援助。

犯罪嫌疑人、被告人为限制行为能力人的，其法定代理人可代为申请法律援助。

第三条　公民经济困难的标准，按案件受理地所在的省、自治区、直辖市人民政府的规定执行。

第四条　公安机关、人民检察院在对犯罪嫌疑人依法进行第一次讯问后或者采取强制措施之日起，在告知犯罪嫌疑人有权聘请律师为其提供法律咨询，代理申诉、控告或者为其申请取保候审的同时，应当告知其如果经济困难，可以向法律援助机构申请法律援助。对于涉及国家秘密的案件，应当告知犯罪嫌疑人申请法律援助应当经侦查机关批准。

人民检察院自收到移送审查起诉的案件材料之日起3日内，在告知犯罪嫌疑人有权委托辩护人的同时，应当告知其如果经济困难，可以向法律援助机构申请法律援助；在告知被害人及其法定代理人或者其近亲属有权委托诉讼代理人的同时，应当告知其如果经济困难，可以向法律援助机构申请法律援助。

人民法院对提起公诉的案件自审查完毕之日起3日内，在告知被告人有权委托辩护人的同时，应当告知其如果经济困难，可以向法律援助机构申请法律援助。

人民法院自受理自诉案件之日起3日内，在告知自诉人及其法定代理人有权委托诉讼代理人的同时，应当告知其如果经济困难，可以向法律援助机构申请法律援助。

第五条　告知可以采取口头或者书面方式。口头告知的，应当制作笔录，由被告知人签名；书面告知的，应当将送达回执入卷。

第六条　公安机关、人民检察院、人民法院在收到被羁押的犯罪嫌疑人、被告人提出的法律援助申请后，应当在24小时内将其申请转交所在地的法律援助机构，并通知申请人的法定代理人、近亲属或者其委托的其他人员协助提供《法律援助条例》第17条规定的有关证件、证明及案件材料。

犯罪嫌疑人的法定代理人或者近亲属地址不详无法通知的，公安机关、人民检察院、人民法院应当在转交申请时一并告知法律援助机构。

第七条 法律援助机构收到申请后，应当依照有关规定及时审查并作出决定。对符合法律援助条件的，决定提供法律援助，并于决定之日起3日内指派律师并函告公安机关、人民检察院、人民法院；对不符合法律援助条件的，作出不予援助的决定，并于决定之日起3日内书面告知申请人理由，并函告公安机关、人民检察院、人民法院。

法律援助机构出具的刑事法律援助公函应当载明承办律师的姓名及联系方式。

第八条 申请人对法律援助机构不予援助的决定有异议的，可以向确定该法律援助机构的司法行政部门提出。司法行政部门应当在收到异议之日起5个工作日内进行审查，经审查认为申请人符合法律援助条件的，应当以书面形式责令法律援助机构及时对该申请人提供法律援助，同时通知申请人。认为申请人不符合法律援助条件的，应当维持法律援助机构不予援助的决定，并将其维持决定及理由书面告知申请人。

第九条 人民法院根据《刑事诉讼法》及相关司法解释指定辩护的，应当将指定辩护通知书和起诉书副本或者判决书副本送交其所在地的法律援助机构，由法律援助机构统一接收并组织实施。

人民法院决定开庭审理的，应当在开庭10日前将指定辩护通知书和起诉书副本或者判决书副本送交其所在地的法律援助机构。

人民法院的指定辩护通知书应当载明案件性质、被告人姓名、指定辩护的理由、案件承办人的姓名和联系方式，已确定开庭审理的，应当载明开庭时间、地点。

第十条 法律援助机构应当在开庭3日前将确定的承办人员的姓名及联系方式函告人民法院。

第十一条 律师接受法律援助机构指派后，应当按照有关规定及时办理委托手续。

人民法院指定辩护的案件，律师应当在开庭前询问被告人是否同意本人为其辩护，被告人不同意的，律师应记录在案，并书面告知人民法院和法律援助机构。

第十二条 被告人坚持自己辩护，拒绝人民法院指定的律师为其辩护的，人民法院应当准许，并记录在案。

对被告人具有应当指定辩护情形的，人民法院应当查明拒绝指定辩护的原因，有正当理由的，应当准许，但被告人需另行委托辩护人。被告人未另行委托辩护人的，人民法院应当为其另行指定律师。

人民法院根据前款规定决定为被告人另行指定辩护人的，应当在决定之日起3日内函告作出指派的法律援助机构。

第十三条 实施法律援助的刑事诉讼案件出现《法律援助条例》第23条规定的情形时，法律援助机构、人民法院均应当在作出终止法律援助决定或者终止指定辩护决定的当日函告对方，对方相应作出终止决定。

第十四条 人民法院决定变更开庭时间的，应当在开庭3日前通知承办法律援助案件的律师。承办法律援助案件的律师有正当理由不能按时出庭的，可以申请人民法院延期开庭。人民法院同意延期开庭的，应当及时通知承办法律援助案件的律师。

第十五条 人民法院决定不开庭审理的案件，承办法律援助案件的律师应当在接到法律援助机构指派函次日起

10日内向人民法院提交书面辩护意见。

第十六条 公安机关、人民检察院应当依法支持承办法律援助案件的律师开展工作，应当告知律师犯罪嫌疑人涉嫌的罪名，依法安排律师会见在押的犯罪嫌疑人，为律师向犯罪嫌疑人提供法律咨询、代理申诉、控告，为在押的犯罪嫌疑人申请取保候审等提供必要的便利条件。

第十七条 在审查起诉阶段，人民检察院应当为承办法律援助案件的律师查阅、摘抄、复制案件的诉讼文书、技术性鉴定材料以及同在押的犯罪嫌疑人会见和通信提供便利条件。

人民检察院审查案件，应当听取承办法律援助案件的律师的意见。

第十八条 公安机关在撤销案件或者移送审查起诉后，人民检察院在提起公诉或者作出不起诉决定后，应当在5日内将案件办理结果告知承办法律援助案件的律师。

第十九条 人民法院应当依法支持承办法律援助案件的律师开展工作，为其查阅、摘抄、复制案件所指控犯罪事实的材料以及同在押的被告人会见和通信提供便利条件。

第二十条 公安机关、人民检察院、人民法院对承办法律援助案件的律师复制必要的相关材料的费用应当予以免收或者减收，减收的标准按复制材料所必需的工本费用计算。

第二十一条 律师在办理法律援助案件过程中应当尽职尽责，恪守职业道德和执业纪律。

法律援助机构对律师的法律援助活动进行业务指导和监督，以保证法律援助案件质量。

公安机关、人民检察院、人民法院在办案过程中发现律师违反职业道德和执业纪律，损害受援人利益的，应当及时向作出指派的法律援助机构通报有关情况。

第二十二条 人民法院应当在判决书、裁定书中写明作出指派的法律援助机构、承办案件的律师及其所在的执业机构。

第二十三条 本规定自2005年12月1日起施行。1997年4月9日最高人民法院、司法部下发的《关于刑事法律援助工作的联合通知》，2000年4月24日最高人民检察院、司法部下发的《关于在刑事诉讼活动中开展法律援助工作的联合通知》以及2001年4月25日司法部、公安部下发的《关于在刑事诉讼活动中开展法律援助工作的联合通知》与本规定有抵触的，以本规定为准。

最高人民法院　司法部关于规范法官和律师相互关系维护司法公正的若干规定

（2004年3月19日　法发〔2004〕9号）

为了加强对法官和律师在诉讼活动中的职业纪律约束，规范法官和律师的相互关系，维护司法公正，根据《中华人民共和国法官法》、《中华人民共和国律师法》等有关法律、法规，制定本规定。

第一条 法官和律师在诉讼活动中应当忠实于宪法和法律，依法履行职责，共同维护法律尊严和司法权威。

第二条 法官应当严格依法办案，不受当事人及其委托的律师利用各种关系、以不正当方式对案件审判进行的干涉或者施加的影响。

律师在代理案件之前及其代理过程中，不得向当事人宣称自己与受理案件法院的法官具有亲朋、同学、师生、曾经同事等关系，并不得利用这种关系或者以法律禁止的其他形式干涉或者影响案件的审判。

第三条 法官不得私自单方面会见当事人及其委托的律师。

律师不得违反规定单方面会见法官。

第四条 法官应当严格执行回避制度，如果与本案当事人委托的律师有亲朋、同学、师生、曾经同事等关系，可能影响案件公正处理的，应当自行申请回避，是否回避由本院院长或者审判委员会决定。

律师因法定事由或者根据相关规定不得担任诉讼代理人或者辩护人的，应当谢绝当事人的委托，或者解除委托代理合同。

第五条 法官应当严格执行公开审判制度，依法告知当事人及其委托的律师本案审判的相关情况，但是不得泄露审判秘密。

律师不得以各种非法手段打听案情，不得违法误导当事人的诉讼行为。

第六条 法官不得为当事人推荐、介绍律师作为其代理人、辩护人，或者暗示更换承办律师，或者为律师介绍代理、辩护等法律服务业务，并且不得违反规定向当事人及其委托的律师提供咨询意见或者法律意见。

律师不得明示或者暗示法官为其介绍代理、辩护等法律服务业务。

第七条 法官不得向当事人及其委托律师索取或者收取礼品、金钱、有价证券等；不得借婚丧喜庆事宜向律师索取或者收取礼品、礼金；不得接受当事人及其委托律师的宴请；不得要求或者接受当事人及其委托律师出资装修住宅、购买商品或者进行各种娱乐、旅游活动；不得要求当事人及其委托的律师报销任何费用；不得向当事人及其委托的律师借用交通工具、通讯工具或者其他物品。

当事人委托的律师不得借法官或者其近亲属婚丧喜庆事宜馈赠礼品、金钱、有价证券等；不得向法官请客送礼、行贿或者指使、诱导当事人送礼、行贿；不得为法官装修住宅、购买商品或者出资邀请法官进行娱乐、旅游活动；不得为法官报销任何费用；不得向法官出借交通工具、通讯工具或者其他物品。

第八条 法官不得要求或者暗示律师向当事人索取财物或者其他利益。

当事人委托的律师不得假借法官的名义或者以联络、酬谢法官为由，向当事人索取财物或者其他利益。

第九条 法官应当严格遵守法律规定的审理期限，合理安排审判事务，遵守开庭时间。

律师应当严格遵守法律规定的提交诉讼文书的期限及其他相关程序性规定，遵守开庭时间。

法官和律师均不得借故延迟开庭。法官确有正当理由不能按期开庭，或者律师确有正当理由不能按期出庭的，人民法院应当在不影响案件审理期限的情况下，另行安排开庭时间，并及时通知当事人及其委托的律师。

第十条 法官在庭审过程中，应当严格按照法律规定的诉讼程序进行审判活动，尊重律师的执业权利，认真听取诉讼双方的意见。

律师应当自觉遵守法庭规则，尊重法官权威，依法履行辩护、代理职责。

第十一条 法官和律师在诉讼活动中应当严格遵守司法礼仪，保持良好的仪表，举止文明。

第十二条 律师对于法官有违反本规定行为的，可以自行或者通过司法行政部门、律师协会向有关人民法院反映情况，或者署名举报，提出追究违纪法官党纪、政纪或者法律责任的意见。

法官对于律师有违反本规定行为的，可以直接或者通过人民法院向有关司法行政部门、律师协会反映情况，或者提出给予行业处分、行政处罚直至追究法律责任的司法建议。

第十三条 当事人、案外人发现法官或者律师有违反本规定行为的，可以向有关人民法院、司法行政部门、纪检监察部门、律师协会反映情况或者署名举报。

第十四条 人民法院、司法行政部门、律师协会对于法官、律师违反本规定的，应当视其情节，按照有关法律、法规或者规定给予处理；构成犯罪的，依法追究刑事责任。

第十五条 对法官和律师在案件执行过程中的纪律约束，按照本规定执行。

对人民法院其他工作人员和律师辅助人员的纪律约束，参照本规定的有关内容执行。

第十六条 本规定由最高人民法院、司法部负责解释。

第十七条 本规定自公布之日起实施。

最高人民法院　司法部印发《关于充分保障律师依法履行辩护职责，确保死刑案件办理质量的若干规定》的通知

（2008 年 5 月 21 日　法发〔2008〕14 号）

各省、自治区、直辖市高级人民法院、司法厅（局），解放军军事法院，新疆维吾尔自治区高级人民法院生产建设兵团分院、新疆生产建设兵团司法局：

现将《关于充分保障律师依法履行辩护职责确保死刑案件办理质量的若干规定》印发给你们，请认真遵照执行。执行情况及遇到的问题，请分别及时报告最高人民法院、司法部。

关于充分保障律师依法履行辩护职责，确保死刑案件办理质量的若干规定

为确保死刑案件的办理质量，根据《中华人民共和国刑事诉讼法》及相关法律、法规和司法解释的有关规定，结合人民法院刑事审判和律师辩护、法律

援助工作的实际，现就人民法院审理死刑案件，律师依法履行辩护职责的具体问题规定如下：

一、人民法院对可能被判处死刑的被告人，应当根据刑事诉讼法的规定，充分保障其辩护权及其他合法权益，并充分保障辩护律师依法履行辩护职责。司法行政机关、律师协会应当加强对死刑案件辩护工作的指导，积极争取政府财政部门落实并逐步提高法律援助工作经费。律师办理死刑案件应当恪尽职守，切实维护被告人的合法权益。

二、被告人可能被判处死刑而没有委托辩护人的，人民法院应当通过法律援助机构指定律师为其提供辩护。被告人拒绝指定的律师为其辩护，有正当理由的，人民法院应当准许，被告人可以另行委托辩护人；被告人没有委托辩护人的，人民法院应当通知法律援助机构为其另行指定辩护人；被告人无正当理由再次拒绝指定的律师为其辩护的，人民法院应当不予准许并记录在案。

三、法律援助机构在收到指定辩护通知书三日以内，指派具有刑事案件出庭辩护经验的律师担任死刑案件的辩护人。

四、被指定担任死刑案件辩护人的律师，不得将案件转由律师助理办理；有正当理由不能接受指派的，经法律援助机构同意，由法律援助机构另行指派其他律师办理。

五、人民法院受理死刑案件后，应当及时通知辩护律师查阅案卷，并积极创造条件，为律师查阅、复制指控犯罪事实的材料提供方便。

人民法院对承办法律援助案件的律师复制涉及被告人主要犯罪事实并直接影响定罪量刑的证据材料的复制费用，应当免收或者按照复制材料所必需的工本费减收。

律师接受委托或者被指定担任死刑案件的辩护人后，应当及时到人民法院阅卷；对于查阅的材料中涉及国家秘密、商业秘密、个人隐私、证人身份等情况的，应当保守秘密。

六、律师应当在开庭前会见在押的被告人，征询是否同意为其辩护，并听取被告人的陈述和意见。

七、律师书面申请人民法院收集、调取证据，申请通知证人出庭作证，申请鉴定或者补充鉴定、重新鉴定的，人民法院应当及时予以书面答复并附卷。

八、第二审开庭前，人民检察院提交新证据、进行重新鉴定或者补充鉴定的，人民法院应当至迟在开庭三日以前通知律师查阅。

九、律师出庭辩护应当认真做好准备工作，围绕案件事实、证据、适用法律、量刑、诉讼程序等，从被告人无罪、罪轻或者减轻、免除其刑事责任等方面提出辩护意见，切实保证辩护质量，维护被告人的合法权益。

十、律师接到人民法院开庭通知后，应当保证准时出庭。人民法院应当按时开庭。法庭因故不能按期开庭，或者律师确有正当理由不能按期出庭的，人民法院应当在不影响案件审理期限的情况下，另行安排开庭时间，并于开庭三日前通知当事人、律师和人民检察院。

十一、人民法院应当加强审判场所的安全保卫，保障律师及其他诉讼参与人的人身安全，确保审判活动的顺利进行。

十二、法官应当严格按照法定诉讼程序进行审判活动，尊重律师的诉讼权利，认真听取控辩双方的意见，保障律师发言的完整性。对于律师发言过于冗长、明显重复或者与案件无关，或者在公开开庭审理中发言涉及国家秘密、个人隐私，或者进行人身攻击的，法官应当提醒或者制止。

十三、法庭审理中，人民法院应当如实、详细地记录律师意见。法庭审理结束后，律师应当在闭庭三日以内向人民法院提交书面辩护意见。

十四、人民法院审理被告人可能被判处死刑的刑事附带民事诉讼案件，在对赔偿事项进行调解时，律师应当在其职责权限范围内，根据案件和当事人的具体情况，依法提出有利于案件处理、切实维护当事人合法权益的意见，促进附带民事诉讼案件调解解决。

十五、人民法院在裁判文书中应当写明指派律师担任辩护人的法律援助机构、律师姓名及其所在的执业机构。对于律师的辩护意见，合议庭、审判委员会在讨论案件时应当认真进行研究，并在裁判文书中写明采纳与否的理由。

人民法院应当按照有关规定将裁判文书送达律师。

十六、人民法院审理案件过程中，律师提出会见法官请求的，合议庭根据案件具体情况，可以在工作时间和办公场所安排会见、听取意见。会见活动，由书记员制作笔录，律师签名后附卷。

十七、死刑案件复核期间，被告人的律师提出当面反映意见要求或者提交证据材料的，人民法院有关合议庭应当在工作时间和办公场所接待，并制作笔录附卷。律师提出的书面意见，应当附卷。

十八、司法行政机关和律师协会应当加强对律师的业务指导和培训，以及职业道德和执业纪律教育，不断提高律师办理死刑案件的质量，并建立对律师从事法律援助工作的考核机制。

五、证据、鉴定

最高人民检察院关于CPS多道心理测试鉴定结论能否作为诉讼证据使用问题的批复

（1999年9月10日　高检发研字〔1999〕12号）

四川省人民检察院：

你院川检发研〔1999〕20号《关于CPS多道心理测试鉴定结论能否作为诉讼证据使用的请示》收悉。经研究，批复如下：

CPS多道心理测试（俗称测谎）鉴定结论与刑事诉讼法规定的鉴定结论不同，不属于刑事诉讼法规定的证据种类。人民检察院办理案件，可以使用CPS多道心理测试鉴定结论帮助审查、判断证据，但不能将CPS多道心理测试鉴定结论作为证据使用。

此复。

最高人民检察院关于检察机关的法医能否根据省级人民政府指定医院作出的医学鉴定作出伤情程度结论问题的批复

（1999年10月11日　高检发研字〔1999〕20号）

河南省人民检察院：

你院豫检研〔1999〕3号《关于检察机关的法医能否根据省级政府指定医院作出的医学鉴定作出伤情程度结论的请示》收悉。经研究，批复如下：

检察机关委托省级人民政府指定的医院进行刑事医学鉴定，其鉴定没有明确指明损伤程度等法医学问题的，检察机关的法医可以根据省级人民政府指定医院出具的医学鉴定，就伤情程度等问题提出法医学意见。办理案件的检察人员应当根据省级人民政府指定医院出具的关于伤情情况的鉴定并参照检察机关法医提出的法医学意见，综合进行审查判断，以正确认定案情。

此复。

最高人民检察院关于“骨龄鉴定”能否作为确定刑事责任年龄证据使用的批复

（2000年2月21日　高检发研字〔2000〕6号）

宁夏回族自治区人民检察院：

你院《关于“骨龄鉴定”能否作为证据使用的请示》收悉，经研究，批复如下：

犯罪嫌疑人不讲真实姓名、住址，年龄不明的，可以委托进行骨龄鉴定或其他科学鉴定，经审查，鉴定结论能够准确确定犯罪嫌疑人实施犯罪行为时的年龄的，可以作为判断犯罪嫌疑人年龄的证据使用。如果鉴定结论不能准确确定犯罪嫌疑人实施犯罪行为时的年龄，而且鉴定结论又表明犯罪嫌疑人年龄在刑法规定的应负刑事责任年龄上下的，应当依法慎重处理。

此复。

最高人民检察院关于严禁将刑讯逼供获取的犯罪嫌疑人供述作为定案依据的通知

（2001年1月2日　高检发诉字〔2001〕2号）

各省、自治区、直辖市人民检察院，军事检察院，新疆生产建设兵团人民检察院：

近一时期以来，一些地方陆续发生了严重的侦查人员刑讯逼供案件。个别地方检察机关在审查批捕、审查起诉过程中没有严格履行法律监督的职责，错误地将刑讯逼供获取的犯罪嫌疑人、被告人供述作为指控犯罪的证据加以使用，最终酿成冤案，造成了极其恶劣的社会影响。特别是云南省昆明市杜培武案，尤为典型。1998年4月，昆明市公安局戒毒所民警杜培武因被怀疑杀害两名警察而受到昆明市公安局侦查人员的刑讯逼供，被迫编造了所谓的杀人事实。昆明市人民检察院办案人员对杜培武的申诉没有予以充分的重视，便将其批捕、起诉。1999年2月，昆明市中级人民法院一审判处杜培武死刑。同年10月，云南省高级人民法院改判为死刑，缓期二年执行。后因抓获真凶，杜培武才被无罪释放。各级人民检察院一定要认真吸取教训，采取有力措施，坚决杜绝刑讯逼供现象的发生，彻底排除刑讯取得的证据，确保办案质量，保护当事人的合法权益，维护司法公正。为此，特通知如下：

一、各级人民检察院要切实提高广大干警的思想认识，认清刑讯逼供的本质和危害，进一步端正执法指导思想，正确处理打击犯罪和保护当事人合法权益的关系。刑讯逼供在司法实践中屡禁不止，其原因是多方面的，其中重要的一点就是少数办案人员缺乏现代法制精神，传统的“有罪推定”、“疑罪从有”观念仍根深蒂固，盲目推崇犯罪嫌疑人、被告人供述的证明作用，将获取其供述作为侦查破案不可替代的有效途径，从而不惜采取刑讯的手段来达到逼取口供的目的。他们主观上习惯于将刑讯逼供简单看做是取证方法简单、工作态度生硬的问题，只是强调打击犯罪的需要，而忽视对诉讼过程中当事人合法权益的保护。为此，各级人民检察院要通过组织学习、剖析典型案例等方式，切实提高广大干警的认识，认清刑讯逼供粗暴践踏法制和侵犯人权的本质和危害，牢固树立公正执法、文明执法的思想，把查明案件真相与遵守办案程序联系起来,促进惩罚犯罪与保护人权的全面发展,绝不允许放纵刑讯逼供行为。

二、各级人民检察院要强化干警过硬的业务素质和严谨的工作态度,提高检察队伍整体的执法水平，把好审查事实关、判断证据关，自觉履行好法律监督的职能。过硬的业务素质和严谨的工作态度，是正确执行法律，履行法律监督职能的前提条件。对于移送审查批捕、审查起诉的案件，在互相配合的同时，必须坚持分工负责、互相制约的原则，本着为事实负责、为法律负责的宗旨，履行好法律监督职责。既重视案件实体内容的真实，又注意办案过程的合法，从证据的客观性、关联性和合法性等方面进行全面的审查、把关。特别是要注意充分听取有利于犯罪嫌疑人、被告人的意见，审查核实相关证据，决不放过任何可能出现问题的环节，以确保不枉不纵、不错不漏。

三、各级人民检察院要严格贯彻执行有关法律关于严禁刑讯逼供的规定，明确非法证据的排除规则。《刑事诉讼法》第43条规定，严禁刑讯逼供和以威胁、引诱、欺骗以及其他非法的方法收集证据。《人民检察院刑事诉讼规则》第140条也再次重申了这一原则，并在第265条中明确指出，以刑讯逼供或者威胁、引诱、欺骗等非法的方法收集的犯罪嫌疑人供述、被害人陈述、证人证言，不能作为指控犯罪的根据。各级人民检察院必须严格贯彻执行这些规定，发现犯罪嫌疑人供述、被害人陈述、证人证言是侦查人员以非法方法收集的，应当坚决予以排除，不能给刑讯逼供等非法取证行为留下任何余地，同时，要依法提出纠正意见，要求侦查机关另行指派侦查人员重新调取证据，必要时也可以自行调查取证。

四、各级人民检察院要加大对刑讯逼供犯罪的打击力度，依法坚决追究有关人员的刑事责任。刑讯逼供是一种严重的司法腐败行为，必须进行严厉打击，这是遏制和预防其发生的重要措施。各级人民检察院要将查处刑讯逼供犯罪作为反腐败斗争中的一项重要和紧迫的任务，抓紧抓好。对于国家机关工作人员利用职权实施的刑讯逼供行为并涉嫌犯罪的，应当及时立案侦查，发现一起查处一起，决不姑息。

五、各级人民检察院要结合办案，对当地发生的刑讯逼供案件情况进行一次认真的总结，找出存在的问题，提出切实可行的解决办法，并及时上报最高人民检察院。

最高人民法院　最高人民检察院　公安部　国家计委关于统一赃物估价工作的通知

（1994年4月22日　法发〔1994〕9号）

各省、自治区、直辖市高级人民法院，人民检察院，公安厅（局），物价局（委员会）：

为了进一步做好赃物估价工作，统一估价原则和估价标准，正确办理刑事案件，现就赃物估价工作的有关事项通知如下：

一、人民法院、人民检察院、公安机关在办理刑事案件过程中，对于价格不明或者价格难以确定的赃物应当估价。案件移送时，应附《赃物估价鉴定结论书》。

二、国家计委及地方各级政府物价管理部门是赃物估价的主管部门，其设立的价格事务所是指定的赃物估价机构。

三、人民法院、人民检察院、公安机关在办案中需要对赃物估价时，应当出具估价委托书，委托案件管辖地的同级物价管理部门设立的价格事务所进行估价。估价委托书一般应当载明赃物的品名、牌号、规格、数量、来源、购置时间、以及违法犯罪获得赃物的时间、地点等有关情况。

四、价格事务所应当参照最高人民法院、最高人民检察院 1992 年 12 月 11 日《关于办理盗窃案件具体应用法律的若干问题的解释》第三条的规定估价。价格事务所应当在接受估价委托后七日内作出估价鉴定结论,但另有约定的除外。

五、价格事务所对赃物估价后，应当出具统一制作的《赃物估价鉴定结论书》，由估价工作人员签名并加盖价格事务所印章。

六、委托估价的机关应当对《赃物估价鉴定结论书》进行审查。如果对同级价格事务所出具的《赃物估价鉴定结论书》提出异议，可退回价格事务所重新鉴定或者委托上一级价格事务所复核。经审查，确认无误的赃物估价鉴定结论，才能作为定案的根据。国家计委指定的直属价格事务所是赃物估价的最终复核裁定机构。

七、赃物估价是一项严肃的工作。各级政府价格主管部门及其价格事务所应积极配合人民法院、人民检察院、公安机关认真做好这项工作。一些尚未组建价格事务所的地区，赃物估价工作暂由物价管理部门承担。

八、关于赃物估价的具体规定和办法，另行制定。

本通知自下达之日起执行。

国家发展计划委员会关于印发《涉案物品价格鉴定复核裁定管理办法》的通知

（1998 年 5 月 5 日　计价费〔1998〕775 号）

各省、自治区、直辖市及计划单列市和副省级城市物价局（委员会）:

按照最高人民法院、最高人民检察院、公安部、国家计委联合印发的《扣押、追缴、没收物品估价管理办法》中有关价格鉴定实行复核裁定程序的规定，特制定《涉案物品价格鉴定复核裁定管理办法》（以下简称《办法》），现印发给你们。

涉案物品价格鉴定的复核裁定制度是保证涉案物品估价公平、公正的重要管理制度，是价格部门正确办理各类涉案物品价格鉴定的重要保障。因此，各地价格事务所对价格鉴定中的复核裁定，要依照本《办法》规定的程序办理。

对在本《办法》执行中出现的问题，请及时报告。

附：

涉案物品价格鉴定复核裁定管理办法

第一章　总　　则

第一条　为了适应行政、司法工作的需要，规范涉案物品价格鉴定的复核裁定工作，保证涉案物品价格鉴定的复核裁定正常开展，根据《中华人民共和国价格法》和最高人民法院、最高人民检察院、公安部、国家计委颁发的

《扣押、追缴、没收物品估价管理办法》的有关规定，制定本办法。

第二条 国家发展计划委员会是涉案物品价格鉴定复核裁定工作的主管部门，省、自治区、直辖市政府价格主管部门指定、经国家发展计划委员会指定机构审查合格的价格事务所是涉案物品价格鉴定的复核裁定机构，其他任何单位和个人不得进行涉案物品价格鉴定的复核裁定。

第二章 复核裁定机构

第三条 在国务院和各省、自治区、直辖市政府价格主管部门设立涉案物品价格鉴定复核裁定机构。上一级复核裁定机构可以对下一级复核裁定机构的价格鉴定结论进行复核裁定，国家发展计划委员会直属的价格鉴定复核裁定机构行使涉案物品价格鉴定的最终复核裁定职能。

第四条 各省、自治区、直辖市政府价格主管部门根据规定的条件，可以在本辖区内设立下级涉案物品价格鉴定的复核裁定分支机构。

第五条 政府价格主管部门指定的涉案物品价格鉴定的复核裁定机构应当同时具备下列条件：

（一）由政府价格主管部门设立并授权；

（二）具有法人资格；

（三）具有固定的工作场所；

（四）具有5名以上持有国家发展计划委员会核发的涉案物品价格鉴证人员资格证书的专业人员；

（五）国家发展计划委员会规定的其他条件。

第六条 涉案物品价格鉴定的复核裁定机构，必须获得国家发展计划委员会颁发的资质认证书后，方可行使对涉案物品价格鉴定的复核裁定职能。

第七条 涉案物品价格鉴定的复核裁定机构资质实行年检制度。年检由发证机构办理。

第八条 涉案物品价格鉴定复核裁定机构资质的审定，每两年进行一次。凡通过资质审定的价格事务所可行使复核裁定职能；凡审定未通过者，暂停行使复核裁定职能，其该项职能由其上级价格主管部门设立的价格事务所行使。

第九条 凡未通过复核裁定资质审定的价格事务所，要进行内部整顿，加强管理，提高工作水平，在符合基本条件后，可重新申请复核裁定资格。

第三章 复核裁定机构的权限

第十条 价格鉴定的复核裁定实行"统一领导、分级管理"的方式。各级涉案物品价格鉴定复核裁定机构要在规定的权限内进行复核裁定。

第十一条 复核裁定分支机构负责地（市）级地区内的涉案物品价格鉴定的复核裁定。受理本行政区域内的刑事案件、纪检监察案件中涉案物品价格鉴定的复核裁定；受理双方当事人都同属本行政管辖的经济、行政、民事案件中涉案物品价格鉴定的复核裁定。

第十二条 各省、自治区、直辖市涉案物品价格鉴定的复核裁定机构受理本行政区域内的刑事案件、纪检监察案件中涉案物品价格鉴定的复核裁定；受理双方当事人都同属本行政管辖的经济、行政、民事案件中涉案物品价格鉴定的复核裁定。

第十三条 国家发展计划委员会设立的涉案物品价格鉴定机构负责最高人民法院、最高人民检察院、公安部及其他国家各部门对涉案物品价格鉴定提出的复核裁定；负责对各省、自治区、直辖市价格事务所作出的价格鉴定结论和复核结论的复核裁定。国家发展计划委员会设立的涉案物品价格鉴定机构的复核裁定为最终复核裁定。

第四章 复核裁定的程序

第十四条 行政、司法机关对价格事务所出具的涉案物品价格鉴定结论提出异议的，可向原价格鉴定单位提出补充鉴定或者重新鉴定，也可以直接向其上一级政府价格主管部门设立的复核裁定机构提出复核裁定。案件当事人对价格事务所出具的涉案物品价格鉴定结论持有异议的，可向行政、司法机关提出要求复核裁定，由行政、司法机关根据具体情况决定是否提出补充鉴定、重新鉴定或者复核裁定。

第十五条 行政、司法机关在提出复核裁定时，应出具《涉案物品价格鉴定复核裁定委托书》，《委托书》应包括以下内容：

（一）提出复核裁定的主要理由；

（二）提出复核裁定主要理由的依据，以及收集依据及取证过程要述；

（三）收集依据及取证具体经办人签名。

《涉案物品价格鉴定复核裁定委托书》须加盖单位公章。

第十六条 价格鉴定的复核裁定机构接到《涉案物品价格鉴定复核裁定委托书》，并在了解委托复核裁定事项的基本情况后，即可受理委托。接受委托的机构在办理复核裁定的同时，应及时通知原作出价格鉴定结论的机构。

第十七条 价格鉴定的复核裁定机构如遇下列情况应拒绝受理复核裁定：

（一）人民法院对案件已作出终审判决的；

（二）国家发展计划委员会价格鉴定复核裁定机构作出最终复核裁定的；

（三）司法机关按照当时法律已经结案的；

（四）按照有关规定，司法机关认为无需进行价格鉴定的。

第十八条 价格鉴定的复核裁定机构必须按照公平、公正、实事求是的原则进行复核裁定。每项复核裁定工作必须由两名以上的持证人员进行，一般应在接受委托后7日内完成，如另有约定的，从其约定。

第十九条 价格鉴定的复核裁定机构在完成涉案物品价格鉴定的复核裁定后，必须向委托人出具《涉案物品价格鉴定复核裁定书》或《涉案物品价格鉴定最终复核裁定书》，《复核裁定书》或《最终复核裁定书》应包括以下内容：

（一）接受复核裁定的理由；

（二）复核裁定使用的方法及使用该种方法的理由；

（三）复核裁定主要过程要述；

（四）复核裁定结论。

第二十条 价格鉴定的复核裁定机构按照规定日期完成复核裁定或最终复核裁定后，应将《复核裁定书》或《最终复核裁定书》同时送往原作出价格鉴定结论的价格评估机构。

《复核裁定书》或《最终复核裁定书》要加盖单位公章，并应有具有复核裁定资格的工作人员签名。

第五章 法律责任

第二十一条 价格鉴定的复核裁定机构的工作人员，在进行涉案物品价格鉴定的复核裁定时，如遇下列情况应该回避：

（一）与复核裁定有关当事人有亲属关系的；

（二）与复核裁定有关当事人有利益关系可能影响复核裁定公正性的。

第二十二条 涉案物品价格鉴定的复核裁定工作政策性强，责任重大，价格鉴定的复核裁定机构应建立一整套复查、审核制度，力求复核裁定工作做到客观公正、准确无误。对工作人员利用工作之便徇私枉法，弄虚作假的，应给予行政处分，触犯法律的，送交司法机关处理。

第六章 附 则

第二十三条 本办法由国家发展计划委员会负责解释。

第二十四条 本办法自发布之日起执行。

国家发展计划委员会关于印发《涉案物品价格鉴定分级管理实施办法》的通知

（1998年5月4日 计价费〔1998〕776号）

各省、自治区、直辖市及计划单列市和副省级城市物价局（委员会）：

按照最高人民法院、最高人民检察院、公安部、国家计委颁发的《扣押、追缴、没收物品估价管理办法》中价格鉴定实行“统一领导、分级管理”的规定，特制定《涉案物品价格鉴定分级管理实施办法》，现印发给你们，请按照执行，并就有关事项通知如下：

一、逐步建立、完善涉案物品价格鉴定分级管理制度，是价格事务所正确办理各类涉案物品价格鉴定的重要保障。价格系统的价格事务所接受涉案物品价格鉴定委托后，要依照本《办法》规定的程序办理。

二、涉案物品价格鉴定工作涉及面广，时限性强，责任重大，价格系统价格事务所要与有关部门密切配合，相互协作，共同搞好这项工作。

三、要发挥价格系统价格事务所的整体优势，提高工作质量和效率，努力减少价格鉴定的复核裁定。

四、价格事务所要按照本《办法》的规定，建立健全相应的程序制度，认真履行自己的职责和义务，切实做好工作。

五、对在本《办法》执行中出现的问题，请及时报告。

附：

涉案物品价格鉴定分级管理实施办法

第一章 总 则

第一条 为了建立统一规范的涉案物品价格鉴定分级管理制度，发挥价格事务所系统的整体优势，提高工作质量和效率，保障各类涉案物品价格鉴定的顺利进行，依据最高人民法院、最高人民检察院、公安部、国家计委颁发的《扣押、追缴、没收物品估价管理办法》中价格鉴定实行“统一领导、分级管理”的规定，制定本《办法》。

第二条 本《办法》适用于价格系统价格事务所受理的刑事、民事、经济、行政案件中各种涉案标的价格鉴定委托。

第三条 按照国家涉案物品价格鉴定工作的管理规定，价格事务所系统对接受涉案物品价格鉴定实行分级管理。

第四条 国家发展计划委员会直属价格事务所受理最高人民法院、最高人民检察院、公安部及中央、国务院和军队系统以及其他有关行政执法部门委托的涉案物品价格鉴定；受理跨地区（省、自治区、直辖市）、跨部门的各种涉案物品的价格鉴定；受理涉外当事人（包括法人）的案件中物品价格鉴定委托；受理疑难、重大案件涉及的物品价格鉴定。

第五条 各省、自治区、直辖市价格事务所直接受理省（自治区、直辖市）高级人民法院、人民检察院、公安机关及政府其他有关行政执法部门委托的涉案物品价格鉴定；受理本省（自治区、直辖市）内跨地、市级行政区域的涉案物品价格鉴定。

第六条 各地（市、盟、自治州）价格事务所受理本地（市、盟、自治州）中级人民法院、人民检察院、公安机关及政府其他有关行政执法部门委托的涉案物品价格鉴定；受理本地（市、盟、自治州）内跨县级行政区域的涉案物品价格鉴定。

第七条 各县（市、旗）价格事务所直接受理本县（市、旗）人民法院、人民检察院、公安机关及政府其他有关行政执法部门委托的涉案物品价格鉴定。

第二章 委托受理程序

第八条 各地价格事务所接到涉案物品价格鉴定委托后，按下列情况区别办理：

（一）刑事案件中涉及物品价格鉴定，一般应直接办理；其中案情重大、或者有疑难、或者价格鉴定标的数额巨大的，可移送上一级价格主管部门设立的价格事务所办理；

（二）其他案件的物品价格鉴定，涉及的当事人（包括法人、自然人，下同）双方均属于本行政区域管辖的，应直接办理；涉及的当事人有一方不属于本行政区域管辖的，应移送上一级价格主管部门设立的价格事务所，或者直接移送按分管权限受理价格鉴定的价格事务所；案件中涉及的当事人双方虽然均属于本行政区域管辖的，但案情重大有疑难的，可移送上一级价格主管部门设立的价格事务所，或者直接移送按分管权限受理鉴定的价格事务所。

第九条 接到移送委托的价格事务所，比照第八条的规定区别办理。在确定属于直接办理物品价格鉴定后，可以选择下列方法办理：

（一）委托移送的价格事务所办理；

（二）联合移送的价格事务所办理；

（三）联合案件双方当事人所在地的价格事务所办理；

（四）直接办理。

第十条 价格事务所移送委托时，要告知有关委托单位。

第三章 价格鉴定评估收费管理

第十一条 价格事务所要严格执行国家的收费管理规定，不得对委托单位重复收费。

第十二条 在国家没有统一收费标准之前，按照直接办理价格鉴定的价格事务所所在地省级人民政府价格主管部门的规定执行。

第十三条 联合办理涉案物品价格鉴定的，费用由联合办理鉴定的有关单位协商，具体办法由国家发展计划委员会价格鉴定机构与各地价格事务所商定。

第四章 附 则

第十四条 违反本《办法》的价格事务所按照《价格法》的有关规定论处。

第十五条 本《办法》由国家发展计划委员会价格鉴定机构负责解释。

国家计划委员会 最高人民法院 最高人民检察院 公安部关于印发《扣押、追缴、没收物品估价管理办法》的通知

（1997年4月22日 计办〔1997〕808号）

各省、自治区、直辖市物价局（委员会）、计委（计经委）、高级人民法院、人民检察院、公安厅（局）：

为了落实最高人民法院、最高人民检察院、公安部、国家计委印发的《关于统一赃物估价工作的通知》（法发〔1994〕9号），特制定《扣押、追缴、没收物品估价管理办法》。现印发给你们，请遵照执行，并就有关事项通知如下：

一、逐步建立、完善统一规范的扣押、追缴、没收物品估价制度，是人民法院、人民检察院、公安机关正确办理刑事案件的重要保障。对案件中依法扣押、追缴、没收的价格不明或价格难以确定需要估价的物品，各级人民法院、人民检察院、公安机关要依照本办法的规定委托估价，各级人民政府价格部门要依照本办法估定价格。

二、扣押、追缴、没收物品估价工作涉及面广，时限性强，责任重大。各级人民法院、人民检察院、公安机关和政府价格部门应当密切配合、相互协作，共同搞好这项工作。

三、各级政府价格部门要按照本办法的规定，建立健全组织机构和相应的规章制度，认真履行自己的职责，切实做好工作。

四、在国家制定的扣押、追缴、没收物品估价鉴定收费办法发布前，各省、自治区、直辖市人民政府价格部门可会同同级人民法院、人民检察院、公安厅（局）并商有关部门制定本地区的扣押、追缴、没收物品估价鉴定收费暂行办法。

五、对在本办法执行中出现的问题，请及时报告。

附：

扣押、追缴、没收物品估价管理办法

第一章 总 则

第一条 为了加强对扣押、追缴、没收物品估价管理，规范扣押、追缴、没收物品估价工作，保障刑事诉讼活动的顺利进行，依据国家有关法律和最高

人民法院、最高人民检察院、公安部、国家计委的有关规定，特制定本办法。

第二条 人民法院、人民检察院、公安机关各自管辖的刑事案件，对于价格不明或者价格难以确定的扣押、追缴、没收物品需要估价的，应当委托指定的估价机构估价。案件移送时，应当附有《扣押、追缴、没收物品估价鉴定结论书》。

第三条 公安机关移送人民检察院审查起诉和人民检察院向人民法院提起公诉的案件，对估价结论有异议的，应当由提出异议的机关自行委托估价机构重新估价。

第四条 对于扣押、追缴、没收的珍贵文物，珍贵、濒危动物及其制品，珍稀植物及其制品，毒品，淫秽物品，枪支、弹药等不以价格数额作为定罪量刑标准的，不需要估价。

第五条 国务院及地方人民政府价格部门是扣押、追缴、没收物品估价工作的主管部门，其设立的价格事务所是各级人民法院、人民检察院、公安机关指定的扣押、追缴、没收物品估价机构，其他任何机构或者个人不得对扣押、追缴、没收物品估价。

第六条 价格事务所出具的扣押、追缴、没收物品估价鉴定结论，经人民法院、人民检察院、公安机关确认，可以作为办理案件的依据。

第二章 委托程序

第七条 各级人民法院、人民检察院、公安机关遇有本办法第二条所列情形时，应当委托同级价格部门设立的价格事务所进行估价。

第八条 委托机关在委托估价时，应当送交《扣押、追缴、没收物品估价委托书》。《扣押、追缴、没收物品估价委托书》应当包括以下内容：

（一）估价的理由和要求；

（二）扣押、追缴、没收物品的品名、牌号、规格、种类、数量、来源，以及购置、生产、使用时间；

（三）起获扣押、追缴、没收物品时其被使用、损坏程度的记录，重要的扣押、追缴、没收物品，应当附照片；

（四）起获扣押、追缴、没收物品的时间、地点；

（五）其他需要说明的情况。

委托机关送交的《扣押、追缴、没收物品估价委托书》必须加盖单位公章。

第九条 价格事务所接到人民法院、人民检察院、公安机关的《扣押、追缴、没收物品估价委托书》时，应当认真审核委托书的各项内容及要求，如委托书所提要求无法做到时，应当立即与委托机关协商。

第三章 估价程序

第十条 价格事务所在接受委托后，应当按照《扣押、追缴、没收物品估价委托书》载明的情况对实物进行查验，如发现差异，应立即与委托机关共同确认。

价格事务所一般不留存扣押、追缴、没收物品，如确需留存时，应当征得委托机关同意并严格办理交接手续。

第十一条 价格事务所估价确实需要时，可以提请委托机关协助查阅有关的账目、文件等资料。可以向与委托事项有关的单位和个人进行调查或索取证明材料。

第十二条 价格事务所应当在接受估价委托之日起七日内作出扣押、追缴、没收物品估价鉴定结论；另有约定的，在约定期限内作出。

第十三条 价格事务所办理的扣押、追缴、没收物品估价鉴定，应当由两名以上估价工作人员共同承办，出具的估价鉴定结论，必须经过内部审议。

价格事务所估价人员，遇有下列情形之一的，应当回避：

（一）与估价事项当事人有亲属关系或与该估价事项有利害关系的；

（二）与估价事项当事人有其他关系，可能影响对扣押、追缴、没收物品公正估价的。

第十四条 价格事务所在完成估价后，应当向委托机关出具《扣押、追缴、没收物品估价鉴定结论书》。《扣押、追缴、没收物品估价鉴定结论书》应当包括以下内容：

（一）估价范围和内容；

（二）估价依据；

（三）估价方法和过程要述；

（四）估价结论；

（五）其他需要说明的问题及有关材料；

（六）估价工作人员签名。

价格事务所出具的《扣押、追缴、没收物品估价鉴定结论书》必须加盖单位公章。

第十五条 委托机关对价格事务所出具的《扣押、追缴、没收物品估价鉴定结论书》有异议的，可以向原估价机构要求补充鉴定或者重新鉴定，也可以直接委托上级价格部门设立的价格事务所复核或者重新估价。

第十六条 接受委托的价格事务所认为必要时，在征得委托机关同意后，可以将委托事项转送上级价格部门设立的价格事务所进行估价，并将有关情况书面通知原委托估价机关。

第十七条 国家计划委员会直属价格事务所是扣押、追缴、没收物品估价的最终复核裁定机构。

第四章 估价的基本原则

第十八条 价格事务所必须按照国家的有关法律规定，以及最高人民法院、最高人民检察院制定的有关司法解释和各项价格法规，客观公正、准确及时地估定扣押、追缴、没收物品价格。

第十九条 扣押、追缴、没收物品估价的基准日除法律、法规和司法解释另有规定外，应当由委托机关根据案件实际情况确定。

第二十条 价格事务所对委托估价的文物、邮票、字画、贵重金银、珠宝及其制品等特殊物品，应当送有关专业部门作出技术、质量鉴定后，根据其提供的有关依据，作出估价结论。

第五章 组织管理

第二十一条 按照国家有关价格工作的管理规定，扣押、追缴、没收物品估价工作实行统一领导、分级管理。

第二十二条 国家计划委员会的主要职责：

（一）会同最高人民法院、最高人民检察院、公安部制定、解释扣押、追缴、没收物品估价工作的基本原则。

（二）确定划分国家和地方价格部门在扣押、追缴、没收物品估价工作中的主要职责。

（三）负责管理、指导、监督、检查全国扣押、追缴、没收物品估价工作。

（四）其设立的价格事务所办理最高人民法院、最高人民检察院、公安部委托的扣押、追缴、没收物品估价；协调或者办理跨地区（省、自治区、直辖市）、跨部门的扣押、追缴、没收物品估价业务；办理疑难、重大案件涉及的扣押、追缴、没收物品估价。

第二十三条 各省、自治区、直辖

市价格部门的主要职责：

（一）贯彻执行最高人民法院、最高人民检察院、公安部和国家计委对估价工作制定的各项方针、政策和基本原则，会同同级司法机关制定本地区有关扣押、追缴、没收物品估价的具体规定。

（二）其设立的价格事务所办理同级人民法院、人民检察院、公安机关委托的扣押、追缴、没收物品估价；办理本地区内跨地（市）县，有相当难度的扣押、追缴、没收物品估价及复核工作；协助上级价格部门设立的价格事务所进行扣押、追缴、没收物品估价工作。

第二十四条 地（市）县（市、区）价格部门的职责：

（一）贯彻执行估价工作的有关规定，协助上级价格部门做好扣押、追缴、没收物品估价工作。接受上级价格部门对扣押、追缴、没收物品估价工作的管理、指导、监督、检查。

（二）其设立的价格事务所办理同级人民法院、人民检察院、公安机关委托的扣押、追缴、没收物品估价，协助上级价格部门设立的价格事务所进行扣押、追缴、没收物品估价工作。

第六章 法律责任

第二十五条 严禁估价人员虚假鉴定、徇私舞弊、玩忽职守、泄露涉案秘密。凡违反规定，造成估价失实，或者对办理案件造成不良影响的，对责任人员将视情节，给予处分；构成犯罪的，依法追究刑事责任。

第二十六条 价格事务所和鉴定人对出具的《扣押、追缴、没收物品估价鉴定结论书》的内容分别承担相应法律责任。

第二十七条 价格事务所及其工作人员对估价工作中涉及的有关资料和情况负责保密。

第七章 附 则

第二十八条 其他涉案物品的估价，以及行政执法机关提请价格部门设立的价格事务所对收缴、罚没、扣押物品的估价，可以参照本办法执行。

第二十九条 价格事务所在进行扣押、追缴、没收物品估价时，可以向委托估价机关收取合理的估价鉴定费。估价鉴定收费办法由国家计委会同最高人民法院、最高人民检察院、公安部并商有关部门另行制定。

第三十条 本办法自颁布之日起施行。

国家发展改革委 最高人民法院 最高人民检察院 公安部 财政部关于扣押追缴没收及收缴财物价格鉴定管理的补充通知

（2008年6月4日 发改厅〔2008〕1392号）

各省、自治区、直辖市发展改革委、物价局、高级人民法院、人民检察院、公安厅（局）、财政厅（局），解放军军事法院、军事检察院，新疆维吾尔自治区高级人民法院生产建设兵团分院、新疆生产建设兵团发展改革委：

为了进一步规范扣押、追缴、没收及收缴财物价格鉴定管理工作，现就相关事项补充通知如下：

一、各级政府价格部门设立的价格鉴证机构为国家机关指定的涉案财物价格鉴定的机构，名称统一为“价格认证中心”。原国家计委、最高人民法院、最高人民检察院、公安部制定的《扣押、追缴、没收物品估价管理办法》（计办〔1997〕808号）中涉及的“价格事务所”相应更改为“价格认证中心”。

二、各司法、行政执法机关在办理各自管辖刑事案件中，涉及价格不明或者价格有争议、需要对涉案财物或标的进行价格鉴定的，办案机关应委托同级政府价格部门设立的价格鉴定机构进行价格鉴定。

政府价格部门设立的价格鉴定机构可以接受办案机关的委托，对非刑事案件中涉案财物或标的进行价格鉴定。

三、各级政府价格主管部门设立的价格鉴证机构从事国家机关委托的刑事案件涉案财物价格鉴定不收费，该项鉴定费用由同级财政部门根据价格认证中心业务量大小，核定专项经费拨款或补贴。

特此通知。

最高人民法院　最高人民检察院　公安部　司法部　新闻出版署关于公安部光盘生产源鉴定中心行使行政、司法鉴定权有关问题的通知

（2000年3月9日　公通字〔2000〕21号）

各省、自治区、直辖市高级人民法院，人民检察院，公安厅、局，司法厅、局，新闻出版局及有关音像行政管理部门；解放军军事法院、军事检察院，新疆生产建设兵团公安局：

为适应“扫黄”“打非”、保护知识产权工作的需要，解决目前各地办案过程中遇到的光盘生产源无法识别的问题，经中央机构编制委员会办公室批准，公安部组建了光盘生产源鉴定中心（设在广东省深圳市，以下简称鉴定中心）。目前，鉴定中心的各项筹备工作已完毕，所开发研制的光盘生产源识别方法已通过了由最高人民法院、最高人民检察院、公安部、司法部和国家新闻出版署派员组成的专家委员会的评审鉴定，具备了行政、司法鉴定能力。现将有关问题通知如下：

一、鉴定范围和内容

鉴定中心负责对各地人民法院、人民检察院、公安机关、司法行政机关、新闻出版行政机关、音像行政管理部门和其他行政执法机关在办理制黄贩黄、侵权盗版案件中所查获的光盘及母盘进行鉴定，确定送检光盘及母盘的生产企业。

企事业单位因业务工作需要，提出鉴定申请的，鉴定中心也可以进行上述鉴定。

二、鉴定程序

办案单位认为需要进行行政、司法鉴定的，应持有本单位所在地县级以上人民法院、人民检察院、公安机关、司法行政机关或其他行政执法机关出具的

公函；新闻出版行政机关、音像行政管理部门办案需要鉴定的，由当地省级以上新闻出版机关、音像行政管理部门出具委托鉴定公函。

企事业单位需要鉴定的，由本单位向鉴定中心出具委托鉴定公函。鉴定中心在接受鉴定委托后，应立即组织2名以上专业技术人员进行鉴定，在30天以内出具《中华人民共和国公安部光盘生产源鉴定书》（见附件），并报公安部治安管理局备案。

委托鉴定可通过寄递方式提出。

三、鉴定费用

鉴定中心接受人民法院、人民检察院、公安机关、司法行政机关、新闻出版行政机关、音像行政管理部门或其他行政执法机关委托鉴定的，不收取鉴定费用。

鉴定中心接受企事业单位委托鉴定的，按照国家有关规定收取鉴定费用。

四、鉴定的法律效力

鉴定中心出具的鉴定书可以作为定案依据。

本通知自发布之日起执行。

附件：《中华人民共和国公安部光盘生产源鉴定书》（样本略）

最高人民检察院关于贯彻《全国人民代表大会常务委员会关于司法鉴定管理问题的决定》有关工作的通知

（2005年9月21日　高检发办字〔2005〕10号）

各省、自治区、直辖市人民检察院，军事检察院，新疆生产建设兵团人民检察院：

2005年2月28日，十届全国人大常委会第十四次会议通过了《全国人民代表大会常务委员会关于司法鉴定管理问题的决定》（以下简称《决定》），将从今年10月1日起施行。

司法鉴定体制改革是司法体制改革的重要内容。全国人大常委会专门就司法鉴定管理问题作出决定，是推进司法鉴定体制改革的重要举措，对于完善我国司法鉴定法律制度，规范司法鉴定管理活动，解决当前司法鉴定管理工作中存在的问题，促进公正执法，具有十分重要的意义。检察机关作为国家法律监督机关，在维护法律的统一正确实施、保障在全社会实现公平和正义方面承担着重要职责。检察机关设立鉴定机构，开展必要的鉴定工作，是履行法律监督职能的客观需要，不仅可以为职务犯罪侦查工作提供有力的技术支持，也可以为批捕、公诉工作中正确审查判断证据提供科学的依据。《决定》明确了检察机关鉴定机构的设置、职能和工作范围，是检察机关开展鉴定工作的重要法律依据。各级人民检察院要认真贯彻《决定》，严格规范检察机关的鉴定工作，依法开展司法鉴定活动。

根据中央关于司法鉴定管理体制改革的精神，结合“两院三部”关于做好《全国人民代表大会常务委员会关于司法鉴定管理问题的决定》实施前有关工作的通知中关于侦查机关要在各系统的统一部署下，积极稳妥地推进现有鉴定机构及其职能的调整，健全管理体制的要求，检察机关将依据《决定》，对鉴定工作实行统一管理。各级人民检察院要在最高人民检察院的统一领导下，按照《决定》和中央关于司法鉴定体制改革的部署，稳步推进司法鉴定体制改革。

一、根据《决定》的规定，自10月1日起，各级检察机关的鉴定机构不得面向社会接受委托从事鉴定业务，鉴定人员不得参与面向社会服务的司法鉴定机构组织的司法鉴定活动。

二、根据《决定》的有关规定，检察机关的鉴定机构和鉴定人员不得在司法行政机关登记注册从事面向社会的鉴定业务。已经登记注册的事业性质鉴定机构，如继续面向社会从事司法鉴定业务，要在10月1日前与人民检察院在人、财、物上脱钩，否则应办理注销登记。

三、检察机关鉴定机构可以受理下列鉴定案件：

1. 检察机关业务工作所需的鉴定；

2. 有关部门交办的鉴定；

3. 其他司法机关委托的鉴定。

四、各级检察技术部门要围绕“强化法律监督，维护公平正义”的检察工作主题，着眼于提高检察机关法律监督能力，加大对批捕、公诉工作中技术性证据的审查力度，积极开展文证审查工作，为检察机关履行法律监督职能提供技术保障。

五、检察机关内部委托的鉴定，仍实行逐级委托制度。其他司法机关委托的鉴定，实行同级委托制度，即进行鉴定前，需有同级司法机关的委托或介绍。

六、为贯彻落实《决定》，最高人民检察院将制定《人民检察院鉴定工作规则》、《人民检察院鉴定机构管理办法》、《人民检察院鉴定人管理办法》、《人民检察院文证审查工作规定》和各专业门类的工作细则等，进一步加强和规范人民检察院的鉴定工作。各级人民检察院要根据《决定》要求和精神，结合中央政法委关于开展“规范执法行为，促进执法公正”专项整改活动的要求，加强检察机关鉴定工作管理，规范工作程序，保证鉴定质量。

人民检察院鉴定规则（试行）

（2006年11月1日最高人民检察院第十届检察委员会
第62次会议通过 2006年11月30日公布施行）
高检发办字〔2006〕33号

第一章 总 则

第一条 为规范人民检察院鉴定工作，根据《中华人民共和国刑事诉讼法》和《全国人民代表大会常务委员会关于司法鉴定管理问题的决定》等有关规定，结合检察工作实际，制定本规则。

第二条 本规则所称鉴定，是指人民检察院鉴定机构及其鉴定人运用科学技术或者专门知识，就案件中某些专门性问题进行鉴别和判断并出具鉴定意见的活动。

第三条 鉴定工作应当遵循依法、科学、客观、公正、独立的原则。

第二章 鉴定机构、鉴定人

第四条 本规则所称鉴定机构，是

指在人民检察院设立的，取得鉴定机构资格并开展鉴定工作的部门。

第五条 本规则所称鉴定人，是指取得鉴定人资格，在人民检察院鉴定机构中从事法医类、物证类、声像资料、司法会计鉴定以及心理测试等工作的专业技术人员。

第六条 鉴定人享有下列权利：

（一）了解与鉴定有关的案件情况，要求委托单位提供鉴定所需的材料；

（二）进行必要的勘验、检查；

（三）查阅与鉴定有关的案件材料，询问与鉴定事项有关的人员；

（四）对违反法律规定委托的案件、不具备鉴定条件或者提供虚假鉴定材料的案件，有权拒绝鉴定；

（五）对与鉴定无关问题的询问，有权拒绝回答；

（六）与其他鉴定人意见不一致时，有权保留意见；

（七）法律、法规规定的其他权利。

第七条 鉴定人应当履行下列义务：

（一）严格遵守法律、法规和鉴定工作规章制度；

（二）保守案件秘密；

（三）妥善保管送检的检材、样本和资料；

（四）接受委托单位与鉴定有关问题的咨询；

（五）出庭接受质证；

（六）法律、法规规定的其他义务。

第八条 鉴定人有下列情形之一的，应当自行回避，委托单位也有权要求鉴定人回避：

（一）是本案的当事人或者是当事人的近亲属的；

（二）本人或者其近亲属和本案有利害关系的；

（三）担任过本案的证人或者诉讼代理人的；

（四）重新鉴定时，是本案原鉴定人的；

（五）其他可能影响鉴定客观、公正的情形。

鉴定人自行提出回避的，应当说明理由，由所在鉴定机构负责人决定是否回避。

委托单位要求鉴定人回避的，应当提出书面申请，由检察长决定是否回避。

第三章 委托与受理

第九条 鉴定机构可以受理人民检察院、人民法院和公安机关以及其他侦查机关委托的鉴定。

第十条 人民检察院内部委托的鉴定实行逐级受理制度，对其他机关委托的鉴定实行同级受理制度。

第十一条 人民检察院各业务部门向上级人民检察院或者对外委托鉴定时，应当通过本院或者上级人民检察院检察技术部门统一协助办理。

第十二条 委托鉴定应当以书面委托为依据，客观反映案件基本情况、送检材料和鉴定要求等内容。鉴定机构受理鉴定时，应当制作委托受理登记表。

第十三条 鉴定机构对不符合法律规定、办案程序和不具备鉴定条件的委托，应当拒绝受理。

第四章 鉴　　定

第十四条 鉴定机构接受鉴定委托后，应当指派两名以上鉴定人共同进行鉴定。根据鉴定需要可以聘请其他鉴定机构的鉴定人参与鉴定。

第十五条 具备鉴定条件的，一般

应当在受理后十五个工作日以内完成鉴定；特殊情况不能完成的，经检察长批准，可以适当延长，并告知委托单位。

第十六条 鉴定应当严格执行技术标准和操作规程。需要进行实验的，应当记录实验时间、条件、方法、过程、结果等，并由实验人签名，存档备查。

第十七条 具有下列情形之一的，鉴定机构可以接受案件承办单位的委托，进行重新鉴定：

（一）鉴定意见与案件中其他证据相矛盾的；

（二）有证据证明鉴定意见确有错误的；

（三）送检材料不真实的；

（四）鉴定程序不符合法律规定的；

（五）鉴定人应当回避而未回避的；

（六）鉴定人或者鉴定机构不具备鉴定资格的；

（七）其他可能影响鉴定客观、公正情形的。

重新鉴定时，应当另行指派或者聘请鉴定人。

第十八条 鉴定事项有遗漏或者发现新的相关重要鉴定材料的，鉴定机构可以接受委托，进行补充鉴定。

第十九条 遇有重大、疑难、复杂的专门性问题时，经检察长批准，鉴定机构可以组织会检鉴定。

会检鉴定人可以由本鉴定机构的鉴定人与聘请的其他鉴定机构的鉴定人共同组成；也可以全部由聘请的其他鉴定机构的鉴定人组成。

会检鉴定人应当不少于三名，采取鉴定人分别独立检验，集体讨论的方式进行。

会检鉴定应当出具鉴定意见。鉴定人意见有分歧的，应当在鉴定意见中写明分歧的内容和理由，并分别签名或者盖章。

第五章 鉴定文书

第二十条 鉴定完成后，应当制作鉴定文书。鉴定文书包括鉴定书、检验报告等。

第二十一条 鉴定文书应当语言规范，内容完整，描述准确，论证严谨，结论科学。

鉴定文书应当由鉴定人签名，有专业技术职称的，应当注明，并加盖鉴定专用章。

第二十二条 鉴定文书包括正本和副本，正本交委托单位，副本由鉴定机构存档备查。

第二十三条 鉴定文书的归档管理，依照人民检察院立卷归档管理的相关规定执行。

第六章 出 庭

第二十四条 鉴定人接到人民法院的出庭通知后，应当出庭。因特殊情况不能出庭的，应当向法庭说明原因。

第二十五条 鉴定人在出庭前，应当准备出庭需要的相关材料。

鉴定人出庭时，应当遵守法庭规则，依法接受法庭质证，回答与鉴定有关的询问。

第七章 附 则

第二十六条 本规则自 2007 年 1 月 1 日起实施，最高人民检察院此前有关规定与本规则不一致的，以本规则为准。

第二十七条 本规则由最高人民检察院负责解释。

司法鉴定程序通则

（2007年7月18日司法部部务会议审议通过　自2007年10月1日起施行）

第一章　总　　则

第一条　为了规范司法鉴定机构和司法鉴定人的司法鉴定活动，保障司法鉴定质量，保障诉讼活动的顺利进行，根据《全国人民代表大会常务委员会关于司法鉴定管理问题的决定》和有关法律、法规的规定，制定本通则。

第二条　司法鉴定程序是指司法鉴定机构和司法鉴定人进行司法鉴定活动应当遵循的方式、方法、步骤以及相关的规则和标准。

本通则适用于司法鉴定机构和司法鉴定人从事各类司法鉴定业务的活动。

第三条　司法鉴定机构和司法鉴定人进行司法鉴定活动，应当遵守法律、法规、规章，遵守职业道德和职业纪律，尊重科学，遵守技术操作规范。

第四条　司法鉴定实行鉴定人负责制度。司法鉴定人应当依法独立、客观、公正地进行鉴定，并对自己作出的鉴定意见负责。

第五条　司法鉴定机构和司法鉴定人应当保守在执业活动中知悉的国家秘密、商业秘密，不得泄露个人隐私。

未经委托人的同意，不得向其他人或者组织提供与鉴定事项有关的信息，但法律、法规另有规定的除外。

第六条　司法鉴定机构和司法鉴定人在执业活动中应当依照有关诉讼法律和本通则规定实行回避。

第七条　司法鉴定人经人民法院依法通知，应当出庭作证，回答与鉴定事项有关的问题。

第八条　司法鉴定机构应当统一收取司法鉴定费用，收费的项目和标准执行国家的有关规定。

第九条　司法鉴定机构和司法鉴定人进行司法鉴定活动应当依法接受监督。对于有违反有关法律规定行为的，由司法行政机关依法给予相应的行政处罚；有违反司法鉴定行业规范行为的，由司法鉴定行业组织给予相应的行业处分。

第十条　司法鉴定机构应当加强对司法鉴定人进行司法鉴定活动的管理和监督。司法鉴定人有违反本通则或者所属司法鉴定机构管理规定行为的，司法鉴定机构应当予以纠正。

第二章　司法鉴定的委托与受理

第十一条　司法鉴定机构应当统一受理司法鉴定的委托。

第十二条　司法鉴定机构接受鉴定委托，应当要求委托人出具鉴定委托书，提供委托人的身份证明，并提供委托鉴定事项所需的鉴定材料。委托人委托他人代理的，应当要求出具委托书。

本通则所指鉴定材料包括检材和鉴定资料。检材是指与鉴定事项有关的生物检材和非生物检材；鉴定资料是指存在于各种载体上与鉴定事项有关的记录。

鉴定委托书应当载明委托人的名称或者姓名、拟委托的司法鉴定机构的名称、委托鉴定的事项、鉴定事项的用途以及鉴定要求等内容。

委托鉴定事项属于重新鉴定的，应

当在委托书中注明。

第十三条 委托人应当向司法鉴定机构提供真实、完整、充分的鉴定材料，并对鉴定材料的真实性、合法性负责。

委托人不得要求或者暗示司法鉴定机构和司法鉴定人按其意图或者特定目的提供鉴定意见。

第十四条 司法鉴定机构收到委托，应当对委托的鉴定事项进行审查，对属于本机构司法鉴定业务范围，委托鉴定事项的用途及鉴定要求合法，提供的鉴定材料真实、完整、充分的鉴定委托，应当予以受理。

对提供的鉴定材料不完整、不充分的，司法鉴定机构可以要求委托人补充；委托人补充齐全的，可以受理。

第十五条 司法鉴定机构对符合受理条件的鉴定委托，应当即时作出受理的决定；不能即时决定受理的，应当在七个工作日内作出是否受理的决定，并通知委托人；对通过信函提出鉴定委托的，应当在十个工作日内作出是否受理的决定，并通知委托人；对疑难、复杂或者特殊鉴定事项的委托，可以与委托人协商确定受理的时间。

第十六条 具有下列情形之一的鉴定委托，司法鉴定机构不得受理：

（一）委托事项超出本机构司法鉴定业务范围的；

（二）鉴定材料不真实、不完整、不充分或者取得方式不合法的；

（三）鉴定事项的用途不合法或者违背社会公德的；

（四）鉴定要求不符合司法鉴定执业规则或者相关鉴定技术规范的；

（五）鉴定要求超出本机构技术条件和鉴定能力的；

（六）不符合本通则第二十九条规定的；

（七）其他不符合法律、法规、规章规定情形的。

对不予受理的，应当向委托人说明理由，退还其提供的鉴定材料。

第十七条 司法鉴定机构决定受理鉴定委托的，应当与委托人在协商一致的基础上签订司法鉴定协议书。

司法鉴定协议书应当载明下列事项：

（一）委托人和司法鉴定机构的基本情况；

（二）委托鉴定的事项及用途；

（三）委托鉴定的要求；

（四）委托鉴定事项涉及的案件的简要情况；

（五）委托人提供的鉴定材料的目录和数量；

（六）鉴定过程中双方的权利、义务；

（七）鉴定费用及收取方式；

（八）其他需要载明的事项。

因鉴定需要耗尽或者可能损坏检材的，或者在鉴定完成后无法完整退还检材的，应当事先向委托人讲明，征得其同意或者认可，并在协议书中载明。

在进行司法鉴定过程中需要变更协议书内容的，应当由协议双方协商确定。

第三章 司法鉴定的实施

第十八条 司法鉴定机构受理鉴定委托后，应当指定本机构中具有该鉴定事项执业资格的司法鉴定人进行鉴定。

委托人有特殊要求的，经双方协商一致，也可以从本机构中选择符合条件的司法鉴定人进行鉴定。

第十九条 司法鉴定机构对同一鉴定事项，应当指定或者选择二名司法鉴定人共同进行鉴定；对疑难、复杂或者特殊的鉴定事项，可以指定或者选择多名司法鉴定人进行鉴定。

第二十条 司法鉴定人本人或者其近亲属与委托人、委托的鉴定事项或者鉴定事项涉及的案件有利害关系，可能影响其独立、客观、公正进行鉴定的，应当回避。

司法鉴定人自行提出回避的，由其所属的司法鉴定机构决定；委托人要求司法鉴定人回避的，应当向该鉴定人所属的司法鉴定机构提出，由司法鉴定机构决定。委托人对司法鉴定机构是否实行回避的决定有异议的，可以撤销鉴定委托。

第二十一条 司法鉴定机构应当严格依照有关技术规范保管和使用鉴定材料，严格监控鉴定材料的接收、传递、检验、保存和处置，建立科学、严密的管理制度。

司法鉴定机构和司法鉴定人因严重不负责任造成鉴定材料损毁、遗失的，应当依法承担责任。

第二十二条 司法鉴定人进行鉴定，应当依下列顺序遵守和采用该专业领域的技术标准和技术规范：

（一）国家标准和技术规范；

（二）司法鉴定主管部门、司法鉴定行业组织或者相关行业主管部门制定的行业标准和技术规范；

（三）该专业领域多数专家认可的技术标准和技术规范。

不具备前款规定的技术标准和技术规范的，可以采用所属司法鉴定机构自行制定的有关技术规范。

第二十三条 司法鉴定人进行鉴定，应当对鉴定过程进行实时记录并签名。记录可以采取笔记、录音、录像、拍照等方式。记录的内容应当真实、客观、准确、完整、清晰，记录的文本或者音像载体应当妥善保存。

第二十四条 司法鉴定人在进行鉴定的过程中，需要对女性作妇科检查的，应当由女性司法鉴定人进行；无女性司法鉴定人的，应当有女性工作人员在场。

在鉴定过程中需要对未成年人的身体进行检查的，应当通知其监护人到场。

对被鉴定人进行法医精神病鉴定的，应当通知委托人或者被鉴定人的近亲属或者监护人到场。

对需要到现场提取检材的，应当由不少于二名司法鉴定人提取，并通知委托人到场见证。

对需要进行尸体解剖的，应当通知委托人或者死者的近亲属或者监护人到场见证。

第二十五条 司法鉴定机构在进行鉴定的过程中，遇有特别复杂、疑难、特殊技术问题的，可以向本机构以外的相关专业领域的专家进行咨询，但最终的鉴定意见应当由本机构的司法鉴定人出具。

第二十六条 司法鉴定机构应当在与委托人签订司法鉴定协议书之日起三十个工作日内完成委托事项的鉴定。

鉴定事项涉及复杂、疑难、特殊的技术问题或者检验过程需要较长时间的，经本机构负责人批准，完成鉴定的时间可以延长，延长时间一般不得超过三十个工作日。

司法鉴定机构与委托人对完成鉴定的时限另有约定的，从其约定。

在鉴定过程中补充或者重新提取鉴定材料所需的时间，不计入鉴定时限。

第二十七条 司法鉴定机构在进行鉴定过程中，遇有下列情形之一的，可以终止鉴定：

（一）发现委托鉴定事项的用途不合法或者违背社会公德的；

（二）委托人提供的鉴定材料不真

实或者取得方式不合法的；

（三）因鉴定材料不完整、不充分或者因鉴定材料耗尽、损坏，委托人不能或者拒绝补充提供符合要求的鉴定材料的；

（四）委托人的鉴定要求或者完成鉴定所需的技术要求超出本机构技术条件和鉴定能力的；

（五）委托人不履行司法鉴定协议书规定的义务或者被鉴定人不予配合，致使鉴定无法继续进行的；

（六）因不可抗力致使鉴定无法继续进行的；

（七）委托人撤销鉴定委托或者主动要求终止鉴定的；

（八）委托人拒绝支付鉴定费用的；

（九）司法鉴定协议书约定的其他终止鉴定的情形。

终止鉴定的，司法鉴定机构应当书面通知委托人，说明理由，并退还鉴定材料。

终止鉴定的，司法鉴定机构应当根据终止的原因及责任，酌情退还有关鉴定费用。

第二十八条 有下列情形之一的，司法鉴定机构可以根据委托人的请求进行补充鉴定：

（一）委托人增加新的鉴定要求的；

（二）委托人发现委托的鉴定事项有遗漏的；

（三）委托人在鉴定过程中又提供或者补充了新的鉴定材料的；

（四）其他需要补充鉴定的情形。

补充鉴定是原委托鉴定的组成部分。

第二十九条 有下列情形之一的，司法鉴定机构可以接受委托进行重新鉴定：

（一）原司法鉴定人不具有从事原委托事项鉴定执业资格的；

（二）原司法鉴定机构超出登记的业务范围组织鉴定的；

（三）原司法鉴定人按规定应当回避没有回避的；

（四）委托人或者其他诉讼当事人对原鉴定意见有异议，并能提出合法依据和合理理由的；

（五）法律规定或者人民法院认为需要重新鉴定的其他情形。

接受重新鉴定委托的司法鉴定机构的资质条件，一般应当高于原委托的司法鉴定机构。

第三十条 重新鉴定，应当委托原鉴定机构以外的列入司法鉴定机构名册的其他司法鉴定机构进行；委托人同意的，也可以委托原司法鉴定机构，由其指定原司法鉴定人以外的其他符合条件的司法鉴定人进行。

第三十一条 进行重新鉴定，有下列情形之一的，司法鉴定人应当回避：

（一）有本通则第二十条第一款规定情形的；

（二）参加过同一鉴定事项的初次鉴定的；

（三）在同一鉴定事项的初次鉴定过程中作为专家提供过咨询意见的。

第三十二条 委托的鉴定事项完成后，司法鉴定机构可以指定专人对该项鉴定的实施是否符合规定的程序、是否采用符合规定的技术标准和技术规范等情况进行复核，发现有违反本通则规定情形的，司法鉴定机构应当予以纠正。

第三十三条 对于涉及重大案件或者遇有特别复杂、疑难、特殊的技术问题的鉴定事项，根据司法机关的委托或者经其同意，司法鉴定主管部门或者司法鉴定行业组织可以组织多个司法鉴定机构进行鉴定，具体办法另行规定。

第四章 司法鉴定文书的出具

第三十四条 司法鉴定机构和司法鉴定人在完成委托的鉴定事项后，应当向委托人出具司法鉴定文书。

司法鉴定文书包括司法鉴定意见书和司法鉴定检验报告书。

司法鉴定文书的制作应当符合统一规定的司法鉴定文书格式。

第三十五条 司法鉴定文书应当由司法鉴定人签名或者盖章。多人参加司法鉴定，对鉴定意见有不同意见的，应当注明。

司法鉴定文书应当加盖司法鉴定机构的司法鉴定专用章。

司法鉴定机构出具的司法鉴定文书一般应当一式三份，二份交委托人收执，一份由本机构存档。

第三十六条 司法鉴定机构应当按照有关规定或者与委托人约定的方式，向委托人发送司法鉴定文书。

第三十七条 委托人对司法鉴定机构的鉴定过程或者所出具的鉴定意见提出询问的，司法鉴定人应当给予解释和说明。

第三十八条 司法鉴定机构完成委托的鉴定事项后，应当按照规定将司法鉴定文书以及在鉴定过程中形成的有关材料整理立卷，归档保管。

第五章 附 则

第三十九条 本通则是司法鉴定机构和司法鉴定人进行司法鉴定活动应当遵守和采用的一般程序规则，不同专业领域的鉴定事项对其程序有特殊要求的，可以另行制定或者从其规定。

第四十条 本通则自2007年10月1日起施行。司法部2001年8月31日发布的《司法鉴定程序通则（试行）》（司发通〔2001〕092号）同时废止。

六、强制措施

最高人民检察院 公安部关于适用刑事强制措施有关问题的规定

（2000年8月28日 高检会〔2000〕2号）

为了正确适用刑事诉讼法规定的强制措施，保障刑事诉讼活动的顺利进行，根据刑事诉讼法和其他有关法律规定，现对人民检察院、公安机关适用刑事强制措施的有关问题作如下规定：

一、取保候审

第一条 人民检察院决定对犯罪嫌疑人采取取保候审措施的，应当在向犯罪嫌疑人宣布后交由公安机关执行。对犯罪嫌疑人采取保证人担保形式的，人民检察院应当将有关法律文书和有关案由、犯罪嫌疑人基本情况、保证人基本情况的材料，送交犯罪嫌疑人居住地的同级公安机关；对犯罪嫌疑人采取保证金担保形式的，人民检察院应当在核实保证金已经交纳到公安机关指定的银行后，将有关法律文书、有关案由、犯罪嫌疑人基本情况的材料和银行出具的收款凭证，送交犯罪嫌疑人居住地的同级公安机关。

第二条 公安机关收到有关法律文书和材料后，应当立即交由犯罪嫌疑人居住地的县级公安机关执行。负责执行的县级公安机关应当在二十四小时以内核实被取保候审人、保证人的身份以及相关材料，并报告县级公安机关负责人后，通知犯罪嫌疑人居住地派出所执行。

第三条 执行取保候审的派出所应当指定专人负责对被取保候审人进行监督考察，并将取保候审的执行情况报告所属县级公安机关通知决定取保候审的人民检察院。

第四条 人民检察院决定对犯罪嫌疑人取保候审的案件，在执行期间，被取保候审人有正当理由需要离开所居住的市、县的，负责执行的派出所应当及时报告所属县级公安机关，由该县级公安机关征得决定取保候审的人民检察院同意后批准。

第五条 人民检察院决定对犯罪嫌疑人采取保证人担保形式取保候审的，如果保证人在取保候审期间不愿继续担保或者丧失担保条件，人民检察院应当在收到保证人不愿继续担保的申请或者发现其丧失担保条件后的三日以内，责令犯罪嫌疑人重新提出保证人或者交纳保证金，或者变更为其他强制措施，并通知公安机关执行。

公安机关在执行期间收到保证人不愿继续担保的申请或者发现其丧失担保条件的，应当在三日以内通知作出决定的人民检察院。

第六条 人民检察院决定对犯罪嫌疑人取保候审的案件，被取保候审人、保证人违反应当遵守的规定的，由县级以上公安机关决定没收保证金、对保证人罚款，并在执行后三日以内将执行情况通知人民检察院。人民检察院应当在接到通知后五日以内，区别情形，责令犯罪嫌疑人具结悔过、重新交纳保证金、提出保证人或者监视居住、予以逮捕。

第七条 人民检察院决定对犯罪嫌疑人取保候审的案件，取保候审期限届满十五日前，负责执行的公安机关应当通知作出决定的人民检察院。人民检察院应当在取保候审期限届满前，作出解除取保候审或者变更强制措施的决定，并通知公安机关执行。

第八条 人民检察院决定对犯罪嫌疑人采取保证金担保方式取保候审的，犯罪嫌疑人在取保候审期间没有违反刑事诉讼法第五十六条规定，也没有故意重新犯罪的，人民检察院解除取保候审时，应当通知公安机关退还保证金。

第九条 公安机关决定对犯罪嫌疑人取保候审的案件，犯罪嫌疑人违反应当遵守的规定，情节严重的，公安机关应当依法提请批准逮捕。人民检察院应当根据刑事诉讼法第五十六条的规定审查批准逮捕。

二、监视居住

第十条 人民检察院决定对犯罪嫌疑人采取监视居住措施的，应当核实犯罪嫌疑人的住处。犯罪嫌疑人没有固定住处的，人民检察院应当为其指定居所。

第十一条 人民检察院核实犯罪嫌疑人住处或者为其指定居所后，应当制作监视居住执行通知书，将有关法律文书和有关案由、犯罪嫌疑人基本情况的材料，送交犯罪嫌疑人住处或者居所地的同级公安机关执行。人民检察院可以协助公安机关执行。

第十二条 公安机关收到有关法律文书和材料后，应当立即交由犯罪嫌疑人住处或者居所地的县级公安机关执行。负责执行的县级公安机关应当在二十四小时以内，核实被监视居住人的身份和住处或者居所，报告县级公安机关负责人后，通知被监视居住人住处或者居所地的派出所执行。

第十三条 负责执行监视居住的派出所应当指定专人对被监视居住人进行监督考察，并及时将监视居住的执行情况报告所属县级公安机关通知决定监视居住的人民检察院。

第十四条 人民检察院决定对犯罪嫌疑人监视居住的案件，在执行期间，犯罪嫌疑人有正当理由需要离开住处或者指定居所的，负责执行的派出所应当及时报告所属县级公安机关，由该县级公安机关征得决定监视居住的人民检察院同意后予以批准。

第十五条 人民检察院决定对犯罪嫌疑人监视居住的案件，犯罪嫌疑人违反应当遵守的规定的，执行监视居住的派出所应当及时报告县级公安机关通知决定监视居住的人民检察院。情节严重的，人民检察院应当决定予以逮捕，通知公安机关执行。

第十六条 人民检察院决定对犯罪嫌疑人监视居住的案件，监视居住期限届满十五日前，负责执行的县级公安机关应当通知决定监视居住的人民检察院。人民检察院应当在监视居住期限届满前，作出解除监视居住或者变更强制措施的决定，并通知公安机关执行。

第十七条 公安机关决定对犯罪嫌疑人监视居住的案件，犯罪嫌疑人违反应当遵守的规定，情节严重的，公安机关应当依法提请批准逮捕。人民检察院应当根据刑事诉讼法第五十七条的规定审查批准逮捕。

三、拘　留

第十八条 人民检察院直接立案侦查的案件，需要拘留犯罪嫌疑人的，应当依法作出拘留决定，并将有关法律文书和有关案由、犯罪嫌疑人基本情况的材料送交同级公安机关执行。

第十九条 公安机关核实有关法律文书和材料后，应当报请县级以上公安机关负责人签发拘留证，并立即派员执行，人民检察院可以协助公安机关执行。

第二十条 人民检察院对于符合刑事诉讼法第六十一条第（四）项或者第（五）项规定情形的犯罪嫌疑人，因情况紧急，来不及办理拘留手续的，可以先行将犯罪嫌疑人带至公安机关，同时立即办理拘留手续。

第二十一条 公安机关拘留犯罪嫌疑人后，应当立即将执行回执送达作出拘留决定的人民检察院。人民检察院应当在拘留后的二十四小时以内对犯罪嫌疑人进行讯问。除有碍侦查或者无法通知的情形以外，人民检察院还应当把拘留的原因和羁押的处所，在二十四小时以内，通知被拘留人的家属或者他的所在单位。

公安机关未能抓获犯罪嫌疑人的，应当在二十四小时以内，将执行情况和未能抓获犯罪嫌疑人的原因通知作出拘留决定的人民检察院。对于犯罪嫌疑人在逃的，在人民检察院撤销拘留决定之前，公安机关应当组织力量继续执行，人民检察院应当及时向公安机关提供新的情况和线索。

第二十二条 人民检察院对于决定拘留的犯罪嫌疑人，经检察长或者检察委员会决定不予逮捕的，应当通知公安机关释放犯罪嫌疑人，公安机关接到通知后应当立即释放；需要逮捕而证据还不充足的，人民检察院可以变更为取保候审或者监视居住，并通知公安机关执行。

第二十三条 公安机关对于决定拘

留的犯罪嫌疑人，经审查认为需要逮捕的，应当在法定期限内提请同级人民检察院审查批准。犯罪嫌疑人不讲真实姓名、住址，身份不明的，拘留期限自查清其真实身份之日起计算。对于有证据证明有犯罪事实的，也可以按犯罪嫌疑人自报的姓名提请人民检察院批准逮捕。

对于需要确认外国籍犯罪嫌疑人身份的，应当按照我国和该犯罪嫌疑人所称的国籍国签订的有关司法协助条约、国际公约的规定，或者通过外交途径、国际刑警组织渠道查明其身份。如果确实无法查清或者有关国家拒绝协助的，只要有证据证明有犯罪事实，可以按照犯罪嫌疑人自报的姓名提请人民检察院批准逮捕。侦查终结后，对于犯罪事实清楚，证据确实、充分的，也可以按其自报的姓名移送人民检察院审查起诉。

四、逮　捕

第二十四条　对于公安机关提请批准逮捕的案件，人民检察院应当就犯罪嫌疑人涉嫌的犯罪事实和证据进行审查。除刑事诉讼法第五十六条和第五十七条规定的情形外，人民检察院应当按照刑事诉讼法第六十条规定的逮捕条件审查批准逮捕。

第二十五条　对于公安机关提请批准逮捕的犯罪嫌疑人，人民检察院决定不批准逮捕的，应当说明理由；不批准逮捕并且通知公安机关补充侦查的，应当同时列出补充侦查提纲。

公安机关接到人民检察院不批准逮捕决定书后，应当立即释放犯罪嫌疑人；认为需要逮捕而进行补充侦查、要求复议或者提请复核的，可以变更为取保候审或者监视居住。

第二十六条　公安机关认为人民检察院不批准逮捕的决定有错误的，应当在收到不批准逮捕决定书后五日以内，向同级人民检察院要求复议。人民检察院应当在收到公安机关要求复议意见书后七日以内作出复议决定。

公安机关对复议决定不服的，应当在收到人民检察院复议决定书后五日以内，向上一级人民检察院提请复核。上一级人民检察院应当在收到公安机关提请复核意见书后十五日以内作出复核决定。

第二十七条　人民检察院直接立案侦查的案件，依法作出逮捕犯罪嫌疑人的决定后，应当将有关法律文书和有关案由、犯罪嫌疑人基本情况的材料送交同级公安机关执行。

公安机关核实人民检察院送交的有关法律文书和材料后，应当报请县级以上公安机关负责人签发逮捕证，并立即派员执行，人民检察院可以协助公安机关执行。

第二十八条　人民检察院直接立案侦查的案件，公安机关逮捕犯罪嫌疑人后，应当立即将执行回执送达决定逮捕的人民检察院。人民检察院应当在逮捕后二十四小时以内，对犯罪嫌疑人进行讯问。除有碍侦查或者无法通知的情形以外，人民检察院还应当将逮捕的原因和羁押的处所，在二十四小时以内，通知被逮捕人的家属或者其所在单位。

公安机关未能抓获犯罪嫌疑人的，应当在二十四小时以内，将执行情况和未能抓获犯罪嫌疑人的原因通知决定逮捕的人民检察院。对于犯罪嫌疑人在逃的，在人民检察院撤销逮捕决定之前，公安机关应当组织力量继续执行，人民检察院应当及时提供新的情况和线索。

第二十九条　人民检察院直接立案侦查的案件，对已经逮捕的犯罪嫌疑人，发现不应当逮捕的，应当经检察长批准或者检察委员会讨论决定，撤销逮捕决定或者变更为取保候审、监视居住，并通知公安机关执行。人民检察院将逮捕变更为取保候审、监视居住的，执行程序适用本规定。

第三十条 人民检察院直接立案侦查的案件，被拘留、逮捕的犯罪嫌疑人或者他的法定代理人、近亲属和律师向负责执行的公安机关提出取保候审申请的，公安机关应当告知其直接向作出决定的人民检察院提出。

被拘留、逮捕的犯罪嫌疑人的法定代理人、近亲属和律师向人民检察院申请对犯罪嫌疑人取保候审的，人民检察院应当在收到申请之日起七日内作出是否同意的答复。同意取保候审的，应当作出变更强制措施的决定，办理取保候审手续，并通知公安机关执行。

第三十一条 对于人民检察院决定逮捕的犯罪嫌疑人，公安机关应当在侦查羁押期限届满十日前通知决定逮捕的人民检察院。

对于需要延长侦查羁押期限的，人民检察院应当在侦查羁押期限届满前，将延长侦查羁押期限决定书送交公安机关；对于犯罪嫌疑人另有重要罪行，需要重新计算侦查羁押期限的，人民检察院应当在侦查羁押期限届满前，将重新计算侦查羁押期限决定书送交公安机关。

对于不符合移送审查起诉条件或者延长侦查羁押期限条件、重新计算侦查羁押期限条件的，人民检察院应当在侦查羁押期限届满前，作出予以释放或者变更强制措施的决定，并通知公安机关执行。公安机关应当将执行情况及时通知人民检察院。

第三十二条 公安机关立案侦查的案件，对于已经逮捕的犯罪嫌疑人变更为取保候审、监视居住后，又发现需要逮捕该犯罪嫌疑人的，公安机关应当重新提请批准逮捕。

人民检察院直接立案侦查的案件具有前款规定情形的，应当重新审查决定逮捕。

五、其他有关规定

第三十三条 人民检察院直接立案侦查的案件，需要通缉犯罪嫌疑人的，应当作出逮捕决定，并将逮捕决定书、通缉通知书和犯罪嫌疑人的照片、身份、特征等情况及简要案情，送达同级公安机关，由公安机关按照规定发布通缉令。人民检察院应当予以协助。

各级人民检察院需要在本辖区内通缉犯罪嫌疑人的，可以直接决定通缉；需要在本辖区外通缉犯罪嫌疑人的，由有决定权的上级人民检察院决定。

第三十四条 公安机关侦查终结后，应当按照刑事诉讼法第一百二十九条的规定，移送同级人民检察院审查起诉。人民检察院认为应当由上级人民检察院、同级其他人民检察院或者下级人民检察院审查起诉的，由人民检察院将案件移送有管辖权的人民检察院审查起诉。

第三十五条 人民检察院审查公安机关移送起诉的案件，认为需要补充侦查的，可以退回公安机关补充侦查，也可以自行侦查。

补充侦查以二次为限。公安机关已经补充侦查二次后移送审查起诉的案件，人民检察院依法改变管辖的，如果需要补充侦查，由人民检察院自行侦查；人民检察院在审查起诉中又发现新的犯罪事实的，应当移送公安机关立案侦查，对已经查清的犯罪事实依法提起公诉。

人民检察院提起公诉后，发现案件需要补充侦查的，由人民检察院自行侦查，公安机关应当予以协助。

第三十六条 公安机关认为人民检察院的不起诉决定有错误的，应当在收到人民检察院不起诉决定书后七日内制作要求复议意见书，要求同级人民检察院复议。人民检察院应当在收到公安机关要求复议意见书后三十日内作出复议决定。

公安机关对人民检察院的复议决定不服的，可以在收到人民检察院复议决定书后七日内制作提请复核意见书，向上一级人民检察院提请复核。上一级人民检察院应当在收到公安机关提请复核意见书后三十日内作出复核决定。

第三十七条 人民检察院应当加强对公安机关、人民检察院办案部门适用刑事强制措施工作的监督，对于超期羁押、超期限办案、不依法执行的，应当及时提出纠正意见，督促公安机关或者人民检察院办案部门依法执行。

公安机关、人民检察院的工作人员违反刑事诉讼法和本规定，玩忽职守、滥用职权、徇私舞弊，导致超期羁押、超期限办案或者实施其他违法行为的，应当依照有关法律和规定追究法律责任；构成犯罪的，依法追究刑事责任。

第三十八条 对于人民检察院直接立案侦查的案件，人民检察院由承办案件的部门负责强制措施的移送执行事宜。公安机关由刑事侦查部门负责拘留、逮捕措施的执行事宜；由治安管理部门负责安排取保候审、监视居住的执行事宜。

第三十九条 各省、自治区、直辖市人民检察院、公安厅（局）和最高人民检察院、公安部直接立案侦查的刑事案件，适用刑事诉讼法和本规定。

第四十条 本规定自公布之日起施行。

最高人民法院　最高人民检察院　公安部　外交部　司法部　财政部关于强制外国人出境的执行办法的规定

（1992 年 7 月 31 日　公发〔1992〕18 号）

前　　言

兹对违法犯罪的外国人强制出境的执行问题，作如下规定：

一、适用范围

有下列情形之一需要强制出境的外国人，均按本规定执行：

（一）依据我国刑法的规定，由人民法院对犯罪的外国人判处独立适用或者附加适用驱逐出境刑罚的；

（二）依据《中华人民共和国外国人入境出境管理法》的规定，由公安部对违法的外国人处以限期出境或者驱逐出境的；

（三）依据《中华人民共和国外国人入境出境管理法》以及其他有关法律的规定，由公安机关决定遣送出境或者缩短停留期限、取消居留资格的外国人，未在指定的期限内自动离境，需强制出境的；

（四）我国政府已按照国际条约或《中华人民共和国外交特权与豁免条例》的规定，对享有外交或领事特权和豁免的外国人宣布为不受欢迎的人或者不可接受并拒绝承认其外交或领事人员身份、责令限期出境的人，无正当理由逾期不自动出境的。

二、执行机关

执行和监视强制外国人出境的工作，由公安机关依据有关法律文书或者公文进行：

（一）对判处独立适用驱逐出境刑罚的外国人，人民法院应当自该判决生效之日起15日内，将对该犯的刑事判决书、执行通知书的副本交回所在地省级公安机关，由省级公安机关指定的公安机关执行。

（二）被判处徒刑的外国人，其主刑执行期满后应执行驱逐出境附加刑的，应在主刑刑期届满的1个月前，由原羁押监狱的主管部门将该犯的原判决书、执行通知书副本或者复印本送交所在地省级公安机关，由省级公安机关指定的公安机关执行。

（三）被公安部处以驱逐出境、限期出境的外国人，凭公安部出入境管理处罚裁决书，由当地的公安机关执行。

（四）被公安机关决定遣送出境、缩短停留期限或者取消居留资格的外国人，由当地公安机关凭决定书执行。

被缩短停留期限或者取消居留资格的外国人，也可以由接待单位安排出境，公安机关凭决定书负责监督。

（五）我国政府已按照国际条约或《中华人民共和国外交特权与豁免条例》的规定，对享有外交或领事特权和豁免的外国人宣布为不受欢迎的人或者不可接受并拒绝承认其外交或领事人员身份、责令限期出境的人，无正当理由逾期不自动出境的，凭外交部公文由公安部指定的公安机关负责执行或者监督执行。

三、执行前的准备工作

（一）对被强制出境的外国人持有的准予在我国居留的证件，一律收缴。对护照上的签证应当缩短有效期，加盖不准延期章，或者予以注销。

（二）凡被驱逐出境的外国人，均须列入不准入境者名单，具体办法按照公安部制定的《关于通报不准外籍人入境者名单的具体办法》（〔1989〕公境字87号）执行。对其他强制出境的外国人，需要列入不准入境者名单的，按规定报批。

凡被列入不准入境者名单的外国人，执行的公安机关应当在执行前向其宣布不准入境年限。

（三）对被强制出境的外国人，执行机关必须查验其本人的有效护照或者其他替代护照的身份证件，以及过境国家或者地区的有效签证。

不具备上述签证或者证件的，应事先同其本国驻华使、领馆联系，由使、领馆负责办理。在华有接待单位的，由接待单位同使、领馆联系。没有接待单位的，由公安部出入境管理局或者使、领馆所在地公安机关同使、领馆联系。在华无使、领馆或者使、领馆不予配合的，应层报外交部或公安部，通过外交途径解决。

对与我国毗邻国家的公民从边境口岸或者通道出境的，可以不办理对方的证件或者签证。

（四）被强制出境的外国人应当办妥离境的机票、车票、船票，费用由本人负担。本人负担不了的，也不属于按协议由我国有关单位提供旅费的，须由其本国使、领馆负责解决（同使、领馆联系解决的办法，与前项相同），对使、领馆拒绝承担费用或者在华无使、领馆的，由我国政府承担。

（五）对已被决定强制出境的外国人，事由和日期是否需要通知其驻华使、领馆，可由当地外事部门请示外交部决定。

（六）对有可能引起外交交涉或者纷争的案件，主管机关应及时将有关案情和商定的对外表态的口径等通知当地外事部门。需对外报道的，须经公安部、外交部批准。

四、执行期限

负责具体执行的公安机关，应当按照交付机关确定的期限立即执行。如有特殊情况，需要延期执行的，报省、自治区、直辖市公安厅、(局) 核准。

五、出境口岸

(一) 对被强制出境的外国人，其出境的口岸，应事先确定，就近安排。

(二) 如果被强制出境的外国人前往与我国接壤的国家，也可以安排从边境口岸出境。

(三) 执行机关应当事先与出境口岸公安机关和边防检查站联系，通报被强制出境人员的情况，抵达口岸时间、交通工具班次，出境乘用的航班号、车次、时间，以及其他与协助执行有关的事项。出境口岸公安机关和边防检查站应当协助安排有关出境事项。

(四) 出境时间应当尽可能安排在抵达口岸的当天。无法在当天出境的，口岸所在地公安机关应当协助采取必要的监护措施。

六、执行方式及有关事项

(一) 被人民法院判决独立适用驱逐出境和被公安部处以驱逐出境的外国人，由公安机关看守所武警和外事民警共同押送；对主刑执行期满后再驱逐出境的外国人由原羁押监狱的管教干警、看守武警和公安机关外事民警共同押送。对上述两类人员押送途中确有必要时，可以使用手铐。对其他被责令出境的外国人，需要押送的，由执行机关派外事民警押送；不需要押送的，可以在离境时派出外事民警，临场监督。

(二) 执行人员的数量视具体情况而定，原则上应不少于 2 人。

(三) 押送人员应提高警惕，保障安全，防止发生逃逸、行凶、自杀、自伤等事故。

(四) 边防检查站凭对外国人强制出境的执行通知书、决定书或者裁决书以及被强制出境人的护照、证件安排放行。

(五) 执行人员要监督被强制出境的外国人登上交通工具并离境后方可离开。从边境通道出境的，要监督其离开我国境后方可离开。

(六) 对被驱逐出境的外国人入出境交通工具等具体情况，应拍照，有条件的也可录像存查。

七、经　费

执行强制外国人出境所需的费用 (包括押送人员食宿、交通费，以及其本人无力承担费用而驻华使、领馆拒不承担或者在华没有使、领馆的外国人在中国境内的食宿、交通费、临时看押场所的租赁费、国际旅费等)，应当按照现行财政体制，由办案地财政部门负责解决。

最高人民检察院关于对由军队保卫部门、军事检察院立案的地方人员可否采取强制措施问题的批复

（1993年6月19日　高检发研字〔1993〕3号）

中国人民解放军军事检察院：

你院检呈字第5号〔1993〕《关于对由军队保卫部门、军事检察院立案侦查的地方人员可否采取强制措施的请示》收悉。经研究并征求公安部意见，现批复如下：

根据最高人民法院、最高人民检察院、公安部、总政治部《关于军队和地方互涉案件几个问题的规定》（1982政联字8号）第三条和《关于军队和地方互涉案件侦查工作的补充规定》（1987政联字第14号）第一条所规定的精神，对于发生在没有设置接受当地公安机关业务领导的保卫部门或治安保卫组织的由军队注册实行企业化管理的公司、厂矿、宾馆、饭店、影剧院以及军地合资经营企业的案件，如果作案人身份明确，是地方人员，应由地方公安机关、人民检察院管辖；如果是在立案后才查明作案人是地方人员的，应移交地方公安机关、人民检察院处理。军队保卫部门、军事检察院不能对地方人员采取强制措施。

最高人民检察院法律政策研究室关于对同案犯罪嫌疑人在逃对解除强制措施的在案犯罪嫌疑人如何适用《人民检察院刑事诉讼规则》有关问题的答复

（2002年5月29日　〔2002〕高检研发第11号）

山东省人民检察院研究室：

你院鲁检发研字〔2001〕第8号《关于同案犯罪嫌疑人在逃，对解除强制措施的在案犯罪嫌疑人如何适用〈人民检察院刑事诉讼规则〉有关规定的请示》收悉。经研究，答复如下：

在共同犯罪案件中，由于同案犯罪嫌疑人在逃，在案犯罪嫌疑人的犯罪事实无法查清，对在案犯罪嫌疑人解除取保候审后，对在案的犯罪嫌疑人可以撤销案件，也可以依据刑事诉讼法第一百四十条第四款的规定作出不起诉决定。撤销案件或者作出不起诉决定以后，又发现有犯罪事实需要追究刑事责任的，可以重新立案侦查。

此复。

最高人民检察院　公安部关于印发《关于依法适用逮捕措施有关问题的规定》的通知

（2001年8月6日　高检会〔2001〕10号）

各省、自治区、直辖市人民检察院，公安厅、局，解放军军事检察院，新疆生产建设兵团人民检察院、公安局：

为贯彻落实全国社会治安工作会议、全国整顿和规范市场经济秩序工作会议精神，进一步加强人民检察院和公安机关的配合，加大打击犯罪力度，保障刑事诉讼顺利进行，有效维护社会稳定和治安秩序，根据《中华人民共和国刑事诉讼法》等有关法律的规定，最高人民检察院、公安部制定了《关于依法适用逮捕措施有关问题的规定》。现印发给你们，请遵照执行。

逮捕是刑事诉讼中最为严厉的强制措施，是打击严重刑事犯罪、保护公民人身安全和社会稳定的有力武器。人民检察院和公安机关必须加强配合，依法适用逮捕措施，形成打击犯罪的合力。各地在执行中遇到的问题，请分别层报最高人民检察院、公安部。

关于依法适用逮捕措施有关问题的规定

为了进一步加强人民检察院和公安机关的配合，依法适用逮捕措施，加大打击犯罪力度，保障刑事诉讼的顺利进行，维护社会稳定和市场经济秩序，根据《中华人民共和国刑事诉讼法》和其他有关法律的规定，现对人民检察院和公安机关依法适用逮捕措施的有关问题作如下规定：

一、公安机关提请批准逮捕、人民检察院审查批准逮捕都应当严格依照法律规定的条件和程序进行。

（一）刑事诉讼法第六十条规定的“有证据证明有犯罪事实”是指同时具备以下三种情形：1. 有证据证明发生了犯罪事实；2. 有证据证明该犯罪事实是犯罪嫌疑人实施的；3. 证明犯罪嫌疑人实施犯罪行为的证据已有查证属实的。

“有证据证明有犯罪事实”，并不要求查清全部犯罪事实。其中“犯罪事实”既可以是单一犯罪行为的事实，也可以是数个犯罪行为中任何一个犯罪行为的事实。

（二）具有下列情形之一的，即为刑事诉讼法第六十条规定的“有逮捕必要”：1. 可能继续实施犯罪行为，危害社会的；2. 可能毁灭、伪造证据、干扰证人作证或者串供的；3. 可能自杀或逃跑的；4. 可能实施打击报复行为的；5. 可能有碍其他案件侦查的；6. 其他可能发生社会危险性的情形。

对有组织犯罪、黑社会性质组织犯罪、暴力犯罪和多发性犯罪等严重危害社会治安和社会秩序以及可能有碍侦查的犯罪嫌疑人，一般应予逮捕。

（三）对实施多个犯罪行为或者共

同犯罪案件的犯罪嫌疑人，符合本条第（一）项、第（二）项的规定，具有下列情形之一的，应当予以逮捕：1. 有证据证明有数罪中的一罪的；2. 有证据证明有多次犯罪中的一次犯罪的；3. 共同犯罪中，已有证据证明有犯罪行为的。

（四）根据刑事诉讼法第五十六条第二款的规定，对下列违反取保候审规定的犯罪嫌疑人，应当予以逮捕：1. 企图自杀、逃跑、逃避侦查、审查起诉的；2. 实施毁灭、伪造证据或者串供、干扰证人作证行为，足以影响侦查、审查起诉工作正常进行的；3. 未经批准，擅自离开所居住的市、县，造成严重后果，或者两次未经批准，擅自离开所居住的市、县的；4. 经传讯不到案，造成严重后果，或者经两次传讯不到案的。

对在取保候审期间故意实施新的犯罪行为的犯罪嫌疑人，应当予以逮捕。

（五）根据刑事诉讼法第五十七条第二款的规定，被监视居住的犯罪嫌疑人具有下列情形之一的，属于“情节严重”，应当予以逮捕：1. 故意实施新的犯罪行为的；2. 企图自杀、逃跑、逃避侦查、审查起诉的；3. 实施毁灭、伪造证据或者串供、干扰证人作证行为，足以影响侦查、审查起诉工作正常进行的；4. 未经批准，擅自离开住处或者指定的居所，造成严重后果，或者两次未经批准，擅自离开住处或者指定的居所的；5. 未经批准，擅自会见他人，造成严重后果，或者两次未经批准，擅自会见他人的；6. 经传讯不到案，造成严重后果，或者经两次传讯不到案的。

二、公安机关在作出是否提请人民检察院批准逮捕的决定之前，应当对收集、调取的证据材料予以核实。对于符合逮捕条件的犯罪嫌疑人，应当提请人民检察院批准逮捕；对于不符合逮捕条件但需要继续侦查的，公安机关可以依法取保候审或者监视居住。

公安机关认为需要人民检察院派员参加重大案件讨论的，应当及时通知人民检察院，人民检察院接到通知后，应当及时派员参加。参加的检察人员在充分了解案情的基础上，应当对侦查活动提出意见和建议。

三、人民检察院收到公安机关提请批准逮捕的案件后，应当立即指定专人进行审查，发现不符合刑事诉讼法第六十六条规定，提请批准逮捕书、案卷材料和证据不齐全的，应当要求公安机关补充有关材料。

对公安机关提请批准逮捕的案件，人民检察院经审查，认为符合逮捕条件的，应当批准逮捕。对于不符合逮捕条件的，或者具有刑事诉讼法第十五条规定的情形之一的，应当作出不批准逮捕的决定，并说明理由。

对公安机关报请批准逮捕的案件，人民检察院在审查逮捕期间不另行侦查。必要的时候，人民检察院可以派人参加公安机关对重大案件的讨论。

四、对公安机关提请批准逮捕的犯罪嫌疑人，已被拘留的，人民检察院应当在接到提请批准逮捕书后的七日以内作出是否批准逮捕的决定；未被拘留的，应当在接到提请批准逮捕书后的十五日以内作出是否批准逮捕的决定，重大、复杂的案件，不得超过二十日。

五、对不批准逮捕，需要补充侦查的案件，人民检察院应当通知提请批准逮捕的公安机关补充侦查，并附补充侦查提纲，列明需要查清的事实和需要收集、核实的证据。

六、对人民检察院补充侦查提纲中所列的事项，公安机关应当及时进行侦查、核实，并逐一作出说明。不得未经侦查和说明，以相同材料再次提请批准逮捕。公安机关未经侦查、不作说明的，人民检察院可以作出不批准逮捕的决定。

七、人民检察院批准逮捕的决定，公安机关应当立即执行，并将执行回执在执行后三日内送达作出批准决定的人民检察院；未能执行的，也应当将执行回执送达人民检察院，并写明未能执行的原因。对于人民检察院决定不批准逮捕的，公安机关在收到不批准逮捕决定书后，应当立即释放在押的犯罪嫌疑人或者变更强制措施，并将执行回执在收到不批准逮捕决定书后三日内送达作出不批准逮捕决定的人民检察院。如果公安机关发现逮捕不当的，应当及时予以变更，并将变更的情况及原因在作出变更决定后三日内通知原批准逮捕的人民检察院。人民检察院认为变更不当的，应当通知作出变更决定的公安机关纠正。

八、公安机关认为人民检察院不批准逮捕的决定有错误的，应当在收到不批准逮捕决定书后五日以内，向同级人民检察院要求复议。人民检察院应当在收到公安机关要求复议意见书后七日内作出复议决定。

公安机关对复议决定不服的，应当在收到人民检察院复议决定书后五日以内向上一级人民检察院提请复核。上一级人民检察院应当在收到公安机关提请复核意见书后十五日以内作出复核决定。原不批准逮捕决定错误的，应当及时纠正。

九、人民检察院办理审查逮捕案件，发现应当逮捕而公安机关未提请批准逮捕的犯罪嫌疑人的，应当建议公安机关提请批准逮捕。公安机关认为建议正确的，应当立即提请批准逮捕；认为建议不正确的，应当将不提请批准逮捕的理由通知人民检察院。

十、公安机关需要延长侦查羁押期限的，应当在侦查羁押期限届满七日前，向同级人民检察院移送提请延长侦查羁押期限意见书，写明案件的主要案情、延长侦查羁押期限的具体理由和起止日期，并附逮捕证复印件。有决定权的人民检察院应当在侦查羁押期限届满前作出是否批准延长侦查羁押期限的决定，并交由受理案件的人民检察院送达公安机关。

十一、公安机关发现犯罪嫌疑人另有重要罪行，需要重新计算侦查羁押期限的，可以按照刑事诉讼法有关规定决定重新计算侦查羁押期限，同时报送原作出批准逮捕决定的人民检察院备案。

十二、公安机关发现不应当对犯罪嫌疑人追究刑事责任的，应当撤销案件；犯罪嫌疑人已被逮捕的，应当立即释放，并将释放的原因在释放后三日内通知原作出批准逮捕决定的人民检察院。

十三、人民检察院在审查批准逮捕工作中，如果发现公安机关的侦查活动有违法情况，应当通知公安机关予以纠正，公安机关应当将纠正情况通知人民检察院。

十四、公安机关、人民检察院在提请批准逮捕和审查批准逮捕工作中，要加强联系，互相配合，在工作中可以建立联席会议制度，定期互通有关情况。

十五、关于适用逮捕措施的其他问题，依照《中华人民共和国刑事诉讼法》、《最高人民检察院、公安部关于适用刑事强制措施有关问题的规定》和其他有关规定办理。

最高人民法院　最高人民检察院　公安部 国家安全部关于取保候审若干问题的规定

（1999年8月4日　公通字〔1999〕39号）

第一条　为了严格执行刑事诉讼法，保证正确适用取保候审，根据刑事诉讼法和有关法律规定，制定本规定。

第二条　对犯罪嫌疑人、被告人取保候审的，由公安机关、国家安全机关、人民检察院、人民法院根据案件的具体情况依法作出决定。

公安机关、人民检察院、人民法院决定取保候审的，由公安机关执行。国家安全机关决定取保候审的，以及人民检察院、人民法院在办理国家安全机关移送的犯罪案件时决定取保候审的，由国家安全机关执行。

第三条　对犯罪嫌疑人、被告人决定取保候审的，不得中止对案件的侦查、起诉和审理。严禁以取保候审变相放纵犯罪。

第四条　对犯罪嫌疑人、被告人决定取保候审的，应当责令其提出保证人或者交纳保证金。

对同一犯罪嫌疑人、被告人决定取保候审的，不得同时使用保证人保证和保证金保证。

第五条　采取保证金形式取保候审的，保证金的起点数额为一千元。

决定机关应当以保证被取保候审人不逃避、不妨碍刑事诉讼活动为原则，综合考虑犯罪嫌疑人、被告人的社会危险性，案件的情节、性质，可能判处刑罚的轻重，犯罪嫌疑人、被告人经济状况，当地的经济发展水平等情况，确定收取保证金的数额。

第六条　取保候审保证金由县级以上执行机关统一收取和管理。没收保证金的决定、退还保证金的决定、对保证人的罚款决定等，应当由县级以上执行机关作出。

第七条　县级以上执行机关应当在其指定的银行设立取保候审保证金专户，委托银行代为收取和保管保证金，并将指定银行的名称通知人民检察院、人民法院。

保证金应当以人民币交纳。

第八条　决定机关作出取保候审收取保证金的决定后，应当及时将《取保候审决定书》送达被取保候审人和为其提供保证金的单位或者个人，责令其向执行机关指定的银行一次性交纳保证金。

决定机关核实保证金已经交纳到执行机关指定银行的凭证后，应当将《取保候审决定书》、《取保候审执行通知书》和银行出具的收款凭证及其他有关材料一并送交执行机关执行。

第九条　执行机关在执行取保候审时，应当告知被取保候审人必须遵守刑事诉讼法第五十六条的规定及其违反规定，或者在取保候审期间重新犯罪应当承担的后果。

第十条　被取保候审人违反刑事诉讼法第五十六条规定，依法应当没收保证金的，由县级以上执行机关作出没收部分或者全部保证金的决定，并通知决定机关；对需要变更强制措施的，应当同时提出变更强制措施的意见，连同有关材料一并送交决定机关。

第十一条 决定机关发现被取保候审人违反刑事诉讼法第五十六条的规定，认为依法应当没收保证金的，应当提出没收部分或者全部保证金的书面意见，连同有关材料一并送交县级以上执行机关。县级以上执行机关应当根据决定机关的意见，及时作出没收保证金的决定，并通知决定机关。

第十二条 被取保候审人没有违反刑事诉讼法第五十六条的规定，但在取保候审期间涉嫌重新犯罪被司法机关立案侦查的，执行机关应当暂扣其交纳的保证金，待人民法院判决生效后，决定是否没收保证金。对故意重新犯罪的，应当没收保证金；对过失重新犯罪或者不构成犯罪的，应当退还保证金。

第十三条 决定机关收到执行机关已没收保证金的书面通知，或者变更强制措施的意见后，应当在五日内作出变更强制措施或者责令犯罪嫌疑人重新交纳保证金、提出保证人的决定，并通知执行机关。

决定重新交纳保证金的程序，适用本规定的有关规定。

第十四条 执行机关应当向被取保候审人宣布没收保证金的决定，并告知其如不服本决定，可以在收到《没收保证金决定书》后的五日以内，向执行机关的上一级主管机关申请复核一次。上一级主管机关收到复核申请后，应当在七日内作出复核决定。

第十五条 没收保证金的决定已过复核申请期限或者经复核后决定没收保证金的，县级以上执行机关应当及时通知银行按照国家的有关规定上缴国库。

第十六条 采取保证人形式取保候审的，被取保候审人违反刑事诉讼法第五十六条的规定，保证人未及时报告的，经查证属实后，由县级以上执行机关对保证人处一千元以上二万元以下罚款，并将有关情况及时通知决定机关。

第十七条 执行机关应当向保证人宣布罚款决定，并告知其如不服本决定，可以在收到《对保证人罚款决定书》后的五日以内，向执行机关的上一级主管机关申请复核一次。上一级主管机关收到复核申请后，应当在七日内作出复核决定。

第十八条 没收取保候审保证金和对保证人罚款均系刑事司法行为，不能提起行政诉讼。当事人如不服复核决定，可以依法向有关机关提出申诉。

第十九条 采取保证人形式取保候审的，执行机关发现保证人丧失了担保条件时，应当书面通知决定机关。

决定机关收到执行机关的书面通知后，应当责令被取保候审人重新提出保证人或者交纳保证金，或者作出变更强制措施的决定，并通知执行机关。

第二十条 取保候审即将到期的，执行机关应当在期限届满十五日前书面通知决定机关，由决定机关作出解除取保候审或者变更强制措施的决定，并于期限届满前书面通知执行机关。

执行机关收到决定机关的《解除取保候审决定书》或者变更强制措施的通知后，应当立即执行，并将执行情况及时通知决定机关。

第二十一条 被取保候审人在取保候审期间没有违反刑事诉讼法第五十六条的规定，也没有故意重新犯罪的，在解除取保候审、变更强制措施或者执行刑罚的同时，县级以上执行机关应当制作《退还保证金决定书》，通知银行如数退还保证金，并书面通知决定机关。

执行机关应当及时向被取保候审人宣布退还保证金的决定，并书面通知其到银行领取退还的保证金。

第二十二条 在侦查或者审查起诉阶段已经采取取保候审的，案件移送至审查起诉或者审判阶段时，如果需要继续取保候审，或者需要变更保证方式或强制措施的，受案机关应当在七日内作出决定，并通知执行机关和移送案件的机关。

受案机关决定继续取保候审的，应当重新作出取保候审决定。对继续采取保证金方式取保候审的，原则上不变更保证金数额，不再重新收取保证金。

取保候审期限即将届满，受案机关仍未作出继续取保候审、变更保证方式或者变更强制措施决定的，执行机关应当在期限届满十五日前书面通知受案机关。受案机关应当在原取保候审期限届满前作出决定，并通知执行机关和移送案件的机关。

第二十三条 原决定机关收到受案机关作出的变更强制措施决定后，应当立即解除原取保候审，并将《解除取保候审决定书》、《解除取保候审通知书》送达执行机关，执行机关应当及时书面通知被取保候审人、保证人；受案机关作出继续取保候审或者变更保证方式决定的，原取保候审自动解除，不再办理解除手续。

第二十四条 被告人被取保候审的，人民法院决定开庭审理时，应当依照刑事诉讼法的有关规定传唤被告人，同时通知取保候审的执行机关。

第二十五条 对被取保候审人判处罚金或者没收财产的判决生效后，依法应当解除取保候审，退还保证金的，如果保证金属于其个人财产，人民法院可以书面通知执行机关将保证金移交人民法院执行刑罚，但剩余部分应当退还被取保候审人。

第二十六条 保证金的收取、管理和没收应当严格按照本规定和国家的财经管理制度执行，任何单位和个人不得截留、坐支、私分、挪用或者以其他任何方式侵吞保证金。对违反规定的，应当依照有关规定给予行政处分；构成犯罪的，依法追究刑事责任。

第二十七条 司法机关及其工作人员违反本规定，擅自收取、没收或者退还取保候审保证金的，依照有关法律和规定，追究直接负责的主管人员和其他直接责任人员的责任。

第二十八条 本规定自发布之日起施行。

最高人民检察院关于人民检察院审查批准逮捕外国籍犯罪嫌疑人程序的规定

（1999年1月12日　高检发刑字〔1999〕2号）

一、外国人（包括无国籍人，但不包括享有外交特权和豁免权的人，下同）涉嫌危害国家安全犯罪的案件或者涉及国与国之间政治、外交关系的案件以及在适用法律上确有疑难的案件，需要逮捕外国籍犯罪嫌疑人的，由分、州、市人民检察院审查并提出意见，层报最高人民检察院审查。

最高人民检察院经征求外交部的意见后，作出批准逮捕的决定，同时抄送最高人民法院、外交部、公安部、国家安全部、司法部。必要时，报请中央批准。对经审查认为不需要逮捕的，可以直接作出不批准逮捕的决定。

二、外国人涉嫌其他犯罪的案件，由分、州、市人民检察院审查并提出意见，连同案件材料报省级人民检察院审查。省级人民检察院经征求同级外事部门的意见后，作出批准逮捕的决定，同时报最高人民检察院备案，并抄报最高人民法院、外交部、公安部、国家安全部、司法部。经审查认为不需要逮捕的，可以直接作出不批准逮捕的决定。

三、中国籍同案犯罪嫌疑人由分、州、市人民检察院审查批准逮捕，同时报省级人民检察院备案。

四、经有审批权限的人民检察院审查，作出的批准逮捕或者不批准逮捕的决定，应当批复给受理案件的分、州、市人民检察院。受理案件的分、州、市人民检察院根据上级人民检察院的批复，填发“批准逮捕决定书”或者“不批准逮捕决定书”，送请公安机关执行。

五、批准逮捕的外国人犯罪案件和批准逮捕中国籍同案犯罪嫌疑人备案材料，包括书面报告和审查后作出的决定和批复。最高人民检察院和省级人民检察院对上报的备案材料应当认真审查，发现错误及时纠正。

六、检察机关审查批准逮捕外国人犯罪案件的材料一律使用密码电传报送。

七、要严格执行办案时限，检察机关要加强与公安机关的配合，适时介入公安机关的侦查活动，熟悉案情，做好审查批准逮捕的准备工作。要加强与外事部门沟通和联系，及时征求外事部门的意见。

八、审查批准逮捕外国籍犯罪嫌疑人，因特殊原因，不能在法定时限内作出决定的，检察机关应当通知有关公安机关依法改变强制措施。

最高人民法院 最高人民检察院 公安部关于羁押犯罪嫌疑人、被告人实行换押制度的通知

（1999年10月27日 公通字〔1999〕83号）

各省、自治区、直辖市高级人民法院，人民检察院，公安厅、局，军事法院、军事检察院：

为正确实施《中华人民共和国刑事诉讼法》，依法及时、准确地打击犯罪，保护公民的合法权益，维护法律的尊严，加强执法监督和制约，根据《中华人民共和国看守所条例》第十五条的规定，现就看守所羁押犯罪嫌疑人、被告人的换押问题通知如下：

一、凡对在押的犯罪嫌疑人、被告人依法变更刑事诉讼程序的，均应办理换押手续。即：公安机关、国家安全机关侦查终结后人民检察院决定受理的，人民检察院审查或者侦查终结后人民法院决定受理的，以及人民检察院退回补充侦查的，在递次移送交接时，移送机关应当填写《换押证》，并加盖公章随案移送；接收机关应当在《换押证》上注明承接时间，填写本诉讼阶段的法定办案起止期限，加盖公章后及时送达看守所。看守所凭《换押证》办理换

押手续。

二、看守所办理换押手续或者收押犯罪嫌疑人、被告人时，应当在接收机关或者送押机关的《提讯证》或者《提解证》上加盖公章，并注明法定办案起止期限。

《提讯证》或者《提解证》每次办理一份，用完续办。

三、依法延长、重新计算羁押期限的，不需要办理换押手续，但是办案机关应当及时将新的法定办案起止期限书面通知看守所，依照上述规定重新办理《提讯证》或者《提解证》。

凡在同一诉讼阶段内办案部门改变的，如刑事拘留转逮捕的；案件改变管辖的；人民检察院侦查部门移送审查起诉部门的；在法庭审判过程中，人民检察院建议补充侦查的，以及补充侦查完毕移送人民法院的，不需要办理换押手续，但是改变后的办案机关应当及时书面通知看守所，注明改变情况及新的法定办案起止期限，依照上述规定重新办理《提讯证》或者《提解证》。

四、办案人员凭加盖看守所公章并注明法定办案起止期限的《提讯证》或者《提解证》和有效身份证明提讯、提解犯罪嫌疑人、被告人。证明手续不全或者不符合规定以及超过法定办案期限的，看守所应当拒绝提讯、提解。

五、《换押证》式样由公安部统一制定。

本通知自下发之日起执行。各地在执行中有何问题，请及时分别向最高人民法院、最高人民检察院和公安部报告。

附件：《换押证》式样（略）

最高人民法院　最高人民检察院　公安部关于严格执行刑事诉讼法，切实纠防超期羁押的通知

（2003 年 11 月 12 日　法〔2003〕163 号）

各省、自治区、直辖市高级人民法院、人民检察院、公安厅（局），解放军军事法院、军事检察院、总政治部保卫部：

目前，超期羁押现象在全国许多地方没有得到有效遏制，“前清后超”、“边清边超”、“押而不决”等现象仍然不断发生，人民群众反映强烈。各级人民法院、人民检察院和公安机关要坚持以“三个代表”重要思想为指导，坚持司法为民的工作要求，严格执行刑事诉讼法的有关规定，切实提高办理刑事案件的质量和效率，维护人民法院、人民检察院和公安机关的公正形象，坚决纠正和预防超期羁押现象，尊重和保障犯罪嫌疑人、被告人的合法权益。现就有关问题通知如下：

一、进一步端正执法思想，牢固树立实体法和程序法并重、打击犯罪和保障人权并重的刑事诉讼观念。社会主义司法制度必须保障在全社会实现公平和正义。人民法院、人民检察院和公安机关依法进行刑事诉讼，既要惩罚犯罪，维护社会稳定，也要尊重和保障人权，尊重和保障犯罪嫌疑人、被告人的合法权益，是依法惩罚犯罪和依法保障人权的有机统一。任何人，在人民法院依法判决之前，都不得被确定有罪。在侦

查、起诉、审判等各个阶段，必须始终坚持依法进行诉讼，认真遵守刑事诉讼法关于犯罪嫌疑人、被告人羁押期限的规定，坚决克服重实体、轻程序，重打击、轻保障的错误观念，避免因超期羁押而侵犯犯罪嫌疑人、被告人合法权益现象的发生。

二、严格适用刑事诉讼法关于犯罪嫌疑人、被告人羁押期限的规定，严禁随意延长羁押期限。犯罪嫌疑人、被告人被羁押的，人民法院、人民检察院和公安机关在刑事诉讼的不同阶段，要及时办理换押手续。在侦查阶段，要严格遵守拘留、逮捕后的羁押期限的规定；犯罪嫌疑人被逮捕以后，需要延长羁押期限的，应当符合刑事诉讼法第一百二十四条、第一百二十六条或者第一百二十七条规定的情形，并应当经过上一级人民检察院或者省、自治区、直辖市人民检察院的批准或者决定。在审查逮捕阶段和审查起诉阶段，人民检察院应当在法定期限内作出决定。在审判阶段，人民法院要严格遵守刑事诉讼法关于审理期限的规定；需要延长一个月审理期限的，应当属于刑事诉讼法第一百二十六条规定的情形之一，而且应当经过省、自治区、直辖市高级人民法院批准或者决定。

凡不符合刑事诉讼法关于重新计算犯罪嫌疑人、被告人羁押期限规定的，不得重新计算羁押期限。严禁滥用退回补充侦查、撤回起诉、改变管辖等方式变相超期羁押犯罪嫌疑人、被告人。

三、准确适用刑事诉讼法关于取保候审、监视居住的规定。人民法院、人民检察院和公安机关在对犯罪嫌疑人、被告人采取强制措施时，凡符合取保候审、监视居住条件的，应当依法采取取保候审、监视居住。对已被羁押的犯罪嫌疑人、被告人，在其法定羁押期限已满时必须立即释放，如侦查、起诉、审判活动尚未完成，需要继续查证、审理的，要依法变更强制措施为取保候审或者监视居住，充分发挥取保候审、监视居住这两项强制措施的作用，做到追究犯罪与保障犯罪嫌疑人、被告人合法权益的统一。

四、坚持依法办案，正确适用法律，有罪依法追究，无罪坚决放人，人民法院、人民检察院和公安机关在刑事诉讼过程中，要分工负责，互相配合，互相制约，依法进行，避免超期羁押现象的发生。在侦查、起诉、审判等各个诉讼阶段，凡发现犯罪嫌疑人、被告人不应或者不需要追究刑事责任的，应当依法撤销案件，或者不起诉，或者终止审理，或者宣告无罪。公安机关、人民检察院要严格执行刑事诉讼法关于拘留、逮捕条件的规定，不符合条件的坚决不拘、不提请批准逮捕或者决定不批准逮捕。人民检察院对于经过两次补充侦查或者在审判阶段建议补充侦查并经人民法院决定延期审理的案件，不再退回公安机关；对于经过两次补充侦查，仍然证据不足、不符合起诉条件的案件，要依法作出不起诉的决定。公安机关要依法加强对看守所的管理，及时向办案机关通报超期羁押情况。人民法院对于人民检察院提起公诉的案件，经过审理，认为证据不足，不能认定被告人有罪的，要依法作出证据不足、指控的犯罪不能成立的无罪判决。第二审人民法院经过审理，对于事实不清或者证据不足的案件，只能一次裁定撤销原判、发回原审人民法院重新审判；对于经过查证，只有部分犯罪事实清楚、证据充分的案件，只就该部分罪行进行认定和宣判；对于查证以后，仍然事实不清或者证据不足的案件，要依法作出证据不足、指控的犯罪不能成立的无罪判决，不得拖延不决，迟迟不判。

五、严格执行超期羁押责任追究制度。超期羁押侵犯犯罪嫌疑人、被告人的合法权益，损害司法公正，对此必须严肃查处，绝不姑息。本通知发布以后，凡违反刑事诉讼法和本通知的规定，造成犯罪嫌疑人、被告人超期羁押的，对于直接负责的主管人员和其他直接责任人员，由其所在单位或者上级主管机关依照有关规定予以行政或者纪律处分；造成犯罪嫌疑人、被告人超期羁押，情节严重的，对于直接负责的主管人员和其他直接责任人员，依照刑法第三百九十七条的规定，以玩忽职守罪或者滥用职权罪追究刑事责任。

六、对于重大、疑难、复杂的案件，涉外案件，新类型案件以及危害国家安全案件涉及的适用法律问题，应及时报请全国人大常委会作出立法解释或者最高人民法院、最高人民检察院作出司法解释。

执行本通知的情况，请及时层报最高人民法院、最高人民检察院和公安部。

最高人民法院关于推行十项制度切实防止产生新的超期羁押的通知

（2003年11月30日　法发〔2003〕22号）

各省、自治区、直辖市高级人民法院，解放军军事法院，新疆维吾尔自治区高级人民法院生产建设兵团分院：

为了严格执行刑事诉讼法的有关规定，实现人民法院“公正与效率”的工作主题，牢固树立司法为民的观念，切实提高办理刑事案件的质量和效率，严厉打击犯罪，尊重和保障人权，全国各级人民法院在今年集中清理超审限和超期羁押案件之后，必须建立并完善严格防止超期羁押的司法工作机制，推行十项制度，努力实现防止超期羁押工作的规范化、制度化、法制化。现特作如下通知：

一、全面实行以审限管理为中心的案件流程管理制度，建立超期羁押预警机制，切实防止超期羁押。各级人民法院在审理案件过程中，应当严格遵守刑事诉讼法关于审理期限的规定，进一步实行以审限管理为中心的案件流程管理制度，建立超期羁押预警机制。对被羁押的被告人，及时办理换押手续。对审理时间达到法定审限三分之二的案件，以“催办通知”的方式，向承办案件审判庭和承办案件法官催办；对审理时间接近法定审限的案件，以“审限警示”的方式，向承办案件审判庭和承办案件法官发送“审限警示”。

二、实行严格依法适用取保候审、监视居住等法律措施的制度。各级人民法院必须实行严格适用刑事诉讼法关于取保候审、监视居住规定的制度。对被告人符合取保候审、监视居住条件的，应当依法采取取保候审、监视居住。对过失犯罪等社会危险性较小且符合法定条件的被告人，应当依法适用取保候审、监视居住等法律措施。对已被羁押超过法定羁押期限的被告人，应当依法予以释放；如果被告人被羁押的案件不能在法定期限内审结，需要继续审理的，应当依法变更强制措施。

三、建立及时通报制度，告知法院羁押期限。根据法定事由，例如依法延期审理、中止审理、进行司法精神病鉴定等，人民法院依法办理法律手续延长审限的案件，不计入审限。人民法院应当及时将上述不计入审限的情况书面通知看守所、被告人及其家属，并说明审限延长的理由。对于人民检察院因抗诉等原因阅卷的案件，根据《最高人民法院关于严格执行案件审理期限制度的若干规定》（法释〔2000〕29号），其占用的时间不计入审限，人民法院应当及时将情况书面通知看守所、被告人及其家属，并说明理由。

四、完善依法独立审判制度，规范以至逐步取消内部请示的做法。人民法院审理刑事案件，应当依照刑事诉讼法的规定独立审判，坚持两审终审制。除了适用法律疑难案件以外，不得向上级人民法院请示。要规范以至逐步取消内部请示的做法。

五、建立严格的案件发回重审制度。按照刑事诉讼法以及《最高人民法院、最高人民检察院、公安部关于严格执行刑事诉讼法，切实纠防超期羁押通知》的规定，第二审人民法院经过审理，对于原判决事实不清楚或者证据不足的案件，只能裁定撤销原判，发回原审人民法院重新审判一次，严格禁止多次发回重审。

六、坚持依法办案，有罪依法追究，无罪坚决放人。人民法院审理刑事案件，依法惩罚犯罪、保障人权，有罪依法追究，无罪坚决放人。经过审理，对于案件事实清楚，证据确实、充分，依据法律认定被告人有罪的，应当作出有罪判决；对于经过审理，只有部分犯罪事实清楚、证据确实、充分的案件，只就该部分事实和证据进行认定和判决；对于审理后，仍然证据不足，在法律规定的审限内无法收集充分的证据，不能认定被告人有罪的案件，应当坚决依法作出证据不足、指控的犯罪不能成立的无罪判决，绝不能搞悬案、疑案，拖延不决，迟迟不判。

七、完善及时宣判制度。人民法院依法作出判决后，应当按照法律规定及时公开宣判并送达执行通知书，不得为了营造声势而延期宣判和执行。

八、建立高效率的送达、移送卷宗制度。依照刑事诉讼法规定，法定期间不包括路途上的时间。人民法院在审判过程中，因送达裁判文书以及第一审案件审结后进入第二审程序，或者第二审案件审结后进入死刑复核程序等移送卷宗的案件，路途上的时间不计入审限。人民法院应当积极采取各种措施，努力改进送达、移送案卷等工作，尽量缩短占用的时间，使其更加制度化、规范化，不得无故拖延。

九、坚持超期羁押案件月报制度，做到月清月结。人民法院应当坚持超期羁押案件月报制度，每月定期向上级人民法院书面报告；最高人民法院每月定期向全国法院发布《全国法院超期羁押案件情况月报》。积极采取措施，努力做到超期羁押案件月清月结。

十、严格执行超期羁押责任追究制度。凡故意违反刑事诉讼法和《最高人民法院、最高人民检察院、公安部关于严格执行刑事诉讼法，切实纠防超期羁押通知》的规定，造成被告人超期羁押的，对于直接负责的主管人员和其他责任人员，由其所在单位或者上级主管机关依照有关规定予以行政处分或者纪律处分，构成犯罪的，依法追究刑事责任。

最高人民检察院关于在检察工作中防止和纠正超期羁押的若干规定

(2003年9月24日最高人民检察院第十届检察委员会第10次会议通过 2003年11月24日公布施行)
高检发〔2003〕12号

为保证检察机关严格执法、文明执法，有效防止和纠正检察工作中存在的超期羁押现象，维护犯罪嫌疑人的人权及其他合法权益，保障刑事诉讼活动的顺利进行，根据《中华人民共和国刑事诉讼法》等有关法律的规定，结合检察工作实际，制定本规定。

一、严格依法正确适用逮捕措施

各级人民检察院应当严格按照《中华人民共和国刑事诉讼法》的有关规定适用逮捕等剥夺人身自由的强制措施，依法全面、正确掌握逮捕条件，慎用逮捕措施，对确有逮捕必要的，才能适用逮捕措施。办案人员应当树立保障人权意识，提高办案效率，依法快办快结。对犯罪嫌疑人已经采取逮捕措施的案件，要在法定羁押期限内依法办结。严禁违背法律规定的条件，通过滥用退回补充侦查、发现新罪、改变管辖等方式变相超期羁押犯罪嫌疑人。对于在法定羁押期限内确实难以办结的案件，应当根据案件的具体情况依法变更强制措施或者释放犯罪嫌疑人。对于已经逮捕但经侦查或者审查，认定不构成犯罪、不需要追究刑事责任或者证据不足、不符合起诉条件的案件，应当及时、依法作出撤销案件或者不起诉的决定，释放在押的犯罪嫌疑人。

二、实行和完善听取、告知制度

实行听取制度。人民检察院在审查决定、批准逮捕中，应当讯问犯罪嫌疑人。检察人员在讯问犯罪嫌疑人的时候，应当认真听取犯罪嫌疑人的陈述或者无罪、罪轻的辩解。犯罪嫌疑人委托律师提供法律帮助或者委托辩护人的，检察人员应当注意听取律师以及其他辩护人关于适用逮捕措施的意见。

完善告知制度。人民检察院在办理直接受理立案侦查的案件中，对于被逮捕的人，应当由承办部门办案人员在逮捕后的二十四小时以内进行讯问，讯问时即应把逮捕的原因、决定机关、羁押起止日期、羁押处所以及在羁押期间的权利、义务用犯罪嫌疑人能听（看）懂的语言和文书告知犯罪嫌疑人。人民检察院在逮捕犯罪嫌疑人以后，除有碍侦查或者无法通知的情形以外，应当把逮捕的原因和羁押的处所，在二十四小时以内通知被逮捕人的家属或者他的所在单位，并告知其家属有权为犯罪嫌疑人申请变更强制措施，对超期羁押有权向人民检察院投诉。

无论在侦查阶段还是审查起诉阶段，人民检察院依法延长或者重新计算羁押期限，都应当将法律根据、羁押期限书面告知犯罪嫌疑人、被告人及其委托的人。

人民检察院应当将听取和告知记明笔录，并将上述告知文书副本存工作卷中。

三、实行羁押情况通报制度

人民检察院在犯罪嫌疑人被逮捕或者在决定、批准延长侦查羁押期限、重新计算侦查羁押期限以后，侦查部门应当在三日以内将有关情况书面通知本院监所检察部门。

人民检察院在决定对在押的犯罪嫌疑人延长审查起诉期限、改变管辖、退回补充侦查重新计算审查起诉期限以后，公诉部门应当在三日以内将有关情况书面通知本院监所检察部门。

对犯罪嫌疑人异地羁押的，办案部门应当将羁押情况书面通知羁押地人民检察院的监所检察部门。羁押地人民检察院监所检察部门发现羁押超期的，应当及时报告、通知作出羁押决定的人民检察院监所检察部门，由作出羁押决定的人民检察院的监所检察部门对超期羁押提出纠正意见。

已经建成计算机局域网的人民检察院，有关部门可以运用局域网通报、查询羁押情况。

四、实行羁押期限届满提示制度

监所检察部门对本院办理案件的犯罪嫌疑人的羁押情况实行一人一卡登记制度。案卡应当记明犯罪嫌疑人的基本情况、诉讼阶段的变更、羁押起止时间以及变更情况等。有条件的地方应当推广和完善对羁押期限实施网络化管理。监所检察部门应当在每月底向检察长报告本院办理案件的羁押人员情况。

监所检察部门应当在本院办理案件的犯罪嫌疑人羁押期限届满前七日制发《犯罪嫌疑人羁押期满提示函》，通知办案部门犯罪嫌疑人羁押期限即将届满，督促其依法及时办结案件。《犯罪嫌疑人羁押期满提示函》应当载明犯罪嫌疑人的基本情况、案由、逮捕时间、期限届满时间、是否已经延长办案期限等内容。

案件承办人接到提示后，应当检查案件的办理情况并向本部门负责人报告，严格依法在法定期限内办结案件。如果需要延长羁押期限、变更强制措施，应当及时提出意见，按照有关规定办理审批手续。

五、严格依法执行换押制度

人民检察院凡对在押的犯罪嫌疑人依法变更刑事诉讼阶段的，应当严格按照有关规定办理换押手续。

人民检察院对于公安机关等侦查机关侦查终结移送审查起诉的、决定退回补充侦查以及决定提起公诉的案件，公诉部门应当在三日以内将有关换押情况书面通知本院监所检察部门。

六、实行定期检查通报制度

各级人民检察院应当将检察环节遵守法定羁押期限情况作为执法检查工作的重点之一。检察长对本院办理案件的羁押情况、上级检察机关对下级检察机关办理案件的羁押情况应当定期进行检查；对办案期限即将届满的，应当加强督办。各业务部门负责人应当定期了解、检查本部门办理案件的犯罪嫌疑人羁押情况，督促办案人员在法定期限内办结。

基层人民检察院监所检察部门应当向本院检察长及时报告本院业务部门办理案件执行法定羁押期限情况；分、州、市人民检察院应当每月向所辖检察机关通报辖区内检察机关办案中执行法定羁押期限情况；各省、自治区、直辖市人民检察院应当每季度向所辖检察机关通报本省、自治区、直辖市检察机关办案中执行法定羁押期限情况；最高人民检察院应当在每年年中和年底向全国检察机关通报检察机关办案中执行法定羁押期限情况。

七、建立超期羁押投诉和纠正机制

犯罪嫌疑人及其法定代理人、近亲

属或者犯罪嫌疑人委托的律师及其他辩护人认为超期羁押的，有权向作出逮捕决定的人民检察院或者其上级人民检察院投诉，要求解除有关强制措施。在押的犯罪嫌疑人可以约见驻所检察人员对超期羁押进行投诉。

人民检察院监所检察部门负责受理关于超期羁押的投诉，接受投诉材料或者将投诉内容记明笔录，并及时对投诉进行审查，提出处理意见报请检察长决定。检察长对于确属超期羁押的，应当立即作出释放犯罪嫌疑人或者变更强制措施的决定。

人民检察院监所检察部门在投诉处理以后，应当及时向投诉人反馈处理意见。

八、实行超期羁押责任追究制

进一步健全和落实超期羁押责任追究制，严肃查处和追究超期羁押有关责任人员。对于违反刑事诉讼法和本规定，滥用职权或者严重不负责任，造成犯罪嫌疑人超期羁押的，应当追究直接负责的主管人员和其他直接责任人员的纪律责任；构成犯罪的，依照《中华人民共和国刑法》第三百九十七条关于滥用职权罪、玩忽职守罪的规定追究刑事责任。

最高人民检察院　最高人民法院　公安部关于严格执行刑事诉讼法关于对犯罪嫌疑人、被告人羁押期限的规定坚决纠正超期羁押问题的通知

（1998年10月19日　高检会〔1998〕1号）

各省、自治区、直辖市人民检察院、高级人民法院、公安厅（局），军事检察院，军事法院，总政治部保卫部：

修改后的《刑事诉讼法》对办理刑事案件羁押犯罪嫌疑人、被告人的期限作了更加明确、具体的规定，但有些地方的司法机关在办案中对犯罪嫌疑人、被告人超期羁押的问题仍然比较突出。为维护国家法律的严肃性，保障刑事诉讼活动的顺利进行，保护犯罪嫌疑人、被告人的合法权益，各级司法机关必须采取有效措施，对犯罪嫌疑人、被告人超期羁押的问题坚决予以纠正。现就有关问题通知如下：

一、对犯罪嫌疑人、被告人已经采取刑事拘留、逮捕强制措施的案件，要集中力量查办，在法定期限内办结。对于在法定期限内确实难以办结的案件，应当根据案件的具体情况依法变更强制措施或者释放犯罪嫌疑人、被告人。

二、严格执行《刑事诉讼法》关于延长、重新计算羁押期限的规定。对于不符合有关规定的，不得随意延长、重新计算羁押期限；检察机关立案侦查的案件，侦查与审查起诉羁押期限不得互相借用；经最高人民法院核准或授权高级人民法院核准的死刑罪犯，下级人民法院在接到执行死刑命令后，应当按期执行。办理犯罪嫌疑人、被告人在押的案件，需要向上级机关请示的，请示、答复时间应当计入办案期限。

三、对复杂、疑难和重大案件，羁押期限届满的，应当分别不同情况，采取果断措施依法作出处理：（1）对于

流窜作案、多次作案的犯罪嫌疑人、被告人的主要罪行或某一罪行事实清楚，证据确实充分，而其他罪行一时难以查清的，应当对已查清的主要罪行或某一罪行移送起诉、提起公诉或者进行审判。（2）对于共同犯罪案件中主犯或者从犯在逃，在押犯罪嫌疑人、被告人的犯罪事实清楚，证据确实充分的，应当对在押犯罪嫌疑人、被告人移送起诉、提起公诉或者进行审判；犯罪事实一时难以查清的，应当对在押犯罪嫌疑人、被告人依法变更强制措施。（3）对于司法机关之间有争议的案件通过协调后意见仍不能一致的，办案单位应按照各自的职权在法定期限内依法作出处理。

四、各级司法机关必须严格执行对犯罪嫌疑人、被告人羁押换押制度。公安机关移送起诉、检察机关向法院提起公诉以及人民法院审理一审、二审案件递次移送时，均应按照有关规定及时对犯罪嫌疑人、被告人办理换押手续。

五、上级司法机关发现下级司法机关超期羁押犯罪嫌疑人、被告人的，要依法予以纠正，下级司法机关应当将纠正结果报告上级司法机关。本机关负责人发现业务部门承办的案件超期羁押犯罪嫌疑人、被告人的，应当立即研究解决办法，及时予以纠正。

六、看守所发现对犯罪嫌疑人、被告人羁押超过法定期限的，应当将超期羁押的情况报告人民检察院。各级人民检察院应当认真履行法律监督职责，发现办案机关超期羁押犯罪嫌疑人、被告人的，应当及时向办案机关提出纠正意见。办案机关接到人民检察院纠正超期羁押通知后，应当及时进行研究，根据案件的具体情况采取相应的纠正措施，并将纠正情况回复提出纠正意见的人民检察院。

七、办案机关超期羁押犯罪嫌疑人、被告人，经上级机关或人民检察院提出纠正意见后，在一个月内不予纠正的，或者在超期羁押期间造成被羁押人伤残、死亡或其他严重后果的，应当追究办案机关负责人和直接责任人员的责任。

地方各级人民检察院、人民法院、公安厅（局）要组织力量，对本机关超期羁押的案件进行一次全面清理，逐案进行研究，根据本通知的精神，及时依法作出处理。

各省、自治区、直辖市人民检察院、高级人民法院、公安厅（局）要在今年年底前，将本系统清理和纠正超期羁押犯罪嫌疑人、被告人的情况分别书面报告最高人民检察院、最高人民法院、公安部。

七、刑事附带民事诉讼

最高人民法院关于刑事附带民事诉讼范围问题的规定

（2000年12月4日最高人民法院审判委员会第1148次会议通过
2000年12月13日公布　自2000年12月19日起施行）
法释〔2000〕47号

根据刑法第三十六条、第三十七条、第六十四条和刑事诉讼法第七十七条的有关规定，现对刑事附带民事诉讼的范围问题规定如下：

第一条　因人身权利受到犯罪侵犯而遭受物质损失或者财物被犯罪分子毁坏而遭受物质损失的，可以提起附带民事诉讼。

对于被害人因犯罪行为遭受精神损失而提起附带民事诉讼的，人民法院不予受理。

第二条　被害人因犯罪行为遭受的物质损失，是指被害人因犯罪行为已经遭受的实际损失和必然遭受的损失。

第三条　人民法院审理附带民事诉讼案件，依法判决后，查明被告人确实没有财产可供执行的，应当裁定中止或者终结执行。

第四条　被告人已经赔偿被害人物质损失的，人民法院可以作为量刑情节予以考虑。

第五条　犯罪分子非法占有、处置被害人财产而使其遭受物质损失的，人民法院应当依法予以追缴或者责令退赔。被追缴、退赔的情况，人民法院可以作为量刑情节予以考虑。

经过追缴或者退赔仍不能弥补损失，被害人向人民法院民事审判庭另行提起民事诉讼的，人民法院可以受理。

最高人民法院关于审理刑事附带民事诉讼案件有关问题的批复

（2000年11月20日最高人民法院审判委员会第1142次会议通过
2000年12月1日公布　自2000年12月9日起施行）
法释〔2000〕40号

吉林省高级人民法院：

你院吉高法〔2000〕46号《关于刑事附带民事诉讼案件中有关问题的请示》收悉。经研究，答复如下：

第二审人民法院审理对附带民事诉讼部分提出上诉的案件，原告一方要求增加赔偿数额，第二审人民法院可以依法进行调解。调解未达成协议或者调解书送达前一方反悔的，第二审人民法院应当依照刑事诉讼法、民事诉讼法的有关规定作出判决或者裁定。

根据《最高人民法院关于执行〈中华人民共和国刑事诉讼法〉若干问题的解释》第一百条的规定，对于附带民事诉讼当事人提出先予执行申请的，人民法院应当依照民事诉讼法的有关规定，裁定先予执行或者驳回申请。

此复。

最高人民法院关于人民法院是否受理刑事案件被害人提起精神损害赔偿民事诉讼问题的批复

（2002年7月11日最高人民法院审判委员会第1230次会议通过
2002年7月15日公布　自2002年7月20日起施行）
法释〔2002〕17号

云南省高级人民法院：

你院云高法〔2001〕176号《关于人民法院是否受理被害人就刑事犯罪行为单独提起的精神损害赔偿民事诉讼的请示》收悉。经研究，答复如下：

根据刑法第三十六条和刑事诉讼法第七十七条以及我院《关于刑事附带民事诉讼范围问题的规定》第一条第二款的规定，对于刑事案件被害人由于被告人的犯罪行为而遭受精神损失提起的附带民事诉讼，或者在该刑事案件审结以后，被害人另行提起精神损害赔偿民事诉讼的，人民法院不予受理。

此复。

八、立案、侦查

1. 立案及立案标准

最高人民检察院关于人民检察院直接受理立案侦查案件立案标准的规定（试行）

（1999年8月6日最高人民检察院第九届检察委员会
第41次会议通过　1999年9月16日公布施行）
高检发释字〔1999〕2号

根据《中华人民共和国刑法》、《中华人民共和国刑事诉讼法》和其他法律的有关规定，对人民检察院直接受理立案侦查案件的立案标准规定如下：

一、贪污贿赂犯罪案件

（一）贪污案（第三百八十二条，第三百八十三条，第一百八十三条第二款，第二百七十一条第二款，第三百九十四条）

贪污罪是指国家工作人员利用职务上的便利，侵吞、窃取、骗取或者以其他手段非法占有公共财物的行为。

“利用职务上的便利”是指利用职务上主管、管理、经手公共财物的权力及方便条件。

受国家机关、国有公司、企业、事业单位、人民团体委托管理、经营国有财产的人员，利用职务上的便利，侵吞、窃取、骗取或者以其他手段非法占有国有财物的，以贪污罪追究其刑事责任。

“受委托管理、经营国有财产”是指因承包、租赁、聘用等而管理、经营国有财产。

国有保险公司的工作人员和国有保险公司委派到非国有保险公司从事公务的人员利用职务上的便利，故意编造未曾发生的保险事故进行虚假理赔，骗取保险金归自己所有的，以贪污罪追究刑事责任。

国有公司、企业或者其他国有单位中从事公务的人员和国有公司、企业或者其他国有单位委派到非国有公司、企业以及其他非国有单位从事公务的人员，利用职务上的便利，将本单位财物非法占为己有的，以贪污罪追究刑事责任。

国家工作人员在国内公务活动或者对外交往中接受礼物，依照国家规定应当交公而不交公，数额较大的，以贪污罪追究刑事责任。

涉嫌下列情形之一的，应予立案：

1. 个人贪污数额在五千元以上的；

2. 个人贪污数额不满五千元，但具有贪污救灾、抢险、防汛、防疫、优抚、扶贫、移民、救济款物及募捐款物、赃款赃物、罚没款物、暂扣款物，以及贪污手段恶劣、毁灭证据、转移赃物等情节的。

（二）挪用公款案（第三百八十四条，第一百八十五条第二款，第二百七十二条第二款）

挪用公款罪是指国家工作人员利用职务上的便利，挪用公款归个人使用，进行非法活动的，或者挪用公款数额较大、进行营利活动的，或者挪用公款数额较大、超过三个月未还的行为。

国有金融机构工作人员和国有金融机构委派到非国有金融机构从事公务的人员，利用职务上的便利，挪用本单位或者客户资金的，以挪用公款罪追究刑事责任。

国有公司、企业或者其他国有单位中从事公务的人员和国有公司、企业或者其他国有单位委派到非国有公司、企业以及其他单位从事公务的人员，利用职务上的便利，挪用本单位资金归个人使用或者借贷给他人，数额较大、超过三个月未还的，或者虽未超过三个月，但数额较大，进行营利活动的，或者进行非法活动的，以挪用公款罪追究刑事责任。

涉嫌下列情形之一的，应予立案：

1. 挪用公款归个人使用，数额在五千元至一万元以上，进行非法活动的；

2. 挪用公款数额在一万元至三万元以上，归个人进行营利活动的；

3. 挪用公款归个人使用，数额在一万元至三万元以上，超过三个月未还的。

各省级人民检察院可以根据本地实际情况，在上述数额幅度内，确定本地区执行的具体数额标准，并报最高人民检察院备案。

“挪用公款归个人使用”，既包括挪用者本人使用，也包括给他人使用。

多次挪用公款不还的，挪用公款数额累计计算；多次挪用公款并以后次挪用的公款归还前次挪用的公款，挪用公款数额以案发时未还的数额认定。

挪用公款给其他个人使用的案件，使用人与挪用人共谋，指使或者参与策划取得挪用款的，对使用人以挪用公款罪的共犯追究刑事责任。

（三）受贿案（第三百八十五条，第三百八十六条，第三百八十八条，第一百六十三条第三款，第一百八十四条第二款）

受贿罪是指国家工作人员利用职务上的便利，索取他人财物的，或者非法收受他人财物，为他人谋取利益的行为。

“利用职务上的便利”，是指利用本人职务范围内的权力，即自己职务上主管、负责或者承办某项公共事务的职权及其所形成的便利条件。

索取他人财物的，不论是否“为他人谋取利益”，均可构成受贿罪。非法收受他人财物的，必须同时具备“为他人谋取利益”的条件，才能构成受贿罪。但是为他人谋取的利益是否正当，为他人谋取的利益是否实现，不影响受贿罪的认定。

国家工作人员在经济往来中，违反国家规定，收受各种名义的回扣、手续费，归个人所有的，以受贿罪追究刑事责任。

国有公司、企业中从事公务的人员和国有公司、企业委派到非国有公司、企业从事公务的人员利用职务上的便利，索取他人财物或者非法收受他人财物，为他人谋取利益，或者在经济往来中，违反国家规定，收受各种名义的回扣、手续费，归个人所有的，以受贿罪追究刑事责任。

国有金融机构工作人员和国有金融机构委派到非国有金融机构从事公务的人员在金融业务活动中索取他人财物或者非法收受他人财物，为他人谋取利益的，或者违反国家规定，收受各种名义的回扣、手续费归个人所有的，以受贿罪追究刑事责任。

国家工作人员利用本人职权或者地位形成的便利条件，通过其他国家工作人员职务上的行为，为请托人谋取不正当利益，索取请托人财物或者收受请托人财物的，以受贿罪追究刑事责任。

涉嫌下列情形之一的，应予立案：

1. 个人受贿数额在五千元以上的；

2. 个人受贿数额不满五千元，但具有下列情形之一的：

（1）因受贿行为而使国家或者社会利益遭受重大损失的；

（2）故意刁难、要挟有关单位、个人，造成恶劣影响的；

（3）强行索取财物的。

（四）单位受贿案（第三百八十七条）

单位受贿罪是指国家机关、国有公司、企业、事业单位、人民团体，索取、非法收受他人财物，为他人谋取利益，情节严重的行为。

索取他人财物或者非法收受他人财物，必须同时具备为他人谋取利益的条件，且是情节严重的行为，才能构成单位受贿罪。

国家机关、国有公司、企业、事业单位、人民团体，在经济往来中，在账外暗中收受各种名义的回扣、手续费的，以单位受贿罪追究刑事责任。

涉嫌下列情形之一的，应予立案：

1. 单位受贿数额在十万元以上的；

2. 单位受贿数额不满十万元，但具有下列情形之一的：

（1）故意刁难、要挟有关单位、个人，造成恶劣影响的；

（2）强行索取财物的；

（3）致使国家或者社会利益遭受

重大损失的。

（五）行贿案（第三百八十九条，第三百九十条）

行贿罪是指为谋取不正当利益，给予国家工作人员以财物的行为。

在经济往来中，违反国家规定，给予国家工作人员以财物，数额较大的，或者违反国家规定，给予国家工作人员以各种名义的回扣、手续费的，以行贿罪追究刑事责任。

涉嫌下列情形之一的，应予立案：

1. 行贿数额在一万元以上的；

2. 行贿数额不满一万元，但具有下列情形之一的：

（1）为谋取非法利益而行贿的；

（2）向三人以上行贿的；

（3）向党政领导、司法工作人员、行政执法人员行贿的；

（4）致使国家或者社会利益遭受重大损失的。

因被勒索给予国家工作人员以财物，已获得不正当利益的，以行贿罪追究刑事责任。

（六）对单位行贿案（第三百九十一条）

对单位行贿罪是指为谋取不正当利益，给予国家机关、国有公司、企业、事业单位、人民团体以财物，或者在经济往来中，违反国家规定，给予上述单位各种名义的回扣、手续费的行为。

涉嫌下列情形之一的，应予立案：

1. 个人行贿数额在十万元以上、单位行贿数额在二十万元以上的；

2. 个人行贿数额不满十万元、单位行贿数额在十万元以上不满二十万元，但具有下列情形之一的：

（1）为谋取非法利益而行贿的；

（2）向三个以上单位行贿的；

（3）向党政机关、司法机关、行政执法机关行贿的；

（4）致使国家或者社会利益遭受重大损失的。

（七）介绍贿赂案（第三百九十二条）

介绍贿赂罪是指向国家工作人员介绍贿赂，情节严重的行为。

“介绍贿赂”是指在行贿人与受贿人之间沟通关系、撮合条件，使贿赂行为得以实现的行为。

涉嫌下列情形之一的，应予立案：

1. 介绍个人向国家工作人员行贿，数额在二万元以上的；介绍单位向国家工作人员行贿，数额在二十万元以上的；

2. 介绍贿赂数额不满上述标准，但具有下列情形之一的：

（1）为使行贿人获取非法利益而介绍贿赂的；

（2）三次以上或者为三人以上介绍贿赂的；

（3）向党政领导、司法工作人员、行政执法人员介绍贿赂的；

（4）致使国家或者社会利益遭受重大损失的。

（八）单位行贿案（第三百九十三条）

单位行贿罪是指公司、企业、事业单位、机关、团体为谋取不正当利益而行贿，或者违反国家规定，给予国家工作人员以回扣、手续费，情节严重的行为。

涉嫌下列情形之一的，应予立案：

1. 单位行贿数额在二十万元以上的；

2. 单位为谋取不正当利益而行贿，数额在十万元以上不满二十万元，但具有下列情形之一的：

（1）为谋取非法利益而行贿的；

（2）向三人以上行贿的；

（3）向党政领导、司法工作人员、

行政执法人员行贿的；

(4) 致使国家或者社会利益遭受重大损失的。

因行贿取得的违法所得归个人所有的，依照本规定关于个人行贿的规定立案，追究其刑事责任。

(九) 巨额财产来源不明案（第三百九十五条第一款）

巨额财产来源不明罪是指国家工作人员的财产或者支出明显超出合法收入，差额巨大，而本人又不能说明其来源是合法的行为。

涉嫌巨额财产来源不明，数额在三十万元以上的，应予立案。

(十) 隐瞒境外存款案（第三百九十五条第二款）

隐瞒境外存款罪是指国家工作人员违反国家规定，故意隐瞒不报在境外的存款，数额较大的行为。

涉嫌隐瞒境外存款，折合人民币数额在三十万元以上的，应予立案。

(十一) 私分国有资产案（第三百九十六条第一款）

私分国有资产罪是指国家机关、国有公司、企业、事业单位、人民团体，违反国家规定，以单位名义将国有资产集体私分给个人，数额较大的行为。

涉嫌私分国有资产，累计数额在十万元以上的，应予立案。

(十二) 私分罚没财物案（第三百九十六条第二款）

私分罚没财物罪是指司法机关、行政执法机关违反国家规定，将应当上缴国家的罚没财物，以单位名义集体私分给个人的行为。

涉嫌私分罚没财物，累计数额在十万元以上的，应予立案。

二、渎职犯罪案件

(一) 滥用职权案（第三百九十七条）

滥用职权罪是指国家机关工作人员超越职权，违法决定、处理其无权决定、处理的事项，或者违反规定处理公务，致使公共财产、国家和人民利益遭受重大损失的行为。

涉嫌下列情形之一的，应予立案：

1. 造成死亡一人以上，或者重伤二人以上，或者轻伤五人以上的；

2. 造成直接经济损失二十万元以上的；

3. 造成有关公司、企业等单位停产、严重亏损、破产的；

4. 严重损害国家声誉，或者造成恶劣社会影响的；

5. 其他致使公共财产、国家和人民利益遭受重大损失的情形；

6. 徇私舞弊，具有上述情形之一的。

(二) 玩忽职守案（第三百九十七条）

玩忽职守罪是指国家机关工作人员严重不负责任，不履行或者不认真履行职责，致使公共财产、国家和人民利益遭受重大损失的行为。

涉嫌下列情形之一的，应予立案：

1. 造成死亡一人以上，或者重伤三人以上，或者轻伤十人以上的；

2. 造成直接经济损失三十万元以上的，或者直接经济损失不满三十万元，但间接经济损失超过一百万元的；

3. 徇私舞弊，造成直接经济损失二十万元以上的；

4. 造成有关公司、企业等单位停产、严重亏损、破产的；

5. 严重损害国家声誉，或者造成恶劣社会影响的；

6. 海关、外汇管理部门的工作人员严重不负责任，造成巨额外汇被骗或者逃汇的；

7. 其他致使公共财产、国家和人

民利益遭受重大损失的情形；

8. 徇私舞弊，具有上述情形之一的。

（三）故意泄露国家秘密案（第三百九十八条）

故意泄露国家秘密罪是指国家机关工作人员或者非国家机关工作人员违反保守国家秘密法，故意使国家秘密被不应知悉者知悉，或者故意使国家秘密超出了限定的接触范围，情节严重的行为。

国家机关工作人员涉嫌故意泄露国家秘密行为，具有下列情形之一的，应予立案：

1. 泄露绝密级或机密级国家秘密的；

2. 泄露秘密级国家秘密三项以上的；

3. 向公众散布、传播国家秘密的；

4. 泄露国家秘密已造成严重危害后果的；

5. 利用职权指使或者强迫他人违反国家保守秘密法的规定泄露国家秘密的；

6. 以牟取私利为目的泄露国家秘密的；

7. 其他情节严重的情形。

非国家机关工作人员涉嫌故意泄露国家秘密犯罪行为的立案标准参照上述标准执行。

（四）过失泄露国家秘密案（第三百九十八条）

过失泄露国家秘密罪是指国家机关工作人员或者非国家机关工作人员违反保守国家秘密法，过失泄露国家秘密，或者遗失秘密文件，致使国家秘密被不应知悉者知悉或者超出了限定的接触范围，情节严重的行为。

国家机关工作人员涉嫌过失泄露国家秘密行为，具有下列情形之一的，应予立案：

1. 泄露绝密级国家秘密的；

2. 泄露机密级国家秘密三项以上的；

3. 泄露秘密级国家秘密三项以上，造成严重危害后果的；

4. 泄露国家秘密或者遗失秘密文件不如实提供有关情况的；

5. 其他情节严重的情形。

非国家机关工作人员涉嫌过失泄露国家秘密犯罪行为的立案标准参照上述标准执行。

（五）枉法追诉、裁判案（第三百九十九条）

枉法追诉、裁判罪是指司法工作人员徇私枉法、徇情枉法，对明知是无罪的人而使他受追诉、对明知是有罪的人而故意包庇不使他受追诉，或者在刑事审判活动中故意违背事实和法律作枉法裁判的行为。

涉嫌下列情形之一的，应予立案：

1. 对明知是无罪的人，采取伪造、隐匿、毁灭证据或者其他隐瞒事实、违背法律的手段，以追究刑事责任为目的进行立案、侦查（含采取强制措施）、起诉、审判的；

2. 对明知是有罪的人，即对明知有犯罪事实需要追究刑事责任的人，采取伪造、隐匿、毁灭证据或者其他隐瞒事实、违背法律的手段，故意包庇使其不受立案、侦查（含采取强制措施）、起诉、审判的；

3. 在立案后，故意违背事实和法律，应该采取强制措施而不采取强制措施，或者虽然采取强制措施，但无正当理由中断侦查或者超过法定期限不采取任何措施，实际放任不管，以及违法撤销、变更强制措施，致使犯罪嫌疑人、被告人实际脱离司法机关侦控的；

4. 在刑事审判活动中故意违背事

实和法律，作出枉法判决、裁定，即有罪判无罪、无罪判有罪，或者重罪轻判、轻罪重判的；

5. 其他枉法追诉、不追诉、枉法裁判行为。

（六）民事、行政枉法裁判案（第三百九十九条）

民事、行政枉法裁判罪是指审判人员在民事、行政审判活动中，故意违背事实和法律作枉法裁判，情节严重的行为。

涉嫌下列情形之一的，应予立案：

1. 枉法裁判，致使公民财产损失或者法人或者其他组织财产损失重大的；

2. 枉法裁判，引起当事人及其亲属自杀、伤残、精神失常的；

3. 伪造有关材料、证据，制造假案枉法裁判的；

4. 串通当事人制造伪证，毁灭证据或者篡改庭审笔录而枉法裁判的；

5. 其他情节严重的情形。

（七）私放在押人员案（第四百条第一款）

私放在押人员罪是指司法工作人员私放在押（包括在羁押场所和押解途中）的犯罪嫌疑人、被告人或者罪犯的行为。

涉嫌下列情形之一的，应予立案：

1. 私自将在押的犯罪嫌疑人、被告人、罪犯放走，或者授意、指使、强迫他人将在押的犯罪嫌疑人、被告人、罪犯放走的；

2. 伪造、变造有关法律文书，以使在押的犯罪嫌疑人、被告人、罪犯脱逃的；

3. 为在押的犯罪嫌疑人、被告人、罪犯通风报信、提供条件，帮助其脱逃的；

4. 其他私放在押的犯罪嫌疑人、被告人、罪犯的行为。

（八）失职致使在押人员脱逃案（第四百条第二款）

失职致使在押人员脱逃罪是指司法工作人员由于严重不负责任，不履行或者不认真履行职责，致使在押的犯罪嫌疑人、被告人、罪犯脱逃，造成严重后果的行为。

涉嫌下列情形之一的，应予立案：

1. 致使依法可能判处或者已经判处十年以上有期徒刑、无期徒刑、死刑的犯罪嫌疑人、被告人、罪犯脱逃的；

2. 三次以上致使犯罪嫌疑人、被告人、罪犯脱逃，或者一次致使三名以上犯罪嫌疑人、被告人、罪犯脱逃的；

3. 犯罪嫌疑人、被告人、罪犯脱逃以后，打击报复控告人、检举人、被害人、证人和司法工作人员等，或者继续犯罪，危害社会的；

4. 其他致使在押的犯罪嫌疑人、被告人、罪犯脱逃，造成严重后果的行为。

（九）徇私舞弊减刑、假释、暂予监外执行案（第四百零一条）

徇私舞弊减刑、假释、暂予监外执行罪是指司法工作人员徇私舞弊，对不符合减刑、假释、暂予监外执行条件的罪犯予以减刑、假释、暂予监外执行的行为。

涉嫌下列情形之一的，应予立案：

1. 刑罚执行机关的工作人员对不符合减刑、假释、暂予监外执行条件的罪犯，捏造事实，伪造材料，违法报请减刑、假释、暂予监外执行的；

2. 人民法院和监狱管理机关以及公安机关的工作人员为徇私情、私利，对不符合减刑、假释、暂予监外执行条件的罪犯的减刑、假释、暂予监外执行申请，违法裁定、决定减刑、假释、暂予监外执行的；

3. 不具有报请、裁定或决定减刑、假释、暂予监外执行权的司法工作人员利用职务上的便利，徇私情、私利，伪造有关材料，导致不符合减刑、假释、暂予监外执行条件的罪犯被减刑、假释、暂予监外执行的；

4. 其他违法减刑、假释、暂予监外执行的行为。

（十）徇私舞弊不移交刑事案件案（第四百零二条）

徇私舞弊不移交刑事案件罪是指行政执法人员，徇私情、私利，伪造材料，隐瞒情况，弄虚作假，对依法应当移交司法机关追究刑事责任的刑事案件，不移交司法机关处理，情节严重的行为。

涉嫌下列情形之一的，应予立案：

1. 对依法可能判处三年以上有期徒刑、无期徒刑、死刑的犯罪案件不移交的；

2. 三次以上不移交犯罪案件，或者一次不移交犯罪案件涉及三名以上犯罪嫌疑人的；

3. 司法机关发现并提出意见后，无正当理由仍然不予移交的；

4. 以罚代刑，放纵犯罪嫌疑人，致使犯罪嫌疑人继续进行违法犯罪活动的；

5. 行政执法部门主管领导阻止移交的；

6. 隐瞒、毁灭证据，伪造材料，改变刑事案件性质的；

7. 直接负责的主管人员和其他直接责任人员为牟取本单位私利而不移交刑事案件，情节严重的；

8. 其他情节严重的情形。

（十一）滥用管理公司、证券职权案（第四百零三条）

滥用管理公司、证券职权罪是指工商行政管理、人民银行、证券管理等国家有关主管部门的工作人员徇私舞弊，滥用职权，对不符合法律规定条件的公司设立、登记申请或者股票、债券发行、上市申请予以批准或者登记，致使公共财产、国家和人民利益遭受重大损失的行为，以及上级部门、当地政府强令登记机关及其工作人员实施上述行为的行为。

涉嫌下列情形之一的，应予立案：

1. 工商管理部门的工作人员对不符合法律规定条件的公司设立、登记申请，违法予以批准、登记，严重扰乱市场秩序的；

2. 金融证券管理机构工作人员对不符合法律规定条件的股票、债券发行、上市申请，违法予以批准，严重损害公众利益，或者严重扰乱金融秩序的；

3. 工商管理部门、金融证券管理机构的工作人员对不符合法律规定条件的公司设立、登记申请或者股票、债券发行、上市申请违法予以批准或者登记，致使犯罪行为得逞的；

4. 上级部门强令登记机关及其工作人员实施徇私舞弊，滥用职权，对不符合法律规定条件的公司设立、登记申请或者股票、债券发行、上市申请予以批准或者登记，致使公共财产、国家或者人民利益遭受重大损失的；

5. 其他致使公共财产、国家和人民利益遭受重大损失的情形。

（十二）徇私舞弊不征、少征税款案（第四百零四条）

徇私舞弊不征、少征税款罪是指税务机关工作人员徇私舞弊，不征、少征应征税款，致使国家税收遭受重大损失的行为。

涉嫌下列情形之一的，应予立案：

1. 为徇私情、私利，违反规定，对应当征收的税款擅自决定停征、减征或者免征，或者伪造材料，隐瞒情况，弄虚作假，不征、少征应征税款，致使国家税收损失累计达十万元以上的；

2. 徇私舞弊不征、少征应征税款不满十万元，但具有索取或者收受贿赂或者其他恶劣情节的。

（十三）徇私舞弊发售发票、抵扣税款、出口退税案（第四百零五条第一款）

徇私舞弊发售发票、抵扣税款、出口退税罪是指税务机关工作人员违反法律、行政法规的规定，在办理发售发票、抵扣税款、出口退税工作中徇私舞弊，致使国家利益遭受重大损失的行为。

涉嫌下列情形之一的，应予立案：

1. 为徇私情、私利，违反法律、行政法规的规定，伪造材料，隐瞒情况，弄虚作假，对不应发售的发票予以发售，对不应抵扣的税款予以抵扣，对不应给予出口退税的给予退税，或者擅自决定发售不应发售的发票、抵扣不应抵扣的税款、给予出口退税，致使国家税收损失累计达十万元以上的；

2. 徇私舞弊，致使国家税收损失累计不满十万元，但具有索取、收受贿赂或者其他恶劣情节的。

（十四）违法提供出口退税凭证案（第四百零五条第二款）

违法提供出口退税凭证罪是指海关、商检、外汇管理等国家机关工作人员违反国家规定，在提供出口货物报关单、出口收汇核销单等出口退税凭证的工作中徇私舞弊，致使国家利益遭受重大损失的行为。

涉嫌下列情形之一的，应予立案：

1. 为徇私情、私利，违反国家规定，伪造材料，隐瞒情况，弄虚作假，提供不真实的出口货物报关单、出口收汇核销单等出口退税凭证，致使国家税收损失累计达十万元以上的；

2. 徇私舞弊，致使国家税收损失累计不满十万元，但具有索取、收受贿赂或者其他恶劣情节的。

（十五）国家机关工作人员签订、履行合同失职被骗案（第四百零六条）

国家机关工作人员签订、履行合同失职被骗罪是指国家机关工作人员在签订、履行合同过程中，因严重不负责任，不履行或者不认真履行职责被诈骗，致使国家利益遭受重大损失的行为。

涉嫌下列情形之一的，应予立案：

1. 造成直接经济损失三十万元以上的；

2. 其他致使国家利益遭受重大损失的情形。

（十六）违法发放林木采伐许可证案（第四百零七条）

违法发放林木采伐许可证罪是指林业主管部门的工作人员违反森林法的规定，超过批准的年采伐限额发放林木采伐许可证或者违反规定滥发林木采伐许可证，情节严重，致使森林遭受严重破坏的行为。

涉嫌下列情形之一的，应予立案：

1. 发放林木采伐许可证允许采伐数量累计超过批准的年采伐限额，导致林木被伐数量超过十立方米的；

2. 滥发林木采伐许可证，导致林木被滥伐二十立方米以上的；

3. 滥发林木采伐许可证，导致珍贵树木被滥伐的；

4. 批准采伐国家禁止采伐的林木，情节恶劣的；

5. 其他情节严重，致使森林遭受严重破坏的情形。

（十七）环境监管失职案（第四百零八条）

环境监管失职罪是指负有环境保护

监督管理职责的国家机关工作人员严重不负责任，不履行或不认真履行环境保护监管职责导致发生重大环境污染事故，致使公私财产遭受重大损失或者造成人身伤亡的严重后果的行为。

涉嫌下列情形之一的，应予立案：

1. 造成直接经济损失三十万元以上的；

2. 造成人员死亡一人以上，或者重伤三人以上，或者轻伤十人以上的；

3. 使一定区域内的居民的身心健康受到严重危害的；

4. 其他致使公私财产遭受重大损失或者造成人身伤亡严重后果的情形。

（十八）传染病防治失职案（第四百零九条）

传染病防治失职罪是指从事传染病防治的政府卫生行政部门的工作人员严重不负责任，不履行或者不认真履行传染病防治监管职责导致传染病传播或者流行，情节严重的行为。

涉嫌下列情形之一的，应予立案：

1. 导致甲类传染病传播的；

2. 导致乙类、丙类传染病流行的；

3. 因传染病传播或者流行，造成人员死亡或者残疾的；

4. 因传染病传播或者流行，严重影响正常的生产、生活秩序的；

5. 其他情节严重的情形。

（十九）非法批准征用、占用土地案（第四百一十条）

非法批准征用、占用土地罪是指国家机关工作人员徇私舞弊，违反土地管理法规，滥用职权，非法批准征用、占用土地，情节严重的行为。

涉嫌下列情形之一的，应予立案：

1. 一次性非法批准征用、占用基本农田0.67公顷（十亩）以上，或者其他耕地2公顷（三十亩）以上，或者其他土地3.33公顷（五十亩）以上的；

2. 十二个月内非法批准征用、占用土地累计达到上述标准的；

3. 非法批准征用、占用土地数量虽未达到上述标准，但接近上述标准且导致被非法批准征用、占用的土地或者植被遭到严重破坏，或者造成有关单位、个人直接经济损失二十万元以上的；

4. 非法批准征用、占用土地，影响群众生产、生活，引起纠纷，造成恶劣影响或者其他严重后果的。

（二十）非法低价出让国有土地使用权案（第四百一十条）

非法低价出让国有土地使用权罪是指国家机关工作人员徇私舞弊，违反土地管理法规，滥用职权，非法低价出让国有土地使用权，情节严重的行为。

涉嫌下列情形之一的，应予立案：

1. 非法低价（包括无偿）出让国有土地使用权2公顷（三十亩）以上，并且价格低于规定的最低价格的百分之六十的；

2. 非法低价出让国有土地使用权的数量虽未达到上述标准，但造成国有土地资产流失价值二十万元以上或者植被遭到严重破坏的；

3. 非法低价出让国有土地使用权，影响群众生产、生活，引起纠纷，造成恶劣影响或者其他严重后果的。

（二十一）放纵走私案（第四百一十一条）

放纵走私罪是指海关工作人员徇私舞弊，放纵走私，情节严重的行为。

涉嫌下列情形之一的，应予立案：

1. 放纵走私犯罪的；

2. 因放纵走私致使国家应收税额损失累计达十万元以上的；

3. 三次以上放纵走私行为或者一次放纵三起以上走私行为的；

4. 因收受贿赂而放纵走私的。

（二十二）商检徇私舞弊案（第四百一十二条第一款）

商检徇私舞弊罪是指国家商检部门、商检机构的工作人员徇私舞弊，伪造检验结果的行为。

国家商检部门、商检机构的工作人员涉嫌在商品检验过程中，为徇私情、私利，对报检的商品采取伪造、变造的手段对商检的单证、印章、标志、封识、质量认证标志等作虚假的证明或者出具不真实的结论，包括将送检的合格商品检验为不合格，或者将不合格检验为合格等行为的，应予立案。

（二十三）商检失职案（第四百一十二条第二款）

商检失职罪是国家商检部门、商检机构的工作人员严重不负责任，对应当检验的物品不检验，或者延误检验出证、错误出证，致使国家利益遭受重大损失的行为。

涉嫌下列情形之一的，应予立案：

1. 因不检验或者延误检验出证、错误出证，致使依法进出口商品不能进口或者出口，导致合同、订单被取消，或者外商向我方索赔或影响我方向外商索赔，直接经济损失达三十万元以上的；

2. 因不检验或者延误检验出证、错误出证，致使不合格商品进口或者出口，严重损害国家和人民利益的；

3. 三次以上不检验或者延误检验出证、错误出证，严重影响国家对外经贸关系或者国家声誉的。

（二十四）动植物检疫徇私舞弊案（第四百一十三条第一款）

动植物检疫徇私舞弊罪是指国家检验检疫部门及检验检疫机构中从事动植物检疫工作的人员徇私舞弊，伪造检疫结果的行为。

国家检验检疫部门及检验检疫机构中从事动植物检疫工作的人员涉嫌在动植物检疫过程中，为徇私情、私利，采取伪造、变造的手段对检疫的单证、印章、标志、封识等作虚假的证明或出具不真实的结论，包括将合格检为不合格，或者将不合格检为合格等行为的，应予立案。

（二十五）动植物检疫失职案（第四百一十三条第二款）

动植物检疫失职罪是指国家检验检疫部门及检验检疫机构中从事动植物检疫工作的人员严重不负责任，对应当检疫的检疫物不检疫，或者延误检疫出证、错误出证，致使国家利益遭受重大损失的行为。

涉嫌下列情形之一的，应予立案：

1. 因不检疫，或者延误检疫出证、错误出证，致使依法进出口的动植物不能进口或者出口，导致合同、订单被取消，或者外商向我方索赔或影响我方向外商索赔，直接经济损失达三十万元以上的；

2. 因不检疫，或者延误检疫出证、错误出证，导致重大疫情发生、传播或者流行的；

3. 因不检疫或者延误检疫出证、错误出证，导致疫情发生，造成人员死亡或者残疾的；

4. 三次以上不检疫，或者延误检疫出证、错误出证，严重影响国家对外经贸关系和国家声誉的。

（二十六）放纵制售伪劣商品犯罪行为案（第四百一十四条）

放纵制售伪劣商品犯罪行为罪是指对生产、销售伪劣商品犯罪行为负有追究责任的国家工商行政管理、质量技术监督等机关工作人员徇私舞弊，不履行法律规定的追究职责，情节严重的行为。

涉嫌下列情形之一的，应予立案：

1. 放纵制售假药、有毒、有害食品犯罪行为的；

2. 放纵依法可能判处三年有期徒刑以上刑罚的生产、销售、伪劣商品犯罪行为的；

3. 对生产、销售伪劣商品犯罪行为不履行追究职责，致使生产、销售伪劣商品犯罪行为得以继续的；

4. 对生产、销售伪劣商品犯罪行为不履行追究职责，致使国家和人民利益遭受重大损失或者造成恶劣影响的；

5. 三次以上不履行追究职责，或者对三个以上有生产、销售伪劣商品犯罪行为的单位或者个人不履行追究职责的。

（二十七）办理偷越国（边）境人员出入境证件案（第四百一十五条）

办理偷越国（边）境人员出入境证件罪是指负责办理护照、签证以及其他出入境证件的国家机关工作人员对明知是企图偷越国（边）境的人员，予以办理出入境证件的行为。

负责办理护照、签证以及其他出入境证件的国家机关工作人员涉嫌在办理护照、签证以及其他出入境证件的过程中，对明知是企图偷越国（边）境的人员而予以办理出入境证件的，应予立案。

（二十八）放行偷越国（边）境人员案（第四百一十五条）

放行偷越国（边）境人员罪是指边防、海关等国家机关工作人员对明知是偷越国（边）境的人员予以放行的行为。

边防、海关等国家机关工作人员涉嫌在履行职务过程中，对明知是偷越国（边）境的人员而予以放行的，应予立案。

（二十九）不解救被拐卖、绑架妇女、儿童案（第四百一十六条第一款）

不解救被拐卖、绑架妇女、儿童罪是指对被拐卖、绑架的妇女、儿童负有解救职责的公安、司法等国家机关工作人员接到被拐卖、绑架的妇女、儿童及其家属的解救要求或者接到其他人的举报，而对被拐卖、绑架的妇女、儿童不进行解救，造成严重后果的行为。

涉嫌下列情形之一的，应予立案：

1. 因不进行解救，导致被拐卖、绑架的妇女、儿童及其亲属伤残、死亡、精神失常的；

2. 因不进行解救，导致被拐卖、绑架的妇女、儿童被转移、隐匿、转卖，不能及时解救的；

3. 三次以上或者对三名以上被拐卖、绑架的妇女、儿童不进行解救的；

4. 对被拐卖、绑架的妇女、儿童不进行解救，造成恶劣社会影响的。

（三十）阻碍解救被拐卖、绑架妇女、儿童案（第四百一十六条第二款）

阻碍解救被拐卖、绑架妇女、儿童罪是指对被拐卖、绑架的妇女、儿童负有解救职责的公安、司法等国家机关工作人员利用职务阻碍解救被拐卖、绑架的妇女、儿童的行为。

涉嫌下列情形之一的，应予立案：

1. 利用职权，禁止、阻止或者妨碍有关部门、人员解救被拐卖、绑架的妇女、儿童的；

2. 利用职务上的便利，向拐卖、绑架者或者收买者通风报信，妨碍解救工作正常进行的；

3. 其他利用职务阻碍解救被拐卖、绑架的妇女、儿童的行为。

（三十一）帮助犯罪分子逃避处罚案（第四百一十七条）

帮助犯罪分子逃避处罚罪是指有查禁犯罪活动职责的司法及公安、国家安全、海关、税务等国家机关的工作人员向犯罪分子通风报信、提供便利，帮助犯罪分子逃避处罚的行为。

涉嫌下列情形之一的，应予立案：

1. 为使犯罪分子逃避处罚，向犯罪分子及其亲属泄漏有关部门查禁犯罪活动的部署、人员、措施、时间、地点等情况的；

2. 为使犯罪分子逃避处罚，向犯罪分子及其亲属提供交通工具、通讯设备、隐藏处所等便利条件的；

3. 为使犯罪分子逃避处罚，向犯罪分子及其亲属泄漏案情，帮助、指示其隐匿、毁灭、伪造证据及串供、翻供的；

4. 其他向犯罪分子通风报信、提供便利，帮助犯罪分子逃避处罚的行为。

（三十二）招收公务员、学生徇私舞弊案（第四百一十八条）

招收公务员、学生徇私舞弊罪是指国家机关工作人员在招收公务员、省级以上教育行政部门组织招收的学生工作中徇私舞弊，情节严重的行为。

涉嫌下列情形之一的，应予立案：

1. 徇私情、私利，利用职务便利，伪造、变造人事、户口档案、考试成绩等，弄虚作假招收公务员、学生的；

2. 徇私情、私利，三次以上招收或者一次招收三名以上不合格的公务员、学生的；

3. 因招收不合格的公务员、学生，导致被排挤的合格人员或者其亲属精神失常或者自杀的；

4. 因徇私舞弊招收公务员、学生，导致该项招收工作重新进行的；

5. 招收不合格的公务员、学生，造成恶劣社会影响的。

（三十三）失职造成珍贵文物损毁、流失案（第四百一十九条）

失职造成珍贵文物损毁、流失罪是指国家机关工作人员严重不负责任，造成珍贵文物损毁或者流失，后果严重的行为。

涉嫌下列情形之一的，应予立案：

1. 导致国家一、二、三级文物损毁或者流失的；

2. 导致全国重点文物保护单位或者省级文物保护单位损毁的；

3. 其他后果严重的情形。

三、国家机关工作人员利用职权实施的侵犯公民人身权利、民主权利犯罪案件

（一）国家机关工作人员利用职权实施的非法拘禁案（第二百三十八条）

非法拘禁罪是指以拘禁或者其他强制方法非法剥夺他人人身自由的行为。

国家机关工作人员涉嫌利用职权非法拘禁，具有下列情形之一的，应予立案：

1. 非法拘禁持续时间超过二十四小时的；

2. 三次以上非法拘禁他人，或者一次非法拘禁三人以上的；

3. 非法拘禁他人，并实施捆绑、殴打、侮辱等行为的；

4. 非法拘禁，致人伤残、死亡、精神失常的；

5. 为索取债务非法扣押、拘禁他人，具有上述情形之一的；

6. 司法工作人员对明知是无辜的人而非法拘禁的。

（二）国家机关工作人员利用职权实施的非法搜查案（第二百四十五条）

非法搜查罪是指非法搜查他人身体、住宅的行为。

国家机关工作人员涉嫌利用职权非法搜查，具有下列情形之一的，应予立案：

1. 非法搜查他人身体、住宅，手

段恶劣的；

2. 非法搜查引起被搜查人精神失常、自杀或者造成财物严重损坏的；

3. 司法工作人员对明知是与涉嫌犯罪无关的人身、场所非法搜查的；

4. 三次以上或者对三人（户）以上进行非法搜查的。

（三）刑讯逼供案（第二百四十七条）

刑讯逼供罪是指司法工作人员对犯罪嫌疑人、被告人使用肉刑或者变相肉刑逼取口供的行为。

涉嫌下列情形之一的，应予立案：

1. 手段残忍、影响恶劣的；

2. 致人自杀或者精神失常的；

3. 造成冤、假、错案的；

4. 三次以上或者对三人以上进行刑讯逼供的；

5. 授意、指使、强迫他人刑讯逼供的。

（四）暴力取证案（第二百四十七条）

暴力取证罪是指司法工作人员以暴力逼取证人证言、被害人陈述的行为。

涉嫌下列情形之一的，应予立案：

1. 手段残忍、影响恶劣的；

2. 致人自杀或者精神失常的；

3. 造成冤、假、错案的；

4. 三次以上或者对三人以上进行暴力取证的；

5. 授意、指使、强迫他人暴力取证的。

（五）虐待被监管人案（第二百四十八条）

虐待被监管人罪是指监狱、拘留所、看守所、拘役所、劳教所等监管机构的监管人员对被监管人进行殴打或者体罚虐待，情节严重的行为。

涉嫌下列情形之一的，应予立案：

1. 造成被监管人轻伤的；

2. 致使被监管人自杀、精神失常或其他严重后果的；

3. 对被监管人三人以上或三次以上实施殴打、体罚虐待的；

4. 手段残忍、影响恶劣的；

5. 指使被监管人殴打、体罚虐待其他被监管人，具有上述情形之一的。

（六）报复陷害案（第二百五十四条）

报复陷害罪是指国家机关工作人员滥用职权、假公济私，对控告人、申诉人、批评人、举报人实行打击报复、陷害的行为。

涉嫌下列情形之一的，应予立案：

1. 致使被害人的人身权利、民主权利或者其他合法权利受到严重损害的；

2. 致人精神失常或者自杀的；

3. 手段恶劣、后果严重的。

（七）国家机关工作人员利用职权实施的破坏选举案（第二百五十六条）

破坏选举罪是指在选举各级人民代表大会代表和国家机关领导人员时，以暴力、威胁、欺骗、贿赂、伪造选举文件、虚报选举票数或者编造选举结果等手段破坏选举或者妨害选民和代表自由行使选举权和被选举权，情节严重的行为。

国家机关工作人员涉嫌利用职权破坏选举，具有下列情形之一的，应予立案：

1. 以暴力、威胁、欺骗、贿赂等手段，妨害选民、各级人民代表大会代表自由行使选举权和被选举权，致使选举无法正常进行或者选举结果不真实的；

2. 以暴力破坏选举场所或者选举设备，致使选举无法正常进行的；

3. 伪造选举文件，虚报选举票数，产生不真实的选举结果或者强行宣布合法选举无效、非法选举有效的；

4. 聚众冲击选举场所或者故意扰乱选举会场秩序，使选举工作无法进行的。

四、附则

（一）本规定中每个罪案名称后所注明的法律条款系《中华人民共和国刑法》的有关条款。

（二）本规定中有关犯罪数额“不满”，是指接近该数额且已达到该数额的百分之八十以上。

（三）本规定中的“直接经济损失”，是指与行为有直接因果关系而造成的财产损毁、减少的实际价值。“间接经济损失”，是指由直接经济损失引起和牵连的其他损失，包括失去的在正常情况下可能获得的利益和为恢复正常的管理活动或者挽回所造成的损失所支付的各种开支、费用等。

（四）本规定中有关挪用公款罪案中的“非法活动”，既包括犯罪活动，也包括其他违法活动。

（五）本规定中有关贿赂罪案中的“谋取不正当利益”，是指谋取违反法律、法规、国家政策和国务院各部门规章规定的利益，以及谋取违反法律、法规、国家政策和国务院各部门规章规定的帮助或者方便条件。

（六）本规定中有关私分国有资产罪案中的“国有资产”，是指国家依法取得和认定的，或者国家以各种形式对企业投资和投资收益、国家向行政事业单位拨款等形成的资产。

（七）本规定自公布之日起施行。本规定发布前有关人民检察院直接受理立案侦查案件的立案标准，与本规定有重复或者不一致的，适用本规定。

最高人民检察院　公安部关于印发《关于经济犯罪案件追诉标准的规定》的通知

（2001年4月18日　公发〔2001〕11号）

各省、自治区、直辖市人民检察院，公安厅、局，新疆生产建设兵团人民检察院、公安局：

为了及时、准确、有效地打击经济犯罪，根据《中华人民共和国刑法》、《中华人民共和国刑事诉讼法》等法律规定，针对经济犯罪特点，结合工作实际情况，最高人民检察院、公安部联合制定了《关于经济犯罪案件追诉标准的规定》（以下简称《规定》），现印发给你们，并就有关问题通知如下：

一、各级公安机关、人民检察院要组织侦查人员和检察人员认真学习《规定》，公安机关应依照此规定立案侦查，检察机关应依照此规定审查批捕、审查起诉。各省、自治区、直辖市公安厅、局应会同当地人民检察院，结合本地实际情况，在《规定》确定的数额幅度内，及时确定本省（自治区、直辖市）范围内统一执行的数额标准，并报公安部和最高人民检察院备案。

二、各级公安机关要结合贯彻执行《规定》，全面加强经济犯罪案件的立案侦查工作，迅速建立健全相关工作制度，确保正确适用法律，切实纠正立案不实等问题。各级检察机关要依法加强经济犯罪案件的立案监督和批捕起诉工作，努力提高办案质量。

三、各级公安机关、人民检察院要提高认识，树立刑事诉讼的全局观念，切实加强立案、批捕、起诉工作的衔接，建立灵活多样的联系制度，搞好日常工作的协作配合，及时研究解决工作中遇到的问题。

本《规定》中未涉及的其他经济犯罪案件和其他刑事案件，仍按现行法律、法规、司法解释及其他规定执行。

各地公安机关、检察机关在执行本通知中遇到的问题，请分别报公安部和最高人民检察院。

最高人民检察院　公安部
关于经济犯罪案件追诉标准的规定

一、走私假币案（刑法第151条第1款）

走私伪造的货币，总面额在二千元以上或者币量二百张（枚）以上的，应予追诉。

二、虚报注册资本案（刑法第158条）

申请公司登记使用虚假证明文件或者采取其他欺诈手段虚报注册资本，欺骗公司登记主管部门，取得公司登记，涉嫌下列情形之一的，应予追诉：

1. 实缴注册资本不足法定注册资本最低限额，有限责任公司虚报数额占法定最低限额的百分之六十以上，股份有限公司虚报数额占法定最低限额的百分之三十以上的；

2. 实缴注册资本达到法定最低限额，但仍虚报注册资本，有限责任公司虚报数额在一百万元以上，股份有限公司虚报数额在一千万元以上的；

3. 虚报注册资本给投资者或者其他债权人造成的直接经济损失累计数额在十万元以上的；

4. 虽未达到上述数额标准，但具有下列情形之一的：

①因虚报注册资本，受过行政处罚二次以上，又虚报注册资本的；

②向公司登记主管人员行贿或者注册后进行违法活动的。

三、虚假出资、抽逃出资案（刑法第159条）

公司发起人、股东违反公司法的规定未交付货币、实物或者未转移财产权，虚假出资，或者在公司成立后又抽逃其出资，涉嫌下列情形之一的，应予追诉：

1. 虚假出资、抽逃出资，给公司、股东、债权人造成的直接经济损失累计数额在十万元至五十万元以上的；

2. 虽未达到上述数额标准，但具有下列情形之一的：

①致使公司资不抵债或者无法正常经营的；

②公司发起人、股东合谋虚假出资、抽逃出资的；

③因虚假出资、抽逃出资，受过行政处罚二次以上，又虚假出资、抽逃出资的；

④利用虚假出资、抽逃出资所得资金进行违法活动的。

四、欺诈发行股票、债券案（刑法第160条）

在招股说明书、认股书、公司、企业债券募集办法中隐瞒重要事实或者编造重大虚假内容，发行股票或者公司、企业债券，涉嫌下列情形之一的，应予追诉：

1. 发行数额在一千万元以上的；

2. 伪造政府公文、有效证明文件或者相关凭证、单据的；

3. 股民、债权人要求清退，无正当理由不予清退的；

4. 利用非法募集的资金进行违法活动的；

5. 转移或者隐瞒所募集资金的；

6. 造成恶劣影响的。

五、提供虚假财会报告案（刑法第161条）

公司向股东和社会公众提供虚假的或者隐瞒重要事实的财务会计报告，涉嫌下列情形之一的，应予追诉：

1. 造成股东或者其他人直接经济损失数额在五十万元以上的；

2. 致使股票被取消上市资格或者交易被迫停牌的。

六、妨害清算案（刑法第162条）

公司、企业进行清算时，隐匿财产，对资产负债表或者财产清单作虚伪记载或者在未清偿债务前分配公司、企业财产，造成债权人或者其他人直接经济损失数额在十万元以上的，应予追诉。

七、隐匿、销毁会计资料案（刑法第162条之一）

隐匿或者故意销毁依法应当保存的会计凭证、会计账簿、财务会计报告，涉嫌下列情形之一的，应予追诉：

1. 隐匿、销毁的会计资料涉及金额在五十万元以上的；

2. 为逃避依法查处而隐匿、销毁或者拒不交出会计资料的。

八、公司、企业人员受贿案（刑法第163条）

公司、企业的工作人员利用职务上的便利，索取他人财物或者非法收受他人财物，为他人谋取利益，或者在经济往来中，违反国家规定，收受各种名义的回扣、手续费，归个人所有，数额在五千元以上的，应予追诉。

九、对公司、企业人员行贿案（刑法第164条）

为谋取不正当利益，给予公司、企业的工作人员以财物，个人行贿数额在一万元以上的，单位行贿数额在二十万元以上的，应予追诉。

十、非法经营同类营业案（刑法第165条）

国有公司、企业的董事、经理利用职务便利，自己经营或者为他人经营与其所任职公司、企业同类的营业，获取非法利益，数额在十万元以上的，应予追诉。

十一、为亲友非法牟利案（刑法第166条）

国有公司、企业、事业单位的工作人员，利用职务便利，为亲友非法牟利，涉嫌下列情形之一的，应予追诉：

1. 造成国家直接经济损失数额在十万元以上的；

2. 致使有关单位停产、破产的；

3. 造成恶劣影响的。

十二、签订、履行合同失职被骗案（刑法第167条）

国有公司、企业、事业单位直接负责的主管人员，在签订、履行合同过程中，因严重不负责任被诈骗，造成国家直接经济损失数额在五十万元以上的，或者直接经济损失占注册资本百分之三十以上的，应予追诉。

金融机构、从事对外贸易经营活动的公司、企业的工作人员，严重不负责任，造成国家外汇被骗购或者逃汇，数额在一百万美元以上的，应予追诉。

十三、国有公司、企业、事业单位人员失职案（刑法第168条）

国有公司、企业、事业单位的工作人员，严重不负责任，涉嫌下列情形之一的，应予追诉：

1. 造成国家直接经济损失数额在五十万元以上的；

2. 致使国有公司、企业停产或者破产的；

3. 造成恶劣影响的。

十四、国有公司、企业、事业单位人员滥用职权案（刑法第168条）

国有公司、企业、事业单位的工作人员，滥用职权，涉嫌下列情形之一的，应予追诉：

1. 造成国家直接经济损失数额在三十万元以上的；

2. 致使国有公司、企业停产或者破产的；

3. 造成恶劣影响的。

十五、徇私舞弊低价折股、出售国有资产案（刑法第169条）

国有公司、企业或者其上级主管部门直接负责的主管人员，徇私舞弊，将国有资产低价折股或者低价出售，涉嫌下列情形之一的，应予追诉：

1. 造成国家直接经济损失数额在三十万元以上的；

2. 致使国有公司、企业停产或者破产的；

3. 造成恶劣影响的。

十六、伪造货币案（刑法第170条）

伪造货币，总面额在二千元以上或者币量二百张（枚）以上的，应予追诉。

十七、出售、购买、运输假币案（刑法第171条第1款）

出售、购买伪造的货币或者明知是伪造的货币而运输，总面额在四千元以上的，应予追诉。

十八、金融工作人员购买假币、以假币换取货币案（刑法第171条第2款）

银行或者其他金融机构的工作人员购买伪造的货币或者利用职务上的便利，以伪造的货币换取货币，总面额在四千元以上或者币量四百张（枚）以上的，应予追诉。

十九、持有、使用假币案（刑法第172条）

明知是伪造的货币而持有、使用，总面额在四千元以上的，应予追诉。

二十、变造货币案（刑法第173条）

变造货币，总面额在二千元以上的，应予追诉。

二十一、擅自设立金融机构案（刑法第174条第1款）

未经中国人民银行等国家有关主管部门批准，擅自设立金融机构，涉嫌下列情形之一的，应予追诉：

1. 擅自设立商业银行、证券、期货、保险机构及其他金融机构的；

2. 擅自设立商业银行、证券、期货、保险机构及其他金融机构筹备组织的。

二十二、伪造、变造、转让金融机构经营许可证、批准文件案（刑法第174条第2款）

伪造、变造、转让商业银行、证券交易所、期货交易所、证券公司、期货经纪公司、保险公司或者其他金融机构经营许可证或者批准文件的，应予追诉。

二十三、高利转贷案（刑法第175条）

以转贷牟利为目的，套取金融机构信贷资金高利转贷他人，涉嫌下列情形之一的，应予追诉：

1. 个人高利转贷，违法所得数额在五万元以上的；

2. 单位高利转贷，违法所得数额在十万元以上的；

3. 虽未达到上述数额标准，但因高利转贷，受过行政处罚二次以上，又高利转贷的。

二十四、非法吸收公众存款案（刑法第176条）

非法吸收公众存款或者变相吸收公众存款，扰乱金融秩序，涉嫌下列情形之一的，应予追诉：

1. 个人非法吸收或者变相吸收公众存款，数额在二十万元以上的，单位非法吸收或者变相吸收公众存款，数额在一百万元以上的；

2. 个人非法吸收或者变相吸收公众存款三十户以上的，单位非法吸收或者变相吸收公众存款一百五十户以上的；

3. 个人非法吸收或者变相吸收公众存款，给存款人造成直接经济损失数额在十万元以上的，单位非法吸收或者变相吸收公众存款，给存款人造成直接经济损失数额在五十万元以上的。

二十五、伪造、变造金融票证案（刑法第177条）

伪造、变造金融票证，涉嫌下列情形之一的，应予追诉：

1. 伪造、变造金融票证，面额在一万元以上的；

2. 伪造、变造金融票证，数量在十张以上的。

二十六、伪造、变造国家有价证券案（刑法第178条第1款）

伪造、变造国库券或者国家发行的其他有价证券，总面额在二千元以上的，应予追诉。

二十七、伪造、变造股票、公司、企业债券案（刑法第178条第2款）

伪造、变造股票或者公司、企业债券，总面额在五千元以上的，应予追诉。

二十八、擅自发行股票、公司、企业债券案（刑法第179条）

未经国家有关主管部门批准，擅自发行股票或者公司、企业债券，涉嫌下列情形之一的，应予追诉：

1. 发行数额在五十万元以上的；

2. 不能及时清偿或者清退的；

3. 造成恶劣影响的。

二十九、内幕交易、泄露内幕信息案（刑法第180条）

证券、期货交易内幕信息的知情人员或者非法获取证券、期货交易内幕信息的人员，在涉及证券的发行，证券、期货交易或者其他对证券、期货交易价格有重大影响的信息尚未公开前，买入或者卖出该证券，或者从事与该内幕信息有关的期货交易，或者泄露该信息，涉嫌下列情形之一的，应予追诉：

1. 内幕交易数额在二十万元以上的；

2. 多次进行内幕交易、泄露内幕信息的；

3. 致使交易价格和交易量异常波动的；

4. 造成恶劣影响的。

三十、编造并传播证券、期货交易虚假信息案（刑法第181条第1款）

编造并且传播影响证券、期货交易的虚假信息，扰乱证券、期货交易市场，涉嫌下列情形之一的，应予追诉：

1. 造成投资者直接经济损失数额在三万元以上的；

2. 致使交易价格和交易量异常波动的；

3. 造成恶劣影响的。

三十一、诱骗投资者买卖证券、期货合约案（刑法第181条第2款）

证券交易所、期货交易所、证券公

司、期货经纪公司的从业人员，证券业协会、期货业协会或者证券期货监督管理部门的工作人员，故意提供虚假信息或者伪造、变造、销毁交易记录，诱骗投资者买卖证券、期货合约，涉嫌下列情形之一的，应予追诉：

1. 造成投资者直接经济损失数额在三万元以上的；

2. 致使交易价格和交易量异常波动的；

3. 造成恶劣影响的。

三十二、操纵证券、期货交易价格案（刑法第182条）

操纵证券、期货交易价格，获取不正当利益或者转嫁风险，涉嫌下列情形之一的，应予追诉：

1. 非法获利数额在五十万元以上的；

2. 致使交易价格和交易量异常波动的；

3. 以暴力、胁迫手段强迫他人操纵交易价格的；

4. 虽未达到上述数额标准，但因操纵证券、期货交易价格，受过行政处罚二次以上的，又操纵证券、期货交易价格的。

三十三、违法向关系人发放贷款案（刑法第186条第1款）

银行或者其他金融机构的工作人员违反法律、行政法规规定，向关系人发放信用贷款或者发放担保贷款的条件优于其他借款人同类贷款的条件，涉嫌下列情形之一的，应予追诉：

1. 个人违法向关系人发放贷款，造成直接经济损失数额在十万元以上的；

2. 单位违法向关系人发放贷款，造成直接经济损失数额在三十万元以上的。

三十四、违法发放贷款案（刑法第186条第2款）

银行或者其他金融机构的工作人员违反法律、行政法规规定，向关系人以外的其他人发放贷款，涉嫌下列情形之一的，应予追诉：

1. 个人违法发放贷款，造成直接经济损失数额在五十万元以上的；

2. 单位违法发放贷款，造成直接经济损失数额在一百万元以上的。

三十五、用账外客户资金非法拆借、发放贷款案（刑法第187条）

银行或者其他金融机构的工作人员以牟利为目的，采取吸收客户资金不入账的方式，将资金用于非法拆借、发放贷款，涉嫌下列情形之一的，应予追诉：

1. 个人用账外客户资金非法拆借、发放贷款，造成直接经济损失数额在五十万元以上的；

2. 单位用账外客户资金非法拆借、发放贷款，造成直接经济损失数额在一百万元以上的。

三十六、非法出具金融票证案（刑法第188条）

银行或者其他金融机构的工作人员违反规定，为他人出具信用证或者其他保函、票据、存单、资信证明，涉嫌下列情形之一的，应予追诉：

1. 个人违反规定为他人出具金融票证，造成直接经济损失数额在十万元以上的；

2. 单位违反规定为他人出具金融票证，造成直接经济损失数额在三十万元以上的。

三十七、对违法票据承兑、付款、保证案（刑法第189条）

银行或者其他金融机构的工作人员在票据业务中，对违反票据法规定的票据予以承兑、付款或者保证，涉嫌下列情形之一的，应予追诉：

1. 个人对违反票据法规定的票据予以承兑、付款、保证，造成直接经济损失数额在五十万元以上的；

2. 单位对违反票据法规定的票据予以承兑、付款、保证，造成直接经济损失数额在一百万元以上的。

三十八、逃汇案（刑法第190条）

公司、企业或者其他单位，违反国家规定，擅自将外汇存放境外，或者将境内的外汇非法转移到境外，单笔或者累计数额在五百万美元以上的，应予追诉。

三十九、骗购外汇案（全国人大常委会关于惩治骗购外汇、逃汇和非法买卖外汇犯罪的决定第1条）

骗购外汇，数额在五十万美元以上的，应予追诉。

四十、洗钱案（刑法第191条）

明知是毒品犯罪、黑社会性质的组织犯罪、走私犯罪的违法所得及其产生的收益，为掩饰、隐瞒其来源和性质，涉嫌下列情形之一的，应予追诉：

1. 提供资金账户的；

2. 协助将财产转换为现金或者金融票据的；

3. 通过转账或者其他结算方式协助资金转移的；

4. 协助将资金汇往境外的；

5. 以其他方法掩饰、隐瞒犯罪的违法所得及其收益的性质和来源的。

四十一、集资诈骗案（刑法第192条）

以非法占有为目的，使用诈骗方法非法集资，涉嫌下列情形之一的，应予追诉：

1. 个人集资诈骗，数额在十万元以上的；

2. 单位集资诈骗，数额在五十万元以上的。

四十二、贷款诈骗案（刑法第193条）

以非法占有为目的，诈骗银行或者其他金融机构的贷款，数额在一万元以上的，应予追诉。

四十三、票据诈骗案（刑法第194条第1款）

进行金融票据诈骗活动，涉嫌下列情形之一的，应予追诉：

1. 个人进行金融票据诈骗，数额在五千元以上的；

2. 单位进行金融票据诈骗，数额在十万元以上的。

四十四、金融凭证诈骗案（刑法第194条第2款）

使用伪造、变造的委托收款凭证、汇款凭证、银行存单等其他银行结算凭证进行诈骗活动，涉嫌下列情形之一的，应予追诉：

1. 个人进行金融凭证诈骗，数额在五千元以上的；

2. 单位进行金融凭证诈骗，数额在十万元以上的。

四十五、信用证诈骗案（刑法第195条）

进行信用证诈骗活动，涉嫌下列情形之一的，应予追诉：

1. 使用伪造、变造的信用证或者附随的单据、文件的；

2. 使用作废的信用证的；

3. 骗取信用证的；

4. 以其他方法进行信用证诈骗活动的。

四十六、信用卡诈骗案（刑法第196条）

进行信用卡诈骗活动，涉嫌下列情形之一的，应予追诉：

1. 使用伪造的信用卡，或者使用作废的信用卡，或者冒用他人信用卡，进行诈骗活动，数额在五千元以上的；

2. 恶意透支，数额在五千元以上的。

四十七、有价证券诈骗案（刑法第197条）

使用伪造、变造的国库券或者国家发行的其他有价证券进行诈骗活动，数额在五千元以上的，应予追诉。

四十八、保险诈骗案（刑法第198条）

进行保险诈骗活动，涉嫌下列情形之一的，应予追诉：

1. 个人进行保险诈骗，数额在一万元以上的；

2. 单位进行保险诈骗，数额在五万元以上的。

四十九、偷税案（刑法第201条）

纳税人进行偷税活动，涉嫌下列情形之一的，应予追诉：

1. 偷税数额在一万元以上，并且偷税数额占各税种应纳税总额的百分之十以上的；

2. 虽未达到上述数额标准，但因偷税受过行政处罚二次以上，又偷税的。

五十、抗税案（刑法第202条）

以暴力、威胁方法拒不缴纳税款的，应予追诉。

五十一、逃避追缴欠税案（刑法第203条）

纳税人欠缴应纳税款，采取转移或者隐匿财产的手段，致使税务机关无法追缴欠缴的税款，数额在一万元以上的，应予追诉。

五十二、骗取出口退税案（刑法第204条第1款）

以假报出口或者其他欺骗手段，骗取国家出口退税款，数额在一万元以上的，应予追诉。

五十三、虚开增值税专用发票、用于骗取出口退税、抵扣税款发票案（刑法第205条）

虚开增值税专用发票或者虚开用于骗取出口退税、抵扣税款的其他发票，虚开的税款数额在一万元以上或者致使国家税款被骗数额在五千元以上的，应予追诉。

五十四、伪造、出售伪造的增值税专用发票案（刑法第206条）

伪造或者出售伪造的增值税专用发票二十五份以上或者票面额累计在十万元以上的，应予追诉。

五十五、非法出售增值税专用发票案（刑法第207条）

非法出售增值税专用发票二十五份以上或者票面额累计在十万元以上的，应予追诉。

五十六、非法购买增值税专用发票、购买伪造的增值税专用发票案（刑法第208条第1款）

非法购买增值税专用发票或者购买伪造的增值税专用发票二十五份以上或者票面额累计在十万元以上的，应予追诉。

五十七、非法制造、出售非法制造的用于骗取出口退税、抵扣税款发票案（刑法第209条第1款）

伪造、擅自制造或者出售伪造、擅自制造的可以用于骗取出口退税、抵扣税款的非增值税专用发票五十份以上的，应予追诉。

五十八、非法制造、出售非法制造的发票案（刑法第209条第2款）

伪造、擅自制造或者出售伪造、擅自制造的不具有骗取出口退税、抵扣税款功能的普通发票五十份以上的，应予追诉。

五十九、非法出售用于骗取出口退税、抵扣税款发票案（刑法第209条第3款）

非法出售可以用于骗取出口退税、抵扣税款的发票五十份以上的，应予追诉。

六十、非法出售发票案（刑法第209条第4款）

非法出售普通发票五十份以上的，应予追诉。

六十一、假冒注册商标案（刑法第213条）

未经注册商标所有人许可，在同一种商品上使用与其注册商标相同的商标，涉嫌下列情形之一的，应予追诉：

1. 个人假冒他人注册商标，非法经营数额在十万元以上的；

2. 单位假冒他人注册商标，非法经营数额在五十万元以上的；

3. 假冒他人驰名商标或者人用药品商标的；

4. 虽未达到上述数额标准，但因假冒他人注册商标，受过行政处罚二次以上，又假冒他人注册商标的；

5. 造成恶劣影响的。

六十二、销售假冒注册商标的商品案（刑法第214条）

销售明知是假冒注册商标的商品，个人销售数额在十万元以上的，单位销售数额在五十万元以上的，应予追诉。

六十三、非法制造、销售非法制造的注册商标标识案（刑法第215条）

伪造、擅自制造他人注册商标标识或者销售伪造、擅自制造的注册商标标识，涉嫌下列情形之一的，应予追诉：

1. 非法制造、销售非法制造的注册商标标识，数量在二万件（套）以上，或者违法所得数额在二万元以上，或者非法经营数额在二十万元以上的；

2. 非法制造、销售非法制造的驰名商标标识的；

3. 虽未达到上述数额标准，但因非法制造、销售非法制造的注册商标标识，受过行政处罚二次以上，又非法制造、销售非法制造的注册商标标识的；

4. 利用贿赂等非法手段推销非法制造的注册商标标识的。

六十四、假冒专利案（刑法第216条）

假冒他人专利，涉嫌下列情形之一的，应予追诉：

1. 违法所得数额在十万元以上的；

2. 给专利权人造成直接经济损失数额在五十万元以上的；

3. 虽未达到上述数额标准，但因假冒他人专利，受过行政处罚二次以上，又假冒他人专利的；

4. 造成恶劣影响的。

六十五、侵犯商业秘密案（刑法第219条）

侵犯商业秘密，涉嫌下列情形之一的，应予追诉：

1. 给商业秘密权利人造成直接经济损失数额在五十万元以上的；

2. 致使权利人破产或者造成其他严重后果的。

六十六、损害商业信誉、商品声誉案（刑法第221条）

捏造并散布虚伪事实，损害他人的商业信誉、商品声誉，涉嫌下列情形之一的，应予立案：

1. 给他人造成的直接经济损失数额在五十万元以上的；

2. 虽未达到上述数额标准，但具有下列情形之一的：

①严重妨害他人正常生产经营活动或者导致停产、破产的；

②造成恶劣影响的。

六十七、虚假广告案（刑法第222条）

广告主、广告经营者、广告发布者违反国家规定，利用广告对商品或者服务作虚假宣传，涉嫌下列情形之一的，应予追诉：

1. 违法所得数额在十万元以上的；

2. 给消费者造成的直接经济损失数额在五十万元以上的；

3. 虽未达到上述数额标准，但因利用广告作虚假宣传，受过行政处罚二次以上，又利用广告作虚假宣传的；

4. 造成人身伤残或者其他严重后果的。

六十八、串通投标案（刑法第223条）

投标人相互串通投标报价，或者投标人与招标人串通投标，涉嫌下列情形之一的，应予追诉：

1. 损害招标人、投标人或者国家、集体、公民的合法利益，造成的直接经济损失数额在五十万元以上的；

2. 对其他投标人、招标人等投标招标活动的参加人采取威胁、欺骗等非法手段的；

3. 虽未达到上述数额标准，但因串通投标，受过行政处罚二次以上，又串通投标的。

六十九、合同诈骗案（刑法第224条）

以非法占有为目的，在签订、履行合同过程中，骗取对方当事人财物，涉嫌下列情形之一的，应予追诉：

1. 个人诈骗公私财物，数额在五千元至二万元以上的；

2. 单位直接负责的主管人员和其他直接责任人员以单位名义实施诈骗，诈骗所得归单位所有的，数额在五万元至二十万元以上的。

七十、非法经营案（刑法第225条）

违反国家规定，采取租用国际专线、私设转接设备或者其他方法，擅自经营国际电信业务或者涉港澳台电信业务进行营利活动，涉嫌下列情形之一的，应予追诉：

1. 经营去话业务数额在一百万元以上的；

2. 经营来话业务造成电信资费损失数额在一百万元以上的；

3. 虽未达到上述数额标准，但因非法经营国际电信业务或者涉港澳台电信业务，受过行政处罚二次以上，又进行非法经营活动的。

非法经营外汇，涉嫌下列情形之一的，应予追诉：

1. 在外汇指定银行和中国外汇交易中心及其分中心以外买卖外汇，数额在二十万美元以上的，或者违法所得数额在五万元人民币以上的；

2. 公司、企业或者其他单位违反有关外贸代理业务的规定，采用非法手段，或者明知是伪造、变造的凭证、商业单据，为他人向外汇指定银行骗购外汇，数额在五百万美元以上的，或者违法所得数额在五十万元人民币以上的；

3. 居间介绍骗购外汇，数额在一百万美元以上或者违法所得数额在十万元人民币以上的。

违反国家规定，出版、印刷、复制、发行非法出版物，涉嫌下列情形之一的，应予追诉：

1. 个人非法经营数额在五万元以上的，单位非法经营数额在十五万元以上的；

2. 个人违法所得数额在二万元以上的，单位违法所得数额在五万元以上的；

3. 个人非法经营报纸五千份或者

期刊五千本或者图书二千册或者音像制品、电子出版物五百张（盒）以上的，单位非法经营报纸一万五千份或者期刊一万五千本或者图书五千册或者音像制品、电子出版物一千五百张（盒）以上的。

未经国家有关主管部门批准，非法经营证券、期货或者保险业务，非法经营数额在三十万元以上，或者违法所得数额在五万元以上的，应予追诉。

从事其他非法经营活动，涉嫌下列情形之一的，应予追诉：

1. 个人非法经营数额在五万元以上，或者违法所得数额在一万元以上的；

2. 单位非法经营数额在五十万元以上，或者违法所得数额在十万元以上的。

七十一、非法转让、倒卖土地使用权案（刑法第 228 条）

以牟利为目的，违反土地管理法规，非法转让、倒卖土地使用权，涉嫌下列情形之一的，应予追诉：

1. 非法转让、倒卖基本农田五亩以上的；

2. 非法转让、倒卖基本农田以外的耕地十亩以上的；

3. 非法转让、倒卖其他土地二十亩以上的；

4. 违法所得数额在五十万元以上的；

5. 虽未达到上述数额标准，但因非法转让、倒卖土地使用权受过行政处罚二次以上，又非法转让、倒卖土地的；

6. 造成恶劣影响的。

七十二、中介组织人员提供虚假证明文件案（刑法第 229 条第 1 款、第 2 款）

承担资产评估、验资、验证、会计、审计、法律服务等职责的中介组织的人员故意提供虚假证明文件，涉嫌下列情形之一的，应予追诉：

1. 给国家、公众或者其他投资者造成的直接经济损失数额在五十万元以上的；

2. 虽未达到上述数额标准，但因提供虚假证明文件，受过行政处罚二次以上，又提供虚假证明文件的；

3. 造成恶劣影响的。

七十三、中介组织人员出具证明文件重大失实案（刑法第 229 条第 3 款）

承担资产评估、验资、验证、会计、审计、法律服务等职责的中介组织的人员严重不负责任，出具的证明文件有重大失实，涉嫌下列情形之一的，应予追诉：

1. 给国家、公众或者其他投资者造成的直接经济损失数额在一百万元以上的；

2. 造成恶劣影响的。

七十四、逃避商检案（刑法第 230 条）

违反进出口商品检验法的规定，逃避商品检验，将必须经商检机构检验的进口商品未报经检验而擅自销售、使用，或者将必须经商检机构检验的出口商品未报经检验合格而擅自出口，涉嫌下列情形之一的，应予追诉：

1. 给国家、单位或者个人造成的直接经济损失数额在五十万元以上的；

2. 导致病疫流行、灾害事故或者造成其他严重后果的；

3. 造成恶劣影响的。

七十五、职务侵占案（刑法第 271 条第 1 款）

公司、企业或者其他单位的人员，利用职务上的便利，将本单位财物非法占为己有，数额在五千元至一万元以上的，应予追诉。

七十六、挪用资金案（刑法第272条第1款）

公司、企业或者其他单位的工作人员，利用职务上的便利，挪用本单位资金归个人使用或者借贷给他人，涉嫌下列情形之一的，应予追诉：

1. 挪用本单位资金数额在一万元至三万元以上，超过三个月未还的；

2. 挪用本单位资金数额在一万元至三万元以上，进行营利活动的；

3. 挪用本单位资金数额在五千元至二万元以上，进行非法活动的。

七十七、挪用特定款物案（刑法第273条）

挪用用于救灾、抢险、防汛、优抚、扶贫、移民、救济款物，涉嫌下列情形之一的，应予追诉：

1. 挪用特定款物价值在五千元以上的；

2. 造成国家和人民群众直接经济损失数额在五万元以上的；

3. 虽未达到上述数额标准，但造成人民群众的生产、生活严重困难的。

七十八、附则

1. 本规定中"追诉"是指公安机关立案侦查、检察机关审查批捕、审查起诉活动；

2. 本规定中"在……以上的"包括本数；

3. 本规定中"虽未达到上述数额标准"是指接近上述数额标准且已达到该数额的百分之八十以上的；

4. 本规定中"货币"包括人民币、外币和流通纪念币，凡是没有标明货币名称的都是人民币；

5. 本规定自发布之日起施行。

最高人民检察院　公安部关于印发《关于经济犯罪案件追诉标准的补充规定》的通知

高检会〔2008〕2号

各省、自治区、直辖市人民检察院、公安厅（局），军事检察院，新疆生产建设兵团人民检察院、公安局：

为维护证券、期货市场秩序，适应打击证券、期货犯罪的需要，根据《中华人民共和国刑法》和《中华人民共和国刑事诉讼法》，最高人民检察院、公安部制定了《关于经济犯罪案件追诉标准的补充规定》（以下简称《补充规定》），对违规披露、不披露重要信息案，背信损害上市公司利益案，内幕交易、泄露内幕信息案，操纵证券、期货市场案，背信运用受托财产案的追诉标准作了规定。现将《补充规定》印发给你们，请遵照执行。

2001年《最高人民检察院、公安部关于经济犯罪案件追诉标准的规定》中有关规定与《补充规定》不一致的，适用《补充规定》。

最高人民检察院　公安部

二〇〇八年三月五日

最高人民检察院 公安部
关于经济犯罪案件追诉标准的补充规定

一、违规披露、不披露重要信息案（刑法第一百六十一条）

依法负有信息披露义务的公司、企业向股东和社会公众提供虚假的或者隐瞒重要事实的财务会计报告，或者对依法应当披露的其他重要信息不按照规定披露，涉嫌下列情形之一的，应予追诉：

1. 造成股东、债权人或者其他人直接经济损失数额累计在五十万元以上的；

2. 虚增或者虚减资产达到当期披露的资产总额百分之三十以上的；

3. 虚增或者虚减利润达到当期披露的利润总额百分之三十以上的；

4. 未按规定披露的重大诉讼、仲裁、担保、关联交易或者其他重大事项所涉及的数额或者连续十二个月的累计数额占净资产百分之五十以上的；

5. 致使公司发行的股票、公司债券或者国务院依法认定的其他证券被终止上市交易或者多次被暂停上市交易的；

6. 致使不符合发行条件的公司、企业骗取发行核准并且上市交易的；

7. 在公司财务会计报告中将亏损披露为盈利，或者将盈利披露为亏损的；

8. 多次提供虚假的或者隐瞒重要事实的财务会计报告，或者多次对依法应当披露的其他重要信息不按照规定披露的；

9. 其他严重损害股东、债权人或者其他人利益，或者有其他严重情节的。

二、背信损害上市公司利益案（刑法第一百六十九条之一）

上市公司的董事、监事、高级管理人员违背对公司的忠实义务，利用职务便利，操纵上市公司从事损害上市公司利益的行为，以及上市公司的控股股东或者实际控制人，指使上市公司的董事、监事、高级管理人员实施损害上市公司利益的行为，涉嫌下列情形之一的，应予追诉：

1. 无偿向其他单位或者个人提供资金、商品、服务或者其他资产，致使上市公司直接经济损失数额在一百五十万元以上的；

2. 以明显不公平的条件，提供或者接受资金、商品、服务或者其他资产，致使上市公司直接经济损失数额在一百五十万元以上的；

3. 向明显不具有清偿能力的单位或者个人提供资金、商品、服务或者其他资产，致使上市公司直接经济损失数额在一百五十万元以上的；

4. 为明显不具有清偿能力的单位或者个人提供担保，或者无正当理由为其他单位或者个人提供担保，致使上市公司直接经济损失数额在一百五十万元以上的；

5. 无正当理由放弃债权、承担债务，致使上市公司直接经济损失数额在一百五十万元以上的；

6. 致使公司发行的股票、公司债券或者国务院依法认定的其他证券被终止上市交易或者多次被暂停上市交易的；

7. 其他致使上市公司利益遭受重大损失的。

三、内幕交易、泄露内幕信息案(刑法第一百八十条)

证券、期货交易内幕信息的知情人员、单位或者非法获取证券、期货交易内幕信息的人员、单位，在涉及证券的发行，证券、期货交易或者其他对证券、期货交易价格有重大影响的信息尚未公开前，买入或者卖出该证券，或者从事与该内幕信息有关的期货交易，或者泄露该信息，涉嫌下列情形之一的，应予追诉：

1. 买入或者卖出证券，或者泄露内幕信息使他人买入或者卖出证券，成交额累计在五十万元以上的；

2. 买入或者卖出期货合约,或者泄露内幕信息使他人买入或者卖出期货合约，占用保证金数额累计在三十万元以上的；

3. 获利或者避免损失数额累计在十五万元以上的；

4. 多次进行内幕交易、泄露内幕信息的；

5. 有其他严重情节的。

四、操纵证券、期货市场案（刑法第一百八十二条）

操纵证券、期货市场，涉嫌下列情形之一的，应予追诉：

1. 单独或者合谋，持有或者实际控制证券的流通股份数达到该证券的实际流通股份总量百分之三十以上，且在该证券连续二十个交易日内联合或者连续买卖股份数累计达到该证券同期总成交量百分之三十以上的；

2. 单独或者合谋，持有或者实际控制期货合约的数量超过期货交易所业务规则限定的持仓量百分之五十以上，且在该期货合约连续二十个交易日内联合或者连续买卖期货合约数累计达到该期货合约同期总成交量百分之三十以上的；

3. 与他人串通，以事先约定的时间、价格和方式相互进行证券或者期货合约交易，且在该证券或者期货合约连续二十个交易日内成交量累计达到该证券或者期货合约同期总成交量百分之二十以上的；

4. 在自己实际控制的账户之间进行证券交易，或者以自己为交易对象，自买自卖期货合约，且在该证券或者期货合约连续二十个交易日内成交量累计达到该证券或者期货合约同期总成交量百分之二十以上的；

5. 单独或者合谋，当日连续申报买入或者卖出同一证券、期货合约并在成交前撤回申报，撤回申报量占当日该种股票总申报量或者该种期货合约总申报量百分之五十以上的；

6. 上市公司及其董事、监事、高级管理人员、实际控制人、控股股东或者其他关联人单独或者合谋，利用信息优势，操纵该公司证券交易价格或者证券交易量的；

7. 有其他严重情节的。

五、背信运用受托财产案（刑法第一百八十五条之一第一款）

商业银行、证券交易所、期货交易所、证券公司、期货公司、保险公司或者其他金融机构，违背受托义务，擅自运用客户资金或者其他委托、信托的财产，涉嫌下列情形之一的，应予追诉：

1. 擅自运用客户资金或者其他委托、信托的财产数额累计在三十万元以上的；

2. 虽未达到上述数额标准，但多次擅自运用客户资金或者其他委托、信托的财产，或者擅自运用多个客户资金或者其他委托、信托的财产的；

3. 有其他严重情节的。

最高人民检察院 公安部 关于印发《最高人民检察院、公安部关于公安机关管辖的刑事案件立案追诉标准的规定（一）》的通知

公通字〔2008〕36号

各省、自治区、直辖市人民检察院，公安厅、局，军事检察院，新疆生产建设兵团人民检察院、公安局：

为及时、准确地打击犯罪，根据《中华人民共和国刑法》、《中华人民共和国刑法修正案（二）》、《中华人民共和国刑法修正案（三）》、《中华人民共和国刑法修正案（四）》、《中华人民共和国刑法修正案（六）》和《中华人民共和国刑事诉讼法》的规定，最高人民检察院、公安部制定了《最高人民检察院公安部关于公安机关管辖的刑事案件立案追诉标准的规定（一）》，对公安机关治安部门、消防部门管辖的刑事案件立案追诉标准作出了规定。现印发给你们，请遵照执行。各级公安机关应当依照此规定立案侦查，各级检察机关应当依照此规定审查批捕、审查起诉。

各地在执行中遇到的问题，请及时分别报最高人民检察院和公安部。

最高人民检察院
公 安 部
2008年6月25日

最高人民检察院 公安部 关于公安机关管辖的刑事案件立案追诉标准的规定（一）

一、危害公共安全案

第一条［失火案（刑法第一百一十五条第二款）］ 过失引起火灾，涉嫌下列情形之一的，应予立案追诉：

（一）造成死亡一人以上，或者重伤三人以上的；

（二）造成公共财产或者他人财产直接经济损失五十万元以上的；

（三）造成十户以上家庭的房屋以及其他基本生活资料烧毁的；

（四）造成森林火灾，过火有林地面积二公顷以上，或者过火疏林地、灌木林地、未成林地、苗圃地面积四公顷以上的；

（五）其他造成严重后果的情形。

本条和本规定第十五条规定的“有林地”、“疏林地”、“灌木林地”、“未成林地”、“苗圃地”，按照国家林业主管部门的有关规定确定。

第二条［非法制造、买卖、运输、储存危险物质案（刑法第一百二十五条第二款）］ 非法制造、买卖、运输、储存毒害性、放射性、传染病病原体等

物质，危害公共安全，涉嫌下列情形之一的，应予立案追诉：

（一）造成人员重伤或者死亡的；

（二）造成直接经济损失十万元以上的；

（三）非法制造、买卖、运输、储存毒鼠强、氟乙酰胺、氟乙酸钠、毒鼠硅、甘氟原粉、原液、制剂五十克以上，或者饵料二千克以上的；

（四）造成急性中毒、放射性疾病或者造成传染病流行、暴发的；

（五）造成严重环境污染的；

（六）造成毒害性、放射性、传染病病原体等危险物质丢失、被盗、被抢或者被他人利用进行违法犯罪活动的；

（七）其他危害公共安全的情形。

第三条［违规制造、销售枪支案（刑法第一百二十六条）］ 依法被指定、确定的枪支制造企业、销售企业，违反枪支管理规定，以非法销售为目的，超过限额或者不按照规定的品种制造、配售枪支，或者以非法销售为目的，制造无号、重号、假号的枪支，或者非法销售枪支或者在境内销售为出口制造的枪支，涉嫌下列情形之一的，应予立案追诉：

（一）违规制造枪支五支以上的；

（二）违规销售枪支二支以上的；

（三）虽未达到上述数量标准，但具有造成严重后果等其他恶劣情节的。

本条和本规定第四条、第七条规定的“枪支”，包括枪支散件。成套枪支散件，以相应数量的枪支计；非成套枪支散件，以每三十件为一成套枪支散件计。

第四条［非法持有、私藏枪支、弹药案（刑法第一百二十八条第一款）］ 违反枪支管理规定，非法持有、私藏枪支、弹药，涉嫌下列情形之一的，应予立案追诉：

（一）非法持有、私藏军用枪支一支以上的；

（二）非法持有、私藏以火药为动力发射枪弹的非军用枪支一支以上，或者以压缩气体等为动力的其他非军用枪支二支以上的；

（三）非法持有、私藏军用子弹二十发以上、气枪铅弹一千发以上或者其他非军用子弹二百发以上的；

（四）非法持有、私藏手榴弹、炸弹、地雷、手雷等具有杀伤性弹药一枚以上的；

（五）非法持有、私藏的弹药造成人员伤亡、财产损失的。

本条规定的“非法持有”，是指不符合配备、配置枪支、弹药条件的人员，擅自持有枪支、弹药的行为；“私藏”，是指依法配备、配置枪支、弹药的人员，在配备、配置枪支、弹药的条件消除后，私自藏匿所配备、配置的枪支、弹药且拒不交出的行为。

第五条［非法出租、出借枪支案（刑法第一百二十八条第二、三、四款）］ 依法配备公务用枪的人员或者单位，非法将枪支出租、出借给未取得公务用枪配备资格的人员或者单位，或者将公务用枪用作借债质押物的，应予立案追诉。

依法配备公务用枪的人员或者单位，非法将枪支出租、出借给具有公务用枪配备资格的人员或者单位，以及依法配置民用枪支的人员或者单位，非法出租、出借民用枪支，涉嫌下列情形之一的，应予立案追诉：

（一）造成人员轻伤以上伤亡事故的；

（二）造成枪支丢失、被盗、被抢的；

（三）枪支被他人利用进行违法犯罪活动的；

（四）其他造成严重后果的情形。

第六条［丢失枪支不报案（刑法第一百二十九条）］ 依法配备公务用枪的人员，丢失枪支不及时报告，涉嫌下列情形之一的，应予立案追诉：

（一）丢失的枪支被他人使用造成人员轻伤以上伤亡事故的；

（二）丢失的枪支被他人利用进行违法犯罪活动的；

（三）其他造成严重后果的情形。

第七条［非法携带枪支、弹药、管制刀具、危险物品危及公共安全案（刑法第一百三十条）］ 非法携带枪支、弹药、管制刀具或者爆炸性、易燃性、放射性、毒害性、腐蚀性物品，进入公共场所或者公共交通工具，危及公共安全，涉嫌下列情形之一的，应予立案追诉：

（一）携带枪支一支以上或者手榴弹、炸弹、地雷、手雷等具有杀伤性弹药一枚以上的；

（二）携带爆炸装置一套以上的；

（三）携带炸药、发射药、黑火药五百克以上或者烟火药一千克以上、雷管二十枚以上或者导火索、导爆索二十米以上，或者虽未达到上述数量标准，但拒不交出的；

（四）携带的弹药、爆炸物在公共场所或者公共交通工具上发生爆炸或者燃烧，尚未造成严重后果的；

（五）携带管制刀具二十把以上，或者虽未达到上述数量标准，但拒不交出，或者用来进行违法活动尚未构成其他犯罪的；

（六）携带的爆炸性、易燃性、放射性、毒害性、腐蚀性物品在公共场所或者公共交通工具上发生泄漏、遗洒，尚未造成严重后果的；

（七）其他情节严重的情形。

第八条［重大责任事故案（刑法第一百三十四条第一款）］ 在生产、作业中违反有关安全管理的规定，涉嫌下列情形之一的，应予立案追诉：

（一）造成死亡一人以上，或者重伤三人以上的；

（二）造成直接经济损失五十万元以上的；

（三）发生矿山生产安全事故，造成直接经济损失一百万元以上的；

（四）其他造成严重后果的情形。

第九条［强令违章冒险作业案（刑法第一百三十四条第二款）］ 强令他人违章冒险作业，涉嫌下列情形之一的，应予立案追诉：

（一）造成死亡一人以上，或者重伤三人以上的；

（二）造成直接经济损失五十万元以上的；

（三）发生矿山生产安全事故，造成直接经济损失一百万元以上的；

（四）其他造成严重后果的情形。

第十条［重大劳动安全事故案（刑法第一百三十五条）］ 安全生产设施或者安全生产条件不符合国家规定，涉嫌下列情形之一的，应予立案追诉：

（一）造成死亡一人以上，或者重伤三人以上的；

（二）造成直接经济损失五十万元以上的；

（三）发生矿山生产安全事故，造成直接经济损失一百万元以上的；

（四）其他造成严重后果的情形。

第十一条［大型群众性活动重大安全事故案（刑法第一百三十五条之一）］ 举办大型群众性活动违反安全管理规定，涉嫌下列情形之一的，应予立案追诉：

（一）造成死亡一人以上，或者重伤三人以上的；

（二）造成直接经济损失五十万元以上的；

（三）其他造成严重后果的情形。

第十二条［危险物品肇事案（刑法第一百三十六条）］ 违反爆炸性、易燃性、放射性、毒害性、腐蚀性物品的管理规定，在生产、储存、运输、使用中发生重大事故，涉嫌下列情形之一的，应予立案追诉：

（一）造成死亡一人以上，或者重伤三人以上的；

（二）造成直接经济损失五十万元以上的；

（三）其他造成严重后果的情形。

第十三条［工程重大安全事故案（刑法第一百三十七条）］ 建设单位、设计单位、施工单位、工程监理单位违反国家规定，降低工程质量标准，涉嫌下列情形之一的，应予立案追诉：

（一）造成死亡一人以上，或者重伤三人以上的；

（二）造成直接经济损失五十万元以上的；

（三）其他造成严重后果的情形。

第十四条［教育设施重大安全事故案（刑法第一百三十八条）］ 明知校舍或者教育教学设施有危险，而不采取措施或者不及时报告，涉嫌下列情形之一的，应予立案追诉：

（一）造成死亡一人以上、重伤三人以上或者轻伤十人以上的；

（二）其他致使发生重大伤亡事故的情形。

第十五条［消防责任事故案（刑法第一百三十九条）］ 违反消防管理法规，经消防监督机构通知采取改正措施而拒绝执行，涉嫌下列情形之一的，应予立案追诉：

（一）造成死亡一人以上，或者重伤三人以上的；

（二）造成直接经济损失五十万元以上的；

（三）造成森林火灾，过火有林地面积二公顷以上，或者过火疏林地、灌木林地、未成林地、苗圃地面积四公顷以上的；

（四）其他造成严重后果的情形。

二、破坏社会主义市场经济秩序案

第十六条［生产、销售伪劣产品案（刑法第一百四十条）］ 生产者、销售者在产品中掺杂、掺假，以假充真，以次充好或者以不合格产品冒充合格产品，涉嫌下列情形之一的，应予立案追诉：

（一）伪劣产品销售金额五万元以上的；

（二）伪劣产品尚未销售，货值金额十五万元以上的；

（三）伪劣产品销售金额不满五万元，但将已销售金额乘以三倍后，与尚未销售的伪劣产品货值金额合计十五万元以上的。

本条规定的“掺杂、掺假”，是指在产品中掺入杂质或者异物，致使产品质量不符合国家法律、法规或者产品明示质量标准规定的质量要求，降低、失去应有使用性能的行为；“以假充真”，是指以不具有某种使用性能的产品冒充具有该种使用性能的产品的行为；“以次充好”，是指以低等级、低档次产品冒充高等级、高档次产品，或者以残次、废旧零配件组合、拼装后冒充正品或者新产品的行为；“不合格产品”，是指不符合《中华人民共和国产品质量法》规定的质量要求的产品。

对本条规定的上述行为难以确定的，应当委托法律、行政法规规定的产品质量检验机构进行鉴定。本条规定的

“销售金额”，是指生产者、销售者出售伪劣产品后所得和应得的全部违法收入；“货值金额”，以违法生产、销售的伪劣产品的标价计算；没有标价的，按照同类合格产品的市场中间价格计算。货值金额难以确定的，按照《扣押、追缴、没收物品估价管理办法》的规定，委托估价机构进行确定。

第十七条［生产、销售假药案（刑法第一百四十一条）］ 生产（包括配制）、销售假药，涉嫌下列情形之一的，应予立案追诉：

（一）含有超标准的有毒有害物质的；

（二）不含所标明的有效成份，可能贻误诊治的；

（三）所标明的适应症或者功能主治超出规定范围，可能造成贻误诊治的；

（四）缺乏所标明的急救必需的有效成份的；

（五）其他足以严重危害人体健康或者对人体健康造成严重危害的情形。

本条规定的“假药”，是指依照《中华人民共和国药品管理法》的规定属于假药和按假药论处的药品、非药品。

第十八条［生产、销售劣药案（刑法第一百四十二条）］ 生产（包括配制）、销售劣药，涉嫌下列情形之一的，应予立案追诉：

（一）造成人员轻伤、重伤或者死亡的；

（二）其他对人体健康造成严重危害的情形。

本条规定的“劣药”，是指依照《中华人民共和国药品管理法》的规定，药品成份的含量不符合国家药品标准的药品和按劣药论处的药品。

第十九条［生产、销售不符合卫生标准的食品案（刑法第一百四十三条）］ 生产、销售不符合卫生标准的食品，涉嫌下列情形之一的，应予立案追诉：

（一）含有可能导致严重食物中毒事故或者其他严重食源性疾患的超标准的有害细菌的；

（二）含有可能导致严重食物中毒事故或者其他严重食源性疾患的其他污染物的。

本条规定的“不符合卫生标准的食品”，由省级以上卫生行政部门确定的机构进行鉴定。

第二十条［生产、销售有毒、有害食品案（刑法第一百四十四条）］ 在生产、销售的食品中掺入有毒、有害的非食品原料的，或者销售明知掺有有毒、有害的非食品原料的食品的，应予立案追诉。

使用盐酸克仑特罗（俗称“瘦肉精”）等禁止在饲料和动物饮用水中使用的药品或者含有该类药品的饲料养殖供人食用的动物，或者销售明知是使用该类药品或者含有该类药品的饲料养殖的供人食用的动物的，应予立案追诉。

明知是使用盐酸克仑特罗等禁止在饲料和动物饮用水中使用的药品或者含有该类药品的饲料养殖的供人食用的动物，而提供屠宰等加工服务，或者销售其制品的，应予立案追诉。

第二十一条［生产、销售不符合标准的医用器材案（刑法第一百四十五条）］ 生产不符合保障人体健康的国家标准、行业标准的医疗器械、医用卫生材料，或者销售明知是不符合保障人体健康的国家标准、行业标准的医疗器械、医用卫生材料，涉嫌下列情形之一的，应予立案追诉：

（一）进入人体的医疗器械的材料

中含有超过标准的有毒有害物质的；

（二）进入人体的医疗器械的有效性指标不符合标准要求，导致治疗、替代、调节、补偿功能部分或者全部丧失，可能造成贻误诊治或者人体严重损伤的；

（三）用于诊断、监护、治疗的有源医疗器械的安全指标不符合强制性标准要求，可能对人体构成伤害或者潜在危害的；

（四）用于诊断、监护、治疗的有源医疗器械的主要性能指标不合格，可能造成贻误诊治或者人体严重损伤的；

（五）未经批准，擅自增加功能或者适用范围，可能造成贻误诊治或者人体严重损伤的；

（六）其他足以严重危害人体健康或者对人体健康造成严重危害的情形。

医疗机构或者个人知道或者应当知道是不符合保障人体健康的国家标准、行业标准的医疗器械、医用卫生材料而购买并有偿使用的，视为本条规定的“销售”。

第二十二条［生产、销售不符合安全标准的产品案（刑法第一百四十六条）］ 生产不符合保障人身、财产安全的国家标准、行业标准的电器、压力容器、易燃易爆产品或者其他不符合保障人身、财产安全的国家标准、行业标准的产品，或者销售明知是以上不符合保障人身、财产安全的国家标准、行业标准的产品，涉嫌下列情形之一的，应予立案追诉：

（一）造成人员重伤或者死亡的；

（二）造成直接经济损失十万元以上的；

（三）其他造成严重后果的情形。

第二十三条［生产、销售伪劣农药、兽药、化肥、种子案（刑法第一百四十七条）］ 生产假农药、假兽药、假化肥，销售明知是假的或者失去使用效能的农药、兽药、化肥、种子，或者生产者、销售者以不合格的农药、兽药、化肥、种子冒充合格的农药、兽药、化肥、种子，涉嫌下列情形之一的，应予立案追诉：

（一）使生产遭受损失二万元以上的；

（二）其他使生产遭受较大损失的情形。

第二十四条［生产、销售不符合卫生标准的化妆品案（刑法第一百四十八条）］ 生产不符合卫生标准的化妆品，或者销售明知是不符合卫生标准的化妆品，涉嫌下列情形之一的，应予立案追诉：

（一）造成他人容貌毁损或者皮肤严重损伤的；

（二）造成他人器官组织损伤导致严重功能障碍的；

（三）致使他人精神失常或者自杀、自残造成重伤、死亡的；

（四）其他造成严重后果的情形。

第二十五条［走私淫秽物品案（刑法第一百五十二条第一款）］ 以牟利或者传播为目的，走私淫秽的影片、录像带、录音带、图片、书刊或者其他通过文字、声音、形象等形式表现淫秽内容的影碟、音碟、电子出版物等物品，涉嫌下列情形之一的，应予立案追诉：

（一）走私淫秽录像带、影碟五十盘（张）以上的；

（二）走私淫秽录音带、音碟一百盘（张）以上的；

（三）走私淫秽扑克、书刊、画册一百副（册）以上的；

（四）走私淫秽照片、图片五百张以上的；

（五）走私其他淫秽物品相当于上

述数量的；

（六）走私淫秽物品数量虽未达到本条第（一）项至第（四）项规定标准，但分别达到其中两项以上标准的百分之五十以上的。

第二十六条［侵犯著作权案（刑法第二百一十七条）］ 以营利为目的，未经著作权人许可，复制发行其文字作品、音乐、电影、电视、录像作品、计算机软件及其他作品，或者出版他人享有专有出版权的图书，或者未经录音录像制作者许可，复制发行其制作的录音录像，或者制作、出售假冒他人署名的美术作品，涉嫌下列情形之一的，应予立案追诉：

（一）违法所得数额三万元以上的；

（二）非法经营数额五万元以上的；

（三）未经著作权人许可，复制发行其文字作品、音乐、电影、电视、录像作品、计算机软件及其他作品，复制品数量合计五百张（份）以上的；

（四）未经录音录像制作者许可，复制发行其制作的录音录像制品，复制品数量合计五百张（份）以上的；

（五）其他情节严重的情形。

以刊登收费广告等方式直接或者间接收取费用的情形，属于本条规定的“以营利为目的”。

本条规定的“未经著作权人许可”，是指没有得到著作权人授权或者伪造、涂改著作权人授权许可文件或者超出授权许可范围的情形。

本条规定的“复制发行”，包括复制、发行或者既复制又发行的行为。

通过信息网络向公众传播他人文字作品、音乐、电影、电视、录像作品、计算机软件及其他作品，或者通过信息网络传播他人制作的录音录像制品的行为，应当视为本条规定的“复制发行”。

侵权产品的持有人通过广告、征订等方式推销侵权产品的，属于本条规定的“发行”。

本条规定的“非法经营数额”，是指行为人在实施侵犯知识产权行为过程中，制造、储存、运输、销售侵权产品的价值。已销售的侵权产品的价值，按照实际销售的价格计算。制造、储存、运输和未销售的侵权产品的价值，按照标价或者已经查清的侵权产品的实际销售平均价格计算。侵权产品没有标价或者无法查清其实际销售价格的，按照被侵权产品的市场中间价格计算。

第二十七条［销售侵权复制品案（刑法第二百一十八条）］ 以营利为目的，销售明知是刑法第二百一十七条规定的侵权复制品，涉嫌下列情形之一的，应予立案追诉：

（一）违法所得数额十万元以上的；

（二）违法所得数额虽未达到上述数额标准，但尚未销售的侵权复制品货值金额达到三十万元以上的。

第二十八条［强迫交易案（刑法第二百二十六条）］ 以暴力、威胁手段强买强卖商品、强迫他人提供服务或者强迫他人接受服务，涉嫌下列情形之一的，应予立案追诉：

（一）造成被害人轻微伤或者其他严重后果的；

（二）造成直接经济损失二千元以上的；

（三）强迫交易三次以上或者强迫三人以上交易的；

（四）强迫交易数额一万元以上，或者违法所得数额二千元以上的；

（五）强迫他人购买伪劣商品数额五千元以上，或者违法所得数额一千元以上的；

（六）其他情节严重的情形。

第二十九条［伪造、倒卖伪造的有价票证案（刑法第二百二十七条第一款）］ 伪造或者倒卖伪造的车票、船票、邮票或者其他有价票证，涉嫌下列情形之一的，应予立案追诉：

（一）车票、船票票面数额累计二千元以上，或者数量累计五十张以上的；

（二）邮票票面数额累计五千元以上，或者数量累计一千枚以上的；

（三）其他有价票证价额累计五千元以上，或者数量累计一百张以上的；

（四）非法获利累计一千元以上的；

（五）其他数额较大的情形。

第三十条［倒卖车票、船票案（刑法第二百二十七条第二款）］ 倒卖车票、船票或者倒卖车票坐席、卧铺签字号以及订购车票、船票凭证，涉嫌下列情形之一的，应予立案追诉：

（一）票面数额累计五千元以上的；

（二）非法获利累计二千元以上的；

（三）其他情节严重的情形。

三、侵犯公民人身权利、民主权利案

第三十一条［强迫职工劳动案（刑法第二百四十四条）］ 用人单位违反劳动管理法规，以限制人身自由方法强迫职工劳动，涉嫌下列情形之一的，应予立案追诉：

（一）强迫他人劳动，造成人员伤亡或者患职业病的；

（二）采取殴打、胁迫、扣发工资、扣留身份证件等手段限制人身自由，强迫他人劳动的；

（三）强迫妇女从事井下劳动、国家规定的第四级体力劳动强度的劳动或者其他禁忌从事的劳动，或者强迫处于经期、孕期和哺乳期妇女从事国家规定的第三级体力劳动强度以上的劳动或者其他禁忌从事的劳动的；

（四）强迫已满十六周岁未满十八周岁的未成年人从事国家规定的第四级体力劳动强度的劳动，或者从事高空、井下劳动，或者在爆炸性、易燃性、放射性、毒害性等危险环境下从事劳动的；

（五）其他情节严重的情形。

第三十二条［雇用童工从事危重劳动案（刑法第二百四十四条之一）］ 违反劳动管理法规，雇用未满十六周岁的未成年人从事国家规定的第四级体力劳动强度的劳动，或者从事高空、井下作业，或者在爆炸性、易燃性、放射性、毒害性等危险环境下从事劳动，涉嫌下列情形之一的，应予立案追诉：

（一）造成未满十六周岁的未成年人伤亡或者对其身体健康造成严重危害的；

（二）雇用未满十六周岁的未成年人三人以上的；

（三）以强迫、欺骗等手段雇用未满十六周岁的未成年人从事危重劳动的；

（四）其他情节严重的情形。

四、侵犯财产案

第三十三条［故意毁坏财物案（刑法第二百七十五条）］ 故意毁坏公私财物，涉嫌下列情形之一的，应予立案追诉：

（一）造成公私财物损失五千元以上的；

（二）毁坏公私财物三次以上的；

（三）纠集三人以上公然毁坏公私

财物的；

（四）其他情节严重的情形。

第三十四条［破坏生产经营案（刑法第二百七十六条）］ 由于泄愤报复或者其他个人目的，毁坏机器设备、残害耕畜或者以其他方法破坏生产经营，涉嫌下列情形之一的，应予立案追诉：

（一）造成公私财物损失五千元以上的；

（二）破坏生产经营三次以上的；

（三）纠集三人以上公然破坏生产经营的；

（四）其他破坏生产经营应予追究刑事责任的情形。

五、妨害社会管理秩序案

第三十五条［非法生产、买卖警用装备案（刑法第二百八十一条）］ 非法生产、买卖人民警察制式服装、车辆号牌等专用标志、警械，涉嫌下列情形之一的，应予立案追诉：

（一）成套制式服装三十套以上，或者非成套制式服装一百件以上的；

（二）手铐、脚镣、警用抓捕网、警用催泪喷射器、警灯、警报器单种或者合计十件以上的；

（三）警棍五十根以上的；

（四）警衔、警号、胸章、臂章、帽徽等警用标志单种或者合计一百件以上的；

（五）警车号牌、省级以上公安机关专段民用车辆号牌一副以上，或者其他公安机关专段民用车辆号牌三副以上的；

（六）非法经营数额五千元以上，或者非法获利一千元以上的；

（七）被他人利用进行违法犯罪活动的；

（八）其他情节严重的情形。

第三十六条［聚众斗殴案（刑法第二百九十二条第一款）］ 组织、策划、指挥或者积极参加聚众斗殴的，应予立案追诉。

第三十七条［寻衅滋事案（刑法第二百九十三条）］ 寻衅滋事，破坏社会秩序，涉嫌下列情形之一的，应予立案追诉：

（一）随意殴打他人造成他人身体伤害、持械随意殴打他人或者具有其他恶劣情节的；

（二）追逐、拦截、辱骂他人，严重影响他人正常工作、生产、生活，或者造成他人精神失常、自杀或者具有其他恶劣情节的；

（三）强拿硬要或者任意损毁、占用公私财物价值二千元以上，强拿硬要或者任意损毁、占用公私财物三次以上或者具有其他严重情节的；

（四）在公共场所起哄闹事，造成公共场所秩序严重混乱的。

第三十八条［非法集会、游行、示威案（刑法第二百九十六条）］ 举行集会、游行、示威，未依照法律规定申请或者申请未获许可，或者未按照主管机关许可的起止时间、地点、路线进行，又拒不服从解散命令，严重破坏社会秩序的，应予立案追诉。

第三十九条［非法携带武器、管制刀具、爆炸物参加集会、游行、示威案（刑法第二百九十七条）］ 违反法律规定，携带武器、管制刀具或者爆炸物参加集会、游行、示威的，应予立案追诉。

第四十条［破坏集会、游行、示威案（刑法第二百九十八条）］ 扰乱、冲击或者以其他方法破坏依法举行的集会、游行、示威，造成公共秩序混乱的，应予立案追诉。

第四十一条［聚众淫乱案（刑法第三百零一条第一款）］ 组织、策划、指挥三人以上进行聚众淫乱活动或者参加聚众淫乱活动三次以上的，应予立案追诉。

第四十二条［引诱未成年人聚众淫乱案（刑法第三百零一条第二款）］ 引诱未成年人参加聚众淫乱活动的，应予立案追诉。

第四十三条［赌博案（刑法第三百零三条第一款）］ 以营利为目的，聚众赌博，涉嫌下列情形之一的，应予立案追诉：

（一）组织三人以上赌博，抽头渔利数额累计五千元以上的；

（二）组织三人以上赌博，赌资数额累计五万元以上的；

（三）组织三人以上赌博，参赌人数累计二十人以上的；

（四）组织中华人民共和国公民十人以上赴境外赌博，从中收取回扣、介绍费的；

（五）其他聚众赌博应予追究刑事责任的情形。

以营利为目的，以赌博为业的，应予立案追诉。

赌博犯罪中用作赌注的款物、换取筹码的款物和通过赌博赢取的款物属于赌资。通过计算机网络实施赌博犯罪的，赌资数额可以按照在计算机网络上投注或者赢取的点数乘以每一点实际代表的金额认定。

第四十四条［开设赌场案（刑法第三百零三条第二款）］ 开设赌场的，应予立案追诉。

在计算机网络上建立赌博网站，或者为赌博网站担任代理，接受投注的，属于本条规定的“开设赌场”。

第四十五条［故意延误投递邮件案（刑法第三百零四条）］ 邮政工作人员严重不负责任，故意延误投递邮件，涉嫌下列情形之一的，应予立案追诉：

（一）造成直接经济损失二万元以上的；

（二）延误高校录取通知书或者其他重要邮件投递，致使他人失去高校录取资格或者造成其他无法挽回的重大损失的；

（三）严重损害国家声誉或者造成恶劣社会影响的；

（四）其他致使公共财产、国家和人民利益遭受重大损失的情形。

第四十六条［故意损毁文物案（刑法第三百二十四条第一款）］ 故意损毁国家保护的珍贵文物或者被确定为全国重点文物保护单位、省级文物保护单位的文物的，应予立案追诉。

第四十七条［故意损毁名胜古迹案（刑法第三百二十四条第二款）］ 故意损毁国家保护的名胜古迹，涉嫌下列情形之一的，应予立案追诉：

（一）造成国家保护的名胜古迹严重损毁的；

（二）损毁国家保护的名胜古迹三次以上或者三处以上，尚未造成严重毁损后果的；

（三）损毁手段特别恶劣的；

（四）其他情节严重的情形。

第四十八条［过失损毁文物案（刑法第三百二十四条第三款）］ 过失损毁国家保护的珍贵文物或者被确定为全国重点文物保护单位、省级文物保护单位的文物，涉嫌下列情形之一的，应予立案追诉：

（一）造成珍贵文物严重损毁的；

（二）造成被确定为全国重点文物保护单位、省级文物保护单位的文物严重损毁的；

（三）造成珍贵文物损毁三件以

上的；

（四）其他造成严重后果的情形。

第四十九条［妨害传染病防治案（刑法第三百三十条）］ 违反传染病防治法的规定，引起甲类或者按甲类管理的传染病传播或者有传播严重危险，涉嫌下列情形之一的，应予立案追诉：

（一）供水单位供应的饮用水不符合国家规定的卫生标准的；

（二）拒绝按照疾病预防控制机构提出的卫生要求，对传染病病原体污染的污水、污物、粪便进行消毒处理的；

（三）准许或者纵容传染病病人、病原携带者和疑似传染病病人从事国务院卫生行政部门规定禁止从事的易使该传染病扩散的工作的；

（四）拒绝执行疾病预防控制机构依照传染病防治法提出的预防、控制措施的。

本条和本规定第五十条规定的“甲类传染病”，是指鼠疫、霍乱；“按甲类管理的传染病”，是指乙类传染病中传染性非典型肺炎、炭疽中的肺炭疽、人感染高致病性禽流感以及国务院卫生行政部门根据需要报经国务院批准公布实施的其他需要按甲类管理的乙类传染病和突发原因不明的传染病。

第五十条［传染病菌种、毒种扩散案（刑法第三百三十一条）］ 从事实验、保藏、携带、运输传染病菌种、毒种的人员，违反国务院卫生行政部门的有关规定，造成传染病菌种、毒种扩散，涉嫌下列情形之一的，应予立案追诉：

（一）导致甲类和按甲类管理的传染病传播的；

（二）导致乙类、丙类传染病流行、暴发的；

（三）造成人员重伤或者死亡的；

（四）严重影响正常的生产、生活秩序的；

（五）其他造成严重后果的情形。

第五十一条［妨害国境卫生检疫案（刑法第三百三十二条）］ 违反国境卫生检疫规定，引起检疫传染病传播或者有传播严重危险的，应予立案追诉。

本条规定的“检疫传染病”，是指鼠疫、霍乱、黄热病以及国务院确定和公布的其他传染病。

第五十二条［非法组织卖血案（刑法第三百三十三条第一款）］ 非法组织他人出卖血液，涉嫌下列情形之一的，应予立案追诉：

（一）组织卖血三人次以上的；

（二）组织卖血非法获利累计二千元以上的；

（三）组织未成年人卖血的；

（四）被组织卖血的人的血液含有艾滋病病毒、乙型肝炎病毒、丙型肝炎病毒、梅毒螺旋体等病原微生物的；

（五）其他非法组织卖血应予追究刑事责任的情形。

第五十三条［强迫卖血案（刑法第三百三十三条第一款）］ 以暴力、威胁方法强迫他人出卖血液的，应予立案追诉。

第五十四条［非法采集、供应血液、制作、供应血液制品案（刑法第三百三十四条第一款）］ 非法采集、供应血液或者制作、供应血液制品，涉嫌下列情形之一的，应予立案追诉：

（一）采集、供应的血液含有艾滋病病毒、乙型肝炎病毒、丙型肝炎病毒、梅毒螺旋体等病原微生物的；

（二）制作、供应的血液制品含有艾滋病病毒、乙型肝炎病毒、丙型肝炎病毒、梅毒螺旋体等病原微生物，或者将含有上述病原微生物的血液用于制作血液制品的；

（三）使用不符合国家规定的药品、诊断试剂、卫生器材，或者重复使用一次性采血器材采集血液，造成传染病传播危险的；

（四）违反规定对献血者、供血浆者超量、频繁采集血液、血浆，足以危害人体健康的；

（五）其他不符合国家有关采集、供应血液或者制作、供应血液制品的规定，足以危害人体健康或者对人体健康造成严重危害的情形。

未经国家主管部门批准或者超过批准的业务范围，采集、供应血液或者制作、供应血液制品的，属于本条规定的“非法采集、供应血液或者制作、供应血液制品”。

本条和本规定第五十二条、第五十三条、第五十五条规定的“血液”，是指全血、成分血和特殊血液成分。

本条和本规定第五十五条规定的“血液制品”，是指各种人血浆蛋白制品。

第五十五条［采集、供应血液、制作、供应血液制品事故案（刑法第三百三十四条第二款）］ 经国家主管部门批准采集、供应血液或者制作、供应血液制品的部门，不依照规定进行检测或者违背其他操作规定，涉嫌下列情形之一的，应予立案追诉：

（一）造成献血者、供血浆者、受血者感染艾滋病病毒、乙型肝炎病毒、丙型肝炎病毒、梅毒螺旋体或者其他经血液传播的病原微生物的；

（二）造成献血者、供血浆者、受血者重度贫血、造血功能障碍或者其他器官组织损伤导致功能障碍等身体严重危害的；

（三）其他造成危害他人身体健康后果的情形。

经国家主管部门批准的采供血机构和血液制品生产经营单位，属于本条规定的“经国家主管部门批准采集、供应血液或者制作、供应血液制品的部门”。采供血机构包括血液中心、中心血站、中心血库、脐带血造血干细胞库和国家卫生行政主管部门根据医学发展需要批准、设置的其他类型血库、单采血浆站。

具有下列情形之一的，属于本条规定的“不依照规定进行检测或者违背其他操作规定”：

（一）血站未用两个企业生产的试剂对艾滋病病毒抗体、乙型肝炎病毒表面抗原、丙型肝炎病毒抗体、梅毒抗体进行两次检测的；

（二）单采血浆站不依照规定对艾滋病病毒抗体、乙型肝炎病毒表面抗原、丙型肝炎病毒抗体、梅毒抗体进行检测的；

（三）血液制品生产企业在投料生产前未用主管部门批准和检定合格的试剂进行复检的；

（四）血站、单采血浆站和血液制品生产企业使用的诊断试剂没有生产单位名称、生产批准文号或者经检定不合格的；

（五）采供血机构在采集检验标本、采集血液和成分血分离时，使用没有生产单位名称、生产批准文号或者超过有效期的一次性注射器等采血器材的；

（六）不依照国家规定的标准和要求包装、储存、运输血液、原料血浆的；

（七）对国家规定检测项目结果呈阳性的血液未及时按照规定予以清除的；

（八）不具备相应资格的医务人员进行采血、检验操作的；

（九）对献血者、供血浆者超量、

频繁采集血液、血浆的；

（十）采供血机构采集血液、血浆前，未对献血者或者供血浆者进行身份识别，采集冒名顶替者、健康检查不合格者血液、血浆的；

（十一）血站擅自采集原料血浆，单采血浆站擅自采集临床用血或者向医疗机构供应原料血浆的；

（十二）重复使用一次性采血器材的；

（十三）其他不依照规定进行检测或者违背操作规定的。

第五十六条［医疗事故案（刑法第三百三十五条）］ 医务人员由于严重不负责任，造成就诊人死亡或者严重损害就诊人身体健康的，应予立案追诉。

具有下列情形之一的，属于本条规定的“严重不负责任”：

（一）擅离职守的；

（二）无正当理由拒绝对危急就诊人实行必要的医疗救治的；

（三）未经批准擅自开展试验性医疗的；

（四）严重违反查对、复核制度的；

（五）使用未经批准使用的药品、消毒药剂、医疗器械的；

（六）严重违反国家法律法规及有明确规定的诊疗技术规范、常规的；

（七）其他严重不负责任的情形。

本条规定的“严重损害就诊人身体健康”，是指造成就诊人严重残疾、重伤、感染艾滋病、病毒性肝炎等难以治愈的疾病或者其他严重损害就诊人身体健康的后果。

第五十七条［非法行医案（刑法第三百三十六条第一款）］ 未取得医生执业资格的人非法行医，涉嫌下列情形之一的，应予立案追诉：

（一）造成就诊人轻度残疾、器官组织损伤导致一般功能障碍，或者中度以上残疾、器官组织损伤导致严重功能障碍，或者死亡的；

（二）造成甲类传染病传播、流行或者有传播、流行危险的；

（三）使用假药、劣药或不符合国家规定标准的卫生材料、医疗器械，足以严重危害人体健康的；

（四）非法行医被卫生行政部门行政处罚两次以后，再次非法行医的；

（五）其他情节严重的情形。

具有下列情形之一的，属于本条规定的“未取得医生执业资格的人非法行医”：

（一）未取得或者以非法手段取得医师资格从事医疗活动的；

（二）个人未取得《医疗机构执业许可证》开办医疗机构的；

（三）被依法吊销医师执业证书期间从事医疗活动的；

（四）未取得乡村医生执业证书，从事乡村医疗活动的；

（五）家庭接生员实施家庭接生以外的医疗行为的。

本条规定的“轻度残疾、器官组织损伤导致一般功能障碍”、“中度以上残疾、器官组织损伤导致严重功能障碍”，参照卫生部《医疗事故分级标准（试行）》认定。

第五十八条［非法进行节育手术案（刑法第三百三十六条第二款）］ 未取得医生执业资格的人擅自为他人进行节育复通手术、假节育手术、终止妊娠手术或者摘取宫内节育器，涉嫌下列情形之一的，应予立案追诉：

（一）造成就诊人轻伤、重伤、死亡或者感染艾滋病、病毒性肝炎等难以治愈的疾病的；

（二）非法进行节育复通手术、假

节育手术、终止妊娠手术或者摘取宫内节育器五人次以上的；

（三）致使他人超计划生育的；

（四）非法进行选择性别的终止妊娠手术的；

（五）非法获利累计五千元以上的；

（六）其他情节严重的情形。

第五十九条［逃避动植物检疫案（刑法第三百三十七条）］ 违反进出境动植物检疫法的规定，逃避动植物检疫，涉嫌下列情形之一的，应予立案追诉：

（一）造成国家规定的《进境动物一、二类传染病、寄生虫病名录》中所列的动物疫病传入或者对农、牧、渔业生产以及人体健康、公共安全造成严重危害的其他动物疫病在国内暴发流行的；

（二）造成国家规定的《进境植物检疫性有害生物名录》中所列的有害生物传入或者对农、林业生产、生态环境以及人体健康有严重危害的其他有害生物在国内传播扩散的。

第六十条［重大环境污染事故案（刑法第三百三十八条）］ 违反国家规定，向土地、水体、大气排放、倾倒或者处置有放射性的废物、含传染病病原体的废物、有毒物质或者其他危险废物，造成重大环境污染事故，涉嫌下列情形之一的，应予立案追诉：

（一）致使公私财产损失三十万元以上的；

（二）致使基本农田、防护林地、特种用途林地五亩以上，其他农用地十亩以上，其他土地二十亩以上基本功能丧失或者遭受永久性破坏的；

（三）致使森林或者其他林木死亡五十立方米以上，或者幼树死亡二千五百株以上的；

（四）致使一人以上死亡、三人以上重伤、十人以上轻伤，或者一人以上重伤并且五人以上轻伤的；

（五）致使传染病发生、流行或者人员中毒达到《国家突发公共卫生事件应急预案》中突发公共卫生事件分级III级以上情形，严重危害人体健康的；

（六）其他致使公私财产遭受重大损失或者人身伤亡的严重后果的情形。

本条和本规定第六十二条规定的“公私财产损失”，包括污染环境行为直接造成的财产损毁、减少的实际价值，为防止污染扩大以及消除污染而采取的必要的、合理的措施而发生的费用。

第六十一条［非法处置进口的固体废物案（刑法第三百三十九条第一款）］ 违反国家规定，将境外的固体废物进境倾倒、堆放、处置的，应予立案追诉。

第六十二条［擅自进口固体废物案（刑法第三百三十九条第二款）］ 未经国务院有关主管部门许可，擅自进口固体废物用作原料，造成重大环境污染事故，涉嫌下列情形之一的，应予立案追诉：

（一）致使公私财产损失三十万元以上的；

（二）致使基本农田、防护林地、特种用途林地五亩以上，其他农用地十亩以上，其他土地二十亩以上基本功能丧失或者遭受永久性破坏的；

（三）致使森林或者其他林木死亡五十立方米以上，或者幼树死亡二千五百株以上的；

（四）致使一人以上死亡、三人以上重伤、十人以上轻伤，或者一人以上重伤并且五人以上轻伤的；

（五）致使传染病发生、流行或者

人员中毒达到《国家突发公共卫生事件应急预案》中突发公共卫生事件分级III级以上情形，严重危害人体健康的；

（六）其他致使公私财产遭受重大损失或者严重危害人体健康的情形。

第六十三条［非法捕捞水产品案（刑法第三百四十条）］ 违反保护水产资源法规，在禁渔区、禁渔期或者使用禁用的工具、方法捕捞水产品，涉嫌下列情形之一的，应予立案追诉：

（一）在内陆水域非法捕捞水产品五百公斤以上或者价值五千元以上，或者在海洋水域非法捕捞水产品二千公斤以上或者价值二万元以上的；

（二）非法捕捞有重要经济价值的水生动物苗种、怀卵亲体或者在水产种质资源保护区内捕捞水产品，在内陆水域五十公斤以上或者价值五百元以上，或者在海洋水域二百公斤以上或者价值二千元以上的；

（三）在禁渔区内使用禁用的工具或者禁用的方法捕捞的；

（四）在禁渔期内使用禁用的工具或者禁用的方法捕捞的；

（五）在公海使用禁用渔具从事捕捞作业，造成严重影响的；

（六）其他情节严重的情形。

第六十四条［非法猎捕、杀害珍贵、濒危野生动物案（刑法第三百四十一条第一款）］ 非法猎捕、杀害国家重点保护的珍贵、濒危野生动物的，应予立案追诉。

本条和本规定第六十五条规定的“珍贵、濒危野生动物”，包括列入《国家重点保护野生动物名录》的国家一、二级保护野生动物、列入《濒危野生动植物种国际贸易公约》附录一、附录二的野生动物以及驯养繁殖的上述物种。

第六十五条［非法收购、运输、出售珍贵、濒危野生动物、珍贵、濒危野生动物制品案（刑法第三百四十一条第一款）］ 非法收购、运输、出售国家重点保护的珍贵、濒危野生动物及其制品的，应予立案追诉。

本条规定的“收购”，包括以营利、自用等为目的的购买行为；“运输”，包括采用携带、邮寄、利用他人、使用交通工具等方法进行运送的行为；“出售”，包括出卖和以营利为目的的加工利用行为。

第六十六条［非法狩猎案（刑法第三百四十一条第二款）］ 违反狩猎法规，在禁猎区、禁猎期或者使用禁用的工具、方法进行狩猎，破坏野生动物资源，涉嫌下列情形之一的，应予立案追诉：

（一）非法狩猎野生动物二十只以上的；

（二）在禁猎区内使用禁用的工具或者禁用的方法狩猎的；

（三）在禁猎期内使用禁用的工具或者禁用的方法狩猎的；

（四）其他情节严重的情形。

第六十七条［非法占用农用地案（刑法第三百四十二条）］ 违反土地管理法规，非法占用耕地、林地等农用地，改变被占用土地用途，造成耕地、林地等农用地大量毁坏，涉嫌下列情形之一的，应予立案追诉：

（一）非法占用基本农田五亩以上或者基本农田以外的耕地十亩以上的；

（二）非法占用防护林地或者特种用途林地数量单种或者合计五亩以上的；

（三）非法占用其他林地数量十亩以上的；

（四）非法占用本款第（二）项、第（三）项规定的林地，其中一项数量达到相应规定的数量标准的百分之五十以上，且两项数量合计达到该项规定的数量标准的；

（五）非法占用其他农用地数量较大的情形。

违反土地管理法规，非法占用耕地建窑、建坟、建房、挖沙、采石、采矿、取土、堆放固体废弃物或者进行其他非农业建设，造成耕地种植条件严重毁坏或者严重污染，被毁坏耕地数量达到以上规定的，属于本条规定的“造成耕地大量毁坏”。

违反土地管理法规，非法占用林地，改变被占用林地用途，在非法占用的林地上实施建窑、建坟、建房、挖沙、采石、采矿、取土、种植农作物、堆放或者排泄废弃物等行为或者进行其他非林业生产、建设，造成林地的原有植被或者林业种植条件严重毁坏或者严重污染，被毁坏林地数量达到以上规定的，属于本条规定的“造成林地大量毁坏”。

第六十八条［非法采矿案（刑法第三百四十三条第一款）］ 违反矿产资源法的规定，未取得采矿许可证擅自采矿的，或者擅自进入国家规划矿区、对国民经济具有重要价值的矿区和他人矿区范围采矿的，或者擅自开采国家规定实行保护性开采的特定矿种，经责令停止开采后拒不停止开采，造成矿产资源破坏的价值数额在五万元至十万元以上的，应予立案追诉。

具有下列情形之一的，属于本条规定的“未取得采矿许可证擅自采矿”：

（一）无采矿许可证开采矿产资源的；

（二）采矿许可证被注销、吊销后继续开采矿产资源的；

（三）超越采矿许可证规定的矿区范围开采矿产资源的；

（四）未按采矿许可证规定的矿种开采矿产资源的（共生、伴生矿种除外）；

（五）其他未取得采矿许可证开采矿产资源的情形。

在采矿许可证被依法暂扣期间擅自开采的，视为本条规定的“未取得采矿许可证擅自采矿”。

造成矿产资源破坏的价值数额，由省级以上地质矿产主管部门出具鉴定结论，经查证属实后予以认定。

第六十九条［破坏性采矿案（刑法第三百四十三条第二款）］ 违反矿产资源法的规定，采取破坏性的开采方法开采矿产资源，造成矿产资源严重破坏，价值数额在三十万元至五十万元以上的，应予立案追诉。

本条规定的“采取破坏性的开采方法开采矿产资源”，是指行为人违反地质矿产主管部门审查批准的矿产资源开发利用方案开采矿产资源，并造成矿产资源严重破坏的行为。

破坏性的开采方法以及造成矿产资源严重破坏的价值数额，由省级以上地质矿产主管部门出具鉴定结论，经查证属实后予以认定。

第七十条［非法采伐、毁坏国家重点保护植物案（刑法第三百四十四条）］ 违反国家规定，非法采伐、毁坏珍贵树木或者国家重点保护的其他植物的，应予立案追诉。

本条和本规定第七十一条规定的“珍贵树木或者国家重点保护的其他植物”，包括由省级以上林业主管部门或者其他部门确定的具有重大历史纪念意义、科学研究价值或者年代久远的古树名木，国家禁止、限制出口的珍贵树木以及列入《国家重点保护野生植物名录》的树木或者其他植物。

第七十一条［非法收购、运输、加工、出售国家重点保护植物、国家重点保护植物制品案（刑法第三百四十四条）］ 违反国家规定，非法收购、运输、加工、出售珍贵树木或者国家重点保护的其他植物及其制品的，应予立案追诉。

第七十二条［盗伐林木案（刑法第三百四十五条第一款）］ 盗伐森林或者其他林木，涉嫌下列情形之一的，应予立案追诉：

（一）盗伐二至五立方米以上的；

（二）盗伐幼树一百至二百株以上的。

以非法占有为目的，具有下列情形之一的，属于本条规定的“盗伐森林或者其他林木”：

（一）擅自砍伐国家、集体、他人所有或者他人承包经营管理的森林或者其他林木的；

（二）擅自砍伐本单位或者本人承包经营管理的森林或者其他林木的；

（三）在林木采伐许可证规定的地点以外采伐国家、集体、他人所有或者他人承包经营管理的森林或者其他林木的。

本条和本规定第七十三条、第七十四条规定的林木数量以立木蓄积计算，计算方法为：原木材积除以该树种的出材率；“幼树”，是指胸径五厘米以下的树木。

第七十三条［滥伐林木案（刑法第三百四十五条第二款）］ 违反森林法的规定，滥伐森林或者其他林木，涉嫌下列情形之一的，应予立案追诉：

（一）滥伐十至二十立方米以上的；

（二）滥伐幼树五百至一千株以上的。

违反森林法的规定，具有下列情形之一的，属于本条规定的“滥伐森林或者其他林木”：

（一）未经林业行政主管部门及法律规定的其他主管部门批准并核发林木采伐许可证，或者虽持有林木采伐许可证，但违反林木采伐许可证规定的时间、数量、树种或者方式，任意采伐本单位所有或者本人所有的森林或者其他林木的；

（二）超过林木采伐许可证规定的数量采伐他人所有的森林或者其他林木的。

违反森林法的规定，在林木采伐许可证规定的地点以外，采伐本单位或者本人所有的森林或者其他林木的，除农村居民采伐自留地和房前屋后个人所有的零星林木以外，属于本条第二款第（一）项“未经林业行政主管部门及法律规定的其他主管部门批准并核发林木采伐许可证”规定的情形。

林木权属争议一方在林木权属确权之前，擅自砍伐森林或者其他林木的，属于本条规定的“滥伐森林或者其他林木”。

滥伐林木的数量，应在伐区调查设计允许的误差额以上计算。

第七十四条［非法收购、运输盗伐、滥伐的林木案（刑法第三百四十五条第三款）］ 非法收购、运输明知是盗伐、滥伐的林木，涉嫌下列情形之一的，应予立案追诉：

（一）非法收购、运输盗伐、滥伐的林木二十立方米以上或者幼树一千株以上的；

（二）其他情节严重的情形。

本条规定的“非法收购”的“明知”，是指知道或者应当知道。具有下列情形之一的，可以视为应当知道，但是有证据证明确属被蒙骗的除外：

（一）在非法的木材交易场所或者

销售单位收购木材的；

（二）收购以明显低于市场价格出售的木材的；

（三）收购违反规定出售的木材的。

第七十五条［组织卖淫案（刑法第三百五十八条第一款）］ 以招募、雇佣、强迫、引诱、容留等手段，组织他人卖淫的，应予立案追诉。

第七十六条［强迫卖淫案（刑法第三百五十八条第一款）］ 以暴力、胁迫等手段强迫他人卖淫的，应予立案追诉。

第七十七条［协助组织卖淫案（刑法第三百五十八条第三款）］ 在组织卖淫的犯罪活动中，充当保镖、打手、管账人等，起帮助作用的，应予立案追诉。

第七十八条［引诱、容留、介绍卖淫案（刑法第三百五十九条第一款）］ 引诱、容留、介绍他人卖淫，涉嫌下列情形之一的，应予立案追诉：

（一）引诱、容留、介绍二人次以上卖淫的；

（二）引诱、容留、介绍已满十四周岁未满十八周岁的未成年人卖淫的；

（三）被引诱、容留、介绍卖淫的人患有艾滋病或者患有梅毒、淋病等严重性病的；

（四）其他引诱、容留、介绍卖淫应予追究刑事责任的情形。

第七十九条［引诱幼女卖淫案（刑法第三百五十九条第二款）］ 引诱不满十四周岁的幼女卖淫的，应予立案追诉。

第八十条［传播性病案（刑法第三百六十条第一款）］ 明知自己患有梅毒、淋病等严重性病卖淫、嫖娼的，应予立案追诉。

具有下列情形之一的，可以认定为本条规定的“明知”：

（一）有证据证明曾到医疗机构就医，被诊断为患有严重性病的；

（二）根据本人的知识和经验，能够知道自己患有严重性病的；

（三）通过其他方法能够证明是“明知”的。

第八十一条［嫖宿幼女案（刑法第三百六十条第二款）］ 行为人知道被害人是或者可能是不满十四周岁的幼女而嫖宿的，应予立案追诉。

第八十二条［制作、复制、出版、贩卖、传播淫秽物品牟利案（刑法第三百六十三条第一款、第二款）］ 以牟利为目的，制作、复制、出版、贩卖、传播淫秽物品，涉嫌下列情形之一的，应予立案追诉：

（一）制作、复制、出版淫秽影碟、软件、录像带五十至一百张（盒）以上，淫秽音碟、录音带一百至二百张（盒）以上，淫秽扑克、书刊、画册一百至二百副（册）以上，淫秽照片、画片五百至一千张以上的；

（二）贩卖淫秽影碟、软件、录像带一百至二百张（盒）以上，淫秽音碟、录音带二百至四百张（盒）以上，淫秽扑克、书刊、画册二百至四百副（册）以上，淫秽照片、画片一千至二千张以上的；

（三）向他人传播淫秽物品达二百至五百人次以上，或者组织播放淫秽影、像达十至二十场次以上的；

（四）制作、复制、出版、贩卖、传播淫秽物品，获利五千至一万元以上的。

以牟利为目的，利用互联网、移动通讯终端制作、复制、出版、贩卖、传播淫秽电子信息，涉嫌下列情形之一的，应予立案追诉：

（一）制作、复制、出版、贩卖、

传播淫秽电影、表演、动画等视频文件二十个以上的；

（二）制作、复制、出版、贩卖、传播淫秽音频文件一百个以上的；

（三）制作、复制、出版、贩卖、传播淫秽电子刊物、图片、文章、短信息等二百件以上的；

（四）制作、复制、出版、贩卖、传播的淫秽电子信息，实际被点击数达到一万次以上的；

（五）以会员制方式出版、贩卖、传播淫秽电子信息，注册会员达二百人以上的；

（六）利用淫秽电子信息收取广告费、会员注册费或者其他费用，违法所得一万元以上的；

（七）数量或者数额虽未达到本款第（一）项至第（六）项规定标准，但分别达到其中两项以上标准的百分之五十以上的；

（八）造成严重后果的。

利用聊天室、论坛、即时通信软件、电子邮件等方式，实施本条第二款规定行为的，应予立案追诉。

以牟利为目的，通过声讯台传播淫秽语音信息，涉嫌下列情形之一的，应予立案追诉：

（一）向一百人次以上传播的；

（二）违法所得一万元以上的；

（三）造成严重后果的。

明知他人用于出版淫秽书刊而提供书号、刊号的，应予立案追诉。

第八十三条［为他人提供书号出版淫秽书刊案（刑法第三百六十三条第二款）］ 为他人提供书号、刊号出版淫秽书刊，或者为他人提供版号出版淫秽音像制品的，应予立案追诉。

第八十四条［传播淫秽物品案（刑法第三百六十四条第一款）］ 传播淫秽的书刊、影片、音像、图片或者其他淫秽物品，涉嫌下列情形之一的，应予立案追诉：

（一）向他人传播三百至六百人次以上的；

（二）造成恶劣社会影响的。

不以牟利为目的，利用互联网、移动通讯终端传播淫秽电子信息，涉嫌下列情形之一的，应予立案追诉：

（一）数量达到本规定第八十二条第二款第（一）项至第（五）项规定标准二倍以上的；

（二）数量分别达到本规定第八十二条第二款第（一）项至第（五）项两项以上标准的；

（三）造成严重后果的。

利用聊天室、论坛、即时通信软件、电子邮件等方式，实施本条第二款规定行为的，应予立案追诉。

第八十五条［组织播放淫秽音像制品案（刑法第三百六十四条第二款）］ 组织播放淫秽的电影、录像等音像制品，涉嫌下列情形之一的，应予立案追诉：

（一）组织播放十五至三十场次以上的；

（二）造成恶劣社会影响的。

第八十六条［组织淫秽表演案（刑法第三百六十五条）］ 以策划、招募、强迫、雇用、引诱、提供场地、提供资金等手段，组织进行淫秽表演，涉嫌下列情形之一的，应予立案追诉：

（一）组织表演者进行裸体表演的；

（二）组织表演者利用性器官进行诲淫性表演的；

（三）组织表演者半裸体或者变相裸体表演并通过语言、动作具体描绘性行为的；

（四）其他组织进行淫秽表演应予追究刑事责任的情形。

六、危害国防利益案

第八十七条［故意提供不合格武器装备、军事设施案（刑法第三百七十条第一款）］ 明知是不合格的武器装备、军事设施而提供给武装部队，涉嫌下列情形之一的，应予立案追诉：

（一）造成人员轻伤以上的；

（二）造成直接经济损失十万元以上的；

（三）提供不合格的枪支三支以上、子弹一百发以上、雷管五百枚以上、炸药五千克以上或者其他重要武器装备、军事设施的；

（四）影响作战、演习、抢险救灾等重大任务完成的；

（五）发生在战时的；

（六）其他故意提供不合格武器装备、军事设施应予追究刑事责任的情形。

第八十八条［过失提供不合格武器装备、军事设施案（刑法第三百七十条第二款）］ 过失提供不合格武器装备、军事设施给武装部队，涉嫌下列情形之一的，应予立案追诉：

（一）造成死亡一人以上或者重伤三人以上的；

（二）造成直接经济损失三十万元以上的；

（三）严重影响作战、演习、抢险救灾等重大任务完成的；

（四）其他造成严重后果的情形。

第八十九条［聚众冲击军事禁区案（刑法第三百七十一条第一款）］ 组织、策划、指挥聚众冲击军事禁区或者积极参加聚众冲击军事禁区，严重扰乱军事禁区秩序，涉嫌下列情形之一的，应予立案追诉：

（一）冲击三次以上或者一次冲击持续时间较长的；

（二）持械或者采取暴力手段冲击的；

（三）冲击重要军事禁区的；

（四）发生在战时的；

（五）其他严重扰乱军事禁区秩序应予追究刑事责任的情形。

第九十条［聚众扰乱军事管理区秩序案（刑法第三百七十一条第二款）］ 组织、策划、指挥聚众扰乱军事管理区秩序或者积极参加聚众扰乱军事管理区秩序，致使军事管理区工作无法进行，造成严重损失，涉嫌下列情形之一的，应予立案追诉：

（一）造成人员轻伤以上的；

（二）扰乱三次以上或者一次扰乱时间较长的；

（三）造成直接经济损失五万元以上的；

（四）持械或者采取暴力手段的；

（五）扰乱重要军事管理区秩序的；

（六）发生在战时的；

（七）其他聚众扰乱军事管理区秩序应予追究刑事责任的情形。

第九十一条［煽动军人逃离部队案（刑法第三百七十三条）］ 煽动军人逃离部队，涉嫌下列情形之一的，应予立案追诉：

（一）煽动三人以上逃离部队的；

（二）煽动指挥人员、值班执勤人员或者其他负有重要职责人员逃离部队的；

（三）影响重要军事任务完成的；

（四）发生在战时的；

（五）其他情节严重的情形。

第九十二条［雇用逃离部队军人案（刑法第三百七十三条）］ 明知是逃离部队的军人而雇用，涉嫌下列情形之一的，应予立案追诉：

（一）雇用一人六个月以上的；

（二）雇用三人以上的；

（三）明知是逃离部队的指挥人员、值班执勤人员或者其他负有重要职责人员而雇用的；

（四）阻碍部队将被雇用军人带回的；

（五）其他情节严重的情形。

第九十三条［接送不合格兵员案（刑法第三百七十四条）］ 在征兵工作中徇私舞弊，接送不合格兵员，涉嫌下列情形之一的，应予立案追诉：

（一）接送不合格特种条件兵员一名以上或者普通兵员三名以上的；

（二）发生在战时的；

（三）造成严重后果的；

（四）其他情节严重的情形。

第九十四条［非法生产、买卖军用标志案（刑法第三百七十五条第二款）］ 非法生产、买卖武装部队制式服装、车辆号牌等专用标志，涉嫌下列情形之一的，应予立案追诉：

（一）成套制式服装三十套以上，或者非成套制式服装一百件以上的；

（二）军徽、军旗、肩章、星徽、帽徽、军种符号或者其他军用标志单种或者合计一百件以上的；

（三）军以上领导机关专用车辆号牌一副以上或者其他军用车辆号牌三副以上的；

（四）非法经营数额五千元以上，或者非法获利一千元以上的；

（五）被他人利用进行违法犯罪活动的；

（六）其他情节严重的情形。

第九十五条［战时拒绝、逃避征召、军事训练案（刑法第三百七十六条第一款）］ 预备役人员战时拒绝、逃避征召或者军事训练，涉嫌下列情形之一的，应予立案追诉：

（一）无正当理由经教育仍拒绝、逃避征召或者军事训练的；

（二）以暴力、威胁、欺骗等手段，或者采取自伤、自残等方式拒绝、逃避征召或者军事训练的；

（三）联络、煽动他人共同拒绝、逃避征召或者军事训练的；

（四）其他情节严重的情形。

第九十六条［战时拒绝、逃避服役案（刑法第三百七十六条第二款）］ 公民战时拒绝、逃避服役，涉嫌下列情形之一的，应予立案追诉：

（一）无正当理由经教育仍拒绝、逃避服役的；

（二）以暴力、威胁、欺骗等手段，或者采取自伤、自残等方式拒绝、逃避服役的；

（三）联络、煽动他人共同拒绝、逃避服役的；

（四）其他情节严重的情形。

第九十七条［战时窝藏逃离部队军人案（刑法第三百七十九条）］ 战时明知是逃离部队的军人而为其提供隐蔽处所、财物，涉嫌下列情形之一的，应予立案追诉：

（一）窝藏三人次以上的；

（二）明知是指挥人员、值班执勤人员或者其他负有重要职责人员而窝藏的；

（三）有关部门查找时拒不交出的；

（四）其他情节严重的情形。

第九十八条［战时拒绝、故意延误军事订货案（刑法第三百八十条）］ 战时拒绝或者故意延误军事订货，涉嫌下列情形之一的，应予立案追诉：

（一）拒绝或者故意延误军事订货三次以上的；

（二）联络、煽动他人共同拒绝或者故意延误军事订货的；

（三）拒绝或者故意延误重要军事

订货，影响重要军事任务完成的；

（四）其他情节严重的情形。

第九十九条［战时拒绝军事征用案（刑法第三百八十一条）］ 战时拒绝军事征用，涉嫌下列情形之一的，应予立案追诉：

（一）无正当理由拒绝军事征用三次以上的；

（二）采取暴力、威胁、欺骗等手段拒绝军事征用的；

（三）联络、煽动他人共同拒绝军事征用的；

（四）拒绝重要军事征用，影响重要军事任务完成的；

（五）其他情节严重的情形。

附　　则

第一百条 本规定中的立案追诉标准，除法律、司法解释另有规定的以外，适用于相关的单位犯罪。

第一百零一条 本规定中的“以上”，包括本数。

第一百零二条 本规定自印发之日起施行。

最高人民检察院人民检察院直接受理立案侦查的渎职侵权重特大案件标准（试行）

（2001年7月20日最高人民检察院第九届检察委员会第92次会议通过）
2001年8月24日　高检发〔2001〕13号

根据《人民检察院直接受理立案侦查案件立案标准的规定（试行）》和其他有关规定，对人民检察院直接受理立案侦查的渎职侵权重特大案件标准规定如下：

一、滥用职权案

（一）重大案件

1. 致人死亡二人以上，或者重伤五人以上，或者轻伤十人以上的；

2. 造成直接经济损失五十万元以上的。

（二）特大案件

1. 致人死亡五人以上，或者重伤十人以上，或者轻伤二十人以上的；

2. 造成直接经济损失一百万元以上的。

二、玩忽职守案

（一）重大案件

1. 致人死亡三人以上，或者重伤十人以上，或者轻伤十五人以上的；

2. 造成直接经济损失一百万元以上的。

（二）特大案件

1. 致人死亡七人以上，或者重伤十五人以上，或者轻伤三十人以上的；

2. 造成直接经济损失二百万元以上的。

三、故意泄露国家秘密案

（一）重大案件

1. 故意泄露绝密级国家秘密一项以上，或者泄露机密级国家秘密三项以上，或者泄露秘密级国家秘密五项以上的；

2. 故意泄露国家秘密造成直接经济损失五十万元以上的；

3. 故意泄露国家秘密对国家安全构成严重危害的；

4. 故意泄露国家秘密对社会秩序

造成严重危害的。

（二）特大案件

1. 故意泄露绝密级国家秘密二项以上，或者泄露机密级国家秘密五项以上，或者泄露秘密级国家秘密七项以上的；

2. 故意泄露国家秘密造成直接经济损失一百万元以上的；

3. 故意泄露国家秘密对国家安全构成特别严重危害的；

4. 故意泄露国家秘密对社会秩序造成特别严重危害的。

四、过失泄露国家秘密案

（一）重大案件

1. 过失泄露绝密级国家秘密一项以上，或者泄露机密级国家秘密五项以上，或者泄露秘密级国家秘密七项以上并造成严重危害后果的；

2. 过失泄露国家秘密造成直接经济损失一百万元以上的；

3. 过失泄露国家秘密对国家安全构成严重危害的；

4. 过失泄露国家秘密对社会秩序造成严重危害的。

（二）特大案件

1. 过失泄露绝密级国家秘密二项以上，或者泄露机密级国家秘密七项以上，或者泄露秘密级国家秘密十项以上的；

2. 过失泄露国家秘密造成直接经济损失二百万元以上的；

3. 过失泄露国家秘密对国家安全构成特别严重危害的；

4. 过失泄露国家秘密对社会秩序造成特别严重危害的。

五、枉法追诉、裁判案

（一）重大案件

1. 对依法可能判处三年以上七年以下有期徒刑的犯罪分子，故意包庇不使其受追诉的；

2. 致使无罪的人被判处三年以上七年以下有期徒刑的。

（二）特大案件

1. 对依法可能判处七年以上有期徒刑、无期徒刑、死刑的犯罪分子，故意包庇不使其受追诉的；

2. 致使无罪的人被判处七年以上有期徒刑、无期徒刑、死刑的。

六、民事、行政枉法裁判案

（一）重大案件

1. 枉法裁判，致使公民的财产损失十万元以上、法人或者其他组织财产损失五十万元以上的；

2. 枉法裁判，引起当事人及其亲属精神失常或者重伤的。

（二）特大案件

1. 枉法裁判，致使公民的财产损失五十万元以上、法人或者其他组织财产损失一百万元以上的；

2. 引起当事人及其亲属自杀死亡的。

七、私放在押人员案

（一）重大案件

1. 私放三人以上的；

2. 私放可能判处有期徒刑十年以上或者余刑在五年以上的重大刑事犯罪分子的；

3. 在押人员被私放后又实施重大犯罪的。

（二）特大案件

1. 私放五人以上的；

2. 私放可能判处无期徒刑以上的重大刑事犯罪分子的；

3. 在押人员被私放后又犯罪致人死亡的。

八、失职致使在押人员脱逃案

（一）重大案件

1. 致使脱逃五人以上的；

2. 致使可能判处无期徒刑或者死刑缓期二年执行的重大刑事犯罪分子脱

逃的；

3. 在押人员脱逃后实施重大犯罪致人死亡的。

（二）特大案件

1. 致使脱逃十人以上的；

2. 致使可能判处死刑的重大刑事犯罪分子脱逃的；

3. 在押人员脱逃后实施重大犯罪致人死亡二人以上的。

九、徇私舞弊减刑、假释、暂予监外执行案

（一）重大案件

1. 办理三次以上或者一次办理三人以上的；

2. 为重大刑事犯罪分子办理减刑、假释、暂予监外执行的。

（二）特大案件

1. 办理五次以上或者一次办理五人以上的；

2. 为特别重大刑事犯罪分子办理减刑、假释、暂予监外执行的。

十、徇私舞弊不移交刑事案件案

（一）重大案件

1. 对犯罪嫌疑人依法可能判处五年以上十年以下有期徒刑的重大刑事案件不移交的；

2. 五次以上不移交犯罪案件，或者一次不移交犯罪案件涉及五名以上犯罪嫌疑人的；

3. 以罚代刑，放纵犯罪嫌疑人，致使犯罪嫌疑人继续进行刑事犯罪的。

（二）特大案件

1. 对犯罪嫌疑人依法可能判处十年以上有期徒刑、无期徒刑、死刑的特别重大刑事案件不移交的；

2. 七次以上不移交犯罪案件，或者一次不移交犯罪案件涉及七名以上犯罪嫌疑人的；

3. 以罚代刑，放纵犯罪嫌疑人，致使犯罪嫌疑人继续进行严重刑事犯罪的。

十一、滥用管理公司、证券职权案

（一）重大案件

1. 造成直接经济损失五十万元以上的；

2. 因违法批准或者登记致使发生刑事犯罪的。

（二）特大案件

1. 造成直接经济损失一百万元以上的；

2. 因违法批准或者登记致使发生重大刑事犯罪的。

十二、徇私舞弊不征、少征税款案

（一）重大案件

造成国家税收损失累计达三十万元以上的。

（二）特大案件

造成国家税收损失累计达五十万元以上的。

十三、徇私舞弊发售发票、抵扣税款、出口退税案

（一）重大案件

造成国家税收损失累计达三十万元以上的。

（二）特大案件

造成国家税收损失累计达五十万元以上的。

十四、违法提供出口退税凭证案

（一）重大案件

造成国家税收损失累计达三十万元以上的。

（二）特大案件

造成国家税收损失累计达五十万元以上的。

十五、国家机关工作人员签订、履行合同失职被骗案

（一）重大案件

造成直接经济损失一百万元以上的。

（二）特大案件

造成直接经济损失二百万元以

上的。

十六、违法发放林木采伐许可证案

（一）重大案件

1. 发放林木采伐许可证允许采伐数量累计超过批准的年采伐限额，导致林木被采伐数量在二十立方米以上的；

2. 滥发林木采伐许可证，导致林木被滥伐四十立方米以上的；

3. 滥发林木采伐许可证，导致珍贵树木被滥伐二株或者二立方米以上的；

4. 批准采伐国家禁止采伐的林木，情节特别恶劣的。

（二）特大案件

1. 发放林木采伐许可证允许采伐数量累计超过批准的年采伐限额，导致林木被采伐数量超过三十立方米的；

2. 滥发林木采伐许可证，导致林木被滥伐六十立方米以上的；

3. 滥发林木采伐许可证，导致珍贵树木被滥伐五株或者五立方米以上的；

4. 批准采伐国家禁止采伐的林木，造成严重后果的。

十七、环境监管失职案

（一）重大案件

1. 造成直接经济损失一百万元以上的；

2. 致人死亡二人以上或者重伤五人以上的；

3. 致使一定区域生态环境受到严重危害的。

（二）特大案件

1. 造成直接经济损失三百万元以上的；

2. 致人死亡五人以上或者重伤十人以上的；

3. 致使一定区域生态环境受到严重破坏的。

十八、传染病防治失职案

（一）重大案件

1. 导致乙类、丙类传染病流行的；

2. 致人死亡二人以上或者残疾五人以上的。

（二）特大案件

1. 导致甲类传染病传播的；

2. 致人死亡五人以上或者残疾十人以上的。

十九、非法批准征用、占用土地案

（一）重大案件

1. 非法批准征用、占用基本农田二十亩以上的；

2. 非法批准征用、占用基本农田以外的耕地六十亩以上的；

3. 非法批准征用、占用其他土地一百亩以上的；

4. 非法批准征用、占用土地，造成基本农田五亩以上，其他耕地十亩以上严重毁坏的；

5. 非法批准征用、占用土地造成直接经济损失五十万元以上的。

（二）特大案件

1. 非法批准征用、占用基本农田三十亩以上的；

2. 非法批准征用、占用基本农田以外的耕地九十亩以上的；

3. 非法批准征用、占用其他土地一百五十亩以上的；

4. 非法批准征用、占用土地，造成基本农田十亩以上，其他耕地二十亩以上严重毁坏的；

5. 非法批准征用、占用土地造成直接经济损失一百万元以上的。

二十、非法低价出让国有土地使用权案

（一）重大案件

1. 出让国有土地使用权面积在六十亩以上，并且出让价额低于国家规定的最低价额标准的百分之六十的；

2. 造成国有土地资产流失价额在五十万元以上的。

（二）特大案件

1. 出让国有土地使用权面积在九十亩以上，并且出让价额低于国家规定的最低价额标准的百分之四十的；

2. 造成国有土地资产流失价额在一百万元以上的。

二十一、放纵走私案

（一）重大案件

造成国家税收损失累计达三十万元以上的。

（二）特大案件

造成国家税收损失累计达五十万元以上的。

二十二、商检徇私舞弊案

（一）重大案件

1. 造成直接经济损失五十万元以上的；

2. 徇私舞弊，三次以上伪造检验结果的。

（二）特大案件

1. 造成直接经济损失一百万元以上的；

2. 徇私舞弊，五次以上伪造检验结果的。

二十三、商检失职案

（一）重大案件

1. 造成直接经济损失一百万元以上的；

2. 五次以上不检验或者延误检验出证、错误出证的。

（二）特大案件

1. 造成直接经济损失三百万元以上的；

2. 七次以上不检验或者延误检验出证、错误出证的。

二十四、动植物检疫徇私舞弊案

（一）重大案件

1. 徇私舞弊，三次以上伪造检疫结果的；

2. 造成直接经济损失五十万元以上的。

（二）特大案件

1. 徇私舞弊，五次以上伪造检疫结果的；

2. 造成直接经济损失一百万元以上的。

二十五、动植物检疫失职案

（一）重大案件

1. 造成直接经济损失一百万元以上的；

2. 导致疫情发生，造成人员死亡二人以上的；

3. 五次以上不检疫，或者延误检疫出证、错误出证，严重影响国家对外经贸关系和国家声誉的。

（二）特大案件

1. 造成直接经济损失三百万元以上的；

2. 导致疫情发生，造成人员死亡五人以上的；

3. 七次以上不检疫，或者延误检疫出证、错误出证，严重影响国家对外经贸关系和国家声誉的。

二十六、放纵制售伪劣商品犯罪行为案

（一）重大案件

1. 放纵生产、销售假药或者有毒、有害食品犯罪行为，情节恶劣或者后果严重的；

2. 放纵依法可能判处五年以上十年以下有期徒刑刑罚的生产、销售伪劣商品犯罪行为的；

3. 五次以上或者对五个以上有生产、销售伪劣商品犯罪行为的单位或者个人不履行追究职责的。

（二）特大案件

1. 放纵生产、销售假药或者有毒、有害食品犯罪行为，造成人员死亡的；

2. 放纵依法可能判处十年以上刑罚的生产、销售伪劣商品犯罪行为的；

3. 七次以上或者对七个以上有生产、销售伪劣商品犯罪行为的单位或者个人不履行追究职责的。

二十七、办理偷越国（边）境人员出入境证件案

（一）重大案件

1. 违法办理三人以上的；

2. 违法办理三次以上的；

3. 违法为刑事犯罪分子办证的。

（二）特大案件

1. 违法办理五人以上的；

2. 违法办理五次以上的；

3. 违法为严重刑事犯罪分子办证的。

二十八、放行偷越国（边）境人员案

（一）重大案件

1. 违法放行三人以上的；

2. 违法放行三次以上的；

3. 违法放行刑事犯罪分子的。

（二）特大案件

1. 违法放行五人以上的；

2. 违法放行五次以上的；

3. 违法放行严重刑事犯罪分子的。

二十九、不解救被拐卖、绑架妇女、儿童案

（一）重大案件

1. 五次或者对五名以上被拐卖、绑架的妇女、儿童不进行解救的；

2. 因不解救致人死亡的。

（二）特大案件

1. 七次或者对七名以上被拐卖、绑架的妇女、儿童不进行解救的；

2. 因不解救致人死亡三人以上的。

三十、阻碍解救被拐卖、绑架妇女、儿童案

（一）重大案件

1. 三次或者对三名以上被拐卖、绑架的妇女、儿童阻碍解救的；

2. 阻碍解救致人死亡的。

（二）特大案件

1. 五次或者对五名以上被拐卖、绑架的妇女、儿童阻碍解救的；

2. 阻碍解救致人死亡二人以上的。

三十一、帮助犯罪分子逃避处罚案

（一）重大案件

1. 三次或者使三名以上犯罪分子逃避处罚的；

2. 帮助重大刑事犯罪分子逃避处罚的。

（二）特大案件

1. 五次或者使五名以上犯罪分子逃避处罚的；

2. 帮助二名以上重大刑事犯罪分子逃避处罚的。

三十二、招收公务员、学生徇私舞弊案

（一）重大案件

1. 五次以上招收不合格公务员、学生或者一次招收五名以上不合格公务员、学生的；

2. 造成县区范围内招收公务员、学生工作重新进行的；

3. 因招收不合格公务员、学生，导致被排挤的合格人员或者其亲属精神失常的。

（二）特大案件

1. 七次以上招收不合格公务员、学生或者一次招收七名以上不合格公务员、学生的；

2. 造成地市范围内招收公务员、学生工作重新进行的；

3. 因招收不合格公务员、学生，导致被排挤的合格人员或者其亲属自杀的。

三十三、失职造成珍贵文物损毁、流失案

（一）重大案件

1. 导致国家一级文物损毁或者流

失一件以上的；

2. 导致国家二级文物损毁或者流失三件以上的；

3. 导致国家三级文物损毁或者流失五件以上的；

4. 导致省级文物保护单位严重损毁的。

（二）特大案件

1. 导致国家一级文物损毁或者流失三件以上的；

2. 导致国家二级文物损毁或者流失五件以上的；

3. 导致国家三级文物损毁或者流失十件以上的；

4. 导致全国重点文物保护单位严重损毁的。

三十四、国家机关工作人员利用职权实施的非法拘禁案

（一）重大案件

1. 致人重伤或者精神失常的；

2. 明知是人大代表而非法拘禁的，或者明知是无辜的人而非法拘禁的；

3. 非法拘禁持续时间超过一个月，或者一次非法拘禁十人以上的。

（二）特大案件

非法拘禁致人死亡的。

三十五、国家机关工作人员利用职权实施的非法搜查案

（一）重大案件

1. 五次以上或者一次对五人（户）以上非法搜查的；

2. 引起被搜查人精神失常的。

（二）特大案件

1. 七次以上或者一次对七人（户）以上非法搜查的；

2. 引起被搜查人自杀的。

三十六、刑讯逼供案

（一）重大案件

1. 致人重伤或者精神失常的；

2. 五次以上或者对五人以上刑讯逼供的；

3. 造成冤、假、错案的。

（二）特大案件

1. 致人死亡的；

2. 七次以上或者对七人以上刑讯逼供的；

3. 致使无辜的人被判处十年以上有期徒刑、无期徒刑、死刑的。

三十七、暴力取证案

（一）重大案件

1. 致人重伤或者精神失常的；

2. 五次以上或者对五人以上暴力取证的。

（二）特大案件

1. 致人死亡的；

2. 七次以上或者对七人以上暴力取证的。

三十八、虐待被监管人案

（一）重大案件

1. 致使被监管人重伤或者精神失常的；

2. 对被监管人五人以上或五次以上实施虐待的。

（二）特大案件

1. 致使被监管人死亡的；

2. 对被监管人七人以上或七次以上实施虐待的。

三十九、报复陷害案

（一）重大案件

1. 致人精神失常的；

2. 致人其他合法权益受到损害，后果严重的。

（二）特大案件

1. 致人自杀死亡的；

2. 后果特别严重，影响特别恶劣的。

四十、国家机关工作人员利用职权实施的破坏选举案

（一）重大案件

1. 导致乡镇级选举无法进行或者

选举无效的；

2. 实施破坏选举行为，取得县级领导职务或者人大代表资格的。

（二）特大案件

1. 导致县级以上选举无法进行或者选举无效的；

2. 实施破坏选举行为，取得市级以上领导职务或者人大代表资格的。

最高人民检察院关于渎职侵权犯罪案件立案标准的规定

（2005年12月29日最高人民检察院第十届检察委员会第49次会议通过 2006年7月26日公布施行）

高检发释字〔2006〕2号

根据《中华人民共和国刑法》、《中华人民共和国刑事诉讼法》和其他法律的有关规定，对国家机关工作人员渎职和利用职权实施的侵犯公民人身权利、民主权利犯罪案件的立案标准规定如下：

一、渎职犯罪案件

（一）滥用职权案（第三百九十七条）

滥用职权罪是指国家机关工作人员超越职权，违法决定、处理其无权决定、处理的事项，或者违反规定处理公务，致使公共财产、国家和人民利益遭受重大损失的行为。

涉嫌下列情形之一的，应予立案：

1. 造成死亡1人以上，或者重伤2人以上，或者重伤1人、轻伤3人以上，或者轻伤5人以上的；

2. 导致10人以上严重中毒的；

3. 造成个人财产直接经济损失10万元以上，或者直接经济损失不满10万元，但间接经济损失50万元以上的；

4. 造成公共财产或者法人、其他组织财产直接经济损失20万元以上，或者直接经济损失不满20万元，但间接经济损失100万元以上的；

5. 虽未达到3、4两项数额标准，但3、4两项合计直接经济损失20万元以上，或者合计直接经济损失不满20万元，但合计间接经济损失100万元以上的；

6. 造成公司、企业等单位停业、停产6个月以上，或者破产的；

7. 弄虚作假，不报、缓报、谎报或者授意、指使、强令他人不报、缓报、谎报情况，导致重特大事故危害结果继续、扩大，或者致使抢救、调查、处理工作延误的；

8. 严重损害国家声誉，或者造成恶劣社会影响的；

9. 其他致使公共财产、国家和人民利益遭受重大损失的情形。

国家机关工作人员滥用职权，符合刑法第九章所规定的特殊渎职罪构成要件的，按照该特殊规定追究刑事责任；主体不符合刑法第九章所规定的特殊渎职罪的主体要件，但滥用职权涉嫌前款第1项至第9项规定情形之一的，按照刑法第397条的规定以滥用职权罪追究刑事责任。

（二）玩忽职守案（第三百九十七条）

玩忽职守罪是指国家机关工作人员严重不负责任，不履行或者不认真履行职责，致使公共财产、国家和人民利益遭受重大损失的行为。

涉嫌下列情形之一的，应予立案：

1. 造成死亡1人以上，或者重伤3人以上，或者重伤2人、轻伤4人以上，或者重伤1人、轻伤7人以上，或者轻伤10人以上的；

2. 导致20人以上严重中毒的；

3. 造成个人财产直接经济损失15万元以上，或者直接经济损失不满15万元，但间接经济损失75万元以上的；

4. 造成公共财产或者法人、其他组织财产直接经济损失30万元以上，或者直接经济损失不满30万元，但间接经济损失150万元以上的；

5. 虽未达到3、4两项数额标准，但3、4两项合计直接经济损失30万元以上，或者合计直接经济损失不满30万元，但合计间接经济损失150万元以上的；

6. 造成公司、企业等单位停业、停产1年以上，或者破产的；

7. 海关、外汇管理部门的工作人员严重不负责任，造成100万美元以上外汇被骗购或者逃汇1000万美元以上的；

8. 严重损害国家声誉，或者造成恶劣社会影响的；

9. 其他致使公共财产、国家和人民利益遭受重大损失的情形。

国家机关工作人员玩忽职守，符合刑法第九章所规定的特殊渎职罪构成要件的，按照该特殊规定追究刑事责任；主体不符合刑法第九章所规定的特殊渎职罪的主体要件，但玩忽职守涉嫌前款第1项至第9项规定情形之一的，按照刑法第397条的规定以玩忽职守罪追究刑事责任。

（三）故意泄露国家秘密案（第三百九十八条）

故意泄露国家秘密罪是指国家机关工作人员或者非国家机关工作人员违反保守国家秘密法，故意使国家秘密被不应知悉者知悉，或者故意使国家秘密超出了限定的接触范围，情节严重的行为。

涉嫌下列情形之一的，应予立案：

1. 泄露绝密级国家秘密1项（件）以上的；

2. 泄露机密级国家秘密2项（件）以上的；

3. 泄露秘密级国家秘密3项（件）以上的；

4. 向非境外机构、组织、人员泄露国家秘密，造成或者可能造成危害社会稳定、经济发展、国防安全或者其他严重危害后果的；

5. 通过口头、书面或者网络等方式向公众散布、传播国家秘密的；

6. 利用职权指使或者强迫他人违反保守国家秘密法的规定泄露国家秘密的；

7. 以牟取私利为目的泄露国家秘密的；

8. 其他情节严重的情形。

（四）过失泄露国家秘密案（第三百九十八条）

过失泄露国家秘密罪是指国家机关工作人员或者非国家机关工作人员违反保守国家秘密法，过失泄露国家秘密，或者遗失国家秘密载体，致使国家秘密被不应知悉者知悉或者超出了限定的接触范围，情节严重的行为。

涉嫌下列情形之一的，应予立案：

1. 泄露绝密级国家秘密1项（件）以上的；

2. 泄露机密级国家秘密3项（件）以上的；

3. 泄露秘密级国家秘密4项（件）以上的；

4. 违反保密规定，将涉及国家秘密的计算机或者计算机信息系统与互联网相连接，泄露国家秘密的；

5. 泄露国家秘密或者遗失国家秘密载体，隐瞒不报、不如实提供有关情况或者不采取补救措施的；

6. 其他情节严重的情形。

（五）徇私枉法案（第三百九十九条第一款）

徇私枉法罪是指司法工作人员徇私枉法、徇情枉法，对明知是无罪的人而使他受追诉、对明知是有罪的人而故意包庇不使他受追诉，或者在刑事审判活动中故意违背事实和法律作枉法裁判的行为。

涉嫌下列情形之一的，应予立案：

1. 对明知是没有犯罪事实或者其他依法不应当追究刑事责任的人，采取伪造、隐匿、毁灭证据或者其他隐瞒事实、违反法律的手段，以追究刑事责任为目的立案、侦查、起诉、审判的；

2. 对明知是有犯罪事实需要追究刑事责任的人，采取伪造、隐匿、毁灭证据或者其他隐瞒事实、违反法律的手段，故意包庇使其不受立案、侦查、起诉、审判的；

3. 采取伪造、隐匿、毁灭证据或者其他隐瞒事实、违反法律的手段，故意使罪重的人受较轻的追诉，或者使罪轻的人受较重的追诉的；

4. 在立案后，采取伪造、隐匿、毁灭证据或者其他隐瞒事实、违反法律的手段，应当采取强制措施而不采取强制措施，或者虽然采取强制措施，但中断侦查或者超过法定期限不采取任何措施，实际放任不管，以及违法撤销、变更强制措施，致使犯罪嫌疑人、被告人实际脱离司法机关侦控的；

5. 在刑事审判活动中故意违背事实和法律，作出枉法判决、裁定，即有罪判无罪、无罪判有罪，或者重罪轻判、轻罪重判的；

6. 其他徇私枉法应予追究刑事责任的情形。

（六）民事、行政枉法裁判案（第三百九十九条第二款）

民事、行政枉法裁判罪是指司法工作人员在民事、行政审判活动中，故意违背事实和法律作枉法裁判，情节严重的行为。

涉嫌下列情形之一的，应予立案：

1. 枉法裁判，致使当事人或者其近亲属自杀、自残造成重伤、死亡，或者精神失常的；

2. 枉法裁判，造成个人财产直接经济损失10万元以上，或者直接经济损失不满10万元，但间接经济损失50万元以上的；

3. 枉法裁判，造成法人或者其他组织财产直接经济损失20万元以上，或者直接经济损失不满20万元，但间接经济损失100万元以上的；

4. 伪造、变造有关材料、证据，制造假案枉法裁判的；

5. 串通当事人制造伪证，毁灭证据或者篡改庭审笔录而枉法裁判的；

6. 徇私情、私利，明知是伪造、变造的证据予以采信，或者故意对应当采信的证据不予采信，或者故意违反法定程序，或者故意错误适用法律而枉法裁判的；

7. 其他情节严重的情形。

（七）执行判决、裁定失职案（第三百九十九条第三款）

执行判决、裁定失职罪是指司法工作人员在执行判决、裁定活动中，严重不负责任，不依法采取诉讼保全措施、不履行法定执行职责，或者违法采取保全措施、强制执行措施，致使当事人或者其他人的利益遭受重大损失的行为。

涉嫌下列情形之一的，应予立案：

1. 致使当事人或者其近亲属自杀、

自残造成重伤、死亡，或者精神失常的；

2. 造成个人财产直接经济损失15万元以上，或者直接经济损失不满15万元，但间接经济损失75万元以上的；

3. 造成法人或者其他组织财产直接经济损失30万元以上，或者直接经济损失不满30万元，但间接经济损失150万元以上的；

4. 造成公司、企业等单位停业、停产1年以上，或者破产的；

5. 其他致使当事人或者其他人的利益遭受重大损失的情形。

（八）执行判决、裁定滥用职权案（第三百九十九条第三款）

执行判决、裁定滥用职权罪是指司法工作人员在执行判决、裁定活动中，滥用职权，不依法采取诉讼保全措施、不履行法定执行职责，或者违法采取保全措施、强制执行措施，致使当事人或者其他人的利益遭受重大损失的行为。

涉嫌下列情形之一的，应予立案：

1. 致使当事人或者其近亲属自杀、自残造成重伤、死亡，或者精神失常的；

2. 造成个人财产直接经济损失10万元以上，或者直接经济损失不满10万元，但间接经济损失50万元以上的；

3. 造成法人或者其他组织财产直接经济损失20万元以上，或者直接经济损失不满20万元，但间接经济损失100万元以上的；

4. 造成公司、企业等单位停业、停产6个月以上，或者破产的；

5. 其他致使当事人或者其他人的利益遭受重大损失的情形。

（九）私放在押人员案（第四百条第一款）

私放在押人员罪是指司法工作人员私放在押（包括在羁押场所和押解途中）的犯罪嫌疑人、被告人或者罪犯的行为。

涉嫌下列情形之一的，应予立案：

1. 私自将在押的犯罪嫌疑人、被告人、罪犯放走，或者授意、指使、强迫他人将在押的犯罪嫌疑人、被告人、罪犯放走的；

2. 伪造、变造有关法律文书、证明材料，以使在押的犯罪嫌疑人、被告人、罪犯逃跑或者被释放的；

3. 为私放在押的犯罪嫌疑人、被告人、罪犯，故意向其通风报信、提供条件，致使该在押的犯罪嫌疑人、被告人、罪犯脱逃的；

4. 其他私放在押的犯罪嫌疑人、被告人、罪犯应予追究刑事责任的情形。

（十）失职致使在押人员脱逃案（第四百条第二款）

失职致使在押人员脱逃罪是指司法工作人员由于严重不负责任，不履行或者不认真履行职责，致使在押（包括在羁押场所和押解途中）的犯罪嫌疑人、被告人、罪犯脱逃，造成严重后果的行为。

涉嫌下列情形之一的，应予立案：

1. 致使依法可能判处或者已经判处10年以上有期徒刑、无期徒刑、死刑的犯罪嫌疑人、被告人、罪犯脱逃的；

2. 致使犯罪嫌疑人、被告人、罪犯脱逃3人次以上的；

3. 犯罪嫌疑人、被告人、罪犯脱逃以后，打击报复报案人、控告人、举报人、被害人、证人和司法工作人员等，或者继续犯罪的；

4. 其他致使在押的犯罪嫌疑人、被告人、罪犯脱逃，造成严重后果的情形。

（十一）徇私舞弊减刑、假释、暂予监外执行案（第四百零一条）

徇私舞弊减刑、假释、暂予监外执行罪是指司法工作人员徇私舞弊，对不符合减刑、假释、暂予监外执行条件的罪犯予以减刑、假释、暂予监外执行的行为。

涉嫌下列情形之一的，应予立案：

1. 刑罚执行机关的工作人员对不符合减刑、假释、暂予监外执行条件的罪犯，捏造事实，伪造材料，违法报请减刑、假释、暂予监外执行的；

2. 审判人员对不符合减刑、假释、暂予监外执行条件的罪犯，徇私舞弊，违法裁定减刑、假释或者违法决定暂予监外执行的；

3. 监狱管理机关、公安机关的工作人员对不符合暂予监外执行条件的罪犯，徇私舞弊，违法批准暂予监外执行的；

4. 不具有报请、裁定、决定或者批准减刑、假释、暂予监外执行权的司法工作人员利用职务上的便利，伪造有关材料，导致不符合减刑、假释、暂予监外执行条件的罪犯被减刑、假释、暂予监外执行的；

5. 其他徇私舞弊减刑、假释、暂予监外执行应予追究刑事责任的情形。

（十二）徇私舞弊不移交刑事案件案（第四百零二条）

徇私舞弊不移交刑事案件罪是指工商行政管理、税务、监察等行政执法人员，徇私舞弊，对依法应当移交司法机关追究刑事责任的案件不移交，情节严重的行为。

涉嫌下列情形之一的，应予立案：

1. 对依法可能判处3年以上有期徒刑、无期徒刑、死刑的犯罪案件不移交的；

2. 不移交刑事案件涉及3人次以上的；

3. 司法机关提出意见后，无正当理由仍然不予移交的；

4. 以罚代刑，放纵犯罪嫌疑人，致使犯罪嫌疑人继续进行违法犯罪活动的；

5. 行政执法部门主管领导阻止移交的；

6. 隐瞒、毁灭证据，伪造材料，改变刑事案件性质的；

7. 直接负责的主管人员和其他直接责任人员为牟取本单位私利而不移交刑事案件，情节严重的；

8. 其他情节严重的情形。

（十三）滥用管理公司、证券职权案（第四百零三条）

滥用管理公司、证券职权罪是指工商行政管理、证券管理等国家有关主管部门的工作人员徇私舞弊、滥用职权，对不符合法律规定条件的公司设立、登记申请或者股票、债券发行、上市申请予以批准或者登记，致使公共财产、国家和人民利益遭受重大损失的行为，以及上级部门、当地政府强令登记机关及其工作人员实施上述行为的行为。

涉嫌下列情形之一的，应予立案：

1. 造成直接经济损失50万元以上的；

2. 工商行政管理部门的工作人员对不符合法律规定条件的公司设立、登记申请，违法予以批准、登记，严重扰乱市场秩序的；

3. 金融证券管理机构的工作人员对不符合法律规定条件的股票、债券发行、上市申请，违法予以批准，严重损害公众利益，或者严重扰乱金融秩序的；

4. 工商行政管理部门、金融证券管理机构的工作人员对不符合法律规定条件的公司设立、登记申请或者股票、债券发行、上市申请违法予以批准或者登记，致使犯罪行为得逞的；

5. 上级部门、当地政府直接负责的主管人员强令登记机关及其工作人员，对不符合法律规定条件的公司设立、登记申请或者股票、债券发行、上市申请予以批准或者登记，致使公共财产、国家或者人民利益遭受重大损失的；

6. 其他致使公共财产、国家和人民利益遭受重大损失的情形。

（十四）徇私舞弊不征、少征税款案（第四百零四条）

徇私舞弊不征、少征税款罪是指税务机关工作人员徇私舞弊，不征、少征应征税款，致使国家税收遭受重大损失的行为。

涉嫌下列情形之一的，应予立案：

1. 徇私舞弊不征、少征应征税款，致使国家税收损失累计达 10 万元以上的；

2. 上级主管部门工作人员指使税务机关工作人员徇私舞弊不征、少征应征税款，致使国家税收损失累计达 10 万元以上的；

3. 徇私舞弊不征、少征应征税款不满 10 万元，但具有索取或者收受贿赂或者其他恶劣情节的；

4. 其他致使国家税收遭受重大损失的情形。

（十五）徇私舞弊发售发票、抵扣税款、出口退税案（第四百零五条第一款）

徇私舞弊发售发票、抵扣税款、出口退税罪是指税务机关工作人员违反法律、行政法规的规定，在办理发售发票、抵扣税款、出口退税工作中徇私舞弊，致使国家利益遭受重大损失的行为。

涉嫌下列情形之一的，应予立案：

1. 徇私舞弊，致使国家税收损失累计达 10 万元以上的；

2. 徇私舞弊，致使国家税收损失累计不满 10 万元，但发售增值税专用发票 25 份以上或者其他发票 50 份以上或者增值税专用发票与其他发票合计 50 份以上，或者具有索取、收受贿赂或者其他恶劣情节的；

3. 其他致使国家利益遭受重大损失的情形。

（十六）违法提供出口退税凭证案（第四百零五条第二款）

违法提供出口退税凭证罪是指海关、外汇管理等国家机关工作人员违反国家规定，在提供出口货物报关单、出口收汇核销单等出口退税凭证的工作中徇私舞弊，致使国家利益遭受重大损失的行为。

涉嫌下列情形之一的，应予立案：

1. 徇私舞弊，致使国家税收损失累计达 10 万元以上的；

2. 徇私舞弊，致使国家税收损失累计不满 10 万元，但具有索取、收受贿赂或者其他恶劣情节的；

3. 其他致使国家利益遭受重大损失的情形。

（十七）国家机关工作人员签订、履行合同失职被骗案（第四百零六条）

国家机关工作人员签订、履行合同失职被骗罪是指国家机关工作人员在签订、履行合同过程中，因严重不负责任，不履行或者不认真履行职责被诈骗，致使国家利益遭受重大损失的行为。

涉嫌下列情形之一的，应予立案：

1. 造成直接经济损失 30 万元以上，或者直接经济损失不满 30 万元，但间接经济损失 150 万元以上的；

2. 其他致使国家利益遭受重大损失的情形。

（十八）违法发放林木采伐许可证案（第四百零七条）

违法发放林木采伐许可证罪是指林业主管部门的工作人员违反森林法的规定，超过批准的年采伐限额发放林木采伐许可证或者违反规定滥发林木采伐许可证，情节严重，致使森林遭受严重破坏的行为。

涉嫌下列情形之一的，应予立案：

1. 发放林木采伐许可证允许采伐数量累计超过批准的年采伐限额，导致林木被超限额采伐10立方米以上的；

2. 滥发林木采伐许可证，导致林木被滥伐20立方米以上，或者导致幼树被滥伐1000株以上的；

3. 滥发林木采伐许可证，导致防护林、特种用途林被滥伐5立方米以上，或者幼树被滥伐200株以上的；

4. 滥发林木采伐许可证，导致珍贵树木或者国家重点保护的其他树木被滥伐的；

5. 滥发林木采伐许可证，导致国家禁止采伐的林木被采伐的；

6. 其他情节严重，致使森林遭受严重破坏的情形。

林业主管部门工作人员之外的国家机关工作人员，违反森林法的规定，滥用职权或者玩忽职守，致使林木被滥伐40立方米以上或者幼树被滥伐2000株以上，或者致使防护林、特种用途林被滥伐10立方米以上或者幼树被滥伐400株以上，或者致使珍贵树木被采伐、毁坏4立方米或者4株以上，或者致使国家重点保护的其他植物被采伐、毁坏后果严重的，或者致使国家严禁采伐的林木被采伐、毁坏情节恶劣的，按照刑法第397条的规定以滥用职权罪或者玩忽职守罪追究刑事责任。

（十九）环境监管失职案（第四百零八条）

环境监管失职罪是指负有环境保护监督管理职责的国家机关工作人员严重不负责任，不履行或者不认真履行环境保护监管职责导致发生重大环境污染事故，致使公私财产遭受重大损失或者造成人身伤亡的严重后果的行为。

涉嫌下列情形之一的，应予立案：

1. 造成死亡1人以上，或者重伤3人以上，或者重伤2人、轻伤4人以上，或者重伤1人、轻伤7人以上，或者轻伤10人以上的；

2. 导致30人以上严重中毒的；

3. 造成个人财产直接经济损失15万元以上，或者直接经济损失不满15万元，但间接经济损失75万元以上的；

4. 造成公共财产、法人或者其他组织财产直接经济损失30万元以上，或者直接经济损失不满30万元，但间接经济损失150万元以上的；

5. 虽未达到3、4两项数额标准，但3、4两项合计直接经济损失30万元以上，或者合计直接经济损失不满30万元，但合计间接经济损失150万元以上的；

6. 造成基本农田或者防护林地、特种用途林地10亩以上，或者基本农田以外的耕地50亩以上，或者其他土地70亩以上被严重毁坏的；

7. 造成生活饮用水地表水源和地下水源严重污染的；

8. 其他致使公私财产遭受重大损失或者造成人身伤亡严重后果的情形。

（二十）传染病防治失职案（第四百零九条）

传染病防治失职罪是指从事传染病防治的政府卫生行政部门的工作人员严重不负责任，不履行或者不认真履行传染病防治监管职责，导致传染病传播或者流行，情节严重的行为。

涉嫌下列情形之一的，应予立案：

1. 导致甲类传染病传播的；

2. 导致乙类、丙类传染病流行的；

3. 因传染病传播或者流行，造成人员重伤或者死亡的；

4. 因传染病传播或者流行，严重影响正常的生产、生活秩序的；

5. 在国家对突发传染病疫情等灾害采取预防、控制措施后，对发生突发传染病疫情等灾害的地区或者突发传染病病人、病原携带者、疑似突发传染病病人，未按照预防、控制突发传染病疫情等灾害工作规范的要求做好防疫、检疫、隔离、防护、救治等工作，或者采取的预防、控制措施不当，造成传染范围扩大或者疫情、灾情加重的；

6. 在国家对突发传染病疫情等灾害采取预防、控制措施后，隐瞒、缓报、谎报或者授意、指使、强令他人隐瞒、缓报、谎报疫情、灾情，造成传染范围扩大或者疫情、灾情加重的；

7. 在国家对突发传染病疫情等灾害采取预防、控制措施后，拒不执行突发传染病疫情等灾害应急处理指挥机构的决定、命令，造成传染范围扩大或者疫情、灾情加重的；

8. 其他情节严重的情形。

（二十一）非法批准征用、占用土地案（第四百一十条）

非法批准征用、占用土地罪是指国家机关工作人员徇私舞弊，违反土地管理法、森林法、草原法等法律以及有关行政法规中关于土地管理的规定，滥用职权，非法批准征用、占用耕地、林地等农用地以及其他土地，情节严重的行为。

涉嫌下列情形之一的，应予立案：

1. 非法批准征用、占用基本农田10亩以上的；

2. 非法批准征用、占用基本农田以外的耕地30亩以上的；

3. 非法批准征用、占用其他土地50亩以上的；

4. 虽未达到上述数量标准，但造成有关单位、个人直接经济损失30万元以上，或者造成耕地大量毁坏或者植被遭到严重破坏的；

5. 非法批准征用、占用土地，影响群众生产、生活，引起纠纷，造成恶劣影响或者其他严重后果的；

6. 非法批准征用、占用防护林地、特种用途林地分别或者合计10亩以上的；

7. 非法批准征用、占用其他林地20亩以上的；

8. 非法批准征用、占用林地造成直接经济损失30万元以上，或者造成防护林地、特种用途林地分别或者合计5亩以上或者其他林地10亩以上毁坏的；

9. 其他情节严重的情形。

（二十二）非法低价出让国有土地使用权案（第四百一十条）

非法低价出让国有土地使用权罪是指国家机关工作人员徇私舞弊，违反土地管理法、森林法、草原法等法律以及有关行政法规中关于土地管理的规定，滥用职权，非法低价出让国有土地使用权，情节严重的行为。

涉嫌下列情形之一的，应予立案：

1. 非法低价出让国有土地30亩以上，并且出让价额低于国家规定的最低价额标准的百分之六十的；

2. 造成国有土地资产流失价额30万元以上的；

3. 非法低价出让国有土地使用权，影响群众生产、生活，引起纠纷，造成恶劣影响或者其他严重后果的；

4. 非法低价出让林地合计30亩以

上，并且出让价额低于国家规定的最低价额标准的百分之六十的；

5. 造成国有资产流失30万元以上的；

6. 其他情节严重的情形。

（二十三）放纵走私案（第四百一十一条）

放纵走私罪是指海关工作人员徇私舞弊，放纵走私，情节严重的行为。

涉嫌下列情形之一的，应予立案：

1. 放纵走私犯罪的；

2. 因放纵走私致使国家应收税额损失累计达10万元以上的；

3. 放纵走私行为3起次以上的；

4. 放纵走私行为，具有索取或者收受贿赂情节的；

5. 其他情节严重的情形。

（二十四）商检徇私舞弊案（第四百一十二条第一款）

商检徇私舞弊罪是指出入境检验检疫机关、检验检疫机构工作人员徇私舞弊，伪造检验结果的行为。

涉嫌下列情形之一的，应予立案：

1. 采取伪造、变造的手段对报检的商品的单证、印章、标志、封识、质量认证标志等作虚假的证明或者出具不真实的证明结论的；

2. 将送检的合格商品检验为不合格，或者将不合格商品检验为合格的；

3. 对明知是不合格的商品，不检验而出具合格检验结果的；

4. 其他伪造检验结果应予追究刑事责任的情形。

（二十五）商检失职案（第四百一十二条第二款）

商检失职罪是指出入境检验检疫机关、检验检疫机构工作人员严重不负责任，对应当检验的物品不检验，或者延误检验出证、错误出证，致使国家利益遭受重大损失的行为。

涉嫌下列情形之一的，应予立案：

1. 致使不合格的食品、药品、医疗器械等商品出入境，严重危害生命健康的；

2. 造成个人财产直接经济损失15万元以上，或者直接经济损失不满15万元，但间接经济损失75万元以上的；

3. 造成公共财产、法人或者其他组织财产直接经济损失30万元以上，或者直接经济损失不满30万元，但间接经济损失150万元以上的；

4. 未经检验，出具合格检验结果，致使国家禁止进口的固体废物、液态废物和气态废物等进入境内的；

5. 不检验或者延误检验出证、错误出证，引起国际经济贸易纠纷，严重影响国家对外经贸关系，或者严重损害国家声誉的；

6. 其他致使国家利益遭受重大损失的情形。

（二十六）动植物检疫徇私舞弊案（第四百一十三条第一款）

动植物检疫徇私舞弊罪是指出入境检验检疫机关、检验检疫机构工作人员徇私舞弊，伪造检疫结果的行为。

涉嫌下列情形之一的，应予立案：

1. 采取伪造、变造的手段对检疫的单证、印章、标志、封识等作虚假的证明或者出具不真实的结论的；

2. 将送检的合格动植物检疫为不合格，或者将不合格动植物检疫为合格的；

3. 对明知是不合格的动植物，不检疫而出具合格检疫结果的；

4. 其他伪造检疫结果应予追究刑事责任的情形。

（二十七）动植物检疫失职案（第四百一十三条第二款）

动植物检疫失职罪是指出入境检验检疫机关、检验检疫机构工作人员严重不负责任，对应当检疫的检疫物不检疫，或者延误检疫出证、错误出证，致使国家利益遭受重大损失的行为。

涉嫌下列情形之一的，应予立案：

1. 导致疫情发生，造成人员重伤或者死亡的；

2. 导致重大疫情发生、传播或者流行的；

3. 造成个人财产直接经济损失15万元以上，或者直接经济损失不满15万元，但间接经济损失75万元以上的；

4. 造成公共财产或者法人、其他组织财产直接经济损失30万元以上，或者直接经济损失不满30万元，但间接经济损失150万元以上的；

5. 不检疫或者延误检疫出证、错误出证，引起国际经济贸易纠纷，严重影响国家对外经贸关系，或者严重损害国家声誉的；

6. 其他致使国家利益遭受重大损失的情形。

（二十八）放纵制售伪劣商品犯罪行为案（第四百一十四条）

放纵制售伪劣商品犯罪行为罪是指对生产、销售伪劣商品犯罪行为负有追究责任的国家机关工作人员徇私舞弊，不履行法律规定的追究职责，情节严重的行为。

涉嫌下列情形之一的，应予立案：

1. 放纵生产、销售假药或者有毒、有害食品犯罪行为的；

2. 放纵生产、销售伪劣农药、兽药、化肥、种子犯罪行为的；

3. 放纵依法可能判处3年有期徒刑以上刑罚的生产、销售伪劣商品犯罪行为的；

4. 对生产、销售伪劣商品犯罪行为不履行追究职责，致使生产、销售伪劣商品犯罪行为得以继续的；

5. 3次以上不履行追究职责，或者对3个以上有生产、销售伪劣商品犯罪行为的单位或者个人不履行追究职责的；

6. 其他情节严重的情形。

（二十九）办理偷越国（边）境人员出入境证件案（第四百一十五条）

办理偷越国（边）境人员出入境证件罪是指负责办理护照、签证以及其他出入境证件的国家机关工作人员，对明知是企图偷越国（边）境的人员，予以办理出入境证件的行为。

负责办理护照、签证以及其他出入境证件的国家机关工作人员涉嫌在办理护照、签证以及其他出入境证件的过程中，对明知是企图偷越国（边）境的人员而予以办理出入境证件的，应予立案。

（三十）放行偷越国（边）境人员案（第四百一十五条）

放行偷越国（边）境人员罪是指边防、海关等国家机关工作人员，对明知是偷越国（边）境的人员予以放行的行为。

边防、海关等国家机关工作人员涉嫌在履行职务过程中，对明知是偷越国（边）境的人员而予以放行的，应予立案。

（三十一）不解救被拐卖、绑架妇女、儿童案（第四百一十六条第一款）

不解救被拐卖、绑架妇女、儿童罪是指对被拐卖、绑架的妇女、儿童负有解救职责的公安、司法等国家机关工作人员接到被拐卖、绑架的妇女、儿童及其家属的解救要求或者接到其他人的举报，而对被拐卖、绑架的妇女、儿童不进行解救，造成严重后果的行为。

涉嫌下列情形之一的，应予立案：

1. 导致被拐卖、绑架的妇女、儿童或者其家属重伤、死亡或者精神失常的；

2. 导致被拐卖、绑架的妇女、儿

童被转移、隐匿、转卖，不能及时进行解救的；

3. 对被拐卖、绑架的妇女、儿童不进行解救3人次以上的；

4. 对被拐卖、绑架的妇女、儿童不进行解救，造成恶劣社会影响的；

5. 其他造成严重后果的情形。

（三十二）阻碍解救被拐卖、绑架妇女、儿童案（第四百一十六条第二款）

阻碍解救被拐卖、绑架妇女、儿童罪是指对被拐卖、绑架的妇女、儿童负有解救职责的公安、司法等国家机关工作人员利用职务阻碍解救被拐卖、绑架的妇女、儿童的行为。

涉嫌下列情形之一的，应予立案：

1. 利用职权，禁止、阻止或者妨碍有关部门、人员解救被拐卖、绑架的妇女、儿童的；

2. 利用职务上的便利，向拐卖、绑架者或者收买者通风报信，妨碍解救工作正常进行的；

3. 其他利用职务阻碍解救被拐卖、绑架的妇女、儿童应予追究刑事责任的情形。

（三十三）帮助犯罪分子逃避处罚案（第四百一十七条）

帮助犯罪分子逃避处罚罪是指有查禁犯罪活动职责的司法及公安、国家安全、海关、税务等国家机关工作人员，向犯罪分子通风报信、提供便利，帮助犯罪分子逃避处罚的行为。

涉嫌下列情形之一的，应予立案：

1. 向犯罪分子泄露有关部门查禁犯罪活动的部署、人员、措施、时间、地点等情况的；

2. 向犯罪分子提供钱物、交通工具、通讯设备、隐藏处所等便利条件的；

3. 向犯罪分子泄露案情的；

4. 帮助、示意犯罪分子隐匿、毁灭、伪造证据，或者串供、翻供的；

5. 其他帮助犯罪分子逃避处罚应予追究刑事责任的情形。

（三十四）招收公务员、学生徇私舞弊案（第四百一十八条）

招收公务员、学生徇私舞弊罪是指国家机关工作人员在招收公务员、省级以上教育行政部门组织招收的学生工作中徇私舞弊，情节严重的行为。

涉嫌下列情形之一的，应予立案：

1. 徇私舞弊，利用职务便利，伪造、变造人事、户口档案、考试成绩或者其他影响招收工作的有关资料，或者明知是伪造、变造的上述材料而予以认可的；

2. 徇私舞弊，利用职务便利，帮助5名以上考生作弊的；

3. 徇私舞弊招收不合格的公务员、学生3人次以上的；

4. 因徇私舞弊招收不合格的公务员、学生，导致被排挤的合格人员或者其近亲属自杀、自残造成重伤、死亡，或者精神失常的；

5. 因徇私舞弊招收公务员、学生，导致该项招收工作重新进行的；

6. 其他情节严重的情形。

（三十五）失职造成珍贵文物损毁、流失案（第四百一十九条）

失职造成珍贵文物损毁、流失罪是指文物行政管理部门、公安机关、工商行政管理部门、海关、城乡建设规划部门等国家机关工作人员严重不负责任，造成珍贵文物损毁或者流失，后果严重的行为。

涉嫌下列情形之一的，应予立案：

1. 导致国家一、二、三级珍贵文物损毁或者流失的；

2. 导致全国重点文物保护单位或者省、自治区、直辖市级文物保护单位损毁的；

3. 其他后果严重的情形。

二、国家机关工作人员利用职权实施的侵犯公民人身权利、民主权利犯罪案件

（一）国家机关工作人员利用职权实施的非法拘禁案（第二百三十八条）

非法拘禁罪是指以拘禁或者其他方法非法剥夺他人人身自由的行为。

国家机关工作人员利用职权非法拘禁，涉嫌下列情形之一的，应予立案：

1. 非法剥夺他人人身自由24小时以上的；

2. 非法剥夺他人人身自由，并使用械具或者捆绑等恶劣手段，或者实施殴打、侮辱、虐待行为的；

3. 非法拘禁，造成被拘禁人轻伤、重伤、死亡的；

4. 非法拘禁，情节严重，导致被拘禁人自杀、自残造成重伤、死亡，或者精神失常的；

5. 非法拘禁3人次以上的；

6. 司法工作人员对明知是没有违法犯罪事实的人而非法拘禁的；

7. 其他非法拘禁应予追究刑事责任的情形。

（二）国家机关工作人员利用职权实施的非法搜查案（第二百四十五条）

非法搜查罪是指非法搜查他人身体、住宅的行为。

国家机关工作人员利用职权非法搜查，涉嫌下列情形之一的，应予立案：

1. 非法搜查他人身体、住宅，并实施殴打、侮辱等行为的；

2. 非法搜查，情节严重，导致被搜查人或者其近亲属自杀、自残造成重伤、死亡，或者精神失常的；

3. 非法搜查，造成财物严重损坏的；

4. 非法搜查3人（户）次以上的；

5. 司法工作人员对明知是与涉嫌犯罪无关的人身、住宅非法搜查的；

6. 其他非法搜查应予追究刑事责任的情形。

（三）刑讯逼供案（第二百四十七条）

刑讯逼供罪是指司法工作人员对犯罪嫌疑人、被告人使用肉刑或者变相肉刑逼取口供的行为。

涉嫌下列情形之一的，应予立案：

1. 以殴打、捆绑、违法使用械具等恶劣手段逼取口供的；

2. 以较长时间冻、饿、晒、烤等手段逼取口供，严重损害犯罪嫌疑人、被告人身体健康的；

3. 刑讯逼供造成犯罪嫌疑人、被告人轻伤、重伤、死亡的；

4. 刑讯逼供，情节严重，导致犯罪嫌疑人、被告人自杀、自残造成重伤、死亡，或者精神失常的；

5. 刑讯逼供，造成错案的；

6. 刑讯逼供3人次以上的；

7. 纵容、授意、指使、强迫他人刑讯逼供，具有上述情形之一的；

8. 其他刑讯逼供应予追究刑事责任的情形。

（四）暴力取证案（第二百四十七条）

暴力取证罪是指司法工作人员以暴力逼取证人证言的行为。

涉嫌下列情形之一的，应予立案：

1. 以殴打、捆绑、违法使用械具等恶劣手段逼取证人证言的；

2. 暴力取证造成证人轻伤、重伤、死亡的；

3. 暴力取证，情节严重，导致证人自杀、自残造成重伤、死亡，或者精神失常的；

4. 暴力取证，造成错案的；

5. 暴力取证3人次以上的；

6. 纵容、授意、指使、强迫他人暴力取证，具有上述情形之一的；

7. 其他暴力取证应予追究刑事责任的情形。

（五）虐待被监管人案（第二百四十八条）

虐待被监管人罪是指监狱、拘留所、看守所、拘役所、劳教所等监管机构的监管人员对被监管人进行殴打或者体罚虐待，情节严重的行为。

涉嫌下列情形之一的，应予立案：

1. 以殴打、捆绑、违法使用械具等恶劣手段虐待被监管人的；

2. 以较长时间冻、饿、晒、烤等手段虐待被监管人，严重损害其身体健康的；

3. 虐待造成被监管人轻伤、重伤、死亡的；

4. 虐待被监管人，情节严重，导致被监管人自杀、自残造成重伤、死亡，或者精神失常的；

5. 殴打或者体罚虐待3人次以上的；

6. 指使被监管人殴打、体罚虐待其他被监管人，具有上述情形之一的；

7. 其他情节严重的情形。

（六）报复陷害案（第二百五十四条）

报复陷害罪是指国家机关工作人员滥用职权、假公济私，对控告人、申诉人、批评人、举报人实行报复陷害的行为。

涉嫌下列情形之一的，应予立案：

1. 报复陷害，情节严重，导致控告人、申诉人、批评人、举报人或者其近亲属自杀、自残造成重伤、死亡，或者精神失常的；

2. 致使控告人、申诉人、批评人、举报人或者其近亲属的其他合法权利受到严重损害的；

3. 其他报复陷害应予追究刑事责任的情形。

（七）国家机关工作人员利用职权实施的破坏选举案（第二百五十六条）

破坏选举罪是指在选举各级人民代表大会代表和国家机关领导人员时，以暴力、威胁、欺骗、贿赂、伪造选举文件、虚报选举票数或者编造选举结果等手段破坏选举或者妨害选民和代表自由行使选举权和被选举权，情节严重的行为。

国家机关工作人员利用职权破坏选举，涉嫌下列情形之一的，应予立案：

1. 以暴力、威胁、欺骗、贿赂等手段，妨害选民、各级人民代表大会代表自由行使选举权和被选举权，致使选举无法正常进行，或者选举无效，或者选举结果不真实的；

2. 以暴力破坏选举场所或者选举设备，致使选举无法正常进行的；

3. 伪造选民证、选票等选举文件，虚报选举票数，产生不真实的选举结果或者强行宣布合法选举无效、非法选举有效的；

4. 聚众冲击选举场所或者故意扰乱选举场所秩序，使选举工作无法进行的；

5. 其他情节严重的情形。

三、附则

（一）本规定中每个罪案名称后所注明的法律条款系《中华人民共和国刑法》的有关条款。

（二）本规定所称“以上”包括本数；有关犯罪数额“不满”，是指已达到该数额百分之八十以上的。

（三）本规定中的“国家机关工作人员”，是指在国家机关中从事公务的人员，包括在各级国家权力机关、行政机关、司法机关和军事机关中从事公务的人员。在依照法律、法规规定行使国家行政管理职权的组织中从事公务的人员，或者在受国家机关委托代表国家行使职权的组织中从事公务的人员，或者虽未列入国家机关人员编制但在国家机关中从事公务的人员，在代表国家机关行使职权时，视为国家机关工作人员。在乡（镇）以上中国共产党机关、人民政协机关中从事公务的人员，视为国家机关工作人员。

（四）本规定中的“直接经济损失”，是指与行为有直接因果关系而造成的财产损毁、减少的实际价值；“间接经济损失”，是指由直接经济损失引起和牵连的其他损失，包括失去的在正常情况下可以获得的利益和为恢复正常的管理活动或者挽回所造成的损失所支付的各种开支、费用等。

有下列情形之一的，虽然有债权存在，但已无法实现债权的，可以认定为已经造成了经济损失：（1）债务人已经法定程序被宣告破产，且无法清偿债务；(2)债务人潜逃，去向不明；(3)因行为人责任，致使超过诉讼时效；(4)有证据证明债权无法实现的其他情况。

直接经济损失和间接经济损失，是指立案时确已造成的经济损失。移送审查起诉前，犯罪嫌疑人及其亲友自行挽回的经济损失，以及由司法机关或者犯罪嫌疑人所在单位及其上级主管部门挽回的经济损失，不予扣减，但可作为对犯罪嫌疑人从轻处理的情节考虑。

（五）本规定中的“徇私舞弊”，是指国家机关工作人员为徇私情、私利，故意违背事实和法律，伪造材料，隐瞒情况，弄虚作假的行为。

（六）本规定自公布之日起施行。本规定发布前有关人民检察院直接受理立案侦查的国家机关工作人员渎职和利用职权实施的侵犯公民人身权利、民主权利犯罪案件的立案标准，与本规定有重复或者不一致的，适用本规定。

对于本规定施行前发生的国家机关工作人员渎职和利用职权实施的侵犯公民人身权利、民主权利犯罪案件，按照《最高人民法院、最高人民检察院关于适用刑事司法解释时间效力问题的规定》办理。

国家林业局　公安部关于森林和陆生野生动物刑事案件管辖及立案标准

（2001年5月9日）

根据《中华人民共和国刑法》、《中华人民共和国刑事诉讼法》、《公安机关办理刑事案件程序规定》及其他有关规定，现将森林和陆生野生动物刑事案件管辖及立案标准规定如下：

一、森林公安机关管辖在其辖区内发生的刑法规定的下列森林和陆生野生动物刑事案件

（一）盗伐林木案件（第三百四十五条第一款）；

（二）滥伐林木案件（第三百四十五条第二款）；

（三）非法收购盗伐、滥伐的林木案件（第三百四十五条第三款）；

（四）非法采伐、毁坏珍贵树木案件（第三百四十四条）；

（五）走私珍稀植物、珍稀植物制品案件（第一百五十一条第三款）；

（六）放火案件中，故意放火烧毁森林或者其他林木的案件（第一百一十四条、第一百一十五条第一款）；

（七）失火案件中，过失烧毁森林或者其他林木的案件（第一百一十五条第二款）；

（八）聚众哄抢案件中，哄抢林木的案件（第二百六十八条）；

（九）破坏生产经营案件中，故意毁坏用于造林、育林、护林和木材生产的机械设备或者以其他方法破坏林业生产经营的案件（第二百七十六条）；

（十）非法猎捕、杀害珍贵、濒危陆生野生动物案件（第三百四十一条第一款）；

（十一）非法收购、运输、出售珍贵、濒危陆生野生动物、珍贵、濒危陆生野生动物制品案件（第三百四十一条第一款）；

（十二）非法狩猎案件（第三百四十一条第二款）；

（十三）走私珍贵陆生野生动物、珍贵陆生野生动物制品案件（第一百五十一条第二款）；

（十四）非法经营案件中，买卖《允许进口证明书》、《允许出口证明书》、《允许再出口证明书》、进出口原产地证明及国家机关批准的其他关于林业和陆生野生动物的经营许可证明文件的案件［第二百二十五条第（二）项］；

（十五）伪造、变造、买卖国家机关公文、证件案件中，伪造、变造、买卖林木和陆生野生动物允许进出口证明书、进出口原产地证明、狩猎证、特许猎捕证、驯养繁殖许可证、林木采伐许可证、木材运输证明、森林、林木、林地权属证书、征用或者占用林地审核同意书、育林基金等缴费收据以及由国家机关批准的其他关于林业和陆生野生动物公文、证件的案件（第二百八十条第一、二款）；

（十六）盗窃案件中，盗窃国家、集体、他人所有并已经伐倒的树木、偷砍他人房前屋后、自留地种植的零星树木、以谋取经济利益为目的非法实施采种、采脂、挖笋、掘根、剥树皮等以及盗窃国家重点保护陆生野生动物或其制品的案件（第二百六十四条）；

（十七）抢劫案件中，抢劫国家重点保护陆生野生动物或其制品的案件（第二百六十三条）；

（十八）抢夺案件中，抢夺国家重点保护陆生野生动物或其制品的案件（第二百六十七条）；

（十九）窝藏、转移、收购、销售赃物案件中，涉及被盗伐滥伐的木材、国家重点保护陆生野生动物或其制品的案件（第三百一十二条）；

未建立森林公安机关的地方，上述案件由地方公安机关负责查处。

二、森林和陆生野生动物刑事案件的立案标准

（一）盗伐林木案

盗伐森林或者其他林木，立案起点为 2 立方米至 5 立方米或者幼树 100 株至 200 株；盗伐林木 20 立方米至 50 立方米或者幼树 1000 株至 2000 株，为重大案件立案起点；盗伐林木 100 立方米至 200 立方米或者幼树 5000 株至 10000 株，为特别重大案件立案起点。

（二）滥伐林木案

滥伐森林或者其他林木，立案起点为 10 立方米至 20 立方米或者幼树 500 株至 1000 株；滥伐林木 50 立方米以上或者幼树 2500 株以上，为重大案件；滥伐林木 100 立方米以上或者幼树 5000 株以上，为特别重大案件。

（三）非法收购盗伐、滥伐的林木案

以牟利为目的，在林区非法收购明

知是盗伐、滥伐的林木在20立方米或者幼树1000株以上的，以及非法收购盗伐、滥伐的珍贵树木2立方米以上或者5株以上的应当立案；非法收购林木100立方米或者幼树5000株以上的，以及非法收购盗伐、滥伐的珍贵树木5立方米以上或者10株以上的为重大案件；非法收购林木200立方米或者幼树1000株以上的，以及非法收购盗伐、滥伐的珍贵树木10立方米以上或者20株以上的为特别重大案件。

（四）非法采伐、毁坏珍贵树木案

非法采伐、毁坏珍贵树木的应当立案；采伐珍贵树木2株、2立方米以上或者毁坏珍贵树木致死3株以上的，为重大案件；采伐珍贵树木10株、10立方米以上或者毁坏珍贵树木致死15株以上的，为特别重大案件。

（五）走私珍稀植物、珍稀植物制品案

走私国家禁止进出口的珍稀植物、珍稀植物制品的应当立案；走私珍稀植物2株以上、珍稀植物制品价值在2万元以上的，为重大案件；走私珍稀植物10株以上、珍稀植物制品价值在10万元以上的，为特别重大案件。

（六）放火案

凡故意放火造成森林或者其他林木火灾的都应当立案；过火有林地面积2公顷以上为重大案件；过火有林地面积10公顷以上，或者致人重伤、死亡的，为特别重大案件。

（七）失火案

失火造成森林火灾，过火有林地面积2公顷以上，或者致人重伤、死亡的应当立案；过火有林地面积为10公顷以上，或者致人死亡、重伤5人以上的为重大案件；过火有林地面积为50公顷以上，或者死亡2人以上的，为特别重大案件。

（八）非法猎捕、杀害国家重点保护珍贵、濒危陆生野生动物案

凡非法猎捕、杀害国家重点保护的珍贵、濒危陆生野生动物的应当立案，重大案件、特别重大案件的立案标准详见附表。

（九）非法收购、运输、出售珍贵、濒危陆生野生动物、珍贵、濒危陆生野生动物制品案

非法收购、运输、出售国家重点保护的珍贵、濒危陆生野生动物的应当立案，重大案件、特别重大案件的立案标准见附表。

非法收购、运输、出售国家重点保护的珍贵、濒危陆生野生动物制品的，应当立案；制品价值在10万元以上或者非法获利5万元以上的，为重大案件；制品价值在20万元以上或非法获利10万元以上的，为特别重大案件。

（十）非法狩猎案

违反狩猎法规，在禁猎区、禁猎期或者使用禁用的工具、方法狩猎，具有下列情形之一的，应予立案：

1. 非法狩猎陆生野生动物20只以上的；

2. 在禁猎区或者禁猎期使用禁用的工具、方法狩猎的；

3. 具有其他严重破坏野生动物资源情节的。

违反狩猎法规，在禁猎区、禁猎期或者使用禁用的工具、方法狩猎，非法狩猎陆生野生动物50只以上的为重大案件；非法狩猎陆生野生动物100只以上或者具有其他恶劣情节的，为特别重大案件。

（十一）走私珍贵动物、珍贵动物制品案

走私国家重点保护和《濒危野生动植物种国际贸易公约》附录一、附录二的陆生野生动物及其制品的应当立案；走私国家重点保护的陆生野生动物重大案件和特别重大案件按附表的标准执行。

走私国家重点保护和《濒危野生动植物种国际贸易公约》附录一、附录二的陆生野生动物制品价值10万元以上的，应当立为重大案件；走私国家重点保护和《濒危野生动植物种国际贸易公约》附录一、附录二的陆生野生动物制品价值20万元以上的，应当立为特别重大案件。

（十二）盗窃、抢夺、抢劫案、窝藏、转移、收购、销售赃物案、破坏生产经营案、聚众哄抢案、非法经营案、伪造、变造、买卖国家机关公文、证件案，执行相应的立案标准

三、其他规定

（一）林区与非林区的划分，执行各省、自治区、直辖市人民政府的规定。

（二）林木的数量，以立木蓄积计算。

（三）对于一年内多次盗伐、滥伐少量林木未经处罚的，累计其盗伐林木、滥伐林木的数量。

（四）被盗伐、滥伐林木的价值，有国家规定价格的，按国家规定价格计算；没有国家规定价格的，按主管部门规定的价格计算；没有国家或者主管部门规定价格的，按市场价格计算；进入流通领域的，按实际销售价格计算；实际销售价格低于国家或者主管部门规定价格的，按国家或者主管部门规定的价格计算；实际销售价格低于市场价格，又没有国家或者主管部门规定价格的，按市场价格计算，不能按低价销赃的价格计算。

（五）非法猎捕、杀害、收购、运输、出售、走私《濒危野生动植物种国际贸易公约》附录一、附录二所列陆生野生动物的，其立案标准参照附表中同属或者同科的国家一、二级保护野生动物的立案标准执行。

（六）珍贵、濒危陆生野生动物制品的价值，依照国家野生动物行政主管部门的规定核定；核定价值低于实际交易价格的，以实际交易价格认定。

（七）单位作案的，执行本规定的立案标准。

（八）本规定中所指的“以上”，均包括本数在内。

（九）各省、自治区、直辖市公安厅、局和林业主管部门可根据本地的实际情况，在本规定的幅度内确定本地区盗伐林木案、滥伐林木案和非法狩猎案的立案起点及重大、特别重大案件的起点。

（十）盗伐、滥伐竹林或者其他竹子的立案标准，由各省、自治区、直辖市公安厅、局和林业主管部门根据竹子的经济价值参照盗伐、滥伐林木案的立案标准确定。

（十一）本规定自发布之日起执行。1986年8月20日发布的《林业部、公安部关于森林案件管辖范围及森林刑事案件立案标准的暂行规定》和1994年5月25日发布的《林业部、公安部关于陆生野生动物刑事案件的管辖及其立案标准的规定》同时废止。

（附表略）

最高人民检察院关于“人民检察院发出《通知立案书》时，应当将有关证明应该立案的材料移送公安机关”问题的批复

（1998年5月12日　高检发释字〔1998〕3号）

海南省人民检察院：

你院琼检发刑捕字〔1998〕1号《关于执行〈关于刑事诉讼法实施若干问题的规定〉有关问题的请示》收悉。经研究，批复如下：

人民检察院向公安机关发出《通知立案书》时，应当将有关证明应该立案的材料同时移送公安机关。以上“有关证明应该立案的材料”主要是指被害人的控告材料，或者是检察机关在审查举报、审查批捕、审查起诉过程中发现的材料。人民检察院在立案监督中，不得进行侦查。但可以对通知公安机关立案所依据的有关材料，进行必要的调查核实。

最高人民检察院关于省级以下人民检察院对直接受理侦查案件作撤销案件、不起诉决定报上一级人民检察院批准的规定（试行）

（2005年9月23日最高人民检察院检察委员会第十届第39次会议通过　2005年9月29日发布施行）
高检发办字〔2005〕15号

第一条　为了加强上级人民检察院对下级人民检察院办理直接受理侦查案件工作的领导和监督制约，根据《中华人民共和国人民检察院组织法》、《中华人民共和国刑事诉讼法》和《人民检察院刑事诉讼规则》、《关于实行人民监督员制度的规定（试行）》等有关规定，结合人民检察院办理直接受理侦查案件工作的实际，制定本规定。

第二条　省级以下（含省级）人民检察院办理直接受理侦查的案件，拟作撤销案件、不起诉决定的，应当报请上一级人民检察院批准。

第三条　对于人民检察院直接受理侦查的案件，侦查部门经过侦查认为应当撤销案件的，应当制作拟撤销案件意见书。公诉部门经过对侦查部门移送的案件进行审查，认为应当不起诉的，应当制作拟不起诉意见书。

侦查部门、公诉部门应当及时将拟撤销案件意见书或者拟不起诉意见书以及相关材料移送本院人民监督员办公室，接受人民监督员监督。

第四条　人民检察院直接受理侦查

的案件，拟撤销案件或者拟不起诉的，经人民监督员履行监督程序，提出表决意见后，侦查部门或者公诉部门应当报请检察长或者检察委员会决定。报送案件时，应当将人民监督员的表决意见一并报送。

按规定报请检察长决定的，检察长如果不同意人民监督员的表决意见，应当提请检察委员会讨论决定。检察长同意人民监督员表决意见的，由检察长决定。

第五条 检察长或者检察委员会同意拟撤销案件意见或者拟不起诉意见的，应当由侦查部门或者公诉部门将拟撤销案件意见书或者拟不起诉意见书，以及人民监督员的表决意见，连同本案全部卷宗材料，在法定期限届满七日之前报上一级人民检察院审查；重大、复杂案件，在法定期限届满十日之前报上一级人民检察院审查。

对于共同犯罪案件，应当将处理同案犯罪嫌疑人的有关法律文书以及案件事实、证据材料复印件等，一并报送上一级人民检察院。

第六条 对于下级人民检察院报请审批的拟撤销案件或者拟不起诉案件，由上一级人民检察院相应侦查部门或者公诉部门承办。上一级人民检察院侦查部门或者公诉部门应当指定专人办理，对案件事实、证据和适用法律进行全面审查，必要时可以讯问犯罪嫌疑人。

第七条 上一级人民检察院侦查部门或者公诉部门审查下级人民检察院报送的拟撤销案件或者拟不起诉案件，应当提出是否同意撤销案件或者不起诉的意见，连同下级人民检察院人民监督员的表决意见，报请检察长或者检察委员会决定。

第八条 上一级人民检察院审查下级人民检察院报送的拟撤销案件或者拟不起诉案件，应当于收到案件七日内书面批复下级人民检察院；重大、复杂案件，应当于收到案件十日内书面批复下级人民检察院。情况紧急或者因其他特殊原因不能按时送达的，可以先电话通知下级人民检察院执行，随后送达书面批复。

第九条 上一级人民检察院批准撤销案件或者不起诉的，下级人民检察院应当作出撤销案件或者不起诉的决定，并制作撤销案件决定书或者不起诉决定书。上一级人民检察院不批准撤销案件或者不起诉的，下级人民检察院应当执行上一级人民检察院的决定。

第十条 拟撤销的案件或者拟不起诉的案件，犯罪嫌疑人在押的，不得因报上一级人民检察院审批而超期羁押。羁押期限届满，应当依法变更强制措施。

第十一条 本规定自发布之日起试行。

人民检察院直接受理侦查案件立案、逮捕实行备案审查的规定（试行）

（2005年9月23日最高人民检察院检察委员会第十届第39次会议通过 2005年11月10日公布施行）
高检发办字〔2005〕23号

第一条 为了加强上级人民检察院对下级人民检察院办理直接受理侦查案件工作的领导和监督制约，进一步提高人民检察院对直接受理侦查案件作出立案、逮捕决定的质量，根据有关法律规定，结合人民检察院办理直接受理侦查案件工作的实际，制定本规定。

第二条 省级以下（含省级）人民检察院办理直接受理侦查案件，决定立案、逮捕的，应当报上一级人民检察院备案审查。

第三条 人民检察院对直接受理侦查的案件决定立案的，应当在决定立案侦查之日起三日以内，由承办案件的部门填写立案备案登记表，连同提请立案报告和立案决定书，一并报送上一级人民检察院备案。

人民检察院对直接受理侦查案件的犯罪嫌疑人决定逮捕的，应当在决定逮捕之日起三日以内，由侦查监督部门填写逮捕备案登记表，连同逮捕犯罪嫌疑人意见书、审查逮捕案件意见书和逮捕决定书，一并报送上一级人民检察院备案。

第四条 上一级人民检察院相对应的部门应当指定专人审查下级人民检察院报送的备案材料，对案件是否属于作出立案或者逮捕决定的检察机关管辖、是否符合立案或者逮捕条件、是否有其他应当立案或者逮捕的犯罪嫌疑人等进行审查。

对于需要补报有关案件材料的，上一级人民检察院应当在收到备案材料之日起三日以内责成下级人民检察院补报。下级人民检察院应当在收到上一级人民检察院通知之日起三日以内，按要求报送。

第五条 上一级人民检察院在审查备案材料过程中，可以向下级人民检察院了解案件事实、证据和适用法律等情况。

第六条 上一级人民检察院应当在收到备案材料之日起十日以内，由承办人填写备案审查表，提出是否同意下级人民检察院立案或者逮捕决定的审查意见，报部门负责人审批。认为下级人民检察院的立案或者逮捕决定错误的，或者发现下级人民检察院有应当立案而未立案或者应当逮捕犯罪嫌疑人而未决定逮捕情形的，应当在报经检察长或者检察委员会决定后，书面通知下级人民检察院纠正，或者由上一级人民检察院直接作出相关决定，通知下级人民检察院执行。

第七条 下级人民检察院应当执行上一级人民检察院的决定，并在收到上一级人民检察院的书面通知或者决定之日起五日以内，将执行情况向上一级人民检察院报告。

下级人民检察院对上一级人民检察

院的决定有异议的，可以在执行的同时向上一级人民检察院报告。

第八条 本规定自发布之日起试行。

最高人民检察院关于人民检察院直接受理立案侦查案件范围的规定

（最高人民检察院第九届检察委员会第2次会议通过
1998年5月11日公布施行）
高检发释字〔1998〕1号

根据刑事诉讼法第十八条的规定，现将人民检察院直接受理立案侦查的案件的范围规定如下：

一、刑法分则第八章规定的贪污贿赂犯罪及其他章中明确规定依照第八章相关条文定罪处罚的犯罪案件：

1. 贪污案（第382条，第183条第2款，第271条第2款，第394条）；

2. 挪用公款案（第384条，第185条第2款，第272条第2款）；

3. 受贿案（第385条，第388条，第163条第3款，第184条第2款）；

4. 单位受贿案（第387条）；

5. 行贿案（第389条）；

6. 对单位行贿案（第391条）；

7. 介绍贿赂案（第392条）；

8. 单位行贿案（第393条）；

9. 巨额财产来源不明案（第395条第1款）；

10. 隐瞒境外存款案（第395条第2款）；

11. 私分国有资产案（第396条第1款）；

12. 私分罚没财物案（第396条第2款）。

二、刑法分则第九章规定的渎职犯罪案件：

1. 滥用职权案（第397条第1款）；

2. 玩忽职守案（第397条第1款）；

3. 国家机关工作人员徇私舞弊案（第397条第2款）；

4. 故意泄露国家秘密案（第398条）；

5. 过失泄露国家秘密案（第398条）；

6. 枉法追诉、裁判案（第399条第1款）；

7. 民事、行政枉法裁判案（第399条第2款）；

8. 私放在押人员案（第400条第1款）；

9. 失职致使在押人员脱逃案（第400条第2款）；

10. 徇私舞弊减刑、假释、暂予监外执行案（第401条）；

11. 徇私舞弊不移交刑事案件案（第402条）；

12. 滥用管理公司、证券职权案（第403条）；

13. 徇私舞弊不征、少征税款案（第404条）；

14. 徇私舞弊发售发票、抵扣税款、出口退税案（第405条第1款）；

15. 违法提供出口退税凭证案（第

405 条第 2 款）；

16. 国家机关工作人员签订、履行合同失职被骗案（第 406 条）；

17. 违法发放林木采伐许可证案（第 407 条）；

18. 环境监管失职案（第 408 条）；

19. 传染病防治失职案（第 409 条）；

20. 非法批准征用、占用土地案（第 410 条）；

21. 非法低价出让国有土地使用权案（第 410 条）；

22. 放纵走私案（第 411 条）；

23. 商检徇私舞弊案（第 412 条第 1 款）；

24. 商检失职案（第 412 条第 2 款）；

25. 动植物检疫徇私舞弊案（第 413 条第 1 款）；

26. 动植物检疫失职案（第 413 条第 2 款）；

27. 放纵制售伪劣商品犯罪行为案（第 414 条）；

28. 办理偷越国（边）境人员出入境证件案（第 415 条）；

29. 放行偷越国（边）境人员案（第 415 条）；

30. 不解救被拐卖、绑架妇女、儿童案（第 416 条第 1 款）；

31. 阻碍解救被拐卖、绑架妇女、儿童案（第 416 条第 2 款）；

32. 帮助犯罪分子逃避处罚案（第 417 条）；

33. 招收公务员、学生徇私舞弊案（第 418 条）；

34. 失职造成珍贵文物损毁、流失案（第 419 条）。

三、国家机关工作人员利用职权实施的下列侵犯公民人身权利和民主权利的犯罪案件：

1. 非法拘禁案（第 238 条）；
2. 非法搜查案（第 245 条）；
3. 刑讯逼供案（第 247 条）；
4. 暴力取证案（第 247 条）；
5. 虐待被监管人案（第 248 条）；
6. 报复陷害案（第 254 条）；
7. 破坏选举案（第 256 条）。

四、国家机关工作人员利用职权实施的其他重大的犯罪案件，需要由人民检察院直接受理的时候，经省级以上人民检察院决定，可以由人民检察院立案侦查。

最高人民检察院关于要案线索备案、初查的规定

（1995 年 7 月 21 日最高人民检察院第八届检察委员会第 36 次会议通过　1995 年 10 月 6 日公布施行）

高检发〔1995〕7 号

第一条　为了深入持久地开展反腐败斗争，依法查办要案，根据有关法律规定，结合工作实际，制定本规定。

第二条　本规定所称要案线索，是指依法由人民检察院直接受理和立案侦查的县处级以上干部涉嫌贪污、贿赂、徇私舞弊等职务犯罪的案件线索。

第三条　本规定所称初查，是指人民检察院在立案前对要案线索材料进行审查的司法活动。

第四条 对要案线索实行分级备案。县处级干部的要案线索一律层报省级人民检察院备案，其中涉嫌犯罪金额特别巨大或者犯罪后果特别严重的，层报最高人民检察院备案；厅局级以上干部的要案线索一律层报最高人民检察院备案。

第五条 地、州、市级人民检察院负责县处级干部犯罪线索的初查；省级人民检察院负责厅局级干部犯罪线索的初查；最高人民检察院负责省部级干部犯罪线索的初查。负责初查的人民检察院应当及时报告同级党委的主要领导同志。

根据需要，上级人民检察院可对下级人民检察院负责初查的要案线索直接初查或派员参与初查，也可将本院负责初查的要案线索交下级人民检察院初查。

第六条 各级人民检察院对于控告、检举和犯罪人自首的要案线索，都应依法受理，指定专人逐件登记，并及时报本院检察长研究，依照本《规定》第五条的规定，属应由本院初查的，应当及时报上级人民检察院备案，并提出初查意见；不属本院初查的，应当及时移送有关检察院处理。

前款规定适用于人民检察院在工作中发现的要案线索。

第七条 要案线索的备案和移送，应逐案填写《检察机关要案线索备案、移送表》。备案、移送应在受理后五日内办理，情况紧急的及时办理。

第八条 最高人民检察院和省级人民检察院对备案的要案线索，应当及时进行审查，如有不同意见，应及时通知有关下级人民检察院。下级人民检察院必须认真执行上级人民检察院的指示。

第九条 对应由本院初查的要案线索，经本院检察长研究决定，即可依法进行初查。

第十条 要案线索的初查工作应当秘密进行。

第十一条 对要案线索进行初查后，应当分别情况，作出处理：

（一）有犯罪事实或者有事实证明有犯罪重大嫌疑的，应当立案侦查；

（二）没有犯罪事实，或者犯罪事实显著轻微，不需要追究刑事责任的，不予立案，必要时可移送有关机关处理；

（三）属于错告，如果对被控告、检举人造成不良影响的，应向有关部门澄清事实；

（四）属诬告陷害的，应依法追究或移送有关机关追究诬告陷害人的责任。

初查后的处理情况，应在十日内按备案的范围报上级人民检察院。上级人民检察院如认为处理不当，应及时通知下级人民检察院依法处理。

第十二条 各级人民检察院举报中心具体承办要案线索的受理、移送、备案、统计等事项。其他业务部门应将每月受理的要案线索情况和处理结果，送举报中心，由举报中心统计上报并抄送本院统计部门。

第十三条 对要案线索必须严格保密。一旦发生泄密事件，要及时采取补救措施，并根据情况和造成的后果，对责任人予以纪律处分直至追究刑事责任。

第十四条 对涉嫌犯罪的要案线索，不得转送其他机关处理，不准压案不报、不查。违反本《规定》，该上报备案不上报备案，该初查不初查的，要视情节轻重，追究有关领导人的责任。

第十五条 最高人民检察院过去的文件、规定中有关内容与本《规定》相抵触的，以本《规定》为准。

第十六条 本《规定》的解释权属最高人民检察院。

最高人民检察院关于深入开展立案监督工作的通知

（1998年3月9日 高检发刑字〔1998〕21号）

各省、自治区、直辖市人民检察院，军事检察院：

在过去的一年里，全国检察机关认真执行修改后的刑事诉讼法，按照最高人民检察院的总体部署和要求，积极开展立案监督工作，依法履行法律监督职责，取得了显著成绩。据统计，1997年全国检察机关共受理立案监督案件5019件，要求公安机关说明不立案理由4265件，经审查认为不立案理由不成立而通知立案3717件，公安机关接通知后已立案3541件，促进了严格执法，受到了人民群众的好评。但这项工作要继续深入发展，保持积极、稳健的发展势头。为此特通知如下：

一、立案监督是检察机关法律监督职能的重要内容，是纠正司法实践中出现的有案不立、有罪不究、以罚代刑等执法不严问题的有力措施，对于维护司法公正，保障人民群众合法权益具有重要意义。各级检察机关要切实提高对立案监督工作重要性的认识，坚持“严格执法，狠抓办案，加强监督”的工作方针，严格监督程序，突出监督重点，注重监督效果，把立案监督工作健康、规范、富有成效地开展起来。

二、进一步加大立案监督工作力度。要健全立案监督工作机构，各地批捕部门要指定专人办理立案监督案件，使这项工作常抓不懈；要继续坚持工作情况报告制度，每季度、半年、全年都要专报。要积极探索立案监督的途径，力争立案监督工作有新的进展。1997年开展较好的省份，要在深入上下功夫；还没有普遍开展起来的省份，要采取有力措施，尽快扭转落后局面。

三、严格立案监督程序，确保立案监督的质量。各地在开展立案监督工作中，要严格依照法定程序进行，着眼于立案监督的质量和效果。要坚持行之有效的办案制度，强化调查。要加强通知立案后的跟踪监督，确保立案监督成果。要把立案监督与侦查监督结合起来，对公安机关接通知后已立案的案件，要适时介入侦查，防止出现久拖不办的现象。

四、要突出监督重点。各地要在查办那些案情重大的，有较大社会影响及涉嫌徇私舞弊的案件上下功夫。要把开展立案监督与查办司法腐败结合起来。

五、要加强与公安机关等有关部门的联系，做到经常化、制度化；要积极协商，研究解决工作中遇到的问题，争取公安机关对立案监督工作的配合。要加强向人大、党委请示报告工作，在党委的领导和人大的监督下把立案监督工作做好。

六、要认真做好备案审查工作。各地要严格按照规定上报和审查备案材料，发现问题，及时解决。向最高人民检察院上报备案的案件范围，按照《1997年全国检察机关立案监督备案审查情况通报》（〔1998〕高检刑发第6号）执行。

七、要积极开展调查研究，针对本地开展立案监督工作实际，研究部署下步工作，解决存在的问题。

八、要认真总结和推广开展立案监督工作的经验和做法。上级检察院要加强对下级院立案监督工作的指导，要注意抓典型，对立案监督工作中好的经验和做法，要采取多种形式，及时予以推广，以推动立案监督工作的全面开展。

各地在开展立案监督工作中遇到的新情况、新问题，请及时向高检院报告。

人民检察院立案监督工作问题解答

（2000年1月13日　〔2000〕高检捕发第1号）

1. 修改后的刑事诉讼法第八十七条规定："人民检察院认为公安机关应当立案侦查而不立案侦查的，或者被害人认为公安机关对应当立案侦查的案件而不立案侦查，向人民检察院提出的，人民检察院应当要求公安机关说明不立案的理由。"对"公安机关应当立案侦查而不立案侦查"应如何理解？

答："应当立案侦查"的案件，是指属于公安机关（包括国家安全机关、军队保卫部门、监狱，下同）管辖且符合刑事诉讼法第八十三条和第八十六条规定的立案条件的刑事案件。"不立案侦查"，是指公安机关没有依照法律规定对应当立案侦查的案件进行立案侦查。没有向公安机关报案或者公安机关没有掌握、发现犯罪事实的案件不属于刑事诉讼法第八十七条规定的立案监督的范围。人民检察院受理的这类案件应当按照刑事诉讼法第八十三、八十四条的规定移送有管辖权的公安机关或者人民法院，不应作为立案监督案件办理。

2. 立案监督与侦查监督有何区别？

答：立案监督和侦查监督都是检察机关刑事诉讼法律监督权的重要组成部分。立案监督是人民检察院对公安机关的立案活动是否合法进行的监督；侦查监督是人民检察院对公安机关的侦查活动是否合法进行的监督。二者的主要区别在于监督的客体不同和监督的手段不同。立案监督的客体是公安机关的立案活动，它主要发现和纠正以下违法行为：应当立案侦查而不立案侦查的；立案后又作行政处罚或者劳动教养等降格处理的；不应当立案而立案侦查的。立案监督的手段主要是要求公安机关说明不立案理由和通知公安机关立案；对于公安机关不应当立案侦查而立案侦查的，向公安机关提出纠正违法意见。而侦查监督的客体是公安机关的侦查活动。侦查监督的手段是向公安机关发出《纠正违法通知书》。根据《人民检察院刑事诉讼规则》第三百八十一条的规定，侦查监督主要发现和纠正以下违法行为：对犯罪嫌疑人刑讯逼供、诱供的；对被害人、证人以体罚、威胁、诱骗等非法手段收集证据的；伪造、隐匿、销毁、调换或者私自涂改证据的；徇私舞弊、放纵、包庇犯罪分子的；故意制造冤、假、错案的；在侦查活动中利用职务之便谋取非法利益的；在侦查过程中不应当撤案而撤案的；贪污、挪用、调换所扣押、冻结的款物及其孳息的；违反刑事诉讼法关于决定、执行、变更、撤销强制措施规定的；违反羁押和办案期限规定的；在侦查过程中有其他违反刑事诉讼法有关规定的行为的。

3. 公安机关刑事立案后作治安处

罚或者劳动教养处理的案件能否作为立案监督案件办理？

答：可以。根据刑事诉讼法的规定，公安机关对符合刑事立案条件的案件立案后，应当进行侦查，发现不应对犯罪嫌疑人追究刑事责任的，应当撤销案件。公安机关已经立案但又作治安处罚或者劳动教养处理的案件，其实质是把刑事案件作为非刑事案件处理。检察机关经审查认为公安机关作治安处罚或者劳动教养不当，应当追究犯罪嫌疑人刑事责任的，可以按照立案监督程序办理。

4. 何谓涉嫌徇私舞弊的立案监督案件？

答：涉嫌徇私舞弊的立案监督案件，是立案监督的重点。涉嫌徇私舞弊的案件是指因公安民警等国家机关工作人员徇私舞弊而导致该立不立的案件，包括两种情况：一是检察机关在办理立案监督案件的过程中，发现徇私舞弊线索的；二是办理徇私舞弊案件过程中发现立案监督线索的。根据刑法的规定，徇私舞弊犯罪包括国家机关工作人员徇私舞弊罪、徇私舞弊不移交案件罪、帮助犯罪分子逃避处罚罪等10余个罪名。涉嫌上述各罪名的案件，应当作为立案监督的重点。审查逮捕部门在办理立案监督案件的过程中，发现徇私舞弊线索的，应当移交给法纪部门办理。

5. 要求公安机关说明不立案理由，是否是通知立案前的必经程序？

答：根据刑事诉讼法第八十七条的规定，要求公安机关说明不立案理由应当是通知立案前的必经法定程序。无论是检察机关发现公安机关应当立案侦查而不立案侦查的，还是被害人认为公安机关对应当立案侦查的案件而不立案侦查，向人民检察院提出的，人民检察院都应首先要求公安机关说明不立案的理由，经审查不立案理由不成立的，才能通知公安机关立案。

6. 向公安机关发出《要求说明不立案理由通知书》后，公安机关在规定时限内拒不说明不立案理由的，如何办理？

答：根据最高人民法院、最高人民检察院、公安部、国家安全部、司法部、全国人大常委会法制工作委员会《关于刑事诉讼法实施中若干问题的规定》（以下简称六部委规定），公安机关在收到人民检察院《要求说明不立案理由通知书》后七日内应当将说明情况书面答复人民检察院。人民检察院向公安机关发出《要求说明不立案理由通知书》后，在上述时限内公安机关没有说明不立案理由的，人民检察院可以发出纠正违法通知书予以纠正，如现有材料证明确属应当立案侦查的，也可以直接向公安机关发出《通知立案书》。

7. 要求公安机关说明不立案理由和通知公安机关立案，应采取何种形式？

答：根据六部委规定，要求公安机关说明不立案理由和通知公安机关立案都应当采取书面形式。要求公安机关说明不立案理由，应当向公安机关发出《要求说明不立案理由通知书》；通知公安机关立案，应当向公安机关发出《通知立案书》。不能采取口头通知的形式。

8. 在办理审查批捕案件过程中，发现公安机关对某同案犯没有提请逮捕的，能否适用立案监督程序予以纠正？

答：在办理审查批捕案件过程中，发现公安机关应当提请检察机关批准逮捕而没有提请的，应通过追捕予以解决，不适用立案监督程序。

9. 共同犯罪案件中，部分被告人

已被判决有罪；另一部分共同犯罪人公安机关应当立案侦查而不立案侦查的，能否适用立案监督程序？

答：共同犯罪案件中，部分被告人已被判决有罪且判决已经生效的，如果审查逮捕部门认为还应当追究其他共同犯罪人的刑事责任，但公安机关应当立案侦查而不立案侦查的，应当要求公安机关说明不立案的理由，经审查认为不立案理由不成立的，通知公安机关立案。

10. 通知立案的条件应如何掌握？

答：根据刑事诉讼法第八十三条和第八十六条的规定，具有下列条件之一的，公安机关应当立案：（1）公安机关发现了犯罪事实；（2）公安机关发现了犯罪嫌疑人；（3）公安机关对于报案、控告、举报和自首的材料，经审查，认为有犯罪事实需要追究刑事责任。一般情况下，通知立案的条件即是刑事诉讼法规定的立案条件。但是，由于通知立案具有指令性，为了确保立案监督的质量和效果，人民检察院通知公安机关立案的案件，应当从严掌握，一般应是能够逮捕、起诉、判刑的案件。

11. 立案监督中的调查应如何进行？

答：根据刑事诉讼法和《人民检察院刑事诉讼规则》的规定，人民检察院在立案监督过程中，应进行必要的审查和调查。调查的重点是查明是否存在公安机关应当立案侦查而不立案侦查的事实。要求公安机关说明不立案理由之前和审查公安机关说明的不立案理由，都应当进行必要的调查，以保证立案监督的准确性。在要求公安机关说明不立案理由之前，应当查明：（1）是否符合刑事诉讼法规定的刑事立案条件；（2）是否属于公安机关管辖；（3）公安机关是否立案。在收到公安机关说明的不立案理由之后，应当围绕公安机关说明的不立案理由是否成立进行调查。需要调查时，调查的方案要报审查逮捕部门负责人和主管检察长批准；调查要严格依法进行，严禁使用强制措施；调查要秘密进行，不暴露意图，一般不接触犯罪嫌疑人。

12. 公安机关接到检察机关《要求说明不立案理由通知书》后，即主动纠正予以立案的，人民检察院是否还要发《通知立案书》？

答：不必再发《通知立案书》。如果公安机关没有将《立案决定书》送达人民检察院的，应当要求公安机关将立案决定书送达检察机关。

13. 立案监督过程中检察机关收集调取的有关证明应该立案的材料，在通知公安机关立案时，是否移送给公安机关？

答：根据六部委规定，立案监督过程中检察机关调查获取的证明应该立案的有关材料，在通知公安机关立案时，应同时移送给公安机关。

14. 公安机关接到“通知立案书”后，在规定时限内不予立案的如何办理？

答：根据六部委规定，人民检察院通知公安机关立案的，公安机关在收到《通知立案书》后，应当在十五日内决定立案，并将立案决定书送达人民检察院。在上述时限内不予立案的，人民检察院应当发出纠正违法通知书予以纠正。公安机关仍不予纠正的，报上一级检察机关商同级公安机关处理，或者报告同级人大常委会。如果属于刑事诉讼法第十八条第二款规定的国家机关工作人员利用职权实施的其他重大犯罪，通知立案后公安机关不予立案的，应报请本院检察长提交检察委员会讨论，决定是否层报省级检察院批准直接受理。

15. 公安机关接《通知立案书》后虽已立案，但立案后立而不查、久拖不决的怎么办？

答：对于通知公安机关立案的案件，检察机关应加强跟踪监督，防止监督流于形式。对于公安机关接《通知立案书》后虽已立案，但立而不查、久拖不决的，人民检察院应当分别原因，有针对性地跟踪监督公安机关侦查活动，对公安机关久侦不结的，要加强联系，经常督促，必要时报告上一级检察院，由上一级检察院督促同级公安机关纠正。符合逮捕条件的，要建议公安机关提请逮捕。对有意阻挠查处的，要建议有关部门严肃查处，追究有关人员的责任。对犯罪嫌疑人在逃的，要结合公安机关开展的破大案追逃犯等专项斗争，督促公安机关加大追逃力度；还可以发动群众提供线索，协助公安机关抓捕在逃犯罪嫌疑人。对侦查工作已有重大突破的案件，批捕部门要适时介入公安机关的侦查活动，促使公安机关加快办案进度。

16. 人民检察院通知公安机关立案的案件有多名犯罪嫌疑人，而公安机关接通知后只对部分犯罪嫌疑人立案的，如何办理？

答：人民检察院通知公安机关立案的案件有多名犯罪嫌疑人，而公安机关只对部分犯罪嫌疑人立案的，人民检察院应当发出纠正违法通知书予以纠正。

17. 人民检察院通知立案的案件，公安机关立案后撤销案件怎么办？

答：根据刑事诉讼法第一百三十条的规定，在侦查过程中，发现不应对犯罪嫌疑人追究刑事责任的，应当撤销案件。这当然包括公安机关依检察机关的通知而立案的案件。但是对于检察机关通知公安机关立案的案件，公安机关立案后又撤销案件的，检察机关经审查认为撤销案件不当的，应当发出纠正违法通知书，通知公安机关予以纠正。

18. 需要由人民检察院直接受理的国家机关工作人员利用职权实施的其他重大犯罪案件，是否属于立案监督案件？

答：需要由人民检察院直接受理的国家机关工作人员利用职权实施的其他重大犯罪案件属于立案监督案件。对于由公安机关管辖的上述案件，人民检察院可以根据案件的具体情况，决定是否报请省级检察院批准直接立案侦查或者适用立案监督程序。如果选择适用立案监督程序，人民检察院通知立案后公安机关不予立案的，审查逮捕部门可以按照办案程序进行审查，提出是否直接立案侦查的意见，报请检察长提交检察委员会讨论决定是否提请省级院批准直接受理。

19. 对于公安机关不应当立案而立案侦查的，应如何予以监督？

答：人民检察院发现公安机关不应当立案而立案侦查的，应当认真慎重地审查，公安机关确属不应当立案而立案的，根据《人民检察院刑事诉讼规则》第三百七十八条的规定，对公安机关没有提请批准逮捕的，可以向公安机关提出纠正违法意见。在办理此类案件时，要从严掌握。

20. 审查逮捕部门发现本院侦查部门对应当立案侦查的案件而不立案侦查的，如何予以监督？

答：审查逮捕部门发现本院侦查部门对应当立案侦查的案件不报请立案侦查的，应当写出《建议立案侦查书》报主管检察长审批后转侦查部门。建议不被采纳的，应当报检察长决定。

21. 各地开展立案监督工作的情况应如何上报？

答：各省级院审查逮捕部门每季度

应对本省（自治区、直辖市）检察机关开展立案监督工作情况进行汇总分析，分别写出第一季度、半年度、1～9月份工作小结和全年工作总结，于下季度第一个月底前报高检院审查批捕厅。工作小结和总结的主要内容应包括：办理立案监督案件的具体数字、公安机关已立案案件的处理情况（如批捕、起诉、判决的具体件数、人数）、开展立案监督工作的经验、存在的问题、意见、建议及对策等。其他方面的立案监督工作信息，要及时上报。

最高人民法院关于刑事自诉案件审查立案的规定

（1993年9月24日　法发〔1993〕25号）

为了进一步做好刑事自诉案件的立案工作，根据《中华人民共和国刑法》、《中华人民共和国刑事诉讼法》和审判实践经验，特作如下规定。

第一条　刑事自诉案件是指刑法规定的告诉才处理和其他不需要进行侦查，由人民法院直接受理的轻微刑事案件。

第二条　人民法院受理下列刑事自诉案件：

（一）刑法第一百三十四条第一款中有原告和被告，明显属于轻伤害，因果关系清楚，不需要进行侦查的伤害案；

（二）刑法第一百四十五条中告诉才处理并且不需要侦查的侮辱、诽谤案；

（三）刑法第一百七十九条第一款暴力干涉婚姻自由案；

（四）刑法第一百八十条重婚案，但人民检察院提起公诉的除外；

（五）刑法第一百八十一条破坏现役军人婚姻案；

（六）刑法第一百八十二条第一款虐待案；

（七）刑法第一百八十三条遗弃案；

（八）法律规定由人民法院直接受理的其他刑事案件。

第三条　刑法第一百五十七条中抗拒执行判决、裁定案由人民法院直接立案审理。

第四条　刑事自诉案件由犯罪地的基层人民法院审判，如果由被告人居住地的基层人民法院审判更为适宜的，也可由被告人居住地的人民法院审判。几个法院都有管辖权的，由最先受理的人民法院审判。

第五条　刑事自诉案件的自诉人、被告人一方或双方是外国人的，由犯罪地的中级人民法院审判。

自诉人是外国人的，应当提供本人国籍的证明。

第六条　刑事自诉案件的自诉人、被告人一方或双方是港、澳、台胞的，由犯罪地的基层人民法院审判。

港、澳、台同胞告诉的，应当出示港、澳、台居民身份证、回乡证或其他能证明本人身份的证明。

第七条　刑事自诉案件的自诉人应当是本案的被害人。被害人因受强制、威吓无法告诉的，人民检察院和被害人的近亲属也可以告诉。被害人是未成年人、无行为能力或限制行为能力人以及因年老、患病、聋、哑等不能亲自告诉的，其近亲属可以代为告诉。

近亲属代为告诉的，应提供与被害人关系的证明，同时提供被害人系未成年人，无行为能力或限制行为能力和聋、哑、患病等证明。

第八条 刑事自诉案件的被害人由于被告人的犯罪行为而遭受经济损失的，可以同时提起附带民事诉讼。

第九条 自诉必须在法定的犯罪追诉期限内提起。

第十条 自诉人应当向人民法院提交自诉状；提交自诉状确有困难的，可以口头告诉，由人民法院的审判人员作出笔录，向自诉人宣读，自诉人认为没有错误后，应当签名或者盖章。

自诉人提交外文自诉状的应当附中文译本。

第十一条 自诉状或告诉笔录应当包括以下内容：

（一）诉状的名称为《刑事自诉状》。附带民事诉讼的为《刑事附带民事自诉状》。

（二）自诉人、被告人、代为告诉的近亲属的姓名、性别、年龄、民族、籍贯、职业、工作单位和住址。

（三）被告人犯罪行为的时间、地点、手段、情节和危害后果等。

（四）具体的诉讼请求。

（五）致送人民法院的名称及具状时间。

（六）物证和书证名称、件数等。

第十二条 刑事自诉案件的自诉人，应当向人民法院提供被告人犯罪的证据或证据线索。

第十三条 人民法院对自诉案件要认真进行审查，对符合本规定的，应当在收到自诉状或口头告诉之日起15日内立案，并书面通知自诉人。对不符合立案条件的，应在15日内书面通知自诉人并说明不予受理的原因。自诉人坚持告诉的，人民法院应当裁定驳回起诉。

第十四条 人民法院在审查立案时，如认为证据不足，可以限期让自诉人补充证据，人民法院也可以自行调查，收集证据。

第十五条 自诉人不得诽谤诬陷被告人。人民法院审查立案时，应当向自诉人说明诽谤诬陷应负的法律责任。

第十六条 对已决定立案的自诉案件，自诉人应当向人民法院提交与被告人数相等的自诉状副本。口头告诉的，由自诉人按被告人数复制告诉笔录。

第十七条 自诉人明知侵害人是2人以上，但只对部分侵害人提出告诉的，人民法院应当受理，并视为对其他侵害人放弃告诉权利。判决宣告后自诉人又对其他侵害人提出告诉的，人民法院不再受理。

第十八条 共同被害人中只有部分人告诉的，人民法院应当通知其他被害人参加诉讼。被通知人接到通知后，至一审宣判时未提出告诉的，即视为放弃告诉权利。一审宣判后，被通知人就同一事实提出告诉的，人民法院不予受理。

第十九条 刑事自诉案件经审查有下列情形之一的，人民法院不予受理：

（一）犯罪已过刑法规定的追诉时效期限的；

（二）被告人死亡的；

（三）被告人下落不明的；

（四）不属自诉案件范围的；

（五）自诉人撤诉后，就同一事实又告诉的，但因证据不足而撤诉的除外；

（六）经人民法院调解结案后，自诉人反悔，就同一事实再行告诉的；

（七）民事案件结案后，自诉人就同一事实再行提出刑事自诉的。

第二十条 刑事自诉案件由人民法

院负责立案工作的审判庭和人民法庭审查立案。

第二十一条 本规定自1993年10月1日起施行。

最高人民法院关于人民法院立案工作的暂行规定

（1997年4月21日 法发〔1997〕7号）

为了切实保护当事人的诉讼权利，加强人民法院的立案工作，根据我国刑事诉讼法、民事诉讼法、行政诉讼法等有关法律，结合审判实践经验，对人民法院的立案工作作如下规定。

第一条 人民法院的立案工作遵循便利人民群众诉讼，便利人民法院审判的原则。

第二条 上级人民法院对下级人民法院的立案工作进行监督和指导。

基层人民法院对人民法庭的立案工作进行检查和指导。

第三条 人民法院立案工作的任务，是保障当事人依法行使诉讼权利，保证人民法院正确、及时审理案件。

第四条 人民法院对当事人提起的诉讼依法进行审查，符合受理条件的应当及时立案。

第五条 人民法院实行立案与审判分开的原则。

第六条 人民法院的立案工作由专门机构负责，可以设在告诉申诉审判庭内；不设告诉申诉审判庭的，可以单独设立。

第七条 立案工作的范围

（一）审查民事、经济纠纷、行政案件的起诉，决定立案或者裁定不予受理；审查刑事自诉案件的起诉，决定立案或者裁定驳回；对刑事公诉案件进行立案登记。

（二）对下级人民法院移送的刑事、民事、经济纠纷、行政上诉案件和人民检察院对第一审刑事判决、裁定提出的抗诉案件进行立案登记。

（三）对本院决定再审、上级人民法院指令再审和人民检察院按照审判监督程序提出抗诉的案件进行立案登记。

（四）负责应由人民法院依法受理的其他案件的立案工作。

（五）计算并通知原告、上诉人预交案件受理费。

第八条 人民法院收到当事人的起诉，应当依照法律和司法解释规定的案件受理条件进行审查：

（一）起诉人应当具备法律规定的主体资格；

（二）应当有明确的被告；

（三）有具体的诉讼请求和事实根据；

（四）属于人民法院受理案件的范围和受诉人民法院管辖。

提起刑事自诉、刑事附带民事诉讼的，还应当符合《最高人民法院关于执行〈中华人民共和国刑事诉讼法〉若干问题的解释（试行）》中关于受理条件的规定。

第九条 人民法院审查立案中，发现原告或者自诉人证明其诉讼请求的主要证据不具备的，应当及时通知其补充证据。收到诉状的时间，从当事人补交有关证据材料之日起开始计算。

第十条 人民法院收到诉状和有关证据，应当进行登记，并向原告或者自诉人出具收据。收据中应当注明证据名称、原件或复制件、收到时间、份数和页数，由负责审查起诉的审判人员和原告、自诉人签名或者盖章。对于不予立案或者原告、自诉人在立案前撤回起诉的，应当将起诉材料退还，并由当事人签收。

第十一条 对经审查不符合法定受理条件，原告坚持起诉的，应当裁定不予受理；自诉人坚持起诉的，应当裁定驳回。

第十二条 不予受理和驳回起诉的裁定书由负责审查起诉的审判人员制作，报庭长或者院长审批。裁定书由负责审查起诉的审判员、书记员署名，加盖人民法院印章。

第十三条 经审查认为起诉符合受理条件的，根据案件的不同情况，由负责审查起诉的审判人员决定立案或者报庭长审批。重大疑难案件报院长审批或者经审判委员会讨论决定。

第十四条 起诉经审查决定立案后，应当编立案号，填写立案登记表，计算案件受理费，向原告或者自诉人发出案件受理通知书，并书面通知原告预交案件受理费。

第十五条 决定立案后，立案机构应当在二日内将案件移送有关审判庭审理，并办理移交手续，注明移交日期。经审查决定受理或立案登记的日期为立案日期。

第十六条 刑事自诉案件应当在收到自诉状、口头告诉第二日起十五日内决定立案或者裁定驳回起诉；民事、经济纠纷案件应当在收到起诉状、口头告诉之日起七日内决定立案或者裁定不予受理；行政案件应当在收到起诉状之日起七日内决定立案或者裁定不予受理。

第十七条 审判庭对立案机构移送的案件认为不属本庭职责范围的，应当及时提出，报院长决定。

第十八条 人民法庭经审查认为符合受理条件的起诉，报庭长批准立案；当事人直接向基层人民法院起诉的，基层人民法院应当审查受理。

人民法庭决定立案后，应当将当事人的姓名、单位、案由、简要案情报基层人民法院统一编立案号。

对符合受理条件的起诉人民法庭不予立案的，基层人民法院应当决定立案，交由人民法庭审理。

第十九条 对当事人不服一审判决、裁定提出上诉的案件，第一审人民法院应当及时办妥送达上诉状副本等有关手续，将案卷材料连同二审案件诉讼费缴费凭证等一并移送第二审人民法院。

第二十条 第二审人民法院立案机构收到第一审人民法院移送的上诉材料及一审案件卷宗材料，应当查对以下内容：

（一）上诉状、一审裁判文书齐全；一审卷宗数应与案件移送函标明的数量相符。

（二）上诉人递交上诉状的时间在法定上诉期限以内；虽然超过法定上诉期限，但提交了因不可抗拒的事由或者具有其他正当理由申请顺延上诉期限的书面材料。

（三）附有上诉案件受理费单据或者上诉人关于缓、减、免交上诉费用的申请。

对卷宗、材料不齐备的，应当及时通知第一审人民法院补充。

第二十一条 第二审人民法院立案机构经查对有关材料无误的，应当填写立案登记表，编立案号，向当事人发送案件受理通知书和上诉案件应诉通知书，并将案卷材料于立案登记的第二日移交有关审判庭。

第二十二条 对当事人提出的申诉

或者再审申请，认为符合受理条件的，应当登记后立卷审查。

第二十三条 对具有以下情形的再审案件，应当移送有关审判庭审理：

（一）经审查认为申诉或者再审申请符合法律规定的条件，并报经院长批准再审的；

（二）本院院长提交审判委员会讨论决定再审的；

（三）上级人民法院指令再审的；

（四）人民检察院提出抗诉的。

第二十四条 执行案件的立案工作可参照本规定执行。

第二十五条 各高级人民法院、解放军军事法院可以根据本规定制定实施细则，并报最高人民法院备案。

以前有关立案工作的规定与本规定不一致的，以本规定为准。

2. 侦　　查

最高人民检察院关于印发《人民检察院扣押、冻结款物工作规定》的通知

（2006 年 3 月 27 日　高检发研字〔2006〕1 号）

各省、自治区、直辖市人民检察院，军事检察院，新疆生产建设兵团人民检察院：

《人民检察院扣押、冻结款物工作规定》已于 2006 年 2 月 13 日经最高人民检察院第十届检察委员会第五十次会议审议通过，现印发给你们，请遵照执行。各地在执行中遇到的问题，请及时报告最高人民检察院。

人民检察院扣押、冻结款物工作规定

第一章　总　　则

第一条 为了规范人民检察院扣押、冻结款物工作，提高执法水平和办案质量，保护公民、法人和其他组织合法权益，根据刑法、刑事诉讼法及其他有关规定，制定本规定。

第二条 本规定所称扣押、冻结的款物，是指人民检察院在依法行使检察职权过程中扣押、冻结的违法所得、其他可能与犯罪有关的款物、作案工具、非法持有的违禁品等。

犯罪嫌疑人、被告人实施违法犯罪行为所取得的财物及其孳息属于违法所得。

第三条 违法所得的一切财物，应当予以追缴或者责令退赔。对被害人的合法财产，应当依法及时返还。违禁品和供犯罪所用的财物，应当予以扣押、冻结，并依法处理。

被害人包括自然人、法人和其他组织。

第四条 人民检察院扣押、冻结以及保管、处理涉案款物，必须严格依法

进行。严禁扣押、冻结与案件无关的合法财产。

严禁在立案之前扣押、冻结款物。个人或者单位在立案之前向人民检察院自首时携带涉案款物的，人民检察院可以先行接受，并向自首人开具收据，根据立案情况决定是否扣押、冻结。

第五条 实行扣押、冻结款物与保管款物相分离的原则，账实必须相符。

第六条 人民检察院扣押、冻结款物，应当实行办案部门和保管部门相互制约的原则。

第七条 人民检察院扣押、冻结款物工作，应当依照有关规定接受人民监督员的监督。

第八条 扣押、冻结涉及国家秘密、商业秘密、个人隐私的款物，应当严格遵守有关保密规定。

第二章 扣押、冻结款物的程序

第九条 扣押、冻结涉案款物，应当履行法律手续。

扣押、冻结涉案款物，应当报经检察长批准，由两名以上办案人员进行。

在搜查、拘留、逮捕、现场勘查过程中发现的可用以证明犯罪嫌疑人有罪或者无罪的各种物品，非法持有的违禁品，可能属于违法所得的款项，应当扣押；与案件无关的，不得扣押。不能立即查明是否与案件有关的可疑款物，可以先行扣押并按照本规定第十三条审查处理。

对于犯罪嫌疑人、被告人到案时随身携带的物品需要扣押的，依照前款规定办理。对于与案件无关的个人用品，逐件登记，随人移交，或者退还家属。

第十条 对于扣押的款物，检察人员应当会同在场见证人和被扣押款物持有人查点清楚，当场开列扣押清单一式四份，注明扣押物品的名称、型号、规格、数量、质量、颜色、新旧程度、包装等主要特征，由检察人员、见证人和持有人签名或者盖章。持有人拒绝签名、盖章或者不在场的，应当在清单上注明。

第十一条 对于应当扣押但不便提取的物品，经拍照或者录像后原地封存，并且单独开具扣押（原地封存）清单一式四份，注明已经拍照或者录像，由检察人员、见证人和持有人签名或者盖章。持有人拒绝签名、盖章或者不在场的，应当在清单上注明。

第十二条 办案部门扣押、冻结下列款物，应当进行相应的处理：

（一）扣押外币、金银珠宝、文物、名贵字画以及其他不易辨别真伪的贵重物品，应当在拍照或者录像后当场密封，由检察人员、见证人和被扣押物品持有人在密封材料上签名或者盖章，根据办案需要及时委托具有资质的部门出具鉴定报告。启封时应当有见证人或者持有人在场并且签名或者盖章；

（二）对存折、信用卡、有价证券等支付凭证和具有一定特征能够证明案情的现金，应当注明特征、编号、种类、面值、张数、金额等，作为实物进行封存，并且冻结相应的账户；

（三）对录音带、录像带、磁盘、光盘等磁质、电子存储介质，应当注明案由、内容、规格、类别、应用长度、文件格式、制作或者提取时间、制作人或者提取人等；

（四）对易损毁、灭失、变质以及其他不宜长期保存的物品，应当用笔录、绘图、拍照、录像等方法加以保全后进行封存，或者经检察长批准后委托有关部门变卖、拍卖。

第十三条 对扣押、冻结的款物，应当及时进行审查。经查明确实与案件无关的，应当在三日内作出解除或者退还决定，并通知有关当事人。

第三章　扣押、冻结款物的保管

第十四条　人民检察院对于扣押、冻结的款物及其孳息，应当如实登记，妥善保管。

第十五条　人民检察院负责财务装备的部门是扣押款物的管理部门，负责对扣押款物统一管理。法律和本规定另有规定的除外。

第十六条　办案部门扣押款物后，应当在三日内移交管理部门，并附扣押清单复印件。由于特殊原因不能按时移交的，经检察长批准，可以由办案部门暂时保管，在原因消除后及时移交。

第十七条　下列扣押、冻结款物可以不移交本院管理部门，由办案部门拍照或者录像后及时依照有关规定处理：

（一）对不动产、大型物品等不便提取的财物，在不影响办案的情况下，可以在查封后交由被扣押物品持有人保管，也可以委托有关部门封存保管；

（二）对珍贵文物、珍贵动物及其制品、珍稀植物及其制品，按照国家有关规定移送主管部门；

（三）对毒品、淫秽物品等违禁品，及时移交有关部门，或者根据办案需要严格封存，不得使用或者扩散；

（四）对爆炸性、易燃性、放射性、毒害性、腐蚀性等危险品，及时移交有关部门或者根据办案需要委托有关部门妥善保管。

第十八条　办案部门向管理部门移交扣押的款物时，应当列明物品的名称、规格、特征、质量、数量或者现金的数额等，出具本规定第十二条要求的手续。管理部门应当当场审验，对不符合规定的，应当要求办案部门立即补正；符合规定的，应当在移交清单上签名并向办案部门开具收据。

第十九条　对扣押款应当逐案设立明细账，并及时存入指定银行的专用账户，严格收付手续。

第二十条　对扣押的实物应当建账设卡，一案一账，一物一卡。

对于细小物品，可以根据物品种类分袋、分件、分箱设卡。

第二十一条　对扣押物品应当设立符合防火、防盗、防潮、防尘等安全要求的专用保管场所，并配备必要的计量和存储设备。严格封存登记和出入库手续。管理人员应当定期对扣押款物进行检查，防止挪用、丢失、损毁等。

第二十二条　为了核实证据需要临时调用扣押、冻结款物时，应当经检察长批准。加封的款物启封时，办案部门和管理部门应当同时派员在场，并应当有见证人或者持有人在场，当面查验。归还时，应当重新封存，由管理人员清点验收。管理部门应当对调用和归还情况进行登记。

第二十三条　对于扣押、冻结的股票，权利人申请出售并且不损害国家利益、被害人利益的，经检察长批准或者检察委员会讨论决定，可以依法出售，所得价款由管理部门保管。

第四章　扣押、冻结款物的处理

第二十四条　处理扣押、冻结的涉案款物，应当由检察长决定；重大案件应当提交检察委员会讨论决定。

人民检察院向其他机关移送案件需要随案移送扣押、冻结款物的，依照前款的规定办理。

第二十五条　扣押、冻结的款物，除依法应当返还被害人或者经查明确实与案件无关的以外，不得在诉讼程序终结之前处理。

人民检察院作出撤销案件决定书、不起诉决定书或者收到人民法院生效判决、裁定书后，应当在三十日以内对扣押、冻结的款物依法作出处理。情况特殊的，经检察长决定，可以延长三十日。

第二十六条 人民检察院撤销案件时，应当在撤销案件决定书中对扣押、冻结款物的处理作出说明。扣押的违法所得需要没收的，应当移送有关主管机关处理；需要返还被害人的，直接决定返还。

因犯罪嫌疑人死亡而撤销案件，被冻结的存款、汇款应当依法予以没收或者返还被害人的，可以申请人民法院裁定通知冻结犯罪嫌疑人存款、汇款的金融机构上缴国库或者返还被害人；因其他原因撤销案件的，直接通知冻结机构上缴国库或者返还被害人。

主管机关，是指对犯罪嫌疑人违反法律、法规的行为具有管理、处罚权限的机关或者其他单位。

第二十七条 人民检察院决定不起诉时，应当在不起诉决定书中对扣押、冻结款物的处理作出说明。需要没收被不起诉人违法所得的，应当提出检察意见，连同不起诉决定书一并移送有关主管机关处理。

犯罪嫌疑人在审查起诉中死亡，其存款、汇款应当依法予以没收或者返还被害人的，可以申请人民法院裁定通知冻结犯罪嫌疑人存款、汇款的金融机构上缴国库或者返还被害人。

提起公诉的案件，人民检察院应当严格按照人民法院的生效判决、裁定处理扣押、冻结的款物。对于起诉书中未认定的扣押、冻结款物以及起诉书中已经认定、但人民法院判决、裁定中未认定的扣押、冻结款物，参照本条第一款、本规定第二十八条的规定处理。

第二十八条 对于被害人的合法财产，不需要在法庭出示的，应当及时返还。诉讼程序终结后，经查明属于犯罪嫌疑人、被不起诉人以及被告人合法财产的扣押、冻结款物，人民检察院应当及时返还。领取人应当在返还款物清单上签名或者盖章。返还清单、物品照片应当附入卷宗。

对依法上缴国库或者返还有关单位和个人的扣押、冻结款物，如果有孳息的，应当一并上缴或者返还。

第二十九条 对于应当返还被害人的扣押、冻结款物，无人认领的，应当公告通知。公告满一年无人认领的，依法上缴国库。

无人认领的款物在上缴国库后有人认领，经查证属实的，人民检察院应当向政府财政部门申请退库或者返还。原物已经拍卖、变卖的，应当退回价款。

第三十条 案件移送审查起诉或者提起公诉的，侦查部门、公诉部门应当制作扣押、冻结款物的处理、去向清单，连同有关法律文书复印件一并存入内卷。

第三十一条 人民检察院作出撤销案件或者不起诉决定以及人民法院作出生效判决、裁定后，侦查部门、公诉部门应当制作扣押、冻结款物处理终结报告，详细列明每一项款物的来源、去向并附有关法律文书复印件，报检察长审核后存入内卷。

第三十二条 人民检察院对扣押、冻结的款物作出处理决定后，应当在七日内通知有关当事人，并同时告知如果对处理决定不服，可以申请复议。复议由办案部门办理，并应当在七日内作出复议决定。复议期间停止处理决定的执行。当事人对复议决定不服的，可以向上一级人民检察院申诉。上一级人民检察院应当对申诉及时进行复查并作出决定。

第五章　责任追究

第三十三条　人民检察院监察部门应当对本院的扣押、冻结款物工作进行定期检查。上级人民检察院监察部门应当适时会同有关部门对下级人民检察院的扣押、冻结款物工作进行检查。

第三十四条　人民检察院任何部门和个人不得非法扣押、冻结公私财产，不得贪污、挪用、私分、私存、调换、外借、压价收购、故意损毁、丢弃或者擅自处理扣押、冻结款物及其孳息，不得隐瞒、截留、坐支应当上缴国库的赃款赃物，扣押、冻结款物应当返还的，不得故意拖延。

违反前款规定的，应当依照有关规定追究主要责任人员和其他直接责任人员的纪律责任；构成犯罪的，依法追究刑事责任。

第三十五条　由于不正确履行职责或者严重不负责任，致使错误扣押、冻结或者致使扣押、冻结的款物灭失、严重毁损或者错误处理，造成较大损失或者恶劣影响的，应当追究主要责任人员和其他直接责任人员的纪律责任；构成犯罪的，依法追究刑事责任。

因违反规定导致国家赔偿的，应当依照国家赔偿法的规定向有关责任人员追偿部分或者全部赔偿费用。

第六章　附　　则

第三十六条　其他机关随案移送的扣押、冻结款物的保管、处理，依照本规定执行。

第三十七条　对扣押、冻结款物的保管、鉴定、估价、公告等支付的费用，列入人民检察院办案经费，不得向当事人收取。

第三十八条　本规定由最高人民检察院解释。

第三十九条　本规定自发布之日起施行。最高人民检察院2001年4月29日发布的《人民检察院扣押、冻结款物管理规定》同时废止。

最高人民法院关于冻结、划拨证券或期货交易所证券登记结算机构、证券经营或期货经纪机构清算账户资金等问题的通知

（1997年12月2日　法发〔1997〕27号）

各省、自治区、直辖市高级人民法院，解放军军事法院：

为了维护证券、期货市场的正常交易秩序，现对人民法院在财产保全或执行生效法律文书过程中，冻结、划拨证券或期货交易所、证券登记结算机构、证券经营或期货经纪机构清算账户清算资金等问题，作如下通知：

一、证券交易所、证券登记结算机构及其异地清算代理机构开设的清算账户上的资金，是证券经营机构缴存的自营及其所代理的投资者的证券交易清算资金。当证券经营机构为债务人，人民法院确需冻结、划拨其交易清算资金时，应冻结、划拨其自营账户中的资金；如证券经营机构未开设自营账户而进行自营业务的，依法可以冻结其在证券交易所、证券登记结算机构及其异地

清算代理机构清算账户上的清算资金，但暂时不得划拨。如果证券经营机构在法院规定的合理期限内举证证明被冻结的上述清算账户中的资金是其他投资者的，应当对投资者的资金解除冻结。否则，人民法院可以划拨已冻结的资金。

证券经营机构清算账户上的资金是投资者为进行证券交易缴存的清算备付金。当投资者为债务人时，人民法院对证券经营机构清算账户中该投资者的相应部分资金依法可以冻结、划拨。

人民法院冻结、划拨期货交易所清算账户上期货经纪机构的清算资金及期货经纪机构清算账户上投资者的清算备付金（亦称保证金），适用上述规定。

二、证券经营机构的交易席位系统机构向证券交易所申购的用以参加交易的权利，是一种无形财产。人民法院对证券经营机构的交易席位进行财产保全或执行时，应依法裁定其不得自行转让该交易席位，但不能停止该交易席位的使用。人民法院认为需要转让该交易席位时，按交易所的有关规定应转让给有资格受让席位的法人。

人民法院对期货交易所、期货经纪机构的交易席位采取财产保全或执行措施，适用上述规定。

三、证券经营机构在证券交易所、证券登记结算机构的债券实物代保管处托管的债券，是其自营或代销的其他投资者的债券。当证券经营机构或投资者为债务人时，人民法院如需冻结、提取托管的债券，应当通过证券交易所查明该债务人托管的债券是否已作回购质押，对未作回购质押，而且确属债务人所有的托管债券可以依法冻结、提取。

四、交易保证金是证券经营机构向证券交易所缴存的用以防范交易风险的资金，该资金由证券交易所专项存储，人民法院不应冻结、划拨交易保证金。但在该资金失去保证金作用的情况下，人民法院可以依法予以冻结、划拨。

最高人民法院关于人民法院扣押铁路运输货物若干问题的规定

（1997 年 4 月 22 日）

根据《中华人民共和国民事诉讼法》等有关法律的规定，现就人民法院扣押铁路运输货物问题作如下规定：

一、人民法院依法可以裁定扣押铁路运输货物。铁路运输企业依法应当予以协助。

二、当事人申请人民法院扣押铁路运输货物，应当提供担保，申请人不提供担保的，驳回申请。申请人的申请应当写明：要求扣押货物的发货站、到货站，托运人、收货人的名称，货物的品名、数量、货票号码等。

三、人民法院扣押铁路运输货物，应当制作裁定书并附协助执行通知书。协助执行通知书中应当载明：扣押货物的发货站、到货站，托运人、收货人的名称，货物的品名、数量和货票号码。在货物发送前扣押的，人民法院应当将裁定书副本和协助执行通知书送达始发地的铁路运输企业由其协助执行；在货物发送后扣押的，应当将裁定书副本和协助执行通知书送达目的地或最近中转编组站的铁路运输企业由其协助执行。

人民法院一般不应在中途站、中转站扣押铁路运输货物。必要时，在不影响铁路正常运输秩序、不损害其他公民法人的合法权益的情况下，可在最近中转编组站或有条件的车站扣押。

人民法院裁定扣押国际铁路联运货物，应当通知铁路运输企业、海关、边防、商检等有关部门协助执行。属于进口货物的，人民法院应当向我国进口国（边）境站、到货站或有关部门送达裁定书副本和协助执行通知书；属于出口货物的，在货物发送前应当向发货站或有关部门送达，在货物发送后未出我国国（边）境前，应当向我国出境站或有关部门送达。

四、经人民法院裁定扣押的铁路运输货物，该铁路运输企业与托运人之间签订的铁路运输合同中涉及被扣押货物部分合同终止履行的，铁路运输企业不承担责任。因扣押货物造成的损失，由有关责任人承担。

因申请人申请扣押错误所造成的损失，由申请人承担赔偿责任。

五、铁路运输企业及有关部门因协助执行扣押货物而产生的装卸、保管、检验、监护等费用，由有关责任人承担，但应先由申请人垫付。申请人不是责任人的，可以再向责任人追偿。

六、扣押后的进出口货物，因尚未办结海关手续，人民法院在对此类货物作出最终处理决定前，应当先责令有关当事人补交关税并办理海关其他手续。

最高人民法院　最高人民检察院　公安部
关于办理非法生产光盘案件有关问题的通知

（1997年3月28日　公发〔1997〕6号）

各省、自治区、直辖市高级人民法院、人民检察院、公安厅（局）、解放军军事法院、解放军军事检察院：

1996年以来，公安机关在打击侵犯知识产权违法犯罪活动的斗争中，陆续侦破了一批非法生产光盘案件，查获一批光盘生产线设备。鉴于光盘生产线设备价格昂贵，长期封存容易造成损坏，根据《中华人民共和国刑事诉讼法》第一百九十八条的规定，现就办案中处理光盘生产线设备的有关问题通知如下：

一、公安机关对查获的非法生产光盘案件，经侦查初步认定构成犯罪的，应当对查获的光盘生产线设备作为犯罪工具依法追缴。追缴后，应采取拍照、录像等方式做好物证的保全、固定工作，再变卖给有关部门指定的单位，变卖的价款及其孳息可暂存入银行。制作的原物照片、录像、物品清单、处理凭证以及其他证明文件，作为证据随案移送。

二、对查获的非法生产光盘案件，经侦查认定构不成犯罪的，其光盘生产线设备应当移交有关行政部门依法处理。

三、对主要犯罪嫌疑人未抓获，案情尚未全部查清的案件，其随案查获的光盘生产线设备，由公安机关按照本通知第一条规定做好证据保全、固定及设备的变卖工作。待案件查清后，对构成犯罪的，按照本通知第一条办理；对构不成犯罪的，按照本通知第二条办理。

四、变卖、罚没光盘生产线设备的收入，一律上缴国库。

最高人民检察院关于调整人民检察院直接受理案件侦查分工的通知

（2004年9月23日　高检发〔2004〕21号）

各省、自治区、直辖市人民检察院，军事检察院，新疆生产建设兵团人民检察院：

为了深入贯彻“强化法律监督，维护公平正义”的检察工作主题，把对诉讼活动的监督职能与对职务犯罪的侦查职能有机结合起来，进一步加大查办职务犯罪的力度，最高人民检察院决定，对人民检察院直接受理案件的侦查分工作如下调整：

一、监所检察部门负责监管场所发生的贪污贿赂、渎职侵权等案件的侦查工作。除虐待被监管人案、私放在押人员案、失职致使在押人员脱逃案、徇私舞弊减刑、假释、暂予监外执行案继续由监所检察部门负责侦查外，原由反贪污贿赂部门和渎职侵权检察部门负责侦查的监管场所发生的职务犯罪案件，划归监所检察部门负责侦查。

二、民事行政检察部门对在办理民事行政抗诉案件过程中发现的审判人员职务犯罪案件线索，经检察长同意，可以进行初查；经初查，符合立案条件的，经检察长批准，可以直接立案侦查。

三、监所检察部门和民事行政检察部门负责侦查的案件，如属于重大、复杂或者跨地区犯罪案件，应当报告检察长，检察长可以将案件交由反贪污贿赂部门或者渎职侵权检察部门办理，监所检察部门或者民事行政检察部门予以配合。

四、人民检察院其他业务部门在实施法律监督工作中，发现涉嫌职务犯罪行为的，报经检察长同意后，可以进行初查。经初查，认为应当立案追究刑事责任的，应当移送反贪污贿赂部门或者渎职侵权检察部门办理。

各级人民检察院要注意通过科学的侦查分工实现侦查资源的优化配置，加强法律监督职能。同时，要注意通过发挥侦查指挥中心的指挥协调作用实现侦查资源的整合，形成监督合力。实践中，要严格执行内部制约等有关规定，注意防止侦查权的滥用，通过完善相关工作机制确保依法独立公正有效地行使检察权。监所检察部门和民事行政检察部门要正确处理好侦查工作与原有业务工作的关系，通过行使侦查权进一步增强法律监督工作的实效。

各地在执行本通知中遇到的问题，请及时报告最高人民检察院。

最高人民检察院关于重新明确监所检察部门办案范围的通知

（1998年6月12日 高检发监字〔1998〕2号）

各省、自治区、直辖市人民检察院，军事检察院：

根据全国检察机关深入开展教育整顿工作会议有关侦查工作必须归口承办的精神，结合监所检察工作的实际，现就监所检察部门（包括派驻监管改造场所检察室，下同）负责承办案件的范围通知如下：

一、关于承办直接侦查案件的范围

各级人民检察院监所检察部门负责刑罚执行和监管改造活动中发生的虐待被监管人案、私放在押人员案、失职致使在押人员脱逃案、徇私舞弊减刑、假释、暂予监外执行案的侦查工作。

二、关于承办批捕、起诉案件的范围

监狱、公安机关立案侦查，移送检察机关审查批捕、审查起诉的服刑罪犯又犯罪案件、劳教人员犯罪案件，由监所检察部门负责审查批捕、审查起诉、出庭公诉工作。

各级人民检察院监所检察部门直接侦查的犯罪案件，需要逮捕、起诉或不起诉的，一律移送刑事检察部门审查，加强内部制约。

三、关于受理申诉案件的范围

服刑罪犯及其法定代理人、近亲属不服已发生法律效力的刑事判决、裁定、劳教人员及其家属不服劳教决定，向检察机关提出的申诉，由监所检察部门负责受理。经立案复查，判决、裁定确有错误需要向人民法院提出抗诉的，移送刑事检察部门审查，提出抗诉。

四、派驻监管改造场所检察院行使县级人民检察院的职权，其办理案件范围继续按原规定办理

最高人民检察院关于人民检察院办理直接受理立案侦查案件实行内部制约的若干规定

（2004年6月24日 高检发〔2004〕12号）

第一条 为了进一步完善人民检察院办理直接受理立案侦查案件的内部制约机制，保障公正执法、文明办案，提高办案质量、依法准确、及时地惩治贪污贿赂、渎职侵权等犯罪，根据《中华人民共和国刑事诉讼法》等有关规定，制定本规定。

第二条 人民检察院对贪污贿赂、渎职侵权等犯罪案件的受理、立案侦查、审查逮捕、审查起诉等工作由不同内设机构承办，实行分工负责、互相配合、互相制约。分管侦查工作的检察长不得同时分管侦查监督和公诉工作。

第三条 人民检察院举报中心统一

受理、管理贪污贿赂、渎职侵权犯罪案件线索，其他内设机构收到对贪污贿赂、渎职侵权犯罪的举报材料，应当及时移交举报中心统一管理。举报中心对涉嫌贪污贿赂、渎职侵权等犯罪的案件线索，应当在受理后七日以内按照职能分工，移送本院侦查部门或者依照规定移送有管辖权的人民检察院。侦查部门对举报中心移送的举报线索应当在一个月以内将处理情况书面回复举报中心，逾期未回复的，举报中心应当催办，侦查部门应当说明理由。

第四条 侦查部门对举报中心移送的举报线索进行审查后，认为需要初查或者拟不予初查的，应当报检察长或者检察委员会决定。侦查部门对举报线索初查后，应当制作审查结论报告，提出提请批准立案侦查或者不予立案的处理意见，报检察长决定。对举报线索决定不予初查或者初查后决定不予立案的，侦查部门应当回复举报中心。举报中心认为决定不当的，应当报经分管检察长同意，提请检察长或者检察委员会决定。

第五条 人民检察院侦查监督部门或者公诉部门发现本院侦查部门对应当立案侦查的案件不报请立案侦查的，应当提出报请立案侦查的建议，报经分管检察长同意后，送侦查部门。侦查部门同意报请立案侦查的，应当在报经检察长批准作出立案决定后将立案决定书复印件送侦查监督部门或者公诉部门；不同意报请立案侦查的，应当书面说明不立案理由，报分管检察长同意后回复侦查监督部门或者公诉部门。侦查监督部门或者公诉部门认为不立案理由不能成立的，应当报分管检察长同意后，报请检察长决定。

第六条 侦查监督部门对侦查、公诉部门需要逮捕犯罪嫌疑人的，应当审查提出意见，报检察长或者检察委员会决定；对侦查部门需要延长侦查羁押期限、重新计算侦查羁押期限的，应当审查提出意见，报检察长决定。重大复杂案件，应当提请检察委员会讨论决定。

第七条 侦查、公诉部门收到逮捕决定书后，应当立即通知公安机关执行，并在执行后的三日以内，将执行回执复印件送交侦查监督部门，因故未能及时执行的，应当书面说明情况。对已经决定逮捕的犯罪嫌疑人，侦查、公诉部门认为需要变更、撤销逮捕措施的，应当报经检察长批准，并及时书面通知侦查监督部门。

第八条 侦查部门对案件侦查终结后，对于犯罪事实清楚，证据确实、充分，依法应当追究刑事责任的案件，应当写出侦查终结报告，并且制作起诉意见书，报检察长批准后，移送公诉部门；公诉部门审查提出意见后，报检察长或者检察委员会决定。对于犯罪情节轻微，依照刑法规定不需要判处刑罚或者免除刑罚的案件，侦查部门应当制作不起诉意见书，报检察长批准后，移送公诉部门；公诉部门审查提出意见后，提请检察委员会讨论决定。

第九条 公诉部门在审查起诉中，发现犯罪嫌疑人、证人推翻原供述、证言，或者其他证据发生重大变化，足以影响对案件主要事实的认定及定罪量刑的，应当及时报告分管检察长，同时书面通知侦查部门。

第十条 公诉部门认为需要退回补充侦查的，应当列明需要补充侦查的具体事项，报经分管检察长同意后退回侦查部门补充侦查；犯罪嫌疑人、被告人在押的，公诉部门应当将退回补充侦查的起止时限书面通知监所检察部门。侦查部门应当在法定期限内及时补充侦查。对于证据确实难以补充的案件，应当作出书面说明，报经分管检察长同意后移送公诉部门。

第十一条 侦查监督、公诉部门发现应当逮捕、起诉而未移送审查逮捕、审查起诉的，应当报经分管检察长同意，建议侦查部门移送审查逮捕、审查起诉。侦查部门采纳的，应当及时移送审查逮捕、审查起诉；不采纳的，应当书面说明理由，报经分管检察长同意后回复侦查监督、公诉部门。侦查监督、公诉部门仍坚持移送审查逮捕、审查起诉意见的，应当报检察长或者检察委员会决定。

第十二条 侦查部门对重大复杂案件移送审查逮捕前，可以报经检察长批准，通知侦查监督部门派员提前介入侦查；对重大复杂案件侦查终结前，可以报经检察长批准，通知公诉部门派员提前介入侦查。侦查监督、公诉部门介入侦查后，应当对案件证据进行审查，并就证据收集和法律适用等问题向侦查部门提出意见。

第十三条 公诉部门应当将人民法院开庭审查人民检察院直接受理立案侦查案件的时间、地点于开庭二日以前通知侦查部门。侦查部门可以派员旁听法庭审理。公诉部门收到人民法院的裁判文书后，应当在七日以内将裁判文书的副本或者复印件送交侦查部门；被告人在押的，应当同时送交监所检察部门。

第十四条 监所检察部门对侦查、侦查监督、公诉部门在办案中违反法定羁押期限的情况，应当提出纠正意见。对犯罪嫌疑人执行、变更、撤销逮捕措施后，或者决定对已逮捕的犯罪嫌疑人移送审查起诉、不起诉或者提起公诉后，侦查、公诉部门应当在三日以内书面通知监所检察部门。决定对犯罪嫌疑人延长侦查羁押期限、重新计算侦查羁押期限的，侦查部门应当在三日以内书面通知监所检察部门。

第十五条 在被逮捕犯罪嫌疑人的羁押期限届满前七日，监所检察部门应当向侦查部门或者公诉部门发出提示通知。监所检察部门发现超过法定羁押期限而没有变更、撤销逮捕措施的，应当立即向侦查部门或者公诉部门提出纠正意见，并将有关情况及时报告分管检察长和检察长。侦查部门或者公诉部门应当在三日以内将超期羁押的原因及纠正情况上报分管检察长和检察长，同时书面回复监所检察部门。

第十六条 刑事申诉检察部门对有关单位或者个人不服人民检察院撤案、不起诉决定的申诉进行复查时，可以调阅有关案卷材料，认为撤案、不起诉决定确有错误的，应当写出复查意见，经分管检察长同意后，报检察长或者检察委员会决定。

第十七条 人民检察院财务部门统一保管办案中扣押的款物。侦查、公诉部门在办案中扣押、查获的物品、物证，除入卷作为证据使用的扣押款物由办案部门妥善保管外，应当及时交由财务部门保管。财务部门应当实行账目与款物分人管理制度，健全出入库和收付手续。扣押款物要按有关规定及时移交、上缴或者返还。任何部门和个人不得贪污、侵占、挪用、使用、私分、私存、调换、外借、压价收购或者擅自处理扣押、冻结款物及其孳息。

第十八条 人民检察院对办案人员涉嫌违纪案件，应当按照干部管理权限规定进行调查，并依照规定追究有关人员的纪律责任；涉嫌犯罪的，依法移送有关部门处理。

第十九条 各级人民检察院应当严格执行贪污贿赂、渎职侵权犯罪案件的备案审查制度和请示报告制度。上级人民检察院对下级人民检察院的请示要及时答复，发现下级人民检察院的决定确有错误的，应当指令下级人民检察院纠正，或者依法予以撤销、变更。

第二十条 本规定由最高人民检察院负责解释。

第二十一条 本规定自发布之日起施行。最高人民检察院1998年10月21日发布的《关于完善人民检察院侦查工作内部制约机制的若干规定》同时废止。本规定发布前的有关规定与本规定不一致的，适用本规定。

最高人民检察院关于检察机关反贪污贿赂工作若干问题的决定

（1999年9月17日最高人民检察院第九届检察委员会第45次会议通过　1999年11月8日公布施行）

高检发〔1999〕27号

检察机关恢复重建以来，各级人民检察院牢固树立为党和国家工作大局服务的思想认真履行法律监督职责，深入开展反贪污贿赂工作，取得了很大的成绩，积累了丰富的经验。同时也应该看到，在发展社会主义市场经济，实施依法治国方略的新形势下，检察机关反贪污贿赂工作面临的任务仍然十分繁重而艰巨。为适应形势发展的要求，全面落实新时期检察工作方针，总结以往的经验，立足于检察机关反贪污贿赂工作的跨世纪长远发展，贯彻“规范、提高、建设、发展”的精神，特作如下决定。

一、统一执法思想，保证反贪污贿赂工作健康深入发展

1. 反贪污贿赂工作必须坚持党的领导，在思想上、行动上同党中央保持高度一致。坚持党的十五大确立的“党委统一领导，党政齐抓共管，纪委组织协调，部门各负其责，依靠群众的支持和参与”的反腐败领导体制和工作机制。要按照讲政治的要求做好反贪污贿赂工作。

2. 紧紧围绕党和国家的工作大局开展反贪污贿赂工作。要增强全局观念，牢牢把握反贪污贿赂工作的正确方向，根据党和国家的工作部署，确定反贪污贿赂工作的重点。讲究斗争策略，注意工作方法，坚持办案的法律效果、政治效果和社会效果的有机统一。通过依法正确履行检察职能，为经济建设和改革、发展、稳定的大局服务。

3. 坚决贯彻执行“公正执法、加强监督、依法办案、从严治检、服务大局”的检察工作方针和“一要坚决，二要慎重，务必搞准”的原则。正确处理打击犯罪与保护公民合法权利、惩罚犯罪与预防犯罪、执行实体法与执行程序法、办案质量与办案数量的关系。坚持实事求是，讲辩证法，防止片面性，保证反贪污贿赂工作健康发展。

4. 坚持依法积极查办贪污贿赂犯罪案件，重点查办大案要案。旗帜鲜明，态度坚定，工作锲而不舍。既要树立持久作战思想，又要不断取得阶段性成果。坚持打防并举，积极探索结合办案开展预防贪污贿赂犯罪的有效形式。

5. 反贪污贿赂工作是检察机关的

重点工作，只能加强，不能削弱。各级检察院要加强对反贪污贿赂工作的领导，及时研究解决工作部署、案件侦查、队伍建设、物质保障等重大问题。上级检察院要加强对下级检察院反贪污贿赂工作的领导，下级检察院对工作中遇到的重大事项要及时请示报告，对上级检察院的决定要坚决执行。上级检察院在作出重大决定之前要广泛听取下级检察院的意见和建议。

二、正确执行法律，规范办案活动

6. 初查是检察机关对案件线索在立案前依法进行的审查，包括必要的调查。初查可以审查报案、控告、举报、自首材料，接谈举报人或者其他知情人，进行必要的调查和收集涉案信息等。

初查一般不公开进行，一般不接触被查对象；不得对被查对象采取强制措施；不得查封、扣押、冻结财产。初查可以进行询问、查询；可以请纪检监察、审计等有关机关协助调查；可以请举报人、可靠知情人和有关单位协助调查。

以检察机关名义进行调查时，应当出示检察机关的证明文件和检察人员身份证明。

7. 检察机关认为有犯罪事实需要追究刑事责任的，应当立案。要依法准确理解、掌握法律规定的立案条件，既要坚决又要慎重。根据案件的具体情况，符合立案条件的，可以直接立案。

8. 强制措施是保证刑事诉讼活动顺利进行的手段，要严格按照刑事诉讼法规定执行。要根据办案的具体情况依法及时采取或适时变更强制措施。严禁超期羁押和违法变相拘禁犯罪嫌疑人。

9. 人民检察院办理贪污贿赂案件决定采取取保候审、监视居住、拘留、逮捕强制措施的，依法由公安机关执行。检察机关可以派员协助公安机关执行并提供有关情况。紧急情况下，可以对符合逮捕、拘留条件的犯罪嫌疑人先行采取必要的措施，并及时通知公安机关执行强制措施。犯罪嫌疑人潜逃的，未立案的应当依法立案，符合逮捕条件的应决定逮捕，请公安机关办理边控、通缉，并协助公安机关做好抓捕工作。要及时掌握贪污贿赂犯罪嫌疑人在逃情况，并逐级上报，商公安机关纳入追捕逃犯信息系统，有选择地在因特网和其他新闻媒体上发布。

10. 依法保障律师、证人等诉讼参与人的诉讼权利，及时答复、办理其提出的要求和申请，保证律师依法为犯罪嫌疑人提供法律咨询和法律帮助。

11. 强化证据意识，客观、全面收集证据。既要依法收集犯罪嫌疑人有罪和罪重的证据，又要依法收集犯罪嫌疑人无罪和罪轻的证据。侦查取证必须严格按照法定程序进行。要做好证据的固定工作，对大案要案的讯问、询问、搜查等侦查活动，可同步录音、录像、照相，用视听手段固定、保全证据。要依法积极收集和运用视听资料证据。

三、完善反贪工作机制，提高工作水平

12. 强化上级检察院对下级检察院反贪污贿赂侦查工作的领导，建立健全侦查指挥体系，逐步形成上下一体、信息畅通、指挥有力、协调高效的侦查工作运行机制。要充分发挥最高人民检察院和省级检察院在侦查工作中的指挥协调作用。对于需要若干个检察院共同侦查或者需要统一部署侦查的重大案件，可以成立办案组织，由最高人民检察院或者省级检察院统一指挥。

13. 发挥全国检察机关在查办贪污贿赂案件中的整体优势，提高办案效率。依法开展侦查协作。办理案件的检察院根据需要依法提请侦查协作，被请求协作的检察院应积极配合。意见不一致的由双方的共同上级检察院协调解决。对不履行协作义务或阻碍侦查，情节严重，造成后果的，要依法依纪追究有关责任人员的责任。初查案件需要协作的，各地检察院应当协作。

14. 最高人民检察院和省、自治区、直辖市人民检察院要加强对反贪污贿赂工作的指导：解决带有全局意义的倾向性问题；抓典型及时总结推广先进经验，实行分类指导；加强反贪污贿赂工作的理论研究，探索新的侦查对策，提高解决疑难问题的能力；做好办案的组织指挥、协调、参办、督办工作；及时答复下级检察院的请示。

15. 坚持要案分级办理的制度。最高人民检察院和省级检察院可以视情况将属于自己办理的案件交下一级检察院立案查办，同时加大组织指挥、参办、督办力度。

16. 各级检察院要积极支持纪委对有关案件的协调。对纪检监察机关查办的重大违纪违法案件，需要了解情况，熟悉案情的，应该积极介入；对纪检监察机关移送的涉嫌犯罪的案件，要认真进行审查，属于检察机关管辖且符合立案条件的，要及时立案，开展侦查；检察机关受理或者立案侦查，尚不构成犯罪或者依法作出不起诉决定的案件，认为需要追究党纪政纪责任的，要移送纪检监察机关。下级检察院需要提请上级纪委协调时，通过上级检察院办理。

17. 拓展发现贪污贿赂犯罪案件线索的途径，提高发现犯罪的能力。要加强与有关司法机关、行政执法机关和经济管理部门的工作联系，建立健全案件移送和工作联系制度。采取多种形式鼓励公民和单位举报。注意贪污贿赂犯罪案件信息的收集和分析利用，善于在办案中发现新的犯罪事实和犯罪嫌疑人。

18. 加强对策研究，讲究侦查策略，摸索侦查规律，总结适应新形势要求的贪污贿赂犯罪案件的侦查方法。重点针对贪污贿赂犯罪手段和犯罪嫌疑人的反侦查活动的新特点研究侦查对策。要转变侦查观念，提高侦查破案的能力。对侦查工作中的疑难、复杂问题可以组织开展专题研究论证。最高人民检察院要及时制定相关的司法解释和其他规范性文件。

19. 积极开展反贪污贿赂工作的国际司法合作，按照法律和我国缔结或者参加的国际条约，规范涉外取证、缉捕和涉案款物的移送，拓展国际司法合作渠道。

办理涉港、澳地区的贪污贿赂案件，要加强同港、澳地区司法机关和有关部门的联系与合作。

20. 积极开展预防贪污贿赂犯罪工作。结合办案认真分析发案单位在管理和制度等方面存在的问题，及时提出检察建议，帮助整章建制，堵塞漏洞，防范和减少犯罪。以案释法，进行法制宣传，热情提供法律咨询，增强公民的法制观念。要主动深入到案件多发行业和重点建设工程项目中，开展行业预防、专项预防等多种形式的预防工作。通过对贪污贿赂犯罪发案特点、规律和趋势等定期进行分析，提出防范对策和措施，及时向党委、人大报告，向政府和主管部门反映，充分发挥参谋作用，推动预防机制的建立与完善。要主动争取党委领导和政府支持，将贪污贿赂犯罪预防工作纳入党委、政府反腐败综合治理的总体格局中。

四、健全落实规章制度，加强反贪工作管理

21. 坚持查办要案的党内请示报告制度。要案初查，需要接触被查对象或者进行必要调查前，要向党委主要领导同志报告，立案要向党委请示。报告、请示的同时要向上一级检察院备案。上级检察院应当加强协调。侦查终结时，案情发生重大变化的要向党委报告。其他重要案件，在查办的同时也要主动争取党委的领导和支持。

22. 进一步落实好内部制约制度。检察机关各部门之间要互相配合、互相制约。举报中心统一接受案件举报材料，分流办理。对涉嫌贪污贿赂犯罪的案件线索要在接受后七日内移送反贪污贿赂侦查部门，由反贪污贿赂侦查部门依照规定的程序，及时进行初查、立案侦查，减少和避免案件线索积压。反贪污贿赂部门对于侦查工作中获得的贪污贿赂犯罪案件线索，经过分管反贪侦查工作的院领导批准，可以直接办理，但应当将案件线索交举报中心备案。举报中心接受举报时，可以请反贪污贿赂部门派员共同接谈。对重大案件的侦查，审查批捕、审查起诉部门可以提前介入，熟悉案情，审查证据。反贪污贿赂部门也可以就收集证据等问题主动征求审查批捕、审查起诉部门的意见。检察机关各部门在案件线索的移交和案件管理上要严格执行保密制度。各部门在反贪污贿赂的重大问题上要统一认识，协调行动。

23. 严格执行检务公开制度。实行办案程序、立案标准、办案纪律公开，切实履行法律规定的告知义务。

24. 实行办案责任制。责任制的核心是明确办案责任，减少层次，充分发挥办案人员的积极性，增强责任感，保证办案质量，提高工作效率。有计划、有步骤地在全国检察机关反贪污贿赂侦查部门推行主办检察官办案责任制。

25. 加强案件督办工作，落实督办责任制。对领导机关交办、督办的案件，承办单位要及时落实，明确责任，案件的重要进展情况要专报，按期办结并回复结果。上级检察院要加强对督办、交办案件的督促、指导和检查，帮助下级检察院解决办案中的实际困难。

26. 完善案件综合评价标准。衡量侦查工作取得成效的标准是：办案数量实事求是，既不定办案指标，也不能有案不办、压案不查；办案质量高，办案的各个环节符合法律规定；杜绝和减少违法违纪事件发生；办案效率高，工作协调发展；查办案件重点突出、效果良好；办案的安全防范措施落实，无犯罪嫌疑人、证人自杀事故发生。

27. 大案要案立案、侦查终结要及时向上级检察院报送备案材料。不得有案不备，备而不查。上级检察院对备案案件要及时进行审查，发现错误的，应当及时通知报送备案的下级检察院，下级检察院应将办理情况及时报告。

28. 高度重视办案中的安全防范工作。要完善设施、落实制度、强化职责，防止犯罪嫌疑人发生自杀、自残以及行凶、逃跑等事件。发生上述事件的，要做好善后处理，并认真总结教训，改进工作。因违法违纪造成事故发生的，要追究有关领导和责任人的责任。

五、坚持高标准、严要求，加强反贪干部队伍建设

29. 按照检察官法和《中共中央关于进一步加强政法干部队伍建设的决定》的要求，不断提高反贪污贿赂干部的政治素质和业务素质。强化对反贪干部的宗旨教育和职业道德教育，增强政治责任感，提高遵守政治纪律和其他各项纪律的自觉性；强化专业技能训练，提高执法水平。

30. 加强反贪污贿赂侦查部门领导班子和党组织建设。反贪污贿赂局局长应当由政治业务素质高，有检察实践经验的优秀检察官担任。局长实行“一岗双责”，对所在部门的业务工作和队伍建设负总责。

31. 建立与新时期反贪污贿赂工作特点相适应的干部选拔任用制度，优化结构，强化素质。明确反贪污贿赂干部任职资格，实行竞争上岗。通过考试、考核严把反贪污贿赂干部上岗和任职关。实行岗位交流，要注意保持侦查骨干的相对稳定。有计划地实行各级院反贪局干部上下交流。

32. 加强对反贪污贿赂干部队伍的监督管理，坚持从严治检。按照中央关于党风廉政建设责任制和加强政法干部队伍建设的要求，制定相应的规章制度和职业道德规范。坚决执行中央政法委“四条禁令”和最高人民检察院“九条卡死”的硬性规定。严格办案纪律，严肃查处违法违纪案件。

33. 结合全国检察机关开展的“争创人民满意的检察院，争当人民满意的检察干警”和创建“五好”检察院活动，在反贪污贿赂部门开展评先创优活动，评选优秀反贪污贿赂局、优秀反贪污贿赂干部。健全完善激励机制，干警的奖励、晋升和提拔任用，要充分考虑其德、能、勤、绩的实际表现。

34. 加大对反贪污贿赂工作的宣传力度。正确掌握宣传的方向，注重宣传的社会效果。通过各种有效形式积极广泛宣传检察机关反贪污贿赂工作的成效，宣传党和国家深入开展反腐败的决心和方针、政策，树立反贪干警的良好形象。

35. 各级检察院要着眼于反贪污贿赂工作的实际需要和长远发展，加大教育培训力度，努力建设一支高素质、高技能的专家型反贪污贿赂队伍。要改革培训方式，增强培训的针对性，提高培训水平。国家检察官学院和各省级检察院培训机构要按照分工负责培训各级检察院反贪污贿赂局干部。

36. 落实从优待检政策，关心和爱护反贪干部，建立健全有关保障、奖励机制。依法保护干部的积极性，对因办案受到诬陷或打击报复等不公正待遇的人员，要切实采取有效措施予以保护；把开展深入细致的思想政治工作与解决干部的实际困难结合起来，解除他们的后顾之忧。要建立对侦查人员的人身保险制度。实行目标管理，建立查办大案要案的奖励制度，对办案有功人员要给予表彰和奖励。

37. 以改革的精神，加强反贪污贿赂局建设，强化上级检察院对下级检察院反贪污贿赂工作的领导，逐步建立起符合反贪污贿赂侦查规律的管理体制和工作运行机制。重点加强省级检察院和分、州、市检察院反贪污贿赂局建设。要按照中央和地方有关机构改革方案的精神和部署，进行反贪污贿赂局的机构改革。改革的基本方向是：理顺工作关系、优化人员结构、明确办案责任、提高办案效率。

六、完善经费和装备保障机制，增强反贪工作的科技含量

38. 认真落实中央办公厅、国务院办公厅转发的《财政部关于政法机关不再从事经商活动和实行收支两条线管理后财政经费保障的若干意见》，逐步建立多层次的办案经费保障机制。对反贪污贿赂办案经费，可采取申请同级财政专项拨款、院内优先保证等多种办法加以解决。办理全国和省、自治区、直辖市有重大影响的案件，上级检察院可给予专项办案补助。要勤俭节约，管好用好办案经费。

39. 增加反贪污贿赂工作的科技含量，重点保证反贪污贿赂侦查工作的需要，按照“先进、适用、配套、普及”的原则，配备查办贪污贿赂案件所必需并适合办案要求的设备，开发适用于反贪污贿赂系统案件管理、指挥协调、侦查效率管理、信息通报、信息共享的计算机管理体系，逐步实现检察系统的计算机联网。切实保证查办贪污贿赂案件需要的交通、通讯工具等。各级检察院要加大高科技投人，不断提高侦查工作的现代化水平。

40. 加强检察机关的基础设施建设，建设符合安全防范要求，功能完备的讯问室、询问室、律师和其他辩护人接待室等。

最高人民检察院关于人民检察院侦查协作的暂行规定

（2000年10月12日　高检发反贪字〔2000〕23号）

为了加强和规范人民检察院侦查协作工作，增强整体优势，提高办案效率，根据《中华人民共和国刑事诉讼法》、《人民检察院刑事诉讼规则》和其他有关规定，结合办案实践，制定本规定。

第一条　侦查协作是指检察机关在依法查办贪污贿赂、侵权渎职等职务犯罪案件侦查活动中，对需要核实案情、调查取证、采取强制性措施等事宜所进行的协调、配合和合作。侦查协作应当遵循依法配合、快速有效、保守秘密、各负其责的原则。

第二条　办理职务犯罪案件的人民检察院，遇有与侦查相关的事宜，确有必要请求有关人民检察院予以协助的，可以请求侦查协作。

第三条　人民检察院提出侦查协作请求，应当具备以下条件：

（一）法律手续完备，包括立案决定书、请求协作函件及法律规定采取强制性措施等必需的法律文书和手续；

（二）协作事项具体明确，包括协查目的、协查要求、协查对象、协查内容等。

第四条　需要进行侦查协作的案件，应由案件承办人书面提出协作请求，层报主管检察长批准，并加盖院章。

第五条　侦查协作一般由办理案件的人民检察院（以下简称请求方）直接向负有协作义务的人民检察院（以下简称协作方）提出请求函件，并填写请求侦查协作表。涉及厅级以上领导干部、省级以上人大代表（政协委员）的侦查协作事项，应当通过省级以上人民检察院予以安排；涉及担任实职的县（处）级领导干部的侦查协作事项，应当通过分（州、市）以上人民检察院进行安排。

第六条　协作方人民检察院收到侦查协作请求后，应当依据法律和有关规定进行程序审查，并分别作出以下处理：

（一）符合侦查协作条件，法律手续及有关材料完备的，应当予以协作；

（二）法律手续及有关材料不完备的，应当告知请求方予以补充；

（三）对不符合侦查协作条件的，应当说明理由，不予协作，并将有关材料退回请求方。

第七条　请求方办理案件遇有紧急事项需要请求协作，无法及时办理有关请求协作手续的，可以商请协作方紧急协作，但是有关请求协作手续必须及时予以补办。

第八条 请求方派员到异地协助公安机关执行拘留、逮捕的，原则上应由请求方检察机关与当地公安机关取得联系后，通过公安协作渠道办理。必要时协作方检察机关也要予以配合。请求方到异地执行搜查、扣押、追缴涉案款物等，应当请当地检察机关协作，协作方应当予以配合。

第九条 最高人民检察院、上级人民检察院交办协作事项，下级人民检察院必须按要求执行。

第十条 提供侦查协作一般应当在收到侦查协作请求后十日内完成。情况紧急的，应当及时完成并反馈结果；情况复杂的，可以适当予以延长。由于客观原则无法提供协作的，应当在十日内通知请求协作的人民检察院。

第十一条 请求侦查协作事项办理完毕后，协作方应当将情况和材料及时向请求方反馈。协作事项属上级院交办的，协作方和请求方均应向各自的上级院报告。

第十二条 侦查协作中的争议，由有关各方协商解决。协商不成的，报各自上级人民检察院或者共同的上级人民检察院协调。经上级院协调确定的意见，有关人民检察院应当执行，不得拖延。

第十三条 协作方依照协作请求履行协作事宜，其引起的法律后果由请求方承担；协作方实施超越协作请求范围的行为所产生的法律后果，由协作方承担。

对不履行侦查协作职责或者阻碍侦查协作进行，给办案工作造成严重影响或者其他严重后果的，应当对有关单位予以通报批评，并责令改正；对直接负责的主管人员和其他直接责任人员，应当依照有关规定给予党纪政纪处分；玩忽职守、滥用职权、泄露秘密、通风报信构成犯罪的，依法追究其刑事责任。

第十四条 人民检察院依照规定履行协作职责不得收取费用。侦查协作经费列入办案业务经费预算统筹开支。最高人民检察院、省级人民检察院对提供侦查协作业务繁重、经费开支较大的地方人民检察院予以适当补助。

第十五条 侦查协作工作应纳入考核侦查部门办案成绩的重要内容和指标，各级人民检察院侦查部门应当确立专门机构或者指派专人具体负责侦查协作。上级检察院要加强对侦查协作工作的指导、协调和检查。

第十六条 人民检察院初查案件需要协作的，参照本规定的有关规定办理。

最高人民检察院关于人民检察院在办理直接立案侦查案件工作中加强安全防范的规定

（最高人民检察院第十届检察委员会第12次会议讨论通过 2003年10月28日公布施行）

为了严格依法办案，加强安全防范，切实防止人民检察院在办理直接立案侦查案件工作中发生涉案人员自杀、自残、脱逃等事故，根据刑事诉讼法及有关规定，结合办案实际，制定本规定。

第一条 人民检察院办理直接立案侦查案件要坚持依法、规范、文明、安全的原则，把安全防范措施和责任落实到办案的各个环节，预防和杜绝事故的发生。

第二条 案件主办人员接受办案任务后，应当制定安全防范工作预案，报经主管检察长批准后实施，并对预案的落实负全面责任。

第三条 初查一般不接触被调查对象，必须接触的应当报经主管检察长或检察长批准，同时应当采取严密的安全防范措施。严禁在初查阶段以任何方式限制、剥夺被调查对象的人身自由。对于符合立案条件的，应当及时立案，严格按照法定程序开展侦查工作。

第四条 传唤、拘传犯罪嫌疑人、被告人到检察机关接受讯问，应当在讯问室进行。人民检察院讯问室必须符合安全防范要求，不得把讯问室作为羁押室。异地传唤、拘传犯罪嫌疑人、被告人，应当在当地检察机关的讯问室进行。

第五条 传唤、拘传犯罪嫌疑人、被告人的持续时间不得超过法律规定的12小时，不得以连续传唤、拘传的方式变相拘禁犯罪嫌疑人、被告人。讯问结束后，符合拘留、逮捕条件并有拘留、逮捕必要的，应当依法及时办理拘留、逮捕手续，并立即通知公安机关执行；对于不采取拘留、逮捕强制措施的，应当通知其单位或家属领回，或派员将其送回。

第六条 讯问在押犯罪嫌疑人、被告人必须在看守所进行，因辨认、提取证据、取赃等确需提押到看守所以外的，必须报经主管检察长批准，同时通知人民检察院驻看守所检察室对提押活动实施监督。在执行提押任务中，应当采取严密的安全防范措施，辨认、提取证据、取赃活动结束后，应当立即还押。

第七条 传唤、拘传、提押、看管等工作应当交由司法警察或明确专人负责，不得出现脱节、脱岗或由一人提押、看管等情形。

第八条 适用监视居住必须符合刑事诉讼法规定的条件，并依法由公安机关执行。检察机关不得自行执行监视居住，不得以监视居住的名义拘禁犯罪嫌疑人、被告人。

第九条 严禁采取刑讯逼供等暴力手段违法取证，不得以协助调查取证等名义变相限制和剥夺证人的人身自由。

第十条 不得借用其他机关的行政、纪律措施控制犯罪嫌疑人、被告人，不得参与其他机关对违法违纪人员的看管。

第十一条 检察长、主管检察长和侦查部门负责人要加强对安全防范工作的领导，各级人民检察院纪检监察部门对本院侦查部门和司法警察部门落实安全防范措施的情况要进行监督检查，发现问题及时纠正，严肃查处。

第十二条 办案中发生涉案人员自杀死亡事故的，应当在12小时内将情况层报最高人民检察院，并在迅速查明事故责任，作出严肃处理后，由省级人民检察院检察长到最高人民检察院汇报查处整改情况并检讨责任。办案中发生其他事故的，也要按照有关规定，将事故的发生、处理情况及时报告上级人民检察院。

第十三条 因违法违规办案、玩忽职守导致涉案人员自杀、自残、脱逃的，应当分清责任分别给予党纪政纪处分，构成犯罪的依法追究刑事责任。

第十四条 凡经领导批准、默许违

法违规办案，发生涉案人员自杀死亡事故的，相关领导应当引咎辞职或责令辞职、撤职，构成犯罪的依法追究刑事责任。相关领导对事故发生负有失职失察责任的，也要依法依纪严肃处理。

第十五条 发生涉案人员自杀、自残、脱逃事故后，逾期不报、隐瞒不报的，要依照有关规定追究相关领导和责任人员的责任。

第十六条 本规定自公布之日起施行。最高人民检察院此前的规定与本规定不一致的，适用本规定。

最高人民检察院关于印发《人民检察院讯问职务犯罪嫌疑人实行全程同步录音录像的规定（试行）》的通知

（2005年12月15日 高检发反贪字〔2005〕43号）

各省、自治区、直辖市人民检察院，军事检察院，新疆生产建设兵团人民检察院：

《人民检察院讯问职务犯罪嫌疑人实行全程同步录音录像的规定（试行）》（以下简称《规定》）已经2005年11月1日最高人民检察院第十届检察委员会第四十三次会议讨论通过，现印发给你们，请认真遵照执行。为确保《规定》的全面落实，现就有关问题通知如下：

一、要提高认识，统一思想

实行讯问职务犯罪嫌疑人全程同步录音、录像，是最高人民检察院深入推进"规范执法行为，促进执法公正"专项整改活动的一项重大举措，也是检察机关在新形势下开展职务犯罪侦查工作的客观需要。通过对讯问犯罪嫌疑人的全过程进行同步录音、录像，再现讯问全过程，既有利于及时全面固定证据，防止犯罪嫌疑人翻供，也有利于强化对讯问活动的监督，有效防止刑讯逼供等违法讯问行为的发生，促使侦查人员进一步转变执法观念和工作作风，努力提高依法办案的水平。各级检察机关要充分认识实行讯问犯罪嫌疑人全程同步录音、录像的重要意义，把思想统一到认真贯彻落实《规定》要求上来，切实执行好《规定》。

二、要抓紧准备，稳步推行

讯问职务犯罪嫌疑人实行全程同步录音、录像，对检察人员的讯问活动提出了全新的要求。为了确保《规定》得到全面落实，根据各地实际情况，决定采取"分步实施、稳步推进"的原则，具体分三步实施。第一步，从2006年3月1日开始，全国检察机关办理职务犯罪案件讯问犯罪嫌疑人必须实行全程同步录音；同时，高检院、省级院、省会（首府）市院、东部地区分州市级院办理贿赂案件和其他职务犯罪要案，还必须实行讯问犯罪嫌疑人全程同步录像。第二步，从2006年年底开始，中西部地区分州市级院和东部地区县区级院办理贿赂案件和其他职务犯罪要案，必须实行讯问犯罪嫌疑人全程同步录音、录像。第三步，从2007年10月1日开始，全国检察机关办理职务犯罪案件讯问犯罪嫌疑人必须实行全程同步录音、录像。与此同时，提倡和鼓励有条件的检察院尽早推行全程同步录音、录像。为确保上述计划的顺利实施，各地应本着越早越好的原则，抓紧做好各项准备工作。要有针对性地加强侦查审讯业务培训，帮助干警消除思想顾虑，提高在全程同步录音、录像条件下的侦讯水平和技能，以尽快适应新的办案要求。同时，要加强技术培训，促使办案人员和检察技术人员尽快熟练掌握同步录音、录像的各项技能。

三、要加强领导，强化保障

各级人民检察院检察长一定要高度重视讯问全程同步录音、录像工作，切实加强组织领导。要组织侦查、技术、计财等部门调查了解本院现有录音、录像器材和设备等基本情况，做好装备建设规划。要积极争取党委和政府的支持，抓紧购置一批目前必需的录音、录像器材，并加快检察院讯问室建设步伐。要积极商洽公安机关在看守所设置检察机关专用讯问室。根据工作需要，各地可引进一些必要的专门技术人才。省级院要及时全面掌握本地区实行讯问全程同步录音、录像工作的情况，对实践中出现的突出问题，要认真分析原因，强化指导措施。必要时，可以采取下派工作组督导、帮助下级院同相关部门协调以及召开现场会推广成功经验等方式和途径，解决实际工作中遇到的困难和问题，提高应对办案新要求的能力，确保讯问全程同步录音、录像工作的整体推进。对没有严格执行《规定》，或者在执行中弄虚作假，给办案工作造成不良后果的，要依照有关规定追究主要责任者和其他直接责任人员的责任。

特此通知。

最高人民检察院
2005年12月15日

最高人民检察院关于加强渎职侵权检察工作的决定

（2000年5月29日最高人民检察院
第九届检察委员会第62次会议通过）
高检发〔2000〕17号

近年来，全国各级人民检察院牢固树立为党和国家工作大局服务的思想，认真履行法律监督职责，不断加大渎职侵权检察工作力度，取得了很大的成绩，积累了宝贵的经验。同时也应该看到，在发展社会主义市场经济，实施依法治国方略的新形势下，渎职侵权检察工作相对薄弱及发展不平衡的问题仍然比较突出；渎职侵权检察工作担负的任务仍然十分繁重、艰巨；修改后的刑事诉讼法和修订刑法的相继实施，给渎职侵权检察工作提出了更新更高的要求。为了实现新时期检察工作的任务，加强检察制度建设，最高人民检察院于1999年9月颁布了《关于检察机关反贪污贿赂工作若干问题的决定》，该《决定》的基本精神和有关规定，适用于渎职侵权检察工作。为全面落实新时期检察工作方针，充分发挥检察机关在查办渎职侵权案件、促进国家机关工作人员依法行政、公正司法、勤政廉政方面的作用，特就加强检察机关渎职侵权检察工作作如下决定。

一、把加强渎职侵权检察工作摆在检察工作的重要位置来抓

1. 依法查办国家机关工作人员渎职犯罪和利用职权实施的侵犯公民人身权利、民主权利的犯罪案件，是检察机关法律监督的一项重要职责，是党和人民赋予的一项重要任务。加强渎职侵权检察工作是落实依法治国方略，建设社会主义法治国家的需要，是维护政治安定、社会稳定和经济安全，促进社会主义市场经济健康发展的需要，是深入开展反腐败斗争，加强政权建设的需要，是确保检察机关各项法律监督顺利开展，维护法律正确统一实施的需要，也是广大人民群众的强烈要求。各级检察机关要从讲政治的高度来认识和对待渎职侵权检察工作，当前要把这项工作摆在重要位置，全面推动渎职侵权检察工作向前发展。

2. 渎职侵权检察工作要本着“开拓、加强、规范、发展”的工作思路，总结以往的成功经验，适应“两法”修改带来的变化，立足于检察机关渎职侵权检察工作的长远发展，在开拓中加强，规范中发展。

3. 渎职侵权检察工作必须：(1)坚持服从于服务于党和国家工作大局的指导思想；(2)坚持以事实为根据，以法律为准绳，法律面前人人平等的原则；(3)坚持上级检察院对下级检察院的领导；(4)坚持专门机关与群众路线相结合的工作方法；(5)坚持打防结合、标本兼治的方针。

4. 把依法积极查办案件作为加强渎职侵权检察工作的中心任务。切实做到：把查办渎职侵权犯罪工作摆在突出位置，决不动摇；办案力度必须进一步加大，决不放松；依法从重从严的方针必须长期坚持，决不手软。要突出重点，集中精力查办大案要案。根据党的十五大确定的反腐败总体部署，重点查办党政机关工作人员特别是县处级以上领导干部玩忽职守、滥用职权犯罪案件；司法人员枉法追诉、枉法裁判、刑讯逼供犯罪案件；负有管理市场、维护社会主义市场经济秩序、保护经济安全职责的行政执法人员滥用职权、徇私舞弊不移交刑事案件等犯罪案件；国家机关工作人员利用职权实施的非法拘禁、报复陷害、破坏选举等侵犯公民人身权利和民主权利的犯罪案件。要围绕国企改革和发展、西部大开发等重大战略部署的实施，根据本地实际，突出工作重点，结合办案，积极采取有效措施保护国有资产，在服务大局中发挥职能作用。

5. 大力提高侦查水平。坚持以证据为中心开展侦查工作，适应“两法”修改的要求，在严格办案程序、办案规范、办案纪律的基础上，努力增强侦查意识，善于运用刑事政策，切实讲究侦查艺术。要加强调查研究，重点分析渎职侵权犯罪特别是新领域、新罪名案件的手段、特点和规律，研究对策，摸索经验。对侦查工作中的疑难、复杂问题组织专题研究论证。要加强渎职侵权检察理论研究工作，逐步建立渎职侵权检察理论体系。

6. 切实加强对渎职侵权检察工作的领导。把加大查办渎职侵权犯罪案件工作的力度和打开渎职侵权检察工作局面，作为检验一个检察院工作整体推进的重要标准。各级检察长和主管副检察长要以高度的政治责任感抓好此项工作，及时研究解决工作部署、案件查办、队伍建设、物质保障等重大问题。对重大、疑难案件要亲自指挥协调、督促检查和具体指导，在关键案件、关键问题上发挥组织领导作用。

二、正确履行侦查工作职责

7. 重视案件的初查。初查可根据渎职侵权犯罪案件的特点分别采用不同方式，既可以秘密进行，也可以公开进行。对过失犯罪，或者危害结果比较明确的，可以公开调查。初查严禁对证人、关系人、被调查对象采取强制措施，不得查封、扣押、冻结财产。

初查中，可以请纪检监察、审计等部门配合调查。可以提前介入纪检监察、审计部门的调查工作。

8. 严格执行立案标准。发现有达到立案标准的涉嫌犯罪事实，需要追究刑事责任的；发现或认为公共财产、国家和人民利益重大损失是人为责任，有犯罪事实存在的，应当立案。

9. 严格按照刑事诉讼法关于案件管辖的规定办理案件。对涉嫌犯罪的国家机关工作人员同时又在企业、事业单位和其他组织兼职的，应按其犯罪过程中实际起作用的职务认定主体身份，确定案件管辖；对利用何种职务暂时难以确定，但已构成犯罪的，检察机关可先行立案侦查，待查清事实后，再按规定移送管辖。

对属于渎职犯罪案件认定要件的其他刑事犯罪案件，应当按管辖分工移送有关部门查处，涉及渎职犯罪的相关证据的，检察机关可直接进行调查，也可请有关单位、人员协助查证。对公安机关应当立案而不依法立案的案件，要依法通过立案监督程序通知其立案侦查。对重特大渎职犯罪案件所涉及的必须及时查清的案件，经上级检察机关同意，可以并案查处。

国家机关工作人员利用职权实施的其他重大的犯罪案件，需要由人民检察院直接受理的，经省级以上人民检察院决定，可以由人民检察院渎职侵权检察部门立案侦查。

10. 采取强制措施要严格依照法律规定，根据侦查工作需要，适时运用或变更。要树立强制措施是保障刑事诉讼顺利进行的法定手段，是法律规定的重要侦查对策的观念，增强采取强制措施的目的性和针对性。对过失犯罪嫌疑人，认罪态度好，能够积极配合侦查工作的，可以采取监视居住、取保候审强制措施或者不采取强制措施。严禁超期羁押和变相拘禁犯罪嫌疑人。

11. 办案中要依法全面、客观地收集证据，确保证据的合法性。要运用科技手段依法收集和固定证据，为侦查办案服务。

三、建立和完善案件管理体制和工作运行机制

12. 建立高效、协调、规范的侦查指挥协调机制。强化对查办渎职侵权犯罪大案要案工作的统一领导和指挥协调，逐步形成以最高人民检察院为中心的分级负责、逐级领导、信息畅通、指挥有效的侦查工作领导体制。坚持大案要案分级办理，充分发挥上级检察院在侦查工作中的指挥协调作用。上级检察院对重大案件、疑难案件可以交办、提办、参办、督办，对需要若干个检察院共同侦查或者需要并案侦查的重大案件，可以由参办检察院共同的上级检察院成立指挥机构，集中查办。上级检察院要建立办案骨干档案和办案人才库，必要时，统一调配，集中使用，突破大要案和疑难复杂案件。

13. 强化分州市院查办渎职侵权案件的责任和侦查指挥职能，建立以分、州、市院为“龙头”，县区院为支点的办案体制，形成区域联动，上下一体，指挥有力，协调高效的侦查工作运行机制。分、州、市院直接指挥调度所辖县、区内的渎职侵权罪案侦查工作，一般案件可由县区院办理；大要案件、疑难案件可由分、州、市院直接办理或侦破后交由县区院办理，也可在分、州、市院的直接指挥调度下由县区院办理。

14. 建立健全渎职侵权犯罪案件备案审查制度。线索受理、初查、立案侦查、侦查终结、处理结果均应按规定向上级院备案。上级检察院收到备案后要及时审查，必要时应当派员指导。发现下级检察院办案中出现的问题和错误，应立即指出、纠正。对瞒案不报、压案不查、该立不立的，要督促；对督促无效的要通报批评。

15. 积极开展主办检察官的试点工作，建立和完善办案责任制。要逐步探索、建立符合渎职侵权案件侦查工作规律和特点，分工明确、权责清晰的办案责任制。要落实错案责任追究制，保障侦查工作依法进行。

16. 建立请求专业协作制度。根据渎职侵权案件涉及法律、法规多，领域广，技术性、专业性强等特点，办案中要争取有关部门和技术力量的协作和支持，可请审计、技术监督、工商、税务、稽核、仲裁等部门专业人员，以及发案单位的纪检监察部门、上级主管部门协助办案，也可向他们咨询，请其出具有关技术性证明。

17. 改革和完善办案考核机制。建立受理、初查、立案、破案、结案等贯穿侦查工作全部过程的综合业务考核体系，全面准确评价工作业绩。

18. 建立获取渎职侵权犯罪案件线索的信息网络和协作机制。加强渎职侵权检察宣传工作，采取多种形式鼓励公民和单位举报。加强与信访办、纠风办和各新闻单位的联系，建立健全与公安、法院、司法行政、纪检、监察、工商、税务、海关、审计等职能部门的联席会议制度和案件移送制度。

建立检察机关内设机构之间的情况通报、信息共享、线索移送、侦结反馈制度。把诉讼监督与查办渎职侵权犯罪案件工作有机地结合起来。协调配合，共同促进。各内设机构在办案中发现渎职侵权犯罪案件线索的，要及时移送渎职侵权检察部门，也可以共同初查。

19. 坚持检察机关自行侦查案件内部制约制度。严格实行渎职侵权犯罪案件线索管理、案件侦查、审查批捕、审查起诉、申诉复查职能分离。举报中心统一归口接受案件举报材料，对涉嫌渎职侵权犯罪案件的线索要在接受后七日内移送渎职侵权检察部门。对国家机关工作人员同时涉嫌渎职侵权犯罪和其他犯罪，主罪是渎职侵权犯罪的案件线索，应当优先移送渎职侵权检察部门进行初查。渎职侵权检察部门自行发现的案件线索经分管检察长批准，可以直接办理，但应当将案件线索和办理情况向线索管理部门备案。犯罪嫌疑人同时涉嫌贪污贿赂等其他犯罪的，经主管检察长批准，渎职侵权检察部门可以一并侦查。对重大案件的侦查，审查批捕、审查起诉部门可以提前介入，熟悉案情，审查证据，保证案件质量。各部门在案件线索移交和案件管理上要严格执行保密制度。

20. 深化检务公开。实行办案程序、办案标准、办案纪律公开，切实履行法律规定的告知义务。凡公开调查的过失型案件，结案后要向被调查对象及其所在单位通报调查结果，不断探索检务公开的新路子。

21. 完善渎职侵权犯罪预防机制。认真贯彻、落实最高人民检察院《关于加强预防职务犯罪工作的意见》，牢固树立标本兼治的思想，在不断加大查办渎职侵权犯罪案件的同时，重视做好预防工作，积极探索结合办案开展预防的最佳实现形式。根据渎职侵权犯罪所涉部门多数负有社会管理、市场管理职责的特点，要特别注意防止权钱交易和权力滥用，积极开展有针对性的行业预防和专项预防，不断探索犯罪预防的新方法、新措施，逐步形成检察机关与有关部门相互配合，共同预防犯罪的工作机制。要把渎职侵权犯罪预防工作纳入党委和政府的犯罪预防的总体格局之中。

22. 建立健全与纪检监察部门的案件移送和配合协作制度。要积极支持纪委对有关案件的协调，坚持各司其职，各负其责。对纪检监察机关查办的重大违纪违法案件，需要了解情况，熟悉案情的，应当积极介入，但不出具检察院的文书，不动用刑事法律手段。对纪检监察机关移送的涉嫌犯罪案件，要认真进行审查，属于检察机关管辖且符合立案条件的，应及时立案，开展侦查，并注意搞好工作上的衔接。检察机关受理或者立案侦查，尚不构成犯罪或依法作出不起诉决定的案件，认为需要追究党纪政纪责任的，要移送纪检监察机关处理。下级检察院需要提请上级纪委协调时，通过上级检察院办理。

23. 严格执行查办要案的党内请示报告制度。要案的初查需要接触被调查对象的，应向党委主要领导同志报告；立案要向党委请示，同时向上一级检察院报告，上级检察院应当及时进行协调。侦查终结时，案情发生重大变化的，要向党委报告和上级检察院备案。其他重要案件，在查办的同时也要主动争取党委的领导和支持。

坚持向人大报告制度，主动接受监督。渎职侵权检察工作的重大问题，要主动向人大及其常委会报告。对人大及其常委会作出的关于加强渎职侵权检察工作的决定、决议，要认真贯彻。

24. 要加强人权保护方面的国际交流，积极宣传我国在保护人权方面的立场、观点和所取得的成就。

积极开展渎职侵权检察工作的国际司法合作，按照法律和我国缔结或者参加的国际条约，规范涉外取证、缉捕和涉案款物移送等事宜，拓展国际司法合作渠道。

加强同港澳地区司法机关和有关部门的联系与合作。在办理涉港澳地区案件时，要按照国家有关规定办理手续。

四、加强渎职侵权检察队伍建设

25. 认真贯彻《中共中央关于进一步加强政法干部队伍建设的决定》和《检察官法》，坚持两手抓，两手都要硬。要落实一岗双责，把思想政治工作落实到办案第一线，在办案时间较长、成员来自不同地区和部门的办案组，应当建立临时党支部（小组）。要加强对渎职侵权检察干部的宗旨教育和职业道德教育。

26. 强化专业技能训练，提高执法水平。根据渎职侵权检察工作涉及知识领域广、部门多，法律、法规专业性强等特点，增强培训的针对性和实战性。各级检察院要着眼于实际需要和长远发展，加大教育培训力度，提高培训水平。国家检察官学院及其分院要按照分工培训各级检察院渎职侵权检察干部。

27. 加强渎职侵权检察机构和队伍建设。通过机构改革，统一和规范渎职侵权检察部门的名称。要按照工作职责清晰、力量配置科学、流程运转高效的原则，加强机构内部建设。贯彻优化组合、配足配强的精神，加强渎职侵权队伍建设。通过考试考核，严把渎职侵权检察干部上岗和任职关。在轮岗中，要保持队伍的相对稳定，保留和充实业务骨干。要把政治强、业务精、具有较高组织指挥能力、有检察实际经验的优秀检察官充实到渎职侵权检察部门的领导岗位。

28. 对渎职侵权检察人员要坚持严格管理、严格监督。坚决执行中央政法委“四条禁令”和最高人民检察院“九条卡死”的硬性规定、廉洁从检十项纪律，严格办案纪律，认真查处违法违纪行为。要把党风廉政教育贯穿到办案全过程，延伸到业余时间，确保廉洁奉公，拒腐防变。要认真落实党风廉政建设责任制，对严重不负责任，疏于对队伍的监督、管理，姑息及隐瞒本部门违法乱纪现象的领导干部，要追究责任。

29. 建立激励机制。结合全国检察机关开展的创建“五好”检察院和“争创人民满意的检察院，争当人民满意的检察干警”活动，在渎职侵权检察部门定期开展评先创优活动。及时对工作出色、办案成绩突出的单位、个人进行记功奖励、嘉奖，不断总结和推广典型事迹和先进经验。对工作成绩优异的侦查干部要优先提拔使用。对因秉公执法、敢于办案而遭受打击报复及其他不公正待遇的侦查干部，要采取有力措施予以保护，并依法依纪追究有关责任人员的责任。

30. 坚持科技强侦，不断加大科技投入，充分发挥科学技术手段在侦查办案中的作用。根据渎职侵权犯罪主体层次高、作案手段隐蔽、反侦查能力强等特点，当前要逐步配齐办案必需的交通、通讯工具和技术器材，以便及时发现、收集、固定各种证据，提高侦查工作的效率和质量。随着计算机技术的发展和检察信息网络系统的运用，渎职侵权检察部门要加强对干警的计算机应用操作培训，逐步运用计算机对渎职侵权检察工作的历史资料、案件线索、办案工作动态、案件及社情动态等大量信息进行管理，提高渎职侵权检察部门的联动、协调指挥和快速反应能力。逐步建立多层次的办案经费和装备保障机制，优先保证查办渎职侵权大案要案的办案经费。

关于检察机关职务犯罪侦查部门以犯罪事实立案的暂行规定

（2002年10月23日　〔2002〕高检渎检发第81号）

第一条　为了规范以犯罪事实立案（以下简称以事立案），保证办案质量，提高办案效率，推动职务犯罪侦查工作的深入发展，根据《中华人民共和国刑事诉讼法》的有关规定，并结合职务犯罪侦查工作实际，制定本规定。

第二条　以事立案是指人民检察院依照管辖范围，对于发现的犯罪事实，或者对于报案、控告、举报和自首的材料，经过审查认为有犯罪事实，需要追究刑事责任，犯罪嫌疑人尚未确定的案件，所依法作出的立案决定。

第三条　人民检察院对于符合本规定第二条规定的贪污、挪用公款、私分国有资产和私分罚没财物犯罪案件；滥用职权、玩忽职守等渎职犯罪案件，以及国家机关工作人员利用职权侵犯公民人身权利、民主权利的案件，经过初查，具有下列情形之一的，可以以事立案：

（一）必须通过侦查措施取证的；

（二）证据可能发生变化或者灭失的；

（三）犯罪造成的危害后果可能进一步扩大的。

第四条　侦查人员对案件材料审查

后，认为有犯罪事实需要追究刑事责任的，应当制作提请立案报告和立案决定书。

第五条 经过侦查，有证据证明犯罪事实是有确定的犯罪嫌疑人实施的，应当制作确定犯罪嫌疑人报告。

第六条 确定犯罪嫌疑人之前，不得对涉案人员采取强制措施，不得查封、扣押、冻结涉案对象的财产。

第七条 确定犯罪嫌疑人后，不需要另行立案，直接转为收集犯罪嫌疑人实施犯罪证据的阶段，依法全面使用侦查手段和强制措施。

犯罪嫌疑人是县处级以上干部，或是县级以上人民代表大会代表的，应当依照有关规定办理。

第八条 经过侦查，没有发现犯罪嫌疑人的，应当终止侦查；发现案件不属于本院管辖的，应当依照有关规定移送有管辖权的机关处理；确定犯罪嫌疑人后发现具有《刑事诉讼法》第十五条规定的情形之一的，应当撤销案件。

第九条 立案、确定犯罪嫌疑人、终止侦查、侦查终结，应当报检察长批准或检察委员会研究决定。

第十条 采取以事立案方式侦查的案件，应当分别在作出立案、终止侦查和侦查终结决定后的三日内报上一级人民检察院备案，重大案件报省级人民检察院备案，特大案件层报最高人民检察院备案。

上级人民检察院收到备案材料后应当及时进行审查，发现问题应当及时予以纠正。

第十一条 以事立案的案件应当纳入检察统计报表。

第十二条 本规定自2003年1月1日起施行。

附件：以事立案的有关问题说明及文书样式

附件一：

关于执行《关于检察机关职务犯罪侦查部门以犯罪事实立案的暂行规定》几个具体问题的说明

一、关于运用以事立案的必要性

以事立案是《刑事诉讼法》规定的一种刑事立案方式。运用以事立案能够使查案工作及时进入侦查程序，有利于侦查人员依法及时使用侦查手段获取证据，查明案情，防止证据灭失和制止犯罪危害进一步扩大；以事立案对事不对人，有利于隐蔽侦查意图、克服办案阻力和工作被动；能够减少初查材料转化为证据的大量重复性工作，有利于提高办案效率，降低司法成本；能够有效地防止办案人员在初查阶段为获取证据而使用侦查手段等违法办案，对推动职务犯罪侦查工作的开展具有十分积极的意义。

二、关于侦查手段和强制措施的运用条件

以事立案因只是对事进行侦查，没有特定的犯罪嫌疑人，在这一阶段不存在对特定的对象的人身和财产采取限制性措施问题。所以，本《规定》对侦查手段和强制措施的运用作了规定：在确定犯罪嫌疑人前，不得对涉案人员采取强制措施，不得查封、扣押、冻结涉案对象的财产。

三、关于“确定犯罪嫌疑人”环节的设置问题

本《规定》中的“经过侦查，有证据证明犯罪事实是有确定的犯罪嫌疑人实施的，应当制作确定犯罪嫌疑人报告”这一规定的设置，有利于分清侦查工作阶段，即侦查工作由以事侦查转为以人、以事全面侦查阶段，有利于把握好侦查手段和强制措施的运用关，有利于准确统计考核。

四、关于以事立案的监督程序问题

本《规定》规定了以事立案的立案、确定犯罪嫌疑人、终止侦查、侦查终结等必须报检察长审批或检察委员会决定。同时，还规定运用以事立案方式侦查的案件，应当分别在作出立案决定、终止侦查、侦查终结后三日内报上一级人民检察院备案，便于上级人民检察院及时审查，发现问题予以纠正。

五、关于以事立案的统计问题

运用以事立案查办职务犯罪案件是侦查部门的一项重要工作，应当纳入检察机关的统计范畴。最高人民检察院已将以事立案的有关项目正式列入2003年1月1日即将启用的检察统计报表。由于以事立案在未确定犯罪嫌疑人之前，没有具体的犯罪嫌疑人，只是对“事”进行侦查，与以人立案意义不同，所以，在统计时应当区别对待。向社会公布的办案情况，应当仍以《检统1表》和《检统6表》中“立案”栏的案件数、人数、罪名为准，即包括以人立案和以事立案后确定犯罪嫌疑人的案件情况；以事立案经侦查确定犯罪嫌疑人的案件列入当月“立案”栏统计；经侦查，没有犯罪嫌疑人的，列入“终止侦查”栏统计，无需作撤案处理（详见附件七〈略〉）。

附件二、三、四、五、六（略）

九、起诉、审判

（一）提起公诉

最高人民检察院关于人民检察院立案侦查的案件改变定性后可否直接提起公诉问题的批复

（2006年12月22日　高检发研字〔2006〕8号）

内蒙古自治区人民检察院：

你院关于人民检察院立案侦查的案件改变定性后可否直接提起公诉问题的请示（内检发研字〔2006〕159号）收悉。经研究并征求全国人民代表大会常务委员会法制工作委员会刑法室的意见，现批复如下：

人民检察院立案侦查刑事案件，应当严格按照刑事诉讼法有关立案侦查管辖的规定进行。人民检察院立案侦查的案件在侦查阶段发现不属于自己管辖或者在审查起诉阶段发现事实不清、证据不足并且不属于自己管辖的，应当及时移送有管辖权的机关办理。人民检察院

立案侦查时认为属于自己管辖的案件，到审查起诉阶段发现不属于人民检察院管辖的，如果证据确实、充分，符合起诉条件的，可以直接起诉。

此复。

最高人民检察院关于进一步加强公诉工作的决定

（2002年9月12日　高检发诉字〔2002〕17号）

长期以来，全国各级人民检察院牢固树立为党和国家工作大局服务的思想，认真履行公诉职能，依法严厉打击各种刑事犯罪，为维护社会稳定，保障改革开放和社会主义现代化建设顺利进行，作出了重要贡献。当前，我国进入全面建设小康社会，加快推进社会主义现代化的新的发展阶段，随着依法治国方略的实施，特别是我国加入世界贸易组织后，公诉工作面临着新的机遇和挑战。法律赋予检察机关起诉权、不起诉权、抗诉权、刑事诉讼监督权等重要司法权，要求公诉人员依法行使职权，规范执法行为，不断提高办案质量。刑事案件数量的居高不下和庭审方式的改革，要求公诉部门提高干警素质，创新公诉机制，完成繁重的工作任务。为适应形势发展的要求，认真贯彻“强化监督、公正执法”的检察工作主题，积极推动公诉工作与时俱进，现就进一步加强公诉工作作如下决定：

一、树立正确的公诉观念，全面履行公诉职能

1. 高举邓小平理论伟大旗帜，以“三个代表”重要思想为指导，加强公诉工作。增强大局意识，通过依法正确履行公诉职能，为改革、发展、稳定的大局服务。贯彻落实中央关于维护稳定的指示精神，把维护社会稳定作为公诉工作的首要任务，通过依法严厉打击刑事犯罪，保障国家政治安定、经济安全，维护社会治安秩序，为改革开放和社会主义现代化建设，创造良好的法治环境。

2. 正确认识公诉工作的地位，充分发挥公诉职能作用。代表国家提起公诉、指控犯罪是检察机关的基本职责，公诉工作居于追诉犯罪的重要环节，在国家刑事诉讼中处于承前启后的地位。公诉职能是国家法律赋予检察机关的重要职能，是刑事诉讼监督的有机组成部分。正确履行公诉职能，直接体现着检察机关的执法水平，关系到国家的法治形象。

3. 主动适应新的形势，确立公正和效率的司法理念。坚持惩罚犯罪和保障人权并重、实体法与程序法并重的思想，切实解决司法实践中轻视人权保障，忽视程序法的问题，注重依法平等保护诉讼当事人的合法权益。严格遵循公诉原则，正确执行刑事政策，把办案质量放在重要位置，坚持办案的法律效果、政治效果和社会效果的有机统一。

4. 牢固树立证据意识，提高运用证据的能力和水平。公诉工作的核心，是审查证据判断案件性质，运用证据指控、证实犯罪。审查证据材料必须全面、客观，既要注意对犯罪嫌疑人、被告人有罪、罪重证据的审查，也要注意对无罪、罪轻证据的审查。准确把握“犯罪事实清楚、证据确实充分”的证明标准，研究制定常见犯罪的证据参考标准，不断提高运用证据的能力和水平。

5. 积极倡导创新精神，努力推动公诉改革。公诉改革是推动公诉工作发展的动力。公诉改革应以维护司法公正，降低诉讼成本，提高诉讼效率和办案质量为目标，积极探索合理的诉侦体制、诉辩体制和诉审体制，建立有中国特色的公诉制度。公诉改革要在国家基本法律规定的框架内进行，遵循诉讼规律，立足国情，借鉴国外有益经验，有计划、有步骤、积极稳妥地推进。

二、努力提高执法水平，强化公诉业务工作

6. 依法适时介入侦查，引导侦查机关（部门）取证。加强同侦查机关（部门）的联系与配合，建立健全联席会议制度，坚持对重大案件适时介入侦查，依法引导取证活动。按照出庭公诉的要求，对侦查机关（部门）收集证据、固定证据和完善证据工作提出指导性意见和建议。

7. 依法对侦查活动进行监督。对于以刑讯逼供或者威胁、引诱、欺骗等非法手段收集的犯罪嫌疑人供述、被害人陈述、证人证言，不能作为指控犯罪的证据。对侦查活动中刑讯逼供、徇私舞弊、非法取证、任意改变强制措施和其他违反刑事诉讼法的行为，依法提出纠正意见；构成犯罪的，移送有关部门追究刑事责任。加大追诉漏罪、漏犯力度，防止犯罪分子逃脱法律制裁。

8. 注意维护犯罪嫌疑人、被告人的合法权益。严格执行告知制度，保障犯罪嫌疑人、被告人及时知悉其刑事诉讼权利。认真对待犯罪嫌疑人、被告人的辩解、申诉、控告，客观、准确地认定案件事实。帮助因经济困难等原因没有聘请律师的被告人获得法律援助。在适用简易程序和普通程序的被告人认罪案件简化审理时，尊重被告人的意见，将被告人同意作为适用的前提条件。

9. 支持律师依法履行辩护职责。在审查起诉阶段，支持律师及时介入刑事诉讼，会见在押的犯罪嫌疑人。依法为律师调查取证提供条件，认真听取其辩护意见，准确查明犯罪事实，正确适用法律。研究、探索证据交换的模式，探索实行控辩双方在审判前相互交换证据材料和信息，促进司法公正。

10. 依法行使不起诉权，推动不起诉案件公开审查制度。对存在较大争议并且在当地有较大社会影响的案件，公诉部门审查后准备作不起诉处理的，可以进行公开审查。在审查中充分听取侦查机关（部门）和犯罪嫌疑人、被害人以及犯罪嫌疑人、被害人委托的人等方面的意见，保证不起诉决定的公正性。

11. 推行案件繁简分流，提高诉讼效率。在保证案件质量的基础上，对符合简易程序适用条件的案件，积极建议或者同意人民法院适用简易程序。积极尝试普通程序的被告人认罪案件简化审理的改革，合理使用司法资源，集中时间和精力办理重大、疑难、复杂案件。

12. 以出庭公诉为中心，提高出庭公诉水平。要改革审查起诉审结报告的传统模式，以制定出庭公诉预案为基础，充分做好庭审的各项准备工作。在出庭公诉中推广运用计算机多媒体示证系统，积极鼓励证人出庭作证。适应庭审对抗性、辩论性增强的要求，不断提高公诉人法庭质证水平和辩论技巧。公诉人出庭公诉要讲事实、讲证据、讲法律，不仅对定罪提出明确意见，而且对量刑提出具体建议，以理服人，树立检察机关公正执法的良好形象。

13. 提倡检察长、主管检察长亲自办案、亲自出庭。检察长每年至少办理一件、主管检察长每年至少办理两件由本院提起公诉的案件并出席一审法庭支持公诉。各级院领导应当通过抽查案件、跟庭旁听、观摩评议等形式，检查、指导和促进公诉工作。

14. 强化审判监督意识，加强刑事审判监督。按照“慎重、准确、及时”的原则，对判决、裁定确有错误的严重刑事犯罪案件、重大职务犯罪案件，以及人民群众对司法不公反映强烈的案件，坚决依法提出抗诉。严格掌握抗诉标准，提高刑事抗诉案件的办案质量，保证刑事抗诉的准确性；既要重视对有罪未判的案件提出抗诉，也要重视对重罪轻判案件提出抗诉，还要重视对轻罪重判案件提出抗诉，保证刑事抗诉的全面性。对刑事审判活动中违反法律规定的行为，依法提出纠正意见。

15. 加强规范化、制度化建设，提高公诉工作整体水平。按照公诉工作的规律和特点，制定相关工作规程，建立健全公诉工作运行机制。不断完善起诉案件、不起诉案件质量标准，定期组织案件考评活动，逐步提高办案质量。全面推广普通话出庭，规范法庭用语。严格按照《人民检察院法律文书格式(样本)》的要求，制作规范的法律文书。坚持和完善复议复核制度、备案审查制度和案件检查制度。

三、加强对公诉工作的领导，建设高素质的公诉队伍

16. 加强对公诉工作的领导，高度重视公诉工作发展。各级院领导应将公诉工作纳入重要议事日程，定期研究公诉改革、公诉队伍建设、公诉工作规范化管理等问题，从人力、财力和精力等方面提供充分保障。上级检察院要强化宏观指导，注意发现和解决下级检察院公诉工作中存在的问题，加强对大要案、疑难复杂案件公诉工作的指导。下级院对遇到的重大问题、重大事项、重大案件要及时请示报告，对上级院的决定坚决执行。

17. 提高公诉人的职业水平，建设高素质专业化的公诉队伍。积极推行主诉检察官办案责任制，严格按照高检院规定的条件与程序选任主诉检察官，保证主诉检察官由政治素质高、业务能力强、能独立办案的检察官担任。每位公诉人每年至少要进行15天以上的业务培训、调查研究和理论学习。通过业务培训和岗位练兵等活动，培养一批掌握各种刑事案件出庭特点和技巧的专家型公诉人。

18. 充实公诉部门的办案力量，确保公诉队伍的战斗力。各级检察院应根据年受理起诉案件的数量等公诉任务，合理确定公诉部门人员数量。刑事案件发案率较高、起诉案件数量较大的地方检察院，应适当增加公诉人员数量。注意保持公诉骨干的相对稳定，避免优秀公诉人才流失。

19. 完善监督制约机制，严格执行办案纪律。对主诉检察官等公诉人员的监督制约工作，必须建立在制度建设的基础上，与日常管理、年度考核结合进行，注意将事前监督与事后监督相结合，外部监督与内部监督相结合，平时监督与定期监督相结合。坚决查处公诉队伍中发生的违法违纪案件，对有贪污受贿、徇私枉法、滥用职权等行为的，依法追究法律责任。

20. 建立健全激励机制，保障公诉工作顺利进行。各级检察院应保护公诉人员的工作积极性，按照责权利相统一的原则，根据公诉人员的出庭特点和办案数量，在精神上、物质上给予必要的鼓励。对符合条件的主诉检察官，优先解决其职级待遇，有条件的检察院应向主诉检察官发放岗位津贴。积极争取当地党委和政府的支持，保障开展公诉工作必需的经费、物质条件和技术装备，特别是要按照科技强检的要求积极配备计算机多媒体示证系统，开发适用于各项公诉业务的计算机管理系统，提高办公自动化、办案现代化的水平。

最高人民检察院关于进一步加强公诉工作强化法律监督的意见

（2005年6月10日　高检发〔2005〕9号）

为了深入贯彻落实党的十六大和十六届三中、四中全会精神，认真实践“强化法律监督，维护公平正义”的检察工作主题，依法全面正确履行公诉职能，维护社会稳定和谐，促进司法公正，现就加强公诉工作、强化法律监督提出如下意见。

一、公诉工作面临的形势和任务

公诉职能是检察机关法律监督职能的重要组成部分，公诉工作在检察工作中占有重要地位。当前，全党和全国各族人民认真贯彻党的十六大和十六届三中、四中全会精神，抓住本世纪前二十年的重要战略机遇期，致力于构建社会主义和谐社会，检察机关的公诉工作面临着新的形势和任务。社会主义和谐社会需要稳定的社会环境和良好的法治环境，但是当前我国正处在人民内部矛盾凸显、刑事犯罪高发、对敌斗争复杂的时期，影响和谐稳定的因素大量存在，维护稳定的任务十分繁重；在刑事诉讼中违法办案、司法不公、贪赃枉法等问题依然存在，社会各界对检察机关法律监督的期望越来越高。同时，构建和谐社会这一重要执政理念，对检察机关的法律监督工作提出了新的更高的要求。

检察机关历来非常重视公诉工作。特别是近年来，各级检察机关紧紧围绕党和国家工作大局，认真贯彻落实“加大工作力度，提高执法水平和办案质量”的总体要求，依法履行公诉职能，为维护社会稳定、促进司法公正作出了重要贡献。但是也要清醒地看到，面对新的形势和任务，公诉工作和公诉队伍还有很多不适应的地方。部分公诉人员不能正确认识公诉的性质和职能，贯彻“强化法律监督，维护公平正义”的检察工作主题不全面、不深入，存在不重视监督、不愿监督、不敢监督、不善于监督的现象，一些地方公诉环节的诉讼监督甚至有弱化的倾向；一些重大冤假错案的发生，也暴露出公诉环节仍然存在对案件质量把关不严、法律监督不到位的问题。对此，必须引起高度重视，切实加以解决。

党的十六大指出，社会主义司法制度必须保障在全社会实现公平和正义。我国宪法规定，人民检察院是国家的法律监督机关。最高人民检察院确定的“强化法律监督，维护公平正义”的检察工作主题，充分体现了十六大的根本要求和检察权的宪法性质，是包括公诉在内的所有检察工作的根本指针。在我国，公诉工作是法律监督的重要组成部分，检察机关在依法指控犯罪的同时，对刑事诉讼活动实施法律监督，是中国特色社会主义检察制度的重要特征，而履行指控犯罪和诉讼监督这两项公诉基本职能，都必须以办案质量为基础和保障。因此，各级检察机关和全体公诉人员都要进一步深化对中国特色社会主义检察制度的理解，深刻认识公诉权的法律监督性质，正确把握当前公诉工作面临的形势和任务，坚持用检察工作主题统一执法思想，统揽全部公诉工作，坚决地而不是敷衍地、具体地而不是笼统地把检察工作主题贯彻落实到实际行动上，自觉把依法指控犯罪、强化诉讼监督和提高办案质量统一于公诉工作的全过程。当前和今后一个时期公诉工作的任务是：坚持以邓小平理论和“三个代表”重要思想为指导，认真贯彻落实“强化法律监督，维护公平正义”的检察工作主题，依法指控犯罪，强化诉讼监督，提高办案质量，积极推进公诉改革，加强公诉队伍专业化建设，全力维护社会稳定，切实保障人权，为构建社会主义和谐社会作出积极贡献。

为完成上述任务，在公诉工作中必须坚持以下原则：

——坚持指控犯罪与诉讼监督并举。要正确把握公诉权的法律监督性质，在依法履行指控犯罪职能的同时，着力强化诉讼监督，维护法律的统一正确实施，努力使二者紧密结合、互相促进，推动公诉工作全面协调发展。

——坚持忠实于事实和法律。办理任何案件，都必须以事实为根据，以法律为准绳，坚持依法独立公正行使检察权，真正做到有罪追究，无罪保护，严格依法，客观公正。

——坚持惩治犯罪与保障人权相统一。在公诉工作中，既要代表国家依法指控犯罪，又要尊重和保障人权，不仅自身要严格依法办案，而且要加强对侵犯诉讼参与人特别是犯罪嫌疑人诉讼权利行为的监督，维护司法公正。

——坚持力度、质量和效率的有机统一。要切实把检察工作总体要求全面地贯彻落实到公诉工作中，既要加大打击犯罪和诉讼监督的力度，又要保证办案质量，提高办案效率，实现公诉工作的健康发展。

——坚持分工负责、互相配合、互相制约。在刑事诉讼中，检察机关与侦查、审判机关之间，以及检察机关的公诉部门与其他部门之间，既要密切配合，形成工作合力，又要严格监督和制约，有效防止权力滥用。公诉部门在加强诉讼监督的同时，也要自觉接受监督。

——坚持正确贯彻党和国家的刑事政策。要自觉用党和国家的刑事政策指导公诉工作，把严格执行法律与贯彻刑事政策有机统一起来，把办案的法律效果与社会效果有机统一起来。

二、正确履行指控犯罪职能，依法打击各种犯罪活动

代表国家依法指控犯罪，是公诉工作的基本任务。各级检察机关要清醒认识当前犯罪的严峻形势，增强大局意识和责任意识，依法正确履行指控犯罪职能，有效防止打击不力，全力维护社会稳定，有效防止冤假错案，切实保障人权。

（一）突出打击重点，依法严厉惩治严重犯罪。认真落实中央维护稳定的部署，坚持“严打”方针，重点依法严惩危害国家安全犯罪，民族分裂势力、宗教极端势力和暴力恐怖势力以及“法轮功”等邪教组织犯罪，严重暴力犯罪、黑恶势力及有组织犯罪，抢劫、抢夺、盗窃等多发性侵财犯罪，金融诈骗、非法集资、制假售假、侵犯知识产权和走私等严重破坏社会主义市场经济秩序犯罪；人民群众反映强烈的重大贪污贿赂、渎职侵权等职务犯罪。

（二）正确把握起诉条件，做好审

查起诉工作。审查起诉是准确指控犯罪的前提和基础。要依法认真、细致、全面地审查案件，坚持客观公正的原则，既要查明有罪、罪重的证据，也要查明无罪、罪轻的证据。积极推行审查报告综合化改革，强化对定案证据、犯罪构成等问题的分析论证，对疑难、复杂案件要严格审查把关，切实防止冤假错案。对于犯罪事实已经查清、证据确实充分、依法应当追究刑事责任的，应当依法作出起诉决定。强化追诉犯罪意识，注意审查发现遗漏罪行和其他应当追究刑事责任的人，依法予以追诉；对于在逃的犯罪嫌疑人，应当督促侦查机关（部门）抓捕归案。依法正确行使公诉权，既要防止放纵犯罪，也要避免冤枉无辜。坚持严格依法办案，认真执行诉讼权利告知制度，切实保障犯罪嫌疑人和其他诉讼参与人的诉讼权利。

（三）提高出庭公诉水平，增强指控犯罪效果。出庭支持公诉是指控犯罪的关键。要进一步完善出庭公诉工作制度，针对不同类型的案件，研究制定举证、质证规则，规范、指导出庭公诉工作。认真做好出庭准备工作，围绕案件的重点和争议焦点，制定周密的出庭预案。对于重大、疑难、复杂案件，要选派优秀公诉人出庭支持公诉，检察长、主管副检察长和公诉部门负责人要带头出庭。出庭公诉人要灵活运用出庭谋略和出庭技巧，切实增强庭上应变能力，妥善应对庭审中出现的问题，对被告人翻供、证人翻证的，要综合运用全案证据揭露和证实犯罪，必要时依法建议延期审理。对于法庭审理活动违反法定程序、严重侵犯诉讼参与人诉讼权利，可能影响公正审判的，公诉人应当立即建议休庭，并在休庭后依法提出监督意见。要加强对出庭支持公诉工作的跟庭考核，总结推广出庭经验，组织优秀庭评选，促进出庭公诉水平的提高。

（四）提高办案效率，增强打击犯罪的时效性。要严格遵守法定诉讼期限，努力加快办案进度，确保在公诉环节不贻误对案件的处理，切实防止为延长办案时限滥用退回补充侦查权，坚决杜绝在公诉环节出现超期羁押。逐步实现与侦查机关（部门）、侦查监督部门的案件信息资料共享，依法充分适用简易程序，进一步推行被告人认罪案件普通程序简化审理，节约诉讼资源，提高办案效率，增强打击犯罪的时效性。

（五）加强与侦查、审判机关的协调配合。对重大、疑难、复杂案件和在社会上有影响的案件，公诉部门要适时介入侦查，提前熟悉案情，引导取证，必要时指派检察官参加侦查机关（部门）对重大案件的讨论，根据指控犯罪的需要依法要求侦查人员出庭作证，依法就案件审理的有关安排、临庭处置预案等与审判机关进行沟通协调，形成打击合力。

（六）保障律师在刑事诉讼中依法执业。要认真执行最高人民检察院《关于人民检察院保障律师在刑事诉讼中依法执业的规定》，切实保障律师依法行使会见犯罪嫌疑人，查阅有关案卷材料，以及申请收集、调取证据等权利，注意听取和尊重律师的意见，维护当事人及其他诉讼参与人的合法权益，促进人民检察院严格、公正执法，保证案件依法正确处理。

三、强化诉讼监督，维护司法公正

依法对刑事诉讼活动实行法律监督，是公诉工作的重要任务。各级检察机关要统一执法思想，增强监督意识，将刑讯逼供、暴力取证、徇私枉法造成错误裁判、有罪判无罪、量刑畸轻畸重、职务犯罪案件量刑失衡等作为监督重点，依法强化对侦查、审判和死刑执行活动的监督，努力维护司法公正。

（一）坚持依法、坚决、准确、有效的诉讼监督原则。依法，就是要依照刑法、刑事诉讼法和有关司法解释的规定行使诉讼监督权，既要监督到位，又不超越职权；坚决，就是要坚持有法必依、违法必究的原则，充分履行诉讼监督职责，加大监督力度；准确，就是要正确把握监督标准，规范监督程序，做到依法有据、保证质量；有效，就是要综合运用各种监督手段，发现问题及时监督，切实强化监督效力，增强监督效果。

（二）依法加强对侦查活动的监督。坚持打击犯罪与保障人权并重，既要加强对以罚代刑、漏罪漏犯、另案处理、退回补充侦查后自行消化处理等案件的监督，防止有罪不究、放纵犯罪，又要严格区分罪与非罪的界限，依法监督纠正滥用刑事手段、违法插手经济纠纷，以及出于地方和部门保护主义，违法立案管辖刑事案件等问题，切实保障无罪的人不受刑事追究。对滥用强制措施或者检察机关批准逮捕后随意改变强制措施的，以及其他在侦查活动中违反程序、侵犯诉讼参与人诉讼权利与合法权益的行为，应当依法提出监督意见，督促纠正。

重点加强对刑讯逼供、暴力取证等严重侦查违法行为的监督，坚决依法排除非法证据。要根据法律规定，制定检察机关公诉案件非法证据排除规则。切实加强对证据来源合法性的审查，对于以刑讯逼供、暴力取证或者威胁、引诱、欺骗等非法方法收集的犯罪嫌疑人供述、被害人陈述、证人证言，应当坚决予以排除。对于其他未严格遵守法律规定收集的证据，必须依法重新收集或者采取其他补救措施后，才能作为指控犯罪的根据。要从程序上设置发现刑讯逼供的途径，严格执行诉讼权利告知制度，认真听取犯罪嫌疑人等对侦查违法行为的控告，并通过审查分析侦查程序是否合法、是否出现异常现象等情况，努力提高发现刑讯逼供、暴力取证行为的能力。对违法取证特别是刑讯逼供、暴力取证的，要坚决依法监督纠正，构成犯罪的，依法追究刑事责任。

（三）加强抗诉工作，强化对刑事审判活动的监督。要依法运用抗诉手段，加大刑事审判监督力度。认真执行《人民检察院刑事诉讼规则》以及其他关于刑事抗诉工作的规定，符合抗诉条件的应当坚决依法提出抗诉。根据当前抗诉实践，对于具有以下情形之一的，应当认为有抗诉必要，依法提出抗诉：(1) 人民法院采信自行收集的证据，未经庭审质证即作为裁判的根据，导致裁判错误的；(2) 人民法院不采纳公诉人庭前收集并经庭审质证的有效证据，仅因被告人翻供而判决无罪或改变事实认定，造成错误裁判的；(3) 人民法院审判活动严重违反法定诉讼程序，或者审判人员在审理案件过程中有贪污受贿、徇私舞弊等行为，影响公正裁判的；(4) 判决、裁定认定事实或者适用法律错误，量刑虽然未致畸轻畸重，但社会影响恶劣的；(5) 因重要事实、法定情节认定错误而导致错误裁判，或者因判决、裁定认定犯罪性质错误，可能对司法实践产生不良效应的。上级检察机关要支持下级检察机关依法开展抗诉工作，对下级人民检察院抗诉或者提请抗诉的案件，上级人民检察院应当提讯原审被告人、复核主要证据，符合抗诉条件的，应当依法支持抗诉或者向同级人民法院提出抗诉。检察机关提出抗诉的案件，要按照规定报同级人大常委会备案。对于人民法院正确的判决、裁定，应当做好当事人的息诉工作，维护审判权威。

（四）加强对死刑复核和死刑执行活动的监督。死刑案件事关重大，社会高度关注。要适应司法体制改革的要求，加强调研论证，研究有效开展死刑复核监督的措施，规范监督程序，依法强化对死刑复核的监督。高度重视死刑执行监督，研究制定死刑临场监督工作规则，严格依照有关规定派员监督死刑执行活动。发现存在不应当执行死刑情形的，应当立即建议人民法院停止执行；对违反法定死刑执行程序，侵犯被执行人合法权益的，应当及时监督纠正。

（五）综合运用多种监督手段，加强诉讼监督。要正确处理监督目的与监督手段的关系，拓宽监督思路，讲究监督方法，采取口头监督与发检察建议书、纠正违法通知书相结合，即时监督与事后监督相结合，个案监督与类案监督相结合等方式，综合运用多种监督手段，加大监督力度，增强监督效果。要加强宏观监督，注意对一定时期内侦查、审判活动中存在的问题进行归纳、分析，有针对性地提出监督意见和建议，督促侦查机关、审判机关纠正。对于提出的监督意见，要逐件跟踪。对排斥监督或者经监督仍不纠正的，可以向同级党委、人大报告，或者采取通过上级检察机关向被监督单位的上级机关通报的方式进行监督。

（六）强化办理职务犯罪案件的内部制约和监督。各级检察机关要严格执行《关于人民检察院办理直接受理立案侦查案件实行内部制约的若干规定》，进一步强化对职务犯罪侦查工作的内部监督制约。公诉部门要依法履行侦查监督和内部制约的职责，对侦查阶段经过检察委员会讨论的职务犯罪案件，公诉部门对案件事实、证据或者处理决定提出不同意见的，应当建议检察委员会再次讨论。

重点规范职务犯罪案件不起诉工作，有效防止职务犯罪侦查权和不起诉权的滥用。要研究制定职务犯罪案件不起诉的标准，规范程序，定期分析通报职务犯罪案件不起诉情况，采取综合措施有效降低不起诉率，坚决纠正利用不起诉办关系案、人情案、台阶案、利益驱动案的现象。要严格掌握职务犯罪案件不起诉标准，对于依法应当起诉的，不得作不起诉处理；对于犯罪情节轻微，依照刑法规定不需要判处刑罚或者免除刑罚的，应当综合考虑案件性质、社会影响等因素，由检察委员会讨论决定是否作不起诉处理。

（七）完善诉讼监督工作衔接机制。要加强公诉部门与侦查监督、监所检察、控告申诉等部门的沟通、配合，互通情况，相互衔接，形成合力，共同做好诉讼监督工作。侦查监督部门应当将立案监督和侦查监督的情况及时通报公诉部门，公诉部门应当实施跟踪监督，并将情况向侦查监督部门反馈。对于公诉部门正在办理的案件，其他部门接到有关控告申诉，或者发现有诉讼违法行为的，应当向公诉部门通报，公诉部门应当据此加强对侦查、审判活动的监督。

（八）建立检察机关内部诉侦协作机制，坚决查处司法不公背后的职务犯罪。司法人员贪赃枉法、徇私舞弊是造成司法不公的重要原因。各级检察机关公诉部门与反贪污贿赂、渎职侵权检察等部门要切实加强配合，把查处司法不公背后的司法人员职务犯罪作为强化诉讼监督的有力手段，形成监督合力。要制定检察机关诉侦协作具体规定，公诉部门对在办案中发现司法人员的职务犯罪线索，经检察长批准，可以进行初步调查或者将线索移送职务犯罪侦查部门；职务犯罪侦查部门应当作为重点案件优先查处，并及时向公诉部门反馈查处结果。要把加强诉侦协作、主动发现和查处司法工作人员职务犯罪的情况，作为考核公诉部门和职务犯罪侦查部门工作的重要内容。

四、加强业务规范化建设，完善公诉案件质量保障体系

办案质量是公诉工作的生命线。各级检察机关要进一步强化质量意识，加强执法规范化建设，完善案件质量保障体系，促进公正执法，保障办案质量。

（一）规范公诉业务流程。业务规范化建设是促进公正执法和保证办案质量的重要条件。最高人民检察院要依据法律规定，结合公诉实践，在整合现行各项公诉业务制度的基础上，统一制定公诉工作细则和公诉业务规范化建设标准，加快公诉业务、队伍和信息化“三位一体”机制建设，进一步规范公诉业务流程，完善监督制约机制，运用信息化手段加强案件质量和办案活动管理，有效保障公诉权依法正确行使。

（二）建立和完善公诉案件考评体系。最高人民检察院要制定公诉案件考评办法，对各省级人民检察院的公诉工作进行考评，考核结果及意见向省级人民检察院逐个反馈，必要时向各地通报。各省级人民检察院要结合实际制定考评细则，并认真组织对地、县级人民检察院的公诉工作进行量化考评。要通过建立科学的公诉案件考评体系，形成符合“加大工作力度，提高执法水平和办案质量”要求的工作导向，促进公诉工作全面、健康发展。

（三）制定和完善公诉案件证据标准。抓紧制定和完善各类常见公诉案件证据参考标准，规范审查证据工作，引导侦查机关（部门）客观、全面收集证据。对重大、疑难、复杂案件和敏感性案件，讯问犯罪嫌疑人要逐步实行全程录音、录像，有效固定证据，防止翻供。坚持重证据、重调查研究、不轻信口供的原则，据以定案的证据必须形成完整链条，排除合理怀疑。

（四）建立案件特别备案审查制度。要坚持依法独立公正行使检察权。为加强上级检察机关对下级检察机关的办案指导，保证办案质量，凡具有以下情形之一的，必须及时将情况报上一级人民检察院公诉部门备案：（1）职务犯罪大案、要案；（2）在当地有较大社会影响的敏感案件和新闻媒体关注的案件；（3）协调意见与检察机关意见不一致的案件；（4）参与协调的司法机关之间意见分歧较大的案件；（5）其他需要备案的案件。对备案的案件，上一级人民检察院应当认真审查，发现问题及时纠正，支持和督促下级人民检察院依法办案，应当特别备案而未按照规定上报的，如果发生错案，要严肃追究有关责任人的责任。

（五）完善公诉案件质量预警机制。要严格执行《人民检察院公诉部门实行办案质量预警机制的规定（试行）》，对无罪判决、不起诉、撤诉、抗诉等重点案件的质量状况实施动态预警，及时解决办案工作中存在的问题。各级人民检察院要结合实际逐步严格预警指标，缩短动态预警的周期。最高人民检察院定期向各地通报质量预警情况。

五、深化公诉工作机制改革

各级检察机关要认真贯彻落实中央关于司法体制和工作机制改革的部署，在最高人民检察院的统一领导下，本着积极、慎重、稳妥的原则，在现行法律框架内推进公诉改革，创新公诉工作机制，探索完善中国特色社会主义公诉制度，努力推动公诉工作与时俱进。

（一）完善和落实职务犯罪案件不起诉监督制约制度。继续深化人民监督员制度试点工作，并根据最高人民检察院的统一部署，实行职务犯罪不起诉案件报上一级人民检察院批准制度，规范上报审批的工作程序。要把人民监督员制度和上一级人民检察院审查批准制度有机衔接起来，检察机关立案侦查的职务犯罪案件拟作不起诉决定的，应当启动人民监督员监督程序，接受人民监督员监督，决定作不起诉的，及时报上一级人民检察院批准。

（二）推进充分体现刑事政策的公诉方式改革。要适应构建社会主义和谐社会的要求，全面理解、正确贯彻执行党和国家的刑事政策。既要坚持“严打”方针，稳、准、狠地打击严重刑事犯罪，又要坚持惩办与宽大相结合，对未成年人犯罪、初犯、偶犯、过失犯，主观恶性较小、犯罪情节轻微的，区分不同情况，依法采取轻缓的刑事政策，加强对失足者的教育挽救工作，增强指控犯罪的法律效果和社会效果。要积极推进未成年人犯罪案件公诉方式改革。有条件的地方，可以在公诉部门建立专门的未成年人犯罪工作机构。对未成年人犯罪，可诉可不诉的不起诉，可判可不判实刑的依法建议人民法院判处缓刑。探索对未成年人与成年人共同犯罪的案件实行分案处理的制度和适合未成年人特点的出庭支持公诉方式。

（三）积极探索量刑建议制度。为更加充分地发挥公诉职能，强化对审判机关量刑活动的监督制约，保证案件公正处理，要在总结一些地方探索量刑建议经验的基础上，进一步积极稳妥地开展量刑建议试点工作。要根据罪刑相适应的原则，依照刑法、有关司法解释的规定和案件的具体情况，在庭审中就犯罪嫌疑人的量刑幅度向人民法院提出具体建议。要把探索实行量刑建议制度与加强检察机关对刑事审判活动的监督结合起来，推动量刑工作严格依法进行。

（四）加快公诉一体化机制建设。公诉一体化是检察机关领导体制和检察一体化原则在公诉工作中的内在要求和具体体现。要通过建立公诉一体化机制，强化公诉工作的上下领导、横向配合和对外协调，形成检察机关公诉工作的整体合力。对于因外部干扰、舆论影响等因素，不适合由有管辖权的人民检察院审查起诉的案件，上级人民检察院应当商同级人民法院依法指定管辖。要切实加大对下级人民检察院诉讼监督工作的支持力度，上级人民检察院要积极协调同级公安机关、人民法院督促其下级机关按照检察机关的监督意见，纠正诉讼中的违法现象。上级人民检察院根据办案需要，可以选调优秀公诉人或者业务骨干办理重大、复杂案件。案件涉及多个地区的，上级人民检察院要加强协调，各地要积极配合。下级人民检察院对上级人民检察院的决定，必须坚决执行。

（五）继续深化主诉检察官办案责任制等改革。要进一步推行主诉检察官办案责任制，坚持高标准选任主诉检察官，完善办案机制和监督制约机制，落实激励机制，切实解决主诉检察官岗位津贴等待遇问题。进一步规范公诉介入侦查引导取证工作。认真落实公诉环节的检务公开，增强公诉工作的透明度。

六、加强公诉队伍专业化建设

国家公诉人的特殊使命和身份，要求公诉队伍必须是一支高素质的专业化队伍。各级检察机关要适应公诉工作的特点，围绕公诉职业道德、职业能力、职业责任、职业纪律和职业形象，大力加强公诉队伍专业化建设，全面提高公诉队伍的整体素质。

（一）加强公诉职业道德建设。坚持用邓小平理论和“三个代表”重要思想武装公诉人员，切实夯实“立检为公、执法为民”的思想基础，增强“强化法律监督、维护公平正义”的使命感和责任感，坚决维护法律的统一正确实施。树立正确的权力观、地位观和利益观，强化职业自律意识，严格恪守忠诚、公正、清廉、严明的检察官职业道德规范，坚决抵制办案中的干扰和各种腐蚀诱惑，自觉接受监督，努力做到依法公正行使公诉权。

（二）加强公诉职业能力建设。要围绕依法正确履行公诉职能，重点提高审查判断证据、正确适用法律、出庭支持公诉、履行诉讼监督职责和公诉业务指导的能力。要制定公诉人基本素质标准，逐步把通过国家司法考试的人员充实进公诉队伍，对主诉检察官实行动态管理，不断优化公诉队伍的结构。大力加强业务培训，保证公诉人每年脱岗培训时间不少于15天，促进业务知识不断更新，培训结束后要组织考试，考试不合格的离岗培训。广泛开展岗位练兵活动，通过出庭实践和组织出庭观摩、案例研讨、业务竞赛等，积累办案实践经验，提升公诉业务水平。加强公诉人才队伍建设，建立专家型人才库，从最高人民检察院做起，努力培养造就一批精于办理各类重大、疑难、复杂案件的公诉专家。高检院定期组织“全国十佳公诉人暨优秀公诉人”和“全国十佳公诉庭”评选。

（三）强化公诉职业责任。要切实强化公诉人员的职业责任，完善公诉工作责任追究制。对于因公诉部门和承办人责任造成错案的，按照错案责任追究制追究公诉部门负责人和承办人的责任，对于办案责任心不强造成失误、办案质量不高的，对责任人进行诫勉，两次诫勉无效的离岗培训，离岗培训不合格的依法免除检察官职务、调离公诉部门或办案岗位，对因管理存在疏漏导致严重违法违纪的，按照党风廉政建设责任制追究公诉部门负责人的责任。

（四）严明公诉职业纪律。要严格规范公诉环节的执法行为，集中整改人民群众不满意的突出问题，切实扭转公诉人员违法违纪比例相对偏高的状况。要特别注意发现和查处公诉不公背后的公诉人员违法违纪案件，凡是利用职权贪污受贿、徇私枉法的，私放犯罪嫌疑人、帮助串供、毁灭或者伪造证据以及通风报信、泄露办案机密的，私自办案或者干预下级检察院办案的，私自会见案件当事人及其辩护人、代理人、申诉人、亲友或者接受上述人员财物、宴请、娱乐活动的，在办案中刑讯逼供、暴力取证或者有其他严重侵犯诉讼参与人诉讼权利行为的，因违法违规办案、玩忽职守造成犯罪嫌疑人等脱逃、死亡、严重伤残的，要先停职离岗，再区分性质和情节轻重，依纪严肃处理，构成犯罪的依法追究刑事责任。

（五）加强公诉职业形象建设。公诉工作是检察机关的一个重要窗口，代表着检察机关的形象。公诉人员要牢固树立法治意识和群众意识，依法正确行使手中的权力，带着对人民群众的深厚感情秉公执法、伸张正义。要自觉养成良好的职业作风，坚持依法办案、热情服务，坚决克服特权思想和霸道作风。公诉人出庭公诉要严格遵守《公诉人出庭行为规范（试行）》和法庭纪律，做到依法履职、客观公正、着装统一、仪表整洁、语言规范、举止得体，并在完成指控犯罪任务的同时开展法制宣传教育，展示检察机关的良好形象。

七、切实加强对公诉工作的领导

各级检察院党组要进一步加强对公

诉工作的领导。要始终把公诉工作摆在重要位置，定期听取公诉工作汇报，认真研究解决公诉工作中的问题，为公诉部门创造良好的工作条件。要把政治上靠得住、工作上有本事、作风上过得硬的干部配备到公诉部门的领导岗位，公诉部门主要负责人应当担任检察委员会委员。检察委员会对公诉部门提请讨论的案件和其他重大问题，应当及时研究，要切实解决公诉部门人少案多、超负荷运转的问题，根据公诉业务量合理确定公诉部门的编制，加强公诉部门的办案力量。妥善处理干部交流轮岗与公诉队伍专业化的关系，高度重视公诉队伍人才流失问题，采取有效措施保持公诉骨干队伍的基本稳定。要加强公诉部门的物质装备和信息化建设，提高公诉工作的科技含量，加快实现从传统管理模式向现代管理模式的转变，把科技手段有效地转化为现实战斗力。

高度重视和加强基层公诉工作。基层公诉工作事关社会稳定的大局和公诉工作的全局。要认真贯彻加强基层检察院建设的战略部署，采取有效措施解决基层检察院公诉人才出现断层、办案力量紧张、业务培训不足等实际困难，在干部交流、业务培训、装备建设等方面要向重点西部地区基层检察院倾斜。检察机关新增编制，应当主要充实办案任务繁重的基层检察院。最高人民检察院和省级人民检察院要专门举办培训班，为基层检察院培养公诉业务骨干。最高人民检察院公诉厅和省级人民检察院公诉处要在基层检察院建立公诉工作联系点，形成制度并长期坚持。

切实加强公诉工作的对口指导。上级检察院公诉部门要准确把握职能定位，转变工作作风，切实加强对下指导和督促检查，狠抓工作落实。最高人民检察院公诉厅和省级人民检察院公诉处要重点加强宏观指导和分类指导，认真解决带有普遍性或者倾向性的问题，增强业务指导的前瞻性、针对性和有效性，切实担负起指导公诉工作全局的重要责任。

重视和加强公诉理论研究。要在公诉部门大力倡导理论研究的风气，重视公诉理论人才的培养，逐步形成一支既有理论功底又有公诉实践经验的研究队伍，加强与学术界和境外检察机关的交流合作。要立足于强化法律监督，积极探索公诉工作的规律，加强中外检察制度比较研究，从理论上对公诉改革进行研究论证，对公诉实践的新发展进行科学概括，为完善中国特色社会主义公诉制度提供理论支撑。

最高人民检察院关于对服刑罪犯暂予监外执行期间在异地又犯罪应由何地检察院受理审查起诉问题的批复

（1998年11月26日　高检发释字〔1998〕5号）

四川省人民检察院：

你院川检发研〔1998〕12号《关于服刑罪犯暂予监外执行期间在异地又犯罪应由何地检察院受理审查起诉的问题的请示》收悉。经研究，批复如下：

对罪犯在暂予监外执行期间在异地

犯罪，如果罪行是在犯罪地被发现、罪犯是在犯罪地被捕获的，由犯罪地人民检察院审查起诉；如果案件由罪犯暂予监外执行地人民法院审判更为适宜的，也可以由犯罪暂予监外执行地的人民检察院审查起诉；如果罪行是在暂予监外执行的情形消失，罪犯被继续收监执行剩余刑期期间发现的，由犯罪服刑地的人民检察院审查起诉。

（二）审判制度与审理期限

最高人民法院关于严格执行公开审判制度的若干规定

（1999年3月8日　法发〔1999〕3号）

各省、自治区、直辖市高级人民法院，解放军军事法院，新疆维吾尔自治区高级人民法院生产建设兵团分院：

为了严格执行公开审判制度，根据我国宪法和有关法律，特作如下规定：

一、人民法院进行审判活动，必须坚持依法公开审判制度，做到公开开庭，公开举证、质证，公开宣判。

二、人民法院对于第一审案件，除下列案件外，应当依法一律公开审理：

（一）涉及国家秘密的案件；

（二）涉及个人隐私的案件；

（三）十四岁以上不满十六岁未成年人犯罪的案件；经人民法院决定不公开审理的十六岁以上不满十八岁未成年人犯罪的案件；

（四）经当事人申请，人民法院决定不公开审理的涉及商业秘密的案件；

（五）经当事人申请，人民法院决定不公开审理的离婚案件；

（六）法律另有规定的其他不公开审理的案件。

对于不公开审理的案件，应当当庭宣布不公开审理的理由。

三、下列第二审案件应当公开审理：

（一）当事人对不服公开审理的第一审案件的判决、裁定提起上诉的，但因违反法定程序发回重审的和事实清楚依法径行判决、裁定的除外。

（二）人民检察院对公开审理的案件的判决、裁定提起抗诉的，但需发回重审的除外。

四、依法公开审理案件应当在开庭三日以前公告。公告应当包括案由、当事人姓名或者名称、开庭时间和地点。

五、依法公开审理案件，案件事实未经法庭公开调查不能认定。

证明案件事实的证据未在法庭公开举证、质证，不能进行认证，但无需举证的事实除外。缺席审理的案件，法庭可以结合其他事实和证据进行认证。

法庭能够当庭认证的，应当当庭认证。

六、人民法院审理的所有案件应当一律公开宣告判决。

宣告判决，应当对案件事实和证据进行认定，并在此基础上正确适用法律。

七、凡应当依法公开审理的案件没有公开审理的，应当按下列规定处理：

（一）当事人提起上诉或者人民检

察院对刑事案件的判决、裁定提起抗诉的，第二审人民法院应当裁定撤销原判决，发回重审；

（二）当事人申请再审的，人民法院可以决定再审；人民检察院按照审判监督程序提起抗诉的，人民法院应当决定再审。

上述发回重审或者决定再审的案件应当依法公开审理。

八、人民法院公开审理案件，庭审活动应当在审判法庭进行。需要巡回依法公开审理的，应当选择适当的场所进行。

九、审判法庭和其他公开进行案件审理活动的场所，应当按照最高人民法院关于法庭布置的要求悬挂国徽，设置审判席和其他相应的席位。

十、依法公开审理案件，公民可以旁听，但精神病人、醉酒的人和未经人民法院批准的未成年人除外。

根据法庭场所和参加旁听人数等情况，旁听人需要持旁听证进入法庭的，旁听证由人民法院制发。

外国人和无国籍人持有效证件要求旁听的，参照中国公民旁听的规定办理。

旁听人员必须遵守《中华人民共和国人民法院法庭规则》的规定，并应当接受安全检查。

十一、依法公开审理案件，经人民法院许可，新闻记者可以记录、录音、录像、摄影、转播庭审实况。

外国记者的旁听按照我国有关外事管理规定办理。

最高人民法院关于严格执行案件审理期限制度的若干规定

（2000年9月14日最高人民法院审判委员会第1130次会议通过
2000年9月22日公布　自2000年9月28日起施行）
法释〔2000〕29号

为提高诉讼效率，确保司法公正，根据刑事诉讼法、民事诉讼法、行政诉讼法和海事诉讼特别程序法的有关规定，现就人民法院执行案件审理期限制度的有关问题规定如下：

一、各类案件的审理、执行期限

第一条　适用普通程序审理的第一审刑事公诉案件、被告人被羁押的第一审刑事自诉案件和第二审刑事公诉、刑事自诉案件的期限为一个月，至迟不得超过一个半月；附带民事诉讼案件的审理期限，经本院院长批准，可以延长两个月。有刑事诉讼法第一百二十六条规定情形之一的，经省、自治区、直辖市高级人民法院批准或者决定，审理期限可以再延长一个月；最高人民法院受理的刑事上诉、刑事抗诉案件，经最高人民法院决定，审理期限可以再延长一个月。

适用普通程序审理的被告人未被羁押的第一审刑事自诉案件，期限为六个月；有特殊情况需要延长的，经本院院长批准，可以延长三个月。

适用简易程序审理的刑事案件，审理期限为二十日。

第二条　适用普通程序审理的第一审民事案件，期限为六个月；有特殊情况需要延长的，经本院院长批准，可以延长六个月，还需延长的，报请上一级人民法院批准，可以再延长三个月。

适用简易程序审理的民事案件，期限为三个月。

适用特别程序审理的民事案件，期限为三十日；有特殊情况需要延长的，经本院院长批准，可以延长三十日，但审理选民资格案件必须在选举日前审结。

审理第一审船舶碰撞、共同海损案件的期限为一年；有特殊情况需要延长的，经本院院长批准，可以延长六个月。

审理对民事判决的上诉案件，审理期限为三个月；有特殊情况需要延长的，经本院院长批准，可以延长三个月。

审理对民事裁定的上诉案件，审理期限为三十日。

对罚款、拘留民事决定不服申请复议的，审理期限为五日。

审理涉外民事案件，根据民事诉讼法第二百五十条的规定，不受上述案件审理期限的限制。

审理涉港、澳、台的民事案件的期限，参照涉外审理民事案件的规定办理。

第三条 审理第一审行政案件的期限为三个月；有特殊情况需要延长的，经高级人民法院批准可以延长三个月。高级人民法院审理第一审案件需要延长期限的，由最高人民法院批准，可以延长三个月。

审理行政上诉案件的期限为两个月；有特殊情况需要延长的，由高级人民法院批准，可以延长两个月。高级人民法院审理的第二审案件需要延长期限的，由最高人民法院批准，可以延长两个月。

第四条 按照审判监督程序重新审理的刑事案件的期限为三个月；需要延长期限的，经本院院长批准，可以延长三个月。

裁定再审的民事、行政案件，根据再审适用的不同程序，分别执行第一审或第二审审理期限的规定。

第五条 执行案件应当在立案之日起六个月内执结，非诉执行案件应当在立案之日起三个月内执结；有特殊情况需要延长的，经本院院长批准，可以延长三个月，还需延长的，层报高级人民法院备案。

委托执行的案件，委托的人民法院应当在立案后一个月内办理完委托执行手续，受委托的人民法院应当在收到委托函件后三十日内执行完毕。未执行完毕，应当在期限届满后十五日内将执行情况函告委托人民法院。

刑事案件没收财产刑应当即时执行。

刑事案件罚金刑，应当在判决、裁定发生法律效力后三个月内执行完毕，至迟不超过六个月。

二、立案、结案时间及审理期限的计算

第六条 第一审人民法院收到起诉书（状）或者执行申请书后，经审查认为符合受理条件的应当在七日内立案；收到自诉人自诉状或者口头告诉的，经审查认为符合自诉案件受理条件的应当在十五日内立案。

改变管辖的刑事、民事、行政案件，应当在收到案卷材料后的三日内立案。

第二审人民法院应当在收到第一审人民法院移送的上（抗）诉材料及案卷材料后的五日内立案。

发回重审或指令再审的案件，应当在收到发回重审或指令再审裁定及案卷材料后的次日内立案。

按照审判监督程序重新审判的案件，应当在作出提审、再审裁定（决定）的次日立案。

第七条 立案机构应当在决定立案的三日内将案卷材料移送审判庭。

第八条 案件的审理期限从立案次日起计算。

由简易程序转为普通程序审理的第一审刑事案件的期限，从决定转为普通程序次日起计算；由简易程序转为普通程序审理的第一审民事案件的期限，从立案次日起连续计算。

第九条 下列期间不计入审理、执行期限：

（一）刑事案件对被告人作精神病鉴定的期间；

（二）刑事案件因另行委托、指定辩护人，法院决定延期审理的，自案件宣布延期审理之日起至第十日止准备辩护的时间；

（三）公诉人发现案件需要补充侦查，提出延期审理建议后，合议庭同意延期审理的期间；

（四）刑事案件二审期间，检察院查阅案卷超过七日后的时间；

（五）因当事人、诉讼代理人、辩护人申请通知新的证人到庭、调取新的证据、申请重新鉴定或者勘验，法院决定延期审理一个月之内的期间；

（六）民事、行政案件公告、鉴定的期间；

（七）审理当事人提出的管辖权异议和处理法院之间的管辖争议的期间；

（八）民事、行政、执行案件由有关专业机构进行审计、评估、资产清理的期间；

（九）中止诉讼（审理）或执行至恢复诉讼（审理）或执行的期间；

（十）当事人达成执行和解或者提供执行担保后，执行法院决定暂缓执行的期间；

（十一）上级人民法院通知暂缓执行的期间；

（十二）执行中拍卖、变卖被查封、扣押财产的期间。

第十条 人民法院判决书宣判、裁决书宣告或者调解书送达最后一名当事人的日期为结案时间。如需委托宣判、送达的，委托宣判、送达的人民法院应当在审限届满前将判决书、裁定书、调解书送达受托人民法院。受托人民法院应当在收到委托书后七日内送达。

人民法院判决书宣判、裁定书宣告或者调解书送达有下列情形之一的，结案时间遵守以下规定：

（一）留置送达的，以裁判文书留在受送达人的住所日为结案时间；

（二）公告送达的，以公告刊登之日为结案时间；

（三）邮寄送达的，以交邮日期为结案时间；

（四）通过有关单位转交送达的，以送达回证上当事人签收的日期为结案时间。

三、案件延长审理期限的报批

第十一条 刑事公诉案件、被告人被羁押的自诉案件，需要延长审理期限的，应当在审理期限届满七日以前，向高级人民法院提出申请；被告人未被羁押的刑事自诉案件，需要延长审理期限的，应当在审理期限届满十日前向本院院长提出申请。

第十二条 民事案件应当在审理期限届满十日前向本院院长提出申请；还需延长的，应当在审理期限届满十日前向上一级人民法院提出申请。

第十三条 行政案件应当在审理期限届满十日前向高级人民法院或者最高人民法院提出申请。

第十四条 对于下级人民法院申请延长办案期限的报告，上级人民法院应当在审理期限届满三日前作出决定，并通知提出申请延长审理期限的人民法院。

需要本院院长批准延长办案期限的，院长应当在审限届满前批准或者决定。

四、上诉、抗诉二审案件的移送期限

第十五条 被告人、自诉人、附带民事诉讼的原告人和被告人通过第一审人民法院提出上诉的刑事案件，第一审人民法院应当在上诉期限届满后三日内将上诉状连同案卷、证据移送第二审人民法院。被告人、自诉人、附带民事诉讼的原告人和被告人直接向上级人民法院提出上诉的刑事案件，第一审人民法院应当在接到第二审人民法院移交的上诉状后三日内将案卷、证据移送上一级人民法院。

第十六条 人民检察院抗诉的刑事二审案件，第一审人民法院应当在上诉、抗诉期届满后三日内将抗诉书连同案卷、证据移送第二审人民法院。

第十七条 当事人提出上诉的二审民事、行政案件，第一审人民法院收到上诉状，应当在五日内将上诉状副本送达对方当事人。人民法院收到答辩状，应当在五日内将副本送达上诉人。

人民法院受理人民检察院抗诉的民事、行政案件的移送期限，比照前款规定办理。

第十八条 第二审人民法院立案时发现上诉案件材料不齐全的，应当在两日内通知第一审人民法院。第一审人民法院应当在接到第二审人民法院的通知后五日内补齐。

第十九条 下级人民法院接到上级人民法院调卷通知后，应当在五日内将全部案卷和证据移送，至迟不超过十日。

五、对案件审理期限的监督、检查

第二十条 各级人民法院应当将审理案件期限情况作为审判管理的重要内容，加强对案件审理期限的管理、监督和检查。

第二十一条 各级人民法院应当建立审理期限届满前的催办制度。

第二十二条 各级人民法院应当建立案件审理期限定期通报制度。对违反诉讼法规定，超过审理期限或者违反本规定的情况进行通报。

第二十三条 审判人员故意拖延办案，或者因过失延误办案，造成严重后果的，依照《人民法院审判纪律处分办法（试行）》第五十九条的规定予以处分。

审判人员故意拖延移送案件材料，或者接受委托送达后，故意拖延不予送达的，参照《人民法院审判纪律处分办法（试行）》第五十九条的规定予以处分。

第二十四条 本规定发布前有关审理期限规定与本规定不一致的，以本规定为准。

（三）第一、二审程序

最高人民法院　最高人民检察院　司法部关于适用普通程序审理“被告人认罪案件”的若干意见（试行）

（2003年3月14日　法发〔2003〕6号）

为提高审理刑事案件的质量和效率，根据《中华人民共和国刑事诉讼法》的规定，结合刑事诉讼工作实际，制定本意见。

第一条　被告人对被指控的基本犯罪事实无异议，并自愿认罪的第一审公诉案件，一般适用本意见审理。

对于指控被告人犯数罪的案件，对被告人认罪的部分，可以适用本意见审理。

第二条　下列案件不适用本意见审理：

1. 被告人系盲、聋、哑人的；
2. 可能判处死刑的；
3. 外国人犯罪的；
4. 有重大社会影响的；
5. 被告人认罪但经审查认为可能不构成犯罪的；
6. 共同犯罪案件中，有的被告人不认罪或者不同意适用本意见审理的；
7. 其他不宜适用本意见审理的案件。

第三条　人民检察院认为符合适用本意见审理的案件，可以在提起公诉时书面建议人民法院适用本意见审理。

对于人民检察院没有建议适用本意见审理的公诉案件，人民法院经审查认为可以适用本意见审理的，应当征求人民检察院、被告人及辩护人的意见。人民检察院、被告人及辩护人同意的，适用本意见审理。

第四条　人民法院在决定适用本意见审理案件前，应当向被告人讲明有关法律规定、认罪和适用本意见审理可能导致的法律后果，确认被告人自愿同意适用本意见审理。

第五条　人民法院对决定适用本意见审理的案件，应当书面通知人民检察院、被告人及辩护人。

第六条　对于决定适用本意见审理的案件，人民法院在开庭前可以阅卷。

第七条　对适用本意见开庭审理的案件，合议庭应当在公诉人宣读起诉书后，询问被告人对被指控的犯罪事实及罪名的意见，核实其是否自愿认罪和同意适用本意见进行审理，是否知悉认罪可能导致的法律后果。对于被告人自愿认罪并同意适用本意见进行审理的，可以对具体审理方式作如下简化：

（一）被告人可以不再就起诉书指控的犯罪事实进行供述。

（二）公诉人、辩护人、审判人员对被告人的讯问、发问可以简化或者省略。

（三）控辩双方对无异议的证据，可以仅就证据的名称及所证明的事项作出说明。合议庭经确认公诉人、被告人、辩护人无异议的，可以当庭予以认证。

对于合议庭认为有必要调查核实的

证据，控辩双方有异议的证据，或者控方、辩方要求出示、宣读的证据，应当出示、宣读，并进行质证。

（四）控辩双方主要围绕确定罪名、量刑及其他有争议的问题进行辩论。

第八条 适用本意见审理案件，应当严格执行刑事诉讼法规定的基本原则和程序，做到事实清楚、证据确实充分，切实保障被告人的诉讼权利。

第九条 人民法院对自愿认罪的被告人，酌情予以从轻处罚。

第十条 对适用本意见审理的案件，人民法院一般当庭宣判。

第十一条 适用本意见审理案件过程中，发现有不符合本意见规定情形的，人民法院应当决定不再适用本意见审理。

第十二条 本意见自二〇〇三年三月十四日起试行。

最高人民法院 最高人民检察院 司法部 关于适用简易程序审理公诉案件的若干意见

（2003 年 3 月 14 日 法发〔2003〕6 号）

为依法适用简易程序，提高审理刑事案件的质量和效率，根据《中华人民共和国刑事诉讼法》的规定，制定本意见。

第一条 对于同时具有下列情形的公诉案件，可以适用简易程序审理：

（一）事实清楚、证据充分；

（二）被告人及辩护人对所指控的基本犯罪事实没有异议；

（三）依法可能判处三年以下有期徒刑、拘役、管制或者单处罚金。

第二条 具有下列情形之一的公诉案件，不适用简易程序审理：

（一）比较复杂的共同犯罪案件；

（二）被告人、辩护人作无罪辩护的；

（三）被告人系盲、聋、哑人的；

（四）其他不宜适用简易程序审理的情形。

第三条 人民检察院建议适用简易程序的，应当制作《适用简易程序建议书》，在提起公诉时，连同全案卷宗、证据材料、起诉书一并移送人民法院。

人民法院在征得被告人、辩护人同意后决定适用简易程序的，应当制作《适用简易程序决定书》，在开庭前送达人民检察院、被告人及辩护人。

人民法院认为依法不应当适用简易程序的，应当书面通知人民检察院，并将全案卷宗和证据材料退回人民检察院。

第四条 对于人民检察院没有建议适用简易程序的公诉案件，人民法院经审查认为可以适用简易程序审理的，应当征求人民检察院与被告人、辩护人的意见。人民检察院同意并移送全案卷宗和证据材料后，适用简易程序审理。

人民法院决定适用简易程序的，应当制作《适用简易程序决定书》，在开庭前送达人民检察院、被告人及辩护人。

第五条 适用简易程序审理的公诉案件，人民法院应当在开庭前将开庭的时间、地点分别通知人民检察院、被告人、辩护人及其他诉讼参与人。

通知可以使用简便方式，但应当记录在卷。

第六条 适用简易程序审理公诉案件，除人民检察院监督公安机关立案侦查的案件，以及其他人民检察院认为有必要派员出庭的案件外，人民检察院可以不派员出庭。

第七条 适用简易程序审理的公诉案件，独任审判员宣布开庭，传被告人到庭后，应当查明被告人的基本情况，然后依次宣布案由、独任审判员、书记员、公诉人、被害人、辩护人、诉讼代理人和翻译人员的名单，并告知各项诉讼权利。

独任审判员应当讯问被告人对起诉书的意见，是否自愿认罪，并告知有关法律规定及可能导致的法律后果；被告人及其辩护人可以就起诉书指控的犯罪进行辩护。

被告人有最后陈述的权利。

被告人自愿认罪，并对起诉书所指控的犯罪事实无异议的，法庭可以直接作出有罪判决。

第八条 对于适用简易程序审理的公诉案件，人民法院一般当庭宣判，并在五日内将判决书送达被告人和提起公诉的人民检察院。

第九条 人民法院对自愿认罪的被告人，酌情予以从轻处罚。

第十条 人民法院在适用简易程序审理公诉案件时，发现有下列情形之一的，应当将简易程序转为普通程序重新审理：

（一）被告人的行为不构成犯罪；

（二）被告人应当判处三年以上有期徒刑刑罚；

（三）被告人当庭对起诉指控的犯罪事实予以否认；

（四）事实不清或者证据不足；

（五）其他不宜适用简易程序审理的情形。

人民检察院未派员出庭的，人民法院应当将上述决定书面通知人民检察院。

第十一条 转为普通程序重新审理的公诉案件，人民法院应当在三日内将全案卷宗和证据材料退回人民检察院。

人民检察院应当在收到上述材料后五日内按照普通程序审理公诉案件的法定要求，向人民法院移送有关材料。

（第二、三类案件的立案标准已经因2005年12月29日最高人民检察院第十届检察委员会第四十九次会议通过的《最高人民检察院关于渎职侵权犯罪案件立案标准的规定》的颁布实施而失去效力，因此予以删除。——编者注）

最高人民法院关于刑事案件终审判决和裁定何时发生法律效力问题的批复

（2004年7月20日最高人民法院审判委员会第1320次会议通过
2004年7月26日公布　自2004年7月29日起施行）
法释〔2004〕7号

各省、自治区、直辖市高级人民法院，解放军军事法院，新疆维吾尔自治区高级人民法院生产建设兵团分院：

近来，有的法院反映，关于刑事案件终审判决和裁定何时发生法律效力问题不明确。经研究，批复如下：

根据《中华人民共和国刑事诉讼法》第一百六十三条、第一百九十五条和第二百零八条规定的精神，终审的判决和裁定自宣告之日起发生法律效力。

此复。

最高人民法院　最高人民检察院关于死刑第二审案件开庭审理若干问题的规定（试行）

（2006年8月28日最高人民法院审判委员会第1398次会议通过
2006年9月11日最高人民检察院第十届检察委员会第60次会议通过　2006年9月21日公布　自2006年9月25日起施行）
法释〔2006〕8号

为依法准确惩罚犯罪，加强刑事司法领域的人权保障，确保死刑案件的办案质量，根据《中华人民共和国刑事诉讼法》的有关规定，现对死刑第二审案件开庭审理程序的有关问题规定如下：

第一条　第二审人民法院审理第一审判处死刑立即执行的被告人上诉、人民检察院抗诉的案件，应当依照法律和有关规定开庭审理。

第二条　第二审人民法院审理第一审判处死刑缓期二年执行的被告人上诉的案件，有下列情形之一的，应当开庭审理：

（一）被告人或者辩护人提出影响定罪量刑的新证据，需要开庭审理的；

（二）具有刑事诉讼法第一百八十七条规定的开庭审理情形的。

人民检察院对第一审人民法院判处死刑缓期二年执行提出抗诉的案件，第二审人民法院应当开庭审理。

第三条　被判处死刑的被告人提出上诉的案件，原审人民法院应当在上诉期满后三日以内将上诉状连同案卷、证据移送上一级人民法院，同时将上诉状副本送交同级人民检察院和当事人。收到上诉状副本的人民检察院应当在三日以内将上诉状副本及有关材料报送上一级人民检察院。

对第一审的死刑判决抗诉的案件，提出抗诉的人民检察院向原审人民法院提交抗诉书后，应当在三日以内将抗诉书副本及有关材料报送上一级人民检察院。原审人民法院应当在抗诉期满后三日以内将抗诉书连同案卷、证据移送上一级人民法院，并将抗诉书副本送交当事人。

第四条 对死刑判决提出上诉的被告人，在上诉期满后第二审开庭前要求撤回上诉的，第二审人民法院应当进行审查。合议庭经过阅卷、讯问被告人、听取其他当事人、辩护人、诉讼代理人的意见后，认为原判决事实清楚，适用法律正确，量刑适当的，不再开庭审理，裁定准许被告人撤回上诉；认为原判决事实不清，证据不足或者无罪判为有罪，轻罪重判的，应当不准许撤回上诉，按照第二审程序开庭审理。

第五条 第二审人民法院开庭审理死刑上诉、抗诉案件，合议庭应当在开庭前对案卷材料进行全面审查，重点审查下列内容：

（一）上诉、抗诉的理由及是否提出了新的事实和证据；

（二）被告人供述、辩解的情况；

（三）辩护人的意见以及原审人民法院采纳的情况；

（四）原审判决认定的事实是否清楚，证据是否确实、充分；

（五）原审判决适用法律是否正确，量刑是否适当；

（六）在侦查、起诉及审判中，有无违反法律规定的诉讼程序的情形；

（七）原审人民法院合议庭、审判委员会讨论的意见；

（八）其他对定罪量刑有影响的内容。

第六条 第二审人民法院应当及时查明被判处死刑立即执行的被告人是否委托了辩护人。没有委托辩护人的，应当告知被告人可以自行委托辩护人或者通知法律援助机构指定承担法律援助义务的律师为其提供辩护。

被告人拒绝人民法院指定的辩护人为其辩护，有正当理由的，人民法院应当准许，被告人可以另行委托辩护人。被告人没有委托辩护人的，人民法院应当为其另行指定辩护人。

第七条 第二审人民法院开庭审理死刑上诉、抗诉案件，应当在开庭十日以前通知人民检察院查阅案卷。

第八条 人民检察院办理死刑上诉、抗诉案件，应当在开庭前对案卷材料进行全面审查，重点围绕抗诉或者上诉的理由，审查第一审判决认定案件事实、适用法律是否正确，证据是否确实、充分，量刑是否适当，审判活动是否合法，并进行下列工作：

（一）应当讯问被告人，听取被告人的上诉理由或者辩解；

（二）必要时听取辩护人的意见；

（三）核查主要证据，必要时询问证人；

（四）对鉴定结论有疑问的，可以重新鉴定或者补充鉴定；

（五）根据案件情况，可以听取被害人的意见。

第九条 第二审人民法院开庭审理的死刑上诉、抗诉案件，同级人民检察院应当派员出庭。

第十条 第二审人民法院开庭审理死刑上诉、抗诉案件，人民检察院应当在开庭前拟定庭审中的讯问、询问、举证、质证、答辩提纲和出庭意见书等。

第十一条 第二审人民法院开庭审理死刑上诉、抗诉案件，应当由审判员三人至五人组成合议庭，对于疑难、复杂、重大的死刑案件，应当由院长或者庭长担任审判长。

第十二条 合议庭应当在开庭前查明有关情况并做好以下准备工作：

（一）在第一审判决宣判后，被告人是否有检举、揭发行为需要查证核实的；

（二）是否存在可能导致延期审理的情形；

（三）必要时应当讯问被告人；

（四）拟定庭审提纲，确定需要开庭审理的内容；

（五）将开庭的时间、地点在开庭三日以前通知人民检察院；

（六）通知人民检察院、被告人及其辩护人在开庭五日以前提供出庭作证的证人、鉴定人名单；

（七）将传唤当事人和通知辩护人、证人、鉴定人和翻译人员的传票和通知书，在开庭三日以前送达；

（八）人民检察院向第二审人民法院提交新证据的，第二审人民法院应当通知被告人的辩护律师或者经许可的其他辩护人在开庭前到人民法院查阅；被告人及其辩护人向第二审人民法院提交新证据的，第二审人民法院应当通知人民检察院在开庭前到人民法院查阅；

（九）人民检察院在审查期间进行重新鉴定或者补充鉴定的，作出的鉴定应当及时提交人民法院，人民法院应当在开庭三日以前将鉴定结论告知当事人及其诉讼代理人、辩护人；被害人及其诉讼代理人或者被告人及其辩护人提出重新鉴定、补充鉴定要求并经第二审人民法院同意的，作出的鉴定应当及时提交人民法院，人民法院应当在开庭三日以前将鉴定结论告知对方当事人及其诉讼代理人、辩护人并通知人民检察院；

（十）公开审判的案件，在开庭三日以前先期公布案由、被告人姓名、开庭时间和地点；

（十一）其他准备工作。

上述活动情形应当写入笔录，由审判人员和书记员签名。

第十三条 第二审人民法院开庭审理死刑上诉、抗诉案件，具有下列情形之一的，应当通知证人、鉴定人、被害人出庭作证：

（一）人民检察院、被告人及其辩护人对鉴定结论有异议、鉴定程序违反规定或者鉴定结论明显存在疑点的；

（二）人民检察院、被告人及其辩护人对证人证言、被害人陈述有异议，该证人证言或者被害人陈述对定罪量刑有重大影响的；

（三）合议庭认为其他必要出庭作证的。

第十四条 第二审人民法院应当全面审理死刑上诉、抗诉案件。但在开庭时，可以根据具体情况围绕人民检察院、被告人及其辩护人提出争议的问题和人民法院认为需要重点审查的问题进行：

（一）审判长宣布开庭后，可以宣读原审判决书，也可以只宣读案由、主要事实、证据和判决主文等判决书的主要内容。法庭调查时，上诉案件由上诉人或者辩护人先宣读上诉状或者陈述上诉理由，抗诉案件由检察人员先宣读抗诉书；对于既有上诉又有抗诉的案件，先由检察人员宣读抗诉书，后由上诉人或者辩护人宣读上诉状或者陈述上诉理由。

（二）法庭调查的重点是，对原审判决提出异议的事实、证据以及提交的新的证据等。对于人民检察院、被告人及其辩护人没有异议的事实、证据和情节，可以不在庭审时调查。

（三）人民检察院、被告人及其辩护人对原审判决采纳的证据没有异议的，可以不再举证和质证。

（四）法庭辩论时，抗诉的案件，由检察人员先发言；上诉的案件，由上诉人、辩护人先发言；既有抗诉又有上诉的案件，由检察人员先发言，并依次进行辩论。

（五）对共同犯罪中没有判处死刑且没有提出上诉的被告人，人民检察院和辩护人在开庭前表示不需要进行讯问和质证的，可以不再传唤到庭。对没有被判处死刑的其他被告人的罪行，事实清楚的，可以不在庭审时审理。

（六）对被告人所犯数罪中判处其他刑罚的犯罪，事实清楚且人民检察院、被告人及其辩护人没有异议的，可以不在庭审时审理。

第十五条 在第二审程序中，检察人员或者辩护人发现证据出现重大变化，可能影响案件定罪量刑的，可以建议延期审理。

第十六条 第二审人民法院应当在裁判文书中写明人民检察院的意见、被告人的辩解和辩护人的意见，以及是否采纳的情况并说明理由。

第十七条 第二审人民法院作出判决、裁定后，当庭宣判的，应当在五日以内将判决书或者裁定书送达当事人、辩护人和同级人民检察院；定期宣判的，应当在宣判后立即送达。

第二审人民法院可以委托第一审人民法院代为宣判，并向当事人送达第二审判决书或者裁定书。

第十八条 在第二审程序中，出席法庭的检察人员发现法庭审判活动违反法律规定的诉讼程序，休庭后由人民检察院向人民法院提出纠正意见。

第十九条 死刑第二审案件开庭审理程序的其他事项，依照刑事诉讼法、司法解释和有关规定执行。

第二十条 本规定自发布之日起施行。本规定发布前的司法解释和有关规定，与本规定相抵触的，以本规定为准。

最高人民法院关于刑事第二审判决改变第一审判决认定的罪名后能否加重附加刑的批复

（2008 年 5 月 12 日最高人民法院审判委员会第 1448 次会议通过
2008 年 6 月 6 日公布　自 2008 年 6 月 12 日起施行）
法释〔2008〕8 号

各省、自治区、直辖市高级人民法院，解放军军事法院，新疆维吾尔自治区高级人民法院生产建设兵团分院：

近来，有的高级人民法院请示，在审理被告人提起上诉的第二审刑事案件时，第二审人民法院判决改变第一审判决认定罪名的，能否增加适用附加刑或者将罚金刑改为没收财产刑等问题不明确。经研究，批复如下：

根据刑事诉讼法第一百九十条的规定，第二审人民法院审判被告人或者他的法定代理人、辩护人、近亲属上诉的案件，不得加重被告人的刑罚。因此，第一审人民法院没有判处附加刑的，第二审人民法院判决改变罪名后，不得判处附加刑；第一审人民法院原判附加刑较轻的，第二审人民法院不得改判较重的附加刑，也不得以事实不清或者证据不足发回第一审人民法院重新审理；必须依法改判的，应当在第二审判决、裁定生效后，按照审判监督程序重新审判。

此复。

（四）死刑复核

最高人民法院
关于统一行使死刑案件核准权有关问题的决定

（2006年12月13日最高人民法院审判委员会第1409次会议通过
2006年12月28日公布　自2007年1月1日起施行）
法释〔2006〕12号

第十届全国人民代表大会常务委员会第二十四次会议通过了《关于修改〈中华人民共和国人民法院组织法〉的决定》，将人民法院组织法原第十三条修改为第十二条："死刑除依法由最高人民法院判决的以外，应当报请最高人民法院核准。"修改人民法院组织法的决定自2007年1月1日起施行。根据修改后的人民法院组织法第十二条的规定，现就有关问题决定如下：

（一）自2007年1月1日起，最高人民法院根据全国人民代表大会常务委员会有关决定和人民法院组织法原第十三条的规定发布的关于授权高级人民法院和解放军军事法院核准部分死刑案件的通知（见附件），一律予以废止。

（二）自2007年1月1日起，死刑除依法由最高人民法院判决的以外，各高级人民法院和解放军军事法院依法判决和裁定的，应当报请最高人民法院核准。

（三）2006年12月31日以前，各高级人民法院和解放军军事法院已经核准的死刑立即执行的判决、裁定，依法仍由各高级人民法院、解放军军事法院院长签发执行死刑的命令。

附件：

最高人民法院发布的下列关于授权高级人民法院核准部分死刑案件自本通知施行之日起予以废止：

一、《最高人民法院关于对几类现行犯授权高级人民法院核准死刑的若干具体规定的通知》（发布日期：1980年3月18日）

二、《最高人民法院关于执行全国人民代表大会常务委员会〈关于死刑案件核准问题的决定〉的几项通知》（发布日期：1981年6月11日）

三、《最高人民法院关于授权高级人民法院核准部分死刑案件的通知》（发布日期：1983年9月7日）

四、《最高人民法院关于授权云南省高级人民法院核准部分毒品犯罪死刑案件的通知》（发布日期：1991年6月6日）

五、《最高人民法院关于授权广东省高级人民法院核准部分毒品犯罪死刑案件的通知》（发布日期：1993年8月

18日）

六、《最高人民法院关于授权广西壮族自治区、四川省、甘肃省高级人民法院核准部分毒品犯罪死刑案件的通知》（发布日期：1996年3月19日）

七、《最高人民法院关于授权贵州省高级人民法院核准部分毒品犯罪死刑案件的通知》（发布日期：1997年6月23日）

八、《最高人民法院关于授权高级人民法院和解放军军事法院核准部分死刑案件的通知》（发布日期：1997年9月26日）

最高人民法院关于复核死刑案件若干问题的规定

（2007年1月22日最高人民法院审判委员会第1414次通过
2007年2月27日公布　自2007年2月28日起施行）
法释〔2007〕4号

为确保死刑案件审判质量，根据《中华人民共和国刑事诉讼法》的有关规定，结合审判实践，现就最高人民法院复核死刑案件的若干问题规定如下：

第一条　最高人民法院复核死刑案件，应当作出核准的裁定、判决，或者作出不予核准的裁定。

第二条　原判认定事实和适用法律正确、量刑适当、诉讼程序合法的，裁定予以核准。

原判判处被告人死刑并无不当，但具体认定的某一事实或者引用的法律条款等不完全准确、规范的，可以在纠正后作出核准死刑的判决或者裁定。

第三条　最高人民法院复核后认为原判认定事实不清、证据不足的，裁定不予核准，并撤销原判，发回重新审判。

第四条　最高人民法院复核后认为原判认定事实正确，但依法不应当判处死刑的，裁定不予核准，并撤销原判，发回重新审判。

第五条　最高人民法院复核后认为原审人民法院违反法定诉讼程序，可能影响公正审判的，裁定不予核准，并撤销原判，发回重新审判。

第六条　数罪并罚案件，一人有两罪以上被判处死刑，最高人民法院复核后，认为其中部分犯罪的死刑裁判认定事实不清、证据不足的，对全案裁定不予核准，并撤销原判，发回重新审判；认为其中部分犯罪的死刑裁判认定事实正确，但依法不应当判处死刑的，可以改判并对其他应当判处死刑的犯罪作出核准死刑的判决。

第七条　一案中两名以上被告人被判处死刑，最高人民法院复核后，认为其中部分被告人的死刑裁判认定事实不清、证据不足的，对全案裁定不予核准，并撤销原判，发回重新审判；认为其中部分被告人的死刑裁判认定事实正确，但依法不应当判处死刑的，可以改判并对其他应当判处死刑的被告人作出核准死刑的判决。

第八条　最高人民法院裁定不予核准死刑的，根据案件具体情形可以发回第二审人民法院或者第一审人民法院重新审判。

高级人民法院依照复核程序审理后报请最高人民法院核准死刑的案件，最高人民法院裁定不予核准死刑，发回高级人民法院重新审判的，高级人民法院可以提审或者发回第一审人民法院重新审判。

第九条 发回第二审人民法院重新审判的案件，第二审人民法院可以直接改判；必须通过开庭审理查清事实、核实证据的，或者必须通过开庭审理纠正原审程序违法的，应当开庭审理。

第十条 发回第一审人民法院重新审判的案件，第一审人民法院应当开庭审理。

第十一条 依照本规定第三条、第五条、第六条、第七条发回重新审判的案件，原审人民法院应当另行组成合议庭进行审理。

第十二条 最高人民法院依照本规定核准或者不予核准死刑的，裁判文书应当引用相关法律和司法解释条文，并说明理由。

第十三条 本规定自发布之日起施行。

最高人民法院关于报送按照审判监督程序改判死刑被告人在死缓考验期内故意犯罪应当执行死刑的复核案件的通知

（2003年11月26日 法〔2003〕177号）

各省、自治区、直辖市高级人民法院，解放军军事法院：

根据《中华人民共和国刑事诉讼法》第二百零六条、第二百条，《中华人民共和国刑法》第五十条的规定，今后凡是按照审判监督程序改判被告人死刑，被告人在死缓考验期内故意犯罪应当执行死刑的死刑复核案件，一律报送最高人民法院核准。

十、审判监督程序

最高人民法院关于刑事再审案件开庭审理程序的具体规定（试行）

（2001年10月18日最高人民法院审判委员会第1196次会议通过
2001年12月26日公布 自2002年1月1日起施行）
法释〔2001〕31号

为了深化刑事庭审方式的改革，进一步提高审理刑事再审案件的效率，确保审判质量，规范案件开庭审理的程序，根据《中华人民共和国刑事诉讼法》、最高人民法院《关于执行〈中华人民共和国刑事诉讼法〉若干问题的解释》的规定，制定本规定。

第一条 本规定适用依照第一审程序或第二审程序开庭审理的刑事再审案件。

第二条 人民法院在收到人民检察院按照审判监督程序提出抗诉的刑事抗诉书后，应当根据不同情况，分别处理：

（一）不属于本院管辖的，决定退回人民检察院；

（二）按照抗诉书提供的原审被告人（原审上诉人）住址无法找到原审被告人（原审上诉人）的，人民法院应当要求提出抗诉的人民检察院协助查找；经协助查找仍无法找到的，决定退回人民检察院；

（三）抗诉书没有写明原审被告人（原审上诉人）准确住址的，应当要求人民检察院在七日内补充，经补充后仍不明确或逾期不补的，裁定维持原判；

（四）以有新的证据证明原判决、裁定认定的事实确有错误为由提出抗诉，但抗诉书未附有新的证据目录、证人名单和主要证据复印件或者照片的，人民检察院应当在七日内补充；经补充后仍不完备或逾期不补的，裁定维持原判。

第三条 以有新的证据证明原判决、裁定认定的事实确有错误为由提出申诉的，应当同时附有新的证据目录、证人名单和主要证据复印件或者照片。需要申请人民法院调取证据的，应当附有证据线索。未附有的，应当在七日内补充；经补充后仍不完备或逾期不补的，应当决定不予受理。

第四条 参与过本案第一审、第二审、复核程序审判的合议庭组成人员，不得参与本案的再审程序的审判。

第五条 人民法院审理下列再审案件，应当依法开庭审理：

（一）依照第一审程序审理的；

（二）依照第二审程序需要对事实或者证据进行审理的；

（三）人民检察院按照审判监督程序提出抗诉的；

（四）可能对原审被告人（原审上诉人）加重刑罚的；

（五）有其他应当开庭审理情形的。

第六条 下列再审案件可以不开庭审理：

（一）原判决、裁定认定事实清楚，证据确实、充分，但适用法律错误，量刑畸重的；

（二）1979年《中华人民共和国刑事诉讼法》施行以前裁判的；

（三）原审被告人（原审上诉人）、原审自诉人已经死亡或者丧失刑事责任能力的；

（四）原审被告人（原审上诉人）在交通十分不便的边远地区监狱服刑，提押到庭确有困难的；但人民检察院提出抗诉的，人民法院应征得人民检察院的同意；

（五）人民法院按照审判监督程序决定再审，按本规定第九条第（四）项规定，经两次通知，人民检察院不派员出庭的。

第七条 人民法院审理共同犯罪再审案件，如果人民法院再审决定书或者人民检察院抗诉书只对部分同案原审被告人（同案原审上诉人）提起再审，其他未涉及的同案原审被告人（同案原审上诉人）不出庭不影响案件审理的，可以不出庭参与诉讼；

部分同案原审被告人（同案原审上诉人）具有本规定第六条第（三）、（四）项规定情形不能出庭的，不影响案件的开庭审理。

第八条 除人民检察院抗诉的以

外，再审一般不得加重原审被告人（原审上诉人）的刑罚。

根据本规定第六条第（二）、（三）、（四）、（五）项、第七条的规定，不具备开庭条件可以不开庭审理的，或者可以不出庭参加诉讼的，不得加重未出庭原审被告人（原审上诉人）、同案原审被告人（同案原审上诉人）的刑罚。

第九条 人民法院在开庭审理前，应当进行下列工作：

（一）确定合议庭的组成人员；

（二）将再审决定书、申诉书副本至迟在开庭三十日前，重大、疑难案件至迟在开庭六十日前送达同级人民检察院，并通知其查阅案卷和准备出庭；

（三）将再审决定书或抗诉书副本至迟在开庭三十日以前送达原审被告人（原审上诉人），告知其可以委托辩护人，或者依法为其指定承担法律援助义务的律师担任辩护人；

（四）至迟在开庭十五日前，重大、疑难案件至迟在开庭六十日前，通知辩护人查阅案卷和准备出庭；

（五）将开庭的时间、地点在开庭七日以前通知人民检察院；

（六）传唤当事人，通知辩护人、诉讼代理人、证人、鉴定人和翻译人员，传票和通知书至迟在开庭七日以前送达；

（七）公开审判的案件，在开庭七日以前先期公布案由、原审被告人（原审上诉人）姓名、开庭时间和地点。

第十条 人民法院审理人民检察院提出抗诉的再审案件，对人民检察院接到出庭通知后未出庭的，应当裁定按人民检察院撤回抗诉处理，并通知诉讼参与人。

第十一条 人民法院决定再审或者受理抗诉书后，原审被告人（原审上诉人）正在服刑的，人民法院依据再审决定书或者抗诉书及提押票等文书办理提押；

原审被告人（原审上诉人）在押，再审可能改判宣告无罪的，人民法院裁定中止执行原裁决后，可以取保候审；

原审被告人（原审上诉人）不在押，确有必要采取强制措施并符合法律规定采取强制措施条件的，人民法院裁定中止执行原裁决后，依法采取强制措施。

第十二条 原审被告人（原审上诉人）收到再审决定书或者抗诉书后下落不明或者收到抗诉书后未到庭的，人民法院应当中止审理；原审被告人（原审上诉人）到案后，恢复审理；如果超过二年仍查无下落的，应当裁定终止审理。

第十三条 人民法院应当在开庭三十日前通知人民检察院、当事人或者辩护人查阅、复制双方提交的新证据目录及新证据复印件、照片。

人民法院应当在开庭十五日前通知控辩双方查阅、复制人民法院调取的新证据目录及新证据复印件、照片等证据。

第十四条 控辩双方收到再审决定书或抗诉书后，人民法院通知开庭之日前，可以提交新的证据。开庭后，除对原审被告人（原审上诉人）有利的外，人民法院不再接纳新证据。

第十五条 开庭审理前，合议庭应当核实原审被告人（原审上诉人）何时因何案被人民法院依法裁判，在服刑中有无重新犯罪，有无减刑、假释，何时刑满释放等情形。

第十六条 开庭审理前，原审被告人（原审上诉人）到达开庭地点后，合议庭应当查明原审被告人（原审上诉人）基本情况，告知原审被告人（原审上诉人）享有辩护权和最后陈述权，制作笔录后，分别由该合议庭成员和书记员签名。

第十七条 开庭审理时，审判长宣布合议庭组成人员及书记员，公诉人、辩护人、鉴定人和翻译人员的名单，并告知当事人、法定代理人享有申请回避的权利。

第十八条 人民法院决定再审的，由合议庭组成人员宣读再审决定书。

根据人民检察院提出抗诉进行再审的，由公诉人宣读抗诉书。

当事人及其法定代理人、近亲属提出申诉的，由原审被告人（原审上诉人）及其辩护人陈述申诉理由。

第十九条 在审判长主持下，控辩双方应就案件的事实、证据和适用法律等问题分别进行陈述。合议庭对控辩双方无争议和有争议的事实、证据及适用法律问题进行归纳，予以确认。

第二十条 在审判长主持下，就控辩双方有争议的问题，进行法庭调查和辩论。

第二十一条 在审判长主持下，控辩双方对提出的新证据或者有异议的原审据以定罪量刑的证据进行质证。

第二十二条 进入辩论阶段，原审被告人（原审上诉人）及其法定代理人、近亲属提出申诉的，先由原审被告人（原审上诉人）及其辩护人发表辩护意见，然后由公诉人发言，被害人及其代理人发言。

被害人及其法定代理人、近亲属提出申诉的，先由被害人及其代理人发言，公诉人发言，然后由原审被告人（原审上诉人）及其辩护人发表辩护意见。

人民检察院提出抗诉的，先由公诉人发言，被害人及其代理人发言，然后由原审被告人（原审上诉人）及其辩护人发表辩护意见。

既有申诉又有抗诉的，先由公诉人发言，后由申诉方当事人及其代理人或者辩护人发言或者发表辩护意见，然后由对方当事人及其代理人或辩护人发言或者发表辩护意见。

公诉人、当事人和辩护人、诉讼代理人经审判长许可，可以互相辩论。

第二十三条 合议庭根据控辩双方举证、质证和辩论情况，可以当庭宣布认证结果。

第二十四条 再审改判宣告无罪并依法享有申请国家赔偿权利的当事人，宣判时合议庭应当告知其该判决发生法律效力后即有申请国家赔偿的权利。

第二十五条 人民法院审理再审案件，应当在作出再审决定之日起三个月内审结。需要延长期限的，经本院院长批准，可以延长三个月。

自接到阅卷通知后的第二日起，人民检察院查阅案卷超过七日后的期限，不计入再审审理期限。

第二十六条 依照第一、二审程序审理的刑事自诉再审案件开庭审理程序，参照本规定执行。

第二十七条 本规定发布前最高人民法院有关再审案件开庭审理程序的规定，与本规定相抵触的，以本规定为准。

第二十八条 本规定自2002年1月1日起执行。

最高人民法院关于规范人民法院再审立案的若干意见（试行）

（2002年9月10日 法发〔2002〕13号）

为加强审判监督，规范再审立案工作，根据《中华人民共和国刑事诉讼法》、《中华人民共和国民事诉讼法》和《中华人民共和国行政诉讼法》的有关规定，结合审判实际，制定本规定。

第一条 各级人民法院、专门人民法院对本院或者上级人民法院对下级人民法院作出的终审裁判，经复查认为符合再审立案条件的，应当决定或裁定再审。

人民检察院依照法律规定对人民法院作出的终审裁判提出抗诉的，应当再审立案。

第二条 地方各级人民法院、专门人民法院负责下列案件的再审立案：

（一）本院作出的终审裁判，符合再审立案条件的；

（二）下一级人民法院复查驳回或者再审改判，符合再审立案条件的；

（三）上级人民法院指令再审的；

（四）人民检察院依法提出抗诉的。

第三条 最高人民法院负责下列案件的再审立案：

（一）本院作出的终审裁判，符合再审立案条件的；

（二）高级人民法院复查驳回或者再审改判，符合再审立案条件的；

（三）最高人民检察院依法提出抗诉的；

（四）最高人民法院认为应由自己再审的。

第四条 上级人民法院对下级人民法院作出的终审裁判，认为确有必要的，可以直接立案复查，经复查认为符合再审立案条件的，可以决定或裁定再审。

第五条 再审申请人或申诉人向人民法院申请再审或申诉，应当提交以下材料：

（一）再审申请书或申诉状，应当载明当事人的基本情况、申请再审或申诉的事实与理由；

（二）原一、二审判决书、裁定书等法律文书，经过人民法院复查或再审的，应当附有驳回通知书、再审判决书或裁定书；

（三）以有新的证据证明原裁判认定的事实确有错误为由申请再审或申诉的，应当同时附有证据目录、证人名单和主要证据复印件或者照片；需要人民法院调查取证的，应当附有证据线索。

申请再审或申诉不符合前款规定的，人民法院不予审查。

第六条 申请再审或申诉一般由终审人民法院审查处理。

上一级人民法院对未经终审人民法院审查处理的申请再审或申诉，一般交终审人民法院审查；对经终审人民法院审查处理后仍坚持申请再审或申诉的，应当受理。

对未经终审人民法院及其上一级人民法院审查处理，直接向上级人民法院申请再审或申诉的，上级人民法院应当交下一级人民法院处理。

第七条 对终审刑事裁判的申诉，具备下列情形之一的，人民法院应当决定再审：

（一）有审判时未收集到的或者未被采信的证据，可能推翻原定罪量刑的；

（二）主要证据不充分或者不具有证明力的；

（三）原裁判的主要事实依据被依法变更或撤销的；

（四）据以定罪量刑的主要证据自相矛盾的；

（五）引用法律条文错误或者违反刑法第十二条的规定适用失效法律的；

（六）违反法律关于溯及力规定的；

（七）量刑明显不当的；

（八）审判程序不合法，影响案件公正裁判的；

（九）审判人员在审理案件时索贿受贿、徇私舞弊并导致枉法裁判的。

第八条 对终审民事裁判、调解的再审申请，具备下列情形之一的，人民法院应当裁定再审：

（一）有再审申请人以前不知道或举证不能的证据，可能推翻原裁判的；

（二）主要证据不充分或者不具有证明力的；

（三）原裁判的主要事实依据被依法变更或撤销的；

（四）就同一法律事实或同一法律关系，存在两个相互矛盾的生效法律文书，再审申请人对后一生效法律文书提出再审申请的；

（五）引用法律条文错误或者适用失效、尚未生效法律的；

（六）违反法律关于溯及力规定的；

（七）调解协议明显违反自愿原则，内容违反法律或者损害国家利益、公共利益和他人利益的；

（八）审判程序不合法，影响案件公正裁判的；

（九）审判人员在审理案件时索贿受贿、徇私舞弊并导致枉法裁判的。

第九条 对终审行政裁判的申诉，具备下列情形之一的，人民法院应当裁定再审：

（一）依法应当受理而不予受理或驳回起诉的；

（二）有新的证据可能改变原裁判的；

（三）主要证据不充分或不具有证明力的；

（四）原裁判的主要事实依据被依法变更或撤销的；

（五）引用法律条文错误或者适用失效、尚未生效法律的；

（六）违反法律关于溯及力规定的；

（七）行政赔偿调解协议违反自愿原则，内容违反法律或损害国家利益、公共利益和他人利益的；

（八）审判程序不合法，影响案件公正裁判的；

（九）审判人员在审理案件时索贿受贿、徇私舞弊并导致枉法裁判的。

第十条 人民法院对刑事案件的申诉人在刑罚执行完毕后两年内提出的申诉，应当受理；超过两年提出申诉，具有下列情形之一的，应当受理：

（一）可能对原审被告人宣告无罪的；

（二）原审被告人在本条规定的期限内向人民法院提出申诉，人民法院未受理的；

（三）属于疑难、复杂、重大案件的。

不符合前款规定的，人民法院不予受理。

第十一条 人民法院对刑事附带民事案件中仅就民事部分提出申诉的，一般不予再审立案。但有证据证明民事部分明显失当且原审被告人有赔偿能力的除外。

第十二条 人民法院对民事、行政案件的再审申请人或申诉人超过两年提出再审申请或申诉的，不予受理。

第十三条 人民法院对不符合法定主体资格的再审申请或申诉，不予受理。

第十四条 人民法院对下列民事案件的再审申请不予受理：

（一）人民法院依照督促程序、公示催告程序和破产还债程序审理的案件；

（二）人民法院裁定撤销仲裁裁决和裁定不予执行仲裁裁决的案件；

（三）人民法院判决、调解解除婚姻关系的案件，但当事人就财产分割问题申请再审的除外。

第十五条 上级人民法院对经终审法院的上一级人民法院依照审判监督程序审理后维持原判或者经两级人民法院依照审判监督程序复查均驳回的申请再审或申诉案件，一般不予受理。

但再审申请人或申诉人提出新的理由，且符合《中华人民共和国刑事诉讼法》第二百零四条、《中华人民共和国民事诉讼法》第一百七十九条、《中华人民共和国行政诉讼法》第六十二条及本规定第七、八、九条规定条件的，以及刑事案件的原审被告人可能被宣告无罪的除外。

第十六条 最高人民法院再审裁判或者复查驳回的案件，再审申请人或申诉人仍不服提出再审申请或申诉的，不予受理。

第十七条 本意见自2002年11月1日起施行。以前有关再审立案的规定与本意见不一致的，按本意见执行。

最高人民检察院关于新疆生产建设兵团人民检察院对新疆维吾尔自治区高级人民法院生产建设兵团分院审理的案件实施法律监督有关问题的批复

（2006年6月7日最高人民检察院第十届检察委员会第55次会议通过 2006年6月14日公布施行）

高检发释字〔2006〕1号

新疆生产建设兵团人民检察院：

你院新兵检发〔2005〕23号《新疆生产建设兵团人民检察院关于对新疆维吾尔自治区高级人民法院生产建设兵团分院审理的案件实施法律监督有关问题的请示》收悉。经研究，现批复如下：

新疆生产建设兵团人民检察院认为新疆维吾尔自治区高级人民法院生产建设兵团分院刑事第一审的判决、裁定确有错误的时候，应当向最高人民法院提出抗诉。

新疆生产建设兵团人民检察院如果发现新疆维吾尔自治区高级人民法院生

产建设兵团分院已经发生法律效力的判决和裁定确有错误，可以向最高人民检察院提请抗诉。

此复。

最高人民检察院关于检察机关受理劳教人员申诉分工问题的通知

（1993年5月13日　高检发监字〔1993〕3号）

各省、自治区、直辖市人民检察院，军事检察院：

根据《中华人民共和国行政诉讼法》和《国务院关于劳动教养的补充规定》的有关规定，现对检察机关受理劳教人员申诉的分工问题通知如下：

一、劳教人员及其家属对劳动教养管理委员会作出的劳动教养决定不服，直接向人民检察院提出申诉的，由人民检察院的控申检察部门统一接受后，移送监所检察部门审查处理。

二、劳教人员及其家属对劳动教养管理委员会作出的劳动教养决定不服，向人民法院提起行政诉讼，人民法院判决、裁定后，对已生效的判决、裁定仍不服，向人民检察院提出申诉的，根据高检发民字〔1991〕2号《关于人民检察院受理民事、行政申诉分工问题的通知》精神，由人民检察院控申检察部门统一接受后，移送民事行政检察部门审查处理。

人民检察院复查刑事申诉案件规定

（1998年6月3日最高人民检察院第九届检察委员会
第6次会议通过　1998年6月16日公布施行）
高检发控字〔1998〕6号

第一章　任务和原则

第一条　为了加强检察机关法律监督职能和完善内部制约机制，规范刑事申诉案件的复查程序，根据刑事诉讼法、人民检察院组织法，结合人民检察院复查刑事申诉案件的工作实践，制定本规定。

第二条　人民检察院复查刑事申诉案件的任务是：通过复查刑事申诉案件，维护正确的决定、判决和裁定，纠正错误的决定、判决和裁定，保护申诉人的合法权益，保障国家刑事法律的统一正确实施。

第三条　人民检察院复查刑事申诉案件，必须遵循下列原则：

（一）案件的决定权与申诉复查权相分离；

（二）依照法定程序复查；

（三）全案复查；

（四）实事求是，有错必纠。

第二章　管　　辖

第四条　人民检察院管辖的刑事申诉是指对人民检察院诉讼终结的刑事处理决定以及对人民法院已经发生法律效力的刑事判决、裁定（含刑事附带民事判决、裁定）不服的申诉。

第五条　控告申诉检察部门管辖下列刑事申诉：

（一）不服人民检察院不批准逮捕决定的申诉；

（二）不服人民检察院不起诉决定的申诉；

（三）不服人民检察院撤销案件决定的申诉；

（四）不服人民检察院其他处理决定的申诉；

（五）不服人民法院已执行完毕的刑事判决、裁定的申诉以及被害人不服人民法院已经发生法律效力且尚在执行中的刑事判决、裁定的申诉。

第六条　审查起诉部门管辖不服人民法院死刑终审判决、裁定尚未执行的申诉。

第七条　监所检察部门管辖被告人及其家属不服人民法院已经发生法律效力且尚在执行中的刑事判决、裁定的申诉。

第八条　县级人民检察院管辖下列刑事申诉：

（一）不服本院决定的申诉（另有规定的除外）；

（二）不服同级人民法院已经发生法律效力的刑事判决、裁定的申诉。

第九条　人民检察院分、州、市院管辖下列刑事申诉：

（一）不服本院决定的申诉（另有规定的除外）；

（二）被害人不服下一级人民检察院不起诉决定，在七日内提出的申诉；

（三）不服下一级人民检察院复查决定的申诉；

（四）不服同级和下级人民法院已经发生法律效力的刑事判决、裁定的申诉。

第十条　省级人民检察院管辖下列刑事申诉：

（一）不服本院决定的申诉（另有规定的除外）；

（二）被害人不服下一级人民检察院不起诉决定，在七日内提出的申诉；

（三）不服下一级人民检察院复查决定的申诉；

（四）不服同级和下级人民法院已经发生法律效力的刑事判决、裁定的申诉。

第十一条　最高人民检察院管辖下列刑事申诉：

（一）不服本院决定的申诉；

（二）被害人不服下一级人民检察院不起诉决定，在七日内提出的申诉；

（三）不服下一级人民检察院复查决定的申诉；

（四）不服各级人民法院已经发生法律效力的刑事判决、裁定的申诉。

第十二条　上级人民检察院在必要时可以将自己管辖的申诉案件交下级人民检察院复查，也可以复查由下级人民检察院管辖的申诉案件。

第三章　受　　理

第十三条　人民检察院对原案当事人及其法定代理人、近亲属提出的申诉应当受理。申诉人委托律师代理申诉的，也应受理。

第十四条　人民检察院在受理申诉人的申诉时，应告知申诉人出具申诉书，提出认为原处理决定、判决、裁定有错误的事实和理由，并提供原决定书、判决书、裁定书的副本或复制件。

申诉人口头提出申诉的，应写成笔录，并有申诉人签名或盖章。

第十五条 人民检察院收到申诉人的刑事申诉后，应填写《刑事申诉受理登记表》，对申诉材料进行审查，并分别情况予以处理：

（一）对不属于本院管辖的刑事申诉，应及时移送有管辖权的人民检察院或有关部门，并通知申诉人；

（二）对认为需要立案复查的刑事申诉，应制作《刑事申诉提请立案复查报告》，经承办部门负责人或主管检察长批准后立案复查；

（三）对不需要立案复查的刑事申诉，经承办部门负责人批准，可制作《刑事申诉不立案复查通知书》，通知申诉人。

第十六条 人民检察院对有下列情形之一的刑事申诉，应当立案复查：

（一）不服人民检察院不起诉决定，七日内提出申诉的；

（二）原处理决定、判决或裁定有错误可能的；

（三）上级人民检察院或本院检察长交办的。

第十七条 原处理决定、判决或裁定是否有错误可能，应从以下方面审查：

（一）申诉人是否提出了足以改变原处理结果的新的事实或证据；

（二）据以定案的证据是否确实、充分或者证明案件事实的主要证据之间是否存在矛盾；

（三）适用法律是否正确；

（四）处罚是否适当；

（五）有无违反案件管辖权限及其他严重违反诉讼程序的情况；

（六）侦查、检察、审判人员在办理该案件的时候，有无贪污受贿、徇私舞弊、枉法裁判行为。

第十八条 对应由上一级人民检察院受理的刑事申诉，申诉人向作出决定的人民检察院提出的，作出决定的人民检察院应在收到申诉材料后三日内将复查决定书、复查终结报告及讨论案件记录等材料报送上一级人民检察院。

第十九条 对被害人不服不起诉决定七日内提出的申诉，作出不起诉决定的人民检察院，应当在收到申诉材料后三日内，将申诉材料连同案卷一并移送上一级人民检察院。申诉人直接向上一级人民检察院提出申诉的，上一级人民检察院应当在收到申诉材料后三日内调卷复查。下级人民检察院收到调卷函后，应在三日内将案卷寄出。

第四章 复 查

第二十条 复查刑事申诉案件，应当由两名以上检察人员进行，原承办人员不得参与。

第二十一条 对立案复查的刑事申诉案件，应全面审查申诉材料和全部案卷，并制作《阅卷笔录》。

第二十二条 经审查认为原案事实不清，证据不足或有其他需要核实的问题时，应当拟定调查提纲，经承办部门负责人同意后进行补充调查。

第二十三条 复查刑事申诉案件，可以询问原案当事人、证人和其他有关人员，并制作《调查笔录》。调查笔录应当经被调查人确认无误，由其签名或盖章。

对与案件有关的场所、物品、人身、尸体等的勘验、检查笔录和鉴定结论，认为需要复核时，可以进行复核，也可以对专门问题进行鉴定或补充鉴定。

第二十四条 刑事申诉案件经复查符合下列标准的可以结案：

（一）原认定的事实、证据和适用

法律等情况已经审查清楚；

（二）申诉人提出的新的事实、证据已经调查清楚；

（三）对事实不清、证据不足等问题，已经做了必要的补充调查。

第二十五条 对复查终结的刑事申诉案件，应制作《刑事申诉复查终结报告》。《刑事申诉复查终结报告》应包括以下内容：

（一）申诉人基本情况及与原案的关系；

（二）案由及案件来源；

（三）原处理情况、原认定事实及适用的法律；

（四）申诉理由、依据及请求；

（五）复查简要过程、复查认定的事实及证据；

（六）复查处理意见；

（七）承办人签名及年、月、日。

第二十六条 刑事申诉案件经部门集体讨论，提出处理意见后，报检察长或检察委员会决定。

第二十七条 对不服人民法院已经发生法律效力的刑事判决、裁定的申诉复查后，需要提出抗诉的，复查部门提出抗诉意见，连同案卷一并移送审查起诉部门审查，报请检察长提交检察委员会讨论决定。

第二十八条 对不服人民法院已经发生法律效力的刑事判决、裁定的申诉复查后，不论决定是否提出抗诉，均应制作《刑事申诉复查通知书》，并在十日内通知申诉人。

第二十九条 对不服人民检察院决定的刑事申诉案件复查终结后，应制作《刑事申诉复查决定书》，并在十日内送交申诉人、原案被处理人和有关部门。

上级人民检察院必要时可制作《纠正案件错误通知书》，责成下级人民检察院执行。

第三十条 对不服人民检察院不起诉决定的申诉，立案复查后，应分别作出如下决定：

（一）不起诉决定正确的，予以维持；

（二）不起诉决定正确，但所认定的部分事实有误或适用法律不当的，应纠正原《不起诉决定书》中不当的部分，维持不起诉决定；

（三）不起诉决定不当，需要判处刑罚的，应撤销不起诉决定，向人民法院提起公诉。

第三十一条 人民检察院在复查不起诉案件的过程中，接到人民法院受理被害人对被不起诉人起诉的通知后，应终止复查。

第三十二条 各级人民检察院检察长对本院作出的处理决定或同级人民法院已经发生法律效力的刑事判决、裁定，如果发现在认定事实或适用法律上有错误可能，可以交主管业务部门立案复查。

最高人民检察院对各级人民检察院作出的处理决定或人民法院已经发生法律效力的刑事判决、裁定，上级人民检察院对下级人民检察院作出的处理决定或下级人民法院已经发生法律效力的刑事判决、裁定，如果发现有错误可能，可以指令下级人民检察院立案复查。

第三十三条 下级人民检察院对上级人民检察院交办的刑事申诉案件复查结案后，应将复查决定书或复查通知书送达申诉人。将刑事申诉复查终结报告、刑事申诉复查决定书等材料上报交办的上级人民检察院。

上级人民检察院收到下级人民检察院的结案报告后，应在一个月内审查完毕。如果发现在认定事实或适用法律上仍有错误可能，可以直接立案复查，也可以退回下级人民检察院重新复查。

第三十四条 复查刑事申诉案件，应在立案后三个月内办结。案情复杂的，最长不得超过六个月。

对上级人民检察院交办的刑事申诉案件，应在收到交办文书后十日内立案复查，复查期限适用前款规定。复查交办的刑事申诉案件，逾期不能办结时，应向交办的上级人民检察院书面说明情况。

第三十五条 下级人民检察院应在刑事申诉案件复查结案后十日内，将复查终结报告、复查决定书或复查通知书、讨论案件记录的复印件报上一级人民检察院备案。

第五章 执　行

第三十六条 对不服不批准逮捕、不起诉、撤销案件决定的申诉复查后，决定对犯罪嫌疑人立案侦查、追诉的，应分别由原作出决定的人民检察院执行。

第三十七条 人民检察院复查刑事申诉案件终结后制作的《刑事申诉复查决定书》应当公开宣布，并制作《宣布笔录》。

上级人民检察院作出的复查决定，可以责成下级人民检察院宣布执行。

第三十八条 下级人民检察院对上级人民检察院的复查决定必须执行，并将执行情况及时书面报告上级人民检察院。

第三十九条 对不服人民检察院决定的刑事申诉案件复查后决定改变原处理决定的，应由作出原处理决定的人民检察院商请有关部门做好有关善后处理工作。

第四十条 人民检察院对不服同级人民法院已经发生法律效力的刑事判决、裁定的申诉复查后，认为确有错误的，应制作《提请抗诉意见书》，报上一级人民检察院审查。上一级人民检察院经审查决定抗诉的，应制作《抗诉书》，向同级人民法院提出抗诉。由审查起诉部门出席再审法庭，对人民法院再审活动实施法律监督。

最高人民检察院对不服各级人民法院已经发生法律效力的刑事判决、裁定的申诉，上级人民检察院对不服下级人民法院已经发生法律效力的刑事判决、裁定的申诉，经复查决定抗诉的，应制作《抗诉书》，向同级人民法院提出抗诉。由审查起诉部门出席再审法庭，对人民法院再审活动实施法律监督。

附　则

第四十一条 本规定自公布之日起施行。

最高人民检察院办公厅关于复查刑事申诉案件有关问题的通知

（1996年12月5日 〔1996〕高检办发第102号）

各省、自治区、直辖市人民检察院、军事检察院：

近几年来，检察机关在办理刑事申诉案件工作中，不严格执行《人民检察院复查刑事申诉案件规定》的情况时有发生。有的下级人民检察院对上级人民检察院作出的复查决定不能及时执行或拒不执行；有的下级人民检察院越级请示上级人民检察院非主管部门，而上级人民检察院非主管部门未经复查，便轻率表态，指令中止执行复查决定，致使一个案件数年得不到正确解决。为了统一思想认识，理顺关系，严格执法，现就复查刑事申诉案件中的有关问题再作如下通知：

一、必须严格执行上级人民检察院作出的复查决定。下级人民检察院严格执行上级人民检察院作出的复查刑事申诉案件的决定，是贯彻执行法律规定“上级人民检察院领导下级人民检察院的工作”的具体体现，以利于维护法律统一、正确实施，保护公民的合法权益。各级人民检察院在办理刑事申诉案件中，必须严格贯彻执行《人民检察院复查刑事申诉案件规定》中关于“下级人民检察院对上级人民检察院的复查决定必须执行，并将执行情况及时书面报告上级人民检察院”的规定，对上级人民检察院作出的复查决定不得拖延执行或拒不执行。

二、下级人民检察院对上级人民检察院的复查决定，如有不同意见，可以按组织法原则，经本院检察委员会讨论后，正式向上级人民检察院或最高人民检察院请示反映，但在上级人民检察院作出改变原决定前，不能停止复查决定的执行。

三、复查刑事申诉案件一律归口办理。根据人民检察院复查刑事申诉案件规定，不服人民法院死刑终审判决、裁定尚未执行的申诉由刑事检察部门办理；不服人民法院发生法律效力且尚在执行中的刑事判决、裁定的申诉由监所检察部门办理；其他刑事案件的申诉一律由控告申诉检察部门办理。凡上级检察院已作出复查决定的申诉案件，任何非主管复查业务部门或个人，未经法定程序立案复查，无权同意或指令下级院中止对复查决定的执行。

各级检察机关在办理刑事申诉案件中，要严格按此通知精神办理，发现问题及时请示汇报。

最高人民检察院关于加强刑事案件复查工作的通知

（1998年6月26日　高检发控字〔1998〕7号）

各省、自治区、直辖市人民检察院，军事检察院：

根据最高人民检察院《关于在全国检察机关开展执法大检查的通知》和全国检察机关深入开展教育整顿工作会议的精神，现对加强刑事案件复查工作的有关事项通知如下：

一、要充分重视，采取切实措施做好复查案件工作。做好复查案件工作，是及时发现、纠正执法中的错误，进一步发挥法律监督和内部制约职能作用的重要措施，也是当前执法大检查和教育整顿中，发现问题、揭露问题、解决问题的有效途径。各级人民检察院要把复查案件，纠正错案，作为这次教育整顿的一项重要措施和内容来抓，务求在近期取得阶段性成效。

二、在这次教育整顿中，各级人民检察院对刑事案件复查工作要加强领导，精心组织，周密部署。复查案件应以控告申诉检察部门为主，对办案力量不足的，要予以适当补充或临时调整，保证复查案件工作的顺利进行。各省级人民检察院要由一名副检察长负责，迅速抽调专门的办案力量，集中进行复查案件工作。

三、复查刑事案件的范围和重点是：1. 1997年以来检察机关办理的直接受理侦查的案件，尤其是群众反映强烈的、撤案的、不起诉的、法院判无罪的、超越管辖范围的、当事人多次申诉的等六类案件；2. 当事人不服人民检察院在1996年下半年做出的免予起诉决定而提出申诉的案件；3. 当事人多次提出申诉的其他案件。

四、要通过复查案件，依法纠正错案的同时，注意从中发现办案中的不严格执法、滥用职权等违法乱纪问题，进行严肃查处，对于该追究责任的要依法追究。

五、复查刑事案件工作，要坚决实事求是和以事实为根据、以法律为准绳的原则，该纠正的要勇于依法纠正，依法该赔偿的要主动赔偿。同时，要按照《人民检察院复查刑事申诉案件规定》中有关管辖分工、复查程序及时限的规定，严格按程序办事，杜绝违法办案。

六、要本着对人民群众高度负责的态度，认真做好复查案件工作，决不能层层批转，更不能拖延推诿。对群众意见大的、反映强烈的案件，要将复查和处理结果以适当方式在一定范围内反馈和公布。

七、对复查案件中发现的问题，要认真分析原因，找出工作上、制度上的漏洞，有针对性地提出防范和治理对策。

八、各省级人民检察院要将复查案件的情况和阶段性成果，于今年8月底前和年底前分二次写出专题报告报高检院。复查案件过程中遇到的重要情况和问题请及时上报。

人民检察院刑事申诉案件公开审查程序规定（试行）

（2000年5月24日　〔2000〕高检控发第8号）

一、总　则

第一条　为了深化检务公开，增强复查刑事申诉案件透明度，接受社会监督，化解社会矛盾，保证办案质量，提高工作效率，结合人民检察院复查刑事申诉案件工作实际，制定本规定。

第二条　刑事申诉案件公开审查应遵循下列原则：

（一）司法公正原则；

（二）公开透明原则；

（三）司法民主原则；

（四）权利平等原则；

（五）有错必纠原则；

（六）证据确认原则。

第三条　刑事申诉案件公开审查可以采取多种形式，主要应以举行听证会形式进行。

第四条　《人民检察院复查刑事申诉案件规定》第五条规定的刑事申诉案件，均适用公开审查程序。立案复查后，均可举行听证会，公开听证。但下列情形除外：

（一）案件涉及国家机密或者个人隐私的；

（二）申诉人不愿意举行听证会的；

（三）其他认为不适合举行听证会的。

第五条 人民检察院对于申诉人首次提出的申诉，可以适用公开审查程序；

上级人民检察院复查不服下级人民检察院复查决定的申诉案件，应当适用公开审查程序；

上级人民检察院复查不服下级人民检察院复查决定的申诉案件，举行听证会，公开听证后作出的复查决定，申诉人没有提出新的事实和理由而再次申诉的，人民检察院可以不再进行复查。

第六条 举行听证会，公开听证的案件，应当聘请听证员参加听证会；听证员多数人的意见应当作为人民检察院对案件作出复查决定的重要依据。

第七条 刑事申诉案件公开审查程序应当公开进行。但应当为举报人保密。

二、听证会的组成人员及职责

第八条 参加听证会的人员包括：案件承办人（主诉检察官）、书记员，申诉人及其诉讼代理人，听证员以及其他与案件有关的人员。

第九条 听证员由人民检察院根据案件的具体情况，聘请与案件没有利害关系的专家、学者、人大代表、政协委员或者其他社会人士担任。

听证员在举行听证会前临时聘请，不设常任听证员。

每次听证会聘请的听证员为三人以上的单数。

第十条 人民检察院在举行听证会前，应为听证员充分了解案情提供必要条件。

听证员在听证会上，有权向案件承办人、申诉人及其诉讼代理人提问，对案件事实和证据的认定及处理发表意见。

第十一条 参加听证会的申诉人主要是指原案当事人，也可以是原案当事人的法定代理人或者近亲属。申诉人可以委托律师或者其他诉讼代理人一同出席听证会。

申诉人及其诉讼代理人可以对原处理决定提出质疑，陈述申诉理由。

第十二条 参加听证会的案件承办人包括：作出原处理决定的检察院的原案承办人、作出原复查决定的检察院的原复查案件承办人、正在进行复查的检察院的复查案件承办人。

在听证会上，原案承办人、或者原复查案件承办人，负责针对申诉理由，阐明原处理决定或者原复查决定的事实、证据和法律依据；复查案件承办人负责对案件的事实和证据进行核实。

第十三条 听证会由复查案件承办人中的主诉检察官或其中一人担任主持人，负责组织听证会的全部活动。

第十四条 听证会的书记员负责对听证会的全部活动制作笔录。

三、听证会的准备

第十五条 根据《人民检察院复查刑事申诉案件规定》第十六条规定立案复查的刑事申诉案件，复查案件承办人认为可以举行听证会的，应填写《提请听证审批表》，报控申部门负责人审核，经主管检察长批准后，举行听证会。

第十六条 对决定举行听证会的刑事申诉案件，复查部门应当进行下列工作：

（一）聘请听证员，并将本案的基本情况及原处理情况告知听证员。

（二）将听证会举行的时间、地点，在举行听证会七日以前通知参加听证会的人员。

对未委托诉讼代理人的申诉人，告知其可以委托诉讼代理人。

（三）制定听证方案。

四、听证会的程序

第十七条 听证会开始前，书记员

应当查明案件承办人、听证员、申诉人及其他应当参加听证会的人员是否到场，并向主持人报告。

第十八条 主持人宣布听证会开始及案由；宣布参加听证会的到场人员名单；宣布申诉人在听证会上享有的权利和承担的义务；宣布听证会纪律。

第十九条 主持人介绍申诉人的基本情况，宣读原处理决定和原复查决定。

第二十条 申诉人陈述申诉理由。申诉人委托的诉讼代理人可以就申诉人的陈述作补充说明。

第二十一条 原案承办人、或原复查案件承办人针对申诉人的申诉理由阐述原处理决定、或原复查决定认定的事实和法律依据，并展示相关的证据。

第二十二条 在主持人主持下，申诉人及其诉讼代理人、原案承办人或原复查案件承办人可以互相发问或者作补充发言。

第二十三条 复查案件承办人可以向申诉人和原案承办人或原复查案件承办人提问。

第二十四条 主持人对于申诉人及其诉讼代理人、原案承办人或原复查案件承办人与案件无关、重复或者互相指责的发言应当制止。

第二十五条 主持人经询问申诉人及其诉讼代理人、原案承办人或原复查案件承办人没有新的补充说明后，应当请听证员向申诉人、原案承办人或原复查案件承办人提问。

听证员可以就案件的某一事实和证据发表意见，但不要就案件的法律适用及处理在此发表意见。

第二十六条 在听证会进行过程中，申诉人当场无理取闹或者发生其他致使听证会无法进行的情况，主持人应当宣布中止听证会。

中止听证会的原因消失后，听证会应当恢复进行。

第二十七条 主持人宣布休会。

第二十八条 主持人组织听证员根据听证的事实对案件进行评议。

听证员应当依照法律发表对案件的处理意见和表决。

第二十九条 主持人宣布听证会重新开始。

第三十条 由听证员代理宣布听证意见。听证意见应当是听证员通过表决产生的多数人意见。

第三十一条 主持人宣布复查决定另行宣告。听证会结束。

第三十二条 听证笔录经参加听证会的人员阅读后分别签名或者盖章。

听证笔录应当附卷。

第三十三条 复查案件承办人应当根据已经查明的事实、证据和有关法律规定，以听证员的听证意见为重要依据，提出对案件的处理意见，报检察长决定。

五、附　则

第三十四条 本规定发布前有关人民检察院复查刑事申诉案件的解释和规定与本规定不一致的，适用本规定。

第三十五条 本规定由最高人民检察院负责解释。

第三十六条 本规定自发布之日起施行。

最高人民检察院关于调整服刑人员刑事申诉案件管辖的通知

（2003 年 4 月 11 日　高检发刑申字〔2003〕1 号）

各省、自治区、直辖市人民检察院，军事检察院，新疆生产建设兵团人民检察院：

为了进一步规范检察机关办理服刑人员及其法定代理人、近亲属刑事申诉案件工作，现就服刑人员刑事申诉案件管辖的有关问题通知如下：

一、原由检察机关监所检察部门负责办理的服刑人员及其法定代理人、近亲属的刑事申诉案件，划归刑事申诉检察部门办理（未单设刑事申诉检察部门的，由控告申诉检察部门负责办理）。

二、派驻监管单位的检察人员接到服刑人员及其法定代理人、近亲属向人民检察院提出的刑事申诉案件后，移送本院控告申诉检察部门统一受理，由该部门转原审人民法院所在地的人民检察院刑事申诉检察部门办理。

三、各级人民检察院应根据刑事申诉检察部门刑事申诉案件管辖范围扩大，业务量增加的实际情况，合理调配编制，以适应工作需要。

四、派出检察院仍负责办理其管辖内监狱服刑人员及其法定代理人、近亲属的刑事申诉案件。

五、对本《通知》下发前监所检察部门正在办理的服刑人员刑事申诉案件，可由监所检察部门继续办结。

十一、执行程序

最高人民检察院关于如何适用刑事诉讼法第二百二十二条的批复

（1998 年 11 月 26 日　高检发释字〔1998〕7 号）

陕西省人民检察院：

你院陕检发研〔1998〕60 号《关于对李小军假释一案如何适用刑事诉讼法第二百二十二条问题的请示》收悉。经研究，批复如下：

一、刑事诉讼法第二百二十二条中“重新组成合议庭”是指由原作出减刑、假释裁定的合议庭之外的其他审判人员组成新的合议庭。

二、根据刑事诉讼法第二百二十二条的规定，人民检察院认为人民法院减刑、假释的裁定不当，向人民法院提出书面纠正意见，人民法院重新组成合议庭进行审理作出的最终裁定是发生法律效力的裁定，应当执行。如果人民法院减刑、假释的最终裁定确实违反法律规定的诉讼程序或者在认定事实、适用法律上确有错误，人民检察院仍然可以向人民法院提出书面纠正意见，提请人民法院按照审判监督程序依法另行组成合议庭重新作出裁定。

最高人民法院关于对在执行死刑前发现重大情况需要改判的案件如何适用程序问题的批复

(1999年1月29日最高人民法院审判委员会第1042次会议通过 1999年2月8日公布 自1999年1月29日起施行)

法释〔1999〕2号

甘肃省高级人民法院：

你院甘高法〔1998〕97号《对在执行死刑前发现重大情况需要改判的案件适用何种程序的请示》收悉。经研究，答复如下：

对核准死刑的判决、裁定生效之后，执行死刑前发现有刑事诉讼法第二百一十一条规定的情形，需要改判的案件，应当由有死刑核准权的人民法院适用审判监督程序依法改判或者指令下级人民法院再审。

此复。

最高人民法院关于如何理解刑事诉讼法第二百一十三条中“交付执行的人民法院”问题的批复

(1999年12月23日最高人民法院审判委员会第1094次会议通过 2000年1月3日公布 自2000年1月25日起施行)

法释〔2000〕2号

内蒙古自治区高级人民法院：

你院内高法〔1999〕22号《关于如何理解“交付执行的人民法院”的请示》收悉。经研究，答复如下：

刑事诉讼法第二百一十三条第一款规定的“交付执行的人民法院”，是指第一审人民法院。

此复。

最高人民法院关于人民法院决定暂予监外执行有关问题的批复

（1998 年 11 月 26 日最高人民法院审判委员会第 1031 次会议通过
1999 年 1 月 15 日公布　自 1999 年 1 月 19 日起施行）
法释〔1999〕1 号

各省、自治区、直辖市高级人民法院，解放军军事法院，新疆维吾尔自治区高级人民法院生产建设兵团分院：

我院《关于执行〈中华人民共和国刑事诉讼法〉若干问题的解释》发布以后，部分高级人民法院反映该解释第三百五十三条中规定的人民法院决定暂予监外执行的情形不明确。依据《全国人民代表大会关于修改〈中华人民共和国刑事诉讼法〉的决定》第一百零三条的规定，批复如下：

根据刑事诉讼法第二百一十四条的规定，对于被判处有期徒刑或者拘役的罪犯，具有下列情形之一的，人民法院可以决定暂予监外执行：

（一）有严重疾病需要保外就医的；

（二）怀孕或者哺乳自己婴儿的妇女；

（三）生活不能自理，适用暂予监外执行不致危害社会的。

此复。

最高人民法院关于死刑缓期执行的期间如何确定问题的批复

（2002 年 11 月 4 日最高人民法院审判委员会第 1254 次会议通过
2002 年 11 月 5 日公布　自 2002 年 11 月 9 日起施行）
法释〔2002〕34 号

甘肃省高级人民法院：

你院〔2000〕甘刑他字第 536 号《关于死缓生效日期如何确定的请示》收悉。经研究，答复如下：

根据刑法第五十一条的规定，死刑缓期执行的期间，从判决或者裁定核准死刑缓期二年执行的法律文书宣告或送达之日起计算。

最高人民检察院　司法部关于检察机关与监狱、劳教所建立工作联系制度的通知

（2002 年 4 月 16 日　高检会〔2002〕2 号）

各省、自治区、直辖市人民检察院、司法厅（局），新疆生产建设兵团人民检察院、司法局、监狱局：

为不断强化监狱、劳教所的改造教育工作和检察机关的法律监督工作，确保监狱、劳教工作方针的正确贯彻执行，更好地解决执法活动和执法监督中的问题，提高改造教育质量，预防和减少重新犯罪，现就检察机关与监狱、劳教所在执行刑罚和管理教育活动中建立工作联系制度的有关事项通知如下：

一、提高认识，明确职责

做好监狱、劳教所的改造教育工作，对于预防和减少犯罪、维护社会稳定具有重要的意义。监狱负有惩罚和改造罪犯的职责，劳教所负有教育感化挽救劳教人员的职责，人民检察院对监狱、劳教所的工作负有法律监督的职责。监狱、劳教所和检察机关职责不同，但工作目的都是保证国家法律的统一正确实施。因此，监狱、劳教所和检察机关要严格依法履行各自的职责，共同为提高改造教育工作质量、推进国家法制建设、维护社会稳定发挥积极作用。

二、加强工作配合，规范监督制约机制

检察机关和监狱、劳教所要转变观念，增强执法的透明度。检察机关的监所检察部门和派出人民检察院、派驻检察室在开展检察监督工作中，要积极配合监狱、劳教所的改造教育工作，支持监狱、劳教所的改革举措；监狱、劳教所要强化法治意识，自觉接受检察机关的各项检察监督。监狱在向人民法院提请罪犯减刑、假释或者向监狱管理局呈报罪犯暂予监外执行的同时，劳教所在向劳动教养管理局呈报劳教人员加减期、提前解教、所外执行、所外就医的同时，应将拟提请或者呈报的罪犯、劳教人员的名单和提请裁定或者呈报审批的意见，书面通报派出人民检察院或派驻检察室。

派驻监狱、劳教所的检察人员，要坚持经常深入罪犯、劳教人员劳动、生活、学习三大现场，了解掌握改造教育情况，发现问题及时向监狱、劳教所通报，提出纠正意见或检察建议。监狱、劳教所要认真研究检察机关的纠正意见和检察建议，并明确给予回复意见。监狱、劳教所要将有关罪犯假释裁定书、暂予监外执行决定书和劳教人员所外执行或所外就医决定书及时送达当地公安机关和检察机关，以利于检察机关及时掌握了解有关监管改造工作情况，及时有效地开展检察监督工作。

三、协同开展职务犯罪的查办和预防工作

查办监狱、劳教所发生的职务犯罪案件，是惩治司法腐败的一个重要组成部分。检察机关要严格执法，严明办案纪律，依法取证，对于查处的案件，要按规定向监狱、劳教所的上级主管部门及时通报有关情况。检察机关在办案取

证时，监狱、劳教所要给予大力支持，积极配合，为依法办案提供便利。检察机关的监所检察部门、职务犯罪预防部门要协同监狱、劳教所积极开展职务犯罪预防工作，积极进行法制宣传和警示教育，并针对罪犯减刑、假释、暂予监外执行和劳教人员加减期、提前解教、所外执行、所外就医等工作中易发生问题的环节，认真进行研究，提出有针对性的措施，堵塞漏洞，健全预防机制。对监管干警职务犯罪的典型案件，检察机关和监狱、劳教所要派员调研解剖，适时召开会议专题研究监管干警职务犯罪预防问题，分析原因，提出预防对策，从源头上遏制职务犯罪的发生。

四、严厉打击罪犯、劳教人员的犯罪活动，维护监狱、劳教场所的改造教育秩序

监狱对罪犯又犯罪案件要及时立案侦查，人民检察院应当依法批捕、起诉罪犯的犯罪案件，使犯罪分子受到应有的惩处。对应当依法立案而未立案的，人民检察院监所检察部门应当依法开展立案监督。派出人民检察院和派驻检察室与监狱、劳教所应当定期分析罪犯、劳教人员的思想动态和改造状况，定期对关押地点和劳动场所进行安全防范检察，保证监狱、劳教场所的稳定，维护罪犯和劳教人员的合法权益。

五、监狱、劳教机关实行动态管理，检察机关依法开展动态监督

检察机关与司法行政机关、监狱、劳教所要经常互通情况。要充分利用现代化的科学技术手段，加快信息交流。最高人民检察院监所检察厅与司法部监狱管理局、劳动教养管理局，省级人民检察院监所检察处与省级监狱管理局、劳动教养管理局，派出人民检察院、派驻检察室与监狱、劳教所均应当实现微机联网，信息共享，各负其责，及时掌握有关改造教育工作、监所检察工作情况和信息动态，实现对刑罚执行和监管活动的动态管理和动态监督，提高工作效率和工作质量。

六、建立联席会议制度

各级人民检察院与对应的司法行政机关及监狱管理局、劳动教养管理局，派出人民检察院、派驻检察室与监狱、劳教所每半年召开一次联席会议，必要时也可以随时召开，及时通报监狱、劳教所发生的重大情况，分析监管活动和执法监督中存在的倾向性问题，研究保证公正执法和文明管理工作的措施，分析罪犯、劳教人员的改造教育情况，以不断改进工作，提高监管水平和监督水平，提高改造教育质量。

七、加强培训工作，提高干警执法水平

检察机关和司法行政机关要将培训干警工作列入议事日程，制定培训计划，相互派员授课，对干警进行多层次分期分批培训，提高监所检察人员和监管干警的整体素质和执法水平，促进干警严格、科学、公正、文明执法，以适应新时期改造教育工作和执法监督的需要。

最高人民检察院关于加强和改进控告申诉检察工作的决定

（最高人民检察院第九届检察委员会第113次会议讨论通过）
2002年11月5日　高检发〔2002〕18号

控告申诉检察工作是检察机关联系群众的桥梁和纽带，是获取案件线索的主要渠道，是直接依靠群众实施法律监督的一项业务工作。为了认真贯彻落实“三个代表”重要思想，切实转变工作作风，强化法律监督，解决群众反映的实际问题，充分发挥控告申诉检察工作的职能，维护社会稳定，推进查办职务犯罪工作，促进司法公正，保护广大人民的根本利益，现就加强和改进控告申诉检察工作作如下决定。

一、加强作风建设，增强同人民群众的血肉联系

1. 坚持检察长接待日和阅批群众来信制度。检察长接待日和阅批群众来信，是检察机关转变工作作风、密切联系群众的一项基本工作制度，必须长期坚持下去。各级人民检察院每年都要排出检察长接待日程，并认真执行。接待来访群众，可以随即接待，也可以预约接待。检察长对接待和阅看的群众来信来访，应作出批示，加强督促检查。控告申诉检察部门要做好记录、登记、交办、催办等项工作，办理结果要及时报告检察长并向来信来访群众反馈。

2. 实行控告申诉首办责任制。各级人民检察院都要按照“谁主管，谁负责”的原则，实行控告申诉首办责任制。对本院管辖的首次控告、举报、申诉和赔偿申请，在受理、移送、查办等环节，都应有明确的具体责任，落实到部门和承办人，努力把问题解决在首次办理环节，提高一次性办理的成功率，最大限度地减少重复来信、越级上访。对因办理不力，工作不负责任，造成严重后果的，应追究有关责任人的责任。

3. 积极推行公开审查制度。在复查刑事申诉案件中，要积极推行公开审查制度，作为提高办案质量和做好息诉工作的一种有效手段，进一步增强复查工作的透明度和公正性。对其他重要疑难案件特别是上访老户缠诉不息的问题，也要采取类似公开审查的形式，以利于做好息诉工作。

4. 深入开展文明接待活动。各级检察院都要积极开展文明接待活动。省级院和基层院文明接待室和优秀接待员每三年评比一次。评比要严格标准，严格考核，逐级把关，实行动态管理，保障质量。在改善接待环境，热情文明接待的基础上，重点要在工作职能上实现由转到办的转变，立足于办实事，为群众解决实际问题。

二、认真妥善处理来信来访，维护社会稳定

5. 及时处理集体上访。要把处理集体上访问题作为维护社会稳定的重点工作来抓。凡到检察机关集体上访的，都要热情接待，在做好耐心疏导、稳定情绪的基础上，区别不同情况，予以妥善处理。属于检察机关管辖的，要积极受理，查明事实，依法办理；不属检察机关管辖的，要耐心做好说明解释工作，避免事态扩大。把工作做细做实，努力把问题解决在当地，防止越级集体上访特别是越级进京集体上访。对重大集体上访，检察长要亲自过问，协调处理，并及时向当地党委和上级检察院报告。

6. 妥善处理上访老户反映的问题。对上访老户反映的问题，要定期清理，列出名单，逐个排查，区分不同情况作出处理。对属于本院管辖的，要实行工作责任制，明确具体承办部门和责任人，做到“一定三包”（定任务，包调查，包处理，包做息诉工作），在查明事实的基础上，依法处理，该立案的立案，该纠正的纠正，该返还财物的返还财物，该维持的维持，并耐心细致地做好息诉工作；对不属检察机关管辖的，要耐心做好疏导解释工作，避免酿成事端。对经耐心疏导教育仍坚持无理取闹，危害社会稳定和扰乱机关正常工作秩序的，要按照有关法律规定，采取必要措施妥善处理。

7. 积极参与社会治安综合治理。要充分利用直接接触群众的优势，积极开展法制宣传，提供法律咨询，提高群众的法制观念，预防和减少违法犯罪。要注意发现可能造成突发性事件的苗头，会同有关部门做好矛盾纠纷排查调处工作，积极采取措施，为群众排忧解难，把问题解决在萌芽状态。对群众来信来访中反映严重刑事犯罪特别是黑恶势力犯罪的线索，要及时摘报院领导，移送有关部门处理。要加强与当地党委、政府等有关部门的沟通与联系，形成维护社会稳定的合力。

三、完善举报工作机制，推进查办职务犯罪工作

8. 深入开展举报宣传，畅通举报渠道。要继续开展形式多样、内容丰富的举报宣传，特别是要抓好全国统一的“举报宣传周”活动，着力于提高群众举报热情，引导群众据实举报、实名举报，提高举报质量。要积极开展和推广网上举报，加强密码举报的试点工作，不断拓宽举报渠道。要在交通不便和边远地区定期设点或巡回接待，解决群众举报难的问题。

9. 严格管理举报线索。坚持举报中心统一管理举报线索制度，本院检察长、其他部门和检察人员接收的举报线索，除特殊情况外，都应及时批交或者移送举报中心处理。侦查部门在办案中发现的另案处理的线索，每季度应向举报中心通报情况。举报中心要由专人管理举报线索，逐件登记。对举报线索认真审查，区别不同情况，准确分流。涉及县处级以上干部的线索，要按照高检院的规定，向上一级检察院备案。对不属于检察机关管辖的线索，移送主管机关处理；属于检察机关管辖、但不属于本院管辖的，移送有管辖权的检察院处理；属于本院管辖的，移送本院有关部门处理。要加强清理举报线索工作，实行半年清理，一次举报线索制度，防止线索积压。

10. 加大举报初查力度。要把初查工作作为加快消化举报线索，促进立案侦查工作的重要环节来抓。对本院管辖、有查办价值的举报线索，要组织力量抓紧初查，不得久压不查。对下级检察院难以初查的举报线索，上一级检察院可直接或者参与初查。初查一般由侦查部门进行。举报中心移送侦查部门的举报线索，应当附《举报线索查处情况回复单》。侦查部门接到移送的举报线索后，应当在一个月内作出处理，并填写回复单送举报中心。举报线索性质不明难以归口、检察长交办的，由举报中心初查。初查应当报检察长批准，并严格按照最高人民检察院的有关规定进行。

11. 切实做好实名举报工作。对实名举报，线索具体、可查性大的，应优先初查；线索笼统、不具有查办价值的，应约请举报人面谈或者补充材料，酌情处理。要建立健全实名举报答复制度，除因通讯地址不详等情况无法答复的以外，都应将处理情况答复举报人。对不属检察机关管辖，移送其他主管机关处理的，由接受举报的检察院通知举报人；对属于检察机关管辖，依法作出处理的，由有管辖权的检察院答复。举报中心承办实名举报的答复工作，必要时可商请有关业务部门共同答复。

12. 保护公民合法权益，奖励举报有功人员。在举报工作的各个环节都要严格保密，严禁将举报线索转给被举报人或者被举报单位。因泄密造成打击报复举报人的，要视情节和后果追究有关人员的责任。严肃查处打击报复举报人案件，做到发现一件，查处一件。对构成犯罪的，要依法追究刑事责任；对不构成犯罪但违反党纪政纪的，要主动与纪检、监察等部门联系，依纪处理，保护举报人的合法权益。对利用举报诬告陷害他人，经查属实的，要依法追究刑事责任或者移送有关机关严肃处理，保障举报工作健康发展；对经查举报失实并造成一定影响的，要为被举报人“正名”，消除影响，保障被举报人的合法权益。要积极开展奖励举报有功人员的工作，有重大贡献的，要给予重奖。要把奖励金列入业务经费预算，保障奖励工作落到实处。

四、强化法律监督，加大办理控告申诉案件力度

13. 切实做好刑事申诉案件审查立案工作。对属于本院管辖的刑事申诉案件，都要逐件认真审查，根据不同情况作出处理。对于符合立案标准的，及时立案复查，坚决克服有案不办，该立不立的现象，使应当进入复查程序的刑事申诉案件全部立案复查；对于不符合立案复查标准的，也要将审查结果及时答复申诉人，实现刑事申诉案件随来随办的良性循环。

14. 依法办理不服人民法院生效刑事判决、裁定的申诉案件。对不服人民法院生效刑事判决、裁定的申诉案件，经审查认为确有错误的，应立案复查，依法提起抗诉。地方各级检察院特别是基层检察院，要重视对不服同级人民法院生效刑事判决、裁定申诉的审查处理工作，对确有错误的，及时提请上级检察院抗诉。上级检察院应办理一些原审确有错误、在当地有较大社会影响的抗诉案件，并注意总结和推广经验，加强对下级检察院办案的指导，提高办理此类案件的质量和效率。

15. 注重办案质量，做好刑事申诉案件息诉工作。要严把办理刑事申诉案件的事实关、证据关和适用法律关，保证办案质量。对经过复查，认定是错案的，要坚决依法纠正，特别要增强各级检察院自我纠错能力。要将息诉工作贯穿于办理刑事申诉案件的始终，坚持与申诉人“两见面”制度，即立案复查案件时与申诉人见面，耐心听取申诉理由；作出复查决定，送达决定书时与申诉人见面，依据事实和法律说明理由，做好息诉工作。对于复查纠正的刑事申诉案件，除当面送达复查决定书外，还要积极与有关部门协调配合，做好善后工作。

16. 规范交办案件工作，加大催办、督办力度。上级人民检察院控告申诉检察部门，可代表本级人民检察院向下级人民检察院交办重要的控告、申诉和举报案件。控告申诉检察部门接到上级人民检察院交办的案件，要逐件登记，报检察长审批。对交办案件，应当在三个月内办结，以院名义报送上级人民检察院控告申诉检察部门；逾期未办结的，应说明原因。控告申诉检察部门对交办或者移送的控告、申诉和举报案件，要加强催办工作；对重大案件，上级检察院要挂牌督办或派人参与办理，并适时汇总办理情况报检察长。

五、依法赔偿，切实提高办理刑事赔偿案件质量

17. 树立依法赔偿的观念。要从切实维护公民合法权益、保障人权、推进依法治国的高度看待刑事赔偿工作，提高认识，转变观念，坚决克服有法不依、该赔不赔的错误做法，树立有错必纠，依法赔偿的观念。对于公民的赔偿申请，要及时受理，认真审查，凡是符合赔偿条件和赔偿范围的，都应依法给予赔偿。

18. 规范刑事赔偿工作，提高办案质量。要严格依法办理刑事赔偿案件，严格办案程序，正确适用法律文书。对受理的刑事赔偿案件，凡具备《人民检察院刑事赔偿工作规定》第七条规定的“以确认论”情形的赔偿申请，都要进入赔偿程序。要严格按照国家赔偿法规定的办案期限办结案件，不能久拖不决，更不能逾期不予答复。对符合国家赔偿法赔偿范围的案件，要坚决予以赔偿。对存疑案件，要区分具体情况，该确认的要依法确认，该赔偿的要依法作出赔偿决定。

19. 认真抓好刑事赔偿决定的执行。要把执行刑事赔偿决定作为刑事赔偿工作的重点来抓，凡作出赔偿决定或者复议决定的，都要坚决执行，决定一件，落实一件。对人民法院赔偿委员会作出的赔偿决定，也要自觉执行。要积极争取财政部门对赔偿经费的立项和拨付，保障赔偿决定落到实处。

六、加强领导，加强队伍和基础建设，保障控告申诉检察工作健康有序地开展

20. 加强对控告申诉检察工作的领导。各级检察院检察长要重视控告申诉检察工作，定期听取汇报，解决工作中存在的实际问题。举报中心原则上同控告检察部门或控告申诉检察部门合署办公，控告检察部门或控告申诉检察部门负责人兼任举报中心正副主任，可增设一名专职副主任。要调整配备好领导班子，充实业务骨干，改善人员的年龄、知识、专业等结构，注意选择政治素质好、熟悉检察业务、作风正派、善于做群众工作的人员从事控告申诉检察工作，使之与工作任务相适应。要注重基础设施建设，配备微机、消毒器材等必需的设备，有条件的地方应建立刑事申诉案件公开审查听证室；参照其他党政机关信访干部的待遇，解决健康补贴问题，在工作和生活上关心和爱护干部。上级检察院要加强对下级检察院的业务指导，注重调查研究，解决控告申诉检察工作中遇到的实际问题。

21. 加快办公现代化建设。要按照高检院“科技强检”的具体规划，加快控告举报信息网络建设步伐。抓紧开发、推广控告申诉处理软件，使用微机处理信访，建立举报线索库，继续推广使用举报电话自动受理系统。要增加控告申诉检察部门办案的科技含量，逐步实现办案现代化和办公自动化，减少手工劳动，提高工作效率和质量。

22. 加强控告申诉信息工作。要定期分析控告申诉动态和情况；对群众来信来访中反映的带有普遍性、倾向性、苗头性的问题，要进行综合分析，写出有情况、有原因、有对策的专题报告，及时反映重要的社情民意、群众的意见和要求，供领导决策参考。

23. 抓好控告申诉检察干部队伍建设。要坚持以“三个代表”重要思想和党的十五届六中全会通过的决定为指针，深入进行党的宗旨、群众观念教育，切实改进思想作风、工作作风和领导作风，坚决克服和纠正官僚主义、形式主义，不断增强群众意识、公仆意识、服务意识，提高做好控告申诉检察工作的责任心和自觉性。要加强职业道德、纪律教育，从严治检，严格管理，严禁接受控告人、举报人、申诉人的吃请、礼物，杜绝办私案。要着眼于控告申诉检察工作的实际需要和长远发展，从控告申诉检察工作涉及案件类型多，知识领域广，法律、法规跨越时间长等特点出发，强化干部的专业技能培训，增强培训的针对性，开展主办检察官办案责任制试点工作，实施岗位目标管理责任制、竞争上岗机制，不断提高干部的政治、业务素质。

最高人民检察院关于监所检察工作若干问题的规定

（2001 年 9 月 3 日最高人民检察院第九届检察委员会第 95 次会议通过　2001 年 10 月 15 日公布施行）

高检发〔2001〕16 号

监所检察是国家法律赋予检察机关的一项重要法律监督职能，是刑事诉讼监督的一个重要组成部分，是检察机关最基本的业务之一。近年来，全国各级人民检察院监所检察部门认真履行刑罚执行和监管活动监督职责，积极查办监管人员职务犯罪案件，打击被监管人员的犯罪活动，为促进监管人员严格执法、公正执法、文明执法、廉洁执法，维护监管场所的改造秩序，保护被监管人员的合法权益，保障国家法律统一正确实施，做出了积极贡献。在加快发展社会主义市场经济，推进依法治国的进程中，刑罚执行和监管活动的监督工作越来越重要，监所检察的任务必将更加艰巨、繁重。为了更好地贯彻执行依法治国方略，全面落实新时期检察工作方针，进一步规范和加强监所检察工作，根据刑事诉讼法、人民检察院组织法、检察官法等法律规定，结合监所检察工作的实际，特作如下规定：

一、监所检察工作的指导思想和任务

1. 新时期监所检察工作的指导思想是：以邓小平理论和江泽民总书记“三个代表”重要思想为指导，全面贯彻检察工作方针，以严格执法、公正执法为主题，以强化法律监督为主线，以查办监管人员职务犯罪案件为重要手段，以规范业务和优化队伍为保障，以确保法律统一正确实施为目标，切实加强领导，扎实工作，改革创新，努力开创监所检察工作的新局面。

2. 监所检察工作的任务是：依法对刑罚执行和监管活动实行监督，查办监管人员职务犯罪案件，打击在押人员犯罪活动，维护监管场所的稳定，保护被监管人员合法权益，保障国家法律的统一正确实施。

二、监所检察的职责和工作重点

3. 人民检察院监所检察部门的主要职责是：（1）对监狱（包括未成年

犯管教所，下同）、看守所、拘役所执行刑罚活动是否合法实行监督。(2) 对监狱、看守所、拘役所、劳动教养机关管理教育罪犯、劳教人员的活动是否合法实行监督，对公安机关管理教育监外罪犯的活动实行监督。(3) 对刑罚执行和监管改造中发生的虐待被监管人案、私放在押人员案、失职致使在押人员脱逃案、徇私舞弊减刑、假释、暂予监外执行案（以下称“四种案件”）进行立案侦查。(4) 对刑罚执行和监管改造过程中发生的司法人员贪污贿赂、渎职侵权案件进行初查。(5) 配合有关部门搞好职务犯罪预防。(6) 受理被监管人员及其亲属直接提出的控告和举报。(7) 对服刑罪犯又犯罪案件、劳教人员的犯罪案件的侦查活动实行监督。(8) 对看守所超期羁押犯罪嫌疑人、被告人的情况进行监督。(9) 对派出检察院、派驻检察室的工作进行业务指导，对下级检察院监所检察部门的工作进行指导。(10) 负责检察长交办的其他事项。

派出检察院除履行监所检察部门的基本职责外，还应承担对刑罚执行和监管活动中发生的司法人员职务犯罪案件进行立案侦查，对服刑罪犯又犯罪案件和劳教人员犯罪案件审查逮捕、审查起诉，对诉讼活动实行监督，对被监管人员的申诉、控告和举报依法审查处理等职责。

派驻检察室在派出它的检察院领导或者监所检察部门的指导下，依法履行监所检察职责。

4. 监所检察工作的重点是刑罚执行监督，监督的主要对象是监狱，监督的重点是监管干警徇私舞弊减刑、假释、暂予监外执行等违法犯罪问题。

三、派出（驻）检察机构的设置和管理

5. 根据机构改革的规定，设置派出检察院，在监管场所设置派驻检察室。监管场所常年在押人员较少的，应实行巡回检察或派驻专职检察员。

6. 派出检察院由省级检察院或市、州检察院派出。

派出检察院的设置要坚持依法的原则、便于工作的原则、规格对等的原则、与监狱布局相协调的原则。

派出检察院的设置规格不应低于正县级。派出检察院应当设立检察委员会，实行一级财政，独立预决算和直接拨款。派出检察院编制基数按监狱的规格和在押罪犯数量综合确定，并由检察机关的编制人员组成，内设机构由省级检察院确定。

7. 派驻检察室由派出检察院、监管场所所在地的市、州检察院或基层检察院派驻。

派驻检察室的人员中检察员的比例应当占三分之一以上。

派驻检察室的主任应当由派出它的检察院的监所检察处、科的领导或者相当级别的检察官担任。

8. 派出检察院、派驻检察室受派出它的检察院领导，各项检察业务均由派出它的检察院监所检察处、科指导。派出检察院、派驻检察室应定期向派出它的检察院监所检察部门汇报业务工作。对派出检察院、派驻检察室负责人考察、年度考核时，监所检察处、科应派员参加。

四、监所检察业务工作的管理

9. 监所检察部门对司法机关的违法行为需要提出书面纠正的，应由监所检察处、科长报请检察长批准后实施。对上一级司法机关违法行为依法提出书面纠正意见后，如果司法机关不接受纠正意见的，下级人民检察院应当提请上一级人民检察院向同级司法机关提出纠正意见。

10. 监所检察部门查办职务犯罪案件应当实行下列工作制度：（1）监管人员职务犯罪案件线索，由监所检察部门组织人员进行初查。经初查认为涉嫌犯罪的事实达到立案标准，依法需要追究刑事责任的，应及时按职责分工立案侦查。对“四种案件”以外的监管干警职务犯罪案件，初查后认为应当立案的，应当及时报告检察长交由反贪、渎侦部门查处。（2）对于已经立案的案件，应当将立案、撤案、不起诉、起诉等法律文书报告上级监所检察部门备案。（3）对派管人员职务犯罪案件，要根据高检院《关于进一步加强预防职务犯罪工作的决定》，认真分析监管单位在管理和制度方面存在的问题，及时提出检察建议，帮助整章建制，堵塞漏洞，防范和减少犯罪。省级检察院监所检察处应同省级司法厅（局）监狱管理局、劳教局及公安厅（局）监管部门建立预防监管人员职务犯罪工作制度，形成协同预防网络。

11. 对派驻检察室实行规范化管理。（1）派驻检察室应根据实际需要配备人员，建立健全并认真落实各项工作制度，实行规范化管理。（2）派驻检察人员应当深入被监管人员的劳动、学习、生活三大现场，了解掌握监管改造情况，协助监管单位搞好安全防范检察，做好监管场所的稳定工作。（3）派驻检察室发现违法需要书面纠正的，应提交监所检察处、科报检察长批准。（4）发现监管干警职务犯罪案件线索，派驻检察室应及时通过监所检察处、科向检察长报告，并及时组织初查，需要立案的，由监所检察处、科报请检察长批准。

12. 根据工作需要，监所检察部门应当建立并坚持下列工作制度：（1）工作联系制度。定期与监管单位召开联席会议，通报情况，研究解决突出问题，搞好协调配合。（2）与监管单位纪检监察部门的案件移送和配合协作制度。对监管单位纪检监察部门查办的监管干警重大违法违纪案件，应及时了解和掌握情况，并适时介入，但不得出具检察院的文书，不得动用侦查手段；对纪检监察部门移送的犯罪案件，要认真审查，属于监所检察部门管辖的案件并符合立案条件的，应当及时立案侦查。不属于监所检察部门管辖的案件应当及时移送有关部门处理。（3）职务犯罪案件线索分级管理制度。县处级以上监管人员职务犯罪案件线索，应逐级层报高检院监所检察厅备案；科级监管人员职务犯罪案件线索，应呈报省级检察院监所检察处备案；其余案件线索报市、州检察院监所检察处备案。严禁有案不办、压案不查、瞒案不报。（4）请示报告制度。对于监管场所发生的重要案件、重大事故，应当按照高检院《关于进一步加强检察信息工作的意见》精神，及时层报上级监所检察部门。向上级院请示案件须经本院检察委员会讨论并报送书面材料。（5）对下级检察院监所检察业务指导和评价制度。上级检察院监所检察部门要建立以目标管理责任制为核心的监所检察业务工作综合考评体系，对考评结果予以通报，作为下级检察院监所检察部门和派出检察院负责人年度考核、评先、晋级的重要依据。

五、监所检察队伍建设

13. 坚持用江泽民总书记“三个代表”的重要思想武装监所检察干警的头脑，把理想、信念、公正执法教育切实贯彻到监所检察实践中去。监所检察干警要遵守严格执法、公正执法、敢于监督、敢于碰硬、廉洁自律、忠于职守的职业道德规范，甘于清贫，甘于寂寞，乐于奉献。

14. 各级人民检察院要坚持对监所检察干警严格要求，严格教育、严格管理、严格监督。监所检察干警不得利用工作之便谋取私利；不得接受在押人员及其家属的礼品和宴请；不得为在押人员及其亲友打探案情，干扰办案；不得向监管单位吃、拿、卡、要。对于因工作严重失职、渎职，对监管场所发生的重大违法、重大案件、重大事故等该发现没有发现，该报告没有报告，造成严重后果的，要追究直接责任人员和负有领导责任人员的失职责任。对于包庇放纵犯罪，徇私舞弊，玩忽职守等造成严重后果的，要依法追究法律责任。

15. 要把监所检察干警的素质教育和业务培训纳入检察机关的整体培训计划中。省级检察院要作出规划，定期对监所检察科（处）长、分管检察长、派出院的检察长和业务骨干进行培训，以提高监所检察队伍的整体素质和执法水平。

16. 监所检察部门实行主办（主诉）检察官办案责任制试点，建立派驻检察干警岗位责任制和考核机制。对工作实绩突出的派驻检察干警，予以表彰、奖励或记功。定期开展“优秀派驻检察干警”评比活动，提高监所检察干警工作积极性。

17. 派驻检察干警实行任职回避、异地交流制和院内轮岗制。派驻检察人员在派驻场所有任职回避情形的，不得在当地派驻；派出检察院检察长任职超过五年，副检察长任职超过八年的，实行异地交流；派驻检察干警在同一监管场所工作满三年的，要交流到其他监管场所或其他部门工作。

六、监所检察工作的领导

18. 各级检察院的领导要定期专题研究监所检察工作，切实解决监所检察工作中遇到的问题和困难；要抓好监所检察部门和派出检察院领导班子建设，注意把素质较高、工作实绩突出的优秀年轻干部选配到班子中来。

通过岗位轮换、双向选择、人员流动，把政治素质好、业务水平高、协调能力强的业务骨干充实到监所检察部门，逐步优化监所检察部门的人员结构。同时，对那些不适合做监所检察工作的人员要及时调整。

19. 按照科技强检的要求和实际需要，为监所检察部门配备必要的交通、通讯等设施，积极解决派出检察院、派驻检察室的办公、住宿用房和办案必备的交通、通讯、计算机及其他技术器材和经费保障，为派驻检察机构与监管单位计算机联网，有效地开展工作创造必需的条件。

20. 各级检察院要按照高检院、财政部有关文件精神，积极创造条件，解决派驻检察干警的生活补贴、特殊岗位津贴。

最高人民检察院关于印发《最高人民检察院关于加强和改进监所检察工作的决定》的通知

高检发〔2007〕3号

各省、自治区、直辖市人民检察院，军事检察院，新疆生产建设兵团人民检察院：

《最高人民检察院关于加强和改进监所检察工作的决定》已经最高人民检察院第十届检察委员会第六十五次会议通过，现印发给你们，请遵照执行。各地在执行中遇到的问题，请及时报告最高人民检察院。

最高人民检察院
2007年3月6日

最高人民检察院关于加强和改进监所检察工作的决定

（2006年11月29日最高人民检察院第十届检察委员会第六十五次会议通过）

为充分发挥检察职能作用，进一步加强对刑罚执行和监管活动的法律监督，保护被监管人合法权益，现就加强和改进监所检察工作作如下决定。

一、充分认识监所检察工作的重要性，进一步加强对监所检察工作的领导

1. 对刑罚执行和监管活动实行监督是法律赋予检察机关的一项重要法律监督职能，是中国特色社会主义检察制度的重要内容，是检察机关惩治和预防职务犯罪、强化诉讼监督、维护社会稳定的重要工作。加强新形势下监所检察工作，对于促进监管场所依法、严格、文明、科学管理，保护被监管人合法权益，保障刑罚正确执行，维护社会公平正义，服务和谐社会建设，具有十分重要的意义。

2. 各级人民检察院要切实把监所检察工作摆到重要位置，进一步加强领导。针对一些地方存在的监所检察工作领导体制不顺、监督机制不健全、基层基础工作薄弱等问题，研究制定加强和改进监所检察工作的具体措施。检察长要经常听取监所检察工作汇报，切实解决监所检察工作中遇到的困难和问题，每年要定期深入监所检察工作第一线，检查指导工作。

3. 上级人民检察院要加强对下级人民检察院监所检察工作的领导。要经常深入基层调查研究，在基层检察院监所检察部门设立工作联系点，了解和掌握监所检察工作的新情况，研究新问题，采取有效措施加以解决。

二、进一步明确监所检察职责和重点

4. 监所检察的主要职责是：

（1）对监狱、看守所、拘役所执行刑罚和监管活动是否合法实行监督；

（2）对人民法院裁定减刑、假释是否合法实行监督；

（3）对监狱管理机关、公安机关、人民法院决定暂予监外执行活动是否合法实行监督；

（4）对劳动教养机关的执法活动是否合法实行监督；

（5）对公安机关、司法行政机关管理监督监外执行罪犯活动是否合法实行监督；

（6）对刑罚执行和监管活动中的职务犯罪案件立案侦查，开展职务犯罪预防工作；

（7）对罪犯又犯罪案件和劳教人员犯罪案件审查逮捕、审查起诉，对立案、侦查和审判活动是否合法实行监督；

（8）受理被监管人及其近亲属、法定代理人的控告、举报和申诉；

（9）承办检察长交办的其他事项。

5. 监所检察工作要重点开展对刑罚变更执行的监督，防止和纠正超期羁押，监督纠正侵犯被监管人合法权益的违法行为，查办刑罚执行和监管活动中的职务犯罪案件等工作。

三、积极查办刑罚执行和监管活动中的职务犯罪案件

6. 各级人民检察院要把查办刑罚执行和监管活动中的职务犯罪案件作为反贪污贿赂、反渎职侵权工作的重要组成部分，采取有力措施，推动工作深入开展。

7. 努力拓宽发现案件线索的渠道。通过设立宣传栏、举报信箱，个别谈话，召开被监管人及其家属座谈会，加强与监管机关纪检监察部门的联系，受理相关人员的举报、控告等，发现职务犯罪案件线索。规范案件线索管理，严格按照规定分级上报备案，严禁瞒案不报、压案不查、有案不办。

8. 加强监所检察部门与反贪污贿赂、反渎职侵权部门在查办职务犯罪案件工作中的协调与配合。刑罚执行和监管活动中发生的属于重大、复杂或者跨地区的职务犯罪案件，经检察长决定可以交由反贪污贿赂或者反渎职侵权部门办理。对于交由反贪污贿赂或者反渎职侵权部门办理的，监所检察部门应当予以配合。

9. 提高监所检察部门查办职务犯罪案件的能力和水平，加强监所检察部门办案力量。各级人民检察院监所检察部门要配备一名负责查办案件工作的领导，充实相应的侦查骨干力量。

10. 采取切实有效的措施，规范办案活动，严格办案纪律，确保办案安全，提高办案质量。办理职务犯罪案件，应当按照规定的范围和程序接受人民监督员的监督。

11. 各级人民检察院监所检察部门要紧密结合查办职务犯罪案件，积极开展职务犯罪预防工作。

四、建立、完善刑罚执行和监管活动监督机制

12. 建立对减刑、假释的提请、裁定活动和暂予监外执行的呈报、审批活动全过程同步监督机制。

检察机关发现刑罚执行机关对不符合减刑、假释、暂予监外执行情形的罪犯违法提请、呈报减刑、假释、暂予监外执行的，应当及时提出纠正意见；发现罪犯符合减刑、假释、暂予监外执行情形，刑罚执行机关未提请、呈报减刑、假释、暂予监外执行的，应当及时提出检察建议。

13. 建立羁押期限预警提示、提前告知和纠正超期羁押催办督办、责任追究长效机制，建立人民监督员对超期羁押案件监督制度，切实防止超期羁押案件的发生。

14. 加强与公安机关、司法行政机关的工作联系，互通信息，研究解决刑罚执行和监管活动中发现的新问题。派驻检察机构应当与监管场所的信息系统实行微机联网，实现动态监督。加强事故检察、安全防范检察，发现监管活动中的违法情况，及时提出纠正意见。

15. 对下列罪犯刑罚执行和监管情况进行重点监督，并逐人建立档案：

（1）职务犯罪的罪犯；

（2）涉黑涉恶涉毒犯罪的罪犯；

（3）破坏社会主义市场经济秩序的侵财性犯罪的罪犯；

（4）服刑中的顽固型罪犯和危险型罪犯；

（5）从事事务性活动的罪犯；

（6）多次获得减刑的罪犯；

（7）在看守所留所服刑的罪犯；

（8）调换监管场所服刑的罪犯；

（9）其他需要重点监督的罪犯。

16. 对被监管人及其近亲属、法定代理人的申诉，经审查认为原判决有错误可能的，移送申诉检察部门办理，认为申诉理由不成立的，做好息诉工作。

17. 在刑罚执行和监管活动监督工作中，应当建立和完善以下工作制度：

（1）监所检察业务流程管理制度。最高人民检察院制定人民检察院监狱检察、看守所检察、劳教检察和监外执行检察流程管理制度，明确监所检察各项业务的监督程序，规范监督行为，提高监督效率和质量。

（2）工作目标管理责任制和派驻检察岗位责任制。明确派驻检察的职责、任务和要求，落实责任追究制度等。

（3）请示报告制度。对于刑罚执行和监管活动中出现的重大违法问题、重大事故和案件，按照有关规定，及时报告上级人民检察院。

（4）检务公开制度。实行监所检察职责、工作程序、办案纪律公开，接受社会监督。

（5）工作考评制度。上级人民检察院应当加强对下级人民检察院监所检察部门的业务工作考评。根据监所检察工作的特点，最高人民检察院制定派驻检察机构业务工作考评办法，省级人民检察院制定考核细则。

五、规范派驻检察机构建设

18. 对设立的派出检察院和在监狱、看守所、劳教所、拘役所设置的派驻检察室，要加强管理和规范。派驻检察人员每月派驻检察时间不得少于十六个工作日。

19. 除直辖市外，派出检察院一般由省辖市（自治州）人民检察院派出。省辖市（自治州）人民检察院派出的检察院检察长与派出它的人民检察院监所检察部门主要负责人由一人担任，派出检察院检察长应当由与监管场所主要负责人相当级别的检察官担任。对于不符合上述要求的，要积极创造条件逐步加以理顺。

派出检察院内设机构要贯彻精简、统一、效能的原则，体现“小机关、大派驻”的要求。根据工作需要，派出检察院对所担负检察的监管场所要设置派驻检察室，检察室主任应当由派出检察院副检察长或者相当级别的检察官担任。

派出检察院由派出它的人民检察院领导。派出检察院的各项业务工作，应当由派出它的人民检察院监所检察部门统一管理和指导。经费保障独立预决算或者直接拨款。

20. 对于没有设置派出检察院的监狱、劳教所，一般由市级人民检察院派驻检察室。对于看守所、拘役所，由其所属的公安机关对应的人民检察院派驻检察室。派驻检察室以派出它的人民检察院名义开展法律监督工作，并由派出它的人民检察院监所检察部门进行业务管理和指导。

派驻检察室主任应当由派出它的人民检察院监所检察部门的负责人或者相当级别的检察官担任。

21. 派驻检察室实行规范化等级管理。定期开展规范化检察室等级评定工作，一级规范化检察室由最高人民检察院每三年评定一次，二级、三级规范化检察室由省级人民检察院每两年评定一次。对评定的规范化检察室实行动态管理，不符合条件的应当降低或者撤销规范化等级。

22. 将派驻检察机构基础建设纳入检察机关基层基础设施建设总体规划。按照科技强检的要求为派驻检察机构配备必要的交通、通讯设施和器材装备，积极推进派驻检察机构的“两房”建设，解决好办公、办案、专业技术用房和住宿用房，认真落实派驻检察人员的补助，为派驻检察机构有效地开展工作创造必要的条件。

23. 常年关押人数较少的小型监管场所，可以实行巡回检察。对小型监狱、劳教所一般由市级人民检察院进行巡回检察，对小型看守所由对应的人民检察院进行巡回检察。实行巡回检察的，每月不得少于三次。

六、加强监所检察队伍建设

24. 加强监所检察人员思想政治建设和执法能力建设。深入开展社会主义法治理念教育和职业道德、职业纪律教育，引导监所检察人员进一步增强使命感、责任感，树立正确的执法观，敢于监督，善于监督，积极探索法律监督的新途径和新方法，努力做好新形势下的监所检察工作。

25. 抓好监所检察部门领导班子建设。选配政治立场坚定、理论素质高、工作能力强、有组织能力的人员到监所检察部门的领导岗位。尤其要配强省级人民检察院监所检察处领导班子，要选拔政治素质好、业务精通、能办案会监督、善于协调、有开拓精神的干部担任监所检察处处长。上级人民检察院要积极与组织部门、机构编制部门沟通和协商，解决好派出检察机构领导正职的配备问题。

26. 逐步优化监所检察队伍的人员结构。把综合素质好、协调能力强的业务骨干充实到监所检察部门，对不适合在监所检察部门工作的人员要及时调整。

27. 对监所检察人员要坚持严格教育、严格管理、严格监督。严禁接受被监管人及其家属的吃请、礼物及提供的娱乐活动，严禁利用职务之便为被监管人通风报信、打探案情，对于监所检察人员的违纪违法行为，要严肃查处。

28. 把监所检察人员的素质教育和业务培训纳入检察机关整体培训计划。针对监所检察业务多样性、综合性的特点，定期对监所检察部门及派出检察机构的领导和业务骨干进行培训。为适应查办职务犯罪案件工作的需要，对监所检察人员定期进行侦查业务培训。

29. 实行派驻检察人员定期交流轮换制度。省级人民检察院要结合本地实际，制定切实可行的定期交流轮换制度。交流轮换工作由人民检察院政治部门负责，监所检察部门协助。

建立派驻检察人员工作绩效考核机制。对工作实绩突出的派驻检察人员，予以表彰和奖励。最高人民检察院和省级人民检察院定期组织开展“优秀派驻检察人员”评比活动。

30. 重视监所检察理论研究。积极创造条件，提供理论研究平台和载体，形成理论研究氛围，用理论研究成果指导监所检察工作创新发展。

加强被监管人权利保护方面的国际交流，宣传中国检察机关在保护被监管人权利方面的立场、观点和所取得的成就。

最高人民检察院关于执行《监狱法》有关问题的通知

（1995年7月20日　高检发监字〔1995〕1号）

各省、自治区、直辖市人民检察院，军事检察院：

《中华人民共和国监狱法》（以下简称《监狱法》）已于1994年12月29日颁布施行。为了正确执行《监狱法》，加强对监狱执行刑罚活动的法律监督，现就检察机关执行《监狱法》有关问题通知如下：

一、关于人民检察院对监狱执行刑罚活动的法律监督问题。对监狱执行刑罚的活动是否合法，依照法律实行监督，是检察机关的职权。它包括对监狱执行刑事案件判决、裁定，以及狱政管理、教育改造和生活卫生等活动是否合法实行监督。对于一般违法行为，可以口头提出纠正；对于严重违法行为，应当发纠正违法通知书，并要求告知纠正结果；对于构成犯罪的，依法追究刑事责任。

人民检察院派驻监狱的检察机构是对监狱执行刑罚活动依法实行监督的组织保障。各地要按照高检院的要求，在今年年底前对所有监狱落实派驻检察机构，并按照规定配备干部，以适应工作的需要。

二、关于对收押罪犯和释放刑满人员的法律监督问题。收押罪犯和释放刑满人员是监狱执行刑罚的重要活动。人民检察院要通过对监狱收押、释放活动的检察，保障监狱正确执行刑事案件判决、裁定。在工作中，要检察监狱收押的是不是被判处死刑缓期二年执行、无期徒刑和有期徒刑的罪犯；收押的法律文书是否齐全，手续是否完备；对刑满人员及依法应予释放的罪犯，监狱是否按期予以释放，并开具释放证明书。对应收押而不收押，不应收押而收押；应释放而不按期释放，不应释放而释放的，都应当依法提出纠正；情节严重的，应追究有关人员的法律责任。

三、关于对罪犯保外就医的法律监督问题。对具备法定条件的罪犯予以保外就医，是我国对罪犯实行人道主义的体现。人民检察院对监狱办理罪犯保外就医活动的监督，主要是检察被保外就医罪犯是否符合法定条件，保外就医的证明是否真实，办理保外就医的程序是否合法。对监督办理罪犯保外就医活动的监督，可以通过向有关人员调查、调阅监狱有关资料、列席监狱有关会议等方式了解情况。对监狱将不符合法定条件的罪犯呈报保外就医的，要及时提出纠正意见；对于已经监狱管理机关批准不符合法定条件的罪犯保外就医的，应自接到通知之日起一个月内将书面纠正意见送交批准保外就医的机关（意见副本送监狱）。对利用办理保外就医的职权，收受贿赂或徇私舞弊的要追究有关人员的法律责任。

四、关于对罪犯减刑、假释的法律监督问题。减刑、假释工作是一项严肃的执法活动。人民检察院要把对减刑、假释的监督作为一项重要的工作来抓。人民检察院对监狱办理罪犯减刑、假释工作的监督，重点是监狱提出减刑、假释建议的对象是否符合法定条件，证明材料是否真实，提出建议的程序是否符合规定。对监狱办理罪犯减刑、假释活动是否合法的监督，可以通过向有关人员调查、调阅有关资料、列席监狱有关会议等方式了解情况；发现监狱在办理罪犯减刑、假释活动中有违反法律或有关规定的情况，应当及时向监狱提出纠正意见。对人民法院减刑、假释的裁定，如认为确有错误，应当在刑事诉讼法规定的期间向人民法院提出抗诉。对于利用办理减刑、假释的职权索贿受贿或徇私舞弊的，要依法追究法律责任。

五、关于对罪犯在服刑期间死亡的法律监督问题。人民检察院接到监狱关于罪犯在服刑期间死亡的通知后，应即派员到现场进行检察，并根据死亡性质，分别作出以下处理：（一）对罪犯因病死亡的，人民检察院应对监狱的医疗进行认真的检查，如有疑义，可以重新对死亡原因作出鉴定。死亡罪犯家属对监狱作出的鉴定有疑义，并向人民检察院提出的，人民检察院应当认真地进行调查。经查，认为罪犯家属提出的意见无理的，应予驳回，并配合监狱做好说服教育工作；认为罪犯家属提出的意见有理的，可以重新对死亡原因作出鉴定。（二）对罪犯非正常死亡的，人民检察院应在接到监狱通知后二十四小时内对尸体进行检验，对死亡原因作出鉴定。人民检察院对罪犯死亡原因的鉴定，由担负该罪犯所在监狱检察任务的人民检察院负责，如该人民检察院缺乏鉴定的专门技术，可请上一级人民检察院或聘请有关部门或具有法定资格的专门技术人员作出鉴定。

六、关于罪犯申诉、控告、检举的处理问题。申诉、控告、检举是罪犯的权利。罪犯不服生效的刑事判决向人民检察院提出的申诉，以及监狱在执行刑罚过程中，根据罪犯的申诉，认为判决可能有错误而提请人民检察院处理的申诉案件，人民检察院均应依照《人民检察院复查刑事申诉案件规定》处理；对监狱提请处理的申诉案件，应在收到监狱提请处理意见书之日起六个月内将结果通知监狱。罪犯向人民检察院提出或由监狱转送的罪犯控告、检举材料，应按案件管辖分工，自行查处或请有管辖权的机关处理。

七、关于监狱管理范围中发生的刑事处理问题。人民检察院办理监狱管理范围中发生的刑事案件主要包括如下几个方面：（一）直接受理监狱中发生的贪污、受贿、侵权、渎职的犯罪案件；（二）对罪犯在服刑期间又犯罪等案件负责批捕、起诉；（三）对罪犯及其家属向检察机关提出的申诉案件负责复查；（四）对人民法院错误的减刑、假释裁定提出抗诉。对人民法院减刑、假释裁定的抗诉，重点是因受贿、徇私或伪造罪犯的有关材料等违法犯罪行为导致错误的减刑、假释裁定的案件。

八、人民检察院对未成年犯管教所、拘役所和看守所对留所服刑罪犯执行刑罚活动的法律监督，参照上述原则办理。

最高人民检察院　公安部关于加强看守所法律监督工作的通知

（1999年11月22日　公通字〔1999〕85号）

各省、自治区、直辖市人民检察院，公安厅、局，解放军军事检察院：

近年来，全国各级人民检察院认真履行法律赋予的监督职责，积极配合公安机关开展创建“严格执法，文明管理”看守所活动，为提高看守所的监管水平，维护看守所监管秩序的稳定，保障刑事诉讼活动顺利进行发挥了积极作用。但是，一些地方的看守所目前仍存在许多问题，如有的看守所在监管中有章不循，执法不严，混关混押，违反规定办理罪犯留所服刑；有的看守所安全防范措施不严，以致被监管人脱逃及非常死亡等重大事故时有发生；有的看守所民警体罚、虐待被监管人；有的看守所民警执法犯法，为不符合条件的罪犯办理减刑、假释、保外就医甚至私放被监管人，等等。此外，有的办案机关违反羁押期限的有关规定，致使犯罪嫌疑人、被告人在看守所超期羁押的现象仍然存在。人民检察院对看守所的法律监督工作也存在一些问题，如有的人民检察院对看守所的法律监督措施落实不到位；有的驻看守所检察人员工作责任心不强，对看守所或办案机关的违法行为听之任之，使驻所检察流于形式；有的执法犯法，与看守所民警一起进行违法犯罪活动，等等。为尽快解决上述问题，进一步加强人民检察院对看守所的法律监督工作，保障看守所的监管工作严格依法进行，特作如下通知：

一、进一步提高对看守所监管工作进行法律监督重要性的认识。看守所工作直接反映公安机关的执法水平，关系党和政府的形象，对看守所的监管工作进行法律监督十分重要。我国《宪法》规定人民检察院是国家的法律监督机关，《刑事诉讼法》规定人民检察院依法对刑事诉讼进行监督，《看守所条例》规定看守所的监管活动受人民检察院的法律监督。根据上述规定，人民检察院对看守所监管活动的监督是国家法律赋予人民检察院的重要职责。人民检察院通过对看守所的法律监督，纠正违法，维护被监管人的合法权益，维护监管秩序，保障刑事诉讼的顺利进行，保证国家法律、法规在看守工作中的正确实施。因此，各级人民检察院、公安机关要从讲政治的高度，充分认识人民检察院对看守所监管工作进行法律监督的重要意义，切实加强领导，落实措施，互相配合，把对看守所监管工作的法律监督作为不断提高看守所监管工作水平，保证看守所监管工作顺利进行，维护司法公正和法律权威的大事来抓。

二、逐步完善监督机制，保障监督活动顺利进行。人民检察院对看守所监管工作进行法律监督是维护司法公正、保证国家法律正确实施的重要方式之一。为做好这项工作，各级人民检察院要加强驻所检察工作，建立、健全并逐步完善监督机制，使驻所检察工作经常化、制度化、规范化。驻所检察要做到人员、工作条件、工作制度、监督任务

"四落实"，把对看守所的法律监督真正落到实处。

三、加大监督力度，强化监督责任。各级人民检察院驻所检察人员应当根据《刑事诉讼法》及其他有关法律的规定，认真履行监督职责，加大监督力度。对于看守所监管工作中存在的违法问题，要根据不同情况分别采取不同的监督措施。对于轻微违法问题，应及时提出口头纠正意见，并督促纠正；对于严重违法问题，经本院检察长批准后向看守所发出《纠正违法通知书》，并抄报其主管机关；对于发生在看守所的民警职务犯罪案件，根据案件管辖分工的有关规定，依法立案查处。同时，各级人民检察院应强化驻所检察人员的责任意识，增强其工作责任心，配合看守所做好监管工作。驻所检察人员应当严格遵守法律及有关规定，认真履行法律赋予的监督职责。对于发现的各种违法犯罪问题，必须及时、认真查办。严禁利用职务之便搞权钱交易，徇私舞弊。对于因工作不负责任，未能履行监督职责，发现违法问题应该提出纠正意见而不提出纠正意见，造成严重后果的，以及进行违法犯罪活动的，要严肃查处，并视情追究有关人员相应的党纪、政纪及法律责任。

四、加强协作配合，确保监督工作发挥实际效用。各级人民检察院、公安机关要从维护看守所监管秩序稳定和保证刑事诉讼活动顺利进行的大局出发，加强相互之间的衔接、配合。看守所要根据《看守所条例》及其他有关规定，对人民检察院的驻所检察工作给予支持，主动接受人民检察院的法律监督，对人民检察院提出的纠正意见应认真研究，及时作出处理，并将处理结果告知人民检察院。看守所对犯罪嫌疑人、被告人羁押超过法定期限的，应当及时将超期羁押情况报告人民检察院；对犯罪嫌疑人、被告人揭发、控告司法工作人员违法行为的材料，应当及时报请人民检察院处理。人民检察院应当协助看守所对羁押的犯罪嫌疑人、被告人的情况进行清理。发现有超期羁押犯罪嫌疑人、被告人的，要及时向办案机关提出纠正意见，由办案机关作出处理后回复人民检察院。各级人民检察院监所检察部门和公安机关监管部门应当建立联系制度，定期或不定期互通情况，发现问题，及时解决。

五、充实驻看守所检察力量，提高检察人员素质。加强人民检察院对看守所的法律监督，是推进看守所监管工作法制化、规范化建设的重要渠道。目前看守所存在的一些问题，与驻看守所的检察力量不足，个别检察人员业务水平不高有一定关系。为改变这种状况，充分发挥人民检察院的法律监督作用，需要进一步加强队伍建设。人民检察院应当从实际需要出发，充实、调整驻看守所的检察力量，要充实骨干，清理不符合条件的人员。同时，要加强检察人员的业务培训，将业务培训工作制度化、长期化，不断提高其业务水平。

各级人民检察院、公安机关要组织力量，对看守所的监管和法律监督工作中存在的问题进行一次全面清理，并根据本通知的精神，及时作出处理。执行本通知遇到的问题，请分别报最高人民检察院、公安部。

最高人民检察院关于进一步加强刑罚执行监督工作的通知

（2001 年 1 月 20 日　高检发监字〔2001〕1 号）

各省、自治区、直辖市人民检察院，军事检察院，新疆生产建设兵团人民检察院：

近年来，全国各级检察机关认真贯彻执行"公正执法、加强监督、依法办案、从严治检、服务大局"的检察工作方针，加强了对刑罚执行活动的监督，依法纠正刑罚执行活动中存在的违法问题，严肃查处少数司法干警的职务犯罪案件，严厉打击被监管改造人员的犯罪活动，对于维护司法公正，确保刑罚的正确执行，维护监管场所的秩序发挥了重要的作用。同时，也应当看到，当前刑罚执行工作中仍存在一些不容忽视的问题。为了纠正存在的问题，进一步加强刑罚执行监督工作，保障刑罚执行工作的顺利进行，特通知如下：

一、充分认识刑罚执行监督工作在维护司法公正，维护社会稳定和加强社会主义法制建设中的作用。刑罚执行监督工作是检察机关对刑事诉讼实施法律监督的重要组成部分，是保障刑罚正确执行，维护司法公正，维护社会稳定的重要措施。根据全国人大常委会的工作部署和高检院的工作安排，2000 年，全国各级检察机关认真开展刑事诉讼法执行检查活动，发现了刑罚执行工作中的一些问题，特别是刑罚交付执行中存在的违法问题和违法办理减刑、假释、暂予监外执行的问题比较突出。各级检察机关要从维护社会稳定、维护司法公正和加强社会主义法制建设的高度来充分认识加强刑罚执行监督工作的重要性，进一步抓紧抓好这项工作。

二、进一步加强对刑罚执行监督工作的领导。刑罚执行监督是检察机关的一项重要工作，各级检察机关的领导要高度重视，把这项工作切实放到议事日程上来。一把手要亲自抓，下大力气重点解决本地区刑罚执行监督工作中存在的突出问题。要加强监所检察干部队伍的建设。通过轮岗交流的方式加强监所检察业务骨干的配备，加大对监所检察干部的培训力度，提高干警的综合素质。要加大监所检察技术装备投入，解决监所检察部门的交通、通信设备落后问题。

三、进一步加强对刑罚执行监督工作的检查、指导。上级检察机关要经常深入基层，检查下级检察机关开展刑罚执行监督工作的情况，提出指导意见。监所检察人员要对本地区刑罚执行监督工作中存在的突出问题认真进行总结分析，及时向上级检察机关报告，重大问题应呈报高检院。要做到信息渠道畅通，情况和问题反映真实、及时，使工作中的问题及时得到发现和解决。

四、要切实加强对刑罚执行工作的监督。各地检察机关监所检察干警应恪尽职守，认真履行法律赋予的监督职责。派驻监所的检察人员要深入监管场所，重点检查：对罪犯减刑、假释、保外就医呈报程序是否合法；被呈报的罪犯是否符合法定条件；有无违法收费，以钱抵刑的情况；检察机关对不当减刑、假释、保外就医提出纠正意见后，有关部门是否依法予以重新审理作出合法裁定或决定等。对发现的违法问题要敢于监督、善于监督，依法及时提出纠正意见。对司法人员在刑罚执行工作中的索贿受贿、徇私舞弊等职务犯罪行为要依法查处。要把对日常监管活动的监督与查办监管人员的职务犯罪案件有机地结合起来，以查办案件来促进执法监督工作的有力开展，以加强监管活动的监督来发现办案线索，推动职务犯罪案件的查处工作。

五、针对当前刑罚执行工作中存在的突出问题，高检院决定2001年上半年在全国范围内对减刑、假释、保外就医监督工作集中开展一次专项检察活动。各地要认真部署，派专人负责，务求实效。各级检察机关要以这次专项检察活动为契机，大力加强刑罚执行监督的力度，把监所检察工作提高到一个新水平。

最高人民检察院关于印发《人民检察院监狱检察办法》、《人民检察院看守所检察办法》、《人民检察院劳教检察办法》和《人民检察院监外执行检察办法》的通知

高检发监字〔2008〕1号

各省、自治区、直辖市人民检察院，军事检察院，新疆生产建设兵团人民检察院：

《人民检察院监狱检察办法》、《人民检察院看守所检察办法》、《人民检察院劳教检察办法》和《人民检察院监外执行检察办法》，已经2008年2月22日最高人民检察院第十届检察委员会第九十四次会议审议通过，现印发你们，请遵照执行。1987年7月23日最高人民检察院印发的《人民检察院劳改检察工作细则（试行）》、《人民检察院看守所检察工作细则（试行）》和《人民检察院劳教检察工作办法（试行）》同时废止。在执行过程中遇到的问题，请及时报告最高人民检察院监所检察厅。

最高人民检察院
2008年3月23日

人民检察院监狱检察办法

（2008年2月22日最高人民检察院第十届检察委员会第九十四次会议通过）

第一章 总 则

第一条 为规范监狱检察工作，根据《中华人民共和国刑事诉讼法》、《中华人民共和国监狱法》等法律规定，结合监狱检察工作实际，制定本办法。

第二条 人民检察院监狱检察的任

务是：保证国家法律法规在刑罚执行活动中的正确实施，维护罪犯合法权益，维护监狱监管秩序稳定，保障惩罚与改造罪犯工作的顺利进行。

第三条 人民检察院监狱检察的职责是：

（一）对监狱执行刑罚活动是否合法实行监督；

（二）对人民法院裁定减刑、假释活动是否合法实行监督；

（三）对监狱管理机关批准暂予监外执行活动是否合法实行监督；

（四）对刑罚执行和监管活动中发生的职务犯罪案件进行侦查，开展职务犯罪预防工作；

（五）对监狱侦查的罪犯又犯罪案件审查逮捕、审查起诉和出庭支持公诉，对监狱的立案、侦查活动和人民法院的审判活动是否合法实行监督；

（六）受理罪犯及其法定代理人、近亲属的控告、举报和申诉；

（七）其他依法应当行使的监督职责。

第四条 人民检察院在监狱检察工作中，应当依法独立行使检察权，应当以事实为根据、以法律为准绳。

监狱检察人员履行法律监督职责，应当严格遵守法律，恪守检察职业道德，忠于职守，清正廉洁；应当坚持原则，讲究方法，注重实效。

第二章 收监、出监检察

第一节 收监检察

第五条 收监检察的内容：

（一）监狱对罪犯的收监管理活动是否符合有关法律规定。

（二）监狱收押罪犯有无相关凭证：

1. 收监交付执行的罪犯，是否具备人民检察院的起诉书副本和人民法院的刑事判决（裁定）书、执行通知书、结案登记表；

2. 收监监外执行的罪犯，是否具备撤销假释裁定书、撤销缓刑裁定书或者撤销暂予监外执行的收监执行决定书；

3. 从其他监狱调入罪犯，是否具备审批手续。

（三）监狱是否收押了依法不应当收押的人员。

第六条 收监检察的方法：

（一）对个别收监罪犯，实行逐人检察；

（二）对集体收监罪犯，实行重点检察；

（三）对新收罪犯监区，实行巡视检察。

第七条 发现监狱在收监管理活动中有下列情形的，应当及时提出纠正意见：

（一）没有收监凭证或者收监凭证不齐全而收监的；

（二）收监罪犯与收监凭证不符的；

（三）应当收监而拒绝收监的；

（四）不应当收监而收监的；

（五）罪犯收监后未按时通知其家属的；

（六）其他违反收监规定的。

第二节 出监检察

第八条 出监检察的内容：

（一）监狱对罪犯的出监管理活动是否符合有关法律规定。

（二）罪犯出监有无相关凭证：

1. 刑满释放罪犯，是否具备刑满释放证明书；

2. 假释罪犯，是否具备假释裁定书、执行通知书、假释证明书；

3. 暂予监外执行罪犯，是否具备暂予监外执行审批表、暂予监外执行决定书；

4. 离监探亲和特许离监罪犯，是否具备离监探亲审批表、离监探亲证明；

5. 临时离监罪犯，是否具备临时离监解回再审的审批手续；

6. 调监罪犯，是否具备调监的审批手续。

第九条 出监检察的方法：

（一）查阅罪犯出监登记和出监凭证；

（二）与出监罪犯进行个别谈话，了解情况。

第十条 发现监狱在出监管理活动中有下列情形的，应当及时提出纠正意见：

（一）没有出监凭证或者出监凭证不齐全而出监的；

（二）出监罪犯与出监凭证不符的；

（三）应当释放而没有释放或者不应当释放而释放的；

（四）罪犯没有监狱人民警察或者办案人员押解而特许离监、临时离监或者调监的；

（五）没有派员押送暂予监外执行罪犯到达执行地公安机关的；

（六）没有向假释罪犯、暂予监外执行罪犯、刑满释放仍需执行附加剥夺政治权利罪犯的执行地公安机关送达有关法律文书的；

（七）没有向刑满释放人员居住地公安机关送达释放通知书的；

（八）其他违反出监规定的。

第十一条 假释罪犯、暂予监外执行罪犯、刑满释放仍需执行附加剥夺政治权利罪犯出监时，派驻检察机构应当填写《监外执行罪犯出监告知表》，寄送执行地人民检察院监所检察部门。

第三章 刑罚变更执行检察

第一节 减刑、假释检察

第十二条 对监狱提请减刑、假释活动检察的内容：

（一）提请减刑、假释罪犯是否符合法律规定条件；

（二）提请减刑、假释的程序是否符合法律和有关规定；

（三）对依法应当减刑、假释的罪犯，监狱是否提请减刑、假释。

第十三条 对监狱提请减刑、假释活动检察的方法：

（一）查阅被提请减刑、假释罪犯的案卷材料；

（二）查阅监区集体评议减刑、假释会议记录，罪犯计分考核原始凭证，刑罚执行（狱政管理）部门审查意见；

（三）列席监狱审核拟提请罪犯减刑、假释的会议；

（四）向有关人员了解被提请减刑、假释罪犯的表现等情况。

第十四条 发现监狱在提请减刑、假释活动中有下列情形的，应当及时提出纠正意见：

（一）对没有悔改表现或者立功表现的罪犯，提请减刑的；

（二）对没有悔改表现，假释后可能再危害社会的罪犯，提请假释的；

（三）对累犯以及因杀人、爆炸、抢劫、强奸、绑架等暴力性犯罪被判处十年以上有期徒刑、无期徒刑的罪犯，提请假释的；

（四）对依法应当减刑、假释的罪犯没有提请减刑、假释的；

（五）提请对罪犯减刑的起始时间、间隔时间和减刑后又假释的间隔时间不符合有关规定的；

（六）被提请减刑、假释的罪犯被减刑后实际执行的刑期或者假释考验期不符合有关规定的；

（七）提请减刑、假释没有完备的合法手续的；

（八）其他违反提请减刑、假释规定的。

第十五条 派驻检察机构收到监狱移送的提请减刑材料的，应当及时审查并签署意见。认为提请减刑不当的，应当提出纠正意见，填写《监狱提请减刑不当情况登记表》。所提纠正意见未被采纳的，可以报经本院检察长批准，向受理本案的人民法院的同级人民检察院报送。

第十六条 派驻检察机构收到监狱移送的提请假释材料的，应当及时审查并签署意见，填写《监狱提请假释情况登记表》，向受理本案的人民法院的同级人民检察院报送。认为提请假释不当的，应当提出纠正意见，将意见以及监狱采纳情况一并填入《监狱提请假释情况登记表》。

第十七条 人民检察院收到人民法院减刑、假释裁定书副本后，应当及时审查。认为减刑、假释裁定不当的，应当在收到裁定书副本后二十日内，向作出减刑、假释裁定的人民法院提出书面纠正意见。

第十八条 人民检察院对人民法院减刑、假释的裁定提出纠正意见后，应当监督人民法院是否在收到纠正意见后一个月内重新组成合议庭进行审理。

第十九条 对人民法院减刑、假释裁定的纠正意见，由作出减刑、假释裁定的人民法院的同级人民检察院书面提出。

下级人民检察院发现人民法院减刑、假释裁定不当的，应当立即向作出减刑、假释裁定的人民法院的同级人民检察院报告。

第二十条 对人民法院采取听证或者庭审方式审理减刑、假释案件的，同级人民检察院应当派员参加，发表检察意见并对听证或者庭审过程是否合法进行监督。

第二节 暂予监外执行检察

第二十一条 对监狱呈报暂予监外执行活动检察的内容：

（一）呈报暂予监外执行罪犯是否符合法律规定条件；

（二）呈报暂予监外执行的程序是否符合法律和有关规定。

第二十二条 对监狱呈报暂予监外执行活动检察的方法：

（一）审查被呈报暂予监外执行罪犯的病残鉴定和病历资料；

（二）列席监狱审核拟呈报罪犯暂予监外执行的会议；

（三）向有关人员了解被呈报暂予监外执行罪犯的患病及表现等情况。

第二十三条 发现监狱在呈报暂予监外执行活动中有下列情形的，应当及时提出纠正意见：

（一）呈报保外就医罪犯所患疾病不属于《罪犯保外就医疾病伤残范围》的；

（二）呈报保外就医罪犯属于因患严重慢性疾病长期医治无效情形，执行原判刑期未达三分之一以上的；

（三）呈报保外就医罪犯属于自伤自残的；

（四）呈报保外就医罪犯没有省级人民政府指定医院开具的相关证明文件的；

（五）对适用暂予监外执行可能有社会危险性的罪犯呈报暂予监外执行的；

（六）对罪犯呈报暂予监外执行没有完备的合法手续的；

（七）其他违反暂予监外执行规定的。

第二十四条 派驻检察机构收到监

狱抄送的呈报罪犯暂予监外执行的材料后，应当及时审查并签署意见。认为呈报暂予监外执行不当的，应当提出纠正意见。审查情况应当填入《监狱呈报暂予监外执行情况登记表》，层报省级人民检察院监所检察部门。

省级人民检察院监所检察部门审查认为监狱呈报暂予监外执行不当的，应当及时将审查意见告知省级监狱管理机关。

第二十五条 省级人民检察院收到省级监狱管理机关批准暂予监外执行的通知后，应当及时审查。认为暂予监外执行不当的，应当自接到通知之日起一个月内向省级监狱管理机关提出书面纠正意见。

省级人民检察院应当监督省级监狱管理机关是否在收到书面纠正意见后一个月内进行重新核查和核查决定是否符合法律规定。

第二十六条 下级人民检察院发现暂予监外执行不当的，应当立即层报省级人民检察院。

第四章 监管活动检察

第一节 禁闭检察

第二十七条 禁闭检察的内容：

（一）适用禁闭是否符合规定条件；

（二）适用禁闭的程序是否符合有关规定；

（三）执行禁闭是否符合有关规定。

第二十八条 禁闭检察的方法：

（一）对禁闭室进行现场检察；

（二）查阅禁闭登记和审批手续；

（三）听取被禁闭人和有关人员的意见。

第二十九条 发现监狱在适用禁闭活动中有下列情形的，应当及时提出纠正意见：

（一）对罪犯适用禁闭不符合规定条件的；

（二）禁闭的审批手续不完备的；

（三）超期限禁闭的；

（四）使用戒具不符合有关规定的；

（五）其他违反禁闭规定的。

第二节 事故检察

第三十条 事故检察的内容：

（一）罪犯脱逃；

（二）罪犯破坏监管秩序；

（三）罪犯群体病疫；

（四）罪犯伤残；

（五）罪犯非正常死亡；

（六）其他事故。

第三十一条 事故检察的方法：

（一）派驻检察机构接到监狱关于罪犯脱逃、破坏监管秩序、群体病疫、伤残、死亡等事故报告，应当立即派员赴现场了解情况，并及时报告本院检察长；

（二）认为可能存在违法犯罪问题的，派驻检察人员应当深入事故现场，调查取证；

（三）派驻检察机构与监狱共同剖析事故原因，研究对策，完善监管措施。

第三十二条 罪犯在服刑期间因病死亡，其家属对监狱提供的医疗鉴定有疑义向人民检察院提出的，人民检察院应当受理。经审查认为医疗鉴定有错误的，可以重新对死亡原因作出鉴定。

罪犯非正常死亡的，人民检察院接到监狱通知后，原则上应在二十四小时内对尸体进行检验，对死亡原因进行鉴定，并根据鉴定结论依法及时处理。

第三十三条 对于监狱发生的重大事故，派驻检察机构应当及时填写《重大事故登记表》，报送上一级人民检察院，同时对监狱是否存在执法过错责任进行检察。

辖区内监狱发生重大事故的，省级人民检察院应当检查派驻检察机构是否存在不履行或者不认真履行监督职责的问题。

第三节 狱政管理、教育改造活动检察

第三十四条 狱政管理、教育改造活动检察的内容：

（一）监狱的狱政管理、教育改造活动是否符合有关法律规定；

（二）罪犯的合法权益是否得到保障。

第三十五条 狱政管理、教育改造活动检察的方法：

（一）对罪犯生活、学习、劳动现场和会见室进行实地检察和巡视检察；

（二）查阅罪犯名册、伙食账簿、会见登记和会见手续；

（三）向罪犯及其亲属和监狱人民警察了解情况，听取意见；

（四）在法定节日、重大活动之前或者期间，督促监狱进行安全防范和生活卫生检查。

第三十六条 发现监狱在狱政管理、教育改造活动中有下列情形的，应当及时提出纠正意见：

（一）监狱人民警察体罚、虐待或者变相体罚、虐待罪犯的；

（二）没有按照规定对罪犯进行分押分管的；

（三）监狱人民警察没有对罪犯实行直接管理的；

（四）安全防范警戒设施不完备的；

（五）监狱人民警察违法使用戒具的；

（六）没有按照规定安排罪犯与其亲属会见的；

（七）对伤病罪犯没有及时治疗的；

（八）没有执行罪犯生活标准规定的；

（九）没有按照规定时间安排罪犯劳动，存在罪犯超时间、超体力劳动情况的；

（十）其他违反狱政管理、教育改造规定的。

第三十七条 派驻检察机构参加监狱狱情分析会，应当针对罪犯思想动态、监管秩序等方面存在的问题，提出意见和建议，与监狱共同研究对策，制定措施。

第三十八条 派驻检察机构应当与监狱建立联席会议制度，及时了解监狱发生的重大情况，共同分析监管执法和检察监督中存在的问题，研究改进工作的措施。联席会议每半年召开一次，必要时可以随时召开。

第三十九条 派驻检察机构每半年协助监狱对罪犯进行一次集体法制宣传教育。

派驻检察人员应当每周至少选择一名罪犯进行个别谈话，并及时与要求约见的罪犯谈话，听取情况反映，提供法律咨询，接收递交的材料等。

第五章 办理罪犯又犯罪案件

第四十条 人民检察院监所检察部门负责监狱侦查的罪犯又犯罪案件的审查逮捕、审查起诉和出庭支持公诉，以及立案监督、侦查监督、审判监督、死刑临场监督等工作。

第四十一条 办理罪犯又犯罪案件期间该罪犯原判刑期届满的，在侦查阶段由监狱提请人民检察院审查批准逮捕，在审查起诉阶段由人民检察院决定逮捕。

第四十二条 发现罪犯在判决宣告前还有其他罪行没有判决的，应当分别情形作出处理：

（一）适宜于服刑地人民法院审理的，依照本办法第四十条、第四十一条的规定办理；

（二）适宜于原审地或者犯罪地人民法院审理的，转交当地人民检察院办理；

（三）属于职务犯罪的，交由原提起公诉的人民检察院办理。

第六章 受理控告、举报和申诉

第四十三条 派驻检察机构应当受理罪犯及其法定代理人、近亲属向检察机关提出的控告、举报和申诉，根据罪犯反映的情况，及时审查处理，并填写《控告、举报和申诉登记表》。

第四十四条 派驻检察机构应当在监区或者分监区设立检察官信箱，接收罪犯控告、举报和申诉材料。信箱应当每周开启。

派驻检察人员应当每月定期接待罪犯近亲属、监护人来访，受理控告、举报和申诉，提供法律咨询。

第四十五条 派驻检察机构对罪犯向检察机关提交的自首、检举和揭发犯罪线索等材料，依照本办法第四十三条的规定办理，并检察兑现政策情况。

第四十六条 派驻检察机构办理控告、举报案件，对控告人、举报人要求回复处理结果的，应当将调查核实情况反馈控告人、举报人。

第四十七条 人民检察院监所检察部门审查刑事申诉，认为原判决、裁定正确、申诉理由不成立的，应当将审查结果答复申诉人并做好息诉工作；认为原判决、裁定有错误可能，需要立案复查的，应当移送刑事申诉检察部门办理。

第七章 纠正违法和检察建议

第四十八条 纠正违法的程序：

（一）派驻检察人员发现轻微违法情况，可以当场提出口头纠正意见，并及时向派驻检察机构负责人报告，填写《检察纠正违法情况登记表》；

（二）派驻检察机构发现严重违法情况，或者在提出口头纠正意见后被监督单位七日内未予纠正且不说明理由的，应当报经本院检察长批准，及时发出《纠正违法通知书》；

（三）人民检察院发出《纠正违法通知书》后十五日内，被监督单位仍未纠正或者回复意见的，应当及时向上一级人民检察院报告。

对严重违法情况，派驻检察机构应当填写《严重违法情况登记表》，向上一级人民检察院监所检察部门报送并续报检察纠正情况。

第四十九条 被监督单位对人民检察院的纠正违法意见书面提出异议的，人民检察院应当复议。被监督单位对于复议结论仍然提出异议的，由上一级人民检察院复核。

第五十条 发现刑罚执行活动中存在执法不规范等可能导致执法不公和重大事故等苗头性、倾向性问题的，应当报经本院检察长批准，向有关单位提出检察建议。

第八章 其他规定

第五十一条 派驻检察人员每月派驻监狱检察时间不得少于十六个工作日，遇有突发事件时应当及时检察。

派驻检察人员应当将罪犯每日变动情况、开展检察工作情况和其他有关情况，全面、及时、准确地填入《监狱检察日志》。

第五十二条 派驻检察机构应当实行检务公开。对收监交付执行的罪犯，应当及时告知其权利和义务。

第五十三条 派驻检察人员在工作

中，故意违反法律和有关规定，或者严重不负责任，造成严重后果的，应当追究法律责任、纪律责任。

第五十四条 人民检察院监狱检察工作实行“一志八表”的检察业务登记制度。“一志八表”是指《监狱检察日志》、《监外执行罪犯出监告知表》、《监狱提请减刑不当情况登记表》、《监狱提请假释情况登记表》、《监狱呈报暂予监外执行情况登记表》、《重大事故登记表》、《控告、举报和申诉登记表》、《检察纠正违法情况登记表》和《严重违法情况登记表》。

派驻检察机构登记“一志八表”，应当按照“微机联网、动态监督”的要求，实行办公自动化管理。

第九章 附 则

第五十五条 本办法与《人民检察院监狱检察工作图示》配套使用。

第五十六条 本办法由最高人民检察院负责解释。

第五十七条 本办法自印发之日起施行。1994年11月25日最高人民检察院监所检察厅印发的《监狱检察工作一志十一表（式样）》停止使用。

附件：《人民检察院监狱检察工作图示》和“一志八表”的印制式样（略）

人民检察院看守所检察办法

（2008年2月22日最高人民检察院第十届检察委员会第九十四次会议通过）

第一章 总 则

第一条 为规范看守所检察工作，根据《中华人民共和国刑事诉讼法》、《中华人民共和国看守所条例》等规定，结合看守所检察工作实际，制定本办法。

第二条 人民检察院看守所检察的任务是：保证国家法律法规在刑罚执行和监管活动中的正确实施，维护在押人员合法权益，维护看守所监管秩序稳定，保障刑事诉讼活动顺利进行。

第三条 人民检察院看守所检察的职责是：

（一）对看守所的监管活动是否合法实行监督；

（二）对在押犯罪嫌疑人、被告人羁押期限是否合法实行监督；

（三）对看守所代为执行刑罚的活动是否合法实行监督；

（四）对刑罚执行和监管活动中发生的职务犯罪案件进行侦查，开展职务犯罪预防工作；

（五）对公安机关侦查的留所服刑罪犯又犯罪案件，审查逮捕、审查起诉和出庭支持公诉，对公安机关的立案、侦查活动和人民法院的审判活动是否合法实行监督；

（六）受理在押人员及其法定代理人、近亲属的控告、举报和申诉；

（七）其他依法应当行使的监督职责。

第四条 人民检察院在看守所检察工作中，应当依法独立行使检察权，以事实为根据、以法律为准绳。

看守所检察人员履行法律监督职

责，应当严格遵守法律，恪守检察职业道德，忠于职守，清正廉洁；应当坚持原则，讲究方法，注重实效。

第二章 收押、出所检察

第一节 收押检察

第五条 收押检察的内容：

（一）看守所对犯罪嫌疑人、被告人和罪犯的收押管理活动是否符合有关法律规定。

（二）看守所收押犯罪嫌疑人、被告人和罪犯有无相关凭证：

1. 收押犯罪嫌疑人、被告人，是否具备县级以上公安机关、国家安全机关签发的刑事拘留证、逮捕证；

2. 临时收押异地犯罪嫌疑人、被告人和罪犯，是否具备县级以上人民法院、人民检察院、公安机关、国家安全机关或者监狱签发的通缉、追捕、押解、寄押等法律文书；

3. 收押剩余刑期在一年以下的有期徒刑罪犯、判决确定前未被羁押的罪犯，是否具备人民检察院的起诉书副本、人民法院的判决（裁定）书、执行通知书、结案登记表；

4. 收押被决定收监执行的罪犯，是否具备撤销假释裁定书、撤销缓刑裁定书或者撤销暂予监外执行的收监执行决定书。

（三）看守所是否收押了依法不应当收押的人员。

第六条 收押检察的方法：

（一）审查收押凭证；

（二）现场检察收押活动。

第七条 发现看守所在收押管理活动中有下列情形的，应当及时提出纠正意见：

（一）没有收押凭证或者收押凭证不齐全而收押的；

（二）被收押人员与收押凭证不符的；

（三）应当收押而拒绝收押的；

（四）收押除特殊情形外的怀孕或者正在哺乳自己婴儿的妇女的；

（五）收押除特殊情形外的患有急性传染病或者其他严重疾病的人员的；

（六）收押法律规定不负刑事责任的人员的；

（七）收押时未告知被收押人员权利、义务以及应当遵守的有关规定的；

（八）其他违反收押规定的。

第八条 收押检察应当逐人建立《在押人员情况检察台账》。

第二节 出所检察

第九条 出所检察的内容：

（一）看守所对在押人员的出所管理活动是否符合有关法律规定。

（二）在押人员出所有无相关凭证：

1. 被释放的犯罪嫌疑人、被告人或者罪犯，是否具备释放证明书；

2. 被释放的管制、缓刑、独立适用附加刑的罪犯，是否具备人民法院的判决书、执行通知书；

3. 假释罪犯，是否具备假释裁定书、执行通知书、假释证明书；

4. 暂予监外执行罪犯，是否具备暂予监外执行裁定书或者决定书；

5. 交付监狱执行的罪犯，是否具备生效的刑事判决（裁定）书和执行通知书；

6. 交付劳教所执行的劳教人员，是否具备劳动教养决定书和劳动教养通知书；

7. 提押、押解或者转押出所的在押人员，是否具备相关凭证。

第十条 出所检察的方法：

（一）查阅出所人员出所登记和出所凭证；

（二）与出所人员进行个别谈话，

了解情况。

第十一条 发现看守所在出所管理活动中有下列情形的，应当及时提出纠正意见：

（一）出所人员没有出所凭证或者出所凭证不齐全的；

（二）出所人员与出所凭证不符的；

（三）应当释放而没有释放或者不应当释放而释放的；

（四）没有看守所民警或者办案人员提押、押解或者转押在押人员出所的；

（五）判处死刑缓期二年执行、无期徒刑、剩余刑期在一年以上有期徒刑罪犯或者被决定劳动教养人员，没有在一个月内交付执行的；

（六）对判处管制、宣告缓刑、裁定假释、独立适用剥夺政治权利、决定或者批准暂予监外执行罪犯，没有及时交付执行的；

（七）没有向刑满释放人员居住地公安机关送达释放通知书的；

（八）其他违反出所规定的。

第十二条 监狱违反规定拒收看守所交付执行罪犯的，驻所检察室应当及时报经本院检察长批准，建议监狱所在地人民检察院监所检察部门向监狱提出纠正意见。

第十三条 被判处管制、宣告缓刑、裁定假释、决定或者批准暂予监外执行的罪犯，独立适用剥夺政治权利或者刑满释放仍需执行附加剥夺政治权利的罪犯出所时，驻所检察室应当填写《监外执行罪犯出所告知表》，寄送执行地人民检察院监所检察部门。

第三章 羁押期限检察

第十四条 羁押期限检察的内容：

（一）看守所执行办案换押制度是否严格，应当换押的是否及时督促办案机关换押；

（二）看守所是否在犯罪嫌疑人、被告人的羁押期限届满前七日，向办案机关发出羁押期限即将届满通知书；

（三）看守所是否在犯罪嫌疑人、被告人被超期羁押后，立即向人民检察院发出超期羁押报告书并抄送办案机关。

第十五条 羁押期限检察的方法：

（一）查阅看守所登记和换押手续，逐一核对在押人员诉讼环节及其羁押期限，及时记录诉讼环节及其羁押期限变更情况；

（二）驻所检察室应当与看守所信息联网，对羁押期限实行动态监督；

（三）提示看守所及时履行羁押期限预警职责；

（四）对检察机关立案侦查的职务犯罪案件，在犯罪嫌疑人羁押期限届满前七日，监所检察部门应当向本院办案部门发出《犯罪嫌疑人羁押期限即将届满提示函》。

第十六条 纠正超期羁押的程序：

（一）发现看守所没有报告超期羁押的，立即向看守所提出纠正意见；

（二）发现同级办案机关超期羁押的，立即报经本院检察长批准，向办案机关发出纠正违法通知书；

（三）发现上级办案机关超期羁押的，及时层报上级办案机关的同级人民检察院；

（四）发出纠正违法通知书后五日内，办案机关未回复意见或者仍然超期羁押的，报告上一级人民检察院处理。

第四章 监管活动检察

第一节 事故检察

第十七条 事故检察的内容：

（一）在押人员脱逃；

（二）在押人员破坏监管秩序；

（三）在押人员群体病疫；

（四）在押人员伤残；

（五）在押人员非正常死亡；

（六）其他事故。

第十八条 事故检察的方法：

（一）驻所检察室接到看守所关于在押人员脱逃、破坏监管秩序、群体病疫、伤残、死亡等事故报告，应当立即派员赴现场了解情况，并及时报告本院检察长；

（二）认为可能存在违法犯罪问题的，派驻检察人员应当深入事故现场，调查取证；

（三）驻所检察室与看守所共同剖析事故原因，研究对策，完善监管措施。

第十九条 在押人员因病死亡，其家属对看守所提供的医疗鉴定有疑义向人民检察院提出的，人民检察院监所检察部门应当受理。经审查认为医疗鉴定有错误的，可以重新对死亡原因作出鉴定。

在押人员非正常死亡的，人民检察院接到看守所通知后，原则上应当在二十四小时内对尸体进行检验，对死亡原因进行鉴定，并根据鉴定结论依法及时处理。

第二十条 对于看守所发生的重大事故，驻所检察室应当及时填写《重大事故登记表》，报送上一级人民检察院，同时对看守所是否存在执法过错责任进行检察。

看守所发生重大事故的，上一级人民检察院应当检查驻所检察室是否存在不履行或者不认真履行监督职责的问题。

第二节 教育管理活动检察

第二十一条 教育管理活动检察的内容：

（一）看守所的教育管理活动是否符合有关规定；

（二）在押人员的合法权益是否得到保障。

第二十二条 教育管理活动检察的方法：

（一）对监区、监室、提讯室、会见室进行实地检察和巡视检察；

（二）查阅在押人员登记名册、伙食账簿、会见登记和会见手续；

（三）向在押人员及其亲属和监管民警了解情况，听取意见；

（四）在法定节日、重大活动之前或者期间，督促看守所进行安全防范和生活卫生检查。

第二十三条 发现看守所在教育管理活动中有下列情形的，应当及时提出纠正意见：

（一）监管民警体罚、虐待或者变相体罚、虐待在押人员的；

（二）监管民警为在押人员通风报信、私自传递信件物品、伪造立功材料的；

（三）没有按照规定对在押人员进行分别羁押的；

（四）监管民警违法使用警械具或者使用非法定械具的；

（五）违反规定对在押人员适用禁闭措施的；

（六）没有按照规定安排办案人员提讯的；

（七）没有按照规定安排律师及在押人员家属与在押人员会见的；

（八）没有及时治疗伤病在押人员的；

（九）没有执行在押人员生活标准规定的；

（十）没有按照规定安排在押人员劳动，存在在押人员超时间、超体力劳动情况的；

（十一）其他违反教育管理规定的。

第二十四条 驻所检察室应当与看守所建立联席会议制度，及时了解看守所发生的重大情况，共同分析监管执法和检察监督中存在的问题，研究改进工作的措施。联席会议每半年召开一次，必要时可以随时召开。

第二十五条 驻所检察室应当协助看守所对在押人员进行经常性的法制宣传教育。

驻所检察人员应当每周至少选择一名在押人员进行个别谈话，并及时与要求约见的在押人员谈话，听取情况反映，提供法律咨询，接收递交的材料等。

第五章 执行刑罚活动检察

第一节 留所服刑检察

第二十六条 留所服刑检察的内容：

（一）看守所办理罪犯留所服刑是否符合有关规定；

（二）对剩余刑期在一年以上罪犯留所服刑的，是否按照规定履行批准手续；

（三）看守所是否将未成年犯或者被决定劳教人员留所执行；

（四）看守所是否将留所服刑罪犯与其他在押人员分别关押。

第二十七条 留所服刑检察的方法：

（一）审查看守所《呈报留所服刑罪犯审批表》及相关材料；

（二）向有关人员了解留所服刑罪犯的表现情况；

（三）对留所服刑人员的监室实行巡视检察。

第二十八条 发现看守所办理罪犯留所服刑活动有下列情形的，应当及时提出纠正意见：

（一）对剩余刑期在一年以上罪犯留所服刑，看守所没有履行报批手续或者手续不齐全的；

（二）将未成年犯和劳教人员留所执行的；

（三）将留所服刑罪犯与其他在押人员混管混押的；

（四）其他违反留所服刑规定的。

第二节 减刑、假释、暂予监外执行检察

第二十九条 对看守所提请或者呈报减刑、假释、暂予监外执行活动检察的内容：

（一）提请或者呈报减刑、假释、暂予监外执行的罪犯，是否符合法律规定条件；

（二）提请或者呈报减刑、假释、暂予监外执行的程序是否符合法律和有关规定；

（三）对依法应当减刑、假释、暂予监外执行的罪犯，看守所是否提请或者呈报减刑、假释、暂予监外执行。

第三十条 对看守所提请或者呈报减刑、假释、暂予监外执行活动检察的方法：

（一）查阅被提请减刑、假释罪犯的案卷材料；

（二）审查被呈报暂予监外执行罪犯的病残鉴定和病历资料；

（三）列席看守所审核拟提请或者呈报罪犯减刑、假释、暂予监外执行的会议；

（四）向有关人员了解被提请或者呈报减刑、假释、暂予监外执行罪犯的表现等情况。

第三十一条 对于看守所提请或者呈报减刑、假释、暂予监外执行活动的检察情况，驻所检察室应当记入《看守所办理减刑、假释、暂予监外执行情

况登记表》。

第三十二条 本办法对看守所提请或者呈报减刑、假释、暂予监外执行检察的未尽事项，参照《人民检察院监狱检察办法》第三章刑罚变更执行检察的有关规定执行。

第六章 办理罪犯又犯罪案件

第三十三条 人民检察院监所检察部门负责公安机关侦查的留所服刑罪犯又犯罪案件的审查逮捕、审查起诉和出庭支持公诉，以及立案监督、侦查监督和审判监督等工作。

第三十四条 发现留所服刑罪犯在判决宣告前还有其他罪行没有判决的，应当分别情形作出处理：

（一）适宜于服刑地人民法院审理的，依照本办法第三十三条的规定办理；

（二）适宜于原审地或者犯罪地人民法院审理的，转交当地人民检察院办理；

（三）属于职务犯罪的，交由原提起公诉的人民检察院办理。

第三十五条 犯罪嫌疑人、被告人羁押期间的犯罪案件，由原办案机关处理。驻所检察室发现公安机关应当立案而没有立案的，应当告知本院侦查监督部门。

第七章 受理控告、举报和申诉

第三十六条 驻所检察室应当受理在押人员及其法定代理人、近亲属向检察机关提出的控告、举报和申诉，根据在押人员反映的情况，及时审查处理，并填写《控告、举报和申诉登记表》。

第三十七条 驻所检察室应当在看守所内设立检察官信箱，及时接收在押人员控告、举报和申诉材料。

第三十八条 驻所检察室对在押人员向检察机关提交的自首、检举和揭发犯罪线索等材料，依照本办法第三十六条的规定办理，并检察兑现政策情况。

第三十九条 驻所检察室办理控告、举报案件，对控告人或者举报人要求回复处理结果的，应当将调查核实情况反馈控告人、举报人。

第四十条 驻所检察室受理犯罪嫌疑人、被告人及其法定代理人、近亲属有关羁押期限的申诉，应当认真进行核实，并将结果及时反馈申诉人。

第四十一条 人民检察院监所检察部门审查留所服刑罪犯的刑事申诉，认为原判决或者裁定正确、申诉理由不成立的，应当将审查结果答复申诉人并做好息诉工作；认为原判决、裁定有错误可能，需要立案复查的，应当移送刑事申诉检察部门办理。

第八章 纠正违法和检察建议

第四十二条 纠正违法的程序：

（一）驻所检察人员发现轻微违法情况，可以当场提出口头纠正意见，并及时向驻所检察室负责人报告，填写《检察纠正违法情况登记表》；

（二）驻所检察室发现严重违法情况，或者在提出口头纠正意见后被监督单位七日内未予纠正且不说明理由的，应当报经本院检察长批准，及时发出《纠正违法通知书》；

（三）人民检察院发出《纠正违法通知书》后十五日内，被监督单位仍未纠正或者回复意见的，应当及时向上一级人民检察院报告。

对严重违法情况，驻所检察室应当填写《严重违法情况登记表》，向上一级人民检察院监所检察部门报送并续报检察纠正情况。

第四十三条 被监督单位对人民检察院的纠正违法意见书面提出异议的，

人民检察院应当复议。被监督单位对于复议结论仍然提出异议的，由上一级人民检察院复核。

第四十四条 发现刑罚执行和监管活动中存在执法不规范等可能导致执法不公和重大事故等苗头性、倾向性问题的，应当报经本院检察长批准，向有关单位提出检察建议。

第九章 其他规定

第四十五条 派驻检察人员每月派驻看守所检察时间不得少于十六个工作日，遇有突发事件时应当及时检察。

派驻检察人员应当将在押人员每日变动情况、开展检察工作情况和其他有关情况，全面、及时、准确地填入《看守所检察日志》。

第四十六条 驻所检察室实行检务公开制度。对新收押人员，应当及时告知其权利和义务。

第四十七条 派驻检察人员在工作中，故意违反法律和有关规定，或者严重不负责任，造成严重后果的，应当追究法律责任、纪律责任。

第四十八条 人民检察院看守所检察工作实行"一志一账六表"的检察业务登记制度。"一志一账六表"是指《看守所检察日志》、《在押人员情况检察台账》、《监外执行罪犯出所告知表》、《看守所办理减刑、假释、暂予监外执行情况登记表》、《重大事故登记表》、《控告、举报和申诉登记表》、《检察纠正违法情况登记表》和《严重违法情况登记表》。

驻所检察机构登记"一志一账六表"，应当按照"微机联网、动态监督"的要求，实行办公自动化管理。

第十章 附则

第四十九条 本办法与《人民检察院看守所检察工作图示》配套使用。

第五十条 本办法由最高人民检察院负责解释。

第五十一条 本办法自印发之日起施行。1990 年 5 月 11 日最高人民检察院监所检察厅《关于统一使用看守所检察业务登记表的通知》中看守所检察业务登记"一志八表"停止使用。

附件：《人民检察院看守所检察工作图示》和"一志一账六表"的印制式样（略）

人民检察院劳教检察办法

（2008 年 2 月 22 日最高人民检察院第十届检察委员会第九十四次会议通过）

第一章 总则

第一条 为规范劳教检察工作，根据全国人民代表大会常务委员会批准的《国务院关于劳动教养问题的决定》、《国务院关于劳动教养的补充规定》的规定，结合劳教检察工作实际，制定本办法。

第二条 人民检察院劳教检察的任务是：保证国家法律法规在劳动教养活动中的正确实施，维护劳教人员合法权益，维护劳教场所监管秩序稳定，保障惩治和矫正劳教人员工作的顺利进行。

第三条 人民检察院劳教检察的职责是：

（一）对劳教所执行劳教决定和监管活动是否合法实行监督；

（二）对劳教所呈报和劳教管理机关批准延期、减期、提前解教、所外执行、所外就医活动是否合法实行监督；

（三）对劳教执行和监管活动中发生的职务犯罪案件进行侦查，开展职务犯罪预防工作；

（四）对公安机关侦查的劳教人员犯罪案件审查逮捕、审查起诉和出庭支持公诉；对公安机关的立案、侦查活动和人民法院的审判活动是否合法实行监督；

（五）受理劳教人员及其法定代理人、近亲属的控告、举报和申诉；

（六）其他依法应当行使的监督职责。

第四条 人民检察院在劳教检察工作中，应当坚持依法独立行使检察权，坚持以事实为根据、以法律为准绳。

劳教检察人员履行法律监督职责，应当严格遵守法律，恪守检察职业道德，忠于职守，清正廉洁；应当坚持原则，讲究方法，注重实效。

第二章 入所、出所检察

第一节 入所检察

第五条 入所检察的内容：

（一）劳教所对被决定劳教人员的收容管理活动是否符合有关规定。

（二）劳教所收容劳教人员有无相关凭证：

1. 新收容劳教人员，是否具备劳动教养决定书和劳动教养通知书；

2. 被收回所内执行剩余劳教期的劳教人员，是否具备批准手续；

3. 从其他劳教所调入的劳教人员，是否具备审批手续。

（三）劳教所是否收容了不应当收容的人员。

第六条 入所检察的方法：

（一）劳教人员个别入所的，实行逐人检察；

（二）劳教人员集体入所的，实行重点检察；

（三）对新收劳教人员大队，实行巡视检察。

第七条 发现劳教所在收容管理活动中有下列情形的，应当及时提出纠正意见：

（一）没有入所凭证或者入所凭证不齐全的；

（二）收容劳教人员与入所凭证不符的；

（三）应当收容而拒绝收容的；

（四）收容怀孕的妇女、正在哺乳自己未满一周岁婴儿的妇女或者丧失劳动能力的人的；

（五）收容除法律、法规有特殊规定外的精神病人、呆傻人、盲、聋、哑人，严重病患者的；

（六）劳教人员入所后未按时通知其家属的；

（七）其他违反收容规定的。

第八条 派驻检察机构发现入所人员不符合劳动教养条件或者需要依法追究刑事责任的，应当在发现后三日内，报经本院检察长批准，将有关材料转交劳教审批地人民检察院监所检察部门办理。

劳教审批地人民检察院监所检察部门收到相关材料后，应当在十五日内进行核查，并将核查情况和处理意见反馈劳教执行地人民检察院监所检察部门。

第二节 出所检察

第九条 出所检察的内容：

（一）劳教所对解除劳教和劳教人

员出所管理活动是否符合有关规定。

（二）劳教人员出所有无相关凭证：

1. 解除劳教人员，是否具备解除劳动教养证明书、劳教审批机关撤销原劳教决定书、人民法院撤销原劳教决定的判决书；

2. 所外执行人员，是否具备所外执行劳教呈批表、所外执行劳教证明；

3. 所外就医人员，是否具备劳教人员所外就医呈批表、劳教人员所外就医证明；

4. 离所人员，是否具备拘留证、逮捕证、调离转所审批手续或者因办案需要临时离所批准手续；

5. 放假、准假人员，是否具备劳教人员放假、准假呈批表、劳教人员准假证明。

第十条 出所检察的方法：

（一）查阅出所人员的出所登记和出所凭证；

（二）与出所人员进行个别谈话，了解情况。

第十一条 发现劳教所在出所管理活动中有下列情形的，应当及时提出纠正意见：

（一）出所人员没有出所凭证或者出所凭证不齐全的；

（二）出所人员与出所凭证不符的；

（三）到期不及时办理解教手续或者无故扣押解教证明的；

（四）被刑事拘留、逮捕或者因办案需要临时离所以及调离转所人员，没有劳教所民警或者办案人员押解的；

（五）没有向解教人员居住地公安机关送达解除劳动教养通知书的；

（六）没有向所外执行、所外就医人员居住地公安机关送达有关法律文书的；

（七）其他违反出所规定的。

第三章 劳教变更执行检察

第十二条 对劳教所呈报劳教变更执行活动检察的内容：

（一）呈报延期、减期、提前解教、所外执行、所外就医的劳教人员，是否符合规定条件；

（二）呈报延期、减期、提前解教、所外执行、所外就医的程序，是否符合有关规定；

（三）对应当延期、减期、提前解教、所外执行、所外就医的劳教人员，劳教所是否呈报延期、减期、提前解教、所外执行、所外就医。

第十三条 对劳教所呈报劳教变更执行活动检察的方法：

（一）查阅被呈报延期、减期、提前解教、所外执行、所外就医劳教人员的案卷材料；

（二）查阅劳教人员所在中队办公会记录、计分考核原始凭证、劳教人员病历资料、医院诊断证明以及劳教所的审查意见；

（三）列席劳教所研究呈报延期、减期、提前解教、所外执行、所外就医的会议；

（四）向有关人员了解被呈报延期、减期、提前解教、所外执行、所外就医劳教人员的表现等情况。

第十四条 发现劳教所在呈报劳教变更执行活动中有下列情形的，应当及时提出纠正意见：

（一）对劳教期间表现不好或者有重新违法犯罪可能的劳教人员，呈报减期、提前解教、所外执行的；

（二）对多次流窜作案被劳教的人员呈报提前解教、所外执行的；

（三）对因吸毒被劳教尚未戒除毒瘾的人员呈报提前解教、所外执行的；

（四）对患有性病未治愈的劳教人员呈报提前解教、所外执行的；

（五）呈报所外就医人员没有劳教所医院或者指定地方县级以上医院出具的证明，或者没有家属提出书面申请或者担保的；

（六）其他违反呈报减期、提前解教、所外执行、所外就医规定的。

第十五条 派驻检察机构收到劳教所移送的呈报延期、减期、提前解教材料的，应当及时审查并签署意见。认为呈报延期、减期、提前解教不当的，应当提出纠正意见，填写《劳教所办理延期、减期、提前解教不当情况登记表》。所提纠正意见未被采纳的，可以报经本院检察长批准，向受理本案的劳教管理机关的同级人民检察院报送。

第十六条 派驻检察机构收到劳教所移送的呈报所外执行、所外就医材料的，应当及时审查并签署意见。认为呈报所外执行、所外就医不当的，应当提出纠正意见。

派驻检察机构应当将审查情况填入《劳教所办理所外执行、所外就医情况登记表》，报送受理本案的劳教管理机关的同级人民检察院监所检察部门。

第十七条 派驻检察机构发现延期、减期、提前解教、所外执行、所外就医的决定不当的，报经本院检察长批准，应当立即向作出批准决定的劳教管理机关的同级人民检察院监所检察部门报告。

人民检察院监所检察部门收到派驻检察机构的报告后，应当及时审查。认为延期、减期、提前解教、所外执行、所外就医不当的，应当向劳教管理机关提出书面纠正意见。

第四章 监管活动检察

第一节 禁闭检察

第十八条 禁闭检察的内容：

（一）适用禁闭是否符合规定条件；

（二）适用禁闭的程序是否符合有关规定；

（三）执行禁闭是否符合有关规定。

第十九条 禁闭检察的方法：

（一）对禁闭室进行现场检察；

（二）查阅禁闭登记和审批手续；

（三）听取被禁闭人和有关人员的意见。

第二十条 发现劳教所在适用禁闭活动中有下列情形的，应当及时提出纠正意见：

（一）对劳教人员适用禁闭不符合规定条件的；

（二）禁闭的审批手续不完备的；

（三）超期限禁闭的；

（四）使用戒具不符合有关规定的；

（五）其他违反禁闭规定的。

第二节 事故检察

第二十一条 事故检察的内容：

（一）劳教人员逃跑；

（二）劳教人员破坏监管秩序；

（三）劳教人员群体病疫；

（四）劳教人员伤残；

（五）劳教人员非正常死亡；

（六）其他事故。

第二十二条 事故检察的方法：

（一）派驻检察机构接到劳教所关于劳教人员逃跑、破坏监管秩序、群体病疫、伤残、死亡等事故报告，应当立即派员赴现场了解情况，并及时报告本院检察长；

（二）认为可能存在违法犯罪问题

的，派驻检察人员应当深入事故现场，调查取证；

（三）派驻检察机构与劳教所共同剖析事故原因，研究对策，完善监管措施。

第二十三条 劳教人员在所内因病死亡，其家属对劳教所提供的医疗鉴定有疑义向人民检察院提出的，人民检察院监所检察部门应当受理。经审查认为医疗鉴定有错误的，可以重新对死亡原因作出鉴定。

劳教人员非正常死亡的，人民检察院接到劳教所通知后，原则上应当在二十四小时内对尸体进行检验，对死亡原因进行鉴定，并根据鉴定结论依法及时处理。

第二十四条 对于劳教所发生的重大事故，派驻检察机构应当及时填写《重大事故登记表》，报送上一级人民检察院，同时对劳教所是否存在执法过错责任进行检察。

辖区内劳教所发生重大事故的，省级人民检察院应当检查派驻检察机构是否存在不履行或者不认真履行监督职责的问题。

第三节 教育管理活动检察

第二十五条 教育管理活动检察的内容：

（一）劳教所的教育管理活动是否符合有关规定；

（二）劳教人员的合法权益是否得到保障。

第二十六条 教育管理活动检察的方法：

（一）对劳教人员生活、学习、劳动现场和会见室进行实地检察和巡视检察；

（二）查阅劳教人员登记名册、伙食账簿、劳动记录、会见登记和会见手续；

（三）向劳教人员及其亲属和监管民警了解情况，听取意见；

（四）在法定节日、重大活动之前或者期间，督促劳教所进行安全防范和生活卫生检查。

第二十七条 发现劳教所在教育管理活动中有下列情形的，应当及时提出纠正意见：

（一）监管民警体罚、虐待或者变相体罚、虐待劳教人员的；

（二）没有按照规定对劳教人员实行分类编队、分级管理的；

（三）监管民警没有对劳教人员实行直接管理的；

（四）监管民警违法使用警械、戒具的；

（五）没有按照规定安排劳教人员与其亲属会见的；

（六）没有及时治疗伤病劳教人员的；

（七）没有执行劳教人员生活标准规定的；

（八）没有按照规定时间安排劳教人员劳动，存在劳教人员超时间、超体力劳动情况的；

（九）其他违反教育管理规定的。

第二十八条 派驻检察机构应当与劳教所建立联席会议制度，及时了解劳教所发生的重大情况，共同分析监管执法和检察监督中存在的问题，研究改进工作的措施。联席会议每半年召开一次，必要时可以随时召开。

第二十九条 派驻检察机构每半年协助劳教所对劳教人员进行一次集体法制宣传教育。

派驻检察人员应当每周至少选择一名劳教人员进行个别谈话，并及时与要求约见的劳教人员谈话，听取情况反映，提供法律咨询，接收递交的材料等。

第五章　办理劳教人员犯罪案件

第三十条　人民检察院监所检察部门负责公安机关侦查的劳教人员犯罪案件的审查逮捕、审查起诉和出庭支持公诉，以及立案监督、侦查监督和审判监督等工作。

第三十一条　发现劳教人员有未被追究刑事责任的犯罪事实的，应当分别情形作出处理：

（一）适宜于劳教执行地人民法院审理的，依照本办法第三十条的规定办理；

（二）适宜于原审批地或者犯罪地人民法院审理的，转交当地人民检察院办理。

第六章　受理控告、举报和申诉

第三十二条　派驻检察机构应当受理劳教人员及其法定代理人、近亲属向检察机关提出的控告、举报和申诉，根据劳教人员反映的情况，及时审查处理，并填写《控告、举报和申诉登记表》。

第三十三条　派驻检察机构应当在劳教所内设立检察官信箱，接收劳教人员控告、举报和申诉材料。信箱应当每周开启。

派驻检察人员应当每月定期接待劳教人员近亲属、监护人来访，受理控告、举报和申诉，提供法律咨询。

第三十四条　派驻检察机构对劳教人员向检察机关提交的自首、检举和揭发犯罪线索等材料，依照本办法第三十二条的规定办理，并检察兑现政策情况。

第三十五条　派驻检察机构办理控告、举报案件，对控告人、举报人要求回复处理结果的，应当将调查核实情况反馈控告人、举报人。

第三十六条　人民检察院监所检察部门审查不服劳教决定的申诉，认为原决定正确、申诉理由不成立的，应当将审查结果答复申诉人并作好息诉工作；认为原决定有错误可能，需要复查的，应当移送原劳教审批地的人民检察院监所检察部门办理。

第七章　纠正违法和检察建议

第三十七条　纠正违法的程序：

（一）派驻检察人员发现轻微违法情况，可以当场提出口头纠正意见，并及时向派驻检察机构负责人报告，填写《检察纠正违法情况登记表》；

（二）派驻检察机构发现严重违法情况，或者在提出口头纠正意见后被监督单位七日内未予纠正且不说明理由的，应当报经本院检察长批准，及时发出《纠正违法通知书》；

（三）人民检察院发出《纠正违法通知书》后十五日内，被监督单位仍未纠正或者回复意见的，应当及时向上一级人民检察院报告。

对严重违法情况，派驻检察机构应当填写《严重违法情况登记表》，向上一级人民检察院监所检察部门报送并续报检察纠正情况。

第三十八条　被监督单位对人民检察院的纠正违法意见书面提出异议的，人民检察院应当复议。被监督单位对于复议结论仍然提出异议的，由上一级人民检察院复核。

第三十九条　检察发现劳教执行和监管活动中存在执法不规范等可能导致执法不公和重大事故等苗头性、倾向性问题的，应当报经本院检察长批准，向有关单位提出检察建议。

第八章　其 他 规 定

第四十条　派驻检察人员每月派驻

劳教所检察时间不得少于十六个工作日，遇有突发事件时应当及时检察。

派驻检察人员应当将劳教人员每日变动情况、开展检察工作情况和其他有关情况，全面、及时、准确地填入《劳教检察日志》。

第四十一条 驻所检察机构实行检务公开制度。对新收容劳教人员，应当及时告知其权利和义务。

第四十二条 派驻检察人员在工作中，故意违反法律和有关规定，或者严重不负责任，造成严重后果的，应当追究法律责任、纪律责任。

第四十三条 人民检察院劳教检察工作实行"一志六表"的检察业务登记制度。"一志六表"是指《劳教检察日志》、《劳教所办理延期、减期、提前解教不当情况登记表》、《劳教所办理所外执行、所外就医情况登记表》、《重大事故登记表》、《控告、举报和申诉登记表》、《检察纠正违法情况登记表》和《严重违法情况登记表》。

派驻检察机构登记"一志六表"，应当按照"微机联网、动态监督"的要求，实行办公自动化管理。

第九章 附 则

第四十四条 本办法与《人民检察院劳教检察工作图示》配套使用。

第四十五条 本办法由最高人民检察院负责解释。

第四十六条 本办法自印发之日起施行。1992年10月7日最高人民检察院办公厅印发的《关于劳改、劳教检察工作实行经常化、制度化的意见》中劳教检察业务登记"一志十表"停止使用。

附件：《人民检察院劳教检察工作图示》和"一志六表"的印制式样（略）

人民检察院监外执行检察办法

（2008年2月22日最高人民检察院第十届检察委员会第九十四次会议通过）

第一章 总 则

第一条 为规范监外执行检察工作，根据《中华人民共和国刑法》、《中华人民共和国刑事诉讼法》等法律规定，结合监外执行检察工作实际，制定本办法。

第二条 人民检察院监外执行检察的任务是：保证国家法律法规在刑罚执行活动中的正确实施，维护监外执行罪犯合法权益，维护社会和谐稳定。

第三条 人民检察院监外执行检察的职责是：

（一）对人民法院、监狱、看守所交付执行活动是否合法实行监督；

（二）对公安机关监督管理监外执行罪犯活动是否合法实行监督；

（三）对公安机关、人民法院、监狱、看守所变更执行活动是否合法实行监督；

（四）对监外执行活动中发生的职务犯罪案件进行侦查，开展职务犯罪预防工作；

（五）其他依法应当行使的监督

职责。

第四条 人民检察院在监外执行检察工作中，应当坚持依法独立行使检察权，坚持以事实为根据、以法律为准绳。

检察人员履行法律监督职责，应当严格遵守法律，恪守检察职业道德，忠于职守，清正廉洁；应当坚持原则，讲究方法，注重实效。

第二章 交付执行检察

第五条 交付执行检察的内容：

（一）人民法院、监狱、看守所交付执行活动是否符合有关法律规定；

（二）人民法院、监狱、看守所交付执行的相关法律手续是否完备；

（三）人民法院、监狱、看守所交付执行是否及时。

第六条 交付执行检察的方法：

（一）监所检察部门收到本院公诉部门移送的人民法院判处管制、独立适用剥夺政治权利、宣告缓刑、决定暂予监外执行的法律文书后，应当认真审查并登记，掌握人民法院交付执行的情况；

（二）通过对人民检察院派驻监狱、看守所检察机构的《监外执行罪犯出监（所）告知表》内容进行登记，掌握监狱、看守所向执行地公安机关交付执行被裁定假释、批准暂予监外执行以及刑满释放仍需执行附加剥夺政治权利的罪犯情况；

（三）向执行地公安机关了解核查监外执行罪犯的有关法律文书送达以及监外执行罪犯报到等情况。

第七条 发现在交付执行活动中有下列情形的，应当及时提出纠正意见：

（一）人民法院、监狱、看守所没有向执行地公安机关送达监外执行罪犯有关法律文书或者送达的法律文书不齐全的；

（二）监狱没有派员将暂予监外执行罪犯押送至执行地公安机关的；

（三）人民法院、监狱、看守所没有将监外执行罪犯的有关法律文书抄送人民检察院的；

（四）人民法院、监狱、看守所因交付执行不及时等原因造成监外执行罪犯漏管的；

（五）其他违反交付执行规定的。

第八条 县、市、区人民检察院对辖区内的监外执行罪犯，应当逐一填写《罪犯监外执行情况检察台账》，并记录有关检察情况。

第三章 监管活动检察

第九条 监管活动检察的内容：

（一）公安机关监督管理监外执行罪犯活动是否符合有关法律规定；

（二）监外执行罪犯是否发生脱管现象；

（三）监外执行罪犯的合法权益是否得到保障。

第十条 监管活动检察的方法：

（一）查阅公安机关监外执行罪犯监督管理档案；

（二）向协助公安机关监督考察监外执行罪犯的单位和基层组织了解、核实有关情况；

（三）与监外执行罪犯及其亲属谈话，了解情况，听取意见。

第十一条 发现公安机关在监管活动中有下列情形的，应当及时提出纠正意见：

（一）没有建立监外执行罪犯监管档案和组织的；

（二）没有向监外执行罪犯告知应当遵守的各项规定的；

（三）监外执行罪犯迁居，迁出地公安机关没有移送监督考察档案，迁入地公安机关没有接续监管的；

（四）对监外执行罪犯违法或者重新犯罪，没有依法予以治安处罚或者追究刑事责任的；

（五）公安民警对监外执行罪犯有打骂体罚、侮辱人格等侵害合法权益行为的；

（六）公安机关没有及时向人民检察院通报对监外执行罪犯的监督管理情况的；

（七）其他违反监督管理规定的。

第十二条 人民检察院监所检察部门应当与公安机关、人民法院的有关部门建立联席会议制度，及时通报有关情况，分析交付执行、监督管理活动和检察监督中存在的问题，研究改进工作的措施。联席会议可每半年召开一次，必要时可以随时召开。

第四章 变更执行检察

第一节 收监执行检察

第十三条 收监执行检察的内容：

（一）公安机关撤销缓刑、假释的建议和对暂予监外执行罪犯的收监执行是否符合有关法律规定；

（二）人民法院撤销缓刑、假释裁定是否符合有关法律规定；

（三）监狱、看守所收监执行活动是否符合有关法律规定。

第十四条 收监执行检察的方法：

（一）查阅公安机关记录缓刑、假释、暂予监外执行罪犯违法违规情况的相关材料；

（二）向与缓刑、假释、暂予监外执行罪犯监管有关的单位、基层组织了解有关情况；

（三）必要时可以与违法违规的缓刑、假释、暂予监外执行罪犯谈话，了解情况。

第十五条 发现在收监执行活动中有下列情形的，应当及时提出纠正意见：

（一）公安机关对缓刑罪犯在考验期内违反法律、行政法规或者公安部门监督管理规定，情节严重，没有及时向人民法院提出撤销缓刑建议的；

（二）公安机关对假释罪犯在考验期内违反法律、行政法规或者公安部门监督管理规定，尚未构成新的犯罪，没有及时向人民法院提出撤销假释建议的；

（三）原作出缓刑、假释裁判的人民法院收到公安机关提出的撤销缓刑、假释的建议书后没有依法作出裁定的；

（四）公安机关对人民法院裁定撤销缓刑、假释的罪犯，没有及时送交监狱或者看守所收监执行的；

（五）公安机关对具有下列情形之一的暂予监外执行罪犯，没有及时通知监狱、看守所收监执行的：

1. 未经公安机关批准擅自外出，应当收监执行的；

2. 骗取保外就医的；

3. 以自伤、自残、欺骗等手段故意拖延保外就医时间的；

4. 办理保外就医后无故不就医的；

5. 违反监督管理规定经教育不改的；

6. 暂予监外执行条件消失且刑期未满的。

（六）监狱、看守所收到公安机关对暂予监外执行罪犯的收监执行通知后，没有及时收监执行的；

（七）不应当收监执行而收监执行的；

（八）其他违反收监执行规定的。

第二节 减刑检察

第十六条 减刑检察的内容：

（一）提请、裁定减刑罪犯是否符合法律规定条件；

（二）提请、裁定减刑的程序是否符合法律和有关规定；

（三）对依法应当减刑的罪犯是否提请、裁定减刑。

第十七条 减刑检察的方法：

（一）查阅被提请减刑罪犯的案卷材料；

（二）向有关人员了解被提请减刑罪犯的表现等情况；

（三）必要时向提请、裁定减刑的机关了解有关情况。

第十八条 本办法对管制、缓刑罪犯的减刑检察的未尽事项，参照《人民检察院监狱检察办法》第三章刑罚变更执行检察的有关规定执行。

第十九条 县、市、区人民检察院监所检察部门应当将提请、裁定减刑检察活动情况，填入《监外执行罪犯减刑情况登记表》。

第五章 终止执行检察

第二十条 终止执行检察的内容：

（一）终止执行的罪犯是否符合法律规定条件；

（二）终止执行的程序是否合法，是否具备相关手续。

第二十一条 终止执行检察的方法：

（一）查阅刑事判决（裁定）书等法律文书中所确定的监外执行罪犯的刑期、考验期；

（二）了解公安机关对终止执行罪犯的释放、解除等情况；

（三）与刑期、考验期届满的罪犯谈话，了解情况，听取意见。

第二十二条 发现在终止执行活动中有下列情形的，应当及时提出纠正意见：

（一）公安机关对执行期满的管制罪犯，没有按期宣布解除并发给《解除管制通知书》的；

（二）公安机关对执行期满的剥夺政治权利罪犯，没有按期向其本人和所在单位、居住地群众宣布恢复其政治权利的；

（三）公安机关对考验期满的缓刑、假释罪犯没有按期予以公开宣告的；

（四）公安机关对刑期届满的暂予监外执行罪犯没有通报监狱的；监狱对刑期届满的暂予监外执行罪犯没有办理释放手续的；

（五）公安机关对死亡的监外执行罪犯，没有及时向原判人民法院或者原关押监狱、看守所通报的；

（六）公安机关、人民法院、监狱、看守所对刑期、考验期限未满的罪犯提前释放、解除、宣告的；

（七）其他违反终止执行规定的。

第六章 纠正违法和检察建议

第二十三条 纠正违法的程序：

（一）监所检察人员发现轻微违法情况，可以当场提出口头纠正意见，并及时向监所检察部门负责人报告，填写《检察纠正违法情况登记表》；

（二）监所检察部门发现严重违法情况，或者在提出口头纠正意见后被监督单位七日内未予纠正且不说明理由的，应当报经本院检察长批准，及时发出《纠正违法通知书》；

（三）人民检察院发出《纠正违法通知书》后十五日内，被监督单位仍未纠正或者回复意见的，应当及时向上一级人民检察院报告。

对严重违法情况，监所检察部门应当填写《严重违法情况登记表》，向上一级人民检察院监所检察部门报送并续报检察纠正情况。

第二十四条 被监督单位对人民检

察院的纠正违法意见书面提出异议的，人民检察院应当复议。被监督单位对于复议结论仍然提出异议的，由上一级人民检察院复核。

第二十五条 发现对于监外执行罪犯的交付执行、监督管理活动中存在执法不规范、管理不严格等可能导致执法不公等苗头性、倾向性问题的，应当报经本院检察长批准，向有关单位提出检察建议。

第七章 其他规定

第二十六条 人民检察院开展监外执行检察工作，可以采取定期与不定期检察，全面检察与重点检察，会同有关部门联合检查等方式进行。

县、市、区人民检察院在监外执行检察工作中，每半年至少开展一次全面检察。

第二十七条 检察人员在工作中，故意违反法律和有关规定，或者严重不负责任，造成严重后果的，应当追究法律责任、纪律责任。

第二十八条 人民检察院监外执行检察工作实行“一账三表”的检察业务登记制度。“一账三表”是指《罪犯监外执行情况检察台账》、《检察纠正违法情况登记表》、《严重违法情况登记表》、《监外执行罪犯减刑情况登记表》。

监所检察部门登记“一账三表”，应当按照“微机联网、动态监督”的要求，实现办公自动化管理。

第八章 附则

第二十九条 本办法由最高人民检察院负责解释。

第三十条 本办法自印发之日起施行。

附件：“一账三表”的印制式样（略）

最高人民检察院　国家安全部关于国家安全机关设置的看守所依法接受人民检察院法律监督有关事项的通知

（1997年8月21日　高检会〔1997〕2号）

各省、自治区、直辖市人民检察院，国家安全厅（局）：

近年来，国家安全机关根据工作需要，在各省、自治区、直辖市陆续建成一批看守所，依法收押了一批危害国家安全的犯罪嫌疑人、被告人。为保障刑事诉讼活动的顺利进行，维护国家法律统一正确实施，根据《中华人民共和国刑事诉讼法》、《中华人民共和国看守所条例》的规定，人民检察院应当对国家安全机关设置的看守所实行法律监督，现将有关事项通知如下：

一、人民检察院对国家安全机关设置的看守所的执法活动实行法律监督，由主管该看守所的国家安全机关的同级人民检察院负责。

二、人民检察院对国家安全机关设置的看守所的执法活动进行检察的方式，可根据其羁押人数，监管任务轻重决定派驻检察或定期巡回检察。

三、国家安全机关设置的看守所应当依法接受人民检察院的法律监督，定期向对该看守所有法律监督职责的人民检察院通报监管情况；对人民检察院提出纠正违法的意见，应当认真进行研究，并对违法情况及时采取有效措施予以纠正；对发生的有关犯罪案件，要主动配合检察机关依法查处。

公安机关对被管制、剥夺政治权利、缓刑、假释、保外就医罪犯的监督管理规定

（1995年2月21日　公安部令第23号）

第一章　总　　则

第一条　为了保障刑事诉讼的顺利进行和刑事判决、裁定的严格执行，加强对被管制、剥夺政治权利、缓刑、假释、保外就医罪犯的监督管理，根据刑法、刑事诉讼法和治安管理处罚条例，制定本规定。

第二条　对被管制、剥夺政治权利、缓刑、假释、保外就医罪犯的监督管理，由县（市）公安局、城市公安分局负责组织实施。

第三条　公安机关对被管制、剥夺政治权利、缓刑、假释、保外就医罪犯进行监督管理，必须落实监督管理责任制，依法管理、文明管理。

第四条　公安机关收到人民法院对罪犯作出的管制、剥夺政治权利、缓刑、假释、保外就医的判决、裁定、决定或者监狱管理机关对罪犯批准保外就医的决定后，应当及时组成监督考察小组，建立被监督管理犯罪档案，并制定和落实监督管理的具体措施。

第五条　经公安机关批准，被管制、剥夺政治权利、缓刑、假释、保外就医的罪犯迁居时，原执行的公安机关应当向迁入地负责执行的公安机关介绍罪犯的情况，移送监督考察档案。

第六条　公安机关应当向人民检察院、人民法院和监狱管理机关及时通报被管制、剥夺政治权利、缓刑、假释、保外就医罪犯的监督管理情况。

第七条　公安机关对被管制、剥夺政治权利、缓刑、假释、保外就医罪犯的监督管理工作，接受人民检察院的监督。

第二章　对被管制、剥夺政治权利罪犯的监督管理

第八条　对被判处管制、剥夺政治权利的罪犯，县（市）公安局、城市公安分局应当指定罪犯居住地的公安派出所具体负责监督考察，罪犯居住地街道居民委员会、村民委员会或者原所在单位协助进行监督。

第九条　负责监督考察被管制、剥夺政治权利罪犯的公安机关，应当按照人民法院的判决，向罪犯及其原所在单位或者居住地的群众，宣布其犯罪事实、被管制或者剥夺政治权利的期限，以及罪犯在执行期间必须遵守的规定。

第十条　公安机关应当向被判处管制的罪犯宣布，在服刑期间必须遵守下列规定：

（一）遵守国家法律、法规和公安部制定的有关规定；

（二）积极参加生产劳动或者工作；

（三）定期向监督考察小组报告自

己的活动情况；

（四）迁居或者离开所居住区域时必须经公安机关批准；

（五）遵守公安机关制定的具体监督管理措施。

第十一条 被管制的罪犯需要离开所居住区域的，必须经公安机关批准，取得外出证明。到达和离开目的地时，必须向当地公安派出所报告，并由目的地公安派出所在外出证明上注明往返时间及表现情况。返回执行地时，必须立即报告并将证明交回公安机关。

第十二条 公安机关应当向被判处剥夺政治权利的罪犯宣布，在执行期间必须遵守下列规定：

（一）遵守国家法律、法规和公安部制定的有关规定；

（二）不得享有选举权和被选举权；

（三）不得组织或者参加集会、游行、示威、结社活动；

（四）不得接受采访、发表演说；

（五）不得在境内外发表、出版、发行有损国家荣誉、利益或者其他具有社会危害性的言论、书籍、音像制品等；

（六）不得担任国家机关职务；

（七）不得担任企业、事业单位和人民团体领导职务；

（八）遵守公安机关制定的具体监督管理措施。

第十三条 对被管制、剥夺政治权利的罪犯违反本规定尚未构成犯罪的，由公安机关依法给予治安管理处罚；构成犯罪的，依法追究刑事责任。

第十四条 管制、剥夺政治权利执行期满，公安机关应当通知本人，并向群众公开宣布解除管制或者恢复政治权利。

罪犯在管制、剥夺政治权利期间死亡的，公安机关应当及时通报原判人民法院或者原关押监狱。

解除管制的，应当发给《解除管制通知书》，其中被附加剥夺政治权利的，应当同时宣布恢复政治权利。

第三章 对被宣告缓刑、假释罪犯的监督管理

第十五条 对被宣告缓刑、假释的罪犯，在缓刑、假释考验期限内，由县（市）公安局、城市公安分局指定罪犯居住地公安派出所进行监督考察，罪犯居住地街道居民委员会、村民委员会或者原所在单位协助进行监督。

第十六条 负责监督考察被宣告缓刑、假释罪犯的公安机关，应当根据人民法院的判决、裁定，向罪犯原所在单位或者住地的群众，宣布其犯罪事实、考察期限，以及考验期间必须遵守的规定。

第十七条 公安机关应当向被宣告缓刑或者假释的罪犯宣布必须遵守下列规定：

（一）遵守国家法律、法规和公安部制定的有关规定；

（二）定期向执行机关报告自己的活动情况；

（三）迁居或者离开所居住区域必须经公安机关批准；

（四）附加剥夺政治权利的缓刑、假释罪犯必须遵守本规定第十二条的规定；

（五）遵守公安机关制定的具体监督管理措施。

第十八条 对被宣告缓刑、假释的罪犯，公安机关应当定期向罪犯原所在单位或者居住地的街道居民委员会、村民委员会了解其表现情况，建立考察档案。

第十九条 被宣告假释的罪犯在考

验期限内有违反本规定的行为，尚未构成新的犯罪有收监必要的，公安机关应当向人民法院提出撤销假释的建议。人民法院裁定撤销假释的，公安机关应当及时将罪犯送交监狱收监执行。

第二十条 对被宣告缓刑、假释的罪犯违反本规定尚未构成犯罪的，由公安机关依法给予治安管理处罚；构成犯罪的，公安机关应当依法报请人民法院撤销缓刑、假释，追究其刑事责任。

第二十一条 缓刑考验期满，被宣告缓刑的罪犯在缓刑考验期间没有再犯新罪的，原判刑罚不再执行，公安机关应当向本人宣布并通报原判决人民法院。

假释考验期满，被宣告假释的罪犯在考验期间没有再犯新罪的，就认为原判刑罚已经执行完毕，公安机关应当向本人宣布并通报原裁定人民法院和罪犯原关押的监狱。

罪犯在缓刑、假释期间死亡的，公安机关应当及时通报原判人民法院和原关押监狱。

第四章 对保外就医罪犯的监督管理

第二十二条 对被保外就医的罪犯，由县（市）公安局、城市公安分局指定罪犯居住地或者就医地的公安派出所负责监督，街道居民委员会、村民委员会或者原所在单位协助进行监督。必要时，公安机关可以指派专人进行监护。

第二十三条 公安机关应当向被保外就医的罪犯及其原所在单位和居住地群众宣布其犯罪事实、保外就医的原因以及罪犯在保外就医期间必须遵守的规定。

第二十四条 公安机关应当向被保外就医的罪犯宣布，在保外就医期间必须遵守下列规定：

（一）遵守国家法律、法规和公安部制定的有关规定；

（二）在指定的医院接受治疗；

（三）确因治疗、护理的特殊要求，需要转院或者离开所居住区域的，必须经公安机关批准；

（四）进行治疗疾病以外的社会活动必须经公安机关批准；

（五）遵守公安机关制定的具体监督管理措施。

第二十五条 公安机关发现被保外就医的罪犯具有下列情形之一的，应当通知原关押监狱及时收监：

（一）骗取保外就医的；

（二）经治疗疾病痊愈或者病情基本好转可以收监的；

（三）以自伤、自残、欺骗等手段故意拖延保外就医时间的；

（四）办理保外就医后并不就医的；

（五）违反监督管理规定经教育不改的。

第二十六条 对被保外就医的罪犯在保外就医期间违反本规定尚未构成犯罪的，由公安机关依法给予治安管理处罚；构成犯罪的，应当依法追究刑事责任。

第二十七条 罪犯在保外就医期间刑期届满的，公安机关应当及时通报原服刑的监狱，办理释放手续。

罪犯在保外就医期间死亡的，公安机关应当及时通报原关押监狱。

第五章 附 则

第二十八条 本规定自发布之日起施行。

公安部关于认真做好罪犯保外就医工作的通知

（1997年5月23日　公通字〔1997〕29号）

各省、自治区、直辖市公安厅、局：

罪犯保外就医是一项严肃的执法活动。目前，各地公安机关依法对罪犯的保外就医工作做得基本上是好的，不仅使保外就医罪犯的疾病得到及时治疗，而且为教育、挽救和改造罪犯创造了条件，体现了社会主义人道主义精神。但是，一些地方的公安机关在这项工作中也存在不少问题：一是对罪犯保外就医的条件、程序掌握不严，把一些不符合保外就医条件甚至无疾病诊断证明的罪犯保外就医；二是徇私枉法，弄虚作假，利用保外就医明保暗放，致使一些罪犯逍遥法外，有的甚至继续作案，危害社会；三是对保外就医罪犯的监督管理不到位，致使部分保外就医罪犯脱管失控。上述问题，群众反映很大，不仅严重损害了法律的尊严，损害了公安机关的执法形象，影响了党和政府的声誉，而且放纵了犯罪分子，给社会治安带来了潜在危害，甚至影响社会稳定，必须引起各地公安机关的高度重视。为进一步做好罪犯保外就医工作，现就有关事项通知如下：

一、各地公安机关要在近期内对看守所保外就医的罪犯进行一次彻底检查清理，逐所逐人进行审查登记。按照规定，该收监的收监，该续保的办理续保手续；刑满或者死亡的，分别办理释放和注销手续；下落不明或潜逃的，要落实查找追逃责任。

二、对看守所罪犯保外就医，要严格执行有关法律和规定，做到符合条件，程序合法，手续完备。各级公安机关纪检监察部门，要把对罪犯保外就医执法情况检查监督作为一件大事来抓，对违反法律和规定的，一律要依法严肃处理。

三、对人民法院判决生效后被交付执行刑罚前，余刑在一年以上的罪犯，看守所要依法及时送监狱执行，对极个别因特殊需要留在看守所执行的，要按规定从严审批。对监狱拒收的，要及时报告当地党委、政府协调解决。

四、各地公安机关要主动加强与人民检察院、人民法院及监狱管理部门的联系，完善制度，协同工作，共同做好罪犯保外就医工作。

五、各地公安机关要认真执行《公安部关于对管制、剥夺政治权利、缓刑、假释、保外就医罪犯的监督管理规定》，健全制度，落实责任制，进一步做好对保外就医罪犯的监督管理工作。

六、对检查清理中发现的问题，要采取切实有效的措施，务必于今年内全部纠正完毕。除对违法违纪的直接责任人追究有关责任外，还要按照《公安机关追究领导责任暂行规定》追究有关领导责任，构成犯罪的依法追究刑事责任。各地清理和纠正处理情况于年底前专题报部。

公安部关于被判处管制的罪犯在管制执行期间实施违法行为如何处理有关问题的批复

（2001 年 8 月 11 日　公复字〔2001〕15 号）

山东省公安厅：

你厅《关于复议申请人在管制期间实施新的违法行为可否审批劳动教养等问题的请示》（鲁公传发〔2001〕1105 号）收悉。现批复如下：

一、对被判处管制的罪犯在管制执行期间实施违反法律、行政法规和国务院公安部门有关监督管理规定的行为，尚未构成犯罪的，应当依法予以治安管理处罚，其中，依法予以治安拘留的，应当在治安拘留执行期满后继续执行管制，治安拘留时间不计入管制期限；符合劳动教养条件的，可以依法决定劳动教养，劳动教养执行期满后继续执行管制；构成犯罪的，应当依法追究刑事责任。

二、行政复议机关在审查被劳动教养人员不服劳动教养决定申请行政复议的案件时，认为行政复议申请人的违法行为已构成犯罪，依法应当追究刑事责任的，应当依法撤销劳动教养决定，并退回原办案单位按照刑事诉讼法侦查终结后移送起诉。

十二、未成年人犯罪刑事诉讼程序

最高人民法院　最高人民检察院　公安部　司法部关于办理少年刑事案件建立互相配套工作体系的通知

（1991 年 6 月 1 日　法(研)发〔1991〕17 号）

各省、自治区、直辖市高级人民法院、人民检察院、公安厅（局）、司法厅（局）：

近年来，少年犯罪日益严重，已引起全社会的关注，也引起各级司法机关的普遍重视。一些地区针对少年犯罪的特点，在办理少年刑事案件方面进行了积极的探索和大胆的实践，总结出不少好的经验。目前，有些地方的公安、检察、法院和司法行政机关密切配合，初步形成办理少年刑事案件和管教少年罪犯配套的工作体系，产生了很好的社会效果，对于促进社会治安的综合治理，预防和减少犯罪，保障社会稳定，发挥了积极的作用。

为了进一步贯彻对违法犯罪少年教育、感化、挽救的方针，完善具有我国特色的少年司法制度，公安、检察、法院、司法行政各部门应加强互相间的联系，并逐步建立办理少年刑事案件的相应机构，使各个环节相互衔接起来，以加强对少年犯罪的治理和防范工作。为此，特作如下规定：

一、看守所应严格执行《看守所条例》，对于羁押的少年犯应当与成年人犯分押分管；暂不具备条件的，也应当尽量避免把他们与屡教不改的惯犯、累犯和恶习很深的人犯关押在一起。

对少年人犯案件的侦查、预审工作，公安机关应确定专门办案人员或者侧重办理少年人犯刑事案件的人员，有条件的地方，也可设立专门机构。对少年人犯的讯问要采取不同于成年人的审讯方式、方法，在讯问中应进行耐心细致的教育、疏导工作；了解少年人犯作案的动机和成因，并记录在卷，以便积累资料，总结经验，改进工作。

公安机关依照法律规定，对被判处管制和被判处拘役宣告缓刑、三年以下有期徒刑宣告缓刑的少年罪犯，应加强考察的组织和实施工作。

二、人民检察院应根据办理少年刑事案件的特点和需要，逐步建立专门机构。目前，设立专门机构条件不成熟的，应指定专人负责办理此类案件。

在办理少年刑事案件中，检察机关同有关部门要加强联系，通过办案耐心细致地做好对少年被告人的教育、感化、挽救工作。

人民检察院要加强对侦查活动、审判活动和少年监所的监督，保证准确执行法律，同时注意保障少年被告人的合法权益。

三、人民法院办理少年刑事案件，要严格执行刑法、刑事诉讼法和最高人民法院《关于办理少年刑事案件的若干规定（试行）》。人民法院应当设立少年法庭或者指定专人负责办理少年刑事案件。在审判过程中，应根据少年被告人的生理和心理特点，采取不同于成年被告人的方式、方法，注重疏导，寓教于审，惩教结合，准确、合法、及时地查明犯罪事实、核实证据，并且帮助少年被告人认识犯罪原因和犯罪行为的社会危害性。少年法庭要注意发挥法定代理人或者其他监护人的作用，争取他们配合做少年被告人的教育、感化工作。对判决后的少年罪犯，少年法庭可以通过各种方式，采取不同形式，做好回访、考察和帮教工作。

人民法院审结少年刑事案件后，应认真详细地填写结案登记表，连同生效的判决副本、执行通知书一并送达少年管教所。

四、司法行政机关要加强法制宣传工作，为教育少年遵纪守法、预防和减少少年犯罪做好工作。

少年刑事案件必须有律师参加辩护。有条件的律师事务所应有专人承担少年被告人的辩护。律师在辩护过程中，要多做少年被告人的教育、感化工作。

少年管教所要认真贯彻执行“以教育改造为主，轻微劳动为辅”的方针，坚持半天学习、半天劳动制度。要尽可能地做到对不同类型的少年罪犯实行分管分押。要设专职人员对少年罪犯进行文化、法制、劳动技能教育，为他们回到社会就业创造条件。要加强与少年法庭的联系与协作，为少年法庭提供少年罪犯改造的情况。

五、对于具备减刑、假释条件的少年罪犯，执行机关应当及时提出书面意见报请人民法院审核裁定。少年罪犯改造与成年罪犯不同，可塑性大，变化快，人民法院对少年罪犯的减刑、假释，在掌握标准上可以比照成年罪犯依法适度放宽。

对于在押的少年罪犯及其家属提出的申诉，人民法院或者人民检察院应当指定专人及时办理。对于少管所转递的申诉，人民法院应将办理结果尽快答复少管所。

六、办理少年刑事案件，建立互相配套的工作体系，公安、检察、法院和司法行政部门要认真做好这项工作，确定一名负责同志分管此项工作。各部门要充分发挥各自的职能作用，从不同方面对少年罪犯进行教育、改造，发挥政法部门整体工作优势，以取得矫治、改造少年罪犯的最佳效果。必要时，政法四机关可以建立联席会议制度。

各部门应当为抓紧落实以上各项要求努力创造条件。遇有问题，及时向有关上级部门报告，以便统筹解决。

人民检察院办理未成年人刑事案件的规定

（2006 年 12 月 28 日最高人民检察院第十届检察委员会第 68 次会议通过）
高检发〔2002〕8 号

第一章　总　　则

第一条　为切实保障未成年犯罪嫌疑人、被告人和未成年罪犯的合法权益，正确履行检察职责，根据刑法、刑事诉讼法、未成年人保护法、预防未成年人犯罪法等有关法律的规定，结合人民检察院办理未成年人刑事案件工作实际，制定本规定。

第二条　人民检察院办理未成年人刑事案件，实行教育、感化、挽救的方针，坚持教育为主、惩罚为辅的原则。

第三条　人民检察院要加强同政府有关部门、共青团、妇联、工会等人民团体以及学校和未成年人保护组织的联系和配合，加强对违法犯罪的未成年人的教育和挽救，共同做好未成年人犯罪预防工作。

人民检察院办理未成年人刑事案件，可以应犯罪嫌疑人家属、被害人及其家属的要求，告知其审查逮捕、审查起诉的进展情况，并对有关情况予以说明和解释。

第四条　人民检察院办理未成年人刑事案件，应当依法保护涉案未成年人的名誉，尊重其人格尊严，不得公开或者传播涉案未成年人的姓名、住所、照片、图像及可能推断出该未成年人的资料。

人民检察院办理刑事案件，应当依法保护未成年被害人、证人以及其他与案件有关的未成年人的合法权益。

第五条　人民检察院一般应当设立专门工作机构或者专门工作小组办理未成年人刑事案件，不具备条件的应当指定专人办理。

未成年人刑事案件一般应当由熟悉未成年人身心发展特点，善于做未成年人思想教育工作的检察人员承办。

第六条　人民检察院办理未成年人刑事案件，应当考虑未成年人的生理和心理特点，根据其平时表现、家庭情况、犯罪原因、悔罪态度等，实施针对性教育。

第七条　未成年人刑事案件的法律文书和工作文书，应当注明未成年人的出生年月日。

对未成年犯罪嫌疑人、被告人、未成年罪犯的有关情况和办案人员开展教育感化工作的情况，应当记录在卷，随案移送。

第二章　未成年人刑事案件的审查批准逮捕

第八条　审查批准逮捕未成年犯罪嫌疑人，应当把是否已满十四、十六、十八周岁的临界年龄，作为重要事实予以查清。对难以判断犯罪嫌疑人实际年龄，影响案件认定的，应当作出不批准逮捕的决定，需要补充侦查的，同时通知公安机关。

第九条　审查批准逮捕未成年犯罪嫌疑人，应当注意是否有被胁迫情节，是否存在成年人教唆犯罪、传授犯罪方法或者利用未成年人实施犯罪的情况。

第十条　人民检察院审查批准逮捕未成年人犯罪案件，应当讯问未成年犯罪嫌疑人。

讯问未成年犯罪嫌疑人，应当根据该未成年人的特点和案件情况，制定详细的讯问提纲，采取适宜该未成年人的方式进行，讯问用语应当准确易懂。

讯问未成年犯罪嫌疑人，应当告知其依法享有的诉讼权利，告知其如实供述案件事实的法律规定和意义，核实其是否有自首、立功、检举揭发等表现，听取其有罪的供述或者无罪、罪轻的辩解。

讯问未成年犯罪嫌疑人，应当通知法定代理人到场，告知法定代理人依法享有的诉讼权利和应当履行的义务。

讯问女性未成年犯罪嫌疑人，应当有女检察人员参加。

第十一条　讯问未成年犯罪嫌疑人一般不得使用戒具。对于确有人身危险性，必须使用戒具的，在现实危险消除后，应当立即停止使用。

第十二条　人民检察院审查批准逮捕未成年犯罪嫌疑人，应当根据未成年犯罪嫌疑人涉嫌犯罪的事实、主观恶性、有无监护与社会帮教条件等，综合衡量其社会危险性，确定是否有逮捕必要，慎用逮捕措施，可捕可不捕的不捕。

第十三条　对于罪行较轻，具备有效监护条件或者社会帮教措施，没有社会危险性或者社会危险性较小，不会妨害诉讼正常进行的未成年犯罪嫌疑人，一般不予批准逮捕。

对于罪行比较严重，但主观恶性不大，有悔罪表现，具备有效监护条件或者社会帮教措施，不具有社会危险性，不会妨害诉讼正常进行，并具有下列情形之一的未成年犯罪嫌疑人，也可以依法不予批准逮捕：

（一）初次犯罪、过失犯罪的；

（二）犯罪预备、中止、未遂的；

（三）有自首或者立功表现的；

（四）犯罪后能够如实交代罪行，认识自己行为的危害性、违法性，积极退赃，尽力减少和赔偿损失，得到被害人谅解的；

（五）不是共同犯罪的主犯或者集团犯罪中的首要分子的；

（六）属于已满十四周岁不满十六周岁的未成年人或者系在校学生的；

（七）其他没有逮捕必要的情形。

第十四条　适用本规定第十三条的规定，在作出不批准逮捕决定前，应当审查其监护情况，参考其法定代理人、学校、居住地公安派出所及居民委员会、村民委员会的意见，并在《审查逮捕意见书》中对未成年犯罪嫌疑人是否具备有效监护条件或者社会帮教措施进行具体说明。

第十五条　未成年犯罪嫌疑人及其法定代理人因经济困难等原因没有聘请律师的，人民检察院应当告知其可以申请法律援助。

第三章 未成年人刑事案件的审查起诉与出庭支持公诉

第十六条 人民检察院审查起诉未成年人刑事案件，自收到移送审查起诉的案件材料之日起三日以内，应当告知该未成年犯罪嫌疑人及其法定代理人有权委托辩护人，告知被害人及其法定代理人有权委托诉讼代理人，告知附带民事诉讼的当事人及其法定代理人有权委托诉讼代理人。

对未成年犯罪嫌疑人、未成年被害人或者其法定代理人提出聘请律师意向，但因经济困难或者其他原因没有委托辩护人、诉讼代理人的，应当帮助其申请法律援助。

未成年犯罪嫌疑人被羁押的，人民检察院应当审查是否有必要继续羁押。

审查起诉未成年犯罪嫌疑人，应当听取其父母或者其他法定代理人、辩护人、未成年被害人及其法定代理人的意见。可以结合社会调查，通过学校、社区、家庭等有关组织和人员，了解未成年犯罪嫌疑人的成长经历、家庭环境、个性特点、社会活动等情况，为办案提供参考。

第十七条 人民检察院审查起诉未成年人刑事案件，应当讯问未成年犯罪嫌疑人。讯问未成年犯罪嫌疑人适用本规定第十条、第十一条的规定。

第十八条 移送审查起诉的案件具备以下条件的，检察人员可以安排在押的未成年犯罪嫌疑人与其法定代理人、近亲属等进行会见、通话：

（一）案件事实已基本查清，主要证据确实、充分，安排会见、通话不会影响诉讼活动正常进行；

（二）未成年犯罪嫌疑人有认罪、悔罪表现，或者虽尚未认罪、悔罪，但通过会见、通话有可能促使其转化，或者通过会见、通话有利于社会、家庭稳定；

（三）未成年犯罪嫌疑人的法定代理人、近亲属对其犯罪原因、社会危害性以及后果有一定的认识，并能配合公安司法机关进行教育。

第十九条 在押的未成年犯罪嫌疑人同其法定代理人、近亲属等进行会见、通话时，检察人员应当告知其会见、通话不得有串供或者其他妨碍诉讼的内容。会见、通话时检察人员可以在场。会见、通话结束后，检察人员应当将有关内容及时整理并记录在案。

第二十条 对于犯罪情节轻微，并具有下列情形之一，依照刑法规定不需要判处刑罚或者免除刑罚的未成年犯罪嫌疑人，一般应当依法作出不起诉决定：

（一）被胁迫参与犯罪的；

（二）犯罪预备、中止的；

（三）在共同犯罪中起次要或者辅助作用的；

（四）是又聋又哑的人或者盲人的；

（五）因防卫过当或者紧急避险过当构成犯罪的；

（六）有自首或者重大立功表现的；

（七）其他依照刑法规定不需要判处刑罚或者免除刑罚的情形。

第二十一条 对于未成年人实施的轻伤害案件、初次犯罪、过失犯罪、犯罪未遂的案件以及被诱骗或者被教唆实施的犯罪案件等，情节轻微，犯罪嫌疑人确有悔罪表现，当事人双方自愿就民事赔偿达成协议并切实履行，符合刑法第三十七条规定的，人民检察院可以依照刑事诉讼法第一百四十二条第二款的规定作出不起诉的决定，并可以根据案件的不同情况，予以训诫或者责令具结悔过、赔礼道歉。

第二十二条 不起诉决定书应当向被不起诉的未成年人及其法定代理人公开宣布，并阐明不起诉的理由和法律依据。

不起诉决定书应当送达被不起诉的未成年人及其法定代理人，并告知其依法享有的权利。

第二十三条 人民检察院审查未成年人与成年人共同犯罪案件，一般应当将未成年人与成年人分案起诉。但是具有下列情形之一的，可以不分案起诉：

（一）未成年人系犯罪集团的组织者或者其他共同犯罪中的主犯的；

（二）案件重大、疑难、复杂，分案起诉可能妨碍案件审理的；

（三）涉及刑事附带民事诉讼，分案起诉妨碍附带民事诉讼部分审理的；

（四）具有其他不宜分案起诉情形的。

第二十四条 对于分案起诉的未成年人与成年人共同犯罪案件，一般应当同时移送人民法院。对于需要补充侦查的，如果补充侦查事项不涉及未成年犯罪嫌疑人所参与的犯罪事实，不影响对未成年犯罪嫌疑人提起公诉的，应当对未成年犯罪嫌疑人先予提起公诉。

第二十五条 对于分案起诉的未成年人与成年人共同犯罪案件，在审查起诉过程中可以根据全案情况制作一个审结报告，起诉书以及出庭预案等应当分别制作。

第二十六条 人民检察院对未成年人与成年人共同犯罪案件分别提起公诉后，在诉讼过程中出现不宜分案起诉情形的，可以及时建议人民法院并案审理。

第二十七条 对未成年被告人提起公诉，应当将有效证明该未成年人年龄的材料作为主要证据复印件之一移送人民法院。

第二十八条 对提起公诉的未成年人刑事案件，应当认真做好下列出席法庭的准备工作：

（一）掌握未成年被告人的心理状态，并对其进行接受审判的教育，必要时，可以再次讯问被告人；

（二）与未成年被告人的辩护人交换意见，共同做好教育、感化工作；

（三）进一步熟悉案情，深入研究本案的有关法律政策问题，根据案件和未成年被告人的特点，拟定讯问提纲、询问被害人、证人、鉴定人提纲、答辩提纲、公诉意见书和针对未成年被告人进行法制教育的书面材料。

第二十九条 公诉人出席未成年人刑事审判法庭，应当遵守公诉人出庭行为规范要求，发言时应当语调温和，并注意用语文明、准确，通俗易懂。

公诉人一般不提请未成年证人、被害人出庭作证。

第三十条 在法庭审理过程中，公诉人的讯问、询问、辩论等活动，应当注意未成年人的身心特点。对于未成年被告人情绪严重不稳定，不宜继续接受审判的，公诉人可以建议法庭休庭。

第三十一条 对于具有下列情形之一，依法可能判处拘役、三年以下有期徒刑，悔罪态度较好，具备有效监护条件或者社会帮教措施、适用缓刑确实不致再危害社会的未成年被告人，人民检察院可以建议人民法院适用缓刑：

（一）犯罪情节较轻，未造成严重后果的；

（二）主观恶性不大的初犯或者胁从犯、从犯；

（三）被害人同意和解或者被害人有明显过错的；

（四）其他可以适用缓刑的情节。

人民检察院提出对未成年被告人适

用缓刑建议的，应当将未成年被告人能够获得有效监护、帮教的书面材料一并于判决前移送人民法院。

第三十二条 公诉人在依法指控犯罪的同时，要剖析未成年被告人犯罪的原因、社会危害性，适时进行法制教育及人生观教育，促使其深刻反省，吸取教训。

第三十三条 对于符合适用简易程序审理条件的未成年人刑事案件，人民检察院应当向人民法院提出适用简易程序的建议。

第三十四条 适用简易程序审理的未成年人刑事案件，人民检察院可以派员出席法庭或者在开庭前通过移送对未成年被告人的社会调查材料等方式，协助人民法院进行法庭教育工作。

第三十五条 人民检察院派员出席未成年人刑事案件二审法庭适用本章的相关规定。

第四章 未成年人刑事案件的法律监督

第三十六条 人民检察院审查批准逮捕、审查起诉未成年犯罪嫌疑人，应当同时审查公安机关的侦查活动是否合法，发现有下列违法行为的，应当提出纠正意见；构成犯罪的，依法追究刑事责任：

（一）违法对未成年犯罪嫌疑人采取强制措施或者采取强制措施不当的；

（二）未依法实行对未成年犯罪嫌疑人与成年犯罪嫌疑人分管、分押的；

（三）对未成年犯罪嫌疑人采取刑事拘留、逮捕措施后，在法定时限内未进行讯问，或者未通知其法定代理人或者近亲属的；

（四）对未成年犯罪嫌疑人威胁、体罚、侮辱人格、游行示众，或者刑讯逼供、指供、诱供的；

（五）利用未成年人认知能力低而故意制造冤、假、错案的；

（六）对未成年被害人、证人以诱骗等非法手段收集证据或者侵害未成年被害人、证人的人格尊严及隐私权等合法权益的；

（七）违反羁押和办案期限规定的；

（八）已作出不批准逮捕、不起诉决定，公安机关不立即释放犯罪嫌疑人的；

（九）在侦查中有其他侵害未成年人合法权益行为的。

第三十七条 对依法不应当公开审理的未成年人刑事案件公开审理的，人民检察院应当在开庭前提出纠正意见。

公诉人出庭支持公诉时，发现法庭审判有下列违反法律规定的诉讼程序的情形之一的，应当在休庭后及时向本院检察长报告，由人民检察院向人民法院提出纠正意见：

（一）开庭或者宣告判决时未通知未成年被告人的法定代理人到庭的；

（二）人民法院没有给聋哑或者不通晓当地通用的语言文字的未成年被告人聘请或者指定翻译人员的；

（三）未成年被告人在审判时没有辩护人的；对未成年被告人及其法定代理人依照法律规定拒绝辩护人为其辩护，合议庭未另行指定辩护律师的；

（四）法庭未告知未成年被告人及其法定代理人依法享有的申请回避、辩护、提出新的证据、申请重新鉴定或者勘验、最后陈述、提出上诉等诉讼权利的；

（五）其他违反法律规定的诉讼程序的情形。

第三十八条 人民检察院依法对未成年犯管教所实行驻所检察。在刑罚执行监督中，发现关押成年罪犯的监狱收押未成年罪犯的，或者对年满十八周岁后余刑在二年以上的罪犯没有转送监狱的，应当依法提出纠正意见。

第三十九条 人民检察院在看守所检察中，发现没有对未成年犯罪嫌疑人、被告人与成年犯罪嫌疑人、被告人分管、分押或者对未成年罪犯留所服刑的，应当依法提出纠正意见。

第四十条 人民检察院应当加强对未成年犯管教所、看守所监管未成年罪犯活动的监督，保障未成年罪犯的合法权益，维护监管改造秩序和教学、劳动、生活秩序。

人民检察院配合未成年犯管教所、看守所加强对未成年罪犯的政治、法律、文化教育，促进依法、科学、文明监管。

第四十一条 人民检察院依法对未成年犯的减刑、假释、暂予监外执行等活动实行监督。对符合减刑、假释、暂予监外执行法定条件的，应当建议执行机关向人民法院、监狱管理机关提请；发现提请或者裁定、决定不当的，应当依法提出纠正意见；对徇私舞弊减刑、假释、暂予监外执行等构成犯罪的，依法追究刑事责任。

人民检察院发现有关机关对判处管制、缓刑或者裁定、决定假释、暂予监外执行等在社会上执行的未成年罪犯脱管、漏管或者没有落实帮教措施的，应当依法提出纠正意见。

第五章 未成年人案件的刑事申诉检察

第四十二条 人民检察院依法受理未成年人及其法定代理人提出的刑事申诉案件和刑事赔偿案件。

人民检察院对未成年人刑事申诉案件和刑事赔偿案件，应当指定专人及时办理。

第四十三条 人民检察院复查未成年人刑事申诉案件，应当直接听取未成年人及其法定代理人的陈述或者辩解，认真审核、查证与案件有关的证据和线索，查清案件事实，依法作出处理。

案件复查终结作出处理决定后，应当向未成年人当面送达法律文书，做好法律宣传、说服教育工作。

第四十四条 对已复查纠正的未成年人刑事申诉案件，应当配合有关部门做好善后工作。

第四十五条 人民检察院办理未成年人刑事赔偿案件，应当充分听取未成年人及其法定代理人的意见，对于依法应当赔偿的案件，应当及时作出和执行赔偿决定。

第六章 附 则

第四十六条 本规定所称未成年人刑事案件，是指犯罪嫌疑人、被告人实施涉嫌犯罪行为时已满十四周岁、未满十八周岁的刑事案件，但在有关未成年人诉讼权利和体现对未成年人程序上特殊保护的条文中所称的未成年人，是指在诉讼过程中已满十四周岁、未满十八周岁的人。

第四十七条 实施犯罪行为的年龄，一律按公历的年、月、日计算。从周岁生日的第二天起，为已满××周岁。

第四十八条 本规定由最高人民检察院负责解释。

第四十九条 本规定自发布之日起施行，最高人民检察院2002年4月22日发布的《人民检察院办理未成年人刑事案件的规定》同时废止。

最高人民法院关于审理未成年人刑事案件的若干规定

（2000 年 11 月 15 日最高人民法院审判委员会第 1139 次会议通过
2001 年 4 月 4 日公布　自 2001 年 4 月 12 日起施行）
法释〔2001〕9 号

第一章　总　　则

第一条　为了维护未成年被告人的合法权益，依法惩罚和教育未成年罪犯，保障无罪的未成年人不受刑事追究，逐步建立和完善具有中国特色的未成年人刑事审判制度，根据《中华人民共和国刑事诉讼法》、《中华人民共和国人民法院组织法》、《中华人民共和国未成年人保护法》和《中华人民共和国预防未成年人犯罪法》的有关规定，结合我国审判未成年人刑事案件的司法实践，制定本规定。

第二条　审理未成年人刑事案件适用《中华人民共和国刑事诉讼法》、《最高人民法院关于执行〈中华人民共和国刑事诉讼法〉若干问题的解释》（以下简称《解释》）。本规定有特别规定的，适用本规定。

第三条　审判未成年人刑事案件，必须以事实为根据，以法律为准绳，坚持教育为主、惩罚为辅的原则，执行教育、感化、挽救的方针，积极参与社会治安综合治理。

第四条　人民法院应当加强同公安机关、人民检察院的联系，坚持分工负责、互相配合、互相制约的原则，以保证公正、及时地审理未成年人刑事案件。

第五条　人民法院要加强同政府有关部门、共青团、妇联、工会等人民团体以及未成年人保护组织等有关社会团体的联系，共同做好未成年罪犯的教育和挽救工作。

第六条　中级人民法院和基层人民法院可以建立未成年人刑事审判庭。条件尚不具备的地方，应当在刑事审判庭内设立未成年人刑事案件合议庭或者由专人负责办理未成年人刑事案件。高级人民法院可以在刑事审判庭内设立未成年人刑事案件合议庭。

未成年人刑事审判庭和未成年人刑事案件合议庭统称少年法庭。

最高人民法院和高级人民法院设立少年法庭指导小组，指导少年法庭的工作，总结和推广未成年人刑事审判工作的经验。少年法庭指导小组应当有专人或者设立办公室负责具体指导工作。

第七条　审判第一审未成年人刑事案件的合议庭，可以由审判员或者由审判员与人民陪审员组成。依照法律规定适用简易程序的案件除外。

第八条　审判未成年人刑事案件合议庭的审判长，应当由熟悉未成年人特点、善于做未成年人思想教育工作的审判员担任，并且应当保持其工作的相对稳定性。

审判未成年人刑事案件的人民陪审员，一般由熟悉未成年人特点，热心于教育、挽救失足未成年人工作，并经过必要培训的共青团、妇联、工会、学校的干部、教师或者离退休人员、未成年人保护组织的工作人员等担任。

第九条　审判未成年人刑事案件，

应当注意掌握未成年被告人的生理和心理特点，依法准确、及时地查明起诉指控的案件事实；对于构成犯罪的未成年人，应当帮助其认识犯罪原因和犯罪行为的社会危害性，做到寓教于审，惩教结合。

第十条 少年法庭受理案件的范围：

（一）被告人在实施被指控的犯罪时不满十八周岁的案件；

（二）被告人在实施被指控的犯罪时不满十八周岁，并被指控为首要分子或者主犯的共同犯罪案件。

其他共同犯罪案件有未成年被告人的，或者其他涉及未成年人的刑事案件是否由少年法庭审理，由人民法院院长根据少年法庭工作的实际情况决定。

第十一条 对在开庭审理时不满十六周岁的未成年人刑事案件，一律不公开审理。

对在开庭审理时不满十八周岁的未成年人刑事案件，一般也不公开审理。如果有必要公开审理的，必须经过本院院长批准，并且应限制旁听人数和范围。

第十二条 未成年人刑事案件的证人是未成年人的，除法律规定外，经人民法院准许，可以不出庭。

第十三条 未成年人刑事案件判决前，审判人员不得向外界披露该未成年人的姓名、住所、照片及可能推断出该未成年人的资料。

未成年人刑事案件的诉讼案卷材料，除依法查阅、摘抄、复制以外，未经本院院长批准，不得查询和摘录，并不得公开和传播。

第十四条 未成年被告人的法定代理人在诉讼中享有申请回避、辩护、发问、提出新的证据、要求重新鉴定或者勘验、提出上诉等诉讼权利。在未成年被告人最后陈述后，经审判长许可，法定代理人可以发表意见。

第十五条 人民法院应当依法保证未成年被告人获得辩护。

开庭审理时不满十八周岁的未成年被告人没有委托辩护人的，人民法院应当指定承担法律援助义务的律师为其提供辩护。

在审判过程中，未成年被告人及其法定代理人可以拒绝辩护人为他辩护。

第二章 开庭前的准备工作

第十六条 对于人民检察院提起公诉的未成年人刑事案件，人民法院除依照《解释》的有关规定进行审查外，还应当查明是否附有被告人年龄的有效证明材料。对于没有附送被告人年龄的有效证明材料的，应当通知人民检察院在三日内补送。

第十七条 人民法院向未成年被告人送达起诉书副本时，应当向其讲明被指控的罪行和有关法律条款；并告知诉讼的程序及有关的诉讼权利、义务，消除未成年被告人的紧张情绪。

第十八条 人民法院在向未成年被告人的法定代理人送达起诉书副本时，应当告知其诉讼权利、义务和在开庭审判中应当注意的有关事项。

第十九条 开庭审理前，应当通知未成年被告人的法定代理人出庭。法定代理人无法出庭或者确实不适宜出庭的，应另行通知其他监护人或者其他成年近亲属出庭。经通知，其他监护人或者成年近亲属不到庭的，人民法院应当记录在卷。

第二十条 开庭审理前，审判未成年人刑事案件的审判长认为有必要的，可以安排法定代理人或者其他成年近亲属、教师等人员与未成年被告人会见。

第二十一条 开庭审理前，控辩双

方可以分别就未成年被告人性格特点、家庭情况、社会交往、成长经历以及实施被指控的犯罪前后的表现等情况进行调查，并制作书面材料提交合议庭。必要时，人民法院也可以委托有关社会团体组织就上述情况进行调查或者自行进行调查。

第二十二条 人民法院应当为辩护律师查阅、摘抄、复制所指控的犯罪事实的材料，以及同在押未成年被告人会见和通信提供便利条件。经人民法院许可，其他辩护人也可以查阅、摘抄、复制上述材料，同在押的未成年被告人会见和通信。

第二十三条 少年法庭应当将开庭前的准备工作和活动记录存卷。

第三章 审 判

第二十四条 人民法院应当在辩护台靠近旁听区一侧为未成年被告人的法定代理人设置席位。

第二十五条 在法庭上不得对未成年被告人使用戒具。未成年被告人在法庭上可以坐着接受法庭调查、询问，在回答审判人员的提问、宣判时应当起立。

第二十六条 未成年被告人或者其法定代理人当庭拒绝委托的辩护人进行辩护，要求另行委托或者人民法院为其另行指定辩护人、辩护律师的，合议庭应当同意并宣布延期审理。

未成年被告人或者其法定代理人当庭拒绝由人民法院指定的辩护律师进行辩护，要求另行委托辩护人的，合议庭应当同意并宣布延期审理。未成年被告人或者其法定代理人当庭拒绝人民法院指定的辩护律师为其辩护，如确有正当理由，合议庭应当同意并宣布延期审理，人民法院应当为未成年被告人另行指定辩护律师。

重新开庭后，未成年被告人或者其法定代理人再次当庭拒绝重新委托的辩护人或者由人民法院指定的辩护律师进行辩护的，一般不予准许。如果重新开庭时被告人已满十八周岁的，应当准许，但不得再行委托或者由人民法院再行指定辩护人、辩护律师。上述情况应当记录在卷。

第二十七条 法庭审理时，审判人员应当注意未成年被告人的智力发育程度和心理状态，要态度严肃、和蔼，用语准确、通俗易懂。发现有对未成年被告人诱供、训斥、讽刺或者威胁的情形时，应当及时制止。

第二十八条 法庭调查时，审判人员应当核实未成年被告人在实施被指挥的行为时的年龄。同时还应当查明未成年被告人实施被指挥的行为时的主观和客观原因。

第二十九条 法庭审理时，控辩双方向法庭提出从轻判处未成年被告人管制、拘役宣告缓刑或者有期徒刑宣告缓刑、免予刑事处罚等适用刑罚建议的，应当提供有关未成年被告人能够获得监护、帮教的书面材料。

第三十条 休庭时，可以允许法定代理人或者其他成年近亲属、教师等人员会见被告人。

第三十一条 对未成年人刑事案件宣告判决应当公开进行，但不得采取召开大会等形式。

第三十二条 定期宣告判决的，合议庭应当通知公诉人、未成年被告人的法定代理人及其他诉讼参与人到庭。

法定代理人不到庭或者确实无法到庭的，也可以通知其他成年近亲属到庭，并在宣判后向其送达判决书副本。

第三十三条 人民法院判决未成年被告人有罪的，宣判后，由合议庭组织到庭的诉讼参与人对未成年被告人进行教育。如果未成年被告人的法定代理人以外的其他成年近亲属或者教师、公诉人等参加有利于教育、感化未成年被告人的，合议庭可以邀请其参加宣判后的教育。

对未成年被告人的教育可以围绕下列内容进行：

（一）犯罪行为对社会的危害和应当受刑罚处罚的必要性；

（二）导致犯罪行为发生的主观、客观原因及应当吸取的教训；

（三）正确对待人民法院的裁判。

第三十四条 开庭审理的上诉和抗诉案件，参照上述规定进行。

第四章 简易程序

第三十五条 少年法庭应当根据《刑事诉讼法》第一百七十四条及《解释》的有关规定，确定未成年人刑事案件是否适用简易程序。

第三十六条 适用简易程序审理的案件，应当通知未成年被告人的法定代理人、辩护人出庭。

第三十七条 适用简易程序审理的案件，对未成年被告人进行法庭教育适用本《规定》第三十三条的规定。

第五章 执 行

第三十八条 对于判决、裁定已经发生法律效力并应当收监服刑的未成年罪犯，少年法庭应当填写结案登记表并附送有关未成年罪犯的调查材料及其在案件审理中的表现材料，连同起诉书副本、判决书或者裁定书副本、执行通知书，一并送达执行机关。

第三十九条 少年法庭可以通过多种形式与未成年犯管教所等未成年罪犯服刑场所建立联系，了解未成年罪犯的改造情况，协助做好帮教、改造工作；并可以对正在服刑的未成年罪犯进行回访考察。

第四十条 少年法庭认为有必要时，可以敦促被收监服刑的未成年罪犯的父母或者其他监护人及时探视，以使未成年罪犯获得家庭和社会的关怀，增强改造的信心。

第四十一条 对于判处管制、拘役宣告缓刑或者有期徒刑宣告缓刑、免予刑事处罚等的未成年罪犯，少年法庭可以协助公安机关同其所在学校、单位、街道、居民委员会、村民委员会、监护人等制定帮教措施。

第四十二条 少年法庭可以适时走访被判处管制、拘役宣告缓刑或者有期徒刑宣告缓刑、免予刑事处罚等的未成年罪犯及其家庭，了解对未成年罪犯的管理和教育情况，以引导未成年罪犯的家庭正确地承担管教责任，为未成年罪犯改过自新创造良好的环境。

第四十三条 对于判处管制、拘役宣告缓刑或者有期徒刑宣告缓刑、免予刑事处罚等的未成年罪犯具备就学就业条件的，人民法院可以就其安置问题向有关部门提出司法建议，并且附送必要的材料。

第四十四条 对于执行机关依法提出给未成年罪犯减刑或者假释的书面意见，人民法院应当及时予以审核、裁定。

最高人民法院关于审理未成年人刑事案件具体应用法律若干问题的解释

（2005 年 12 月 12 日最高人民法院审判委员会第 1373 次会议通过
2005 年 12 月 12 日公布　自 2006 年 1 月 23 日起施行）
法释〔2006〕1 号

为正确审理未成年人刑事案件，贯彻“教育为主，惩罚为辅”的原则，根据刑法等有关法律的规定，现就审理未成年人刑事案件具体应用法律的若干问题解释如下：

第一条　本解释所称未成年人刑事案件，是指被告人实施被指控的犯罪时已满十四周岁不满十八周岁的案件。

第二条　刑法第十七条规定的“周岁”，按照公历的年、月、日计算，从周岁生日的第二天起算。

第三条　审理未成年人刑事案件，应当查明被告人实施被指控的犯罪时的年龄。裁判文书中应当写明被告人出生的年、月、日。

第四条　对于没有充分证据证明被告人实施被指控的犯罪时已经达到法定刑事责任年龄且确实无法查明的，应当推定其没有达到相应法定刑事责任年龄。

相关证据足以证明被告人实施被指控的犯罪时已经达到法定刑事责任年龄，但是无法准确查明被告人具体出生日期的，应当认定其达到相应法定刑事责任年龄。

第五条　已满十四周岁不满十六周岁的人实施刑法第十七条第二款规定以外的行为，如果同时触犯了刑法第十七条第二款规定的，应当依照刑法第十七条第二款的规定确定罪名，定罪处罚。

第六条　已满十四周岁不满十六周岁的人偶尔与幼女发生性行为，情节轻微、未造成严重后果的，不认为是犯罪。

第七条　已满十四周岁不满十六周岁的人使用轻微暴力或者威胁，强行索要其他未成年人随身携带的生活、学习用品或者钱财数量不大，且未造成被害人轻微伤以上或者不敢正常到校学习、生活等危害后果的，不认为是犯罪。

已满十六周岁不满十八周岁的人具有前款规定情形的，一般也不认为是犯罪。

第八条　已满十六周岁不满十八周岁的人出于以大欺小、以强凌弱或者寻求精神刺激，随意殴打其他未成年人、多次对其他未成年人强拿硬要或者任意损毁公私财物，扰乱学校及其他公共场所秩序，情节严重的，以寻衅滋事罪定罪处罚。

第九条　已满十六周岁不满十八周岁的人实施盗窃行为未超过三次，盗窃数额虽已达到“数额较大”标准，但案发后能如实供述全部盗窃事实并积极退赃，且具有下列情形之一的，可以认定为“情节显著轻微危害不大”，不认为是犯罪：

（一）系又聋又哑的人或者盲人；

（二）在共同盗窃中起次要或者辅助作用，或者被胁迫；

（三）具有其他轻微情节的。

已满十六周岁不满十八周岁的人盗窃未遂或者中止的，可不认为是犯罪。

已满十六周岁不满十八周岁的人盗窃自己家庭或者近亲属财物，或者盗窃其他亲属财物但其他亲属要求不予追究的，可不按犯罪处理。

第十条 已满十四周岁不满十六周岁的人盗窃、诈骗、抢夺他人财物，为窝藏赃物、抗拒抓捕或者毁灭罪证，当场使用暴力，故意伤害致人重伤或者死亡，或者故意杀人的，应当分别以故意伤害罪或者故意杀人罪定罪处罚。

已满十六周岁不满十八周岁的人犯盗窃、诈骗、抢夺罪，为窝藏赃物、抗拒抓捕或者毁灭罪证而当场使用暴力或者以暴力相威胁的，应当依照刑法第二百六十九条的规定定罪处罚；情节轻微的，可不以抢劫罪定罪处罚。

第十一条 对未成年罪犯适用刑罚，应当充分考虑是否有利于未成年罪犯的教育和矫正。

对未成年罪犯量刑应当依照刑法第六十一条的规定，并充分考虑未成年人实施犯罪行为的动机和目的、犯罪时的年龄、是否初次犯罪、犯罪后的悔罪表现、个人成长经历和一贯表现等因素。对符合管制、缓刑、单处罚金或者免予刑事处罚适用条件的未成年罪犯，应当依法适用管制、缓刑、单处罚金或者免予刑事处罚。

第十二条 行为人在达到法定刑事责任年龄前后均实施了犯罪行为，只能依法追究其达到法定刑事责任年龄后实施的犯罪行为的刑事责任。

行为人在年满十八周岁前后实施了不同种犯罪行为，对其年满十八周岁以前实施的犯罪应当依法从轻或者减轻处罚。行为人在年满十八周岁前后实施了同种犯罪行为，在量刑时应当考虑对年满十八周岁以前实施的犯罪，适当给予从轻或者减轻处罚。

第十三条 未成年人犯罪只有罪行极其严重的，才可以适用无期徒刑。对已满十四周岁不满十六周岁的人犯罪一般不判处无期徒刑。

第十四条 除刑法规定“应当”附加剥夺政治权利外，对未成年罪犯一般不判处附加剥夺政治权利。

如果对未成年罪犯判处附加剥夺政治权利的，应当依法从轻判处。

对实施被指控犯罪时未成年、审判时已成年的罪犯判处附加剥夺政治权利，适用前款的规定。

第十五条 对未成年罪犯实施刑法规定的“并处”没收财产或者罚金的犯罪，应当依法判处相应的财产刑；对未成年罪犯实施刑法规定的“可以并处”没收财产或者罚金的犯罪，一般不判处财产刑。

对未成年罪犯判处罚金刑时，应当依法从轻或者减轻判处，并根据犯罪情节，综合考虑其缴纳罚金的能力，确定罚金数额。但罚金的最低数额不得少于五百元人民币。

对被判处罚金刑的未成年罪犯，其监护人或者其他人自愿代为垫付罚金的，人民法院应当允许。

第十六条 对未成年罪犯符合刑法第七十二条第一款规定的，可以宣告缓刑。如果同时具有下列情形之一，对其适用缓刑确实不致再危害社会的，应当宣告缓刑：

（一）初次犯罪；

（二）积极退赃或赔偿被害人经济损失；

（三）具备监护、帮教条件。

第十七条 未成年罪犯根据其所犯罪行，可能被判处拘役、三年以下有期徒刑，如果悔罪表现好，并具有下列情形之一的，应当依照刑法第三十七条的规定免予刑事处罚：

（一）系又聋又哑的人或者盲人；

（二）防卫过当或者避险过当；

（三）犯罪预备、中止或者未遂；

（四）共同犯罪中从犯、胁从犯；

（五）犯罪后自首或者有立功表现；

（六）其他犯罪情节轻微不需要判处刑罚的。

第十八条 对未成年罪犯的减刑、假释，在掌握标准上可以比照成年罪犯依法适度放宽。

未成年罪犯能认罪服法，遵守监规，积极参加学习、劳动的，即可视为“确有悔改表现”予以减刑，其减刑的幅度可以适当放宽，间隔的时间可以相应缩短。符合刑法第八十一条第一款规定的，可以假释。

未成年罪犯在服刑期间已经成年的，对其减刑、假释可以适用上述规定。

第十九条 刑事附带民事案件的未成年被告人有个人财产的，应当由本人承担民事赔偿责任，不足部分由监护人予以赔偿，但单位担任监护人的除外。

被告人对被害人物质损失的赔偿情况，可以作为量刑情节予以考虑。

第二十条 本解释自公布之日起施行。

《最高人民法院关于办理未成年人刑事案件适用法律的若干问题的解释》（法发〔1995〕9号）自本解释公布之日起不再执行。

十三、刑事赔偿程序

最高人民法院 最高人民检察院关于办理人民法院、人民检察院共同赔偿案件若干问题的解释

（1997年6月27日 法发〔1997〕16号 高检会〔1997〕1号）

第一条 检察机关批准逮捕并提起公诉，一审人民法院判决有罪，二审人民法院改判无罪依法应当赔偿的案件，一审人民法院和批准逮捕的人民检察院为共同赔偿义务机关。批准逮捕与提起公诉的如不是同一人民检察院，共同赔偿义务机关为提起公诉的人民检察院。

第二条 赔偿请求人因在起诉、审判阶段被错误羁押而申请赔偿的，可以向共同赔偿义务机关中的任何一个机关提出申请，先收到申请的机关为赔偿案件的办理机关。

第三条 二审人民法院宣告无罪的赔偿案件，作为共同赔偿义务机关的人民法院和人民检察院各按应当赔偿金额的二分之一承担赔偿责任。

第四条 赔偿案件的办理机关收到赔偿申请后，应当将赔偿申请书副本送达另一赔偿义务机关。赔偿案件的办理机关负责审查有关法律文书证明材料后，提出决定赔偿或者不予赔偿的意见，并拟制《×××人民法院、×××人民检察院共同赔偿决定书》（样式附后）。决定赔偿的，同时开具共同赔偿

金额分割单，并将上述材料送交另一赔偿义务机关认同。另一赔偿义务机关应当于十五日内予以答复。认同的，应当在《×××人民法院、×××人民检察院共同赔偿决定书》上盖章并将应当承担的赔偿金额一并送交赔偿案件的办理机关，由该机关一次给付赔偿请求人。

第五条 共同赔偿义务机关作出赔偿决定后，赔偿请求人对赔偿数额有异议的，可以在收到决定之日起三十日内向共同赔偿义务机关中人民法院的上一级人民法院赔偿委员会申请作出赔偿决定。

第六条 共同赔偿义务机关应当在赔偿案件的办理机关收到赔偿申请之日起两个月内作出决定。逾期不能作出决定的，赔偿请求人可以向共同赔偿义务机关中人民法院的上一级人民法院赔偿委员会申请作出赔偿决定。

第七条 上级人民检察院对二审人民法院宣告无罪的判决按照审判监督程序提出抗诉的，提出抗诉的人民检察院和原二审人民法院应当及时通知下级人民检察院和一审人民法院。赔偿案件正在办理的，应中止办理，审理期限中断。经再审改判有罪的，正在办理的赔偿案件应当终止办理。已作出赔偿决定的，应当由原作出赔偿决定的机关予以撤销，已支付的赔偿金应当收回。

第八条 在共同赔偿案件中赔偿请求人因生命健康权、财产权遭受侵害同时提出赔偿申请的，应当另案办理，由侵权机关负责确认和赔偿。赔偿案件的办理机关不是侵权机关的，应当告知赔偿请求人向侵权机关申请确认和赔偿。

附样式：

×××人民法院、×××人民检察院
共同赔偿决定书

（人民法院办理共同赔偿案件时用）

（××××）×法检赔字第××号

赔偿请求人……（姓名或名称、住址或所在地等基本情况）。

赔偿请求人……（姓名或名称）于××××年××月××日，以……（申请共同赔偿案由）为由，向本院提出共同赔偿申请，要求本院和×××人民检察院……（申请共同赔偿的具体要求）。

经本院和×××人民检察院查明，……（叙述应予赔偿或者不予赔偿的事实，以及认定的证据）。

本院和×××人民检察院认为，……（决定赔偿或者不予赔偿的理由）。根据《中华人民共和国国家赔偿法》第××条之规定，决定如下：

……［写明决定结果。分两种情况：

第一，决定赔偿的，表述为：

“赔偿……（赔偿请求人姓名或名称、赔偿方式及赔偿数额）”。

第二，决定不予赔偿的，表述为：

“对……（赔偿请求人姓名或名称）的申请不予赔偿”。]

如对本决定有异议，可在收到本决定之日起三十日内向×××人民法院赔偿委员会申请作出赔偿决定。

×××人民法院　×××人民检察院
（印章）（印章）××××年××月××日

×××人民检察院、×××人民法院
共同赔偿决定书

（人民检察院办理共同赔偿案件时用）

（××××）×检法赔字第××号

赔偿请求人……（姓名或名称、住址或所在地等基本情况）。

赔偿请求人……（姓名或名称）于××××年××月××日，以……（申请共同赔偿案由）为由，向本院提出共同赔偿申请，要求本院和×××人民法院……（申请共同赔偿的具体要求）。

经本院和×××人民法院查明，……（叙述应予赔偿或者不予赔偿的事实，以及认定的证据）。

本院和×××人民法院认为，……（决定赔偿或者不予赔偿的理由）。根据《中华人民共和国国家赔偿法》第××条之规定，决定如下：

……［写明决定结果。分两种情况：

第一，决定赔偿的，表述为：

“赔偿……（赔偿请求人姓名或名称、赔偿方式及赔偿数额）”。

第二，决定不予赔偿的，表述为：

“对……（赔偿请求人姓名或名称）的申请不予赔偿”。]

如对本决定有异议，可在收到本决定之日起三十日内向×××人民法院赔偿委员会申请作出赔偿决定。

×××人民检察院　×××人民法院
（印章）（印章）××××年××月××日

最高人民法院　最高人民检察院关于适用《关于办理人民法院、人民检察院共同赔偿案件若干问题的解释》有关问题的答复

（2000 年 12 月 11 日最高人民检察院第九届检察委员会第 77 次会议通过　2001 年 2 月 1 日公布施行）
高检发释字〔2001〕1 号

各省、自治区、直辖市高级人民法院、人民检察院、解放军军事法院、军事检察院，新疆维吾尔自治区高级人民法院生产建设兵团分院、新疆生产建设兵团人民检察院：

《中华人民共和国国家赔偿法》（以下简称《国家赔偿法》）实施后，为规范共同赔偿案件的办理工作，最高人民法院、最高人民检察院联合下发了《关于办理人民法院、人民检察院共同赔偿案件若干问题的解释》（以下简称《解释》）。在执行过程中，有些地方人民法院、人民检察院提出了一些具体问题，经研究，答复如下：

一、最高人民法院、最高人民检察院《解释》是对办理共同赔偿案件如何适用《国家赔偿法》第十九条、第二十条相关内容的具有普遍适用意义的司法解释，各地办理共同赔偿案件时应当严格执行。

二、共同赔偿案件的办理机关将拟制的《共同赔偿决定书》送达另一赔偿义务机关后，另一赔偿义务机关认同的，应在收到《共同赔偿决定书》后的十五日内盖章。不认同的，应及时作出不予认同的书面答复。办理机关可依此告知赔偿请求人向共同赔偿义务机关中人民法院的上一级人民法院赔偿委员会申请作出赔偿决定。

三、一审人民法院判决有罪，二审人民法院发回重审后，一审人民法院改判无罪，或者发回重审的，一审人民法院在重新审理期间退回人民检察院补充侦查，或者人民检察院要求撤回起诉，人民法院裁定准许撤诉后，人民检察院作出不起诉决定或者撤销案件决定的，一审人民法院和提起公诉的人民检察院为共同赔偿义务机关。

最高人民检察院关于认真贯彻执行《人民检察院刑事赔偿工作规定》的通知

（2000 年 12 月 28 日　高检发刑申字〔2000〕1 号）

各省、自治区、直辖市人民检察院，军事检察院，新疆生产建设兵团人民检察院：

为依法保护公民、法人和其他组织

的合法权益，规范检察机关的刑事赔偿工作，解决赔偿工作中存在的实际问题，保证《国家赔偿法》的统一实施，最高人民检察院对《人民检察院刑事赔偿工作暂行规定》进行了修改，并对人民检察院刑事赔偿法律文书进行了修改和增补。修改后的《人民检察院刑事赔偿工作规定》（以下简称《赔偿工作规定》）已经最高人民检察院第九届检察委员会第七十三次会议讨论通过，现印发各地执行。就执行中的有关事项特通知如下：

一、积极办理刑事赔偿案件，切实保护公民、法人和其他组织合法权益。依法保护公民、法人和其他组织合法权益，是这次修改完善《赔偿工作规定》的重要出发点和指导原则。各级人民检察院要从维护司法公正，促进社会稳定，保护受害人合法权益的高度，切实重视赔偿工作，积极办理刑事赔偿案件，坚决克服怕赔思想和办理刑事赔偿案件影响检察机关声誉的错误观念，积极受理，依法立案，不得以任何借口对公民的赔偿申请不予受理，也不得以任何借口对符合立案条件的赔偿案件不予立案。

二、认真审查，严格把好确认关。确认是办理刑事赔偿案件之前的重要审查程序，必须认真区分不同情况，严格按照法律规定办理。对于《赔偿工作规定》第七条“以确认论”的九种情形，只要当事人提出赔偿申请，必须进入赔偿程序办理，不允许再行确认，更不允许拖着不办。对于证据不足案件的确认，要区分不同情况，该确认的要依法确认，不允许以确认为借口一律不予确认。

三、严格依照赔偿程序，依法作出赔偿决定。各级人民检察院要认真负责，严格按照《国家赔偿法》规定的赔偿程序办理案件，对当事人的赔偿请求要及时作出赔偿决定，不得逾期不作答复。该赔偿的一定要赔，不能在赔偿范围、赔偿数额和赔偿方式上打折扣。对不属于赔偿范围但检察机关确有违法行为的，要通过善后或者其他方式进行解决。

四、认真负责地做好赔偿决定的执行工作。各级人民检察院对于赔偿义务机关作出的赔偿决定，复议机关的复议决定以及人民法院的赔偿决定，都要不折不扣地认真执行，确保落到实处。对于查封、扣押、冻结、追缴的当事人财产，一旦作出返还决定，就要立即执行，决不含糊。一时返还有困难的，要主动做好当事人的思想工作，并积极想办法予以返还。

五、《赔偿工作规定》下发前受理的刑事赔偿案件，按原《人民检察院刑事赔偿工作暂行规定》办理。

各地在执行《赔偿工作规定》中，应加强调查研究，对重大疑难问题要及时层报最高人民检察院刑事赔偿工作办公室。

附件：人民检察院刑事赔偿法律文书及工作文书样式（略）

人民检察院刑事赔偿工作规定

（2000 年 11 月 6 日最高人民检察院第九届检察委员会第 73 次会议通过　自 2000 年 12 月 28 日公布施行）

第一章　总　　则

第一条　为保护公民、法人和其他组织的合法权益，促进检察机关及其工作人员依法行使职权、公正执法，根据《中华人民共和国国家赔偿法》（以下简称国家赔偿法）及有关法律，制定本规定。

第二条　人民检察院刑事赔偿工作的基本任务，是通过受理公民、法人及其他组织提出的刑事赔偿请求，审查办理刑事赔偿案件，保障受害人按照国家赔偿法的规定获得赔偿。

第三条　人民检察院坚持依法赔偿的原则，严格依照国家赔偿法关于赔偿范围、赔偿程序等规定办理刑事赔偿案件。

第四条　人民检察院办理刑事赔偿案件，实行主诉检察官承办，部门负责人审核，检察长或者检察委员会决定的制度。

第五条　在办理刑事赔偿案件中，上级人民检察院对下级人民检察院作出的决定，有权撤销或者变更；发现下级人民检察院已办结的刑事赔偿案件确有错误，有权指令下级人民检察院纠正。

第二章　确　　认

第六条　人民检察院对于请求赔偿的违法侵权情形，应当依法确认，未经确认有违法侵权情形的赔偿申请不应进入赔偿程序。

本规定所称确认，是指依法认定赔偿请求人提出的赔偿请求是否属于国家赔偿法第十五条第（一）、（二）、（四）、（五）项、第十六条第（一）项规定情形的程序。

第七条　有下列法律文书或证明材料的赔偿申请，请求赔偿的违法侵犯人身权情形，以确认论，应当进入赔偿程序：

（一）人民检察院撤销拘留决定书；

（二）人民检察院撤销逮捕决定书；

（三）人民检察院撤销案件决定书；

（四）不起诉决定书；

（五）人民检察院予以纠正的复查决定书；

（六）公安机关撤销案件后予以释放的证明书；

（七）人民法院宣告无罪已经发生法律效力的刑事判决书、裁定书；

（八）对检察机关工作人员在行使职权中刑讯逼供或者以殴打等暴力行为，或者唆使他人以殴打等暴力行为造成公民身体伤害、死亡，作出处理决定的文书；

（九）对违法使用武器、警械造成公民身体伤害、死亡，作出处理决定的文书。

但是对人民检察院因证据不足作出撤销案件决定书、不起诉决定书或者人民法院因证据不足作出已经发生法律效力的刑事判决书、裁定书申请赔偿的，人民检察院的逮捕、拘留决定有无违法侵犯人身权情形，应当依法进行确认。

第八条 证据不足的撤销案件、不起诉案件或者判决无罪的案件，应当由人民检察院分别下列情形对检察机关作出的逮捕、拘留决定有无侵犯人身权情形依法进行确认：

（一）对不能证明有犯罪事实或者不能证明有犯罪重大嫌疑的人错误拘留的，予以确认；

（二）对不能证明有犯罪事实的人错误逮捕的，予以确认；

（三）对有证据证明有部分犯罪事实的人拘留、逮捕，或者有证据证明有犯罪重大嫌疑的人拘留的，不予确认。

第九条 请求返还被人民检察院查封、扣押、冻结、追缴的财产的赔偿请求，应当由人民检察院分别下列情形对有无违法侵犯财产权情形，依法进行确认：

（一）人民检察院撤销案件决定书、不起诉决定书、复查纠正决定书及人民法院宣告无罪发生法律效力的判决书、裁定书，对查封、扣押、冻结、追缴的财产作出返还当事人决定的，或者具有对采取查封、扣押、冻结、追缴财产等措施认定为违法的法律文书的，以确认论；

（二）没有履行必要的法律手续，查封、扣押、冻结、追缴当事人财产的，予以确认；

（三）有证据证明查封、扣押、冻结、追缴的财产为当事人个人合法财产的，予以确认；

（四）有证据证明查封、扣押、冻结、追缴的财产属于违法所得的，不予确认。

第十条 对于要求确认有国家赔偿法第十五条第（一）、（二）、（四）、（五）项、第十六条第（一）项规定情形之一的，应由刑事赔偿工作办公室按照人民检察院内部的业务分工，将相关材料转交有关部门，有关部门应在二个月内提出违法侵权情形是否存在的书面意见，移送刑事赔偿工作办公室。刑事赔偿工作办公室审查并报检察长或者检察委员会决定后，制作《人民检察院刑事确认书》，送达赔偿请求人。

第十一条 对于人民检察院依据《中华人民共和国刑事诉讼法》第一百四十二条第一、二款之规定作出不起诉决定的案件，请求赔偿的违法侵犯人身权情形应当依法不予确认。

第十二条 在刑事赔偿案件审理阶段或者复议阶段发现原确认可能错误的，由刑事赔偿工作办公室提出书面审查意见，报检察长或者检察委员会决定后，通知案件原承办机关或者部门重新审查。

刑事赔偿工作办公室应同时制作《人民检察院重新确认通知书》，送达赔偿请求人。

第十三条 赔偿请求人对人民检察院不予确认的决定不服，有权申诉。

不服不予确认向上一级人民检察院申诉的，上一级人民检察院可以自行复查，也可以责成下级人民检察院复查。

第十四条 对不予确认的申诉，经复查认定有国家赔偿法第十五条第（一）、（二）、（四）、（五）项、第十六条第（一）项规定情形之一的，应予确认；原不予确认正确的，予以维持。

对上列情形，均应制作《人民检察院刑事确认复查决定书》，送达赔偿请求人。

第三章 立 案

第十五条 赔偿请求人提出赔偿申请的，人民检察院应当受理。

赔偿请求人提出赔偿申请，应当递交赔偿申请书。赔偿请求人书写申请书确有困难的，可以口头申请。口头提出申请的，应问明有关情况并制作笔录，由赔偿请求人签名或者盖章。

人民检察院收到赔偿申请后，应当填写《人民检察院刑事赔偿申请登记表》。

第十六条 同时符合下列条件的刑事赔偿申请，应当立案：

（一）请求赔偿的违法侵权情形已经依法确认；

（二）检察机关为赔偿义务机关；

（三）本院负有赔偿义务；

（四）赔偿请求人具备国家赔偿法第六条规定的条件；

（五）符合国家赔偿法第三十二条规定的请求赔偿时效；

（六）请求赔偿的材料齐备。

第十七条 对符合立案条件的赔偿申请，负有赔偿义务的人民检察院应当在收到赔偿申请之日起七日内立案，制作《人民检察院刑事赔偿立案决定书》，并通知赔偿请求人。

第十八条 对不符合立案条件的赔偿申请，应分别下列不同情况予以处理：

（一）未经依法确认的，告知赔偿请求人先向有侵权情形的机关请求确认，本院为侵权机关的，按照本规定第二章的规定办理；

（二）不属于人民检察院赔偿的，告知赔偿请求人向负有赔偿义务的机关提出；

（三）本院不负有赔偿义务的，告知赔偿请求人向负有赔偿义务的人民检察院提出，或者移送负有赔偿义务的人民检察院，并通知赔偿请求人；

（四）赔偿请求人不具备国家赔偿法第六条规定条件的，告知赔偿请求人；

（五）对赔偿请求已过法定时效的，告知赔偿请求人已经丧失请求赔偿权；

（六）对材料不齐备的，告知赔偿请求人补充有关材料。

对上列事项，均应在收到赔偿申请之日起七日内填写《人民检察院审查刑事赔偿申请通知书》，送达赔偿请求人。

第四章 审 理

第十九条 对已立案的刑事赔偿案件，应当全面审查案件材料，必要时可调取有关的案卷材料。

第二十条 审查刑事赔偿案件，应当查明以下事项：

（一）请求赔偿的违法侵权情形的确认是否正确；

（二）损害是否为检察机关及其工作人员违法行使职权造成；

（三）侵权的起止时间和造成损害的程度；

（四）是否属于国家赔偿法第十七条规定的国家不承担赔偿责任的情形。

第二十一条 对刑事赔偿案件审查后，认为证明材料不足的，可以要求赔偿请求人或者有关部门补充证明材料，并对材料进行审核。

第二十二条 对审查终结的刑事赔偿案件，应制作刑事赔偿案件审查报告，提出是否予以赔偿、赔偿的方式和赔偿数额等具体处理意见，经部门负责人审核后，报检察长决定。重大、疑难案件，由检察长提交检察委员会讨论决定。

第二十三条 审查刑事赔偿案件，应分别下列不同情形作出决定：

（一）请求赔偿的违法侵权事项事实清楚，应当予以赔偿的，依法作出给予赔偿的决定；

（二）请求赔偿的侵权事项事实不清，不符合国家赔偿范围的，依法作出不予赔偿的决定。

第二十四条 办理刑事赔偿案件的人民检察院应当自受理赔偿申请之日起二个月内作出决定，制作《人民检察院刑事赔偿决定书》，送达赔偿请求人。

受理赔偿申请的时间应当自材料补充齐备之日起计算。

第五章 复 议

第二十五条 赔偿请求人对赔偿义务机关逾期不予赔偿、决定不予刑事赔偿或者对决定的数额有异议的，可以自期间届满之日起三十日内向上一级人民检察院申请复议。

第二十六条 复议机关收到复议申请后，应及时全面地进行审查，分别不同情况予以处理：

（一）对符合法定条件的复议申请，复议机关应予受理；

（二）对超过法定期间提出的，复议机关不予受理；

（三）对申请复议的材料不齐备的，告知赔偿请求人补充有关材料。

第二十七条 复议刑事赔偿案件可调取有关的案卷材料。对事实不清的，可以要求原承办案件的人民检察院补充调查，也可以自行调查。

第二十八条 对审查终结的复议案件，应制作刑事赔偿复议案件的审查报告，提出具体处理意见，经部门负责人审核，报检察长或者检察委员会决定。

第二十九条 复议刑事赔偿案件，应分别下列不同情况作出决定：

（一）原决定事实清楚，适用法律正确，赔偿方式、数额适当的，予以维持；

（二）原决定认定事实或适用法律错误的，予以纠正，赔偿方式、数额不当的，予以变更；

（三）赔偿义务机关逾期未作出决定的，依法作出决定。

第三十条 复议机关应当自收到复议申请之日起二个月内作出复议决定。

复议决定作出后，应当制作《刑事赔偿复议决定书》，直接送达赔偿义务机关和赔偿请求人。直接送达赔偿请求人有困难的，可以委托其所在地的人民检察院代为送达。

第三十一条 人民检察院复议刑事赔偿案件，实行一次复议制。

第六章 执 行

第三十二条 负有赔偿义务的人民检察院负责刑事赔偿决定的执行。

支付赔偿金的，由刑事赔偿工作办公室办理；返还财产或者恢复原状的，由刑事赔偿工作办公室通知原案件承办部门执行。

第三十三条 赔偿义务机关作出赔偿决定后，赔偿请求人在国家赔偿法规定的期间内未向上一级人民检察院申请复议的，即应执行。

复议机关作出复议决定后，赔偿请求人自收到复议决定之日起三十日内未向人民法院赔偿委员会提出申请的，赔偿义务机关即应执行，并将执行情况报告复议机关。

第三十四条 对有国家赔偿法第十五条第（一）、（二）项规定的情形之一，并造成受害人名誉权、荣誉权损害的，负有赔偿义务的人民检察院应当在侵权行为影响的范围内，为受害人消除影响，恢复名誉，赔礼道歉。

第三十五条 经人民检察院依法确认有违法侵权情形存在，人民法院赔偿委员会作出赔偿决定的，负有赔偿义务的人民检察院应当执行。

第三十六条 赔偿义务机关如果认为人民法院赔偿委员会的赔偿决定确有错误，可以向作出赔偿决定的人民法院的上一级人民法院提出确有错误的事实和理由，并向上一级人民检察院报告，上一级人民检察院或者省级人民检察院可以向同级人民法院赔偿委员会提出建议。

第七章 附 则

第三十七条 人民检察院对于撤销案件、不起诉案件或者人民法院宣告无罪的案件，重新立案侦查、提起公诉或者提出抗诉的，正在办理的刑事赔偿案件应当中止办理。经人民法院终审判决有罪的，正在办理的刑事赔偿案件应当终结，已作出赔偿决定的，应当由作出赔偿决定的机关予以撤销，已支付的赔偿金应当收回。

第三十八条 人民检察院和人民法院负有共同赔偿义务的，按照有关共同赔偿的规定办理。

第三十九条 依据本规定作出的《人民检察院刑事确认书》、《人民检察院重新确认通知书》、《人民检察院刑事确认复查决定书》、《人民检察院刑事赔偿立案决定书》、《人民检察院刑事赔偿决定书》、《人民检察院刑事赔偿复议决定书》均应加盖人民检察院院印，并于十五日内向上一级人民检察院备案。

第四十条 检察机关工作人员具有国家赔偿法第二十四条规定情形之一的，应予追偿。具体办法可以参照人民检察院错案责任追究的有关规定办理。

第四十一条 本规定自下发之日起施行，《人民检察院刑事赔偿工作暂行规定》同时废止。

最高人民法院 最高人民检察院
关于刑事赔偿义务机关确定问题的通知

（2005年7月5日 高检会〔2005〕1号）

各省、自治区、直辖市高级人民法院、人民检察院，解放军军事法院、军事检察院，新疆维吾尔自治区高级人民法院生产建设兵团分院、新疆生产建设兵团人民检察院：

为规范刑事赔偿案件的办理，及时执行生效的刑事赔偿决定，切实保障赔偿请求人的合法权益，根据《中华人民共和国国家赔偿法》第十九条和《最高人民法院、最高人民检察院〈关于办理人民法院、人民检察院共同赔偿案件若干问题的解释〉》第一条的规定，现就确定赔偿义务机关的有关事项通知如下：

一、人民检察院批准逮捕并提起公诉，一审人民法院判决无罪，或者人民检察院撤回起诉作出不起诉决定或者撤销案件决定，依法应当赔偿的案件，批准逮捕与提起公诉的如不是同一人民检察院，赔偿义务机关为批准逮捕的人民检察院。

二、人民检察院批准逮捕并提起公诉，一审人民法院判决有罪，二审人民法院改判无罪，或者发回重审后一审人民法院改判无罪，或者人民检察院撤回起诉作出不起诉决定或者撤销案件决定，依法应当赔偿的案件，一审人民法院和批准逮捕的人民检察院为共同赔偿义务机关。批准逮捕与提起公诉的如不是同一人民检察院，共同赔偿义务机关为提起公诉的人民检察院。

三、本通知自发布之日起施行。本通知发布前，已经生效的刑事赔偿决定不再变更赔偿义务机关。

最高人民检察院刑事赔偿办公室关于建立刑事赔偿案件备案审查制度的通知

（2001年2月12日　〔2001〕高检刑赔发第2号）

各省、自治区、直辖市人民检察院刑事赔偿工作办公室，军事检察院，新疆生产建设兵团人民检察院：

为规范检察机关刑事赔偿案件的审查办理，加强对下级检察机关刑事赔偿工作的指导，加大刑事赔偿工作力度，根据《人民检察院刑事赔偿工作规定》第三十九条的规定，最高人民检察院刑事赔偿工作办公室决定建立刑事赔偿案件备案审查制度，现将有关事项通知如下：

一、检察机关办理的刑事赔偿案件实行逐级备案的制度。县、区检察院办理的刑事赔偿案件向分、州、市院刑事赔偿工作部门备案；分、州、市院作为赔偿义务机关和复议机关办理的刑事赔偿和复议案件以及受理的不服不确认的申诉案件向省级人民检察院刑事赔偿工作办公室备案；省级人民检察院作为赔偿义务机关和复议机关办理的刑事赔偿和复议案件以及受理的不服不确认的申诉案件向最高人民检察院刑事赔偿工作办公室备案。

二、分、州、市院和县、区院办理的刑事赔偿案件，有下列情形之一的，应呈报最高人民检察院刑事赔偿工作办公室备案审查：

（一）支付侵犯人身权的赔偿金在一万元以上或因侵犯财产权赔偿额（包括物和金钱）在十万元以上的刑事赔偿案件；

（二）未履行任何法律手续羁押当事人或未出示任何法律手续扣押、查封、追缴当事人财产的刑事赔偿案件；

（三）导致当事人死亡或重大身体伤害的刑事赔偿案件；

（四）检察机关经审查、复议决定不赔，法院赔偿委员会决定赔偿的刑事赔偿案件；

（五）因证据不足而不予确认的刑事赔偿案件；

（六）人民法院强制人民检察院执行的刑事赔偿案件；

（七）重大疑难的刑事赔偿案件。

三、报送审查备案的材料应包括：

（一）赔偿请求人原涉嫌犯罪案件的侦查终结报告或不起诉决定书或人民法院的刑事判决书；

（二）赔偿申请书、赔偿案件审查报告、赔偿决定书；

（三）复议申请书、复议决定书、人民法院赔偿委员会决定书。

四、备案材料应当在刑事赔偿案件审理终结后的十五日内按照备案的范围报送上级人民检察院刑事赔偿工作办公室；赔偿请求人不服检察机关的复议决定向人民法院赔偿委员会申请赔偿的，收到人民法院赔偿委员会决定后的十五日内报上一级人民检察院备案审查。

五、上级人民检察院对备案的刑事赔偿案件，应当及时审查，发现问题的，及时通知下级人民检察院刑事赔偿工作办公室。

关于人民检察院办理刑事赔偿确认案件拟作不予确认决定报上一级人民检察院批准的规定

（2005年10月24日最高人民检察院第十届检察委员会第41次会议通过　2005年11月9日公布　自2006年1月1日起施行）

高检发刑申字〔2005〕1号

第一条　为了加强上级人民检察院对下级人民检察院办理刑事赔偿确认案件的监督制约，依法保障赔偿请求人的合法权益，根据《中华人民共和国国家赔偿法》和《人民检察院刑事赔偿工作规定》，结合人民检察院办理刑事赔偿确认案件工作实际，制定本规定。

第二条　地方各级人民检察院和专门人民检察院办理本院为赔偿义务机关的刑事赔偿确认案件，对赔偿请求人要求确认的全部或者部分违法侵权事项，拟作不予确认决定的，应当报请上一级人民检察院批准。

第三条　经检察长批准或者检察委员会讨论，人民检察院拟作不予确认决定的，应当制作不予确认意见书，连同案卷材料，报上一级人民检察院审查。

第四条　上一级人民检察院收到不予确认意见书和案卷材料后，应当由刑事赔偿工作部门指定专人，从案件事实、证据和适用法律等方面进行全面审查，必要时可以直接听取赔偿请求人的意见。

第五条　上一级人民检察院刑事赔偿工作部门审查后，应当提出是否同意不予确认的意见，报请检察长或者检察委员会决定。

上一级人民检察院不同意下级人民检察院不予确认意见的，应当明确要求下级人民检察院作出予以确认的决定。

第六条　上一级人民检察院应当于收到案件二十日以内作出是否同意不予确认的决定，并书面批复下级人民检察院；对于重大复杂的刑事赔偿确认案件，审查批准的时间可以延长十日。

第七条　下级人民检察院接到上一级人民检察院的批复后，应当在七日以内依据批复作出决定，制作刑事赔偿确认决定书，送达赔偿请求人，并报上一级人民检察院备案。

第八条　上一级人民检察院发现下级人民检察院对应当依法进行刑事赔偿确认的案件不依法受理或者受理后不及时作出刑事赔偿确认决定的，应当责令下级人民检察院受理、及时作出刑事赔偿确认决定。

第九条　本规定自2006年1月1日起施行。

最高人民法院赔偿委员会工作规则

（1999年4月26日最高人民法院赔偿委员会第7次会议通过　自2000年12月19日起施行）
1999年5月31日　法发〔1999〕16号

第一条　为了规范赔偿委员会工作，充分发挥其职能作用，根据《中华人民共和国国家赔偿法》和有关法律规定，特制定本规则。

第二条　赔偿委员会的任务

（一）讨论、决定下列案件：

1. 赔偿请求人向本院申请赔偿，应由本院作出赔偿决定的国家赔偿案件；

2. 不服本院赔偿委员会的决定，需要重新作出赔偿决定的案件；

3. 不服高级人民法院赔偿委员会的决定，向本院申诉，决定提审的案件；

4. 高级人民法院和解放军军事法院请示的适用法律的重大或者疑难的案件；

5. 其他重大、疑难的案件。

（二）讨论司法解释草案。

（三）讨论、研究赔偿工作的重大事项，总结赔偿工作经验，监督、指导地方各级法院的赔偿工作。

（四）讨论、决定其他有关赔偿工作的重大事项。

第三条　赔偿委员会讨论的事项，由主任或者副主任提交。

第四条　赔偿委员会两个月召开一次例会，必要时可以随时召开。

第五条　赔偿委员会讨论的议题，赔偿委员会办公室应当将有关的文件资料，于一日前发送各委员和有关列席人员。

赔偿委员会委员接到会议通知后应当按时出席会议。因故不能出席会议的应于一日前告知赔偿委员会办公室。

第六条　赔偿委员会会议由主任主持，或者由主任委托副主任主持。

第七条　赔偿委员会开会应有过半数的委员参加。

赔偿委员会实行民主集中制。赔偿委员会讨论的案件，必须超过委员会全体委员的半数同意方能通过。少数委员的意见可以保留并记录在卷。

第八条　赔偿委员会讨论的重大疑难的案件，或者有重大分歧的案件，可以由主持会议的赔偿委员会主任或者副主任决定提交审判委员会讨论。

第九条　赔偿委员会讨论的案件或者其他事项，承办人应当做好准备，根据会议主持人的要求汇报，并负责回答委员提出的问题。

第十条　赔偿委员会的决定，赔偿委员会办公室应当执行，不得擅自改变；如发现有新情况，可以提请赔偿委员会主任或者副主任决定提交赔偿委员会复议。

第十一条　赔偿委员会讨论、决定的事项，须作出会议纪要，会议纪要经会议主持人审定后印发各委员，根据需要可增发各高级人民法院赔偿委员会。

赔偿委员会办公室应当将会议纪要附卷备查。

第十二条　赔偿委员会办公室，是赔偿委员会的具体工作机构，负责案件审理，草拟司法解释草案，负责赔偿委员会会前准备，会议记录，草拟会议纪要。根据赔偿委员会的部署和要求，具体实施对地方各级法院赔偿工作的监督、指导，对全国赔偿工作的经验和存在的问题开展调查研究，总结经验，以及办理其他有关赔偿工作的具体事项。

第十三条 赔偿委员会委员，以及其他列席会议的人员，应当遵守保密规定，不得泄漏赔偿委员会讨论情况。

第十四条 本规则自通过之日起实行。

最高人民法院关于人民法院赔偿委员会审理赔偿案件程序的暂行规定

（1996年5月6日　法发〔1996〕14号）

根据《中华人民共和国国家赔偿法》（以下简称赔偿法）的有关规定，现对人民法院赔偿委员会（以下简称赔偿委员会）审理赔偿案件的程序，作暂行规定。

一、立案审查

第一条 赔偿请求人依法向赔偿委员会申请作出赔偿决定的，应当递交赔偿申请书一式四份。赔偿请求人书写申请书确有困难的，可以口头申请。口头提出申请的，应当记入笔录，并填写《口头申请赔偿登记表》一式四份，由赔偿请求人签名、盖章。

第二条 赔偿请求人依法向赔偿委员会申请作出赔偿决定的被侵权事项，应当先经过依法确认。根据赔偿法第二十条第二款的规定，被要求确认的机关不予确认的，赔偿请求人有权申诉。赔偿委员会不受理要求确认的申诉案件。

第三条 赔偿请求人提出赔偿申请，除符合赔偿法第六条规定的条件以外，还应当提供以下相关的法律文书和证明材料：

（一）经依法确认有赔偿法第十五条、第十六条规定情形的法律文书，包括：人民法院一审宣告无罪并已发生法律效力的刑事判决书、人民法院二审宣告无罪的刑事判决书、人民法院依照审判监督程序再审宣告无罪的刑事判决书、人民检察院不起诉决定书或者公安机关释放证明书；

（二）经依法确认有赔偿法第三十一条规定情形的法律文书；

（三）赔偿义务机关作出的赔偿或者不予赔偿决定书。赔偿义务机关逾期未作出决定的，应当提供相关的证明材料；

赔偿义务机关是侦查、检察或者监狱管理机关的，应当提供上一级机关作出的复议决定书。复议机关逾期未作复议决定的，应当提供相关的证明材料；

（四）其他相关的法律文书、证明材料。

第四条 赔偿委员会收到赔偿申请后，应当在7日内决定是否立案，并及时通知赔偿请求人。缺少有关证明材料的，应当通知赔偿请求人予以补充。收到赔偿申请的时间应当自材料补充齐全后起算。

第五条 经审查，认为赔偿请求人的赔偿申请依法不属于赔偿委员会受理的，应当告知赔偿请求人向有关机关提出赔偿申请，或者转请有关部门处理，并通知赔偿请求人。

第六条 赔偿委员会立案后，在依法作出决定之前，赔偿请求人申请撤回赔偿申请的，应当准许。

二、案件审理

第七条 赔偿委员会决定立案审理的赔偿案件，应当指定专人负责办理。

第八条 赔偿委员会立案后，应当于15日内将赔偿请求人的赔偿申请书副本送达复议机关和赔偿义务机关。

第九条 赔偿委员会根据审理案件的需要，可以通知赔偿请求人、赔偿义务机关和复议机关的有关人员或者相关证人提供有关情况、案件材料、证明材料，或者到人民法院接受调查。

第十条 赔偿委员会对赔偿请求人和被请求的赔偿义务机关、复议机关调查取证，应当分别进行。

第十一条 经审查，赔偿案件事实清楚、证据确实、充分的，应当写出赔偿案件审查报告，并附有关案卷和证明材料，报请赔偿委员会主任提交赔偿委员会审理。

第十二条 赔偿案件审查报告应当包括以下内容：

（一）案件的由来；

（二）赔偿请求人的基本情况，赔偿义务机关、复议机关的名称及其法定代表人；

（三）赔偿请求人申请事项及理由；

（四）申请的赔偿案件确认情况、赔偿义务机关的决定情况以及复议机关的复议情况；

（五）承办人审查认定的事实及依据；

（六）处理意见和理由。

第十三条 赔偿委员会审理案件依法不公开进行。

第十四条 赔偿委员会讨论案件，实行少数服从多数的原则。赔偿委员会半数以上委员的意见为赔偿委员会的决定意见。

第十五条 赔偿委员会认为重大、疑难的案件，必要时由赔偿委员会主任报请院长提交审判委员会讨论决定。审判委员会的决定，赔偿委员会应当执行。

第十六条 赔偿委员会审理的案件，应当分别下列情形依法作出决定：

（一）赔偿义务机关决定或者复议机关复议决定适用法律正确，赔偿方式、赔偿数额适当的，应当决定予以维持；

（二）赔偿义务机关决定、复议机关复议决定适用法律不当的，应当撤销原决定，依法作出决定；赔偿方式、赔偿数额不当的，应当作出变更决定；

（三）经依法确认有赔偿法第十五条、第十六条、第三十一条规定情形之一，赔偿义务机关或者复议机关逾期未作决定的，应当作出赔偿或者不予赔偿的决定；

（四）赔偿请求人申请赔偿事项属于赔偿法第十七条规定的国家不承担赔偿责任的情形，或者已超过法定时效的，应当作出不予赔偿的决定。

第十七条 赔偿委员会审理案件作出的决定，应当制作人民法院赔偿委员会决定书。

第十八条 人民法院赔偿委员会决定书，应当载明以下事项：

（一）赔偿请求人的基本情况，赔偿义务机关、复议机关的名称及其法定代表人；

（二）赔偿请求人申请事项，赔偿义务机关的决定、复议机关的复议决定情况；

（三）赔偿委员会认定的事实及依据；

（四）决定的理由与法律依据；

（五）决定内容。

第十九条 人民法院赔偿委员会决定书由赔偿委员会主任审核签发，加盖人民法院院印。

第二十条 赔偿案件应当在3个月内作出是否赔偿的决定。因案件情况复杂，3个月内不能作出决定的，经本院院长批准，可以延长1个月；仍不能作出决定需要再延长审理期限的，应当报请上级人民法院批准，再延长的时间最多不得超过3个月。

三、执　行

第二十一条 赔偿委员会决定一经作出，即发生法律效力，必须执行。

第二十二条 人民法院赔偿委员会决定书应当根据决定事项，分别送达赔偿请求人、赔偿义务机关和复议机关。

四、其他规定

第二十三条 赔偿委员会决定生效后，赔偿委员会如发现原认定的事实或者适用法律错误，必须改变原决定的，经本院院长决定或者上级人民法院指令，赔偿委员会应当重新审理，依法作出决定。

第二十四条 公民、法人和其他组织依法提起赔偿申请，可以委托律师、提出申请的公民的近亲属或者所在单位推荐的人，以及经人民法院许可的其他公民为代理人。

第二十五条 赔偿委员会是人民法院审理赔偿案件的审判组织。赔偿委员会下设办公室，负责办理具体事宜。

第二十六条 人民法院是赔偿义务机关的，审理赔偿案件可参照本规定。

最高人民法院关于审理人民法院国家赔偿确认案件若干问题的规定（试行）

（2004年5月18日最高人民法院审判委员会第1315次会议通过　2004年8月10日公布　自2004年10月1日起施行）

法释〔2004〕10号

为正确审理人民法院在审判和执行中违法侵权的确认案件，根据《中华人民共和国国家赔偿法》及有关法律制定本规定。

第一条 公民、法人或者其他组织认为人民法院及其工作人员的职务行为侵犯其合法权益提起国家赔偿请求的，除本规定第五条规定的情形外，应当依法先行申请确认。

第二条 公民、法人或者其他组织认为人民法院及其工作人员违法行使职权，申请确认的是确认申请人。

申请确认由作出司法行为的人民法院受理，但申请确认基层人民法院司法行为违法的案件，由中级人民法院受理。

第三条 具备下列条件的，应予立案：

（一）确认申请人应当具有《中华人民共和国国家赔偿法》第十八条规定的国家赔偿请求人资格；

（二）有具体的确认请求和损害事实、理由；

（三）确认申请人申请确认应当在

司法行为发生或者知道、应当知道司法行为发生之日起两年内提出；

（四）属于受理确认申请的人民法院管辖。

第四条 具有下列情形之一的确认申请，不予受理：

（一）依法应当通过审判监督程序提出申诉或者申请再审的；

（二）申请事项属于司法机关已经立案正在查处的；

（三）人民法院工作人员的行为与行使职权无关的；

（四）属于《中华人民共和国民事诉讼法》第二百一十四条规定情形的；

（五）依法不属于确认范围的其他情形。

第五条 人民法院作出的下列情形之一的判决、裁定、决定，属于依法确认，当事人可以根据该判决、裁定、决定提出国家赔偿申请：

（一）逮捕决定已经依法撤销的，但《中华人民共和国刑事诉讼法》第十五条规定的情形除外；

（二）判决宣告无罪并已发生法律效力的；

（三）实施了国家赔偿法第十五条第（四）、（五）项规定的行为责任人员已被依法追究的；

（四）实施了国家赔偿法第十六条第（一）项规定行为，并已依法作出撤销决定的；

（五）依法撤销违法司法拘留、罚款、财产保全、执行裁定、决定的；

（六）对违法行为予以纠正的其他情形。

第六条 人民法院应当在收到确认申请之日起七日内决定是否立案。

审查立案时，发现缺少相关证据的，可以通知确认申请人七日内予以补充。

第七条 确认申请人对不予受理决定不服的，可以在收到不予受理决定书之日起十五日内，向上一级人民法院申请复议。

上一级人民法院应当在收到复议申请之日起三十日内作出是否受理的决定。

第八条 人民法院审理确认案件应当组成合议庭。

第九条 人民法院审理确认案件，应当审查以下内容：

（一）被申请确认的损害事实是否存在；

（二）人民法院原作出司法行为的理由及依据；

（三）人民法院原行使职权的行为是否符合法定程序、原行使的职权适用法律是否正确；

（四）其他需要审查的内容。

第十条 人民法院审理确认案件可以进行书面审理，根据案件的具体情况可以进行听证。是否听证由合议庭决定。

第十一条 被申请确认的案件在原审判、执行过程中，具有下列情形之一的，应当确认违法：

（一）人民法院决定逮捕的犯罪嫌疑人没有犯罪事实或者事实不清、证据不足，释放后，未依法撤销逮捕决定的；

（二）查封、扣押、冻结、追缴与刑事案件无关的合法财产，并造成损害的；

（三）违反法律规定对没有实施妨害诉讼行为的人、被执行人、协助执行人等，采取或者重复采取拘传、拘留、罚款等强制措施，且未依法撤销的；

（四）司法拘留超过法律规定或者决定书确定的期限的；

（五）超过法定金额实施司法罚

款的；

（六）违反法律规定采取或者解除保全措施，给确认申请人造成损害的；

（七）超标的查封、扣押、冻结、变卖或者执行确认申请人可分割的财产，给申请人造成损害的；

（八）违反法律规定，重复查封、扣押、冻结确认申请人财产，给申请人造成损害的；

（九）对查封、扣押的财物故意不履行监管职责，发生灭失或者其他严重后果，给确认申请人造成损害的；

（十）对已经发现的被执行人的财产，故意拖延执行或者不执行，导致被执行的财产流失，给确认申请人造成损害的；

（十一）对应当恢复执行的案件不予恢复执行，导致被执行的财产流失，给确认申请人造成损害的；

（十二）没有法律依据将案件执行款物执行给其他当事人或者案外人，给确认申请人造成损害的；

（十三）违法查封、扣押、执行案外人财产，给案外人造成损害的；

（十四）对依法应当拍卖的财产未拍卖，强行将财产变卖或者以物抵债，给确认申请人造成损害的；

（十五）违反法律规定的其他情形。

第十二条 人民法院确认或者不予确认违法行使职权的，应当制作裁定书。确认违法的，应同时撤销原违法裁决。

人民法院对本院司法行为是否违法作出的裁定书由院长署名；上级人民法院对下级人民法院司法行为是否违法作出的裁定书由合议庭署名。

第十三条 人民法院审理确认案件，应当自送达受理通知书之日起六个月内作出裁定。需要延长期限的，报请本院院长批准可以延期三个月。

第十四条 确认申请人对人民法院受理确认申请后，超过审理期限未作出裁决的，可以在期满后三十日内向上一级人民法院提出书面申诉。

上一级人民法院应当在收到确认申诉书之日起三个月内指令下级人民法院限期作出裁定或者自行审理。自行审理需要延长期限的，报请本院院长批准可以延期三个月。

第十五条 上级人民法院审理确认案件举行听证的，下级人民法院应当参加听证。

确认申请人无正当理由不参加听证的，视为撤回确认申请。

第十六条 原作出司法行为的人民法院有义务对其行为的合法性作出说明。

第十七条 确认申请人对人民法院作出的不予确认违法的裁定不服，可以在收到裁定书之日起三十日内向上一级人民法院提出申诉。

上一级人民法院应当在收到确认申诉书之日起三个月内作出确认或者不予确认的裁定。需要延长期限的，报请本院院长批准可以延期三个月。

第十八条 最高人民法院对各级人民法院、上级人民法院对下级人民法院作出的确认裁定认为确有错误的，可以直接作出确认，也可以指令下级人民法院或者其他同级人民法院重新确认。

第十九条 本规定发布前的司法解释，与本规定相抵触的，以本规定为准。

第二十条 本规定自2004年10月1日起施行。

最高人民法院关于《中华人民共和国国家赔偿法》溯及力和人民法院赔偿委员会受案范围问题的批复

（1995年1月29日　法复〔1995〕1号）

各省、自治区、直辖市高级人民法院，解放军军事法院：

《中华人民共和国国家赔偿法》（以下简称《国家赔偿法》）公布和施行以来，一些地方高级人民法院就该法的溯及力和人民法院赔偿委员会受理案件的范围问题请示我院，经研究，现答复如下：

一、根据《国家赔偿法》第三十五条规定，《国家赔偿法》1995年1月1日起施行。《国家赔偿法》不溯及既往。即：国家机关及其工作人员行使职权时侵犯公民、法人和其他组织合法权益的行为，发生在1994年12月31日以前的，依照以前的有关规定处理。发生在1995年1月1日以后并经依法确认的，适用《国家赔偿法》予以赔偿。发生在1994年12月31日以前，但持续至1995年1月1日以后，并经依法确认的，属于1995年1月1日以后应予赔偿的部分，适用《国家赔偿法》予以赔偿；属于1994年12月31日以前应予赔偿的部分，适用当时的规定予以赔偿；当时没有规定的，参照《国家赔偿法》的规定予以赔偿。

二、依照《国家赔偿法》的有关规定，人民法院赔偿委员会受理下列案件：

1. 行使侦查、检察、监狱管理职权的机关及其工作人员在行使职权时侵犯公民、法人和其他组织的人身权、财产权，造成损害，经依法确认应予赔偿，赔偿请求人经依法申请赔偿和申请复议，因对复议决定不服或者复议机关逾期不作决定，在法定期间内向复议机关所在地的同级人民法院赔偿委员会申请作出赔偿决定的；

2. 人民法院是赔偿义务机关，赔偿请求人经申请赔偿，因赔偿义务机关逾期不予赔偿或者赔偿请求人对赔偿数额有异议，在法定期间内向赔偿义务机关的上一级人民法院赔偿委员会申请作出赔偿决定的。

最高人民法院关于人民法院执行《中华人民共和国国家赔偿法》几个问题的解释

（最高人民法院审判委员会第811次会议讨论通过　1996年5月6日公布施行）
法发〔1996〕15号

一、根据《中华人民共和国国家赔偿法》（以下简称赔偿法）第十七条第（二）项、第（三）项的规定，依照刑法第十四条、第十五条规定不负刑事责任的人和依照刑事诉讼法第十五条规定不追究刑事责任的人被羁押，国家不承担赔偿责任。但是对起诉后经人民法院判处拘役、有期徒刑、无期徒刑和死刑并已执行的上列人员，有权依法取得赔偿。判决确定前被羁押的日期依法不予赔偿。

二、依照赔偿法第三十一条的规定，人民法院在民事诉讼、行政诉讼过程中，违法采取对妨害诉讼的强制措施、保全措施或者对判决、裁定及其他生效法律文书执行错误，造成损害，具有以下情形之一的，适用刑事赔偿程序予以赔偿：

（一）错误实施司法拘留、罚款的；

（二）实施赔偿法第十五条第（四）项、第（五）项规定行为的；

（三）实施赔偿法第十六条第（一）项规定行为的。

人民法院审理的民事、经济、行政案件发生错判并已执行，依法应当执行回转的，或者当事人申请财产保全、先予执行，申请有错误造成财产损失依法应由申请人赔偿的，国家不承担赔偿责任。

三、公民、法人和其他组织申请人民法院依照赔偿法规定予以赔偿的案件，应当经过依法确认。未经依法确认的，赔偿请求人应当要求有关人民法院予以确认。被要求的人民法院由有关审判庭负责办理依法确认事宜，并应以人民法院的名义答复赔偿请求人。被要求的人民法院不予确认的，赔偿请求人有权申诉。

四、根据赔偿法第二十六条、第二十七条的规定，人民法院判处管制、有期徒刑缓刑、剥夺政治权利等刑罚的人被依法改判无罪的，国家不承担赔偿责任，但是，赔偿请求人在判决生效前被羁押的，依法有权取得赔偿。

五、根据赔偿法第十九条第四款“再审改判无罪的，作出原生效判决的人民法院为赔偿义务机关”的规定，原一审人民法院作出判决后，被告人没有上诉，人民检察院没有抗诉，判决发生法律效力的，原一审人民法院为赔偿义务机关；被告人上诉或者人民检察院抗诉，原二审人民法院维持一审判决或者对一审人民法院判决予以改判的，原二审人民法院为赔偿义务机关。

六、赔偿法第二十六条关于“侵犯公民人身自由的，每日的赔偿金按照国家上年度职工日平均工资计算”中规定的上年度，应为赔偿义务机关、复议机关或者人民法院赔偿委员会作出赔偿决定时的上年度；复议机关或者人民法院赔偿委员会决定维持原赔偿决定的，按作出原赔偿决定时的上年度执行。

国家上年度职工日平均工资数额，应当以职工年平均工资除以全年法定工作日数的方法计算。年平均工资以国家统计局公布的数字为准。

最高人民法院关于刑事赔偿和非刑事司法赔偿案件立案工作的暂行规定（试行）

（2000年1月11日　法发〔2000〕2号）

为切实保障赔偿请求人依法申请国家赔偿的权利，规范刑事赔偿和非刑事司法赔偿案件（以下简称赔偿案件）的立案工作，根据《中华人民共和国国家赔偿法》及有关法律，制定本规定。

第一条　赔偿案件的立案工作应便于人民法院或者人民法院赔偿委员会正确及时审理案件。

第二条　人民法院、人民法院赔偿委员会对赔偿请求人提出的赔偿申请依法进行审查，符合立案条件的应当立案。

第三条　赔偿请求人向人民法院、人民法院赔偿委员会提出赔偿申请的，赔偿义务机关的司法侵权行为应当先经依法确认。

第四条　本级人民法院作为赔偿义务机关的赔偿案件的立案工作由该法院的立案机构负责。

第五条　本级人民法院作为赔偿义务机关的赔偿案件的立案范围：

（一）对没有犯罪事实的人错误决定逮捕的；

（二）依照审判监督程序再审改判无罪，原判刑罚已经执行的；

（三）刑讯逼供或者以殴打等暴力行为或者唆使他人以殴打等暴力行为、违法使用武器警械造成公民身体伤害或者死亡的；

（四）人民法院违法对财产采取查封、扣押、冻结、追缴等措施造成损害的；

（五）依照审判监督程序再审改判无罪，原判罚金、没收财产已经执行的；

（六）一审判决有罪，二审改判无罪的；

（七）人民法院在民事诉讼、行政诉讼过程中，违法采取对妨害诉讼的强制措施、保全措施或者对判决、裁定及其他生效法律文书执行错误，造成损害的。

第六条　人民法院收到当事人的赔偿申请后，应当依法进行审查，符合下列条件的，应予立案：

（一）赔偿请求人应当具备法律规定的主体资格；

（二）本院是赔偿义务机关；

（三）有具体的赔偿请求事项和事实根据；

（四）有依法确认的法律文书或者其他证明材料；

（五）符合法定的请求期间，因不可抗力或者其他障碍未能在法定期间行使请求权或者人民法院决定延长期间的除外。

第七条　依法应当由人民法院赔偿委员会作出决定的赔偿案件的立案工作由赔偿委员会办公室负责。

第八条　人民法院赔偿委员会受理的赔偿案件的立案范围：

（一）因犯罪嫌疑人没有犯罪事实或者事实不清、证据不足，侦查机关对犯罪嫌疑人解除刑事拘留或者检察机关不批准逮捕，或者侦查机关撤销案件，决定予以释放的；

（二）因犯罪嫌疑人没有犯罪事实或者事实不清、证据不足，检察机关作出撤销拘留决定、不批准逮捕决定、撤销逮捕决定、撤销案件决定、不起诉决定的；

（三）因犯罪嫌疑人没有犯罪事实或者事实不清、证据不足，人民法院撤销逮捕决定的；

（四）人民法院一审判决无罪并已发生法律效力的，二审判决无罪的，依照审判监督程序再审改判无罪并已发生法律效力的；

（五）侦查、检察、审判、监狱管理机关及其工作人员实施国家赔偿法第十五条第（四）项、第（五）项规定的行为，责任人员被依法追究刑事责任或者给予其他处分的；

（六）实施了国家赔偿法第十六条规定行为，已依法纠正的；

（七）人民法院撤销原错误司法拘留、罚款决定的；

（八）人民法院撤销原错误拘传的；

（九）人民法院撤销原错误财产保全裁定的；

（十）人民法院错误执行判决、裁定及其他生效法律文书，已依法纠正的；

（十一）上一级人民法院经复议，撤销下级人民法院原错误的强制措施、保全措施、执行裁定、决定的；

（十二）侦查、检察、审判、监狱管理机关依法对违法侵权行为加以纠正的其他情形。

第九条 人民法院赔偿委员会收到赔偿申请后，应当依法进行审查，符合下列条件的，应予立案：

（一）赔偿请求人具备法律规定的主体资格；

（二）赔偿义务机关是行使侦查、检察、审判、监狱管理职权的机关；

（三）有具体的赔偿请求事项和事实根据；

（四）有依法确认的法律文书或者其他证明材料；

（五）符合法定的请求期间，因不可抗力或者其他障碍未能在法定期间行使请求权或者人民法院赔偿委员会决定延长期间的除外；

（六）赔偿义务机关是侦查、检察、监狱管理机关的，作出赔偿决定后或者逾期未作赔偿决定，赔偿请求人申请复议，经复议仍不服或者复议机关逾期未作复议决定的；赔偿义务机关是人民法院的，作出赔偿决定后，赔偿请求人不服的，或者人民法院逾期未作赔偿决定的；

（七）符合国家赔偿法及有关司法解释对国家赔偿法溯及力的规定。

第十条 人民法院、人民法院赔偿委员会从收到赔偿申请之日起，应当在七日内决定立案或者不予受理。

第十一条 审查立案时，发现缺少有关证明材料的，应当通知赔偿请求人予以补充。收到赔偿申请的时间，从有关证明材料补充齐全后起算。

第十二条 决定立案的，应当编立案号，填写立案登记表，向赔偿请求人发出受理案件通知书。

人民法院赔偿委员会决定立案的，还应当向赔偿义务机关、复议机关发出受理案件通知书，并送达赔偿申请书副本。

第十三条 人民法院决定立案的，立案机构应当在二日内将案件移送相关部门，并办理移交手续，注明移交日期。经审查决定立案的登记日期为立案日期。

第十四条 对经审查不符合立案条件的，应当制作不予受理案件通知书。

第十五条 上级人民法院赔偿委员会对下级人民法院、下级人民法院赔偿委员会的赔偿案件立案工作进行监督和指导。

第十六条 对经审查不应由人民法院或者人民法院赔偿委员会受理的，应当告知赔偿请求人向有关机关申请赔偿。

最高人民法院关于刑事赔偿和非刑事司法赔偿案件案由的暂行规定（试行）

（2000年1月11日 法发〔2000〕2号）

为规范刑事赔偿和非刑事司法赔偿案件的案由，根据《中华人民共和国国家赔偿法》（以下简称国家赔偿法）的规定制定本暂行规定。

1. 错误刑事拘留赔偿［国家赔偿法第十五条第（一）项］对没有犯罪事实或者没有事实证明有犯罪重大嫌疑的人错误拘留的赔偿案件。

2. 错误逮捕赔偿［国家赔偿法第十五条第（二）项］对没有犯罪事实的人错误逮捕的赔偿案件。

3. 错捕错判共同赔偿［国家赔偿法第十五条第（二）项、第十九条第四款］对没有犯罪事实的人错误逮捕，一审人民法院判决有罪二审人民法院宣告无罪的赔偿案件。

4. 再审改判无罪赔偿［国家赔偿法第十五条第（三）项］依照审判监督程序再审改判无罪，原判刑罚已经执行的赔偿案件。

5. 刑讯逼供致人伤害、死亡赔偿［国家赔偿法第十五条第（四）项］刑讯逼供造成公民身体伤害或者死亡的赔偿案件。

6. 使用暴力、唆使他人使用暴力致人伤害、死亡赔偿［国家赔偿法第十五条第（四）项］以殴打等暴力行为或者唆使他人以殴打等暴力行为造成公民身体伤害或者死亡的赔偿案件。

7. 违法使用武器、警械致人伤害、死亡赔偿［国家赔偿法第十五条第（五）项］违法使用武器、警械造成公民伤害或者死亡的赔偿案件。

8. 刑事违法查封、扣押、冻结、追缴赔偿［国家赔偿法第十六条第（一）项］在刑事诉讼过程中，违法对财产采取查封、扣押、冻结、追缴等强制措施的赔偿案件。

9. 错判罚金、没收财产赔偿［国家赔偿法第十六条第（二）项］依照审判监督程序再审改判无罪，原判罚金、没收财产已经执行的赔偿案件。

10. 违法司法拘传赔偿［国家赔偿法第三十一条］人民法院在民事诉讼、行政诉讼过程中，违法拘传的赔偿。

11. 违法司法罚款赔偿［国家赔偿法第三十一条］人民法院在民事诉讼、行政诉讼过程中，违法罚款的赔偿案件。

12. 违法司法拘留赔偿［国家赔偿法第三十一条］人民法院在民事诉讼、行政诉讼过程中，违法司法拘留的赔偿案件。

13. 违法查封、扣押、冻结赔偿［国家赔偿法第三十一条］人民法院在民事诉讼、行政诉讼过程中，违法采取查封、扣押、冻结等（包括法律规定的其他方法）保全措施的赔偿案件。

14. 错误执行赔偿［国家赔偿法第三十一条］人民法院在民事诉讼、行政诉讼过程中，对判决、裁定或者其他生效法律文书执行错误的赔偿案件。

公安部关于公安机关贯彻实施《国家赔偿法》有关问题的通知

（1995年2月13日　公通字〔1995〕11号）

各省、自治区、直辖市公安厅、局：

为保障公安机关认真贯彻实施《国家赔偿法》，及时、正确地办理各类赔偿案件，保护公民、法人和其他组织依法取得国家赔偿的权利，保障、促进公安机关和人民警察依法行使职权，根据《国家赔偿法》和《国务院办公厅关于实施〈中华人民共和国国家赔偿法〉的通知》（国办发〔1994〕106号）精神，现就公安机关贯彻实施《国家赔偿法》的有关问题通知如下：

一、各级公安机关要加强对本机关及所属部门实施《国家赔偿法》工作的领导，切实保障公民、法人和其他组织依法取得国家赔偿的权利。《国家赔偿法》的实施，是加强社会主义民主和法制建设的一项重大措施，不仅为保护公民、法人和其他组织取得国家赔偿的权利提供了明确的法律依据，而且对于监督、促进公安机关和人民警察严格执法，加强公安机关廉政建设，密切警民关系，维护社会安定，都有重大意义。各级公安机关和各业务部门的领导，都要高度重视和认真负责地抓好《国家赔偿法》实施工作，及时研究解决赔偿工作中的有关问题，通过实施《国家赔偿法》，进一步加强公安机关内部的执法指导、监督和检查工作，加强对民警的法制教育和培训，提高严格执法、依法行使职权的自觉性。各级公安机关决定和执行的涉及人身权和财产权的各种处罚和强制措施都要制定完善的操作程序和健全的内部制约制度，使各项公安执法活动在规范化、制度化的轨道上运行，杜绝和减少公安机关和人民警察违法侵权行为的发生。

各级公安机关及其所属各业务部门对于在打击刑事犯罪和进行治安、行政管理过程中发生的侵犯公民、法人和其他组织合法权利的行为，必须主动、及时地进行纠正。对被侵权人造成损害依法应当赔偿的，要主动按照《国家赔偿法》的规定予以赔偿，并做好善后工作。

二、各级公安机关的赔偿工作应根据国办发〔1994〕106号文件的要求，结合本地实际情况，确定受理赔偿请求的具体工作机构和人员。原则上，公安机关各业务部门负责对本部门承办的违法侵权案件的赔偿工作，在办理赔偿案件过程中，侵权行为的直接责任人员必须回避。此项工作在公安部内部由法制司负责协调和指导。

三、在办理赔偿案件中，需要对有

关责任人员追偿赔偿费用和予以纪律处分的，由纪检、监察和干部人事部门按有关规定办理；需要追究刑事责任的，按刑事案件的管辖分工和程序办理。追偿赔偿费用的数额应当按照民警违法侵权的情节、后果和赔偿能力合理确定，并与是否给予行政处分或刑事处分通盘考虑。

四、对行政复议和行政诉讼时一并提出赔偿请求的，按行政复议和诉讼程序及现行公安机关行政复议、行政应诉分工办理。刑事赔偿复议案件参照行政复议程序办理。

五、对于已经依法确认违法侵权事实提出的赔偿请求，自收到赔偿申请书之日起予以受理。对于违法侵权事实尚未得到确认的赔偿请求，被控告有违法侵权的公安机关及有关部门或者上一级公安机关，应当首先对侵权事实和是否违法进行查证，对是否有违法侵权事实作出确认或者不予确认的决定。在违法侵权事实得到确认后，再由负有赔偿义务的机关依照赔偿程序进行赔偿，其确认过程不计算在受理赔偿时限内。

经本级公安机关领导批准，对违法侵权事实尚未得到确认的赔偿申请可转交有关部门或者有权确认的国家机关进行调查确认，也可以告知请求人直接向有关部门或者有权确认的国家机关提出确认的要求。应当由公安机关进行确认的，按申诉控告案件的分工和程序办理。

六、公安机关办理赔偿案件的具体程序，各省、自治区、直辖市公安厅、局可以根据《国家赔偿法》，结合本地实际作出具体规定。待《国家赔偿法》实施一段时间后，条件成熟时，制定统一的、适用于全国的公安机关赔偿工作规定。

以上请各地认真遵照执行，贯彻实施《国家赔偿法》的情况遇到的重大问题，请及时报部。

附件：公安赔偿法律文书式样一至十及说明（供参考，请各地自行印制）。（略）

司法行政机关行政赔偿、刑事赔偿办法

（1995年9月8日司法部发布）

第一章 总 则

第一条 为保障公民、法人和其他组织的合法权益，促进司法行政机关依法行使职权，根据《中华人民共和国国家赔偿法》，制定本办法。

第二条 司法行政机关及其工作人员违法行使职权侵犯公民、法人和其他组织的合法权益造成损害的，应依照国家有关规定给予受害人行政赔偿或者刑事赔偿。

第三条 司法行政机关行政赔偿、刑事赔偿工作坚持以事实为依据，以法律为准绳，有错必纠的原则。

第四条 司法行政机关办理行政赔偿、刑事赔偿案件，实行有关业务部门承办，法制工作部门审核，机关负责人决定的制度。

第二章 赔偿范围

第五条 司法行政机关的监狱部门及其工作人员在行使职权时，有下列侵犯人身权情形之一的，应当予以刑事赔偿：

（一）刑讯逼供或者体罚、虐待服刑人员，造成身体伤害或死亡的；

（二）殴打或者唆使、纵容他人殴打服刑人员，造成严重后果的；

（三）侮辱服刑人员造成严重后果的；

（四）对服刑期满的服刑人员无正当理由不予释放的；

（五）违法使用武器、警械、戒具造成公民身体伤害、死亡的；

（六）其他违法行为造成服刑人员身体伤害或者死亡的。

第六条 司法行政机关的劳动教养管理所及其工作人员在行使职权时，有下列侵犯人身权情形之一的，应当予以行政赔偿：

（一）刑讯逼供或者体罚、虐待被劳动教养人员，造成身体伤害或死亡的；

（二）殴打或者唆使、纵容他人殴打被劳动教养人员，造成严重后果的；

（三）侮辱被劳动教养人员造成严重后果的；

（四）对劳动教养期满的被劳动教养人员，无正当理由不予解教的；

（五）违法使用武器、警械、戒具造成公民身体伤害、死亡的；

（六）其他违法行为造成被劳动教养人员身体伤害或者死亡的。

第七条 司法行政机关及其工作人员在行使职权时有下列侵犯财产权情形之一的，应当予以赔偿：

（一）违法或错误决定吊销律师执业证的；

（二）违法或错误决定责令律师停止执业，以及对律师事务所停业整顿的；

（三）违法或错误决定吊销公证员执业证的；

（四）违法或错误决定责令公证处停业或者撤销公证处的；

（五）在各项管理工作中，其他违法行为给公民、法人和其他组织造成财产损害的。

第八条 属于下列情形之一的，司法行政机关不予赔偿：

（一）与行使司法行政机关管理职权无关的机关工作人员的个人行为；

（二）服刑人员、被劳动教养人员自伤自残的行为；

（三）因公民、法人和其他组织自己的行为致使损害发生的；

（四）法律规定的其他情形。

第三章　赔偿程序

第九条 司法行政机关的法制工作部门为赔偿案件受理机构，负责对赔偿请求进行初步审查并决定是否立案。

司法行政机关的监狱、劳动教养管理所的赔偿案件由监狱、劳动教养管理所受理、承办和审核。

第十条 请求赔偿应由请求人填写《行政（刑事）赔偿申请登记表》。特殊情况不能以书面方式提出的，可以口头方式提出，由受理机关承办人员代为填写并作出笔录，当事人签名。

第十一条 受理赔偿申请应当查明下述情况：

（一）是否属于本办法第五条、第六条、第七条规定的赔偿范围；

（二）有无本办法第八条规定的不承担赔偿责任的情形；

（三）请求人是否符合国家赔偿法第六条规定的条件；

（四）是否应由本机关予以赔偿；

（五）赔偿请求是否已过时效；

（六）请求赔偿的有关材料是否齐全。

第十二条 对已立案的赔偿案件，由案件受理机构分送有关业务部门，业务部门应指定与该案无直接利害关系的人员办理。

特殊情况下，也可由案件受理机构直接办理。

第十三条 承办部门应在1个月内对赔偿请求提出予以赔偿或不予赔偿的意见，连同有关材料报送法制工作部门审核。

承办部门确认应由本机关负赔偿责任的案件，应当提出赔偿数额、赔偿方式。

第十四条 法制工作部门对承办部门的意见应在十日内进行审核，并报本机关负责人批准。

第十五条 司法行政机关对符合法定赔偿条件，决定予以赔偿的，制作《行政（刑事）赔偿决定书》。

对不符合法定赔偿条件，决定不予赔偿的，制作《不予赔偿决定书》。

《行政（刑事）赔偿决定书》和《不予赔偿决定书》由机关负责人签署，加盖机关印章，并送达赔偿请求人。

第十六条 对本机关不负有赔偿义务的申请，应通知赔偿请求人向有赔偿义务的机关提出。

赔偿义务人是其他司法行政机关的，也可以根据申请人的请求，收案后移送有赔偿义务的司法行政机关。

第四章 复 议

第十七条 司法行政机关对赔偿请求人的申请不予确认的，赔偿请求人有权向上一级司法行政机关提出申诉。

上一级司法行政机关对于下级司法行政机关不予确认的赔偿请求，可以自行确认，也可以责成下级司法行政机关予以确认。

第十八条 赔偿请求人对赔偿义务机关的决定持有异议的，可以向上一级司法行政机关提出复议。复议申请可以直接向上一级司法行政机关提出，也可以通过原承办案件的司法行政机关转交。

第十九条 对监狱、劳动教养管理所作出的决定不服的复议申请，分别由监狱、劳动教养管理所所属的省一级或地区一级司法行政机关负责。

第二十条 负责复议的司法行政机关收到复议申请后，应及时调取案卷和有关材料进行审查。对事实不清的，可以要求原承办案件的司法行政机关补充调查，也可以自行调查。

第二十一条 对复议申请进行审查后，按照下列情形，分别作出复议决定：

（一）原决定事实清楚，适用法律正确的，予以维持；

（二）原决定认定事实不清楚、适用法律错误，或赔偿方式、赔偿数额不当的，撤销原决定，重新作出决定。

第二十二条 复议决定作出后，应制作《行政（刑事）复议决定书》，复议决定书由机关负责人签署，加盖机关印章。

第二十三条 复议决定书可以直接送达，也可以委托赔偿请求人所在地的司法行政机关送达。

第五章 执 行

第二十四条 负有赔偿义务的司法行政机关负责赔偿决定的执行。

第二十五条 赔偿应分别根据下列不同情况执行：

赔偿请求人对赔偿决定无异议的，按赔偿决定书执行；

赔偿请求人对赔偿决定提出复议的，按复议决定书执行；

赔偿请求人向人民法院赔偿委员会申请，并由人民法院赔偿委员会作出赔偿决定的，按人民法院赔偿委员会作出的赔偿决定书执行；

赔偿请求人向人民法院提起行政诉讼，人民法院作出赔偿判决的，按照判决书执行。

第二十六条 负有赔偿义务的司法行政机关应在自收到赔偿申请的 2 个月以内执行赔偿。

赔偿请求人向上一级司法行政机关申请复议或向人民法院赔偿委员会申请赔偿的，在收到复议决定书或人民法院赔偿委员会作出的赔偿决定书后即应执行。

第二十七条 负有赔偿义务的司法行政机关对造成受害人名誉权、荣誉权损害的，应当在侵权行为影响的范围内，为受害人消除影响，恢复名誉，赔礼道歉。

第六章　赔偿费用

第二十八条 负有赔偿义务的司法行政机关能够通过返还财产或者恢复原状方式赔偿的，应以返还财产或者恢复原状的方式赔偿。

不能通过返还财产或者恢复原状方式赔偿的，主要以支付赔偿金方式赔偿。

第二十九条 支付赔偿金的计算标准，依照国家赔偿法的规定执行。

第三十条 行政赔偿和刑事赔偿费用由负有赔偿义务的司法行政机关先从本单位预算经费和留归本单位使用的资金中支付，支付后再向同级财政机关申请核拨。

第三十一条 经过行政复议的案件，最初造成侵权行为的司法行政机关和作出复议加重侵权的上级司法行政机关同时是赔偿义务机关的，由最初造成侵权行为的司法行政机关向受害人支付全部赔偿金后，再与上级司法行政机关结算各自应承担费用。

第三十二条 司法行政机关在行政赔偿中其工作人员有故意或重大过失，在刑事赔偿中其工作人员有国家赔偿法第二十四条规定情形之一的，工作人员应承担全部或部分赔偿费用。追偿办法另行规定。

第三十三条 赔偿义务机关赔偿后，应写出结案报告报送上级司法行政机关。

第七章　附　　则

第三十四条 本办法自发布之日起施行。